HEYNE

# FILM-
# JAHRBUCH
# 2002

**Herausgegeben von Lothar Just**

**Originalausgabe**

WILHELM HEYNE VERLAG
MÜNCHEN

HEYNE ALLGEMEINE REIHE
Nr. 01/13574

BILDNACHWEIS

Advanced, Alamode, ARD, Arthaus, Buena Vista, CIC Video, Columbia TriStar, Concorde, Constantin, Delphi, Edition Salzgeber, Filmwelt, Filmfest München, Highlight, Helkon, Int. Forum des Jungen Films, Kinowelt, MFA, Movienet, Pandora, Pegasos Piffl, Prokino, REM, SAT.1, Senator, Tobis, Twentieth Century Fox, UIP, Warner-Bros., Warner Home Video, ZDF, Zephir


www.heyne.de
Printed in Germany 2002
Umschlagfotos: Vorderseite: UGC Images International aus dem Film »Die fabelhafte Welt der Amélie«, Regisseur: Jean-Pierre Jeunet, Rückseite: »Der Schuh des Manitu«, herb X/Constantin Filmverleih
Umschlaggestaltung: Atelier Nele Schütz, München
Herstellung: H + G Lidl, München
Satz: Fotosatz Völkl, Puchheim
Druck und Verarbeitung: Ebner & Spiegel, Ulm

ISBN 3-453-21139-1

# Inhalt

## Das Filmjahrbuch 2002

Herausgeber: Lothar Just
Redaktion: W. O. P. Kistner (Video), Wolf Jahnke (In Memoriam), Rolf Selas (Filmliteratur), Stefan Gimpelt †, Ingrid Slavik (Festivals, Filmpreise).
Mitarbeit: Eva Hesz-Just, Renate Methner, Angelika Schaffer. Herstellung in Zusammenarbeit mit FilmData, EDV-Beratung Werner Treuchtlinger.

## Kritiken

Die abgedruckten Texte und Kritiken stammen hauptsächlich aus den Zeitungen und Zeitschriften: AZ, München; Multimedia (jetzt: Die Furche), Wien; SZ, München; Der Tagesspiegel, Berlin; tip, Berlin; Zitty, Berlin; Film, Zürich. Wir danken den Redaktionen und Autoren, die uns erlaubten, ihre Kritiken und Interviews abzudrucken: Thomas Engel, Katharina Dockhorn, Angie Dullinger, Volker Gunske, Frauke Hanck, Annette Kilzer, W. O. P. Kistner, Margret Köhler, Ulrich Lössl, Michael Meyns, Ponkie, Martin Schwarz, Rüdiger Suchsland und all denen, die namentlich unter den Kritiken stehen.

## Danksagung

Die umfangreiche Arbeit an diesem Jahrbuch ist nicht zu leisten ohne vielseitige Hilfe. Deshalb einen herzlichen Dank an alle, die uns dabei unterstützten: Elisabeth Berg, Unifrance, Redaktion Blickpunkt: Film, Christel Drawer, Redaktion und Verlag Filmecho-Filmwoche, Deutsches Institut für Filmkunde, Bodo Fründt, Freiwillige Selbstkontrolle der Filmwirtschaft (FSK), Filmbewertungsstelle Wiesbaden (FBW), Werner Gondolf, Ulrich Höcherl, Jakobine Just, Hans Kohl, Nadine Krüger, Michael Mues, Hans-Joachim Neumann, Hans Strobel, Hartmut Wiebe.
Ein weiterer Dank an alle Mitarbeiter in den Presseabteilungen der Verleih- und Videofirmen sowie in den Fernsehanstalten und allen, die mit Informationen und Material zum Gelingen dieses Jahrbuchs beitrugen.

## Bemerkung

Das Jahr 2001 bescherte nicht nur dem deutschen Film mit dem »Schuh des Manitu« einen Supererfolg, sondern es war auch das Jahr spektakulärer Veränderungen. Der Advanced Filmverleih stellte seine Tätigkeit völlig ein, Arthaus ist nur mehr ein Label und Kinowelt ist fast nicht mehr existent. Besonders schmerzlich für die Filmpublizistik ist, dass die schweizerische Filmzeitschrift »Zoom«, die sich seit Mitte 1999 »Film« nannte, ihr Erscheinen eingestellt hat. Seit Beginn des Filmjahrbuchs waren ihre Kurzkritiken unverzichtbarer Bestandteil. »Zoom/Film« war auch die einzige Publikation, die alle in der Schweiz anlaufenden Filme dokumentierte und kritisch begleitete. In Österreich traf der Kostendruck die Medienzeitschrift »Multimedia«, deren Filmteil jetzt Bestandteil der Wochenzeitschrift »Die Furche« geworden ist.
CD-ROM und Internet sind immer mehr die Informationsinstrumente der Verleiher geworden. Was Zeitungsredaktionen die Arbeit erleichtern mag, ist für Buchhersteller zur Qual geworden. Außerdem (er)schlagen PR und Werbung die Genauigkeit. Da bald nirgendwo mehr der Originaltitel eines Films erwähnt wird, wird die Herausgabe eines Filmjahrbuchs erst recht unerlässlich.

## DIE FILME DES JAHRES 2001

AMORES PERROS
Regie: Alejandro Gonzalez Inárritu

*

BLACK BOX BRD
Regie: Andres Veiel

*

DAS EXPERIMENT
Regie: Oliver Hirschbiegel

*

DIE FABELHAFTE WELT DER AMÉLIE
Regie: Jean-Pierre Jeunet

*

DIE FARBEN DES PARADIESES
Regie: Majid Majidi

*

HARRY MEINT ES GUT MIT DIR
Regie: Dominik Moll

*

INTIMACY
Regie: Patrice Chéreau

*

DIE KLAVIERSPIELERIN
Regie: Michael Haneke

*

MOULIN ROUGE
Regie: Baz Luhrmann

RUSHMORE
Regie: Wes Anderson

*

DER SCHUH DES MANITU
Regie: Michael Herbig

*

THIRTEEN DAYS
Regie: Roger Donaldson

*

TIGER AND DRAGON
Regie: Ang Lee

*

TRAFFIC
Regie: Steven Soderbergh

*

YIYI
Regie: Edward Yang

*

DAS ZIMMER MEINES SOHNES
Regie: Nanni Moretti

*

ZUSAMMEN
Regie: Lukas Moodysson

*

TV-MOVIE DES JAHRES:

WAMBO
Regie: Jo Baier

## Erläuterungen

Die Sternchenbewertung dient zur schnellen Einschätzung des Films. Dabei ist es durchaus möglich, dass die Bewertung im Gegensatz zur Meinung des Autors oder auch der FBW steht. Der Film wird beurteilt im Vergleich zu anderen Filmen seines Genres. Das + hinter den Sternchen bedeutet, dass ein sattes Plus dazukommt. Die Sternchen besagen:

| | | | |
|---|---|---|---|
| * | = Schrott, vergessen, ärgerlich | **** | = sehenswert, sollte man sehen |
| ** | = zwiespältig, uninteressant | ***** | = Spitzenklasse, muss man sehen |
| *** | = annehmbar, kann man sehen | □ | = keine Bewertung |

**Stab und Besetzung** Regie, Drehbuch, Kamera, Musik, Schnitt und Produktionsdesign werden in der Regel genannt. Die Schauspieler, soweit das festzustellen ist, mit ihren Rollen. Produzent, Produktion, Herkunftsland und Entstehungsjahr sind in einem Eintrag zusammengefasst. Die unvollständigen Angaben bei Fernsehproduktionen sind bedingt durch die unzulänglichen Angaben der TV-Sender. Bei der Jahresangabe wird das Jahr der ersten öffentlichen Vorführung genannt. In Ausnahmen auch das Herstellungsjahr.

**Längenangabe** Die Angaben dazu sind häufig widersprüchlich. In den meisten Filmen ist die gemessene Länge der FSK wiedergegeben. Wenn die nicht vorlag, Längenangaben aus Festivalkatalogen oder internationalen Filmzeitschriften. Bei TV-Movies wird die Sendelänge angegeben.

**Verleihangaben** Es wird der Verleih in Deutschland, Österreich und der Schweiz in dieser Reihenfolge genannt, danach folgt der Vertrieb Video, DVD für den deutschen Markt. Lief der Film bis Redaktionsschluss noch nicht oder nur in einem Land, so ist dies durch die Striche ersichtlich. Der Verleih »Freunde der deutschen Kinemathek« wird als »Freunde« wiedergegeben.

**TV/Video** Die Längenangaben beziehen sich häufig auf die Kinolänge des Films, durch die unterschiedliche Bildgeschwindigkeit verliert ein auf Video oder im Fernsehen abgespielter Film pro 25 Minuten Laufzeit eine Minute. Erfasst wurden die Kinofilme und TV-Movies, auch Mehrteiler, sowie Pilotfilme zu neuen Fernsehserien. Weil Filme auf Video nicht immer sofort zu beurteilen sind, wurden auch noch welche aufgenommen, die gegen Ende des Jahres 2000 erschienen sind. Um möglichst vollständig zu sein, wurden auch nicht bewertete Filme mit aufgenommen.

**Abkürzungen** Nach Möglichkeit sind Abkürzungen vermieden worden, bis auf jene Zeitungsnamen, die allgemein bekannt sind:

| | | | |
|---|---|---|---|
| AZ | = Abendzeitung München | FR | = Frankfurter Rundschau |
| FAZ | = Frankfurter Allgemeine Zeitung | SZ | = Süddeutsche Zeitung |
| NZZ | = Neue Züricher Zeitung | | |

Abkürzungen bei der FSK (Freiwillige Selbstkontrolle der Filmwirtschaft) – Freigabe: FBW = Filmbewertungsstelle Wiesbaden; o. A. = ohne Altersbeschränkung; ffr. = feiertagsfrei, nffr. = nicht feiertagsfrei.

# A

## A Ma Soeur! 1
A MA SOEUR! ***+

**Regie:** Catherine Breillat
**Darsteller:** Anais Reboux (Anais), Roxane Mesquida (Elena), Libero de Rienzo (Fernando), Romain Coupil (Vater), Arsinee Khanjian (Mutter), Laura Betty (Fernandos Mutter), Albert Goldberg (Mörder)
**Drehbuch:** Catherine Breillat
**Kamera:** Vorgos Arvanitis
**Musik:** Jean Minondo
**Schnitt:** Pascale Chavance
**Prod.:** Frankreich/Italien 2000; 93 Min. Jean-François Lepetit für Flach/CB Films
**EA:** Int. Filmfestspiele Berlin 2001
**Verleih:** Salzgeber/-/Agora, Mai 2001 (CH)

Zwei minderjährige Schwestern werden auf höchst unterschiedliche Weise entjungfert. Catherine Breillat, deren »Romance« viele (fälschlich) als pornografisch einstuften, stellt das Komische und das Diabolische des Sex einander gegenüber, ohne den Widerspruch aufzulösen. Konsequent quer zu allen (auch kommerziellen) Klischees gefertigt, die das ominöse Motiv gerade im Kino mit sich bringt, leistet der Film einen weiteren aktuellen Beitrag zu einer unbefangenen Thematisierung sexueller Aspekte auf der Leinwand. *Film, 5/2001*

*Anais Reboux und Roxane Mesquida*

**Kritik:** (…) Es gibt unheimlich direkte Momente der Vertrautheit zwischen diesen Mädchen, aber auch Ausbrüche von Wut und Hass. Und die Gewalt von außen, der beide schließlich zum Opfer fallen, ist vielleicht nur eine Fantasie – ein Zeichen für die dunkle Obsession der Jüngeren, einmal selbst im Zentrum zu stehen. Ansonsten bleibt das Ende ziemlich unerklärlich.

*Tobias Kniebe, SZ, 12.2.2001*

## A wie Adrienne 2
A COMME ADRIENNE ***+

**Regie:** Boris Lehman
**Darsteller:** Adrienne Fonck-Boulvin, Edouard Higuet, Pauline de Mérode, Antonella de Lutio, Boris Lehman
**Drehbuch:** Boris Lehman
**Kamera:** Antoine-Marie Meert
**Musik:** Djalal Akhbari
**Schnitt:** Daniel De Valck, Ariane Mellet
**Prod.:** Belgien 2000; 115 Min. Boris Lehman
**EA:** 18.2.2000, Int. Forum des Jungen Films Berlin
**Verleih:** Freunde, OmU/-/-, 5.4.2001

Die Filme des eigenwilligen belgischen Filmemachers Boris Lehman kreisen in ironischer Form stets um seine eigene Person. Hier präsentiert er das liebevolle Porträt einer Freundin, die ihm nebenbei Lektionen in Haushaltsdingen erteilt.

**Kritik:** (…) Lehmann und sein Kameramann Antoine-Marie Meert sind Meister der Reduktion. Kein Kameraschwenk zu viel, kein Bildwinkel beliebig. Jeder Ausschnitt ein Einblick. In einer dem Tischdecken gewidmeten Lektion sehen wir nur die Hände, das Besteck und die Gläser hin und her rücken, begleitet von Adriennes präzisen Anweisungen und Erklärungen aus dem Off. (…)

*Silvia Hallensleben, Der Tagesspiegel, 5.4.2001*

## Abenteuer mit Ragtime 3
THE ADVENTURES OF RAGTIME □
TV

**Regie:** William Byron Hillman
**Darsteller:** Jay Thomas (Lester), Justin Cooper (Barkley Blue), Shelley Long (Sam), Perry King (Jerry Blue), Michelle Joyner (Sarah Blue), Zack Duhame (Carter), Lindsay Felton (Amy)
**Drehbuch:** William Byron Hillman
**Kamera:** P. Michael Stringer
**Musik:** David A. Jackson, Shauna Shapiro Jackson
**Schnitt:** Neil Kirk
**Prod.:** USA 1998; 96 Min.
Jeffrey Butscher, Chip Fraser, David Hames; Michael S. Williams (Co-Prod.); Patty Fairchild (Ass.-Prod.) für Twin Trees Film Group
**TV:** 24.12.2001, Pro7, 11.05

Ein berühmter Fernsehstar, das von Kindern geliebte Zwergpony Ragtime, treibt mit seinen Entführern Schabernack.

## Die Abenteuer von Rocky und Bullwinkle 4
THE ADVENTURES OF ROCKY AND BULLWINKLE **
Video

**Regie:** Des McAnuff
**Darsteller:** Rene Russo (Natasha), Jason Alexander (Boris), Piper Perabo (Karen Sympathy), Randy Quaid (Cappy Von Trapment), Robert De Niro (Fearless Leader), June Foray (Stimme von Rocky), Keith Scott (Stimme von Bullwinkle/Narrator)
**Drehbuch:** Kenneth Lonergan, nach den Figuren von Jay Ward
**Kamera:** Thomas Ackerman
**Musik:** Mark Mothersbaugh, Lisa McClowry, Lavant Coppock
**Schnitt:** Dennis Virkler
**Prod.-Des.:** Gaavin Bocquet
**Prod.:** USA 2000; 88 Min.
Jane Rosenthal, Robert De Niro, Brad Epstein für Universal/Capella/KC Medien/Tribveca
**Vertrieb:** Universal Video, 17.5.2001
**FSK:** ab 6 J.

Ein Zeichentrick-Elch und ein Zeichentrick-Eichhörnchen – Helden einer in den USA vor Jahrzehnten populären Comicserie – sollen die geistige Gesundheit der USA schützen, denn Spitzen-Spitzbube »Der Furchtlose« will via Kabel-TV die Bürger zu Idioten degradieren. Harmlose Real- und Animationsfilmmischung ohne Biss.

## Aberdeen 5
ABERDEEN □
TV

**Regie:** Hans Petter Moland
**Darsteller:** Stellan Skarsgard (Tomas), Lena Headey (Kaisa), Ian Hart (Clive), Charlotte Rampling (Helen), Jason Hetherington (Perkins), Louise Goodall
**Drehbuch:** Kristin Amundsen, Hans Petter Moland, nach der Story von Lars Bill Lundholm
**Kamera:** Philip Ögaard
**Musik:** Zbigniew Preisner
**Schnitt:** Sophie Hesselberg
**Prod.-Des.:** Janusz Sosnowski
**Prod.:** Norwegen/GB/Schweden 2000; 113 Min.
Petter J. Borgli; Kastro Khatib, John McGrath (Co-Prod.); Tomas Backström, Truls Kontny, Stellan Skarsgard, Gary Springer (Ass.-Prod.) für Filmfabriken Baltic Sea/Freeway Films/Norsk Film
**TV:** 14.10.2001, Nord 3, 0.00

Beziehungsdrama, in der die Krebserkrankung der Mutter die in alle Winde zerstreute Familie zusammenführt.

## Die Abrafaxe – Unter schwarzer Flagge 6
***

**Regie:** Gerhard Hahn, Tony Power
**Darsteller:** Mit Stimmen von Kim Hasper (Abrax), David Turba (Brabax), Dona Schulz (Califax), Nena (Anne Bonny), Helmut Krauss (Blackbeard), Ulrich Voß (Shanty), Santiago Ziesmer (Don Archimbaldo)
**Drehbuch:** Richard Everett, Thomas Platt, Julius Grützke
**Kamera:** Andy Kelly, Tim Spillane, Sahin Erzsöz (Storyboard)
**Musik:** Marry Schnitzler, Karsten Sahling, Arnel Cosca, Nena (Titelsong)
**Schnitt:** Jodie Steinvorth
**Prod.:** BRD 2000; 81 Min.
Reinhard Fischer für Abrafaxe Trickfilm/Hahnfilm/Universal Germany
**Verleih:** UIP/, 25.10.2001
**Vertrieb:** Universal Video
**FSK:** ab 6 J., ffr. – **FBW:** Wertvoll

Die Abrafaxe sind der blonde Abrax, der rothaarige Brabax und der schwarzhaarige Califax. Sie entdecken im städtischen Museum eine goldene

*Abrafaxe in Action*

Schale, die aus einem legendären Aztekenschatz stammen soll. Bei näherer Untersuchung setzen die drei unbeabsichtigt einen Mechanismus in Gang, der sie ins 18. Jahrhundert katapultiert.

**Kritik:** Die Abrafaxe haben einst stellvertretend Reisen unternommen für Leute, denen die freie Bewegung sehr schwer gemacht wurde. Die drei Kumpel mit den nicht ganz FDJ-konformen Frisuren waren die populärsten Comicfiguren der DDR. Weil auch sie nicht einfach im kapitalistischen Ausland umherkobolden durften, wurden sie in einem kleinen Dorf nahe Venedig zu Beginn des 18. Jahrhunderts angesiedelt und unternahmen Reisen mit einer Zeitmaschine: Maskenzwang fürs reale sozialistische Fernweh. In ihrem ersten Kinofilm »Die Abrafaxe – Unter schwarzer Flagge« reisen die Ex-Mauerläufer aus dem Heute zurück zu den hakenhändigen Piraten. Statt die Abrafaxe aber erst einmal vorzustellen, Sympathie und Mitleid aufzubauen, flitzt diese auf US-Look hingestriegelte deutsche Produktion lieber von Actionsequenz zu Actionsequenz. Von der alten Symbolkraft ist nichts übrig geblieben.

*Thomas Klingenmaier, Stuttgarter Zeitung, 25.10.2001*

## Abschied in den Tod

7
**
TV

**Regie:** Martin Buchhorn
**Darsteller:** Denise Zich (Julia Brandt), Susanne Lothar (Hanne), Dieter Laser (Max), Craigh McLachlan (Steve), Sophie Heathcote (Sandy), Nicholas Bell (Archie), Brett Tucker (Mark)
**Drehbuch:** John Reeves
**Kamera:** Mark Bliss
**Musik:** Christopher Evans Ironside
**Prod.-Des.:** Tel Stolfo
**Prod.:** BRD/Australien 2000; 90 Min. Bavaria mit SR/MDR/NDR/SF-DRS/ Globe TV/Crawfords Prod.
**TV:** 26.5.2001, ARD, 20.15

Thriller über eine junge Touristin in Australien, der die Ängste vor einem brutalen Massenmörder mit der Beziehungsgeschichte zwischen Mutter und Tochter verbindet.

**Kritik:** Deutsch-australische Warnung an Rucksacktouristen vor Frauenmördern und Drogendealern. Der Thriller sieht nach Koproduktions-Fördergeldern aus. (…)

*Ponkie, AZ, 28.5.2001*

## Abseits

HORS JEU

8
***
TV

**Regie:** Karim Dridi
**Darsteller:** Philippe Ambrosini (Angelo Bastiani), Rossy De Palma (Concepción), Patrick Bruel (Patrick), Clotilde Courau (Clotilde), Arielle Dombasle, Michel Galabru, Miou-Miou
**Drehbuch:** Karim Dridi
**Kamera:** Patrick Blossier
**Musik:** Roe
**Schnitt:** Lise Beaulieu
**Prod.:** Frankreich 1998; 91 Min. ADR-Prod. mit Le Studio Canal+/La Sept Cinema
**UA:** 8.8.1998, Int. Filmfestspiele Locarno
**TV:** 26.3.2001, Arte

(…) Der dritte Spielfilm des Frankotunesiers Karim Dridi beginnt als überdrehte Komödie und kippt in eine verzweifelte Räuberpistole um. Zwei arbeitslose Schauspieler, Angelo (Philippe Ambrosini als charmantes Handtuch) und Concepción (Rossy de Palma als verführerische Hyäne mit Riesenzinken und exorbitantem Zahnfleischlächeln), verlieben sich ineinander und finden sich wenig später als Geiselnehmer in der Wohnung von Arielle Dombasle wieder, wo Concepción als Dienstmädchen arbeitet. Dombasle und ihre Dinnergäste Miou-Miou, Patrick Bruel und Michel Galabru spielen sich selbst, sodass der Anschlag auf Leib und Leben der französischen Stars auch einer auf ihr Image ist. Der Film als Experiment über das Verhältnis von Fiktion (in der Angelo als Gangster versagt) und Wirklichkeit (in der er als Gangster reüssiert) funktioniert aber auch ohne diese Bedeutungsebene – eine Versuchsanordnung für zwei Menschen, die das bittere Ende voraussehen, aber die Minuten, in denen sie sich an einem Gefühl der Macht berauschen können, bis ins Letzte auskosten.

*Gregor Dotzauer, SZ, 18.8.1998*

## Absolut Warhola 9

ABSOLUT WARHOLA ****

**Regie:** Stanislaw Mucha
**Drehbuch:** Stanislaw Mucha
**Kamera:** Susanne Schüle
**Musik:** Drislak
**Schnitt:** Stanislaw Mucha
**Prod.:** BRD 2001; 80 Min.
Dieter Reifarth, Reinhard Brundig für Strandfilm/Pandora mit Hr/WDR/ZDF/3sat
**Verleih:** Pegasos, UmU/-/-, 21.11.2001
**FSK:** ab 12 J., ffr.
**FBW:** Wertvoll

Muchas Filmreportage spürt den Ursprüngen von Andy Warhol nach, dessen Eltern einst aus Miková im Vorland der Karpaten nach Amerika ausgewandert waren. Mucha beleuchtet nicht so sehr den Künstler oder sein Werk, sondern porträtiert vor allem eine Region im Dreiländereck von Polen, Ukraine und Slowakei, wo die Zeit still zu stehen scheint und Armut, Arbeitslosigkeit und Alkoholismus grassieren.

*Ralph Umard, tip, 22/2001*

**Kritik:** (...) Regisseur Mucha, der sich nie über seine Protagonisten erhebt, aber hartnäckig so lange die Oberflächen der Dinge und Menschen filmt, bis sich die Risse in den Fassaden zeigen, findet auch dunklere Spuren. Eine Zigeunersippe zum Bei-

*Ausgezeichnet mit dem Preis der Deutschen Filmkritik ›Absolut Warhola‹*

spiel beschwert sich, dass man ihr den Zutritt zum Warhol-Museum verwehrt. Der sich sonst so weltläufig gebende Kurator gerät bei diesem Thema ins Schwimmen. Und davon, dass ihr Andy homosexuell war, möchten die Verwandten nichts wissen. »Wenn ich den Film sehe«, sagt Mucha, »bin ich fest davon überzeugt, dass es Andy Warhol nie gegeben hat, sondern dass sich diese Menschen ihn ausgedacht haben, damit sie einen Hoffnungsschimmer auf ein besseres Leben haben.«

*Bodo Fründt, SZ, 6.12.2001*

(...) Wunderbar, wie unverkrampft und ohne verquastes Gerede die Leute ihren eigenen Reim auf die Pop-Art machen. Noch wunderbarer, wie der Film ihnen am Küchentisch zuhört und nebenbei am Lack des Helden kratzt. *Zitty, 22/2001*

## The Accident 10

THE ACCIDENT ***

**Regie:** Julian Lee
**Darsteller:** Gigi Lai, Andrew Lien, Ben Ng, Wong Hei, Almen Wong, Patrick Tse
**Drehbuch:** Elmond Yeung, Julian Lee, nach einer Erzählung von Julian Lee
**Kamera:** Kwan Pak Huen
**Musik:** Ronald Ng
**Schnitt:** Poon Hung, Maurice Li
**Prod.:** Hongkong 1998; 80 Min.
Stanley Kwan
**Verleih:** -/UDI, OmU/-, Mai 2001

In drei Handlungssträngen stehen drei Figuren im Mittelpunkt, die durch die Begegnung mit jeweils einem unbekannten Menschen einschneidende Veränderungen erleben. In Schauspielleistung, Tiefgang und Bildkomposition von je höchst unterschiedlicher Qualität hinterlässt der Streifen, der sich in seinen guten Momenten Beziehungsformen und -sehnsüchten widmet, einen ambivalenten Eindruck. Eher nur für Fans des Hongkong-Movies abseits dessen Actionsparte von Interesse.

*Multimedia*

## Die 18 Farben des Todes 11

EIGHTEEN SHADES OF DUST ***
Video

**Regie:** Danny Aiello III.
**Darsteller:** Jarrod Bunch (Cooz), Danny Aiello, William Forsythe, Vincent Pastore, Leonardo Cimino (Connie Broglio), Frank Pelegrino (Eddi Baggs), Timilee Romolini (Angie)
**Drehbuch:** Michael Hogan, nach einer Story von John Cenatiempo
**Kamera:** Tony C. Janelli
**Musik:** David Bravo, Bob Held
**Schnitt:** Janice Keuhnelian
**Prod.-Des.:** Rick Butler
**Prod.:** USA 1999; 87 Min.
Danny Aiello, Pete Antico, David Basulto, John Cenatiempo, Tim Gallin, Danny Gold, Cindy Lamp für Shades/Westside
**Vertrieb:** e-m-s Video, 26.1.2001
**FSK:** ab 12 J.

In die Jahre gekommener Profikiller mit Pensionierungsambitionen gerät unvermittelt zwischen die Fronten der Mafia. Solide inszenierter Gangsterfilm mit guten Schauspielleistungen, aber einer Klischeestory.

## El Acordeon del Diablo 12

****+

**Regie:** Stefan Schwietert
**Darsteller:** Francisco »Pacho« Rada, Manuel Rada Oviedo, Alfredo Gutierrez, Rafael Valencia, Israel Romero, José »Morre« Romero, Antonio Jaramillo; Günter Lamprecht (Sprecher)
**Drehbuch:** Stefan Schwietert
**Kamera:** Ciro Cappellari
**Musik:** »D«
**Schnitt:** Tania Stöcklin
**Prod.:** BRD/Schweiz 2000; 90 Min.
Thomas Kufus für zero/Neapel mit TSI
**UA:** Int. Filmfestspiele Locarno 2000
**Verleih:** Ventura/-/Look Now!, Okt. 2000 (CH), 1.3.2001
**FSK:** ab 6 J., ffr.
**FBW:** Wertvoll

Nach »A Tickle in the Heart« hat der Dokumentarfilmer Stefan Schwietert das gefährliche Kolumbien bereist, um karibischen Klängen nachzuspüren: Cumbia, Vallenato und Son. Doch er fand nicht nur die großen Troubadoure am Akkordeon – Pacho Rada, Alfredo Gutiérrez und Israel Romero –, sondern auch jede Menge My-

›El Acordeón del Diablo‹

then und Legenden, Wahnsinnsmusik, Teufel und Drogenbarone. In wunderschönen Bildern verschmelzen Fiktion und Wirklichkeit.

*Cristina Moles Kaupp, tip, 5/2001*

**Kritik:** (…) Schwieterts Film ist eine so poetische wie ehrliche Musikdokumentation, das Porträt von Menschen, die einem bedrückenden Alltag mit Musik trotzen.

*Angie Dullinger, AZ, 1.3.2001*

## Active Stealth 13

ACTIVE STEALTH **

Video

**Regie:** Fred Olen Ray
**Darsteller:** Daniel Baldwin (Capt. Murphy), Fred Williamson (Capt. Reynolds), Hannes Jaenicke (Rifkin), Lisa Vidal (Maria), Chick Vennera (Chiccio), Tim Abell (Rob Carter), Paul Michael Robinson (Hollywood)
**Drehbuch:** Steve Latshaw
**Kamera:** Theo Angell
**Musik:** David Wurst, Eric Wurst
**Prod.-Des.:** Timothy Roberts
**Prod.:** USA 1999; 95 Min.
Alison Semenza für Synthetic Film Works
**Vertrieb:** One World (One World Media) Video, 31.5.2001
**FSK:** ab 18 J.

US-Jetpilot soll bei lateinamerikanischen Drogenbaronen in Folterhaft einsitzende Kameraden befreien. Primitivster Actionramsch ohne erkennbare Qualitäten.

## Addio Lugano Bella 14

****+

**Regie:** Francesca Solari
**Drehbuch:** Francesca Solari
**Kamera:** Renato Berta, Eric Turpin
**Musik:** Ivano Torre
**Schnitt:** Dominique Paris
**Prod.:** Schweiz/BRD 2000; 70 Min.
Andres Pfäffli, Elda Guidinetti für Ventura Film für ZDF Kleines Fernsehspiel
**Verleih:** -/-/Columbus, April 2001

In diesem bewegenden, sehr persönlichen Filmessay aus fragmentarischen Bildern und Tönen begibt sich die Tessiner Regisseurin Francesca Solari auf eine filmische Reise in die Vergangenheit. Ihre Zeit der Revolte in der außerparlamentarischen Linken Italiens, die feministische Auflehnung, Mutterschaft und die Beziehung zu den eigenen Eltern vermischen sich aus der zeitlichen Distanz zu einem untrennbaren Ganzen der eigenen Geschichte. *Film, 4/2001*

## After the Storm 15

AFTER THE STORM **

Video

**Regie:** Guy Ferland
**Darsteller:** Benjamin Bratt (Arno), Armand Assante (Jean-Pierre), Milli Avital (Conquina), Simone-Elise Girard (Janine), Stephen Lang (Sgt. Major Jim), Nestor Serrano (Ortega), Arthur J. Nascarella (Louie Gavotte)
**Drehbuch:** Nach einer Kurzgeschichte von Ernest Hemingway
**Kamera:** Gregory Middleton, Pauline Heaton (Unterwasser)
**Musik:** Bill Wandel
**Schnitt:** Charles Ireland
**Prod.-Des.:** James A. Gelarden
**Prod.:** USA 2000; 99 Min.
Mike Elliot, Kenneth Teaton für Trimark
**Vertrieb:** Sunfilm, 18.12.2001
**FSK:** ab 12 J.

Dieses lahme Hochglanzabenteuer soll auf einer Hemingway-Kurzgeschichte basieren: Schmalspurgauner will in den 30er-Jahren auf den Bahamas den Schatz einer gesunkenen

Jacht bergen. Abgesehen von den bemühten Darstellern hat Hemingway so viel Seichtheit nicht verdient …

## Agnes Cecilia 16

AGNES CECILIA ***

TV

**Regie:** Anders Grönros
**Darsteller:** Gloria Tapia (Nora), Ronn Elfors (Dag), Stina Ekblad (Karin), Allan Svensson (Anders), Vanna Rosenberg (Lena), Cecilia Milocco (Agnes Cecilia/Tetti), Mimi Pollak (Hulda)
**Drehbuch:** Anders Grönros, Maria Gripe
**Kamera:** Per Källberg
**Musik:** Johan Söderqvist
**Schnitt:** Göran Carmback, Christer Furubrand
**Prod.:** Schweden 1991; 128 Min.
Svensk Filmindustri
**UA:** Film Festival Köln 1992
**TV:** 3.10.2001, ZDF

Noras Eltern sterben bei einem Autounfall, als sie noch ein Kind ist. Sie wächst in einer Pflegefamilie auf, wird jedoch über das Schicksal ihrer Eltern im Dunkeln gelassen. Als diese Familie zehn Jahre später in eine alte Wohnung umzieht, passieren merkwürdige Dinge. Nora, die keine Chance hatte, sich über ihre eigene Familie und ihre Vorfahren zu informieren, wird von diesen scheinbar auf höchst mysteriöse Weise angesprochen. (…)

*Katalog Filmfestival Köln*

## A.I. – Künstliche Intelligenz 17

A.I. ARTIFICIAL INTELLIGENCE ****

**Regie:** Steven Spielberg
**Darsteller:** Haley Joel Osment (David), Frances O'Connor (Monica Swinton), Sam Robards (Henry Swinton), Jake Thomas (Martin Swinton), Jude Law (Gigolo Joe), Brendan Gleeson (Lord Johnson-Johnson), Michael Berresse (Stage Manager)
**Drehbuch:** Steven Spielberg, nach dem Kurzroman von Brian Aldiss, der Filmstory von Ian Watson und der Kurzgeschichte »Supertoys Last All Summer Long« von Brian Aldiss
**Kamera:** Janusz Kaminski
**Musik:** John Williams
**Schnitt:** Michael Kahn
**Prod.-Des.:** Rick Carter
**Prod.:** USA 2001; 146 Min.
Kathleen Kennedy, Steven Spielberg, Bonnie Curtis für Warner/Amblin-/Stanley-Kubrick-Prod./Dreamworks SKG
**Verleih:** Warner/-/-, 13.9.2001
**Vertrieb:** Warner Video (Video, DVD)
**FSK:** ab 12 J., ffr.
**FBW:** Besonders wertvoll

Der Kinderroboter David wird zum Zweck bedingungsloser Mutterliebe konstruiert. Als ihm der leibliche Sohn vorgezogen wird, verzehrt er sich 2000 Jahre lang, ein echter Junge zu werden. »A.I.« war ursprünglich ein Projekt des Kinovisionärs Stanley Kubrick, das dann Steven Spielberg auf die Leinwand brachte und dabei das brillante Konzept entschärfte. So ist der Film eine seltsame Mischung aus Wagemut und Sicherheitsdenken geworden, reich an Ideen, aber emotional und formal unausgeglichen. Eine der schönsten Darbietungen, die jemals von einem Kind im Kino zu sehen war, hält den Film zusammen.

*tip, 19/2001*

**Kritik:** Man sollte sich Steven Spielbergs »A.I. – Artificial Intelligence« nicht in New York ansehen. Nicht in der Stadt, die Sentimentalitäten und Pathos mit beißendem Zynismus bestraft. Gegen Ende teilte sich das New Yorker Publikum in ein paar wenige, die gerührt über die letzten Wendungen im Schicksal des Kinderroboters David schnieften, und eine Mehrheit, die sich pietätvoll mühte, ruhig zu bleiben. Doch als das Drama seinen Höhepunkt erreichte, brach die Menge in rührendes Gelächter aus. (…)
Letzendlich scheitert »A.I.« weniger an der Frage, ob Maschinen die besseren Menschen sind, als an einem Problem des Filmhandwerks. Universelle Widersprüche lassen sich vielleicht auf philosophischer Ebene definieren, einzelne Utopien lassen sich in Geschichten verpacken, futuristische Visionen mit der kühlen Brillanz eines Stanley Kubrick formulieren. Doch weil der Plot eines Spielberg'schen Blockbusterfilms für jedes Problem

auch eine klare Lösung fordert, blieb dem Humanisten Spielberg angesichts der Fülle großer Themen in seinem Drehbuch gar nichts anderes übrig, als sich in Sentimentalität und Pathos zu retten. Das boshafte New Yorker Publikum dankte es ihm mit einem Zitat aus seinem eigenen Werk. »Ich will heim«, rief einer im Kino – eine Referenz an Spielbergs Sciencefiction-Märchen »E.T.«. Ein Satz, der sicher auch Kubrick, den kühlen Konstrukteur, gerührt hat – der im Grunde seines Herzens ein Kind geblieben war wie Spielberg.

*Adrian Kreye, SZ, 6.7.2001*

(…) Spielbergs neuer Film ist enthusiastisch von den Kritikern gefeiert worden (nach einem wirklich, wirklich schlechten Filmsommer allerdings, von dem »Pearl Harbor« nur die Spitze des Bombenteppichs war). »The most ambitious Hollywood movie in sight«, schrieb Newsweek. »Extraordinär, faszinierend, wichtig«, meinte Entertainment Weekly, und Variety nannte den Film »Tief durchdacht, reif, intensiv«. Und: Der Film sei Spielbergs bestes Märchen – der verstörendste, komplexeste und intellektuell herausforderndste Film, den der Regisseur je gemacht habe, so die New York Times. (…)

*Eva Schweitzer, FR, 2.7.2001*

(…) Am Ende – die Menschheit ist längst ausgelöscht – retten silberne Allwesen, die aussehen wie metallische Skulpturen, David aus dem zu Eis erstarrten Meeresboden. Ausgerechnet in dem Roboterkind erkennen sie letzte Hinweise auf menschliche Intelligenz und Emotion und verhelfen ihm für einen einzigen Tag zum Wiedersehen mit der aus einer Haarlocke geklonten Mama. Das ist von umwerfend unfreiwilliger Komik.

*Angie Dullinger, AZ, 13.9.2001*

(…) Die Zukunft, in die Spielberg nach einem hinterlassenen Stanley-Kubrick-Treatment führt, erscheint äußerlich nah an der Gegenwart; der Blick auf sie gleicht unserem Blick auf die Vergangenheit alter Filme: Lediglich die Autos sehen ein wenig anders aus. Und im altertümlich inszenierten Anfang, der langen Ansprache eines Wissenschaftlers über die Möglichkeiten künstlicher Intelligenz, begibt sich Spielberg – wie schon am Ende von »Schindlers Liste« – geradewegs in die Hollywood-Konventionen der Frank-Capra-Zeit, als flammende, programmatische Reden den Aufbruch des New Deal vermittelten. Hier aber ist es mit der Moral ganz offensichtlich nicht mehr allzu weit her und es verwundert nicht, dass es schließlich, am Ende des Films, einem Androiden namens David vorbehalten sein wird, die Menschheit mit all ihren längst verlorenen Idealen zu überleben. (…)

*Daniel Kothenschulte, FR, 14.9.2001*

**Interview:** *In den USA hat Ihr Film jede Menge Verrisse bekommen. »Newsweek« zum Beispiel schreibt über David: »Er will unsere Liebe. Wir wollen unser Geld zurück. Der Bursche ist einfach zu unangenehm.« Fühlen Sie sich missverstanden?*

»A.I.« ist ein Film, den man zweimal sehen muss. Er wird in Amerika erst richtig verstanden und entdeckt werden, wenn er auf DVD herauskommt und im Fernsehen.

*Sind Ihre Landsleute zu dumm, um »A.I.« auf Anhieb zu verstehen?*

Nein, es ist nicht die Schuld der Zuschauer. Der Film ist sehr existenzialistisch, viele Leute hatten etwas anderes von mir erwartet, etwas, was eher meinen vorigen Filmen entspricht.

*Vor allem Ihr Stammpublikum, Familien und Kinder, hat der Film in Amerika verfehlt. Dachten Sie wirklich, Sie hätten einen Familienfilm gedreht?*

Nein, aber ich hoffte, dass dieser Film in den Familien diskutiert werden wür-

*Haley Joel Osment als Kinderroboter in ›A.I. – Künstliche Intelligenz‹*

de. »Was ist ein Mensch?«, »Was macht uns menschlich?«, »Wie menschlich können Maschinen sein?« – solche Fragen, dachte ich, würden beim Abendessen besprochen werden. Es kam aber nicht so weit. Stattdessen hatten wir ein Publikum von 25-jährigen Jungs, die glaubten, es würde sich hier um einen Roboterkriegsfilm handeln; Leute, die sich normalerweise Wrestling-Kämpfe im Fernsehen anschauen. Mein Fehler war, dass ich zugelassen habe, bei der falschen Zielgruppe für »A.I.« zu werben.

*Steven Spielberg im Interview mit (nicht genannt), Der Spiegel, 3.9.2001*

*Offiziell ist »A.I.« ein Steven-Spielberg-Film. Ist denn gar nichts von Stanley Kubricks Vorstellungen eingeflossen?*

Im Gegenteil. Die Substanz ist geblieben, nur die Form ist anders. So als hätte Beethoven eine Variation über ein Mozart-Thema geschrieben.

*Wie sah diese Substanz aus?*

Kubrick hat in rund elf Jahren verschiedene Drehbuchentwürfe anfertigen lassen, bis 1994 eine vorläufige Endversion stand. Außerdem machte er sich eine Fülle von Randbemerkungen. Ich habe das ganze Material mühsam zusammengesucht und es Steven Ende 1999 übergeben. In Kubricks Fassung stand im Wesentlichen die gleiche Geschichte, die jetzt in »A.I.« zu sehen ist.

*Wie steht es mit dem umstrittenen Schluss?*

Alles bei Kubrick: Die künstliche Intelligenz, die die Menschheit überlebt hat, befreit den Jungen aus dem Eis. Der Teddybär hat die abgeschnittenen Haare der Mutter aufbewahrt. Und mit diesem Genmaterial wird die Mutter für einen Tag zurückgeholt.

*Neben dem Drehbuch gab es Tausende Storyboards. Was hat Spielberg verwendet?*

Er war von ihnen so begeistert, dass er mit dem Künstler Chris Baker weitergearbeitet hat. Doch Storyboards vermitteln ja nur eine grobe Vorstellung vom Look eines Films. In der Umsetzung der Artdepartments sieht alles anders aus. Bestimmte Designs wurden neu entwickelt, etwa die Gestalt der Roboter am Schluss. Anderes blieb ähnlich, etwa das visuelle Konzept des Mecha-Jagdgefährts oder des »Flesh Fairs«. Entscheidend war, dass der Junge von einem Schauspieler gespielt wird. Das veränderte die ganze Atmosphäre des Films.

*Mit dieser Riesenladung an Ausgangsmaterial blieb Spielberg eigentlich kaum Arbeit.*

Deshalb hat er für »A.I.« relativ wenig Zeit gebraucht. In nur zwei Monaten schrieb er das Skript. Ein halbes Jahr nachdem ich ihm das Material gegeben hatte, begann er schon zu drehen.

*Trotzdem ist Kubrick nur als Koproduzent genannt, nicht einmal als Autor. Warum?*

Eine sehr berechtigte Frage. Steven nimmt keine ungerechtfertigten Credits für sich in Anspruch und hätte diese Nennung gern mit ihm geteilt. Das aber hätte zu einer langwierigen Auseinandersetzung mit der Autorengewerkschaft geführt. Deshalb einigten wir uns als Kompensation auf die Formel »Eine Amblin-/Stanley-Kubrick-Produktion«. Wie sagt man so schön: Man braucht Anwälte, um Probleme zu lösen, die man ohne sie nicht gehabt hätte.

*Jan Harlan im Interview mit (nicht genannt), Die Welt, 14.9.2001*

## Airboss III 18

AIRBOSS III: THE PAYBACK **
TV

**Regie:** J. Christian Ingvordsen
**Darsteller:** Frank Zagarino (Frank White), Kayle Watson (Bone Conn), Caroline Strong (Morgan Damiels), J. Christian Ingvordsen (Webb Buckley), Jerry Kokich (Bill Murphy), Rick Washburn (Darian Cain)
**Drehbuch:** Matthew M. Howe, J. Christian Ingvordsen
**Kamera:** Matthew M. Howe
**Schnitt:** Robert Leone
**Prod.:** USA 1999; 92 Min.
Matthew M. Howe, J. Christian Ingvordsen für Jet Combat
**TV:** 24.8.2001, VOX, 22.00

Auf hoher See wird ein russischer Frachter von Terroristen geentert, die 20 Kilogramm Plutonium stehlen. Das FBI verdächtigt einen ehemaligen KGB-Offizier, dessen Spur ins ostchinesische Meer führt.

## alaska.de 19

****

**Regie:** Esther Gronenborn
**Darsteller:** Jana Pallaske (Sabine), Frank Droese (Eddi), Toni Blume (Micha), Nele Steffen (Coco), Willhelm Benner (Stefan), Daniel Fripan (Florian), Andrusch Jung (Daniel)
**Drehbuch:** Esther Gronenborn
**Kamera:** Jan Fehse
**Musik:** Rudolf Moser, Christian Meyer, Roger Döring
**Schnitt:** Christian Lonk
**Prod.-Des.:** Tom Hornig
**Prod.:** BRD 2000; 90 Min.
Eberhard Junkersdorf; Kristen Sohrauer, Ulrich Limmer, Rainer Kölmel, Cooky Ziesche, Arthur Hofer für Bioskop mit Kinowelt/Studio Babelsberg Independents/ ORB und Shorts Prods.
**EA:** 15.9.2000, Toronto Film Festival/Int. Hofer Filmtage 2000
**Verleih:** Arthaus/-/-, 25.1.2001
**Vertrieb:** Arthaus Video (Video, DVD)
**FSK:** ab 12 J., ffr. – **FBW:** Wertvoll

Sie sind gerade mal 17 und gelten schon als Verlierer: die Kids aus den Plattenbaukäfigen. Dabei hat das Abenteuer Leben gerade erst begonnen. Vernachlässigt von den Eltern, pendeln sie orientierungslos zwischen Sehnsüchten und Desillusionierung. Liebe, Gewalt, Misstrauen und Verrat bilden die Eckpfeiler des beeindruckend authentischen Films, dessen Drehbuch auf den Geschichten der zwölf Berliner Laiendarsteller basiert. Spannend und auch von der Ästhetik stimmig: pralles Leben »poor« in breitem Format.

*Cristina Moles Kaupp, tip, 2/2001*

**Kritik:** (...) Schon vor ihrem Spielfilmdebüt hat Gronenborn bereits in die Kunstwelt der Musikvideos ein dokumentarisches Element eingeführt. Dabei pendelt »alaska.de« zwischen den Extremen von dokumen-

tarischem Realismus und fiktivem Kunstwollen, zwischen dem 16-mm-Material, auf dem gedreht, und dem Scopematerial, auf das später im Labor umkopiert wurde. Gronenborn poetisiert die Tristesse der Neubausiedlungen von Hohenschönhausen, Marzahn, Hellersdorf und Lichtenberg mit dramatischem Licht und beschleunigten Wolkenformationen und arrangiert das Leben von Micha und seinen Freunden zum bildwirksamen Idyll mit Liegestuhl und Sonnenschirm auf dem Flachdach direkt unter den Wolken.
Diese gefährliche Gratwanderung zwischen Wirklichkeit und Kunst funktioniert vor allem dank der selbstverständlichen Intensität der Schauspieler, insbesondere Jana Pallaske, die das 16-jährige Mädchen im Zentrum der Ereignisse spielt. Weil es zu Hause bei der Mutter mit deren neuem Liebhaber nur noch Streit gibt, ist Sabine zu ihrem Vater gezogen, und ihre neugierige und vorsichtige, aber auch durchaus selbstbewusste Perspektive auf die fremde Umgebung ist auch die des Films.
Auch in ihrem neuen Leben bekommt sie vor allem Zurückweisung zu spüren. Statt einer Umarmung bekommt sie bei ihrer Ankunft nur ein Begrüßungswort auf einem Zettel von ihrem durchaus bemühten Vater, der eben auch nicht anders kann: Es geht der Regisseurin nicht darum, die Bösen und Lieblosen anzuprangern, sondern ein Klima zu skizzieren, in dem alle Verlierer sind. Dann wird Sabine zur Zeugin eines Verbrechens und niemand hat eine Chance, einfach nur das Richtige zu tun.

*Anke Sterneborg, SZ, 25.1.2001*

(…) »alaska.de« ist spannend. Und traurig. Und manchmal lustig. Und riesig. Breitwand sowieso, wunderbar aufgeblasenes Cinemascope. Und, vor allem, neu. So einen Film über Kids, der nicht »Kids« heißt, haben wir überhaupt noch nicht gesehen. Wagen wir das gefährliche Wort: Wahr ist dieser Film. Nur die Andy-Warhol-

*Frank Droese, Toni Blume und Jana Pallaske in ›alaska.de‹*

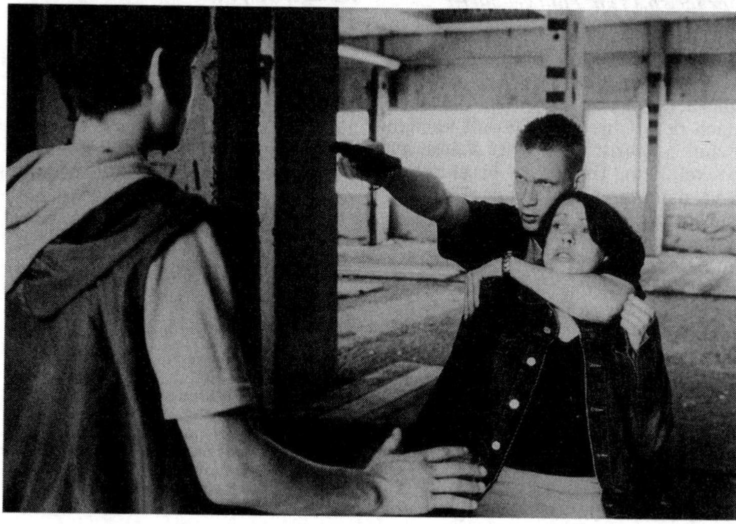

Straße, wo Sabines Vater wohnt, die ist ziemlich gut erfunden.

*Jan Schulz-Ojala, Der Tagesspiegel, 24.1.2001*

(...) So kommt der leider ein bisschen zu lang geratene Film in seinen besten Momenten ganz nah ran an jenen berühmt-berüchtigten jugendlichen Menschenschlag, für den Gewalt oft das einzige verbliebene Ausdrucksmittel ist.

*Martin Schwarz, Zitty, 3/2001*

**Interview:** *»alaska.de« ist Ihr erster Spielfilm – war Kino immer schon Ihr Ziel?*

Für mich ist es sehr wichtig, etwas zu erzählen. Ich habe ja an der Münchner Filmhochschule HFF Dokumentarfilm studiert und kurze dokumentarische Filme gedreht. Nach dem Abschluss hat sich einfach kein Spielfilmprojekt ergeben, nichts, bei dem ich das Gefühl hatte, das muss ich jetzt machen. Das ist nun bei »alaska.de« das erste Mal passiert.

*Wie lange hat es bei »alaska.de« von der Idee bis zum Film gedauert?*

Zweieinhalb Jahre insgesamt. Mit Shorts Production, mit denen ich schon bei meinen Videos zusammengearbeitet habe, habe ich die Idee nach dem Clip über Gewalt an den Schulen Schritt für Schritt weiterentwickelt, ein Treatment geschrieben und dann natürlich einen Filmproduzenten gesucht, denn Shorts ist eine Videofirma. Witzigerweise bekam ich zu dem Zeitpunkt ein Drehbuch von Bioskop-Film zugeschickt, ob ich das nicht machen wollte. Da bin ich hin und habe gesagt, dass ich lieber meinen eigenen Stoff machen würde. Und sie haben zugestimmt.

*Ihre Filmbilder wirken fast monochrom stilisierend – haben Sie auf Film und Video gedreht?*

Ja, ich habe 16 mm und Video gemischt, dann alles auf Video gebracht und Blow-up auf Cinemascope. Wir wollten diesen bestimmten Look mit den relativ monochromen Farben haben, und diesen Prozess im Kopierwerk herzustellen, ist einfach nicht bezahlbar. Auch wollten wir die Technik beim Drehen so klein wie möglich halten. Die 16-mm-Kamera ist sehr beweglich, wir haben viel mit Naturlicht gedreht, wollten möglichst viel Freiheit, auch für die Darsteller, haben.

*Wie hoch war das Budget?*

Ich denke, kalkuliert hatten wir 1,8 Millionen Mark, aber es sind wohl zwei Millionen Mark geworden.

*Regisseurin Esther Gronenborn im Interview mit Frauke Hanck, Blickpunkt Film, 3/2001*

## Albtraum einer Ehe

20 ☐ TV

**Regie:** Johannes Fabrick
**Darsteller:** Nina Kronjäger (Dani), August Zirner (Werner), Kostja Ullmann (Michael), Mara Ehlers (Susanne), Patricia Hirschbichler (Anna), Edda Leesch (Petra), Pierre Besson (Nick)
**Drehbuch:** Lisa Fidler Wendell, Carolin Otto
**Kamera:** Holly Fink
**Schnitt:** Barbara Hennins
**Prod.:** BRD 2000; 95 Min.
Heike Wiehle-Timm, Relevant Film für RTL
**TV:** 24.1.2001, RTL, 20.15

Drama um das Thema »Gewalt in der Ehe«. Das Paar Dani und Werner versucht aus eigener Kraft, seine aus gewalttätigen Übergriffen des Mannes resultierenden Eheprobleme in den Griff zu bekommen. *Pressetext*

## Alice im Spiegelland

ALICE THROUGH THE LOOKING GLASS

21 ☐ TV

**Regie:** John Henderson
**Darsteller:** Kate Beckinsale (Jane/Alice), Charlotte Curley (Alice als Kind), Michael Medwin (Roter König), Sian Phillips (Rote Königin), Geoffrey Palmer (Weißer König), Penelope Wilton (Weiße Königin), Gary Olsen (Tweedledum)
**Drehbuch:** Nick Vivian, nach der Geschichte von Lewis Carrol

**Kamera:** John Ignatius
**Musik:** Dominik Scherrer
**Prod.:** USA 1998; 83 Min.
**TV:** 23.12.2001, BR, 11.35; 24.5.2001, ARD, 12.45

Durch einen magischen Spiegel betritt Alice ein wundersames Land, das wie ein riesiges Schachbrett angeordnet ist. Als weißer Bauer tritt sie in die Partie ein und erlebt eine Reihe fantastischer Abenteuer, bis sie Zug um Zug das Schloss der roten Königin erreicht. *Pressetext*

## Alien Attack – The Final Invasion 22

ALIEN FURY: COUNTDOWN TO INVASION **
Video

**Regie:** Rob Hedden
**Darsteller:** Dale Midkiff (Bill Templer), Dondre T. Whitfield (Kevin Anjarette), Steven Tobowsky (Rod McQueen), Chyna (Ava Zyrich), Grace Phillips (Sidney Templer), Kelly Perine (Jack), Scott Lowell
**Drehbuch:** Rob Hedden
**Kamera:** John C. Newby
**Musik:** Dennis McCarthy, John Beal
**Schnitt:** John Axelrad
**Prod.-Des.:** Bruce Buehner
**Prod.:** USA 2000; 85 Min.
Stu Segall für Ma & Pa
**Vertrieb:** Paramount Video, 16.8.2001
**FSK:** ab 16 J.

US-TV-Sciencefiction-Abenteuer um eine Alien-Geheimbehörde, deren Leiter einen Angriff der Außerirdischen vortäuscht, um nicht Etatkürzungen zum Opfer zu fallen. Kaum durchschnittliches Fernsehentertainment.

## All die schönen Pferde 23

ALL THE PRETTY HORSES ***

**Regie:** Billy Bob Thornton
**Darsteller:** Matt Damon (John Grady Cole), Henry Thomas (Lacey Rawlins), Lucas Black (Jimmy Blevins), Penélope Cruz (Alejandra), Ruben Blades (Rocha), Robert Patrick (Cole), Julio Oscar Mechoso (Kapitän)
**Drehbuch:** Ted Tally, nach dem gleichnamigen Roman von Cormac McCarthy
**Kamera:** Barry Markowitz; Fred Murphy (2nd unit Regie und Kamera)

*Matt Damon*

**Musik:** Marty Stuart
**Schnitt:** Sally Menke
**Prod.-Des.:** Clark Hunter
**Prod.:** USA 2000; 117 Min.
Robert Salerno, Billy Bob Thornton für Miramax/Columbia Pic.
**UA:** 11.12.2000, L. A.
**Verleih:** Columbia TriStar/-/Buena Vista, 5.7.2001
**FSK:** ab 12 J., ffr.

Ein junger Mann zieht von Texas nach Mexiko, lernt im vermeintlichen Paradies die Liebe kennen, wird verraten, stürzt in die Hölle, wird gerettet und kehrt als Mann zurück. Zwiespältig ist der Eindruck, den dieser Spätwestern nach dem Roman von Cormac McCarthy hinterlässt. In holprigem Rhythmus und Bildern, die zwischen hyperaler Beschwörung und plumper Werbeästhetik pendeln, erzählt er eine klassische Coming-of-Age-Geschichte. *Film, 6/2001*

**Kritik:** Es wäre ja einfach nur zu schön gewesen, wenn es mit der Verfilmung des Bestsellerromans von

Cormac McCarthy hingehauen hätte. Doch Regisseur Billy Bob Thornton, besser bekannt als Schauspieler (»Armageddon«) sowie als Ehemann von Angeline Jolie, hat »All die schönen Pferde« des amerikanischen Autors buchstäblich in den Präriesand gesetzt. Und obwohl der Produzent den Film nach Fertigstellung brachial von vier auf zwei Stunden kürzen ließ, kann man sich beim besten Willen nicht vorstellen, dass die längere Fassung dieser platten Pferdeoper mehr wert sein dürfte. (…)

*Albert Baer, Rheinische Post, 13.7.2001*

(…) Die erste Version des Films, die Thornton seinen Produzenten vorführte, war fast vier Stunden lang, und er wollte ihn auf drei Stunden trimmen. Doch die hollywoodüblichen Testvorführungen liefen nicht gut. »Wenn man sich auf Testvorführungen verlässt«, sagte Thornton später ein wenig verbittert, »kommt als Ideallänge null Minuten heraus.«
Im Lauf eines Jahres wurde gestutzt und weiter gestutzt; am Ende sind 117 Minuten übrig geblieben. Mag sein, dass Thorntons Opus 2 sich als interessant misslungen erwiesen hätte. Nun sieht es wie nach einer Notschlachtung aus: uninteressant misslungen. Doch weder Penélope Cruz noch Matt Damon muss deshalb den Kopf hängen lassen.

*Urs Jenny, Der Spiegel, 9.7.2001*

(…) Der Rio Grande ist diese Grenze. Ihn im Kino zu überschreiten, heißt, den Traum von Freiheit und Abenteuer noch einmal zu träumen. Billy Bob Thornton (»Sling Blade«), der auch ein guter Schauspieler ist, gibt sich alle Mühe, einen Western zu drehen, in dem er die Geschichte vom Ende aller Western erzählt, den endgültigen Abschied von den Archetypen Westerner und Outlaw zelebriert, denen es hier weiß Gott nicht gut ergeht. Stephen Frears hatte das vor zwei Jahren in Hi-Lo Country auch schon probiert, doch wie er, bleibt auch Thorntons Film irgendwo in der Mitte stecken. Schwer zu sagen, warum genau das so ist, denn die Schauspieler sind ebenso gut wie die Geschichte. Bei einem Siedlertreck würde man sagen: Ihm geht das Wasser aus, hier sind es eher die Bilder, die zu eng und klein bleiben für diese Landschaft, und der fehlende Mut des Regisseurs, sich ganz auf seine Geschichte einzulassen. Stattdessen wird der Roman etwas ruckartig nacherzählt, ohne Mythen und Poesie der Geschichte widerzuspiegeln, ihre Melancholie und Düsternis nachzuempfinden oder einfach nur die Lust daran, ein Amerikaner in Mexiko zu sein. (…)

*Rüdiger Suchsland, FR, 13.7.2001*

## Allein unter Männern

24
**
TV

**Regie:** Angeliki Antoniou
**Darsteller:** Ann-Kathrin Kramer (Dr. Tana Fechner), Harald Krassnitzer (Bernhard Bausch), Dietrich Hollinderbäumer (Prof. Dr. Poschinger), Heio von Stetten, Stefanie Süss, Antonio di Mauro
**Drehbuch:** Dorothee Schön
**Prod.:** BRD 2000; 85 Min.
**TV:** 21.3.2001, ARD, 20.15

Tierärztin Dr. Fechner, hoch begabt, doch von der Testosteronphalanx aus Kollegen und Vorgesetzten niedergehalten, muss sich des verheirateten Exgeliebten, zudringlichen Duckmäuserkollegen und des Verdachts erwehren, Pferde aus Karrieregründen über den Jordan galoppieren zu lassen. Ann-Kathrin Kramer und ihr Gefährte im richtigen Leben, Harald Krassnitzer, durften dekorativ wie in einer Werbung für cholesterinfreie Diätmargarine durch grüne Auen reiten, der brav verfilmten Story fehlte aber »die Butter bei die Fische«. Gipfel der »Reinfälle«: Der Pferdekeuler wurde durch ein beim Tatort verlorenes Feuerzeug entlarvt. Harmlos bis zum Abwinken.

*W. O. P. Kistner, AZ, 23.3.2001*

**Kritik:** (…) Eine Kreuzung aus Familienkrimi und Liebesfilm war angepeilt. Aber es wirkt dann alles steif und verzagt, ohne den Mut zum ganz großen, gebrochenen Kitsch. Nur viel zu selten nimmt die Regisseurin allen Mut zusammen und striegelt die biedere Seifenoper gegen den Strich. (…)

*Wilfried Geldner, SZ, 21.3.2001*

## Alles über Adam 25

ABOUT ADAM ***

**Regie:** Gerard Stembridge
**Darsteller:** Stuart Townsend (Adam), Frances O'Connor (Lara), Kate Hudson (Lucy), Charlottte Bradley (Alice), Alan Maher (David), Tommy Tieman (Simon), Brendan Dempsey (Martin)
**Drehbuch:** Gerard Stembridge
**Kamera:** Bruno de Keyser
**Musik:** Adrian Johnston
**Schnitt:** Mary Finlay
**Prod.-Des.:** Fiona Daly
**Prod.:** USA/GB/Irland 2000; 97 Min. Anna J. Devlin, Marina Hughes für Venus Prod./Miramax Int./BBC
**Verleih:** Concorde/dto./Ascot, 9.8.2001
**FSK:** ab 12 J., ffr.

Liebeskomödie um einen attraktiven jungen Mann, der mit verdeckten Karten spielt, und, während er sich anschickt, die jüngste Tochter zu heiraten, eine Affäre mit der mittleren unterhält und zur selben Zeit die Gelüste der ältesten befriedigen kann. Mutter und einziger Sohn sind ebenfalls von Adam angetan. In einzelnen Kapiteln fügt der Film zeitlich und räumlich zusammen, was Lucy, Laura und Alice, ohne Genaues voneinander zu wissen, mit Adam erleben. Adam ist ihnen allen der Traummann – dem Film fehlt es aber darüber hinaus an einer intelligenten Auflösung, und vor lauter zufriedenen Frauen ist der Gesamteindruck fad. *Multimedia*

**Kritik:** (…) Adam ist ein Mann mit wenig Eigenschaften. Vielleicht mögen ihn gerade deshalb die unterschiedlichsten Frauen – bis hin zur künftigen Schwiegermutter. Er erzählt ihnen über sich genau das, was sie hören wollen – also erfährt jede der Frauen eine andere Version, wie er zu seinem Jaguar kam. Und jede ist genau abgestimmt auf die Seelenlage der Zuhörerin. Der Film bedient zwar zielstrebig den erotischen Nachholbedarf der noch vor wenigen Jahren sehr katholischen Republik, doch Stembridge tut dies mit Delikatesse und Witz; seine Inszenierung ist so unbeschwert und unbekümmert wie sein Held. Sex ist für den irischen Autor und Regisseur keine Frage der Moral, sondern des Vergnügens. Dass dabei alle ihren ungetrübten Spaß haben, die Frauen vielleicht noch mehr als Adam, dass es keinen Moment der Reue oder der Schuldgefühle gibt, hat für irische Verhältnisse wohl wirklich eine emanzipatorische Qualität.

*H. G. Pflaum, SZ, 10.8.2001*

(…) Das Problem von »Alles über Adam« ist Stembridges Vorsatz, auch im Fortgang der Geschichte immer nur nett zu bleiben. Obwohl der Filou nach Ausleuchtung seiner Abgründe verlangt oder nach derart rasantem

*Stuart Townsend und Kate Hudson*

Dialogwitz, dass wir vor Kichern nicht zum Grübeln kommen, begnügt Stembridge sich mit einer gemächlich frivolen romantischen Komödie, einer Visitenkarte für Hollywood mit einem Schuss Frechheit.
Das ist mehr, als eine treudoofe Schnulze liefert, die ihrem Schönling den netten Kerl einfach abkauft. Aber viel weniger, als man diesem Adam hätte aus den Rippen schneiden können. *Thomas Klingenmaier, Stuttgarter Zeitung, 9.8.2001*

(...) Regisseur Stembridge erzählt zwar die Geschichte geschickt aus wechselnden Perspektiven, es gelingt ihm jedoch nicht, den Rundumverführer Adam zu einem sympathischen Filou aufzubauen. Und auch die Möglichkeit, aus der Geschichte eine Tragikomödie zu machen, wird verschenkt. Dazu rollt die Handlung eben doch zu sehr nach einer typischen TV-Dramaturgie ab. Hierzu passen freilich wieder die kinountauglichen Bilder. Schade drum. Aber Kate Hudson (»Almost Famous«) ist schon wirklich niedlich (seufz). *LUG, Zitty, 17/2001*

## Alles wegen Paul 26
☐

**Regie:** Angelo Colagrossi
**Darsteller:** Max von Thun (Paul), Uwe Rohde, R. K. Kapoor, Jenny Jürgens, Janette Rauch (Marie-Eve), Tina Choudhary (Vandana), Karina Schieck
**Drehbuch:** Angelo Colagrossi
**Kamera:** Sven Kierst
**Musik:** Karim-Sebastian Elias
**Prod.:** BRD 2001; 92 Min.
Angelo Colagrossi, Hape Kerkeling für TechnoMedia/CHEESE
**Verleih:** Nordseepark/-/-, 1.11.2001

Zwischen der Börse in Düsseldorf und den Bazaren von Delhi liegen nur ein Anruf und einige Stunden im Flugzeug. Der Bruder der Börsenmaklerin Marie-Eve verschwindet irgendwo in Indien. Der aufgeregte Anruf einer Mitreisenden informiert die Familienangehörigen. Wenige Tage später steht die adrette Düsseldorferin im turbulenten, lauten und farbenfrohen Treiben der Metropole. Während der ersten Stationen ahnt die Touristin wider Willen noch nicht, dass dies der Anfang einer langen Reise durch Indien ist, an deren Ende sie viel über sich selbst, den Umgang mit fremden Menschen und Kulturen und einen ganz neuen Zeitbegriff gelernt haben wird.

**Kritik:** (...) »Alles wegen Paul«, mit einfachen Mitteln, leichter Hand und bewegter Kamera inszeniert (Hape Kerkeling produzierte), mischt unbefangen Sozialsatire, Reisebericht, Dokumentarfilm und Homemovie. Der von Regisseur Angelo Colagrossi unternommene, durchaus sympathische Versuch wurde allerdings vom Gott der Filmkunst nicht erhört.
*Karim Zendagui, Rheinische Post, 3.11.2001*

## Almost Famous – Fast berühmt 27
ALMOST FAMOUS ****+

**Regie:** Cameron Crowe
**Darsteller:** Billy Crudup (Russell Hammond), Frances McDormand (Elaine Miller), Kate Hudson (Penny Lane), Jason Lee (Jeff Bebe), Patrick Fugit (William Miller), Anna Paquin (Polexia Aphrodisia), Fairuza Balk (Sapphire)
**Drehbuch:** Cameron Crowe
**Kamera:** John Toll
**Musik:** Nancy Wilson (Score), Danny Bramson (Supervisor), Peter Frampton
**Schnitt:** Joe Hutshing, Saar Klein
**Prod.:** USA 2000; 122 Min.
Cameron Crowe, Ian Bryce, Lisa Stewart für Vinyl Film
**UA:** 18.8.2000, Int. Filmfestspiele Toronto
**Verleih:** Columbia TriStar/dto./Buena Vista, 3.5.2001
**Vertrieb:** Columbia TriStar (Video, DVD)
**FSK:** ab 12 J., ffr.

Ein 15-Jähriger sammelt auf Tournee mit einer Rockband erste journalistische Erfahrungen. Hin und her gerissen zwischen seiner Bewunderung für den charismatischen Gitarristen und ein elfenhaftes Groupie und seinem Wunsch nach objektiver journalisti-

*Rockstars auf dem Weg zum Ruhm in ›Almost Famous‹*

scher Arbeit, erlebt der Junge die Tournee als Initiationsreise. Der autobiografisch gefärbte Film kontrastiert äußerst eingängig, stimmungsvoll und ohne falsche Verklärung den Rock-'n'-Roll-Kult mit der Industrialisierung des Musikbusiness.

*Film, 3/2001*

**Kritik:** (...) Dabei hat der Rock längst einen ewigen Vorrat an Geschichten, die man wieder und wieder erzählen könnte, so schön und wahrhaftig sind sie. Die allerschönsten und wahrhaftigsten handeln davon, wie Rock das wirkliche Leben formt. Davon handelt auch der Film »Almost Famous« des amerikanischen Regisseurs Cameron Crowe. Er ist eine Liebeserklärung an die Musik und sie ist so, wie Liebeserklärungen sein sollten: leise und dezent, unwiderstehlich. Es ist eine besondere Kunst, eine solche Erklärung ausgerechnet für den Rock abzugeben, der mit Dezenz und Diskretion naturgemäß eher wenig zu tun hat. Crowes Film gelingt der Quantensprung spielend. (...)

*Andreas Obst, FAZ, 3.5.2001*

(...) In »Almost Famous« ist die Musik der 70er-Jahre zeitlos amerikanische Folklore und Eingliederungsritual. Nichts bleibt vom Aufbruchspathos oder der Verachtung der bürgerlichen Normen. Crowe filmt mit impressionistischen Mädchenporträts und bösen, eifersüchtigen Freundinnen ebenso konventionell darüber hinweg, wie er mit liebevoller Routine Rockposen, Männerbündelei und Countryroads im Sonnenuntergang vorführt.

*Markus Schneider, FR, 3.5.2001*

(...) Regisseure sollten nur Filme über Themen drehen, von denen sie etwas verstehen. Und genau das hat Cameron Crowe hier getan, trägt doch die Geschichte um den minderjährigen Rockjournalisten deutliche autobiografische Züge. In jeder Sekunde des Films spürt der Zuschauer: Hier stimmt jedes Detail, hier wird einem keine Glorifizierung einer Rockära vorgesetzt. »Almost Famous« ist eine sensible Zeitreise in die frühen 70er, die überraschend zurückhaltend und inszenatorisch angenehm altbacken daherkommt. Ganz nüchtern schildert Crowe die turbulenten Ereignisse, verfällt niemals in das für das Genre Musikfilm inzwischen so obligatorische MTV-Clip-Bildersalat-Muster. Stattdessen lässt er sich Zeit für die sensible Schilderung eines Jungen, der in die Erwachsenenwelt hineinschliddert. (...)

*Martin Schwarz, Zitty, 20/2001*

## Als Großvater Rita Hayworth liebte 28

****

**Regie:** Iva Svarcová
**Darsteller:** Karen Fisher (Hannah), Vlastimil Brodsky (Großvater Zickmunt), Veronika Albrechtova (Maruschka), Ewa Gawryluk (Lida), Vladimir Hajdu (Kuba), Charles Brauer (Herr von Hartlieb), Dagmar Manzel
**Drehbuch:** Iva Svarcová
**Kamera:** Hille Sagel
**Musik:** Annette Focks
**Schnitt:** Georg Janett
**Prod.-Des.:** Harold Turzer
**Prod.:** BRD/Schweiz/Tschechien 2000; 90 Min.
Malte Ludin, Iva Svarcová mit ZDF
**UA:** 24. Max-Ophüls-Festival Saarbrücken
**EA:** Grenzland-Filmtage 2001, »Eröffnungsfilm«
**Verleih:** Basis/-/-, 1.3.2001

Wer hätte gedacht, dass man eine Emigrationsgeschichte auch mit jeder Menge Humor und in den poppigen Farben der 70er erzählen kann. Nach dem Ende des Prager Frühlings flüchtet Hannah mit ihren Eltern und der sturen kleinen Schwester nach Deutschland – nur der geliebte Opa muss zu Hause bleiben. In ihrem Regiedebüt verarbeitet die in der ČSSR geborene Iva Svarcová die eigene Erfahrung, indem sie aus der Perspektive von Kindern über Emigration erzählt. Vielleicht ist diese Sicht letztlich die erwachsenere, denn Hannahs Blick lässt sich weder von Vorurteilen noch von der Versuchung des Konsums täuschen. Mit dem subversiven Tonfall der tschechischen Erzähltradition werden hier das Wirtschaftswunder und der deutsche Ordnungswahn liebevoll auf die Schippe genommen.

*Anke Leweke, tip, 5/2001*

**Kritik:** (...) Dabei merkt man allerdings, dass die in Tschechien geborene und in Deutschland lebende Regisseurin zu sehr darauf vertraut, dass sich in der Oberfläche einer Zeit auch deren Atmosphäre erfassen lässt. Aber die Mode, die Möbel, die Musik bleiben hier nur Oberfläche. Und leider fehlt es diesem Film auch am richtigen Timing. Wenn er etwa die Angst der Neuankömmlinge vor einer Rolltreppe zeigen will, dann schneidet er die Bilder falsch zusammen, dann setzt er seinen Einfall filmisch nicht adäquat um. Und so wird auch nichts aus der reizvollen Idee, diesen Film als Hommage an das tschechische Kino der 60er-Jahre zu drehen, als Hommage an jene Zeit, in der ein Milos Forman oder ein Jiri Menzel – Letzterer ist übrigens in einer Nebenrolle zu sehen – mit frivolen Komödien Furore machten. Wenn Hannahs Mutter in einer Baracke Striptease tanzt, dann mag so eine Szene ein wenig an diese Filmtradition erinnern. Aber diese Erinnerung ist eine oberflächliche. *Rupert Koppold, Stuttgarter Zeitung, 19.7.2001*

## Als wir uns kennen lernten 29

GETTING TO KNOW YOU

□
TV

**Regie:** Lisanne Skyler
**Darsteller:** Heather Matarazzo (Judith), Zach Braff (Wesley), Michael Weston (Jimmy), Bebe Neuwirth (Trix), Mark Blum (Darell), Bo Hopkins (Officer Caminetto), Tristine Skyler (Irene)
**Drehbuch:** Lisanne Skyler, Tristine Skyler, nach Shortstorys von Joyce Carol Oates
**Prod.:** USA 1999; 87 Min.
**TV:** 20.10.2001, Arte, 22.45

Ein Busbahnhof in den USA. Drei Teenager treffen aufeinander. Bevor sie sich wieder trennen und in verschiedene Richtungen aufbrechen, erzählen sie sich gegenseitig Geschichten und ihr Leben, um mit der Welt ins Reine zu kommen. *Pressetext*

## Am Rande der Zeit – Männerwelten im Kaukasus

30
****
TV

**Regie:** Stefan Tolz
**Kamera:** Thomas Riedelsheimer, Holger Schüppel, Dieter Stürmer, Nugsar Nozadze
**Schnitt:** Cordula Krämer
**Musik:** Sean Hara, Temur Babluani
**Prod.:** BRD 2001; 90 Min.
Applaus Film mit SWR/WDR/MDR/Arte
**TV:** 8.10.2001, Arte, 22.25

Der Kaukasus gilt als eine der wichtigsten Zukunftsregionen der Welt, denn über die »Seidenstraße des 21. Jahrhunderts« sollen schon bald die gewaltigen Rohstoffvorkommen des Kaspischen Meeres in den Westen gelangen. (...) Der Film beschreibt vier abgeschiedene Orte: Männerwelten, die von harten Lebensbedingungen geprägt sind. (...) *Pressetext*

## America's Sweethearts

31
AMERICA'S SWEETHEARTS
***

**Regie:** Joe Roth
**Darsteller:** Julia Roberts (Kiki Harrison), Billy Crystal (Lee Phillips), Catherine Zeta-Jones (Gwen Harrison), John Cusack (Eddie Thomas), Hank Azaria (Hector), Stanley Tucci (Dave Kingman), Christopher Walken
**Drehbuch:** Billy Crystal, Peter Tolan
**Kamera:** Phedon Papamichael
**Musik:** James Newton Howard
**Schnitt:** Stephen A. Rotter
**Prod.-Des.:** Garreth Stover
**Prod.:** USA 2001; 102 Min.
Billy Crystal, Susan Arnold, Donna Arkoff Roth; Allegra Clegg, Bruce A. Bock (Co-Prod.) für Revolution/Roth/Arnold & Face Prod.
**Verleih:** Senator/Constantin/-, 11.10.2001
**FSK:** ab 6 J., ffr.

Gwen und Eddie führen als das Traumpaar Hollywoods seit Jahren eine öffentliche Ehe. Natürlich ist alles nur Fassade, aber noch einmal müssen sie den Schein wahren, um ihren letzten gemeinsamen Film zu bewerben. Ein souverän agierender Billy Crystal sorgt gemeinsam mit Julia Roberts, die hier einen weiteren Beleg für ihre Fähigkeiten als Charakterdarstellerin vorlegt, für die spärlichen Höhepunkte. In Summe lässt das Drehbuch an Wortwitz fehlen. Typisch für Hollywood auch die Quadratur des Kreises: die Selbstkritik am Starsystem wird die Grundlage für ein klassisches Märchen, das seinen Charme gerade aus jenen Ingredienzien bezieht, die der Film zu kritisieren vorgibt.

*Stefan Stiglbauer, Multimedia, 11.10.2001*

**Kritik:** (...) Joe Roth, einem ehemaligen Produktionschef bei Disney, kann man sein Scheitern gar nicht mal so recht verübeln: Wer kann denn heute, ohne eine zwingende Filmzensur im Nacken, noch wirklich die Balance zwischen Sagbarem und Unsagbarem ausloten, die einst den erotischen Witz der romantischen Komödie prägte? (...)

»America's Sweethearts« ist vor allem dank seiner Besetzung trotzdem ein Vergnügen, aber ein durchaus wehmütiges. Es ist einer jener Filme, an denen sich – wie etwa auch an Gus Van Sants bemerkenswertem »Psycho«-Remake – belegen lässt, warum sich das Kino von früher nicht einfach in die Gegenwart herüberwünschen lässt. (...)

*Daniel Kothenschulte, FR, 11.20.2001*

*Julia Roberts und Catherine Zeta-Jones*

(…) »America's Sweethearts« ist trotz des interessanten Konfliktpotenzials ein halbherziger, oberflächlicher Film; dank gelungener Gags unterhaltsam, aber schnell wieder vergessen. *Frank Noack, Rheinische Post, 12.10.2001*

## American Dates 32

20 DATES **

Video

**Regie:** Myles Berkowitz
**Darsteller:** Myles Berkowitz (Myles), Elisabeth Wagner (Elisabeth), Richard Arlook (der Agent), Tia Carrere, Robert McKee, Elie Samaha, Tom Ardavany
**Drehbuch:** Myles Berkowitz
**Kamera:** Adam Biggs
**Musik:** David Raksin, Steve Tyrell u. a.
**Schnitt:** Lisa Cheek, Michael Elliot
**Prod.:** USA 1997; 84 Min.
Mark McGarry, Jason Villard für Phoenician Films
**Vertrieb:** VCL Video, 24.5.2001
**FSK:** ab 12 J.

Aus Verzweiflung über ignorante Produzenten beschließt Jungregisseur Myles Berkowitz, seinem Liebesfilm autobiografisch-dokumentarischen Charakter zu verleihen und ihn mit allergeringstem Budget herunterzukurbeln. Witzlose Komödie, die beim Versuch, Filmbusiness und zeitgenössischen Beziehungsstress gleichzeitig zu karikieren, scheitert.

## American Pie 2 33

AMERICAN PIE 2 ****+

**Regie:** J. B. Rogers
**Darsteller:** Jason Biggs (Jim), Shannon Elizabeth (Nadia), Alyson Hannigan (Michelle), Chris Klein (Oz), Natasha Lyonne (Jessica), Thomas Ian Nicholas (Kevin), Tara Reid (Vicky)
**Drehbuch:** Adam Herz, nach einer Story von David H. Steinberg, Adam Herz, basierend auf Charakterstudien von Adam Herz
**Kamera:** Mark Irwin, Dick Barker (2nd unit)
**Musik:** David Lawrence
**Schnitt:** Larry Madaras, Stuart Pappe
**Prod.-Des.:** Richard Toyon
**Prod.:** USA 2001; 105 Min.
Warren Zide, Craig Perry, Chris Moore; Jane Bartelme, Chris Bender (Co-Prod.) für Zide/Perry-Liveplanet Prod.
**UA:** 10.8.2001, N. Y.
**Verleih:** UIP/UIP/UIP, 27.9.2001
**Vertrieb:** Universal Video
**FSK:** ab 12 J., ffr.

Die Idee der Fortsetzung müsste eigentlich dem Prozess des Heranwachsens genau entsprechen. Gleichwohl ist das Sequel zu »American Pie« eine Tragikomödie des Verharrens geworden: Sie gibt lauter Antworten auf drängende Lebensfragen, die wir schon am Ende des ersten Teils erahnten. Wiederum ist der Sex den Regeln amerikanischen Sportgeistes unterworfen und die hormongesteuerten Figuren sind auch auf dem College keinen Schritt weiter gekommen. Die possenreißerische Nuance des Bewährten ergibt zweifellos genau die Art von Lustbarkeit, auf die das Zielpublikum gewartet hat. *Gerhard Midding, tip, 20/2001*

**Kritik:** (…) »American Pie 2« ist nur die Warteschleife für »American Pie 3« – wenn es denn überhaupt Sinn macht, einen High-School-Film aufs College zu verlagern und die mühevollen Schritte auf dem Gebiet der sexuellen Erfüllung weiterzuverfolgen als bis zum »ersten Mal«. *Irene Rudolf, Multimedia (Die Furche), 27.9.2001*

## American Pimp 34

AMERICAN PIMP **

Video

**Regie:** Albert Hughes, Allen Hughes
**Darsteller:** Rosebudd, Schauntte, Bradley
**Kamera:** Albert Hughes
**Musik:** Sharon Boyle (Consultant)
**Schnitt:** Doug Pray, Dan Lebental
**Prod.:** USA 1998; 88 Min.
Allen Hughes, Albert Hughes, Kevin J. Messick für Underworld Ent.
**Vertrieb:** MGM/UA (Fox) Video, OmU, 14.6.2001
**FSK:** ab 18 J.

Dokumentation über Rolle und Stellung schwarzer Zuhälter in der US-Society. Zwischen unkritisch, oberflächlich und überflüssig mäandernder Film, auf der Suche nach einer brauchbaren Aussage.

**Kritik:** (...) Vollkommen aufgesetzt wirkt der Versuch der Filmemacher, die halbseidenen Zuhälter zu schwarzen Helden und schillernden Protestfiguren im Kampf gegen ein von Weißen bestimmtes Gesellschaftssystem zu stilisieren. *Anselm Jungeblodt, Film-Dienst, 17/2001*

## Amores Perros 35

AMORES PERROS ****

**Regie:** Alejandro González Inárritu
**Darsteller:** Emilio Echevarria (El Chivo), Gael Garcia Bernal (Octavio), Goya Toledo (Valeria), Alvaro Guerrero (Daniel), Vanessa Bauche (Susana), Jorge Salinas (Luis)
**Drehbuch:** Guillermo Arriaga Jordan
**Kamera:** Rodrigo Prieto
**Musik:** Gustavo Santaolalla, Lynn Fainchten
**Schnitt:** Luis Carballar, Alejandro González Inárritu, Fernando Pérez Unda
**Prod.-Des.:** Brigitte Broch
**Prod.:** Mexiko 2000; 147 Min. Alejandro González Inárritu für AltaVista/ZETA
**UA:** Int. Filmfestspiele Cannes 2001, »Semaine de la Critique«
**Verleih:** X Verleih, OmU/-/-, 1.11.2001
**FSK:** ab 16 J., ffr.

Drei Episoden aus Mexiko City kulminieren in einem Verkehrsunfall: Ein junger Mann verliert sein Kapital, einen Kampfhund; ein Fotomodell verliert ein Bein; und ein philosophierender Tramp tritt aus der Position des Augenzeugen heraus. »Amores Perros« ist eine harte Geschichte, erzählt in schmutzigen, grellen Bildern, aber die Haltung dieses Films ist sentimental und seine Gewaltspekulation entstammt dem postmodernen Kino. *Bert Rebhandl, tip, 22/2001*

**Kritik:** (...) Schon vor eineinhalb Jahren war der Film in Cannes zu sehen, aber nur in der »Semaine de la Critique«, der, nett gesagt, viertwichtigsten Sektion des Festivals. Er hätte im Wettbewerb gezeigt werden müssen (und einen Preis gewinnen), aber welcher europäische Festivaldirektor sieht schon mit geschärftem Blick aufs mexikanische Kino? So kann es geschehen, dass einer der aufregendsten Filme der letzten Zeit zunächst am Rande der Aufmerksamkeit läuft und 18 Monate braucht bis in die deutschen Kinos. Und wer weiß, wie es nun hierzulande mit der Aufmerksamkeit aussieht! Wir finden nicht so leicht in die Straßen von Mexico City hinein wie in »Der Schuh des Manitu«. Auch durch die Leinwand bleiben Welten getrennt. (...) *Merten Wortmann, Die Zeit, 31.10.2001*

(...) Einziges, wenngleich auch ziemlich großes Manko bei alledem ist die Lauflänge des Films: Mit satten 147 Minuten ist »Amores Perros« doch deutlich zu lang geraten und nimmt sich so einen Teil seiner unmittelbaren Wucht. *Thilo Wydra, Filmecho-Filmwoche, 44/2001*

(...) Dass die Geschichten verbunden sind, weil alle Protagonisten mit Hunden zu tun haben, das ist mehr als nur ein Drehbuchtrick: die Hundeinstinkte und die Hundegewalt reflektieren und verändern auch das Verhalten der Menschen. Dass sich alle Geschichten berühren bei einem Autounfall – das gibt dem Film eine formale Stringenz, die das Interesse in jeder Sekunde wach hält. »Amores Perros« ist ein großer Film. Sie mögen eng sein, die Subsysteme des Molochs, die Inárritu als Einheiten einer gesetzlosen Ordnung entdeckt. Aber sie sind Teil eines großen Kampfes und einer großen Geschichte und sie enthalten die ganze Welt. *Tobias Kniebe, SZ, 2.11.2001*

## L'Amour, L'Argent, L'Amour 36

***+

**Regie:** Philip Gröning
**Darsteller:** Sabine Timoteo (Marie), Florian Stetter (David), Michael Schech, Dierk Prawdzik, Marquard Bohm, Gerhard Fries
**Drehbuch:** Philip Gröning, Michael Busch
**Kamera:** Sophie Maintigneux, Max Jonathan Silberstein (= Philip Gröning)

**Schnitt:** Max Jonathan Silberstein, Valdis Oskarsdóttir
**Prod.-Des.:** Peter Menne
**Prod.:** BRD 2000; 134 Min.
Philip Gröning, Res Balzli, Dieter Fahrer, Françoise Gazio, Uwe Boll, Michael Weber für Philip Gröning Filmprod./Solera et Cie Film mit Taunus/Bavaria/WDR/BR/Arte/SF/DRS
**UA:** Int. Hofer Filmtage 2000
**EA:** 11.12.2001, 2KM, Karlsruhe

**Kritik:** (...) Philip Gröning arbeitet sozusagen am anderen Ende des Spektrums, jenseits aller Moden, jahrelang mit dem einen Projekt »L'Amour, l'Argent, l'Amour« beschäftigt. In Locarno hat seine Hauptdarstellerin Sabine Timoteo immerhin schon einen Darstellerpreis gewonnen, für die eigenartige Gratwanderung zwischen Naivität und Selbstentblößung wahrscheinlich. Der Film dauert 134 Minuten und erfordert auch eine Menge Geduld. Ein Pärchen bricht von Berlin auf in die Provinz, sie arbeitet als Nutte, er versucht sich als Hobbyzuhälter – aus Liebe, versteht sich. Auch hier muss man die abstrakten Vorgaben akzeptieren, wenn man mit dem Film warm werden will. Gröning unternimmt jedoch alles, um solche Gefühle nach Möglichkeit nicht zuzulassen: die mitunter geradezu verdrießliche Weltferne der beiden; die stete enervierende Präsenz eines Hundes, der quasi die dritte Hauptfigur ist; die durch einen Gipsarm dauernd präsente Versehrtheit dieser Liebe – durch all diese Manöver von Verstörung und Verweigerung muss man hindurch, um zu Bildern von kristalliner Schönheit zu gelangen, wenn über Berlin das Silvesterfeuerwerk losgeht oder am Meer ein Auto in Flammen aufgeht.

*Michael Althen, SZ, 31.10.2000*

## Andersens Märchen von der Liebe

37
□

**Regie:** Carl Andersen
**Darsteller:** Katja Karouaschan, Mona C. Bricke, Maria Mohr
**Prod.:** BRD 2001; 60 Min.
Carl Andersen Film Prod.
**Verleih:** Eigenverleih/-/-, 22.3.2001

Der gebürtige Wiener und Wahlberliner Carl Andersen hat für seine Quasidokumentation Beziehungsgespräche mit Kellnerinnen, Studentinnen, Schauspielerinnen geführt. Das alte Hin-und-her-und-rein-und-raus-Spiel, der eine ist Hammer, der andere Amboss. Zwischen die O-Töne der Verlassenen und Verlassenden sind Szenen eines Pärchens montiert, das einen Homevideo-Porno dreht. Die Authentizität dieses tristen Pornos und der dokumentarischen O-Töne rundherum erzeugt Verwirrung und Faszination: Ist das nun alles wahr oder nicht? Wenn Andersen seinen Laiendarstellern wirklich vorgegeben hat, was sie zu sagen haben, dann sind sie als Akteure großartig.

*Jenny Zilka, tip, 6/2001*

## Angel Eyes

38

ANGEL EYES

***

**Regie:** Luis Mandoki
**Darsteller:** Jennifer Lopez (Sharon Pogue), Jim Caviezel (Catch), Sonia Braga (Josephine Pogue), Terrence Howard (Robby), Jeremy Sisto (Larry), Victor Argo (Carl Pogue), Monet Mazur (Kathy Pogue)
**Drehbuch:** Gerald DiPego
**Kamera:** Piotr Sobocinski; Spiro Razatos (2nd unit)
**Musik:** Marco Beltrami
**Schnitt:** Jerry Greenberg
**Prod.-Des.:** Dean Tavoularis
**Prod.:** USA 2001; 103 Min.
Mark Canton, Elie Samaha; Dawn Miller (Co-Prod.) für Morgan Creek Prods./ Franchise/Canton Co.
**Verleih:** Warner/-/-, 25.10.2001
**Vertrieb:** Warner Video (Video, DVD)
**FSK:** ab 12 J., ffr.
**FBW:** Wertvoll

Eine Polizistin rettet einem Unfallopfer das Leben. Ein Jahr später rettet er ihr seinerseits das Leben. Die toughe Polizistin und der verloren durch die Welt spazierende, sanfte Mann kommen einander langsam näher. Doch ihre Männerbeziehungen leiden unter ihrer Geschichte mit ihrem seine Frau misshandelnden Vater und er muss erst seine Identität wie-

*Jennifer Lopez stark erblondet*

der finden. Das Grundmuster ist zwar altbekannt, doch der Film gewinnt ihm durch seine Personenzeichnung, die guten Schauspieler und einen über weite Strecken konsequent unaufgeregten Tonfall neue Aspekte ab. Da kann sogar das übliche melodramatische Ende den eher positiven Gesamteindruck nicht ganz verderben.

*Richard Richter, Multimedia (Die Furche), 25.10.2001*

**Kritik:** (...) Keine uninteressante Zweierkonstellation, selbst eingedenk der geschlechtsideologischen Spitzfindigkeiten. Leider verkorkst der Film die Beziehungsgeschichte, weil er sie bedeutungsschwanger zu einem pseudotranszendentalen Schicksalsdrama aufzublasen sucht: Als sich die beiden noch gar nicht kennen, retten sie sich schon gegenseitig das Leben, und Catch wandelt durch Chicago wie eine dunkle Samaritergestalt aus dem Jenseits, ein Quasi-Doppelgänger von Patrick Swayze in dem Film »Ghost« (1990). So vertritt »Angel Eyes« doch nur das typische Reißbrettkino, den TV-tauglichen Problemfilm amerikanischer Herkunft, der einzig deshalb so häufig von Schuld und Absolution erzählt, um selbst Vergebung einzuheimsen – dafür, dass er den Zuschauer mit Problemen überhaupt zu behelligen wagt. (...) *Thomas Basgier, Stuttgarter Zeitung, 25.10.2001*

(...) In einem differenzierten psychologischen Prozess ziehen sich die beiden Liebenden einmal gegenseitig an, um sich dann wie Fremdkörper wieder abzustoßen – und wieder anzuziehen.
Mit erheblichem dramaturgischem Geschick und darstellerischem Feingefühl ist das gemacht. Dazu fehlen auch keineswegs Dramatik, Tempo und Spannung. Wer sich für »Angel Eyes« entscheidet, wird auf keinen Fall enttäuscht. *Thomas Engel, Der Gildedienst, 11/2001*

## The Animal – Das Tier im Manne 39

THE ANIMAL ***

**Regie:** Luke Greenfield
**Darsteller:** Rob Schneider (Marvin), Colleen Haskell (Rianna), John C. McGinley (Sgt. Sisk), Edward Asner (Wilson), Michael Caton (Dr. Wilder), Louis Lombardi (Fatty), Guy Torry (Miles)
**Drehbuch:** Tom Brady, Rob Schneider, nach einer Story von Tom Brady
**Kamera:** Peter Lyons Collister
**Musik:** Teddy Castellucci
**Schnitt:** Jeff Gourson, Peck Prior
**Prod.-Des.:** Alan Au
**Prod.:** USA 2001; 84 Min.
Barry Bernardi, Carr D'Angelo, Todd Garner; Tom Brady, John Schneider, Derek Dauchy (Co-Prod.) für Happy Madison Prod.
**UA:** 1.6.2001, N. Y.
**Verleih:** Senator/Constantin/-, 20.9.2001
**FSK:** ab 6 J., ffr.

Männer sind nicht nur Schweine, sie können auch Hunde, Delfine oder geile Böcke sein. So wie Rob Schneider, der sich nach der Transplantation diverser Tierorgane in seinen Körper vom hoffnungslosen Loser zum Supercop wandelt. Er hat einen Riecher wie Lassie, rennt wie Fury und rettet Ertrinkende wie Flipper. Leider kann er seine animalischen Instinkte nicht beherrschen und gerät daher dauernd in peinliche Situationen. Amüsantes Lustspiel, in dem nicht alle Pointen das Zwerchfell treffen.

*Ralph Umard, tip, 19/2001*

**Kritik:** (...) Regiedebütant Luke Greenfield weiß genau, wozu diese abstruse Geschichte gut ist: für eine Unmenge geschmack- und niveauloser Gags, wie sie im Kino zurzeit so gern gesehen sind. Mit seinem Hauptdarsteller, dem »Saturday Night Live«-erprobten Komiker Rob Schneider, hat Greenfield einen sowohl die Gesichtszüge als auch den Körper bestens verbiegenden Typen gefunden. Und der lässt zwar die Sau und noch manch andere Viecher raus, kann aber trotz aller Mühe nicht verhindern, dass so mancher Witz nicht so recht zünden will. *Zitty, 20/2001*

(...) Rob Schneider beherrscht die vielen Tierimitationen mit großem Geschick, und Kinder hätten Vergnügen daran, wenn der Witz nicht immer seinen Anlass darin finden würde, dass ein Mann mit seinem Trieb zu ringen hat. *Irene Rudolf, Multimedia (Die Furche), 20.9.2001*

## The Animal Factory – Rache eines Verurteilten 40

ANIMAL FACTORY ***

Video

**Regie:** Steve Buscemi
**Darsteller:** Willem Dafoe (Earl Copen), Edward Furlong (Ron Decker), Seymour Cassel (Lt. Seeman), Mickey Rourke (Jan the Actress), Steve Buscemi (A. R. Hosspack), Tom Arnold (Buck Rowan), John Heard (James Decker)
**Drehbuch:** Edward Bunker, nach seinem gleichnamigen Roman
**Kamera:** Phil Parmet
**Musik:** John Lurie
**Schnitt:** Kate Williams
**Prod.-Des.:** Steve Rosenzweig
**Prod.:** USA 1999; 91 Min.
Julie Yorn, Elie Samaha, Steve Buscemi, Andrew Stevens für Phoenician Ent./ Industry Ent./Arts Prod.
**UA:** 24.1.2000, Sundance Film Festival, »Special Screening«
**Vertrieb:** BMG (Advanced) Video, 9.1.2001

Ambitionierte und weitgehend unspektakuläre Regiearbeit des Schauspielers Steve Buscemi über die Erlebnisse des 21-jährigen Ron, der im Knast landet und sich dort durchbeißen muss.

## Anna Wunder 41

□

TV

**Regie:** Ulla Wagner
**Darsteller:** Alice Deekeling (Anna), Stephan Dellgrün (Rolli), Renée Soutendijk (Sophie), Götz Schubert (Franz), Filip Peeters (Fritz), Hans Peter Müller (Oskar), Simone von Zgliniszki (Oskars Frau)
**Drehbuch:** Ulla Wagner
**Prod.:** BRD 2000; 94 Min.
**TV:** 19.10.2001, Arte, 20.45

Die elfjährige Anna wächst in chaotischen Familienverhältnissen auf. Ihre Mutter ist Alkoholikerin, ihr Vater ist verschwunden. Trotzdem lässt sich das Mädchen nicht unterkriegen.

*Pressetext*

## Antonia – Zwischen Liebe und Macht 42

***+

**Regie:** Jörg Grünler
**Darsteller:** Alexandra Kamp (Antonia), Kai Wiesinger (Leonard Ahrendorff), Benjamin Stadler (Moritz Ahrendorff), Naike Rivelli (Sophie Ahrendorff), Michael Haneman (Werner Scherer)
**Drehbuch:** Anette Simon, Melanie Brügel
**Kamera:** Daniel Koppelkamm
**Musik:** Nick Baumeister
**Schnitt:** Jörg Baumeister
**Prod.-Des.:** Jochen Schuhmacher
**Prod.:** BRD 2001; 2 x 90 Min.
Oliver Schündler für Bavaria Film mit Colonia Media für SAT.1
**UA:** 2.7.2001, Filmfest München

Alexandra Kamp hält attraktiv ihr Modelgesicht und ihre Glamourgestalt ins Rampenlicht und imitiert unerschrocken ein Courths-Mahler-

Schicksal (nur: Die alte Schnulzenautorin Courths-Mahler konnte solche Sachen). Ob holde Grafenbraut in Weiß oder durch Erbschaft steinreiche Grafenwitwe als coole Bankerin: Da lachen die Hühner (und die Banker).

*Ponkie, AZ, 19.9.2001*

**Kritik:** (...) Mit »Antonia – Zwischen Liebe und Macht« verabreicht SAT.1 eine Volldosis von all dem, was die Welt zwischen »Gala« und »Echo der Frau« so bunt macht. Da wird hemmungslos in der Geschichte der großen Dramen gewildert, hier ein Hauch vom Kenndy-Attentat, dort die Tunnelfahrt der Lady Di und zwischendrin sind überall SAT.1-Reporter. Als Höhepunkt geht Antonia schließlich zum Beichten in die fiktive SAT.1-Show »Deckmann« und den Gastgeber spielt ausgerechnet der inzwischen zur ARD desertierte Jörg Pilawa. Doch, so was passiert, wenn dem Leben richtig langweilig ist.

*Hans Hoff, SZ, 15.9.2001*

## Anwalt des Herzens 43

***

TV

**Regie:** Gabriel Barylli
**Darsteller:** Christian Wolff (Dr. Klaus Curtius), Katharina Meinecke (Katharina Curtius), Anna Krins (Ariane Curtius), Katrin Ritt (Anna Krieger), Dietrich Mattausch (Herbert Kurz), Helmut Zierl (Dr. Lars Reinhardt), Udo Thomer (Bürgermeister)
**Drehbuch:** Ernst Kleemann, nach der Idee von Marina Wolff
**Kamera:** Hans Selikovsky
**Musik:** Hans Günter Wagener
**Schnitt:** Andreas Herzog
**Prod.-Des.:** Stephanie Ernst
**Prod.:** BRD 2001; 90 Min.
Katharina M. Trebitsch für Objectiv Film für ZDF
**TV:** 30.12.2001, ZDF, 20.15

Anwalt Curtius ist nicht sicher, ob er seine Frau Katharina verteidigen soll: Sie beging nach einem Verkehrsunfall mit Todesfolge Fahrerflucht. Verdacht auf eheliche Untreue? Solidarität, Professionalismus, gekränkte Eitelkeit. Es kommt, wie es im Fernsehen kommen muss.

## Apocalypse Now Redux 44

APOCALYPSE NOW REDUX *****+

**Regie:** Francis Ford Coppola
**Darsteller:** Marlon Brando (Col. Kurtz), Robert Duvall (Lt. Col. Kilgore), Martin Sheen (Capt. Willard), Frederic Forrest (Chef), Albert Hall (Chief), Sam Bottoms (Lance), Larry Fishburne (Clean)
**Drehbuch:** John Milius, Francis Coppola
**Kamera:** Vittorio Storaro, Stephen Burum (2nd unit)
**Schnitt:** Walter Murch, Richard Marks (Redux), Gerald B. Greenberg, Lisa Fruchtman
**Musik:** Carmine Coppola, Francis Coppola
**Prod.-Des.:** Dean Tavoularis
**Prod.:** USA 2001; 203 Min.
Francis Coppola; Fred Roos, Gray Frederickson, Tom Sternberg (Co-Prod.); Kim Aubry (»Redux«-Prod.) für American Zoetrope Studios
**Verleih:** Tobis/dto./-, 18.10.2001
**Vertrieb:** BMG Video (Video, DVD)
**FSK:** ab 16 J., ffr.
**FBW:** Besonders wertvoll

Coppolas um massive 49 Minuten erweiterte Neufassung der berühmten Vietnamkriegsfantasmagorie erhöht Plastizität und Detailreichtum der Inszenierung noch, hält aber am Labyrinthischen, Fragmentarischen fest. Ein Meisterwerk des Flüchtigen, nicht besser, nur ein wenig anders. Auch 22 Jahre nach der Premiere der Erstfassung: eine gespenstische Vision vom Wahn des Kriegs. *tip, 21/2001*

**Kritik:** (...) »Apocalypse Now Redux« ist ein künstlerisches, vielleicht exaltiertes Statement gegen den Krieg. Aber alle Bilder wirken wahrer, zeitlos gültiger als jene, die wir vom Golfkrieg, vom Kosovo oder aktuell aus Afghanistan bekommen.

*Angie Dullinger, AZ, 13.10.2001*

(...) Wenn Coppolas Meisterstück einfach nur neu ins Kino käme, mit farbkräftigen frischen Kopien, wäre das schon ein Ereignis: Dieser Film speist schließlich seit langem unser Bildgedächtnis und Unterbewusstsein. Aber »Apocalypse Now Redux« ist eine schlüssige Neufassung des

*Francis Ford Coppola (links) als Kriegsreporter in ›Apocalypse Now Redux‹*

alten Materials. Coppola und Cutter Walter Murch haben Szenen eingefügt, die Gewichte verschoben und die Wertungen verändert. So besucht die Bootscrew jetzt auf ihrer Reise eine aus dem Nebel auftauchende französische Plantage, deren spukhafte Besitzer ihr Relikt des Kolonialismus gegen eine neue Zeit beharrlich verteidigen. Das gibt dem Irrsinnstrip nicht nur eine historische Dimension, es bringt auch eine neue Bedrohlichkeit in den Film. Das Scheitern der Franzosen hat zur Abkapselung geführt, das amerikanische Scheitern aber führt zu einer Eskalation der Gewalt, zu einem Mitgerissenwerden aller anderen. (…)

*Thomas Klingenmaier, Stuttgarter Zeitung, 18.10.2001*

(…) Mit unverändertem Staunen begleitet man als Zuschauer diese Reise ins Herz der Finsternis, die nun durch den Zusatztitel »Redux« als das markiert ist, was sie cineastisch erst jetzt darstellt, entwicklungsgeschichtlich aber schon immer war: eine Rückkehr zu den Anfängen. So wartet dieser geheimnisvolle »Shapeshifter«, der immer neue Facetten zeigt und auch mit dieser Fassung längst nicht seine ganze Gestalt offenbart, auf eine neue Generation von Zuschauern, die hier provokatives, philosophisches und nicht nur visuell aufregendes Monumentalkino in Perfektion erleben können.

*Peter Koberger, Blickpunkt Film, 37/2001*

**Interview:** *Für meine Begriffe ist die Szene auf der französischen Plantage der wichtigste Zusatz zu dem Film. Sie vertieft die politische Aussage und ist atmosphärisch ungeheuer suggestiv.*

Die französische Plantage kommt jetzt unmittelbar nach Cleans Tod; die Figuren dort haben etwas Uneindeutiges, sie sind wie Gespenster, die aus dem Nebel auftauchen. Gibt es sie auf dieser Plantage wirklich oder hat Cleans Tod in den anderen eine Sensibilität geweckt, die sie Menschen spüren lässt, die früher hier gelebt haben, aber vielleicht schon lange tot sind? Eine eigenartige Szene. Bei dem Abendessen kommt es zu einer politischen Diskussission über Frankreichs Rolle als Kolonialmacht, die Vietnam als ihr Eigentum betrachtet. Für die Amerikaner trifft das nicht zu. Südostasien hat nie zum amerikanischen Machtbereich gehört und es stellt sich die Frage, was die Amerikaner dort zu suchen haben, was sie dort erreichen wollen. Die Franzosen hatten sehr klare und unmissverständliche Antworten auf diese Frage.

*Gab es viel Material für das Ende des Films, das Sie beim Neuschnitt benutzen konnten?*

Es gibt zwei Monologe von Brando, die jeweils um die 20 Minuten lang sind.

*Waren das improvisierte Monologe?*

Sie waren es insofern, als Brando keine bestimmten Textstellen auswendig gelernt hatte. Aber er hatte mit Francis besprochen, worüber er reden würde. Insgesamt hatten wir etwa eine Stunde Material mit Brandos Monologen. Die Stelle mit der Schnecke auf dem Rasiermesser stammt aus dem ersten Monolog und auch die mit dem Abhacken der geimpften Arme. Aus dem zweiten Monolog wurde nur der Ausruf »The horror, the horror« in den Film übernommen. Ich fand es immer etwas problematisch, dass die Brando-Sequenzen am Ende des Films so unklar und abstrakt sind. Wir haben eine Szene eingefügt, die jetzt zu der Verstümmelungsrede hinführt. Sie ist der Schlusspunkt einer Reihe von Szenen, die zeigen, wie Willard im Revier von Kurtz fertig gemacht wird. (...)

*Walter Murch im Gespräch mit Michael Ondaatje (Autor »Der englische Patient«), Die Zeit, 18.10.2001.*
*Das Buch mit Gesprächen zwischen Murch und Ondaatje erscheint im Hanser Verlag.*

## Arbeiter, Bauern 45

OPERAI, CONTADINI ****+
TV

**Regie:** Danielle Huillet, Jean-Marie Straub
**Darsteller:** Angela Nugara, Giacinto di Pascoli, Giampaolo Cassarino, Enrico Achilli, Angela Durantini, Martina Gionfriddo, Andrea Balducci
**Drehbuch:** Jean-Marie Straub, nach dem gleichnamigen Roman von Elio Vittorini
**Kamera:** Renato Berto, Jean-Paul Toraille, Marion Befve
**Schnitt:** Danielle Huillet, Jean-Marie Straub
**Prod.:** Italien/Frankreich 2001; 123 Min.
Maurice Tinchant, Martine Marignac, Pierre Grise (Co-Prod.) für Danielle Huillet/Jean-Marie Straub Prods.
**UA:** 14.5.2001, Int. Filmfestspiele Cannes, »Directors Fortnight«
**TV:** 7.11.2001, WDR, 23.00

»Arbeiter, Bauern« handelt von einem Winter nach dem verlorenen Krieg. Der Film entstand nach Vittorinis »Die Frauen von Messina«, zum ersten Mal veröffentlicht im Jahr 1949, ein zweites Mal dann, vom Autor beträchtlich umgearbeitet, 1964. Huillet/Straub haben für ihren Film eine Fermata aus dem Roman gewählt, 30 Seiten, auf denen das Geschehen innehält. Die »handelnden« Figuren kommen selber zu Wort, sie fangen an, sich an den Winter nach dem Krieg zu erinnern und diese Erinnerungen einander vorzurechnen. Die Not und die Entbehrung, die Ohnmacht der Natur gegenüber hat sich zusammengehalten, aber eine wirkliche Gemeinschaft sind sie nicht geworden. (...)

*Fritz Göttler, SZ, 19.4.2001*

## Artificial Lies – Im Netz der Lügen 46

ARTIFICIAL LIES □
TV

**Regie:** Rodney Gibbons
**Darsteller:** Jack Wagner (Dr. Peter Rexter), Daphne Zuniga (Karen Wettering), Claudia Ferri (Audry Wettering), Stewart Bick (Roger Bellamy), Maxim Roy (Rachel Hart), Kathleen Fee, Jason Cavalier
**Drehbuch:** David Wiechorek
**Kamera:** Bruno Philip
**Schnitt:** Arthur Tarnowski
**Prod.:** Kanada 1999; 89 Min.
Kim Berlin
**TV:** 4.11.2001, SAT.1, 0.10

Als der Psychiater Dr. Harrison ermordet wird, gerät seine Patientin Karen Wettering, mit der er eine Affäre hatte, in Verdacht. Dr. Peter Rexter soll herausfinden, ob ihre Unschuldsbeteuerungen glaubhaft sind, findet aber schnell Gefallen an ihr.

## Asfalto – Kalter Asphalt 47

ASFALTO ****+

**Regie:** Daniel Calparsoro
**Darsteller:** Najwa Nimri (Lucia), Juan Diego Botto (Charly), Gustavo Salmerón (Chino), Alfredo Villa (Antonio), Antonia San Juan (Clarita), Roger Ibánez (Luis), Javier Nogueiras (Paco)
**Drehbuch:** Daniel Calparsoro, Santiago Tabernero
**Kamera:** Josep M. Civit
**Musik:** Mastreta Najwajean
**Schnitt:** Julia Juániz
**Prod.:** Spanien/Frankreich/BRD 1999; 90 Min.
José María Lara; Mima Fleurent, Ivonne Ruocco, César Benitítez (Ass.-Prod.) für Albares/Sur Films mit TVE/Canal+/TF1
**EA:** 10.2.2000, Int. Filmfestspiele Berlin, »Panorama«
**Verleih:** MOP, OmU/-/-, 6.9.2001

Drei jugendliche Kleinkriminelle, zwei Männer und eine Frau, scheitern in Madrid an einem Drogencoup und müssen erkennen, dass sie weder in ein kleinbürgerliches noch in ein kriminelles Milieu passen. Distanziert inszenierte Beschreibung einer gesellschaftlichen und privaten Bankrotterklärung. Jenseits der teils recht deutlich in Szene gesetzten Aggressionen beschwört der Film Liebe und Freundschaft und warnt vor falschen Träumen. *Wolfgang M. Hamdorf, Film-Dienst, 18/2001*

*Szene aus ›Asfalto‹*

## The Assistant 48

THE ASSISTANT ***
Video

**Regie:** Daniel Petrie jun.
**Darsteller:** Gil Bellows (Frank Alpine), Kate Greenhouse (Helen Bober), Armin Mueller-Stahl (Mr. Morris Bober), Joan Plowright (Mrs. Bober), Darlene Mignacco, Tony Mohamed, Jaimz Woolvett
**Drehbuch:** Daniel Petrie, nach der gleichnamigen Novelle von Bernard Malamud
**Kamera:** Philip Earnshow
**Prod.:** Kanada/GB 1997; 106 Min.
Daniel Petrie, Jon Slan für Miracle/Paragon Ent.
**Vertrieb:** Highlight Video, 12.7.2001
**FSK:** ab 12 J.

Nach dem Überfall auf den Laden eines frisch eingewanderten deutschen Juden packt die Hälfte eines New Yorker Gangsterduos das schlechte Gewissen. Ambitioniertes Drama in hochkarätiger Besetzung und relativ anspruchsvoller Thematik.

**Kritik:** (...) Statt eigene Gefühle und Ideen zu entwickeln, begnügt er (der Regisseur) sich damit, die Normen fernsehgerechter Unterhaltung zu bedienen und gepflegte Langeweile für den Feierabend zu produzieren. Daran können auch die Darsteller nichts ändern, die vergebens gegen die Leblosigkeit der Story ankämpfen.
*René Classen, Film-Dienst, 20/2001*

## At Any Cost

49

AT ANY COST

**

Video

**Regie:** Charles Winkler
**Darsteller:** Cyia Batten (Rebecca), James Franco (Mike), Eddie Mills (Lance), Glenn Quinn (Ben), Maureen Flannigan (Chelsea), J. D. Evermore (Polizist), George Brock
**Drehbuch:** Roderick Taylor, Bruce A. Taylor
**Kamera:** Robert Steadman
**Musik:** Paul McCartney, John Lennon »Things We Said Today«
**Schnitt:** Clayton Halsey
**Prod.-Des.:** Gary Constable
**Prod.:** USA 2000; 89 Min.
Rod Taylor für Charter/Wilshire Court Prod.
**Vertrieb:** Paramount Video, 18.10.2001
**FSK:** ab 12 J.

Von MTV fürs US-Fernsehen produziertes, um Realismus bemühtes Drama: Aufstieg und Fall einer Rockband, die sich wegen Drogensucht und Charakterschwäche nach Anfangserfolg wieder auflöst.

## Atlantis – Das Geheimnis der verlorenen Stadt

50

ATLANTIS – THE LOST EMPIRE

***

**Regie:** Kirk Wise, Gary Trousdale
**Darsteller:** Deutsche Sprecher und ihre Charaktere: Stephan Kampwirth (Milo Thatch), Maria Schrader (Prinzessin Kida), Berno von Cramm (Preston B. Whitmore), Hans Teuscher (Der König von Atlantis), Reiner Schöne (Comm. Rourke), Franziska Pigulla (Helga), Erik Schumann (Coockie)
**Drehbuch:** Tab Murphy
**Musik:** James Newton Howard
**Schnitt:** Ellen Kenesbea
**Prod.:** USA 2001; 95 Min.
Don Hahn für Walt Disney Pic.
**Verleih:** Buena Vista/dto./dto., 6.12.2001
**Vertrieb:** Buena Vista Video (Video, DVD)
**FSK:** ab 6 J., ffr. – **FBW:** Wertvoll

Ein verwegener, aber naiver Wissenschaftler begibt sich mit einer bunt zusammengewürfelten Mannschaft auf die Suche nach der sagenumwobenen, untergegangenen Stadt Atlantis.
Die neue Disney-Produktion »Atlantis – Das Geheimnis der verlorenen Stadt« erweist sich als eher müde Melange aus antiquiertem Jules-Verne-Abenteuer und alberner Fantasygeschichte. Als Held fungiert ein trotteliger Jungforscher, der als Identifikationsfigur nicht recht taugt, die atlantische Prinzessin sieht aus wie Barbie und die Nebenfiguren sind stilistisch so uneinheitlich gezeichnet, dass sie allesamt aus verschiedenen Filmen stammen könnten. Und dass die verschwurbelte Fantasystory auch noch furchtbar martialisch daherkommt, macht die Sache auch nicht besser: Wenn die Atlanter am Ende ihre letzten Kräfte gegen den Feind mobilisieren, erinnert das vor allem an die amerikanische Raketenabwehr SDI. *tip, 25/2001*

**Kritik:** (...) Durch viele Gechichten und Genres zitiert sich »Atlantis« flüchtig hindurch – und dies auch in seiner Musik –, aber ein Eigenes findet der Film nicht. Und dabei war das doch die große Stärke der Disney-Studios: dass sie sich selbstbewusst auf der ganzen Welt umschauten und sich dann alles, alles einverleibten, von den europäischen Märchen über chinesische Legenden bis hin zu moder-

nen Fabeln. Und dass sie dies alles dann so verarbeiteten, dass am Ende immer ein genuiner Disney-Film herauskam.
Das Andere und Fremde, das dieser Film zu integrieren versucht, ist diesmal weniger ein Thema, es sind vielmehr Erzählweisen, etwa die von Computerspielen à la »Tomb Raider« und vor allem die von Action-Animes – das sind jene japanischen Zeichentrickfilme, in denen zappelige Hektik, Holterdipolter-Tempo und eine nie versiegende Geschwätzigkeit dominieren. Aber diesmal schlägt der Integrationsversuch fehl, schlimmer noch: Er wird zur Kapitulation. »Atlantis« kommt nie zu sich, und er wird vor allem deshalb nie ein »richtiger« Disney-Film, weil er sich keine Zeit nimmt, weil er glaubt, ein junges Publikum könne sorgfältig vorbereitete und ausgespielte Szenen nicht mehr aushalten und langweilig finden. (…)

*Rupert Koppold, Stuttgarter Zeitung, 5.12.2001*

## Attraction – Spirale der Gewalt

51

ATTRACTION

**

Video

**Regie:** Russell DeGrazier
**Darsteller:** Samantha Mathis (Corey), Gretchen Mol (Liz), Tom Everett Scott (Garrett), Matthew Settle (Matthew), Josh Hutchinson (Sammy), Michelle Stafford (Suzanne), Hilda van Dermulin (Ethel)
**Drehbuch:** Russell DeGrazier
**Kamera:** Michael A. Price
**Musik:** Graeme Revell
**Schnitt:** Glenn Garland
**Prod.-Des.:** Mariano Diaz, John Frazier, Angela Stauffer
**Prod.:** USA 2000; 92 Min.
Russell DeGrazier, Mike Elliott, Jonathan Krauss für Capital Arts/Kramss-DeGrazier
**Vertrieb:** Sunfilm, 18.12.2001
**FSK:** ab 12 J.

Man nehme eine Hand voll Psychopathen, stürze sie in eine konfuse Story und drehe daraus einen Film. Doch wer soll sich diesen absurden Quatsch mit Darstellern aus (mindestens) der zweiten Reihe ansehen?

## Audition

52

ODISHON

****

**Regie:** Takashi Miike
**Darsteller:** Ryo Ishibshi (Aoyama Shingeharu), Eihe Shiina (Asami Yamazaki), Miyuki Matsuda (TV-Produzent), Renji Ishibashi (Aoyamas Sohn)
**Drehbuch:** Daisuke Tengan, nach einem Roman von Ryu Murakami
**Kamera:** Hideo Yamamoto
**Musik:** Koji Endo
**Schnitt:** Yasushi Shimamura
**Prod.:** Japan 1999; 115 Min.
Akemi Suyama, Satoshi Fukushima für Omega Project
**Verleih:** REM, OmU/Polyfilm/-, 25.1.2001
**Vertrieb:** One W. Media (Video, DVD)
**FSK:** ab 18 J., nffr.

Vor sieben Jahren hat Aoyama seine Frau verloren. Sein Freund ist TV-Produzent und hat die Idee, unter den Bewerberinnen eines Filmcastings Aoyamas Traumfrau zu suchen. Regisseur Takashi Miike dokumentiert in ästhetischen Bildern eine Gefühlskälte, die sich tief in den Höflichkeitsritualen der japanischen Kultur verankert hat und die scheinbar nur durch Schmerz durchbrochen werden kann. Asami ist die von Aoyama Ausgewählte. Ihr schwarzes Seidenhaar führt einen Dialog mit der feucht schillernden Gummischürze, die sie angelegt hat, um Aoyama liebevoll (mit der Knochensäge) zu malträtieren. Genussvoller Nippon-Feminismus. *Jörg Buttgereit, tip, 2/2001*

**Kritik:** (…) Der Schein trügt in Miikes Filmen, weil die Genres keine stabilen Grenzen haben. Was lange wie ein Melodram aussieht, wird in »Audition« zum puren Horror. Alles scheint zunächst, wenn auch in eigentümlichem Rahmen, gut zu gehen: Ein älterer Witwer darf im Rahmen eines arrangierten Vorsprechens für eine nie ernstlich geplante Fernsehserie auf Brautschau gehen. Und tatsächlich scheint sich eine Romanze mit seiner jungen Auserwählten anzubahnen. Doch nach und nach stellt sich die Frau als rachsüchtige Lügnerin heraus. Oder träumt der Witwer den alsbald überhand nehmenden Schrecken nur, gefangen in der eigenen sexuellen Besessenheit? Wild wirbeln Realität und Halluzination, Gegenwart und Vergangenheit in »Audition« durcheinander.

*Julian Hanich, Der Tagesspiegel, 9.1.2001*

(...) »Audition« ist ein halluzinatorischer Film, eine nicht auf Krimielemente, sondern ganz auf Kastrationsangst setzende Variante von »Basic Instinct« mit einem Zug eisig verlangsamten Splattermovies. Wenn Asami mit einem Sägedraht die Füße Aoyamas amputiert, dann werden viele Zuschauer wegschauen oder aus dem Saal gehen müssen. Aber in »Audition« haben solche Bilder ausnahmsweise Sinn. Takashi Miike zeigt hier, wie modernes Horrorkino aussehen muss, wie es Bilder für das rumorende Unterbewusstsein der Gesellschaft finden kann.

*Thomas Klingenmaier, Stuttgarter Zeitung, 12.7.2001*

(...) Als seine Braut nach der Nacht entschwunden ist, wird Aoyama zum Opfer einer »Fatal Attraction« und zum Detektiv, der hinter ihrer Biografie nur noch dunkle Chimären findet, geschundene Krüppel und malträtierte Tote. Hinter der Romanze öffnen sich die Abgründe eines Thrillers, in dem die Geliebte zur grausamen Domina wird, die mit Akupunkturnadeln und Drahtseilen minuziös die Rache einer geschundenen Frau an den Männern zelebriert. Und wenn man als Zuschauer fast vor der Intensität der Bilder kapitulieren möchte, dann öffnet Miike doch noch einen Spalt in die Hoffnung, alles sei doch nur ein sehr düsterer Albtraum.

*Anke Sterneborg, SZ, 2.2.2001*

## Auf Abwegen 53

DERIVES ***

TV

**Regie:** Christophe Lamotte
**Darsteller:** Guillaume Gouix (Tony), Jacques Spiesser (Gianni), Francis Renaud (Paul), Ludwig-Stanislas Loison Robert (Marc), Véra Briole (Cathy), Marina Golovine (Gabrielle), Françoise Lebrun (Marguerite)
**Drehbuch:** Christophe Lamotte, Pierre Chosson
**Prod.:** Frankreich 2000; 93 Min.
**TV:** 9.4.2001, Arte, 22.30

Die Mutter des 13-jährigen Marseiller Schülers Tony ist tot, sein arbeitsloser Vater in seinen Augen ein Versager. Tonys einziger Halt sind sein Freund Marc, mit dem er Schutzgelder von jüngeren Schülern erpresst, und sein aus der Haft entlassener älterer Bruder Paul. Die beiden bringen Tony auf seiner kriminellen Bahn weiter.

## Auf der Flucht – Die Jagd geht weiter 54

THE FUGITIVE **

Video

**Regie:** Mikael Salomon
**Darsteller:** Timothy Daly (Dr. Richard Kimble), Mykelti Williamson (Lt. Philip Gerard), Stephen Lang (Ben Charnquist, Ein-Arm-Mann), Connie Britton (Maggie Hume), Bob Morrisey (Capt. Michael McLaren), Richard Brestoff (Abe Eisenberg)
**Drehbuch:** John McNamara
**Kamera:** Jon Joffin, Clark Mathis
**Schnitt:** Robert A. Ferretti, Scott Wallace
**Prod.:** USA 2000; 85 Min.
David Ehrman für Warner Bros.
**Vertrieb:** Warner Video, 12.4.2001
**FSK:** ab 12 J.

Erst als TV-Serie, dann als Kinoknüller und jetzt als US-TV-Serien-Remake – die Story vom unschuldigen Doktor, der den Mörder seiner Frau jagt, ist schon arg strapaziert worden. Hier bleibt sie auf unterdurchschnittlichem Niveau.

## Auf glühenden Kohlen 55

CHARBONS ARDENTS ****+

TV

**Regie:** Jean-Michel Carré
**Prod.:** Frankreich 1999; 90 Min.
**TV:** 1.5.2001, Arte, 20.45

Geschichte der entlassenen Bergleute der walisischen Zeche Tower Colliery, die 1994 ihr Bergwerk von ihren Abfindungen kauften und es zu einem florierenden Geschäft machten.

## Ausgebeutet 56

THE SCAR

□ TV

**Regie:** Amber Production Team (Richard Grassik, Ellin Hare, Sirkka-Liisa Konttinen, Murray Martin, Pat McCarthy, Lorna Powell, Peter Roberts, Annie Robson, Geoff Scott)
**Darsteller:** Charlie Hardwick (May Murton), Bill Speed (Roy Cotton), Katja Roberts (Becky Murton), Darren Bell (Dale Murton), Brian Hogg (Tony Murton), Madalein Moffatt (Belle Murton), Amber Styles (Jenny)
**Drehbuch:** Amber Production Team
**Kamera:** Amber Production Team
**Prod.:** GB 1997; 95 Min.
**TV:** 3.2.2001, Arte, 22.45, OmU

Eine Liebesgeschichte im Milieu des englischen Kohlereviers lässt die sozialen und politischen Gegensätze aufeinander prallen.

## Ausgemustert 57

LES DÉCLASSES

***

**Regie:** Tony Baillargeat
**Darsteller:** Tony Baillargeat (Nicolas Perrat), Philippe Pillon (Le Normand), Enrico Mattaroccia (Sergio Paleccio), Eric Borras (Eric Perrat), Alain Naron (Frank Beauce), Sophie Gueydon (Isabelle de Beauville), Jonathan Zaccai (Nicolas de Beauville)
**Drehbuch:** Tony Baillargeat
**Kamera:** Guillaume Adrey
**Musik:** Philippe Rigal, Michael Aim, Ali Mitchell
**Schnitt:** Frank-Olivier Chalard
**Prod.:** Frankreich/BRD 1999; 117 Min.
Iris Sommerlatte für Osiris
**UA:** Filmfest Hamburg 2000, »Tesafilm«
**Verleih:** MOP, OmU/-/-, 11.1.2001

Tony Baillargeat siedelt seine Pariser Gangstergeschichte in einem Geflecht aus Symbolismus, Nietzsches Übermenschen-Idee sowie Klassen- und Geschlechterkampf an. Für einen Genrefilm ist dieses Debüt an mancher Stelle arg theroretisch geraten, für eine filmische Reflexion ist es mitunter überraschend brutal, aber der Versuch, die Moralität von Unterweltfiguren auszuleuchten, ist gelungen. *tip, 1/2001*

**Kritik:** (...) Im Konzept der Figuren, besser gesagt, im Drehbuch, liegt nämlich das Problem des Films, und man gewinnt den Eindruck, dass der jetzt 29-jährige Autor, der also seit 17 Jahren seine Gedanken und Gefühle zu Papier bringt, vielleicht doch noch ein bisschen üben sollte. Die Geschichte ist eine reine Kopfgeburt und hat weder mit der äußeren noch der inneren Wahrheit von Kriminellen in Paris etwas zu tun.
*Ulrich von Thuna, epd-Film, 1/2001*

(...) Ein Totentanz, der das Publikum sicherlich polarisiert, aber auch zu Tränen rühren kann. »Mein Film soll die Widersprüche aufzeigen, die in jedem von uns stecken«, sagt Baillargeat. Endlich wieder ein Film, der die Zwiespältigkeit und die Zweideutigkeit feiert, der den Zuschauer bewegt und verunsichert. Unvergesslich bleibt der Gangsterboss, ein Killer und moralischer Philosoph, der mordet und dabei Hermann Hesse zitiert.
*Hans Schifferle, SZ, 23.11.2000*

## Les Autres Filles 58

LES AUTRES FILLES

***

**Regie:** Caroline Vignal
**Darsteller:** Julie Leclercq (Solange), Benoite Spaim (Gary), Caroline Baehr (Mutter), Jean-François Callotte (Vater), Bernard Menez (Herr Suarez), Eloide Leclercq
**Drehbuch:** Caroline Vignal
**Kamera:** Jeanne Lapoirie
**Musik:** Jean-Stephane Brosse
**Schnitt:** Annick Raoul
**Prod.:** Frankreich 2000; 95 Min.
Milena Poylo, Gilles Sacuto für TS/STudio Canal/M6
**UA:** Int. Filmfestspiele Cannes 2000, »Semaine de la Critique«
**Verleih:** -/-/Xenix, Juni 2001

Die 15-jährige Solange lebt in Toulouse, lernt Coiffeuse und leidet als Teenager an den Zwängen des Lebens. Im

Gegensatz zu ihren Kolleginnen ist sie noch Jungfrau – eine Tatsache, die sie lieber verschweigt. Und so gilt es, sich dieser Last zu entledigen. Den geeigneten Kerl für das berüchtigte erste Mal zu finden, erweist sich jedoch als äußerst schwierig. Der Erstlingsfilm überzeugt durch das erfrischende Spiel der jungen Darstellerinnen und den unverkrampften Blick auf ihre erwachende Sexualität. *Film, 6-7/2001*

## Ayurveda – The Art Of Being 59

AYURVEDA – THE ART OF BEING ***

**Regie:** Pan Nalin
**Kamera:** Serge Guez
**Musik:** Cyril Morin
**Prod.:** BRD/Indien/Schweiz 2001; 102 Min. Christoph Friedel, Karl Baumgartner für Pandora/Sunrise/Monsoon/Pandora Cinema
**Verleih:** Pegasos/-/-, 20.9.2001
**FSK:** ab 6 J., ffr.
**FBW:** Wertvoll

Ayurveda gilt als älteste ganzheitliche Heilkunst der Welt. Nach dieser indischen Lehre wird die Welt als komplexer Organismus aufgefasst, in dem alle Bestandteile, inklusive der Menschen, zusammenwirken. Krankheiten resultieren aus einer Disharmonie von Lebensenergien. Pan Nalins inspirierende Dokumentation stellt verschiedene Ayurvedaärzte, ihre traditionellen Behandlungsmethoden und Medikamente vor, das Spektrum reicht von Akupressur über Orthopädie bis zur Psychiatrie.
*Ralph Umard, tip, 19/2001*

**Kritik:** (…) Der überwiegend in Indien gedrehte Film verzichtet auf Kommentare und kritische Stimmen. Zu Wort kommen zufriedene Patienten, indische Gurus und Ärzte, die Ayurveda anwenden. Und so ist »Ayurveda« mehr Werbe- denn Dokumentarfilm: Gezeigt werden nur Menschen, die sich begeistert äußern, mit dem Tenor: »Die westliche Schulmedizin konnte nicht mehr helfen, aber Ayurveda.« Guru Rahmand Swamigal darf über eine traurig blickende Frau sagen: »Sie hatte Krebs. Sie wird wieder gesund.« Später propagiert er die Neun-Juwelen-Medizin. Allein der Smaragd, so erfahren wir, heilt 360 Krankheiten. Und: »Rubin ist 100-mal besser als Viagra.« Zu einem anderen Guru kommen Hunderte Hilfesuchende, die jeweils zwei Minuten ihre Beschwerden vortragen dürfen. Jeder erhält eine bestimmte Baumrinde – mal mehr, mal weniger. Sie hilft offenbar gegen alles: Gehirnschlag, Krebs, Blähungen.
Pan Nalins Film wird Zweifel an der Wissenschaftlichkeit und Wirksamkeit der Ayurveda-Heilkunst nicht ausräumen können.
*Detlef Kühn, epd-Film, 9/2001*

(…) Doch je länger der Film dauert, desto mehr fällt Nalins unkritische Haltung ins Gewicht, die ihn letztlich dazu verführt, auch eigentümlichste Showeinlagen kommentar- und reflexionslos zu übernehmen: Zirkusreif wird demonstriert, dass reines Quecksilber essbar ist und wie man eine Ziege durch Reizung von Druckpunkten beliebig ins Koma versetzen kann. Aber erst als ein Guruarzt unhinterfragt behaupten darf, er habe in seinem Leben Hunderttausende von Krebskranken eben nicht behandelt, sondern geheilt, da ist die Grenze zur Scharlatanerie doch ernsthaft überschritten.
Da weckt »Ayurveda«, diese deutsch-indische Koproduktion, in bedenklicher Weise falsche Hoffnungen und schüttet – entgegen der erklärten Absicht des Regisseurs – eimerweise Wasser auf die irrationalen Mühlen westlicher Esoterikzirkel.
*Thomas Basgier, Stuttgarter Zeitung, 20.9.2001*

## Azzurro 60

AZZURRO ****

**Regie:** Denis Rabaglia
**Darsteller:** Paolo Villaggio (Giuseppe De Matrio), Francesca Pipoli (Carla), Marie-Christine Barrault (Elizabeth Broyer),

Jean-Luc Bideau (Gaston Broyer), Renato Scarpa (Giorgio), Julien Boisselier (Pascal Broyer), Antonio Petrocelli (Roberto De Matrio), Soraya Gomaa
**Drehbuch:** Denis Rabaglia, Luca de Benedettis, Antoine Jaccoud
**Kamera:** Domonique Grosz
**Musik:** Louis Crelier
**Schnitt:** Claudio Di Mauro
**Prod.:** Schweiz/Italien/Frankreich 2000; 85 Min.
C-Films/TSI/Athena Filme/Machinassou/PCT Cinema & TV/Gam/FRP/Technovisual
**UA:** 11.8.2000, Locarno Film Festival
**Verleih:** Delphi, OmU/-/Frenetic, 2.8.2001
**FSK:** ab 6 J., ffr.

30 Jahre hat der in Süditalien lebende Giuseppe als Gastarbeiter in Genf geschuftet. Jetzt kehrt er in die Schweiz zurück, weil er die Hilfe seines ehemaligen Patrons braucht, ohne die er die Augenoperation für seine blinde Enkelin nicht finanzieren kann. Ein sentimentales, aber auch unaufdringlich vielschichtiges Kinomärchen über verpasstes Leben und die Heimatlosigkeit des Gastarbeiters – humorvoll, lakonisch, witzig, melancholisch erzählt und nicht nur für »secondos« zum Weinen schön. *Film, 1/2001*

**Kritik:** Der im Wallis geborene Regisseur Denis Rabaglia will in seinem Film »Azzurro« eine Geschichte aus der Schweiz jenseits der üblichen Klischees erzählen – und irgendwie ist ihm das auch gelungen. »Azzurro« tänzelt ständig am Abgrund des Jammertals entlang – aber er stürzt dann doch nicht ab. Was vor allem an dem italienischen Schauspieler Paolo Villaggio liegt, hierzulande aus Fellinis »Die Stimme des Mondes« bekannt – er spielt den alten Giuseppe, der als Gastarbeiter mehr als 20 Jahre lang in Genf gelebt hat, ganz nüchtern und ohne Bitterkeit. (…)
*Susan Vahabzadeh, SZ, 7.8.2001*

(…) Denis Rabaglia selbst bezeichnet seinen Film als ein »Roadmovie, das zwei Kulturen und zwei Sprachen miteinander verbindet«, denn der Regisseur wurde als Sohn italienischer Eltern in der Schweiz geboren. Und so packt er zu den menschlich-melancholischen Konflikten einer Familienzusammenführung noch eine gehörige Portion Sozialkritik über die problematische Beziehung zwischen Schweizer Unternehmern und der ersten Generation der »Gastarbeiter«. »Azzurro« ist ein Film gegen den Trend: wahre Herzenswärme statt modischem Zynismus. Denn »azzurro« heißt »blau«. *Manfred Hobsch, Zitty, 16/2001*

(…) Zuweilen streift das Drama die Grenzen des Melodrams, doch da das Alltagsleben die meisten Klischees und Sentimentalitäten produziert, ist gegen deren dramatisierte Form wenig zu sagen. Und was für ein subtiles Spiel aller Mitwirkenden! Ein starker Film. *Thomas Engel, Der Gildedienst, 10/2001*

## B-52

61

****+

**Regie:** Hartmut Bitomsky
**Sprecher:** Hartmut Bitomsky, Maureen Selwood, Jon Wagner
**Drehbuch:** Hartmut Bitomsky
**Kamera:** Volker Langhoff, Hugo Kroiss
**Schnitt:** Theo Bromin
**Prod.:** BRD/USA 2001; 122 Min.
Hartmut Bitomsky, Albert Schwinges für Cofilm/Big Sky/Fa5 mit DschointVentsch/WDR/SFB/SRG/Arte
**UA:** 14.2.2001, Int. Forum des Jungen Films Berlin
**Verleih:** Basis/-/-, 1.3.2001

Die B-52 wurde 1947 als eine extreme Waffe im Kampf um globale Hegemonie und nukleare Vormacht entwickelt. Sie war der erste von Düsenmotoren angetriebene Langstreckenbomber, der während des Fluges betankt werden konnte und damit unabhängig war von überseeischen Stützpunkten. In erster Linie war das Flugzeug als Träger von Kernwaffen gebaut. Bei allen amerikanischen stratosphärischen Nukleartests in den 50er-Jahren wurden die Bomben von der B-52 abgeworfen. Anfang der 60er-Jahre wurde das Flugzeug für Tiefflüge umgebaut und mit konventionellen Bomben ausgerüstet. Es wurde extensiv im Vietnamkrieg eingesetzt, kam im Golfkrieg und erst kürzlich im Kosovokrieg zum Einsatz.
Der Bomber ist noch heute, 50 Jahre nach seinem ersten Erscheinen, im Dienst. Es gibt in der Tat zurzeit kein Flugzeug, das so viele verschiedene Funktionen und Waffensysteme bedienen kann. Die B-52 ist nicht nur die exakte Parabel der Fortdauer des Kalten Kriegs über sein historisches Datum hinaus, sie ist auch die perfekte Metapher für die unermessliche Macht, die technische Kapazität und Produktivität einer Nation, die den Großteil des Gewinns, der von der Volkswirtschaft, der Arbeit und der Intelligenz erzielt wird, in die Militärmaschinerie steckt. *Katalog Forum*

**Kritik:** (...) Bitomsky vermeidet die bei dem Thema handelsübliche Moral. Er fragt weniger: Was bedeutet es? Eher: Wie sieht es aus? Wie funktioniert es? Das ist so etwas wie ein materialistischer Blick. Deshalb ist »B-52« ein realitätsgesättigter Film, der mehr ist als die Illustration von Meinungen. (...) *Stefan Reinecke, Der Tagesspiegel, 14.2.2001*

*Kriegs-Graffiti*

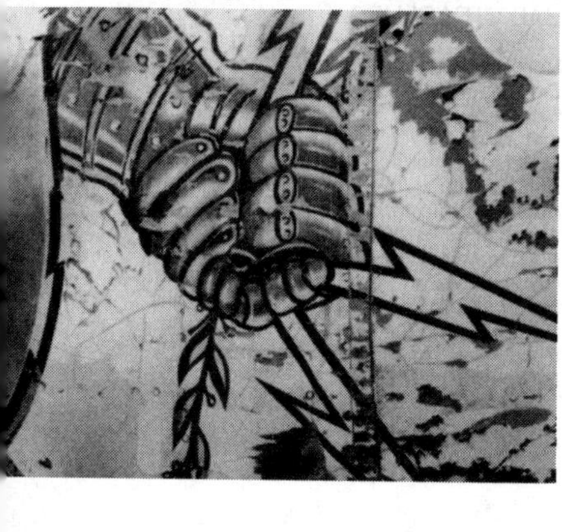

## Baby – Glück auf Zeit

BABY

62

***

Video

**Regie:** Robert Allan Ackerman
**Darsteller:** Farrah Fawcett (Lily Malone), Keith Carradine (John Malone), Alison Pill (Larkin), Jean Stapleton (Großmutter), Vincent Berry (Lalo), Ann Dowd (Ms. Minifred), Sebastian Roché (Rebel Clark)
**Drehbuch:** David Manson, Kerry Kennedy, Patricia MacLachlan, nach einer Erzählung von Patricia McLachlan
**Kamera:** Ron Garcia (= Ronald Victor Garcia)
**Musik:** Jeff Danna
**Schnitt:** Melissa Kent
**Prod.-Des.:** Stephen McCabe
**Prod.:** USA 2000; 91 Min.
Cyrus Yavneh für Trillium/Sarabande für turner Network TV
**Vertrieb:** Warner Video, 15.6.2001
**FSK:** ab 6 J.

Vom Unfalltod ihres Sohnes traumatisiertes Ehepaar findet vor seiner Haustür ein Findelkind. Überdurchschnittlich sympathischer und sensibel gestalteter US-TV-Film.

## Das Baby-Komplott 63

**+
TV

**Regie:** Hans Werner
**Darsteller:** Ann-Kathrin Kramer (Annette Evers), Friedrich von Thun (Prof. Riewa), Michael Schenk (Ralf Evers), Anja Franke (Babs), Kristina van Eyck (Frau Lange), Victor Schefé (Dr. Mehldorn), Hans-Peter Korff (Rudolf)
**Drehbuch:** Holger Badura
**Prod.:** BRD 2001; 94 Min.
**TV:** 15.5.2001, SAT.1, 20.15

Das Thrillerpotenzial der Gentechnik ist zwar noch lange nicht ausgeschöpft – aber in dem Horrormelodram wird die Wissenschaftlergier nach dem »vollkommenen Kind« wie ein abgelaberter Laborschnulzen-Zwitter zusammengeschustert: Friedrich von Thun als scheinheilig-väterlicher Edelgynäkologe heimlich am schwangeren Leib der Friseurin Ann-Kathrin Kramer tätig, die kurz vor Vollendung des Menschenexperiments ihres Wunderbabys beraubt werden soll. (…) Die Restleichen wird dann wohl irgendeiner aufgeräumt haben. *Ponkie, AZ, 17.5.2001*

**Kritik:** (…) So klischeehaft die Geschichte von Forscherschuld und Muttersühne, von guten, bösen und ganz bösen Ärzten noch weitergeht – sie bleibt dennoch erstaunlich plausibel erzählt. Das verdankt sie nicht zuletzt Ann-Kathrin Kramer, die Annettes Wandlung von einer auf Intuition setzenden Friseurin hin zu einer instinktsicheren Mutter glaubhaften Ausdruck verleiht. (…) *FAZ, 16.5.2001*

## Babykram ist Männersache 64

***
TV

**Regie:** Uwe Janson
**Darsteller:** Matthias Koeberlin (Arne), Matthias Schweighöfer (Malte), Marek Harloff (Belinda/Robert), Jürgen Schornagel (Herr Breuer), Stefan Merki (Udo/Louise), Oscar Ortega Sánchez (Nachtclubchef), Monica Bleibtreu (Pulver Anni)
**Drehbuch:** Beate Langmaack
**Kamera:** Martin Kukula
**Schnitt:** Marcel Peragine
**Prod.:** BRD 2000; 90 Min.
Dirk R. Düwel für Studio Hamburg
**TV:** 17.1.2001, RTL, 20.15

Wer sich weder vom oberbescheuerten Titel noch von den bei RTL zwanghaft gepflegten Sex- & Action-Anreißer-Sequenzen abschrecken ließ, wurde mit einem »TV-Roman« belohnt, der weit, weit über dem Durchschnitt vergleichbarer Produktionen lag – auch wenn die Story nun nicht gerade vor Plausibilität platzte.
Da finden die beiden Schmuddel-Chaotenbrüder Arne und Malte ein Baby, behalten es und engagieren die mutmaßliche Kindsmutter Belinda (überraschend überzeugend: Marek Harloff) als Kindermädchen. Doch Belinda entpuppt sich als Transvestit. Das hätte alles blitzblank ins Auge gehen können, doch von einigen Flachphasen abgesehen, zeigte sich die Inszenierung über weite Strecken inspiriert und das Darstellertrio als ausgesprochen animiert.
*W. O. P. Kistner, AZ, 19.1.2001*

## Bad City Blues – Der Überfall 65

BAD CITY BLUES
**
Video

**Regie:** Michael Stevens
**Darsteller:** Michael Massee (Eugene Grimes), Michael McGrady (Clarence Jefferson), Judith Hoag (Callilou Carter), Jim Metzler (Luther Logan), Simon Billig (Artie), Earl Holliman (Joe Gags), Dennis Hopper (Cleveland Carter)
**Drehbuch:** Tim Willocks nach seinem gleichnamigen Roman
**Kamera:** Zoran Popovic
**Musik:** Mick Taylor, Max Middleton
**Schnitt:** John Canem
**Prod.-Des.:** Ioanis Papadopoulos
**Prod.:** USA 1999; 116 Min.
Michael Stevens, Tim Willocks für Michael Stevens Prod.
**Vertrieb:** MVW Video, 27.9.2001
**FSK:** ab 18 J.

Renommierter Arzt in New Orleans gerät durch einstigen Jugendfreund ins Visier der Unterwelt. Geschwätzig-wichtigtuerischer Krimi.

## Bad Girl – Mord ist keine Lösung 66
WICKED ***

Video

**Regie:** Michael Steinberg
**Darsteller:** Julia Stiles (Ellie Christiansen), William R. Moses (Ben Christiansen), Patrick Muldoon (Lawson Smith), Vanessa Zima (Inger Christiansen), Michael Parks (Det. Boland), Chelsea Field (Karen Christiansen), Louise Myback (Lena Anderson)
**Drehbuch:** Eric Weiss
**Kamera:** Bernd Heinl
**Musik:** Eric Martinez
**Schnitt:** Daniel Gross
**Prod.-Des.:** Dominic Watkins
**Prod.:** USA 1997; 85 Min.
Frank Beddor für Frankenstein Ent.
**EA:** Filmfest Hamburg 1998
**Vertrieb:** Columbia TriStar, 11.12.2001
**FSK:** ab 16 J.

Die Ehefrau und Mutter der Familie Christiansen – einer normalen, also nicht wirklich funktionierenden Familie – wird ermordet, eine Geliebte für den Witwer ist schnell gefunden. Sehr zum Ärger der 14-jährigen Tochter Ellie, die hoffte, ihren Vater ganz für sich allein zu haben. Regisseur Michael Steinberg erzählt aus der Perspektive Ellies eine vaterfixierte »Elektra-trifft-Lolita«-Geschichte, voller Querverweise auf Hitchcock und den frühen de Palma.

## Bait – Fette Beute 67
BAIT ***

**Regie:** Antoine Fuqua
**Darsteller:** Jamie Foxx (Alvin Sanders), David Morse (Edgar Clenteen), Doug Hutchison (Bristol), Robert Pastorelli (John Jaster), Kimberly Elise (Lisa Hill), David Paymer (Agent Wooly), Mike Epps (Stevie Sanders)
**Drehbuch:** Andrew Scheinman, Adam Scheinman, Tony Gilroy
**Kamera:** Tobias Schliessler
**Musik:** Mark Mancina
**Schnitt:** Alan Edward Bell
**Prod.-Des.:** Peter Jamison
**Prod.:** USA 2000; 119 Min.
Sean Ryerson, Joseph Boccia für Castle Rock Ent.
**UA:** 29.8.2000, N. Y.
**Verleih:** Warner/-/-, 17.5.2001
**Vertrieb:** Warner Video (Video, DVD)
**FSK:** ab 16 J., ffr. – **FBW:** Wertvoll

Wider Willen und zufällig wird ein schwarzer Kleinkrimineller in einen gigantischen Goldraub verwickelt, der ihn zum Angelpunkt der Polizeijagd auf den Täter, einem psychopathischen Einzeltäter, macht.

**Kritik:** (...) Doch irgendwie schafft es Regisseur Antoine Fuqua, all die Möglichkeiten zu ignorieren, die ihm das Drehbuch bietet. Stattdessen ergeht er sich in völlig absurden Actionmomenten, bei denen sich das große Vorbild Hitchcock vermutlich im Grab umgedreht hat. Ein Film der verschenkten Möglichkeiten.

*Michael Meyns, Zitty, 11/2001*

(...) »Bait – Fette Beute« ist kein Actionfilm, sondern nur seine Imitation mittels Clipästhetik. In nervtötender Weise werden da verzappelte Großaufnahmen aneinander gereiht, die Tempo und Vitalität vortäuschen sollen. Und da sich hier alles in dröhnender Oberflächlichkeit abspielt, sind die Figuren auch nur eine Art Productplacement auf zwei Beinen.

*Thomas Basgier, Stuttgarter Zeitung, 19.5.2001*

## Balalaika 68
BALALAYKA ***

**Regie:** Ali Özgentürk
**Darsteller:** Yekaterina Rednikova (Tanya), Ugur Yücel (Necati), Cem Davran (Hasan), Ozan Güven (Mehmet), Ercan Yazgan, Atilay Uluisik, Alla Juganova
**Drehbuch:** Isil Özgentürk
**Kamera:** Mirsad Herovic
**Musik:** Askin Arsunan
**Schnitt:** Hakan Akol, Onur Tan
**Prod.:** Türkei/Russland 2000; 120 Min.
Erol Avci für Asya Film/TMC
**Verleih:** Maxximum, OmU/Cinematograph/-, 18.10.2001
**FSK:** ab 12 J., ffr.

Drei türkische Brüder erfüllen den letzten Wunsch ihres toten Vaters und überführen den Sarg seines Freundes aus Russland zurück in die Türkei. Ihre Mitreisenden in dem Bus sind russische Frauen, die in der Türkei als Prostitutierte arbeiten wollen. Mit der Zeit kommen die Brüder den Frauen, aber auch einander näher. Eine wehmütige Reflexion über die Liebe, die nicht immer Berge versetzen kann; ein anrührendes, bisweilen humorvoll und in schönen Bildern erzähltes Roadmovie mit liebenswerten Charakteren. *Alrun Fichtenbauer, Multimedia (Die Furche), 8.11.2001*

**Kritik:** (...) Türkisches Roadmovie, das sich gegen pauschale Vorurteile wendet und durch seine eher patchworkartige Struktur ein buntes Bild der Reisegesellschaft zeichnet. Dramaturgisch kommt der Film nicht über eine lange Exposition hinaus und fegt durch das melodramatische Ende seinen dezenten Realismus endgültig beiseite. *Josef Lederle, Film-Dienst, 24/2001*

## Banditen! 69

BANDITS ****

**Regie:** Barry Levinson
**Darsteller:** Bruce Willis (Joe Blake), Billy Bob Thornton (Terry Collins), Cate Blanchett (Kate Wheeler), Troy Garity (Harvey Pollard), Brian F. O'Byrne (Darill Miller), Stacey Travis (Cloe Miller), Bobby Slayton (Darren Head)
**Drehbuch:** Harley Peyton
**Kamera:** Dante Spinotti, John Stephens (2nd unit)
**Musik:** Christopher Young
**Schnitt:** Stu Linder
**Prod.-Des.:** Victor Kempster
**Prod.:** USA 2001; 122 Min.
Michael Birnbaum, Michele Berk, Barry Levinson, Paula Weinstein, Ashok Amritraj, David Hoberman, Arnold Rifkin für Empire/Lotus/Baltimore/Spring Creek/ Cheyenne Ent.
**Verleih:** Constantin/dto./Buena Vista, 1.11.2001
**FSK:** ab 12 J., ffr.

Aus dem Gefängnis entflohen, starten zwei Bankräuber eine spektakuläre Serie von Überfällen. Die Erfolgsgeschichte des entscheidungsstarken Joe und des hypochondrischen Terry wird jedoch ernsthaft bedroht, als sich beide in Kate verlieben. Der mit professioneller Routine gemachte Film bietet Starbesetzung, witzige Dialoge, Rivalität, Versöhnung und einen überraschenden Schlusseffekt – insofern alles, was man sich erwarten kann, aber auch nicht mehr. *Cai Mosich, Multimedia (Die Furche), 1.11.2001*

**Kritik:** (...) »Bandits« ist ein kleines Wunderwerk der permanenten Verblüffung. Keiner kann so wie Barry Levinson die Genres wechseln, und zwar innerhalb eines einzigen Films. Mit traumwandlerischer Sicherheit beweist er hier, dass in jedem guten Ganovenfilm eine hypochondrische Komödie steckt und eine Liebesgeschichte dazu und dass jeder wirkliche Bandit ein Liebender ist. Wenn Levinson Menschen im Gespräch inszeniert, werden sie ganz lebendig, ihre Worte finden Echos in den Landschaften und in den Zimmern, im Medium der Nacht. (...)
*Fritz Göttler, SZ, 31.10.2001*

(...) Man könnte Levinsons Vielseitigkeit loben, kaum aber – von der sehr persönlichen, von Jugenderinnerungen geprägten »Baltimore-Trilogie« einmal abgesehen – einen durchgängigen, klar erkennbaren Stil ausmachen. Diesmal dominiert diese Unentschiedenheit allerdings besonders stark. »Banditen!« ist Gangsterfilm, aber auch Roadmovie, eine Etüde über die Westcoast-Landschaft zwischen Oregon und Tijuana. Vor allem ist der Film aber eine Komödie, die spürbar anknüpfen möchte an die Lässigkeit von Hawks oder Preston Sturges. (...)
*Rüdiger Suchsland, FR, 6.11.2001*

(...) Mehr als holprig entfaltet sich die Handlung. Die absurden Wege, die das Drehbuch nimmt, damit nach Joe auch Terry mit Kate allein sein und sich in sie verlieben kann, sollte man am besten ignorieren. Aber Barry Levinson weiß um die Stärke seiner Darsteller. So sind es eine Vielzahl von absurden, komischen, berührenden Szenen, die »Banditen!« zu einem kurzweiligen Film machen. Ohne so zu tun, als würde hier Weltbewegendes erzählt werden – und ohne sich von einer schier endlosen Zahl äußerst merkwürdiger Perücken irritieren zu lassen –, überzeugen Willis und Thornton wie selten. Und Cate Blanchett ist ohnehin, wie eigentlich immer, großartig.

*Michael Meyns, Zitty, 23/2001*

**Interview:** *Ihr neuer Film, die Bankräuberkomödie »Banditen!«, kam einen Monat nach den Terroranschlägen in die US-Kinos und startete enttäuschend. Beeinflussen die aktuellen Ereignisse das, was die Zuschauer sehen wollen?*

Nein. Ich glaube, dass einfach weniger Menschen ins Kino gehen.

*Haben Sie denn eine Ahnung, was das Publikum sehen will? »Banditen!« ist ja nicht der typische Teeniefilm, eher eine Komödie für Erwachsene.*

Nein, nicht die geringste. Ich drehe Filme, die mich reizen. Wenn die Story oder die Figur oder der Regisseur mich interessiert, dann mache ich ein Projekt. Ich bin ein großer Fan von Regisseur Barry Levinson, und das Drehbuch für »Banditen!« war erstklassig.

*Sie sind der einzige Actionheld aus den 90ern, der auch in anderen Genres erfolgreich ist. Warum haben Sie's geschafft und andere nicht?*

Ich habe nie darüber nachgedacht. Irgendwann habe ich mein Interesse an Actionfilmen verloren – reine Action ist öde. »Banditen!« hat ein paar Actionszenen, die perfekt passen. Der Gefängnisausbruch ist total stimmig.

*Bruce Willis und Billy Bob Thornton*

Aber Action, nur um einen Film aufzupeppen, das ist meist einfach langweilig.

*Zwei Ihrer Töchter spielen in »Banditen!« mit. Die große beeindruckt in einer Szene mit einen enormen Rülpser. Wer hat ihr das beigebracht?*

Sie ist absoluter Autodidakt.

*Wussten Sie, wie laut sie ist?*

Ja, ich habe sie schon einige Male gehört.

*Sie bespielen erstaunlich viele Genres. Wofür schlägt Ihr Herz speziell?*

Wahrscheinlich für die Komödie. Es ist das Schwierigste, die größte Herausforderung und größte Befriedigung, wenn man jemanden zum Lachen bringt. Ich mag besonders Situationskomödien. Und wenn man etwa Billy Bob Thornton in diesem Film anschaut – das ist unglaublich. Das ist der Humor, den ich liebe. Aber vor allem liebe ich die Abwechslung: Wenn ich nur Komödien drehen würde, würden mir die dramatischen Rollen fehlen. Ich bin froh, dass ich kleine Indie-Filme genauso wie große Hollywood-Produktionen machen kann.

*Bruce Willis im Interview mit Holger Hoetzel, Focus, 29.10.2001*

## Das Bankett

70
***

**Regie:** Holger Jancke, Olaf Jacobs
**Darsteller:** Norbert Frankenstein, Gerda Ruhland, Jörg Hacker, Joachim Gerlach
**Drehbuch:** Holger Jancke, Olaf Jacobs, Klaus Maihorn
**Kamera:** Thomas Simon
**Schnitt:** Dagmar Dick
**Prod.:** BRD 2000; 83 Min.
Olaf Jacobs für Hoferichter & Jacobs
**Verleih:** Basis/-/-, 28.6.2001

Der Anfang von allem war eine Verabredung im Jahr 2000 – ein Fest als Einlösung eines Preises von 1970. Damals hatte die DDR-Jugendzeitung »Junge Welt« ihre Leser aufgerufen, sich Gedanken über die Zukunft zu machen und fragte: »Was tust du am 6. Januar 2000?« Tausende Geschichten gingen ein, 500 erste Preise wurden vergeben, eine Urkunde, gedruckt auf wasserfestem Papier, eine Einladung zum Festbankett genau 30 Jahre später, in Berlin. Die 500 Aufsätze lagen 30 Jahre lang verschlossen in einer Holztruhe. Die Geschichten sind wahrhaft utopisch: Fliegende Untertassen parken auf den Dächern der Häuserblocks. Die Straßen sind von unten beheizt, die Sahara ist endlich fruchtbar gemacht und der imperialistische Klassenfeind besiegt.
Die Träumer von einst sind inzwischen um die 50 Jahre alt. Der Film nimmt die Chance wahr, fünf ganz authentische Lebensentwürfe mit der Realität eines der ersten Tage des neuen Jahrtausends zu vergleichen. Die Gewinner werden – zum ersten Mal nach 30 Jahren – mit ihren Arbeiten konfrontiert. Das Bewusstsein, dass der Ausblick in die Zukunft von einst auch die Vorschau auf ein halbes Leben war, erschüttert sie. 30 Jahre sind eine lange Zeit. *Pressetext*

## Die Baracke

BARAK

71
****

**Regie:** Valerij Ogorodnikow
**Darsteller:** Andreas Dilschneider, Irina Senotowa, Yulia Swezhakowa, Yevgeny Sidikhin, Nina Usatova, Eugenij Sidichin, Leonid Yarmolnik
**Drehbuch:** Viktor Petrov, Rolf Jaster, nach der gleichnamigen Erzählung von Viktor Petrov
**Kamera:** Yuri Klimenko
**Musik:** Gabriel Urbano Faure
**Prod.:** Russland/BRD 1999; 110 Min.
Walerij Ogorodnikow für DAR/VIA
**EA:** Max-Ophüls-Preis Saarbrücken 2000
**Verleih:** Knipp/-/-

1953, eine kleine Stadt in der Bergbau- und Stahlregion des Südurals an der Grenze zur Mongolei. Die 23-jährige Olga wird als »verdiente Arbeiterin des zivilisierten Sowjetstaates« in eine Baracke gesandt. (…) Olgas Aufgabe soll es sein, den dortigen Bewohnern als Vorbild zu dienen. Konfrontiert wird sie mit Gemeinschaft, der Suche nach Nestwärme und individuellen Schicksalen. (…)
*Katalog Max-Ophüls-Preis*

## Bargeld lacht

72
□
TV

**Regie:** Hajo Gies
**Darsteller:** Friedrich von Thun (Karl Weiß), Brigitte Janner (Mathilde Weiß), Claudia Vogt (Tina), Alexander Geringas (Robert), Götz George (Harry Freundner), August Schmölzer (Bruno Steiger), Kai Maertens (Martin Svenson)
**Drehbuch:** Lothar Kurzawe
**Kamera:** Peter Zeitlinger
**Schnitt:** Gabriele Hagen
**Prod.:** BRD 2000; 90 Min.
Markus Trebitsch für Aspekt Telefilm für NDR
**TV:** 17.10.2001, ARD, 20.15

Für den bescheidenen Bankangestellten Karl Weiß kommt es knüppeldick: Zunächst wird er Opfer einer betrieblichen Rationalisierungsmaßnahme, dann lebt seine Frau ihren zweiten Frühling ausgerechnet mit seinem langjährigen Freund und Schachpartner aus. Verbittert schließt sich der Ex-Bankangestellte einer dunklen Gruppe von Anlagebetrügern an und wird binnen kurzem ihr ungekrönter Meister, bis die Vergangenheit ihn einholt. *Pressetext*

## Battlefield Earth – Kampf um die Erde

73

BATTLEFIELD EARTH

**

Video

**Regie:** Roger Christian
**Darsteller:** John Travolta (Terl), Barry Pepper (Jonnie Goodboy Tyler), Forest Whitaker (Ker), Kim Coates (Carlo), Richard Tyson (Robert der Fuchs), Sabine Karsenti (Chrissie), Michael Byrne (Parson Staffer)
**Drehbuch:** Corey Mandell, JD Shapiro, nach dem gleichnamigen Roman von Ron Hubbard
**Kamera:** Giles Nuttgens
**Musik:** Elia Cmiral
**Schnitt:** Robin Russell
**Prod.-Des.:** Patrick Tatopoulos
**Prod.:** USA 2000; 114 Min.
Elie Samaha, Jonathan D. Krane, John Travolta, Tracee Stanley, James Holt (Co-Prod.) für Morgan Creek und Franchise/ Jonathan D. Krane und JTP Films
**Vertrieb:** Warner Video (Video, DVD), 20.7.2001
**FSK:** ab 16 J.

Häme und Schadenfreude machte sich breit, als das vom bekennenden Scientologen Travolta lancierte und von einem Deutschen mitproduzierte Sciencefiction-Epos an den US-Kinokassen einbrach. Zu Recht. Denn diese unausgegorene Mär vom Ultrahelden, der die im Jahr 3000 von außerirdischen Unholden geknechtete Menschen befreien will, strotzt vor unfreiwilliger Komik und handwerklicher Unfähigkeit.

**Kritik:** (...) Dieser eindimensionale Ansatz hätte dem Film zwar nicht zwangsläufig schaden müssen, aber dank der dramaturgischen Defekte des Drehbuchs, das den internen Auseinandersetzungen unter den Invasoren allzu große Aufmerksamkeit schenkt, und dem Unvermögen des Regisseurs Roger Christian, einen Schauplatz plastisch in Szene zu setzen, macht »Battlefield Earth« seinem schlechten Ruf alle Ehre. In Erinnerung bleibt nur die alberne Aufmachung der Aliens, die wie übel gelaunte Reggaefans aussehen.

*René Classen, Film-Dienst, 17/2001*

**Bemerkungen:** (...) Die Handlung ist schnell erzählt. Im Jahre 3000 wird die Erde von den außerirdischen Unholden der Psychlos vom Planet Psychlo beherrscht, die sich die Menschen als Arbeitstiere halten, bis ein junger Held einen Sklavenaufstand anzettelt und die Menschheit aus der Knechtschaft befreit.
Lange Jahre hatte sich kein Studio an dieses Projekt gewagt. Die Verbindung zur Sekte galt als zu riskant, der Roman trotz zwölf Millionen verkaufter Exemplare als unverfilmbarer Schrott. Bis Elie Samaha auf Travolta zukam. Der ehemalige Nachtclubbesitzer hat seine B-Movie-Produktionsfirma Franchise Pic. mit einem genialen Konzept in Hollywood etabliert. Er findet die Traumprojekte der Stars, die sonst niemand produzieren will, sichert sich billig die Rechte und überredet die Stars, ihre Gagen auf ein Minimum zu senken. So hat er »The Big Kahuna« für Kevin Spacey produziert, »The Whole Nine Yords« für Bruce Willis; bei »The Pledge« mit Jack Nicholson führt gerade Sean Penn Regie. Solche Namen garantieren nicht nur Prestige in der Branche, sondern auch ein schier unbegrenztes Kreditvolumen, einen Verleih und fette Gewinne. (...)

*Adrian Kreye, SZ, 20.5.2000*

(...) Jahrelang war das Drehbuch in Hollywood weitergereicht worden wie ein schmutziger Porno. »Battlefield Earth«, ein über 1000 Seiten starker Sciencefictionroman des Scientology-Gründers Ron Hubbard, galt den Filmmanagern der großen Studios als zu großes Risiko.
Dann kam ein Nobody aus Deutschland, und das Projekt nahm Gestalt an. Rüdiger (»Barry«) Baeres, 40, fühlte sich stark genug für die von den Profis verschmähte Aufgabe. Der Gründer und Chef der Intertainment AG trat als Mitfinanzier und Partner des gebürtigen Libanesen Elie Samaha auf, eines Außenseiters in der amerikanischen Filmmetropole.
Vor wenigen Monaten kam das 65-

Millionen-Dollar-Projekt in die amerikanischen Kinos – und brach ein. Kaum jemand wollte das Werk sehen, auf das Beares so große Hoffnungen gesetzt hatte, nach wenigen Wochen wurde der Film vom Spielplan genommen. In deutsche Lichtspielhäuser wird er wohl gar nicht erst kommen. Zuvor schon hatten die Kritiker gehöhnt, das Werk mit dem bekennenden Scientologen John Travolta in der Hauptrolle sei eine »ganz und gar elende Erfahrung« (»Los Angeles Times«), es habe gute Chancen, »den Ruf zu verdienen, der schlechteste Film des neuen Jahrhunderts zu sein« (»New York Times«).

*Der Spiegel, 14.8.2000*

## Be. Angeled 74

**
Video

**Regie:** Roman Kuhn
**Darsteller:** Anatole Taubman, Solveig Arnarsdottir, Martin Glade, Kathrin Kühnel, Marius Frey, Wiebke Bachmann, Kirk Kirchberger
**Drehbuch:** Regine Bielefeld
**Kamera:** Jan Fehse
**Musik:** Schallbau
**Schnitt:** Florian Höger, Christian Lonk
**Prod.:** BRD 2001; 110 Min.
Roman Kuhn, Stefan Cantz, Michael Schwarz, Michael Scheel für Lounge Ent.
**Vertrieb:** BMG, 14.6.2002
**FSK:** ab 16 J.

Vielleicht geschieht es der Loveparade ganz Recht, dass sie zur trüben Kulisse eines konfusen Schicksals-Crashkurses gemacht wird. Mit 14 Kameras, aber ohne tragfähige Idee, hat sich Regisseur Roman Kuhn in die »größte Party der Welt« gestürzt, um acht Short-Cut-Schicksale an den Haaren herbeizuziehen und zu einem Reigen der Peinlichkeiten zu verarbeiten. Seine Figuren (blind, schwanger, HIV positiv, zugekokst, durchgeknallt, traumatisiert) sind läppische Konstrukte: ebenso dilettantisch gespielt wie visuell einfallslos gefilmt.

*tip, 12/2001*

**Kritik:** Rechtzeitig zur Loveparade in Berlin: der Film zum Event. Und ungefähr so öde wie die Liveübertragungen dieses alljährlichen Pseudo-Kultereignisses im TV fiel auch die Kinoversion aus. Werbefilmer und Videoclipinszenator Roman Kuhn kam auf die nahe liegende Idee, aus dem Spektakel ein mehrfach verwertbares Multimediaopus zu klöppeln.
So recht mochte sich Kuhn dann aber nicht entscheiden, ob er nun seine herzhaft banalen Geschichtchen vor der Kulisse der Loveparade spielen lassen oder ob er dieser selbst die Hauptrolle überlassen sollte. Die Suche nach Liebe, Trennungsschmerz, die Gier nach Sex, Drogensucht, das ganze Themenarsenal einer unterdurchschnittlichen Seifenoper wird da lieblos abgeklappert und beliebig zwischen das Original-Material gequetscht. (…)

*W. O. P. Kistner, AZ, 13.6.2001*

(…) Und mag das ganze in Videoclip-Art gedrehte Sammelsurium auch als Musikdoku seine optischen und akustischen Reize haben; als Spielfilm funktioniert dieses Figurenpanorama nur selten, weil viele der Geschichten unglaubwürdig erscheinen, dramaturgisch oft unbeholfen aneinander gereiht sind und die eher mittelmäßigen Darsteller Dialoge aufsagen müssen, die mehr klischeehaft als authentisch wirken.

*Albert Baer, Rheinische Post, 16.6.2001*

## Beau Travail 75

BEAU TRAVAIL
***+

**Regie:** Claire Denis
**Darsteller:** Denis Lavant (Galoup), Michel Subor (Commander), Gregoire Colin (Sentain), Richard Courcet (Legionär), Nicolas Duvauchelle
**Drehbuch:** Jean-Pol Fargeau, Claire Denis, frei nach dem Roman »Billy Budd, Sailor« und zwei Gedichten von Herman Melville
**Kamera:** Agnes Godard
**Musik:** Eran Tzur
**Schnitt:** Nelly Quettier
**Prod.-Des.:** Arnaud de Moleron
**Prod.:** Frankreich 1999; 90 Min.

Jerome Minet für La Sept Arte/Pathé TV/S.M.
**EA:** 10.2.2000, Int. Forum des Jungen Films Berlin
**Verleih:** Alamode/-/Agora, 19.4.2001

Auf einem gottverlassenen afrikanischen Außenposten schikaniert ein Adjutant einen Rekruten, weil er annimmt, dieser wolle ihm seine Führungsrolle streitig machen. Damit verstößt der Vorgesetzte jedoch gegen die hierarchischen Regeln. Brillant gespieltes und fotografiertes sowie famos inszeniertes Filmpoem über die Sinnlosigkeit des Militärischen. Und eine Studie über (Männer-)Gewalt, die sich nicht gegen einen äußeren Feind richtet, sondern selbstzerstörerisch nach innen entlädt.

*Film, 6-7/2000*

**Kritik:** (...) Der Adjutant hat bereits alles hinter sich – er erträumt sich sein Dschibuti aus einem Hotelzimmer in Marseille, und die Hitze, die diese Bilder durchflutet, stammt von der Sonne der Erinnerung. Er hat den jungen Soldaten provoziert und dann buchstäblich in die Wüste geschickt, mit einem schadhaften Kompass und einem sinnlosen Auftrag, von dem der Junge nicht wiederkehren sollte. Dann hat der Kommandant (Michel Subor aus Godards »Petit Soldat«) seinem Adjutanten nahe gelegt, Konsequenzen zu ziehen, und der hat die Legion verlassen – aber sein Herz ist zurückgeblieben. Eine traurige Geschichte – aber in einer Welt ohne Mitleid.
Am Ende, wenn alles zu spät ist, steht der Adjutant in einer leeren Disco. Und wenn dann die Musik einsetzt, scheint er geradezu zu explodieren. Als sei dieser Tanz eine Möglichkeit, die Seele endlich aus dem Körper zu befreien. Und genau so ist es auch.

*Michael Althen, SZ, 10.5.2001*

(...) Claire Denis weiß ohne viele Worte und mit wenigen, ausgesuchten Einstellungen Stimmungsbilder aus Nordafrika, der Heimat ihrer Kindheit, hervorzurufen. Eine Geschichte will sich nicht so recht daraus entwickeln. »Beau Travail« beruft sich auf Herman Melvilles »Billy Budd«, zeigt aber allenfalls verklärte Vignetten aus dem Leben der Fremdenlegion, zelebriert adrette männliche Körper in exotischer Umgebung. Was bleibt, sind die Bügelfalten in Denis Lavants Gesicht.

*Gerald Jung, Zitty, 8/2001*

**Interview:** *Wie haben Sie dann die Szenen mit der Kampfausbildung hingekriegt? War das reine Choreografie oder echtes Legionärstraining?*

Wir hatten einen Exlegionär, der uns in die Kampfkünste eingeführt hat, und einen anderen, der uns über Häuserkampf und Waffenpflege aufgeklärt hat. Dazu kam dann der Choreograf Bernardo Montet, der aber für das, was er machte, nie das Wort Tanz in den Mund genommen hat. Es ging tatsächlich nur um Training, auch wenn nicht alle der Übungen aus dem Programm der Legion stammen. Manche Übungen hätte ich sowieso nicht in den Film übernehmen können, weil ich befürchtete, dass man dann lachen würde. Wenn man aus der Ferne sieht, wie die Männer inmitten der weiten Wüste Bockspringen trainieren, über den Rücken und dann zwischen den Beinen durch, dann hat das schon etwas Lachhaftes. Im Übrigen brauchte man nur unserem Berater zusehen: wie er steht, wie er sitzt, wie er zuhört. Das hatte etwas sehr Mysteriöses, Trauriges. Und hinterher war der Mann echt hin und her gerissen, ob er nicht wieder in die Legion eintreten soll.

*Claire Denis im Interview mit Michael Althen, SZ, 10.5.2001*

## Beautiful

76
BEAUTIFUL
**
Video

**Regie:** Sally Field
**Darsteller:** Minnie Driver (Mona), Joey Lauren Adams (Ruby), Hallie Kate Eisenberg (Vanessa), Kathleen Turner (Verna Chickle),

Bridgette L. Wilson (Lorna Larkin), Joey Lauren Adams (Ruby Stillwell), Ceslie Stefanson (Joyce Parkins)
**Drehbuch:** Jon Bernstein
**Kamera:** Robert D. Yeoman
**Musik:** John Frizzell
**Schnitt:** Debra Neil-Fisher
**Prod.-Des.:** Charles Breen
**Prod.:** USA 2000; 108 Min.
John Bertolli, B. J. Rack; Jon Bernstein, Mark Morgan, Jade Ramsey (Co-Prod.) für 2 Drivers/Fogwood/Flashpoint/Prosperity/Destination Films
**Vertrieb:** BMG Video, 18.4.2001
**FSK:** ab 6 J.

Die prominenten Namen auf der Besetzungsliste vermögen nicht von der lauen Geschichte abzulenken: Sally Fields Regiedebüt über ein skrupelloses US-Girl, das partout Schönheitskönigin werden will, gebricht es an Substanz, Witz und Pfiff.

## Beautiful Creatures 77

BEAUTIFUL CREATURES ***
Video

**Regie:** Bill Eagles
**Darsteller:** Rachel Weisz (Petula Peploe), Susan Lynch (Dorothy), Ian Glen (Tony), Maurice Roeves (Ronnie McMinn), Alex Norton (Det. Insp. Hepburn)
**Drehbuch:** Simon Donald
**Kamera:** James Welland
**Musik:** Murray Gold
**Schnitt:** Jon Gregory
**Prod.:** GB 2000; 84 Min.
Simon Donalds, Alan J. Wands für DNA Films
**Vertrieb:** Universal Video, 11.10.2001
**FSK:** ab 16 J.

Mit Petulas schlagkräftiger Hilfe befreit sich Dorothy von ihrem Prügelfreund und plant mit ihr eine Entführung. Nicht, dass die Story neu wäre (»Thelma & Louise« lassen grüßen), aber die beiden Hauptdarstellerinnen machen aus diesem Frauenthriller passables Entertainment.

## Beautiful Joe 78

BEAUTIFUL JOE **
Video

**Regie:** Stephen Metcalfe
**Darsteller:** Billy Connolly (Joe), Sharon Stone (Hush Mason), Frank Turner (Frank), Gil Bellows (Elton), Jurnee Smollett (Vivien), Dillon Moen (Lee), Jaimz Woolvett (Mouse)
**Drehbuch:** Stephen Metcalfe
**Kamera:** Thomas E. Ackerman
**Musik:** John Altman
**Schnitt:** Michael Bradsell, Nick Moore
**Prod.-Des.:** David Brisbin
**Prod.:** USA/GB 2000; 94 Min.
Fred Fuchs, Steven Haft für Beautiful/Capitol/Haft Ent.
**Vertrieb:** VCL Video, 28.6.2001
**FSK:** ab 12 J.

Allein erziehende Mutter findet in dem todkranken Floristen Joe einen Verbündeten gegen die Mafia, der sie Geld schuldet. Was will uns dieses Gangster-Familien-Romantik-Krimi-Drama erzählen? Das bleibt trotz guter Darsteller offen.

## Bedrängnis im Mai 79

MAYIS SIKINTISI ***+

**Regie:** Nuri Bilge Ceylan
**Darsteller:** Mehmet Emin Ceylan (Emin), Muzzafer Özdemir (Muzaffer), Fatma Ceylan (Fatma), M. Emin Toprak (Saffet), Muhammed Zimbaoglu (Ali), Sadik Inescu (Sadik), Ebru Yapici (Dorfbewohnerin)
**Drehbuch:** Nuri Bilge Ceylan
**Kamera:** Nuri Belge Ceylan
**Schnitt:** Ayan Ergürsel, Nuri Belge Ceylan
**Prod.-Des.:** Nuri Belge Ceylan
**Prod.:** Türkei 1999; 130 Min.
Nuri Belge Ceylan für NBC Ajans
**EA:** 18.2.2000, Int. Filmfestspiele Berlin, »Wettbewerb«
**Verleih:** -/-/Filmcooperative, Juni 2001

Die Fliegen summen, die Luft flirrt über den Grashalmen, und Muzaffer, der junge Filmer aus Istanbul, versucht, nicht zu viele Filmrollen zu vergeuden. Was er genau filmen will, weiß er nicht. Das Leben in seinem anatolischen Heimatdorf ist ihm fremd geworden, die Aufregung seines Vaters wegen der Bäume, die der türkische Staat fällen will, berührt ihn kaum. Mit poetischer Langsamkeit filmt Nuri Bilge Ceylan die Ereignislosigkeit, in der sich die Entfremdung des Sohnes und der Untergang der elterlichen Welt auftun. *Film, 6/2001*

**Kritik:** (...) Ceylan, der neben der Regie auch die Kamera führte, bringt die ganze Liebe zu seiner Heimat und zu den Menschen aus seiner Kindheit in den Film ein, der da seine schönsten Momente in den Erinnerungsbildern, in der Rückkehr zur Kindheit hat. (...) Doch Ceylan hatte wohl weder die Absicht noch die Geschicklichkeit, durch Schnitte und Dramaturgie ein breites Publikum anzusprechen. So bedarf es viel Geduld und Ruhe beim Zuschauer, dem Film über mehr als zwei Stunden zu folgen. Aber es lohnt sich, dieser Reise in die Kindheit zu folgen. Sie ist reich an Gedanken und Bildern, die man nicht vergessen wird.

*Heiko R. Blum, Rheinische Post, 8.6.2001*

## Before Night Falls 80

BEFORE NIGHT FALLS ****+

**Regie:** Julian Schnabel
**Darsteller:** Javier Bardem (Reinaldo Arenas Lazaro), Olivier Martinez (Gomez Carilles), Andrea Di Stefano (Pepe Malas), Johnny Depp (Bon Bon/Lt. Victor), Sean Penn (Cuco Sanchez), Michael Wincott (Ochoa), Najwa Nimri
**Drehbuch:** Cunningham O'Keefe, Lazaro Gomez Carriles, Julian Schnabel, nach der Autobiografie von Reinaldo Arenas
**Kamera:** Xavier Perez Grobet, Guillermo Rosas
**Musik:** Carter Burwell, Lou Reed, Laurie Anderson
**Schnitt:** Michael Berenbaum
**Prod.-Des.:** Salvador Parra
**Prod.:** USA 2000; 132 Min.
Jon Kilik für Grandview/El Mar Pic.
**UA:** 3.9.2000, Int. Filmfestspiele Venedig
**Verleih:** -/-/Xenix, Juni 2001

Wie im Erstling »Basquiat« (1996) beschäftigt sich Julian Schnabel wieder mit einer tragischen Künstlerbiografie. Aus den Erinnerungen des schwulen kubanischen Schriftstelles Reinaldo Arenas, der sich 1990 im New Yorker Exil das Leben nahm, machte er einen betörenden Film, der in seinen besten Momenten magische und träumerische Qualitäten entwickelt. Beeindruckend: die Leistung von Javier Bardem. *Film, 6–7/2001*

*Javier Bardem entdeckt Johnny Depp in ›Before Night Falls‹*

**Kritik:** (...) Der bildende Künstler Schnabel hatte vor einigen Jahren schon mit dem Porträt seines Kollegen Basquiat überrascht und erweist sich auch in »Before Night Falls« als pfiffiger Vermittler künstlerischer Schaffenskraft. Man sieht das kubanische Paradies vor der Revolution, dann die Jahre der Repression unter Castro und schließlich einen kurzen Epilog über das Sterben in New York. Nichts davon bezeugt einen filmischen Stilwillen, der über diesen Film hinausreichen würde, und dennoch ist in jeder Szene eine Lust zu verspüren, etwas von der Ausstrahlung und Faszination dieses Mannes zu vermitteln. Womöglich ist diese Biografie konventionell in ihrer Art, sich ins Poetische zu überhöhen, aber gerade dieser unbedingte Wille, eine Zuneigung quasi allgemein verständlich zu artikulieren, hat in diesem Wettbewerb der Ambitionen und Prätentionen etwas enorm Versöhnliches.

*Michael Althen, SZ, 6.9.2000*

## Bei Berührung Tod 81
CONTAMINATED MAN □ TV

**Regie:** Anthony Hickox
**Darsteller:** William Hurt (David Whitman), Natascha McElhone (Holly), Peter Weller (Joseph Müller), Katja Woywood (Karin Schiffer), Desirée Nosbusch (Kelly Whitman), Hardy Krüger jr., Christopher Cazenove
**Drehbuch:** John Penney
**Kamera:** Bruce Douglas Johnson
**Musik:** Michael Hönig
**Schnitt:** Liz Webber
**Prod.-Des.:** István Ocztos
**Prod.:** USA/GB/BRD 2000; 115 Min.
Konstantin Thoeren für Contamined Man Films/UFA/Videal
**TV:** 7.9.2001, VOX, 20.15

Joseph Müller löst aus Zorn über seine Entlassung eine Explosion im Chemielabor aus und verbreitet unwissentlich ein tödliches Virus auf seiner Flucht durch Europa. Der Seuchenexperte und Genetiker David Whitman ist der Einzige, der die sich ausbreitende Epidemie aufhalten könnte.

## Bela Donna 82
BELA DONNA □ TV

**Regie:** Fábio Barreto
**Darsteller:** Natasha Henstridge (Bela Donna), Andrew McCarthy (Frank), Eduardo Moscovis (No), Odilon Wagner (John), Florinda Bolkan (Mae Ana), Sophie Ward (Lidia), Rita Martins
**Drehbuch:** Fábio Barreto, Amy Ephron, José Lins do Rego, nach dem gleichnamigen Roman von Riacho Doce
**Kamera:** Félix Monti
**Musik:** Dorival Caymmi
**Schnitt:** Caroline Biggerstaff, Virginia Flores
**Prod.-Des.:** Hélio Eichbauer
**Prod.:** Brasilien/USA 1998; 100 Min.
Lucy Barreto, Luiz Carlos Barreto für Companhia de Imagem
**TV:** 27.8.2001, ZDF, 22.15

30er-Jahre-Drama von Liebe unter heißer Sonne, von einer verhängnisvollen Affäre und vom tragischen Zusammenprall zweier Kulturen.

*AZ TV Journal*

## Berlin Babylon 83
****

**Regie:** Hubertus Siegert
**Drehbuch:** Hubertus Siegert
**Kamera:** Ralf K. Dobrick, Thomas Plenert
**Musik:** Einstürzende Neubauten
**Schnitt:** Peter Przygodda, Anne Schnee
**Prod.:** BRD 1996–2000; 88 Min.
Hubertus Siegert
**UA:** 8.2.2001, Int. Filmfestspiele Berlin, »Panorama«
**Verleih:** Piffl/-/-, 27.9.2001

Berlin ist seit der Wende eine riesige Baustelle. Hubertus Siegert wirft einen kritisch-ironischen Blick auf das Baufieber und montiert die unterschiedlichen Aspekte zu einer dokumentarischen Vision.

*Margret Köhler, Blickpunkt Film, 18/2001*

**Kritik:** (...) Allerdings geht es dem Film weder um konventionelle Interviewsituationen noch um investigativen Journalismus. Wichtiger als die konkreten Tatbestände ist dem Regisseur der selbstdarstellerische Gestus der verzweigten Branche. Einen entscheidenden, zusätzlichen Kick erhält der Film durch den Soundtrack der Einstürzenden Neubauten.

*Claus Löser, tip, 20/2001*

## Berlin is in Germany 84

****+

**Regie:** Hannes Stöhr
**Darsteller:** Jörg Schüttauf (Martin Schulz), Julia Jäger (Manuela Schulz), Tom Jahn (Peter), Valentin Platareano (Victor), Edita Malovcic (Ludmilla), Robert Lohr (Wolfgang), Robin Becker (Rokko)
**Drehbuch:** Hannes Stöhr
**Kamera:** Florian Hoffmeister
**Musik:** Florian Appl
**Schnitt:** Anne Fabini
**Prod.-Des.:** Natalljae Meier, Anke Bisten
**Prod.:** BRD 2000; 93 Min.
Gudrun Ruzicková-Steiner, Judit Ruster für Luna Film für ORB/ZDF (Reihe »Ostwind«)/DFFB
**UA:** 8.2.2001, Int. Filmfestspiele Berlin, »Panorama«
**Verleih:** Piffl/-/-, 1.11.2001
**FSK:** ab 12 J., ffr.

Im Brandenburger Knast erlebt Martin Schulz die Wende. Als er elf Jahre später entlassen wird, ist nichts mehr so, wie es war. Die Frau lebt mit einem anderen, die Freunde sind weg, und Arbeit findet Martin auch keine. Das Spielfilmdebüt des dffb-Absolventen Hannes Stöhr begeistert durch handwerkliche Sorgfalt und einen sensationellen Hauptdarsteller. Jörg Schüttauf glaubt man sogar das Happy End: So einer wie Martin Schulz hat es einfach verdient. *tip, 41/2001*

**Kritik:** (…) Es sind die Schauspieler, die diesem in der Machart biederen Fernsehfilm Vitalität geben: Jörg Schüttauf, trotz aller Nackenschläge nicht unterzukriegen, und Julia Jäger, dünnhäutig und pragmatisch zugleich. Ein Leben zwischen Ost und West, Vergangenheit und Gegenwart. Der rettende Funke: Solidarität.

*Margret Köhler, AZ, 31.10.2001*

(…) Hannes Stöhrs Film ist aber keine wehleidige Ossi-Klagegeschichte. Es ist eine kratzbürstige Tragikomödie, die sich eher auf Traditionen des amerikanischen Independentfilms beruft als auf das hiesige Problem-Fernsehspiel. Hier bleibt der Held so zwielichtig wie die anderen Figuren, hier ist nicht klar, wie der Hase laufen wird, hier wird nicht der entlarvende Zeigestock über die Brüche eines Systems geführt, vielmehr wird durchprobiert, was dieses System an einer einzelnen Person anrichten würde und wie die sich zu wehren oder anzupassen versuchen könnten. (…)

*Thomas Klingenmaier, Stuttgarter Zeitung, 31.10.2001*

(…) Eine faszinierende Mischung aus Drama und Komödie – Stöhr hat einen rundum stimmigen Film geschaffen, in dem sich die schönen Bilder und der Soundtrack perfekt der Geschiche unterordnen. Martin ist die ideale Identifikationsfigur, mit ihm lachen und leiden wir.

*Martin Schwarz, Zitty, 23/2001*

(...) In Deutschland sind in den letzten Jahren zu oft Filme erzählt worden, die auf obszöne Weise nicht den kleinsten Bezug zu einer wie auch immer gearteten Lebenswirklichkeit hatten. Stöhr hat einen Film gemacht, der sich traut, von einer Wirklichkeit zu berichten, die ganz anders ist als das, was erwartbar wäre, und der in seinem vordergründigen Unspektakulärsein zum eindrucksvollsten gehört, was seit langem zu sehen war.

*Thomas Waitz, Schnitt, 4/2001*

**Interview:** Als ich 1997 mit der Recherche und dem Schreiben anfing, habe ich oft gehört, das interessiert keinen. Oder dass es nur für mich als Ostdeutschen relevant ist. Dann habe ich erst mal klargestellt, dass ich in Ostberlin lebe, aber eigentlich aus Schwaben komme.

*Wie haben Sie die Idee dann doch durchgesetzt?*

Ich hatte einen gleichnamigen Kurzfilm gemacht, der zu verschiedenen Festivals war. Zu der Zeit war ich schon an der weiteren Recherche.
Dann kamen Skeptiker und warnten, Junge, für einen ersten Film ist das ein ganz schönes Kaliber. Erst Annedore von Donop vom ZDF teilte meine Faszination für die Geschichte und hat sich wirklich meine Recherche angehört. Dann haben wir das Buch fertig entwickelt, konnten das Filmboard und Luna Film überzeugen und Jörg Schüttauf und Julia Jäger begeistern.

*Hat sich Reinhard Hauff eingemischt?*

Sein kreativer Geist weht durch diesen Film. Er war in manchen Dingen anderer Meinung. Ich weiß, dass er die Hauptfigur Martin im Knast gelassen hätte, hat aber meine Argumentation akzeptiert. Ich bin kein 68er und kann nicht sagen: Macht kaputt, was euch kaputtmacht. Das ist nicht meine Welt. Für mich ist eine Bewährungshelferin etwas Positives und mir geht es nicht um eine Bewertung des Staates. Und Hauff ist ein Leiter, der Haltungen toleriert und fordert. Er weiß auch, dass es nichts bringt, wenn er dauernd mit seinem Kochlöffel rummischt. Er war beim Abschlussfest und hat gemerkt, wir lachen noch. Und das fand er dann gut.

*Ihr Film wirkt nie wie ein Abschlussfilm. Wie viele Drehtage konnten Sie sich leisten?*

Wir hatten 950.000 Mark von ORB und ZDF und dazu das Geld vom Filmboard. Insgesamt rund 1,5 Millionen Mark. Alle haben die Gagen zurückgestellt oder sind mit ihren Forderungen runtergegangen. Manche Vorstellungen mussten wir aus Geldmangel ad acta legen. Wir hatten nur 28 Drehtage, und das stellte hohe logistische Anforderungen. Wir hatten gut vorbereitet und einen straffen Zeitplan gebaut, den wir auch eingehalten haben. Wir haben richtigen handwerklichen Ehrgeiz entwickelt, weil viele spekulierten, ein Student kriegt das nicht hin.

*Hannes Stöhr im Interview mit Katharina Dockhorn, Filmecho-Filmwoche, 43/2001*

## Besessen 85
BESAT ☐ TV

**Regie:** Anders Rönnow-Klarlund
**Darsteller:** Udo Kier (Vincent), Ole Lemmeke (Sören), Kirsti Eline Torhaug (Sarah), Ole Ernst
**Drehbuch:** Anders Ronnow-Klarlund
**Prod.:** Dänemark/Norwegen 1999; 95 Min.
**TV:** 5.5.2001, West 3, 22.15

Als auf dem Flughafen in Kopenhagen ein Rumäne todkrank zusammenbricht, glaubt der Virologe Sören, einen bisher unerforschten Virus entdeckt zu haben.

## Best in Show 86
BEST IN SHOW ***

**Regie:** Christopher Guest
**Darsteller:** Parker Posey (Meg Swan), Michael Hitchcock (Hamilton Swan),

Christopher Guest (Harlan Pepper), Eugene Levy (Gerry Fleck), Catherine O'Hara (Frau Cookie), John Michael Higgins (Scott Donland), Michael McKean (Stefan Vanderhoof)
**Drehbuch:** Christopher Guest, Eugene Levy
**Kamera:** Robert Schaefer
**Musik:** Jeffery CJ Vanston
**Schnitt:** Robert Leighton
**Prod.-Des.:** Joseph T. Garrity
**Prod.:** USA 2000; 90 Min.
Karen Murphy für Castle Rock Ent.
**Verleih:** Warner/-/-, 1.3.2001
**Vertrieb:** Warner Video (Video, DVD)
**FSK:** ab 12 J., ffr.
**FBW:** Besonders wertvoll

Dumm-dreiste Slapstickkomödie über die Teilnehmer der jährlichen Mayflower Dog Show, die aus dem ganzen Land nach Philadelphia gereist kommen, um mit ihren possierlichen Tierchen den großen Pokal zu gewinnen. Da gibt's dann zwischen den sowieso schon ziemlich skurrilen Herrchen und Frauchen auch noch diverse Eifersüchteleien, die den Zuschauer erheitern sollen. Das gelingt jedoch nur bei Genrefans und auch da nicht immer. *Uli Buchner*

**Kritik:** (...) Doch was vermutlich als Satire gedacht ist, verkommt schon im Ansatz zu einer nervtötenden Plappershow. Ein echter Dokumentarfilm wäre erheblich komischer gewesen. *tip, 5/2001*

(...) All diese durchgeknallten Typen und liebenswert-verschrobenen Freaks werden in einer Pseudodokumentation vorgestellt. Es wimmelt von skurrilen und überspannten Einfällen – und trotzdem funktioniert der Film nicht. Es fehlt die Story und ein Plot, der die diversen Stränge zusammenhält. Da die Personen fiktiv und eben nicht dokumentarisch sind, wirken ihre Neurosen beliebig. *Zitty, 5/2001*

## Besuch aus Sizilien 87
SIGNES DE VIE ☐ TV

**Regie:** Vincent Martorana
**Darsteller:** Pierre-Loup Rajot (Thomas), Roberto Attias (Gianni), Marcello Mazzarella (Salvo), Fabio Sartor (Antonio), Félicité Wouassi (Josephine), Serge Dupire (Jacques), Christoph Huysman (Pierre)
**Drehbuch:** Vincent Martorana, Nathalie Vailloud
**Prod.:** Frankreich 2000; 86 Min.
**TV:** 9.3.2001, Arte, 20.45

(...) Der Film erzählt von Freundschaft, von vergangenen Zeiten, von Abschied und Wiedersehen. Es geht in diesem Film aber auch um einen sowohl kameradschaftlichen wie trickreichen Kampf gegen den Tod. Es ist ein leichter Film, auch wenn er schwerwiegende Dinge wie Aids und das Sterben behandelt. (...) *Pressetext*

## Die Bettelprinzessin 88
THE BEGGAR BRIDE ☐ TV

**Regie:** Diarmuid Lawrence
**Darsteller:** Keeley Hawes (Angela Harper), Nicholas Jones (Lord Fabian Ormerod), Joe Duttine (Billy), Kacey Ainsworth (Tina), Charlotte Williams (Honesty), Jean Anderson, John Bowler
**Drehbuch:** Elizabeth Mickery, nach dem gleichnamigen Roman von Gillian White
**Kamera:** John Hooper
**Musik:** Colin Towns
**Schnitt:** Frances Parker
**Prod.-Des.:** Gerry Scott
**Prod.:** GB 1997; 100 Min.
Kate Harwood für BBC
**TV:** 1.2.2001, BR, 21.45

Angela ist jung und schön, aber arm. Ständig ist sie mit ihrem arbeitslosen Ehemann und ihrem Baby auf Wohnungssuche. Sie leben am Rande der Existenz. Um ihre Familie zu retten, entscheidet sich Angela, eine zweite Ehe mit dem reichen Lord Omerod einzugehen. (...) *AZ TV Journal*

## Better than Sex 89
BETTER THAN SEX ** Video

**Regie:** Jonathan Teplitzky
**Darsteller:** David Wenham (Josh), Susie Porter (An), Catherine McClements (Sam), Kris McQuade (Taxi Driver), Simon Bossell (Tim), Imelda Corcoran (Carole)
**Drehbuch:** Jonathan Teplitzky
**Kamera:** Garry Phillips
**Musik:** David Hirschfelder

**Schnitt:** Shawn Seet
**Prod.-Des.:** Tara Kamath
**Prod.:** Australien/Frankreich 2000; 80 Min. Frank Cox, Bruna Papandrea für Better Than/Fireworks/France TV, Distribution/ Meercat/NSW & TV Office/New Versions
**Vertrieb:** Helkon (Columbia TriStar) Video, 18.12.2001
**FSK:** ab 12 J.

Was tun, wenn man sich verliebt, aber sich aus Angst vor Nähe nicht traut, das zu leben? Auch die Macher dieser aus dramaturgischen Luftlöchern gestrickten Romantikkomödie wissen auf diese gar nicht mal so uninteressanten Frage keine Antwort.

## Bhopal Express 90

BHOPAL EXPRESS □ TV

**Regie:** Mahesh Mathai
**Darsteller:** Kay Kay (Verma), Nethra Raghuraman (Tara), Naseeruddin Shah (Basheer), Zeenat Aman (Zohrabai), Vijay Raaz (Badru), Himayatulla Khan (Kaka), Charanjeet Saluja (Gauri Babu)
**Drehbuch:** Piyush Pandey, Prasoon Pandey
**Kamera:** Mahesh Mathai
**Musik:** Ehsaan Noorani, Loy Mendonsa, Shankar Mahadevan
**Schnitt:** Priya Krishnaswamy
**Prod.-Des.:** Sunil Chhabra
**Prod.:** Indien/USA 1999; 90 Min. Philip von Alvensleben, Tabrez Noorani, Deepak Nayar; Pravesh Sahni, Laxmi Singh (Co-Prod.) für Highlight Films/Kintopp/Alive Ent.
**EA:** 10.2.2000, Int. Filmfestspiele Berlin, »Panorama«
**TV:** 27.9.2001, Arte

Die Katastrophe des Union-Carbide-Giftgasunglücks von 1984 trifft ein frisch verheiratetes Paar und seine Freunde.

## Die Bibel – Paulus 91

SAINT PAUL □ TV

**Regie:** Roger Young
**Darsteller:** Johannes Brandrup (Saulus/Paulus), Thomas Lockyer (Ruben), Barbara Bobulova (Dina), G. W. Bailey (Barnabas), Ennio Fantastichini (Petrus), Christian Brendel (Jacobus), Giorgio Pasotti (Johannes)
**Drehbuch:** Gareth Wyn Jones, Roger Young
**Kamera:** Giovanni Galasso
**Musik:** Carlo Siliotto
**Schnitt:** Alessandro Lucidi
**Prod.-Des.:** Paolo Biagetti II.
**Prod.:** BRD/Italien 2000; 2 x 90 Min. Lux Vide/Kirch Media/Quinta mit RAI/ France 2/Antena 3/TM/Czech TV/ NCRV/BskyB/ARD/Degeto
**TV:** 13.4., 16.4.2001, ARD, 18.40, 18.30

Der ehrgeizige Saulus gerät zwischen die Fronten eines erbitterten Glaubenskriegs. Erbarmungslos verfolgt er die christlichen Apostel Petrus und Johannes, doch auf dem Weg nach Damaskus geschieht ihm Eigenartiges: Er erblindet, wird aber nach einer Jesusvision geheilt und lässt sich als Paulus taufen. Nun riskiert er selbst sein Leben für die Missionierung.
*Pressetext*

## Big Mac Small World 92

***+

**Regie:** Peter Guyer
**Drehbuch:** Peter Guyer
**Kamera:** Matthias Kälin
**Musik:** Mich Gerber
**Schnitt:** Kathrin Plüss
**Prod.:** Schweiz/BRD 2000; 100 Min. Marian Amstutz für Recycled TV/SF, DRS/ZDF/Arte
**Verleih:** -/-/Look Now!, Mai 2001

Ein eigensinniger Film zum Thema Globalisierung: In seinem Dokumentarfilm porträtiert Peter Guyer sechs Angestellte des Hamburger-Konzerns aus der Schweiz, den USA, Finnland, China, Brasilien und Südafrika, gleichzeitig befragt er kritisch die These der McDonaldisierung, wonach unsere Welt nur noch nach den Maximen Effektivität, Kalkulierbarkeit, Voraussagbarkeit und Kontrolle funktioniere. Nicht immer jedoch gelingt es ihm, die Balance zu halten zwischen porträtierender Nähe und globalem Blick. *Film, 5/2001*

## Birthday 93

***

**Regie:** Stefan Jäger
**Darsteller:** Bibiana Beglau (Bibiana), Tamara Simunovic (Tamara), Claudio Caiolo (Claudio), Harald Koch (Harald), Bernd Moss (Bernd), Wilfried Hochholdinger (Will)

**Drehbuch:** Stefan Jäger
**Kamera:** Stefan Runge, Knut Schmitz
**Musik:** Angelo Beradi
**Schnitt:** Nicholas Goodwin, Oliver Keidel
**Prod.-Des.:** Lars Janowitz
**Prod.:** BRD 2001; 96 Min.
Sabine Lamby, Giulio Ricciarelli; Stefan Jäger (Co-Prod.) für Naked Eye Filmprod.
**UA:** Max-Ophüls-Preis Saarbrücken 2001
**Verleih:** Delphi/-/-, 18.10.2001
**FSK:** ab 16 J., ffr.
**FBW:** Besonders wertvoll

Vier Freunde, zwei Frauen und zwei Männer, treffen nach jahrelanger Trennung wieder aufeinander. Anlass sind die jeweiligen Feierlichkeiten zum 30. Geburtstag, den alle vier im selben Jahr begehen. Ein Selbstmordversuch zwingt allerdings zu einer schmerzhaften Bestandsaufnahme. Die handliche, digitale Kamera soll in »Birthday« Wahrhaftigkeit beglaubigen, aber die Handlungselemente schwimmen in einem Geflecht aus Doku-Soap und beliebig konstruiertem Melodrama.

*Claus Löser, tip, 21/2001*

**Kritik:** (...) Die Juroren des diesjährigen Max-Ophüls-Festivals bedachten diesen Film mit dem Drehbuchpreis, doch so authentisch (weil improvisiert) »Birthday« auch sein mag, so anstrengend und mäßig interessant ist der Film. *Zitty, 22/2001*

*Artwork zu ›Birthday‹*

(...) Stefan Jäger erzählt subjektiv, wechselt die Perspektiven, jede der vier Hauptpersonen monologisiert direkt in die Kamera, das gibt dem Film einen Workshopeffekt und in manchen Augenblicken die intime Nähe einer Tagebuchnotiz. Manchmal scheinen sich die episodischen Erinnerungs- und Gegenwartsfetzen auch allzu sehr in Hektik zu verlieren, wird die Thrillerspannung – wird Bibiana am Ende ihr Leben verlieren oder zurückbekommen? – ohne innere Logik nervtötend unterbrochen. Die darstellerischen Leistungen halten den Film jedoch lebendig und bleiben im Gedächtnis als Collage einer Condition humaine.

*Frauke Hanck, Blickpunkt Film, 42/2001*

(...) Handlung allerdings ist nicht das richtige Wort. Geschildert werden fast ausschließlich psychologische Situationen. Man kann – und will – diesen subjektiv erfundenen Beziehungskisten nicht immer folgen. Doch »Birthday« ist darstellerisch so lebendig, von den Einfällen her so spontan und filmisch so gut montiert, dass der Streifen im gegenwärtigen deutschen Angebot jedenfalls als interessantes Experiment gelten kann.

*Thomas Engel, Der Gildedienst, 8.9.2001*

## Bismuna – Ein Abenteuerfilm 94

***+

**Regie:** Uli Kick
**Darsteller:** Dieter Dubbert
**Drehbuch:** Uli Kick, Petra Heilingbrunner
**Kamera:** Krzysztof Ordon
**Musik:** Wolfgang Neumann
**Schnitt:** Gaby Kull-Neujahr
**Prod.:** BRD 1999; 107 Min.
Uli Kick für Filmworks mit Arte/BR/WDR
**UA:** 1.7.1999, Filmfest München
**Verleih:** Filmworks/-/-, Febr. 2000

Die Dokumentation begleitet das Projekt eines deutschen Sozialarbeiters, der straffällige drogensüchtige

Jugendliche in einem Indianerdorf in Nicaragua betreut – und bietet das Kontrastbild an für den Irrglauben, das sei unverdienter Spaßurlaub für Jungkriminelle. Weglaufen unmöglich (Sumpfgebiet), Komfort null, körperliche Arbeit hart, weit und breit nichts zu klauen. Rebellion für Drogenfreaks aussichtslos. Charaktertest ohne Illusionen, aber belohnt von kleinen Erfolgen. *Ponkie, AZ, 19.7.2001*

## Black Box BRD 95

****

**Regie:** Andres Veiel
**Darsteller:** Traudl Herrhausen, Rainer Grams, Hilmar Kopper, Wolfgang Grundmann, Helmut Kohl
**Drehbuch:** Andres Veiel
**Kamera:** Jörg Jeshel
**Musik:** Jan Tilman Schade
**Schnitt:** Katja Dringenberg
**Prod.:** BRD 2001; 114 Min.
Thomas Kufus für zero film mit HR/SWR/Arte
**Verleih:** X-Verleih/Filmladen/-, 31.5.2001
**Vertrieb:** Warner Video
**FSK:** ab 12 J., ffr.
**FBW:** Besonders wertvoll

Kurz nach Mauerfall wird Alfred Herrhausen, Topmanager der Deutschen Bank, von einem Kommando der Roten Armee Fraktion ermordet. Im Juni 1993 kommt der RAF-Terrorist Wolfgang Grams bei seiner Festnahme ums Leben. Regisseur Andres Veiel erzählt in »Black Box BRD« die Story von Herrhausen und Grams, zwei extremen und gleichzeitig exemplarischen Protagonisten der alten Bundesrepublik. Es ist die Geschichte von zwei kompromisslosen Lebensläufen und angekündigten Todesfällen sowie einer untergegangenen Kultur. Eine Schwindel erregende, waghalsige Reise ins dunkle Herz der BRD, eine Achterbahnfahrt durch die Vergangenheit, eine abenteuerliche Expedition in ein merkwürdiges fernes Land. Mal ein Horrorfilm, mal eine Komödie, ein Thriller, Politdrama, Kriegsfilm, Western, ein Familienalbum, eine Tragödie. *Volker Gunske, tip, 11/2001*

**Kritik:** (...) Andres Veiel verbindet die Schicksale von Grams und Herrhausen. Ihm gelingt so ein aktuelles Zeitporträt. Beide Männer starben einsam. Der Terrorist hatte Gesinnungsgenossen verloren – so wie der Banker, der für eine Entschuldung der Dritten Welt kämpfte. »Black Box BRD« ist ein Filmdokument, das nicht belehren will und deshalb interessieren kann, auch die so genannte Generation Golf.

*Angie Dullinger, AZ, 23.5.2001*

(...) Manko des spannenden und unbedingt sehenswerten Filmes ist, dass die Konzentration auf die Charaktere und die biografischen Details die gesellschaftlichen Strukturen der Gewalt in den Hintergrund treten lässt. Hier wären wohl noch einige andere Filme zu drehen.

*Cai Mosich, Multimedia, 8.11.2001*

**Interview:** *Ihr Film fängt ungeheuer wuchtig an, mit einem Anflug auf die Deutsche Bank. Musste das wirklich so groß sein?*

Das musste so groß sein, weil es auch die Ouvertüre für Alfred Herrhausen ist. Wir sind nicht bei der Kreissparkasse Böblingen, wir sind bei der Deutschen Bank. Da will ich nicht mit der Handkamera reingehen und auch nicht von unten filmen – im Sinne: Oh, ist das ein großes Gebäude! Deshalb die Helikoptereinstellung, weil sie auf der einen Seite eine Wuchtigkeit hat, man aber gleichzeitig das Gefühl hat, die Deutsche Bank wächst nicht in den Himmel. Wir nähern uns von oben und sehen, es gibt andere Gebäude, die sind noch größer. Dieser Anflug von oben ist fast eine Kralle, die sich das Gebäude zu Eigen macht. Die RAF dagegen materialisiert sich eben nicht in Gebäudeform. Ich habe den Film so gebaut, dass ich gegen die Bilder der Bank dann den ersten langen Super-8-Film von Grams setze. Also kein Gebäude, sondern Men-

*Der Beginn einer Tragödie: ›Black Box BRD‹ von Andres Veiel*

schen; Menschen, die in Bildern vorgestellt werden, die meine Bilder sein könnten. Bilder, die eine Nähe zu Wolfgang Grams aufbauen, die ich später auch bei Alfred Herrhausen finde. Dann verliere ich Wolfgang Grams ein bisschen, wie beim Staffellauf.

*Haben Ihre Protagonisten Sie im Verlauf des Films überrascht?*

Oft. Neben den Überraschungen bei den jeweiligen Biografien hat mich die Synthese manchmal fast unheimlich berührt, weil es in den Biografien plötzlich Analogien gab, wo ich sie nie vermutet hätte. Das fand ich die eigentliche Herausforderung.

*Mit wem haben Sie sympathisiert?*

Das hat extrem oszilliert. Bei Alfred Herrhausen gab es Punkte, wo er mir sehr vertraut wurde, und dann gab es Momente, wenn ich bestimmte Fotos gesehen habe, wo er mir fremd wurde und ich mich sogar gefragt habe: Warum mache ich einen Film über ihn? Bei Wolfgang Grams war es ähnlich. Es gab eine Anfangsneugier, und an bestimmten Punkten ist er mir fast entglitten; ich hatte das Gefühl für ihn verloren. Für mich war die Konsequenz, dass auch das – die Distanz – Teil des Films wird.

*Andres Veiel im Interview mit Martina Knoben, SZ, 25.5.2001*

*Wie haben Sie das Vertrauen von Wolfgang Grams Freunden gewonnen?*

Ich habe ihnen zugesichert, dass sie das gesamte Material sichten und sich jederzeit aus dem Projekt zurückziehen können. In vielen Gesprächen kam trotzdem die Frage, ob mich der Verfassungsschutz oder die Deutsche Bank finanzieren. Da kam das ganze Kondensat der 70er-Jahre wieder hoch. Auf dem Weg zu schönen Spaziergängen in der Wiesbadener Umgebung wurde mehrmals das Auto gewechselt und erst ernsthaft geredet, wenn keine Abhörmöglichkeit mehr bestand.

*Andres Veiel im Interview mit Katharina Dockhorn, Zitty, 22/2001*

## Black Out 96
BLACK OUT ***
TV

**Regie:** Menelaos Karamaghiolis
**Darsteller:** Alkis Kourkoulos (Christos), Mirto Alikaki (Maria), Kleon Gregoriades (Stavros), Kariofilia Karabeti (= Karyophylla Karambeti), Dimitris Papaioannou, Hanna Schygulla, Nikos Georgakis
**Drehbuch:** Menelaos Karamaghiolis
**Prod.:** Griechenland 1998; 159 Min.
**TV:** 22.6.2001, Arte, 23.45, OmU

Das Liebespaar Christos und Maria wird Opfer eines Komplotts, das der Regisseur spannend und plausibel in seiner Bildsprache inszenierte.
*Pressetext*

## Black Sea Raid 97
BLACK SEA RAID **
Video

**Regie:** Jenö Hodi
**Darsteller:** Daniel Bernhardt (Rick), Steve Parrish, Dennis LaValle, Sergej Golowkin
**Drehbuch:** Jenö Hodi
**Kamera:** Ken Blakey
**Musik:** Terry Plumeri
**Prod.:** USA 1997; 83 Min.
**Vertrieb:** Screen Power Video, 22.3.2001
**FSK:** ab 18 J.

CIA-Agent Rick Halsey soll im tschetschenischen Bürgerkrieg nach einer verschwundenen russischen Atomrakete fahnden. Lauter, aufwändiger, aber zu keiner Sekunde glaubwürdiger Actionkracher.

## Der Blaue Vogel 98
**
TV

**Regie:** Dietmar Klein
**Darsteller:** Annett Renneberg (Christine Kamphoven), Dietmar Schönherr (Jon Kamphoven), Jenny-Marie Muck (Winnie Henning), Alexandra Schiffer (Mara Kamphoven), Oliver Bootz (Gerhard Ehlers), Timothy Peach (Oliver Jensen), Daniel Friedrich (Julian Jablonka)
**Drehbuch:** Christiane Sadlo, nach dem gleichnamigen Roman von Utta Danella
**Kamera:** Thomas Etzold
**Musik:** Robert Schulte Hemming, Jens Langbein
**Prod.:** BRD 2001; 2 x 90 Min.
Bavaria
**TV:** 29.12.2001., 1.1.2002, ARD, jeweils 20.15

Eifersucht und Liebesglück, Unglück und neues Leid, Hoffnung und Zuversicht, so wie die Schmonzettenkiste es hergibt.

## Le Bleu des Villes 99
LE BLEU DES VILLES ****+

**Regie:** Stephane Brize
**Darsteller:** Florence Vignon (Solange), Mathilde Seigner (Mylène), Antoine Chappey (Patrick), Philippe Duquesne (Jean-Paul), Jenny Alpha, Clotilde Mollet, François Gamard
**Drehbuch:** Stephane Brize, Florence Vignon
**Kamera:** Jean-Claude Larrieu
**Musik:** Steve Naive
**Schnitt:** Anne Klotz
**Prod.:** Frankreich 1999; 101 Min.
Milena Poylo, Gilles Sacuto für TS/M6 mit Canal+/M6/CNC
**UA:** 18.5.1999, Int. Filmfestspiel Cannes, »Directors Fortnight«
**Verleih:** Peripher/-/Xenix, Juni 2000 (CH), 15.2.2001

Die brave Verkehrspolizistin Solange wird aus ihrem beschaulichen Leben in der Provinz gerissen, als sie eines Tages eine alte Schulfreundin wieder trifft: Die erfolgreiche Mylène weckt in Solange längst vergessene Mädchenträume. Denn eigentlich hatte Solange immer Sängerin werden wollen … *Film, 6–7/2000*

**Kritik:** (…) Ein ungemein zärtlicher und humorvoller Film mit einer famosen Heldin des Alltags: Florence Vignon als Solange. Faszinierend, mit welch charmanter Hartnäckigkeit die stille Schöne ihren Weg verfolgt, auch wenn sie manch herbe Enttäuschung und manchen Rückschlag in Kauf nehmen muss.
*Cristina Moles Kaupp, tip, 4/2001*

## Blood Dolls – Die Killer-Puppen 100
BLOOD DOLLS *
Video

**Regie:** Charles Band
**Darsteller:** Jack Maturin (Virgil Travis), Debra Mayer (Moira Yulin), William Paul Burns (Mr. Mascaro), Warren Draper

(Harrison Yulin), Nicholas Worth (George Warbeck), Jodie Coady (Mercy Shaw), Phil Fondacaro
**Drehbuch:** Charles Band, Robert Talbot, nach einer Story von Charles Band
**Kamera:** Thomas L. Callaway
**Musik:** Ricardo Bizzetti
**Schnitt:** Steven Nielson
**Prod.-Des.:** Steve Ralph
**Prod.:** USA 1999; 85 Min.
Charles Band; Kirk Edward Hansen, Dana Scanlan (Co-Prod.) für Full Moon Ent.
**Vertrieb:** KirchMedia (Laser Paradise) Video, 3.9.2001
**FSK:** ab 18 J.

Psychotischer Multimillionär verwandelt mittels Maschine Menschen in mordende Blutpuppen, um seine Rachegelüste zu befriedigen. Befriedigt werden bei diesem Horror-Rohrkrepierer nicht mal allerbescheidenste Ansprüche.

## Blood Surf 101
KROCODYLUS **
Video

**Regie:** James D. R. Hickox
**Darsteller:** Duncan Regehr, Dax Miller, Kate Fischer, Joel West, Matt Borlenghi, Taryn Reif, Archie Adamos
**Prod.:** USA/Südafrika 2000; 87 Min.
**Vertrieb:** Sunfilm, 13.11.2001
**FSK:** ab 16 J.

Riesenkrokodil attackiert vor der Küste Indonesiens Kamerateam. Horror mit etwas Sex und Action zu verpacken, erhöht die Kommerzialität und senkt das Niveau hier in ungeahnte Tiefen.

## Bloody Murder 102
BLOODY MURDER *
Video

**Regie:** Ralph Portillo
**Darsteller:** Jessica Morris (Julie McConnell), Peter Guillemette (Patrick), Patrick Cavanaugh (Tobo), Crystalle Ford (Drew Zemke), Michael Stone (Dean), Justin Martin (Jason), Tracy Pacheco (Whitney Chambers)
**Drehbuch:** John R. Stevenson
**Kamera:** Keith Holland
**Musik:** Steven M. Stern
**Schnitt:** Carlos Puente
**Prod.:** USA 1999; 84 Min.
Jamie Elliott, Ralph Portillo für Hemisphere Ent.
**Vertrieb:** Laser Paradise Video, 4.10.2001
**FSK:** ab 16 J.

Blutbad im Feriencamp: Teenietruppe wird von ruchlosem Schlitzer dezimiert. Horror für Fußgänger.

## Blow 103
BLOW ***

**Regie:** Ted Demme
**Darsteller:** Johnny Depp (George Jung), Penelope Cruz (Mirtha Jung), Jordi Molla (Diego Delgado), Franka Potente (Barbara Buckley), Rachel Griffiths (Ermine Jung), Ray Liotta (Fred Young), Ethan Suplee (Tuna)
**Drehbuch:** David McKenna, Nick Cassavetes, nach der Biografie »How a Small Town Boy Made 100 Million Dollars with the Medellin Cocaine Cartel and Lost it All« von Bruce Porter
**Kamera:** Ellen Kuras
**Musik:** Graeme Revell
**Schnitt:** Kevin Tent
**Prod.-Des.:** Michael Hanan
**Prod.:** USA 2001; 124 Min.
Ted Demme, Joel Stillerman, Denis Leary für Spanky/Apostle Prod.
**Verleih:** Kinowelt/Constantin/Rialto, 26.7.2001
**Vertrieb:** Kinowelt Video (Video, DVD)
**FSK:** ab 12 J., ffr.

Die Lebensgeschichte des erfolgreichsten US-Dealers George Jung, der – vom Land kommend – in die Flower-Power-Zeit gerät und unbekümmert in L. A. mit dem Geschäft beginnt. Weil es so einfach ist, macht er weiter, bis er zum Freund des kolumbianischen Drogenbarons Escobar aufsteigt und Millionen verdient. Mit dem Geld kommen die Neider und Verräter. Jung landet mehrfach im Gefängnis. Heute sitzt er lebenslänglich. Ted Demmers Verfilmung bleibt zu oberflächlich, Johnny Depp als Jung zu glatt. »Traffic« ist einfach besser. *Film, 8/2001*

**Kritik:** (...) Wie bereits im Steven Soderberghs oscarprämiertem »Traffic« geht es auch in »Blow« um die raue und graue Realität hinter dem schönen, aufregenden Schein – mit dem großen Unterschied, dass es diesmal nicht Kubaner, Mexikaner oder Ko-

lumbianer sind, die das Böse ins gute Amerika bringen, sondern ein weißer »All American Boy«. Jung hielt Anfang der 80er-Jahre gewissermaßen das US-Monopol auf Kokain.
Dabei enthält sich Ted Demme jeglicher Wertung, überhöht weder den Spaß am Drogenkonsum, noch prangert er dessen Gefahren übermäßig an. Stattdessen zeichnet er das Auf und Ab von Freiheit und Gefängnis, von Triumph und Niederlagen, von Glück und Verzweiflung, von Liebe und Tod relativ gleichmütig nach. Erst am Ende, als Jung auf dem Gefängnishof von seiner verlorenen Tochter träumt, summieren sich die vielen Verluste zur Lebenstragödie.
*Focus, 23.7.2001*

(...) George Jung steht für fast jeden von uns. Wir hätten vielleicht an gewissen Stellen anders gehandelt, sicher jedoch können wir uns dessen nicht sein. Drum sitzen wir gegen Ende auch voller Sympathie mit im Hochsicherheitstrakt und fragen uns, was man dem armen George eigentlich vorwerfen soll? Auf tückische Art ist »Blow« dann eben doch verstörend und sehr viel mehr als nur gute Unterhaltung. *Helmut Krausser, Die Welt, 24.7.2001*

*Franka Potente und Johnny Depp*

**Interview:** *Die Frauen kommen nicht so gut weg in »Blow«, auch Ihre Barbara nicht.*

Doch. Barbara kommt gut weg. Sie wird ernst genommen. Mag sein, dass der Film nicht allen Frauen gerecht wird, aber er entscheidet sich ja auch, sehr bei seiner Hauptfigur George Jung zu bleiben. Es geht um jemanden, der getrieben war, der Menschen links liegen gelassen hat. Und am Ende ist er alleine.

*Ein paarmal aber werden Sie »Barbie« gerufen und sind auch barbiepuppenhaft zurechtgemacht. Nervt das nicht?*

Ja und nein. Ich versuche, das aus der Figur heraus anzugehen, nicht aus der Außensicht. Sonst könnte ich mich gar nicht entwickeln. Gestört hat mich – und das finde ich als Europäerin noch immer sehr amerikanisch – das Gebaren. Die Figur entwickelt sich vor allem aus der Sprache. Zwei Monate habe ich an den zehn Sätzen, die ich hatte, hart gearbeitet, um diesen Akzent zu lernen. Ich habe mich zunächst wahnsinnig gesträubt.

*Wieso denn das?*

Ich wollte das nicht nur nachahmen, sondern durchdringen. Der Sprachcoach sagte immer: Mach deinen Mund weit auf beim Reden. Ich fand das abstoßend, unangenehm. Aber damit gehen eben bestimmte technische Dinge einher, die Augenbrauen rutschen hoch, die Augen werden größer, und gleich kommt eine bestimmte Gestik hinzu. Das alles braucht man, um eine Amerikanerin darzustellen. Vielleicht hat das was Barbiehaftes, zumindest aus deutscher Perspektive. »Barbara« ist eben eine Verkörperung der 70er-Jahre.

*Schade, dass Sie in »Blow« schon nach einer halben Stunde sterben müssen.*

»Blow« hatte für mich Testlaufcharakter. Vor mehr hätte ich erst mal Schiss gehabt. Ich hab schon gern die Kontrolle, ich möchte gern profund sein, etwas beherrschen, weil ich es durchdringe. Das ist meine Kraft. Bei »Blow« wusste ich: Ich krieg das hin, ohne mich dafür schämen zu müssen.

*Ist auch Schauspielerei Ihr Hobby?*

Das ist die Arbeit und das Hobby. Ich will ja nicht »künstlerisch« sagen, aber das ist ein künstlerischer Konflikt, den ich mit mir und meinen Maßstäben gerade habe. Vielleicht sollte man darüber gar nicht reden.

*Im Gegenteil, das ist doch gerade schön.*

Ja.

*Auszüge aus dem Interview mit Franka Potente von Jan Schulz-Ojala, Der Tagesspiegel, 25.7.2001*

## Blue End 104

***

**Regie:** Kaspar Kasics
**Drehbuch:** Kaspar Kasics, nach einer Reportage von Erwin Koch
**Kamera:** Pierre Mennel
**Musik:** Michael Gerber
**Schnitt:** Kaspar Kasics, Isabel Meier
**Prod.:** Schweiz 2000; 86 Min.
Kaspar Kasics für Extra Film
**Verleih:** -/-/Lang, Mai 2001

Die Geschichte einer digitalen Wiederauferstehung: In seinem Dokumentarfilm erzählt Kaspar Kasics die himmeltraurige Geschichte des 1993 hingerichteten Joseph Paul Jernigan, der heute als »Visible Man« im Internet weiter-»lebt«. Mehr als die hoch aktuellen medialen Aspekte des Falles (ist der »Visible Man« nicht die konsequente Fortsetzung des »Big Brother«-Terrors?) interessiert sich Kasics in seinem thematisch zu wenig konzentrierten Film für das Zusammenspiel von Justiz und Wissenschaft.
*Film, 5/2001*

## Blumen aus einer anderen Welt 105

FLORES DE OTRO MUNDO ***

**Regie:** Iciar Bollain
**Darsteller:** José Sancho (Carmelo), Lissete Mejia (Patricia), Luis Tosar (Damián), Marilin Torres (Milady), Chete Lera (Alfonso), Elena Irureta (Marirrosi), Amparo Valle (Mutter)
**Drehbuch:** Iciar Bollain, Julio Llamazares
**Kamera:** Teo Delgado
**Musik:** Pascal Gaigne
**Schnitt:** Angel Hernandez Zoido
**Prod.-Des.:** Josune Lasa
**Prod.:** Spanien 1999; 106 Min.
Santiago Garcia de Leániz; Enrique González Macho (Co-Prod.) für La Iguana/Alta Film
**Verleih:** Arsenal, OmU/-/-, 1.2.2001

Drei Frauen – zwei aus Mittelamerika und eine Spanierin – entscheiden sich, nach einer Brautschau in einem kleinen kastilischen Dorf bei dreien der Männer zu bleiben, sei es aus Liebe oder nur aus Vernunftgründen. Die Schauspielerin Iciar Bollain erzählt in ihrem zweiten Film auf amüsant-realistische Weise kleine, warmherzige Geschichten mit einem tragischen Hintergrund, ohne sich jedoch wirklich zwischen Realismus und einer Kinodramaturgie zu entscheiden.
*Uli Buchner*

**Kritik:** (...) Psychologisch und soziologisch stimmige Geschichte über Landflucht, Fremdenfeindlichkeit und Migration, die durch ihren fast dokumentarischen Blick und eine sensible Schauspielerführung besticht. *Film-Dienst, 3/2001*

(...) Iciar Bollains zweiter Spielfilm schwankt zwischen ernsthafter Milieustudie und Komödie, kann sich jedoch weder für das eine noch das andere so richtig entscheiden. Und obwohl die karge kastilische Landschaft wunderschön eingefangen ist, obwohl alle Darsteller sehr sympathisch spielen, ist dies doch eher eine Produktion, die eher ins Nachtprogramm des öffentlich-rechtlichen Fernsehens gehört

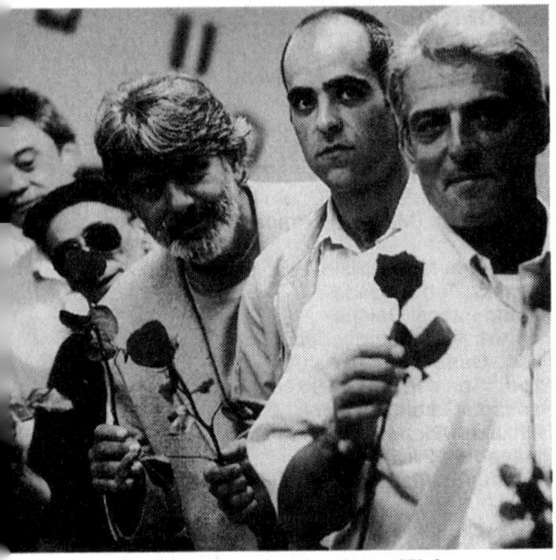

*›Blumen aus einer anderen Welt‹*

denn auf die Kinoleinwand. Ein netter, belangloser Film. *Zitty, 3/2001*

## Blumen lieben oben 106

□
TV

**Regie:** Erwin Michelberger, Oleg Tcherny
**Prod.:** BRD 1999; 83 Min.
**UA:** 14.2.2000, Int. Forum des Jungen Films Berlin
**TV:** 14.2.2001, Berlin 1

Am Ostermontag 1979 verschwindet die 16-jährige Ingrid aus der oberschwäbischen Kleinstadt Saulgau nach Berlin. Sechs Jahre später wird ihr Skelett auf dem Dachboden des Hauses Waldemarstraße 33 in Berlin-Kreuzberg gefunden. Der Schädel ist eingeschlagen. Der Film begibt sich auf Spurensuche. (...) *Katalog Forum*

## Blutiges Spiel – 24 Stunden in der Hölle 107

24 HOURS IN LONDON

*
Video

**Regie:** Alexander Finbow
**Darsteller:** Gary Olsen (Christian), Anjela Lauren-Smith (Martha), John Benfield (Chef-Insp. Duggan), Tony London (Leon), Sara Stockbridge (Simone), Luke Garrett (Richard), Wendy Cooper (Antonia)
**Drehbuch:** Alexander Finbow
**Kamera:** Chris Plevin
**Musik:** Edmund Butt
**Schnitt:** Ian Farr
**Prod.-Des.:** Matthew Davis
**Prod.:** GB 2000; 86 Min.
Fergal McGrath für 24 Hours in London plc. prod./One World Films
**Vertrieb:** Prokino (Universal Video), 17.5.2001
**FSK:** ab 18 J.

Das alte Lied: statt Originalität Hämoglobin und Metzeleien. Erstlingsregisseur Finbow setzt auf grobschlächtige Effekte, was die einfallslose Story vom ultrabrutalen Gangsterboss, der alle seine Konkurrenten wie auch eine Augenzeugin seiner gewalttätigen Ausschweifungen ausschalten will, gänzlich ruiniert.

## The Body 108

THE BODY

***+

**Regie:** Jonas McCord
**Darsteller:** Antonio Banderas (Pater Matt Gutiérrez), Olivia Williams (Sharon Golban), John Shrapnel (Moshe Cohen), Derek Jacobi (Pater Lavelle), Jason Flemyng (Pater Walter Winstead), John Wood (Kardinal Pesci), Makram J. Khoury (Nasir Hamid)
**Drehbuch:** Jonas McCord, nach einem Roman von Richard Ben Sapir
**Kamera:** Vilmos Zsigmond
**Musik:** Serge Colbert
**Schnitt:** Richard Marks, Alain Jakubowicz, Lesley Walker
**Prod.-Des.:** Allan Starski
**Prod.:** Israel/USA 2001; 105 Min.
Rudy Cohen für MDP Worldwide/Helkon Media mit Green Moon Prod./Diamant/ Cohen Prod.
**Verleih:** Knipp/-/-, 13.12.2001
**FSK:** ab 12 J.

In einer Jerusalemer Grabkammer werden die sterblichen Überreste eines Gekreuzigten aus dem ersten Jahrhundert entdeckt, möglicherweise handelt es sich um die Gebeine von Christus. Alarmiert schickt der Vatikan einen Priester zum Fundort: Er soll verhindern, dass Jesus' Auferstehung als Legende entlarvt wird. In Israel gerät der Geistliche zwischen die Fronten von militanten Palästinensern und radikalen Juden, zudem muss er mit einer streitbaren Archäologin und schweren Gewissenskonflikten kämpfen. Rund 27 Millionen Mark soll Antonio Banderas als Agent des Vatikans kassiert haben, da war für die zweitklassig besetzten Nebenrollen und die Ausstattung dieser US-israelischen Koproduktion offensichtlich nicht viel Geld übrig.

*Ralph Umard, tip, 25/2001*

**Kritik:** (…) Was wie ein Actionplot um religiösen Fanatismus klingt, ist eine ernsthafte Auseinandersetzung mit Glauben und Politik, Macht und deren Missbrauch. US-Regisseur und Autor Jonas McCord (»Vietnam Requiem«) hat gründlich recherchiert. Er verzichtet auf plakative Bilder des von Terror traumatisierten Jerusalem (sensible Kamera: Vilmos Zsigmond), lässt Verständnis reifen für die Problematik einer geteilten »heiligen« Stadt. Die Dialoge wirken bisweilen angestrengt im Anspruch, funktionieren aber. Charaktere dürfen Facetten behalten und damit ihre Glaubwürdigkeit. (…)

*Angie Dullinger, AZ, 13.12.2001*

(…) Die Religion ist wieder einmal die Folie für politische Machenschaften. Und das dankbare Muster für ein schmieriges Psychodrama. Denn Jonas McCord lässt neben der Bibel- und Archäologiekunde auch die aufgesetzte Gefühlsmaschine auf Hochtouren laufen. Den Einsamkeitshelden nimmt der Zuschauer Banderas noch ab, den Priester gerade nicht mehr. Eine Bibelschnulze zum Abgewöhnen.

*Zitty, 26/2001*

## Bootmen 109

BOOTMEN ***

**Regie:** Dein Perry
**Darsteller:** Adam Garcia (Sean Okden), Sophie Lee (Linda), Sam Worthington (Mitch Okden), William Zappa (Walter), Richard Carter (Gary Okden), Susie Porter (Sara), Antohny Hayes (Huey)
**Drehbuch:** Steve Worland, nach einer Story von Steve Worland, Hillary Linstead, Dein Perry
**Kamera:** Steve Mason
**Musik:** Cezary Skubiszewski
**Schnitt:** Jane Moran
**Prod.-Des.:** Murray Picknett
**Prod.:** USA/Australien 2000; 93 Min. Hillary Linstead; Antonia Barnard (Co-Prod.) für Bootmen mit Australien Film Finance
**UA:** Montreal Film Festival »World Greats«
**Verleih:** 20th Century Fox/-/-, 12.7.2001
**FSK:** ab 6 J., ffr. – **FBW:** Besonders wertvoll

In der von Stahlkrise und Arbeitslosigkeit geprägten Stadt Newcastle gehen zwei Brüder unterschiedliche Wege: Während der eine von einer Karriere als Steptänzer träumt, verdient der andere sich durch das Ausschlachten geklauter Autos ein Zubrot.

**Kritik:** (…) Diese aufgesetzte Proletarierattitüde ist nicht nur geschmacklos, sie verdeutlicht auch, dass tatsächlich ein Unterschied existiert, ob einer in seinen Stiefeln stirbt oder selbige nur fürs Herumtänzeln auf der Karriereleiter nutzt. Und genau darin zeigt sich die Differenz zwischen der schmückenden Ehrlichkeit eines Westerns und der stumpfen Verlogenheit einer Arbeitershow.

*Thomas Basgier, Stuttgarter Zeitung, 12.7.2000*

(…) Die Zutaten, derer sich »Bootmen« zu diesem Zweck bedient, sind nur allzu vorhersehbar: Weder die Geschichte vom jungen gescheiterten Rebellen, der nach persönlichen Entbehrungen und Niederlagen letztlich doch noch seinen Triumph erleben darf, wird gescheut, noch das obligatorische Liebesleid mit garantiertem Happy End. Damit das Ganze aber nicht zu offensichtlich banal daherkommt, spielt die Handlung im rauen Milieu der Arbeiterklasse, das den nötigen Stoff für wirkliche Tragik liefern soll. Und so schmückt sich »Bootmen« kurzerhand mit einem sozialkritischen Hintergrund, der jedoch im Gegensatz zum tragikomischen »Billy

Elliot«, der hier Pate gestanden haben könnte, nicht mehr als Naivität offenbart. *Schnitt, 3/2001*

(…) Natürlich müssen Tanzfilme nicht unbedingt große Storys haben, gute Tanzeinlagen können schließlich einiges wieder gutmachen. Aber »Bootmen« zeigt so wenig Interesse an seinen Figuren und ihren Konflikten, dass der Film sogar in Verlegenheit gerät, die Zeit zu füllen. Deshalb kommen hier lauter Szenen vor, die im Grunde völlig unnötig sind und nur als Füllmaterial dienen. Da braust Sean beispielsweise ausgiebig mit seinem Motorrad von Newcastle nach Sidney, was an sich nicht eigens gezeigt werden müsste.
Dazu kommt, dass die Choreografien nicht sonderlich originell sind, obwohl Regisseur und Step-Ass Dein Perry mit der Tanzshow »Tap Dogs« weltweit Erfolge feierte. Die Mixtur aus Tanz und Maschinen sieht in diesem Film wirklich nicht so gut aus, als dass sie mit derart großer Geste daherkommen müsste. Was bleibt, ist der Reiz, einen Tanzfilm zwischen Kränen, Containern und Werkhallen anzusiedeln.
*Jennifer Bleek, Zitty, 15/2001*

## Bounce – Eine Chance für die Liebe 110
BOUNCE ***

**Regie:** Don Roos
**Darsteller:** Ben Affleck (Buddy Amaral), Gwyneth Paltrow (Abby Janello), Joe Morton (Jim Weller), Natasha Henstridge (Mimi Praeger), Tony Goldwyn (Greg Janello), Johnny Galecki (Seth), Alex D. Linz (Scott Janello)
**Drehbuch:** Don Roos
**Kamera:** Robert Eslwit
**Musik:** Randall Poster
**Schnitt:** David Codron
**Prod.-Des.:** David Wasco
**Prod.:** USA 2000; 110 Min.
Steve Golin, Michael Besman; Alan C. Blomquist, Bobby Cohen (Co-Prod.) für Miramax
**Verleih:** Highlight/-/Elite, 1.2.2001
**FSK:** ab 6 J., ffr.

Ein Werbemanager, der infolge eines Schneesturms auf dem Flughafen von Chicago festsitzt, überlässt einem Schriftsteller sein Ticket, damit dieser rechtzeitig zu Weihnachten bei seiner Familie ist. Doch das Flugzeug stürzt ab, alle Passagiere sterben. Nach einem Jahr sucht der Mann die Witwe des Schriftstellers auf, um sein Gewissen zu beruhigen. In langweiligen Fernsehbildern gefilmtes und schlecht getimtes Melodram, in dem sich auch die Schauspieler von der Uninspiriertheit der Inszenierung anstecken lassen. *Film, 3/2001*

**Kritik:** (…) Eine problematische Liebesgeschichte, die uns Drehbuchautor und Regisseur Don Roos da kredenzt, deutlich aufs weibliche Publikum zugeschnitten. Aber der Druck auf die Tränendrüsen bleibt dezent und Kitsch weitgehend ausgespart. Roos, der 1999 mit seinem frechen Regiedebüt »The Opposite of Sex« überraschte, wäre auch fast so etwas wie eine intelligente Schnulze gelungen, wenn, ja, wenn er nicht Ben Affleck engagiert hätte.
Denn während Gwyneth Paltrow in sensiblen Nuancen zu schillern versteht und eine glaubwürdige, liebenswerte Charakterstudie abliefert, kämpft Affleck mit dieser schauspielerischen Herausforderung, die seine mimischen Grenzen Szene für Szene dokumentiert. Seine hölzerne Farblosigkeit kostet den Film viel an Wirkung und Atmosphäre.
*W. O. P. Kistner, AZ, 1.2.2001*

(…) Wenn man die Flugzeugkatastrophe von der Rahmenhandlung subtrahiert, bleibt die Geschichte einer allein erziehenden Mutter, die sich ein Alphamännchen und Kumpel für ihre Söhne wünscht. Der Weg dorthin ist allerdings mit kapriziösen Dialogen gepflastert. Man behandelt sich äußerst behutsam und alle sagen ständig »Sorry«. Autor und Regisseur Don Roos, der vor drei Jahren mit der

*Ben Affleck und Gwyneth Paltrow*

erfrischend-sarkastischen Komödie »The Opposite of Sex« debütierte, ist eine 180-Grad-Wende geflogen und setzt die Landeklappen für ein sicheres Plätzchen im Mainstream.

*Ralph Geisenhanslüke, Der Tagesspiegel, 2.2.2001*

## Die Bradys – Wie alles begann 111

GROWING UP BRADY **

Video

**Regie:** Richard A. Colla
**Darsteller:** Daniel Hugh Kelly (Robert Reed), Adam Brody (Barry Williams), Rebeccah Bush (Florence Henderson), Kaley Cuoco (Maureen McCormick), Kaitlin Cullum (Eve Plumb), Ricky Ullman (Charles Knight), Barry Williams
**Drehbuch:** Matt Dorff, nach einem Buch von Barry Williams und Chris Kreski
**Kamera:** Michael D. Margulies
**Musik:** Steve Edwards
**Schnitt:** Martin Nicholson, Scott Arundale
**Prod.-Des.:** Thomas A. Walsh
**Prod.:** USA 2000; 85 Min.
Mark H. Ovitz für Paramount Network/Zenna Tree
**Vertrieb:** Paramount Video, 17.5.2001
**FSK:** o. A.

Hauptdarsteller einer (realen) US-TV-Seifenoper der 70er kramt in seinen saumseligen Erinnerungen. Sentimenttriefende Selbstbespiegelung.

**Kritik:** (…) Der kritiklose, auf Nettigkeit und Hochglanz polierte Film bedient selbst die Gesetze der Traumfabrik. Probleme sind nur geschönte Zugaben in einer langweiligen Soap-Opera – nicht anders als in der Serie, um die es im Film geht.

*Roland Mörchen, Film-Dienst, 13/2001*

## Bread and Roses 112

BREAD AND ROSES ****+

**Regie:** Ken Loach
**Darsteller:** Pilar Padilla (Maya), Adrien Brody (Sam), Elpidia Carrillo (Rosa), Jack McGee (Bert), George Lopez (Perez), Alonso Chavez (Ruben), Monica Rivas (Simona)
**Drehbuch:** Paul Laverty
**Kamera:** Barry Ackroyd
**Musik:** Georg Fenton
**Schnitt:** Jonathan Morris
**Prod.-Des.:** Martin Johnson
**Prod.:** GB/BRD/Frankreich/Spanien/Schweiz 2000; 112 Min.
Rebecca O'Brian für Parallax/Road Movies IV./Tornasol/Alta mit British Screen BSkyB/BAC/BIM Distribuzione/Cineart und Film Four/WDR/Arte/La Sept/ARD, Degeto
**UA:** 10.5.2000, Int. Filmfestspiele Cannes
**Verleih:** Neue Visionen/-/Fimcooperative, 4.10.2001
**FSK:** ab 12 J., ffr.

Ein junger Gewerkschafter organisiert die Putzleute in Los Angeles. Eine illegal eingereiste junge Latina setzt sich durch, opfert sich auf und wird schließlich wieder ausgewiesen. Das ist spannend, anrührend und unübersehbar programmatisch. In bester Agitprop-Manier vereint der Film den Kampf »kleiner« Leute gegen die Ausbeutung mit einer Liebesgeschichte. Ken Loach exportiert seinen engagierten sozialen Realismus nach L. A. Und niemand kann guten Gewissens behaupten, das sei überflüssig.

*Film, 4/2001*

**Kritik:** (…) USA 1999: Maya gelingt die Armutsflucht über die mexikanisch-amerikanische Grenze. Mithilfe ihrer Schwester findet sie in Los Angeles Arbeit bei einer Reinigungsfirma. Die Latinos sind Menschen zweiter Klasse, für die Schleuser teures Stückgut, für die Arbeitgeber Auszubeutende, für die Büroangestellten Unsichtbare. Was sie als Illegale gewissermaßen auch sind. Mithilfe eines Gewerkschafters starten sie eine Guerillakampagne für bessere Bezahlung und Krankenversicherung.

Ken Loach, sonst auf Sozialdramen spezialisiert, zeigt in realistischen Bildern und mit neuen Gesichern, dass Armut und Unterdrückung mit dem Absolutismus nicht zu Ende waren und die Befreiung davon ein globales Projekt ist. *Stefanie Schild, AZ, 12.5.2000*

(…) Ken Loach zum Beispiel, die Geschichte von den rebellischen mexikanischen Putzfrauen in Los Angeles. Ziemlich exakt so, wie man den Film vor dem inneren Auge schon gesehen hat. Leichte Abweichungen von der Ideallinie, immerhin: Die Schurken, die für Hungerlöhne schrubben lassen, sind zum Beispiel ausgerechnet Hollywood-Anwälte, also wirklich das Letzte vom Letzten. Der Film ist demnach noch demagogischer, als man eh schon vermutet hätte. Aber dann, auf der anderen Seite, ist er auch bewegender: Der Sieg der Putzfrauen ist nur mit einer Niederlage der Heldin zu haben, und als sie dann wegfährt, während die anderen Kämpfer und Gewerkschafter hinterherwinken, da bleibt kaum ein Auge mehr trocken. (…) *Tobias Kniebe, SZ, 13.5.2000*

(…) Auch Maya, diese nicht so leicht von ihrem Ziel abzubringende Heldin aus »Bread and Roses«, gewinnt schnell unsere Sympathie. Und trotzdem will der Funke nicht überspringen. Zu oft scheinen die Dialoge zwischen den Putzleuten seltsam theatralisch, künstlich. Bei einer Geschichte, die sich auf Wahrheit und Authentizität beruft, ist dies fatal. In der ersten Szene gelingt es Loach noch, die Flucht Mayas in die USA mit einer wackelnden Handkamera quasi dokumentarisch einzufangen. Doch je weiter der Film fortschreitet, je beharrlicher die Putzkolonne um ihre Rechte kämpft, desto mehr ähnelt Loachs jüngstes Werk einem Lehrfilm, dessen Figuren zunehmend verblassen, während die politische Botschaft umso deutlicher in den Vordergrund rückt.

Es gibt eine Szene, die aus diesem Raster herausfällt und dermaßen grandios gespielt ist, dass einem der Atem stockt: als Maya aufgeklärt wird, von welchem Geld die Familie in Mexiko eigentlich gelebt hat. Doch letztlich merkt man »Bread and Roses« deutlich an, dass sich Loach in L. A. weniger gut auskennt als in Großbritannien. Hätte sich der Streik der Putzleute dort zugetragen, wäre der Film sicherlich weniger hölzern und plakativ geraten.

*Dorothee Schöpfer, Stuttgarter Zeitung, 4.10.2001*

## Breaking Out 113

AROUND THE FIRE

***
Video

**Regie:** John Jacobsen
**Darsteller:** Devon Sawa (Simon), Eric Mabius (Andrew), Tara Reid (Jennifer), Bill Smitrovich (Matt), Colman Domingo (Trace), Charlayne Woodard (Kate), Lisa Burgett (Lauren)
**Drehbuch:** John Comerford, Tommy Rosen
**Kamera:** Eliot Rockett
**Musik:** BC Smith
**Schnitt:** Brian Berdan
**Prod.-Des.:** David Lubin
**Prod.:** USA 1999; 92 Min.
John Comerford, Tommy Rosen
**Vertrieb:** VCL, 29.11.2001
**FSK:** ab 16 J.

Drogensüchtiger Jugendlicher landet in den zarten Händen einer Psychologin, die das Geheimnis seines Abstiegs lüftet. Vergleichsweise stark um Seriosität und Realismus bemühtes Sozio-Melodram.

## The Breaks 114

THE BREAKS **

Video

**Regie:** Eric Meza
**Darsteller:** Mitch Mullany (Derrick King), Carl Anthony Payne (Chris), Paula Jai Parker (Ann), Clifton Powell (Cosmo), Georges Clinton (er selbst), Lamont Bentley (Darryl), Loretta Devine (Floria)
**Drehbuch:** Mitch Mullany
**Kamera:** Carlos Gonzales
**Musik:** Adam Hirsh
**Schnitt:** Tom Walls
**Prod.-Des.:** Simon Dobbin
**Prod.:** USA 1999; 85 Min.
Terry Spazek; Bob Shapiro (Line Prod.) für Artisan Ent.
**Vertrieb:** Highlight Video, 10.5.2001
**FSK:** ab 16 J.

Derrick schlägt aus der Art: Er gibt sich wie ein Schwarzer, bis ihm seine Adoptivfamilie genervt die rote Karte zeigt. Für europäisches Publikum kaum zu erschließende Rassen-Komödie mit ärmlicher Pointendichte.

## Bridget Jones – Schokolade zum Frühstück 115

BRIDGET JONES' DIARY ****+

**Regie:** Sharon Maguire
**Darsteller:** Renée Zellweger (Bridget Jones), Hugh Grant (Daniel Cleaver), Colin Firth (Mark Darcy), Jim Broadbent (Bridgets Vater), Gemma Jones (Bridgets Mutter), Embeth Davidtz (Natasha), Shirley Henderson (Jude)
**Drehbuch:** Helen Fielding, Andrew Davies, Richard Curtis
**Kamera:** Stuart Dryburgh
**Musik:** Patrick Doyle
**Schnitt:** Martin Walsh
**Prod.-Des.:** Gemma Jackson, Paul Cross
**Prod.:** GB/USA 2001; 97 Min.
Tim Bevan, Eric Fellner, Jonathan Cavendish; Debra Hayward, Liza Chasin (Co-Prod.) für Working Title/Studio Canal Plus/Little Bird
**Verleih:** UIP/UIP/UIP, 23.8.2001
**FSK:** ab 12 J., ffr.
**FBW:** Besonders wertvoll

Als eine Frau Anfang 30 ihr Singledasein hinter sich lassen will und wild entschlossen die Suche nach dem Mann fürs Leben startet, erweist es sich als äußerst schwierig, die richtige Wahl zu treffen. Beschwingte Beziehungskomödie, die von liebenswürdig gezeichneten Charakteren, präzisen Alltagsbeobachtungen und einem ebenso trockenen wie herzlichen Humor lebt. *Film, 8/2001*

Unter Singles ist das Tagebuch der Bridget Jones Kult: Ein pummeliges neurotisches Wesen um die 30 kritzelt ein Jahr lang auf, was sie bewegt auf ihrer ständigen Jagd nach Mr. Perfect. Nur dass der Bestseller von Helen Fielding als US-Film viel von seinem schönen britischen Humor verliert. Bridget wird als hormongesteuertes, naives Etwas vorgeführt, das erst dann das Leben entdeckt, wenn der Kerl an der Seite ins Panorama passt. Trotzdem lohnend. Allein der frisch mobilisierten Abwehrkräfte wegen: gegen Harmoniezwang unter Schokoladeneinfluss. *Cristina Moles Kaupp, tip, 17/2001*

**Kritik:** (…) Wer weiß, was für eine schöne Komödie »Bridget Jones« geworden wäre, wenn die Cleverness, das Problembewusstsein und die

*Renée Zellweger*

Schmirgelpapierkratzigkeit der ersten halben Stunde durchgehalten worden wären. Aber nachdem Bridgets Probleme mit ihrem Chef, mit ihrem Diätwillen, mit ihren verheirateten oder zumindest verkuppelten Freunden erst einmal etabliert sind, macht sich dieser Film reichlich unelegant und schwerfällig ins Reich der witzelnden Schnulze davon. (…)

*Thomas Klingenmaier, Stuttgarter Zeitung, 23.8.2001*

(…) Tief traurig und schreiend lustig ist das: eine witzig-ironische Psychostudie über jenes fremdartige Wesen in unserer Mitte, das man Single nennt. *Heinz Holzapfel, Rheinische Post, 24.8.2001*

(…) Helen Fieldings überdrehte, mild satirische Weltschau der Bridget Jones erschien zuerst als Zeitungskolumne, das Buch wurde zum Megaseller, Teil II ebenso. Sharon Maguires Film setzt die knalligsten Episoden des Tagebuchs um und weiß mit drei gut aufgelegten Hauptdarstellern zu glänzen. Letzendlich aber interessiert das peinliche Liebeswerben der niedlich-dümmlichen Hauptfigur nur mäßig. *Gerald Jung, Zitty, 18/2001*

(…) Weder gehört das Buch »Bridget Jones' Diary« zum literarischen Kanon noch ist der Film eine intellektuelle Herausforderung: Beide sind immens erfolgreich, weil viele Menschen sich darin wieder erkennen. Wie seine Heldin ist der Film nicht erhaben, klug oder gar erwachsen. Wäre er allerdings nur der Wirklichkeit und nicht auch ein wenig der Fantasie entsprungen, müsste man die Männer, aber auch die Frauen bedauern.

*Felicitas von Lovenerg, FAZ, 23.4.2001*

## Der Brief 116

A CARTA/LA LETTRE ****

**Regie:** Manoel de Oliveira
**Darsteller:** Chiara Mastroianni (Mme. de Cleves), Pedro Abrunhosa, Antoine Chappey, Leonor Silveira (die Nonne), Françoise Fabian (Mme. de Chartres), Maria Joao Pires, Anny Romand (Mme. de Silva)
**Drehbuch:** Manoel de Oliveira, nach dem Buch »The Princess of Cleves« von Mme. de la Fayette
**Kamera:** Emmanuel Machuel
**Schnitt:** Valerie Loiseleux
**Prod.-Des.:** Ana Vaz Da Silva
**Prod.:** Portugal/Frankreich/Spanien 1999; 108 Min.
Paulo Branco für Madragoa Filmes/Gemini Films/Wanda Filmes Prod.
**UA:** 20.5.1999, Int. Filmfestspiele Cannes
**TV:** 31.10.2001, BR, 23.00

Eine Frau heiratet einen wesentlich älteren Arzt, den sie nicht liebt. Sie versucht, zumindest ihre Treue unter Beweis zu stellen, doch als ein berühmter Popsänger ihr Avancen macht, gerät sie ins Wanken. In ihrer Gewissensnot offenbart sie sich ihrem Mann, doch der überlebt ihre Beichte nicht. Sie zieht sich aus der feinen Gesellschaft zurück und betätigt sich in Afrika als Missionarin. Aktualisierte Verfilmung eines Gesellschaftsromans aus dem 17. Jahrhundert, vom Altmeister des portugiesischen Kinos als eine Art Edelsoap inszeniert. Dabei verdichtet sich die überaus elegante Inszenierung und die bewusste Überhöhung der melodramatischen Form zu einer zeitlosen Kritik am Großbürgertum.

*Film-Dienst, 31.10.2001*

## Der Briefbomber 117

***
TV

**Regie:** Torsten C. Fischer
**Darsteller:** Sylvester Groth (Frank Meyer), Bibiana Beglau (Irina Zehender), Harald Krassnitzer (Thomas Retzbach), Karl Fischer (Martin Fechner, der »Briefbomber«), Wolfgang Böck (Kramer), Matthias Fuchs (Bennat)
**Drehbuch:** Holger Karsten Schmidt, nach wahren Begebenheiten
**Kamera:** Rainer Klausmann
**Musik:** Jochen Schmidt-Hambrock
**Schnitt:** Inge Behrens
**Prod.-Des.:** Wolf Sesselberg
**Prod.:** BRD/Österreich 2000; 98 Min.

Claudia Schröder für Multimedia mit Satel für ZDF/ORF/Arte
**TV:** 11.6.2001, ZDF, 20.15; 30.3.2001, Arte, 20.45

**Kritik:** (...) Ein wenig zu sehr gefällt sich der Film in der Enthaltsamkeit von allem Spektakulären. Die Bildsprache orientiert sich am Doku-drama-Stil à la Breloer, aber da dokumentarische Einschübe fehlen, entfaltet sich die akribische Genauigkeit nicht wirklich. Um im Bomben-Bild zu bleiben: Der Funke hat es nicht leicht, überzuspringen. Und das ist schade, weil der Film seine genau beobachteten, feinen Momente hat. Die könnten vor lauter Leisheit untergehen. *Christian Bartels, SZ, 30.3.2001*

## Brother 118
BROTHER ****

**Regie:** Takeshi Kitano
**Darsteller:** Takeshi »Beat« Kitano (Yamamoto), Omar Epps (Denny), Masaya Kato (Shirase), Ren Osugi (Harada), Claude Maki (Ken), Susumu Terajima (Kato), Royale Watkins (Jayy)
**Drehbuch:** Takeshi Kitano
**Kamera:** Katsumi Yanagishima
**Musik:** Joe Hisaishi
**Schnitt:** Takeshi Kitano
**Prod.-Des.:** Norishiro Isoda
**Prod.:** GB/Japan/USA/Frankreich 2000; 112 Min.
Masayuki Mori, Jeremy Thomas; Ann Carli, Takio Yoshida (Co-Prod.) für Office Kitano/ Recorded Pic.
**EA:** Filmfest Hamburg 2000
**Verleih:** Advanced/filmladen/Monopole-Pathé, 18.1.2001
**FSK:** ab 18 J., ffr.

Takeshi Kitano, der Mann, der selten lächelt, betritt in seiner neuen Ballade von eines Gangsters Reise ans Ende seines Weges nur geografisch Neuland. In gewohnt stoischer Manier verkörpert er einen Yakuza, der aus seinem Clan verstoßen wird und sich von Tokio nach Los Angeles rettet. Auf fremdem Boden führt er zusammen mit seinem Bruder die Yakuza-Tradition weiter – mit schrecklichen Folgen für seine Gefolgsleute, als er

*Omar Epps und Takeshi Kitano*

zunehmend den Blick für die Realität verliert. *Film, 5/2001*

Der alternde Yakuza Yamamoto hat nur eine Sache gelernt: Yakuza zu sein. Als er aus dem Tokioter Untergrund nach Los Angeles flüchten muss, liegt es sozusagen in der Natur der Sache, dass der beschäftigungslose Yamamoto innerhalb kürzester Zeit und aus lauter Langeweile eine schlagkräftige kriminelle Organisation aufbaut – und den Kampf gegen die alteingesessenen Triaden, Latino- und Mafiabanden aufnimmt. Ein Film über Aufstieg und Fall eines Gangsters, Einsamkeit und brüderliche Freundschaft, Yakuza-Rituale und Culture-Clash. Seinen Ausflug nach Amerika unternimmt Regisseur und Hauptdarsteller Takeshi Kitano mit gewohnt lakonischer Brutalität, streut hier und da heitere Intermezzi ein und führt alles konsequent zu einem tödlichen Western-Show-down.
*Volker Gunske, tip, 2/2001*

**Kritik:** (...) Es ist einfach die Geschichte eines Mannes, der so lange tötet, bis er endlich den eigenen Tod herbeigeführt hat, der keinen Zentimeter von seinem Kurs abweicht, bis jemand kommt, der ihn aufhalten und erlösen kann. So grimmig und hoffnungslos war der Filmemacher Kitano noch nie – und es wirkt fast so, als wolle er jenen, die ihm in seinem letzten Film »Kikujiros Sommer« eine Entwicklung zur Menschlichkeit unterstellt haben, mit einer neuen Wendung überraschen. Ich bin immer da, sagt er, wo ihr mich garantiert nicht erwartet. (...) *Tobias Kniebe, SZ, 18.1.2001*

**Interview:** *»Brother« ist Ihr erster amerikanischer Film und wieder geht es um das Yakuza-Milieu. Was fasziniert Sie daran so?*

Im Ausland fragt man mich immer nach dem Thema Yakuza. So wollte ich einmal zeigen, worum es da wirklich geht. Die traditionellen Werte eines altmodischen Yakuza setzen sich aus zwei Dingen zusammen: dem Sinn für Selbstaufopferung und der Bereitschaft, jederzeit schön zu sterben. Die Yakuzas haben diese Ideen von Bushido, dem Ehrenkodex der Samurai, übernommen; aber sie haben sie ziemlich willkürlich in ihrem Sinne verzerrt. Yakuza-Gangster und Polizisten sind die beiden einzigen Berufe in Japan, die sich jeden Tag mit ihrem eigenen Leben und Tod auseinander setzen müssen. Eine Geschichte über Leben und Tod kann ich nur so erzählen.

*»Brother« enthält witzige Momente, zugleich aber auch viel Gewalt.*

Humor und Gewalt sind kongenial. Ja, die Komödie ist die ultimative Form der Gewalt. Wenn ein Mann auf einer Bananenschale ausrutscht, kann man das als witzig oder gewalttätig empfinden, es kommt auf den Standpunkt an. Ich denke nicht, dass ich Gewalt in meinen Filmen als besonders faszinierend darstelle. Das mag so wirken, weil die Gewalt sich oft so unerwartet und »schmerzhaft« ereignet. Aber Gewalt ist in ihrem Wesen genau so. Wichtig ist, Gewalt nur dort zu zeigen, wo sie notwendig ist.

*Sie werfen in Ihren Filmen auch einen kritischen Blick auf das zeitgenössische Japan.*

Japan ist ein verschlossenes Land; allerdings begreifen das die meisten Japaner gar nicht. Aber Vorsicht, meine Filme sind kein Medium für politische Botschaften oder persönliche Ideologie. Insofern kritisiere ich damit nicht. Dem Zeitgeist in Japen stehe ich allerdings durchaus feindselig gegenüber. In den letzten 50 Jahren haben sich die Japaner alle Mühe gegeben, westliche Kultur und Philosophie zu importieren; wir haben sie bedingungslos akzeptiert, aber völlig falsch interpretiert. Das Ergebnis ist eine chaotische kollektive Identitätskrise.

*Wie positionieren Sie sich selbst im japanischen Gegenwartskino?*

Ich bin wie ein Krebsgeschwür, das den rettungslos ausgemergelten Körper des japanischen Kinos verzehrt. Ich bin eigentlich ein Komiker, ich habe nie eine Filmschule besucht oder das Metier im Kontext der japanischen Filmindustrie gelernt. So komisch das klingt: Noch heute, wo ich neun Filme gedreht habe, komme ich mir nicht wie ein professioneller Regisseur vor. Vor meinem Film »Hanabi« hielten mich die Japaner für einen Komiker, der nebenbei Filme dreht, quasi als Hobby. Dann war ich plötzlich der weltberühmte Maestro. Das zeigt mir nur, wie opportunistisch die Japaner sind, wie obsessiv in ihrer Empfindlichkeit gegenüber ausländischen Reaktionen.

*Takeshi Kitano im Interview mit Rüdiger Suchsland, Der Tagesspiegel, 18.1.2001*

*»Brother« ist Ihr erster in Amerika gedrehter Film. Was sind Ihre Erfahrungen?*

Bevor ich nach Amerika ging, hatte ich ziemlich viele Vorurteile, dass die Crew faul ist und herumhängt, viel futtert und nicht arbeitet. Dann kam die positive Überraschung. Die Amerikaner arbeiten genauso hart wie die Japaner, der einzige Unterschied liegt in der strikteren Arbeitsaufteilung. Hat man seinen Job erledigt, ist Schluss. Am Ende der Dreharbeiten war ich sehr beeindruckt von der Arbeitseffizienz.

*Wo liegt der gravierendste Unterschied?*

Filmemachen in Amerika erinnert mich an eine industriell arbeitende große Autofabrik, in Japan an einen kleinen Handwerksbetrieb. Die Gewerkschaften sind sehr stark, da muss man einige Auflagen hinnehmen. Ich verzichtete auf lange Einstellungen und auch auf das streng chronologische Drehen. Das wirkt sich natürlich auf das Resultat aus. Aber ich bin zufrieden, denn ich hatte mehr Probleme erwartet.

*Gab es noch andere Restriktionen?*

Die Produzenten beharrten darauf, meine erste dreistündige Schnittfassung auf zwei Stunden zu kürzen. Erst war ich schockiert, inzwischen halte ich die Zweistundenversion für verständlicher.

*Die Idee zu »Brother« entstand schon 1995. Warum dauerte es so lange bis zur Realisierung?*

Es gab viele praktische Fragen zu lösen. Der englische Produzent Jeremy Thomas begeisterte sich vor fünf Jahren für das Thema und wollte mit meiner Firma Office Kitano den Film koproduzieren. Ein großer Teil der Handlung sollte in den USA »on location« gedreht werden. Für mich war es selbstverständlich, dass ich mein japanisches Team mitnehmen konnte. Dazu brauchten wir einen amerikanischen Koproduzenten, sonst hätte es Ärger mit den Gewerkschaften gegeben. Da ich Kompromisse ablehne und auf dem »Final Cut« bestehe, zogen sich die Verhandlungen in die Länge. Irgendwann gründeten Thomas und ich eine amerikanische Tochterfirma. Zum Glück stiegen auch noch die englische FilmFour und die französische Bac Films mit ein.

*Takeshi Kitano im Interview mit Margret Köhler, Blickpunkt Film, 1–2/2001*

## Bruderschaft des Todes 119

NADIE CONOCE A NADIE ***

TV

**Regie:** Mateo Gil
**Darsteller:** Eduardo Noriega (Simón Cardenas), Jordi Mollá (Sapo), Natalia Verbeke (María), Paz Vega (Ariadna), Pedro Alvarez-Ossorio (Pater Andrés), Mauro Ribera (Rocha), Jesus Olmedo (Bruja)
**Drehbuch:** Mateo Gil, nach dem Roman von Juan Bonilla
**Kamera:** Javier G. Salmones
**Musik:** Alejandro Amenábar
**Prod.:** Spanien 1999; 103 Min. Gustavo Ferrada, Antonio P. Pérez
**TV:** 17.9.2001, ZDF, 22.15

Mysteriöse, offenbar religiös motivierte Giftgas- und Bombenattentate werden zur tödlichen Bedrohung für die zahlreichen Besucher der Karwoche von Sevilla, bis ein junger Schriftsteller entdeckt, dass nur er in der Lage zu sein scheint, den Frieden in der Stadt zu retten. *Pressetext*

## Burleske Tragödie 120

TRAGEDIE BURLESQUE/ ***
URNEBESNA TRAGEDIJA

TV

**Regie:** Goran Markovic
**Darsteller:** Vojislav Brajovic (Dr. Ivan), Dragan Nikolic (Milan), Gordana Gadzic (Ruza), Nikola Gavrilovic (Neven), Danilo »Bata« Stojkovic (Vasilije), Olivera Markovic (Rajna)
**Drehbuch:** Dusan Kovacevic
**Prod.:** Frankreich/Bulgarien 1995; 93 Min.
**TV:** 17.8.2001, Arte, 23.20, OmU

Eine schwarze Komödie über die Auswirkungen des Krieges auf die Psyche der Menschen. Die Grenzen zwischen normal und verrückt verschwimmen und sind unerschöpfliche Quelle absurden Humors, frei nach dem Motto: Das Irrenhaus ist überall. *Pressetext*

## Bwana 121
BWANA ☐ TV

**Regie:** Imanol Uribe
**Darsteller:** Andres Pajares (Antonio), Maria Barranco (Dori), Emilio Buale (Ombasi), Alejandro Martinez (Ivan), Andrea Granero (Jessy), Miguel Del Arco (Roman), Paul Berrondo (Michael)
**Drehbuch:** Imanol Uribe, Juan Potau, Paco Pino
**Kamera:** Javier Aguirresarobe
**Musik:** Jose Nieto
**Prod.:** Spanien 1996; 81 Min.
**TV:** 28.1.2001, ARD, 23.35

Drama über Vorurteile, den Konflikt der Kulturen und die Spirale der Gewalt. Ein Flüchtling aus Ostafrika wird von Rechtsradikalen gejagt. Ein Ehepaar aus Madrid traut sich nicht zu helfen. *AZ TV Journal*

## Bye Bye Bluebird 122
BYE BYE BLUEBIRD ***+

**Regie:** Katrin Ottarsdóttir
**Darsteller:** Hildigunn Eyofinsdóttir (Rannvá), Sigri Mitra Gaini (Barba), Johan Dalsgaard (Rúni), Elin K. Mouritsen (Barbas Mutter), Peter Hesse Overgaard (Rannvás Stiefvater), Nora Baerentsen (Rannvás Mutter), Lovisa Kotlum Petersen (Rannvás Vater)
**Drehbuch:** Katrin Ottarsdóttir
**Kamera:** Jorgen Johansson
**Musik:** Hilmar Örn Hilmarsson
**Schnitt:** Elisabet Ronaldsdóttir
**Prod.:** Dänemark 1999; 93 Min.
Anette Norregaard-Jensen für Peter Bech Film/Scanbox Ent.
**EA:** Nordische Filmtage Lübeck 1999
**Verleih:** Kairos/-/-, 6.9.2001

Zwei Mädchen vom Kontinent und ihre Liebe zu den Faröer Inseln: Rannvá und Barba kehren aus ihrem Metropolenleben in den abgeschiedensten Winkel Europas zurück, wo Familienangelegenheiten aufzuarbeiten sind. An der Seite des wortkargen Schnauzbärtlings Rúni durchqueren sie eine fremde und seltsame Welt, in der wenig geschieht, aber viel getrunken wird. Die Kostüme von Rannvá und Barba sind polymorph-pervers, und Regisseurin Katrin Ottarsdóttir übertreibt das Psychodrama, aber es gibt auch viel Natur zu sehen.
*Bert Rebhandl, tip, 18/2001*

**Kritik:** (...) Auch wenn die winzigen Faröer Inseln angesichts ihrer Größe nicht unbedingt prädestiniert für ein Roadmovie erscheinen, ist es genau das, was Regisseurin Karin Ottarsdóttir anstrebt. Dabei bewegt sie sich jedoch stur nach Schema F. Die beiden Frauen sind exzentrisch und passen schon rein äußerlich nicht hierhin. Auf ihrem Weg begegnen sie immer wieder ähnlich verrückten Figuren, werden mit ihrer Vergangenheit konfrontiert und haben bis zum ziemlich sentimentalen Schluss die obligatorische Lektion fürs Leben gelernt. Das ist alles recht hübsch anzuschauen, bleibt aber über weite Strecken belanglos. *Michael Meyns, Zitty, 19/2001*

(...) Der zweite Film der bislang einzigen Regisseurin, die von den Faröern stammt und zum Filmemachen dorthin zurückgekehrt ist, erfüllt mit Witz und Verve ein Axiom des Roadmovies: Die Wege auf dem gerade mal 1000 Kilometer langen Straßennetz der Faröer erweisen sich als Umwege zum eigenen Ich.
*Heike Kühn, epd-Film, 9/2001*

## Ca Ira Mieux Demain 123

CA IRA MIEUX DEMAIN ***

**Regie:** Jeanne Labrune
**Darsteller:** Nathalie Baye, Jeanne Balibar, Isabelle Carre, Jean-Pierre Darroussin, Danielle Darrieux, Didier Bezace, Sophie Guillemin
**Drehbuch:** Jeanne Labrune
**Kamera:** Jean-Claude Thibaut
**Musik:** Bruno Fontaine
**Schnitt:** Guy Lecorne
**Prod.:** Frankreich 2000; 89 Min.
Alain Sarde für Cine Valse/France 2/Art Light Prod. mit Le Studio Canal Plus
**UA:** 7.8.2000, Int. Filmfestspiele Locarno
**Verleih:** -/-/Frenetic, Juni 2001

Elisabeth hat ein kleines Problem: Wohin mit der geerbten Kommode? Wen auch immer sie fragt, hat einen anderen Ratschlag bereit, und dabei entwickeln sich die absurdesten Dialoge aus den banalsten Momenten. Die Figuren in Jeanne Labrunes leise hysterischer Komödie überleben dank ihrer – angesichts der Unwägbarkeiten des Alltags mühsam gehaltenen – Fassung. Die Souveränität der Schauspieler ergänzt das unauffällig durchkonstruierte Drehbuch perfekt.

*Film, 6/2001*

## Das Camp – Nur die Stärksten kommen durch 124

FIRST-TIME FELON **
TV

**Regie:** Charles S. Dutton
**Darsteller:** Omar Epps (Greg Yance), Delroy Lindo (Calhoun), Rachel Ticotin (McBride), Justin Pierce (Eddie), Anthony »Treach« Criss (Tyrone), Lucinda Jenney (Sharon), William Forsythe
**Drehbuch:** Daniel Therriault
**Kamera:** Jeff Jur
**Musik:** Joseph Vitarelli
**Schnitt:** Anthony Sherin
**Prod.-Des.:** Guy Barnes
**Prod.:** USA 1997; 120 Min.
Len Amato für HBO
**TV:** 28.9.2001, VOX, 20.15

Knast oder »Bootscamp«: Vor diese Alternative wird der Drogendealer Greg Yance im Gerichtssaal gestellt. In dieser Art Besserungsanstalt für straffällige Jugendliche werden die Jungen mit brutaler militärischer Strenge einer gnadenlosen Resozialisierung unterzogen. (…) Viele der Absolventen werden rückfällig, aber Greg schafft es. *AZ TV Journal*

## Can I Be Your Bratwurst, Please? 125

***
TV

**Regie:** Rosa von Praunheim
**Darsteller:** Jeff Stryker, Luzy Kryn, Karl-Heinz Teuber, Sirena Irwin, Vaginal Davis, Selene Luna
**Drehbuch:** Lawrence Elbert, Rosa von Praunheim
**Kamera:** Lorenz Haarmann
**Schnitt:** Lorenz Haarmann, Rosa von Praunheim
**Prod.-Des.:** Greg Gibbs
**Prod.:** BRD 1999; 29 Min.
Regina Ziegler; Michael W. Esser (Co-Prod.) für Regina Ziegler Filmprod./WDR
**UA:** Int. Hofer Filmtage 1999
**TV:** 20.1.2001

Ein Fremder aus dem Mittleren Westen kommt in Hollywood an, mietet sich in ein Motelzimmer ein und wird zum Schwarm des Inhabers, seiner Mutter und aller anderen Gäste. Ob jung oder alt, männlich oder weiblich, schwarz oder weiß, alle sind von ihm hingerissen. Dann laden sie ihn zum Weihnachtsessen ein.

*Katalog Hofer Filmtage*

Vor 25 Jahren war es wichtig und verdammt nötig, wie Rosa von Praunheim den Bürgern seine Provokationsfilme gegen die Diskriminierung von Homosexuellen vor den Latz knallte. Zum Glück hat es ja ein bisschen was genutzt. Heute sind seine erotischen Turnübungen nur noch schräg und amüsant.
So imitiert er mit der kecken Kannibalenalbernheit ein wenig Greenaway (»Der Koch, der Dieb …«) und lässt den dämlich-schönen Penis-Pracht-

kerl und Pornostar Jeff Stryker den Verrückten des Praunheim-Universums (darunter auch die alte »Bettwurst«-Luzi) als garnierten Knackbraten servieren. Ein Wonnefraß.
*Pönkie, AZ, 22.1.2001*

## Canone Inverso – Making Love 126
***

**Regie:** Ricky Tognazzi
**Darsteller:** Hans Matheson (Jeno Varga), Melanie Thierry (Sophie Levi), Lee Williams (David Blau), Gabriel Byrne (Violinenspieler), Ricky Tognazzi (Baron Blau), Peter Vaughan (der alte Baron Blau), Nia Roberts (Constanza)
**Drehbuch:** Ricky Tognazzi, Simona Izzo, Graziano Diana, nach dem gleichnamigen Roman von Paolo Maurensigs
**Kamera:** Fabio Cianchetti
**Musik:** Ennio Morricone
**Schnitt:** Carla Simoncelli
**Prod.:** Italien 2000; 107 Min.
Mario und Vittorio Cecchi Gori für Cecchi Gori Group Tiger
**EA:** 16.5.2000, Cannes Film Festival »Markt«
**Verleih:** -/-/MFD, Januar 2001

In der Tschechoslowakei der 30er-Jahre liebt ein Musiker vom Typ Teufelsgeiger sein Instrument mindestens ebenso heiß glühend wie eine blonde jüdische Pianistin, wovon der Regisseur in einer unsinnig verschachtelten Rückblendendramaturgie erzählt. Er schildert das gemeinsame Musizieren in den süßlichsten Tönen als Metapher für Glück, Seelenfrieden sowie die Erinnerung an bessere Kindertage. Selbstverständlich findet sich in diesem kitschigen Konzept auch für den Gram über den Holocaust noch ein Plätzchen. *Film, 1/2001*

## Captain Buzz Lightyear – Star Command 127
BUZZ LIGHTYEAR OF STAR COMMAND: THE ADVENTURE BEGINS
** Video

**Regie:** Tad Stones
**Darsteller:** Mit den Originalstimmen von: Tim Allen (Buzz Lightyear), Nicole Sullivan (Mira Nova), Larry Miller (XR), Stephen Furst (Booster), Wayne Knight (Zurg), Adam Carolla (Kommandeur Nebula), Diedrich Bader (Warp Darkmatter/Agent Z)
**Drehbuch:** Mark McCorkle, Robert Schooley, Bill Motz, Bob Roth
**Musik:** Adam Berry, Andrew Gross, James Jacobson
**Prod.:** USA 2000; 67 Min.
Mark McCorkle, Robert Schooley, Tad Stones für Walt Disney TV Animation
**Vertrieb:** Disney (Buena Vista) Video, 3.5.2001
**FSK:** ab 6 J.

Der Held aus Disneys »Toy Story« in einem US-TV-Pilotfilm zu einer Zeichentrickserie: Der Protagonist fahndet nach KGMs (»kleinen grünen Männchen«) und rettet dabei nebenbei die Welt. Vergleichsweise amüsante Dialoge wiegen die grobe Zeichen-Qualität zumindest teilweise aus.

## Cast Away – Verschollen 128
CAST AWAY
***

**Regie:** Robert Zemeckis
**Darsteller:** Tom Hanks (Chuck Noland), Helen Hunt (Kelly Frears), Nick Searcy (Stan), Lari White (Bettina Peterson), Michael Forest (Pilot Jack), Viveka Davis (Pilot Gwen)
**Drehbuch:** William Broyles jun.
**Kamera:** Don Burgess
**Musik:** Alan Silvestri
**Schnitt:** Arthur Schmidt
**Prod.-Des.:** Rick Carter
**Prod.:** USA 2000; 142 Min.
Steve Starkey, Tom Hanks, Robert Zemeckis, Jack Rapke für DreamWorks/ImageMovers/Playtone Prod.
**Verleih:** UIP/UIP/UIP, 11.1.2001
**FSK:** ab 12 J., ffr.
**FBW:** Wertvoll

Nach einem Flugzeugabsturz strandet ein Manager auf einer einsamen Insel, wo er fernab aller Zivilisation ums nackte Überleben kämpfen muss. Erst nach vier Jahren kann er sich retten, doch die Heimkehr ist mit schmerzlichen Veränderungen verbunden. Ein über weite Strecken als ambitioniertes Einpersonendrama konzipierter Film, dessen vielfältiges Konfliktpotenzial jedoch nur oberflächlich angetippt wird. Tom Hanks' virtuose Soloperformance lässt dabei wenig Raum für die Fantasie des Publikums.
*Film, 2/2001*

**Kritik:** (…) Was »Verschollen« so effektiv macht, ist nicht allein Tom Hanks' Diätprogramm, das ihm 50 Pfund abverlangte und dem Regisseur Zeit ließ, zwischendurch »Schatten der Wahrheit« zu drehen, sondern vor allem die Fähigkeit des Schauspielers, sich niemals auf mimische Kniffe zu verlassen, sondern der bloßen Präsenz zu vertrauen. Und schon wieder wird Hanks für einen Oscar gehandelt – und wenn er im letzten Jahrzehnt nicht schon zwei gewonnen hätte, wäre er auch ein sicherer Kandidat.

*Michael Althen, SZ, 11.1.2001*

(…) »Verschollen« ist insofern der passende Blockbuster zurzeit, weil er das allgemeine unpolitische Unbehagen vor dem alles beherrschenden Markt in eine unverfängliche Geschichte überführt. Der Film zeigt keine Alternative, übt nicht einmal Kritik, sondern verschreibt schlicht einen Urlaub. Letztlich geht es hier, wie schon im Yuppie-Film, immer nur darum, auf die »innere Stimme« zu hören und sich ansonsten mit dem Unvermeidlichen zu arrangieren. Das System jedenfalls darf keine Schuld tragen – mag es in »Family Man«, »The Kid« und »Verschollen« auch noch so heilungsbedürftige Männer hervorbringen.

*Jan Distelmeyer, Die Zeit, 11.1.2001*

(…) Hanks und Regisseur Robert Zemeckis haben den rund 90-minütigen Mittelteil des überlangen Films konsequent als Einmannstück gestaltet – dabei allerdings auch eine Menge Hollywoodkino mit auf die Insel gebracht.

*Multimedia*

(…) Alles in allem also ein grundsolider Abenteuerfilm, passabel spannend und mit jener Portion Sentimentalität, mit der Hollywood noch die schrecklichsten Ereignisse filmisch zu versüßen versteht. Mehr ist allerdings auch nicht dran an der Geschichte vom gestrandeten Tom Hanks, der

*Tom Hanks als Robinson*

selbst nach vier Jahren kärgster Kokosnusskost ein erstaunliches Bäuchlein mit sich herumträgt. Aber immerhin: Robinson durfte nicht sterben – und tut es auch nicht.

*Hans-Joachim Neumann, Zitty, 2/2001*

**Interview:** *Sie haben für diesen Film 25 Kilo abgenommen. Eine extreme Rollenvorbereitung?*

Normalerweise ist so etwas eine Zeitfrage. Bei dem normalen Zeitplan für einen Film kann man so eine radikale physische Veränderung ja gar nicht glaubhaft machen. Wir genossen den Luxus, den Film in zwei Teilen drehen zu können. Ich hatte also acht Monate Zeit, unter ärztlicher Aufsicht diese 25 Kilo abzutrainieren. Es war hart, aber man kann da nichts mit Spezialeffekten oder Tricks machen.

*Ein paar Kilo weniger hätten vielleicht gereicht.*

Wie hätte das ausgesehen? Es ist einer der entscheidenden Momente des Films: Man sieht noch einmal den dicklichen FedEx-Typen – und Schnitt. Da stehe ich dann. Ausgemergelt, braun gebrannte Haut, wilder Bart und lange Haare. Das sagt mehr als tausend Worte. Die ganze Verzweiflung wird in diesem Bild sichtbar. Aber ich kann Sie beruhigen: Ich esse wieder normal und habe auch schon wieder 25 Extrapfunde auf den Rippen.

*Tom Hanks im Interview mit Christian Aust, AZ, 11.1.2001*

## Catching Fire
129

VIGO: PASSION FOR LIFE
***
TV

**Regie:** Julien Temple
**Darsteller:** Romane Bohringer (Lydu Lozinska), James Frain (Jean Vigo), Jim Carter (Bonaventure), Diana Quick (Emily), William Scott-Masson (Marcel), Lee Ross (Oscar Levy), Nicholas Hewetson (Boris Kaufman)
**Drehbuch:** Peter Ettedgui, Anne Devlin, Julien Temple, nach dem Buch »Jean Vigo« von Paulo Emilio Salles Gomes
**Kamera:** John Mathieson
**Musik:** Bingen Mendizabal
**Schnitt:** Marie-Therese Boiche
**Prod.-Des.:** Caroline Greville-Morris
**Prod.:** GB 1998; 100 Min.
Amanda Temple, Jeremy Bolt für Channel Four mit Little Magic/Nitrate/Mact/Tornasol/Road Movies IV/WDR/Arte
**UA:** 18.5.1998, Int. Filmfestspiele Cannes
**TV:** 20.11.2001, Arte

Jean Vigo war einer der einflussreichsten Filmemacher des 20. Jahrhunderts. Der Film huldigt ihn mit der Liebesgeschichte Vigos und seiner Freundin Lydu Lozinska, eines ungewöhnlichen Paares, das in der kurzen Zeit seiner Liebe intensiv zusammenlebte. Obwohl Lydu und Jean beide jung an Tuberkulose starben, erzählt ihr Leben auch die Geschichte des Triumphes der Liebe über eine fatale Krankheit. (...) *Pressetext*

## Cement
130

CEMENT
*
Video

**Regie:** Adrian Pasdar
**Darsteller:** Chris Penn (Bill Holt), Jeffrey Wright (Nin), Anthony DeSando (Sean Rickhart), Sherilyn Fenn (Lyndel), Henry Czerny (Truman Rickhart), Richard Edson (Robbo), Max Martini
**Drehbuch:** Justin Monjo
**Kamera:** Geary McLeod
**Musik:** Doug Caldwell
**Schnitt:** Jack Haigis
**Prod.-Des.:** Michael Krantz
**Prod.:** USA 1999; 97 Min.
D. J. Paul, Will Flaherty für Ocelet/Keystone Film Partner XIX
**Vertrieb:** Columbia TriStar Video, 25.1.2001
**FSK:** ab 18 J.

Noch ein Schauspieler, der zum ersten Mal auf dem Regiestuhl Platz nimmt: Adrian Pasdar (»The Killing Box«) liefert einen langatmigen Mafia-Krimi ab, in dem die Themen Vertrauen, Verrat und Drogen einfallslos abgehakt werden.

## Chain of Command – Helden sterben nie!
131

CHAIN OF COMMAND
**
Video

**Regie:** John Terlesky
**Darsteller:** Roy Scheider (US-Präsident Cahill), Patrick Muldoon (Agent Connelly), Michael Biehn (Craig Thornton), Maria Conchita Alonso (Vizepräsidentin Valdez), Rick Young (Fung), Sung Hi Lee (Iris), William R. Moses
**Drehbuch:** Roger Wade
**Kamera:** Maximo Munzi
**Musik:** Joseph Stanley Williams
**Schnitt:** Daniel Duncan
**Prod.-Des.:** Gil Alan
**Prod.:** USA/Frankreich 2000; 92 Min.
Paul Hertzberg, John Paul Pettinato; Hans Christian Ritter (Co-Prod.) für Cinétel/Chain of Command
**Vertrieb:** Columbia TriStar (Helkon), 20.3.2001
**FSK:** ab 16 J.

Auch der smarte Geheimagent Connelly kann nicht verhindern, dass Terroristen dem US-Präsidenten seinen schwarzen Atombombenaktivierungskoffer rauben. Biedere Action von der Stange, nicht mehr, nicht weniger.

**Kritik:** (...) Läppisch inszenierter, dialoglastiger Agentenfilm, der auf seinem Höhepunkt die tödliche Konfrontation aus Sidney Lumets Klassiker, »Angriffsziel Moskau« nachstellt, die Dimension der Katastrophe Nuklearkrieg aber in keinem Moment erfasst. Selbst die Darstellerleistungen solcher Routiniers wie Alonso und Scheider enttäuschen in dieser spannungsarmen Dutzendware.

*Frank Klubertz, Film-Dienst, 10/2001*

## Chamäleon – Dark Angel 132
CHAMELEON 3: DARK ANGEL *
Video

**Regie:** John Lafia
**Darsteller:** Bobbie Phillips (Kam), Doug Penty (Agent Ben Merrit), Suzi Dougherty (Agent Victoria), Alex Kuzelicki, Teal Readmann (Or. Tess Adkins), Jonathan Stuart (Jeremy Callow), Christopher Kirby
**Drehbuch:** Ronnie Christensen, nach den Charakteren von Bennet Cohen
**Kamera:** David Foreman
**Musik:** Joel Goldsmith
**Schnitt:** Joel Goodman
**Prod.-Des.:** Michael Ralph
**Prod.:** USA/Australien 2000; 93 Min.
Brian Burgess für Village Roadshow/ Wifeshire Court Prod.
**Vertrieb:** Paramount Video, 10.5.2001
**FSK:** ab 18 J.

Mit 80 Prozent menschlichen und 20 Prozent animalischen Genen macht sich Topagentin Kam auf Verbrecherjagd. Fürs US-TV mit viel Brutalismen inszenierter Sciencefiction-Schrott.

## Die Chaos-Gang 133
LES KIDNAPPEURS ***
TV

**Regie:** Graham Guit
**Darsteller:** Melvil Poupaud (Armand Carpentier), Elodie Bouchez (Claire), Isaac Sharry (Odysseus), Romain Duris (Zero), Elie Kakou (Freddy Messina), Sacha Bourdo (Geisel), Patrick Lizana (Fyvus Finkel)
**Drehbuch:** Graham Guit
**Kamera:** Dopminique Chapuis
**Musik:** Marc Collin
**Schnitt:** Marie-Blanche Colonna
**Prod.-Des.:** Bertrand Clerq-Roques, Didier Naert
**Prod.:** Frankreich 1998; 96 Min.
Éric Névé für Gimages/Le Studio Canal+/Les Productions du Champ Poirier/M6 Films/Sofinergie/Studio Images 5
**TV:** 22.10.2001, ZDF, 22.15

(...) Die Geschichte einer jugendlichen Gangsterclique an der französischen Rviera, die ihre Kinobilder im Kopf in die Realität umsetzt und damit gnadenlos Schiffbruch erleidet.

## Chill Out 134
CHILL OUT ****

**Regie:** Andreas Struck
**Darsteller:** Sebastian Blomberg (Johann), Tatjana Blacher (Anna), Barnaby Metschurat (Max), Werner Heinrich Möller, Daniel Ris, Hanna Sibilski, Andreas Stadler
**Drehbuch:** Andreas Struck
**Kamera:** Andreas Doub
**Musik:** Erlandas
**Schnitt:** Philipp Stahl
**Prod.-Des.:** Alexander Schulz
**Prod.:** BRD 1999; 91 Min.
Jost Hering für Jost Hering mit ZDF
**UA:** 15.2.2000, Int. Filmfestspiele Berlin, »Panorama«
**Verleih:** Pro Fun/-/-, 29.3.2001

**Kritik:** (...) Von Ferne erinnert die Figurenkonstellation an Lubitschs »Serenade zu dritt«, nur leider eben mit Charakteren, Ambiente und deutschem Filmkönnen der Jahrtausendwende. Und so debütiert hier mit Andreas Struck (Jahrgang 1965) ein weiterer Regisseur, der sich ein Drehbuch mit irgendwie zusammengestoppelten Szenen geschrieben hat. Das Ergebnis ist so etwas wie eine Beziehungskomödie ohne Witz, Charme und Hintersinn, dafür aber mit pseudophilosophischem Geschwätz und ein paar Montagespielereien, die wohl Anspruch demonstrieren sollen.

*Jan Gympel, Zitty, 7/2001*

## China Connection – Das Gesetz des Todes 135
PAPER BULLETS **
Video

**Regie:** Serge Rodnunsky
**Darsteller:** James Russo (John Rourke), William McNamara (Lawrence McCoy), Jeff Wincott (Dickerson), Nicole Bilderback (Leesu), François Chau (Yang), Sydney Walsh (Cheryl), Matthew Ashford (Ron)
**Drehbuch:** Serge Rodnunsky
**Kamera:** Greg Patterson
**Musik:** Jeffrey Walton
**Prod.-Des.:** Robert Hummel
**Prod.:** USA 1999; 91 Min.
Don Daniel für MTI
**Vertrieb:** MVW Video, 31.5.2001
**FSK:** ab 16 J.

Von privaten Problemen geplagter Polizist legt sich nicht nur mit Vorgesetzten, sondern gleich auch noch mit der Mafia an. Passabel besetzt, aber dennoch ein krampfiger Actionkrimi ohne nennenswerte Qualitäten.

## Der Chinesische Markt 136

****+
TV

**Regie:** Zoran Solomun, Vladimir Blazevski
**Kamera:** Mustafa Mustavic, Dusan Joksimovic
**Schnitt:** Branka Pavlovic, Petar Markovic
**Prod.:** BRD/Ungarn 2001; 94 Min.
**UA:** Duisburger Filmwoche 2001
**TV:** 11.11.2001, 3sat, 21.15

Der »Chinesische Markt« in Budapest ist fest in der Hand chinesischer Händler. Menschen aus unterschiedlichen osteuropäischen Ländern kommen hierher. Sie leben davon, Waren über verschiedene Grenzen zu bringen und weiterzuverkaufen. Zoran Solomun porträtiert neben einer Chinesin, die einen Marktstand betreibt, fünf Menschen, die sich aus existenzieller Not auf die abenteuerlichen und zum Teil lebensgefährlichen Bedingungen dieses Handels einlassen müssen. *Pressetext*

## Chocolat 137

CHOCOLAT ****+

**Regie:** Lasse Hallström
**Darsteller:** Juliette Binoche (Vianne Rocher), Judi Dench (Armande Voizin), Alfred Molina (Comte de Reynaud), Lena Olin (Joséphine Muscat), Johnny Depp (Roux), Peter Stormare (Serge Muscat), Carrie-Anne Moss (Caroline Clairmont)
**Drehbuch:** Robert Nelson Jacobs, nach dem gleichnamigen Roman von Joanne Harris
**Kamera:** Roger Pratt
**Musik:** Rachel Portman
**Schnitt:** Andrew Mondshein
**Prod.-Des.:** David Gropman
**Prod.:** USA 2000; 121 Min.
David Brown, Kit Golden, Leslie Holleran; Mark Cooper (Co-Prod.) für Miramax/Fat Free
**EA:** 10.2.2001, Int. Filmfestspiele Berlin, »Wettbewerb«
**Verleih:** Senator/Constantin/Buena Vista, 15.3.2001
**FSK:** ab 6 J., ffr.

Ausgerechnet in der Fastenzeit wagt es die Fremde Vianne, in einem erzkatholischen französischen Städtchen eine Chocolaterie zu eröffnen. Nach und nach gelingt es ihr, mit Pralinen und heißer Schokolade die Bewohner zu verführen. Sie weckt deren Sinnlichkeit, was der Kirche gar nicht recht ist. Mit dem Auftauchen des »Flussfahrers« Roux beginnt auch Viannes Herz schneller zu schlagen. Romantisches Märchen mit schönen Menschen in Weichzeichner-Optik – Kitsch vom Feinsten für alle Schoko-Liebhaberinnen. *Film, 3/2001*

**Kritik:** Den größten Applaus bekam Regisseur Lasse Hallström für seine sinnenfrohe und simple Adaption einer Geschichte von Joanne Harris. (…) Und nach einer kleinen Katastrophe kriegt Vianne sogar eine Chance mit dem Zigeuner Roux. Da hat das Publikum bei allem guten Willen sehr gelacht. *Angie Dullinger, AZ, 12.2.2001*

(…) Eine hübsche, kleine Märchengeschichte hat da Lasse Hallström verfilmt, die allerdings einen Mangel hat – für die volle Spielfilmlänge reicht sie nicht aus. Also wird nach etwa einer Stunde dramaturgisch angebaut. Dann müssen plötzlich Zigeuner ins Städtchen kommen, angeführt von Johnny Depp, in den sich die Schokofee auch prompt verliebt, was die Kräfte der Vor-Schokoladen-Zeit wiederum auf den Plan ruft. Die bis dato angenehme Kino-Mousse nimmt so alsbald einen faden Beigeschmack an. Am Ende gibt's ein Vollmilch-Happyend, auch der Nordwind kommt wieder. Nur der Zauber, der anfangs so schön über dem Film lag, der hat sich etwas verflüchtigt.

*Hans-Joachim Neumann, Zitty, 6/2001*

**Interview:** Habe ich da ein Geheimnis? Wenn ja, dann kenne ich es selbst nicht. Ich achte nur darauf, dass die Chemie zwischen mir und dem Stoff stimmt. Ein Film beziehungsweise eine Rolle muss etwas in mir zeigen, dessen ich mir selber nicht bewusst bin. Wenn ich dem Regisseur vertraue, dann kann ich das auch geschehen las-

*Juliette Binoche*

sen, mich auf diese Entdeckungsreise begeben.

*Seit »Der englische Patient« ruft Hollywood laut nach Ihnen, dennoch wählen Sie Ihre Projekte vorsichtig.*

Das tat ich schon immer. Ich habe jetzt auch den Agententhriller »Spy Games« (Regie: Tony Scott) abgelehnt, obwohl so tolle Leute wie Robert Redford und Brad Pitt meine Partner gewesen wären. Nicht, weil ich keine Spionin spielen wollte, sondern weil mich das Drehbuch einfach nicht angesprochen hat. Eine Figur muss meinen schauspielerischen Appetit befriedigen.

*Und die Höhe der Gage steigert den Appetit?*

Geld ist kein gutes Auswahlkriterium. Ich habe diesen Beruf ja nicht ergriffen, um sozial aufzusteigen, sondern um mich auszudrücken. Amerikaner haben damit weniger Probleme. Ist die Gage hoch genug, dann drehen sie. Ich kann das nicht, weil ich keinen Sinn darin sehe.

*Juliette Binoche im Interview mit Kerstin Borner, AZ, 15.3.2001*

## Chuck & Buck 138

CHUCK & BUCK ***

Video

**Regie:** Miguel Arteta
**Darsteller:** Mike White (Buck), Chris Weitz (Chuck), Lupe Ontiveros (Beverly Franco), Beth Colt (Marlyn), Paul Weitz (Sam), Maya Rudolph (Jamila), Mary Wigmore (Diane)
**Drehbuch:** Mike White
**Kamera:** Chuy Chávez
**Musik:** Gregory »Smokey« Hormel, Tony Maxwell, Joey Waronker; Gwendolyn Sanford (Titelsong)
**Schnitt:** Jeff Betancourt
**Prod.-Des.:** Renée Davenport
**Prod.:** USA 2000; 92 Min.
Matthew Greenfield; Beth Colt, Scott M. Cort (Co-Prod.) für Blow up/Flan de Coco/Toga Prod.
**Vertrieb:** Highlight Video, 20.9.2001
**FSK:** ab 12 J.

Nach dem Tod seiner Mutter bricht der rettungslos naive Buck auf, seinen Jugendkumpel Chuck, inzwischen Manager in Kalifornien, zu besuchen. Sensible Studie einer komplexen Beziehung mit komödiantischen Untertönen und denkbar rar gestreuten Klischees.

## City of Fear – Stadt der Angst 139

CITY OF FEAR *

Video

**Regie:** Mark Roper
**Darsteller:** Gary Daniels (Steve Roberts), Carol Campbell (Alexa Kazan), Richard Clarkin (Charly Venco), Meglena Karalambova (Col. Koslovska), Kristo Shapov (Vasyl)
**Drehbuch:** Les Weldon, Peter Welbeck
**Kamera:** Adolfo Bartoli
**Musik:** Russell Walker
**Schnitt:** Eric Goddard
**Prod.:** Kanada/GB/Bulgarien 1999; 84 Min.
Danny Lerner, Harry Alan Towers (= Peter Welbeck), David Varod für Nu Image/GFT Ent./Towers of London/Bulgarian Business Projects
**Vertrieb:** MVW Video, 25.1.2001
**FSK:** ab 18 J.

In Bulgarien knöpft sich US-Journalist im Alleingang die Ost-Mafia vor, die mit einer Superdroge den Weltmarkt überschwemmen will. Lächerlich billiger Action-Schund.

## The Closer You Get 140
THE CLOSER YOU GET ***

**Regie:** Aileen Ritchie
**Darsteller:** Ian Hart (Kieran), Sean McGinley (Ian), Niamh Cusack (Kate), Ruth McCabe (Mary), Ewan Stewart (Pat), Pat Shortt (Ollie), Cathleen Bradley (Siobhan)
**Drehbuch:** William Ivory, nach einer Story von Herbie Wave
**Kamera:** Robert Alazraki
**Musik:** Rachel Portman
**Schnitt:** Sue Wyatt
**Prod.-Des.:** Tom McCullagh
**Prod.:** USA/GB/Irland 1999; 92 Min. Umberto Pasolini; Polly Leys, Mark Huffam (Co-Prod.) für Redwave Prod.
**Verleih:** 20th Century Fox/dto./dto., 19.4.2001
**Vertrieb:** Fox Video
**FSK:** ab 6 J., ffr. – **FBW:** Wertvoll

Mit einer Annonce im »Miami Herald« laden die Männer eines verschlafenen irischen Küstenkaffs junge Amerikanerinnen zu ihrem alljährlichen Tanzvergnügen ein. Das bringt Unruhe in den Ort. Während glücklich verheiratete Frauen sich über die gesteigerte Hygiene ihrer Gatten freuen, rüsten alle anderen zum Gegenschlag. Skurrile Geschichten, exzentrische Charaktere, liebenswerte Loser – auch »The Closer You Get« folgt altbewährtem britischem Humor, dessen Charme selbst die inflationäre Komödienproduktion seit »The Full Monty« nichts anhaben konnte.

*Annette Kilzer, tip, 8/2001*

*Cathleen Bradley in Aktion*

**Kritik:** (...) Aileen Ritchie ist das Kunststück gelungen, die Irland-Klischees reihum zu bedienen und dennoch eine originelle Komödie zu drehen. Das liegt vor allem an den Schauspielern, denen es mühelos gelingt, die nach dem »Grazy-Irish-Prinzip« entworfenen Typen als lebendige Menschen erscheinen zu lassen – vor allem in ihren Defiziten und Nöten, denn die Wärme des Pubs hilft den Menschen von Kilvarna nicht über den bitteren Nachtfrust hinweg. (...)

*H. G. Pflaum, SZ, 20.4.2001*

(...) Gerade Kirk Johnes' »Lang lebe Ned Devine« hat in seiner liebenswerten Mixtur aus Lokalkolorit und kinotauglicher Klischeeverarbeitung dazu beigetragen, dass nicht nur dem Filmland Irland, sondern auch den meist nicht minder schrulligen Komödien aus der britischen Nachbarschaft verdientermaßen größere Aufmerksamkeit zuteil wurde, als dies zuvor der Fall war. Doch an die Originalität und den Esprit der Vorgänger reicht »The Closer You Get« leider nicht so ganz heran. Dass die Story ohnehin wenig mehr als einen guten Kurzfilm abzugeben verspricht, ist ziemlich offensichtlich. Dass aber der Film darüber hinaus das Gros Pointen bereits im ersten Drittel verschleudert und damit Lust auf mehr macht, dieses Versprechen aber nicht einlöst, ist ein bisschen traurig. (...)

*Steffen Heinke,*
*Filmecho-Filmwoche, 50/2000*

(...) In der Tradition irisch-britischer Komödien wie »Lang lebe Ned Devine« gelang Regiedebütantin Aileen Ritchie ein liebens- wie sehenswertes Lustspiel mit warmherzigen Charakteren und einem glänzend agierenden Ensemble. Ohne das soziale Umfeld zu verschleiern oder gar zu beschönigen, entwickelt sich ein humorvoller und origineller Reigen rund um die Themen Liebe, Beziehung, Freundschaft und Heirat. Trotz einiger dramaturgischer Holprigkeiten zwischendurch amüsiert man sich 92 Minuten lang prächtig, was man von nur sehr wenigen Filmkomödien der letzten Zeit behaupten kann.

*W. O. P. Kistner, AZ, 19.4.2001*

## Clown at Midnight 141

THE CLOWN AT MIDNIGHT **

Video

**Regie:** Jean Pellerin
**Darsteller:** Christopher Plummer (Mr. Caruthers), Margot Kidder (Ms. Ellen Gibby), Sarah Lassez (Kate Wiliams), James Duval (George Reese), Tatyana Ali (Monica), Melissa Galianos (»Walnut« Webber), J. P. Grimard (Marty Timmerman)
**Drehbuch:** Kenneth J. Hall
**Kamera:** Barry Gravelle
**Schnitt:** Bob Lower
**Prod.:** USA 1998; 86 Min.
Gary Howsam, Gilles Paquin für GFT
**Vertrieb:** Highlight Video, 29.11.2001
**FSK:** ab 16 J.

Nach dem Vorbild von »Das Phantom der Oper« geklöppelter Discount-Horror: Böser Bühnenclown stapelt in Theaterkatakomben Teenie-Leichen. Attraktiv allein die Besetzung.

## Clowns 142

****

TV

**Regie:** Tim Trageser
**Darsteller:** Frank Giering (Nick), Anna Thalbach (Charlie), Jochen Nickel (Joe), Jan Gregor Kremp (Kommissar Fuchs), Klaus B. Wolf (Schäfer), Michael Schreiner (Bernauer), Maria Bachmann (Maibohm)
**Drehbuch:** Tim Trageser
**Kamera:** Eckhard Jansen
**Musik:** Vorsprung durch Technik
**Schnitt:** Katja Habermehl
**Prod.-Des.:** Jörg Höhn
**Prod.:** BRD 2000; 90 Min.
Carl Bergengruen für Indigo für SWR/Arte
**UA:** Max-Ophüls-Preis Saarbrücken 2001
**TV:** 25.5.2001, Arte, 20.45; 18.10.2001, ARD, 23.00

(…) In Tragesers Film reibt sich denn auch amerikanisch inspirierter Erzählprofessionalismus an deutschem Material – den deutschen Landschaften und Menschen, Stimmen und Körpern. Das ist irgendwie bizarr, manchmal wirklich aufregend, manchmal eher schaurig. Man ist berührt von einer Geste der Anteilnahme, wenn Nick zögernd, in einem zaghaften Trostversuch, seine Hand auf die Schulter der verzweifelten Charlie legt. Und man ärgert sich über die stolpernde Action, die merkwürdig schiefe Komik, in die die Geschichte um den publicitysüchtigen armen Bankräuber immer wieder ausartet. (…)

*Fritz Göttler, SZ, 25.5.2001*

## Der Club der gebrochenen Herzen 143

THE BROKEN HEARTS CLUB ***+

**Regie:** Greg Berlanti
**Darsteller:** Timothy Olyphant (Dennis), Andrew Keegan (Kevin), John Mahoney (Jack) Dean Cain (Cole), Matt McGrath, (Howie), Zach Braff (Benji), Ben Weber (Patrick)
**Drehbuch:** Greg Berlanti
**Kamera:** Paul Elliott
**Musik:** Christophe Beck
**Schnitt:** Todd Busch
**Prod.-Des.:** Charlie Daboub
**Prod.:** USA 2000; 94 Min.
Mickey Liddell, Joseph Middleton; Julie Plec, Sam Irvin (Co-Prod.) für Meanwhile Films/Banner Ent.
**UA:** 29.1.2000, Sundance Film Festival
**Verleih:** Columbia TriStar/-/-, 1.2.2001
**Vertrieb:** Columbia TriStar (Video, DVD)
**FSK:** ab 6 J., ffr.

Dümmliches Machwerk aus Hollywood: Der schwule Fotograf Dennis gerät kurz vor seinem 28. Geburtstag in eine Midlifecrisis und sucht am Ende sein Glück in Europa. Vorher wird jedoch kein Klischee ausgelassen: Vom fanatischen Barbra-Streisand-Fan über die alternde, sprich einsame Schwuchtel bis zum knackigen Footballer wird von Dennis und seinen Freunden, dem Club der gebrochenen Herzen, jedes abgedroschene Bild bedient. Dabei sind natürlich alle immer nett, adrett und gut angezogen, Sexszenen werden verschämt ausgeblendet.

*tip, 3/2001*

**Kritik:** (…) Berlanti wollte nach eigenen Angaben eine schwule Version von Barry Levinsons Klassiker »Diner« drehen, doch dazu fehlt es ihm am entsprechenden Dialog-Tiefgang. Seine gut aussehenden, intelligenten, selbstbewussten Mittelklassejungs zeigen vor allem eins: dass es heutzutage ganz normal ist, schwul zu sein. Ein schwuler Episodenfilm für die ganze Familie also, mit einem wohltuenden Maß an Selbstironie angerührt. Passabel. *Gerald Jung, Zitty, 3/2001*

## Clubland – Stars and Secrets 144

CLUBLAND ***
Video

**Regie:** Saul Rubinek
**Darsteller:** Alan Alda (Willie Walters), Steven Weber (Stuey Walters), Jenna Byrne (Stella), David Deblinger (Freddy Barber), Brad Garrett (Lou Montana), Jerry Grayson (Jules Bozell), Heath Lamberts (Jackie Penner)
**Drehbuch:** Steven Weber
**Kamera:** René Ohashi
**Musik:** David Buchbinder
**Schnitt:** Sloane Klevin
**Prod.-Des.:** David Hackl
**Prod.:** USA 2000; 103 Min.
Dustin Hoffman, Armand Leo für Paramount TV/Punch 21/Showtime/Wumpy
**Vertrieb:** Paramount Video, 2.11.2001
**FSK:** ab 12 J.

Hübsch erzählte Vater-Sohn-Story aus den 50ern: Während Künstlermanager Willie mit seinem Erfolglosigkeitsschicksal hadert, geht Sohn Stuey längst eigene Wege. Anspruchsvolles, überdurchschnittlich gespieltes wie inszeniertes Melodram.

## Code Name: Phönix 145

CODE NAME PHOENIX **
Video

**Regie:** Jeff Freilich
**Darsteller:** Jeffrey Meek (Jake Randall), Jeanne Chinn (Lucy Chang), Christina Cox (Aurora), Dennis Akayama (Dr. Fong), David Arnott (Sadsha), Jonathan Scarfe (Kenny Baker), Lexa Doig (Conchita Flores)
**Drehbuch:** James Cappe, Jeff Freilich
**Kamera:** George Willis
**Musik:** Mark Snow
**Schnitt:** Neil Felder
**Prod.:** USA 1999; 85 Min.
Jeff Freilich, Fritzi Horstman für Magnum für Paramount TV
**Vertrieb:** Paramount Video, 19.4.2001
**FSK:** ab 12 J.

In nicht allzu ferner Zukunft soll US-Spitzenagent Hawkins chinesische Topterroristin einfangen, die Virusforscher töten will. Wirre Science-Fiction-Action-Mixtur.

## Code Red: Weg ins Verderben 146

CODE RED: THE RUBICON CONSPIRACY **
Video

**Regie:** Ian Gilmour
**Darsteller:** Brian McNamara (Lt. Peter Doyle), Marjean Holden (Lt. Joyce Darwin), Calan Murey, Brett Tucker, Jeremy Callaghan
**Drehbuch:** Eric Small
**Kamera:** Ben Nott
**Musik:** Gerry McDonald, Lawrence Stone
**Schnitt:** Geoff Lamb
**Prod.:** USA 2000; 90 Min.
Darryl Sheen für Paramount
**Vertrieb:** Paramount Video, 14.6.2001
**FSK:** ab 16 J.

Im afrikanischen Dschungel spurlos verschwundene US-Eliteeinheit soll von dem unorthodox agierenden Lt. Doyle aufgespürt werden. Klischee as Klischee can – zum x-ten Mal wieder aufbereiteter Sciencefiction-Müll und eine böse »Predator«-Kopie.

## Code: unbekannt 147

CODE INCONNU: RECIT INCOMPLET DE DIVERS VOYAGES ****

**Regie:** Michael Haneke
**Darsteller:** Juliette Binoche (Anne), Thierry Neuvic (Georges), Luminita Gheorghiu (Maria), Ona Lu Yenke (Amadou), Hélène Diarra (Aminate), Sepp Bierbichler (Bauer), Alexandre Hamidi (Jean)
**Drehbuch:** Michael Haneke
**Kamera:** Jürgen Jürges
**Musik:** Giba Goncalves
**Schnitt:** Andreas Prochaska, Karin Hartusch, Nadine Muse
**Prod.-Des.:** Manuel de Chauvigny
**Prod.:** Frankreich/BRD 2000; 117 Min.
Marin Karmitz, Alain Sarde für MK2/Les Films Alain Sarde mit Arte mit France Cinema/France 2/Bavaria/ Odeon/ZDF/ Romania/Canal Plus

**UA:** 19.5.2000, Int. Filmfestspiele Cannes
**Verleih:** Prokino/Arthaus/-, 1.2.2001
**FSK:** ab 12 J., ffr. – **FBW:** Wertvoll

Michael Hanekes erste französische Produktion führt in 45 Plansequenzen eine virtuose Spiralbewegung aus. Migranten aus Rumänien und Afrika, ein Kriegsberichterstatter, eine erfolgreiche Schauspielerin, ein »rebel without a cause« und ein französischer Provinzbauer, afrikanische Tradition und französische Moderne berühren einander in kleinen Alltagsminiaturen nach einem strengen Masterplan. Den Ernst seiner Geschichten und das berührende Schauspiel kontrastiert Haneke dabei mit rapiden, formalen Tonartwechseln. Ein Regisseur arbeitet sich virtuos am »Realismus« ab, abgesichert durch Selbstdistanz.

*Robert Weixlbaumer, tip, 3/2001*

**Kritik:** (…) Von wenigen Ausnahmen abgesehen, besteht »Code: unbekannt« aus Plansequenzen. Wenn sich die Kamera bewegt, dann nur, um den sich bewegenden Figuren zu folgen. Haneke gestattet sich und uns keine Fahrt und keinen Schwenk ohne einen auch im Bild sichtbaren Grund. So gibt es schließlich innerhalb der Sequenzen auch keine Schnitte, mit denen sich erzählte Zeit vortäuschen ließe. Das lässt den Film häufig wie eine streng und ausdauernd beobachtete Reportage aussehen, zumal in den Hintergründen – am klarsten zu beobachten in jener Pariser Straßenszene – das Leben abläuft, als wäre keine Kamera zugegen.
Hanekes Erzählstrategien wären eine sinnlose ästhetische Anstrengung, würden sie sich nicht wie von selbst aus den erzählten Geschichten ergeben; diese sind und bleiben fragmentarisch, als könnte sie erst der Tod, der unterschwellig als latentes Leitmotiv stets präsent ist, abrunden. Wenn Haneke ausblendet, dann scheint er einfach die Kontinuität zu unterbrechen, vorübergehend, um das Thema

*›Code: unbekannt‹ mit Juliette Binoche*

zu einem späteren Zeitpunkt wieder aufzugreifen. (…)

*H. G. Pflaum, SZ, 8.2.2001*

(…) Man möchte weglaufen davor, genau wie vor dem Wort »Kommunikation«. Es gibt auch einen ästhetischen Selbstbehauptungswillen des Zuschauers, und der wehrt sich irgendwann dagegen, alles Leid in einem einzigen Film versammelt zu sehen – als Anklage und Illustration. Das ist die Crux. Es geht nie um das einzelne Schicksal, sondern immer schon um »alle«. Das ist zu viel und zu wenig zugleich. *Kerstin Decker, Der Tagesspiegel, 1.2.2001*

(…) Man wird bei dem Regisseur von »Benny's Video« und »Funny Games« nie das Gefühl los, belehrt zu werden. Hanekes Zeigelust ist obsessiv, seine Botschaft oft penetrant. Da gibt es kaum eine Einstellung, die nicht mit Kulturpessimismus und Medienpädagogik unterfüttert wird. Kaum eine Szene, die die Kathederperspektive unterläuft. Doch dieses Mal geht der Österreicher weitaus abstrakter und dezenter vor als gewohnt. Und er beweist als Geschichtenerzähler eine neue Eleganz. *Birgit Glombitza, Berliner Zeitung, 1.2.2001*

*Juliette Binoche, Alexandre Hamidí und Ona Lu Yenke in ›Code: unbekannt‹*

(…) Worum es Haneke in »Code: Unbekannt« tatsächlich geht, ist nicht eindeutig zu sagen. Eine griffige Handlung gibt es nicht. Haneke stellt nur dar. Zeigt Episoden, Bruchstücke und schließt selbst diese selten ab. Gerne lässt er eine Szene mitten im Satz einfach abbrechen. Dabei bleibt die Kamera statisch und folgt nicht den Personen. Hanekes Film ist, vorsichtig ausgedrückt, anstrengend. Er zeigt seine Charaktere in ihrem Leben und Überleben, doch die Verhältnisse sind meist unklar und das Rätseln darüber, in welchen Beziehungen zueinander sie denn nun stehen, verwirrt nur und nervt deswegen. So bleibt an Erkenntnis aus diesem Film kaum mehr als die verklausulierte Aufforderung zum Mitdenken und Mitfühlen.

*Zitty, 3/2001*

**Interview:** *»Code inconnu«, Ihren neuen Film, haben Sie in Paris gedreht, aber auch in Rumänien und Senegal. Es soll ums Filmemachen gehen, aber auch um Immigration.*

Wie immer bei mir geht es um die Probleme zwischenmenschlicher Kommunikation. Die Einwanderung kommt auch vor, aber nicht so sehr als politisches Thema denn als eines des täglichen Lebens. Wer sich ein Bild von der französischen Gesellschaft macht, kommt gar nicht umhin, ihren multikulturellen Charakter festzustellen. »Code inconnu« ist in vier Sprachen gedreht und erzählt mehrere Geschichten parallel, ähnlich wie in »71 Fragmente einer Chronologie des Zufalls«.

*Das formale Prinzip war, jede Szene ungeschnitten, in einem Take zu drehen?*

Ja, der Film besteht aus etwa 50 Szenen, und jede davon ist eine einzige Einstellung. Das hat den Dreh nicht gerade vereinfacht, vor allem bei Zehnminutenszenen, in denen 200 Menschen agieren sollten. Mir geht es dabei wieder um die Manipulation des Zuschauers durch das Medium: Wie weit manipuliert Montage, wie weit zeigt ein Film »Realität«?

*Michael Haneken im Interview mit Stefan Grissemann, Die Presse, 18.3.2001*

Ich kann beim besten Willen nichts Pädagogisches an mir finden. Ich fordere Positionen heraus, versuche zu provozieren. Das halte ich aber nicht für oberlehrerhaft.

*Welche Funktion hat ein Filmemacher heute?*

Die eines Hofnarren, er darf unterhalten, aber nie zu radikal sein. Dabei kann Kunst ohne Rigorosität nicht stattfinden. Aber die ist nicht gefragt, sie versaut den Konsum. Ein kleiner Kitzel im Bauch – gut, aber es darf nicht wehtun. Dann wird man böse.

*Besonders in Österreich?*

Da werden immer alle erst nach dem Tod berühmt. Thomas Bernhard war zu Lebzeiten der bestgehasste Mensch. Oder man macht sie sich gefügig. Aktionskünstler Hermann Nitsch kam als Störenfried in den 50er-Jahren ins Gefängnis. Jetzt, wo er sich völlig harmlos selbst reproduziert, darf er die Staatsoper dekorieren.

*Michael Haneken im Interview mit Margret Köhler, AZ, 8.2.2001*

## Der codierte Mann 148
BREAKING THE CODE □ TV

**Regie:** Herbert Wise
**Darsteller:** Derek Jacobi (Alan Turing), Alun Armstrong (Mick Ross), Blake Ritson (Christopher Morcom), Prunella Scales (Sara Turing), Julian Kerridge (Ron Miller), Harold Pinter (John Smith), Richard Johnson (Dillwyn Knox)
**Drehbuch:** Andrew Hodges, nach dem Roman »Alan Turing: The Enigma« von Andrew Hodges
**Kamera:** Rainer Gutjahr
**Musik:** Robert Vidgeon
**Prod.:** GB 1997; 87 Min.
**TV:** 3.6.2001, ARD, 23.10

90er-Jahre-Drama um einen begabten Mathematiker, der 1940 dem Geheimdienst einen unschätzbaren Dienst erweist, aber wegen seiner Homosexualität zehn Jahre später öffentlich gebrandmarkt wird.

*AZ TV Journal*

## Cold Heart 149
COLD HEART ** Video

**Regie:** Dennis Dimster
**Darsteller:** Nastassja Kinski (Linda), Jeff Fahey (Philip), Josh Holloway (Sean), Hudson Leick (Julia), Bob Sattler (Det. Harris)
**Drehbuch:** Zvia Dimbort, Dennis Dimster-Denk
**Kamera:** Philip Holahan
**Musik:** Bill Wandel
**Schnitt:** Matthew Friedman
**Prod.-Des.:** Amy Danger
**Prod.:** USA 2001; 91 Min.
Mark Boot, Zvia Dimbort für Santelmo Ent.
**Vertrieb:** Highlight Video, 18.10.2001
**FSK:** ab 16 J.

Der zur Rache am untreuen Ehemann verwendete Lover entpuppt sich als von ebendiesem engagierter Psychopath – Pech für Designerin Linda. Pech für den Zuschauer, der sich diesen lauen Abklatsch von Thrillermotiven zu Gemüte führt.

## Coming Apart 150
COMING APART **

**Regie:** Milton Moses Ginsberg
**Darsteller:** Rip Torn (Joe Glassman), Sally Kirkland (Jo Ann), Viveca Lindfors (Monica), Lois Markle (Elaine), Lynn Swann (Anita), Robert Blankshine (Sarabell), Darlene Cotton (Sue)
**Drehbuch:** Milton Moses Ginsberg
**Kamera:** Jack Jaeger
**Musik:** Jefferson Airplane
**Schnitt:** Lawrence Tetenbaum
**Prod.-Des.:** Milton Moses Ginsberg
**Prod.:** USA 1969; 111 Min.
Andrew Kuehn, Israel Davis für Kaleidoscope
**EA:** 24.6.2000, Filmfest München
**Verleih:** as1edition, OmU/-/-, 7.6.2001

Nach 30 Jahren Schlummer im Filmarchiv des New Yorker Museums of Modern Art erblickt Ginsbergs Avantgarde-Spielfilm von 1969 wieder das Projektorlicht. »Coming Apart« besticht durch exquisite Akteure, den Sinn für Zeitgeist und natürlich die Ausgangsidee: Die Bilder des Films stammen aus einer »versteckten Kamera«, die ein zügelloser Psychoanalytiker in seinem Wohnzimmer installiert hat und damit sein Dasein als Verführer dokumentiert. Ein komplexes Bild von Männern, Frauen und ihren Machtspielen im Zeichen der sexuellen Revolution, überraschungsreich und gewitzt. Lachen darf man auch über die zeitgenössischen, mitunter extrem irreleitenden deutschen Untertitel der einzig verfügbaren Fassung.

*Robert Weixlbaumer, tip, 11/2001*

**Kritik:** (...) Ein Apartment in New York. Versteckt in einer Art Kunstobjekt richtet der Psychiater Joe eine Kamera auf einen großen Spiegel so ein, dass sie alle seine meist weiblichen Besucher aufzeichnet. So lernen wir diverse Personen kennen, belauschen intimste Gespräche und rauschende Feste, Streitereien und Versöhnungen. Und erleben das eigentlich völlig sinnfreie Dasein eines Hippie-Lebemanns.
Ganz neumodisch radikal sehen wir ausschließlich das von der »Candid Camera« aufgezeichnete Schwarzweißmaterial mit scheinbar willkürli-

chen Schnitten, die Filmmusik besteht aus einer Scheibe von Jefferson Airplane. Das hat nicht nur dank Rip Torns hingebungsvoller Darstellung des Psychiaters seinen ganz eigenen Reiz. Denn trotz der extrem künstlichen visuellen Anordnung vergessen wir schenell, dass es sich ja hier um einen Spielfilm und eben nicht um einen experimentellen Dokumentarfilm handelt. *Zitty, 11/2001*

## The Confidence Man 151

THE CONFIDENCE MAN ***+

Video

**Regie:** Tripp Reed
**Darsteller:** Jack Conley (Stevie Grimes), Tommy Redmond Hicks (Lee), Barbara Alyn Woods (Hillary), Ken Earl (A. J.), David Groh (der Leutnant), Chris Kofinas (Jury Foreman), Kelly Jaquiss
**Drehbuch:** Sean McGinly
**Kamera:** Mark Putnam
**Musik:** Matt Marshall, Brahm Wenger
**Schnitt:** Jeffrey Schwarz
**Prod.-Des.:** Helen Harwell
**Prod.:** Kanada 1996; 94 Min.
Sean McGinly, Tripp Reed für M.E.G. Filmworks
**Vertrieb:** One W. Media Video, 27.9.2001
**FSK:** ab 16 J.

Detective Grimes, gerade knapp einer Mordanklage entronnen, tappt schon wieder in eine Falle. Im besten Falle solider Polizeikrimi, der wenig Überraschendes auf Lager hat.

## La Confusion des Genres 152

LA CONFUSION DES GENRES ***

**Regie:** Ilan Duran Cohen
**Darsteller:** Pascal Greggory (Alain), Nathalie Richard (Laurence), Julie Gayet (Babette), Vincent Martinez (Marc), Alain Bashung (Etienne), Cyrille Thouvenin (Christophe), Bulle Ogier (Laurence' Mutter)
**Drehbuch:** Ilan Duran Cohen, Philippe Lasry
**Kamera:** Jeanne Lapoirie
**Musik:** Jay Jay Johanson
**Schnitt:** Fabrice Rouaud
**Prod.-Des.:** Françoise Dupertuis
**Prod.:** Frankreich 2000; 94 Min.
Didier Boujard für Alta Loma/CNC/Fugitive mit Le Studio Canal Plus/UGC
**Verleih:** -/-/Agora, Juni 2001

Im Zentrum dieses bitter-komischen Sex- und Gefühlsreigens steht ein knapp 40-jähriger Pariser Anwalt, der sich ebenso narzisstisch wie larmoyant und entscheidungslos durchs Leben treiben lässt und dabei an etlichen Körpern beiderlei Geschlechts Zuflucht sucht. Ziemlich erschöpfend, in den Konsequenzen aber nicht immer glaubwürdig, lotet der literarisch konstruierte Film die emotionale Konfusion seiner Figuren aus und spielt dabei alle möglichen Gefühls- und Beziehungsvarianten durch. *Film, 6–7/2001*

## Conquest – Reise in ein neues Leben 153

CONQUEST ***

TV

**Regie:** Piers Haggard
**Darsteller:** Lothar Bluteau (Pincer Bedier), Tara Fitzgerald (Daisy MacDonald), Monique Mercure (Grace Gallagher), David Fox (Carl Gallagher), Eugene Lipinski (Gene Boychuck), Daniel Macdonald (Erwin Boychuck), Quyen Hua (My Lang)
**Drehbuch:** Rob Forsythe
**Kamera:** Gerald Packer
**Musik:** Ron Sures
**Schnitt:** Ralph Brunjes
**Prod.-Des.:** Hayden Griffin
**Prod.:** Kanada 1998; 92 Min.
Christina Jennings, Stephen Onda; Scott Garvin (Co-Prod.) für Shaftsbury/Heartland/Greenpoint Films
**UA:** 1.9.1998, World Film Festival Montreal
**TV:** 18.11.2001, Vox

Weil sie eine Autopanne hat, gerät Daisy MacDonald in den verschlafenen Ort Conquest. Durch ihr Auftauchen kommt neuer Schwung in die Kleinstadt.

## The Contract – Ein tödlicher Auftrag 154

THE CONTRACT *

Video

**Regie:** K. C. Bascombe
**Darsteller:** Johanna Black (Hannah), Matthew Oliver (James), Laurent Imbault (Luc), Billy Dee Williams (Senator Harmon), John Jordan (Big Boss)
**Drehbuch:** Navid Khousavi (Khonsari)

**Kamera:** Jay Ferguson
**Schnitt:** Todd Farrell
**Prod.-Des.:** Rupert Lazarus
**Prod.:** Kanada 1998; 90 Min.
Nick Seferian, Navid Khousavi für Cut to the Horse Prod./Wishbone Ent.
**Vertrieb:** e-m-s Video, 22.3.2001
**FSK:** ab 18 J.

Profikiller-Tochter will ihren ermordeten Vater rächen und zeigt, was sie so alles von Daddy gelernt hat. Spannungsloser Action-Langweiler.

## Cool Girl 155
GIRL □ TV

**Regie:** Jonathan Kahn
**Darsteller:** Dominique Swain (Andrea Marr), Sean Patrick Flanery (Todd), Tara Reid (Cybil), Selma Blair, Summer Phoenix
**Drehbuch:** Jonathan Kahn, David Tolchinsky
**Kamera:** Tami Reiker
**Musik:** Michael Tavera
**Schnitt:** Gillian Hutshing
**Prod.:** USA 1998; 94 Min.
Brad Wyman, Jeff Most, Chris Hanley für Kushner-Locke Company
**EA:** Filmfest Hamburg 1998
**TV:** 3.6.2001, SAT.1

Andrea Marr ist 18 und immer noch Jungfrau. Das muss anders werden, aber nicht jeder Kandidat fürs erste Mal verspricht eine Offenbarung. So bleibt Sexualität für die Mittelklasse-Tochter, die auf dem Sprung von der High School zu einem edlen Ostküsten-College ist, noch für eine Weile »diese schreckliche Sache, die da mit mir geschieht«.

*Filmfest Hamburg 1998*

## Cora Unashamed 156
CORA UNASHAMED *** Video

**Regie:** Deborah M. Pratt
**Darsteller:** Regina Taylor (Cora Jenkins), Cherry Jones (Lizbeth Studevant), Molly Graham (Jessie Studevant, 5 Jahre), Ellen Muth (Jessie Studevant, 18 Jahre), Michael Gaston (Arthur Studevant)
**Drehbuch:** Ann Peacock, nach der gleichnamigen Story von Langston Hughes
**Kamera:** Ernest Holzman
**Musik:** Patrice Rushen
**Schnitt:** Debra I. Moore
**Prod.-Des.:** Marcia Calosio
**Prod.:** USA 2000; 90 Min.
WGBH/Alt Films
**UA:** 25.10.2000, PBS, 21.00
**Vertrieb:** Paramount Video, 18.10.2001
**FBW:** ab 12 J.

Nach dem Tod ihrer Tochter kümmert sich Haushaltshilfe Cora um die gleichaltrige Jessie, was dramatische Verwicklungen nach sich zieht. Vergleichsweise anspruchsvolles US-TV-Familienmelodram.

## Corellis Mandoline 157
CAPTAIN CORELLI'S MANDOLIN ***

**Regie:** John Madden
**Darsteller:** Nicolas Cage (Hauptmann Antonio Corelli), Penelope Cruz (Pelagia), John Hurt (Dr. Iannis), Christian Bale (Mandras), David Morrissey (Hauptmann Weber), Irene Papas (Drosoula), Piero Maggio (Carlo)
**Drehbuch:** Shawn Slovo, nach dem Roman von Louis de Bernières, »Captain Corelli's Mandolin«
**Kamera:** John Toll
**Musik:** Stephen Warbeck
**Schnitt:** Mick Audsley
**Prod.-Des.:** Jim Clay
**Prod.:** USA/GB 2000; 129 Min.
Tim Bevan, Eric Fellner, Kevin Loader, Mark Huffam; Jane Frazr, Debra Hayward, Liza Chasin (Co-Prod.) für Working Title mit Studio Canal Plus
**Verleih:** UIP/UIP/UIP, 1.11.2001
**FSK:** ab 12 J., ffr.
**FBW:** Besonders wertvoll

Auf der griechischen Insel Kephallonia verlobt sich 1940 die schöne Pelagia mit dem stattlichen Mandras, ehe dieser nach Albanien in den Krieg zieht, um dort die griechische Grenze gegen die Italiener zu verteidigen. Wenig später kommen die Italiener als Besatzungsmacht auf die Insel, Mandras gründet eine Partisanengruppe und Capitano Corelli, der so unverschämt frech ist und so betörend Mandoline spielt, wird bei Pelagia einquartiert. Groß angelegtes Liebesmelodram, das den Zeithintergrund für Unkundige nicht transparent macht,

*Nicolas Cage, der nette Soldat*

sondern nur als Kulisse ausbeutet, die kulturellen Konflikte der Situation nur ungenügend andeutet und das historische Faktum eines Massakers vor allem zur Steigerung der Betroffenheit einsetzt. Eine verpasste Chance, mehr als bloßes Unterhaltungskino zu bieten. *Richard Richter, Multimedia (Die Furche), 1.11.2001*

**Kritik:** (…) Die grenzüberschreitende Liebe, um die der Film die Brutalitäten der Weltgeschichte gruppiert, erweist sich als zentrale Leerstelle. Die interessanten Figuren werden vom Primat der Romantik an den Rand gedrängt: Nur aus dem Augenwinkel wird die weitaus tragischere Affäre zwischen einem deutschen Besatzungsoffizier und einer griechischen Inselbewohnerin beobachtet. Selbst John Hurt muss als Vater Pelagias trotz seiner Erzählerrolle unter seinen Möglichkeiten arbeiten. John Madden hat die Zutaten für ein großes Melodram in der Hand, aber seine Geschichte über die Liebe in Zeiten der Barbarei verliert sich in pittoresken Landschaftsaufnahmen und menschelndem Mainstream.
*Martin Schwickert, AZ, 31.10.2001*

(…) Derlei Haltung, vielmehr Nichthaltung, ist symptomatisch für »Corellis Mandoline«: Er zeigt gar keine Soldaten, die den Krieg für ein Picknick halten, er zeigt den Krieg, als wäre er wirklich ein Ausflug ins Grüne, unternommen von ein paar uniformierten Kegelbrüdern. Als dann im Schlussdrittel Tiefflieger über die Insel donnern, als deutsche Panzer rollen, da ist auch dies nur ein Vorwand dafür, einen Männerbund zwischen Corelli und Mandras zu formieren, der weit höhere Ziele verfolgt, als sie je einer Mann-Frau-Beziehung entspringen könnten. Ziele, die zwar im anachronistischen Abfeiern patriotischer Werte münden, aber dennoch nicht politisch motiviert erscheinen. Das passt zur Ideologie des Films, der damit endet, dass drei Jahre nach dem Krieg ein Erdbeben die Insel erneut verwüstet.
Was das soll? Es handelt sich um eine perfide Pointe, erklärt sie doch nachträglich alles Vorangegangene auch zum Naturereignis, dem die Menschen ohnmächtig ausgeliefert waren – der Krieg, eine seismografische Störung. »Corellis Mandoline«, ein ärgerlicher Beitrag zur Entpolitisierung von Geschichte. *Thomas Basgier, Stuttgarter Zeitung, 31.10.2001*

**Interview:** *»Corellis Mandoline« sah wie ein Paket für die Oscar-Verleihung aus: »Shakespeare in Love«-Regisseur dreht mit Oscar-Star ein episches Melodram. Aber der Zuspruch von Kritik und Publikum ließ zu wünschen übrig. Warum war das so?*

Ich selbst schraube meine Erwartungen nie so hoch. Mir geht es darum, einen Film zu machen, mit dem ich glücklich bin. Und das ist hier der Fall. Doch »Corellis Mandoline« ist einfach angreifbar für Kritiker. In England war das noch nicht so folgenschwer. Dank guter Mundpropaganda hat der Film rund zehn Millionen Pfund eingespielt, mehr als etwa »Traffic« oder »Tiger & Dragon«. Aber als sich in Amerika die Kritiker darauf einschossen, litt das Zuschauerinteresse ganz erheblich.

*John Madden im Interview mit Blickpunkt Film, 44/2001*

## Crazy Love – Hoffnungslos verliebt 158

CHASING DESTINY **

Video

**Regie:** Tim Boxell
**Darsteller:** Casper van Dien (Bobby Moritz), Lauren Graham (Jessy James), Christopher Lloyd (Jet James), Drake Bell (Walter), Roger Daltrey (Nehemiah People), Deborah Geffner (Schwester Finnegan), Justin Henry (Eddie McDermot)
**Drehbuch:** Guy Thomas
**Kamera:** Mark Vicente
**Musik:** Carmine Appice, Roger Daltrey, Kelly Keeling, Michael Whalen
**Prod.:** USA 2000; 91 Min.
Betsy Chasse, Richard Mann, Michael A. Candela für 7.23 Prod., Pretty Brunette Films
**Vertrieb:** e-m-s (Sunfilm) Video, 29.5.2001
**FSK:** ab 6 J.

Gelackter Schuldeneintreiber verliebt sich in die Tochter eines »Klienten«. Einfallslos entwickelte Romantikkomödie mit ein paar Besetzungshighlights wie Rocklegende Roger Daltrey.

## Crazy Six 159

CRAZY SIX *

Video

**Regie:** Albert Pyun
**Darsteller:** Rob Lowe (Grazy Six), Mario van Peebles (Dirty Mao), Ice-T (Raul), Burt Reynolds (Dakota), Ivana Millicevic (Anna), Thom Mathews, Blanka Kleinova
**Drehbuch:** Galen Yuen
**Kamera:** George Mooradian
**Musik:** Anthony Riparetti
**Schnitt:** Natasha Gjurokovic
**Prod.-Des.:** Nedad Pecur
**Prod.:** USA 1997; 85 Min.
Tom Karnowski, Gary Schmoeller für Filmwerks/Imperial Ent.
**Vertrieb:** VCL Video, 28.6.2001
**FSK:** ab 16 J.

Gangster erbeuten bei Überfall in Lettland (originell!!!) Plutonium und bekommen es mit dem CIA zu tun. Mit Burt Reynolds verzierter Blödsinn, der so tut, als sei er ein Actionthriller.

## Crocodile Dundee in Los Angeles 160

CROCODILE DUNDEE IN LOS ANGELES ***

**Regie:** Simon Wincer
**Darsteller:** Paul Hogan (Mick Dundee), Linda Kozlowski (Sue Charleton), Serge Cockburn (Mikey), Paul Rodriguez (Diego), Jere Burns (Arnon Rothman), Jonathan Banks (Milos Drubnik), Aida Turturro (Jean Ferraro)
**Kamera:** David Burr
**Musik:** Basil Poledouris
**Schnitt:** Terry Blythe
**Prod.-Des.:** Leslie Binns
**Prod.:** USA/Australien 2001; 90 Min.
Lance Hool, Conrad Hool, Perry Katz für Silver Lion/Bangalow
**Verleih:** Constantin/dto./Filmcooperative, 21.6.2001
**Vertrieb:** BMG VIdeo (Video, DVD)
**FSK:** ab 6 J., ffr.

**Kritik:** (...) Wie gewohnt (»Crocodile Dundee 2« spielte in New York), versucht Hogan zwischen Knittercharme und Knattercharme und aus dem Kontrast zwischen naiver Provinzmentalität und abgefeindeter Metropolendekadenz seine Gags zu beziehen, von denen nur wenige wirklich witzig sind. Da hilft auch der aufgesetzte Krimi-Strang nicht weiter, der so hirnrissig geriet, dass selbst Paul Hogans immer wieder durchschimmernde Selbstironie dieses Schlagloch nicht abfedern kann.
Der Rest erschöpft sich in putzig gemeinten Episödchen mit oder ohne Söhnchen, mit oder ohne Tiere (seltener), mit oder (überwiegend) ohne passende Pointe. Das ist wohl das, was man einem nur noch als heitere Unterhaltung für die ganze Familie andrehen kann.

*W. O. P. Kistner, AZ, 21.6.2001*

(...) Noch was? Ach ja, Crocodile Dundee hat inzwischen einen achtjährigen Sohn. Wäre der halb so alt, könnte er beim Anschauen dieses Films vielleicht an der einen oder anderen Stelle ein bisschen kichern. Vielleicht aber auch nicht.

*Rupert Koppold, Rheinische Post, 22.6.2001*

## The Crossing 161
THE CROSSING ****+

**Regie:** Nora Hoppe
**Darsteller:** Behrouz Vossoughi (Babak), Johan Leysen (Sarban), Viviane de Muynck, Mil Seegers, Juan Carlos Tajes, Michel Israel, Amid Chakir
**Drehbuch:** Nora Hoppe
**Kamera:** Walther van den Ende
**Musik:** Zaher Howeida
**Schnitt:** Vessela Martschewski
**Prod.:** Niederlande/BRD/Dänemark 1999; 91 Min.
Els Vandevorst, Wilfried Depeweg für Isabella Films/Tatfilm mit NPS Television, ZDF/ARTE
**UA:** 20.9.1999, San Sebastian Film Festival
**EA:** Max-Ophüls-Festival Saarbrücken 2000
**Verleih:** Zephir/-/-, 1.2.2001
**FSK:** ab 6 J., ffr.

Seit mehr als 20 Jahren lebt der Afghane Babak in einer schäbigen Brüsseler Pension. Eines Tages wird der verbitterte Exilant von einem geheimnisvollen Fremden aufgesucht – ein Bote aus der fernen Heimat, der auch an ein Trauma rührt. Ehrgeiziger Erstlingsfilm einer kosmopolitischen Regisseurin, die sich eher am iranischen als am europäischen Kino zu orientieren scheint. Das Drama des Exils dient ihr als Folie für eine beharrliche Schule des Sehens. Dieser europäische Beitrag zum Kino der Langsamkeit lebt von eindringlichen szenischen Augenblicken und der Leistung des Hauptdarstellers, enttäuscht allerdings ein wenig durch seine Auflösung. *Claus Löser, tip, 3/2001*

*Behrouz Vossoughi und Johan Leysen*

**Kritik:** (...) Als wäre uns nicht schon längst ganz elend ums Herz, driftet der Film zunehmend weg von seinem Sozialstudiencharakter und transformiert die Handlung in ein schwermütiges Schuld-und-Sühne-Traktat. Denn natürlich hat Babak eine Vergangenheit, eine, in der Verrat und Blut eine Rolle spielen. Und damit wird jetzt auch der Zuschauer konfrontiert, mit Bildern, die mittels Verzerrungen eine Art magischen Realismus zu erzeugen suchen. Aber eigentlich wirken sie in der Zurschaustellung kafkaesker Morbidität nur geschraubt – und sie verlieren sich in ihrer völlig überfrachteten Symbolik. Am Ende kommt man kaum aus dem Kinosessel hoch, so bleiern lastet der Film auf den Augen, so tonnenschwer schlägt er aufs Gemüt.

*Thomas Basgier, Stuttgarter Zeitung, 13.9.2001*

(...) Vielleicht liegt die berührende Wirkung des Films aber auch darin begründet, dass der ehemalige Star des iranischen Kinos, Behrouz Vossoughi, selbst seit 18 Jahren als Emigrant in Kalifornien lebt und somit seine Rolle nicht nur zu spielen brauchte. Und sein inhaltliches Alter Ego, der flämische Schauspieler Johan Leysen trifft genau die irritierende Ausstrahlung einer Figur, die einem gerade durch ihre unerklärliche Vertrautheit Angst einflößt. Und wenn sie dann auch noch wie ein »Untoter« nicht im Spiegel sichtbar ist, bekommt das Ganze einen mystischen Touch, der durch die schwermütigen Rhythmen der afghanischen Musikerlegende Zaher Howeida verstärkt wird. Man muss allerdings etwas Geduld mitbringen, um sich auf den manchmal etwas spröden, dann wieder poetisch-meditativen Grundton der Geschichte einlassen zu können. Und die Bereitschaft, auch einmal hinter die Bilder zu schauen.

*Rolf-Ruediger Hamacher, Film-Dienst, 3/2001*

## The Crow III: Tödliche Erlösung 162

THE CROW: SALVATION **

Video

**Regie:** Bharat Nalluri
**Darsteller:** Kirsten Dunst (Erin Randall), Eric Mabius (Alex Corvis), Jod Lyn O'Keefe (Lauren Randall), William Atherton (Nathan Randall), Fred Ward (Polizeichef), Debbie Fan (Barbara Chen), Grant Shaud
**Drehbuch:** Chip Johannessen, nach einer Comic-Buchserie von James O'Barr
**Kamera:** Carolyn Chen
**Musik:** Marco Beltrami
**Schnitt:** Howard E. Smith, Luis Colina
**Prod.-Des.:** Maia Javan
**Prod.:** USA 2000; 98 Min.
Edward R. Pressman, Jeff Most, Alessandro Camon für Pacific Film/Ed Pressman/IMF
**Vertrieb:** BMG Video, 20.2.2001
**FSK:** ab 18 J.

Als Vogel schwebt der zu Unrecht zum Tode Verurteilte aus dem Jenins Diesseits zurück und nimmt gar schreckliche Rache. Action, Fantasy, Horror und düsterer Pseudostil – für Fans.

## Der Cuba Coup 163

HACERSE EL SUECO ***

**Regie:** Daniel Diaz Torres
**Darsteller:** Peter Lohmeyer (Björn), Ketty de la Iglesia (Alicia), Enrique Molina (Amancio), Coralia Veloz (Concha), Mijail Mulkay (Rigoberto), Rogelio Blain (Rocasolano), Idelfonso Tamayo (Angelito)
**Drehbuch:** Eduardo del Llano, Daniel Diaz Torres
**Kamera:** Paul Perez Ureta
**Musik:** Edesio Alejandro, Gerardo Garcia, gespielt vom »La Orquesta Magica de la Habana«
**Schnitt:** Guillermo S. Maldonado
**Prod.-Des.:** Evelio Delgado
**Prod.:** Kuba/BRD/Spanien 2000; 105 Min.
Camilo Vives, Rainer Kölmel, Angel Amigo, Belen Atienza für ICAIC/Kinowelt/Igeldo/Impala mit Canal+/TVE/Glückauf
**Verleih:** Arthaus/-/-, 12.7.2001
**FSK:** ab 12 J., ffr.

Ein Juwelendieb plant seinen neuesten Coup, indem er sich als schwedischer Literaturprofessor ausgibt, der auf Besuch in Kuba lebt. Als er sich in die Tochter eines im Ruhestand lebenden Polizeioffiziers verliebt, wird er von deren Familie quasi adoptiert und ist dadurch gezwungen, seine falsche Identität vorerst weiterzuführen. So muss er »den Schweden spielen« und eine Spontanvorlesung über Pippi Langstrumpf halten. Doch immer mehr spitzen sich die Ereignisse zu und »Björn« droht, die Liebe seines Lebens zu verlieren …

*Pressetext*

**Kritik:** (…) »Der Cuba Coup« handelt von der Suche nach der Wahrheit in Zeiten des Umbruchs. Immer wieder kommen darin Maskeraden, gefärbe Haare und ausgefeilte Inszenierungen vor. Havanna mit seinen kleinen Ganoven und den liebenswerten Bürgern, die sich auch mal einen Dollar dazuverdienen wollen, erscheint als ein Dschungel der Täuschungen, Klischees und Vorurteile, in dem die Aufrichtigkeit seltsame Wege geht.

Daniel Diaz Torres lässt in einem ironischen Spiel, das auch die dunklen Seiten andeutet, die Einheimischen mit den Fremden aneinander geraten, die Gestrigen mit den Zeitgemäßen. Es geht schließlich auch um eine verlorene und wieder gefundene Unschuld – so ist »Der Cuba Coup«, der beim Havanna-Filmfestival von der offiziellen Kritik verrissen, vom Publikum aber geliebt wurde, eine immer wieder überraschende Moritat.

*Hans Schifferle, SZ, 17.7.2001*

(...) Und dieses atmosphärisch dichte Porträt des verarmten Kleinbürgertums im spätsozialistischen Kuba ist höchst unterhaltsam, weil es jedes ideologische Pathos (wie etwa die Solidaritätsappelle im vorletzten kubanischen Filmimport »Kubanisch reisen«) vermeidet. *Peter Steinhart, Rheinische Post, 13.7.2001*

(...) »Der Cuba Coup« ist ein in die Stadt verlagerter Bauernschwank, bloßes Wirtshaustheater mit groben Effekten. Es bringt eben nichs, mit aufgesetzter Naivität den Figuren zuzuschauen, also als Filmemacher den Schweden zu spielen. Hätte Daniel Diaz Torres sich nicht an TV-Sitcoms, sondern am abgefeimten Blick Billy Wilders orientiert, hätte dies eine tolle Bestandsaufnahme der Öffnung Kubas werden können.

*Stuttgarter Zeitung, 12.7.2001*

(...) Bedeutsamer ist die Art und Weise, wie Regisseur Torres seine Landsleute und die Verhältnisse auf der Zuckerinsel schildert. Erstens besitzt er Humor, zweitens geistreiche Selbstironie als Kubaner und drittens ein feines politisches Gespür dafür, wie weit er bei der Aufdeckung kubanischer Missstände gehen kann – gemäß dem Wort Fidel Castros: Mit der Revolution darf man alles sagen und zeigen, gegen die Revolution nichts.

Torres ist in dieser Beziehung ganz schön mutig, verlegt sich jedoch wohlweislich weniger auf gesellschaftliche als vielmehr auf menschliche Schwächen. Und das bereitet weitgehend Vergnügen. *Thomas Engel, Der Gildedienst, 5/2001*

## Dämonenbrut – Insel der Dämonen 2

164
*
Video

**Regie:** Andreas Bethmann
**Darsteller:** Katja Bienert (Maria), Thomas Riehn (Riccardo), Carsten Ruthmann (Antonio), Marion Ley (Magdalena), Chrisz Meier (Mike), Petra Quednau (Dämonenbrut), Tanja Sievers (Liane)
**Drehbuch:** Andreas Bethmann
**Kamera:** Andreas Bethmann
**Musik:** H. Morgenthau
**Prod.:** BRD/Italien 2000; 130 Min.
Andreas Bethmann für AB Video-Pro, X-Vision
**Vertrieb:** X-Rated (Anolis) Video, 3.5.2001
**FSK:** ab 16 J. (gekürzte Fassung)

Kranke Mixtur aus verklemmtem Porno und verquerem Horror, der über zwei Stunden sämtliche Ekel- wie Geschmacksgrenzen überspringt.

## Danach hätte es schön sein müssen

165
****

**Regie:** Karin Jurschick
**Darsteller:** Eva Mattes, Reinhart Firchow (Erzähler)
**Drehbuch:** Karin Jurschick
**Kamera:** Karin Jurschick, Andreas Fiegel
**Schnitt:** Bettina Böhler
**Prod.:** BRD 2000; 72 Min.
Karin Jurschick für Karin Jurschick mit ZDF/3sat
**UA:** 14.2.2001, Int. Forum des Jungen Films Berlin
**EA:** 29.4.2001, Int. Dokumentarfilmfestival München
**Verleih:** Basis/-/-, 18.10.2001

Eine dokumentarisch rekonstruierte Familienkatastrophe, ein distanziert, nicht ohne Wärme erzähltes Beispiel für die Mentalität der Kriegs- und Nachkriegsgeneration, Marke Wirtschaftswunder. Karin Jurschick zu Besuch bei ihrem steinalten Vater, einem Schiffsingenieur, soldatischen Patriarchen und Ehekriegsveteranen. Mit einer originellen Montage aus Interviews, Beobachtungen, Reisebildern, zeitgenössischem Archivmaterial und angedeuteten Spielszenen ist der Film eine zarte Liebeserklärung an die Mutter, die einst nur durch Selbstmord aus dem Wohlstandsgefängnis entkam, und nicht zuletzt die Porträtskizze des Kindes zwischen den Fronten, das die Filmemacherin selbst war.

*Claudia Lenssen, tip, 4/2001*

**Kritik:** (...) Karin Jurschick findet originelle, manchmal polemische, aber immer überzeugende Bilder für den häuslichen und den kollektiven Terror. Die Familiengeschichte ist intelligent verknüpft mit Archivaufnahmen aus der Nazi- und der westdeutschen Wirtschaftswunderzeit. Eine wichtige Rolle bei dieser anspruchsvollen Montage dürfte die Cutterin Bettina Böhler gespielt haben, die davor »Die innere Sicherheit« geschnitten hatte. »Danach hätte es schön sein müssen« ist der erste lange Film von Karin Jurschick, die zuvor als Journalistin gearbeitet hat und eine der Gründerinnen des Frauenfilmfestivals »Feminale« war. Ein starker Film – dem man in jedem Moment ansieht, dass die Tochter ihn machen musste.

*Martina Knoben, SZ, 18.10.2001*

(...) Durch die visuelle Rekonstruktion der jeweiligen Dekaden mit – und das ist der einzige Vorwurf, den man Jurschick machen kann – zum Teil allzu bekannten Aufnahmen öffnet sie den Blick für die sozialen, politischen und ökonomischen Zwänge, die ganze Generationen in Schach hielten: Individuelle Biografie wird zum Bestandteil nationaler Geschichte und umgekehrt. Beherzt, unbequem und aufregend ist Jurschicks Film. Alles, was ein Dokumentarfilm sein muss.

*Daniela Sannwald, FR, 24.10.2001*

## Dangerous Connection

166
THE PROPOSAL
**
Video

**Regie:** Richard Gale
**Darsteller:** Jennifer Esposito (Susan Reese), Nick Moran (Terry Martin), Stephen Lang

(Simon Bacig), William B. Davis (Frank Grunning), Mike Kopsa (Zack), Alex Diakun, Brian Jensen
**Drehbuch:** Richard Gale, Maurice Hurley
**Kamera:** Curtis Petersen
**Musik:** Joseph Conlan
**Schnitt:** Pamela Benwick, Richard Benwick
**Prod.-Des.:** Ilja Obretenov
**Prod.:** USA 2000; 87 Min.
Mike Curb, Harvey Kahn, Carole Curb Nemoy für Front Street Prod.
**Vertrieb:** Splendid (Warner) Video, 12.10.2001
**FSK:** ab 12 J.

Gegen seinen Willen mit einer Kollegen-Ehefrau getarnt, unterwandert Cop Terry eine Gangsterbande. Einfach und einfallslos konstruierter Dutzendkrimi in Sonnenstrahl-Optik.

## Dark Angel 167

JAMES CAMERON'S DARK ANGEL **
Video

**Regie:** David Nutter
**Darsteller:** Jessica Marie Alba (Max Guevara/X-5 452), Michael Weatherly (Logan Cale/Eyes Only), Jensen Ackles, Alimi Ballard (Herbal Thought), Richard Gunn (Sketchy), Ashley Scott (Asha Copeland), J. C. MacKenzie (Reagan »Ray« Ronald)
**Drehbuch:** James Cameron
**Kamera:** Brian Pearson
**Musik:** Chuck D., Gary G-Wiz
**Schnitt:** Stephen Mark, Steven Polivka
**Prod.-Des.:** Mark S. Freeborn
**Prod.:** USA 2000; 86 Min.
James Cameron für 20th Century Fox TV
**Vertrieb:** Fox Video, 26.4.2001
**FSK:** ab 12 J.

Pilotfilm zu einer geplanten US-TV-Serie über einen weiblichen Roboter, dem die Flucht aus dem Militärlabor gelingt. Mit den üblichen Versatzstücken des Sciencefiction-Genres versehener Thriller, der sich müde über die Runden schleppt.

## The Dark Area – Wald des Schreckens 168

THE DARK AREA *
Video

**Regie:** Oliver Hummell
**Darsteller:** Tobias Ibel (Tobias), Jasmin Hänsgen (Jasmin), André Horsten (André), Stefan Lammert (Stefan), Oliver Hummell (Oliver), Georg Lammert
**Drehbuch:** Oliver Hummell, Tobias Ibel, Stefan Lammert
**Kamera:** Oliver Hummell
**Musik:** Troels B. Folmann
**Schnitt:** Oliver Hummell
**Prod.:** BRD 2000; 90 Min.
Oliver Hummell, Tobias Ibel für Hill House Ent.
**Vertrieb:** Screen Power Video, 15.2.2001
**FSK:** ab 16 J.

»Blair Witch« auf Deutsch. Unverdaubares Horrorgebräu aus schlimmstem Dilettantismus und grenzenloser Selbstüberschätzung.

## Dark Asylum 169

DARK ASYLUM **
Video

**Regie:** Gregory Gieras
**Darsteller:** Larry Drake, Judd Nelson, Paulina Porizkova, Jürgen Prochnow, Radu Banzaru, Jules Cezar Botokoly, Florin Busuioc
**Drehbuch:** Gregory Gieras
**Kamera:** Viorel Sergovici
**Prod.-Des.:** Radu Corciova
**Prod.:** USA 2001; 93 Min.
Patrick Ewald, Vicky Pike, Morris Ruskin; Robert Bernacchi (Co-Prod.) für Lusane/Media Pro/Shoreline Ent.
**Vertrieb:** e-m-s (Sunfilm) Video, 16.10.2001
**FSK:** ab 16 J.

Total durchgeknallter Massenmörder macht Jagd auf seine Ärztin. Pirozkova & Prochnow als Aushängeschilder für einen ausgelutschten Horrorthriller ohne Pep und Pfiff.

## Darkside Blues 170

DARKSIDE BLUES **
Video

**Regie:** Yoshimichi Furukawa, Michitaka Kikuchi
**Drehbuch:** Mayori Sekijima
**Prod.-Des.:** Hirohi Hamazaki (Character-Design)
**Prod.:** Japan 1994; 83 Min.
Toho Prod.
**Vertrieb:** OVA Video, OmU, Sept. 2001
**FSK:** ab 16 J.

Im Tokio des 23. Jahrhunderts schlägt sich ein Phantom auf die Seite der Rebellen, die gegen einen allmächtigen Medienkonzern kämpfen. Aus unterschiedlichsten Stilmitteln zusammengebrauter Zeichentrickfilm.

## Das 171
ESO □ TV

**Regie:** Fernando Colomo
**Darsteller:** Daniél Guzman, Diana Galvez, Antonio Molero, Javier Camara
**Drehbuch:** Jose A. Esteban, Carlos Lùpez
**Kamera:** Javier Salmones
**Musik:** Julian Brenan
**Schnitt:** Miguel Angel Santamaria
**Prod.-Des.:** Félix Rodriguez
**Prod.:** Spanien 1995; 107 Min. Félix Rodriguez für Fernando Colomo/Aurum Prod.
**EA:** Filmfest München 1996
**TV:** 1.1.2001, ARD, 23.55

Der 18-jährige Domingo verbringt seine Zeit am liebsten mit seinen Freunden. In seinem Alter scheint es nur ein einziges Gesprächsthema zu geben: das eine – nämlich Sex. Wie alle anderen gibt Domingo ständig vor, ein Ladykiller zu sein. Er hat dabei nur ein kleines Problem: Er ist noch immer Jungfrau.

*Katalog Filmfest München 1996*

## Dead or Alive 172
HANZAISHA ***

**Regie:** Takashi Miike
**Darsteller:** Sho Aikawa (Jojima), Riki Takeuchi (Ryuichi), Hitoshi Ozawa (Satake), Shingo Turumi, Kaoru Sugita, Renji Ishibashi
**Drehbuch:** Ryu Ichiro
**Kamera:** Hideo Yamamoto
**Musik:** Koji Endo
**Schnitt:** Taji Shimamura
**Prod.:** Japan 1999; 105 Min. Makoto Okada, Katsumi Ono für Daiei Studios
**EA:** Filmfest Hamburg 2000
**Verleih:** Rapid Eye Movies, OmU/Polyfilm/-, 25.1.2001

Im japanischen Vergnügungsviertel Shibuya schießen sich Yakuza-Banden gegenseitig die Nudelsuppen mit Pump-Guns aus dem Bauch. Den überforderten Polizisten Jojima und den Gangster Ryuichi verbindet in alldem Geballer eine Hassliebe, die in einer cartoonhaften Low-Budget-Apokalypse kulminiert. Hastig und drastisch. Ein wilder Genremix von Takashi Miike, der den ungeübten Zuschauer teilnahmslos befremdet.

*Jörg Buttgereit, tip, 1/2001*

**Kritik:** »Dead or Alive« ist scheinbar fokussiert auf die klassische Yakuza-Geschichte von Cop und Killer. Doch die Grenzen zwischen Gut und Böse verschwimmen darin, denn beide Seiten verwenden einerseits illegale Gelder für andererseits positive Zwecke. Der Film kompliziert das Genre darüber hinaus, indem er von der Entwurzelung einer Immigrantengruppe erzählt. Der Killer ist Kopf einer Bande, die nicht nur zwischen den Fronten der Yakuzas und der chinesischen Triaden kämpft. Sie steht auch im Niemandsland zwischen den Kulturen: Die Killer sind chinesische Japaner und japanische Chinesen.
Takashi Miikes Filme bersten vor Gewalt. Manchmal scheinen sie im Rausch der Perversion geradewegs zu delirieren. Sein Kino ist eines der körperlichen Attacke: so drastisch wie das Kino des David Cronenberg. Nein, der ist eindeutig harmloser.

*Julian Hanich, Der Tagesspiegel, 9.1.2001*

(...) Der Realismus wird abgeschüttelt, die Übersteigerung ins Absurde macht aus Menschen Comicfiguren. Die reißen sich verstümmelte Arme wie Ästlein ab, um ungehindert weiterzukämpfen, ziehen statt einer kleinen Pistole plötzlich Panzerfäuste aus den Klamotten oder gehen mit Klumpen astraler Energie wie die Mutanten der Animes aufeinander los. Bei diesem Duell wird nicht nur das Genre gesprengt, da weicht die Kamera in die Kartenbetrachtungsposition zurück und schaut zu, wie ganz Japan in die Luft fliegt und die Detonationswellen um den Globus laufen. Schluss, Ende, aus, sagt Takashi Miike hier, man muss was Neues machen.

*Thomas Klingenmaier, Stuttgarter Zeitung, 5.7.2001*

(...) Der stereotype Plot wird als mitreißender Strom sinnloser Gewalt inszeniert. Durch die Bilder, die von Sadismus und Sodomie bis zu den wirkungsvoll in Szene gesetzten Leichen reichen, entsteht eine selbst für japanische Verhältnisse deftige Kombination von Grausamkeit, Sarkasmus und Ironie, die in der überraschenden Schlusssequenz auch noch die Grenzen zu Horror und Comic überschreitet. Ein virtuoses Panoptikum der legendären Perversionen japanischer Yakuza. *Cai Mosich, Multimedia (Die Furche), 6.12.2001*

## Dead Sexy – Sexy, aber tot! 173
DEAD SEXY **
Video

**Regie:** Robert Angelo
**Darsteller:** Shannon Tweed (Kate McBain), John Enos III, Sam J. Jones, Kenneth White, Eric Keith, Maria Mayenzet, Katie Lohmann
**Kamera:** Kazuo Minami
**Musik:** Nicolás Rivera
**Schnitt:** Randy Vandegrift
**Prod.-Des.:** Kevin Egeland
**Prod.:** USA 2000; 86 Min.
Marc Laurence für Magic Hour/Mainline
**Vertrieb:** Columbia TriStar, 13.11.2001
**FSK:** ab 16 J.

Die mysteriösen Selbstmorde im Luxuscallgirl-Milieu rufen eine schrecklich clevere Polizistin auf den Plan. Clever auch ihre Darstellerin, ein Exmodel, das auch koproduzierte.

## Deadly Blaze – Heißer als die Hölle 174
ABLAZE **
Video

**Regie:** Jim Wynorski
**Darsteller:** Michael Dudikoff (Daniel), Amanda Pays (Jennifer Lewis), Ice-T (Albert Denning), John Radley (Jack Thomas), Tom Arnold (Wendell Mays), Cathy Lee Crosby (Elizabeth Sherman), Pat Harrington jun. (Stuart Ridgley)
**Drehbuch:** Steve Latshaw
**Kamera:** Andrea V. Rossotto
**Musik:** Neal Acree
**Prod.-Des.:** Will Alovis
**Prod.:** USA 2000; 93 Min.
Alison Semenza, Andrew Stevens für Firestorm Pic.
**Vertrieb:** VCL Video, 26.7.2001
**FSK:** ab 16 J.

Die dramatischen Ereignisse in einer durch einen Feuersturm eingekesselte Klinik. Ramschware aus der Action-Abteilung.

## Deadly Contact – Das Geschäft mit dem Tod 175
RADICAL JACK **
Video

**Regie:** James Allen Bradley
**Darsteller:** Billy Ray Cyrus (Jack), Dedee Pfeiffer (Kate), Noah Blake (Roland), George »Buck« Flower (Lloyd), Brian Smiar (Ollie), Cassie Branham (Becky), Rusty de Wees
**Drehbuch:** James Allen Bradley
**Kamera:** Carl Bartels
**Musik:** Bob Gregory
**Schnitt:** David Blanchard
**Prod.:** USA 2000; 91 Min.
Peter Beckwith, David Glancola für Perilous Film
**Vertrieb:** e-m-s, 22.3.2001
**FSK:** ab 16 J.

Exagent rückt selbst ernanntem Provinzfürsten auf die Pelle, der mit seinen Milizen einen ganzen Landstrich terrorisiert. Action vom Fließband jenseits jeglicher Inspiration.

## Death by Magic – Dämonische Bedrohung 176
THE MAGICIANS **
Video

**Regie:** Lorraine Senna Ferrara
**Darsteller:** Charlie O'Connell (Michael DeVane), Kimberley Davies (Regina), Peter Firth (Simon Magus), Gabrielle Fitzpatrick (Kiley), Sam Healy (Molly DeVane), Marin Mimica (Shroud), Nicholas Bell (Hochwürden Thompson)
**Drehbuch:** Bennett Cohen, nach einer Story von Kim LeMasters
**Kamera:** David Foreman
**Musik:** Jay Ferguson
**Schnitt:** Joel Goodman
**Prod.:** USA 1999; 85 Min.
Brian Burgess, Bennett Cohen, Lorraine Senna Ferrara
**Vertrieb:** Paramount Video, 18.1.2001
**FSK:** ab 16 J.

Harmloses US-Fernsehspielchen um einen jungen Zauberer, um den sich die Mächte des Guten wie die des

Bösen zanken. Kindisch, süßlich und mit putzigen Effekten.

## Deep in the Woods – Allein mit der Angst 177

PROMENONS – NOUS DANS LES BOIS ***

**Regie:** Lionel Delplanque
**Darsteller:** Clotilde Courau (Sophie), Clement Sibony (Mathieu), Alexia Stresi (Jeanne), Vincent Lecoeur (Wilfried), François Berleand (Axel de Fersen), Marie Trintignant (Mutter), Maud Buquet (Mathilde)
**Drehbuch:** Annabelle Perrichon
**Kamera:** Denis Rouden
**Musik:** Jerome Coullet
**Schnitt:** Pomme Zhed
**Prod.-Des.:** Emmanuel Jacquelin
**Prod.:** Frankreich 2000; 90 Min.
Marc Missonier, Olivier Delbosc für Fidelité/Le Studio Canal Plus/Glozel Diffusion mit Gimages3/Studio Images6/ Cofimage11
**EA:** Int. Hofer Filmtage 2000
**Verleih:** Arthaus/-/-, 19.7.2001
**Vertrieb:** Kinowelt Video (Video, DVD)
**FSK:** ab 18 J., ffr.

Baron Axel lädt fünf Schauspieler auf sein Schloss ein, wo sie für seinen Enkel das Märchen von Rotkäppchen und dem bösen Wolf spielen sollen. Schon bald nach ihrer Ankunft mehren sich die Zeichen, dass sie in dem alten Schloss nichts Gutes erwartet.

**Kritik:** Rotkäppchen meets Erlkönig, und die drei chinesischen Affen – nichts hören, nichts sehen, nichts sagen – sind Zeugen. So etwa ließe sich »Deep in the Woods« motivisch beschreiben. Dass ein Film mit einem solch anspruchsvoll-prätentiösen Sujet keine leichte Übung für einen Debütregisseur ist, kann man sich denken. Lionel Delplanque ist fasziniert vom Horrorfilmgenre, das er gut kennt und in Frankreich unterrepräsentiert findet; und er liebt den Mythos vom großen, bösen Wolf.

*Daniela Sannwald, FR, 13.7.2001*

(...) Auch wenn die Story von »Deep in the Woods« nicht gerade vor Einfallsreichtum strotzt, Debütant Del-

*Vincent Lecoeur und Alexia Stresi*

planque hat den Grusel im Griff. Und setzt in seinem Film – unterstützt von einer geschickten Kameraarbeit voll ausgefeilter Licht- und Schatteneffekte – durchaus versiert auf bewährte Horrorrezepte: Eine Ansammlung von attraktiven Teenagern, ein unheimlicher Handlungsort und eine Kette von »Hui Buh«-Effekten, die nicht nur den Darstellern Schauer über den Rücken jagen. Da verzeiht man auch gerne eine gewisse Verwirrung in der Handlung sowie eine mitunter aufkommende Geschwätzigkeit der Figuren.

*Albert Baer, Rheinische Post, 13.7.2001*

(...) Schließlich machen Horrorfilme gerade dadurch Spaß, dass man genau weiß, was passiert, aber dennoch erschrickt. Doch genau das funktoniert hier nicht, denn wie es sich für einen europäischen Film gehört, reicht es dem Regisseur nicht, einfach nur Spannung zu erzeugen. Nein, er muss auch noch ein paar selbst reflexive Spielereien einbauen, möglichst originelle Kamerapositionen finden (die allerdings nur ablenken) und auch noch einige pseudosurreale Träume beifügen. Das Ergebnis ist derart langweilig und uninspiriert, das man fast geneigt ist, sich nach einem deutschen Horrorfilm zu sehnen.

*Michael Meyns, Zitty, 15/2001*

## The Delivery 178

THE DELIVERY ***

Video

**Regie:** Roel Reiné
**Darsteller:** Freddy Douglas (Guy), Fedja van Huet (Alfred), Esmee de la Bretoniere (Anna), Aurélie Meriel (Loulou), Jonathan Harvey (Mark), Christopher Simon (Pierre), Rik Launspach (Spike)
**Drehbuch:** David Hilton, Roel Reiné
**Kamera:** Jan van den Nieuwenhuyzen, Roel Reiné
**Schnitt:** Jeff Hertogs, Roel Reiné
**Prod.:** Niederlande/Belgien 1999; 96 Min. Thijs Bayens, Roel Reiné für Rebel Ent./ Two Independent
**EA:** Fantasy Filmfest 2001
**Vertrieb:** Sunfilm, 5.12.2001
**FSK:** ab 18 J.

Glückloses Gaunerduo betätigt sich als Drogenkuriere zwischen Amsterdam und Spanien – und gerät dabei in Turbulenzen. Formal dem Versuch erlegen, mit modernistischen Mätzchen Spannung zu erzeugen – dennoch kein völliger Tarantino-Trash, sondern eine achtbare Talentprobe.

## Deliyürek (Wild Heart) 179

DELIYÜREK ***

**Regie:** Osman Sinav
**Darsteller:** Kenan Imirzalioglu (Yusuf), Melda Bekcan (Zeynep), Oktay Kaynarca (Cemal), Selcuk Yöntem (Bozo), Macit Sonkan
**Prod.:** Sinegraf/Özen Film, Türkei 2001; 123 Min.
**Verleih:** Filmwelt, OmU/-/-, 6.12.2001
**FSK:** ab 16 J.

Schwungvoller Actionfilm, der auf einer enorm populären türkischen Fernsehserie basiert und mit Kenan Imirzalioglu zwar keine schauspielerische Offenbarung, dafür aber einen umso erfreulicheren Anblick in der Hauptrolle des Yusuf bieten kann. Jener will den Mord an seinem Freund aufklären und gerät dabei in einen Sumpf aus Korruption und Verbrechen. Es geht hoch her und hart zur Sache, bis der Drahtzieher allen Übels, ein gewisser David aus North Dakota, der sich als Imam von Diyarbakir ausgegeben hat, mit der Bordkanone pulverisiert werden kann. *tip, 26/2001*

## Delphine 180

DOLPHINS □

**Regie:** Greg MacGillivray
**Darsteller:** Pierce Brosnan (Erzähler), Kathleen Dudzinski, Dean Bernal, Alejandro Acevedo-Gutierrez, Bernd Wursig, Dr. Louis Herman
**Drehbuch:** Tim Cahill, Stephen Judson
**Kamera:** Greg MacGillivray, Brad Ohlund, Bob Talbot, Paul Atkins
**Musik:** Steve Wood, Sting
**Schnitt:** Stephen Judson
**Prod.:** USA 2000; 39 Min. Greg MacGillivray, Alec Lorimore für MacGillivray Freeman Films mit National Wildlife Federation
**Verleih:** Imax/dto./dto., 2001

Abenteuer Natur im überwältigenden Imax-Format.

## Denk ich an Deutschland – Adieus und Goodbye 181

**

TV

**Regie:** Peter Patzak
**Drehbuch:** Peter Patzak
**Kamera:** Adreas Köfer
**Schnitt:** Mischou Hutter
**Prod.:** BRD 2000; 59 Min. Fidelis Mager für Megaherz für BR/WDR
**UA:** 35. Int. Hofer Filmtage 2001
**TV:** 17.11.2001, BR

Wenn der Regisseur an Deutschland denkt, denkt er an deutsche Freunde, die das Land verlassen haben.
Der erste Teil des Films ist eine Reise nach Brasilien, wo er in Rio de Janeiro seinen Freund, den Kameramann Uli Burtin, besucht, der seit 1979 dort lebt, weil er überzeugt ist, »dass das Leben in einem so reglementierten Land wie Deutschland krank macht«.
Im zweiten Teil besucht der Regisseur seine ehemalige Mitarbeiterin Birgit

Staudt, die seit zehn Jahren in New York lebt und dort ihren Traum verwirklicht hat, Sängerin in einer Underground-Band zu werden.

*Katalog Hof*

## Departure 182

DEPARTURE ****

**Regie:** Yosuke Nakagawa
**Darsteller:** Keigo Heshiki (Kazuya), Haru Kawazu (Yukiko), Tomoyuki Otsuka (Syusuke), Hirokazu Kagawa (Masaru), Kumi Fujita (Ryoko), Rumi (Mari)
**Drehbuch:** Yosuke Nakagawa
**Kamera:** Hiroo Yanagida
**Musik:** Mayumi Yamada
**Schnitt:** Hiroshi Okuda
**Prod.-Des.:** Takashi Yasuda
**Prod.:** Japan 2000; 80 Min.
Kaori Otuka für Tayhooo Tokyo
**UA:** 13.2.2001, Int. Forum des Jungen Films Berlin
**Verleih:** Freunde/-/-, Juli 2001

Nach dem Schulabschluss trennen sich die Wege dreier Freunde auf Okinawa: Einer geht am folgenden Tag nach London, einer nach Tokio, der dritte bleibt vorläufig dort. Anstatt den Abend gemeinsam zu verbringen, zieht jeder allein los und landet schließlich in den Armen einer Frau, ohne damit das Glück zu finden. Sehr bedächtig, mit ungewöhnlichem Blick auf sinnfällige Details gefilmter lakonischer Film, der die Leere und Sinnsuche seiner Hauptfiguren in überzeugende Bilder fasst.

**Kritik:** In einfachen, schönen Bildern erzählt Regisseur Nakagawa Yosuke in seinem zweiten Spielfilm von der komplizierten Zeit zwischen Jugend und Erwachsensein, von Träumen, Erwartungen und Ängsten. Im Mittelpunkt steht Syusuke. Seine Abreise am nächsten Tag bringt ihn bloß nach Hause zu Mutter und Schwester, wo er als Fischer arbeiten wird. Gerade in seinem Scheitern ist Syusuke realistischer als jene Halbstarken, denen in unzähligen Teenagerkomödien letztlich alles glückt. Und dennoch, bei aller Sympathie für diesen kleinen Film: Er sagt zwar viel und erzählt doch zu wenig. Die Figuren werden zu skizzenhaft gezeichnet, die Story zu elliptisch erzählt. Aufgrund dieser Verknappung können die Protagonisten nicht wirklich plastisch werden, das Scheitern von Syusukes Traum kann nicht wirklich berühren.

*Jennifer Bleek, Zitty, 13/2001*

## Destination Impact 183

SUBMERGED **

Video

**Regie:** Ed Raymond
**Darsteller:** Coolio (Cort), Brent Huff (Mack), Nicole Eggert (Tiffany), Dennis Weaver (Buck), Hannes Jaenicke (Kevin Thomas), Fred Williamson (Capt. Masters), Maxwell Caulfield (Jim)
**Drehbuch:** Steve Latshaw
**Kamera:** Thomas L. Callaway
**Musik:** David Wurst, Eric Wurst
**Schnitt:** Michael Kuge
**Prod.:** USA 2000; 95 Min.
Jim Wynorski für Phoenician Ent.
**Vertrieb:** VCL Video, 26.7.2001
**FSK:** ab 18 J.

Boeing 747 mit Superwaffe an Bord muss auf hoher See notlanden und sinkt auf den Meeresboden. Haarsträubender Action-Cocktail aus lausiger Regie, überforderten Darstellern und laienhaftem Skript.

**Kritik:** (...) Wenn es dramatisch sein soll, wackelt die Kamera und die Chargen hampeln hektisch herum. Handlungsstränge werden beinahe so brutal um die Ecke gebracht wie »nutzlose« Randfiguren. Selbst das Aushängeschild unter den Darstellern, der Rapper Coolio, hat nur wenige Minuten auf der Leinwand. Einige Figuren könnten locker als ihre eigene Parodie durchgehen, und auch Hannes Jaenicke gewinnt in seinem US-Auftritt als leitender Wissenschaftler kein Profil.

*Günter H. Jekubzik, Film-Dienst, 17/2001*

## Destiny – Einmal ganz oben stehen 184

HARLEM ARIA ***

Video

**Regie:** William Jennings
**Darsteller:** Gabriel Casseus (Anton), Damon Wayans (Wes), Christian Carmago (Matthew), Paul Sorvino (Fabiano Grazzi), Malik Yoba, Edye Byrde
**Drehbuch:** William Jennings
**Kamera:** Keith Smith
**Musik:** Jeff Beal
**Schnitt:** Sabine Hoffman
**Prod.-Des.:** Cecil Gentry
**Prod.:** USA 1999; 100 Min.
Philip von Alvensleben, Deepak Nayar für Bent Nailprod/Kintopp Pictures/Alive Entertainment
**EA:** 25.6.2000, Filmfest München
**Vertrieb:** VCL Video, 20.12.2001
**FSK:** ab 16 J.

Übergewichtiges Mauerblümchen auf New Yorks Asphalt will Operntenor werden und erhält dabei Unterstützung durch einen Straßenmusiker und einen Dealer. Erstaunlich sehenswertes City-Märchen, das durch originelle Figuren und die Tatsache, Schmalz nur in homöopathische Dosen zu verabreichen, besticht.

## Diamonds 185

DIAMONDS ***

**Regie:** John Asher
**Darsteller:** Kirk Douglas (Harry), Dan Aykroyd (Lance), Corbin Allred (Michael), Lauren Bacall (Sin-Dee), Kurt Fuller (Moses), Jenny McCarthy, Mariah O'Brian
**Drehbuch:** Allan Aaron Katz
**Kamera:** Paul Elliott
**Musik:** Joel Goldsmith, Beth Amy Rosenblatt (Supervisor)
**Schnitt:** Timothy O'Meara
**Prod.-Des.:** Vince Lorenzini
**Prod.:** USA/BRD 1999; 92 Min.
Patricia T. Green für Total Film Group/ Cinerenta Prod.
**EA:** Int. Filmfestspiele Berlin 2001, »Hommage Kirk Douglas«
**Verleih:** Prokino/-/-, 26.4.2001
**FSK:** ab 12 J., ffr.
**FBW:** Wertvoll

Trotz Behinderung nach einem Schlaganfall begibt sich ein Großvater, der ehemals ein berühmter Boxer war, mit Sohn und Enkelsohn auf die Suche nach einem Diamantenschatz und genießt noch einmal die Freiheit und das Leben.

**Kritik:** (...) Es geht um Generations-, Familien- und da vor allem um Vater-Sohn-Probleme. Als Aufhänger für den Ausflug der drei Männer von Kanada ins Spielerparadies Reno, Nevada, dient ein Haufen Diamanten, den Opa Harry vor Urzeiten von einem Gangster in Reno erhalten und dort versteckt haben will. Unterwegs zofft er sich kräftig mit seinem Sohn Lance und versteht sich umso besser mit seinem Enkel Michael. Der wiederum gerät häufig mit seinem Papa Lance in Streit. Gelegenheit für reichlich Aussprachen und Versöhnungen. Und sogar ein gemeinsamer Besuch in Lauren Bacalls schnuckeligem Bordell ist drin. Nicht unbedingt klamaukfrei, dieses Vehikel, dafür mit einigen Schnipseln aus Douglas' Boxerfilm »Champions« von 1949 aufgemöbelt.

*Gerald Jung, Zitty, 9/2001*

## Dich schickt der Himmel 186

□

TV

**Regie:** Ute Wieland
**Darsteller:** Max Tidof (Raffael), Laura Tonke (Lara Feiersinger), Andreas M. Schwaiger (Matthias), Marko Bretscher (Patrick), Sissi Perlinger (Mitglied), Cleo Kretschmer (Dr. Altvater), Kai Pflaume (Gunter Berger)
**Drehbuch:** Hagen Moscherosch
**Prod.:** BRD 2000; 90 Min.
Endemol
**TV:** 30.1.2001, SAT.1, 20.15

(...) Macht Liebesengel Raffael als guter Kuppler einen feinen Job, dann darf er auch auf Dauer wieder zurück zur Liebsten gehen. (...) Hier freilich wird mit hektischen Szenenwechseln und aufdringlich zelebrierten Tricks – siehe Funken sprühendes Amorpfeilchen – zu viel des Guten getan. (...) Alles sehr deutlich, sehr schrill. (...)

*Wilfried Geldner, SZ, 30.1.2001*

## Dienstags mit Morrie 187
TUESDAYS WITH MORRIE □
TV

**Regie:** Mick Jackson
**Darsteller:** Jack Lemmon (Prof. Morrie Schwartz), Hank Azaria (Mitch Albom), Wendy Moniz, Caroline Aaron, Bonnie Bartlett
**Drehbuch:** Nach dem autobiografischen Beststeller von Mitch Albom
**Prod.:** USA 1999; 105 Min.
Oprah Winfrey
**TV:** 27.5.2001, VOX, 20.15

Sportjournalist und Workaholic Mitch Albom sieht zufällig im Fernsehen seinen alten Mentor, Professor Morrie, und eilt zu dessen Sterbebett. Hier erfährt er nun die Weisheiten eines langen, erfüllten Lebens. (...)
*AZ TV Journal*

## Digimon – Der Film 188
DIGIMON ***+

**Regie:** Mamoru Hosoda, Shigeyasu Yamanchi
**Drehbuch:** Reiko Yoshida, Jeff Nimoy, Bob Buchholz (engl. Adaption)
**Kamera:** Shigeru Ando
**Musik:** Udi Harpaz, Amotz Plessner
**Schnitt:** Douglas Purgason, Gary A. Friedman
**Prod.:** Japan/USA 2000; 82 Min.
Terry-Lei O'Malley, Hiromi Seki für Saban Ent./Toei Animation
**Verleih:** 20th Century Fox/-/-, 8.3.2001
**Vertrieb:** MGM/UA (Fox) Video, DVD

Drei digitale Monster sollen die Digiwelt vor ihrem Untergang retten. Trickfilmabenteuer basierend auf der gleichnamigen, erfolgreichen Zeichentrickserie.

## Digital Virus – Killer aus dem System 189
FATAL ERROR / REAPER **
TV

**Regie:** Armand Mastroianni
**Darsteller:** Antonio Sabàto jun. (Dr. Nick Baldwin), Janine Turner (Dr. Samantha Carter), Robert Wagner (Albert Teal), Jason Shombing (Charlie), David Lewis (Ned Henderson), Malcolm Stewart (Jack Doulan), Mary Black
**Drehbuch:** Rockne S. O'Bannon, nach dem Roman »Reaper« von Ben Mezrich
**Kamera:** David Geddes
**Musik:** Ron Ramin
**Schnitt:** Peter V. White
**Prod.-Des.:** Jill Scott
**Prod.:** USA 1999; 115 Min.
Richard D. Arredondo, Randy Sutter für Stephanie Germain Prod./TBS
**TV:** 9.3.2001, VOX, 20.15

Die Teilnehmer einer Konferenz sterben an einem mysteriösen, unbekannten Virus. Die Seuchenexpertin Samantha Carter und der Virologe Dr. Nick Baldwin finden heraus, dass sich ein Computervirus in einen Krankheitserreger verwandelt hat.

## Dirty Money – In tödlicher Gefahr 190
PERIL **
Video

**Regie:** David Giancola
**Darsteller:** Michael Paré (Vincent), Morgan Fairchild (Terry), Jayson Argento (Polizist), Thom Christopher (Dr. Koosman), L. R. Davidson (Stacy), Steve Eastin (Det. Marks)
**Kamera:** Grosvenor Miles Hafela
**Schnitt:** David Blanchard
**Prod.:** USA 1999; 92 Min.
Peter Beckwith für Artis View
**Vertrieb:** e-m-s Video, 26.1.2001
**FSK:** ab 16 J.

Durchgeknallter Serienkiller greift sich Ehepaar als Geiseln. Konfuser Genre-Verschnitt aus Horror, Thriller und Katastrophendrama, den man zu keiner Sekunde ernst nehmen kann.

## Dirty Pictures 191
DIRTY PICTURES ***
Video

**Regie:** Frank Pierson
**Darsteller:** James Woods (Dennis), Craig T. Nelson (Leis), Diana Scarwid (Dianne), Leon Pownall (Prouty), David Huband (Sirkin), Judah Katz (Mizibov), R. D. Reid (Albanese)
**Drehbuch:** Ilene Chaiken
**Kamera:** Hiro Narita
**Musik:** Mark Snow
**Schnitt:** Peter Zinner
**Prod.-Des.:** Alicia Keywan
**Prod.:** USA 2000; 102 Min.
Michael Manheim für Manheim Co. für Showtime mit MGM TV Ent.
**UA:** 27.5.2000, Showtime, 21.00
**Vertrieb:** MGM/UA (Fox) Video, 14.6.2001
**FSK:** ab 12 J.

Die Ausstellung homoerotischer Sadomaso-Exponate des anerkannten Fotografen Mappelthorpe sorgen im prüden Cincinnati für Aufruhr. Biederes, gut gemeintes US-TV-Plädoyer für die Freiheit der Kunst.

## The Dish 192

THE DISH ****

**Regie:** Rob Sitch
**Darsteller:** Sam Neill (Cliff Buxton), Kevin Harrington (Mitch), Tom Long (Glenn Latham), Patrick Warburton (Al Burnett), Roy Billing (Bob McIntyre), Geneviève Mooy (May), Eliza Szonert (Janine)
**Drehbuch:** Santo Cilauro, Tom Gleisner, Rob Sitch
**Kamera:** Graeme Wood
**Musik:** Edmund Choi, gespielt vom Melbourne Symphony Orchestra
**Schnitt:** Jill Bilcock
**Prod.-Des.:** Carrie Kennedy
**Prod.:** Australien 2000; 101 Min.
Michael Hirsh für Working Dog mit Distant Horizon/Summit Ent.
**EA:** 4.7.2001, »Special Screening«-Filmfest München
**Verleih:** Highlight/Einhorn/-, 19.7.2001
**FSK:** ab 6 J., ffr. – **FBW:** Besonders wertvoll

Juli 1969: Vier Wissenschaftler und mit ihnen ein ganzer Ort bangen der Stunde der ersten Mondlandung entgegen, um mit dem auf einer australischen Schafweide errichteten größten Radioteleskop der südlichen Hemisphäre die Ton- und Bildsignale von Apollo 11 zu empfangen und weiterzuleiten.

**Kritik:** (...) Im Grunde war dieser Moment schon pures Kino – nun hat der australische Regisseur Rob Sitch diesen wunderbaren, ebenso genau beobachteten wie zärtlich erzählten Film daraus gemacht. Und damit das alles nicht in Gefahr gerät, zu pathetisch zu werden, setzt er der hochfliegenden Weltraumhistorie den ganz erdgebundenen Alltag der braven Bürger von Parkes entgegen, deren gottverlassenes kleines Städtchen unverhofft ins Zentrum des Weltinteresses rückte. Denn ausgerechnet auf

*Sam Neill*

ihrer Schafweide stand der empfindlichste Radiosatellit der südlichen Hemisphäre – verantwortlich für den Transport der Bilder vom Mond in alle Winkel der Erde. (...)

*Anke Sterneborg, SZ, 16.7.2001*

(...) Die Australier scheinen ein sympathisches Völkchen zu sein. Denn nur so ist es zu erklären, dass diese Komödie, die ja nun explizit das Hinterwäldlertum der Aussies ironisch auf die Schippe nimmt, in »Down Under« ein Riesenerfolg an der Kinokasse war. Das Rezept des Films funktioniert überall: eine spannende, hier sogar historisch belegte Geschichte, einige einprägsame Figuren wie Mr. Buxton und seine leicht debile Crew. Und dazu geschliffene Dialoge mit einer hohen Pointendichte, fertig ist ein höchst unterhaltsames Werk aus einem immer noch viel zu wenig beachteten Filmland.

*Martin Schwarz, Zitty, 15/2001*

## Disneys Große Pause – Die geheime Mission 193

RECESS: SCHOOL'S OUT ****+

**Regie:** Chuck Sheetz
**Darsteller:** Mit den Originalstimmen von: Andy Lawrence (T. J.), Jason Davis (Mikey), Rickey d'Shon Collins (Vince), Pam Segall (Spinelli), Ashley Johnson (Gretchen), Courtland Mead (Gus), Dabney Coleman (Direktor Prickly)
**Drehbuch:** Jonathan Greenburg, nach einer Story von Joe Ansolabehere und Paul Germain
**Musik:** Denis M. Hannigan
**Schnitt:** Tony Mizgalski
**Prod.-Des.:** David Shannon (Charaktere)
**Prod.:** USA 2001; 82 Min.
Paul Germain, Joe Ansolabehere, Stephen Swofford für Disney/Edel
**Verleih:** Buena Vista/dto./-, 21.6.2001
**Vertrieb:** Disney (Buena Vista) Video, DVD

Amerikanische Grundschulkinder retten ihren Lehrer, die Schule und die ganze Welt gegen einen fiesen Schulrat, der lieber den Sommer abschaffen als Kindern große Ferien gönnen will. Ein Zeichentrickfilm mit grotesker Story, der als Kinoableger einer Fernsehserie einem Trend im Kinderfernsehen folgt: Mit einer Fülle von Anspielungen und einem schnellen, unsentimentalen Ton werden Kinder alles andere als unterfordert. Visuell bleibt der nach Fernsehstandards gedrehte Film weit hinter seinem Anspruch zurück. *Daniel Kothenschulte, Film-Dienst, 13/2001*

**Kritik:** (...) Verantwortlich für dieses Animationsvergnügen sind die »Rugrats«-Erfinder Paul Germain und Joe Ansolabehere, die gemeinsam mit Regisseur Chuck Sheetz die Kinderbande von der Leine lassen. Trotz bisweilen etwas grober Tricktechnik erfüllt dieses mit lustvoller Anarchie angereicherte Disney-Epos kindliche Abenteuererwartungen von einer Mission impossible. So richtig rund geht's, wenn der Direktor sich an Pädagogenideale aus der Hippie-Zeit erinnert, Pink Floyds Song »We don't need no education« zum Programm wird – und die Kids bei Hits wie »Born to be wild« die Erwachsenen austricksen. *Margret Köhler, AZ, 21.6.2001*

## Dog Park – Bei Fuß, Liebling! 194

DOG PARK **
Video

**Regie:** Bruce McCulloch
**Darsteller:** Natasha Henstridge (Lorna), Luke Wilson (Andy), Kathleen Robertson (Cheryl), Janeane Garofalo (Heri), Bruce McCulloch (Jeff), Kristin Lehman (Keiran), Amie Carey (Rachel)
**Drehbuch:** Bruce McCulloch
**Kamera:** David A. Makin
**Musik:** Christophe Beck, Craig Northey
**Schnitt:** Norman Buckley, Christopher Cooper
**Prod.-Des.:** Marian Wihak
**Prod.:** Kanada 1998; 88 Min.
Suan Cavan für Accent/Canadien Film-Video Prod./Indieprod./Lions Gate/New Line Cinema
**Vertrieb:** One World Video
**FSK:** ab 12 J.

Nette, aber nicht gerade umwerfend komische Beziehungskisten-Comedy über vier Hundebesitzer und deren Liebesleben mit netten Neben- und schwachen Hauptdarstellern.

## Doing Time For Patsy Cline 195

DOING TIME FOR PATSY CLINE ☐
TV

**Regie:** Chris Kennedy
**Darsteller:** Richard Roxburgh (Boyd), Miranda Otto (Patsy), Matt Day (Ralph)
**Drehbuch:** Chris Kennedy
**Kamera:** Andrew Lesnie
**Musik:** Peter Best
**Schnitt:** Ken Sallows
**Prod.:** Australien 1997; 95 Min.
John Winter, Chris Kennedy für Oil Rag Prod.
**EA:** Filmfest Hamburg 1997
**TV:** 6.12.2001, ARD, 0.50

(...) Ralph lässt sich auf seinem Weg aus dem australischen Hinterland zum Flughafen vom dubiosen Boyd und der erotischen Patsy mitnehmen. Was Ralph nicht weiß: Boyd dealt mit Drogen, und das Auto gehört ihm gar nicht. Als die Polizei das Trio anhält, flüchtet Patsy und Boyd bezichtigt

Ralph, das Auto gestohlen zu haben. Worauf beide im Gefängnis landen. (...) *Katalog Filmfest Hamburg*

## Dolce 196
DOLCE □ TV

**Regie:** Alexander Sokurow
**Darsteller:** Miho Shimao, Maya Shimao
**Drehbuch:** Alexander Sakurow, nach einer Story von Toshio Shimao
**Prod.:** Russland/Japan 1999; 65 Min.
**TV:** 22.2.2001, Arte, 0.25

Außergewöhnliche Geschichte einer japanischen Frau, die wahnsinnig wurde, als ihr Mann eine andere Frau liebte.

## Don't Scream ... Die Spur in den Tod 197
THERE'S NOTHING OUT THERE * Video

**Regie:** Rolfe Kanefsky
**Darsteller:** Craig Peck (Mike), Wendy Bednarz (Doreen), Mark Collver (Jim), Bonnie Bowers, John Carhart, Claudia Flores, Jeff Dachis
**Drehbuch:** Rolfe Kanefsky
**Kamera:** Ed Hershberger
**Musik:** Christopher Thoas, John Williams (Thema von »Raiders of the Lost Ark, 1981«)
**Schnitt:** Victor Kanefsky
**Prod.:** USA 1991; 90 Min.
Victor Kanefsky für Prism Ent./Walkhan Films
**Vertrieb:** M. I. B. Video, 2.10.2001
**FSK:** ab 16 J.

Außerirdisches Monster macht gegen Teenies mobil, die die Sommerferien im Ferienhaus am See verbringen wollen. Die letzten Tropfen der Teenie-Horrorwelle – hoffentlich.

## Doomsdayer 198
DOOMSDAYER * Video

**Regie:** Michael John Sarna
**Darsteller:** Joe Lara (Jack Logan), Udo Kier (Max Gast), Brigitte Nielsen (Elizabeth Gast), Sandra Gómez (Dyna Castenada), January Isaacs
**Drehbuch:** Bob Couttie
**Kamera:** David M. Rakoczy
**Prod.-Des.:** Willy Pleras
**Prod.:** USA/Philippinen 2000; 90 Min.
Michael D. Sellers, Bob Couttie für ABS-CBN/Quantum
**Vertrieb:** Highlight Video, 12.4.2001
**FSK:** ab 16 J.

Eliteagent soll wahnsinnigen Schurken fassen, der zwei Drittel der Menschheit auszulöschen gedenkt. Fahrigfader Action-Quark mit illustrer Besetzung.

## The Doorway 199
THE DOORWAY * Video

**Regie:** Michael B. Druxman
**Darsteller:** Roy Scheider (Lamont), Lauren Woodland (Tammy), Christian Harmony (Rick), Suzanne Bridgham (Susan), Don Maloney (Owen), Teresa DePriest (Lydia/Evelyn), Brendan Murray (Abbott)
**Drehbuch:** Michael B. Druxman
**Kamera:** Yoram Astrakhan
**Musik:** Derek Gleeson
**Schnitt:** Brian J. Cavanaugh
**Prod.:** USA 2000; 91 Min.
Roger Corman für Concorde
**Vertrieb:** Highlight Video, 10.1.2002
**FSK:** ab 18 J.

Teenie-Kleeblatt soll einsames Haus renovieren, wo's einst Menschen mit Dämonen trieben. Ein Gruselfilm nur wegen der miesen Qualität und Horror, weil Roy Scheider hier (wieder mal) sein Talent vergeudet.

## Die doppelte Nummer 200
DOUBLE TAKE ***

**Regie:** George Gallo
**Darsteller:** Orlando Jones (Daryl Chase), Eddie Griffin (Freddy Tiffany), Edward Herrmann Jarrett (Charles Allsworth), Gary Grubbs (Timothy McCready), Shawn Elliott (Minty Gutierrez), Brent Briscoe (Barnes jun.), Daniel Roebuck
**Drehbuch:** George Gallo
**Kamera:** Theo van de Sande
**Musik:** Graeme Revell
**Schnitt:** Malcolm Campbell
**Prod.-Des.:** Steven Lineweaver
**Prod.:** USA 2000; 88 Min.
David Permut, Brett Ratner; Frank Pesce, Steven A. Longi (Co-Prod.) für Rat Ent. für Touchstone
**Verleih:** Buena Vista/-/-, 26.4.2001

Daryl, erfolgreicher Investmentbanker in Manhattan, erhält eines Tages

106 Millionen Dollar von einem ausländischen Kunden, und ehe er sich's versieht, steht er unter Mordverdacht. Auf seiner Flucht begegnet ihm der vulgäre Kleinganove Freddy, mit dem er die Identität tauscht, um seine Verfolger abzuschütteln, doch auch Freddy wird gesucht.

**Kritik:** (...) »Die doppelte Nummer« ist ein Film, der so viele Wendungen und völlig »überraschende« Ereignisse aneinander reiht, dass sowohl das Interesse als auch jede Spur von Logik verloren gehen. Wenn er dann auch noch drittklassige Schauspieler zusammenwürfelt (der »wilde« Schwarze hält sich für Chris Rock, der »smarte« für Will Smith), die die ganze Zeit betont cool in der Gegend rumlaufen, dämliche Dialoge zum Besten geben und jedes Klischee bis zum Erbrechen auswalzen, dann tut das einfach nur weh. Ein grausamer Film.

*Michael Meyns, Zitty, 9/2001*

## Das Dorf meiner Träume 201

E NO NAKA NO BOKU NO MURA □
TV

**Regie:** Yoichi Higashi
**Darsteller:** Keigo Matsuyama (Seizo), Shogo Matsuyama (Yukihiko), Mieko Harada (Mizue Tashima), Kyozo Nagatsuka (Kenzo Tashima), Hosei Komatsu (Jimma), Kaneko Iwasaki (Toshie), Tokuko Sugiyama (Ushibamba)
**Drehbuch:** Yoichi Higashi, Takehiro Nakajima, nach den autobiografischen Essays von Seizo Tashima
**Kamera:** Yoshio Shimizu
**Musik:** Caterina Ancient Music Ensemble
**Prod.:** Japan 1995; 112 Min.
Tetsujiro Yamagami, Koshiro Sho für Siglo
**UA:** 25.2.1996, Int. Filmfestspiele Berlin
**TV:** 1.3.2001, ARD, 0.55

Seizo und Yukihiko Tashima sind in Japan populäre, unabhängig voneinander arbeitende Bilderbuchautoren. Seizo, der jüngere der beiden Zwillingsbrüder, hat über ihre gemeinsam auf dem Lande verbrachte Kindheit ein Erinnerungsbuch verfasst, auf dem diese freie Adaption basiert. (...)

*Katalog Filmfestspiele Berlin*

## Dr. Dolittle 2 202

DR. DOLITTLE 2 ***

**Regie:** Steve Carr
**Darsteller:** Eddie Murphy (Dr. Dolittle), Kristen Wilson (Lisa Dolittle), Jeffrey Jones (Joseph Potter), Kevin Pollak (Jack Riley), Raven-Symone (Charisse Dolittle), Kyla Pratt (Maya Dolittle), Lil' Zane (Eric Wilson)
**Drehbuch:** Larry Levin, basierend auf die »Dr. Dolittle«-Geschichten von Hugh Lofting
**Kamera:** Daryn Okada; Tony Cutrono (2nd unit, Visual Effects)
**Musik:** David Newman
**Schnitt:** Craig P. Herring
**Prod.-Des.:** William Sandell
**Prod.:** USA 2001; 87 Min.
John Davis; Michele Imperato Stabile, Heidi Santelli (Co-Prod.) für Davis Ent. Group
**Verleih:** 20th Century Fox/dto./-, 9.8.2001
**Vertrieb:** Fox Video (Video, DVD)
**FSK:** o. A., ffr. – **FBW:** Wertvoll

Statt sich um seine heranwachsende Tochter und seine Familie zu kümmern, engagiert sich Dolittle, der mit Tieren sprechen kann, mit einem ungewöhnlichen Trick bei der Rettung eines Waldes.

**Kritik:** (...) Gereiftere Filmfreunde allerdings finden bestenfalls Trost beim fantastischen Aufwand, den Hollywood hier wieder treibt. Dressur- und filmtechnisch ist »Dr. Dolittle 2« noch verschwenderischer als sein Vorgänger. Braunbären, Biber, Chamäleons – die Mimik von mehr als 250 Tieren wird von der Spezialeffektabteilung aufgebessert. Der lebhafte Eddie Murphy und Lil' Zane (sonst als Rapper bekannt) scheinen ihre Grimassen selbst zu schneiden. Trotzdem beschleicht einen bei deren Hysterie die Frage, wer wohl schwerer zu bändigen war – die Zweibeiner oder die Vierbeiner?

*Stuttgarter Zeitung, 9.8.2001*

(...) Abgesehen davon, dass Hollywood es sich mal wieder nicht verkneifen kann, Tiere als die besseren Menschen darzustellen, kann der Film auf harmlos-vergnügliche Weise unterhalten. Vor allem vergisst er über die wirklich bemerkenswerten Spezialeffekte nicht, eine Geschichte zu

erzählen. Familienkompatible Unterhaltung mit einer überraschend witzigen deutschen Synchronisation.
*Michael Meyns, Zitty, 17/2001*

## Dr. T and the Women 203
DR. T & THE WOMEN ****+

**Regie:** Robert Altman
**Darsteller:** Richard Gere (Dr. Sullivan Travis), Helen Hunt (Bree), Farrah Fawcett (Kate), Laura Dern (Peggy), Shelly Long (Carolyn), Tara Reid (Connie), Kate Hudson (Dee Dee)
**Drehbuch:** Anne Rapp
**Kamera:** Jan Kiesser
**Musik:** Lyle Lovett
**Schnitt:** Geraldine Peroni
**Prod.-Des.:** Stephen Altman
**Prod.:** USA 2000; 122 Min.
Robert Altman, James McLindon für Initial Ent./Sandcastle 5 Prod.
**UA:** 29.8.2000, Int. Filmfestspiele Venedig
**Verleih:** 20th Century Fox/dto./Elite, 25.1.2001
**Vertrieb:** Splendid (Warner) Video (Video, DVD)
**FSK:** ab 12 J., ffr. – **FBW:** Besonders wertvoll

Dr. T liebt Frauen. Der angesehenste Frauenarzt von Dallas wird, obwohl er sein Leben den ihm umgebenen Frauen gewidmet hat, von ihnen zu Fall gebracht. Sein Verhängnis hat in diesem höchst vergnüglichen und mit weiser Ironie meisterhaft von Robert Altman inszenierten Film biblische Ausmaße. Intelligente Gesellschaftskomödie, die ein genüssliches Kinoerlebnis ermöglicht. *Multimedia*

*Richard Gere und Kate Hudson*

**Kritik:** (...) Weder Mann noch Frau kommen hier gut weg, und dennoch verfolgt man das Treiben mit großem Vergnügen. Schließlich erfährt man einiges über sich selbst und darf mit und über die Charaktere im Film lachen, weil Altman stets Humor und Ironie in den Vordergrund stellt. Mit Leichtigkeit bringt er seine Zuschauer zu der Einsicht, sich selbst nicht immer so ernst zu nehmen.
*Markus Tschiedert, AZ, 25.1.2001*

(...) Seit Renoir hat niemand mehr so unverschämt den Kontrast von Natur und Kultur, von Einfachheit und Luxus ausgespielt, die Verwicklungen geschildert, die von der Liebe zum Trauma führen und wieder zur Liebe zurück. Es gibt Momente der reinen Magie – dass ein Mädchen, zum Beispiel, das sich bei Tiffany's um die Kunden kümmert, Tiffany heißt. Und manchmal tut Altman fast so, als wäre das Hinterland von Texas ein amerikanischer Midi, wechselt mit erstaunlicher Sicherheit von impressionistischen Momenten zum 50er-Jahre-Spuk. Ein Panoptikum amerikanischer populärer Kultur, La Dolce Vita von Dallas, beschworen durch die Exaltation der Frauen, die mit ihren zackigen Kostümen und ihren aufgedonnerten Obsessionen durch die Praxis des Doktors rauschen. Sein Name ruft den dämonischen Musikmeister mit seinen 5000 Fingern in Erinnerung, und beim Vornamen, Sullivan, denkt man an Preston Sturges – fürwahr, the Texans, they are a funny race. (...) *Fritz Göttler, SZ, 27.1.2001*

**Interview:** *Wie reagieren die amerikanischen Zuschauer auf Ihre herben Bestandsaufnahmen?*

Wir haben den Film vor der High Society von Dallas gezeigt, die gar nicht mehr ins Kino geht. Die Männer trugen Cowboyhüte und rauchten Zigarren; ihre Frauen waren noch abenteuerlicher angezogen als in meinem

Film. Alle fühlten sich bei den Figuren in »Dr. T« an ihre Nachbarn erinnert, fanden den Film aber nicht wirklich gut. Bei »Nashville« war es damals ähnlich: Die Leute aus Nashville haben den Film gehasst, weil sie sich nicht wieder erkennen wollten. Heute, 25 Jahre später, findet die junge Generation den Film plötzlich gut. Niemand will sich so sehen, wie er ist.

*Müssen Sie große Zugeständnisse an den Zeitgeist machen, um Ihre Projekte zu finanzieren?*

Bei einer Umfrage in 26 amerikanischen Städten ergab sich, dass nur jeder zehnte Kinogänger meinen Namen kannte. Und selbst diese zehn Prozent der Zuschauer wollten sich nicht unbedingt den neuen Film von Altman ansehen.

*Robert Altman im Interview mit Marcus Rothe, Berliner Zeitung, 25.1.2001*

## Dran Drauf Drüber 204

□
TV

**Regie:** Lilly Engel
**Drehbuch:** Lilly Engel, Tom Streuber
**Kamera:** Grischa Schmitz
**Schnitt:** Nikola Gehrke
**Prod.:** BRD 2001; 84 Min.
Silke Harten-Preiss, Tom Streuber für Filmakademie Baden-Württemberg/ZDF
**TV:** 3.12.2001, ZDF, 0.00, »Das kleine Fernsehspiel«

Der Film begleitet beim Panzergrenadierbataillon auf der Schwäbischen Alb zwei der ersten 244 Frauen, die ihre Grundausbildung bei den Kampftruppen der Bundeswehr absolvieren.

## Dreckfresser 205

***

**Regie:** Branwen Okpako
**Drehbuch:** Branwen Okpako, nach Texten von Njakouo »Sam« Meffire
**Kamera:** Susanne Schüle
**Schnitt:** Calle Overweg, Gilda Rosskamp, Bettina Blickwede
**Prod.:** BRD 2000; 80 Min.
DFFB für ZDF
**UA:** 8.2.2001, Int. Forum des Jungen Films, Berlin
**Verleih:** Kinoinitiative/-/-, Mai 2001

Sam Meffires Leben wurde zu einem nicht wirklich guten Abenteuer. Sein Fall – von der Symbolfigur für ein multikulturelles Deutschland zum verurteilten Straftäter – war tief. In Okpakos Dokumentation entsteht das Bild eines fantasievollen Menschen, dessen wilde Vorstellungskraft wohl zu großen Einfluss auf sein Leben genommen hat. Wofür er vermutlich wiederum wenig kann. Der Blick auf die Ereignisse ist weder penetrant-mitleidig noch beleidigt-anklagend, bietet aber notwendigen Raum für Mitgefühl mit einem offenbar überforderten Menschen.

*tip, 11/2001*

## Drei Väter zuviel 206

MON PÈRE, MA MÈRE, MES FRÈRES ET MES SŒURS

□
TV

**Regie:** Charlotte de Turckheim
**Darsteller:** Victoria Abril, Charlotte de Turckheim, Alain Bashung, Philip Giangreco, P.-J. Cherit
**Prod.:** Frankreich 1998; 105 Min.
**TV:** 16.4.2001, VOX, 14.15

Die lebenslustige Anne hat bis zu ihrer Reise nach Mexiko ihr Leben gut im Griff, auch mit ihren drei Kindern von verschiedenen Vätern.

## Dreimal ist einmal zu viel 207

THREE STRIKES

**
Video

**Regie:** D. J. Pooh
**Darsteller:** Brian Hooks (Rob), N'Bushe Wright (Juanita), Faizon Love (Tone), E-40 (Mike), Starletta DuPois (Moms), George Wallace (Pops), David Alan Grier (Det. Jenkins)
**Drehbuch:** D. J. Pooh
**Kamera:** John W. Simmons
**Musik:** Aaron Anderson, Andrew Shack
**Schnitt:** John Carter, Dirk Westervelt
**Prod.-Des.:** Thomas Fichter
**Prod.:** USA 2000; 78 Min.
Marcus Morton für 3 Strikes Prod./Absolute Ent./Motion Pic./Lithium/MPC of America
**Vertrieb:** Fox (MGM/UA) Video, 5.4.2001
**FSK:** ab 16 J.

Kaum aus dem Knast, landet »Homeboy« Rob in ein Feuergefecht und anschließend im Visier der Polizei. Sehr spezieller Humor von Schwarzen für Schwarze, aber noch lange keine schwarze Komödie, eher eine platte Klamotte.

## Driven 208

DRIVEN ***+

**Regie:** Sylvester Stallone, Renny Harlin
**Darsteller:** Sylvester Stallone (Joe Tanto), Kip Pardue (Jimmy Bly), Til Schweiger (Beau Brandenburg), Robert Sean Leonhard (DeMille Bly), Estella Warren (Sophia Simone), Burt Reynolds (Carl Heary), Gina Gershon (Cathy Moreno)
**Drehbuch:** Sylvester Stallone
**Kamera:** Mauro Fiore
**Musik:** Brian Transeau
**Schnitt:** Stuart Levy, Steve Gilson
**Prod.-Des.:** Charles Wood
**Prod.:** USA 2001; 117 Min.
Elie Samaha, Sylvester Stallone, Renny Harlin für Franchise
**Verleih:** Warner/dto./-, 15.11.2001
**Vertrieb:** Warner Video (Video, DVD)
**FSK:** ab 12 J., ffr. – **FBW:** Wertvoll

Dem regierenden Cartrennen-Champion soll ein junger Draufgänger den Titel abjagen. Zur Unterstützung der Nachwuchskraft heuert sein Teamchef einen alten Haudegen an. Am Ende ist der Weltmeister seinen Titel los, hat dafür aber seine Frau wieder. Sylvester Stallone hat sich diese Geschichte ausgedacht und sie von seinem Kumpel Renny Harlin inszenieren lassen. Jede Form von Spannung wird peinlich vermieden, noch nicht einmal der Sound ist gut. Die beste Drehbuchidee ist der Name des alten Weltmeisters: Als Beau Brandenburg wird Til Schweiger in die Filmgeschichte eingehen. *tip, 23/2001*

(...) Monatelang geisterte Verona Feldbuschs Hollywoodauftritt neben Sylvester Stallone durch die Gazetten. Als es dann so weit war und »Driven« startete – man wusste, dass es sich um etwa 1,5 Sekunden Feldbuschsekunden handeln würde –, hat der Film

*Til Schweiger als Beau Brandenburg*

selbst keinen mehr interessiert; nicht die Geschichte von der Sucht nach dem Sieg und der Kunst des Verlierens, die Autor und Hauptdarsteller Sylvester Stallone erzählen wollte, und nicht, dass Til Schweiger eine wirklich schöne Rolle spielt. Bloß 100.000 Besucher in Deutschland der ersten Woche, für einen Film mit Stallone und Schweiger – damit liefert »Driven« ein tristes Beispiel für eine Marketingstrategie mit eingebautem Selbstzerstörungsmechanismus.
*Susan Vahabzadeh, SZ, 22.11.2001*

(...) Überhaupt Stallone – er sei in tragender Rolle zu sehen, heißt es, spiele den vom Schicksal gebeutelten Fahrer Joe Tanto. Doch wen kriegen wir vorgesetzt? Einen nuschelnden Typen, der zunehmend schwer an seiner Kinnlade trägt und den wohl eher Probleme mit der Zahnprothese beuteln. Schließlich die Deutschen:

Ein Hollywood-Durchbruch schaut anders aus – Til Schweiger schlägt sich verbiestert mit seinem Filmnamen herum, der allen Ernstes Beau Brandenburg lautet. Und Verona Feldbusch? Nein, die spielt nicht wirklich mit, die huscht nur zweimal durchs Bild und sagt einmal artig: »Danke.« Dass sie gar nicht weiß, wofür, ist reine Spekulation. *Thomas Basgier, Stuttgarter Zeitung, 15.11.2001*

## Duell – Enemy at the Gates 209
ENEMY AT THE GATES ***

**Regie:** Jean-Jacques Annaud
**Darsteller:** Jude Law (Vassili Zaitsev), Joseph Fiennes (Danilov), Rachel Weisz (Tania), Bob Hoskins (Chruschtschow), Ed Harris (Major König), Ron Perlman (Koulikov), Eva Mattes (Mutter von Filipov)
**Drehbuch:** Alain Godard, Jean-Jacques Annaud
**Kamera:** Robert Fraisse
**Musik:** James Horner
**Schnitt:** Noelle Boisson, Humphrey Dixon
**Prod.-Des.:** Wolf Kroeger
**Prod.:** GB/BRD/Frankreich 2000; 131 Min. Jean-Jacques Annaud, John D. Schofield für Répérage für Mandalay mit KC Medien/MP Film Management/DOS/Swanford/ Little Bird
**UA:** 7.2.2001, Int. Filmfestspiele Berlin, »Wettbewerb: Außer Konkurrenz«
**Verleih:** Constantin/dto./Monopole-Pathe, 15.3.2001
**Vertrieb:** BMG Video (Video, DVD)
**FSK:** ab 16 J., ffr. – **FBW:** Wertvoll

Die als apokalyptisches Panorama inszenierte Schlacht um Stalingrad bietet die Kulisse für das Duell zwischen einem sowjetischen und einem deutschen Scharfschützen, das beide Lager propagandistisch auszunutzen versuchen. Die bis dahin teuerste europäische Produktion protzt mit aufwändigen Schlachtszenen (die wie ein Werbespot für die Studios in Babelsberg wirken) und enttäuscht durch ihre ideenlose, klischierte Inszenierung. *Film, 3/2001*

**Kritik:** (…) Gerade im unbedingten Willen zur Abstraktion, der aus dem konkreten Elend ein nahezu malerisches Totenreich macht, kann man erkennen, dass Annaud Stalingrad im Grunde nur als Theaterprospekt benutzt, vor dem er seine Protagonisten in ein spezielles Licht tauchen kann. Vor diesem Hintergrund wirken jedoch alle Elemente des Drehbuchs so, als würden sie Gewebeabstoßung betreiben. In dem Bestreben, dem namenlosen Horror eine erzählbare Geschichte abzuringen, wird die Mechanik des Plots besonders deutlich spürbar. Zwischen epischer Breite und intimer Rivalität zwischen Liebesgeschichte und Weltkriegshistorie zerfällt der Film zu einem großen, ungeheuerlichen Nichts. (…) *Michael Althen, SZ, 8.2.2001*

(…) In rarer Einmütigkeit von internationalen Kritikern verrissen, punktete der kluge Regisseur dann mit Erklärungen zu seinem unverstandenen Werk. Stalingrad, offenbar immer noch ein »deutsches Trauma«, sei ja nur der Hintergrund für eine große emotionale Geschichte um Heldentum, Freundschaft, Verrat und eine

*Ed Harris als deutscher Scharfschütze*

unmögliche Liebe in Zeiten des Krieges.
Wohl wahr, Stalingrad wurde zur mit 180 Millionen Mark teuersten europäischen Filmkulisse für den angepeilten internationalen Markt. Der Schuss ging nach hinten los. Was als Demonstration des Medienstandorts Deutschland gedacht war, kam in Berlin nur als abszön budgetierter Verschleiß an Material und Kreativität raus. (...) Was bleibt? Der Eindruck eines an hohen Ansprüchen gescheiterten Films. Das ist dann schon wieder interessant.

*Angie Dullinger, AZ, 15.3.2001*

(...) Und nun das. Diese Berlinale beginnt mit einem Schlag ins Wasser. Den Jean-Jacques Annauds Stalingrad-Opus »Duell – Enemy at the Gates« ist, statt sich in den sehr eigenen Olymp gewaltiger (Anti-)Kriegsfilme einzureihen, zuallererst – ja, man muss es so deutlich sagen – ein grottenschlechter Film. Das Trara, das um seine Entstehung zu Recht gemacht wurde, steht in schrillem Kontrast zum Ergebnis. »Duell« ist ein überlanger, dramaturgisch schwach gearbeiteter, schauspielerisch magerer, seinen technischen Aufwand kaum widerspiegelnder Film – und in seinem Look, seiner Personenkonstellation und den Spurenelementen von Sinnhaftigkeit so etwas von steinzeitlich, dass es einen im Jahr 2001 geradezu gruselt. Man könnte, im Blick auf immerhin den Eröffnungsfilm eines Weltfestivals, Skandal schreien – wenn dieses Wort denn nicht selbst so schrecklich abgenutzt wäre. Aber eine Blamage ist diese Premiere allemal. (...)
Der Rest ist Musik. Kalinka für die Russen, Lili Marleen für die Deutschen. Und James Horner für alle. Wenn es denn ans Schlachten geht, am Anfang und dann erst wieder gegen Schluss (die Mitte des Films gehört überwiegend dem Stellungskrieg der beiden Scharfschützen-Helden an verschiedenen Standorten; es sind lange Szenen, die sich womöglich als militärisches Trainingsvideo recyceln lassen), kommt der »Titanik«-Komponist zum Dauereinsatz. Zu Schreien und Schüssen passt offenbar am besten eine Sauce aus arg verdünntem mittlerem Bruckner und spätem Mahler, irgendwo zwischen Oper, Oratorium und Ohrenschmalz. Nur beim Sex unter der Bettdecke schweigen Horners Waffen. Dann ertönt Geschützdonner, aber nur in der Ferne. (...)

*Jan Schulz-Ojala, Der Tagesspiegel, 8.2.2001*

Jean-Jacques Annauds Stalingrad-Film ist von allen – allen! – größeren deutschen Blättern wütend verrissen worden. Und anderswo? Bei einer Party lief ein Mitarbeiter der Produktion herum und erzählte, dass fast alle US-Kritiker den Film okay finden. »Wirklich, ich kann Ihnen das morgen in die Redaktion faxen.« Annaud hat einen sehr schlichten Abenteuerfilm gemacht, der statt in Stalingrad auch Gott weiß wo spielen könnte – darin liegt wohl das Problem. Die Deutschen quälen sich seit Jahrzehnten mit dem Krieg ab, aber wer für den Weltmarkt arbeitet, für den ist der deutsche Schuld-und-Sühne-Komplex bedeutungslos, für den ist Stalingrad kein Symbol, sondern eine Location wie andere auch. Jetzt nehmen uns die Ausländer auch noch den Krieg weg! Warum sagt Heinrich Lummer nichts dazu?

*Harald Martenstein, Der Tagesspiegel, 15.2.2001*

**Interview:** Man hat mich davor gewarnt, zur Berlinale zu kommen. Es gibt einen Grund, warum kaum ein amerikanischer Film und nur eine Studentenarbeit als deutscher Film im Wettbewerb sind. Filmemacher kommen eben nicht gern auf ein Festival, wo sie damit rechnen müssen, ohne Anflug von Respekt hingerichtet zu werden. Aber ich bin gern in Deutschland. Und ich kam nach Berlin, weil ich gehofft habe, dass man das weiß. Natürlich war es unverschämt von mir, einen Film im Gepäck zu haben, der über eine deutsche Angelegenheit erzählt, aber nicht den deutschen Blickwinkel einnimmt. Die Vorführung bei der Berlinale war als Dankeschön für meine Freunde und meine Crew gedacht. Sie sollten ebenso stolz sein wie ich. Und natürlich hatte ich auch den symbolischen Wert im Kopf: Der Film sollte den Standort Deutschland stärken. Es schmerzt, dass die Mission fehlgeschlagen ist.

*Jean-Jacques Annaud im Interview mit Blickpunkt Film, 8/2001*

## Das Duell in der Verbotenen Stadt 210

JUE ZHAN ZI JING CHENG ***+
ZHI DIAN

**Regie:** Andrew Lau (= Wai Keung Lau)
**Darsteller:** Andy Lau (Yip Ku-Sing, der »Schwebende Himmelskämpfer«), Ekin Cheng (Saimoon Tsui-Shih, der »Gott des Schwertes«), Nick Cheung (Geheimagent Drachen 009), Vicky Zhao (Prinzessin Phoenix), Kristy Yang (Yip Ziging)
**Drehbuch:** Manfred Wong
**Kamera:** Andrew Lau
**Musik:** Chan Kwong-Wing
**Schnitt:** Marko Mak
**Prod.:** Hongkong 2000; 105 Min.
Andrew Lau, Wong Jeng, Manfred Wong für BoB & Partners/Win's Ent.
**Verleih:** UDI (auch OmU)/UDI/-, 6.12.2001
**FSK:** ab 12 J., ffr.

Die Zugkraft der chinesischen Kino- und Schlagerstars Andy Lau und Ekin Chen als Hauptdarsteller sicherte in Hongkong den Kassenerfolg dieser geistlosen Mixtur aus Superhelden-Märchen und Teenie-Komödie. Hierzulande dürften die kindischen Albereien, das endlose Gelaber und die unsportlich wirkenden Kungfu-Darbietungen aus der Computertrickkiste eher langweilen. Lau mimt lässig einen tuntigen Stiefprinzen, der mit tückischen Intrigen und allerlei Martial-Arts-Hokuspokus den Kaiser entthronen will. *Ralph Umard, tip, 25/2001*

**Kritik:** (...) Ein mit einer tragisch sowie mit zwei glücklich endenden Liebesgeschichten angereicherter Fantasy-Actionfilm aus Fernost, der westliche Agentenfilme und das eigene Genre nur mit mäßigem Geschick parodiert und in erster Linie ein dröhnendes Spektakel mit Klamaukeinlagen bietet. Stimmungsvolle, teils computergenerierte Bilder geben der wirren Handlung lediglich einen Hauch von Märchenhaftigkeit.

*Rolf-Ruediger Hamacher, Film-Dienst, 25/2001*

## Dumm gelaufen – Kidnapping für Anfänger 211

SCREWED **
Video

**Regie:** Scott Alexander, Larry Karaszewski
**Darsteller:** Norm Macdonald (Willard Fillmore), Dave Chappelle (Rusty P. Hayes), Elaine Stritch (Miss Crock), Danny de Vito (Grover Cleaver), Daniel Benzali (Det. Tom Dewey), Sherman Hemley (Chip Oswald)
**Drehbuch:** Scott Alexander, Larry Karaszewski
**Kamera:** Robert Brinkman
**Musik:** Michael Colombier
**Schnitt:** Michael Jablow
**Prod.-Des.:** Mark Freeborn
**Prod.:** USA 2000; 81 Min.
Robert Simonds, Michael Jablow, Fitch Cady für Robert Simonds Prod.
**Vertrieb:** Universal Video, 19.7.2001
**FSK:** ab 12 J.

Seit 15 Jahren gedemütigter Butler will den Hund seiner Herrin entführen – und greift damit voll ins Klo. Ebenso wie die Macher dieses Lustspiels, das allenfalls anfangs erheitern, später nur noch langweilen kann.

## Dune – Der Wüstenplanet 212

FRANK HERBERT'S DUNE ***+
Video

**Regie:** John Harrison
**Darsteller:** William Hurt (Fürst Leto Atreides), Alec Newman (Paul Atreides/Muadk-Dib), Giancarlo Giannini (Imperator Shaddam IV.), Uwe Ochsenknecht (Stilgar), Ian McNeice (Baron Vladimir Harkonnen), Barbara Kodetova (Chani), Lazlo I. Kish (Rabban)

**Drehbuch:** John Harrison, nach dem gleichnamigen Roman von Frank Herbert
**Kamera:** Vittorio Storaro
**Musik:** Greaeme Revell
**Schnitt:** Harry B. Miller
**Prod.:** USA/Kanada/BRD 2000; 155/115/125 Min.
David R. Kappes für Beta/KirchMedia/ New Amsterdam/Tandem/Victor
**Vertrieb:** Columbia TriStar Video, August 2001
**TV:** 22./23./24.4.2001, Pro7, jeweils 20.15

Neben David Lynchs bizarr-wahnwitziger Kino-Monstrosität von 1984 aus Frank Herberts Sciencefictionroman »Dune – Der Wüstenplanet« nimmt sich dieser deutsch-amerikanisch-kanadische Wüstenwurm-Dreiteiler eher wie eine simple Zaubermär aus, nach Art pompöser Kintopp-Historienspektakel über die Machtgier. Wobei es in der Wüste immer sehr staubt. Sand, nichts als Sand. Und Sandkrieg um den Rohstoff »Spice«, den man den Wüstenwürmern abzapft wie den Bohrinseln das Öl.
Die Zweikampf-Ritterstory der Fremen mit den knallblauen Kugelaugen und des fetten Scheusal-Barons Harkonnen und seiner hinterlistigen Verwandtschaft schleppt sich von einem Abschlachtungsritual zum nächsten und die Bändigung von Spice-Würmern vereint sich mit der Frementaktik, wie Sandflöhe aus den Wüstendünen zu hüpfen und die Truppen des Imperators zu dezimieren.
Viel Zauberei um Rache und Familienehre, wie's der Brauch ist in der Heldenmythologie. Auch als Klimaschutz-Gameshow für US-Präsident Bush geeignet. *Ponkie, AZ, 26.4.2001*

**Kritik:** (…) Man könnte noch länger in den Flachheiten und im heiligen Kitsch dieses »Fantasy-Spektakels der Superlative« (Pro7) wühlen, aber am Ende muss »Dune« wohl vor allem die Zwölfjährigen überzeugen. Deren Allmachtsfantasien werden durch die Geschichte vom messianisch begabten Paul, der zusammen mit seiner Mutterhexe Jessica den vom widerlichen Baron Vladimir gemeuchelten Vater rächt, in angemessener Weise bedient. Dass der Saft, der durch diese Story fließt, nicht Frank Herberts sagenhaftes Spice ist, sondern jener Muff, der auf dem Planeten Mumpitz blüht, werden die kleinen Jungs erst nach der Lektüre von 850 Buchseiten merken. Aber wer liest heute schon noch Bücher? *Andreas Kilb, FAZ, 21.4.2001*

## Dungeons and Dragons 213
DUNGEONS & DRAGONS ***+

**Regie:** Courtney Solomon
**Darsteller:** Justin Whalin (Ridley Freeborn), Marlon Wayans (Snails), Zoe McLellan (Marina Pretensa), Thora Birch (Kaiserin Savina), Bruce Payne (Damodar), Jeremy Irons (Profion), Kristen Wilson (Norda)
**Drehbuch:** Topper Lilien, Carroll Cartwright, nach »Property owned« von Wizards of the Coast Inc.
**Kamera:** Doug Milsome
**Musik:** Justin Caine Burnett
**Schnitt:** Caroline Ross
**Prod.-Des.:** Bryce Perring
**Prod.:** USA/Tschechien 2000; 107 Min. Courtney Solomon, Kia Jam, Tom Hammel; David Minkowski, Matthew Stillman, Ann Flagella, Mark Leahy, Conrad Riggs, Sean Stratton, Station X Studios LLC (Co-Prod.) für Sweetpea Ent.
**Verleih:** Helkon, Buena Vista/Buena Vista/-, 12.4.2001
**Vertrieb:** Helkon (Columbia TriStar) Video, DVD
**FSK:** ab 12 J., ffr.

*›Dungeons und Dragons‹*

Fantasyfilm mit Drachen, Magiern und Schwertkämpfern. Der undurchsichtige Plot um eine Macht, die in einem Juwel versteckt zu liegen scheint, orientiert sich mehr oder weniger an den Figurenkonstellationen des beliebten Rollenspiels mit dem gleichen Namen. Die Trickeffekte sind von ebenso unterschiedlicher Qualität wie die Schauspielerleistungen. Ernsthafte »D&D-Spieler« dürften enttäuscht sein. *Film, 4/2001*

**Kritik:** (…) Fans des Rollenspiels verlieren nichts als das Eintrittsgeld, Spielunkundige erhalten keine Einführung, Fantasyfans werden enttäuscht sein. *Multimedia*

## Dunkle Triebe 214
SOMBRE ****+
TV

**Regie:** Philippe Grandrieux
**Darsteller:** Marc Barbe (Jean), Elina Löwensohn (Claire), Géraldine Voillat (Christine), Coralie, Maxime Adzzolini, Alexandra Noel, Annick Lemonnier
**Drehbuch:** Philippe Grandrieux, Pierre Hodgson, Sophie Fillieres
**Kamera:** Sabine Lancelin, Philippe Grandrieux
**Musik:** Alan Vega
**Schnitt:** Françoise Tourmen
**Prod.:** Frankreich 1998; 112 Min.
Catherine Jacques für Zelie Prod. mit La Sept Cinema/Monteur's Studio/Canal+/CNC
**UA:** 9.8.1998, Int. Filmfestspiele Locarno
**TV:** 1.6.2001, Arte, 00.00

Jean begleitet die »Tour de France« mit dem Auto durch Frankreich. Einziges Gepäck sind seine Marionetten, mit denen er am Rande des Sportereignisses Vorstellungen für Kinder gibt, und seine Wolfsverkleidung. Frauen, denen er auf dieser Reise begegnet, quält und tötet er. Seine Opfer sind eine Hure, zwei Callgirls und eine einsame Frau aus einer Bar. Jean ist wie ein »Granitblock« und lebt – gepeinigt von Bildern seiner Kindheit – nur am Rande dieser Welt.
Eines Tages begegnet er im strömenden Regen Claire, die gerade einen Unfall hatte. Er nimmt sie mit. Aber statt sie wie die anderen Frauen zu missbrauchen, entsteht eine Beziehung. *Pressetext*

## Durch dick und dünn 215
***
TV

**Regie:** Martina Elbert
**Darsteller:** Kea Könneker (Marissa), Andrea Dewell (Fiona), Burghart Klaussner (Georg Krause), Maren Kroymann (Uschi Krause), Dorothea Walda (Lizzie Krause), April Hailer (Iris Bender), Beate Jensen (Ellen)
**Drehbuch:** Martina Elbert
**Kamera:** Alexandra Kordes
**Prod.-Des.:** Friedel Pöpper-Gabel, Joachim Seifert
**Prod.:** BRD 2001; 90 Min.
HR
**TV:** 5.12.2001, ARD, 20.15

(…) »Was Kleines kommt mir nicht ins Haus!« Kommt dann aber doch, von Marissa, der drallen Tochter des Hauses, die mit neuer Freundin Fiona und Videokamera zum »Pärchencheck« putativer Pflegeeltern loszieht. Damit begann der dramaturgische Wildwuchs, der nicht nur den beiden Heldinnen eine Mischung aus weltfremder Naivität und altkluger Chuzpe überstülpte, sondern mit einer Überfülle von Miniaturmotiven das Ganze nur knapp über der Seichtheitsschwelle halten konnte. Da platzte ein ganzer Themenpark aus den Nähten: Oma stirbt, Vater geht fremd (noch was Kleines, mit der Beiköchin), Mutter besteht Führerschein und flieht gen Frankreich, Fiona will nach London. (…) Echt tu matsch!
*W. O. P. Kistner, AZ, 7.12.2001*

## Düstere Legenden 2 216
URBAN LEGENDS: FINAL CUT ***+

**Regie:** John Ottman
**Darsteller:** Jennifer Morisson (Amy Mayfield), Matthew Davis (Travis Trevor), Hart Bochner (Prof. Solomon), Loretta Devine (Reese), Joseph Lawrence (Graham), Anson Mount (Toby), Eva Mendez (Vanessa)
**Drehbuch:** Paul Harris Boardman, Scott Derrickson
**Kamera:** Brian Pearson

**Musik:** John Ottman
**Schnitt:** John Ottman, Rob Kobrin
**Prod.-Des.:** Mark Zuelzke
**Prod.:** USA 2000; 98 Min.
Neal H. Moritz, Gina Matthews, Richard Luke Rothschild für Phoenix Pic.
**Verleih:** Columbia TriStar/dto./Buena Vista, 4.1.2001
**Vertrieb:** Columbia TriStar Video (Video, DVD)
**FSK:** ab 16 J., ffr.

Die angehende Regisseurin Amy Mayfield wird von der an der Filmhochschule angestellten Sicherheitsbeamtin Reese, die die Mordserie des Films »Düstere Legenden« überlebte, auf die Idee gebracht, ihren Abschlussfilm über einen Mörder zu drehen, dessen Taten auf Alltagsmythen basieren. Während der Dreharbeiten kommen die am Film beteiligten Kommilitonen um. Der erste Teil fungiert lediglich als Stichwortgeber für einen mittelmäßig engagierten Horrorfilm, der selbst das angepeilte Zielpublikum, das von »Scream« bis »Scary Movie« das Genre goutiert, enttäuschen dürfte.

*Multimedia*

**Kritik:** (...) Dieses Sequel zu einem Horrorfilm im »Scream«-Stil spielt an einer Filmhochschule, ist deshalb voller filmischer Referenzen. Bis auf den einfallslosen Schluss ein würdiger Nachfolger des ersten Teils.

*Film, 12/2000*

## Dynamo Kiew – Legende einer Fußballmannschaft 217

***+

**Regie:** Alexandra Gramatke, Barbara Metzlaff
**Darsteller:** Oleg Blochin, Viktor Kolotow, Viktor Marwienko, Stefan Reschko
**Drehbuch:** Alexandra Gramatke, Barbara Metzlaff
**Kamera:** Barbara Metzlaff
**Musik:** Jan Feddersen
**Schnitt:** Maria Hemmleb
**Prod.:** BRD 2000; 60 Min.
Madeleine Dewald für thede Filmprod.
**Verleih:** Real Fiction/-/-, 12.4.2001

In den 70er Jahren wirbelte Dynamo Kiew die europäische Fußballelite durcheinander. 1975 räumte das »Rote Orchester« den Europapokal der Pokalsieger plus Supercup ab, im selben Jahr wurde Oleg Blochin zum Fußballer des Jahres gewählt. Heute ist den Stars außer Ansehen und Eigentumswohnungen in Kiew wenig geblieben. Alexandra Gramatke und Barbara Metzlaff belauschen die Begeisterung der alt gewordenen Fans, reden mit den alt gewordenen Kickern. Und wir können noch einmal zuschauen, wie Oleg Blochin im Alleingang die halbe Bayernmannschaft nass gemacht hat. Dieser Sport gehört definitiv ins Kino.

*tip, 8/2001*

## Ed Gein 218

IN THE LIGHT OF THE MOON **

Video

**Regie:** Chuck Parello
**Darsteller:** Steve Railsback (Ed Gein), Carrie Snodgress (Augusta), Sally Champlin (Mary Hogan), Ryan Thomas Brockington (Ed mit 16 J.), Carol Mansell (Collette Marshall), Austin James Peck (Ed mit 10 J.), Bill Cross (George Gein)
**Drehbuch:** Stephen Johnston
**Kamera:** Vanja Cernjul
**Musik:** Robert McNaughton, Karl Preusser
**Schnitt:** Elena Maganini
**Prod.-Des.:** Mark Harper
**Prod.:** USA 2001; 85 Min.
Mark Boot, Hamish McAlpine, Michael Muscal für Kunert-Manes Ent./Tartan/Unapix
**Vertrieb:** Sunfilm, 20.11.2001
**FSK:** ab 18 J.

Der legendäre Fall des US-Massenmörders, der nach dem Tod der Mutter Leichen zu fleddern begann, später auch selbst welche produzierte. Spekulative Schauermär, die mehr am ultimativen Ekeleffekt interessiert ist als an psychologischer Auslotung.

## Edge of Seventeen – Sommer der Entscheidung 219

EDGE OF SEVENTEEN ***

**Regie:** David Moreton
**Darsteller:** Chris Stafford (Eric), Tina Holmes (Maggie), Andersen Gabrych (Rod), Stephanie McVay (Mutter), Lea DeLaria (Angie), John Eby (Vater), Antonio Carriero (Andy)
**Drehbuch:** Todd Stephens
**Kamera:** Gina DeGirolamo
**Musik:** Tom Bailey
**Schnitt:** Tal Ben-David
**Prod.-Des.:** Ivor Stilin
**Prod.:** USA 1998; 100 Min.
David Moreton, Todd Stephens, Michael Wolfson für Blue Streak/Luna Pic.
**Verleih:** Pro-Fun/-/-, 6.9.2001

Der Antritt zum Ferienjob im Schnellrestaurant ist der Auftakt dieser 1984 angesiedelten High-School-Geschichte. Eric, der eigentlich mit Maggie zusammen ist, fühlt sich zu Rod hingezogen, der sein Interesse an Eric nicht verheimlicht. Die Verwirrung der Gefühle ist grundsätzlich. Hin und her gerissen zwischen der Lust auf Sex mit Männern und Schuldgefühlen gegenüber Maggie und den Eltern sucht Eric nach einem Weg für sich. Gute Darsteller, ausgezeichnete Ausstattung und Kostüme sowie das Fehlen jeglicher Effekte verleihen dem Film zwar eine Authentizität, die im aktuellen Kino selten ist, einen tatsächlich nachhaltigen Eindruck hinterlässt die Geschichte dennoch nicht. *tip, 18/2001*

**Kritik:** (...) »Edge of Seventeen« überrascht angenehm. Fern aller Klischees, sowohl in der Zeichnung der Protagonisten als auch in der Erzählung, frei von anbiedernder Botschaftelei der Marke »Habt euch alle lieb«, dafür mit scharfem Witz von bitterer Wahrhaftigkeit beseelt, begeistert der Film als gelungene Mischung aus Feelgood-Movie und kritischem Kleinstadtpanorama. (...)

*Peter Claus, Zitty, 19/2001*

## Eine Hand voll Glück 220

***+

TV

**Regie:** Christiane Balthasar
**Darsteller:** Suzanne von Borsody (Martha Rieger), Henry Hübchen (Kommissar), Stephan Dellgrün (Gigi), Marek Wlodarczyk, Heidy Forster, Marc Letzig, Martin Armknecht
**Drehbuch:** Claudia Garde, Britta Stöckle
**Kamera:** Markus Hausen
**Prod.:** BRD 2000; 90 Min.
Susan Schulte, Nico Hofmann für teamWorx für SWR
**TV:** 14.2.2001, ARD, 20.15

Zwischen gefühligem Groschenroman und prätentiösem Sozialkitsch siedelten die Autorinnen ihr TV-Drama um eine vom Leben gestreifte Neurochirurgin an, das sich betulich und gemächlich seinem vorhersehbaren Ende entgegenwälzte. Jene Martha Rieger rammt nachts angetrunken mit ihrem Wagen den kleinen Gigi, flieht und läuft ihrem Opfer in der eigenen Klinik wieder über den Weg. Gigi, der bei der rumänischen Mafia angestellt ist, beginnt Frau Doktor zu erpressen. – Ein Hauch von Realismus sollte wohl durch die Anflüge von Brutalität eingefangen werden, doch die Bösewichte, allen voran der humpelnde Bonsai-Pate mit Gehstock, gerieten denn doch kasperltheaterartig grobschlächtig; die Handlung verlor sich schließlich in die übliche »Rauschgiftkoffer und Schließfach«-Nummer, der Kommissar bekam am Schluss Martha in Aussicht gestellt.

*W. O. P. Kistner, AZ, 16.2.2001*

## Einmal Himmel und zurück 221
DOWN TO EARTH ***+

**Regie:** Chris Weitz, Paul Weitz
**Darsteller:** Chris Rock (Lance Barton), Regina King (Sontee), Mark Addy (Cisco), Eugene Levy (Mr. Keyes), Frankie Faison (Whitney Daniels), Greg Germann (Winston Sklar), Jennifer Coolidge (Mrs. Wellington)
**Drehbuch:** Chris Rock, Lance Crouther, Ali le Roi, Louis CK, basierend auf dem Film »Der Himmel kann warten«, nach dem Stück von Harry Segall
**Kamera:** Richard Crudo
**Musik:** Jamshied Sharifi
**Schnitt:** Priscilla Nedd-Friendly
**Prod.-Des.:** Paul Peters
**Prod.:** USA/Kanada 2001; 87 Min. Sean Daniel, Michael Rothenberg, James Jacks für 3 Arts Ent./Alphaville/Made To Love Prod. für Paramount
**Verleih:** UIP/UIP/UIP, 26.7.2001
**Vertrieb:** Paramount Video (Video, DVD)
**FSK:** ab 6 J.

Lance Barton schaut – mit dem Fahrrad durch die Straßen New Yorks fahrend – einer schönen Frau nach. Die rote Ampel übersieht er genauso wie den heranrasenden Lastwagen. Augenblicke später steht er als Unfallopfer vor der Himmelstür. Viel zu früh, wie sich herausstellt. Auch Engel machen Fehler. Also wird er wieder zur Erde geschickt. Und findet sich als armer, schwarzer Jüngling im Körper eines vermögenden, weißen und alten Mannes. Eine bedeutungsüberladene Komödie mit von nur spärlichem Witz

*Chris Rock und Chazz Palminteri*

und Situationskomik durchwachsenem Drehbuch. Von Schauspielern als auch Regie und Kamera fantasielos umgesetzt ist eine hochgradige Belanglosigkeit das Resultat.

*Stefan Stiglbauer, Multimedia (Die Furche), 2.8.2001*

**Kritik:** (...) Zu ausgelutscht und vorhersehbar ist die Komik, die auf dem Gegensatz jung – schwarz – frech und alt – weiß – etabliert basiert. Charme und Witz der Vorlage mussten der zahnlosen Rapper-Sozialkritik und dem nervtötenden Geplapper des Spaßmachers weichen. Auch von Football ist nichts mehr zu sehen. Dafür wurde die Handlung von Kalifornien nach New York verlegt. Auch das kein wesentlicher Gewinn.

*Gerald Jung, Zitty, 16/2001*

## Eins, zwei, drei, Sonne 222
UN DEUX TROIS SOLEIL □ TV

**Regie:** Bertrand Blier
**Darsteller:** Anouk Grinberg (Victorine), Marcello Mastroianni (Constantin), Myriam

Boyer (Mutter), Olivier Martinez (Petit Paul), Jean-Michel Noirey (Maurice), Claude Brasseur (der Mistkerl), Jean-Pierre Marielle
**Drehbuch:** Bertrand Blier
**Kamera:** Gerard de Battista
**Musik:** Khaled
**Schnitt:** Claudine Merlin
**Prod.-Des.:** Theobald Meurisse, Jean-Jacques Caziot, Georges Glon
**Prod.:** Frankreich 1993; 103 Min.
Patrice Ledoux für Gaumont/Ciné Valse/ France 3 Cinéma/Canal+
**TV:** 22.4.2001, Arte, 20.45

Victorine lebt mit ihren Eltern in einer Marseiller Vorstadt am Rande der Gesellschaft. Sie träumt von der großen Liebe und hofft, dass ihre farbige Adoptivmutter eines Tages zur Vernunft kommt und ihr Vater weniger trinkt. Eines Tages trifft sie Maurice, in dem sie den Mann ihres Lebens gefunden zu haben glaubt. Warum also nicht gleich Kinder bekommen? Kinder, die wie sie selbst dazu verdammt sind, in der Vorstadt aufzuwachsen und dort ähnliche Erfahrungen wie sie und ihre Familie zu machen … *Pressetext*

## Eins, Zwei, Pie – Wer die Wahl hat, hat die Qual 223

100 GIRLS ***+
Video

**Regie:** Michael Davis
**Darsteller:** Jonathan Tucker (Matthew), Katherine Heigl (Arlene), Larisa Oleynik (Wendy), Emmanuelle Chriqui (Patty), James DeBello (Rod), Jaime Pressly (Cynthia), Marissa Ribisi (Dora)
**Drehbuch:** Michael Davis
**Kamera:** James Lawrence Spencer
**Musik:** Kevin Bassinson
**Schnitt:** Kevin D. Ross
**Prod.-Des.:** Chuck Conner
**Prod.:** USA 2000; 90 Min.
Ehud Bleiberg, Richard Finney, Yitzhak Ginsberg, Terence Michael für Dream Ent. Michael Finney Prod.
**Vertrieb:** VCL Video, 25.10.2001
**FSK:** ab 16 J.

College-Anfänger sucht unter seinen Mitschülerinnen nach jener, mit der er was im Lift hatte. Teenie-Comedy mit den üblichen Dürftigkeiten in puncto Handlung und Witz.

## Einsam in Manhattan 224

CHERRY ***
Video

**Regie:** Jon Glascoe, Joseph Pierson
**Darsteller:** Shalom Harlow (Leila Sweet), Jake Weber (Dr. Beverly Kirk), Laurel Holloman (Evy Sweet), Donovan Leitch (Eddie), Gil Rogers (Onkel Ernest), David McCallum (Mutter), Aleksa Palladino (Darcy)
**Drehbuch:** Terry Reed
**Kamera:** Phil Abraham
**Musik:** Joel Goodman
**Schnitt:** Susan Graef
**Prod.-Des.:** Sherri Adler
**Prod.:** USA 1999; 86 Min.
Jon Glascoe, Joseph Pierson für Cypress Films
**Vertrieb:** VCL, 29.11.2001
**FSK:** ab 6 J.

Von Männern enttäuschte 30-Jährige will partout vor Torschluss geschwängert werden. Nicht um Einfälle und Witz verlegene Romantikkomödie von mehr als solider Qualität.

## Die Einsamkeit der Krokodile 225

****

**Regie:** Jobst Oetzmann
**Darsteller:** Janek Rieke (Elias), Thomas Schmauser (Günther), Julia Jäger (Heike), Dynelle Rhodes (Mary), Rosemarie Fendel (Fr. Sperl), Ernst Stötzner (Helmut), Renate Krössner (Fiede)
**Drehbuch:** Jobst Oetzmann, nach einem Roman von Dirk Kurbjuweit
**Kamera:** Hanno Lentz
**Musik:** Dieter Schleip
**Schnitt:** Christl Sukow
**Prod.-Des.:** Monika Bauert
**Prod.:** BRD 1999; 96 Min.
Molly von Fürstenberg, Harry Kügler/ZDF für Olga Film/ZDF
**UA:** Int. Hofer Filmtage 2000
**Verleih:** Prokino/-/-, 17.5.2001
**FSK:** ab 12 J., ffr. – **FBW:** Wertvoll

Angehender Journalist recherchiert in einem westfälischen Dorf die Geschichte seines Cousins, eines Einzelgängers, der angeblich Selbstmord beging.

**Kritik:** (…) Das Martyrium des Andersartigen, der schließlich scheitert, die trotzige Verständnislosigkeit einer überforderten Umwelt, die

*Schweinerei in Ostwestfalen: Janek Rieke verfolgt die Sau*

Ausbruchsversuche aus einer wie hermetisch abgeschlossenen, feindlich gesonnenen Käseglocken-Welt; all das fügt sich zu einem atmosphärisch stimmigen Ganzen – ohne die ironische Distanz und die fein dosierte Komik einzubüßen. Oetzmann hält die nicht eben einfache Balance zwischen Kriminalstory, Lokalkolorit, Außenseiter-Studie und Bitter-Humor, auch wenn sein Erzählstil oft flüssiger sein könnte und die Dramaturgie zuweilen ein wenig holpert.
Neben den beiden grandiosen Hauptdarstellern Thomas Schmauser und Janek Rieke, die beide auch schon als Regisseure in Erscheinung traten und ihre Sonderlingrollen intensiv, aber niemals überzogen interpretieren, glänzt vor allem Rosemarie Fendel als verständnisvolle Großmutter. Ein kleiner Lichtblick am ansonsten recht vernebelten einheimischen Filmhorizont. *W. O. P. Kistner, AZ, 17.5.2001*

In schönen Cinemascopebildern erzählt Regisseur Jobst Oetzmann frei nach dem Roman von Dirk Kurbjuweit von zwei Männern, die sich nicht unähnlich sind: Elias und Günther lassen sich nur schlecht in die Gemeinschaft integrieren, sind Suchende. Oetzmann findet hierfür genau den richtigen, mitunter recht skurrilen Ton. Dabei verrät er seine schrägen Figuren nicht an billige Gags, sondern findet in seiner mit Rückblenden versehenen Inszenierung immer wieder zu einer ernsten Erzählweise zurück und spielt gekonnt mit Klischees wie dem Dorfdeppen und den Stammtischrowdys. Dazu eine interessante Besetzung mit Janek Rieke als Journalist und Thomas Schmauser als Sonderling, fertig ist ein stimmiger Streifen über merkwürdige Provinzler und merkwürdige Genies in einem merkwürdigen Land.
*Martin Schwarz, Zitty, 11/2001*

(...) Sein Cousin Elias will die offizielle Selbstmordversion nicht wahrhaben, reist aus Hamburg an, um als angehender Journalist den Fall zu recherchieren. Er stößt im Dorf auf schroffste Ablehnung, und es ist ein geschickter Schachzug des Films, Günthers Außenseitertum in Elias' Erlebnissen wiederkehren zu lassen. Im Kontrast zu Günthers schrillen albtraumhaften Erfahrungen wird das Elias-Porträt zur feinnervigen Zeichnung scheuer Sensibilität. Diese Mischung aus Drastik und Empfindsamkeit erscheint streckenweise recht krude in Szene gesetzt, ist aber insgesamt das überzeugend-eigenwillige Abbild einer jugendlichen Gefühlslage auf der weltabgewandten Seite des Lebens. Janek Rieke als Elias und Thomas Schmauser als Günther geben dem Film einen Facettenreichtum, der ihn in der deutschen Produktion zum bemerkenswerten Ereignis werden lässt. *Rainer Gansera, SZ, 18.5.2001*

**Interview:** *Hat Sie die Verbundenheit mit Ihrer Heimat inspiriert, sich für Dirk Kurbjuweits Roman zu engagieren?*

Ich fand den Ton und den Blick aufs Land entlarvend. Der Menschenschlag dort oben hat eine Kantigkeit, die schroff erscheint. Kommt man den Leuten näher, wird es schnell herzlich. Kurbjuweit schafft es, kleine dynamische Prozesse so herauszustellen, dass er keine Figur verletzt, sie als Idiot oder Arschloch denunziert. Solch Blick in die Provinz kommt im deutschen Film zu kurz. Wir fahren mit 180 über die Autobahn und nehmen die Menschen nicht wahr.

*Welche Sinnbilder stecken hinter dem Titel?*

Die Krokodile sind ein Bild der Exotik und für Amerika, das für viele immer noch ein Sinnbild für Freiheit ist. Oder für eine faire Chance im Leben. Im Roman erscheint in Elias' Fantasie ein Reptil, das ihm hilft, wenn er richtig sauer ist. Diese Anspielung fiel raus, der Titel ist geblieben. Es ist wirklich schwer, einen schöneren zu finden.

*Jobst Oetzmann im Interview mit Katharina Dockhorn, Zitty, 11/2001*

## Der einzig Richtige 226

DEN ENESTE ENE ☐ TV

**Regie:** Susanne Bier
**Darsteller:** Niels Olsen (Niller), Sidse Babett Knudsen (Sös), Sös Egelind (Lizzie), Rafael Edholm (Sonny), Paprika Steen (Stella), Sofie Gräbol (Mulle), Lars Kallund
**Drehbuch:** Kim Fupz Aakeson
**Kamera:** Jens Schlosser
**Musik:** Sören Hyldgaard, Jesper Winge Leisner
**Schnitt:** Pernille Bech Christensen, Mogens H. Christiansen
**Prod.-Des.:** Eva Norén
**Prod.:** Dänemark 1998; 105 Min.
Bo Christensen, Thomas Heinesen, Birgit Olsen für Metronome Prod.
**TV:** 11.11.2001, BR, 22.30

Drama über die Geschichte von zwei Paaren mit nur umständlich zu verwirklichendem Kinderwunsch.

## Die eiskalte Clique 227

THE IN CROWD **+

**Regie:** Mary Lambert
**Darsteller:** Lori Heuring (Adrien Williams), Susan Ward (Brittany Foster), Daniel Hugh Kelly (Dr, Thompson), Matthew Settle (Matt Curtis), Nathan Bexton (Bobby), Laurie Fourtier (Kelly)
**Drehbuch:** Mark Gibson, Philip Halprin
**Kamera:** Tom Priestley
**Musik:** Jeff Rona
**Schnitt:** Pasquale Buba
**Prod.-Des.:** John D. Kretschmer
**Prod.:** USA 2000; 104 Min.
James G. Robinson für Warner/Morgan Creek
**Verleih:** Concorde/Warner/-, 17.5.2001
**Vertrieb:** BMG Video (Video, DVD)
**FSK:** ab 12 J., ffr.

Eine attraktive junge Frau, die nach ihrem Aufenthalt in einer geschlossenen Anstalt wieder im »normalen Leben« Fuß fassen soll, gerät durch einen Aushilfsjob in eine Clique jugendlicher reicher Müßiggänger. Ihre vermeintlich beste neue Freundin verwickelt sie in eine mörderische Intrige. Was als belangloses Teenagerdrama beginnt, mutiert zum blutigen Thriller, ohne dass der Film dadurch annähernd an Profil oder Spannung gewinnen würde. *Wolfgang Hamdorf, Film-Dienst, 10/2001*

**Kritik:** (...) Kein Horror, kein Thrill: Zäher als in jeder Soap werden belanglose Dialoge und noch belanglosere Handlungen aneinander gereiht. *Multimedia*

(…) Denn anstatt Andrew Wyeths ständig zu sehendes Gemälde »Christina's World« zu nutzen, um Psychologie und Charaktertiefe in diesen verunglückten Psychothriller zu bringen, werden Brittanys feste Silikonbrüste mit einer Penetranz in Szene gesetzt werden, das jegliche Erotik so schnell flöten geht wie das Interesse an dieser küchenpsychologischen Fabel über gute und böse Psychopathen. Für deren Tun sind natürlich nicht sie selbst, sondern die Gesellschaft verantwortlich. Der Schluss ist so konventionell, dass sich der geneigte Zuschauer fragt, warum der Verleih darum bittet, ihn nicht zu verraten. Zumal der Film selten schön vorhersehbar ist.

*Zitty, 11/2001*

## El Mar 228

EL MAR ****+

**Regie:** Agustin Villaronga
**Darsteller:** Roger Casamajor (Andreu Ramallo), Bruno Bergonzini (Manuel Tur), Angela Molina (Carmen Onaindía), Simón Andreu (Alcántara), Juli Mira (Don Eugeni), Antònia Torrens (Schwester Francisca), Hernán González (Jaume Galindo)
**Drehbuch:** Tony Aloy, Biel Mesquida, Agustin Villaronga, nach dem gleichnamigen Roman von Blai Bonet
**Kamera:** Jaume Peracaula
**Musik:** Javier Navarette
**Schnitt:** Raúl Román
**Prod.:** Spanien 1999; 107 Min.
Isona Passola für Massa d'Or
**EA:** 15.2.2000, Int. Filmfestspiele Berlin, »Wettbewerb«
**Verleih:** Salzgeber/-/-, 31.5.2001

Mallorca 1936: Einige Kinder beobachteten eine Hinrichtung von Angehörigen der Volksfront durch die Faschisten. Kurz darauf tötet der Sohn eines Exekutierten den Sohn eines Täters und begeht dann Selbstmord. Zwölf Jahre später begegnen sich zwei junge Männer und eine Frau, die damals Zeugen des Unglücks waren, in einem Lungensanatorium wieder. In der morbiden Atmosphäre des Ortes entwickeln die Neurosen, mit denen sie auf das traumatisierende Geheimnis ihrer Kindheit reagiert haben, einen verhängnisvollen Sog.

*tip, 11/2001*

**Kritik:** (…) Der spanische Regisseur Augustin Villaronga gilt seit seinem Erstling, dem ›film maudit‹ »Tras el cristal« als das dunkle Gegenstück zu Almodóvar. Mit seinem neuen Werk »El Mar«, das auf dem Festival zu sehen war, setzt er seine Themen fort: spanische Geschichte und tödliche Krankheit, religiöser Wahn und Sadomasochismus, Schuld und Erlösung. »El Mar«, das ist europäisches Kunstkino in Vollendung, wie man es nur noch selten sieht: symbolisch, mysteriös, bildgewaltig.

*Hans Schifferle, SZ, 23.11.2000*

(…) »El Mar« ist eine Melange aus katholischen Symbolen, Machismogesten und Schwulenkitsch. Villaronga unterwandert die reaktionäre Vorstellung von Männlichkeit und Charakterstärke weniger, als dass er sie neu in Anspruch nimmt für eine frische Zielgruppe. Wie die Luft in der Stierkampfarena ist auch die in »El Mar« nicht für alle Zuschauer leicht zu atmen. *Thomas Klingenmaier, Stuttgarter Zeitung, 31.5.2001*

## El Medina – Die Stadt 229

EL MEDINA – LA VILLE ****+

**Regie:** Yousry Nasrallah
**Darsteller:** Bassem Samra (Ali), Abla Kamel (Bannoura, die Mutter), Ahmed Fouad Sélim (Atta), Mohamed Nagaty (Eid), Roshdy Zem (Roshdy), Inès de Médeiros (Agnès)
**Drehbuch:** Yousry Nasrallah, Nasser Abdel-Rahmane, Claire Denis
**Kamera:** Samir Bahsan
**Musik:** Tamer Ezzat
**Schnitt:** Tamer Fathi
**Prod.:** Ägypten/Frankreich 1999; 108 Min.
MISR/Ognon/La Sept Arte
**UA:** Int. Filmfestspiele Locarno 1999
**Verleih:** Kool/-/Look Now!, April 2000 (CH), 30.8.2001

Ali stammt aus der unteren Mittelschicht Kairos und will unbedingt Schauspieler werden. Letztlich, um zu sich selbst zu finden. Verlacht von seinen Freunden, verlässt er Ägypten, um in Paris seinen Traum zu verwirklichen. Und lässt sich als illegaler Boxer auf manipulierten Kämpfen malträtieren. Bis er fast totgeschlagen wird, dabei sein Gedächtnis verliert und zurückmuss nach Kairo. Doch durch das Vergessen entdeckt er schließlich seine Identität, und das macht diesen philosophischen, gnadenlosen Film poetisch und ganz wunderbar. *Cristina Moles Kaupp, tip, 18/2001*

**Kritik:** (...) Am beeindruckendsten ist die Beiläufigkeit und Ungezwungenheit der Inszenierung: Nie verläuft sich Nasrallah in seinen Konzepten, immer findet er zur Straße zurück, zum nächsten rauschenden Fest, zur nächsten zärtlichen Liebesszene. *Amin Farzanefar, FR, 31.8.2001*

(...) Im Mittelpunkt des Filmdramas steht eine für arabische Verhältnisse ungewöhnlich offenherzige Reflexion über eine Reihe existenzieller Fragen wie die Toleranz gegenüber Außenseitern, die Definition von Geschlechterrollen und die Position des Künstlers in der islamischen Gesellschaft. Einige Längen und der nostalgische Ton des Off-Kommentators lassen sich angesichts der Stringenz dieser ebenso sinnlichen wie transkulturellen Emanzipationsstudie verschmerzen. Gerade dass Nasrallah aus Finanznot mit kleiner Digitalkamera drehte und manche Szenen etwas unterbelichtet wirken, macht seinen Film besonders authentisch. (...) *Reinhold Kleber, Filmecho-Filmwoche, 34/2001*

## Elefanten und Gras 230
FILLER VE CIMEN ****+

**Regie:** Dervis Zaim
**Darsteller:** Sanem Celik (Havva), Ali Sürmeli (Camoka), Haluk Bilginer (Sabit), Taner Barlas (Hotelbesitzer), Bülent Kayabas (Minister), Ugur Polat (Manager), Taner Birsel
**Drehbuch:** Dervis Zaim
**Kamera:** Ertunc Senkay
**Musik:** Serdar Ateser
**Schnitt:** Mustafa Presheva
**Prod.:** Türkei 2000; 120 Min.
Ali Akdeniz, Fatos Akdeniz, Bahadir Atay, Dervis Zaim für Maraton/Panfilm/Tem Studios
**Verleih:** InterForum, OmU/-/-, 8.11.2001

Eine türkische Marathonläuferin gerät durch Zufall zwischen die Fronten eines blutigen Machtkampfes rivalisierender Politiker und Gangster, die im Kokainhandel mitmischen. Melancholischer Politthriller als fatalistischer Abgesang auf die Rechtstaatlichkeit der Türkei, der die gängigen Muster des Identifikationskinos meidet, aber trotz seines ernsten Anliegens aufgrund einer überbordenden Themenfülle und stilistischer Mängel über weite Strecken wie Kolportage wirkt. *Josef Lederle, Film-Dienst, 25/2001*

## Elephant Juice 231
ELEPHANT JUICE □

**Regie:** Sam Miller
**Darsteller:** Emmanuelle Béart (Jules), Sean Gallagher (Billy), Daniel Lapaine (Will), Daniela Nardini (Daphne), Mark Strong (Frank), Kimberly Williams (Dodie), Lennie James (Graham)
**Drehbuch:** Amy Jenkins
**Kamera:** Adrian Wild
**Musik:** Tim Atack; Bob Last (Supervisor)
**Schnitt:** Elen Pierce Lewis
**Prod.-Des.:** Grant Hicks
**Prod.:** GB/USA 1999; 86 Min.
Sheila Fraser Milne; Amy Jenkins, Sam Miller (Co-Prod.) für FilmFour/HAL Films mit Channel Four/RCV
**UA:** 23.8.1999 Edinburgh Film Festival
**Verleih:** Jugendfilm/-/-, 12.7.2001 (angekündigt, nicht gestartet)

Elephant Juice verknüpft die Schicksale von acht Menschen um die 30, die in London auf der Suche nach dem Glück sind und sich dabei auf ganz unterschiedliche Weise mit dem komplexen Geflecht von Sex, Beziehung und Liebe auseinander setzen müssen. *Filmecho-Filmwoche, 25/2001*

## Der Elfte 232
NGUOL THUA □ TV

**Regie:** Dai Sijie (= Dai Sie Jie)
**Darsteller:** Akihiro Nishida (Tang der Elfte), Tapa Sudana (Tang der Erste), Nguyen Minh Chau (die Frau Tang des Elften), Nguyen Hoa Thuy (die Frau Tang des Elften als junge Frau), Trinh Nguyen Chan Cuong (Reiskorn), Pham Anh Tuan (Kleines Pferd), Pham Duy Hau (Tangs Vater)
**Drehbuch:** Dai Sijie, Nadine Perront
**Prod.:** Frankreich 1998; 91 Min.
**TV:** 12.1.2001, Arte, 23.20

Gesellschaftsdrama von dem in Frankreich lebenden Chinesen Dai Sie Jie über den Mord am elften Kind und dessen Mutter wegen eines alten Aberglaubens. *AZ TV Journal*

## E-Mail ans Weiße Haus 233
MAIL TO THE CHIEF *** TV

**Regie:** Eric Champnella
**Darsteller:** Randy Quaid (A. Thorton Osgood II), Bill Switzer (Kenny Witowski), Holland Taylor (Katherine Horner), Ashley Gorrell (Heather), Martin Doyle (Brooks), Craig Eldridge (Jack), Patrick Galligan (Collings)
**Drehbuch:** Eric Champnella, Jack Thomas
**Prod.:** USA 1999; 90 Min.
**TV:** 25.3.2001, RTL, 12.05

Wahlkampf in den USA: Der angesehene Präsident A. Thorton Osgood II würde alles tun, um erneut zum mächtigsten Mann der Welt gewählt zu werden. Doch er hat eine Schwäche: Im Laufe seiner Präsidentschaft hat er den Bezug zu seinen Wählern verloren und kennt sich mit ihren Bedürfnissen und Wünschen nicht mehr aus. Da beschließt er, sich unter einem Pseudonym in einem Chatraum anzumelden. (…) *Pressetext*

## Emil und die Detektive 234
***

**Regie:** Franziska Buch
**Darsteller:** Tobias Retzlaff (Emil), Anja Sommavilla (Pony Hütchen), Jürgen Vogel (Max Grundeis), Maria Schrader (Pastorin Hummel), Kai Wiesinger (Knut Tischbein), Maximilian Befort (Gypsi), David Klock (Gustav)
**Drehbuch:** Franziska Buch, frei nach dem gleichnamigen Roman von Erich Kästner
**Kamera:** Hannes Hubach
**Musik:** Biber Gullatz, Eckes Malz
**Schnitt:** Patricia Rommel
**Prod.-Des.:** Albrecht Konrad
**Prod.:** BRD 2000; 110 Min.
Peter Zenk, Uschi Reich für Bavaria/Lunaris mit dem ZDF
**Verleih:** Constantin/dto./Filmcooperative, 22.2.2001
**Vertrieb:** BMG Video (Video, DVD)
**FSK:** o. A., ffr. – **FBW:** Besonders wertvoll

**Kritik:** (…) Stimmung kommt auf, wenn die Kinder den Erwachsenen zeigen, wo's langgeht – wenn Gustav in die Predigt seiner Mutter Kinderforderungen einschummelt und die den Text zur Gaudi der Gemeinde vorliest, wenn Bösewicht Grundeis mit vereinten Kräften besiegt oder im vornehmen »Adlon« der Portier reingelegt wird. Trotz aller Bemühungen, einen flotten Kinderfilm herzuzaubern: Am Ende sehnt man sich ganz nostalgisch nach Emil mit den »Knickerbockern«.
*Margret Köhler, AZ, 22.2.2001*

(…) Klischeehaft, konfus und allzu konventionell wird hier bebildert, auf Teufel komm raus so auf modern gepeppt, dass die Produktion schon übermorgen altmodischer wirken dürfte als Billy Wilders und Gerhard Lamp-

*Emil und seine Detektive*

rechts geniale Adaption von 1931. Vor allem aber nerven (und das nicht nur erwachsene Zuschauer) die schludrige Machart und die unglaubwürdigen, teilweise unnötigen, weil nicht entwickelten Figuren.
Einzig Jürgen Vogel gibt seinen Gauner Max Grundeis herrlich perfide, ein Schurke wie aus dem Kinderbuch. Wenn er im Adlon ins Hotelzimmer zurückkommt, während Emil nach dem Geld sucht, kann einem richtig mulmig werden. Die Kinder sind also lala, der Rest – von Maria Schrader bis Kai Wiesinger – kann nicht oder kommt nicht gegen das flügellahme Drehbuch an. Schade drum.

*Gerald Jung, Zitty, 5/2001*

## En Garde / Duell der Degen 235

LE BOSSU ***

TV

**Regie:** Philippe de Broca
**Darsteller:** Daniel Auteuil (Lagardère), Philippe Noiret (Duc d'Orléans), Marie Gillain (Aurore), Fabrice Luchini (Gonzague), Vincent Perez (Duc de Nevers), Yann Collette (Peyrolles), Jean-François Stevenin (Cocardasse)
**Drehbuch:** Philippe de Broca, Jean Cosmos, Jérome Tonnerre, nach der gleichnamigen Novelle von Paul Féval
**Kamera:** Jan-François Robin
**Musik:** Philippe Sarde
**Schnitt:** Henri Lanoe
**Prod.:** Frankreich/Italien/BRD 1997; 128 Min.
Patrick Godeau; Rita Cecchi Gori, Vittorio Cecchi Gori (Co-Prod.) für Aliceleo/Cecchi Gori Group Tiger/CNC/Cofimage 8-9/ DA Films/Gemini/Le Studio Canal+/Prima/ TF1 Films
**TV:** 12.8.2001, Pro7

(...) Von Philippe de Broca waren noch nie künstlerische Innovationen zu erwarten, und das gilt auch für diesen Film. Doch was er sich vorgenommen hatte, nämlich die Geschichte tempo-, kostüm-, wort- und gefühlsreich ins Bild zu setzen, das gelang ihm gut. In den Fechtszenen und an den Schauplätzen kann man sogar schwelgen. Und entsprechende Schauspieler sorgen dafür, dass man immer bei Laune bleibt.

*Thomas Engel, Der Gildedienst, Febr. 1998*

## Ende der Saison 236

***

TV

**Regie:** Stefan Krohmer
**Darsteller:** Hannelore Elsner (Waltraut), Anneke Kim Sarnau (Klarissa), Christian Brückner (Enno), David Striesow (Marius Wahls), Uli Krohm (Uwe Knudsen), Marlen Diekhoff (Ulla), Antonio Godoiy (Luiz)
**Drehbuch:** Daniel Nocke
**Kamera:** Gunnar Fuß
**Musik:** Ralf Wienrich
**Schnitt:** Stefan Krumbiegel
**Prod.-Des.:** Thilo Mengler
**Prod.:** BRD 2000; 90 Min.
Doris Zander, Nico Hofmann für teamWorx Filmprod. für BR mit SWR
**UA:** 30.6.2001, Filmfest München
**TV:** 21.11.2001, ARD, 20.15

Der überzeugendste, eigenwilligste Film aus der Reihe deutscher TV-Movies ist »Ende der Saison«. Seismografisch zeichnet er die Gefühlsbewegungen seiner Figuren auf und entwirft das facettenreiche Bild einer jungen Frau, die um ihre Selbstständigkeit ringt. Er nutzt den Dogmastil nicht für pseudoauthentische Reportageeffekte, sondern für die Konzentration auf die subtilsten Regungen seiner wunderbaren Akteure. Er erzählt von dem, wogegen sich die Jungen wehren müssen: dass es heute die Alten sind, die den Gestus des Rebellischen und Nonkonformistischen okkupieren.

*Rainer Gansera, SZ, 4.7.2001*

**Kritik:** (...) Offensichtlich an Eric Rohmers neutral beobachtender Menschenzoologie geschult, versteht es Regisseur Stefan Krohmer, vier Temperamente und deren Reibungen zu zeigen, ohne dabei Gefühle zu beschneiden. Wenn sich Hannelore Elsner gegen Ende dann davonmacht, geht allerdings das Gleichgewicht des Quartetts verloren. Der 68er-Freund der Mutter kauft die Theaterfabrik, und der Jungschauspieler legt aus Verzweiflung gleich Feuer daran – da sind wir nun beinahe wieder im ganz gewöhnlichen Fernsehleben.

*Wilfried Geldner, SZ, 21.11.2001*

(...) Klarissa mit Langweilerfreund und todkranker Mutter Waltraut entdeckt Gefühle für Waltrauts Lebensgefährten Enno – und vor allem umgekehrt. Konturenlos und nebulös das Wischiwaschi-Geschichtchen, das inhaltlich den formalen Bemühungen der Regie wenig entgegenhalten konnte. So blieb's ein Profilierungsversuch des Regisseurs, wenn auch kein besonders gelungener, denn wenngleich im Zuge der Fortentwicklung (in diesem Fall des Mediums Fernsehen) Regeln gebrochen werden müssen, sollte man sie gleichwohl (besser) beherrschen. *W. O. P. Kistner, AZ, 23.11.2001*

## Ein endloser Albtraum 237

NIGHTMARE STREET ***

TV

**Regie:** Colin Bucksey
**Darsteller:** Sherilyn Fenn (Joanne Burke/Sarah Randolph), Thomas Gibson (Dr. Matt Westbrook/Joe Barnes), Lauren Diewold (Emma), Rena Sofer (Penny), Steve Harris (Det. Miller), P. Lynn Johnson (Dr. Nelson), Peter Bryant (Eddie)
**Drehbuch:** Rama Laurie Stagner, Dan Witt, nach dem Buch von Margaret Tabor
**Kamera:** Jan Kiesser
**Musik:** Dana Kaproff
**Schnitt:** John A. Martinelli
**Prod.-Des.:** Jill Scott
**Prod.:** USA 1998; 85 Min.
William Shippey; Marla A. White (Ass.-Prod.) für Longbow
**TV:** 11.6.2001, ZDF, 22.25

Der nächtliche Thriller für den Bedarf an Halluzinationen macht aus einem Unfalltrauma eine Mystifikation (Kind verschwunden, Aufwachen in fremder Identität). Das parapsychologische Brimborium bleibt lose herumflatterndes Psychiater-Spielmaterial. Nichts verstanden, aber brav gegruselt.

*Ponkie, AZ, 13.6.2001*

## Ene Mene Muh – und tot bist du 238

***

**Regie:** Houchang Allahyari
**Darsteller:** Waltraud Haas, Bibiane Zeller, Karl Merkatz, Gunther Philipp, Reinhard Nowak, Christine Schuberth, Leon Askin
**Drehbuch:** Martin Betz
**Kamera:** Hans Selikovsky
**Musik:** E. Lettner
**Schnitt:** Ingrid Koller
**Prod.:** Österreich 2000; 89 Min.
Norbert Blecha für Terra/ORF
**Verleih:** -/Einhorn/-, Juni 2001

Zwischen einem Lustspiel nach Antel-Art und einer ernsten bis humorvollen Betrachtung der Lebensrealität von Bewohnern eines Pensionistenheimes pendelt Allahyaris »Ene Mene Muh – und tot bist du«. Da beide Ansätze unvereinbar bleiben und einander an ihrer Entfaltung hindern, kann man sich höchstens an der großen österreichischen Schauspielerriege erfreuen, die den Ort der Handlung füllt: ein Pensionistenheim am Wiener Stadtrand, in dem eigenartige Todesfälle geschehen.

## Engel des Universums 239

ENGLAR ALHEIMSINS / ANGELS OF THE UNIVERSE ****

**Regie:** Fridrik Thor Fridriksson
**Darsteller:** Ingvar Eggert Sigurdsson (Paul Ingwar), Baltasar Kormákur (Oli Beatle), Björn Jörundur Fridbjörnsson (Viktor), Hilmir Snaer Gudnason (Peter), Margret Helga Johannsdóttir (Pauls Mutter), Theodor Juliusson (Pauls Vater)
**Drehbuch:** Einar Már Gudmundsson, nach seinem gleichnamigen Roman
**Kamera:** Harald Gunnar Paalgard
**Musik:** Hilmar örn Hilmarsson
**Schnitt:** Skule Eriksen, Sigvaldi J. Kárason
**Prod.-Des.:** Jon Steinar Ragnarsson
**Prod.:** Island/BRD/Norwegen/Dänemark 2000; 2799 M., 102 Min.
Fridrik Thor Fridriksson, Egil Odegard, Peter Rommel für Icelandic Film/Zentropa/Peter Rommel Film/Filmhuset mit ZDF/Arte/ORB
**UA:** Filmfestival 2000 Karolvy Vary
**EA:** 25.6.2000, Filmfest München
**Verleih:** Advanced/filmladen/-, 12.4.2001
**FSK:** ab 12 J., ffr.
**FBW:** Besonders wertvoll

Ein junger Mann, dessen Leidenschaft die Malerei und das Schlagzeug sind, fällt zunehmend durch ungewöhnliches und aggressives Verhalten auf und wird in eine Anstalt gesteckt.

**Kritik:** (…) Wer ist normal und wer krank? Die Grenzen sind fließend. Fridriksson erzählt die authentische Geschichte von Paul, dessen Welt sich plötzlich, aber unaufhaltsam verrückt. Schizophrenie lautet die Diagnose, und Paul wird zu den »Irren« gesperrt. Taucht in die Parallelwelten anderer ein, die auch nicht viel verschrobener sind als jene ordentlicher Bürger. Doch das Leiden an sich bleibt, das Scheitern seiner neuen Freunde ist absehbar. Ohne plakative Schuldzuweisungen sinniert Fridriksson über die Gesellschaft und die Rolle der traditionellen Psychiatrie. Sehr sensibel, sehr leise, sehr traurig.

*Cristina Moles Kaupp, tip, 8/2001*

(…) Fridriksson hat den Roman seines Freundes Einar Már Gudmundsson adaptiert, der sich die Trauer um den Bruder von der Seele schrieb. Es ist Fridrikssons schönster, persönlichster Film geworden. Voller Wahrhaftigkeit, auch mal mit bitterem Witz zieht der Regisseur den Zuschauer in Bann. Visuelle Grenzgänge zwischen Wahn und Wirklichkeit – ein Gedankensog, dem man sich nicht entziehen will.

*Angie Dullinger, AZ, 12.4.2001*

(…) Rätselhaft wie ein Traum ist der ganze Film, was seinen Reiz ausmacht, aber auch ein paar Unschärfen widerspiegelt. So wird die Grenze zwischen Kranken und Gesunden von Fridriksson auf eine – auch ärgerliche – Art und Weise nivelliert. Und am Ende des Films weiß man dann doch nicht so recht, was er eigentlich erzählen wollte: dass ganz Island, dass die ganze Welt ein Irrenhaus ist? Oder dass es Verrückte eigentlich nicht gibt?

*Martina Knoben, SZ, 14.4.2001*

**Interview:** *Was faszinierte Sie an der Schizophrenie?*

Der Bruder meines Schulfreundes Einar Már Gudmundsson, der die

*›Engel des Universums‹*

Vorlagen für »Movie Days« und »Devil's Island« gechrieben hat, litt seit Ende der 50er-Jahre unter Schizophrenie. Einar hat über dessen Krankheit 1993 einen Roman veröffentlicht, der sofort zum Bestseller wurde. Ich habe danach versucht, mir vorzustellen, wie es im Kopf eines Erkrankten aussieht und welche Gefühle er hat, wenn er den Bezug zur Realität verliert. Das Ergebnis war unbefriedigend. Nur ein Verrückter kann erklären, wie man verrückt wird.

*Fridrik Thor Fridriksson im Interview mit Martin Schwarz, Zitty, 8/2001*

## Engel sucht Flügel

240
***
TV

**Regie:** Marek Gierszal
**Darsteller:** Annett Renneberg (Maria), Julian Weigend (Hendrik), Christoph Waltz (Richard), Peter Sattmann (Prof. Spangenberg), Doris Kunstmann (Frau Weber), Gerry Wolff (Gregor/Angler), Johann Adam Oest (Vater Landau)
**Drehbuch:** Hartmann Schmige
**Kamera:** Jürgen Herrmann, Armin Alker
**Musik:** Stanislaw Radwan
**Prod.-Des.:** Börries Hahn-Hoffmann
**Prod.:** BRD 2001; 90 Min.
**TV:** 22.8.2001, ARD, 20.15

Als die 20-jährige Maria von St. Petersburg nach Frankfurt kommt, um an einem Klavierwettbewerb teilzunehmen, ist die russische Pensionswirtin gestorben, bei der sie wohnen sollte, ihr Klavier an einen Antiquitätenhändler verkauft worden, dazu sind ihre Bewerbungsunterlagen und ihr Koffer mit den Ersparnissen verschwunden. Aber Maria gibt nicht auf.

**Kritik:** (…) Viel Schönes ist Drehbuchautor Hartmann Schmige da eingefallen. Nur Hendriks Erzählerstimme trübt das Gesamtbild, denn Off-Stimmen wirken oft wie ein Behelf für nicht funktionierende Szenen. Auch einige esoterische Einsprengsel wären verzichtbar gewesen. Aber der Film hatte ohnehin bereits gewonnen, als man die Hauptrolle mit Annett Renneberg besetzte, die regelmäßig, ob als Fernseh- oder Theaterschauspielerin, selbst hartgesottenste Kritiker in bubenhaftes Schwärmen versetzt. Die Rolle der Maria, einer reinen Seele mit Befähigung zum kratzbürstigen Auftritt, überirdisch, aber nicht abgehoben, passt zu ihr. Und Klavier spielen kann sie auch. *FR, 22.8.2001*

## Engel & Joe 241

***

**Regie:** Vanessa Jopp
**Darsteller:** Jana Pallaske (Joe), Robert Stadlober (Engel), Mirko Lang (Alex), Steffi Mülhan (Spasti), Nadja Bobyleva (Asi), Oliver Wolter (Maria), Sabine Berg (Meret)
**Drehbuch:** Kai Hermann, Vanessa Jopp, Oliver Simon, Christoph von Zastrow, nach einer Reportage von Kai Hermann im »Stern«
**Kamera:** Judith Kaufmann
**Musik:** Beckmann
**Schnitt:** Martina Matuschewski
**Prod.-Des.:** Alexander Scherer
**Prod.:** BRD 2001; 101 Min.
Michael Eckelt, Volker Stolberg, Ira von Gienanth, Noemi Ferrer; Hieronymus Proske (Producer) für Neue Impuls mit Prokino/WDR
**UA:** 25. Montreal Word Film Festival 2001
**EA:** Filmfest Hamburg 2001
**Verleih:** Prokino/-/-, 25.10.2001
**Vertrieb:** Universal Video
**FSK:** ab 12 J., ffr. – **FBW:** Wertvoll

Es blitzt die erste große Liebe; der Donner folgt, als sie ausgerechnet zwei Problemkinder trifft: Joe (15), gerade von zu Hause abgehauen, und Engel (17), Punk, obdachlos und dabei immer noch Stadlober-süß. Sie boxen sich durch ein Leben, das die Regie immer schwärzer pinselt, weil ja alles total authentisch ist. Spannendes Thema für einen Dokumentarfilm, als Gefühlsduselei mit Message funktioniert »Engel & Joe« leider schlecht.
*Cristina Moles Kaupp, tip, 22/2001*

**Kritik:** (…) Regisseurin Vanessa Jopp scheitert bei ihrem Versuch, zwei Fliegen mit einer Klappe zu schlagen. Sie will ein realistisches Bild jugendlicher Aussteiger zeichnen und sie will aus Stadlober ein Teenie-Idol, einen deutschen Leonardo DiCaprio machen. Beides zugleich geht nicht. Dabei ist der Film im Detail hervorragend. Drehbuchautor Kai Hermann kennt sich aus im Milieu, von ihm stammt die berühmte Reportage »Christiane F. – Wir Kinder vom Bahnhof Zoo«. In der Verfilmung durch Uli Edel (1981) gab es ein paar Konzessionen ans Publikum, aber die Welt der Junkies wurde nicht verharmlost. Dagegen vermeidet Jopp allzu hässliche Details und romantisiert das Leben in der Gosse. (…) So paradox es klingt: Gerade das überwiegend hohe Niveau der Inszenierung zwingt den Betrachter, den Film »Engel & Joe« streng zu bewerten. Verschenktes Potenzial ist ärgerlicher als ein erst gar nicht vorhandenes. *Frank Noack, Rheinische Post, 26.10.2001*

(…) Vanessa Jopp lässt den Film offen enden – das ist einerseits eine kluge Entscheidung, andererseits aber verabschiedet sie sich mit dem offenen Filmschluss von den überzeugenden Realismen des Films, die manchmal ein bisschen verloren wirken neben den fantastischen Amour-Fou-Momenten der beiden Liebenden. Es scheint, als ob der Mut zum Balanceakt zwischen romantischem Gefühl und realistischer Milieuhärte doch momentweise die Regisseurin

*Jana Pallaske und Robert Stadlober*

verlassen. Hintergrundrealismen zu einigen Nebenfiguren wie etwa Joes Mutter hätten genauer sein können. Dennoch ist »Engel & Joe« ein beeindruckender, besonders im präzisen emotionalen Engagement der Darsteller überzeugender und mitreißender Film. Intensives, gutes Erzählkino.

*Frauke Hanck, Blickpunkt Film, 38/2001*

## England! 242

****

**Regie:** Achim von Borries
**Darsteller:** Ivan Shvedoff (Valeri), Dennis Burgzlier (Victor), Merab Ninidze (Pavel), Anna Geislerova (Maria), Chulpan Khamatova (Jelena), Maxim Kowalewski (Schurig), Fabian Busch (Tom)
**Drehbuch:** Achim von Borries, Karin Askom
**Kamera:** Jutta Pohlmann
**Musik:** Daler Nazarov, Ingo L. Frenzel
**Schnitt:** Gergana Voigt
**Prod.-Des.:** Ulrika Andersson
**Prod.:** BRD 2000; 98 Min.
Judy Tossell, Susanne Marian für Tossell Pic. mit ZDF/Studio Babelsberg/DFFB Berlin
**UA:** 29.6.2000, Filmfest München
**Verleih:** Neue Visionen/-/-, 30.8.2001
**FBW:** Besonders wertvoll

Ein ukrainischer Soldat, der in Tschernobyl nicht nur Nasenbluten erwischt hat, träumt von einer Reise nach England, bleibt aber auf der Suche nach seinem besten Freund im herbstlichen Berlin hängen. Achim von Borries' listig-melancholischer Debütfilm (glänzend ins Bild gebracht von Jutta Pohlmann) erzählt von einem, der nichts mehr zu verlieren hat und doch in der fremden Stadt, unter Gangstern und Künstlern, beharrlich sein Glück versucht. Eine Liebe verändert ihn, ein neuer Freund könnte mit ihm reisen. Unsentimental und mit subtiler Komik erzählt.

*Claudia Lenssen, tip, 18/2001*

**Kritik:** (...) Berlin ist auch eine Stadt ohne Deutsche, in der Einwanderer von überall her mehr oder weniger erfolgreich ihren Geschäften nachgehen und miteinander Deutsch sprechen. Aber »England!« ist kein Film des sozialen Elends oder Migrantenkitsch; seine Protagonisten sind selbstironisch und gewitzt im Umgang mit der Infrastruktur der Großstadt, die Schlupflöcher noch für die absurdesten Existenzformen bietet. Auch das zeigt Achim von Borries: ein Berlin der Schattenwirtschaft und fröhlichen Koexistenz aller möglichen Arten von selbstständigem Unternehmertum. (...) *Daniela Sannwald, FR, 29.8.2001*

(...) Leider hält der Film in der zweiten Hälfte mit der Verschlechterung von Valeris Gesundheitszustand den eingeschlagenen poetischen Fluss nicht durch. Man hätte sich gewünscht, Valeri würde als eine Art osteuropäischer Dead-Man in Jarmusch-Manier traumwandlerisch ins Nirwana hinübergleiten. Dennoch: ein beachtlicher Erstling.

*Martin Schwarz, Zitty, 18/2001*

(...) Bewundernswert ist die Produzentenleistung, die dem Werk eine eindeutige künstlerische Handschrift erlaubte und trotz Fernsehbeteiligung bei diesem kleinen Fernsehspiel keine

*Auf nach ›England‹*

Kompromisse erkennen lässt. Eine Perle auf einem Festival und ein Juwel unter den Fernsehfilmen, von dem ich mir nur wünsche, es ein weiteres Mal auf der großen Leinwand erleben zu dürfen. *Schnitt, 4/2000*

Mit seinem Abschlussfilm an der Berliner Film- und Fernsehakademie legt Achim von Borries ein melancholisches Emigrantendrama vor, das voller Emotionen steckt, aber nie larmoyant wird. Die sensible Inszenierung berührt dank wenig bekannter, aber exzellenter Schauspieler und entlässt das Publikum trotz der düsteren Thematik nicht ohne Hoffnung. (...) *Reinhard Kleber, Filmecho-Filmwoche, 33/2001*

## Entführung ins Elfenreich 243

FAERIES **

Video

**Regie:** Gary Hurst
**Darsteller:** Mit den Originalstimmen von: Kate Winslet, Jeremy Irons, Dougray Scott, Charlotte Coleman, Jane Horrocks, Clara Janson, Tony Robinson
**Drehbuch:** Jocely Stevenson
**Kamera:** Mark Chamberlain, Simon Jacobs, Sam James
**Musik:** Colin Towns
**Prod.:** GB 1999; 75 Min.
Naomi Jones für HIT Ent./United Prod.
**Vertrieb:** Kinowelt Video, Nov. 2001
**FSK:** ab 6 J.

Zwei Kinder geraten durch Zufall ins Reich der Elfen, wo ein heftiger Bruderkrieg tobt, den die beiden aber bald beenden helfen können. Uninspiriert, fast seelenlos abgespultes Zeichentrick-Reißbrett-Märchen für Kinder.

## Entscheidung im Eis – Eine Frau jagt den Mörder 244

**+

TV

**Regie:** Jörg Grünler
**Darsteller:** Claudia Michelsen (Leah Sanders), Herbert Knaup (Dr. Meinert), Eva Herzig (Maria Sebach), Fritz Karl (Martin Bose), Bernd Stegemann, Michael Rast
**Drehbuch:** Timo Berndt
**Prod.:** BRD/Österreich 2001; 90 Min.
**TV:** 4.12.2001, SAT.1, 20.15

Das Hochgebirgsmassaker profitierte von der Macht der Alpen und konfrontierte die kriminelle Energie eines Serienfrauenmörders mit einer Lawine über der Tatort-Jagdhütte. Leider hat die Kommissarin den Falschen im Visier: Der zu Unrecht Verdächtigte ist selber hinter dem wahren Mörder her. Die Lawine führt zu erheblichen Frostbeulen und Entsetzen über den Irrtum. Tiefgefroren harrt man der Festnahme des Psychopathen – und stumm blicken die Berge.
*Ponkie, AZ, 6.12.2001*

## Entwurzelt – Eine Familie am Abgrund 245

BORDERLINE NORMAL ***

TV

**Regie:** Jeff Beesley
**Darsteller:** Stephanie Zimbalist (Jeremys Mutter), Robin Dunne (Jeremy Walling), Corbin Bernsen (Jeremys Vater), Caterina Scorsone (Beth), Will Sanderson (Buddy Walling), Eugene Lipinski (Mr. Dickens), Nicholas Treeshin (Quinn)
**Drehbuch:** Larry Mollin
**Kamera:** Anton Krawczyk
**Musik:** Fred Mollin
**Schnitt:** Daryl K. Davis
**Prod.-Des.:** Hugh Shankland
**Prod.:** Kanada/USA 2000; 115 Min.
Ken Kaufman, Larry Mollin, Stephen Onda für Heartland Motion/Patchett Kaufman/WIN
**TV:** 25.8.2001, VOX, 20.15

Jeremys Vater lebt mit dem älteren Halbbruder Buddy in Detroit/USA, Jeremy wohnt bei seiner Mutter in der kanadischen Kleinstadt Windsor. Jeremys Eltern hassen einander und führen einen erbitterten Scheidungskrieg ohne Rücksicht auf die Gefühle ihres Sohnes. *AZ TV Journal*

## Epoch 246
EPOCH **
Video

**Regie:** Matt Codd
**Darsteller:** Ryan O'Neal, David Keith, Brian Thompson, James Avery, James Hong, Shannon Lee, Donna Magnani
**Kamera:** Ken Stipe
**Schnitt:** Randy Carter, Ken Peters
**Prod.-Des.:** David Huang
**Prod.:** USA 2000; 93 Min.
T. J. Sakasegawa (Ass.-Prod.) für Epoch Prod.
**Vertrieb:** Sunfilm Video, 25.9.2001
**FSK:** ab 12 J.

Ein sich unvermittelt in der Wüste von Buthan konfigurierendes Felsmonument führt zu panischen politischen Reaktionen. Wenig interessantes Sciencefiction-Szenario aus allerlei Genremotiven zusammengeklaubt.

## Die Erben von Kain und Abel 247
LA GENESE ***
TV

**Regie:** Cheick Oumar Sissoko
**Darsteller:** Sotigui Kouyate (Jakob), Salif Keita (Esau), Balla Moussa Keita (Hamor), Fatoumata Diawara (Dinah), Maimouna Helene Diarra (Lea), Habib Dembele, Magma Coulibaly
**Drehbuch:** Jean-Louis Sagot-Durvauroux
**Kamera:** Lionel Cousin
**Musik:** Pierre Sauvageot, Michel Risse
**Schnitt:** Ailo Auguste
**Prod.-Des.:** Bogolan Kasobane
**Prod.:** Frankreich/Mali 1999; 102 Min.
Ibrahima Toure für Kora Films/Balanzan/ CNPC Cinema/Public Film
**UA:** 16.5.1999, Int. Filmfestspiele Cannes
**TV:** 12.12.2001, Arte, 22.40

300 Jahre nach der Sintflut verfeinden sich drei Clans: die Viehzüchter unter Jakob und seinem Sohn, die Jäger, angeführt von Esau, und die Farmer mit ihrem Oberhaupt Hamor. Die Clans kämpfen um das gleiche fruchtbare Land. Der Jäger Esau empfindet einen tödlichen Hass für Jakob, seinen jüngeren Bruder, der ihm sein Erstgeborenenrecht geraubt hat. In seinem Lager eingeschlossen, trauert Jakob um seinen Sohn Josef, den er für tot hält. Doch dann kidnappt Hamors Sohn Jakobs Tochter Dinah ...

## Erfolg um jeden Preis 248
PERFECT BODY □
TV

**Regie:** Douglas Barr
**Darsteller:** Amy Jo Johnson (Andie Bradley), Brett Cullen (Trainer David Blair), Wendie Malick (Janet Bradley), Ray Baker (Elliot Bradley), Tara Boger (Leslie Reynolds), Ron Melendez (Josh), Julie Patzwald (Holly)
**Drehbuch:** David Swift
**Kamera:** Burnett Guffey
**Musik:** Frank Loesser
**Prod.:** USA 1997; 116 Min.
**TV:** 28.8.2001, ARD, 10.35

Melodram über den Trainingsalltag und Leistungsdruck im Hochleistungssport mit dem Tabuthema der Essstörungen.

## Die Erika und Klaus Mann Story 249
ESCAPE TO LIFE – DIE ERIKA UND KLAUS MANN STORY ***

**Regie:** Andrea Weiss, Wieland Speck
**Darsteller:** Christoph Eichhorn, Maren Kroymann, Cora Frost, Jean Loup, Guido Kleinadam, Vanessa Redgrave, Barbara Nüsse (Stimme Erika Mann)
**Drehbuch:** Andrea Weiss, Wieland Speck
**Kamera:** Uli Fischer, Ann T. Rossetti
**Schnitt:** John Eacott, Prisca Swan
**Prod.:** BRD/GB 2000; 87 Min.
Thomas Kufus, Greta Schiller für zero/ Jezebel mit TV2/ZDF/Arte
**Verleih:** Piffl/-/Frenetic, 5.4.2001
**FSK:** ab 12 J., ffr.
**FBW:** Wertvoll

Die Beziehung der Geschwister Erika und Klaus Mann wird chronologisch bis zum Tode Klaus Manns erzählt, wobei ihre Homosexualität, der Wandel zu politisch bewussten Menschen und Drogenprobleme im Zentrum stehen und die Zeitgeschichte eher beiläufig erwähnt wird. Ein filmischer Essay, der mit Brüchen, Archivbildern, Fotografien, Zitaten der Geschwister aus dem Off, Interviews mit Erika Mann selbst sowie mit Zeitzeugen und nachgespielten Szenen arbeitet. *Film, 6/2001*

**Kritik:** Andrea Weiss und Berlinale-Panorama-Chef Wieland Speck montieren Daten, Fakten und dokumentarische Aufnahmen mit den Aussagen einiger Zeitzeugen, was nicht sehr aufregend, aber allemal informativ ist. Die nachgespielten Szenen wirken dagegen läppisch, schlicht überflüssig. Stand denn nicht genügend authentisches Material zur Verfügung? *Gerald Jung, Zitty, 8/2001*

(…) Andrea Weiss und Wieland Speck haben ausgiebig recherchiert, bewegte und unbewegte Bilder der Epoche gesammelt, Zeitzeugen interviewt und ihren Film mit Spielszenen aus den Romanen von Klaus bereichert, wobei nicht immer klar ist, was aus schon vorliegenden Verfilmungen wie »Mephisto« stammt und was eigens für die Dokumentation in Szene gesetzt wurde. Diese methodische Verwaschenheit entspricht einer eher distanzlosen Haltung zu den Helden. Die beiden Mann-Kinder waren im Kampf gegen den Nationalsozialismus rastlos tätig, als Publizisten, Kabarettisten und Organisatoren. Dieses politische Engagement setzte den nicht minder eifrigen Einsatz fort, in dem die beiden Mann-Kinder als öffentliche Figuren vor 1933 zu Protagonisten eines neuen libertären Lebensstils geworden waren: Drogenkonsum und unkonventionelle Sexualität eingeschlossen. So wirkt ihr Leben viel heutiger als ihre epochale Umwelt. Da dem Verständnis hier so wenig Widerstand entgegensteht, wirkt der sympathische Film bei aller Buntheit überraschend langweilig. Denn das, wogegen die Mann-Kinder angingen – die bürgerliche Moral und den Nationalsozialismus –, ist nur noch ferne Erinnerung. Es ist, als würde man ein Heiligenleben nach dem Untergang der Hölle zeigen.
*Gustav Seibt, Die Zeit, 11.4.2001*

## Die Eroberung der besseren Kreise 250

L' APPRENTISSAGE DE LA VILLE ☐
TV

**Regie:** Gérard Mordillat
**Darsteller:** Camille Clavel (Luc), Florence Thomassin (Arlette), Elodie Navarre (Lucrèce), Marc Barbe (Mandar), Bob Meyer (Gordon), Marie Denarnaud (Prisca), Luc Thuillier (Atal)
**Drehbuch:** Gérard Mordillat, Jérôme Prieur, nach dem gleichnamigen Roman von Luc Dietrich
**Prod.:** Frankreich 1997; 107 Min.
**TV:** 22.1.2001, Arte, 22.40

Drama um Frauen, Drogen, organisiertes Verbrechen und Korruption. Der obdachlose Luc macht seine Lehrjahre durch; er gerät in den Sog der Straße, lernt Gewalt und Armut kennen. Bis er von der reichen Arlette angefahren wird, die ihn mit in ihr Luxusleben nimmt. Doch auch dort regieren Drogen und Gewalt.
*AZ TV Journal*

## Eureka 251

EUREKA ****

**Regie:** Shinji Aoyama
**Darsteller:** Koji Yakusho (Makoto Sawai), Aoi Miyazaki (Kozue Tamura), Masaru Miyazaki (Naoki Tamura), Yohichiroh Saitoh (Akihiko), Sayuri Kokusho (Yumiko)
**Drehbuch:** Shinji Aoyama
**Kamera:** Masaki Tamra
**Musik:** Isao Yamada, Shinji Aoyama
**Schnitt:** Shinji Aoyama
**Prod.-Des.:** Shimizu Takeshi
**Prod.:** Japan 2000; 217 Min.
Takenori Sento für Dentsu/Imagica/Suncent/Tokyo Theaters
**Verleih:** Pegasos, OmU/-/-, 29.11.2001

Prophetengleich und unendlich langsam schiebt sich der Hinterkopf eines Mädchens in die Landschaft.

Sie spricht von einer Sintflut, die alle hinwegspülen wird. Ein Bus wird entführt, nur der Fahrer und zwei Kinder überleben. Ein Ereignis, das das Trio aus der Zeit in einen tranceähnlichen Zustand wirft. Gemeinsam und jeder für sich allein treten sie eine Reise durch Japan an. Shinji Aoyamas Film ist das Beeindruckendste, was seit langem aus Japan zu uns in die Kinos gekommen ist. Die imperiale Ruhe der Bilder kreist ums Leben, auch wenn es im Moment nicht stattfindet. Der Film ist in einem befremdenden Schwarzweiß gedreht, das den mythischen Charakter der Reise hervorhebt. Ein Schwarzweiß, das die Abwesenheit der Farbe miterzählt. »Eureka« – ein meditativer Trip.

*Anke Leweke, tip, 24/2001*

**Kritik:** (…) Regisseur Aoyama Shinji verlangt dem Zuschauer einiges ab. Nicht nur die Länge von drei Stunden und 40 Minuten, sondern auch die Langsamkeit der Erzählung. Die Blassheit der Schwarzweißbilder wirkt wie Nebel, behindert die Orientierung, macht den Film zu einer Tour de Force und zugleich berauschend ruhig. Das Trauma der Protagonisten wird quälend spürbar, und bis das triste Grau in satte Farben umschlägt, ist es ein weiter Weg. *Zitty, 25/2001*

(…) Dieser »Ouvertüre« folgen mehr als drei Stunden einer Reise, auf die der Zuschauer mitgenommen wird und die eine für das heutige Kino unendlich lange Zeit hat, sich auf die Personen einzulassen und die sorgsam inszenierten Gesten wahrzunehmen, mit denen diese miteinander kommunizieren. Die Bilder von den fast menschenleeren Landschaften der südjapanischen Insel geraten dabei zu einer grandiosen Metapher für die verödeten Seelenlandschaften der Protagonisten, vor allem der beiden Jugendlichen. (…)

*Raimund Gerz, epd-Film, 11/2001*

## Evas Auge 252

EVAS OYE □

TV

**Regie:** Berit Nesheim
**Darsteller:** Andrine Saether (Eva), Björn Sundquist (Konrad Sejer), Marit Andreassen (Sylvi Davidsen), Gisken Armand (Maja Durban), Sverre Anker Ousdal (Larsgaard), Dennis Storhor (Sool), Per Egil Aske
**Drehbuch:** Berit Nesheim, nach dem gleichnamigen Roman von Karin Fossum
**Kamera:** Erling Thurmann-Andersen
**Musik:** Geir Böhren, Bent Aserud
**Schnitt:** Inge-Lise Langfeldt
**Prod.-Des.:** Billy Johansson
**Prod.:** Norwegen 1999; 98 Min.
Axel Helgeland
**TV:** 1.11.2001, MDR3, 23.10

Die erfolglose Malerin Eva will sich als Gelegenheitsprostituierte versuchen und sich von ihrer Freundin Maja einige Liebestechniken abgucken. Als sie Maja zuschaut, wird sie zufällig Zeugin eines Mordes.

## Eve's Bayou 253

EVE'S BAYOU ****+

TV

**Regie:** Kasi Lemmons
**Darsteller:** Jurnee Smollett (Eve Batiste), Meagan Good (Cisely Batiste), Samuel L. Jackson (Louis Batiste), Lynn Whitfield (Roz Batiste), Debbi Morgan (Mozelle Batiste Delacroix), Vondie Curtis-Hall (Julian Grayraven)
**Drehbuch:** Kasi Lemmons
**Kamera:** Amy Vincent
**Schnitt:** Terilyn A. Shropshire
**Prod.-Des.:** Jeff Howard
**Prod.:** USA 1998; 109 Min.
Caldecot Chubb, Samuel L. Jackson für Addis Wechsler Pictures/Chubbco
**EA:** Filmfest München 1998
**TV:** 11.7.2001, Pro7

Die Geschichte spielt 1962 in Louisiana. Louis Batiste, ein charmanter Schwarzer, ist Arzt und das Oberhaupt einer großen Familie. Neben seiner eleganten Frau Roz und drei Kindern lebt auch seine Schwester unter seinem Dach. Louis liebt seine Frau, hat aber eine Schwäche für attraktive Patientinnen.

*Katalog Filmfest München 1998*

**Kritik:** (…) Im Laufe eines drückend warmen Sommers fügen sich die

Mitglieder des Batiste-Clans so viele Verletzungen und Wunden zu, wie es nur Menschen können, die sich nahe stehen. *Katalog Filmfest München 1998*

## Evil Affairs – Eine mörderische Beziehung 254

LURED INNOCENCE **

Video

**Regie:** Kikuo Kawasaki
**Darsteller:** Marley Shelton (Elsie Townsend), Dennis Hopper (Rick Chambers), Talia Shire (Marsha Chambers), Devon Gummersall (Elden Tolbert), Michael Cudlitz (Harry Kravitz), Cheri Oteri (Molly), Richard Portnow (Jack Shelby)
**Drehbuch:** Kikuo Kawasaki
**Kamera:** Irek Hartowicz, Conrad Hunziker
**Musik:** Christopher Lennertz
**Schnitt:** Ross Guidici
**Prod.-Des.:** Renée Davenport
**Prod.:** USA 1999; 92 Min.
Adam Fast, Christopher J. Fries, Nancy Paloian für Lured Innocence
**Vertrieb:** VCL, 20.12.2001
**FSK:** ab 16 J.

Wie schon so oft kehrt auch hier ein verlorener Sohn der Provinz zurück: diesmal als Journalist, um einen spektakulären Mordprozess zu beobachten. Rückblenden- und Justizkrimi minderer Güte.

## Evolution 255

EVOLUTION ***

**Regie:** Ivan Reitman
**Darsteller:** David Duchovny (Ira), Julianne Moore (Allison), Orlando Jones (Harry), Seann William Scott (Wayne), Ted Levine (Gen. Woodman), Ethan Suplee (Deke), Michael Ray Bower (Danny), Dan Aykroyd
**Drehbuch:** David Diamond, David Weissmann, Don Jakoby, nach einer Story von Don Jakoby
**Kamera:** Michael Chapman
**Musik:** John Powell
**Schnitt:** Sheldon Kahn, Wendy Greene Bricmont
**Prod.-Des.:** J. Michael Riva
**Prod.:** USA 2001; 110 Min.
Ivan Reitman, Daniel Goldberg, Joe Medjuck; Paul Deason (Co-Prod.) für Montecito Pic.
**Verleih:** Columbia Tristar/dto./Buena Vista, 19.7.2001
**Vertrieb:** Columbia TriStar Video (Video, DVD)
**FSK:** ab 12 J., ffr.

Erneut probt Hollywood den Weltuntergang, diesmal angeführt von »Ghostbusters«-Regisseur Ivan Reitman und »Akte X«-Star David Duchovny. Ein Meteorit bringt Einzeller auf die Erde, welche sich rasend schnell vermehren und zu mörderischen Bestien heranwachsen. Das Militär und ein junges Team von Wissenschaftlern machen sich daran, die Welt zu retten. Das Rennen gegen die Zeit ist weder spannend noch spaßig. Halbwegs zu amüsieren vermögen die Mutanten, die Spezialeffekte und Dan Aykroyd. *Film, 8/2001*

**Kritik:** (...) Ähnlich wie das Team in Reitmans legendärem »Ghostbusters« geht auch diese sympathische Chaostruppe das Unternehmen weitgehend wie einen naiven Spaß an – ohne sich um die globalen Auswirkungen zu sorgen, die damit verbunden sind. Und es gehört zu den Gesetzen des Genres, dass sie am Ende mit ebendieser Gelassenheit und einem Feuerwehrauto voller Schuppenshampoo mehr erreichen als alle ehrgeizig entschlossenen Alienjäger zusammen.

*Anke Sterneborg, SZ, 19.7.2001*

(...) Nie erreicht Reitman die Absurdität von Tim Burtons »Mars Attacks«. Nur manchmal blitzt so etwas wie Ironie auf, wenn dilettantische Militärs und profilneurotische Politiker ihr Fett abkriegen oder Duchovny sich als Fox Mulder karikiert. (»Ich kenne die Jungs von der Regierung, denen kann man nicht trauen.«) Ansonsten scheint die geistige Evolution am filmischen Homo sapiens flott vorbeigegangen zu sein, dem Zuschauer bleibt jegliche Intelligenzanforderung erspart. Schöner Schwachsinn.

*Margret Köhler, AZ, 19.7.2001*

**Interview:** *Evolution wirkt streckenweise wie ein aufgeblasenes B-Movie. War das Absicht?*

Der Film speist sich hauptsächlich aus den Klassikern der 50er-Jahre. Unsere Produktion selbst war allerdings nicht zum Billigpreis zu kriegen, auch die Schauspieler sind keinesfalls zweite Wahl. Und hoffentlich sieht der Film nicht nach B-Movie-Regisseur aus. Wir spielen mit den alten Filmen und ihren Idiomen, haben aber, wie ich hoffe, eine Sciencefiction-Komödie daraus gestrickt, wie man sie heute sehen will.

*Einige amerikanische Kritiker haben Ihnen ein Übermaß an Fäkalhumor vorgeworfen. Ist man heute im Sog von Farelly & Co. zu solchen Scherzen gezwungen?*

Niemand zwingt mich zu irgendwas. Außerdem wird mir diese Frage seit 25 Jahren gestellt. Als Komödienregisseur arbeitet man viel mit Sprache. Und als Mitglied einer Gesellschaft zu einer bestimmten Zeit nimmt man Sprache so oder so wahr, schöpft das ab, was man zu spüren glaubt und hofft, dass es beim Publikum ankommt. Wir spiegeln das wider, was auch umgangssprachlich gerade angesagt ist. *Ivan Reitmann im Interview mit Gerald Jung, Zitty 15/2001*

*Monsterjagd in ›Evolution‹*

## Exit 256

EXIT ***

**Regie:** Olivier Megaton
**Darsteller:** Patrick Fontana (Stan), Clotilde Courau (Pearl), Serge Blumenthal (Léon), Féodor Atkine (Olbek), Manuel Blanc (Spirit)
**Drehbuch:** Olivier Megaton
**Kamera:** Michel Taburiaux
**Musik:** Nicolas Bikialo
**Schnitt:** Olivier Mauffroy
**Prod.-Des.:** Hervè Leblanc
**Prod.:** Frankreich 2000; 107 Min.
Luc Besson
**Verleih:** Tobis, 2.8.2001
**FSK:** ab 16 J.

Der unter Serienmordverdacht stehende junge Stan fällt in die Hände eines manipulativen Psychoanalytikers und schlittert in ein raffiniert ausgetüfteltes Komplott. Überraschung aus Frankreich: ein origineller, nicht unintelligenter und vor allem spannender Thriller.

**Kritik:** (...) Wirklich gepackt wird er jedoch kaum, zu klinisch und kalkuliert wirkt »Exit«. Wie eine Fingerübung in Sachen Design und zu nahe am Verdacht der Effekthascherei. Ein selbstbewusster, visueller Künstler ist Megaton jedoch allemal, allerdings muss er den Erzähler in sich erst noch entdecken. *Hans Jörg Marsillius, Film-Dienst, 23/2001*

## Exit Wounds – Die Copjäger 257

EXIT WOUNDS ***

**Regie:** Andrzej Bartkowiak
**Darsteller:** Steven Seagal (Orin Boyd), DMX (Latrell Walker), Isaiah Washington (George Clark), Anthony Anderson (T. K.), Michael Jai White (Strutt), Bill Duke (Hinges), Jill Hennessy (Mulcahy)
**Drehbuch:** Ed Horowitz, Richard D'Ovidio, nach dem gleichnamigen Roman von John Westermann
**Kamera:** Glen Macpherson
**Musik:** Jeff Rona, Damon »Grease« Blackman
**Schnitt:** Derek G. Brechin
**Prod.-Des.:** Paul Denham Austerberry
**Prod.:** USA 2001; 103 Min.
Joel Silver, Dan Cracchiolo; John M. Eckert

(Co-Prod.) für Warner Bros. Pic./Silver Pic. für Village Roadshow/NPV Ent.
**Verleih:** Warner/dto./-, 3.5.2001
**Vertrieb:** Warner Video (Video, DVD)

Ein Polizist wie Orin Boyd kann nicht anders, als Probleme mit seinen Vorgesetzten zu haben. Wegen eigenmächtigen, wenn auch erfolgreichen Handelns wird er strafversetzt. In seinem neuen Revier gerät er unter korrupte Kollegen, denen er das Handwerk nur legen kann, indem er mit einem vermeintlichen Drogenhändler zusammenarbeitet. Nach »Romeo Must Die« hätte man vom zweiten Film, bei dem Andrzej Bartkowiak Regie führt, mehr erwartet als eine Reihe einfallsloser Actionsequenzen, die von der Handlung nur mühsam verbunden sind und zudem unter dem hölzernen Spiel des Hauptdarstellers leiden. *Multimedia*

**Kritik:** (...) Regisseur Andrzej Bartkowiak (als Kameramann in Hollywood jahrelang viel beschäftigt) tut gut daran, seiner Kampfmaschine Steven Seagal nur schlichte Sätze wie »I'm in hell« in den Mund zu legen. Spektakuläre Stunts, Kampfsporteinlagen, Massenkarambolagen und Explosionen sorgen ohnehin für mehr Unterhaltung als jene teils arg konstruierte Geschichte, deren Aufklärung keinen Seagal-Fan interessiert. Dass sich der Allerwelts-Actionfilm in den USA zum Kassenerfolg mauserte, hängt auch mit Seagals Co-Star, der Rap-Größe DMX zusammen, dessen Songs den hippen Soundtrack pfeffern. *Horst E. Wegener, Zitty, 10/2001*

## Das Experiment 258

****

**Regie:** Oliver Hirschbiegel
**Darsteller:** Moritz Bleibtreu (Tarek Fahd, Häftling Nr. 77), Christian Berkel (Steinhoff, Häftling Nr. 38), Maren Eggert (Dora), Justus von Dohnànyi (Berus), Oliver Stokowski (Günther Schütte)
**Drehbuch:** Mario Giordano, Don Bohlinger, Christoph Darnstädt, nach dem Roman »Black Box« von Mario Giordano
**Kamera:** Rainer Klausmann
**Musik:** Alexander van Bubenheim
**Schnitt:** Hans Funck
**Prod.-Des.:** Andrea Kessler
**Prod.:** BRD 2000; 120 Min.
Norbert Preuss, Marc Conrad, Fritz Wildfeuer; Benjamin Herrmann (Co-Prod.) für Fanes/Typhoon mit Senator/Seven Pic.
**Verleih:** Senator/Constantin/Elite, 8.3.2001
**FSK:** ab 16 J., ffr. – **FBW:** Wertvoll

20 Freiwillige lassen sich für einen Versuch in Wärter und Gefangene einteilen. Das Experiment zu Autoritätsgläubigkeit und Machtaneignung läuft sehr schnell aus dem Ruder. Der weitgehend realistische Thriller aus Deutschland krankt zwar an gewissen Reißbrettkonstruktionen, insbesondere die zwei Frauenfiguren werden eher als Funktionen denn als glaubwürdige Charaktere eingesetzt, aber dramaturgisch und schauspielerisch hält der Film seinen Spannungsbogen eindrücklich aufrecht.
*Film, 5/2001*

**Kritik:** (...) Natürlich will dieser Film das reale Vorbild noch toppen – aber er tut es so perfekt inszeniert und bebildert (raffiniert mit fiktiven Doku-Szenen durchsetzt), dass der Zuschauer die im Kino erlebte Bedrohung seines zivilisierten Ichs auch nach dem Abspann noch lange nicht abschütteln kann. Hirschbiegel hat beim Fernsehen gelernt und bei den Themen Plakativität und Orientierung an Hollywood besonders gut aufgepasst. Das

*Moritz Bleibtreu und Christian Berkel*

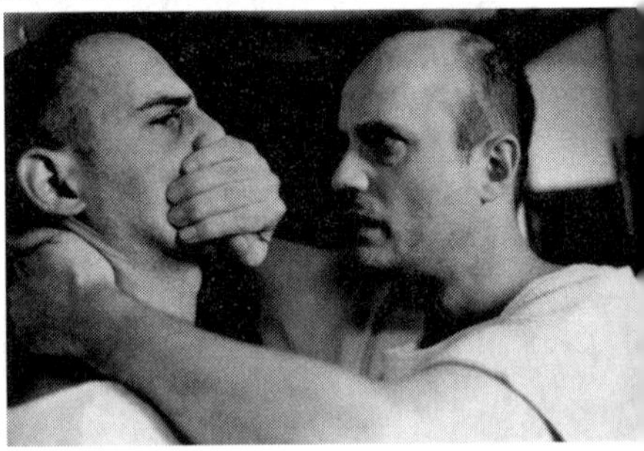

*Moritz Bleibtreu und seine Leidensgenossen in ›Das Experiment‹*

größte Wunder dieses Films ist, dass ihm das nicht geschadet hat.

*Stefanie Schild, AZ, 8.3.2001*

(...) Läppische Drehbuchideen, roh skizzierte Chargenfiguren und voyeuristische Regieeinfälle zerreiben den hübschen Jail-Movie-Stoff. Die schlichte Bilanz: Der Trieb siegt immer.

*Robert Weixlbaumer, tip, 5/2001*

(...) Der Film macht nicht eine Minute den Eindruck, »deutsch« zu sein, doch im Gegensatz zu oberflächlicher amerikanischer Action-Massenware zielt er zugleich auf Bauch und Kopf, was nicht zuletzt dem hervorragenden Schauspielerensemble zu verdanken ist. *Zitty, 6/2001*

**Interview:** *Die Videoaufnahmen mit Tareks Brille sind ein interessantes optisches Detail des Films.*

Es gibt ja wirklich solche Brillen, die wurden für Lehrfilme in der Chirurgie entwickelt. Sie sind allerdings qualitativ zu gut für unseren Zweck. Also haben wir so ein Ding mit einer minderwertigeren Kamera gebaut. Alles, was mit ihr gedreht ist, hat Moritz selbst gefilmt. Er hat gleichzeitig gespielt und aufgenommen. Das ist wohl eine Weltpremiere!

*Von der Kritik wurde Ihr Film bisher äußerst positiv aufgenommen. Wie schätzen Sie seinen kommerziellen Erfolg ein?*

Ich habe immer gesagt, Qualität setzt sich durch, wenn man den Leuten einen klugen und spannend-unterhaltenden Film vorsetzt. Diese Behauptung muss ich jetzt einlösen. Ich glaube und hoffe, dass der Film ein Erfolg wird, was bedeutet, dass 700.000 bis 800.000 Leute ihn ansehen.

*Oliver Hirschbiegel im Interview mit Blickpunkt Film, 7/2001*

## Extreme Risk 259

RANCID ALUMINIUM **

Video

**Regie:** Ed Thomas
**Darsteller:** Joseph Fiennes (Sean Deeny), Rhys Ifans (Pete Thompson), Tara Fitzgerald (Masha), Sadie Frost (Sarah), Stephen Berkhoff (Herr Kant), Keith Allen (Dr. Jones), Dani Behr (Charlie)
**Drehbuch:** James Hawes, nach seinem gleichnamigen Roman
**Kamera:** Tony Imi
**Musik:** John Hardy
**Schnitt:** Chris Laurence
**Prod.-Des.:** Hayden Pearce
**Prod.:** GB 1999; 87 Min.
Mike Parker, Mark Thomas für EFD/Fiction Factory
**Vertrieb:** VCL Video, 27.9.2001
**FSK:** ab 16 J.

Aus Angst vor einem Konkurs lässt sich Brit-Yuppie Pete auf Anraten seines vermeintlichen Freundes Sean mit der Russenmafia ein – und mit der Tochter eines Paten. Nach altbekannten Formeln und mit ungelenker Regie – ein tempoloser Thriller.

## Ey Mann ... wo ist mein Auto 260

DUDE, WHERE'S MY CAR? **

**Regie:** Danny Leiner
**Darsteller:** Ashton Kutcher (Jesse), Seann

William Scott (Chester), Kristy Swanson (Christie Boner), Jennifer Garner (Wanda), Marla Sokoloff (Wilma), David Herman (Nelson), Christian Middelthon
**Drehbuch:** Philip Stark
**Kamera:** Robert Stevens
**Musik:** David Kitay
**Schnitt:** Kimberly Ray
**Prod.-Des.:** Charles Breen
**Prod.:** USA 2000; 83 Min.
Wayne Rice, Broderick Johnson, Andrew Kusove, Gil Netter; Nancy Paloian-Breznikar (Co-Prod.) für Alcon Ent.
**Verleih:** 20th Century Fox/-/20th Century Fox, 22.3.2001
**Vertrieb:** Fox Video (Video, DVD)
**FSK:** ab 12 J., ffr.

Jesse und Chester, einer blöder als der andere, wachen nach einer durchgefeierten Nacht auf, mit dem dumpfen Gefühl eines totalen Black-out. Vor allem wissen die beiden nicht mehr, wo sie zuletzt ihr Auto parkiert haben. Also machen sich »Dumm und Dümmer« auf die Socken und entdecken, dass sie ein Dingsbums gestohlen haben, mit dem man das Universum zerstören kann. Irritierender Pubertätsstreifen mit einer wilden Mixtur aus Fantasyelementen und Fäkalhumor. *Film, 3/2001*

**Kritik:** (...) Ob außerirdische Sex-Miezen oder muskelbepackte Alien-Jäger auf der Suche nach dem Verbleib eines ominösen Raum-Zeit-Kontinuum-Umwandlers, ob Terror-Strauße, spinnerte Sekten-Mitglieder oder ein Mega-Alien im Bikini: Die Deppen-Odyssee wird immer bekloppter. Zwar zündet längst nicht jeder Gag, doch plündert Regie-Routinier Danny Leiner die Genres Sciencefiction und Teen-Jux gekonnt genug, um sein Publikum bei Laune zu halten. *Horst E. Wegener, Zitty, 7/2001*

## Die fabelhafte Welt der Amélie

261

LE FABULEUX D'AMÉLIE POULAIN

****

**Regie:** Jean-Pierre Jeunet
**Darsteller:** Audrey Tautou (Amélie Poulain), Mathieu Kassovitz (Nino Quincampoix), Rufus (Raphael Poulain), Yolande Moreau (Madaleine Wallace), Artus de Penguern (Hipolito), Urbain Cancellier (Collignon), Domenique Pinon (Joseph)
**Drehbuch:** Guillaume Laurant, Jean-Pierre Jeunet
**Kamera:** Bruno Delbonnel
**Musik:** Yann Tiersen
**Schnitt:** Céline Kelepikis
**Prod.-Des.:** Aline Bonetto
**Prod.:** BRD/Frankreich 2001; 123 Min. Claudie Ossard für Victoires Prod./Tapioca/ France 3 Cinéma/MMC Independent mit Canal+
**EA:** 30.6.2001, Filmfest München, »Eröffnungsfilm«
**Verleih:** Prokino/filmladen/Filmcooperative, 16.8.2001
**Vertrieb:** Universal Video
**FSK:** ab 6 J., ffr. – **FBW:** Besonders wertvoll

Ganz Paris träumt von der Liebe: Die fabelhafte Amélie Poulain serviert den Menschen am Montmartre den Kaffee und nachts verbessert sie ihre Träume. Bevor sie jedoch am Helfersyndrom stirbt, trifft auch sie ihren Märchenprinzen – einen Sammler von Bildern. Dies ist der Schlüsselfilm aus Frankreich in diesem Jahr: eine ausdrücklich nostalgische, aber mit modernster Technologie erzeugte Vision von einer besseren Zeit. Jean-Pierre Jeunet sucht das Paradies und erzählt von Medien, deren wichtigstes sein Star ist: Audrey Tautou.

*Bert Rebhandl, tip, 18/2001*

*Audrey Tautou*

*Audrey Tautou mit Jean-Pierre Jeunet*

**Kritik:** Dieser Film ist unwiderstehlich. Sagen wir's gleich vorneweg. Womöglich fällt weiter hinten im Text noch die eine oder andere kritische Bemerkung – und jede davon wird zu Recht fallen. Aber es ändert nichts am allermächtigsten, unhintergehbaren Eindruck: »Die fabelhafte Welt der Amélie« ist ein unwiderstehlicher Film. Fast gelingt es ihm, jede mögliche Kritik allein durch seine Wucht, durch sein pausenlos hochtourig arbeitendes Fantasie-Füllhorn, durch seine »All you can eat«-Ästhetik verdampfen zu lassen in einem immer wieder aufwallenden Staunen, aus dem man für knapp zwei Stunden kaum herauskommt. Zum Abspann sagt man »Uff!«, bemerkt wahrscheinlich ein Lächeln im eigenen Gesicht und fühlt sich um ein Glückserlebnis reicher. (…)

*Merten Wortmann, Die Zeit, 16.8.2001*

(…) Dafür hat Jean-Pierre Jeunet eine Art ältere Schwester von Louis Malles unvergesslicher »Zazie« geschaffen. Wie Zazie kommt Amélie aus der Provinz und eilt mit großen Augen so unternehmungslustig durch dieses Paris, dass (wie einst für »Zazie«) oft der Zeitraffer bemüht wird, um ihre vielen erstaunlichen Abenteuer in einem einzigen Film zu erzählen. (…)

*Peter Steinhart, Rheinische Post, 17.8.2001*

(…) In der fabelhaften Welt der Amélie sind alle von der Sammelwut getrieben – Amélie selbst, ihr Liebhaber, der fremde Mann, der vor Jahrzehnten eine kleine Dose mit den Reliquien seiner Kindheit in ihrer Wohnung versteckt hat. Und in gewisser Weise erzählt Jean-Pierre Jeunet auch von seiner eigenen Sammelleidenschaft: Der Strom von Geschichten und Bildern in »Amélie« raubt einem geradezu den Atem. Manchmal kann einem das fast ein bisschen zu viel werden – weil man schon beim ersten Mal weiß, dass man diesen Film noch zwei oder drei weitere Male wird anschauen müssen, bevor man langsam die Übersicht bekommt über diese verwobene Welt. Und in der Flut der Bilder und Effekte tauchen immer wieder solche auf, die nur illustrieren, was man schon auf einer anderen Ebene wahrgenommen hat – da gibt es, bei der Begegnung mit ihrem heimlichen Schwarm Nino (gespielt von dem bei uns zu Unrecht nur als Regisseur bekannten Mathieu Kassovitz), das pochende Herz von Amélie, das sie in ihrem Spiel längst vorweggenommen hat. Aber die Großzügigkeit, mit der Jeunet zwei Stunden lang mit immer wieder neuen Einfällen um sich wirft, ist einzigartig. (…)

*Susan Vahabzadeh, SZ, 16.8.2001*

**Interview:** *Mathieu Kassovitz, der den romantischen Helden spielt, hat als Regisseur eine ganz andere, sehr düstere Vision von der Welt – war das beim Drehen ein Problem?*

Wenn er Schauspieler ist, ist er nur Schauspieler. Nur einmal hat er versehentlich »Action!« gerufen. Wir schätzen uns gegenseitig sehr. Ich liebe ihn als Schauspieler, er hat ein wunderbares Charisma. Die Kamera liebt ihn. Das ist keine Arbeit für ihn, alles geht ganz easy. Er kommt am Morgen, küsst die Schauspielerin und geht wieder.

*Welche Freiheit haben die Schauspieler bei Ihnen? Arbeiten Sie mit Storyboard?*

Nein, kein Storyboard für eine Komödie. Storyboard ist gut, um visuelle Ideen zu finden. Ich mache ein paar Tests, ein paar Proben – bereite zwar alles gründlich vor, aber wenn einer einen Vorschlag macht, kann ich schon drauf anspringen. Es war das erste Mal, dass ich »on location« gedreht habe. Wir haben alles dirigiert, die Autos entfernt. Wir hatten alles unter Kontrolle, um ein ideales Paris zu bekommen. Das wirkliche Paris ist natürlich anders, Hundescheiße auf dem Trottoir und so weiter. Inzwischen hat sich ein touristischer Boom in dem Viertel entwickelt, wo wir drehten. Der Patron unseres Cafés war ganz genervt, wollte das Café verkaufen.

*Können Sie sich einen zweiten Ausflug nach Hollywood vorstellen?*

Ich würde natürlich jederzeit wieder einen Film in den USA drehen, wenn es ein schönes Angebot wäre – aber für dumme Filme ist das Leben zu kurz. Außerdem bin ich in Frankreich vollkommen frei – wenn ein Hollywoodregisseur wüsste, wie frei ich bin, würde ihn der Schlag treffen.

*Jean-Pierre Jeunet im Interview mit Susan Vahabzadeh und Fritz Göttler, SZ, 16.8.2001*

*Wie schwer war es, »Amélie« zu finanzieren?*

Ich habe den Film, wie auch schon vorher »Delicatessen«, wieder mit UGC gemacht, die mich sehr unterstützt haben. Dann hatten wir auch wieder Canal+, FR 3 Cinéma – dieselben Partner wie bei den anderen Jeunet-Filmen. Wir sind wie eine Familie. Grundsätzlich muss man aber bei jedem Film wieder bei null anfangen – auch die Familie funktioniert nicht immer. Mit einem anderen Regisseur als Jeunet kann es schwieriger werden.

*Wie hoch war das Budget von »Amélie«?*

76 Millionen Franc. Wir hatten 93 Drehtage, das ist eine Menge, außerdem viele Tricks, die teuer sind, und viele Details, die dauern und deshalb auch kosten. Jean-Pierre dreht ziemlich schnell, wir haben auch täglich bis zu zehn Einstellungen geschafft. Aber der Film besteht aus vielen kleinen Einzelteilen und Miniaturen, die Zeit brauchen.

*Claudie Ossard im Interview mit Frauke Hanck, Blickpunkt Film, 6.8.2001*

## Das Fähnlein der sieben Aufrechten 262

***

**Regie:** Simon Aeby
**Darsteller:** Kisha, Erich Vock, Silvia Jost, Fabien Rohrer, Urs Bihler, Reto Peritz, Brigitte Kobel
**Drehbuch:** Thomas Hess, nach dem gleichnamigen Theaterstück von Hansjörg Schneider, frei nach der gleichnamigen Erzählung von Gottfried Keller
**Kamera:** Hans G. Syz
**Musik:** Moritz Schneider, Philippe Schmidt
**Schnitt:** Markus Welter
**Prod.:** Schweiz 2001; 95 Min.
Lukas Erni für Impuls Motion Pic. of Europe/ Ascot Elite Group/Absolut/TV3
**Verleih:** -/-/Elite, April 2001

Die als »Alpenwestern« im Ballenberg-Freilichtmuseum verfilmte Mundart-Theaterfassung der Novelle von Gottfried Keller überrascht mit einer flüssigen Inszenierung und professionellen technischen Standards. Die Leistungen der Laiendarsteller sind so ansprechend wie ihre zeitgenössische Sprache. Eher irritierend ist dagegen der aufgesetzt wirkende Einsatz aktueller Popmusik.

*Film, 4/2001*

## Falcon Down – Todesflug ins Eismeer 263

FALCON DOWN **

Video

**Regie:** Phillip Roth
**Darsteller:** Dale Midkiff (Hank Thomas), Judd Nelson (Harold Peters), Jennifer Rubin (Sharon Williams), Mark Kiely (Rat), Dean Biasucci (Roth Jenkins), Cliff Robertson (Buzz Thomas), William Shatner (Major Carson)
**Drehbuch:** Jon Meyer, Terry Neish
**Kamera:** Todd Barron
**Musik:** Daniel J. Nielsen
**Schnitt:** Randy Carter, Ken Peters
**Prod.-Des.:** David Huang
**Prod.:** USA 2000; 89 Min.
Kenneth Olandt, Jeff Beach, Phillip Roth für Uni fied Film Org. 'LLC
**Vertrieb:** BMG Video, 18.4.2001
**FSK:** ab 16 J.

Ex-Navy-Offizier übernimmt in geheimer Mission die Entwendung eines Tarnkappenjets. Öder Discount-Actioner mit ein paar Besetzungsglanzlichtern.

## Ein Fall für zwei 264

UN CASO PARA DOS □

TV

**Regie:** Antonio Chavarrias
**Darsteller:** Emma Vilarasau (Julia), Jordi Sánchez (Ferrer), Ferrán Rané (Larios), Germán Almendros (Martin), Miguel Parra (Riera), Oswaldo Martin (Sicario), Jordi Cumellas (Quique)

**Drehbuch:** Antonio Chavarrias, Pina Escayola, J. L. Ibánez
**Kamera:** Andreu Rebés
**Musik:** Eduardo Arbide
**Schnitt:** Ernest Blasi
**Prod.-Des.:** David Fernández
**Prod.:** Spanien 1996; 90 Min.; Oberon/TVE
**TV:** 7.6.2001, Arte, 23.35

Krimi, der im Drogenmilieu spielt. Ein blinder Polizeiinspektor und die Schwester eines Opfers suchen die Täter. *AZ TV Journal*

## Der Fall Mona 265
DROWNING MONA ***

**Regie:** Nick Gomez
**Darsteller:** Danny De Vito (Chief Wyatt Rash), Bette Midler (Mona Dearly), Neve Campbell (Ellen Rash), Jamie Lee Curtis (Rona Mace), Casey Affleck (Boby Calzone), William Fichtner (Phil Dearly), Marcus Thomas (Jeff Dearly)
**Drehbuch:** Peter Steinfeld
**Kamera:** Bruce Douglas Johnson
**Musik:** Michael Tavera
**Schnitt:** Richard Pearson
**Prod.-Des.:** Richard Toyon
**Prod.:** USA 2000; 95 Min.
Al Corley, Bart Rosenblatt, Eugene Musso für Neverland Films/Jersey Shore Prod.
**Verleih:** Helkon/Buena Vista/-, 10.5.2001
**Vertrieb:** Helkon (Columbia TriStar) Video (Video, DVD)
**FSK:** ab 12 J., ffr.

Eine Kleinstadt im Schatten New Yorks freut sich darüber, dass die cholerische Mona ihren wohlverdienten Tod gefunden hat. Der Polizeichef ermittelt, stößt auf zahlreiche Verdächtige und kommt der Wahrheit näher, als es ihm aus persönlichen Gründen lieb sein kann. Die Kriminalkomödie versucht mit geringem Erfolg, kleinstädtische Boshaftigkeit und Bigotterie, Heuchelei und Scheinheiligkeit zum Thema zu machen. Humor und Figuren sind von gleicher Einfalt. *Multimedia*

**Kritik:** (...) Regisseur Nick Gomez setzt auf intelligenten Wortwitz in dieser beißenden Karikatur des American Way of Life: Hochzeitshysterien, bei denen die kitschige Fassade die Leichen im Keller verdeckt, verlogene

*Danny De Vito löst den ›Fall Mona‹*

Familienwerte, Geschmacklosigkeiten vom Essen bis zur Trauerfeier mit geheuchelten Tränen. Hier lacht man auf hohem schwarzem Humor-Niveau. *Adrian Prechtel, AZ, 10.5.2001*

(...) Aber weder erreichen die schrulligen Charaktertricks des Figurenpersonals das komische Niveau etwa der Coen-Brüder, noch sind Plot und Tempo originell und rasant genug, um ein makelloses Kinovergnügen zu garantieren. So empfiehlt sich »Der Fall Mona« als harmlose Entspannung für Komödienfans, die keine zu großen Ansprüche an Story und Dialoge stellen. *Peter Koberger, Blickpunkt Film, 16/2001*

## Die Falle 266
L' ULTIMO CONCERTO ***
TV

**Regie:** Francesco Laudatio
**Darsteller:** Anna Bonaiuto (Valeria), Daniel Ezralow (Tommy), Eros Pagni (Bruni), Mariella Valentini (Cristina De Luca), Claudia Pandolfi (Claudia), Silvia Cohen (Francesca)
**Drehbuch:** Silvia Napolitano, Francesco Laudatio
**Prod.:** Italien 1995; 90 Min.
**TV:** 3.5.2001, BR, 23.30

Gerichtsfilm über die Anschuldigungen gegen einen Rocksänger, einen weiblichen Fan vergewaltigt zu haben. Zwischen seiner Anwältin und ihm entwickelt sich eine persönliche Beziehung, die jedoch an Standesunterschieden scheitert. *AZ TV Journal*

## Die Falle – The Price of Silence 267

FALL – THE PRICE OF SILENCE **

Video

**Regie:** Daniel Baldwin
**Darsteller:** Michael Madsen (Jeremy Banes), Daniel Baldwin (Anthony Carlotti), Chad McQueen (Manny Carlotte), Karl Pruner (Keith Taylor), Lawrence Dane (Joseph King)
**Drehbuch:** Kennth August
**Kamera:** Nicholas von Sternberg
**Musik:** Terrence Gowan, Blair Packham
**Schnitt:** Lisa Grootenboer
**Prod.:** Kanada 1999; 93 Min.
John Gillespie für Paul Wynn Annex/Now/Fall Ent.
**Vertrieb:** VCL Video, 28.8.2001
**FSK:** ab 16 J.

Zwei vertrottelte Killer sollen Mordverdächtigen beseitigen, der mit FBI-Mann via Zeugenschutzprogramm untergetaucht ist. Kein Krimi, eher eine peinliche Daniel-Baldwin-Show, der als Regisseur noch mehr versagt denn als Darsteller.

## Familie und andere Glücksfälle 268

**

TV

**Regie:** Dror Zahavi
**Darsteller:** Ann-Kathrin Kramer (Mathilda), Achim Grubel (Paul Marschall), Arndt Schwering-Sohnrey (Matze), Michael Maertens (Jan Pankuweit), Rüdiger Vogler (Richard Beer), Stephan Benson
**Drehbuch:** Silke Zertz
**Prod.:** BRD 2000; 90 Min.
**TV:** 7.6.2001, Pro7, 20.15

Die Rüpelkomödie bedient sich eines behinderten Halbbruders, um der Topmanagerin Mathilda den großen Börsencoup zu versauen und durch wüste Exzesse der Unzurechnungsfähigkeit familiäre Zuwendung zu erzwingen. Da wird dann ordentlich auf die Tube gedrückt mit triefiger Läuterung und Beschämung, mit plumper Naiv-Sülze der Elternliebe und platter Entblößung der Zyniker, Rassisten und Fassadenheuchler. Das ist so simpel und grob, dass nicht einmal der gezielte Zynikerwitz wirkt – geschweige denn das gezielte Gemütsschmalz. *Ponkie, AZ, 9.6.2001*

## Family Tree – Eine ungewöhnliche Freundschaft 269

FAMILY TREE **

Video

**Regie:** Duane Clark
**Darsteller:** Robert Foster (Henry Musser), Naomi Judd (Sarah), Andrew Lawrence (Mitch), Matthew Lawrence (Mark), Cliff Robertson (Larry), Tyler Hoechlin (Jeff Jo)
**Drehbuch:** Paul Canterna
**Kamera:** John Peters
**Musik:** Mike Curb, Randy Miller, Joey Lawrence
**Schnitt:** Matthew Booth
**Prod.:** USA 2000; 86 Min.
Mike Curb, Carole Curb Nemoy, Jordan Leibert für Curb Ent./Warner Vision Films
**Vertrieb:** Splendid (Warner) Video, 3.8.2001
**FSK:** ab 6 J.

Zankapfel Baum: Provinzkaff spaltet sich in der Frage, ob zum Zwecke der Industrieansiedlung Dorfeiche weichen soll. Harmloses Öko-Drama auf Gefühlsduselbasis.

## Die Farbe des Herzens 270

À LA PLACE DU CŒUR ****+

TV

**Regie:** Robert Guediguian
**Darsteller:** Ariane Ascaride (Marianne), Christine Bruecher (Francine), Jean-Pierre Darroussin (Joel), Gerard Meylan (Franck), Alexandre Ogue (Bebe), Laure Raoust (Clementine), Veronique Balme (Sophie »Sœurette«)
**Drehbuch:** Jean-Louis Milesi, Robert Guediguian, frei nach dem Roman »Beale Street Blues« von James Baldwin
**Kamera:** Bernard Cavalie
**Schnitt:** Bernard Sasia
**Prod.:** Frankreich 1998; 112 Min.
Gilles Sandoz für Agat Film mit La Sept Cinema/France 2 Cinema/Le Studio Canal+/Diaphana
**UA:** 16.9.1998, Film Festival Toronto
**TV:** 25.6.2001, Arte, 20.45

Die 16-jährige Clementine aus Marseille liebt seit langem den 18-jährigen

François. Die beiden wollen heiraten. Aber François sitzt im Gefängnis. Ein Polizist hat ihn denunziert, weil ihm seine Hautfarbe nicht gefiel. Die Anklage ist schlimm: Der Junge soll eine exilierte Bosnierin vergewaltigt haben. Wie soll François seine Unschuld beweisen, zumal die Frau nach Sarajewo zurückgekehrt ist? Clementine besucht François täglich. Eines Tages teilt sie ihm mit, dass sie schwanger ist, ihre Entscheidung, das Kind zu behalten, wird akzeptiert. Ihre Mutter Marianne reist nach Sarajewo, um die Frau zu finden, welche die Unschuld von François beweisen soll ...

## Die Farben des Paradieses 271

RANG-E-KHODA / COLOUR OF PARADISE ****

**Regie:** Majid Majidi
**Darsteller:** Hossein Mahjoob (Hashem, der Vater), Salameh Feyzi (Großmutter), Mohsen Ramezani (Mohammad), Elham Sharifi, Farahnaz Safari (Schwestern), Behzad Raifeiey (Dorfschullehrer)
**Drehbuch:** Majid Majidi
**Kamera:** Mohammad Davoodi
**Musik:** Alireza Kohandairi
**Schnitt:** Hassan Hassandoost
**Prod.:** Iran 1999; 90 Min.
Mehdi Karimi für Varahonar Film
**EA:** 11.2.2000, Int. Filmfestspiele Berlin, »Kinderfilmfest«
**Verleih:** Advanced/Filmladen/Elite, 29.3.2001
**FSK:** ab 6 J., ffr. – **FBW:** Wertvoll

Die Fabel erzählt vom achtjährigen Mohammad, der in einer Blindenschule in Teheran aufwächst und während der Sommerferien in sein Heimatdorf zurückkehrt. Der Vater Hashem ist mit seiner Lebenssituation als Witwer sowie mit seinem blinden Kind überfordert und sucht verzweifelt nach einer Lösung seiner Probleme. Ein visuell überzeugend gestalteter Film, der die Wahrnehmung des blinden Kindes in den Mittelpunkt rückt. *Film, 8/2000*

**Kritik:** (...) Wo andere Kinderfilme die Sequenzen kurz halten müssen, weil die Frische der jungen Darsteller rasch verbraucht ist, offenbart der vermutlich halbblinde Mohsen Ramezani als Mohammad einen schier unerschöpflichen Gefühlsreichtum und ein darstellerisches Vergnügen, das die ganze Not dieses jungen Menschenlebens nahe bringt. (...)
*Hans-Jörg Rother, FAZ, 11.2.2000*

(...) Das ist herzzerreißend, nicht kitschig; das Leid der Welt spiegelt sich in Mohammads Gesicht. Aber weil dies ein Kinderfilm ist, gibt es am Ende tatsächlich ein Wunder. (...)
*Der Tagesspiegel, 19.2.2000*

(...) Der kleine Junge blüht auf, beginnt sein »Anderssein« zu akzeptieren. Aber der verwitwete Vater will wieder heiraten und glaubt, der Sohn sei ihm im Wege. Das Ende des kurzen Sommers ist tragische Fassungslosigkeit. Zu spät erkennt der Vater in seinem Selbstmitleid, dass er den Sohn nicht verleugnen darf.
Der iranische Regisseur Majid Majidi (1997 oscarnominiert für »Die Kinder des Himmels«) macht Filme für Menschen, die nachfühlen wollen, auch nachdenken. Das ist sinnbewusstes Kino. *Angie Dullinger, AZ, 29.3.2001*

*›Die Farben des Paradieses‹*

## Farewell, My Love 272
FAREWELL, MY LOVE *
Video

**Regie:** Randall Fontana
**Darsteller:** Phillip Rhys (Luc), Mark Sheppard (Michael Reilly), Robert Culp (Reilly), Brion James (Renault), Ed Lauter (Seigei), Adam Baldwin, Catherine McGoohan
**Drehbuch:** Randall Fontana
**Musik:** Michael Wandmacher
**Schnitt:** John Lafferty
**Prod.:** USA 1999; 90 Min.
William Ewart, Deverin Karol, Dick Lowry, David Peters; Ken Sanders (Co-Prod.) für Frontline Ent./Montage
**Vertrieb:** UAP Video, 15.8.2001
**FSK:** ab 16 J.

Blutrachedurstiges Pistolenluder stapelt Mafia-Leichen. Brutal, dumm und überflüssig – ein schlimmer Actionthriller.

## The Fast and the Furious 273
THE FAST AND THE FURIOUS ***

**Regie:** Rob Cohen
**Darsteller:** Paul Walker (Brian O'Conner), Vin Diesel (Dominic Toretto), Michelle Rodriguez (Letty), Jordana Brewster (Mia Toretto), Rick Yune (Johnny Tran), Chad Lindberg (Jesse), Johnny Strong (Leon)
**Drehbuch:** David Ayer, Erik Bergquist, Gery Scott Thompson, nach einer Story von Gary Scott Thompson
**Kamera:** Ericson Core, Jonathan Taylor (2nd unit)
**Musik:** BT
**Schnitt:** Peter Honess
**Prod.-Des.:** Waldemar Kalinowski
**Prod.:** USA 2001; 107 Min.
Neal H. Moritz; Heather Zeegen (Co-Prod.) für Nel A. Moritz Prod.
**Verleih:** UIP/UIP/UIP, 18.10.2001
**Vertrieb:** Universal Video
**FSK:** ab 16 J., ffr.

Ein Undercoveragent wird in eine Gang eingeschleust, die mit getunten Autos Rennen auf der Straße veranstaltet, um eine Serie von brutalen Überfällen auf Lkws aufzuklären. Kühl kalkuliertes Actionmovie, das Männerfantasien als Kassenmagnet einsetzt und seine dünne, platte und eigentlich bedenkliche Story dement-

*Vin Diesel und Paul Walker*

sprechend nur um die schnellen Autos herum konstruiert, die in Werbungsästhetik präsentiert werden.
*Alrun Fichtenbauer, Multimedia (Die Furche), 18.10.2001*

**Kritik:** (...) Das Erstaunliche ist nur, dass das Szenario trotz aller Klischees, trotz aller dämlichen Dialoge, trotz all der Macho-Attitüden (besonders von Frau Rodriguez!) in keinem Moment langweilig ist und mitunter sogar richtig Spaß macht. Und das ist nach all den nicht nur dämlichen, sondern vor allem langweiligen Hollywoodfilmen der letzten Zeit doch immerhin etwas.
*Michael Meyns, Zitty, 22/2001*

(...) So platt die Story und so oberflächlich die Figurenzeichnung, so atemberaubend sind die Stunts und perfekt die Verfolgungsjagden. Der Schrottfaktor, der sich nach der Zahl der gecrashten Flitzer bemisst, liegt jedenfalls klar höher in dem Vorjahres-Actionkracher »Gone in 60 Seconds«. Während die stupiden Dialoge und die unnötig rassistisch gefärbte Darstellung Doms asiatischer Streetgang-Widersacher für Irritationen sorgen dürften, verdienen die rasante Kameraführung und die wirkungsvoll eingesetzten Special Effects Anerkennung und Lob.

Cohen kombiniert für seine aufwändige B-Picture-Inszenierung mit A-Picture-Appeal vielerlei Elemente populärer Kinogenres: Von James Deans legendärem »Denn sie wissen nicht, was sie tun« über einschlägige Auto- und Jugendfilme der 50er-Jahre bis zu neueren Revitalisierungsversuchen des Western – wobei an die Stelle rassiger Pferde nun hoch getunte Flitzer treten.

*Reinhard Kleber, Filmecho-Filmwoche, 41/2001*

## Fast Food, Fast Women 274

FAST FOOD, FAST WOMEN ****

**Regie:** Amos Kollek
**Darsteller:** Anna Thomson (Bella), Jamie Harris (Bruno), Louise Lasser (Emily), Robert Modica (Paul), Lonette McKee (Sherry-Lynn), Victor Argo (Seymour), Angelika Torn (Vikta)
**Drehbuch:** Amos Kollek
**Kamera:** Jean-Marc Fabre
**Musik:** David Carbonara
**Schnitt:** Sheri Bylander
**Prod.-Des.:** Stacey Tanner
**Prod.:** Frankreich/USA 2000; 95 Min. Hengameh Panahi, Avram Ludwig für BIM/Pandora/Paradis/Lumen/Orly Films
**UA:** 15.5.2000, Int. Filmfestspiele Cannes, »Wettbewerb«
**EA:** Int. Hofer Filmtage 2001
**Verleih:** Arthaus/-/Filmcoop., 8.3.2001
**Vertrieb:** Arthaus Video (Video, DVD)
**FSK:** ab 6 J., ffr.

Die Serviererin Bella träumt von Ehe und Kindern; Bruno ist allein erziehender Vater, hält Bella aber für eine Kinderfeindin. Der alte Paul ist der lebenslustigen Witwe Emily zu höflich und sein Freund Seymour verguckt sich in eine Stripperin. Der vertrackte Liebesreigen um Menschen am Rand der Gesellschaft hat den ungeschliffenen Charme von Henry Jaglom und den Witz von Woody Allen. In der Hauptrolle brilliert Anna Thomson.

*Film, 11/2000*

**Kritik:** (...) Nach den düsteren New-York-Storys »Sue« und »Fiona« wartet Regisseur Amos Kollek mit einer hoch amüsanten Großstadtkomödie um Singles, Kontaktanzeigen und Schnellgerichte auf. In einem traditionellen Diner laufen alle Singlegeschichten zusammen, und Amos Kollek führt sie charmant und großherzig zu einem märchenhaften Happy End, das keine Wünsche offen lässt.

*Volker Gunske, tip, 5/2001*

(...) Bis alle kuriosen und fatalen Missverständnisse sich zu einem märchenhaft ironischen Happy End geklärt haben, rücken uns die sehnsüchtigen Versager nahe an die Haut. Und das ist durchaus angenehm. Auch wenn man in manchen frechen Lebenslügen eigene erkennt.

*Angie Dullinger, AZ, 8.3.2001*

**Interview:** *Ist die Schauspielerin Anna Thomson Ihre Muse?*

Die Leute behaupten das, es stimmt aber nicht. Ich habe nie mit ihr über Drehbücher geredet, wir haben auch nie improvisiert. Sie ist eine wunderbare Schauspielerin und entspricht genau meiner Vorstellung. Es gibt eine Reihe von Schauspielerinnen, die einem erst einmal eine Liste geben, auf der steht, was sie auf keinen Fall machen, und dann eine zweite Liste von den Dingen, die man mit den Agenten diskutieren muss. Das nervt. Bei Anna Thomson muss ich mit keinem Agenten reden, wir arbeiten einfach gut zusammen.

*Gibt es eine Verbindung zwischen Ihren Filmen?*

Jeder ist auf seine Weise sehr persönlich und personenorientiert. Ich habe nie eine Filmschule besucht, sondern Psychologie und Philosophie studiert. Weder verkünde ich eine spezielle Botschaft, noch will ich jemanden erziehen. Ich mache schlicht das, was mich interessiert.

*Fühlen Sie sich nicht auf verlorenem Posten bei all dem erfolgreichen Hollywood-Junk-Food?*

*Anna Thomson*

Natürlich ärgert es, wenn der eigene Film nur in einigen Kinos läuft, ein Hollywoodstreifen aber mit über 1000 Kopien startet. Aber ich bin mein eigener Herr. Man muss sich entscheiden – Hollywood oder Independent. Selbst wenn man halbwegs einen Namen hat, muss man sich bei einem Studio unterordnen. Ich bin sowieso ein Einzelgänger.

*Herrscht in New York eine andere Atmosphäre beim Filmemachen?*

Das Hollywood-System stinkt vor Geld. Ein Drehbuch kriegt man fürstlich bezahlt, aber der Film wird dann auf die lange Bank geschoben oder nicht realisiert. Viele gewöhnen sich schnell an den Luxus. Wer gibt schon ein Haus mit Swimmingpool in Los Angeles auf für ein Einzimmerapartment in New York, um dort einen Film für lumpige 300.000 Dollar zu drehen.

*Amos Kollek im Interview mit Margret Köhler, SZ, 8.3.2001*

## Fatal Destination – Absturz in die Hölle 275

CAPTURED ALIVE / DELIVER US FROM EVIL *
Video

**Regie:** Chris McIntyre
**Darsteller:** Dan Pinto (Nick Baskin), Dawn Lambing (Lauren Taylor), Rat Monta (Sam Kashawahara), John Mouganis (Phil Dougan), Danny Nelson (Amos Grum), Michael McGurk, Michelle Tucker
**Drehbuch:** Chris McIntyre
**Kamera:** S. William Hinzman
**Musik:** Dennis Michael Tenney
**Schnitt:** Chris McIntyre
**Prod.-Des.:** Rebecca Deluca
**Prod.:** USA 1995; 83 Min.
Finnegan's Wake Prod.
**Vertrieb:** VCL Video, 27.9.2001
**FSK:** ab 16 J.

Fünf Passagiere müssen mit einer gecharterten Maschine bei US-Hinterwäldlern notlanden, von denen sie versklavt werden. Billigheimer-Action, die als einzig Abenteuerliches die Plotkonstruktion vorzuweisen hat.

## Der Feind in meinem Haus 276

TOTAL STRANGER □
TV

**Regie:** Joe Cacaci
**Darsteller:** Lindsay Crouse (Patti Young), Zoe McLellan (Lara), Dan Lauria, Jay Thomas, Jay Paulson
**Prod.:** USA 1999; 100 Min.
**TV:** 30.4.2001, VOX, 20.15

Patti Youngs charmante neue Untermieterin Lara entpuppt sich als gefährliche Psychopathin. Sie zerstört systematisch das Haus, schwärzt Patti beim Gesundheitsamt und der Polizei an, tötet ihre Katze und erwirkt eine einstweilige Verfügung: Patti muss ihr eigenes Haus räumen. (…)

*AZ TV Journal*

## Feindliche Übernahme – Althan.com 277

***+

**Regie:** Carl Schenkel
**Darsteller:** Thomas Kretschmann (Robert Fernau), Désirée Nosbusch (Laura Schumann), Klaus Löwitsch (Willi Konrad), Wolfgang Hübsch (Granitz), Hans Peter Hallwachs (Kassel), Florian Martens (Heisig), Martin Semmelrogge (Beckmann)
**Drehbuch:** Nikolai Müllerschön
**Kamera:** Egon Werdin
**Musik:** Harald Kloser
**Schnitt:** Horst Reiter
**Prod.-Des.:** Ari Hantke
**Prod.:** BRD 2000; 95 Min.
Susanne Porsche für mps mediaprod.
**Verleih:** Columbia Tristar/-/-, 1.2.2001
**FSK:** ab 16 J., ffr.

*Florian Martens, Thomas Kretschmann und Désirée Nosbusch*

Unglaubliche 15 Millionen Mark durfte Regisseur Schenkel für seinen Genrefilm verbraten. Leider scheint nichts davon in die Storyentwicklung geflossen zu sein. Lieblos, schablonenhaft und ohne jedes Gespür für Timing kommt dieser Möchtegernactioner vom tapferen Wachschutzbeauftragten Thomas Kretschmann daher, der einen Energiekonzern vor dem atomaren Super-GAU bewahrt und sich dabei weder von einem Bündnis aus sturzlangweiligen Klischee-Nazis und ehemaligen NVA-Kameraden noch vom 44-Meter-Aufstieg an einer Bankhausfassade aufhalten lässt. Klaus Löwitsch hat die zweifelhafte Ehre, den völlig idiotischen Schlusspunkt unter dieses Desaster zu setzen, das »Stirb langsam« kopieren will, aber sich wie eine unfreiwillige, schlechte Kopie von »Fargo« ausnimmt: Was schief gehen konnte, ist schief gegangen. Und zwar in jeder Hinsicht.

*Sven S. Poser, tip, 3/2001*

**Kritik:** (...) Kulissen und Actionsequenzen wirken wie ein ziemlich schlechter Scherz, die Darsteller reden meist dummes Zeug, die Geschichte wird wirr und wirrer, die Logik verabschiedet sich früh. Regisseur Carl Schenkel gelang 1984 mit »Abwärts« ein Thriller, der deutsche Filmgeschichte schrieb. Davon ist seinem jüngsten Werk nichts anzumerken.

*W. O. P. Kistner, AZ, 1.2.2001*

(...) überhaupt scheinen alle in diesem Film, von den Darstellern bis zum Regisseur und dem Kameramann, an all die schönen Dinge zu denken, die sie in der weiten Welt gerne wären und täten, anstatt sich auf das Hier und Jetzt ihrer Geschichte zu konzentrieren. Im Kopf hatte Schenkel eine deutsche Version von »Stirb langsam«, doch auf der Leinwand ist nur der krude Abklatsch des amerikanischen Actionkinos im Stil von »Straight Shooter« zu sehen. So ist auch der Regisseur Opfer einer »feindlichen Übernahme« geworden.

*Anke Sterneborg, SZ, 1.2.2001*

(...) Storys von Actionfilmen müssen nicht Shakespear'sche Größe haben. Doch ohne Intelligenz in der Gestaltung kommt keine Spannung auf. Und benutzt ein Film Splitter der politischen Wirklichkeit, muss er den Regeln dieser Wirklichkeit entsprechen. Diese und nahezu sämtliche andere Grundregeln des Filmhandwerks haben Schenkel & Co. missachtet. Bleibt nur die Frage, wie es gelang, diverse Filmförderer auch nur zur Herausgabe einer müden Mark zu veranlassen. *Peter Claus, Zitty, 3/2001*

## Félix & Lola 278

FÉLIX ET LOLA ***

**Regie:** Patrice Leconte
**Darsteller:** Charlotte Gainsbourg (Lola), Philippe Torreton (Félix), Alain Bashung (Sänger), Philippe du Janerand (Mann in Grau), Ahmed Guedayia (Karim), Philippe Soutan (Ludo), Muriel Combeau (Arlette)
**Drehbuch:** Claude Klotz, Patrice Leconte
**Kamera:** Jean-Marie Drejou
**Schnitt:** Joelle Hache
**Prod.:** Frankreich 2000; 89 Min. Philippe Carcassonne für Ciné B/Zoulou/ France 2 Cinéma/Canal+/Sofica Sofinergie 5
**EA:** 12.2.2001, Int. Filmfestspiele Berlin, »Wettbewerb«
**Verleih:** -/-/Monopole-Pathé, Mai 2001 (CH)

Melodram um einen Jahrmarktangestellten, der sich in eine geheimnisvolle Frau verliebt, die ihn um den Mord an einem Bekannten bittet.
*Zitty, 4/2001*

Als »petit film de rien du tout« hat Patrice Leconte sein leichtgewichtiges neues Werk treffend selbst beschrieben. Der Film ist luftig wie das wunderschöne Chanson von Alain Bashung, das ihm als Leitmotiv dient. Die Rummelplatzgeschichte von einem Scooterbahnbesitzer, der mit seiner Liebe eine schüchterne Kindfrau aus ihrer fatalen Verunsicherung erlöst, bietet Stoff für eine kurze Filmskizze, nicht aber für einen abendfüllenden Spielfilm. *Film, 5/2001*

**Kritik:** Patrice Lecontes Konzept bei »Félix et Lola« war offenbar, nach dem extrem stilisierten Messerwerfer-Film »Die Frau auf der Brücke« einen Rummelplatzfilm zu machen, der zur Abwechslung ganz lebensnah ist. Ein Fahrgeschäftbetreiber und eine Herumtreiberin verlieben sich, aber die Frau scheint Geheimnisse zu haben und der Mann leidet darunter. Mehr passiert nicht – aber das mit fortwährend großer und also hohler Geste in Szene gesetzt. Der Film bettelt fortwährend darum, dass man ihm die große Liebe abnimmt – das ist als Konzept etwas dürftig.
*Michael Althen, SZ, 16.2.2001*

(...) Vor dem Hintergrund des Jahrmarkts, der seit Stummfilmzeiten für alles Flüchtige steht, für Rückkehr in die Kindheit und sinnliche Verwirrung, stellt Leconte große, zu große Fragen. Dann wieder verfällt der Regisseur selbst dem Reiz des Milieus: mit gemütlichen Essen vor dem Wohnwagen, mit einem Loblied auf die Solidarität der Schausteller, der Herzlichkeit, mit der sie Lola akzeptieren. Doch irgendwann fährt der Film – mit den Emotionen des Helden Félix – selbst Achterbahn.
*Daniela Sannwald, Der Tagesspiegel, 12.2.2001*

## Ein Film ohne Namen 279

ZA SADA BEZ DUBROG NASLOVA ****
TV

**Regie:** Srdjan Karanovic
**Darsteller:** Meto Jovanovski, Mira Furlan, Eva Ras, Sonja Jacovska, Cedomir Orobabic, Misa Banjac, Enver Petrover
**Drehbuch:** Srdjan Karanovic
**Kamera:** Bozidar »Bota« Nikolic
**Musik:** Zoran Simjanovic
**Schnitt:** Branka Ceperac
**Prod.-Des.:** Aleksandar Denic
**Prod.:** Jugoslawien 1988; 89 Min. Beograd Film/Centar Film
**TV:** 21.9.2001, 3sat, OmU

Als Regisseur Srdjan Karanovic 1988 seinen Film drehte, konnte er noch nicht wissen, dass zehn Jahre später Krieg im Kosovo herrschen würde. Aber er hatte bereits das Gespür für die ethnischen Konflikte, die schwelten. So wird Jogoslawien in seinem Film auch deutlich als Vielvölkerstaat dargestellt. Nicht nur wechselt die Sprache ständig zwischen Serbisch und Albanisch, sondern der Regisseur im Film ist ein Mazedonier, der nur in Serbien lebt, sich aber dagegen verwahrt, als serbischer Nationalist bezeichnet zu werden. Die Tragweite der Thematik wird durch die Debatten der Fernsehgremien um das Filmprojekt im Film deutlich, die einen wichtigen Teil der Handlung ausmachen: Die gespannte Lage im Kosovo wurde als Tabu für die Berichterstattung in den Medien betrachtet. Durch die pseudodokumentarischen Szenen im Film zeigt Karanovic, dass die ethnischen Differenzen zunächst noch nicht auf der politischen Ebene, wohl aber im Alltag wahrnehmbar waren.

## Final Crash – Concorde in den Tod 280

CRASH POINT ZERO **
Video

**Regie:** Jim Wynorski
**Darsteller:** Treat Williams (Jason Ross), Julie St. Claire (Nadia Hunter), Sean Kanan (Don), Hannes Jaenicke (Beck), John Beck (Dr. Hunter), Susan Blakely (Barbara), Gary Hudson (Lorenzo)

**Drehbuch:** Steve Latshaw
**Kamera:** Andrea V. Rossotto
**Musik:** Neal Acree
**Schnitt:** Michael Kuge
**Prod.-Des.:** Steve Ralph
**Prod.:** USA 2000; 89 Min.
T. K. Terrier für New City Releasing/WCC
**Vertrieb:** VCL Video, 26.8.2001
**FSK:** ab 16 J.

In den Rocky Mountains wird ein Flugzeug abgeschossen. An Bord: ein Ex-CIA-Agent, seine Tochter und eine Massenvernichtungswaffe. Wenig überzeugende, geschweige denn spannende Mixtur aus Action, Thriller und Fantasy.

## Final Fantasy – Die Mächte in Dir 281

FINAL FANTASY – THE SPIRITS WITHIN ***+

**Regie:** Hironobu Sakaguchi, Motonori Sakakibaia
**Darsteller:** Mit den Stimmen von: Ming Na (Aki Ross), Alec Baldwin (Gray Edwards), Donald Sutherland (Dr. Sid), James Woods (General Hein), Ving Rhames (Ryan Whittaker), Peri Gilpin (Jane Proudfoot), Steve Buscemi (Neil Fleming)
**Drehbuch:** Al Reinert, Jeff Vintar, Hironobu Sakaguchi
**Musik:** Elliot Goldenthal
**Schnitt:** Christopher S. Capp
**Prod.-Des.:** Mauro Borelli
**Prod.:** Japan/USA 2000; 106 Min.
Jun Aida, Chris Lee, Akio Sakai für Square Pic.
**Verleih:** Columbia TriStar/dto./Buena Vista, 23.8.2001
**FSK:** ab 12 J., ffr.

Der auf dem erfolgreichen Videogame basierende Film ist nach »Toy Story« und »Shrek« ein neuerlicher Quantensprung in eine rein virtuelle Kinowelt. Keine realen Personen wurden digitalisiert, jede Figur von Rechnern geschaffen. Der Effekt ist gespenstisch. Allerdings leidet unter dieser technischen Höchstleistung die Story. Sie bleibt eindimensional im üblichen Weltuntergangsszenario. So hyperrealistisch die Figuren auch sind, Emotionalität schaffen sie nicht. Aber der Schritt dorthin dürfte nur mehr ein kleiner sein. *Film, 8/2001*

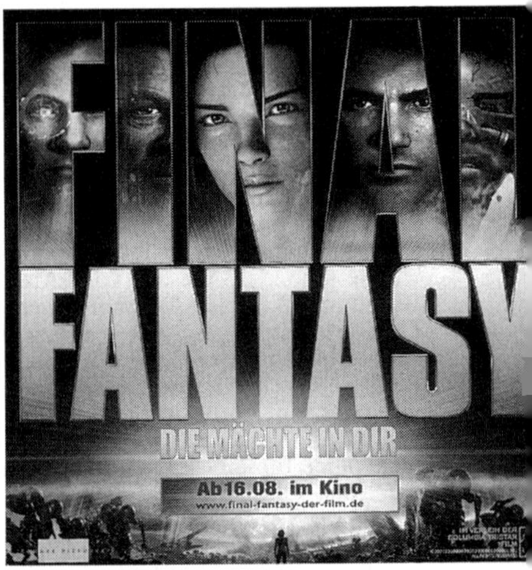

*Künstliche Welten*

## Fire on the Amazon 282

FIRE ON THE AMAZON **
Video

**Regie:** Luis Llosa
**Darsteller:** Sandra Bullock (Alyssa), Craig Sheffer (R. J.), Juan Fernandez (Ataninde), Judith Chapman (Sandra), Ramsey Ross (Pistoleiro), David Elkin (Lucavida), Jorge Garcia Bustamante (Valdez)
**Drehbuch:** Margo Blue, Catherine Cyran, Beverly Gray
**Kamera:** Pili Flores-Guerra
**Musik:** Roy J. Ravio
**Schnitt:** Michael Thibault
**Prod.:** USA 1993; 78 Min.
Luis Llosa für Concord – New Horizons
**Vertrieb:** Highlight Video, 18.1.2001
**FSK:** ab 12 J.

US-Fotoreporter und Kollegin schlittern bei den Ermittlungen zu einem mysteriösen Mordfall ins Netz der Drogenmafia. Nicht nennenswertes Frühwerk von Sandra Bullock, das ruhig in Versenkung hätte verbleiben können.

**Kritik:** (…) Wer sich fragt, warum dieser Film aus dem Jahre 1993 heute noch auf den deutschen Markt geworfen wird, findet die Antwort in einer Nacktszene von Sandra Bullock, die aber ebenso enttäuschend ausgefallen ist wie der Rest des Films.

*René Classen, Film-Dienst, 9/2001*

## Flucht aus Saudi-Arabien 283

ESCAPE: HUMAN CARGO ***

TV

**Regie:** Simon Wincer
**Darsteller:** Treat Williams (John McDonald), Stephen Lang (Dennis), Zeev Revach (Sheikh Fazza), Sasson Gabai (Suliman), Jack Adalist (Jamison), Hami Arbid (Fahid), Brandon Bone
**Drehbuch:** William Mickelberry, Dan Vining, John McDonald, Clyde Burleson
**Kamera:** David Burr
**Musik:** Eric Corvm, Spencer Proffer
**Schnitt:** Terry Blythe
**Prod.-Des.:** Barbara Dunphy
**Prod.:** USA 1998; 107 Min.
Nick Grillo für Neufeld Rehme Prod.
**TV:** 7.3.2001, VOX, 20.15

Der Fertighausarchitekt John McDonald gerät in Saudi-Arabien in die Fänge eines mächtigen Mannes, weil er dessen Vertrag nicht unterzeichnen wollte. Alle Versuche, aus dem Land zu flüchten, scheitern am Einfluss dieses Sheikh Fazza, einem der reichsten und einflussreichsten Männer der arabischen Halbinsel. *AZ TV Journal*

## Flucht wider Willen 284

PARIS – DEAUVILLE ***

TV

**Regie:** Isabelle Broué
**Darsteller:** Alexandra London (Claire), Jean-Pierre Lorit (Christophe), Bruno Slagmulder (Philippe), Catherine Ferran (Monique), Philippe Duclos (Pierre), Florence Loiret (Béa), Jean-Baptiste Montaguet (Yann)
**Drehbuch:** Virginie Boda
**Prod.:** Frankreich 2000; 89 Min.
**TV:** 27.4.2001, Arte, 20.45

In der Gewalt ihres Entführers erlebt Claire eine Freiheit, die sie in ihrer Ehe nie gefunden hat. Sie ist fasziniert von diesem Fremden, dessen Motiv und Vergangenheit ihr bis zum Ende verborgen bleiben.

**Kritik:** (…) Isabelle Broué hat ihren Film mit der Digitalkamera gedreht, das hat ihm klare Farben und Schärfe in jeder Einstellung verliehen, eine sehr direkte Authentizität und ein klaustrophobisches Moment. (…)

*Christiane Kögel, SZ, 27.4.2001*

## Flügge 285

□

TV

**Regie:** Elke Hauck
**Darsteller:** Ojun Wisotzki, Marina Grothe, Jennifer Hennig, Stefanie Müller, Julia Stechert
**Drehbuch:** Elke Hauck
**Kamera:** Birgit Möller
**Schnitt:** Elke Hauck, Anne Fabini
**Prod.:** BRD 2001; 66 Min.
Ayse Buchara für Art Direction mit DFFB für ZDF
**TV:** 19.11.2001, ZDF, 0.15, »Das kleine Fernsehspiel«

(…) Fünf Mädchen aus östlichen Bezirken von Berlin zwischen Wochenenden in Diskotheken, Schulalltag, Familie und Freunden. Es geht um den ersten Griff nach dem eigenen Leben, um Handlungen, die Trennungen erzeugen, um Liebe, Geld und Tod, um die Sehnsucht nach dem Glück. (…)

*Pressetext*

## Following 286

FOLLOWING ****

**Regie:** Christopher Nolan
**Darsteller:** Jeremy Theobald (Bill, der junge Mann), Alex Haw (Dobb), Lucy Russell (die Blonde), John Nolan (Polizist)
**Drehbuch:** Christopher Nolan
**Kamera:** Christopher Nolan
**Musik:** David Julyan
**Schnitt:** Gareth Heal, Christopher Nolan
**Prod.:** GB 1998; 69 Min.
Christopher Nolan, Jeremy Theobald, Emma Thomas für Christopher Noland Prod.
**UA:** 27.4.1998, Film Festival San Francisco
**Verleih:** Kinoinitiative/-/-, 20.12.2001

Ein erfolgloser Schriftsteller pickt sich Passanten aus der Menge und heftet sich ihnen an die Fersen, einfach so. Das Hobby wird zum Thriller, als er auf Dobb trifft, seinerseits ein »Follower«, allerdings in härterer Spielart. Dobb dringt in fremde Wohnungen ein und manipuliert dort

Dinge. Als noch eine mysteriöse blonde Frau ins Spiel kommt, findet sich der eigentlich so harmlose Schriftsteller im Netz einer Intrige, die er kaum durchschaut. Nach und nach wird seine leere Existenz beschriftet. Christopher Nolan zeigt hier zum ersten Mal seine Instrumente, die er auch in »Memento« so meisterlich einsetzt: die diskontinuierliche Erzählweise, den unprätentiösen Schmuddellook, den Helden ohne Eigenschaften. Und nicht zuletzt: die Intelligenz des Erzählers. *tip, 26/2001*

**Kritik:** (...) Wie später auch bei »Memento« verläuft die Handlung nicht linear, sondern springt zwischen verschiedenen Erzählebenen hin und her, die teilweise deutlich früher oder später spielen als das bereits Gesehene. So erfährt man manchmal mehr und hat phasenweise das Gefühl, alles zu durchschauen, nur um von der nächsten Wendung überrascht zu werden. Dass das Ganze dennoch Sinn macht und der Film beim zweiten und dritten Mal immer neue Details offenbart, ist erstaunlich. Ein großartiger Film, der mit bescheidenen Mitteln sehr viel erreicht.
*Michael Meyns, Zitty, 26/2001*

## Forever Mine – Eine verhängnisvolle Liebe 287
FOREVER MINE ***
Video

**Regie:** Paul Schrader
**Darsteller:** Joseph Fiennes (Riply), Alan Esquema (Manuel), Ray Liotta (Mark Brice), Gretchen Mol (Ella Brice), Vincent Laresca (Javier), Myk Watford (Rick Martino), Russell Blackwell
**Drehbuch:** Paul Schrader
**Kamera:** John Bailey
**Musik:** Angelo Badalamenti, Robert Mackintosh (Supervisor)
**Schnitt:** Kristina Boden
**Prod.-Des.:** François Seguin
**Prod.:** GB/USA 1999; 115 Min.
Damita Nikapota, Kathleen Haase, Amy J. Kaufmann; Joe Boccia (Co-Prod.) für Forever Mine/J&M/Moonstar Ent.
**Vertrieb:** BMG (UFA) Video, 20.3.2001
**FSK:** ab 16 J.

Kein Geringerer als Paul Schrader schrieb und inszenierte diesen düsteren Krimi um einen Mann, der 14 Jahre nach einer heißen Affäre von seiner Vergangenheit eingeholt wird. Trotz der starken Darstellerriege vermögen aber weder die Story noch der Stil zu überzeugen.

## Forrester – Gefunden! 288
FINDING FORRESTER ****

**Regie:** Gus Van Sant
**Darsteller:** Sean Connery (William Forrester), Rob Brown (Jamal Wallace), F. Murray Abraham (Prof. Crawford), Anna Paquin (Claire Spence), Busta Rhymes (Terrell), April Grace (Mrs. Joyce), Michael Pitt (Coleridge)
**Drehbuch:** Mike Rich
**Kamera:** Harris Savides
**Musik:** Bill Brown
**Schnitt:** Valdis Oskarsdottir
**Prod.-Des.:** Jane Musky
**Prod.:** GB/USA 2000; 136 Min.
Laurence Mark, Sean Connery, Rhonda Tollefson für Columbia mit Fountainbridge
**EA:** 16.2.2001, Int. Filmfestspiele Berlin
**Verleih:** Columbia TriStar/dto./Buena Vista, 1.3.2001
**Vertrieb:** Columbia TriStar (Video, DVD)
**FSK:** ab 6 J., ffr.

Der 16-jährige Afroamerikaner Jamal Wallace gerät durch einen Jungenstreich an den größten lebenden Schriftsteller Amerikas, William Forrester, der seine schriftstellerischen Fähigkeiten fördert und ihn zuletzt vor der Häme eines Literaturprofessors schützt, der Jamal an einer guten Ausbildung behindern möchte. Gus Van Sant setzt seine stilistischen Fähigkeiten für ein rührseliges, verklärendes Drama um wahre Autorität ein. *Multimedia*

**Kritik:** (...) Geschichte vom mehr als talentierten Unterschichts-Kid aus der Bronx, einem jungen Schwarzen, der sowohl beim Basketball als auch in literarischer Hinsicht eine gute Figur macht, und seiner Bekanntschaft mit dem seit Jahrzehnten das Licht der Öffentlichkeit meidenden Schriftsteller. Doch trotz einiger Parallelen zu Van Sants eigenem »Good Will Hunting« sieht man dem eigensinnigen Zögling und seinem nicht minder bockigen Mentor mit Wohlwollen satte zwei Stunden lang zu.

*Gerald Jung, Zitty, 4/2001*

Gus Van Sant knüpft mit diesem Film um Lehrer und Schüler – allerdings mit mehr Kalkül als Gefühl – an seinen größten Erfolg »Good Will Hunting« (1997) an. Neben Sean Connery, der den erfahrenen Mentor gibt und dabei auch Schwächen zeigt, sorgt Newcomer Rob Brown als Asphalt-Poet für die darstellerische Überraschung in einer vor allem gegen Schluss sehr sentimentalen Geschichte, in welcher Lehrer und Schüler auf absehbare Art und Weise die Rollen tauschen. *Film, 2/2001*

(…) »Forrester – Gefunden!« fragt nicht nach den Grenzen der Kommunikation, sondern beobachtet die

*Sean Connery und Rob Brown*

unterschiedlichen Formen und Rhythmen des menschlichen Zusammenspiels: Da gibt es den Sprechgesang des Hip-Hop, Bücher natürlich und die Choreografien des Basketballspiels. Es gibt Duelle und Freundschaftsspiele; die schönsten finden zwischen einem menschenscheuen Schriftsteller und dem 16-jährigen schwarzen Jungen Jamal aus der Bronx statt. Die beiden scheinen wie bestimmt, einander Lehrer und Schüler zu sein. (…)

*Martina Knoben, SZ, 1.3.2001*

## Four Jacks 289

FOUR JACKS **

Video

**Regie:** Matthew George
**Darsteller:** Stephen Pease (Brad), Lachy Hulme (Carl), Tommy Dysart (Lance), Adam Haddrick (Trvor), Alan King (Scott), David Serafin (Phil)
**Drehbuch:** Matthew George
**Kamera:** Justin Brickle
**Musik:** John Clifford White
**Schnitt:** Mark Ellis, Tony Patterson
**Prod.:** USA 1999; 79 Min.
Robert Gouge, Stephan Stanford für Media World/Pipeline Films
**Vertrieb:** Columbia TriStar Video, 7.8.2001
**FSK:** ab 16 J.

Vier Freunde steigen auf Rat eines dubiosen Bekannten in die Gastronomie ein – und werden dabei in ein mysteriöses Komplott verwickelt. Konfuser Thriller mit Horrorbeilagen.

## Fovon Tous Ellines – Killer wider Willen 290

BEWARE OF GREEKS BEARING GUNS ***

Video

**Regie:** John Tatoulis
**Darsteller:** Lakis Lazopoulos (Manos/George), Zoe Carides (Nicki), John Bluthal (Stephanos), Tasso Kavadia (Yiayla), Noni Ioannidou (Maria), Claudia Buttazzoni (Katerina), Tassos Palatzidis
**Drehbuch:** Tom Galbraith, Kostas Lambropoulos, Lakis Lazopoulos
**Kamera:** Peter Zakharov
**Musik:** Henning Schmiedt, Mikis Theodorakis
**Schnitt:** Michael Collins
**Prod.-Des.:** Spiros Antoniadis

**Prod.:** Australien/Griechenland 2000; 85 Min.
Colin J. South, Dionysis Samiotis, Anastasios Vasiliou, John Tatoulis, Lakis Lazopoulos für Film Victoria/Media World/Mythos/Mega Channel
**Vertrieb:** Columbia TriStar Video, OmU, 22.5.2001
**FSK:** ab 12 J.

50 Jahre nach einem Fememord erreicht die Bewohner eines griechischen Dörfchens die Kunde, dass der Täter in Australien weilt, und es schickt ein Zwillingsbrüderpaar zwecks Blutrache auf die Reise. Familienkomödie der besonderen, originellen Sorte – eine Perle im Videoregal.

## Fragmente des Lebens 291
FRAGMENTS DE VIE ***+

**Regie:** François L. Woukoache
**Darsteller:** T. Lubambu, D. Djobong
**Drehbuch:** François L. Woukoache
**Kamera:** Bonaventure Takoukam
**Schnitt:** Jean Thomé
**Prod.:** Belgien/Kamerun 1999; 85 Min.
Zala'men/Yaoundé/PBC
**EA:** 11.2.2000, Int. Forum des Jungen Films Berlin
**Verleih:** Freunde/-/-, 29.3.2001

Angesiedelt in Kameruns Hauptstadt Yaoundé, entwirft der Film einen fiktiven Staat, in dem Verfolgungsangst und Korruption die menschlichen Beziehungen überschatten. *Zitty, 4/2000*

## Frau2 sucht HappyEnd 292
***+

**Regie:** Edward Berger
**Darsteller:** Ben Becker (Gregor Reuther), Isabella Parkinson (Mai Winter), Nicolas von Wackerbarth (Nick Seifert), Nele Mueller-Stöfen (Anne Kampe), Sabrina Setlur (Lea), Catrin Striebeck (Lily Hartmann), Stefan Kurt (Arndt Baer)
**Drehbuch:** Edward Berger, basierend auf »Cheob Sok – The Contact« von Chang Yoon-Hyun
**Kamera:** Gero Steffen
**Musik:** Enrico Fabio Cortese
**Schnitt:** Sabine Krayenbühl
**Prod.-Des.:** Gabriele Wolff
**Prod.:** BRD/Schweiz 2001; 96 Min.
Andreas Eicher, Philipp Homberg für box! Film mit Studiocanal/Studio Babelsberg Independent/Upstart
**Verleih:** Tobis/dto./Frenetic, 11.1.2001
**Vertrieb:** BMG Video (Video, DVD)
**FBW:** Wertvoll

Dem vom herbstlichen Berlin umrahmten Lebenswandel der romantisch-verschwärmten Radiohörerin Mai und jenem des verbitterten und von Liebe und Leben enttäuschten Radiomoderators Gregor, deren einziger gemeinsamer Kontakt zunächst ein Internetchat ist, folgt diese deutsche Produktion in nicht herausragender Weise, bleibt aber trotzdem für Liebhaber von nicht tief gehender Romantik, die neben Träumerei auch ein wenig Kitsch bergen darf, von Interesse. *Multimedia*

Ein Radiomoderator und eine Telefonistin, die unglücklichen Liebschaften hinterhertrauern, lernen sich in einem Internet-Chatroom kennen. Als sie versucht, dem Kontakt auch eine reale Basis zu verschaffen, weicht er zunächst aus. Zeitgenössischer Liebesfilm um Einsamkeit und Sehnsucht. Sowohl in der Schilderung von Seelenlagen als auch in der Darstellung Berlins entwickelt er eine beeindruckende Präsenz, während die Handlung über weite Strecken in den Hintergrund tritt. *Film, 2/2001*

**Kritik:** (...) Die Gründe des Autors und Regisseurs Edward Berger, die Computer- und Großstadtromanze in Berlin spielen zu lassen, sind am Ende blank oberflächenhafter Natur. Es ging ihm um »die fantastische Architektur« und »die vielen symmetrischen Kompositionen«, die er schon immer mal filmen wollte. Das tut er – den Stadtentwicklungssenator wird's freuen. Für den Film allerdings kommt dabei nur heraus, dass die Möglichkeiten, aneinander vorbeizulaufen, in einer Metropole sehr zahlreich sind und Melancholie ist, wenn's dort grisseldunkel aussieht. Aber Berlin hat auch ein Recht auf Wahr-

*Isabella Parkinson*

haftigkeit. Und die kann größer sein, wenn ein Film in einer fidel nachgebauten Straße wie der »Sonnenallee« spielt, als wenn ein Radiomoderator qualmend in einem echten großen Sendesaal sitzt und die Zuhörer seelenbluesig bequatscht. Es kommt auf das an, was die iranische Regisseurin Samira Makhmalbaf einmal »die dritte Wirklichkeit« genannt hat. (…)

*Birgit Galle, Die Zeit, 18.1.2001*

(…) »Wenn man den ganzen Zauber bloß nicht durchschaut hätte«, sagt Gregor einmal. Aber die Kunst des Melodrams liegt genau darin, den Gefühlsschwindel des Kinos eben für zwei Stunden vergessen zu machen. Manchmal wird die Symbolik etwas zu aufdringlich, manchmal sind die Verwicklungen zu umständlich. Aber über weite Strecken ist »Frau2 sucht HappyEnd« schlicht ein Film, der unsere im Winter erkalteten Seelen wärmt.

*Julian Hanich, Der Tagesspiegel, 11.1.2001*

(…) Das Beste an dieser etwas flügellahmen Liebesromanze ist die beeindruckende Kameraarbeit von Gero Steffen, dem das Kunststück gelingt, der schon überreichlich abgefilmten Berliner Stadtlandschaft neue, auch melancholische Seiten abzugewinnen. Ansonsten kämpft der Film von Edward Berger (dessen großartiger Erstling »Gomez – Kopf oder Zahl« zum Geheimtipp avancierte) mit einem schlichten dramaturgischen Problem: Von Beginn an weiß jedes Kleinkind, dass sich die beiden kriegen werden. Bis es so weit ist, zieht sich die Sache allerdings ganz schön in die Länge, trotz guter Leistungen der beiden Hauptdarsteller Ben Becker und Isabella Parkinson.

*Zitty, 2/2001*

## Die Frau vom Hafen 293

LA MUJER DEL PUERTO ***+

TV

**Regie:** Arturo Ripstein
**Darsteller:** Patricia Reyes Spindola (Tomasa), Alejandro Parodi (Carmelo), Evangelina Rosa (Perla), Damian Alcazar (El Marro), Ernesto Yanez (Eneas), Alonso Echanove, Julian Pastor
**Drehbuch:** Paz Alicia Garciadiego, nach der Erzählung »Le Port« von Guy de Maupassant
**Kamera:** Angel Goded
**Musik:** Lucia Alvarez
**Schnitt:** Carlos Puente
**Prod.:** Mexiko 1991; 110 Min.
Hugo Scherer, Michael Donnelly für Dos Producciones
**EA:** Filmfest München 1994
**TV:** 26.1.2002, Arte, 00.25, OmU

Welcher Anteil unseres Schicksals ist im großen Buch der Vorsehung schon festgelegt und bis zu welchem Grad bestimmen wir selbst erfolgreich den Verlauf unseres Lebens? Das ist die zentrale thematische Frage in »La Mujer del Poerto«. Ähnlich wie Ödipus benutzt der Film verwandte Themen wie Gewalt und unwissentlichen Inzest, um eine Geschichte über Menschen zu erzählen, die angesichts des Unausweichlichen machtlos sind. Und wie in »Rashomon« und »Little Dorrit« arbeitet Ripstein mit unterschiedlichen Blickwinkeln, wenn sich in drei miteinander verknüpften Episoden drei Individuen gegen Tragik und Ungnade wehren.

*Katalog Filmfest München 1994*

## Die Frau, die Freundin und der Vergewaltiger 294

□
TV

**Regie:** Michael Keusch
**Darsteller:** Doreen Jacobi (Anne Maybach), Thomas Scharff (Richard), Valerie Niehaus (Maike), Jens Schäfer (Tillmann), Andreas Hutzel (Ralf), Winfried Küppers (Prof. Stern), Peter Lerchbaumer (Norbert)
**Drehbuch:** Don Schubert, Heike Fink
**Prod.:** BRD 2001; 90 Min.
Zeitsprung Film + TV für RTL
**TV:** 11.4.2001, RTL, 20.15

Nach ihrer Hochzeit mit Richard erfährt Anne, dass sie den Vergewaltiger ihrer besten Freundin Maike geheiratet hat. Anfangs ungläubig, versucht sie durch eigene Ermittlungen, ihren Mann zu überführen. *Pressetext*

## Die Frauen des Hauses Wu 295

PAVILION OF WOMEN ***
Video

**Regie:** Yim Ho
**Darsteller:** Willem Dafoe (Vater André), Luo Yan (Frau Wu), Shek Sau (Herr Wu), Yi Ding (Chiuming), John Cho (Fengmo), Chieng Mun Koh (Ying), Anita Loo (alte Lady Wu)
**Drehbuch:** Luo Yan, Paul R. Collins, nach dem gleichnamigen Roman von Pearl S. Buck
**Kamera:** Poon Hang Sang
**Musik:** Conrad Pope
**Schnitt:** Duncan Burns, Claudia Finkle
**Prod.-Des.:** Leung Wah Sang James
**Prod.:** China/USA 2001; 111 Min.
Luo Yan, Simon Edery für Bejing Film Studio/China Film
**Vertrieb:** Video Universal, 3.12.2001
**FSK:** ab 12 J.

China in den 30ern: Der katholische Priester André, Lehrer bei Familie Wu, entdeckt Gefühle für die Hausherrin – und umgekehrt. Große Emotionen, sentimentale Dramatik – ein aufwändiges Schicksalsdrama.

## Frauen, die Prosecco trinken 296

***
TV

**Regie:** Ulrich König
**Darsteller:** Tina Ruland (Flora Krippendorf), Hardy Krüger jun. (Jonas Schmidt), Helmut Zierl (Daniel Witte), Carin C. Tietze (Lotte Ruhdorf), Eleonore Weisgerber (Principessa), Cecilia Kunz (Marie-Claire), Daniela König (Anita)
**Drehbuch:** Robert Löhr, nach dem gleichnamigen Roman von Marlene Faro
**Kamera:** Konstantin Kröning
**Musik:** Christian Kusche
**Prod.:** BRD 1999; 88 Min.
**TV:** 23.3.2001, ARD, 20.15

In dieser Lifestyle-Beziehungspleite (Starjournalistin glaubt ihrem verheirateten Lover die ehrlichen Absichten) arbeiten sich »Frauen, die Prosecco trinken« genüsslich am Matratzen-Tratsch ab. – In der Weiberredaktion wird gemobbt, dass es qualmt, und als die Starreporterin vom großmäuligen Vertriebschef schwanger wird, landet sie genauso auf dem Abstellgleis wie ihre allein erziehende Kollegin. Aber dafür springt der neue Starfotograf als Ersatzvater ein, und die tollen Frauen entdecken die Familienidylle.

*Ponkie, AZ, 26.3.2001*

## Freeway II – Highway to Hell 297

FREEWAY II: CONFESSIONS OF A TRICK **
Video

**Regie:** Matthew Bright
**Darsteller:** Natasha Lyonne (Crystal van Metter), Maria Celedonio (Angela Garcia), Vincent Gallo (Schwester Gomez), David Alan Grier (Mr. Butz), April Telek (Mrs. Wilson), Bob Dawson (Det. Creldo), Jennifer Griffin (Det. Dollar)
**Drehbuch:** Matthew Bright
**Kamera:** Joel Ransom
**Musik:** J. J. Holiday, Kennard Ramsey
**Schnitt:** Suzanne Hines
**Prod.-Des.:** Brian Davie
**Prod.:** USA 1999; 90 Min.
Brad Wyman für Kushner-Locke Prod.
**Vertrieb:** Laser Paradise Video, 2.5.2001
**FSK:** ab 18 J.

Zwei Gangstergirls fliehen aus dem Knast und ziehen eine Spur von Blut und Verwüstung durchs Land. Nervenkitzel dürfte das schale Treiben dieses spekulativen Thrillers, der »Hänsel und Gretel« ausschlachtet, allenfalls bei Zartbesaiteten verursachen.

## Fremde Frauen küsst man nicht

298
□
TV

**Regie:** Ilse Biberti
**Darsteller:** Simone Thomalla (Susanne Blank), Sascha Hehn (Sebastian Renz), Boris Aljinovic (Holger Tesch), Moritz Lindbergh (Jonas Witte), Vespa Vasic (Yara), Eva Kryll (Hera Sasse), Helmut Krauss (Tankwart)
**Drehbuch:** Scarlett Kleint
**Kamera:** Immo Rentz
**Musik:** Markus Lonardoni
**Schnitt:** Gudrun Böhl
**Prod.-Des.:** Dieter Bächle
**Prod.:** BRD 2000; 90 Min.
Carl Bergengruen für SWR
**TV:** 3.1.2001, ARD, 20.15

Eine ehrgeizige, kinderlose Modedesignerin verabschiedet sich von ihrer Karriere, als sie einem indischen Waisenmädchen begegnet, das abgeschoben werden soll. Sie entwickelt Muttergefühle und versteckt das Kind auf dem Bauernhof ihrer Schwester. So lernt sie auch den örtlichen Tierarzt kennen, einen scheuen, aber liebenswerten Waldschrat. *SZ TV-Beilage*

## Fremde Verwandte

299
RELATIVE STRANGERS
****
TV

**Regie:** Giles Foster
**Darsteller:** Lena Stolze (Liza Becker), Brenda Fricker (Maureen Lessing), Dieter Pfaff (Hans Reiner), Leslie Malton (Andrea), Mavie Hörbiger (Eva), Robin Laing (Brian Lessing), Harriet Owen (Maeve)
**Drehbuch:** Eric Deacon
**Kamera:** Rex Maidment
**Musik:** Nick Bicat
**Schnitt:** Catherine Creed
**Prod.-Des.:** Alan Farquharson
**Prod.:** Irland/BRD 2000; 2 x 89 Min.
Lesley McKimm für Raidio Teilifis Eireann/WDR
**TV:** 9./10.8.2001, Arte, jeweils 20.45

(...) Der Zweiteiler zeichnet mit großer Intensität und Tiefenschärfe das Psychogramm einer ganz normalen Familie, wie es glaubwürdiger kaum sein könnte. So sind sie ja wirklich, die Menschen: kleinmütig und anständig, rachsüchtig und großzügig, verzweifelt und tapfer. Und ganz und gar nicht großartig. *Mechthild Zschau, SZ, 8.8.2001*

*Provokation mit Schlingensief in ›Freund! Freund! Freund!‹*

## Freund! Freund! Freund! 300

□

**Regie:** Stefan Corinth, Alexander Grasseck
**Darsteller:** Christoph Schlingensief, Werner Brecht, Achim v. Paczensky, Kerstin Grasmann, Bernhard Schütz, Familie Garzaner, Josef Ostendorf
**Prod.:** BRD 1997; 74 Min.
Ahoi Media
**Verleih:** Ahoi Media/-/-, Febr. 2001

Sieben Tage harrte Christoph Schlingensief aus in seiner Bahnhofsmission in der Ex-Polizeiwache 11 in St. Georg, verteilte Suppe und bot ein Mikrofon. Er ging raus auf die Straße, in die Kirche, in die Peepshow, um mit jedem öffentlichen Auftritt mehr Beglückte und Verwirrte zurückzulassen. Unglaublich, aber wahr: 40 Jahre nach Bertolt Brecht, zwei Jahre vor der Jahrtausendwende und mitten in der schönsten Postmoderne müssen wir erkennen: Kunst und Welt sind doch nicht zwei getrennte Dinge. *taz*

## Freunde 301

****+

**Regie:** Martin Eigler
**Darsteller:** Benno Fürmann (Nils), Christiane Paul (Caro), Erdal Yildiz (Tayfun), Michael Gwisdek (Schenk), Irene Kugler (Rebekka), Erhan Emre (Tuncay), Susanne Bormann (Miriam)
**Drehbuch:** Martin Eigler, Sönke L. Neuwöhner
**Kamera:** Michael Mieke
**Musik:** Johannes Kobilke, Tom Reiss, Moe Jaksch
**Schnitt:** Dirk Grau
**Prod.-Des.:** Thilo Mengler
**Prod.:** BRD 2000; 108 Min.
Anne Leppin, Sigrid Hoerner, Martin Walz für Moneypenny/DFFB/ZDF
**UA:** 27.6.2000, Filmfest München
**Verleih:** zoomfilm.de/-/-, 22.2.2001
**Vertrieb:** VCL Video (Video, DVD)
**FSK:** ab 10 J., ffr.
**FBW:** Wertvoll

Film-noir-Rituale geistern wie Fetische durch den Ehrenkodex des Männlichkeitskinos: Türkischer Gangster und deutscher Polizist als Jugendfreunde – düster-heroisch erstarrt da die Treue-Pose, Verrat hängt wie schweres Schicksalsgewölk im Razzia-Unheil, die Frau dazwischen bekifft vom Liebeszwiespalt. Dieses Pathos, diese Todesromantik und Heldensüchtigkeit – so antiquiert wie blutleer.
*Ponkie, AZ, 27.6.2000*

*Christiane Paul und Benno Fürmann in ›Freunde‹ von Martin Eigler*

**Kritik:** (...) In diesem Thriller um Männerfreundschaft, Stolz und Ehre tobt das wahre Leben über die Leinwand und sagt dem verlogenen Hochglanz üblicher deutscher Krimikost den Kampf an.
*Annette Kilzer, tip, 4/2001*

(...) Trotz einer ansprechenden Geschichte und einigen gelungenen Bildern verfängt sich der Film in Stereotypen und setzt in der Handlungsführung eher auf äußere Aktion als auf emotionale Fundiertheit.
*Oliver Rahayel, Film-Dienst, 4/2001*

(...) So entstand ein nicht durchweg spannender, aber wegen seiner Intensität und Unterkühltheit enorm prickelnder Berlin-Film. Zudem sind die drei Hauptfiguren ideal besetzt: Erdal Yildiz spielt den zwielichtigen Freund ebenso überzeugend wie Benno Fürmann den verzweifelten Bullen und Christiane Paul die unschlüssige Freundin. Gemeinsam bilden sie ein

Trio, das mehr miteinander verbindet als nur gemeinsame Kindheitserinnerungen. Wie heißt es so schön zu Beginn: »Wir sind keine Freunde, wir sind Brüder. Freunde kann man sich aussuchen. Brüder nicht.« *Zitty, 5/2001*

## Friends & Lovers 302

FRIENDS & LOVERS ***

Video

**Regie:** George Haas
**Darsteller:** Stephen Baldwin (Jon), Danny Nucci (David), George Newbern (Ian), Claudia Schiffer (Carla), Alison Eastwood (Lisa), Suzanne Cryer (Jane), David Rasche (Richard)
**Drehbuch:** George Haas, nach einer Story von George Haas und Neill Barry
**Kamera:** Carlos Montaner
**Musik:** Emilio Kauderer
**Schnitt:** Barry B. Leirer
**Prod.-Des.:** Ren Blanco
**Prod.:** USA 1999; 104 Min.
Josi W. Konski für C.E.O./Laguna Ent.
**Vertrieb:** Columbia TriStar (Helkon) Video, 28.2.2001
**FSK:** ab 16 J.

Sehr konventionell geratene Sozio-Komödie um eine Hand voll junger Leute, die Weihnachten in einer Berghütte verbringen. Passabler, mit viel Dialog versehener Zeitvertreib ohne sonderlichen Tiefgang.

## Frische Ware 303

□

TV

**Regie:** Paul Harather
**Darsteller:** Christine Neubauer (Zilli), Max von Thun (Micherl), Gerd Anthoff (Wirt), Christiane Blumhoff (Wirtin), Christine Buchegger (Marie Doblhard), Heio von Stetten (Vollani), Erna Wassmer (Babette)
**Drehbuch:** Willy Purucker
**Prod.:** BRD 1999; 90 Min.
**TV:** 11.2.2001, BR, 19.45

Nach einer Affäre mit dem Theologiestudenten Micherl kommt die schwangere Zilli nach München. Gutgläubig gerät sie an die dubiose Marie Doblhard, die ein Dienstboten-Vermittlungsbüro betreibt. In Wahrheit aber wird Zilli von gnadenlosen Ganoven und Menschenhändlern ausgenutzt.

## Frühe Werke 304

RANI RADOVI ***+

**Regie:** Zelimir Zilnik
**Darsteller:** Milja Vujanovich, Bogdan Tirnanic, Cedomir Radovic, Marko Nikolic
**Drehbuch:** Zelimir Zilnik
**Kamera:** K. G. Acimovic
**Prod.:** Jugoslawien 1969; 95 Min.
Avala/Neoplanta
**UA:** Int. Filmfestspiele Berlin 1989
**Verleih:** MOP/-/-, 24.5.2001

Eines Tages verlässt eine junge Frau, die sich Jugoslawa nennt, ihr tristes bäuerliches Zuhause in der Hoffnung, gemeinsam mit drei jungen Männern die Welt zu verändern und die Menschen glücklich zu machen. So ziehen sie über die Dörfer. Aber die Menschen, denen sie begegnen, reagieren ablehnend und feindselig.
Der Titel dieser intellektuellen Politfarce bezieht sich auf die Schriften von Karl Marx.

**Kritik:** (…) Statt einer linearen Handlung zu folgen, bleibt der Film episodisch, schildert Begegnungen zwischen den Revolutionären und der Bevölkerung. Er zeigt surreale Momente, springt zwischen banal anmutenden Dialogen und Szenen, in denen die Darsteller quasi aus politischen Pamphleten vortragen, hin und her. »Frühe Werke« ist vor allem als Zeitdokument interessant, da er eingängig die Zeit nach den Studentenprotesten 1968 schildert, als sich der Widerspruch zwischen kommunistischer Theorie und demokratischer Praxis immer deutlicher offenbarte.
*Michael Meyns, Zitty, 2/2001*

## Das Frühlingstreffen 305

I EARINI SYNAXIS TON AGROFYLAKON ****

**Regie:** Dimos Avdeliodis
**Darsteller:** Angeliki Malanti (Elisso), Angelos Pantelaras (Feldhüter, Frühling), Takis Agoris (Feldhüter, Sommer), Yannis Tsoubariolis (Feldhüter, Herbst), Stelios Makrias (Feldhüter, Winter)
**Drehbuch:** Dimos Avdeliodis

**Kamera:** Odysseus Pavlopoulos, Alekos Yannaros, Linos Meytanis, Sotiris Perreas
**Musik:** Antonio Vivaldi
**Schnitt:** Kostas Iordanidis
**Prod.-Des.:** Nikos Hatzis
**Prod.:** Griechenland 1999; 178 Min.
Dimos Avdeliodis für Griechisches Filmzentrum/Greek TV ET-1
**EA:** 11.2.2000, Int. Forum des Jungen Films Berlin
**Verleih:** Kairos/-/-, 3.5.2001

Ein zentrales Verwaltungsbüro soll für ein Dorf einen regionalen Feldhüter einsetzen. Köstliche Satire auf die Verwaltungs- und Regionalpolitik.

**Kritik:** (...) Die vergangenes Jahr im Berlinale-Forum gelaufene Komödie ist eine bezaubernde Satire auf die Verwaltungs- und Regionalpolitik Griechenlands. Bis zum Schluss bleibt hier im Dunkeln, was die Feldhüter in diesem kleinen Dorf auf der Insel Chios wirklich tun müssen. Die paar Blumen, welche ein Mädchen regelmäßig pflückt, brauchen offensichtlich keinen Beschützer. Und gegen den Geist, der in der ersten Episode sein Unwesen treibt, ist auch kein Feldhüter gewachsen. Zudem bringen die Bewohner des Dorfes wenig Begeisterung für die alten Haudegen auf, die da mit schöner Regelmäßigkeit antanzen und die sie einen nach dem anderen wieder vergraulen. Andererseits beschweren sie sich sofort im zentralen Verwaltungsbüro, wenn sie einmal keinen Feldhüter haben. Aus den losen Erzählbändern des Themas entspinnt sich so nach und nach eine andere Geschichte: eine Parabel auf die Anarchie der Liebe.

*Jennifer Bleek, Zitty, 10/2001*

## Fudoh: The New Generation 306

GOKUDO SENGOKUSHI: FUDOH *
Video

**Regie:** Takashi Miike
**Darsteller:** Marie Jinno (Jun Minoru), Tamaki Kenmochi (Touko Zenzai), Shosuke Tanihara (Riki Fudoh), Kenji Takano (Akira Aizone), Miho Nomoto (Mika), Toru Miegishi (Iwao Fudoh), Riki Takeuchi (Daigen Nohma)
**Drehbuch:** Tosiyuki Morioka
**Kamera:** Hideo Yamamoto
**Musik:** Chu Ishikawa
**Prod.-Des.:** Akira Ishige
**Prod.:** Japan 1996; 99 Min.
Yoshinori Chiba, Toshiki Kimura für Excellent/GAGA
**EA:** Fantasy Filmfest 1997
**Vertrieb:** Mo Asia Video, 20.6.2001

Schülergang beginnt mit dem hemmungslosen Abschlachten von Yakuza-Paten. Gewalt ästhetisierender, hirnzersetzender Actionthriller, der nicht ohne Grund fünf Jahre auf Veröffentlichung warten musste.

## 15 Minuten Ruhm 307

15 MINUTES ***+

**Regie:** John Herzfeld
**Darsteller:** Robert De Niro (Eddie Flemming), Edward Burns (Jordy Warsaw), Vera Farmiga (Daphne Handlova), Kelsey Grammer (Robert Hawkins), Melina Kanakaredes (Nicolette Karas), Tygh Runyan (Stephen Geller), Janean Christine Mariani (Mary)
**Drehbuch:** John Herzfeld
**Kamera:** Jean-Yves Escoffier
**Musik:** Anthony Marinelli, I. Peter Robinson
**Schnitt:** Steven Cohen
**Prod.-Des.:** Mayne Berke
**Prod.:** USA 2001; 121 Min.
John Herzfeld, Keith Addis, David Blocker, Nick Wechsler für Industry/Tribeca/New Redemtion
**Verleih:** Kinowelt/-/Rialto, 12.4.2001
**Vertrieb:** Kinowelt Video (Video, DVD)
**FSK:** ab 12 J., ffr.

Zwei illegale Einwanderer kapieren schnell, wie sich das Verbrechen in den USA doppelt lohnt: Sie filmen ihre Morde auf Video und bieten die Filme einem Sensationsmagazin an. Auf die Idee bringt sie ausgerechnet der Chef des Morddezernats, der sich selbst nur allzu gern im Blitzlichtgewitter sonnt. Das ist die – ein wenig grobschlächtige, dadurch nicht weniger pikante – Medienkritik, um die sich ein grundsolider Thriller rankt, in dem ein alter und junger Cop sich erst zusammenraufen müssen, bevor sie dem Bösen die Stirn bieten.

*Annette Kilzer, tip, 8/2001*

**Kritik:** (...) Herzfeld vergröbert, wo er psychologische Finesse walten lassen sollte: Seine Bösewichte charakterisiert er als hirnloses Mördermonstren, als Schläger mit unerschöpflicher krimineller Energie. Und bei redlichen russischen Emigranten dudelt stets »Kalinka«. Da findet dann auch der ambitionierte Theorieansatz sein praktisches Ende. Statt leidenschaftlich in dieser globalen Wunde zu bohren, driftet das Ganze in einen durchaus spannenden, temporeichen Serienkiller-Thriller ab, konventionell zwar, aber gut besetzt und von grimmig-zynischem Humor durchzogen. Mit dem Entschluss, einen der zentralen Sympathieträger ziemlich unvermittelt über die Klinge springen zu lassen, wollte Herzfeld wohl mit Kinokonventionen brechen. Doch damit beweist er nur, dass er sie (noch) nicht beherrscht.

*W. O. P. Kistner, AZ, 12.4.2001*

*Robert De Niro*

(...) John Herzfelds spannend inszenierter Thriller tut so, als springe er kritisch mit der Sensationsgeilheit der Presse um. Dabei begibt er sich von der ersten Sekunde an bis zur Halskrause in den Sumpf, den er vorgeblich anprangert, und hinterlässt einen säuerlichen Nachgeschmack von selbstgerechter Empörung, frei nach dem Wickert-Motto: »Der Anständige ist immer der Dumme.« Kein Wunder, dass hier selbst der große de Niro nur eine seiner Routinedarbietungen aus der Schublade zieht.

*Gerald Jung, Zitty, 8/2001*

# G

## Game Over – Gefährliche Spiele 308
GONGYUAN 2000 NIAN **
Video

**Regie:** Gordon Chan
**Darsteller:** Aaron Kwok (Peter Li), Phyllis Quek (Soelina), Daniel Wu (Gen-X-Cops), James Lye (Eric Ong), Gigi Choi (Janet), Hoi Lin (Kelvin Wong), Ray Lui
**Drehbuch:** Stu Zicherman, Gordon Chan
**Kamera:** Arthur Wong
**Musik:** Shigeru Umebayashi
**Schnitt:** Ki-Hop Chan
**Prod.:** Hongkong/Singapur 2000; 109 Min. Benny Chan, John Chong, Solon So, David Leong für Media Asia/Raintree Pic.
**Vertrieb:** BMG Video, 27.11.2001
**FSK:** ab 16 J.

Nach Terroranschlägen auf US-Militäreinrichtungen richtet sich der Fokus der Ermittler auf ein Brüderpaar in Hongkong. Unentschlossen wirkender Kampfsport-Actioner.

## Gangster No. 1 309
GANGSTER NO. 1 ***

**Regie:** Paul McGuigan
**Darsteller:** Malcolm McDowell (alter Gangster), David Thewlis (Freddie Mays), Paul Bettany (junger Gangster), Saffron Burrows (Karen), Kenneth Cranham (Tommy), Jamie Foreman (Lennie Taylor), Radzaaq Adoti (Roland)
**Drehbuch:** Johnny Ferguson, nach dem gleichnamigen Theaterstück von Louis Mellis und David Scinto
**Kamera:** Peter Sova
**Musik:** John Dankworth
**Schnitt:** Andrew Hulme
**Prod.-Des.:** Richard Bridgeland
**Prod.:** GB/BRD 2000; 103 Min. Norma Heyman, Jonathan Cavandish, Nicky Kentish Barnes, Ulrich Felsberg für Pagoda/Road Movies mit British Screen/BSkyB
**Verleih:** Senator/-/-, 1.2.2001
**Vertrieb:** EuroVideo (Video, DVD)
**FSK:** ab 12 J., ffr.

London 1968: Der junge »Gangster« wird von Freddie Mays, dem berüchtigten »Schlächter von Mayfair«, in seine Gang aufgenommen und avanciert rasch zu dessen rechter Hand. Der ambitionierte Aufsteiger geht für seinen Boss durch dick und dünn, bis sich die schöne Nachtclubsängerin Karen zwischen sie drängt. Getrieben von Eifersucht, Neid und Machtgier spinnt Gangster einen perfiden Plan. 30 Jahre später hat er es geschafft: Gangster ist ganz oben. Da hört er, dass Freddie aus dem Knast entlassen wird, in dem er drei Jahrzehnte für einen Mord saß, den ein anderer beging. *Pressetext*

**Kritik:** (...) Auch in seinem zweiten Spielfilm benutzt der Brite eine literarische Vorlage, ein Drama von Louis Mellis und David Scinto. Der Film ist viel reifer. Nur Malcolm McDowell, der einst den Alex in »A Clockwork Orange« gespielt hat, übertreibt in der Rolle des gealterten Gangsters (den jungen spielt Paul Bettany). Noch ein Duell Mann gegen Mann. »Overacting« verliert. *Julian Hanich, Der Tagesspiegel, 1.2.2001*

(...) Das sieht zwar alles ziemlich cool aus, doch es hilft nichts bei einem Film, der so ausschließlich auf seine Figuren setzt, dass er wichtige Handlungsfäden einfach ignoriert. Wie zum Beispiel stellt es Gangster an, dass Freddie für ein Verbrechen büßt, bei dessen Durchführung er nachweislich im Krankenhaus lag? Und warum wird jemand zum ach so wichtigen Boss der Unterwelt, der 30 Jahre lang übersieht, dass eines seiner Opfer überlebt hat? Über solche Löcher trösten lediglich ein wenig die wunderbare Ausstattung sowie die Leistungen der Schauspieler hinweg, die bis in die kleinste Nebenrolle brillant besetzt sind. *Zitty, 3/2001*

## Ein ganz besonderes Weihnachtsfest 310
A DIVA'S CHRISTMAS CAROL **
Video

**Regie:** Richard Schenkman
**Darsteller:** Vanessa L. Williams (Ebony Scrooge), Rozonda »Chilli« Thomas (Marli

Jacob), John Taylor (Geist), Brian McNamara (Bob Cratchett), Kathy Griffin (Geist), Stephanie Biddle (Terry Freeman), Richard Jutras (Emie Hoskins)
**Drehbuch:** Richard Schenkman, nach Charles Dickens
**Kamera:** Bruce Chun
**Musik:** Christopher Lennertz
**Schnitt:** Neil Grieve
**Prod.-Des.:** Csaba András Kertész
**Prod.:** USA 2000; 85 Min.
Claudio Castravelli für VH1/Viacom
**Vertrieb:** Paramount Video, 6.12.2001
**FSK:** ab 6 J.

Zum x-ten Male Vorhang auf zu Dickens' Weihnachtsgeschichte: Diesmal ist Scrooge eine Popdiva. Echt super, der Einfall – trotzdem ein ungeheuer überflüssiger Film ohne Stil.

## Ganz typisch Du! 311
CA, C'EST VRAIMENT TOI □
TV

**Regie:** Claire Simon
**Darsteller:** Stéphanie Pasquet, Sophie Rodrigues, Marie Eléonore Pourtois, Claire Delaporte, Marika Peyronne (die fünf Darstellerinnen der Cléo), Alexandre Zlotto (Antoine), Ismael Ruggiero
**Drehbuch:** Jean-François Goyet, Claire Simon
**Kamera:** Katell Dijan
**Musik:** Jesus »Chucho« Valdes
**Schnitt:** Catherina Zins
**Prod.:** Frankreich 2000; 116 Min.
Gilles Sandoz für Agata/Le Sept Arte
**UA:** 4.8.2000, Int. Filmfestspiele Locarno
**TV:** 3.1.2001, Arte, 0.25

Liebesgeschichte im Schatten des Europäischen Parlaments in Straßburg. Der Praktikant Antoine begegnet seiner verflossenen Liebe Cléo, Schnittassistentin in der audiovisuellen Abteilung, und kämpft um die Neubelebung ihrer beider Gefühle.

*Pressetext*

## Gegen jede Regel 312
REMEMBER THE TITANS ***

**Regie:** Boaz Yakin
**Darsteller:** Denzel Washington (Coach Boone), Will Patton (Coach Yoast), Donald Faison (Petey Jones), Wood Harris (Julius »Big Ju« Campbell), Ryan Hurst (Gerry Bertier), Ethan Suplee (Lewis Lastik), Nicole Ari Parker (Carol Boone)
**Drehbuch:** Gregory Allen Howard
**Kamera:** Philippe Rousselot
**Musik:** Trevor Rabin
**Schnitt:** Michael Tronick
**Prod.-Des.:** Deborah Evans
**Prod.:** USA 2000; 113 Min.
Jerry Bruckheimer, Chad Oman für Walt Disney Pictures/Jerry Buckheimer Films/ Technical Black
**Verleih:** Buena Vista/-/Buena Vista, 29.3.2001
**Vertrieb:** Buena Vista Video (Video, DVD)

Das Football-Drama basiert auf einer wahren Geschichte und erzählt mit viel naiver Verve und heroischem Getöse eine beispielhafte sportliche und moralische Erfolgsstory aus dem Jahre 1971. In der Rolle des charismatischen Coachs, dem es nach der Aufhebung rassisch getrennter Schulen gelingt, die schwarzen Spieler ins einst den Weißen vorbehaltene Team einer High School in Virginia zu integrieren und die Mannschaft zum Erfolg zu führen, glänzt Denzel Washington.

*Film, 3/2001*

**Kritik:** (...) Wenn der militaristische Trainingsdrill zum Schmetter-Soundtrack auf den Magen zu schlagen droht, holt Yakin die Chauvinistenfahne wieder ein und dirigiert den Film in die entgegengesetzte, intelligentere Richtung. Dazu dienen diverse Ansprachen, die wie Predigten oder Anfeuerungsparolen daherkommen. Die Peinlichkeit erscheint bewusst minimiert wie auch die als Schlachten inszenierten Wettkämpfe. Dass dies auf ästhetisch hohem Niveau geschieht, ist dem genialen Kameramann Philippe Rousselot zu danken, der den Film optisch über den Durchschnitt gängiger Rassen- wie Sportmelodramen hinaushebt.

*W. O. P. Kistner, AZ, 29.3.2001*

(...) Virtuose Sportaufnahmen, große Gefühle, ebensolche Worte und brenzlige Situationen – Bruckheimer und sein Regisseur Boaz Yakin verstehen ihr Mainstream-Handwerk und halten mit den bewährten Methoden den Zuschauer in Bann. So läuft eine perfekte Unterhaltungsmaschinerie vor einem ab. *Zitty, 7/2001*

## Gegen jeden Verdacht 313

IN PURSUIT **

Video

**Regie:** Peter Pistor
**Darsteller:** Claudia Schiffer (Catherne Wells), Daniel Baldwin (Rick), Coolio (Carl Wright), Dean Stockwell (Charles Welz), Jeff Henry (Daug Handler), Sarah Lassez (Abby Berkhoff), Ruben Pla (Christos)
**Drehbuch:** John Penney, nach einer Story von Peter Pistor
**Kamera:** Richard Crudo
**Musik:** Bruce Miller
**Schnitt:** Deborah Zeitman
**Prod.-Des.:** Jack Cloud
**Prod.:** USA/BRD 2000; 88 Min.
Peter Pistor, Jürgen Biefang, Michael Bischoff, Luciano Lisi für Life Prod./ Traumwerk
**Vertrieb:** VCL Video, 25.10.2001
**FSK:** ab 12 J.

Unter Mordverdacht geratener Anwalt flieht aus Polizeigewahrsam, um den wahren Täter zu finden. Verwegenes US-Kabel-TV-Konstrukt, das mit Besetzungsnamen zu punkten versucht. Wer sagt's denn, dass die deutschen Produzenten sich nicht an Koproduktionen trauen?

## Das Geheimnis 314

LE SECRET ****+

**Regie:** Virginie Wagon
**Darsteller:** Anne Coesens (Marie), Michel Bompoil (François), Tony Todd (Bill), Quentin Rossi (Paul), Jacqueline Jehanneuf (Maries Mutter), Aladin Reibel (Remy), Valerie Vogt (Severine)
**Drehbuch:** Virginie Wagon und nach einer Story von Virginie Wagon, Eric Zonca
**Kamera:** Jean-Marc Fabre
**Schnitt:** Yannick Kergoat
**Prod.-Des.:** Brigitte Brassart
**Prod.:** Frankreich 2000; 107 Min.
François Marquis, Richard Malbequi für Les Prod. Bagheera/Franco3 Cinema/ Diaphana Films mit Canal+/CNC/ La Procirep/Sofica3
**EA:** 25.6.2000, Filmfest München
**Verleih:** X Verleih/-/-, 6.12.2001
**FSK:** ab 16 J., ffr.

Ehebruchsgeschichte, in der eine junge Lexikonvertreterin der Routine mit dem soften Gatten und dem hübschen Baby entflieht und stattdessen pure narzistische Leidenschaft erkundet. Objekt der Begierde ist ein unverbindlicher, schöner, schwarzer Amerikaner, ein monströses Klischeegeschöpf, das die Rückkehr der Ausbrecherin ins Familiennest plausibel machen soll.

*Claudia Lenssen, tip, 25/2001*

**Kritik:** (...) Der Ausbruch aus kleinbürgerlicher Enge bedeutet gleichzeitig Selbstfindung, die Treffen sind Fluchten aus einem öden Alltag. Schon die Liebeslocation macht den Eintritt in eine unbekannte Welt visuell deutlich – von außen eine starre Front mit großer Tür, innen ein lichtdurchfluteter Garten Eden. Im Gegensatz zu vielen anderen weiblichen Filmfiguren entscheidet Marie autonom, wann und ob sie den virilen Lover (der kein Wort Französisch spricht) sehen, wie weit sie gehen will. »Das Geheimnis« erzählt psychologisch fein gesponnen von innerer Widersprüchlichkeit in einer Ausnahmesituation, von der Flüchtigkeit der Leidenschaft.

*Margret Köhler, AZ, 6.12.2001*

(...) Die Regisseurin ist bisher als Drehbuch-Koautorin für die Filme von Eric Zonca »Liebe das Leben« hervorgetreten. Mit »Das Geheimnis« gelang ihr – diesmal mit Zonca als Helfer beim Drehbuch – ein Spielfilmdebüt mit bezwingend intensiver Atmosphäre. Einerseits stellt sie sich mit ihrem Werk, das auch drastische Sexszenen enthält, in die Reihe jüngerer Skandalfilme von Frauen (»Romance«, »Baise-moi«), die mit ihrer fast pornografischen Direktheit das französische Publikum provozierten; andererseits ist ihr Stil, wie der von Zonca, eher den stillen Dramen eines Eric Rohmer verwandt.
Doch wo sich beim Altmeister die

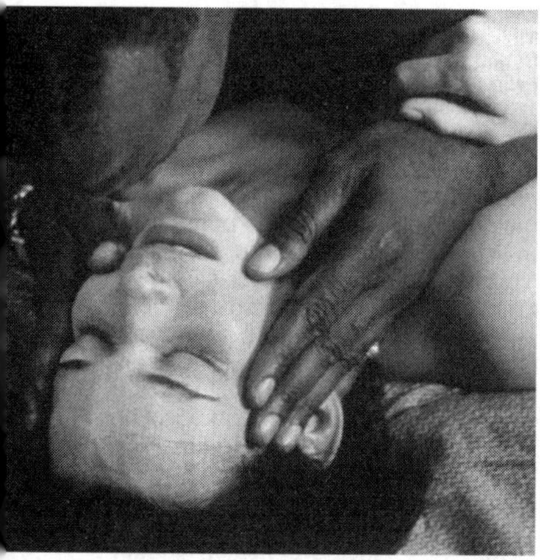

*Anne Coesens*

Brisanz der Beziehungen eher alltagsimmanent entfaltet, greift auch Virginie Wagon zum handfesten Krisen-Szenario, in dem eine unbeherrschbare »dritte Kraft« in Form einer sexuellen Leidenschaft das Lebens-Gleichgewicht ins Wanken bringt.

*Heinz Holzapfel, Rheinische Post, 6.12.2001*

(...) Das Geheimnis, das der Film angesichts dieser Realitäten eröffnet, ist banal. Für alle, die es noch nicht wussten, sei es hier niedergeschrieben: Es gibt tatsächlich außerehelichen Sex. Männer gehen fremd, Frauen genauso. Was an »Das Geheimnis« nervt, ist der Eindruck, dass hier ein Produkt in Serie zu gehen scheint. Das Kino hat jüngst einige radikale Revisionen der Sexualität gesehen: »Romance«, »Baise-moi«, »Die Klavierspielerin«, »L'humanité«. Das Fatale an ihren prüden Varianten – »Intimacy«, »Too much flesh« und eben auch »Das Geheimnis« – ist, dass sie mit dem Gewagten kokettieren, aber die realen Spannungen auslassen. (...)

*Veronika Rall, Der Tagesspiegel, 6.12.2001*

## Das Geheimnis – Auf der Spur des Mörders 315

**+

TV

**Regie:** Jorgo Papavassiliou
**Darsteller:** Barbara Rudnik (Karen Fallschneider), Thomas Sarbacher (Kommissar Bärbacher), Claudius Freyer (Mex), Theresa Scholze, László Imre Kish, Ulrich von Dobschütz
**Drehbuch:** Jacqueline Switala
**Kamera:** Yvonne Tratz
**Schnitt:** Corinna Dietz
**Prod.:** BRD 2000; 90 Min.
Kirsten Ellerbrake für Die Berliner Prod. für SAT.1
**TV:** 6.3.2001, SAT.1, 20.15

Die Gerichtsmedizinerin bekommt in Serie Massakerleichen von ehemaligen Vergewaltigern auf den Tisch, die alle vor 20 Jahren freigesprochen wurden. Ein mühsam grausiger Anlass für das Stöbern in Altakten. Und ehe der Kommissar eins und eins zusammenzählen kann, sorgt die Jungkollegin für die bittere Katastrophenaufklärung des verschlüsselten Spurenleger-Rätsels. Da ist aber längst der Spannungsfaden gerissen.

*Ponkie, AZ, 8.3.2001*

## Geheimnisse am Fluss 316

PLUS QU'HIER, MOINS QUE DEMAIN

***

TV

**Regie:** Laurent Achard
**Darsteller:** Martin Mihelich (Julien), Laetitia Legrix (Françoise), Mireille Roussel (Sonia), Pascal Cervo (Bernard), Lily Boulogne, Daniel Isoppo, Vincent Martin
**Drehbuch:** Laurent Achard, Ricardo Munoz
**Kamera:** Philippe van Leeuw
**Schnitt:** Josiane Zardoya
**Prod.:** Frankreich 1999; 86 Min.
Dominique Andreani, Jean-François Vincenti, Bertrand Abadie, Christine Ieva für Movimento/Rhône-Alpes Cinema/La Sept mit CNC/Canal+
**UA:** 4.2.1999, Int. Filmfestival Rotterdam
**TV:** 22.11.2001, Arte, 20.45

Die 16-jährige Françoise hat sich in ihren Cousin Bernard verliebt. Aber der hat sein Leben schon verplant: Er will die Firma seines Vaters übernehmen und Françoise als Sekretärin engagieren. Als deren Schwester Sonia nach Jahren wieder auftaucht, kommen bei einem scheinbar idyllischen Familienausflug auf einmal viele Wahrheiten ans Licht. (...)

*Pressetext*

## Der Gehetzte 317

IZGOY □ TV

**Regie:** Wladimir Saweljew
**Darsteller:** Yossi Pollak, V. Brondukow, Stefania Stanjuta, Valentinas Masalskis
**Drehbuch:** Nach einer wahren Begebenheit
**Prod.:** Ukraine/BRD 1993; 75 Min.
**TV:** 6.12.2001, Arte, 0.25

Drama über das außergewöhnliche Schicksal einer polnisch-jüdischen Familie, die außerhalb der Vernichtungslager zum Opfer des Völkermords wird.

## Geier im Reisrand 318

□ TV

**Regie:** Paul Harather
**Darsteller:** Heio von Stetten (Andreas Grimm), Jule Ronstedt (Christiane Lechner), Gert Anthoff (Alois Schlegel), Sebastian Bezzel (Theodor Haslacher), Heidy Forster (Ursula Waldprand), Anneke Kim Sarnau (Henriette Schneider), Jürgen Tonkel (Konrad Heckmann)
**Drehbuch:** Albert Sandner
**Prod.:** BRD 2000; 90 Min.
**TV:** 15.8.2001, ARD, 18.30

Nachdem der Lehrer Andreas Grimm von einer Münchner Schule wegen seiner Kritik an den Missständen dort und im Bildungswesen an eine Schule in dem abgelegenen niederbayerischen Marktflecken Geierbruch versetzt wird, begegnet er hier den Intrigen des berechnenden Bürgermeisters Alois Schlegel.

## Gelbe Kirschen 319

***

**Regie:** Leopold Lummerstorfer
**Darsteller:** Martin Puntigam, Sandra Bra, Josef Hader, Konstantin Reichmuth, Erwin Leder, Georg Friedrich, Maria Hofstätter
**Drehbuch:** Leopold Lummerstorfer, Franz F. Altmann
**Kamera:** Robert Angst
**Musik:** Christian Fennesz
**Schnitt:** Eliska Stibrova
**Prod.:** Österreich 2000; 85 Min.
Josef Aichholzer Filmprod.
**Verleih:** -/Filmladen/-, Febr. 2001

Rudi arbeitet erst seit kurzem im mobilen Fremdenkommando der Polizei und verliebt sich in Alena, eine illegal in Wien lebende Migrantin. Als Rudis Vorgesetzter und Schwager davon erfährt, organisiert dieser ihre schnelle Abschiebung. Der sonst zaudernde Rudi muss handeln. Romantisch gestrickt, mit etwas Gesellschaftskritik gewürzt und mit kabarettistischen Sprüchen garniert, findet der Film auf keiner dieser möglichen Ebenen glaubwürdig Halt. *Multimedia*

**Kritik:** (...) Auch wenn man wieder einmal an die äußerst restriktive und abkapselnde österreichische Ausländerpolitik erinnert wird und der Überheblichkeit gewahr wird, mit der regelmäßig Österreicher Migranten begegnen, vergleicht man den jetzigen – ersten – Spielfilm Lummerstorfers mit seinem »Der Traum, der bleibt«, bleibt es ein großes Rätsel, wo der Regisseur diesmal seine diffizile Rhetorik und Reflexionsgabe gelassen hat. Der Plot und die Durcharbeitung der Figuren bleibt auf dem Niveau eines gewöhnlichen Fernsehspiels. Gerade in der Gewissheit seines Könnens ist somit dieses Stück Kino eine Enttäuschung.

*Michael Anhammer, Multimedia*

## Gen 13 320

GEN 13 * Video

**Regie:** Kevin Altieri
**Darsteller:** Mit den Originalstimmen von: Mark Hamill (Threshold/Matthew Collahan), Alicia Witt (Caitlin Fairschild), Flea (Grunge/ Edward Chang), Cloris Leachman (Helga)
**Drehbuch:** Kevin Altieri, Karen Kolus
**Kamera:** Choe Ki Young
**Musik:** Amotz Plessner
**Schnitt:** Janet »Lime« Leimenstoll
**Prod.:** USA 1998; 87 Min.
Kevin Altieri, Karen Kolus, John Nee für Wilsstorm/Network Ent.

**Vertrieb:** Paramount Video, 8.3.2001
**FSK:** ab 16 J.

Überflüssige Verfilmung einer US-Comicreihe um einen genmanipulierten Teenager mit Superfähigkeiten. Reizloser Zeichentrick-Sciencefiction.

## Generation Ax 321

GENERATION AX *

Video

**Regie:** Tommy Faircloth
**Darsteller:** Brian Kelly (Todd Major), Marina Morgan (Blair Deal), Jennifer Peluso (Leslie Gordon), Jason Gambrell (Eric Pullman), Tim Moran (Matt Wiggins), Emmy Stevens (Sarah Pullman), Jamie Daugherty (Monica Webb)
**Drehbuch:** Tommy Faircloth
**Prod.:** USA 1998; 78 Min.
Horse Creek Prod.
**Vertrieb:** Laser Paradise Video, 4.10.2001
**FSK:** ab 18 J.

Außenseiterpärchen will mit Waffengewalt die Schule umkrempeln. Grauenvolle 78 Minuten schredderreifer Filmschrott – der reinste Horror, auch die Synchronisation!

## George Washington 322

GEORGE WASHINGTON ****

**Regie:** David Gordon Green
**Darsteller:** Candace Evanofski, Donald Holden, Damien Jewan Lee, Curtis Cotton, Candace Heirston, Eddie Rouse, Paul Schneider
**Drehbuch:** David Gordon Green
**Kamera:** Tim Orr
**Musik:** Michael Linnen, David Wingo, Andrew Gillis, Brian McBride, Manziga Phaser
**Schnitt:** Steven Gonzales, Zene Baker
**Prod.:** USA 1999; 89 Min.
David Gordon Green, Sacha W. Mueller, Lisa Muskat für Youandwhatarmy Filmed Challenges/Blue Moon Code Red
**EA:** 10.2.2000, Int. Forum des Jungen Films Berlin
**Verleih:** Freunde/Stadtkino, OmU/-, Mai 2001

Vor dem Hintergrund einer stillgelegten Industrie und einer verarmten Gesellschaft in einer Kleinstadt im Süden der USA porträtiert Regisseur Green als filmisches Essay das Leben von fünf Kindern. Stark mit dokumentarischen und filmisch-poetischen Anteilen angereicherter Spielfilm, der trotz teilweise plakativer und naiver Symbolik ein sozialpolitisch engagiertes und interessantes Spielfilmdebüt darstellt. *Multimedia*

## Ein Gespenst in Beirut 323

BEYROUTH FANTOME ****+

TV

**Regie:** Ghassan Salhab
**Darsteller:** Aouini Kawas (Khalil), Darina Al Joundi (Hanna), Rahib Mroué (Kamal), Carol Abboud (Nada), Hassan Farhat (Fouad), Younes Aoudé (Omar), Ahmed Ali Zein (Youssef)
**Drehbuch:** Ghassan Salhab
**Kamera:** Jerome Peyrebrune
**Schnitt:** Gladys Joujou, Vincent Commaret
**Prod.-Des.:** Hamza Nasrallah
**Prod.:** Frankreich/Libanon 1998; 117 Min.
Ghassan Salhab, Aline Pelissier für GH Films/Idea/Optima Film
**UA:** 26.10.1998, Carthago Film Festival, Tunis
**TV:** 24.10.2001, Arte, 22.30, OmU

Libanon, Ende der 80er-Jahre. Khalil, von dem alle dachten, er sei tot, taucht nach zehn Jahren wieder auf. Seine Wiederkehr nach Beirut sorgt unter seinen Freunden für Aufruhr, Unverständnis und Zweifel. *AZ TV Journal*

## Get Carter – Die Wahrheit tut weh 324

GET CARTER ***

**Regie:** Stephen Kay
**Darsteller:** Sylvester Stallone (Jack Carter), Miranda Richardson (Gloria), Rachael Leigh Cook (Doreen), Alan Cumming (Jeremy Kinnear), Mickey Rourke (Cyrus Paice), John McGinley (Con McCarty), Rhona Mitra (Geraldine)
**Drehbuch:** David McKenna, nach dem Roman »Jack's Return Home« von Ted Lewis
**Kamera:** Mauro Fiore
**Musik:** Tyler Bates
**Schnitt:** Jerry Greenberg
**Prod.-Des.:** Charles J. H. Wood
**Prod.:** USA 2000; 104 Min.
Mark Canton, Elie Samaha, Neil Canton für Morgan Creek/Francise/Canton Com.
**Verleih:** Warner/-/-, 16.8.2001
**Vertrieb:** Warner Video

Der Stoff ist offenbar unwiderstehlich: Nach einer Blaxploitation-Version ist dies schon das zweite Remake des britischen Gangsterklassikers »Jack rechnet ab« (Original: »Get Carter«, 1971). Das Original war schäbiger, kälter und abgründiger. Die Clipästhetik, die den Schauplatz Seattle in ein dräuend graublaues Monochrom taucht, beschwört eine eher launige Düsternis. Gleichwohl verleiht Stallone der Titelfigur, die den Tod des Bruders rächen will, eine unverhoffte Melancholie. Dass der Original-Carter Michael Caine als Gast auftritt, mag man indes als Selbstsabotage oder gar hinterlistige, nicht uneitle Strategie des Darstellers sehen, einen Vergleich herauszufordern, der für das Remake dann doch unschmeichelhaft ausfällt.

*Gerhard Midding, tip, 17/2001*

**Kritik:** (...) Doch durch den Filter der Vergangenheit sieht man die Schwächen des Remakes umso deutlicher. »Get Carter« passt sich ganz und gar der enervierend gedehnten und unökonomischen Spielweise seiner Darsteller an: Wenn Sylvester Stallone – der in Ensemblefilmen brillieren kann – sich breit machen darf und dann auf Mickey Rourke trifft, geben sich zwei der langsamsten Darsteller Hollywoods ein Stelldichein und man fürchtet, der Film werde jede Sekunde stehen bleiben. Wenn sich dann noch das einfallslose Drehbuch und der ratlose Schnitt kongenial ergänzen mit dem Ergebnis, dass erst Stallone von Rourke und ein paar Schnittbilder später Rourke von Stallone verprügelt wird, weiß man, warum nicht mehr genug Zeit war, die Geschichte zu Ende zu erzählen. *Lars-Olav Baier, FAZ, 16.8.2001*

*Rachael Leigh Cook*

## Ghost World 325

GHOST WORLD ****

**Regie:** Terry Zwigoff
**Darsteller:** Thora Birch (Enid), Scarlett Johansson (Rebecca), Steve Buscemi (Seymour), Brad Renfro (Josh), Illeana Douglas (Roberta), Bob Balaban (Vater), Teri Garr (Maxine)
**Drehbuch:** Daniel Clowes, Terry Zwigoff, nach den Comics von Clowes
**Kamera:** Affonso Beato
**Musik:** David Kitay
**Schnitt:** Carole Kravetz
**Prod.-Des.:** Edwsard T. McAvoy
**Prod.:** USA 2000; 111 Min.
Lianne Halfon, John Malkovich, Russel Smith für United Artists/Granada mit Jersey Shore
**UA:** 16.6.2001, Seattle Film Festival
**EA:** Filmfest Hamburg 2001
**Verleih:** Advanced/-/-, 18.10.2001
**FSK:** ab 6 J., ffr.
**FBW:** Wertvoll

Enid und Rebecca sind zwei Teenager in einer amerikanischen Kleinstadt. Die letzten gemeinsamen Ferien verbringen sie experimentell: Sie spielen Streiche, sie hassen die Welt, sie passen sich an, sie erfinden sich selbst. »Ghost World« beruht auf dem gleichnamigen Comic von Daniel Clowes und ist die kongeniale Fortsetzung der Bildergeschichte mit filmischen Mitteln: Das Spiel von Thora Birch und Scarlett Johansson ist perfekt, der Rhythmus ist lakonisch, die Weltanschauung ist reich.

*Bert Reblandl, tip, 21/2001*

**Kritik:** (...) Zwigoff zeichnet eine US-Vorstadt-Welt, deren Tristesse jede Aussicht auf Zukunft decouvriert. Hinter dem Zynismus von Enid und Rebecca lauert das Grauen vor einem konventionellen Leben – und das Happy End, das Hollywood einst unangepassten Teenagern wie Dustin Hoffman in der »Reifeprüfung« gewährte, verweigert Zwigoff seinem Publikum. Aber immerhin – er lässt den alten Norman am Ende vor Enids und unseren Augen in den Bus steigen, der überraschend doch noch erscheint in dieser Geisterwelt. Eine Abfahrt ins Nirgendwo, das das einzig Endgültige sein könnte, der Tod.

*Bodo Fründt, SZ, 22.10.2001*

(...) Auch wenn »Ghost World« stellenweise ein wenig geschwätzig daherkommt, ist dem amerikanischen Regisseur ein beißendes Drama gelungen, das sehr genau den tristen Alltag in der Provinz beschreibt. Solch eine Story kommt nicht ohne exzellente Darsteller aus. Steve Buscemi glänzt einmal mehr als schräger Außenseiter, der noch in den 70ern lebt. Geprägt wird der Film jedoch durch Thora Birch, sie bringt Enids trotziges Beharren auf ein Stück vom großen Leben sehr genau auf den Punkt.

*Katharina Dockhorn, Filmecho-Filmwoche, 22/2001*

## Ghosts of Mars 326

JOHN CARPENTER'S GHOSTS OF MARS ***+

**Regie:** John Carpenter
**Darsteller:** Ice Cube (James »Desolation« Williams), Natasha Henstridge (Melanie Ballard), Jason Statham (Jericho Butler), Pam Grier (Helena Braddock), Clea Duvall (Bashira Kincaid), Joanna Cassidy (Whitlock), Liam Waite (Michael Descanso)
**Drehbuch:** John Carpenter, Larry Sulkis
**Kamera:** Gary B. Kibbe
**Musik:** John Carpenter
**Schnitt:** Paul Warschilka
**Prod.-Des.:** William Elliott
**Prod.:** USA 2001; 110 Min.
Sandy King für Storm King Prod.
**Verleih:** Columbia TriStar/-/-, 18.10.2001
**FSK:** ab 16 J., ffr.

Hauchdünn ist der Plot dieses B-Films, der nur zum Scherz behauptet, ein Sciencefictionfilm zu sein (und nur der Einsamkeit wegen auf dem Mars angesiedelt ist). Marsianische Geister befallen Minenarbeiter, die danach aussehen wie ein durchgepiercter Kiss-Fanclub. Der grassierenden Geschmacksverwirrung stellt sich ein Trupp von Mars-Cops entgegen, starke Frauen und ihre nüchternen Gefangenen. »Assault« wird da zitiert, »Das Ding aus einer anderen Welt« und auch noch »Rashomon«. Wahrhaft kein großer Film, aber natürlich etwas für die Carpenter-Sammlung, die jeder haben sollte.

*Robert Weixlbaumer, tip, 21/2001*

**Kritik:** (...) Diese futuristische Metzelei sieht aus wie ein Mix aus alten Carpenter-Filmen. Wenn Ice Cube zu Anfang als finster dreinblickender Knacki eingeführt wird, denkt man an »Die Klapperschlange«, und wenn schließlich die Überlebenden von den Außerirdischen belagert werden, fühlt man sich an »Assault« erinnert. Wenig originell also serviert Carpenter seine Schlacht um den Wüstenplaneten – mit einem Sammelsurium aus Selbstzitaten, die monoton und bisweilen wirr aneinander gereiht sind. Die gelungenen Spannungsszenen kann man dabei an einer Hand abzählen.

*Albert Baer, Rheinische Post, 19.10.2001*

## The Gift – Die dunkle Gabe 327

THE GIFT ****

**Regie:** Sam Raimi
**Darsteller:** Cate Blanchett (Annie Wilson), Giovanni Ribisi (Buddy Cole), Keanu Reeves (Donnie Barksdale), Katie Holmes (Jessica King), Greg Kinnear (Wayne Collins), Hilary Swank (Valerie Barksdale), Michael Jeter (Gerald Weems)
**Drehbuch:** Billy Bob Thornton, Tom Epperson

**Kamera:** Jamie Anderson; Monty Rowan (2nd unit)
**Musik:** Christopher Young
**Schnitt:** Arthur Coburn, Bob Murawski
**Prod.-Des.:** Neil Spisak
**Prod.:** USA 2000; 110 Min.
James Jacks, Tom Rosenberg, Gary Lucchesi; Richard S. Wright (Co-Prod.) für Lakeshore/Alphaville Prod.
**EA:** Fantasy Filmfest 2001
**Verleih:** Helkon/Buena Vista/-, 4.10.2001
**FSK:** ab 16 J., ffr.

Annies hellseherische Fähigkeiten führen die Polizei zu einem Teich, in dem tatsächlich die Leiche einer vermissten jungen Frau gefunden wird. Der Besitzer des Grundstücks, der seine Frau schon oft verprügelt und Annie überdies bedroht hat, wird verhaftet und schließlich auch verurteilt; Annie ist aber sicher, dass er nicht der Mörder ist. Ein nach allen Regeln der Kunst inszenierter Psychothriller, der Stereotypen entgegenarbeitet und bei der Zeichnung der durchweg gut gespielten Figuren nicht auf Dialoge angewiesen ist. *Alrun Fichtenbauer, Multimedia (Die Furche), 4.10.2001*

**Kritik:** (...) Das Buch stammt von Billy Bob Thornton und seinem Jugendfreund Tom Epperson, mit dem er fast immer schreibt. Obwohl es offensichtlich nicht ihre Stärke ist, schlüssige Krimiplots zu erfinden, ist Billy Bob Thornton doch als Autor mindestens so interessant wie als Schauspieler. Sechs seiner Werke wurden bisher verfilmt, für »Sling Blade« bekam er einen Drehbuch-Oscar. Eine Kleinstadt im Süden, wo er selbst herstammt, ist stets der Fluchtpunkt dieser Geschichten, seine Mutter war selbst eine Wahrsagerin – es geht stets um mehr als die sichtbare Wirklichkeit. Die Gewalt der Männer gegenüber Frauen und Kindern ist sein großes Thema, das war der Schlüssel zu »Sling Blade« und es dominiert auch hier. Ein Thema übrigens, das Billy Bob Thornton auch im wirklichen Leben heimsucht: Mindestens eine seiner vier gescheiterten Ehen endete mit dem polizeilichen Verbot, sich Frau und Kindern jemals wieder zu nähern.
Seine Figuren sind oft gefährlich nah an Südstaaten-Stereotypen, aber man spürt eine Ehrlichkeit und Dringlichkeit dahinter, die sie doch wieder faszinierend macht. Dies ist – zusammen mit den Schauspielern und der eleganten Regie von Sam Raimi – am Ende die größte Stärke von »The Gift«. Die größte Schwäche liegt darin, dass auch die Zuschauer inzwischen eine Gabe haben – mämlich die Fähigkeit, in die Zukunft eines Drehbuchs zu schauen, das zu sehr auf bekannte Tricks vertraut. *Tobias Kniebe, SZ, 4.10.2001*

(...) Aber »The Gift« ist eigentlich kein Kinofilm, sondern eines jener opportunistischen TV-Movies, die Kinotrends – hier den Kitzel des übersinnlichen à la »The Sixth Sense« – aufgreifen. Die tun zwar gern reißerisch, wollen aber in Wirklichkeit ihr Publikum nicht aus Seh- und Denkgewohnheiten aufstören. Das Drehbuch gibt den Figuren kein rechtes Profil und eine müde, stumpf und uninteressiert zwischen den Scheuklappen ihres Fernsehalltags hervorstierende Kamera kann sich immer nur Kulissen und Textaufsagesituationen vorstellen, wo Lebenswelten, Symbolspiele und Offenbarungen ihren Platz finden müssten.
In »The Gift« steckt eine schöne Spukgeschichte, aber die triste Machart dieses Films lässt sie nicht heraus – nicht aus Ungeschick, sondern damit sich ja niemand erschreckt. Das hat dann in seiner Doofheit schon wieder was Gespenstisches.
*Thomas Klingenmaier, Stuttgarter Zeitung, 4.10.2001*

## Giftgas-Alarm: Der Tod fliegt mit 328
NOWHERE TO LAND ☐ TV

**Regie:** Armand Mastroianni
**Darsteller:** Jack Wagner (Captain John Prescott), Christine Elise (Kim McGee),

James Sikking (George Eller), Ernie Hudson (Danny Gorlin), Mark Lee (Philip), Rachael Blake (Anne), Helen Thomson (Claire)
**Drehbuch:** Matt Dorff
**Prod.:** USA 2000; 88 Min.
**TV:** 4.2.2001, RTL, 20.15

Ein Verrückter hat an Bord einer Boing 747 eine chemische Bombe installiert, die droht, innerhalb der nächsten Stunde in die Luft zu gehen. Da eine Landung ausgeschlossen ist, versucht Pilot Prescott, die Bombe an Bord zu entschärfen. Währenddessen sucht die Polizei in Australien nach dem Bombenleger. *Pressetext*

## The Girl 329

THE GIRL ***

**Regie:** Sande Zeig
**Darsteller:** Claire Keim, Agathe de la Boulaye, Cyril Lecomte, Sandra N'Kake, Ronald Guttman, Cyrille Hertel, Pascal Cervo
**Drehbuch:** Sande Zeig, Monique Wittig, nach dem gleichnamigen Roman von Monique Wittig
**Kamera:** George Lechaptois
**Musik:** Richard Robbins
**Schnitt:** Geraldine Peroni, Keiko Deguchi
**Prod.-Des.:** Phillipe Renucci
**Prod.:** Frankreich/USA 2001; 83 Min. Dolly Hall; Claude Martin für Artistic License mit Method/Hollywood Prods.
**UA:** 10.9.2000, Int. Filmfestival Toronto
**Verleih:** Kinoinitiative/-/-, 13.12.2001

Klassisches Geplänkel zwischen Butch und Femme, verbrämt mit etwas Bohemia und saumseligem In-den-Himmel-Starren. In einem Pariser Nightclub trällert eine junge Schöne ihre Liedchen, wird dabei heftigst von Männern umworben. Nur, dass einer von ihnen eine Frau ist und überdies hinreißend androgyn. Doch stumme Blicke und karge Gesten füllen keinen Spielfilm, der zu allem Überfluss nur Klischees bedient und seine Akteurinnen anämisch durch leere Stadtbilder schickt. Zeit vertropft. Zäh und viel zu viel.

*Cristina Moles Kaupp, tip, 25/2001*

**Kritik:** (...) Nein, gut ist diese Geschichte nicht. Das Opfer steht von Anbeginn fest, Geschäftsleute im Pariser Nachtbar-Milieu sehen selbstverständlich nicht tatenlos zu, wenn ihnen jemand die Mädchen verdirbt, und einander verfallene Menschen pflegen nicht, auf halbem Weg stehen zu bleiben. Filmisch umgesetzt wird die Geschichte mit klaren szenischen Vorgaben. Muster 1: Schritte der Erzählerin, Pflaster und Wasser, nächtlich blau. Muster 2: Das Liebespaar in Bett oder Badewanne, strahlend hell. Muster 3: Die Arbeits-Gegenwelten. Mal der schummrig-bunte Nachtclub, mal das hell-bunte Künstleratelier. Die Szenenabfolge ist so vorhersehbar, dass man Wetten auf die Schnitte abgeben könnte. (...)
Zu sehen ist eine rührselige, plakative Geschichte, die in schönen Bildern und simpler Dramaturgie starke Gefühle auszudrücken versucht. Nur eins mag man dem Film zugute halten: Die so lange unterdrückte lesbische Filmszene kann sich wahrscheinlich nicht satt sehen – an Großaufnahmen weiblicher Liebesakte. *Inka M. Lehmann, Der Tagesspiegel, 13.12.2001*

## Girl 330

☐

**Regie:** Piers Ashworth
**Darsteller:** Dietrich Mattausch, Alexander Mazza, Martin Semmelrogge, Katja Riemann, Oliver Petszokat (= Oli P.), Oliver Wnuk, Alfred Holighaus
**Drehbuch:** Piers Ashworth, nach einem Roman von David Thomas
**Kamera:** Peter Joachim Krause
**Musik:** Detlef Petersen
**Prod.:** BRD 2000; Susanne Dembsky, Christoph Ott (Co-Prod.) für Sternbild/ Senator
**Verleih:** Senator/-/-, 15.3.2001 (geplant, nicht gestartet)

Kurz vor seiner Hochzeit kommt ein junger Mann zu einer Zahnoperation ins Krankenhaus. Seine Patientendaten werden mit denen eines Transsexuellen vewechselt. Er erwacht als Frau aus der Narkose. Damit kann er sich jedoch nicht abfinden, versucht daher, als Mann weiterzuleben, was

jedoch ins Desaster führt. Notgedrungen muss er lernen, sich als Frau zu verhalten, zu kleiden und zu denken.
*Spio*

## The Girl Next Door 331
THE GIRL NEXT DOOR **
Video

**Regie:** David Greene
**Darsteller:** Tracey Gold (Anne Nolan), Sharon Gless (Dr. Gayle Bennett), Tom Irwin (Craig Mitchell), Mark Camacho (Det. Levine), Michael Dorn (Lt. Steve Driscoll), Brigid Tierney (Alissa Mitchell), Mitchell David Rothpan (Dougie Mitchell)
**Drehbuch:** Mel Frohman
**Kamera:** Thomas Burstyn
**Schnitt:** Debra Karen
**Prod.-Des.:** Claude Paré
**Prod.:** GB/USA 1998; 90 Min.
Danny Rossner, Murray Shostak für FTM Prod.
**Vertrieb:** UAP (Top Medienvertrieb) Video
DVD: UAP, 15.11.2001
**FSK:** ab 16 J.

Seitenspringende Ehefrau will Gattin ihres Lovers töten. So hochmoralisch wie bieder kommt dieses US-Kabel-TV-Drama daher – und bleibt schrecklich uninteressant.

## Girlfight – Auf eigene Faust 332
GIRLFIGHT ****

**Regie:** Karyn Kusama
**Darsteller:** Michelle Rodriguez (Diana), Jaime Tirelli (Hector), Paul Calderon (Sandro), Santiago Douglas (Adrian), Ray Santiago (Tiny), Elisa Bocanegra (Marisol), Shannon Walker Williams (Veronica)
**Drehbuch:** Karyn Kusama
**Kamera:** Patrick Cady
**Musik:** Theodore Shapiro
**Schnitt:** Plummy Tucker
**Prod.-Des.:** Stephen Beatrice
**Prod.:** USA 2000; 113 Min.
Sarah Green, Martha Griffin, Maggie Renzi für Independent Film Channel/Green/Renzi
**UA:** 22.1.2000, Sundance Film Festival
**Verleih:** Senator/-/Elite, 8.2.2001

Die junge Latina Diana hat ein explosives Temperament, das sie erst unter Kontrolle bekommt, als sie – zunächst heimlich – zu boxen beginnt. Der als realistisches Sozialdrama kompetent und unterhaltsam inszenierte Film

*Michelle Rodriguez*

nutzt geschickt die Underdog-Romantik von Boxfilmen wie »Rocky«, jedoch ohne deren Hang zur Überhöhung. Die junge Hauptdarstellerin vermittelt glaubhaft die Wut, die Angst und auch die Energie einer ruhelosen »Ghetto-Katze« auf der Suche nach einem Ausweg. *Film, 1/2001*

**Kritik:** (...) »Girlfight« ist der erste Spielfilm der Regisseurin Karyn Kusama, und sie hat dafür gleich mehrere Preise in Sundance bekommen, darunter den für die beste Regie. Die Wahl ihrer Hauptdarstellerin, die vermutlich für diese Rolle geboren wurde, beweist ein erstaunliches Gespür. Kusama unterwirft sich nie dem Pathos, das ein Thema wie Boxen sonst oft begleitet. Man findet bei ihr eine Zuneigung zu den Figuren, einen sparsamen Erzählstil und eine Aufmerksamkeit für das Milieu, die von einer geradezu unamerikanischen Beobachtungsgabe zeugen. Und sie erzählt dazu noch eine Liebesgeschichte, die sich eben nicht durch lässige Souveränität auszeichnet – sie spielt in jenen Zwischenbereichen, in denen jede Bewegung auch eine falsche sein kann. *Doris Kuhn, AZ, 8.2.2001*

(...) Die Story würde freilich weniger faszinieren ohne die Hauptdarstellerin: Michelle Rodriguez, zuvor ohne Schauspielerfahrung, überbietet alle Profis an innerer Spannung und Ausdruck. Immer wieder kehrt die Kamera zu ihrem Gesicht zurück, das so viele Ausdrücke kennt zwischen Zorn und Kränkung und Glück. Im Lauf des Films verwandelt sich Diana auf eine Art, die wiederum nur auf den ersten Blick paradox erscheint. Je kräftiger sie wird, desto entspannter wird sie auch, femininer, weicher. Der Federgewichtler Adrian erspürt ihre versteckte verletzliche Seite. Sie und er sind Seelenverwandte mit dem gleichen Traum und harte Konkurrenten, weil nur einer den Absprung schaffen kann. In der wohl atemberaubendsten Szene des Films müssen die Liebenden im Ring gegeneinander antreten und sich entscheiden. Für ihr persönliches Ziel – oder für ihre Liebe. (…)

*Frauke Döhring, Die Zeit, 8.2.2001*

## Girls Night 333

GIRLS' NIGHT ***

TV

**Regie:** Nick Hurran
**Darsteller:** Brenda Blethyn (Dawn), Julie Walters (Jackie), Kris Kristofferson (Cody), James Gaddas (Paul), George Costigan (Steve), Philip Jackson (Dave), Sue Cleaver (Rita)
**Drehbuch:** Kay Mellor
**Kamera:** David Odd
**Musik:** Ed Shearmur
**Schnitt:** John Richards
**Prod.-Des.:** Taff Batley
**Prod.:** GB/USA 1997; 112 Min.
Bill Boyes für Granada Film/Showtime Networks
**EA:** 13.2.1998, Int. Filmfestspiele Berlin, »Wettbewerb«
**TV:** 27.5.2001, ARD, 23.35

(…) »Girls' Night«, britischer Beitrag im Wettbewerb der Berlinale, beginnt fulminant. Zwischendurch verliert der Film etwas an Fahrt, aber er bleibt immer noch mitreißend genug, um seine Zuschauer mitten ins Herz zu treffen. Fast anderthalb Stunden dauert es, bis sich die Lebensbahnen der drei Menschen aus den Anfangsminuten kreuzen, nach einer weiteren halben Stunde finden Cody und Jackie schließlich zueinander. Erzählt wird von den existenziellen Dingen des Lebens, von Liebe, Freundschaft und Tod. Mühelos legt der Film den Weg von der Komödie zur Tragödie zurück, ohne ins Sentimentale abzurutschen. (…) *Christian Schröder, Der Tagesspiegel, 14.2.1998*

## Der Glanz von Berlin 334

***

TV

**Regie:** Judith Keil, Antje Kruska
**Drehbuch:** Judith Keil, Antje Kruska
**Kamera:** Marcus Winterbauer
**Musik:** Armin Janda, Peter Witzel
**Schnitt:** Inge Schneider
**Prod.:** BRD 2001; 84 Min.
Jens Meurer, Bettina Haasen für Egoli Tossell Film mit Filmboard Berlin-Brandenburg/ZDF
**UA:** Int. Hofer Filmtage 2001
**TV:** 26.11.2001, ZDF, 0.00, »Das kleine Fernsehspiel«

Die Dokumentation begleitet drei Putzfrauen im Alltag bei ihrer Arbeit in Berliner Häusern und erzählt von ihren gescheiterten und verwirklichten Träumen.

## The Glass House 335

THE GLASS HOUSE ***

**Regie:** Daniel Sackheim
**Darsteller:** Leelee Sobierski (Ruby Baker), Diane Lane (Erin Glass), Stellan Skarsgard (Terry Glass), Bruce Dern (Alvin Begleiter), Trevor Morgan (Rhett Baker), Christopher Noth (Onkel Jack), Michael O'Keefe (Dave Baker)
**Drehbuch:** Wesley Strick
**Kamera:** Alar Kivilo
**Musik:** C. Young
**Schnitt:** Howard E. Smith
**Prod.-Des.:** Jon Gary Steele
**Prod.:** USA 2001; 106 Min.
Neal H. Moritz; Heather Zeegen (Co-Prod.) für Columbia/Original
**Verleih:** Columbia TriStar/-/-, 29.11.2001
**FSK:** ab 16 J.

Konkurrenzlos ist das Haus, ein Wunderwerk aus Glas und Stahl, hoch über den Klippen von Malibu gelegen. Hier soll für ein halbwüchsiges Geschwisterpaar nach dem Unfalltod ihrer Eltern ein neues Leben beginnen. Doch deren angeblich beste Freunde, die Besitzer dieses Palastes, legen mehr und mehr ein seltsames Verhalten an den Tag – sollten sie es etwa auf das Erbe der Kinder abgesehen haben? Gegen die Vorhersehbarkeit des Thriller-Drehbuchs von Wesley Strick haben selbst versierte Darsteller wie Leelee Sobierski und Stellan Skarsgard keine Chance – nur wer als Zuschauer damit zufrieden ist, eineinhalb Stunden lang ein tolles Gebäude zu bestaunen, wird hier auf seine Kosten kommen.

*Frank Arnold, tip, 24/2001*

**Kritik:** (…) Abgesehen davon, dass fortwährend überflüssige Verdoppelungen vorkommen (wenn die Kamera zerschlitzte Autoreifen zeigt, fällt gleich jemandem das Messer aus der Hand) und dass die Symbolik zu dick aufgetragen wird (die Familie im kalten, aseptischen Glashaus mit der falschen Atmosphäre von Offenheit heißt Glass), hat dieses Drehbuch auch ernstere Gebrechen. Erstens profitieren die Glass' nicht vom Ableben, sondern vom Gedeihen der Kinder, indem sie sich aus deren Treuhandfonds bedienen: Die Effekte des Nachstell- und Schlitzerthrillers sind also fehl am Platz, stattdessen müssten die Mechanismen des psychischen Missbrauchs gezeigt werden. Zweitens ruiniert ein böser Subtext das »Glass House«. Hier kommen wohlhabende Kinder zu nur scheinbar wohlhabenden, in Wahrheit hoch verschuldeten Pflegeeltern. Sprich: Dieser Thriller formuliert Frust und Wut einer Generation, die den wirtschaftlichen Schiffbruch der Altvorderen nur als mörderisches Verbrechen am eigenen Erbrecht sehen kann.
Muss man's noch sagen? Es fällt schwer, mit diesen Schnöseln mitzubibbern. *Thomas Klingenmaier, Stuttgarter Zeitung, 29.11.2001*

(…) Regisseur Daniel Sackheim (TV-Serie »Law and Order«) hat die wenigen Trümpfe nach der viel versprechenden Eröffnung schnell ausgespielt. Lange dehnt sich die Zeit bis zum absehbar furiosen Finale mit den Erfolgsrezepten seines Auftraggebers: Gewalt (brutale Prügelszenen), Mädchen (versuchte Vergewaltigung) und Motoren (eine überflüssige Verfolgungsjagd). »The Glass House« ist so durchsichtig, dass man schon aus dem Vorgarten alles sehen und draußen bleiben kann.

*Heiko Rauber, AZ, 29.11.2001*

(…) Allerdings neigen manche Passagen eher dem Klischee und den Versatzstücken des Genres zu als dem einzigartigen thematischen, künstlerisch-formalen oder dramaturgischen Einfall. *Thomas Engel, Der Gildedienst, 11/2001*

## Glitter – Glanz eines Stars 336
GLITTER ***+

**Regie:** Vondie Curtis-Hall
**Darsteller:** Mariah Carey (Billie Frank), Max Beesley (Julian Dice), Da Brat (Louise), Tia Texada (Rosanne), Valarie Pettiford (Lillian Frank), Ann Magnuson (Kelly), Terrence Howard (Timothy Walker)
**Drehbuch:** Kate Lanier, nach einer Story von Cheryl L. West
**Kamera:** Geoffrey Simpson
**Musik:** Terence Blanchard
**Schnitt:** Jeff Freeman
**Prod.-Des.:** Dan Bishop
**Prod.:** USA 2001; 104 Min.
Laurence Mark; E. Bennet Walsh (Co-Prod.) für Maroon Ent. mit Laurence Mark Prods.
**Verleih:** Columbia TriStar/-/-, 15.11.2001
**FSK:** ab 6 J., ffr.

Nein, ganz so schlecht ist Mariah Careys Schauspieldebüt für sich genommen nicht. In der Rolle einer aufstrebenden Disko-Queen in den 80ern hat sie nun mal hauptsächlich gut auszusehen, erstaunt in die große, weite Glitzerkugelwelt zu schauen und permanent viel oder wenig sagend zu lächeln. »Glitter« ist ein in unplausiblen Oberflächlichkeiten erstarrendes Liebesmelodram, dessen Mangel an Charakterzeichnung sogar Raum für unfreiwillige Komik lässt: Der englische Ex-Backgroundsänger Max Beesley darf seiner berühmten Kollegin zeigen, wie ein Karrieresprung zum charismatischen Schauspieler aussehen kann. *tip, 23/2001*

**Kritik:** (...) Die Handlung kriecht von einer Vorhersehbarkeit zur nächsten und zerdehnt den Plot eines belanglosen Musikvideos auf qualvoll lange Kinominuten.
*Martin Schwickert, AZ, 15.11.2001*

(...) Carey mimt das Talent aus den Slums, dem beim Weg an die Spitze des Popzirkus beinahe die Liebe aus armen Tagen zerbricht. Dazu trägt sie Zopfkreationen wie die Dorfdamen in »Asterix«, einen bizarren Garderobenmix aus Mechanikerkluft und Ballroben und wirkt überhaupt wie ein Disko-Cocktail aus Pippi Langstrumpf, Heidi und Rotkäppchen. Weil der Regisseur Vondie Curtis Hall (»Gridlocked«) das kein bisschen mit Selbstironie abfedert, ist »Glitter« für Achtährige eine rührende Schmonzette. Und für alle über zehn ein Showbizdebakel.
*Thomas Klingenmaier, Stuttgarter Zeitung, 15.11.2001*

## Das Glücksprinzip 337
PAY IT FORWARD ***

**Regie:** Mimi Leder
**Darsteller:** Helen Hunt (Arlene McKinney), Kevin Spacey (Eugene Simonet), Haley Joel Osment (Trevor McKinney), Jon Bon Jovi (Ricki), Jay Mohr (Chris Chandler), James Caviezel (Jerry), David Ramsey (Sidney)
**Drehbuch:** Leslie Dixon, nach dem gleichnamigen Roman von Catherine Ryan Hyde
**Kamera:** Oliver Stapleton
**Musik:** Thomas Newman; G. Marq Roswell (Supervisor)
**Schnitt:** David Rosenbloom
**Prod.-Des.:** Leslie Dilley
**Prod.:** USA 2000; 124 Min.
Steven Reuther, Peter Abrams, Robert L. Levy für Tapestry Films
**Verleih:** Tobis/dto./Monopole Pathé, 5.4.2001
**Vertrieb:** BMG Video (Video, DVD)
**FSK:** ab 12 J., ffr. – **FBW:** Wertvoll

Das Glücksprinzip wird vom zwölfjährigen Schüler Trevor erfunden: Man tue drei Menschen etwas Gutes und bitte sie, wiederum drei gute Taten zu vollbringen. Da eines der ersten Ziele von Trevors Plan zur Weltverbesserung ein Rendezvous zwischen seiner alkoholkranken Mutter und seinem einsamen Lehrer ist, droht das Projekt im emotionalen Wirrwarr seines Bekanntenkreises hängen zu bleiben. Aber schließlich wird doch klar, wie viel Wahrheit im naiven Idealismus eines Kindes liegt und dass das Gute im Menschen nur eines kindlichen Anstoßes bedarf, um hervorzutreten. Eine auf emotionale Wirkung kalkulierte Mischung aus Rührseligkeiten und emotional adaptierter Nächstenliebe, die auch von der Starbesetzung nicht mehr gerettet werden kann. *Multimedia*

**Kritik:** (...) »Das Glücksprinzip« lebt in weiten Teilen von Kevin Spacey und Helen Hunt, dem gebrochenen Helden und der rauen Schlampe, die sich langsam näher kommen – und beide erzählen mit jedem Blick mehr davon, wie sie wurden, was sie sind, als es jede Dialogzeile vermag. Natürlich ist »Das Glücksprinzip« ein Ansatz zur Rettung der Welt, wie man ihn sich

*Kevin Spacey und Haley Joel Osment*

wohl nur in Hollywood vorstellen kann – es wäre zu einfach, den Menschen in Downtown L. A. oder im Süden von Chicago zu sagen, dass alles gut würde, wenn nur jeder einen Beitrag dazu leistet. Und dennoch ist der Kern der Sache richtig: Einer allein hat keine Macht – aber da draußen ist ein Lichtermeer und die Welt verändern können nur die Menschen, die sie bewohnen.

*Susan Vahabzadeh, SZ, 6.4.2001*

(...) Der inhaltlich überfrachtete Film hätte schnell aufgesetzt und gekünstelt wirken können, was jedoch durch kleine selbstironische Brechungen, die von Zeit zu Zeit in die dramatischen Verwicklungen eingeflochten sind, verhindert wird. *Schnitt, 2/2001*

## g:mt 338

GREENWICH MEAN TIME ***
Video

**Regie:** John Strickland
**Darsteller:** Alec Newman (Charlie), Melanie Gutteridge (Lucy), Georgia Mackenzie (Rachel), Steve John Shepherd (Sam), Ben Waters (Bean), Chjwetel Ejiofor (Rix), Anjela Lauren Smith (Sherry)
**Drehbuch:** Simon Marren
**Kamera:** Alan Almond
**Musik:** Guy Sigsworth
**Schnitt:** Patrick Moore
**Prod.-Des.:** Luana Hanson
**Prod.:** GB 1999; 113 Min.
Taylor Hackford für Anvil Films
**Vertrieb:** e-m-s Video, 26.1.2001
**FSK:** ab 16 J.

Zwei Damen und vier Herren gründen eine Jazzband, doch die kommt in Turbulenzen, als der Leadsänger einen Unfall hat. Modernistisch aufgepepptes, zuweilen anrührendes »Coming of Age«-Drama mit dem seltenen Aperçu einer erkennbar eigenen Regie-Handschrift.

## Ein gnadenloser Plan 339

THE ART OF MURDER □
TV

**Regie:** Ruben Preuss
**Darsteller:** Michael Moriarty (Cole Sheridan), Joanna Pacula (Elizabeth Sheridan), Boyd Kestner (Tony Blanchard), Peter Onorati (Willie), Kathryn Anderson
**Drehbuch:** San Smith, Anthony Stark
**Kamera:** John P. Tarver
**Schnitt:** Dona Noga
**Prod.-Des.:** James Robbins
**Prod.:** USA 1999; 115 Min.
Greg Malcolm, Vicki Sotheran
**TV:** 7.7.2001, VOX, 20.15

Elizabeth Sheridan wird ahnungslos das Opfer eines Plans, als sie den Mann tötet, der sie und ihren Geliebten Tony Blanchard erpresst. Als auch ihr Mann getötet wird, kommt Elizabeth allmählich ein schrecklicher Verdacht.

## Gnadenloses Duell 340

THE LAST DEBATE ***
Video

**Regie:** John Badham
**Darsteller:** Peter Gallagher (Tom Chapman), James Garner (Mike Howley), Patrice Goodman (Roz), Audra McDonald (Barbara Manning), Donna Murphy (Joan Naylor), Marco Sanchez, Dorian Harewood
**Drehbuch:** Jon Maas, nach »The Last Debate« von Jim Lehrer
**Kamera:** Norayr Kasper
**Musik:** Arthur B. Rubinstein
**Schnitt:** Frank Morriss
**Prod.-Des.:** Eric Fraser
**Prod.:** USA 2000; 96 Min.
Jon Maas für Paramount TV/Showtime
**Vertrieb:** Paramount Video, 13.9.2001
**FSK:** ab 16 J.

Journalist deckt im US-Präsidentschafts-Wahlkampf Medienintrige auf. Annehmbarer Politkrimi aus dem US-Kabel-TV mit starker Schauspielerriege, aber auch deutlich erkennbaren (besseren) Vorbildern.

## God's Army 3 – Die Entscheidung 341

THE PROPHECY III – THE ASCENT **
Video

**Regie:** Patrick Lussier
**Darsteller:** Christopher Walken (Gabriel), Dave Buzzotta (Danyael), Vincent Spano (Zophael), Jack McGee (Detective), Brad Dount (Eiferer), Kayren Butler (Maggie), Steve Hytner (Joseph)
**Drehbuch:** Joel Soisson, Carl V. Dupré

**Kamera:** Nathan Hope
**Musik:** Steve Boeddeker
**Schnitt:** Peter Devaney Flanagan
**Prod.:** USA 1999; 81 Min.
Joel Soisson, W. K. Border für Dimension/Overseas Filmgroup
**Vertrieb:** IMV/Euro Video, 27.6.2001
**FSK:** ab 16 J.

Dritter Teil des von »Highlander«-Autor Gregory Wilden in einer schwachen Stunde ersonnenen, verblasenen Engelskrieg-Saga: Nephilim, halb Engel, halb Mensch, widerfährt Wiederauferstehung nach Todesschuss und erregt bei Engel Zophael Missfallen.

## G.O.D. – Guaranteed Overnight Delivery 342

GUARANTEED OVERNIGHT DELIVERY *
Video

**Regie:** Dean Rusu
**Darsteller:** Jalal Merhi (Ray Stanton), Olivier Gruner (Adrian Kaminsky), David Carradine (Norman Williams), Justine Priestley (Lisa Belmont), Josh Barker (Austin Kaminsky), Lisa Crosato (Linda), Ian Case (Wayne)
**Drehbuch:** Dean Rusu
**Kamera:** Curtis Peterson
**Musik:** Varoujan Hagoplan
**Schnitt:** Barbara Lindner, Stephen Olafson
**Prod.:** Kanada 2000; 91 Min.
Brian Cameron für Amsell/Film One/Pastiche
**Vertrieb:** Highlight Video, 15.2.2001
**FSK:** ab 16 J.

Mädchenhändler-Ring kidnappt Topmodel und betraut ausgerechnet kampfsporterprobten Ex-Cop mit dem Transfer. Hyper-dümmliches Haudrauf-Machwerk.

## Die Gottesanbeterin 343

***

**Regie:** Paul Harather
**Darsteller:** Christiane Hörbiger (Trixi Jancik), Udo Kier (Julius Quellenreich), Jan Niklas (Ulrich Stein), Peter Faerber (Karli Köcker), Ursula Koban (Isi Köcker), Simon Schwarz, Klaus Ofczarek
**Drehbuch:** Susanne Freund, Gerda E. Grossmann, Paul Harather
**Kamera:** Fabian Eder
**Musik:** Mona Davis Music, Franco Tortora, Tom Batoy, Amadeo Tortora
**Schnitt:** Andreas Kopriva
**Prod.:** Österreich 2001; 92 Min.
Helmut Grasser für allegrofilm
**Verleih:** Movienet/Filmladen/-, 27.9.2001
**FSK:** ab 16 J., ffr.

Eine Frau macht es sich zur Gewohnheit, ihre Ehemänner mittels falscher Dosierung der Medikamente umzubringen, bis sie schließlich selbst Opfer eines Gattinnenmörders wird. Ein in Österreich bekannter Kriminalfall dient offenbar als Vorlage für einen Film, der den Wandel seiner Hauptfigur hin zur kaltblütigen Mörderin ein wenig zu schnell vollzieht und keine qualitativen Höhepunkte bietet. *Multimedia*

**Kritik:** (...) »Die Gottesanbeterin« ist also vor allem ein Kuriosum: Es geht um eine zeitlebens geknechtete Frau, die im Alter ihre Leidenschaft für Pferdewetten entdeckt und damit auf einen Weg gerät, der am Ende mit Geld und vergifteten Ehemännern gepflastert ist. Inszeniert hat dies Paul Harather, der mit »Indien« seinen Anteil daran hatte, das österreichische Kaberett in eine kinotaugliche Form zu bringen. Auch sein neues Werk wirkt weitgehend wie Kabarett, allerdings ohne Kabarettisten wie Josef Hader und Alfred Dorfer, die diesen Ansatz tragen könnten. Mitwirkende wie Udo Kier und Peter Faerber bemühen sich um kabarettreife Nummern, aber das ist keineswegs dasselbe. (...) *Tobias Kniebe, SZ, 29.9.2001*

(...) Leider lässt sich in der makabren Schwarzsatire nicht übersehen, dass die Mordgroteske recht eindimensional bleibt. Man vermisst die Doppelbödigkeit etwa von Harathers »Indien«. So hat die Milieugemeinheit eine L'art pour »Part«-Komik, die sich an sich selber überfrisst. Aber der abgrundböse Wiener Zentralfriedhofs-Humor ist in seiner Ungeheuerlichkeit trotzdem ein Mehlspeisengenuss der besonderen Art. Und danach gehn ma Tauben vergiften im Park.

*Ponkie, AZ, 27.9.2001*

## Gotteszell – ein Frauengefängnis 344

****+

**Regie:** Helga Reidemeister
**Drehbuch:** Helga Reidemeister; Tamara Trampe (Beratung)
**Kamera:** Sophie Maintigneux
**Schnitt:** Dörte Völz-Mammarella
**Prod.:** BRD 2001; 103 Min.
Helga Reidemeister Filmprod./SWR/BR
**UA:** 14.2.2001, Int. Filmfestspiele Berlin, »Panorama: Dokumente«
**Verleih:** Basis/-/-, 1.3.2001

In Gotteszell, Baden-Württembergs einzigem Frauenknast, spricht die Dokumentarfilmerin Helga Reidemeister in sechs ineinander montierten Einzelporträts mit Insassinnen und Vollzugsbeamtinnen über das Dilemma von Strafe und Resozialisierung. Ihre inhaftierten Gesprächspartnerinnen sitzen wegen Eigentums- und Drogendelikten oder als Mörderinnen ihre Strafen ab, haben alle Kinder und sind selbst Opfer von Missbrauch und Gewalt gewesen. So ist der Film eine Studie zur Kritik an einer Justiz, die Frauen doppelt straft: zuerst durch mangelnde Einbeziehung ihres Elends beim Strafmaß, dann durch mangelnde Therapiechancen.

*Claudia Lenssen, tip, 12/2001*

**Kritik:** (...) Helga Reidemeisters Verdienst besteht darin, einen höchst politischen Film in scheinbar entpolitisierter Zeit gemacht zu haben. Zwischen »Gotteszell« und »Stammheim« liegen nur wenige Kilometer.

*Claus Löser, Film-Dienst, 6/2001*

## Göttliche Abenteuer 345

LAS AVENTURAS DE DIOS

***+

**Regie:** Eliseo Subiela
**Darsteller:** Pasta Dioguardi, Flor Sabatella, Daniel Freire, Lorenzo Quinteros, Maria Concepción Cesar, Jose Maria Gutiérrez, Walter Balsarini
**Drehbuch:** Eliseo Subiela
**Kamera:** Daniel Rodriguez Maseda
**Musik:** Osvaldo Montes
**Schnitt:** Laura Bua
**Prod.:** Argentinien 2000; 88 Min.
CQR3/Estudios Darwin/XL Films
**Verleih:** -/-/trigon, März 2001

Ein Mann und eine Frau sind offenbar in einer Art Vision gefangen, die ihren Schauplatz in den Hallen und Räumen eines Strandhotels der 30er-Jahre findet. Die Helden versuchen herauszufinden, wessen Traum es ist, in dem sie stecken, um diese Person zu beseitigen und so den Albtraum zu verlassen. Eliseo Subiela versucht sich an einem legitimen und überraschend aktuellen Surrealismusrevival im Geist von Luis Buñuel.

*Film, 3/2001*

## Ein göttlicher Job 346

**

**Regie:** Thorsten Wettcke
**Darsteller:** Oliver Korittke (Niklas), Tamara Simunovic (Tess), Thierry van Werveke (Jonathan), Heike Makatsch (Katinka Sirena), Andrea Sawatzki (Yolanda), Martin Semmelrogge (Kruse), Detlef Bothe (Anna Loos)
**Drehbuch:** Thorsten Wettcke
**Kamera:** Martin Ruhe
**Musik:** Jule Maas, Nikolaus Sieveking, Peter Hinderthür
**Schnitt:** Britta Paech, Camille Younan, Hansjörg Weißbrich
**Prod.-Des.:** Jürgen Schnell
**Prod.:** BRD 2000; 92 Min.
Ralph Schwingel, Stefan Schubert, Eberhard Scharfenberg, Jeanette Würl, Wolfgang Braun, Hejo Emons; Maike Haas (Co-Prod.) für Wüste Film mit NDR/Buena Vista Int.
**Verleih:** Buena Vista/-/-, 19.4.2001
**Vertrieb:** Touchstone (Buena Vista) Video

Eindeutig das Werk eines Mannes mit hoher krimineller Energie und infantiler Lust am Kino, Regiedebütant Wettcke erzählt die Geschichte von Gott, dem großen »Cheech & Chong«-Fan, der in seiner Jogginghose von seiner göttlichen Vorgesetzten überrascht wird und nun einen Nachfolger für die nächsten 1000 Jahre besorgen soll. Eine Hommage an debiloide Comedykunst, erfolgreich bemüht, das Publikum nie zu überschätzen. Die Gags sind derb, meist geradlinig gespielt, die Bilder dazu cartoonesk, animiert, voller Tinnef und buntem Ramsch, das Personal ziemlich ausgelassen bei der Sache. Bloß werden die Pointen irgendwann doch stumpf: Statt wirklich zum Lachen anzuregen, ist »Ein göttlicher Job« nur ein Film zum Schmunzeln.

*Robert Weixlbaumer, tip, 8/2001*

**Kritik:** (...) Der Film entwickelt einen braven Charme, solange er auf Erden wandelt. Auf dem Weg in den Himmel geht dem Unternehmen allerdings die Inspiration verloren, da wird's zäh und bemüht. Wettckes coole Prosa erscheint auf einmal redselig; sie erklärt, was man ohnehin nicht übersehen kann, und sieht im bunten jugendlichen Outfit ziemlich alt aus.

*Dietmar Kanthak, epd-Film, 5/2001*

Oliver Korittke, Tamara Simunovic, Heike Makatsch, Andrea Sawatzki sowie Bela B. und Anna Loos – selten war in einem derart misslungenen Streifen so viel Prominenz zu sehen. Doch sie alle haben keine Chance gegen ein viel zu kompliziertes Drehbuch, in dem sich eine vermeintlich gotteslästerliche Albernheit an die andere reiht. Da nerven irgendwelche Sektenmitglieder genauso wie der herumnörgelnde Jonathan, da versucht man, platte Kalauer durch billige Trickeffekte aufzumotzen. »Ein göttlicher Job« sollte wohl eine Komödie mit schwarzem Humor und Fantasy-Touch werden. Doch sowohl mit dem einen als auch mit dem anderen steht der deutsche Film seit eh und je auf Kriegsfuß. Was zu beweisen war.

*Martin Schwarz, Zitty, 9/2001*

## Green Sails 347

GREEN SAILS □
TV

**Regie:** Whitney Ransick
**Darsteller:** Elizabeth Anne Allen, Marcus Graham, Michael Ontkean, Alexandra Paul, Michael Houston King, Sullivan Stapleton, Thomas Kretschmann
**Drehbuch:** Gregory Wilden
**Musik:** Deeji Mincey
**Prod.:** Australien/USA 1999; 95 Min.
Tom Hoffie für Cinetel Films
**TV:** 3.10.2001, SAT.1, 12.15

Der Eingeborenenstamm der Luchan muss umgesiedelt werden, damit auf einer polynesischen Insel ein Staudamm errichtet werden kann.

## Große Liebe wider Willen 348

□
TV

**Regie:** Brigitte Müller
**Darsteller:** Susanna Simon (Sarah), Oliver Boysen (Kai), Rosel Zech (Claudia), Yasmina Filali (Miriam), Rudolf Kowalski (Wolfgang)
**Drehbuch:** Brigitte Müller
**Prod.:** BRD 2001; 120 Min.
**TV:** 16.10.2001, SAT.1, 20.15

Sarah ist ziemlich sauer, dass sie mit ihrem Stiefbruder Kai das Haus des Vaters zu gleichen Teilen erbt. Zunächst will sie empört verzichten. Doch der Anblick der Villa erinnert sie an ihren Traum von einer Wellnessfarm. (...) Und Kai, der hier den idealen Probenraum für seine Band entdeckt, würde sie schon irgendwie rausekeln. *AZ TV Journal*

## Der Große Mackenzie 349

THE BIG TEASE ***

**Regie:** Kevin Allen
**Darsteller:** Craig Ferguson (Crawford Mackenzie), Frances Fisher (Candy Harper), Chris Langham (Martin Samuels), Mary McCormack (Monique), Donal Logue (Eamonn), Larry Miller (Dunstan Cactus), David Rasche (Stig Ludwigssen)
**Drehbuch:** Sacha Gervasi, Craig Ferguson
**Kamera:** Seamus McGarvey
**Musik:** Mark Thomas
**Schnitt:** Chris Peppe
**Prod.-Des.:** Joseph Hodges
**Prod.:** USA 1999; 86 Min.
Philip Rose für Crawford P. mit I Should Coco Films
**FSK:** ab 12 J.

Glasgower Starfriseur kämpft in Los Angeles um die Teilnahme an der internationalen Schnippel-Olympiade. Zwischen Alltagsabsurditäten, Sozialsatire und Kamillentee-Komödie pendelnd, aber ganz sympathisch.

## Das große Tier 350

DUZE ZWIERZE ****
TV

**Regie:** Jerzy Stuhr
**Darsteller:** Jerzy Stuhr, Anna Dymna, Dominika Bednarczyk, Blazej Wojcik, Andrzej Franczyk
**Drehbuch:** Krzysztof Kieslowski

**Prod.:** Polen 2000; 73 Min.
**UA:** Int. Filmfestival Karlovy Vary 2000
**EA:** April 2001, Filmfestival »goEast« Wiesbaden
**TV:** 20.4.2001, 3sat, 23.15, OmU

Eines Abends steht ein Kamel, das von einem Wanderzirkus ausgesetzt wurde, vor dem Haus des biederen Bankangestellten Sawicki. Im Dorf herrscht helle Aufregung, als Sawicki sein neues Haustier zum ersten Mal spazieren führt. Er ist dem Spott seiner Mitbürger ausgesetzt, die Finanzbehörde überlegt, wie so ein Tier zu versteuern sei, und der Stadtrat diskutiert, ob das Kamel die öffentliche Ordnung stört. (...) *Pressetext*

## Großpapa töten 351

MATAR AL ABUELITO ****+ TV

**Regie:** Luis César D'Angiolillo
**Darsteller:** Federico Luppi (Don Mariano Aguero), Inés Estévez (Rosita), Alberto Segado (Ferchu), Emilio Bardi (Ramon), Laura Novoa (Fabiana), Mirta Busnelli (Amelita), Horacio Pena (Jeff)
**Drehbuch:** Eduardo Mignona, Ariel Sienra, Luis César D'Angiolillo
**Kamera:** Miguel Abal
**Musik:** Litto Nebbia
**Schnitt:** Luis César D'Angiolillo
**Prod.:** Argentinien 1993; 114 Min. Pablo Rovito für Aura S.R.L.
**EA:** Filmfest München 1994
**TV:** 27.7.2001, Arte, OmU, 23.40

Nach dem Tod seiner Frau hat Don Mariano Aguero sich verändert. Er scheint jegliche Lust am Leben verloren zu haben und nur noch aufs Sterben zu warten. Das freut seine ehrgeizigen Söhne, die schon eifrig dabei sind, das zu erwartende Erbe zu verplanen. Doch eines Tages bringt der Chauffeur ihres Vaters die hübsche Rosita mit nach Hause und es geschieht ein Wunder: Halb Heilige, halb Verrückte, übt das Mädchen, das seine Enkelin sein könnte, einen verjüngenden Einfluss auf Don Mariano aus. Natürlich führt dies zu Komplikationen. In Don Marianos Haus jagt nun eine Intrige die andere und eine geheimnisvolle Katze verleiht der romantisch-erotischen Beziehung zwischen Rosita und dem alten Mann eine geradezu übersinnliche Aura.

*Katalog Filmfest München 1994*

## Die grüne Wolke 352

***+

**Regie:** Claus Strigel
**Darsteller:** Jan-Geerd Buss (Birnenstiel), Heinz Werner Kraehkamp (Hoss), Jule Ronstedt (Lydia), Jana von Klier (Biene), Patrick McGehee (Bernie), Ismael Samake (Don), Luca Hollacher (Evi)
**Drehbuch:** Martin Östreicher, Claus Strigel, frei nach dem Buch »The Last Man Alive« von Alexander S. Neill
**Kamera:** Sönke Hansen
**Musik:** Wolfgang Neumann
**Schnitt:** Uwe Klimmeck
**Prod.-Des.:** Josef Sanktjohanser
**Prod.:** BRD 2000; 95 Min. Bertram Verhaag, Georg Singl, Bernd Vorjans für DENKmal/Tellux/Octopus/Constantin mit BR/HR/SFB/Das Werk/KIKA
**UA:** Kinderfilmfestival Gera 2001
**Verleih:** Constantin/-/-, 12.7.2001
**FSK:** ab 12 J., ffr. – **FBW:** Wertvoll

Ein Lehrer entwickelt gemeinsam mit seinen Schülern eine fantastische, verrückte Geschichte, in der sie selbst die letzten Überlebenden der Menschheit sind.

**Kritik:** So mancher hat es schon vergeblich versucht, der Münchner Regisseur, Autor und Produzent Claus Strigel hat es geschafft: den Kinderbuchklassiker »The Last Man Alive« (1938) von Alexander S. Neill zu verfilmen. Der fantastische Abenteuerfilm, dessen Handlung in die Gegenwart verlegt wurde, bietet spannende Geschichten, die garniert mit viel Humor in einer ambitionierten Film-im-Film-Struktur erzählt werden. Die Wechsel der Erzählebenen und die ironische Brechung der Gewaltszenen dürften sich jedoch nicht allen jungen Zuschauern erschließen.

*Reinhard Kleber,*
*Filmecho-Filmwoche, 13/2001*

(...) Strigel hat einen kraftvollen Film voller Power inszeniert, aber darauf

*Ufos aus der grünen Wolke*

verzichtet, die allerneueste Digitaltechnik anzuwenden, sondern alles im Stil der 70er-Jahre gelöst. So wirken die Tricks recht anachronistisch, was einen gewissen Charme hat und die Zuschauer oft zum Schmunzeln bringt. Schon das Raumschiff sieht eher aus, als gehöre es in eine alte Jules-Verne-Verfilmung statt in unser heutiges Computerzeitalter. Trotz des anfänglichen Zögerns wegen der makabren Szenen und der absurden Geschichten ist »Die grüne Wolke« doch ein Film, den sich Eltern und Kinder ansehen sollten.

*Karin Hoffmann, epd-Film, 4/2001*

(...) Eine von überbordender Fantasie geprägte, aber allzu unstrukturierte freie Verfilmung des Kinderbuchklassikers von A. S. Neill, die einen Parforce-Ritt durch zahlreiche Genres unternimmt, dem Kinder kaum zu folgen vermögen. In der Figurenzeichnung bleibt der Film zu oberflächlich, um fesseln zu können.

*Rolf-Ruediger Hamacher, Film-Dienst, 97/2001*

## Grüne Wüste 353

****

**Regie:** Anno Saul
**Darsteller:** Martina Gedeck (Doris), Heino Ferch (Simon), Ulrich Noethen (Detlef), Tatjana Trieb (Katja), Robert Gwisdek (Johann), Deborah Schubert (Bine), Michael Hanemann (Fritz)
**Drehbuch:** Karsten Swenja
**Kamera:** Gero Steffen
**Musik:** Marcel Barsotti, gespielt von den Münchner Symphonikern
**Schnitt:** Ingrid Broszat
**Prod.-Des.:** Börries Hahn-Hoffmann
**Prod.:** BRD 1999; 90 Min.
Katharina Trebitsch, Jutta Lieck-Klenke für Trebitsch Prod. mit ZDF/Arte
**UA:** 27.6.1999, Filmfest München
**EA:** Max-Ophüls-Preis Saarbrücken 2000
**Verleih:** Lichtmeer (Central)/Einhorn/-, Jan. 2001
**Vertrieb:** MC-One Video (Video, DVD)

Die 14-jährige Katja lebt auf dem Land. Als ihr bester Freund an Leukämie erkrankt und in eine weit entfernte Klinik kommt, beginnt für sie ein schmerzlicher Weg aus ihrer kindlichen Traumwelt.

**Kritik:** (...) Anno Saul gelingt es fast immer, ohne falsche Sentimentalität zu erzählen. Vor großen Gefühlen aber hat er keine Angst. Und vor allem das zeichnet diesen eher leisen, unspektakulären Film aus, dass er sich ernsthaft mit ein paar ganz großen Themen zu beschäftigen traut.

*Martina Knoben, SZ, 25.1.2001*

(...) Mit »Grüne Wüste« legt Regisseur Anno Saul ein Kinodebüt von tiefer Wahrhaftigkeit hin. Er hat keine Scheu vor großen Gefühlen, gleitet niemals in Sentimentalität ab und ist ein feiner Menschenbeobachter. Zu Recht vertraut er der elementaren Geschichte vom Erwachsenwerden, von Liebe und Tod – und seinen wunderbaren Schauspielern. Tatjana Trieb und Robert Gwisdek beherrschen alle Facetten zwischen Hoffen und Verzweifeln. Das rührt zu Tränen.

*Angie Dullinger, AZ, 25.1.2001*

(...) Ein authentischer Film über Jugendliche ist selten geworden in die-

*Anno Saul (links) bei den Dreharbeiten zu ›Grüne Wüste‹*

sen Tagen, in denen das Revival des Teeniefilms ganze Flutwellen pubertärer Witzchen in die Kinos spült. Umso erfreulicher ist es daher, einen deutschen Film zu sehen, in dem der Horizont der Protagonisten nicht vom letzten Joint oder der Aussicht auf Entjungferung benebelt ist. Ein Sieg des Lebens, letztlich.

*Carsten Happe, Schnitt, 1/2001*

(...) Martina Gedeck gehört zu den derzeit besten deutschsprachigen Schauspielerinnen. Hier hat sie sich erneut gesteigert. Mit schier unglaublicher Präzision porträtiert sie eine Frau, die von Liebesverlangen und Verantwortungsbewusstsein hin und her gerissen wird. Die Intensität von Martina Gedeck überträgt Doris' Schmerz nahezu körperlich spürbar aufs Publikum. Auch Ulrich Noethen und Heino Ferch sind an ihrer Seite so gut wie lang nicht mehr. Dazu fasziniert das Spiel der beiden jungen, vom Regisseur behutsam geführten Hauptdarsteller. Das greift einem ans Herz – und schärft den Blick des Zuschauers für die Kleinigkeiten des Lebens, die bekanntlich unendlich wichtig sein können.

*Peter Claus, Zitty, 3/2001*

**Interview:** *Der Film besticht mit dem Mut zum großen Gefühl. Im deutschen Kino können Sie sich das nicht abgeguckt haben.*

Claude Miller und Ettore Scola sind, wenn Sie so wollen, Vorbilder. Aber denken Sie nicht, ich bin so vermessen, mich denen gleichstellen zu wollen. Doch ich bewundere ihre Arbeit, wie sie ihr Handwerk beherrschen, diverse Erzählstränge scheinbar ganz leicht miteinander verbinden, noch das kleinste Detail beachten und wirkungsvoll einsetzen. Und sie haben keine Scheu, Gefühle zu zeigen!

*War die ausgeklügelte Farbdramaturgie von Anfang an geplant?*

Ja. Wir haben sehr genau überlegt, welche Farben für welche Gefühle stehen sollen, wie das Interesse des Publikums durch die Farbgebung wach zu halten ist. Eintönige Farbdramaturgie ermüdet nämlich ungeheuer. Wobei mir wichtig ist, dass die

Zuschauer das gar nicht so mitkriegen. Die formale Gestaltung ist bekanntlich nur dann gut, wenn sie nicht in den Vordergrund tritt.

*Sie haben mit Profi- und Laiendarstellern gearbeitet. Erforderte das verschiedene Herangehensweisen beim Inszenieren?*

Unbedingt. Profis lasse ich gern viele Freiräume, versuche, allenfalls kleine, dann aber sehr präzise Hinweise zu geben. Bei den Jugendlichen, die ja auch schon Erfahrungen mitbrachten, lief das anders. Da habe ich, ich sag's mal überzogen, die ganze Manipulationspalette aufgeboten. Es war ein ständiges Miteinander von sanftem Druck und zurückhaltender Liebe.

*Anno Saul im Interview mit Peter Claus, Zitty, 3/2001*

## The Guardian – Tödliche Wahrheit 354

THE GUARDIAN **

Video

**Regie:** Gerry Lively
**Darsteller:** Frank Zagarino (Paul), Bryan Genesse (Steve), Stellina Rusich (Maggie), Robert C. Saunders (Win), Dale Wilson (Ted), James Leard (Brogan), Mike Dopud
**Prod.-Des.:** Kelvin Humenny
**Prod.:** USA 1999; 92 Min.
David Gordian
**Vertrieb:** VCL Video, 28.8.2001
**FSK:** ab 12 J.

Der vom Gangster zum studierten Bodyguard aufgestiegene Paul schlittert in eine Mordintrige. Übel zusammengeschusterte Krimistory mit Action-Unterbrechungen und Aushilfsdarstellern.

## Hallo, ich bin der Weihnachtsmann! 355
SANTA WHO? □
TV

**Regie:** William Dear
**Darsteller:** Leslie Nielsen (Weihnachtsmann), Steven Eckholdt (Peter Albright), Robyn Lively (Claire Dreyer), Max Morrow (Zack), Tommy Davidson (Max), Darren Frost (Rupert), R. D. Reid (Grady)
**Drehbuch:** Debra Frank, Steve L. Hayes, nach der gleichnamigen Story von Robert Schwartz und Chad Hoffman
**Kamera:** Derick V. Underschultz
**Schnitt:** Edgar Burcksen
**Prod.-Des.:** Gavin Mitchell
**Prod.:** USA 2000; 88 Min.
Frank Siracusa; Cheryl Green (Ass.-Prod.) für ABC/Gleneagle/Hearst Ent.
**TV:** 26.12.2001, ZDF, 15.40

Der Weihnachtsmann gerät mit seinem Schlitten in eine große Schneesturmwolke, die Rentiere reißen sich los, der Schlitten landet auf einem Kaufhausdach und der Weihnachtsmann auf dem Auto des Fernsehreporters Peter Albright. Dabei verliert der Weihnachtsmann sein Gedächtnis, und Peter bekommt die ganz große Story.

## Hals über Kopf 356
HEAD OVER HEELS ***

**Regie:** Mark S. Waters
**Darsteller:** Monica Potter (Amanda), Freddie Prinze jun. (Jim Winston), Shalom Harlow (Jade), Ivana Milicevic (Roxanna), Sarah O'Hare (Candi), Tomiko Fraser (Holly), China Chow (Lisa)
**Drehbuch:** Ron Burch, David Kidd, nach einer Story von John J. Strauss, Ed Decter, David Kidd und Ron Burch
**Kamera:** Mark Plummer
**Musik:** Randy Edelman, Steve Porcaro
**Schnitt:** Cara Silverman
**Prod.-Des.:** Perry Andelin Blake
**Prod.:** USA 2000; 86 Min.
Robert Simonds; Ira Shuman (Co-Prod.) für Robert Simonds Prod.
**Verleih:** UIP/dto./Universal, 26.4.2001
**FSK:** ab 12 J., ffr. – **FBW:** Wertvoll

Die Kunstrestauratorin Amanda teilt sich mit vier Supermodels ein Apartment in New York. Im Gegensatz zu ihren aufgekratzten »Freundinnen« hat sie den Mann fürs Leben noch nicht gefunden. Als sie sich in ihren Nachbarn Jim verliebt, scheint das Glück perfekt – doch Jim ist möglicherweise ein Mörder. Die Komödie mit Freddie Prinze jun. wird wohl nur die Fans überzeugen, die sich mit der puren Präsenz des Teenieschwarms zufrieden geben. *Film, 5/2001*

**Kritik:** (…) Typisch amerikanische Durchschnittskomödie mit durchaus witzigen Momenten, die aber nie den Rahmen ihres jederzeit offenkundigen kommerziellen Kalküls verlässt. *Multimedia*

(…) Der Krimiplot ist nicht wirklich mitreißend und die Romanze allzu nahe liegend, was aber der Film an aberwitziger Situationskomik und hirnrissigen Dialogen präsentiert, kann sich sehen lassen. Hübsch unkorrekt (politisch wie moralisch) lassen die Filmemacher ihre Heldinnen durch die Geschichte stolpern und gehen keiner Pointe aus dem Weg. Als Thriller ein Witz, als Komödie sehenswert. *Zitty, 9/2001*

## Hangman – Das mörderische Spiel 357
HANGMAN ***+
Video

**Regie:** Ken Girotti
**Darsteller:** Lou Diamond Phillips (Det. Nick Roos), Mädchen Amick (Grace Mitchell), Mark Wilson (Det. Baluzy), Vincent Ciorazza (Det. Little), Grant Nickalls (Paul Jarvis), Robert Haley (Dr. Mitchell), Rosemary Dunsmore (Dr. Walsh)
**Drehbuch:** Vladimir Nemirovsky
**Kamera:** Gerald Packer
**Musik:** Steven M. Stern
**Schnitt:** Evan Landis
**Prod.:** USA 2000; 92 Min.
Marc Bienstock, Peter Emerson für Magic Hours/Oasis
**Vertrieb:** Columbia TriStar Video, 6.6.2001
**FSK:** ab 16 J.

… und wieder treibt ein pfiffiger Serienkiller sein Unwesen. Und auch diesmal hinterlässt er rätselhafte Hinweise. Und auch sonst bleibt dieser Thriller ein Abklatsch seiner Vorbilder.

## Hannibal 358
HANNIBAL ***+

**Regie:** Ridley Scott
**Darsteller:** Anthony Hopkins (Dr. Hannibal Lecter), Julianne Moore (Clarice Starling), Gary Oldman (Mason Verger), Ray Liotta (Paul Krendler), Giancarlo Giannini (Rinaldo Pazzi), Francesca Neri (Allegra Pazzi), Ivano Marescotti (Carlo)
**Drehbuch:** David Mamet, Steven Zaillian, nach dem gleichnamigen Roman von Thomas Harris
**Kamera:** John Mathieson
**Musik:** Hans Zimmer
**Schnitt:** Pietro Scalia
**Prod.-Des.:** Norris Spencer
**Prod.:** USA 2000; 133 Min.
Dino De Laurentiis, Martha De Laurentiis, Ridley Scott für Scott Free Prod.
**EA:** 11.2.2001, Int. Filmfestspiele Berlin, »Wettbewerb: Außer Konkurrenz«
**Verleih:** Tobis/dto./UIP, 15.2.2001
**Vertrieb:** BMG Video (Video, DVD)
**FSK:** ab 18 J., ffr. – **FBW:** Wertvoll

Die Fortsetzung von Jonathan Demmes »Das Schweigen der Lämmer« (1991) ist kalkuliertes Theater des Schreckens, durchkonstruiert und sauber geplant. Hannibal »the Cannibal« genießt sein Inkognito-Exil in Italien, bis er von den Häschern seines einzigen überlebenden Opfers aufgespürt wird. Jetzt beginnt erneut ein Katz-und-Maus-Spiel mit FBI-Agentin Starling. Die einst ambivalente Dämonie des überragenden Geistes Lecter wird hier mehr behauptet als einleuchtend vorgeführt. Kalkuliert degoutant und spannend.
*Film, 3/2001*

Keine Frage, dieses Spin-off des längst klassischen »Das Schweigen der Lämmer« ist ziemlich danebengegangen. Hannibal »the Cannibal« hat sich im schönen Florenz niedergelassen. Derweil verstrickt sich FBI-Agentin Clarice Starling in eine polizeiliche Intrige und fahndet noch immer nach ihrem Lieblingspsycho. Der steinreiche Mason Verger, von Hannibal einst zur Selbstabhäutung seines Gesichts getrieben, plant wiederum, den Menschen fressenden Schöngeist seiner Wildschweinherde vorzuwerfen. Das klingt blöd, ist es auch und steigert sich so ab der Hälfte ins absolut

*Anthony Hopkins als Hannibal Lecter in Florenz*

Abstruse. Das Ende hat dann authentisches 50er-Jahre-Billigfilmniveau. Auf der Berlinale hat das nichts verloren und müsste eigentlich dem sofortigen Vergessen anheimfallen – wenn Regisseur Scott nicht wirklich edel fotografiert und Anthony Hopkins nicht immer noch Klasse hätte.

*Hans-Joachim Neumann, Zitty, 4/2001*

**Kritik:** (…) Bis Clarice endlich zum Köder werden darf für Hannibal (den Horror hat ein überlebendes, aber gesichtsloses Opfer angezettelt), darf der Zuschauer erlesenste Unappetitlichkeiten erleben. Abgebissene Polizistenhoden, schmatzende, auf Menschenopfer trainierte Wildschweine, delikat gedämpftes Anwaltshirn und Blut, viel Blut. Schön ausgeleuchtet, feucht glänzend. Das erfreut die Sensationsgier. Nur: Wo ist – bei allem inszenatorischen Geschick von Ridley Scott – der Grusel geblieben? Oder jene geheimnisvolle psychologische Komponente zwischen Hannibal und Clarice? Verloren in erlesenen Bildmetaphern.

*Angie Dullinger, AZ, 15.2.2001*

**Interview:** *(…) Wie würden Sie Hannibal Lecter charakterisieren?*

Er ist ein kultivierter Mensch, der die Welt sieht, wie sie ist – dekadent, scheinheilig, chauvinistisch –, aber auch als fantastische Spielwiese; er ist weder Monster noch Moralist, Lecter steht für die dunkle Seite, die wir alle in uns tragen.

*Was ist der Reiz, ihn zum zweiten Mal zu spielen?*

Mir gefällt die Figur, weil das Publikum sie mag. Ganz normale Leute schauen sich den Film an, sie benötigen keinen Psychiater, Hannibal macht ihnen Spaß wie »Psycho«, »Der weiße Hai« oder einfach Autoscooterfahren. Lecter ist der Schatten in uns, von dem wir wenig wissen oder wissen wollen. Wir lieben die Angst. Ich habe einen sehr bekannten Psychotherapeuten nach diesem Phänomen gefragt. Alles, was uns mit der düsteren Seite verbindet, ist erotisch und geheimnisvoll. Ich habe die Rolle aus einem Instinkt angenommen, ich wusste einfach, es funktioniert.

*Und warum?*

Jeder will aus dieser netten und genormten Welt ausbrechen. In Amerika ist alles so schrecklich politisch korrekt. Man darf seine wahre Meinung nicht mehr äußern, alles muss ideologisch sauber sein, als wäre der Mensch an sich gut. Unsinn! Unsere Gesellschaft ist krank. Jeder steht unter enormem Druck, die meisten Menschen kommen mit ihrer Sexualität nicht klar. Man redet zwar viel über Sex, aber nicht über die Probleme damit. Diese Scheinheiligkeit geht mir auf die Nerven. Wir leben unter einer mentalen Diktatur. (…)

*Anthony Hopkins im Interview mit Margret Köhler, AZ, 15.2.2001*

## Happy-Go-Lucky 359

NATSU JIKAN NO OTONATACHI ****

**Regie:** Tetsuya Nakashima
**Darsteller:** Hidaka Yoshitomo (Takashi), Nagi Noriko (Junko), Ittoku Kishibe (Atsuo), Hiroko Taguchi (Tomoko), Kumi Nakamura (Junko's Mutter), Kahori Fujii, Eri Shida
**Drehbuch:** Tetsuya Nakashima
**Musik:** Yoko Kanno
**Prod.:** Japan 1995; 73 Min. Cinequanon
**Verleih:** Peripher/-/-, 30.8.2001

Warum gibt es Mädchen mit großen und solche mit kleinen Brüsten? Wird man auf ewig ein Verlierer bleiben, wenn man den Aufschwung am Reck nicht beherrscht? Warum machen Erwachsene immer die gleichen Fehler? Kann man ernsthaft Zuneigung für ein Mädchen empfinden, das einen viel zu kleinen Busen hat? Gespickt mit unzähligen Anekdoten, wird in »Happy-Go-Lucky« eine Geschichte von der Schwierigkeit des Heranwachsens erzählt, nicht prahlerisch-großmäulig, sondern introspektiv, ruhig und humorvoll. Gelungenes, sommerlich-leichtes »Feel good«-Movie. *tip, 18/2001*

## Harrison's Flowers 360

HARRISON'S FLOWERS ***

**Regie:** Elie Chouraqui
**Darsteller:** Andie MacDowell (Sarah), David Strathairn (Harrison), Elias Koteas (Yeager), Adrien Brody (Kyle), Brendan Gleeson (Stevenson), Alun Armstrong, Caroline Goodall
**Drehbuch:** Elie Chouraqui, Didier Le Pecheur, Isabel Ellsen, Michael Katims
**Kamera:** Nicola Pecorini
**Musik:** Bruno Coulais
**Schnitt:** Jacques Witta, Ailo Auguste, Stephane Freess
**Prod.-Des.:** Giantito Burchiellaro
**Prod.:** Frankreich 2000; 130 Min.
Elie Chouraqui, Albert Cohen für 7 Films Cinema/Studio Canal/France 2 Cinema
**Verleih:** -/-/Frenetic, Mai 2001

Mit mehr Aufwand und prominenterer Besetzung als Michael Winterbottom in »Welcome to Sarajevo« (1997) versucht diese multinationale Produktion die Schrecken des Krieges in Exjugoslawien aus der Perspektive der Berichterstatter zu rekonstruieren. Dem alten Kinokniff, den generellen Horror an zu Herzen gehenden Einzelschicksalen zu verdeutlichen, haftet allerdings etwas ungewollt Zynisches an, wenn der von seiner Frau tapfer gerettete Fotograf schließlich zu Hause in den USA erwacht.

*Film, 5/2001*

## Harry meint es gut mit dir 361

HARRY, UN AMI QUI VOUS VENT DU BIEN ****

**Regie:** Dominik Moll
**Darsteller:** Laurent Lucas (Michel), Sergi Lopéz (Harry), Mathilde Seigner (Claire), Sophie Guillemin (Prune), Laura Caminata (Sarah), Lorena Caminata (Iris), Liliane Rovère (Michels Mutter)
**Drehbuch:** Dominik Moll, Gilles Marchand
**Kamera:** Matthieu Poirot-Delpech
**Musik:** David Sinclair Whitaker

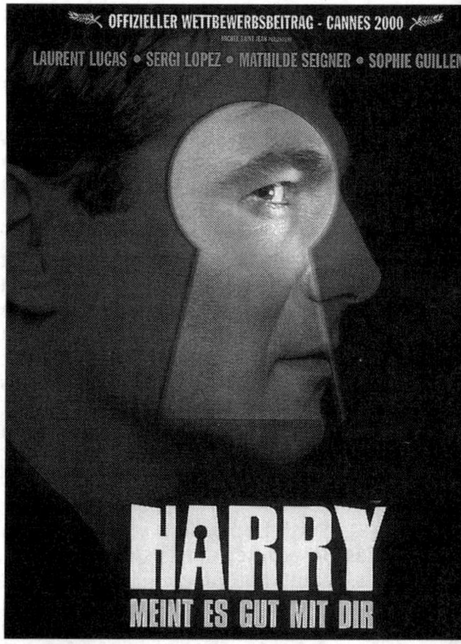


**Schnitt:** Yannick Kergoat
**Prod.-Des.:** Michel Barthélémy
**Prod.:** Frankreich 2000; 117 Min.
Michel Saint-Jean für Diapnana Films
**UA:** Int. Filmfestspiele Cannes 2000
**EA:** 27.6.2000, Filmfest München
**Verleih:** Concorde/dto./Agora, 25.1.2001
**Vertrieb:** Concorde (Euro Video) Video, DVD
**FSK:** ab 12 J., ffr.

Der Fremdsprachenlehrer Michel ist mit seiner Familie auf dem Weg in den Süden. Beim Tankstellenstopp wird er euphorisch von seinem ehemaligen Schulkameraden Harry angesprochen, der sich noch an jedes Detail der gemeinsamen Kindheit erinnert. Vor allem aber an eins: an Michels enormes literarisches Talent. Von nun an ist der überaus wohlhabende Harry von der Idee besessen, Michel zum Schreiben zu reanimieren. Als Michel realisiert, dass Harry dabei buchstäblich über Leichen geht, ist er schon tiefer in dessen Aktivitäten verwickelt, als er ahnt. Psychothriller in Hitchcock-Tradition, der gekonnt mit den Wissensanteilen von Figuren und Kinozuschauern jongliert – vielleicht einen Hauch zu perfekt. *Claus Löser, tip, 2/2001*

**Kritik:** Diese maliziös konstruierte, schwarze Komödie mit stilvollem Thrill beweist, wie Unterhaltung und Kunstanspruch sich zu einem herrlichen Film vereinen können. Titelfigur Harry, dauerlächelnde Simulation eines Menschen, nimmt das Leben eines jungen, gestressten Vaters in seine wohlwollenden, gepflegten Hände. Das Gegenteil von gut ist aber bekanntlich gut gemeint: Harrys Fürsorge besteht vor allem darin, lästige Familienmitglieder aus dem Weg zu räumen.
*Stefanie Schildt, AZ, 28.6.2000*

(…) Sergi Lopéz lässt sehr behutsam das Böse unter der Fassade der Gutmütigkeit aufblitzen – ein richtiger »creep«. Ganz langsam mutiert die Nervensäge zur Bedrohung, gerade so, dass man noch sieht, was er mit den Eltern gemein hat: Auch die Eltern meinen es immer nur gut mit Michel; aber sie verlangen, lieb und freundlich, als Gegenleistung die Kontrolle. Harry kauft Michel ein Auto, das er sich nicht leisten kann und hässlich findet – die Eltern haben hinterrücks im Landhaus ein pinkfarbenes Scheusal von Prunkbad einbauen lassen. Das vor allem macht den Reiz dieser Geschichte aus: Der mordende Psychopath ist im Grunde eine irrsinnig gewordene, entgrenzte Version gewöhnlicher Eltern.
*Susan Vahabzadeh, SZ, 25.1.2001*

(…) Da purzeln die Leichen im Wettbewerb mit knalligen Pointen, dass es eine wahrhaft mörderische Lust ist. Sergi Lopéz zeichnet den teuflischen Titelhelden mit dem irren Lächeln des gerissenen Wolfs im Schafspelz. Bis auf den letzten Blutstropfen kitzelt er das komödiantische Potenzial der Kriminalgroteske heraus. Das Beste: Dumpfes Moralisieren gibt's nicht. Der sich von Szene zu Szene steigernde Wahn schleicht gänsehautträchtig auf ein wunderbar böses Finale zu. »Hitchcock hätte seine Freude dran!« – damit wird oft geworben. Meist stimmt's nicht. In diesem Fall jedoch ohne Wenn und Aber.
*Peter Claus, Zitty, 3/2001*

**Interview:** *Der Film nimmt sich viel Zeit für seine Geschichte. Das ist eher selten heutzutage.*

Das entspricht meinem Geschmack und meinem Stil. Es bringt nichts, den Zuschauer nur mit Gewalt schockieren zu wollen. Das ist grässlich simpel. Spannung muss sich langsam aufbauen.

*Die ganz schlimmen Szenen passieren »off-camera«, in Ellipsen.*

Wichtig ist im Kino die Vorstellung von etwas, glaube ich. Wie etwas passiert und das auch zu zeigen, zählt weniger. Das heißt aber nicht, dass ich grundsätzlich gegen Gewalt im Kino wäre. In meinem Film ist ja auch Gewalt. Generell denke ich: Besser, die Gewalt ist im Kino als woanders.
*Dominik Moll im Interview mit Kira Taszman, Der Tagesspiegel, 25.1.2001*

## Harry Potter und der Stein der Weisen 362

HARRY POTTER AND THE SORCERER'S STONE ****

**Regie:** Chris Columbus
**Darsteller:** Daniel Radcliffe (Harry Potter), Rupert Grint (Ron Weasley), Emma Watson (Hermione Granger), Maggie Smith (Prof. McGonagall), John Cleese (Nearly Headless Nick), Robbie Coltrane (Hagrid), Richard Griffiths (Onkel Vernon Dursley)
**Drehbuch:** Steve Kloves, nach dem gleichnamigen Roman von Joanne K. Rowling
**Kamera:** John Seale; Gavin Finney (2nd unit)
**Musik:** John Williams
**Schnitt:** Richard Francis-Bruce
**Prod.-Des.:** Stuart Craig

**Prod.:** USA 2001; 152 Min.
David Heyman für Heyday/1492 Pic./
Henderson Prod.
**UA:** 16.11.2001, N. Y.
**Verleih:** Warner/dto./dto., 22.11.2001
**Vertrieb:** Warner Video (Video, DVD)
**FSK:** ab 6 J., ffr. – **FBW:** Wertvoll

Der elfjährige Harry Potter erfährt, dass er ein Zauberer ist, dessen Name noch dazu unter seinesgleichen sehr berühmt ist. In seinem ersten Jahr auf Hogwarts, einer Schule für Hexen und Zauberer, hat er schwierige Prüfungen und aufregende Abenteuer zu bestehen. Mit dem ersten Harry-Potter-Band wurde eines der meistgelesenen Bücher aller Zeiten verfilmt, von der Dramaturgie her nahe an der Vorlage, mit einer sorgfältigen, ausgezeichneten Ausstattung und exzellenten Schauspielern. *Alrun Fichtenbauer, Multimedia (Die Furche), 22.11.2001*

**Kritik:** (…) Irgendwie führt der Fetischismus des Harry-Potter-Films dann doch in eine merkwürdige Leere. So intensiv bemüht sich der Film, das Buch nicht aus den Augen zu verlieren, dass er uns als Zuschauer ganz zu vergessen droht. Am Ende scheinen, allen Auslassungen und Abwandlungen zum Trotz, Film und Buch perfekt zur Deckung gebracht, aber so, dass für die Kinoimagination kein Raum mehr ist. Der Film wird zu einem bizarren Déjà-vu-Konstrukt – ein Déjà-vu freilich, das aus dem Nichts geschaffen scheint, zu dem es kein Original, keine ursprüngliche Vision gibt. Das gleiche Geschick widerfuhr »The Phantom Menace« – der vierte »Star Wars«-Film hat die Stimmung der ursprünglichen Trilogie nicht mehr geschafft. Das Kino hat seine Mission, die Massen zur Gemeinschaft zu bringen, zum Teil abgeben müssen ans Internet und an andere Medien. (…) *Fritz Göttler, SZ, 19.11.2001*

(…) Stolz führt der Regisseur vor, dass alles, was sich die Autorin in Einhörnern, dreiköpfigen Riesenhunden oder Verwandlungstricks vorstellen kann, im Kino inzwischen »machbar« ist. Eine Sache der Abteilung »Special effects«.

*Internatsdrill auch in Hogwarts-Schule für Hexenkunft und Zauberei*

Ein im Einzelfall durchaus beeindruckendes Produkt. Selten hat etwa der »Tischlein deck dich«-Trick mehr Effekt gemacht als im Speisesaal von Hogwarts. Das von den Lesern so sehnlich erwartete Quidditch-Match allerdings, das ist zwar aufwändig in Szene gesetzt, aber diese »Luft und Besen und Ball«-Akrobatik sieht dann doch so virtuell aus wie irgendein Actionspiel auf dem Bildschirm. Was nicht heißt, dass der Film nur ein Machwerk ist. Man spürt ja, dass die Beteiligten ihr Bestes geben wollten, man ist auch durchaus angetan von einigen Szenen, sieht auch gerne zu, etwa wie es Robbie Coltrane gelingt, seinen Riesen Hagrid in die Herzen der Kinder zu spielen. Und doch ist mit diesem Film insgesamt das passiert, wovor einige gewarnt haben und was alle vermeiden wollten: Er okkupiert die Räume auf eine Weise, die dem Zuschauer keinen eigenen Raum mehr zum Weiterträumen lässt. Er produziert also ein Übermaß an Fantasie und stellt diese so aus, dass die Fantasie des Zuschauers ganz und gar gebunden wird. »Harry Potter und der Stein der Weisen« ist ein Film mit Totalitätsanspruch. Und damit auch ein Film, der wenig zu wünschen übrig lässt.

*Rupert Koppold, Rheinische Post, 20.11.2001*

*Daniel Radcliffe, Rupert Grint und Emma Watson*

Selten ist einem Filmereignis sehnlicher entgegenfiebert, aber auch gebibbert worden. Doch das Misstrauen von Abermillionen Lesern gegen den großen Weichspüler Hollywood erweist sich als weitgehend unbegründet. Mit der größtmöglichen Umsicht machte sich der bekennende Potter-Fan Columbus daran, Joanne K. Rowlings verschrobene Parallelwelt voller Fabeltiere, Magierlatein und kurioser Accessoires auf die Leinwand zu bringen. Dabei gelingt dem Film das Kunststück, seine opulenten Bilderräusche jederzeit in den Dienst der Geschichte vom Zauberwaisen Harry Potter, seiner Ankunft im Magierinternat Hogwarts und der ersten Bewährungsprobe im Kampf gegen das Böse zu stellen. Herausgekommen sind zweieinhalb packende Märchenstunden mit den denkbar besten Aussichten, den nächsten Oscar für die beste Ausstattung und vielleicht sogar den »Titanic«-Einspielrekord zu kassieren.

*Sven S. Poser, tip, 24/2001*

## Hat er Arbeit? 363

***+

TV

**Regie:** Kai Wessel
**Darsteller:** Wotan Wilke Möhring (Karl Hansen), Mina Tander (Kitty Pawlawk), Kai Ivo Baulitz (Thorsten Minkwitz), Antoine Monot jun. (Rainer), Rainer Sellien (Christian), Julia Richter, Michael Kind
**Drehbuch:** Beate Langmaack
**Kamera:** Holly Fink
**Musik:** Ralf Wienrich
**Schnitt:** Tina Freitag
**Prod.-Des.:** Monika Nix
**Prod.:** BRD 2001; 90 Min.
Heike Richter-Karst, Nathalie Scriba (Producer) für Allmedia Film für ZDF/Arte
**UA:** 3.7.2001, Filmfest München
**TV:** 26.10.2001, Arte, 20.45; 25.11.2001, 3sat, 22.25; 21.1.2002, ZDF, 20.15

Wessels Film war einer von 17 so genannten TV-Movies, die in München zu sehen waren, ein Liebes- und Sozialdrama, unterlegt mit lakonischem Humor, angesiedelt irgendwo in Ostdeutschland. Da steht die Arbeitslo-

*Mina Tander und Wotan Wilke Möhring*

sigkeit, der nackte Überlebenskampf, neben jenem um eine Liebe.

*Thilo Wydra, Die Welt, 9.7.2001*

## Haus Bellomont 364

THE HOUSE OF MIRTH ****

**Regie:** Terence Davies
**Darsteller:** Gillian Anderson (Lily Bart), Eric Stoltz (Lawrence Selden), Dan Aykroyd (Gus Trenor), Eleanor Bron (Mrs. Peniston ), Terry Kinney (George Dorset), Anthony LaPaglia (Sim Rosedale), Laura Linney (Bertha Dorset)
**Drehbuch:** Terence Davies, nach einem Roman von Edith Wharton
**Kamera:** Remi Adefarasin
**Musik:** Adrian Johnston
**Schnitt:** Michael Parker
**Prod.-Des.:** Don Taylor
**Prod.:** GB 2000; 143 Min.
Olivia Stewart; Alan J. Wands (Co-Prod.) für Three Rivers/Arts Council of England/ Film Four/Scottish Arts Council/Showtime Network/Diaphana/Progress und Kinowelt
**UA:** 5.8.2000, Int. Filmfestspiele Locarno
**EA:** 1.7.2001, Filmfest München
**Verleih:** Arthaus (nicht gestartet)/poly film Nov. 2001/-

Lily Bart lebt im New York des Jahres 1905 und leidet an einem unverzeihlichen gesellschaftlichen Makel: Sie ist nicht vermögend. Ihr Versuch, einen wohlhabenden Ehemann zu finden, zerstört ihre Chance auf wahre Liebe mit dem Anwalt Lawrence und mündet in einem Skandal. Fälschlich wird Lily einer Affäre mit einem verheirateten Mann bezichtigt.

**Kritik:** (...) Klar und streng sind die Bilder, in denen Regisseur Terence Davies seine Geschichte erzählt, so langsam und streng wie die Abläufe wohl gewesen sein werden in der bürgerlichen Gesellschaft kurz nach der Jahrhundertwende. (...)

*Rüdiger Suchsland, FR, 26.9.2001*

(...) »Haus Bellomont« spielt in einem seltsamen Zwischenreich der Emotionen, das jemand wie Stefan Zweig als »Verwirrung der Gefühle« oder »Ungeduld des Herzens« beschrieben hat. Keine Gefühlsregung scheint sich je richtig zu manifestieren, stets bleibt etwas ungesagt, ungelebt, ungefühlt. Eine allgemeine Lähmung hat diese Leute erfasst, die jeden Impuls unterdrückt und jeden Reflex zügelt. Man vergnügt sich auf Gesellschaften abends damit, Gemälde von Watteau nachzustellen, und übersieht dabei, dass längst das eigene Leben zum Genrebild erstarrt ist.
Der Engländer Terence Davies, der in Filmen wie »Distant Voices, Still Lives« und »The Long Day Closes« bislang vor allem seine Liverpooler Jugendjahre in Tableaus gefasst hat, erweist sich für diesen Stoff als geradezu kongenialer Regisseur. Mit seinem Talent, die Präsenz von Räumen in langen Einstellungen zu zelebrieren, vermag er sozusagen zwischen den Zeilen der Romanvorlage zu lesen. So schweift seine Kamera über die mit Staubfängern verhängten Interieurs, um dann im Garten mit einem Regenschauer über die Teichoberfläche zu jagen, sodass man den Eindruck hat, diese Sequenzen sagen mehr über die Figuren, als sie selbst auszudrücken in der Lage sind. Man

kann richtig spüren, wie die Luft im »House of Mirth« stillsteht und wie sich alles nach atmosphärischer Veränderung sehnt. (...)
*Michael Althen, FAZ, 14.9.2001*

(...) In langen Fahrten, manchmal mit stimmungsvollen Lichtstudien und metaphorischen Zwischenspielen angereichert, dialogbezogen und schauspielorientiert, spricht der Film von den kleinen Handlungen des Verrats, die Lily Bart zuletzt doch in die Knie zwingen. Wenn der Film eine Schwäche hat, dann ist es eine, die dem Roman Whartons eigen ist, und dass sie der Film nicht auflöst, weist ihn als seriöse Literaturverfilmung aus, die selbst einen Konflikt des Buches noch angemessen repräsentieren kann. Die literarische Figur Lily Bart ist zwischen Liebe und Moral dergestalt gefangen, dass sie, wenn sie Ersterem nachgibt, Zweiteres verkörpert. An ihr zeigt sie die korrupte Gesellschaft, die sie umgibt, aber gerade die Reinheit Lily Barts schreibt ihre Liebesgeschichte als moralisches Traktat und nicht als Verhängnis der Leidenschaft. *Irene Rudolf, Multimedia (Die Furche), 27.9.2001*

(...) Den schildert der Film ohne große Gesten, aber mit viel Einfühlungsvermögen. Ob das, wie Regisseur Terence Davies meint, eine Parabel auf unsere heutige Gesellschaft darstellt, ist fraglich. Auf jeden Fall ist es ein nicht nur handwerklich exzellent gemachter, stimmig gebauter Film, der mit leisen Tönen das innere Drama einer durchaus liebenswerten Person nachzeichnet. *Schnitt, 3/2001*

(...) Langsam und quälend ist der soziale Abstieg der Lily Bart, für die Heldin, aber leider auch für den Zuschauer. Zwar hält der Film, der nach einem Roman von Edith Wharton entstand, der dekadenten Gesellschaft und ihrer untergehenden Noblesse den Spiegel vor, doch der

*Gillian Anderson und Eric Stoltz*

Konflikt zwischen Konventionen und Emotionen ist allzu zäh in Szene gesetzt. Terence Davies erzählt seine Geschichte mit geschliffenen Dialogen in gediegenem Ambiente, sehr »sophisticated«, aber nicht berührend. Die gepflegte Langeweile der Patriziergesellschaft überträgt sich auf das Publikum, die Tragik der Heldin vermittelt sich nur bedingt. Sie wird seziert, aber nicht mit Leben erfüllt. *Zitty, 19/2001*

**Interview:** *Wie haben Sie es geschafft, Gillian Anderson, Eric Stoltz und Dan Aykroyd zu überzeugen?*

Sie alle wollten an dem Film arbeiten, weil ihnen das Projekt selbst und meine bisherige Arbeit gefallen hat. Auf Gillian bin ich zufällig gestoßen. Ich hatte viele Gemälde aus der Belle Époque studiert und suchte nach einem ganz bestimmten Gesicht. Ein Agent hatte uns ein Foto von Gillian ins Büro geschickt und ich wusste auf einen Blick, dass ich hier meine tragische Heldin gefunden hatte. Nach einer dreistündigen Sprechprobe mit ihr habe ich mich dann für Gillian entschieden. Ich habe bis zum heutigen Tag noch nicht »Akte X« gesehen. Leider hat uns keiner der Schauspieler bei der Finanzierung des Films etwas genützt. Im Gegenteil, niemand hat geglaubt, dass Gillian die Rolle bewältigen könnte. Deswegen haben wir das Geld letztendlich aufgrund der Stärke des Drehbuchs bekommen.

*Terence Davies im Interview mit Blickpunkt Film, 27–28/2001*

## Haus der dunklen Wünsche 365

EN FACE ***

TV

**Regie:** Mathias Ledoux
**Darsteller:** Jean-Hugues Anglade (Jean), Clotilde Courau (Michelle), Christine Boisson (Clémence), José Garcia (Hugo), Danièle Debrun (Frau in Rot), Jean Benguiqui (Henride Villard), Emmanuel Salinger (Insp. Renault)
**Drehbuch:** Valérie Guignabodet
**Prod.-Des.:** Jean-Jacques Gernolle
**Prod.:** Frankreich 1999; 90 Min.
Claude Carrère, Patrick Gouyou-Beauchamps für Cinémane/Groupe Carrère/M6 Films
**TV:** 23.7.2001, ZDF, 22.15

(...) Die jungen Eheleute Jean und Michelle können ihr Glück kaum fassen, als ein Unbekannter ihnen eine stilvolle alte Villa auf der gegenüberliegenden Straßenseite vermacht. Doch bald entpuppt sich die geheimnisvolle Hinterlassenschaft als Teil einer teuflischen Intrige – und das Haus des toten Gönners erweist sich als Ort, wo dunkle Wünsche und verbotene Leidenschaften in Erfüllung gehen. *Pressetext*

## Havanna – Stadt unserer Träume 366

COSAS QUE DEJE EN LA HABANA ***

TV

**Regie:** Manuel Gutiérrez Aragón
**Darsteller:** Jorge Perugorria (Igor), Violeta Rodriguez (Nena), Kiti Manver (Azucena), Broselianda Hernandez (Ludmila), Isabel Santos (Rosa), Daisy Granados (Maria), Charo Soriano (Lola)
**Drehbuch:** Senel Paz, Manuel Gutiérrez Aragón
**Kamera:** Teo Escamilla
**Musik:** José María Vitier
**Prod.:** Spanien 1997; 104 Min.
**TV:** 21.1.2001, ARD, 23.35

Die Kubanerin Nena und ihre zwei Schwestern Rosa und Ludmila wandern illegal nach Spanien aus und versuchen, in Madrid Fuß zu fassen. Nena verliebt sich ausgerechnet in den mittellosen Igor, der sich älteren spanischen Frauen als feuriger Liebhaber anbietet und sich damit durchschlägt. Als sich herausstellt, dass er ausgerechnet der Geliebte ihrer besten Freundin Azucena ist, kommt es zu einigen Turbulenzen. *Pressetext*

## Heartbreakers – Achtung: Scharfe Kurven! 367

HEARTBREAKERS ****+

**Regie:** David Mirkin
**Darsteller:** Sigourney Weaver (Angela Nardino, Max Connes, Ulga Yevanova), Jennifer Love Hewitt (Wendy, Page Conners, Jane Helstrom), Gene Hackman (William B. Tensy), Ray Liotta (Dean Cumanno)
**Drehbuch:** Robert Dunn, Paul Guay, Stephen Mazur
**Kamera:** Dean Semler
**Musik:** John Debney, »Heartbreakers«, Thema von Danny Elfman
**Schnitt:** William Steinkamp
**Prod.-Des.:** Lilly Kilvert
**Prod.:** USA 2001; 123 Min.
John Davis, Irving Ong für Davis Ent./Irving Ong Prod.
**Verleih:** Advanced/Filmladen/Monopole-Pathé, 24.5.2001
**Vertrieb:** BMG Video (Video, DVD)
**FSK:** ab 12 J., ffr. – **FBW:** Wertvoll

Max und Page sind erfolgreiche Heiratsschwindlerinnen: Während Max reiche Männer heiratet und sich ziert, die Ehe dann auch zu vollziehen, sorgt das sexy Töchterchen Page dafür, dass man sie sofort nach der Hochzeit in flagranti mit dem Bräutigam erwischt. Scheidung, Abfindung, und weg zum nächsten Opfer. Doch nun will Page aus dem Familienunternehmen ausscheren und eine eigene Karriere gründen. Max überredet sie zu einem letzten großen Coup ... Vergnügliche Komödie um zwei hinreißend verdorbene weibliche Schurken.

*Annette Kilzer, tip, 11/2001*

**Kritik:** (...) Außer den körperlichen Vorzügen von Sigourney Weaver im direkten Vergleich mit der 30 Jahre jüngeren Jennifer Love Hewitt hat »Heartbreakers« dann auch wenig vorzuweisen. Es geht um Geld und Heiratsschwindel, und in einem Palm-Beach knapp jenseits von Zeit und Raum bringen die beiden Frauen erst Gene Hackman unter die Erde und dann ein paar andere Kandidaten um den Verstand. Das Augenzwinkern, mit dem der Film dabei versucht, sich selbst nicht ernster als nötig zu nehmen, mündet allerdings nicht in entsprechende Leichtigkeit; es führt zu den erstbesten Plattheiten. Man spürt zwar das Bemühen, es berühmten Screwball-Comedies zum selben Thema gleichzutun, aber den anarchischen Plots und vor allem dem eleganten Humor jener Komödien kommt »Heartbreakers« nicht wirklich nahe. Das wiederum ist auch ein bisschen traurig, da für Buch und Regie »Simpsons«-Autor David Mirkin zuständig war, dessen Fähigkeiten bezüglich Humor und Anarchie eigentlich längst bewiesen sind.

*Doris Kuhn, SZ, 25.5.2001*

(...) Was hätte Regisseur David Mirkin (»Romy und Michele«) nur ohne die brillante Sigourney Weaver und den hinreißenden Gene Hackman angefangen? Die beiden umschiffen Handlungs-Hohlräume mit Grandezza und ziehen sich auf oberstem Boulevardheater-Niveau aus der Affäre. Das Drehbuch tut nämlich komischer, als es ist: Da werden viele Chancen für Situationskomik vertan oder an Klamauk verraten, da fallen Gags in sich zusammen wie misshandelte Soufflés. Trotz einiger netter Pointen und einer keineswegs stümpferhaften Regie ist keine wirklich gute Komödie daraus geworden. So teilen sich die Grade im Thermometer auf für den Gesamteindruck und die künstlerische Leistung von Weaver & Hackman.

*W. O. P. Kistner, AZ, 23.5.2001*

*Jennifer Love Hewitt und Sigourney Weaver*

(...) Ansonsten hat »Heartbreakers« alle Zutaten einer gelungenen, kurzweiligen und intelligenten Komödie: verzwickte, aberwitzige Situationen und überraschende Wendungen, pointierte Dialoge, hohen Schauwert in der Stadt der Reichen und ein gut aufgelegtes Darstellerensemble.

*Katharina Dockhorn,*
*Filmecho-Filmwoche, 18/2001*

**Interview:** *Ihre Sexualität haben Sie dennoch oft aggressiv eingesetzt. Ob sprichwörtlich in »Die Waffen der Frauen«, als Folterwerkzeug in »Der Tod und das Mädchen« oder jetzt mit Ironie. Eine Kunst der Schauspielerin oder der Frau Sigourney Weaver?*

Eine Schnittmenge von beidem, und »Heartbreakers« ist dafür ein gutes Beispiel. Da ist Jennifer in ihren Mikrokleidern, mit der ich laut Drehbuch in stutenbissiger Konkurrenz stehe. In der Beinabteilung habe ich nichts entgegenzusetzen. Aber als ich überlegte, wer jenseits der 50 Erotik atmet und warum, war Sophia Loren meine Inspiration. Nicht äußerlich. Aber in der Art, wie sie gegenüber Männern ihr Wissen über das andere Geschlecht einsetzt und psychologisch nutzt. Das war der Schlüssel zur Rolle. Die Selbstsicherheit eines Erfahrungsschatzes kann schon sehr sexy sein.

*Fühlen Sie sich an Ihre Anfänge erinnert, wenn Sie mit einer Vertreterin der jungen Generation wie Love Hewitt drehen? Oder gar bedroht?*

Ich hätte mich als junges Ding von ihr bedroht gefühlt, weil sie so verdammt talentiert ist. Darüber hinaus kann ich mich eigentlich nur zurücklehnen und staunen, was heute in Hollywood gefordert wird. Ich bekam meine erste Rolle im Alter von 27 Jahren und hatte den Kopf voller Theaterträume, sodass ich in jedem geschäftlichen Gespräch vor Angst eingegangen bin. Jemand wie Jennifer ist gerade 20 Jahre alt und hat schon einen Film produziert.

*Sigourney Weaver im Interview mit Roland Huschke, Die Woche, 23.5.2001*

## Heidi 368

***

**Regie:** Markus Imboden
**Darsteller:** Paolo Villaggio (Alp-Öhi), Aaron Arens (Peter Geissler), Marianne Denicourt (Dete Caduff), Cornelia Gröschel (Heidi Caduff), Nadine Fano (Clara Caduff), Andrea Eckert (Fr. Dubreuil), Robert Stadlober (Student)
**Drehbuch:** Jasmine Hoch, Martin Hennig, frei nach dem gleichnamigen Kinderbuch von Johanna Spyri
**Kamera:** Peter Indergand
**Musik:** Niki Reiser, Scream
**Schnitt:** Bernhard Lehner
**Prod.-Des.:** Susanne Jauch, Martina Brünner
**Prod.:** Schweiz/Frankreich 2000; 100 Min. Ruth Waldburger für Vega Avventura mit TSR/EDI/Succès Cinema/Telepool
**UA:** Febr. 2001
**Verleih:** -/-/Vega, Februar 2001

Johanna Spyri ist 1901 gestorben, Markus Imboden (»Komiker«) hat ihren bereits mehrmals verfilmten Kinderbuchklassiker aus dem Jahr 1880 erneut auf Zelluloid gebannt, ohne Buchstabentreue anzustreben: Diese schöne und emotional starke Kinoversion fußt auf Spyris Geschichte, spielt aber in der Gegenwart. Entstanden ist kein Heimatfilm im verklärenden Sinne, sondern ein Leinwandwerk, in dem es um Heimat geht, um ein Zuhause, das sich durch persönliche Beziehungen definiert.

*Film, 4/2001*

## Heidi M. 369

****

**Regie:** Michael Klier
**Darsteller:** Katrin Saß (Heidi), Dominique Horwitz (Franz), Franziska Troegner (Jacqui), Ulrike Krumbiegel (Lilo), Julia Hummer (Annabel), Kurt Naumann (Winnie)
**Drehbuch:** Karin Aström, Michael Klier
**Kamera:** Sophie Maintigneux
**Schnitt:** Bettina Böhler
**Prod.-Des.:** Anina Diener
**Prod.:** BRD 2001; 90 Min. Manuela Stehr, Stefan Arndt für X Filme mit WDR/Arte
**Verleih:** X Verleih/-/-, 29.3.2001
**Vertrieb:** Warner Video
**FSK:** ab 12 J., ffr. – **FBW:** Wertvoll

In (Ost-)Berlin von heute versucht eine Frau mit Ende vierzig nach Scheidung und beruflichem Scheitern, ihr Leben wieder in den Griff zu bekommen, eine Existenz, eine neue Beziehung aufzubauen.

**Kritik:** (...) Regisseur Michael Klier schließt mit diesem sensiblen, realistischen und mit Dialog- und Situationswitz glänzenden Frauenporträt eine Filmtrilogie über die neue Einsamkeit in deutschen Städten ab. Er ist ein Menschenbeobachter von klugem Gefühl. Und er lässt seinen Figuren immer einen Ausweg aus der Traurigkeit. Es ist eben nie zu spät für einen Neubeginn.

*Angie Dullinger, AZ, 29.3.2001*

(...) Das Leben scheint handhabbarer geworden zu sein für Michael Klier. Früher lag die Tristesse wie ein Nebel über der Stadt, jetzt scheint sie eher eine Phase, die sich überwinden lässt. Je aktiver die Menschen allerdings um ihr Seelenheil ringen, desto mehr Aufmerksamkeit müssen ihnen Regie und Drehbuch widmen. Da kommen Klier und seine Autorin Karin Aström nicht

*Katrin Saß als Heidi M. im Film von Michael Klier*

hinterher. Die Scharniere der Geschichte quietschen, die Inszenierung verstolpert sich ein wenig zwischen Distanz und Draufzu. Auf dem Weg in die Besserung tritt Klier noch unsicher auf. Wir hoffen auf den nächsten festen Schritt. *Merten Worthmann, Die Zeit, 29.3.2001*

(...) Deshalb ist es doppelt schade, dass es nicht durchgängig gelingt, den gut aufgebauten Spannungsbogen aufrechtzuhalten und auf gängige Muster zu verzichten. Fiel den Filmemachern nichts Besseres ein, als der am Briefkasten von Franz schnüffelnden Heidi M. eine nackte Frau zu offenbaren, die sich zum Schluss als Freundin des Sohnes entpuppt? Das passt eher in einen Groschenroman. Oder spielt das Leben wirklich so?
*Katharina Dockhorn, Filmecho-Filmwoche, 10/2001*

(...) In der stofflichen Anlage ist »Heidi M.« nicht so kohärent, wie es Kliers erste Filme sind; vor allem die Männer-Figuren sind etwas zu hilflos und lahm konzipiert, sodass sie der Frauen-Figur keinen spannungsvollen Widerpart bieten können. Überzeugend aber ist, wie Klier seine Heldin mit liebendem Blick begleitet und »Heidi M.« zu einem bewegenden Frauenporträt, mit der wunderbaren Katrin Saß in der Hauptrolle, macht. Bleibt zu hoffen, dass der nächste Klier-Film, der »Roter Kakadu« heißen und von Kliers Flucht in den Westen erzählen soll, nicht wieder 10 Jahre auf sich warten lässt.
*Rainer Gansera, SZ, 2.4.2001*

(...) Kamera-Schnickschnack und gekünstelte Spannungsbögen sind Michael Klier fremd. Statt dessen konzentriert er sich in ruhigen Bildern, allerdings nicht ohne ein paar Längen, ganz auf seine liebevoll gezeichneten Figuren, lässt uns ihre Ängste, Hoffnungen und Schmerzen nachempfinden. Behilflich sind ihm hierbei zwei wunderbare Schauspieler: der stets souveräne Dominique Horwitz als Franz und vor allen Dingen Katrin Saß in der Titelrolle. Die für so eine Rolle so wichtigen leisen Töne, die beherrscht sie so souverän wie viele ihrer Kollegen, die noch zu DEFA-Zeiten grundsolide ausgebildet wurden.
Der Verleih wirbt etwas verunglückt

mit dem von einer anderen Filmbranche besetzten Slogan »Ein Film für Erwachsene«. Sagen wir es so: ein im besten Sinne erwachsener Film.

*Martin Schwarz, Zitty, 7/2001*

## Die heimlichen Blicke des Mörders 370

***

TV

**Regie:** Michael Keusch
**Darsteller:** Wiebke Bachmann (Cora Beck), Doreen Jacobi (Bea Moll), Thomas Koch (Hajo Brühl), Marcus Mittermeier (Kommissar Arne Schlink), Samir Osman (Orwell), Shira Fleisher (Lucy), Waldemar Kobus (Sven Böhmer)
**Drehbuch:** Christos Yiannopoulos
**Prod.:** BRD 2000; 92 Min.
Sam Davis, Michael Souvignier für Zeitsprung Film + TV
**TV:** 27.3.2001, SAT.1, 20.15

(...) Für den Durchblick im Thriller muss sich der Kommissar extra eine kriminelle Hackerin aus dem Knast anheuern, um herauszufinden, wer die Webcam-Girls in Serie meuchelt. Während es Fachausdrücke aus der Internet-Sprache hagelt, hat der Kommissar auch noch Privatmatratzen-Stress mit seiner Chefin, die vom Überchef angebaggert wird. – Das Pornografiegeschäft als virtuelle Ersatz-Existenz mit Psychopathen-Störfaktor – wackere Horrorspannung für Gehirn-Freaks. *Ponkie, AZ, 29.3.2001*

## Heimweh 371

INCRESCHANTÜM

***

**Regie:** Stefan Haupt
**Darsteller:** Mit: Flurin Caviezel, Curdin Janett, Domenic Janett, Duri Janett, Men Steiner
**Drehbuch:** Stefan Haupt
**Kamera:** Hans Schürmann
**Schnitt:** Myriam Flury
**Prod.:** Schweiz 2000; 68 Min.
Fontana/Televisiun Rumantscha
**Verleih:** -/-/Frenetic

Porträt der fünf Mitglieder der Engadiner Volksmusikgruppe »Ils Fränzlis da Tschlin« und ihres Vorläufers, des blinden Geigers Franz Josef Waser, der in der zweiten Hälfte des 19. Jh. mit seiner Familienkapelle »Fränzlimusik« im Engadin musizierte. Der stimmungsvolle Dokumentarfilm schildert nicht nur differenziert die Pflege einer besonderen Art lebendiger Volksmusik und die Lebensumstände ihrer Protagonisten, er schlägt auch eine Brücke zwischen Tradition und modernem musikalischem Schaffen. *Film, 1/2001*

## Heinrich der Säger 372

**+

**Regie:** Klaus Gietinger
**Darsteller:** Rolf Becker (Kurt Grantke), Meret Becker (Teresa Grantke), Alexander Beyer (Heiko), Karina Krawczyk (Kriminalass. Braun), Heinz Werner Kraehkamp (Kommissar Stahl), Wolfgang Winkler (Block), Eckart von der Trenck (Fred)
**Drehbuch:** Klaus Gietinger
**Kamera:** Hans Hager
**Musik:** Klaus Roggors
**Schnitt:** Katrin Suhren
**Prod.:** BRD 2001; 102 Min.
Dr. Ralf Schneider; Ralf Kukula, Thomas Claus (Co-Prod.) für RS Media/Balance Film mit ZDF/Arte
**Verleih:** Arsenal/-/-, 16.8.2001
**FSK:** ab 12 J., ffr. – **FBW:** Wertvoll

Nach 16 Jahren wieder eine Provinzposse von Klaus Gietinger (»Daheim sterben die Leut«). Nun hat es ihn nach Thüringen verschlagen, wo die Kommerzbahn AG Nebenstrecken stilllegt, des Fortschritts wegen. Natürlich fühlt sich die Bevölkerung betrogen, bis einer nächtens die Gleise schändet, um die Bahn zur Umkehr zu bewegen. Eine herrliche Satire auf die Deutsche Bahn AG hätte daraus werden können, doch die Komödie verlustiert sich lieber an den Schrulligkeiten ihrer Protagonisten.

*Cristina Moles Kaupp, tip, 17/2001*

**Kritik:** (...) Aus dem Stoff, der eine Sozialstudie hätte werden können, wurde ein Fernsehschwank mit deutschem Komödienniveau.

*Thomas Engel, Der Gildedienst, 7/2001*

(...) Im Bunde mit Heiko, dem schon lang in Theresa verliebten Postboten, nehmen Vater und Tochter einen Kampf auf, der weniger von Gietingers gesamtdeutschem Gerechtigkeitssinn kündet als vom Kinokassenkalkül des westdeutschen Regisseurs: Mag sein Plot auch vermeintlich politisch korrekt sein, wenn es darum geht, auf Kosten der anderen, und es gibt immer andere, einen Lacher zu landen, vergisst Gietinger die neu entdeckte Liebe für den Osten schnell: Der Dorfdepp, der die Augen verdreht und seine Trillerpfeife nie aus dem Mund nimmt, der salbungsvolle Pfarrer, der als Polizeispitzel arbeitet, die Oma, die zornig ihre Handtasche schwingt: In Gietingers charakterloser Farce erfüllen sie nur den Zweck, sich gegenseitig als Pappfiguren zu denunzieren. (...)

*Heike Kühn, FR, 21.8.2001*

(...) Dabei gibt sich »Heinrich der Säger« so viel Mühe, zu unterhalten: Zugabenteuer und Krimiparodie, Liebesgeschichten (zwischen Teresa und dem Postboten und später zwischen Grantke und Braun) und der Running-Gag mit der Kleiderfrage zwischen Stahl und Braun, die einmal viel zu sexy und dann im Armee-Dress erscheint – was, Sie fallen um vor Lachen? Genau. (...)

*Thomas Warnecke, Schnitt, 3/2001*

## Heirate mir! 373

***+
TV

**Regie:** Douglas Wolfsperger
**Darsteller:** Verona Feldbusch (Goschka), Ulrich Noethen (Eugen), Ingrid van Bergen (Regine), Michael Schiller (Fritz), Roswitha Schreiner (Traudl)
**Drehbuch:** Klaus Gietinger, Douglas Wolfsperger
**Kamera:** C.-F. Koschnick
**Musik:** Jürgen Buchner (= Haindling)
**Schnitt:** Patricia Rommel
**Prod.-Des.:** Barbara Becker
**Prod.:** BRD 1999; 100 Min.
Daniel Zuta/Pro7
**TV:** 17.5.2001, Pro7, 20.15

(...) Der schüchterne Friedhofsangestellte Eugen fährt zum Brautkauf nach Polen. Dort begegnet er der Einheimischen Goschka und nimmt sie mit nach Hause an den Bodensee, wo fortan drei Handlungsstränge nebeneinanderher plätschern: Die dominante Mutter, die mit Eugen immer noch das Bett teilt, will die Konkurrentin loswerden. Ein Geheimnis aus Goschkas polnischer Vergangenheit kommt ans Licht. Zugleich geht eine ernsthaft so genannte »Pimmelmörderin« um, die Eugens Freunde dezimiert und unter der Gürtellinie der Leichen rote Flecken hinterlässt. – Im Großen taumelt die Inszenierung umher zwischen unbeholfener Provinzsatire und derber Erotikklamotte sowie zwischen Krimi, der die Identität der Männermörderin verrätselt, und Liebesfilm, der Eugen und Goschka Steine in den Weg legt. (...)

*Christian Bartels, SZ, 17.5.2001*

**Kritik:** (...) Aber der Reinfall mit der Pro7-Plotte fängt schon damit an, dass man aus der Werbepopularität eines TV-Unikums Kapital schlagen wollte. Das musste schief gehen, denn das Unikum Verona Feldbusch funktioniert eben nur als Unikum, nicht als Hauptrollen-Knaller in einer Zoten-Klamotte. (...) *Ponkie, AZ, 17.5.2001*

## Held Up – Achtung Geiselnahme! 374

HELD UP **
Video

**Regie:** Steve Rash
**Darsteller:** Jamie Foxx (Michael), Nia Long (Rae), Barry Corbin (Pembry), Eduardo Yanez (Rodrigo), John Cullum (Jack), Jake Busey (Beaumont), Michael Shanmus Wiles (Biker)
**Drehbuch:** Jeff Eastin, nach einer Story von Jeff Eastin, Erik Fleming
**Kamera:** David A. Makin
**Musik:** Robert Folk
**Schnitt:** Jonathan Chibnall
**Prod.-Des.:** Rick Roberts
**Prod.:** USA 2000; 89 Min.
Neal H. Moritz, Jonatho Komack Martin, Stockely Chaffin, Jay Heit, Jamie Rucker King für Trimark/Minds Eye Pic.
**Vertrieb:** Columbia TriStar Video, 25.9.2001
**FSK:** ab 12 J.

Schwarzes Pärchen trennt sich an einer Tankstelle im Streit. Sie flieht, er lässt sich den Wagen klauen und gerät schließlich auch noch in einen Überfall. Von groben Albernheiten und wenig satirischem Mut gekennzeichnete Roadmovie-Comedy.

## Helden aus der zweiten Reihe 375

THE REPLACEMENTS ****+

**Regie:** Howard Deutch
**Darsteller:** Keanu Reeves (Shane Falco), Gene Hackman (Jimmy McGinty), Jon Favreau (Bateman), Rhys Ifans (Nigel Gruff), Orlando Jones (Clifford Franklin), Brooke Langton (Annabelle Farrell), Jack Warden (Edward O'Neil), Faizon Love (Jamal)
**Drehbuch:** Vince McKewin
**Kamera:** Tak Fujimoto
**Musik:** John Debney
**Schnitt:** Bud Smith, Seth Flaum
**Prod.-Des.:** Dan Bishop
**Prod.:** USA 2000; 118 Min.
Dylan Sellers für Bel-Air Ent.
**Verleih:** Tobis/dto./-, 21.6.2001
**Vertrieb:** BMG Video (Video, DVD)
**FSK:** ab 12 J., ffr.

Unterhaltsame Sportkomödie mit aktueller Brisanz um ein fiktives Football-Team, dessen Spieler für höhere Löhne streiken, worauf sich der Besitzer entschließt, eine Reihe zweitklassiger, aber äußerst eigenwilliger Spieler sowie einen alten Haudegen als Trainer zu engagieren, um doch noch die Play-Off Runde zu erreichen. Trotz seiner Vorhersehbarkeit ein gut gemachter Unterhaltungsfilm.

*Uli Buchner*

**Kritik:** (...) Der Film ist ein ganz altmodisches B-Movie, das es nicht nötig hat, anspruchsvoll zu tun. Regisseur Howard Deutch vertraut auf seine Geschichte und hat genug damit zu tun, begeistert alle sportiven Klischees auszuwalzen. Dabei wird durchaus übertrieben bis ins Absonderliche, aber all das ist leicht zu verzeihen, wenn man dafür zwischendurch einen Trupp schweigsamer Recken beobachten darf, der selbstvergessen zu einem schmierigen Seventies-Disco-Hit über das Spielfeld tanzt. Mit Schrittfolge.

*Rhys Ifans und Gene Hackman*

*Doris Kuhn, SZ, 21.6.2001*

(...) Einfache Lebensmuster. Alltägliche Probleme. Gewöhnliches Lebensleid. Aber die Echtheit und Schlichtheit, mit denen diese Szenen geschildert sind und miteinander verknüpft wurden, überzeugt, überwältigt manchmal. Und das Spiel der vier wird man so schnell nicht vergessen.

*Thomas Engel, Der Gildedienst, 5/2001*

## Hellswarm – Die Todesbrut 376

HELL SWARM **
Video

**Regie:** Tim Matheson
**Darsteller:** Boyd Kestner (Billy Sabbath), Luci Christian (Cleo), Tim Matheson (Kirk Bluhdorn), E. J. Nolan (Donald), J. D. Evermore (George Bernard), Steve Shearer (Det. Green), Joey Gibson (Jason)
**Drehbuch:** Roderick Taylor, Bruce A. Taylor
**Kamera:** David Connell
**Musik:** Don Davis
**Schnitt:** Mike Murphy
**Prod.:** USA 2000; 86 Min.
Howard Griffith, John McMahon für Wilshire Court Prod.
**Vertrieb:** Par. Video, 12.7.2001
**FSK:** ab 18 J.

Ex-Cop wird in Geheim-Organisation geschleust, um dort gegen die Invasion von Aliens zu kämpfen. Nicht ganz so dumpf wie vergleichbare Massenware, aber deswegen noch lange nicht sehenswerter Sience-Fiction-Mumpitz.

## Der Herr der Ringe – Die Gefährten 377

THE LORD OF THE RINGS I: THE FELLOWSHIP OF THE RING ****

**Regie:** Peter Jackson
**Darsteller:** Christopher Lee (Saruman), Sean Bean (Boromir), Elijah Wood (Frodo Baggins), Ian McKellen (Zauberer Gandalf), Viggo Mortensen (Aragorn/Strider), Billy Boyd (Peregrin »Pippin« Took), Dominic Monaghan (Meriadoc »Merry« Brandybuck)
**Drehbuch:** Fran Walsh, Philippa Boyens, Peter Jackson, nach dem Roman »The Felloship of the Ring« von J. R. R. Tolkien
**Kamera:** Andrew Lesnie
**Musik:** Howard Shore, Csougol Enya
**Schnitt:** John Gilbert
**Prod.-Des.:** Grant Major
**Prod.:** USA 2001; 178 Min.
Peter Jackson, Barrie M. Osborne, Tim Sanders; Rick Porras, Jamie Selkirk, Frances Walsh (Co-Prod.) für Wing Nut/New Line/Saul Zaentz Comp.
**Verleih:** Warner/dto./dto., 19.12.2001 (weltweiter Start)
**FSK:** ab 12 J., ffr. – **FBW:** Wertvoll

Hobbit Frodo muss den Ring der Ringe, dessen Besitz dem bösen Sauron die Weltherrschaft ermöglichen würde, quer durch »Mittel-Erde« in Saurons Reich bringen, weil er nur dort zerstört werden kann. Der erste Teil der Film-Trilogie nach den weltberühmten Büchern von J. R. R. Tolkien erzählt von Frodos Aufbruch und von der Gruppe bestehend aus Hobbits, Menschen, einem Elf, einem Zwerg und einem Zauberer, die ihn ein Stück seines Weges begleitet. Ein vor allem in Bezug auf Ausstattung, Kamera und Regie großartig inszeniertes Fantasy-Abenteuer, wobei sich die zahlreichen Spezial-Effekte nicht in den Vordergrund drängen und einen trotzdem in Staunen versetzen können. Eine würdige filmische Umsetzung des Tolkien-Klassikers.

*Alrun Fichtenbauer, Multimedia (Die Furche), 20.12.2001*

**Kritik:** (…) Peter Jackson hat einfach ein Auge für die suggestive Romantik und das finstere Gruseln der Märchen und für die bizarre Schönheit Neuseelands. Das bewies er schon 1994 in seinem leisen, schauer-romantischen Horrorfilm »Heavenly Creatures« über die radikalen Fantasien zweier mörderischer Mädchen. Und so taucht er bei Tolkien unter in die neuseeländischen Traumlandschaften von »Mittelerde«: Ein Fabelreich wie gemalt. (…) Die knochenkrachenden Abschlachter-Orgien gesichtsloser Ritter (kriegerischer Triumph der Digitaltechnik) verweisen auf die genussvoll abgebrühte Brutalitäten-Routine eines Splattermovie-Regisseurs: Hier kommt die Fantasie dann wieder beim infantilen Krieger-Actionkino an und der Überdehnungseffekt der endlich sich weiterwälzenden Ring-Abenteuer blockiert oft die Konzentration.
Mit Harry Potter haben es die Kinder leichter, weil die Zauberei als Selbstzweck dient. Tolkien ist, durch Peter Jacksons poetische Neuseeland-Brille gesehen, Magie-Zirkus für Erwachsene. *Ponkie, AZ, 19.12.2001*

(…) In diesem Sinne unternimmt Jacksons Film eine werkgetreue Umsetzung. Er lässt sich Zeit für den Aufbau der Welt von Mittelerde und seiner Protagonisten wie Aragorn, Boromir und Saruman. Erst nach knapp 90 Minuten wird die Frequenz von Actionszenen und Ork-Schlachten erhöht, die wie der Rest des Films komplett in sich stimmig sind. Zusammen ergibt das ein durchaus liebevolles, leicht gestrafftes Abbild des ersten Tolkien-Bandes, das zugleich eine fast zwangsläufige Schwäche offenbart, die aus der Erzählzeit entsteht. Die Handlungsleerläufe im Buch, die zur Vertiefung der Weltordnung dienen und damit entweder langweilen, ärgern oder eben den Suchtfaktor entwickeln, können im Film keinen Platz finden. Damit aber

fehlt ein wesentlicher Wirkstoff der »Ring«-Saga und ermöglicht so trotz aller perfekten Tricks und Effekte den Blick auf die Konstruiertheit der ganzen Geschichte. (…)

*Jan Distelmeyer, Die Zeit, 13.12.2001*

**Interview:** »Der Druck war immens, ganz klar. Das Medieninteresse ist gewaltig, und wir haben Verpflichtungen gegenüber unseren Geldgeber. Am schwersten wiegen aber die Erwartungen der Tolkien-Fans. 62 Mio.

Leute haben sich bereits in den ersten Tagen den Trailer von unserer Website abgerufen. Spurlos geht so etwas an mir natürlich auch nicht vorbei. Ich kann nur versuchen, »Der Herr der Ringe« so originalgetreu wie möglich auf die Leinwand zu bringen, und muss alles andere ausblenden. Und ich kann nur jedem raten: Entspannt euch, Leute! Das wird schon.«

*Peter Jackson im Interview mit Dorothee Lackner, Zitty, 26/2001*

## Ein Herz für Brittany 378

A CHANGE OF HEART / A FATHER FOR BRITTANY

□ TV

**Regie:** Alan Metzger
**Darsteller:** Andrew McCarthy (Keith Lousher), Michael Learned (Edna Humphries), Teri Polo (Kim Lussier), Linda Sorensen (Marge Lussier), Chuck Shamata (Bob Manchewitz), Andrew Tarbet (Jack), Jonathan Welsh (Robert Lussier)
**Drehbuch:** Scott Swanton
**Kamera:** Geoffrey Erb
**Musik:** James McVay
**Schnitt:** Pam Malouf-Cundy
**Prod.-Des.:** Gerry Homes
**Prod.:** USA 1998; 85 Min.
East Coast/Grossbart Barnett/Hamdor Ght.
**TV:** 29.3.2001, ARD, 10.35

Melodram um das Familienglück eines allein erziehenden Vaters.

## Herz voller Tränen 379

HEART FULL OF RAIN

□ TV

**Regie:** Roger Young
**Darsteller:** Richard Crenna (Arliss Dockett), Rick Schroder (Isaiah Dockett), Caroll Baker (Edith Pearl Dockett), Gabriel Mick (Jacob Dockett), Wendell Smith (Doyle), Kim Dickens (Susan Doyle), Judy Mahbrey (Mary Alice Doyle)
**Drehbuch:** Quinton Peeples
**Kamera:** Ric Waite
**Musik:** Patrick Williams
**Prod.:** USA 1997; 88 Min.
**TV:** 30.8.2001, ARD, 10.30

Sohn Isaiah kommt nach sechs Jahren zu seiner Familie zurück, um seine Schuld ihr gegenüber abzutragen. Aber Krankheit und Naturkatastrophen machen die Sache nicht einfach.

## Herzrasen 380

*** TV

**Regie:** Hanno Brühl
**Darsteller:** Antonio Wannek (Marco), Lena Lauzemis (Isa), Axel Prahl (Chris), Olaf Creutzburg (Ralf), Simone von Zglinicki (Marcos Mutter), Wolfgang Packhäuser (Dr. Solbach), Loretta Pflaum (Dr. Birgel)
**Drehbuch:** Franz Liersch
**Kamera:** Reinhard Gossmann, Hubert Schick
**Musik:** Andreas Schilling
**Prod.-Des.:** Alptekin Ergür
**Prod.:** BRD 2000; 90 Min.
**TV:** 25.4.2001, ARD, 20.15

**Kritik:** (...) Hanno Brühl erweist sich als genauer Zeichner, wenn es um die Konturen am Rande der Gesellschaft geht. Brühl steht Marco bei, er begleitet ihn in die Anstalt, die er packend lapidar abfilmt. Mit viel Grau im Farbfilm, ohne Übertreibung, einfach so. Er zeigt Marco in seiner Einsamkeit, seiner Unzulänglickeit, in seiner Wut. Und Brühl lässt Marco möglichst lange so sein, wie er ist. Er widersteht der Versuchung, seinen Antihelden frühzeitig der Umwelt zu öffnen. (...)

*Hans Hoff, SZ, 9.5.2001*

## Herzstolpern 381

□ TV

**Regie:** Sharon von Wietersheim
**Darsteller:** Carin C. Tietze (Laura Leonard), Florian Fitz (Albert Haffner), Kai Scheve (Michael Kammerer), Peter Sodann (Hannes Leonard), Oliver Mommsen (Thomas Leonard), Giulia Siegel (Karen Hennings), Christopher Zumbült (Lukas Krug)
**Drehbuch:** Christiane Sadlo
**Kamera:** Peter Ziesche
**Prod.:** BRD 2001; 89 Min.
Anna Oeller für NDF für ZDF
**TV:** 18.11.2001, ZDF, 20.15

Die Berliner Journalistin Laura Leonard wird von ihrem Lebensgefährten Albert Haffner betrogen und flüchtet mit ihrer zehnjährigen Tochter Lilli zu ihren Eltern und ihrem Bruder in ihr Heimatdorf auf der Insel Rügen. Dort begegnet sie ihrer Jugendliebe Michael wieder. *Pressetext*

## Hetzjagd – Dem Killer auf den Fersen 382

BACKROAD JUSTICE □ TV

**Regie:** Eric Weston
**Darsteller:** Michael Madsen (Jed), Victoria Snow (Haley), Jeff Wincott (Rudy Wicker), Michele Scarabelli (Dana Flowers), Samatha E. Cutler (Tiffany), Ricky Mabe (Shane), Steve Adams (Sheriff)
**Drehbuch:** William Lee
**Kamera:** François Achambault
**Prod.:** Kanada 2000; 110 Min.
Richard O. Lowry für Frontline Ent.
**TV:** 22.10.2001, VOX, 20.15

Ein Familienausflug wird zum Horrortrip, als erst das Wohnmobil den Geist aufgibt, sich ein vermeintlicher Polizist als Bankräuber entpuppt und der Familienvater Jed irrtümlich für einen Mörder gehalten wird. Er muss den Killer selbst jagen, um seine Unschuld zu beweisen.

## Eine Hexe in unserer Familie 383

EN HÄXA I FAMILJEN ****

**Regie:** Harald Hamrell
**Darsteller:** Karin Bogaeus (Maria), Margreth Weivers (Gerda/Kindermädchen/Hexe), Johan Rheborg (Vater), Tintin Anderzon (Sonja/Mutter), Fredrik Unger (Makka), Rebecca Scheja (Mats)
**Drehbuch:** Johan Bogaeus, nach »Maria Bleknos« von Ulf Starck
**Kamera:** Olof Johnson
**Musik:** Adam Nordén
**Schnitt:** Micha Lezczylowski
**Prod.-Des.:** Lasse Westfelt
**Prod.:** Schweden 1999; 82 Min.
Lars Blomgren, Börje Hansson für FilmLance mit The Chimney Pot/Yellow Cottage/Sonet Film
**EA:** 30.6.2001, Filmfest München
**Verleih:** AFM/-/-, 8.11.2001
**FSK:** ab 6 J., ffr.

Ein etwa 8-jähriges Mädchen wünscht sich, dass sein nervender, stets zu Streichen aufgelegter kleiner Bruder verschwindet. Als am nächsten Tag eine alte, rätselhafte Kinderfrau das elterliche Reihenhäuschen betritt, steht zu befürchten, dass es sich um eine Hexe handelt, die das Brüderchen abholen und fressen will. Fantasievoller, amüsanter, aber auch spannender Kinderfilm, der ein hintergründiges Spiel mit den fließenden Grenzen von Märchen und Wahrheit betreibt, indem er die kindlichen Fantasien als handfeste »reale« Gruselszenen inszeniert.

*Horst Peter Koll, Film-Dienst, 23/2001*

**Kritik:** (...) Scheinbar beiläufig, aber treffend beobachtet wirken die kleinen Einsprengsel des familiären Alltagslebens in die märchenhafte Story: Da die beruflich gestressten Eltern praktisch kaum Zeit für die Kinder haben, müssen diese zumindest tagsüber sehen, wie sie allein zurecht kommen. Aus Erwachsenenperspektive störend wirkt allerdings die aufgesetzte Schluss-Pointe, die die rationale Auflösung der Hexen-Visionen unnötigerweise wieder infrage stellt.

*Reinhard Kleber, Filmecho-Filmwoche, 43/2001*

## High Explosive – Flucht aus der Todeszone 384

HIGH EXPLOSIVE *** TV

**Regie:** Timothy Bond
**Darsteller:** Patrick Bergin (Jack Randall), Désirée Nosbusch (Hildy Koller), Dan Petronijevic (Tom Randall), Nina Muschallik (Kat Koller), Mpho Lovinga (Gabriel), Ian Roberts
**Drehbuch:** Peter Jobin
**Kamera:** Desmond Burmeister
**Musik:** Russell Stirling
**Schnitt:** Ettie M. Feldman
**Prod.:** Kanada/Südafrika/GB 2000; 93 Min.
Michael L. Games, Gary Howsam, Harry Alan Towers für Prophecy Ent.
**TV:** 11.1.2001, Pro7, 20.15

Die Gemeinschafts-Tretmine zeigte einen Ex-US-Soldaten samt pubertärem Nörgel-Sohn und tapferem afrikanischem Helfer beim Landminen-Entschärfen im UN-Auftrag in Angola, wo gerade eine Horde infantiler Chaoten-Rebellen unter Führung eines kriminellen Söldners Beute machen will. Sie überfallen die Krankenstation – und die deutsche

Ärztin schlägt sich mit den Minensuchern nach Namibia durch, verfolgt von den gierigen Desparados. – Primitive Muster, simple Methoden: Die Bösen brettern auf ihre eigenen Minen – die Guten entrinnen in letzter Sekunde dank Männermut und Frauen-Entschlossenheit. Welt in Ordnung. *Ponkie, AZ, 13.1.2001*

## Highlander: Endgame 385

HIGHLANDER: ENDGAME ***+

**Regie:** Douglas Aarniokoski
**Darsteller:** Adrian Paul (Duncan MacLeod), Christopher Lambert (Connor MacLeod), Bruce Payne (Jakob Kell), Lisa Barbuscia (Faith/Kate), Donnie Yen (Jin Ke), Jim Byrnes (Dawson), Peter Wingfield (Methos)
**Drehbuch:** Cary Granat, Joel Soisson, nach einer Story von Eric Bernt, Gillian Horvath, nach der Vorlage von Gregory Widen
**Kamera:** Doug Milsome
**Musik:** Stephen Graziano
**Schnitt:** Christopher Blunden, Michael N. Nue, Robert Feretti, Tracy Granger, Rod Dean, Donald J. Paonessa
**Prod.-Des.:** Jonathan Carlson
**Prod.:** USA 2000; 88 Min.
Peter Davis, William Panzer für Miramax/ Dimension Films
**Verleih:** Highlight/-/Elite, 8.2.2002
**FSK:** ab 16 J., ffr.

Obwohl schon die Plakate zum Originalfilm versprachen, es könne »nur einen geben«, vereinigt nun die dritte Fortsetzung des Fantasy-Hits von 1985 den Original-Highlander (Christopher Lambert) mit seinem TV-Nachfolger (Adrian Paul). Noch immer geht es darum, im Jahrhunderte überdauernden Kampf die ebenfalls unsterblichen Feinde mit dem Schwert kopflos zu machen. Dabei hat allerdings auch die Kinoserie endgültig den Kopf verloren und ist gestorben, allem Tempo, Aufwand und den Versuchen zu Ironie zum Trotz. *Film, 2/2001*

**Kritik:** (...) Regie-Novize Aarniokoski beweist wenig Gefühl für die schlüssige Entwicklung einer Handlung und ihrer emotionalen Aspekte in diesem elektrischen Genre-Potpourri aus Kung-Fu-Krimi, Ritter-Saga und Mantel-und-Degen-Film. Highlander-Fans dürften dennoch auf ihre Kosten kommen. *Ralph Umard, tip, 3/2001*

(...) Na schön: Versprochen wird uns das »Endgame« zwischen Connor und dem Oberschurken der Unsterblichkeits-Oberliga – doch darauf, dass der Kampf diesmal ein Ende hat, möchte wohl niemand seinen Kopf verwetten. *Gerald Jung, Zitty, 4/2001*

## The Highwayman 386

THE HIGHWAYMAN **
Video

**Regie:** Keoni Waxman
**Darsteller:** Bernie Coulson (Panda), Louis Gossett jr. (Phil Bishop), Laura Harris (Ziggy), Stephen McHattie (Frank Drake), Heidi von Palleske (Barbara Drake), Tracey Cook (Penelope Bishop), Donald Burda (Det. Bill Steadman)
**Drehbuch:** Richard Beattle
**Schnitt:** Nick Rotundo
**Prod.:** USA 1999; 90 Min.
Peter R. Simpson
**Vertrieb:** KirchMedia (Laser Paradise) Video, 3.9.2001
**FSK:** ab 18 J.

Mithilfe eines debilen Teenie-Quartetts plant betrogener Angestellter einen groß angelegten Rachefeldzug. Hämoglobingetränkter Tarantino-Abklatsch, der sich kaum Mühe gibt, Spannung zu erzeugen.

## Hilfe, ich bin ein Fisch 387

HELP, I'M A FISH ****+

**Regie:** Michael Hegner, Stefan Fjeldmark
**Darsteller:** Mit den Stimmen von: Rainer Basedow, Thomas Fritsch, Dieter Landuris, Carin C. Tietze, Roman Wolko, Clemens Ostermann, Chiara Reuße
**Drehbuch:** Stefan Fjeldmark, Karsten Killerich, John Stefan Olsen
**Musik:** Sören Hyldgaard
**Prod.:** BRD/Irland/Dänemark 2000; 80 Min.
Eberhard Junkersdorf, Anders Mastrup, Russell Boland für Munich Animation/ Kinowelt/A-Film/Egmont/EIV/TerraGlyph
**Verleih:** Kinowelt/Constantin/Rialto, 12.4.2001
**Vertrieb:** KHE Video (Video, DVD)
**FSK:** o. A., ffr. – **FBW:** Wertvoll

Drei Kinder verwandeln sich dank eines Verfischungstranks in Meereslebewesen und müssen sich mit Fischen herumschlagen, die nach Einnahme des Gegenmittels immer menschlichere Züge annehmen. Animationstechnisch braucht die teure deutsch-dänisch-irische Zeichentrickproduktion den Vergleich mit der amerikanischen Konkurrenz nicht zu fürchten. Etwas holprig geriet hingegen – trotz amerikanischer Dialogberaterin – die Story, aus der nie klar hervorgeht, an welche Altersgruppe sich der Film überhaupt richtet. Woran mögen die Kids wohl denken, wenn sich der Lotsenfisch Joe als ein zunehmend machtgieriger Demagoge erweist, der Unterwasser-Reichsparteitagsaufmärsche inkl. Albert Speer-Lichtdramaturgie veranstalten lässt?
*Claus Löser, tip, 8/2001*

**Kritik:** (...) Ein europäischer Zeichentrickfilm, der sich inhaltlich wie formal an seinen US-amerikanischen Vorbildern orientiert und einige nette Ideen zu wenig entwickelt, um einen eigenständigen Stil erkennen zu lassen.
*Multimedia*

(...) In Junkersdorfs drittem Zeichentrickfilm, nach »Die furchtlosen Vier« und dem sehr gelungenen, weil souverän unamerikanischen »Tobias Totz und sein Löwe« spürt man in jedem Bild den muskelzerrenden Spagat zwischen amerikanischer Kinder-Naivität und europäischem Erwachsenenanspruch. Doch wenn die kleine Stella mit ihren Augen klimpert, wirkt sie eher wie eine auf halbe Größe gestauchte Barbiepuppe, die Verwandlungsgeschichte erinnert an die »Liebling, ich habe die Kinder geschrumpft«-Filme und das Unterwasser-Naziszenario kommt allzu bemüht als Machtmissbrauchspersiflage daher. Disney kann man nicht mit seinen eigenen, sondern nur mit ganz neuen Mitteln schlagen – wie »Kiriku, die Zauberin« beispielsweise es tat.
*Anke Sterneborg, SZ, 17.4.2001*

*›Hilfe, ich bin ein Fisch‹*

## Hi-Life in Manhattan 388
HI-LIFE TV

**Regie:** Roger Hedden
**Darsteller:** Katrin Cartlidge (April), Charles Durning (Fatty), Daryl Hannah (Maggie), Moira Kelly (Susan), Campbell Scott (Ray), Michelle Durning (Yale), Eric Stoltz (Jimmy)
**Drehbuch:** Roger Hedden
**Kamera:** John Thomas
**Musik:** David Nessim Lawrence
**Schnitt:** Tom McArdle
**Prod.-Des.:** Sharon Lomofsky
**Prod.:** USA 1998; 95 Min.
Erica Spellman-Sherman, Michael Paseornek für Gun for Hire/Lions Gate Films
**TV:** 14.12.2001, Pro7, 9.35

Komödie über eine fatale Kettenreaktion, nachdem ein Geschäftsmann sich von seiner Freundin Geld besorgen wollte. Die tischt nämlich ihrem Bruder ein noch übleres Märchen auf, um an das Geld zu kommen.
*AZ TV Journal*

## Hillbrow Kids 389
□
TV

**Regie:** Michael Hammon, Jacqueline Görgen
**Prod.:** BRD 1999; 95 Min.
**TV:** 31.7.2001, Arte, 20.45

Dokumentation über das Leben der Straßenkinder in Johannesburg, Südafrika.

## Ein Himmel voller Diamanten 390

UN CIEL PARSEME DE DIAMANTS ****+ TV

**Regie:** Wassili Pitschul
**Darsteller:** Nikolai Formenko (Anton), Alla Sigalowa (Nina), Angelika Varum (Vika), Alexander Semschew (Knecht Ruprecht), Valentin Gaft (stellvertr. Minister), Garik Sukatchov (Kopernikus)
**Drehbuch:** Maria Chmelik
**Prod.:** Frankreich/Russland 1999; 100 Min.
**TV:** 14.11.2001, Arte, 22.35, OmU

Eine Story um einen schreibenden Kriminellen oder kriminellen Schriftsteller mit viel Ketchup-Blut. Der Film ist eine durchgedrehte Farce, die sich der Klischees über aktuelle russische Probleme bedient und dabei kräftig übertreibt. *Pressetext*

## Das Himmler-Projekt 391

****+

**Regie:** Romuald Karmakar
**Darsteller:** Manfred Zapatka
**Drehbuch:** Romuald Karmakar, Stefan Eberlein (Textbuch nach dem Mitschnitt der »Posener Rede« vom 4.10.1943 auf Wachsplatte)
**Kamera:** Bernd Neubauer, Werner Penzel, Florian Süßmayer
**Schnitt:** Nicholas Goodwin
**Prod.:** BRD 2000; 185 Min.
Romuald Karmaker für Pantera
**UA:** 19.2.2000, Int. Forum des Jungen Films, Berlin, »Videoprogramm«
**Verleih:** -/Stadtkino/-, Juni 2000 (AU)

Die dreieinhalbstündige Rede Heinrich Himmlers vor 92 Generälen der SS im Goldenen Saal des Schlosses von Posen anlässlich der SS-Gruppenführertagung am 4. Oktober 1943 gilt einerseits als »eines der schrecklichsten Zeugnisse deutscher Sprache« (Joachim C. Fest) und andererseits als eines der wichtigsten Dokumente des Nationalsozialismus. (...)

*Katalog Forum*

**Kritik:** (...) Manfred Zapatka spricht die dreistündige Geheimrede Himmlers vom 4.10.1943 in Posen – jene viel zitierte Rede von den SS-Ariern, die auch vor Leichenbergen »anständig geblieben sind« und nun die Zukunft für die neue Germanenwelt planen. (...)

Dieser Text (vom WDR von 23 Uhr bis 2 Uhr früh gesendet) ist in seiner nüchternen Rassenwahn-Niedertracht so ungeheuerlich, dass es einem die Sprache verschlägt. Vor allem, weil diese Diktion heute ein Wiederkäuerprodukt der Rechtsextremen gegen alles »Fremdvölkische« ist.

*Ponkie, AZ, 12.9.2001*

**Interview:** *Ihr Film »Das Himmler-Projekt« hatte auf der letztjährigen Berlinale Premiere. Er ist aber bislang weder im Kino noch im Fernsehen gezeigt worden. Wie kommt das?*

Es gibt Leute, die finden, dieser Film dürfe in der aktuellen politischen Situation nicht gezeigt werden, weil er falsch verstanden werden könnte. Manche meinen, dass aus einer Kinovorführung eine Veranstaltung der Neo-Nazis werden könnte. Das waren übrigens die Begründungen, mit der die Filmförderung in Nordrhein-Westfalen es vor kurzem abgelehnt hat, den Verleih zu unterstützen.

*Thema Ihres dreistündigen Films ist die minuziöse Wiedergabe der Rede von Heinrich Himmler, in der er 1942 vor SS-Führern den Sinn und die Notwendigkeit der Judenvernichtung begründete. Das soll Werbung sein?*

Es geht um die Frage, was man den deutschen Zuschauern 55 Jahre nach Kriegesende zumuten darf. Das fing schon an in der Auswahlkommission des Forums der Berlinale. Eine Mehrheit war für den Film, konnte sich aber zunächst gegen die Minderheit nicht durchsetzen. Ich bekam dann einen Hinweis, mich in einem Brief an das Gremium zu wenden.

*Nach dem Motto: Ich habe ein ehrenwertes, politisch korrektes Anliegen?*

Genau. Dieser sechsseitige Brief war eines der entwürdigendsten Dinge, die ich in meinem Leben gemacht habe. Denn erstens ist »Das Himmler-Projekt« nicht mein erster Film und zweitens hatte ich mit derselben Kommission vor 8 Jahren dieselbe Diskussion im Zusammenhang mit meinem Film »Warheads«.

*»Das Himmler-Projekt« hat gerade den 3sat-Dokumentarfilmpreis erhalten. Die Preisträger wurden immer auf 3sat gezeigt.*

Die diskutieren noch. Andauernd bekomme ich Anrufe aus der Redaktion mit der Bitte, noch eine Kassette zu schicken. Offenbar besteht großes Interesse an dem Film – und großer Diskussionsbedarf.

*Romuald Karmakar im Interview mit Christoph Amend und Stephan Lebert, Der Tagesspiegel, 3.1.2001*

## Himmlische Helden 392

***
TV

**Regie:** Carsten Fiebeler
**Darsteller:** Sebastian Blomberg (Bugsy), Steffen Schult (Noname), Henriette Heinze (Jasmin), Eva Mattes (Molle), Michael Habeck (Palkowic), Hans Georg Nenning (Schrotti), Raban Bieling (Balu)
**Drehbuch:** Dominique Lorenz
**Kamera:** Stefan Spreer
**Musik:** Joe Mubare
**Schnitt:** Anke Berthold, Flo Köhler
**Prod.-Des.:** Michael Köning
**Prod.:** BRD 2000; 90 Min.
Dieter Ulrich Aselmann, D.I.E. Film für ZDF
**TV:** 25.6.2001, ZDF, 20.15

Die Figur des Engels Noname, der wie eine bleiche Käsemilbe hinter einem ums Sorgerecht kämpfenden Ganoven herschleicht und sich in die Wirtin Molle verknallt, ist zwar witzig gedacht, verheddert sich aber im vielfältig verzweigten Komödiengestrüpp aus Tresorknackerei, Kinderrührung und den Marotten einer enterbten Selbstmörderin. Das Engel-Filmchen bereitet dem Jungganoven Bugsy allerlei Zoff mit seinen Brutalkumpanen und hilft dem verzagt-verliebten Noname beim Menschwerden. Das Bedürfnis nach weiterer Himmelsverbrüderung bleibt jedoch begrenzt.

*Ponkie, AZ, 27.6.2001*

## Der himmlische Plan 393

SOUL COLLECTOR
□
TV

**Regie:** Michael M. Scott
**Darsteller:** Melissa Gilbert (Rebecca), Bruce Green Wood (Zachariah), Christina Carlisi (Helen), Dey Young (Kathryn), Tod Allen (Jake), Buck Taylor (Charlie), G. D. Garfield (Tom)
**Drehbuch:** Joyce Brotman
**Kamera:** Don E. Fauntleroy
**Musik:** Dan Foliart
**Schnitt:** Andrew London
**Prod.:** USA 1999; 87 Min.
Hearst Ent.
**TV:** 28.4.2001, ZDF, 14.00

Als der Engel Zacharias wieder einmal einen Job verbummelt, haben die himmlischen Heerscharen die Nase voll und verdonnern ihn zum gemeinen Erdenleben. *SZ, TV-Beilage*

## Hinter dem Regenbogen 394

**+
TV

**Regie:** Jan Peter
**Darsteller:** Pascal Ulli (Ray), Annett Renneberg (Iris), Mareike Fell (Astrud), Mina Tander (Marie), Bela B. Felsenheimer (Spin), Uve Bertram, Daniel Fehlow
**Drehbuch:** Jan Peter, Yury Winterberg
**Kamera:** Sönke Hansen, Christof Wahl (steady cam)
**Schnitt:** Michael Radeck
**Prod.-Des.:** Peter Weber
**Prod.:** BRD 1999; 90 Min.
Simone Baumann, Jan Peter, Yury Winterberg für L.E. Vision
**TV:** 1.2.2001, ARD, 23.00

Horrorschock! Der Teenie-Psychothriller folgt drei bekifften Musiker-Groupies in die Lofthöhle des Stars. Der Drogen-Freak mit Vampir-Image sucht aber eher Seelentrost, und die Sex-Anmache der Gören führt in die kranken Satans-Phantasien seiner

Kultmusik. Ein böser Pubertäts-Albtraum vereinsamter Kinder im »Ich-bin-cool«-Wahn. *Ponkie, AZ, 3.2.2001*

## Hiphop Movie Styles – The Swiss 395

HIPHOP MOVIE ***

**Regie:** Tomislav Mestrovic
**Drehbuch:** Tomislav Mestrovic
**Kamera:** Nicolo Setegrana
**Musik:** Double Pact, Wrecked Mob, Kobra-Prod.
**Prod.:** Schweiz 2000; 53 Min. Tomislav Mestrovic für SF DRS
**Verleih:** -/-/Phat Prod., Jan. 2001

Der von Schweizer HipHop-Enthusiasten erfreulich professionell und originell gemachte Dokumentarfilm zeigt verschiedene Aspekte ihrer »weltweit größten Subkultur«. Auf der Suche nach ihrer jeweiligen Identität, Individualität und Einzigartigkeit besuchte Tomislav Metrovic die sich unterschiedlich entwickelnde HipHop-Szene in fünf eidgenössischen Städten. Seinem Anspruch, einen Schweizer Film »im amerikanischen direct cinema-Stil« zu machen, wird der junge Regisseur ebenso gerecht wie seinem Zielpublikum.

*Film, 1/2001*

## Hochzeit in Finnland 396

KIVENPYÖRITTÄJÄN KYLÄ *** TV

**Regie:** Markku Pölönen
**Darsteller:** Martti Suosalo, Henrika Andersson, Matti Varjo, Jarmo Mäkinen, Rauha Valkonen, Esko Hukkanen, Tuula Väänänen
**Drehbuch:** Markku Pölönen, nach einem Roman von Heikki Turunen
**Kamera:** Kari Sohlberg
**Musik:** Vesa Mäkinen
**Schnitt:** Jukka Nykänen
**Prod.:** Finnland 1995; 90 Min. Kari Sara
**EA:** Int. Filmfestspiele Locarno 1995, »Wettbewerb«
**TV:** 7.9.2002, Arte, 23.50

(...) Eines Augustmorgens Anfang der 70er-Jahre beginnt der alte Eljas, der letzte Erzähler von Jerusalem, einem in der tiefsten Provinz Finnlands gelegenen Dorf, sich seiner Vergangenheit zu erinnern. Er erinnert sich an die Zeit, als Jerusalem voller Leben war, während heute die meisten Kinder das Dorf verlassen haben, um anderswo Arbeit zu suchen. (...)

*Katalog Locarno*

## Eine Hochzeit und (k)ein Todesfall 397

□ TV

**Regie:** Walter Feistle
**Darsteller:** Sebastian Bezzel (Stefan Schwarz), Bettina Zimmermann (Anne König), Manou Lubowski (Daniel Reimer), Anneke Kim Sarnau, Antoine Monot jun., Julia Dahmen, Daniela Ziegler
**Drehbuch:** Christof Weigold
**Kamera:** Gerhard Schirlo
**Musik:** Wolf Wolff, Frank Loef
**Schnitt:** Thomas Knopfel
**Prod.-Des.:** Matthias Müsse
**Prod.:** BRD 2001; 120 Min. Christian Becker für Indigo Film für Pro7
**TV:** 4.10.2001, Pro7, 20.15

Hypochonder Stefan Schwarz glaubt nach einem Missverständnis, dass sein Stündlein geschlagen hat, dabei wollte er doch in zwei Wochen Anne König heiraten. Nun macht er sich daran, für seine Braut einen anderen Mann zu finden. (...) *AZ TV Journal*

## Hochzeit zu viert 398

*** TV

**Regie:** Heidi Kranz
**Darsteller:** Harald Krassnitzer (Lukas), Renée Soutendijk (Susanne), Michaela May (Johanna), Elmar Wepper (Markus), Lilian Schiffer (Jana), Felix Bötsch (Dominik), Rebecca Immanuel (Bettina)
**Drehbuch:** Peter Probst, Heidi Kranz
**Kamera:** Marc Prill
**Musik:** Chris Walden
**Prod.:** BRD 2001; 87 Min.
**TV:** 19.10.2001, ARD, 20.15

Das Ehemelodram ist bei weitem nicht so schlecht, wie der Titel verheißt, weil sich die Autorin dicht an die Lebenserfahrung hält und weil die Schauspieler alle Nuancen beherrschen: Der Film kratzte den Selbstbetrug der Fassadenharmonie im ehelichen Glückskitsch an und hobelte alles eine Nummer kleiner. (...) Ein sympathischer Bruchladen des gut situierten Mittelstands.

*Ponkie, AZ, 22.10.2001*

## The Hole 399

THE HOLE ***+

**Regie:** Nick Hamm
**Darsteller:** Thora Birch (Liz), Daniel Brocklebank (Martin), Embeth Davidtz (Dr. Philippa Horwood), Keira Knightley (Frankie), Desmond Harrington (Mike), Laurence Fox (Geoff), Steven Waddington (Howard)
**Drehbuch:** Ben Court, Caroline Ip, nach dem Roman »After the Hole« von Guy Burt
**Kamera:** Denis Crossan
**Musik:** Clint Mansell
**Schnitt:** Niven Howie
**Prod.-Des.:** Eve Stewart
**Prod.:** GB 2001; 102 Min.
Lisa Bryer, Jeremy Bolt, Pippa Cross für Couboy Films/Granada mit Impact/The Film Council/Le Studio Canal+
**Verleih:** Tobis/dto./-, 20.9.2001

Unschön: ohne Wasser, Brot und Lipgloss in einem Bunker unter der Erde hocken und nicht rauskönnen. Vier Schüler eines englischen Elite-Internats lassen sich von einem Mitschüler in einen Bunker sperren. Sie wollen den Kick und sie kriegen den Kick. Nach drei Tagen soll sich die Bunkertür wieder öffnen. Doch die Tür bleibt zu. Die Partyzone wird zur Todesfalle. Der Thriller von Nick Hamm beginnt spektakulär, läuft eine Weile spannend weiter und endet als unglaubwürdige Scharade.

**Kritik:** (...) »The Hole« hat etwas simpel Thesenhaftes und wirkt manchmal gar wie eine Versuchsanordnung von Testpuppen. Wer allerdings nur den hysterischen Spaß von Schlitzerfilmen kennt, kann hier vielleicht immer noch über das menschliche Herz erschrecken. *Thomas Klingenmaier, Stuttgarter Zeitung, 20.3.2001*

(...) Im Grunde interessieren ihn die schwach ausgeführten Charaktere und

*Keira Knightley und Thora Birch*

ihre Gefühle überhaupt nicht. Wichtiger sind dagegen die Grausamkeiten und Obszönitäten, die sich da unten abspielen. Dass Frankie sich z.B. stundenlang in einer von Maden wimmelnden Toilette übergibt. Aber auch auf der erzählerischen Ebene stimmt die Gewichtung nicht: Die Rückblendenstruktur stiftet nur Verwirrung, ab und zu eingeblendete Bilder von verwitterten Grabsteinen bleiben ohne jeden erkennbaren Zusammenhang; einmal springt die Kamera in einer stilistisch überhaupt nicht nachvollziehbare Videoclip-Sequenz. »The Hole« ist nicht nur reichlich geschmacklos, zuweilen brabbeln seine Protagonisten auch noch den reinsten Unsinn vor sich hin.

*Jennifer Bleek, Zitty, 20/2001*

## Hole in the Sky 400

SORA NO ANA ****+

**Regie:** Kazuyoshi Kumakiri
**Darsteller:** Susumu Terajima, Yuriko Kikuchi, Bunmei Tobayama, Syunsuke Sawada
**Drehbuch:** Kazuyoshi Kumakiri
**Kamera:** Kiyoaki Hashimoto
**Musik:** Akira Matsumoto
**Schnitt:** Kazuyoshi Kumakiri
**Prod.:** Japan 2000; 127 Min.
PIA Corp.
**EA:** 17.2.2001 Int. Forum des Jungen Films, Berlin
**Verleih:** Freunde/-/-, 23.8.2001

Ein Restaurant irgendwo in der unwirtlichen Weite Hokkaidos. Durch das plötzliche Auftauchen der jungen Taeko, die nach einem Streit von ihrem Freund kurzerhand sitzen gelassen wird, erfährt der ritualisierte Alltag Ichios einen jähen Bruch. Langsam, ganz langsam kommen sich der zurückhaltende Mittdreißiger und das Großstadgirlie näher. Doch die aufkeimende Romanze scheint an Ichios Angst zu scheitern, sie zu verlieren – oder schlimmer, ihr folgen zu müssen. Dieser wunderschöne Liebesfilm will nichts und niemand verändern, er ist einfach da, in all seiner perfekten lakonisch-traurigen Pracht.

*tip, 17/2001*

## Holgi – Der böseste Junge der Welt

401

□

**Regie:** Günter Knarr
**Darsteller:** Marco Girnth, Eva Herzig, Konstantin Prochorowski
**Drehbuch:** Philipp Weinges, Günter Knarr
**Kamera:** Hagen Bogdanski
**Musik:** Rainer Uhl
**Schnitt:** Nana Meyer
**Prod.-Des.:** Myriande Heller
**Prod.:** BRD 1999; 86 Min.
Regular Films/Roxy Film/NDR
**UA:** Max Ophüls Preis, Saarbrücken 2000
**Verleih:** nicht gestartet

Der 12jährige Holgi und sein einfältiger älterer Bruder Max leben allein auf einem verwahrlosten Hof am Rande eines Dorfes. Um ihren Lebensunterhalt zu bestreiten, verkauft Max seinen wohl geformten Körper. Überhaupt fühlt sich Max sehr zu Frauen hingezogen, etwas zu sehr, wie Holgi meint, und er schreckt vor keiner Bosheit zurück, um die Damen vom Hof zu vertreiben. (…)

*Katalog Max Ophüls Preis*

**Interview:** (…) Inzwischen will das deutsche Kino wieder unterhalten, wovon beide als Autor und Regisseur profitiert haben: »Nach dem Boom-Jahr 1997 haben sich alle auf jedes Drehbuch gestürzt, es wurde aber nicht qualitativ genug gedacht. Vor Jahren wurde noch viel intensiver an den Büchern gearbeitet, die Misserfolge in diesem Jahr liegen an den Geschichten.«
Ob »Holgi – Der böseste Junge der Welt«, der im März 1999 in die Kinos kommen soll, den Trend wieder wenden kann?
Das ist sicher kein Massenfilm und kein Mainstream, er ist Low-Budget und ich stehe nicht unter dem Druck, über eine Million Zuschauer zu erreichen. Er wird was anderes werden, etwas Neues.«

*Manfred Hobsch, Zitty, 16/1998*

## Holiday Affair

402

**

TV

**Regie:** Uli Möller
**Darsteller:** Ursula Karven (Sabine Krohn), Max Gertsch (Andreas Krohn), Bruno Eyron (Thierry), Jessica Stockmann (Nadja), Heidrun Gärtner, Moritz Moeller
**Drehbuch:** Thomas Hernadi, Christos Yiannopoulos, Carolin Hecht, Jochen Pahl
**Prod.:** BRD/Tunesien 2000; 90 Min.
Norbert Walter, Karl-Eberhard Schäfer für U5 Filmprod. für Pro7
**TV:** 31.5.2001, Pro7, 20.15

(…) Die Ehefrust-Gattin auf Tunesien-Clubtrip lässt sich vom Romantik-Plüschblick eines Touristen-Bootseigners aufheizen – während der angeberische Gatte von einer Domina artgerecht bedient wird. – Sommer, Sonne, Meer und dritte Garnitur: Sie reden alle, als hätten sie pfundweise Kitschromane verschluckt. Ob die Zielgruppe sich wirklich von solchen Selbstverwirklichungs-Animateuren einseifen lässt? *Ponkie, AZ, 2.6.2001*

## Homemad(e)

403

***

**Regie:** Ruth Beckermann
**Darsteller:** Adolf Doft, Erika Göschl, Djavad Alam, Franz Schuh, Lisl Ponger, Senta Segall, Elfriede Gerstl
**Drehbuch:** Ruth Beckermann
**Kamera:** Nurith Aviv, Ruth Beckermann, Peter Roehsler
**Schnitt:** Gertraud Luschützky, Dieter Pichler

**Prod.:** Österreich 2001; 85 Min.
Ruth Beckermann für Ruth Beckermann-Film
**Verleih:** -/Filmladen/-, Sept. 2001

Ruth Beckermann dokumentiert das Leben vor ihrer Haustür in der Wiener Innenstadt, in der Marc-Aurel-Straße zur Zeit der politischen Wende in Österreich. Nur selten fängt die Kamera interessante, berührende Menschen ein, und so ist der Film hauptsächlich als politisches Statement gegen die rechte Regierung zu verstehen. (…) Insgesamt gehört »Homemad(e)« bestimmt nicht zu den gelungensten Dokumentarfilmen Beckermanns, auch wenn das Konzept grundsätzlich nicht uninteressant ist und es Momente gibt, in denen deutlich wird, was vielleicht möglich gewesen wäre. *Alrun Fichtenbauer, Multimedia, 13.9.2001*

## Honest – Beinahe ehrlich 404
HONEST **

**Regie:** Dave A. Stewart
**Darsteller:** Nicole Appleton (Gerry), Natalie Appleton (Mandy), Melanie Blatt (Jo), Peter Facinelli (Daniel Wheaton), James Cosmo (Tommy Chase), Jonathan Cake (Andrew Pryce-Stevens), Corin Redgrave (Duggie Ord)
**Drehbuch:** David A. Stewart, Dick Clement, Ian La Frenais, Karen Street
**Kamera:** David Johnson
**Musik:** Dave A. Stewart
**Schnitt:** David Martin
**Prod.-Des.:** Michael Pickwoad
**Prod.:** GB 2000; 109 Min.
Eileen Gregory, Michael Peyser für Seven Dials Film mit Pathé Ent.
**UA:** 13.5.2000, Int. Filmfestspiele Cannes, »Außer Wettbewerb«
**Verleih:** Tobis (nicht gestartet)
**FSK:** ab 12 J.

Ein mit Popstars (75 % von »All Saints«) und einem Popstar als Regisseur (Dave Stewart, 50 % von »Eurythmics«) bestückte, leidlich nette Krimikomödie. Story: Girlstrio geht als Männer getarnt im nächtlichen London auf Raubzug. Eine begegnet dabei ihrem Traummann …

## Honolulu 405
***

**Regie:** Uschi Ferstl, Florian Gallenberger, Saskia Jell, Vanessa Jopp, Matthias Lehmann, Beryl Schennen, Sandra Schmidt-Podmore
**Darsteller:** Daniel Brühl (Marek), Shira Fleisher (Laura), Eva Haßmann (Franziska), Julia Hummer (Julia), Aleksandar Jovanovic (Omid), Markus Knüfken (Ewald), Alexandra Maria Lara (Cleonise)
**Drehbuch:** Uschi Ferstl, Florian Gallenberger, Saskia Jell, Vanessa Jopp, Matthias Lehmann, Beryl Schennen, Sandra Schmidt
**Kamera:** Tomas Erhart
**Schnitt:** Barbara von Weitershausen
**Prod.-Des.:** Josef Sanktjohanser
**Prod.:** BRD 2000; 85 Min.
Reinhard Klooss; Eckart Schmidt, Hubert von Spreti (Ass.-Prod.), Horst Hoffmann (Herst.-Ltg.) für Odeon mit BR
**UA:** 27.6.2000, Filmfest München
**Verleih:** Odeon/-/-, 19.7.2001
**FSK:** ab 12 J., ffr.

Episodenfilm über das Innenleben junger Männer und Frauen – beim Warten auf den Bus, in fremden Autos, auf Fun-Pirsch im Freibad und bei Null Bock auf Nix. Hübsche Ideen zwischen recht bescheuerten »Ich-bin-ja-soo-originell«-Mätzchen und Suff-Monologen über Traumweiber und Potenzkerle. Ein Weltschmerz-Sammelgrunzer aus dem Spaß- und Bierdosen-Universum.
*Ponkie, AZ, 27.6.2000*

**Kritik:**
(…) Der Film leidet ein wenig darunter, dass in der Kürze der Episoden alle Figuren überzeichnet wirken. Dennoch ist den Regisseuren ein leichtes, anregendes Panoptikum jungen Lebensgefühls gelungen: diese Mischung aus Verlorenheit und Coolness, hinter der sich letztlich doch der Wunsch nach Sinn und Tiefe verbirgt. Im Morgengrauen sammelt die Nachtbusfahrerin alle Gestrandeten ein. Aber der Bus N7 fährt nicht zurück in die Stadt. Auf der Fahrziel-Anzeige steht »Honolulu« – der Traum von Wärme, Sorglosigkeit und Liebe. *Adrian Prechtel, AZ, 19.7.2001*

»Honolulu« ist ein perfektes Beispiel für die Denkweise in den deutschen Fernsehanstalten. Ein Redakteur des Bayerischen Rundfunk hatte wohl eines Tages die wahnsinnig tolle Idee, einen Episodenfilm zu drehen. Und zwar mit sieben Regieabsolventen der Münchner Filmhochschule, die alle ihren Beitrag zum Thema Liebe, Beziehungen, das erste Mal, abliefern sollten. Das hört sich schon nicht besonders spannend an, und dabei herausgekommen ist über weite Strecken einfach nur Banales. Allerweltsweisheiten (Liebe kann man nicht kaufen), stehen neben pubertären Klischees (Girlies, die sich ihre BHs ausstopfen). Peinliches neben Dämlichem. (…)

*Michael Meyns, Zitty, 15/2001*

(…) Zwar gelingt es den Regisseuren nicht, in kurzen Einzelepisoden eine stringente Geschichte über die Einsamkeit und die Liebsleiden im Leben unterschiedlicher Charaktere zu erzählen – zu disparat ist vor allem die Qualität der Inszenierungen. Doch sind einzelne Momente in diesem Film trotz ihrer Simplizität wunderschöne Miniaturen aus dem Alltagsleben von jungen Menschen, die ihren Platz im Leben bisher nicht gefunden haben.

Letzendlich ist »Honolulu« zwar ein fast banaler kleiner Film, der von platt gewalzter Symbolik und abgenutzten Klischees nur so strotzt, aber seine Schönheit könnte sich wahrscheinlich auf einer komplexeren Ebene nur schlecht im selben Maße entfalten. (…) *Sascha Seiler, Schnitt, 3/2001*

## Horror 101 406

HORROR 101 **

Video

**Regie:** James Glenn Dudelson
**Darsteller:** Brigitta Dau (Tiffany), Lisa Gordon (Allison), Josh Holland (Mark), Paityn James (Lisa), Michael Moon (Jake), Scott Rinker (Carl), Justin Urich (Brian)
**Drehbuch:** Valorie Connally, Jenny McPhee, Daniel Miller
**Kamera:** Kristian Bernier
**Musik:** Chris Anderson, Liza Carbe
**Schnitt:** Curtis Edge
**Prod.-Des.:** Scott H. Campbell
**Prod.:** USA 2000; 84 Min.
James Glenn Dudelson
**Vertrieb:** e-m-s (Sunfilm) Video, 17.7.2001
**FSK:** ab 12 J.

Eine Gruppe von Psychologie-Studenten mit Schwerpunkt »Serienmord« wird von einem Unbekannten dezimiert. Billiges Nachgeklappere auf dem »Scream«-Sektor.

## A House Divided 407

A HOUSE DIVIDED ***

Video

**Regie:** John Kent Harrison
**Darsteller:** Sam Waterston (David Dickson), Jennifer Beals (Amanda Dickson), Lisa Gay Hamilton (Julia), Tim Daly (Charles Dubose), Shirley Douglas (Elizabeth Dickson), Sean McCann (Rutherford), Ron White (Henry Dickson)
**Drehbuch:** Paris Qualles, nach einer wahren Begebenheit
**Kamera:** Kees Van Oostrum
**Musik:** Lawrence Shragge
**Schnitt:** Henk van Eeghen
**Prod.:** USA 1999; 96 Min.
Beth Colt, Sam Waterston für Showtime TV
**UA:** 30.7.2000, Showtime TV, 20.00
**Vertrieb:** Paramount Video, 15.3.2001
**FSK:** ab 12 J.

Junge Frau kämpft um das Erbe ihres Vaters, eine Baumwoll-Plantage, die ihr vorenthalten werden soll, weil ihre Mutter eine schwarze Sklavin war. Dokumentarisch anmutender US-TV-Film, etwas dröge, aber solide inszeniert.

## Human Traffic 408

HUMAN TRAFFIC ***

**Regie:** Justin Kerrigan
**Darsteller:** John Simm, Lorraine Pilkington, Shaun Parkes, Danny Dyer, Nicola Reynolds
**Drehbuch:** Justin Kerrigan
**Kamera:** Dave Bennett
**Musik:** Methew Herbert, Rob Mellow
**Schnitt:** Patrick Moore
**Prod.:** GB 1999; 99 Min.
Elmer McCourt, Allan Niblo für Fruit Salad/Irish Screen
**Verleih:** -/Polyfilm/-, Juni 2001

Jip stellt sich und seine Freundesclique vor, die die Woche über nur darauf wartet, am Wochenende endlich wieder eine Nacht im Club verbringen zu können. Es gibt keine Aussicht auf eine erfüllende Arbeit, und so verläuft das Leben im walisischen Cardiff aussichtslos zwischen beliebigen Jobs, Techno, Ecstasy und Problemen mit dem anderen Geschlecht. Mit viel Musik und vielen direkt in die Kamera agierten Selbstdarstellungen ist der Film teilweise amüsant, die Darstellung der etwa Zwanzigjährigen verbleibt aber im Rahmen ihrer selbst inszenierten Sorglosigkeit. Außerhalb einer gewissen Szene wohl kaum von Interesse. *Multimedia*

## Die Hunde sind schuld 409

□
TV

**Regie:** Andreas Prochaska
**Darsteller:** Tilo Prückner (Engelbrecht), Barbara Valentin (Marlene), Anna Loos (Daniela), Alexander Beyer (Rainer), Dieter Landuris (Frank), Cordelia Wege
**Drehbuch:** Ziska Riemann
**Kamera:** Wolf Siegelmann
**Musik:** Christoph Dienz
**Schnitt:** Jochen Retter
**Prod.-Des.:** Adrian Ochse
**Prod.:** BRD 2000; 89 Min.
Dieter Ulrich Aselmann für D.I.E. Film
**UA:** 7.7.2001, Filmfest München
**TV:** 18.7.2001, BR, 20.20; 12.9.2001, ARD, 20.15

(...) Was das groß gewordene Kind Engelbrecht hingegen gar nicht schätzt, sind Hunde. Mit Mutters Bernhardiner musste er sich immer um die größte Zuneigung zanken, jetzt fühlt er sich von den Hunden der Nachbarn tyrannisiert, ebenso von den hässlichen Streunern, die sich an seiner Imbissbude um Bulettenreste raufen. Ausgerechnet in Engelbrechts Wohnviertel treibt auch ein Serienmörder sein Unwesen, seinen vergifteten Ködern fallen reihenweise Hunde zum Opfer. Die Polizei ermittelt. (...) *Katalog Filmfest München*

## 100 Pro 410

**

**Regie:** Simon Verhoeven
**Darsteller:** Ken Duken (Floh), Luca Verhoeven (Marcel), Mavie Hörbiger (Vicki), Meritxel Campos (Valeria), Gisela Schneeberger (Mutter Marcel), Max von Thun (Meister Eder), Kirk Kirchberger
**Drehbuch:** Simon Verhoeven
**Kamera:** Jo Heim
**Musik:** Simon Verhoeven, Jerome Isma-Ae
**Schnitt:** Nicolas Goodwin
**Prod.-Des.:** Patrick Müller
**Prod.:** BRD 2000; 92 Min.
Christine Ruppert für Tatfilm mit Sentana/Seven Pic.
**UA:** 2.7.2001, Filmfest München
**Verleih:** Zephir/-/-, 20.9.2001

Die beiden Münchner Teenager Florian und Marcel verbringen Stunden damit, um in eine Edel-Discothek namens »Spy« zu gelangen, wo sie auf zwei Unterwäsche-Models zu treffen hoffen. Jenseits dieses Ziels scheint keinerlei Realität zu existieren. Ein aufgeblasenes, unangenehmes Nichts, so dumpf wie sein Titel.

*Clemens Löser, tip, 19/2001*

**Kritik:** Ist ein Regie-Debütant zu beneiden, dem jeder bei jeder Gelegenheit die berühmten Eltern-Namen aufs Butterbrot schmieren kann? In einer Branche, deren Werbemethoden und Glamour-Prinzipien mit der Angeberei verbrüdert sind und in der ein »100-Pro«-Selbstbewusstsein zum Geschäft gehört?
Simon Verhoeven ist in dieser Zwickmühle: Er hat sein Handwerk gelernt, ist ehrgeizig und, wenn's drauf ankommt, auch leistungsstolz. Er will etwas beweisen – aber der Überdruck ist auch zu spüren. Wenn man diesen ganzen Promi-Qualm der falschen Erwartungen und großen Töne abzieht, dann bleibt ein respektables Talent-Debüt, nicht mehr und nicht weniger. (...) *Ponkie, AZ, 4.10.2001*

(...) Bei der Premiere beim Filmfest München gefeiert, seither aber noch einmal umgeschnitten und mit einem Off-Kommentar von Otto Sander ausgestattet, gefallen die handwerkliche Sicherheit der sommerlichen München-Komödie und so mancher Giftpfeil, den der Regisseur ganz gezielt auf die glatte Oberfläche des ewigen Wer-drin-ist-ist-drin abfeuert. (…)

*Thomas Schultz,*
*Blickpunkt Film, 36/2001*

## 101 Reykjavik 411

101 REYKJAVIK ****+

**Regie:** Baltasar Kormakur
**Darsteller:** Victoria Abril, Hilmir Snaer Gunason, Hanna Maria Karlsdottir, Baltasar Kormakur, Olafur Darri Olafsson
**Drehbuch:** Baltasar Kormakur, nach dem Roman von Hallgrimur Helgason
**Kamera:** Peter Steuger
**Musik:** Damon Albarn, Einar Örn Benediktsson
**Schnitt:** Skule Eriksen
**Prod.:** Island/Dänemark/Frankreich/Norwegen 1999; 89 Min.
101 Ltd./Filmhuset
**Verleih:** -/-/Xenix, Juli 2001

Trotz einiger selbstverliebter Gags erfreut diese schwungvolle Zeitgeist-Komödie aus Island mit überraschenden Wendungen, skurrilen Betrachtungen und bizarren ödipalen und sexuellen Komplikationen. Und mit einer Victoria Abril, die nicht nur dem Kinks-Hit »Lola« neues Leben einhaucht, sondern auch dem 28-jährigen Hlynur. Sie zwingt den verschlafenen Antihelden, endlich den Schoß seiner Mutter zu verlassen, und verhilft ihm, unterstützt von der im entscheidenden Moment überraschend gnädigen isländischen Witterung, zu einer sozialen Neugeburt. *Film, 8/2001*

## 102 Dalmatiner 412

102 DALMATIANS ***

**Regie:** Kevin Lima
**Darsteller:** Glenn Close (Cruella De Vil), Gerard Depardieu (Jean-Pierre Le Pelt), Joan Gruffudd (Kevin Shepert), Alice Evans (Chloe Simon), Tim McInnerny (Alonso), Ben Crompton (Ewan), Jim Carter (Det. Armstrong)
**Drehbuch:** Kristen Buckley, Brian Regan
**Kamera:** Adrian Biddle, Roger Pratt
**Musik:** David Newman
**Schnitt:** Gregory Perler
**Prod.-Des.:** Assheton Gorton
**Prod.:** USA 2000; 100 Min.
Edward S. Feldman, Bob Tzudiker, Nomi White für Walt Disney/Cruella
**Verleih:** Buena Vista/dto./dto., 8.2.2001

Alle Resozialisierungsversuche sind gescheitert: Cruella De Vil will immer noch einen Mantel aus Dalmatinerfell. Zur Seite steht ihr der Ex-Wilderer und heutige Couturier Le Pelt. Der ist ganz begierig, Welpen den Hals aufzuschlitzen, um Cruella seine Liebe zu demonstrieren. Aber nicht nur das hundsgemeine Paar leidet an akuter seelischer Verwirrung in diesem Film, in dem sich ein Papagei für einen Rottweiler hält und Hunde sich wie Menschen benehmen. Hysterische Fortsetzung von »101 Dalmatians«, in dem Dekor und Maske wichtiger sind als die Story. *Film, 2/2001*

**Kritik:**

(…) Die Hunde sind durchweg vermenschlicht und gut dressiert, das obligatorische Liebespaar kommt etwas dröge daher – nichts Neues also aus dem Hause Disney. Seinen Charme zieht der Film des ehemaligen Trickfilmregisseurs Kevin Lima vor allem aus dem Schauspiel von Glenn Close und Gérard Depardieu (als fieser Modeschöpfer), die mit extravaganten Frisuren und Kostümen vor absonderlichen Kulissen exakt wie Cartoon-Figuren agieren. *tip, 3/2001*

(…) Die Zweibeiner funktionieren hier lediglich als Stichwortgeber und nerven auf der einen Seite als schrille Gauner genauso wie auf der anderen Seite als Gutmenschen. Da ist dieses Schwein namens Babe den besseren Weg gegangen: die Auftritte des Homo sapiens auf ein Minimum zu reduzieren. *Zitty, 4/2001*

## Hunley – Tauchfahrt in den Tod 413

C.S.S. HUNLEY □

TV

**Regie:** John Gray
**Darsteller:** Armand Assante (George Dixon), Donald Sutherland (Beauregard), Sebastian Roché (Collins), Alex Jennings (Alexander), Christopher Bauer (Simkins), Michael Stuhlbarg (Wicks)
**Drehbuch:** John Gray, nach einer wahren Begebenheit
**Prod.:** USA 1999; 95 Min.
**TV:** 29.3.2001, RTL2, 21.15

Während der Belagerung der Stadt Charleston im amerikanischen Bürgerkrieg sehen die Konföderierten nur noch eine Möglichkeit, die Stadt vor dem Untergang zu retten: Das erste U-Boot der Geschichte soll den Belagerungsring brechen. Eine verschworene Crew unter Leitung von Lieutenant Dixon bereitet sich auf das Himmelfahrtskommando vor.

*AZ TV Journal*

## The Hunters – Jäger des Todes 414

JÄGAMA ***

Video

**Regie:** Kjell Sundvall
**Darsteller:** Rolf Lassgard (Erik Bäckström), Lennart Jähkel (Leif Bäckström), Jarmo Mäkinen (Harela), Tomas Norström (Ove), Thomas Hedengran (Stig), Göran Forsmark (Hakan), Rolf Degerlund (Eilert)
**Drehbuch:** Kjell Sundvall, Björn Carlström
**Kamera:** Kjell Lagerroos
**Musik:** Björn Jöson Lind
**Schnitt:** Darek Hodor
**Prod.-Des.:** Stig Boqvist
**Prod.:** Schweden 1996; 112 Min.
Björn Carlström, Joakim Hansson für Film Technik/Filmhus Ateljeerna/Spice mit TV 1000/TV4
**Vertrieb:** Atlas (Laser Paradise) Video, 2.5.2001
**FSK:** ab 16 J.

Nachdem er im Dienst angeschossen wurde, zieht sich ein Stockholmer Polizist in sein Heimatdorf zurück. Aber auch da gibt's Kriminelle, sogar in der eigenen Familie …

## Ich Du Sie – Darlenes Männer 415

EU TU ELES / ME YOU THEM ****

**Regie:** Andrucha Waddington
**Darsteller:** Regina Casé (Darlene), Lima Duarte (Osias), Stenio Garcia (Zezinho), Luiz Carlos Vasconcelos (Ciro), Nilda Spender
**Drehbuch:** Elena Soarez
**Kamera:** Breno Silveira
**Musik:** Gilberto Gil
**Schnitt:** Vicente Kubrusly
**Prod.:** Brasilien 2000; 106 Min.
Favio R. Tambellini, Leonardo M. de Barros, Pedro B. de Hollanda, Andrucha Waddington für Conspiracao/Columbia TriStar Filmes do Brasil Prod.
**UA:** Int. Filmfestspiele Cannes 2000
**Verleih:** Columbia TriStar/-/Trigon, 23.3.2001
**Vertrieb:** Columbia TriStar Video
**FSK:** ab 6 J., ffr.

Eine junge Frau, die mit ihrem kleinen Jungen in der Sertao im Nordosten Brasiliens lebt, heiratet einen älteren Mann und führt seinen bescheidenen Haushalt. Nach und nach stoßen zwei weitere Männer hinzu, mit denen sie Kinder bekommt und mit denen sie unter einem gemeinsamen Dach lebt. Eindringliche Parabel über das Geschlechterverhältnis, die die realen Verhältnisse auf den Kopf stellt und pointiert die Möglichkeit eines radikalen Gegenentwurfs vor Augen führt.

*Josef Lederle, Film-Dienst 06/2001*

**Kritik:** (...) Der brasilianische Regisseur Andrucha Waddington ließ sich für seine erfrischende Sozialkomödie von einer Fernsehreportage über eine Frau, die tatsächlich mit drei Männern lebt, inspirieren. Ihm gelingt eine optimistische Variante des neorealistischen Klassikers »Vida Secas« von Nelson Pereira dos Santos über den harten Alltag in den Einöden Brasiliens. Authentisch im Milieu, trocken im Humor, voller Gefühl und untermalt von Gilberto Gils wunderbarer Musik wird dieser Film zur Rarität.

*Angie Dullinger, AZ, 22.3.2001*

(...) Das Geheimnis dieses Films sind seine Menschen. Die vom Leben gebeutelte Darlene spricht nicht viel, verrät kaum etwas über ihre Gefühle und Gedanken. Und man erfährt auch nichts von dem, was in Osias vorgeht, was Zezinho und Ciro dazu bewegt, sich auf Darlene und das ungewöhnliche Leben mit ihr einzulassen. Aber sie alle scheinen ganz genau zu wissen, was ihnen gut tut. (...)

*Detlef Kühn, epd-Film, 4/2001*

## Ich geh' nach Hause 416

VOU PARA CASA / JE RENTRE A LA MAISON ****

**Regie:** Manoel de Oliveira
**Darsteller:** Michel Piccoli (Gilbert Valence), Catherine Deneuve (Marguerite), John Malkovich (Regisseur), Antoine Chappey (George), Sylvie Testud (Ariel), Robert Dauney (Haines), Leonor Baldayque (Sylvia)
**Drehbuch:** Manoel de Oliveira
**Kamera:** Sabine Lancelin
**Schnitt:** Valerie Loiseleux
**Prod.-Des.:** Yves Fournier
**Prod.:** Portugal/Frankreich 2001; 90 Min.
Paulo Branco für Madragoa/Gemini/France2 Cinema
**UA:** Int. Filmfestspiele Cannes 2001
**EA:** 1.7.2001, Filmfest München
**Verleih:** Arsenal, OmU/-/-, 12.12.2001

Eine Hiobsbotschaft ereilt den Theaterstar Gilbert Valence: Seine Frau, seine Tochter und sein Schwiegersohn sind bei einem Autounfall zu Tode gekommen. Er zieht sich zurück in den ruhigen Lauf der Routine eines Lebens, das Regisseur und Autor Manoel de Oliveira hier untersucht, in Ruhe und im Detail. Die simple Grazie dieses Films, in dem das Kino, das Theater und das Leben mühelos ineinander geblendet werden, wird noch erhöht durch die famose Darstellung Michel Piccolis, der Komödie und Abgrund mit Leichtigkeit in eins zu setzen weiß.

*Stefan Grissemann, tip, 26/2001*

**Kritik:** (…) Vom Tod erzählt der portugiesische Regisseur in seinem Film »Ich geh' nach Hause«, selbst der Titel spielt auf einen endgültigen Heimweg an. Von Oliveira bekommen wir, zumindest behaupten das die Kritiker immer wieder, schon seit Jahren »Alterswerke« zu sehen – und jedes Jahr ein neues. Gelassener, wehmütiger und heiterer als in seinem neuen Film scheint er nie inszeniert zu haben – wenn er Gilbert Valence noch ein weiteres Mal als einen Monarchen auftreten lässt, in einem Shakespeare-Stück, dann nicht in einem finsteren Königsdrama, sondern in »Der Sturm«, in dem er Shakespeares Alter Ego, den Prospero, spielt. (…)

*H. G. Pflaum, SZ, 21.12.2001*

(…) Diesen einnehmend schlichten Plot hat die 93-jährige Regielegende Manoel de Oliveira zu einer Filmperle geformt: Zu erleben ist ein hoch virtuoser Streifen über Trauer, Alterstrotz und vergebliche Liebesmüh. Jeder Geste und jedem Wort ist Wahrhaftigkeit eingeschrieben. Alle Darsteller (…) spielen, als ginge es um ihr Leben. Der Film bedient dabei keinerlei Gefallsucht und kann sich lakonischen Witz und stumme Sehnsucht erlauben, ohne aufdringlich zu wirken. So viel Leichtigkeit bei so viel Tiefe ist wahrscheinlich nur im hohen Alter möglich. Oliveira muss keinem mehr etwas beweisen: Oliveiras Film spricht für sich.

*Dirk Pilz, Zitty, 26/2001*

(…) Paris, das Oliveira zeit seines Lebens Zuflucht und zweite Heimat war, zeigt sich ziemlich würdelos; auch das Fernsehen, Sexbessenheit und soziales Chaos ficht den alten Oliveira am Zustand Europas heftig an. Man kann es den Erklärungen zu seinem Film entnehmen. Aber in den eineinhalb Stunden, in denen Piccoli allmählich nach Hause geht, bleibt der moralische Zeigefinger entspannt.

*Der Tagesspiegel, 21.12.2001*

## Ich habe doch nur meine Frau zerlegt 417

PICKING UP THE PIECES ***

**Regie:** Alfonso Arau
**Darsteller:** Woody Allen (Rad), David Schwimmer (Pater Leo), Maria Grazia Cucinotta (Desi), Kiefer Sutherland (Bobo), Sharon Stone (Candy), Lou Diamond Phillips (Alfonso), Cheach Marin
**Drehbuch:** Bill Wilson
**Kamera:** Vittorio Storaro
**Musik:** Ruy Folguera
**Prod.:** USA 2000; 95 Min. Comalia/Ostensible/Kushner-Locke
**EA:** 27.6.2000 Filmfest München 2000
**Verleih:** Knipp/-/-, 24.5.2001
**FSK:** ab 16 J., ffr.

Woody Allen steht in Texas vor einer wundertätigen Hand und fleht sie an, zu der Leiche seiner Frau zurückzukehren, die er ermordet hat, weil sie ihn ständig betrogen hat. Aber die Hand denkt gar nicht daran, sie will weiter Wunder wirken, schließlich gehört sie zu Sharon Stone. Alfonso Araus unsägliches Werk ist eine merkwürdige Verirrung für alle Beteiligten: öde Religionskritik, ein bisschen Sex und viele ganz schlechte Witze – was ist eigentlich das Gegenteil eines Wunders? Genau.

*Bert Rebhandl, tip, 11/2001*

*Woody Allen*

**Kritik:** (...) Nach seinen beiden gefühlvoll-sentimentalen Vorgänger-Filmen frönt Arau jetzt ganz dem schwarzhumorigen Klamauk. Stilistisch sehr ungewöhnlich mit vielen schrägen Einstellungen und Farbkompositionen, bietet »Picking up the Pieces« jede Menge Spitzen und Bosheiten gegen die katholische Kirche, bleibt andererseits aber auch rührend und menschlich. Hin und wieder neigt die Dramaturgie zum Hysterischen, dann bekommt man das Gefühl, als hätten ein paar befreundete Filmleute in New Mexico eine größere Party gefeiert.
Trotzdem: Einen Film, in dem Woody Allen als Magier auftritt, mit Sharon Stone als lebende Tote und dem doch sehr jüdischen David Schwimmer als katholischer Pfarrer sollte man sich nicht entgehen lassen. *Stefan Gehrke, Filmecho-Filmwoche, 20/2001*

(...) Aber ach, der Film reizt nicht zum Lachen, der Film nervt. Denn trotz der Starbesetzung ist dies kein Hollywood-Vehikel, sondern wurde mit offenbar bescheidenen Mitteln zusammengebastelt. So holpert die Geschichte zuweilen, dann wird wieder das Tempo scharf angezogen, zumeist jedoch tritt der Film auf der Stelle.
Offensichtlich war Regisseur Arau selbst nicht recht klar, woraus er seine komödiantische Wirkung beziehen wollte: aus dem hibbeligen Woody Allen, der mit riesigem Cowboyhut durch die Wüste stolpert? Oder sollte der Film eher in die erotische Richtung gehen, immerhin gibt es einen sexbesessenen Priester, die schönste Hure diesseits von El Paso und einen Zwerg mit meterlangem Schwanz? Der Regisseur wusste es nicht, und wir auch nicht. Das Ergebnis ist entsprechend: Kino zum sofortigen Vergessen.

*Hans-Joachim Neumann, Zitty, 11/2001*

## Ich möchte so sein wie du 418
PIU LEGGERO NON BASTA □
TV

**Regie:** Elisabetta Lodoli
**Darsteller:** Giovanna Mezzogiorno (Elena), Stefano Accosti (Marco), Lorenza Indovina (Claudia), Tommaso Ragno (Paulo), Sergio Albelli (Daniele), Picchio De Rienzo, Francesco Dominedò
**Drehbuch:** Elisabetta Lodoli, nach dem Roman von Federico Starnone
**Prod.:** Italien 1999; 92 Min.
**TV:** 12.5.2001, Arte, 22.40

Der junge Architekt Marco aus Rom muss ein wichtiges Projekt unterbrechen, an dem er mit seiner Freundin Claudia arbeitet, als er zum Zivildienst eingezogen wird. Er soll sich als Einzelbetreuer um die an Muskelschwund leidende Elena kümmern.
*Pressetext*

## Ich pfeif auf schöne Männer 419
**+
TV

**Regie:** Helmut Metzger
**Darsteller:** Jennifer Nitsch (Linda Lano), Robert Giggenbach (Chris Meinart), Stefan Jürgens (Donald), Peter Sattmann (Peter König), Dieter Matthes (Jo Bent), Roland Schäfer (Lindas Vater), Isolde Barth (Lindas Mutter)
**Drehbuch:** David Ungureit, nach dem Roman von Tina Grube
**Kamera:** Zivko Zalar
**Musik:** Stefan Traub
**Prod.:** BRD 2000; 90 Min.
**TV:** 16.3.2001, ARD, 20.15

Man kann es sich an den Fingern abzählen, wo die moderne Powerfrau in der modernen Beziehungskomödie arbeitet: in einer Stromlinien-Werbeagentur. Dort ist sie Superweib und nicht willens, ihr Handy gegen einen treusorgenden Gatten einzutauschen. Die Soapkomödie möchte aber genau dies: dass alle Workaholics sich mit ihrem Kuschelbär in ihre Kuschelecke verziehen und Ruhe geben. Hier: Jennifer Nitsch im Kuschelnest von Robert Giggenbach. Grüß Gott bei Biedermeiers. *Ponkie, AZ, 19.3.2001*

## Ich schenk dir meinen Mann 2 420

□
TV

**Regie:** Karola Hattop
**Darsteller:** Hannelore Elsner (Hanna Vonstein), Christiane Krüger (Konstanze Vogelsang), Daniel Morgenroth (Peer Lennert), Jürgen Heinrich (Artur Vonstein), Rosemarie Fendel (Fita Vonstein/Agnes), Lissy Tempelhof (Louise Kuster), Eva-Maria Bauer (Evi Meierhöfer)
**Drehbuch:** Cornelia Filter (1), Neithardt Riedel (1 und 2), nach dem Roman von Claudia Keller
**Kamera:** Hermann Dunzendorfer
**Musik:** Andi Slavik, Susanne Kemmler
**Schnitt:** Uta Ayoub
**Prod.-Des.:** Heike Wolff
**Prod.:** BRD 2000; 2 x 90 Min.
Eberhard Jost für ABC Studio
**TV:** 2.1./3.1.2001, ZDF, jeweils 20.15

Vor zwei Jahren hat Hanna Vonstein auf spektakuläre Weise ihren untreuen Ex-Mann Artur »verschenkt«. Heute führt die erfolgreiche Geschäftsfrau ein Restaurant in Köln und hat eine leidenschaftliche Affäre mit Luigi. Alles läuft bestens – bis Luigi ihr vor versammelter Familie einen Heiratsantrag macht. Panisch kehrt Hanna in die Stadt ihrer Kindheit zurück. Hier trifft sie alte Freunde und Feinde. *SZ, TV-Beilage*

## Ich versteh' nicht, was man an mir findet 421

JE NE VOIS PAS CE QU'ON ME TROUVE ***
TV

**Regie:** Christian Vincent
**Darsteller:** Jackie Berroyer (Pierre Yves), Karin Viard (Monica), Tara Römer (Arthur), Estelle Larrivaz (Françoise), Zinedine Soualem (Farid), Gregory Flament (Jerôme), Daniel Duval (Marc)
**Drehbuch:** Christian Vincent, Jackie Berroyer, Olivier Dazat
**Kamera:** Helene Louvart
**Schnitt:** Francine Sandberg
**Prod.:** Frankreich 1997; 99 Min.
Bertrand Faivre für Les Prods. Lazennec mit France 3 Cinema/Canal+/CNC
**UA:** 7.2.1998, Int. Filmfestival Rotterdam
**TV:** 11.9.2001, ARD, 1.05

Ein Komiker, der mit derben Witzen über die Schwächen seiner eigenen Person zum Bühnenstar avancierte, kehrt nach 25 Jahren erstmals als Ehrengast in seinen Heimatort zurück und verliebt sich unglücklich in seine dortige Begleiterin. Als er unter diesem niederschmetternden Eindruck ein paar seiner berühmten Sketche vortragen soll, muss er feststellen, dass das Publikum plötzlich nicht mehr über ihn lacht. *Pressetext*

## Ignition – Tödliche Zündung 422

IGNITION ***
Video

**Regie:** Yves Simoneau
**Darsteller:** Bill Pullman (Conor Gallagher), Lena Olin (Faith Matheson), Colm Feore (Gen. Joel McAteer), Peter Kent (Brunson), Barbara Eve Harris (Rayne), Nicholas Lea (Peter Scanlon)
**Drehbuch:** William Davies
**Kamera:** Jonathan Freeman
**Prod.:** Kanada/USA 2001; 95 Min.
Thomas Hedman, Lisa Richardson für GFT/Hilltop Ent.
**Vertrieb:** BMG Video, 18.12.2001
**FSK:** ab 16 J.

Mal ganz was Originelles: Ex-Cop übernimmt Bodyguard-Job. In diesem mäßig fesselnden Polit-Thriller muss er eine bedrohte Bundesrichterin beschützen – und, wir ahnen es, er verliebt sich in sie. Ein Plus: die Besetzung.

## Im Banne des Jade Skorpions 423

THE CURSE OF THE JADE SCORPION ****

**Regie:** Woody Allen
**Darsteller:** Woody Allen (CW Briggs), Dan Aykroyd (Chris Magruder), Elizabeth Berkley (Jill), Helen Hunt (Betty Ann Fitzgerald), Brian Markinson (Al), Wallace Shawn (George Bond), David Ogden Stiers (Voltan)
**Drehbuch:** Woody Allen
**Kamera:** Zhao Fei
**Schnitt:** Alisa Lepselter
**Prod.-Des.:** Santo Loquasto
**Prod.:** USA 2001; 103 Min.
Letty Aronson; Helen Robin (Co-Prod.) für Gravier Prod.
**UA:** 5.8.2001, Hollywod Film Festival,

»Closing Night«; Int. Filmfestspiele Venedig 2001, »Außer Wettbewerb«
**Verleih:** Ottfilm (UIP)/UIP/Monopole Pathé, 6.12.2001
**FSK:** ab 6 J., ffr. – **FBW:** Besonders wertvoll

New York, 1940: In einem Versicherungsbüro prallen der halbseidene Detektiv C. W. Briggs und die kühle Büromanagerin Fitzgerald aufeinander und können, verbunden in herzlicher Abneigung, nicht mehr voneinander lassen. Gleichzeitig verübt Briggs nachts unter Hypnose Einbrüche, die er am nächsten Tag aufklären soll. So gerät Woody Allen zwischen alle Fronten, muss gehässige Liebesschlachten schlagen und gegen sich selbst Ermittlungen führen. Eine vergnügliche, lässige Hommage an Hollywoods schwarze Serie und die Screwball Comedies aus den 40er-Jahren. *Volker Gunske, tip, 25/2001*

**Kritik:** (…) Woody Allen läuft wieder einmal zu komödiantischer Höchstform auf. Er integriert aktuelle Fragen geschickt ins historische Milieu und gestaltet eine fulminante Hommage auf den klassischen Detektivfilm und die Blüte der Screwball-Comedy. Voll köstlicher Pointen, überraschender Wendungen und versteckter Reflexionen – ein Meisterwerk.
*Richard Richter, Multimedia (Die Furche), 13.12.2001*

**Interview:** *Wenn Sie sich selbst begegnen, fänden Sie sich sympathisch?*

Ich glaube, ich habe keine wirklich schrecklichen Fehler, aber natürlich Flausen im Kopf. Dann bin ich ein mittelmäßiger Künstler, letztlich träge und manchmal unsensibel zu Menschen. Aber ich bin nicht brutal. Vielleicht auch ein Grund, weshalb ich lieber Unterhalter und Filmemacher geworden bin als Gangster.

*Es gibt das Gerücht, dass Sie gar keine Komödien lieben.*

Das wird wahrscheinlich des Witzes wegen immer falsch wiedergegeben. Aber im Laufe der Jahre sind meine absoluten Lieblinge ernster geworden. Ich verehre Eugene O'Neill, Ingmar Bergman und Tennessee Williams. Und wenn Leute das hören, denken sie: »Oh, Woody Allen mag keine Komödien!« Das ist Quatsch! Warum sollte ich sonst selber welche machen? *Woody Allen im Interview mit Adrian Prechtel, AZ, 5.12.2001*

*Und der Regisseur Allen? Ist der zum Fürchten?*

Keine Spur. Zum Beispiel arbeite ich nie in die Nacht hinein, gehe lieber heim zur Familie. Ich mag lange Proben nicht, sie langweilen mich. Und ich bin kein Perfektionist; wenn in einer Szene ein kleiner Fehler war, drehe ich sie kein zweites Mal, weil ich nicht so geduldig bin.

*Ihre Fans sind enttäuscht, wenn Sie in einem Ihrer Filme fehlen. Was halten Sie von Woody, dem Schauspieler?*

Ich glaube, dass er kein sehr guter ist, er hat eine begrenzte Bandbreite. Ich kann diesen neurotischen New Yorker Typ, einen Musiker, einen Schriftsteller, einen Dreckskerl – weil ich das alles bin. Ich habe oft probiert, andere Schauspieler für meine Parts zu bekommen. Aber in »Hollywood Ending« bin ich perfekt für die Hauptrolle, einen neurotischen New Yorker Filmemacher.

*Sie inszenieren seit gut 30 Jahren Filme, wie »Scorsese« oder »Coppola«. Sehen auch Sie Ihren Einfluss bei jüngeren Regisseuren?*

Ich sehe eigentlich niemanden. Manche Künstler liefern eine gute Arbeit ab, aber sie sind kein Vorbild. Charlie Parker zum Beispiel hat einen enormen Einfluss ausgeübt, aber Thelonius Monk, ein unbestrittenes Genie, weist keinen Erben auf. Nein, ich glaube, dass ich keinen beeinflusst habe.
*Woody Allen im Interview mit Hanns-Georg Rodek, Die Welt, 5.12.2001*

## Im fernen Osten von Paris 424

QUE LA BARQUE SE BRISE, QUE LA JONGUE S'ENTROUVE □ TV

**Regie:** Rithy Panh
**Darsteller:** Vantha Talisman (Bopha), Eric Nguyen (Minh), Molica Kheng, Amara Tan, Na Chamroeun
**Drehbuch:** Rithy Pan
**Prod.:** Frankreich 2001; 90 Min.
**TV:** 5.10.2001, Arte, 20.45

Bopha kam vor 14 Jahren als Überlebende des Genozids in Kambodscha nach Paris, Minh ist ein Flüchtling aus Vietnam. Auf dem Weg zum Glücksspiel im Casino lernen sie sich kennen – eine Beziehung nimmt ihren Anfang, die sie nicht mehr loslassen wird. (...) *AZ TV Journal*

## Im Haus meines Vaters 425

IN HET HUIS VAN MIJN VADER □ TV

**Regie:** Fatima Jebli Ouazzani
**Prod.:** Niederlande 1998; 60 Min.
**TV:** 23.1.2001, Arte, 20.45

Fatima Jebli Ouazzani verlässt ihre Familie mit 18 Jahren, bevor ihr Vater ihr einen Mann aussuchen kann, und bricht damit mit der marokkanischen Tradition eines vorbestimmten Lebensweges.

## Im Labyrinth der Angst 426

FROZEN WITH FEAR □ TV

**Regie:** Paul Lynch
**Darsteller:** Bo Derek (Katherine Sullivan), Stephen Shellen (Jack Mize), Wayne Rogers (Charles Sullivan), Steven Morgan (Kelsey), Dawn MvKelvie-Cyr (Sarah Harper), Shawn Fitch (Dr. Becker), Peggy Gedeon (Charlene)
**Drehbuch:** William Bigelow
**Kamera:** René Verzier
**Musik:** Milan Kymlicka
**Schnitt:** David Blackburn, Philippe Ralet
**Prod.-Des.:** Richard Tassé
**Prod.:** Kanada 2000; 115 Min.
Jean-Marc Félio für Milagro Films
**TV:** 10.3.2001, VOX, 20.15

Nach dem Tod ihres Mannes häufen sich die seltsamen Vorfälle in Katherines Haus. Ein Privatdetektiv kommt einem Komplott auf die Spur, nachdem der angeblich erschossene Ehemann wieder auftaucht und versucht, seiner Frau Hirngespinste zu unterstellen. *AZ TV Journal*

## Im Netz der Lüge 427

** TV

**Regie:** Erwin Keusch
**Darsteller:** Markus Knüfken (Heinz Fiedler), Ellen ten Damme (Stefanie), Regula Grauwiller, Götz Schubert, Lászlo Imre Kish
**Drehbuch:** W. Schwerin von Krosigk
**Prod.:** BRD 2000; 95 Min.
**TV:** 5.7.2001, Pro7, 20.15

Was da als »Psychothriller« durch die Nervenheilanstalt turnte und so tat, als flöge einer über das Kuckucksnest, das war nicht einmal eine Psychiaterschrulle, sondern eine verunglückte Mixtur aus romantischer Spinnerkomödie und spaßigem Killerkrimi. (...) Vielleicht war es ja auch als Irrenwitz gedacht. Aber so lustig war's auch nicht. *Ponkie, AZ, 7.7.2001*

## Im Netz der Spinne 428

ALONG CAME A SPIDER ***

**Regie:** Lee Tamahori
**Darsteller:** Morgan Freeman (Dr. Alex Cross), Monica Potter (Jezzie Flannigan), Michael Wincott (Gary Soneji), Penelope Ann Miller (Lauren Rose), Michael Moriarty (Senator Hank Rose), Dylan Baker (Ollie McArthur), Mika Boorem (Megan Rose)
**Drehbuch:** Marc Moss, nach dem gleichn. Roman von James Patterson
**Kamera:** Matthew F. Leonetti
**Musik:** Jerry Goldsmith
**Schnitt:** Neil Travis
**Prod.-Des.:** Ida Random, Sandy Cochrane
**Prod.:** USA 2000; 103 Min.
David Brown, Joe Wizan für Phase 1 für Paramount
**Verleih:** UIP/UIP/UIP, 12.7.2001
**Vertrieb:** Paramount Video (Video, DVD)
**FSK:** ab 16 J., ffr.
**FBW:** Besonders wertvoll

In einer Eliteschule wird trotz massivem Sicherheitsdispositiv ein Senatorentöchterchen entführt. Die für die Schulsicherheit zuständige Agentin ist zerknirscht. Dennoch braucht Polizeipsychologe Alex Cross ihre Hilfe,

*Morgan Freeman und Monica Potter*

um das Täterprofil zu erstellen. Das ungleiche Duo kommt dem Bösewicht bald auf die Spur und natürlich steckt mehr dahinter als eine einfache Lösegeldforderung. Der Thriller mit dem wie immer sehenswerten Morgan Freeman ist anständig spannend, aber zu offensichtlich nach Handbuch konstruiert. *Film, 8/2001*

**Kritik:** (…) Aus der ruhigen Präsenz seiner Erscheinung entwickelt Freeman nicht nur die Kraft, dem perfiden Verbrechen etwas entgegenzusetzen – in diesem Fall geht es um das eiskalt ausgeführte Kidnapping an einer Eliteschule –, sondern schafft es auch noch, sich mühelos über eher unentschlossene Inszenierungen geradezu monolithisch zu erheben. Denn leider ist im »Netz der Spinne« nur noch wenig geblieben von der rohen, gefährlichen Energie, mit der Lee Tamahori einst ein Maori-Drama, »Die letzte Kriegerin«, zum Vibrieren gebracht hatte. (…)

*Anke Sterneborg, SZ, 13.7.2001*

**Interview:** *Welche Bedeutung hat es für Sie, dass Cross neben Shaft die wohl einzige schwarze Serienfigur im amerikanischen Kino ist?*

Hollywood ist nicht schwarz. Auch nicht weiß. Hollywood ist grün. Grün wie ein Dollarschein. Zur Serienfigur wird erkoren, wem die Finanziers das ökonomische Potenzial zutrauen. Sicher ist es befriedigend, solch eine Rolle zu prägen, aber gesellschaftliche Relevanz besitzt »Im Netz der Spinne« nicht. Im Gegensatz zu »Glory« etwa, in dem wir 1989 erstmals das Mitwirken von Schwarzen im US-Bürgerkrieg dramatisierten. Seither wird dieser Aspekt der Geschichte an amerikanischen Schulen gelehrt.

*Morgan Freeman im Interview mit Roland Huschke, Die Woche, 15.7.2001*

## Im Zweifel für die Angeklagten 429

QUESTION OF PRIVILEGE **

Video

**Regie:** Rick Stevenson
**Darsteller:** Jessica Steen (Andrea), Wendy Crewson (Gail Sterling), Michael Ironside (Lt. Ingram), David Keith (Carter), Nick Mancuso (Steven Healy), Eric Johnson (Joel Aldridge), Christopher Lee Fasbinder (Matthew Freeman)
**Drehbuch:** David Schultz
**Kamera:** Bruce Worrall
**Musik:** Neil Smolar
**Schnitt:** Bridget Durnford
**Prod.-Des.:** Terry Gunvordahl
**Prod.:** USA/Kanada 1999; 92 Min.
Bruce Harvey für Illusions Entertainment
**Vertrieb:** e-m-s Video, Jan. 2001
**FSK:** ab 12 J.

Junge Anwältin verteidigt vier Jugendliche, die nach einer gemeinschaftlichen Vergewaltigung ihr Opfer auch noch getötet haben sollen. Fürs US-TV produzierter Justiz-Krimi, der unter seiner Durchschau- und Vorhersehbarkeit leidet.

**Kritik:** (…) Die Monstrosität der Tat wird nie thematisiert und bleibt nur Aufhänger für einen konventionellen, ambitionslosen Dutzendkrimi, der auch handwerklich nicht überzeugt.

*Rainer Heinz, Film-Dienst, 12/2001*

## Im Zweifel gegen dich 430

THE LAY OF THE LAND □

TV

**Regie:** Larry Arrick
**Darsteller:** Sally Kellerman (Mary Jane Dankworth), Ed Begley Jr. (Harvey

Dankworth), Sandra Taylor (Muriel Johanson), Stuart Margolin (Carmine Ficcone), Tyne Daly (Dr. Guttmacher), Rance Howard (Dr. Brown), Avery Schreiber (Dean Bill Whittier)
**Drehbuch:** Mel Shapiro
**Kamera:** Frederic Goodich
**Musik:** Jeff Lass
**Schnitt:** Richard Brummer
**Prod.:** USA 1997; 94 Min.
Jonathan D. Krane, Sally Kellerman
**TV:** 17.4.2001, ARD, 0.45

Ein in die Jahre gekommener Literaturprofessor verliebt sich in eine blonde, vollbusige Studentin. Als die Gattin herausfindet, dass ihr Mann sie betrügt, verlässt sie ihn, um ihr Talent als Filmemacherin neu zu entdecken, das im Zuge langjähriger Eheroutine zu verkümmern drohte. *Pressetext*

## In den Fängen der Gewalt 431

MEN OF MEANS □ TV

**Regie:** George Mendeluk
**Darsteller:** Michael Paré, Raymond Serra, Kaela Dobkin, Austin Pendleton, Tony Cucci
**Prod.:** Kanada 1999; 95 Min.
**TV:** 7.11.2001, VOX, 2.55

Um dem Mafia-Milieu zu entkommen, lässt sich Kleinganove Rico auf einen Mord und ein gefährliches Geschäft ein.

## In den Tag hinein 432

***+

**Regie:** Maria Speth
**Darsteller:** Sabine Timoteo (Lynn), Hiroki Mano (Koji), Florian Müller-Mohrungen (David), Sabine Riedl, Nicole Marischka, Guntram Brattia, Kim Andrzejewski
**Drehbuch:** Maria Speth
**Kamera:** Reinhold Vorschneider
**Schnitt:** Dietmar Kraus
**Prod.-Des.:** Heike Wolf
**Prod.:** BRD 2000; 115 Min.
Holger Lochan für November Film/HFF »Konrad Wolf« für ZDF
**UA:** Max-Ophüls-Preis, Saarbrücken 2001; 29.1.2001, Filmfestival Rotterdam
**Verleih:** Peripher/-/-, 15.11.2001
**FSK:** ab 12 J., ffr.

Ein paar Tage im Leben von Lynn in einem exzellent fotografierten, kalten Berlin. Ein junges, ziellos treibendes Mädchen an lauter Einsamkeitsorten. Ein interessanter, wenn auch zu langer und in Schauplatzstilisierungen verliebter Debütfilm, in dem die Vitalität und Sinnlichkeit des Mädchens ins Leere läuft. Nicht abgelöst von der Familie, ohne Zukunftsperspektive, verkörpert es eine neue, fremde Variante der zahlreichen Mädchenfiguren im aktuellen deutschen Film. Die Liebesgeschichte zu einem schüchternen japanischen Sprachstudenten nimmt in dieser latent verzweifelten Stimmung ein böses Ende.

*Annette Kilzer, tip, 23/2001*

**Kritik:** (...) Ein formal äußerst strenger, wortkarger Film, der sich gängigen Unterhaltungsqualitäten verweigert und seine minimalistische Geschichte (fast) ohne Rücksicht auf den Zuschauer erzählt. Dabei ist es durchaus reizvoll, wie er das Filmbild in den Mittelpunkt seiner Erzählung um Fremdsein und Einsamkeit stellt.

*Hans Messias, Film-Dienst, 23/2001*

(...) Maria Speth hat nicht nur eine Geschichte und mindestens zwei bemerkenswerte Darsteller; sie hat auch ein anspruchsvolles und überzeugendes ästhetisches Konzept, und sie verfügt offenbar über genug Beharrlichkeit, um es konsequent zu verfolgen – trotz der Unbequemlichkeiten, die sie ihrem Publikum damit zumutet. (...)

*Daniela Sannwald, FR, 14.11.2001*

(...) Maria Speth, Absolventin der Filmhochschule Babelsberg, hat ihren ersten Lang-Spielfilm ganz auf die weibliche Protagonistin und das nächtliche Berlin abgestimmt. Ihr Film lebt nicht von Handlung, sondern von einer diffusen Stimmung zwischen Tag und Nacht, nicht wach, nicht schlafend. Immer wieder wird innegehalten und scheinbar Alltägliches wie in Zeitlupe beobachtet. Mitunter führt diese schleppende Inszenierung zu einem quälenden Stillstand. Wenn die Figuren abtauchen in

die grünlich blaue Nacht, dann besitzt der Film poetische Momente.
*Zitty, 24/2001*

## In einem Land vor unserer Zeit 7 433

LAND BEFORE TIME VII – THE STONE OF COLD FIRE
** Video

**Regie:** Charles Grosvenor
**Drehbuch:** Len Uhley
**Kamera:** Michael Tavera
**Schnitt:** Jay Bixon
**Prod.:** USA 2000; 71 Min.
Charles Grosvenor für Universal
**Vertrieb:** Universal Video, 8.3.2001
**FSK:** o. A.

Die Abenteuer des Mini-Dinos Littlefoot für die Taschengeld-Zielgruppe – mit Liedern zum Mitsingen!

## In stürmischen Zeiten 434

THE MAN WHO CRIED
***

**Regie:** Sally Potter
**Darsteller:** Christina Ricci (Suzie), Cate Blanchett (Lola), John Turturro (Dante Domino), Johnny Depp (Cesar), Harry Dean Stanton (Felix Perlman), Claudia Lander-Duke (Suzie als Kind), Oleg Yankovsky (Suzies Vater)
**Drehbuch:** Sally Potter
**Kamera:** Sacha Vierny
**Musik:** Osvaldo Golijov
**Schnitt:** Herve Schneid
**Prod.:** GB/Frankreich 2000; 100 Min.
Christopher Sheppard für Working Title/Adventures/PIE/Studio Canal+
**UA:** 2.9.2000, Int. Filmfestspiele Venedig
**Verleih:** Advanced/Filmladen/Frenetic, 22.2.2001
**FSK:** o. A. – **FBW:** Wertvoll

Mit dieser bewusst melodramatischen Geschichte einer Jüdin und vieler Zigeuner in Paris zur Zeit der deutschen Besatzung ging die Autorin ein (zu) großes Risiko ein. Zwar helfen die großäugige Hauptdarstellerin Christina Ricci und der mit versteinerter Miene agierende Johnny Depp beim partiellen Filmgenuss. Aber Sally Potters pathetische Überhöhung aller Schicksalsmächte, die bei ihrem autobiografischen »Tango« noch persönlich wirkte, verhindert hier eher die Identifikation mit den Figuren und ihrer Heimatlosigkeit. *Film, 3/2001*

**Kritik:** (...) Die britische Regisseurin Sally Potter, eine Allround-Begabung, unterlegt schon den düsteren Beginn ihres stürmischen Films mit opulenter Optik und Musik. In der Folge dieser Odyssee durch ein von politischen und menschlichen Katastrophen gezeichnetes Europa, zelebriert Potter unbekümmert Pathos bis zum Kitsch. Und zum wilden Genre-Mix aus Oper, Revue, Groteske und Tragik schluchzen und jubeln Geigen und völkerverbindende Lieder. (...)
*Angie Dullinger, AZ, 22.2.2001*

(...) Die Britin Sally Potter, selbst ausgebildete Tänzerin, choreografiert ihr Melodram vor zeitgeschichtlichem Hintergrund: tragikomisch, kitschverliebt und konventionell, da nützt alle postmoderne Selbstreflexion nichts.
*Stefan Grissemann, tip, 4/2001*

(...) So hat Sally Potter einen Film geschaffen, der kein übliches Zweiter-Weltkrieg-Drama sein will, jedoch einzig diesem Anspruch gerecht wird und sich letztlich in Tränendrückerei verliert; umso ärgerlicher deshalb das seichte Ende, denn als Suzie ausgerechnet in Hollywood endlich die Hand des verloren geglaubten Vaters nimmt und ihm auf dem Sterbebett das längst vergessene jiddische Kinderlied singt, kommen zwar die Tränen hoch, werden aber aus lauter Trotz heruntergeschluckt.
*Tamar Noort, Schnitt, 1/2001*

**Interview:** Auf den Vorwurf, sie schwelge in folkloristischen Bildern und schöne die Realität, kontert Sally Potter vehement: »Die meisten Geschichten über Juden und Zigeuner handeln von Unterdrückung und Tod. Ich feiere das Leben. Selbst im größten Elend gibt es Momente explosiver Freude, sonst könnte man gleich den

Strick nehmen. Wenn ich an einen Film denke, sind es weniger die Dialoge als die visuellen Eindrücke, an die ich mich erinnere, außer vielleicht bei 'Casablanca'.« Warum macht sie weiter Filme, obgleich sie nach Dreharbeiten immer völlig erschöpft ist? Die Antwort kommt prompt: »Ich habe eine Liebesaffäre mit dem Kino.«

*Margret Köhler, AZ, 22.2.2001*

## In the Line of Duty: Smoke Jumpers 435

IN THE LINE OF DUTY: SMOKE JUMPERS **
Video

**Regie:** Dick Lowry
**Darsteller:** Adam Baldwin (Don Mackey), Lindsay Frost (Rene), Timothy Carhart (Tom), Noah Emmerich (Rhino), Ciara Reed (Cara), Emma Watts (Glenna)
**Drehbuch:** Gy Waldron, Stephen Harrigan
**Kamera:** Henry Lebo
**Musik:** Mark Snow
**Schnitt:** William B. Stich
**Prod.:** USA 1996; 88 Min.
Dick Lowry
**Vertrieb:** UAP-Film Video, 15.8.2001
**FSK:** ab 12 J.

Einmal zur Feuerwehrelite zählen und Waldbrände via Fallschirm bekämpfen! Für Don geht der Traum in Erfüllung. Simple bis öde US-TV-Produktion mit dem Hohelied aufs Heldentum.

## In Vanda's Room 436

NO QUARTO DA VANDA ***
TV

**Regie:** Pedro Costa
**Darsteller:** Vanda Duarte, Zita Duarte, Lena Duarte, Manuel Gomes Miranda, Diogo Pires Miranda, Evangelina Lenas, Miquelina Barros
**Drehbuch:** Pedro Costa
**Kamera:** Pedro Costa
**Schnitt:** Dominique Auvray, Patricia Saramago
**Prod.:** Portugal/BRD/Schweiz 2000; 179 Min.
Francisco Villa-Lobos, Karl Baumgartner, Andreas Pfaeffli für Contracosta/Pandora/ Ventura mit ZDF/RTSI
**UA:** 8.8.2000, Int. Filmfestspiele Locarno
**TV:** 20.2.2001, ZDF, 0.05, »Das kleine Fernsehspiel«

Die traumschöne Stadt Lissabon schrumpfte auf ein paar Quadratmeter Slum- und Drogenelend – dicht neben den Baggern, die die Hütten Stück für Stück wegschaufelten für die neue Schnellstraße. Ein Unrat-Schock für die Lissabon-Touristen. Dass man drin blieb in Vandas »Zimmer«, einem Baustellen-Schuttplatz, in dem nur noch die Drogensucht wichtig war und die nächste Lieferung des Dealers, lag an dem stoischen Stolz der Gesichter, unzerstörbar auch im Zerstörungswerk der Armut. Eine Familie im Dunkel von Staub und Abriss-Lärm. Sich dem auszusetzen fordert Geduld.

*Ponkie, AZ, 22.2.2001*

## Die innere Sicherheit 437

****

**Regie:** Christian Petzold
**Darsteller:** Barbara Auer (Clara), Richy Müller (Hans), Julia Hummer (Jeanne), Bilge Bingül (Heinrich), Günther Maria Halmer (Klaus), Rogerio Jaques, Vasco Machado
**Drehbuch:** Christian Petzold, Harun Farocki
**Kamera:** Hans Fromm
**Musik:** Stefan Will
**Schnitt:** Bettina Böhler
**Prod.-Des.:** Kade Gruber
**Prod.:** BRD 2000; 102 Min.
Florian Koerner von Gustorf, Michael Weber für Schramm Film/Hessischer Rundfunk/Arte
**UA:** Int. Filmfestspiele Venedig 2000
**EA:** Int. Hofer Filmtage 2000
**Verleih:** Pegasos/Stadtkino/Look Now!, 25.1.2001
**Vertrieb:** MC-One Video (Video, DVD)
**FSK:** ab 12 J., ffr.
**FBW:** Besonders wertvoll

Die Tochter eines ehemaligen RAF-Terroristen-Paares, das sich in Portugal versteckt hält, lernt bei einem Zwischenaufenthalt in Deutschland einen jungen Mann kennen und muss sich zwischen Solidarität mit den Eltern und Selbstbestimmung entscheiden.

**Kritik:** Weit weg waren die Lebensläufe der RAF-Terroristen schon aus dem Bewusstsein gerückt. Und jenseits des öffentlichen Interesses moderte der schrille Rechthaber-Fana-

tismus, mit dem die durchgeknallten Attentats-Ideologen vor 25 Jahren um sich schlugen.
Dass nun, gesteuert von dubiosen Motiven und genutzt von durchsichtigen politischen Interessen, eine trübe Denunziationsbrühe als »68er«-Eintopf hochgekocht wird, kommt zufällig einem hervorragenden Film zugute, dessen lakonische Verschlossenheit ohne diesen überhitzten Schlagzeilen-Druck wohl kaum viel Aufmerksamkeit gefunden hätte.
In diesem asketisch disziplinierten, zu äußerer Ruhe gedrosselten Fluchtfilm von Christian Petzold sucht ein seit 20 Jahren untergetauchtes Terroristen-Paar die tägliche Unauffälligkeit. In diesen 20 Jahren haben sie die Paranoia verinnerlicht. (...)
Ein hermetisch zugeriegelter Film über die innere Sprengkraft eines ruinierten Lebens. *Ponkie, AZ, 1.2.2001*

(...) Ein wunderbar erdenschweres Ideendrama, immer am Konkreten entlang erzählt; ein betörender Musikfilm, fast ohne Musik, mit einem ausnahmslos herausragenden Ensemble. (...)

*Robert Weixlbaumer, tip, 2/2001*

(...) »Die innere Sicherheit« ist ein Liebesfilm, er schildert die unerwiderte Liebe einer Tochter zu ihren Eltern. Sie opfert sich auf für sie, gibt alles weg, was ihr wichtig ist, und die Alten merken es nicht mal. Das ist ihr großer Verrat. Julia Hummer geht durch diese Geschichte wie Robinson, ganz allein, gestrandet auf der Insel der falschen Träume. (...)

*Harald Martenstein,*
*Der Tagesspiegel, 25.1.2001*

(...) Die Katastrophe ist unausweichlich, als die Eltern Jeanne zur Komplizin in einem Banküberfall machen – Christian Petzold spielt sein stilles Lied vom Tod. Am Ende ist es nur traurig: Auch dieses Kind muss die Sünden eines Vaters und einer Mutter ausbaden, die nur sein Bestes wollten und es auch bekommen haben – Lebenszeit. Und Jeanne schleudert es am Ende in eine feindliche Welt: der Beginn eines neuen Mythos.

*Anke Westphal,*
*Berliner Zeitung, 29.1.2001*

Einen Film wie diesen hat die sog. Debatte um 68 und die Folgen gar nicht verdient. Er fragt nicht nach Schuld, fordert keine Sühne, verweigert sich den einfachen Antworten, aber stellt die richtigen Fragen: Was bleibt übrig von den Utopien, wie viel taugen sie für den Alltag? Und dazwischen die alte existenzielle Frage, wofür man sich entscheiden würde, wenn man wählen müsste zwischen dem Leiden und dem Nichts.
»Die innere Sicherheit« ist natürlich ein hübsch mehrdeutiger Titel, in dem sich die ganzen Entwicklungslinien vom Privaten ins Politische abzeichnen. Wie viel Liebe braucht ein Kind, wie viel Spannungen verträgt eine Familie, wie viel Rachsucht braucht ein Staat, um innere Sicherheit zu erlangen oder zu bewahren? Und wie unterscheidet man dabei trügerische Ruhe von notwendiger Veränderung? Es gilt auch hier der Satz aus »Der Leopard«, der dieser ganz jüngsten Vergangenheitsdebatte die Zunge herausstreckt: Die Dinge müssen sich ändern, um die gleichen zu bleiben.
Es geht – wie übrigens auch in Sidney Lumets Film »Running On Empty« – um eine Familie im Untergrund, seit 15 Jahren unterwegs in der Anonymität des Auslands. Was die Eltern genau verbrochen haben, wird nie gesagt, und auch der Name RAF wird nie erwähnt, aber es gehört nicht viel dazu, sich eine entsprechende Vergangenheit auszumalen. Gerade diese bedingungslose Verlagerung in die Gegenwart verleiht dem Film eine ungeheure Kraft – und illustriert außerdem genau jenes Verhältnis zur Vergangenheit, das die Ziele und Motive von einst buchstäblich für

indiskutabel hält. Als sei eine ganze Epoche von den Nebeln des deutschen Herbstes verschluckt worden. (...)
Der Film wird mit oder ohne Debatte überleben als bester deutscher Film des Jahres.

*Michael Althen, SZ, 31.1.2001*

**Interview:** *Wo liegt der Reiz für einen knapp 40-Jährigen, sich mit der RAF im Film zu beschäftigen?*

Beim »Deutschen Herbst« war ich 16. Die Stimmung schlug sich in unserer Schule nieder. Nach dem Buback-Attentat änderte der Geschichtslehrer den Lehrplan, plötzlich lernten wir etwas über das Römische Reich. Ich stamme aus einer Kleinstadt zwischen Wuppertal, Düsseldorf und Köln. Die Mitglieder der RAF waren für uns so etwas wie Alice Cooper – Leute, mit denen man den Kleinstadtmuff aufsprengen konnte. In den 80er-Jahren fand ich die Texte und Nachrichten aus dem Untergrund unerträglich. Erst mit den Vorfällen in Bad Kleinen kam das Interesse wieder, als ich las, dass der erschossene Terrorist Wolfgang Grams im Untergrund Liebeslieder geschrieben und sogar Vierfruchtmarmelade gekocht hat. Ich fragte mich, was ist das für eine Geschichte? Es war alles so fiktiv – wie ein Spätwestern. Da habe ich mich wieder fiktional mit der RAF beschäftigt.

*Wie würden Sie Ihren Film beschreiben?*

Mein Film erzählt von Menschen, die einmal die Geschichte in die Hand nehmen und abkürzen wollten. Sie wollten nicht abwarten, dass sich die utopische Gesellschaft einstellt, sondern den Weg dorthin durch Attentate und politische Aktionen beschleunigen. Die Eltern sind aus der Geschichte herausgefallen, sie sind nur noch Phantome. Ihre Tochter möchte dagegen in die Wirklichkeit, in die Gegenwart zurück.

*Dachten Sie bei der Rolle des Verlegers Klaus an den Verleger Klaus-Rainer Röhl?*

Ich dachte an den italienischen Verleger Feltrinelli, während Günther Maria Halmer, der die Figur spielt, an Klaus Wagenbach dachte. Röhl hat in politischer Hinsicht eine totale Wendung vollzogen. Dieses Phänomen hat es in der Geschichte häufiger gegeben, z.B. in den 20er-Jahren Leute wie Arnolt Bronnen, die erst Kommunisten waren, sich dann der NSDAP zuwandten und schließlich wieder kommunistisch wurden. Völlig durchgeknallt.

*Wie lief die Finanzierung des Films bei einem so diffizilen Thema?*

Ich habe 1995 nach dem DFFB-Studium meinen ersten Film gedreht, zu diesem Zeitpunkt hatte ich schon das Exposé geschrieben. Seitdem versuchte die Produktionsfirma Schramm Film Koerner & Weber das Geld aufzutreiben. Dadurch, dass ich weiter Filme drehte, hatte ich nicht das Gefühl, ich hänge diesem einen Projekt hinterher, ich habe es einfach laufen lassen. Vor eineinhalb Jahren war es dann so weit, das Budget von 3,4 Mio. Mark stand größtenteils. Ich hätte den Film auch für weniger Geld gedreht, vielleicht auf 16 mm. Das ganze Procedere nahm ich ziemlich gelassen, vielleicht als Schutz, damit die Enttäuschung nicht zu groß ist, wenn jemand absagt. Für meinen Film »Cuba Libre« hatte ich überhaupt kein Geld.

*Wo lag die größte Herausforderung?*

Ich habe keinen Film über den Terrorismus gemacht, sondern über eine Familiensituation. Die größte Schwierigkeit lag darin, diese ohne Flashbacks zu erzählen und das Lehrstückhafte von Dialogen zu vermeiden. Wir haben viel geprobt, um zu erreichen, dass die Familie von der ersten Einstellung an als Familie wahrnehmbar ist, die Kommunikation sollte man merken an Blicken, Pausen, Gesten. In den 35 Drehtagen haben wir fast chronologisch gedreht, um ein Gefühl für die Familie zu entwickeln.

*Christian Petzold im Interview mit Margret Köhler, black box, 136/2001*

## The Inspectors – Der Tod kommt mit der Post 438

THE INSPECTORS □ TV

**Regie:** Brad Turner
**Darsteller:** Louis Gossett jun., Jonathan Silverman, Tobias Mehler, Gregory Thirloway, J. R. Bourne
**Prod.:** USA 1998; 120 Min.
**TV:** 26.7.2001, RTL2, 21.10

Drew Carrigan wird verdächtigt, ein Briefbombenattentat auf seine Eltern verübt zu haben, doch in Wirklichkeit galt der Racheanschlag ihm selbst.

## Intimität 439

INTIMACY ****

**Regie:** Patrice Chéreau
**Darsteller:** Mark Rylance (Jay), Kerry Fox (Claire), Timothy Spall (Andy), Alastair Galbraith (Victor), Philippe Calvario (Ian), Marianne Faithfull (Betty), Susannah Harker (Jays Frau)
**Drehbuch:** Anne-Louise Trividic, Patrice Chéreau, nach dem Roman »Intimacy« und der Kurzgeschichte »Nightlight« von Hanif Kureishi
**Kamera:** Eric Gautier
**Musik:** Eric Neveux
**Schnitt:** François Gedigier
**Prod.-Des.:** Hayden Griffin
**Prod.:** Frankreich/Italien/BRD 2000; 119 Min.
Charles Gassot, Patrick Cassavetti, Jacques Hinstin für Téléma/Studio Canal/Arte France Cinema/France 2 Cinema mit WDR/Arte/ Mikado Azor Films
**UA:** 14.2.2001, Int. Filmfestspiele Berlin, »Wettbewerb«
**EA:** 20.1.2001, Sundance Filmfestival
**Verleih:** Prokino/Polyfilm/Frenetic, 7.6.2001
**Vertrieb:** Universal Video (Video, DVD)
**FSK:** ab 16 J., ffr.

»Intimacy« beginnt als freizügiger, ganz auf die Körper von Kerry Fox und Mark Rylance konzentrierter Film über sexuelles Begehren und endet als Beziehungs- und Charakterstudie. Ausgehend von literarischen Vorlagen Hanif Kureishis erzählt Patrice Chéreau, wie die Sexbeziehung zwischen einem desillusionierten Londoner Barman und einer verheirateten Mutter und Schauspielerin an der entstehenden Intimität zerbricht. *Film, 5/2001*

**Kritik:** (...) An der Oberfläche geht es um Haut und Haar, um Sex. Jeden Mittwoch kommt diese Frau, deren Namen Claire wir erst später erfahren, für zwei Stunden nachmittags zu Jay. Sie will seine Lippen, seinen Schwanz, das fotografiert Chéreaus Kameramann Eric Gautier mit schamloser Scheu, wie auch die schöne Neuseeländerin Kerry Fox diese Claire, eine gut vierzigjährige Frau, mit einer kühnen, stolzen Hingabe spielt. Ist sie nackt und fickend, dann hat sie dabei mehr Geheimnis und Dezenz, als es die fröhliche Halbgeilheit einer ganzen deutschen Privatfernsehwoche auch nur träumen lässt. (...)

*Peter von Becker, Der Tagesspiegel, 15.1.2001*

Patrice Chéreau, der französische Allround-Regisseur für Theater, Oper und Film (»Die Bartholomäusnacht«), knallte mit »Intimacy« ein Sex-Drama hin, das ziemlich nervt. Unerfreuliche Akte in einer versifften Londoner Wohnung, keuchend und mechanisch, verkrümmte Leiber, verzerrte Gesichter – sensiblen Gemütern ist ein längerer Libidoverlust gewiss. Natürlich geht es hier nicht pornografisch, sondern künstlerisch zur Sache und um die Einsamkeit moderner Großstadtmenschen. Inspiriert vom gleichnamigen Roman des britischen Kultautors Hanif Kureishi (»Mein wunderbarer Waschsalon«) folgt Chéreau den Spuren einer fatalen Leidenschaft. (...) Regisseur Chéreau befrachtet diese existenzielle Ödnis mit nervösen Kamerafahrten, dem Lärm einer aggressiven Stadt

*Mark Rylance und Kerry Fox in ›Intimität‹ von Patrice Chéreau*

(Technomusik, Sirenen von Polizeiautos) und plötzlicher, Bedeutsamkeit suggerierender Stille. Erinnernswerte Dialoge gibt es nicht. Aber einen Alien in London – die Pop-Ikone Marianne Faithfull als kluge, vom Leben gezeichnete Freundin Claires.

*Angie Dullinger, AZ, 17.2.2001*

(...) Dieser bisweilen ebenso fragmentarisch wie unterkühlt anmutende Diskurs über menschliche Sexualität und Kommunikation Anfang des dritten Jahrtausends wurde heuer auf der Berlinale mit dem Goldenen Bären prämiert. Ob dies eine gute oder gar die richtige Entscheidung war, sei dahingestellt, in jedem Fall war es eine mutige, denn dieser Film verweigert sich im Grunde allem. Er handelt zwar von Sex, doch der kommt so triebhaft-triste über die Rampe, dass Voyeuren dringendst abgeraten sei. Er erzählt auch von Liebe, aber die gibt sich hier hoffnungslos und bis zur totalen Nüchternheit abgeklärt, sodass auch Romantiker sich schwer tun dürften, an diesem sperrigen Werk Gefallen zu finden.
Dennoch geht eine sehr individuelle Faszination von ihm aus, der Film wird nicht vom Zuschauer entdeckt, sondern dieser wird von ihm erobert – in einem schleichenden Prozess, der zunächst die innere Abwehr über die herben Anfangs-Sequenzen hinter sich lässt, um einem dann mit einigen Rätseln, vertrauten wie bisher unbekannten, unseres Lebens zu konfrontieren. (...)

*W. O. P. Kistner, AZ, 7.6.2001*

(...) Eine Großaufnahme reiht sich an die nächste, als ob die Kamera die Hände ersetzen könnte, als ob durch Nähe irgendetwas zu begreifen wäre. Diese Denk- und Artikulationsschwäche, der Verzicht auf Argumentation durchs Bild, könnte eine Stärke des Films sein, denn sie spiegelt die Sprachprobleme in der Liebe, die ungezählten Situationen, in denen der Besitz des Körpers des anderen zum Ersatz wird für alles, was sich einem entzieht. Fast keine Totale, das heißt auch: kein Überblick, keine Analyse, kein Gott. Flucht ins Unvermittelte. Ist das die Intimität, nach der Chéreau hier sucht, die sich nicht als Vertrautheit darstellt, sondern als grenzenlose

Einsamkeit, aus der man sich nur kurz im Anderen verliert? Dass er diese Fragen stellt, ist gut. Dass er sie nicht beantwortet, ist schlecht. Einige werden jetzt wieder sagen, ein Film sei gerade dann gut, wenn er mehr Fragen stellt als Antworten gibt, und eindeutige sollte er nie geben. Stimmt. Aber nur fragen und sich in seinen Fragen suhlen wie im Selbstmitleid eines Mannes, der zum Objekt der Begierde reduziert wird, ist ein bisschen billig.

*Rüdiger Suchsland, Schnitt, 2/2001*

(...) Doch leider – und das ist für den Film fataler als beider Scheitern – hält Chéreau die »rastlose Nähe« nicht durch. Weil er nun mal vom Theater kommt, muss er Momente im Dialog theatralisch zuspitzen. Da kommt zur beredten Stummheit der Körper und Gesten die Geschwätzigkeit, wenn der schwule Barkeeper-Kollege Jays weise Sätze über Liebesfähigkeit und Verlust sprechen muss. Und da rankt sich auf einmal viel zu viel Plot um die radikale Zweisamkeit. Chéreau fängt an, die Perspektive zu wechseln, er erzählt seine Figuren, statt sie agieren zu lassen. Marianne Faithfull als Claires Freundin, der Ehemann als Jays Projektionsfläche, sie sind nur Resonnanzkästen, keine Figuren. So nimmt sich »Intimacy« selbst die Wucht, als hätte Chéreau Angst gehabt, die Cinemascope-Leinwand allein zwei Personen zu überlassen und den flirrenden, großflächigen Unschärfen, die durch die unruhigen Schwenks entstehen.

Doch was immer man gegen den Film einwenden mag, in seiner rücksichtslosen Erkundung einer Paarbeziehung lässt er einen immer wieder an Filme wie Bertoluccis »Der letzte Tango« oder an Kubricks »Eyes Wide Shut« denken. Wenn man sich seinem Sog überlässt, denkt man auf jeden Fall zuallerletzt daran, ob nun die Pornoprüfer kommen und Alarm schlagen müssen. Es geht einfach um Intimität, »Intimacy«. Das sagt der Titel, sie zeigt der Film mitsamt ihrer Tyrannei, ihre Ruine lässt er am Ende übrig, wenn Claire Jays Wohnung verlässt, in einen Bus steigt und die Kamera ungerührt auf eine Londoner Straße blickt. Eine eingefrorene Totale – der extreme Kontrapunkt zur rastlosen Nähe der ersten Bilder.

*Peter Körte, FR, 6.6.2001*

**Interview:** *Monsieur Chéreau, man könnte meinen, Franzosen gehen freizügiger mit der Sexualität auf der Leinwand um, wenn man Filme wie »Intimacy«, »Romance« oder »Baise moi« betrachtet.*

Liebe ist keine französische Spezialität, auch wenn es so aussieht, als hätten wir mehr Freiheit, sie auszudrücken. Zunehmend stellt man sich auch im internationalen Film Fragen über Sex und Liebe. Physische Liebe ist wie ein Rätsel, das man lösen möchte. Vielleicht gibt der französische Film offenere Antworten. Ich sehe »Intimacy« in Verbindung mit Ingmar Bergman, der schon in den 60er-Jahren beispielsweise mit »Das Schweigen« schockierte.

*Und die Nähe zu Bertoluccis »Der letzte Tango von Paris«?*

Diese konstruierte Gemeinsamkeit wundert mich. Denn ich zeige nicht nur harten Sex, sondern auch eine unglaubliche Zärtlichkeit zwischen zwei Menschen, die auf Nähe hoffen, auch wenn sich am Ende keine Beziehung ergibt. »Intimacy« ist ein Film über den Unterschied von Männern und Frauen.

*Macht zu viel Intimität nicht auch angreifbarer, verletzbarer?*

Man kann auch das Gegenteil behaupten, eine Beziehung geht schief ohne Intimität. Eins ist sicher: Intimität hat auch etwas mit bewusster Unkenntnis zu tun, der Partner muss ein Geheimnis bleiben. Der Irrtum des Mannes in »Intimacy« liegt darin,

Timothy Spall in ›Intimität‹

dass er alles erfahren will über die Frau, die er liebt. Männer sind so berechenbar.

*Ist die Zeit der romantischen Liebesfilme mit Happy End vorbei?*

Um mich herum sehe ich nur getrennte Paare. Heute suchen wir nicht nur nach Freiheit, sondern nach neuen Formen des Zusammenlebens. Es gibt starke Beziehungen, aber nach anderen Gesetzen – nicht mehr nur die Konstellation Mann–Frau–Ehe. Wir müssen eine andere Definition von Liebe finden. Diese Umbruchphase halte ich für schwierig, gefährlich und unheimlich interessant.

*Erstmals drehten Sie einen Film in Englisch.*

Ich arbeite gerne außerhalb Frankreichs. Als ich das Buch von Hanif Kureishi las, dachte ich sofort an Bilder von London. Kureishi und ich haben uns einmal monatlich in London in einem Hotelzimmer getroffen, um aus dem Roman »Intimacy« und der Kurzgeschichte »Nightlight« etwas Neues zu schaffen. Leider fanden wir keinen englischen Finanzier, es war eine sehr teure Lösung, einen französischen Film in England zu drehen. Zumal wir aus gewerkschaftlichen Gründen ein Riesenteam engagieren mussten, was völlig überflüssig war. Da tauchten 30 Lastwagen und 50 Leute auf, um in einem schmalen englischen Treppenhaus zu drehen.

*Wie brachten Sie die Schauspieler dazu, ihre Hemmungen vor der Kamera abzulegen?*

Sie mochten die Figuren und wussten, was auf sie zukam. Bei den Liebesszenen habe ich das Team in die Kantine geschickt, wir waren nur zu viert, das ermöglichte die intime Atmosphäre. Kerry Fox und Mark Rylance leisteten Großartiges. Es ging ja nicht um Körpergymnastik, sondern um Gefühle.

*Patrice Chéreau im Interview mit Margret Köhler, AZ, 7.6.2001*

*Das Kino wird nie so existenziell infrage gestellt, wie Sie das Theater und die Oper infrage stellen. Beim Kino scheint der ökonomische Erfolg die Antwort auf alle Fragen zu sein.*

Um den Erfolg sollte ich mich eigentlich auch mehr kümmern. Mit »Intimacy« zum Beispiel habe ich mich weit entfernt von der normalen Filmindustrie und von dem, was die Zuschauer wahrscheinlich von einem Film erwarten.

*Aber zugleich ist der Film erfolgreich. Er hat den Goldenen Bären gewonnen, und Sie haben doch das Gefühl, das er ausdrückt, was Sie erzählen wollten. Das Medium war also das richtige.*

Für diese Geschichte und für mich persönlich, ja.

*Haben Sie die Hoffnung aufgegeben, einen Film zu machen, der Ihnen wichtig ist und der gleichzeitig großen Erfolg beim Publikum hat?*

Nein, jedes Mal glaube ich, mit diesem Film werde ich einen Riesenerfolg haben. Das habe ich auch bei »Intimacy« gedacht. Ich bin sehr naiv, wie Sie sehen.

*Patrice Chéreau im Interview mit Merten Worthmann und Claus Spahn, Die Zeit, 23.5.2001*

*Haben die Darsteller Kerry Fox und Mark Rylance einander schon vorher gekannt?*

Überhaupt nicht.

*Wie bringt man Schauspieler denn dazu, sich voreinander und vor der Kamera so weit zu exponieren?*

Vertrauen. Ehrlichkeit. Man muss mit offenen Karten spielen. Die Liebesszenen waren im Drehbuch so genau wie alles Übrige beschrieben. Wer es zu lesen bekam, musste wissen, was ich erwartete. Aber was Kerry Fox und Mark Rylance mir gegeben haben, kann ich nur ein Wunder nennen. Ich habe von ihnen mehr bekommen, als ich mir erhofft hatte.

*Hanif Kureishi, der ja selber auch Filmemacher ist, erzählt in einem Essay, dass Sie mit ihm sehr lange darüber diskutiert haben, wie man einen Koitus überhaupt filmen kann.*

Entscheidend war, glaube ich, dass wir uns Zeit ließen, um zueinander Vertrauen zu fassen. Jede Geste, jede Körperdrehung, jede Kamerabewegung wurde so genau wie ein Dialog einstudiert, und ich setzte mir ein paar Regeln für diese Arbeit: keine Trickserei, keine Improvisation, kein Einsatz von Body-Doubles und keine Verwendung einer Handkamera, denn damit raubt man den Darstellern die Kontrolle. Ich finde sehr interessant, wie Lars von Trier in »Idioten« die Handkamera benutzt, aber auch sehr unangenehm. Ich wollte nicht, dass mein Film so aussieht. Aber manchmal während des Drehens wurde mir schwindlig bei dem Gedanken, womöglich könnte ich selbst das alles auf dem Bildschirm im Schneideraum nur peinlich oder lächerlich finden. Das war das wirkliche Risiko.

*Was hätten Sie dann gemacht?*

Keine Ahnung. Das wäre ein Riesenproblem gewesen. Unvorstellbar. Eine Katastrophe. Deshalb sage ich: Kerry und Mark haben ein Wunder vollbracht.

*Patrice Chéreau im Interview mit Urs Jenny, Der Spiegel, 2.6.2001*

*Er (Patrice Chéreau, die Red.) gilt als schwieriger Charakter.*

Ach, in welcher Hinsicht? Er hat einen starken Willen, was seine Erwartungen angeht. Das ist eine Eigenschaft, die ich bewundere. Und er arbeitet sehr, sehr hart. Wir haben uns gut vorbereitet, mit Diskussionen. Und das Script war sehr gut, sehr klar.

*Sie haben keine Angst vor dem Vorwurf der Pornografie?*

Nein, ich weiß nicht, ob es so was geben wird. Manchmal war ich im Begriff, etwas instinktiv zu entwickeln, und er wollte es gerade andersrum. Das ist eine Herausforderung für einen Schauspieler, und es ist mutig, alles zu ändern, was man für richtig hält. Eine Frage von Vertrauen – dass man aufrichtig ist mit den anderen, mit sich selbst.

*Kerry Fox im Interview mit Fritz Göttler, SZ, 7.6.2001*

## Irrfahrten des Herzens 440

NAVIGATING THE HEART ☐

TV

**Regie:** D. B. Morris
**Darsteller:** Jaclyn Smith (Edith Iglauer), Tim Matheson (John Daly), Tantoo Cardinal (Mary), David Andrews (William), Lynda Boyd (Cara), Stephen Dimopoulos (Howie), Luc Corbeil (Ricky)
**Drehbuch:** Cathleen Young, nach einer wahren Begebenheit
**Kamera:** Eric Van Haren Noman
**Musik:** Terence Blanchard

**Schnitt:** Michael S. Murphy
**Prod.:** USA 1999; 88 Min.
Hearst Ent.
**TV:** 14.4.2001, ZDF, 14.00

Edith Iglauer ist die verwöhnte Starreporterin eines Magazins. Als der Herausgeber wechselt und Edith ihr Profil ändern soll, wird sie gegen ihren Willen für die Recherche eines Artikels über Lachse ins öde Hinterland geschickt. Dort rauft sie sich mit dem eigenbrötlerischen Fischer John Daly zusammen.

## Irrweg in den Tod 441

EXTRANOS CAMINOS □
TV

**Regie:** Alfonso Corona
**Darsteller:** Pedro Armendariz jun., Wolf Ruvinskis, Julián Pastor, Caudia Fernández, Carlos Arau, Alejandro Bracho, Luis Chapital
**Drehbuch:** Alfonso Corona
**Kamera:** Carlos Marcovich
**Musik:** Anthony Guefen
**Schnitt:** Francisco Chin
**Prod.:** Spanien 1993; 90 Min.
Alfonso Corona, Gabriela Reigadas Laso für Triana Films, Videocine
**TV:** 8.1.2001, RTL2, 2.45

Fünf Schauspieler, die auf dem Weg in ihr Heimatdorf sind, verirren sich und landen in einem Bergdorf, in dem Don Elias herrscht. Der Padre wird getötet, weil er dessen Machenschaften anprangert. Die Schauspieler müssen um ihr Leben bangen, denn sie haben die Tat auf Video aufgenommen.

## Isn't She Great 442

ISN'T SHE GREAT **
Video

**Regie:** Andrew Bergman
**Darsteller:** Bette Midler (Jacqueline Susan), Nathan Lane (Irving Mansfield), Stockard Channing (Florence Maybelle), David Hyde Pierce (Michael Hastings), John Cleese (Henry Markus), John Larroquette (Maury Manning), Amanda Peet (Debbie)
**Drehbuch:** Paul Rudnik, nach einem Artikel von Michael Korda
**Kamera:** Karl Walter Lindenlaub
**Musik:** Burt Bacharach
**Schnitt:** Barry Malkin
**Prod.-Des.:** Stuart Wurtzel
**Prod.:** GB/USA/BRD/Japan 2000; 93. Min.
Mike Lobell für Mutual Film/Lobell-Bergman/BBC/Marubeni/Tele-München/Toho/Universal
**Vertrieb:** VCL Video, 26.7.2001
**FSK:** ab 12 J.

Das Leben der Skandal-Autorin Jacqueline Susan (»Das Tal der Puppen«) in einer Kitschversion: Bette Midler und viele prominente Mitstreiter scheitern am hoffnungslos sentimentalen, plumpen Skript. Immerhin gibt's im Mittelteil ab und zu was zu lachen.

## It Don't Mean A Thing, If It Ain't Got That Swing 443

***

**Regie:** Niels Bolbrinker
**Darsteller:** Heinz Both, Gerhard Evertz, Kurt Wiegemann, Horst Wagner, Robin Merill, Hubertus Krohne, Gerhard Lehner
**Drehbuch:** Niels Bolbrinker, Claus Ivar Bolbrinker
**Kamera:** Niels Bolbrinker
**Schnitt:** Kerstin Stutterheim
**Prod.:** BRD 1999; 90 Min.
Michael Sombetzki, Klaus Armbruster für Trigon mit Interartes/NDR
**Verleih:** Trigon/-/-, 25.10.2001

Deutsche Jazzmusiker und ihre Fans hatten es nicht leicht in den 30er- und 40er-Jahren. Sie hörten heimlich Benny Goodman und Duke Ellington, bewunderten die vorbeireisenden »Schau- und Attraktionskapellen« und verschreckten mit halbstarkem Aufbegehren als schnöselige Dandys die lokalen Machthaber. Beschaulich wie die Musik erinnern sich Jazzveteranen an ihre Jugend zwischen Terror und Tanzmusik, zwischen Marschmusik und Swing. Eine solide, nicht sonderlich inspirierte Dokumentation des Eskapismus in finsteren Zeiten.

*tip, 22/2001*

**Kritik:** (…) Die Dokumentation mit dem zu lang geratenen Titel lebt vom Verve der alten Swing-Freaks. Ihre Begeisterung für diese Musik reißt auch den weniger am Jazz interessierten Zuschauer mit. Dazu gibt es viel Musik zu hören, vor allem von Robin

Merrill und seinem Savoy Dance Orchestra, die Besuchern des Wintergartens keine Unbekannten sein dürften. Und wieder mal rettet eine Dokumentation ein Stück deutsche Geschichte vor dem Vergessen.

*Martin Schwarz, Zitty, 23/2001*

## It's Showtime 444
BAMBOOZLED ****+

**Regie:** Spike Lee
**Darsteller:** Damon Wayans (Pierre Delacroix), Savion Glover (Manray/Mantan), Jada Pinkett-Smith (Sloan Hopkins), Tommy Davidson (Womack/Slepp'N Eat), Michael Rapaport (Dunwitty), Thomas Jefferson Byrd (Honeycut), Paul Mooney (Junebug)
**Drehbuch:** Spike Lee
**Kamera:** Ellen Kuras
**Musik:** Terence Blanchard, gespielt von New York Jazz Ensemble
**Schnitt:** Sam Pollard, Barry Brown
**Prod.-Des.:** Victor Kempster
**Prod.:** USA 2000; 135 Min.
John Kilik, Spike Lee; Kisha Imani Cameron (Ass.-Prod.) für 40 Acres and a Mule Filmworks
**EA:** 12.2.2001, Int. Filmfestspiele Berlin, »Wettbewerb«
**Verleih:** Arthaus/-/Rialto, 10.5.2001

Ein schwarzer Drehbuchautor entwickelt für eine amerikanische Fernsehstation eine erfolgreiche moderne Variante der Minstrel-Show, in der Schwarze als tanzende Witzfiguren vorgeführt werden. Spike Lees Rassismus- und Medien-Satire überzeugt zunächst mit viel Witz und steigert sich am Schluss in einen wütend rasenden Bildersturm, operiert aber auch immer wieder mit simplen Schuldzuweisungen. *Film, 8/2001*

*Jada Pinkett-Smith und Damon Wayans*

**Kritik:** (...) Ein typischer Spike Lee-Streifen, ein bisschen zu lang geraten, ein bisschen zu zerfahren, aber durchaus witzig, bissig und unterhaltsam.

*Gerald Jung, Zitty, 4/2001*

(...) Tatsächlich geht Spike Lee die Sache mit einem abgrundtiefen Humor an, den er zuletzt selten besaß. (...) Er überfrachtet den Film mit der vollständigen Ikonografie von den Sklavenschiffen bis zu Dokumenten der Filmgeschichte. (...) Der Film darf lustig sein, bis es nichts mehr zu lachen gibt. (...) Spike Lee trägt dick auf und will dann, dass es keiner sieht. Diese Geschichte gehört zu den Kinoereignissen des Jahres – aber er hat sie maskiert. *Philipp Bühler, Berliner Zeitung, 12.2.2001*

(...) Regisseur Spike Lee stellt sich hier als Kino-Aktivist und Moralist selbst ein Bein. Seine Medien-Satire über den immer noch real existierenden Rassismus in der Entertainment-Branche ist dermaßen überzogen und hysterisch, dass sie ihm auch aus den eigenen afroamerikanischen Reihen heftige Kritik einbrachte. Am Ende historischer Filmzitate liefern sich Lees schwarze Helden einen blutigen Showdown. Und der digital gedrehte Film läuft formlos aus dem Ruder. Gerade Satire braucht Glaubwürdigkeit.

*Angie Dullinger, AZ, 10.5.2001*

## Italienisch für Anfänger 445
ITALIENSK FOR BEGYNDERE ****

**Regie:** Lone Scherfig
**Darsteller:** Anders W. Berthelsen (Andreas), Anette Stövelbaek (Olympia), Peter

Gantzler (Jörgen Mortensen), Ann Eleonora Jörgensen (Karen), Lars Kaalund (Hal-Finn), Sara Indrio Jensen (Giulia), Elsebeth Steentoft (Verger)
**Drehbuch:** Lone Scherfig
**Kamera:** Jörgen Johansson
**Schnitt:** Gerd Tjur
**Prod.:** Dänemark 2000; 118 Min.
Ib Tardini für Zentropa mit DR/TV-Byen
**EA:** 9.2.2001, Int. Filmfestspiele Berlin, »Wettbewerb«
**Verleih:** Arthaust/Filmladen/-, Juli 2001 (AU), 17.1.2002

Eine Komödie mit hinreißendem Humor, voller Situationskomik und Weisheit, voll menschlicher Wärme und durchsetzt von noch mehr durchtriebenem Geist. Drei Männer und drei Frauen, höchst eigenständige Charaktere mit eigenen Biografien, gehen gegen ihr Alleinsein vor und kommen, so weit sie eben können: Sie beschließen, an einem Italienischkurs für Anfänger teilzunehmen.

*Multimedia*

**Kritik:** (...) Die dänische Regisseurin Lone Scherfig wagt sich als erste Frau an einen »Dogma«-Film. Sie zeigt sechs Menschen in einem gottverlassenen Vorort, die erst einmal kräftig einstecken müssen – darunter Karen, die eine alkoholkranke Mutter pflegt, und Olympia, die von ihrem völlig verbitterten Vater terrorisiert wird. Stark sind sie am Anfang noch nicht, ganz im Gegenteil. Alle Menschen in diesem Film müssen Stillstand und Widerstand überwinden. Dies droht bisweilen als Schema zu deutlich erkennbar zu werden, aber dann gewinnt die Lebendigkeit der Figuren wieder die Oberhand. Der Italienisch-Kurs, in

*Auch Sportler lernen Italienisch*

dem sie schließlich zusammenfinden, wird die ersehnte Veränderung bringen – und am Ende, auf einer gemeinsamen Venedig-Reise, in jeder der Figuren den inneren Italiener freisetzen. *Tobias Kniebe, SZ, 12.2.2001*

(...) Es gab auch was zu lachen in Berlin. Zum Beispiel die dänische Tragikomödie »Italienisch für Anfänger« von Lone Scherfig, der erste Film einer Frau, der das Dogma-Zertifikat (pur in Ton, Licht, Ort) nach Lars von Trier trägt. Die Story: In einem dänischen Provinzkaff finden hoffnungslos verklemmte Singles zueinander. Der gemeinsame Italienisch-Kurs wird für alle zum makabren Neubeginn. *Angie Dullinger, AZ, 12.2.2001*

## Jack the Ripper lebt 446
LOVE LIES BLEEDING
□
TV

**Regie:** William Tannen
**Darsteller:** Paul Rhys (Jonathan Stevens), Emily Raymond (Catherine Winwood), Faye Dunaway (Josephine Butler), Malcolm McDowell (Malcolm Winwood), Wayne Rogers (Abberline), Robert Russell (Edward), Jakub Schwartz (Bremner)
**Drehbuch:** Tony Rush
**Kamera:** Vladimir Smutny
**Musik:** Michal Dvorak
**Prod.:** USA 1998; 87 Min.
**TV:** 7.3.2001, ARD, 0.45

Ein wahnsinniger Frauenmörder, der es nur auf Prostituierte abgesehen hat, macht das Londoner East End des 19. Jahrhunderts unsicher. Aus den eigentümlichen Verstümmelungen der Opfer schließt die Polizei, dass »Jack the Ripper«, wie er sich in einem Bekennerschreiben nennt, medizinische Kenntnisse haben muss. Catherine Winwood, die Verlobte des Starchirurgen Jonathan Stevens, schöpft einen furchtbaren Verdacht.
*Pressetext*

## Jagd auf den Plastiktüten-Mörder 447
***
TV

**Regie:** Markus Bräutigam
**Darsteller:** Cecilia Kunz (Ann-Christin Hagen), Oliver Bootz (Laszlo), Christoph M. Ohrt (Martin Lund), Heiko Senst (Elmar), Detlev Eckstein (Rotter), Peter Prager (Peter Adler), Jenny Gröllmann (Nadja Adler)
**Drehbuch:** Friedrich Ani, Markus Bräutigam
**Kamera:** Hans Grimmelmann
**Musik:** Marcel Barsotti
**Schnitt:** Hedi Altschiller
**Prod.:** BRD 2000; 93 Min.
Doris Zander für teamWorx für RTL
**TV:** 31.1.2001, RTL, 20.15

Der junge Polizist Laszlo ermittelt nach dem Mord an einem homosexuellen Journalisten »undercover« im Schwulenmilieu. Als er auf den schillernden Szenegänger Martin Lund trifft, vermischen sich Beruf und Privatleben. Dabei riskiert Laszlo, jede Sicherheit bezüglich seiner sexuellen Identität sowie die Liebe zu seiner Freundin und Kollegin Ann-Christin zu verlieren.
*Pressetext*

**Kritik:** (…) Nun sind Fernsehfilme, die unter zu viel Ambition leiden, womöglich immer noch sympathischer als solche, die sich durch gar keine Ambition hervortun. Visuell ist das Werk ein ordentliches Routine-Produkt der Bertelsmann-Ufa-Tochter teamWorx, die sich den Ruf erarbeitet hat, dass ihre Filme (»Der Tunnel«, »Die Traumprinzessin«) auch gut aussehen, wenn sie schlecht sind. – Sein Milieu stellt dieser Film ganz gemäß der Tradition des Hauses RTL dar, die sowieso gegen nichts Vorbehalte kennt, was tolerable Quoten bringt. Wie es einmal heißt: Wir schauen alle in denselben Mond, von welchem Ufer auch immer. Der Mond, wie schön. Wie gesagt, visuell ist der Film ganz ordentlich.
*Christian Bartels, SZ, 31.1.2001*

(…) Der Voyeurismus hielt sich zwar in Grenzen, die Spannung allerdings auch. Das Ganze war erstaunlich ordentlich inszeniert, nur die beiden Seifenoper-Stars Kunz & Bootz lavierten sich eher schwächelnd durch ihre Hauptrollen.
*W. O. P. Kistner, AZ, 2.2.2001*

## Jagdgründe des Verbrechens 448
THE LIMBIC REGION
***
TV

**Regie:** Michael Pattinson
**Darsteller:** Edward James Olmos (Lucca), George Dzundza (Lloyd), Roger R. Cross (Brownlee), Gwynyth Walsh (Ann Lucca), Don S. Davis (Chief Payne), Tom McBeath (Fredericks), Stephen E. Miller
**Drehbuch:** Todd Johnson, Patrick Ranahan
**Kamera:** Tobias A. Schliessler
**Musik:** Gary Chang
**Prod.-Des.:** Chris August
**Prod.:** USA 1996; 90 Min.

George Horie, Tom Rowe für MGM TV/ Pacific MPC
**UA:** Showtime Net Works
**TV:** 24.9.2001, ZDF, 22.15

20 Jahre lang jagt Police Detective Lucca erfolglos einen mysteriösen Serienkiller und ruiniert darüber seine berufliche Karriere, sein Familienleben und seine Gesundheit. Kurz vor seinem Tod will der besessene Polizist endlich die Wahrheit erfahren und trifft sich noch einmal mit dem dicklichen Biedermann Lloyd, den er immer in Verdacht hatte, aber nie überführen konnte. Es beginnt ein raffiniertes Katz-und-Maus-Spiel zwischen Jäger und Gejagtem, das erneut mit einer Bluttat endet. *Pressetext*

## Jäger der verlorenen Schädel 449

EIGHT HEADS IN A DUFFEL BAG □
TV

**Regie:** Tom Schulman
**Darsteller:** Joe Pesci (Tommy Spinelli), Andy Comeau (Charlie Pritchett), Kristy Swanson (Laurie Bennett), Todd Louiso (Steve), Dyan Cannon (Annette Bennett), George Hamilton (Dick Bennett), David Spade (Ernie)
**Prod.:** USA 1997; 100 Min.
**TV:** 17.11.2001, Pro7, 20.15

Der Kurier und Mafioso Tommy Spinelli soll einem Gangsterboss die Köpfe von acht seiner Feinde nach Mexiko bringen. Doch leider kommt ihm durch eine Verwechslung die Tasche mit den Schädeln abhanden.

## Die James Gang 450

THE JAMES GANG □
TV

**Regie:** Mike Barker
**Darsteller:** John Hannah (Spendlove James), Helen McCrory (Bernadette James), Jason Flemyng (Frank James), Toni Collette (Julia Armstrong), Darren Brownlie/David Brownlie (Spendlove jr.), Lauren McMurray (Geraldine James), Lauren McCracken (Jessica James)
**Drehbuch:** Stuart Hepburn
**Kamera:** Ben Seresin
**Musik:** Bernard Butler
**Prod.:** GB 1997; 93 Min.
**TV:** 13.5.2001, ARD, 23.35

Kriminalkomödie über eine vierfache, sitzen gelassene Mutter, die zur Räuberin wird und Verständnis bei einer verfolgenden jungen Polizistin findet.

## Jason und der Kampf um das Goldene Vlies 451

JASON AND THE ARGONAUTS ***
TV

**Regie:** Nick Willing
**Darsteller:** Jason London (Jason), Frank Langella (Aertes), Dennis Hopper (Pelias), Derek Jacobi (Phineas), Natasha Henstridge (Hypsipyle), Angus MacFayden (Zeus), Jolene Blalock (Medea)
**Drehbuch:** Matthew Faulk, Mark Skeet
**Kamera:** Sergei Kozlov
**Musik:** Simon Boswell
**Schnitt:** Sean Barton
**Prod.-Des.:** Roger Hall
**Prod.:** USA 2000; 240 Min.
Dyson Lovell für Hallmark Ent.
**UA:** 7.5., 8.5.2000, NBC, jeweils 21.00
**TV:** 7.1./8.1.2001, RTL, 20.15

Wie immer in der griechischen Mythologie geht es um Göttermacht, Liebe, Gier und Schicksal. Nick Willings US-Verfilmung der Argonauten-Sage ist ohne Hollywood-Glätte – die Figuren haben eine archaische Märchen-Naivität: Grimmige Mannsklötze, harte Frauen, Fabeltiere und Zauberei. Romantisch-malerische 120-Mio-Mark-Unterhaltung.
*Ponkie, AZ, 10.1.2001*

## Jazz – A Film By Ken Burns 452

****

**Regie:** Ken Burns
**Darsteller:** Carlie Parker, Max Roach, Thelonius Monk, Kenny Clark, Duke Ellington, Wynton Marsalis, Luis Armstrong
**Drehbuch:** Geoffrey C. Ward
**Kamera:** Ken Burns, Buddy Squires
**Musik:** Jazz, Chopin
**Schnitt:** Paul Barnes, Sandra Marie Christie, Lewis Erskine, Erik Ewers u. a.
**Prod.:** USA 2001; 114 Min.
Ken Burns, Lynn Novick für BBC/Florentine Films/Jazz Film Project/WETA-TV
**Verleih:** Kinoinitiative/-/-, Juni 2001

(...) In unzähligen Ausschnitten aus Film- und Fotoarchiven sowie in Kommentaren ehemaliger und heutiger

Musiker zeigt Burns – mit Ausflügen in den Rest der Welt – den Jazz als Ausdruck des Lebensgefühls der Neuen Welt in der Mitte des 20. Jahrhunderts. *Gerald Jung, Zitty, 21/2001*

## Jeder für sich 453
CHACUN POUR SOI
□
TV

**Regie:** Bruno Bontzolakis
**Darsteller:** Nicolas Ducron (Thierry), Alexandre Carriere (Nicolas), Florence Masure, Dominique Baeyens, Manon Gillard
**Drehbuch:** Bruno Bontzolakis, Melina Jochum
**Kamera:** Miguel Sanchez Martin
**Schnitt:** Matyas Verres
**Prod.:** Frankreich 1998; 105 Min.
Jerome Vidal für Quo Vadis Cinema
**EA:** Filmfest Hamburg 1998
**TV:** 16.7.2001, Arte

Die arbeitslosen Freunde Nicolas und Thierry lernen auf einem Campingplatz am Meer Françoise und Annie kennen. Als sich zwischen Françoise und Nicolas eine Romanze anbahnt, reagiert Thierry mürrisch und abweisend – ein erster Hinweis darauf, dass seine Gefühle für den Freund tiefer sein könnten. Als Françoise und Nicolas zusammenziehen, kommt es zum Bruch zwischen den Freunden. Monate später gibt es ein Wiedersehen. Nicolas ist gealtert und resigniert, weil er noch immer von Françoise's Geld lebt. Thierry verführt ihn zu einem Diebstahl. Françoise, der die Veränderungen ihres Freundes nicht entgangen sind, findet das Diebesgut und zwingt ihn zur Entscheidung …
*Pressetext*

## Jekyll Island – Ohne Ausweg 454
JEKYLL ISLAND
***
Video

**Regie:** Ken DuPuis
**Darsteller:** Don Mogavero (Alex Madison), Olivia Burnette (Savanah Goodyear), Brion James (Lawton Goodyear), Finola Hughes (Ronnie Fredericks), Everett McGill (Dalton Bradford), Phil Morris (Carlton Johnson), John Drew (Dietrich Mueller)
**Drehbuch:** Don Mogavero
**Kamera:** Maz Makani
**Prod.:** USA 1998; 91 Min.
Richard Hull für Artis View/Showtime
**Vertrieb:** MVW Video, 26.4.2001

Meisterdieb mit Professoren-Tarnung hat nach fehlgeschlagenem Coup unangepasste Senatorentochter am Hals. Gemütliche Krimi-Komödie mit spielfreudigen Darstellern und einer halbwegs originellen Story.

## Jenseits 455
****
TV

**Regie:** Max Färberböck
**Darsteller:** Sylvester Groth (Mathias Mund), Ekaterina Medvedeva (Katharina Buchwald), Anja Kling (Elke Mund), Rudolf Kowalski (Heinrich Kranz), Krista Posch (Richterin Keller), Felix N. Bold (Nicolaj Buchwald), Nick Seidensticker (Benny Mund)
**Drehbuch:** Max Färberböck
**Kamera:** Carl-Friedrich Koschnick
**Schnitt:** Benjamin Hembus
**Prod.:** BRD 2000; 107 Min.
Reinhold Elschot für Network Movie für ZDF/Arte
**TV:** 12.2.2001, ZDF, 20.15; 19.1.2001, Arte, 20.45

Das bereits bei Arte beeindruckende Fahrerflucht-Melodram ging von der Schrecksekunde eines Staatsanwalts aus, der ohne Verschulden den Unfalltod eines Kindes verursacht. Kopflos und jenseits aller Vernunft fährt er weg, baut einen zweiten (Blechschaden-)Unfall, vertuscht damit den ersten, verwischt Spuren – und sucht die Nähe der Mutter des toten Kindes. Die verstörte, fast mystisch entrückte Russin wird ihm wichtiger als seine versandende Ehe. Das alles vollzieht sich in einem lähmenden Schweigen, einer nach innen gerichteten Katharsis im Rahmen äußerster Korrektheit. Ein schmerzhafter Prozess der Selbstbetrachtung. *Ponkie, AZ, 14.2.2001*

**Kritik:** (…) Färberböck zeigt mit seinen außergewöhnlich intensiv agierenden Schauspielern in der angeblichen Vertrautheit die verstörende Fremdheit. (…) Färberböcks Filme sollen für die, die sie machen, und für die, die sie sehen, abenteuerliche Reisen ins Leben sein, zu den Menschen. »Jenseits« ist so eine Reise, ist so ein spannender Film.

*Thomas Thieringer, SZ, 19.1.2001*

## Jenseits der Liebe 456

***

TV

**Regie:** Matti Geschonneck
**Darsteller:** Robert Atzorn (Jan Altenberg), Martina Gedeck (Helen Dubbs), Horst Sachleben (Wenzel), Ulrich Matschoss (Werner Vogtländer), Thomas Neumann (Dieter Hanisch)
**Drehbuch:** Hannah Hollinger
**Kamera:** Sebastian Richter
**Musik:** Stephan Zacharias
**Schnitt:** Petra Heymann
**Prod.-Des.:** Bernd Gaebler
**Prod.:** BRD 2001; 89 Min.
Wolfgang Tümler für Eikon für ARD/SWR/Arte
**UA:** 1.7.2001, Filmfest München
**TV:** 13.7.2001, Arte; 26.9.2001, ARD, 20.15

Ein deutscher Professor sucht den Mörder seines Vaters (im Krieg erschossen wegen Befehlsverweigerung bei der Ermordung von Geiseln). Er findet in England die Tochter des Mörders, die aber nichts von ihrem Vater weiß.
Beide entdecken, dass dieser Mann als Mönch in einem englischen Kloster lebt. Und da sich beide ineinander verlieben, ist die heillose Gefühlslage von Rache, Liebesverweigerung, Lüge, Reue, Hass und Familienlast kaum zu durchdringen. Die mystischen Stimmungen werden durch einen geheimnisvollen »Archivar« vollends in bedeutungsschwere Obsession entrückt. Ein Schuld-und-Sühne-Melodram des Zweiten Weltkriegs, suggestiv in der Inszenierung von Menschen und Landschaft, hochrangig besetzt – das bessere Fernsehen im Show-Zirkus.

*Ponkie, AZ, 16.7.2001*

*›Jenseits der Liebe‹*

## Jenseits von Tibet 457

****

**Regie:** Solveig Klaßen
**Darsteller:** Sandra Oxyd, Tschanlung Tulku Ngawang Gelek, Tara Herbener, Geshe Jeshe Namdak, Erich Herbener, Heide Hauer, Dietmar Sonnhof
**Drehbuch:** Solveig Klaßen
**Kamera:** Lutz Reitemeier
**Musik:** Hannes Perkunder
**Schnitt:** Andreas Zitzmann, Gustav Hamos
**Prod.:** BRD 2000; 91 Min.
Carl Ludwig Rettinger für LichtBlick/ DFT für ZDF/Arte
**Verleih:** Salzgeber, OmU/-/-, 10.5.2001
**FSK:** o. A. – **FBW:** Besonders wertvoll

Porträt der Beziehung einer deutschen Punkmusikerin und eines tibetischen Mönchs, die zusammen mit ihrer dreijährigen Tochter in Berlin leben. Asketisch-strenger Dokumentarfilm, der seine dramaturgische Spannung aus der sukzessiven Enthüllung biografischer Hintergründe gewinnt, ohne daraus mehr als eine Skizze fertigen zu wollen. Der den Protagonisten verwandte Gestus der Gelassenheit schränkt zwar das analytische Potenzial des Films ein, vermittelt aber eine offene, weltzugewandte Haltung und Respekt vor ungewöhnlichen Lebensentwürfen.

*Josef Lederle, Film-Dienst, 10/2001*

**Kritik:** (…) Ein Herzstück dieser Dokumentation, die Fremdenhasser und andere Intolerante ganz unaufdringlich beschämen kann, ist Sandras und Taras Reise nach Tibet, zu Geleks Nomadenfamilie. Am Monitor einer heimlich mitgeführten DV-Kamera sieht der alte Vater die Grußbotschaft des verlorenen Sohnes, der nicht mehr nach Tibet darf. Und spricht ihm selbst nach scheuem Zögern (»Ich bin zu alt für solche Dinge«) vor der Kamera Mut und Trost zu.

*Angie Dullinger, AZ, 6.9.2001*

(...) Fremder könnten die Kulturen kaum sein, die hier aufeinander treffen: hier die quirlige und etwas exaltiert wirkende Großstadtpflanze Sandra, die sich auch auf Tibetisch fließend verständigen kann, dort der ruhige, gelassene, aber oft auch sehr unsichere ehemalige Bettelmönch. In seinen besten Momenten vermittelt der Film viel von der Fremdheit, die Gelek auch nach drei Jahren in Deutschland noch in den Knochen steckt. Doch »Jenseits von Tibet« dreht diese Situation auch um: Sandra und das Filmteam reisen zu Geleks Familie nach Tibet. Ein anrührenderes Plädoyer für den Film als Mittel der Verständigung kann man sich kaum denken als die Szene, in der Geleks Vater seinem in Tibet nicht erwünschten Sohn einen Gruß in die Videokamera spricht.

*Stuttgarter Zeitung, 10.5.2001*

(...) Die Regisseurin, eine Absolventin der Berliner Filmakademie, war von dieser Beziehung offenbar so fasziniert, dass sie den Motiven der beiden Ehepartner nicht wirklich auf den Grund gehen wollte und auch die seltsam irreale Atmosphäre dieser Ehe nicht analysiert. Dabei geht Sandra dem Zuschauer mit ihrer Selbstdarstellung zunehmend auf die Nerven. Und Gelek, der in der Berliner Fußgängerzone versucht, seine früheren Aktivitäten neu zu beleben, bleibt ziemlich rätselhaft. Rätselhaft bleibt auch ihr gemeinsames Kind, das die Verbindung dieser beiden Welten – und deren Spannungen – schließlich verkörpert. So fragt Gelek einmal seine dreijährige Tochter: »Willst du einmal von den Geiern gefressen werden wie in Tibet oder lieber bestattet werden?«

*Martina Knoben, SZ, 11.9.2001*

## Jesus' Son 458

JESUS' SON ****+

**Regie:** Alison Maclean
**Darsteller:** Billy Crudup (FH), Samantha Morton (Michelle), Denis Leary (Wayne), Jack Black (Georgie), Will Patton (John Smith), Greg Germann (Dr. Shanis), Holly Hunter (Mira)
**Drehbuch:** Elizabeth Cuthrell, David Urrutia, Oren Moverman, nach Kurzgeschichten von Denis Johnson
**Kamera:** Adam Kimmel
**Musik:** Joe Henry; Randall Poster
**Schnitt:** Geraldine Peroni, Stuart Levy
**Prod.-Des.:** David Doernberg
**Prod.:** Kanada/USA 1999; 107 Min.
Lydia Dean Pilcher, Elizabeth Cuthrell, David Urrutia; Margot Bridger (Co-Prod.) für Alliance Atlantis/Blue Sky/Evenstar
**UA:** 5.9.1999, Telluride Film Festival
**Verleih:** Arthaus/polyfilm/Xenix, 24.5.2001
**Vertrieb:** Arthaus Video, Titel »Fuckhead« (Video, DVD)
**FSK:** ab 12 J., ffr.

Zauberhaft, wie die Neuseeländerin Alison Maclean in ihrem zweiten Spielfilm Stile und Genres mischt. Aus den Episoden von Denis Johnson, die Anfang der 90er-Jahre unter dem Titel »Jesus' Son« erschienen sind, entsteht ein grimmiges und gleichzeitig berührendes Bild von Drogenabhängigkeit, schwarzem Humor und Heilungswunder. *Film, 3/2001*

**Kritik:** (...) Die Unterteilung in Kapitel kann hier nur als ironisches Aperçu verstanden werden, denn es wimmelt vor dramaturgischen Klammern und Sprüngen in Handlung und Zeit, von Sequenzen, die angefangen, abgebrochen und dann fortgesetzt werden. Diese assoziative Struktur deckt sich hier mit dem Sujet: einem Leben im Rausch, losgelöst von Konventionen. (...)

*W. O. P. Kistner, AZ, 23.5.2001*

(...) Aus der Perspektive des Ich-Erzählers beleuchtet sie (die Regis-

*Billy Crudup*

seurin, d. R.) eine Drogenkarriere, sehr unterhaltsam, dabei aber keineswegs verklärend. Vor allem jedoch zeichnet sie facettenreich Verhaltensmuster nach, die spießiger Erziehung entspringen und wieder Spießer erziehen. *Peter Claus, Zitty, 11/2001*

(...) Elend, Dreck, Kotze, Blut und Spritzentod – nein, die einfachen Bilder verweigert uns dieser Film. Fuckhead macht in diesem Rückblick auf die Siebziger nicht die große Selbstzerstörung durch, er steht eher am Rand des Abgrunds, er schwankt und taumelt und balanciert wackelig vor sich hin. Dies ist ein Film, der sich behutsam und mit dunkler Komik dem Phänomen des Aussteigens nähert. (...) *Thomas Klingenmaier, Stuttgarter Zeitung, 23.5.2001*

(...) Dennoch entwickelt der zweite Film der Neuseeländerin Alison Maclean ein über weite Strecken sicheres Gespür für die Notwendigkeit emotionaler und politischer Unkorrektheit. Die Absurdität, die FH's Sucht produziert, reißt die Geschichte zwar bisweilen in den Abgrund einer morbide blödelnden Trash-Performance, verhindert aber andererseits die weitaus fatalere Perspektive filmischer Sozialarbeit. (...)

*Heike Kühn, FR, 26.5.2001*

## Jin Roh 459

JIN-ROH ****

**Regie:** Hiroyuki Okiura; Kenji Kamiyama (Animationsregie)
**Drehbuch:** Mamoru Oshii
**Kamera:** Hisao Shirai
**Musik:** Hajime Mizoguchi
**Schnitt:** Shuichi Kakesu
**Prod.-Des.:** Hiromasa Ogura
**Prod.:** Japan 1998; 102 Min.
Tsutomu Sugita, Hidekazu Terakawa für Bandai Visual
**EA:** 18.2.1999, Int. Filmfestspiele Berlin, »Panorama«
**Verleih:** REM,OmU/-/-, 8.11.2001
**FSK:** ab 16 J., ffr. – **FBW:** Wertvoll

Vor dem Hintergrund politischer Machtkämpfe zwischen konkurrierenden Polizeieinheiten in Tokio wird eine tragische Liebesgeschichte entwickelt: Traumatisiert durch die Selbstmordaktion einer minderjährigen Terroristin, leidet ein Elitekrieger an Gewissensbissen, die durch eine Romanze mit der Schwester des Opfers noch verstärkt werden. Um die emotionale Wirkung dieses Zeichentrick-Thrillers zu erhöhen, verzichtete Regisseur Hiroyuki Okiura weitgehend auf Computeranimation und arbeitete mit handgemalten Bildern.

*Ralph Umard, tip, 23/2001*

**Kritik:** (...) Für Manga-Fans (und die, die es werden wollen) ist »Jin-Roh« absolut sehenswert. Was nicht nur an der einfallsreichen Animation liegt, sondern auch an der Handlung, die den richtigen Ton zwischen Action und Romantik trifft. Dieser düstere, bittersüße Mix aus Polizeithriller und Love Story offenbart eine Tiefgründigkeit, wie man sie sonst so aus Manga-Filmen nicht kennt.

*Albert Baer, Rheinische Post, 10.11.2001*

## Joe Dreck 460

JOE DIRT ***+

**Regie:** Dennie Gordon
**Darsteller:** David Spade (Joe Dreck), Brittany Daniel (Brandy), Christopher Walken (Clem), Erik Per Sullivan (Joe Dreck als Achtjähriger), Dennis Miller (Zander Kelly), Kid Rock (Robby), Adam Beach
**Drehbuch:** David Spade, Fred Wolf
**Kamera:** John R. Leonetti
**Musik:** Waddy Wachtel
**Schnitt:** Peck Prior
**Prod.-Des.:** Perry Andelin Blake
**Prod.:** USA 2001; 90 Min.
Robert Simonds; Ira Shuman (Co-Prod.) für Happy Madison
**Verleih:** Columbia Tristar/dto./-, 24.5.2001
**Vertrieb:** Columbia TriStar Video (Video, DVD)
**FSK:** ab 6 J., ffr.

Trailerpark, Prolo-Frisuren, Fast Food und McJobs: Alle Zutaten für eine satirische Betrachtung amerikanischer White-Trash-Verhältnisse sind vorhanden, doch Dennie Gordons Komödie »Joe Dreck« verkocht sie alle zum faden Fäkalienbrei. Joe Dreck, ausgesetztes Kind mit einer Vorliebe für Schmutz jeder Art, macht sich auf die Suche nach seinen Wurzeln und begegnet hierbei allerlei skurrilen Gestalten. Darunter Christopher Walken als Hausmeister und Rüpel-Rocker Kid Rock als Drecks Rivale. Doch Amerika wäre nicht Amerika, wenn es zum Schluss nicht auch für den Loser Dreck ein Happy End gäbe, samt langbeiniger Blondine und Hund als Dreingabe. *tip, 11/2001*

**Kritik:** Um den vermeintlich schlechten Publikumsgeschmack zu treffen, unterbietet sich Hollywood weiterhin im Niveau, was man eine Leistung nennen kann. Hier berichtet ein Totaltrottel mit Toupet, der hinter dem Mikro einer Radio-Talkschow landet, von seinem bewegten Leben. (...) Hört sich explosiv an, ist aber leider nur saudoof. Jenseits jeglicher Gürtellinien und Geschmacksgrenzen siedelte Dennie Gordon seine Primitiv-Inszenierung an. Eine Überdosis an Fäkal- und Zoten-Humor, die manchem auf Magen und Hirn schlagen dürfte. Der Filmtitel trägt ein Wort zu viel. Das erste ist es nicht.

*W. O. P. Kistner, AZ, 26.5.2001*

(...) Was hält einen also davon ab, diesem Film das Etikett »unter aller Sau« aufzukleben? Nun, irgendwie mag dieser Film seinen Helden, auch wenn er ihn oft mit Häme behandelt. Und irgendwo in diesem großen Haufen fauler Scherze steckt eine echte Sehnsucht. Wäre es nicht schön, so fragt dieser Film, wenn auch ein solcher Prototyp des »White Trash«-Proleten in Amerika angenommen würde? Und das so, wie dieser Joe eben ist: ohne Manieren, aber mit einem großen, guten Herzen.

*Rupert Koppold, Stuttgarter Zeitung, 23.5.2001*

(...) Etwas für Dumpfbacken-Humorfetischisten und solche, die es werden wollen. Aber eben nur für die.

*Gerald Jung, Zitty, 11/2001*

## Jonathans Liebe 461

*** TV

**Regie:** Zoltan Spirandelli
**Darsteller:** Maria Simon (Nina), Benjamin Sadler (Jonathan Feuerbach), Thomas Scharff (Christoph Feuerbach), Robin Grubert (Robin), Christel Peters, Nicole Ueckermann
**Drehbuch:** Axel Plogstedt
**Musik:** Robin Grubert
**Prod.:** BRD 2001; 91 Min.
**TV:** 13.11.2001, SAT.1, 20.15

Die Neigung zu Behindertenschnulzen greift zwar um sich, aber die Spekulation auf »Spasti«-Sex wird hier immerhin gebremst durch eine vernünftige Geschichte: Der Film holt einigen Sarkasmus aus dem kaltschnäuzigen Milieu der Zielgruppen-Musikbranche, in der eiskalt »Stars« aufgebaut und »Fan«-Gemeinden gezüchtet werden. Der Gemischtwarenhandel mit Gefühlen floriert und das Plattenfirmen-Großmaul Christoph gibt die Erfolgstexte seines seit einem Unfall spastisch gelähmten Bruders

Jonathan als die seinen aus. Beide sind verliebt in die Musikmanagerin Nina – und damit nehmen die Peinlichkeiten ihren Lauf. (...) Ein freundlicher Beziehungskitsch auf kleiner Flamme – oberflächlich, aber ordentlich gemacht. *Ponkie, AZ, 15.11.2001*

**Kritik:** (...) Nichts gegen Emotions-Fernsehen für Bravo-Leser und sich redlich mühende (Nachwuchs-)Darsteller wie Benjamin Sadler, Maria Simon und Thomas Scharff, aber derart schlicht hätte das Ganze nun wirklich nicht ausfallen dürfen.
*FR, 13.11.2001*

## Die Jönsson-Bande – Charles-Ingvars neuer Plan 462

LILLA JÖNSSONLIGAN – PA STYVA LINAN ****

**Regie:** Christjan Wegner
**Darsteller:** Kalle Eriksson (Charles-Ingvar »Sickan« Jönsson), Jonathan Flumée (Ragnar Vanheden), Fredrik Glimskär (Harry Kruth), Jonna Sohlmer (Doris), Anders Öström (Junior), Mats Wennberg (Biffen), Robert Gustafson (die »lebende Kanonenkugel«)
**Drehbuch:** Christjan Wegner, Björn Carlström
**Kamera:** Henrik Gyllenskiöld
**Musik:** Christer Sandelin
**Schnitt:** Sigurd Hallman
**Prod.:** Schweden 1997; 100 Min.
Joakim Hansson, Björn Carlström für Spice/Tonefilm & M&J/Sandrew/ Filmhusateljèerna/TV4/TV 1000 Sino Pacific Asset Management
**Verleih:** AFM/-/-, 25.1.2001
**FSK:** o. A., ffr.

Im zweiten Teil der Jönsson-Saga muss Charles-Ingvar sein kluges Köpfchen besonders anstrengen, um einen Plan zu schmieden. Eigentlich wollen die drei Jungs von der Jönsson-Bande nur eine Zirkusvorstellung sehen. Doch das klappt nicht so wie geplant. Charles-Ingvar landet in der Villa eines reichen Fabrikdirektors und ahnt nicht, dass dort auch die Zirkusartisten auf Beutejagd sind. Bei der überstürzten Flucht aus dem Haus steckt er versehentlich seinen Kopf in die Geburtstagstorte von Junior, dem Erzfeind der Jönssons. Damit fängt das ganze Schlamassel an. Die Räuber haben es auf die Jönsson-Bande abgesehen, aber Charles-Ingvar hat einen neuen Plan – Manege frei für eine wilde Verfolgungsjagd. *tip, 2/2001*

## Josephine 463

☐

**Regie:** Rajko Grilic
**Darsteller:** Giancarlo Esposito, Miroslav Vladyka, Maria Schrader, Andrea Bozo
**Drehbuch:** Koraljka Mestrovic
**Kamera:** Slobodan Trinic
**Prod.:** BRD/GB 2000;
Thomas Häberle, Dan Maag, Christian Becker für Becker & Häberle/MBP/Birdie/ Indigo/Pantera
**Verleih:** Senator/-/-, noch nicht gestartet

Ein Sohn sucht die von seinem Vater verehrte Josephine Baker. Er landet auf der Reeperbahn in Hamburg, wo er eine Tänzerin als Freundin findet.

## Josie and the Pussycats 464

JOSIE AND THE PUSSYCATS ***

**Regie:** Harry Elfont, Deborah Kaplan
**Darsteller:** Rachael Leigh Cook (Josie McCoy), Tara Reid (Melody Valentine), Rosario Dawson (Valerie Brown), Parker Posey (Fiona), Alan Cumming (Wyatt Frame), Paulo Costanzo (Alexander Cabot), Missi Pyle (Alexandra Cabot)
**Drehbuch:** Harry Elfont, Deborah Kaplan, nach Charakterstudien in den Archie Comics
**Kamera:** Matthew Libatique
**Musik:** John Frizzell
**Schnitt:** Peter Teschner, Gabriel Wrye
**Prod.-Des.:** Jasna Stefanovich
**Prod.:** USA/Kanada 2001; 98 Min.
Tracey Edmonds, Chuck Grimes, Marc Platt, Tony DeRosa-Grund; Grace Gilroy (Co-Prod.) für Riverdale/Marc Platt Prod.
**Verleih:** 20th Century Fox/-/-, 23.8.2001
**FSK:** ab 6 J., ffr.

Josie und die anderen beiden Riverdaler Zuckerpuppen Val und Melody spielen sich mit sauberem Bubblegum-Punk erfolglos die Finger wund. Bis plötzlich der undurchschaubare Musikmanager Wyatt auftaucht und Josie plus Kätzchen zu den neuen

Stars am Teeniebopper-Himmel macht. Ein herziges, quietschrosafarbenes Satirchen: das, was herauskommt, wenn man »Clueless«, »Spice World«, Videoclip-Ästhetik und ein paar richtig gute Gags zusammenschüttelt. Ach, und übrigens: Alan Cumming ist der neue Tim Curry!

*Jenni Zylka, tip, 17/2001*

**Kritik:** (…) Alles andere in diesem Film, der eine Satire auf das Musikbusiness sein will, ist einfach nur dümmlich. Eine Comicverfilmung sollte es werden. Herausgekommen sind kitschig überzeichnete Charaktere und eine Kameraführung, die sich verzweifelt darum bemüht, den Film wie eine Sendung auf MTV erscheinen zu lassen.

*Stuttgarter Zeitung, 25.8.2001*

(…) Wer sich das dröge Drehbuch zu diesem Filmchen aus den Fingern gesaugt hat, sollte Schreibverbot bekommen. Herausgekommen ist nur eine Klamotte, die alle kritischen Ansätze im Keim erstickt und mit schrillem Klamauk die Geschmacksnerven des Betrachters strapaziert. Mögen die Girls noch so nett aussehen, die Dumpfbackeneinlagen von Tara Reid amüsieren: Bei dieser Pop-Posse kommt man nicht in Stimmung.

*Albert Baer, Rheinische Post, 31.8.2001*

## Jour de nuit 465

□

**Regie:** Dieter Fahrer, Bernhard Nick
**Darsteller:** Peter Bergmann, Monie Meziane, Bruno Netter, Teatro Gioco Vita
**Drehbuch:** Dieter Fahrer, Bernhard Nick; Nicolas Humbert, Simone Fürbringer (künstlerische Mitarbeit)
**Kamera:** Dieter Fahrer
**Musik:** Werner Aeschbacher, Martin Hägler, Bernhard Nick, Victoria Givre
**Schnitt:** Maya Schmid
**Prod.:** Schweiz/Frankreich/Italien 2000; 84 Min.
Balzli & Fahrer/La Compagnie du Troistème Oeil/Teatro Gioco Vita/SF DRS/SWR/Arte
**Verleih:** -/-/Look now!, März 2001

Eine Reise ins Licht: In ihrem assoziativen Filmessay befassen sich die beiden Berner Filmemacher nicht nur mit dem Phänomen, das jedes Filmbild »zeichnet«, sondern mit Wahrnehmung in einem umfassenden Sinn. Dementsprechend sinnlich ist ihr feinfühlig fotografierter, sehr musikalischer und von der Sehnsucht nach einer Ganzheit im Erleben bewegte Film, in dessen Zentrum die fragmentarischen Porträts eines sehenden Landschaftsmalers und zweier erblindeter Schauspieler stehen.

## Joyride – Spritztour 466

JOY RIDE ***

**Regie:** John Dahl
**Darsteller:** Paul Walker (Lewis), Steve Zahn (Fuller), Leelee Sobieski (Venna), Jessica Bowman (Charlotte), Stuart Stone (Danny), Basil Wallace, Brian Leckner
**Drehbuch:** Clay Tarver, J. J. Abrams
**Kamera:** Jeffrey Jur; David Boyd (2nd unit)
**Musik:** Marco Beltrami
**Schnitt:** Eric L. Beason, Glen Scantlebury, Scott Chestnut, Todd E. Miller
**Prod.-Des.:** Rob Pearson
**Prod.:** USA 2001; 97 Min.
J. J. Abtamis, Chris Moore für New Regency/Bad Robot/Live Planet/Epsilon Motion
**Verleih:** 20th Century Fox/-/-, 27.12.2001
**FSK:** o. A., ffr. – **FBW:** Wertvoll

Ein psychopathischer Trucker terrorisiert einige junge Leute auf ihrer Autoreise quer durch die USA, nachdem sie sich mit ihm einen blöden Scherz erlaubt haben. Leider ist das auch schon die einzige Idee dieses Thrillers, in dem die Malträtierten dem Geheimnis ihres gesichtslosen Peinigers nie auch nur einen Schritt näher kommen. Während sich die Figuren ständig in Bewegung befinden, tritt die Dramaturgie erstaunlicherweise auf der Stelle. Was bleibt, ist zumindest eine spannende Szene, in der Regisseur John Dahl auf den Spuren Hitchcocks eine falsche Fährte legt und virtuos mit den Erwartungen der Zuschauer spielt. *tip, 26/2001*

**Kritik:** (…) Regisseur John Dahl kopiert nun von Spielberg nur die Gesichtslosigkeit des Rächers, zeigt aber die Vorgeschichte der Verfolgung. Damit wird aus einem existenzialistischen ein klassischer Horror-Film.
So eskaliert ein harmloser Streich zur tödlichen Bedrohung. Spannung und Panik erzeugt zusätzlich, dass Lewis und Fuller vor einer Person fliehen, die sie auch als Stimme über das Funkgerät verfolgt und das Gefühl ständiger Beobachtung und Gefahr verdichtet. So ist »Joyride« ein psychologisch einfacher, aber spannender Höllentrip.

*Eva Rüttgers, AZ, 27.12.2001*

## Jud Süß – Ein Film als Verbrechen

467
***
TV

**Regie:** Horst Königstein
**Darsteller:** Axel Milberg (Veit Harlan), Esther Hausmann (Kristina Söderbaum), Florian Martens (Staatsanwalt Kramer), Siegfried Kernen (Richter Tyrolf), Christoph Bantzer (Verteidiger Zippel), Wolf-Dietrich Berg (Rechtsanwalt Wandschneider), Johannes Silberschneider (Josef Goebbels)
**Drehbuch:** Horst Königstein, Joachim Lang
**Kamera:** Udo Franz
**Prod.:** BRD 2000; 90 Min.
**TV:** 4.10.2001, ARD, 23.00

Ein Star des »Dritten Reichs« steht 1949 in Hamburg vor Gericht: der Regisseur Veit Harlan. Er ist angeklagt, mit einem Film ein Verbrechen gegen die Menschlichkeit begangen zu haben. Im Gewand der historischen Erzählung hetzte »Jud Süß« perfide gegen die Juden. 20 Millionen Deutsche sahen den Film, für SS-Leute, Polizisten, KZ-Schergen gehörte er zum Pflichtprogramm. Harlan machte Karriere. Vor Gericht lehnt er jede Verantwortung ab und verweist auf die Macht des diabolischen Drahtziehers Goebbels als »Schirmherr des deutschen Films«. (…)

*Pressetext*

## Julietta

468
****+

**Regie:** Christoph Stark
**Darsteller:** Lavinia Wilson (Julietta), Barnaby Metschurat (Max), Matthias Koeberlin (Jiri), Anne Ratte-Polle (Maria), Sibylle Caconica (Mutter), Uwe Kokisch (Vater), Julia Jentsch (Nicole)
**Drehbuch:** Jochen Bitzer, Christoph Stark, nach der Novelle »Die Marquise von O.« von Heinrich von Kleist
**Kamera:** Jochen Stäblein
**Musik:** Ballistic Affair
**Schnitt:** Sandy Saffeels
**Prod.-Des.:** Josef Sanktjohanser
**Prod.:** BTD 2001; 100 Min.
Bettina Reitz, Nico Hofmann; Sascha Schwingel (Producer) für teamWorks mit ZDF/Arte/UFA
**Verleih:** teamWorx/-/-, 6.9.2001
**Vertrieb:** BMG Video (Video, DVD)
**FSK:** ab 16 J., ffr.
**FBW:** Wertvoll

Ein gewagtes Thema hat sich Christoph Stark für seinen ersten langen Kinospielfilm ausgesucht: Ein junger Mann schläft in der Morgendämmerung nach der Love-Parade mit einem wunderschönen Mädchen. Die Sache hat nur einen Haken, sie ist bewusstlos, mit einem anderen befreundet und wird dabei schwanger. Auftakt zu einer sehr ungewöhnlichen Beziehungsgeschichte und dramatischen Auseinandersetzungen.

*Margret Köhler, Blickpunkt Film, 32/2001*

*Lavinia Wilson und Barnaby Metschurat*

**Kritik:** (...) eine bizarre Ausgangssituation ist das, zu der Kleists »Die Marquise von O.« die Idee geliefert hat. Für den Rest des Films schwankt Julietta zwischen dem sanften Max, der sie geschwängert hat, und dem rüpelhaften Jiri. Finanzielle Probleme sorgen für Konflikte. Starks Film wirkt trotz Techno-Musik und idealisierter Hinterhof-Romantik nie oberflächlich, denn die Darsteller haben nichts mit ihren Soap-Opera-Kollegen gemein. Matthias Koeberlin beeindruckt durch kraftvolles Spiel. Die Nachfolge von Götz George und Ben Becker ist gesichert. *Frank Noack, Rheinische Post, 7.9.2001*

(...) Für Julietta wird die zweite Berlin-Reise vielmehr ein Abschied von der Jugend. Und es hat den Anschein in Starks interessantem, aber nicht ganz gelungenen Film, als sei die draufgängerische Jugend gleichzusetzen mit Kino-Melodram, der Eintritt ins vernünftige Erwachsenenalter dagegen mit einer TV-Soap. *Hans Schifferle, SZ, 6.9.2001*

*Lavinia Wilson und Matthias Koeberlin in ›Julietta‹ von Christoph Stark*

(...) Der bisher mit Werbe- und Kurzfilmen und dem Drehbuch zu Dana Vávrovás Kinderfilm »Der Bär ist los« bekannt gewordene Christoph Stark ist gleich mit seiner ersten Spielfilm-Regie das Wagnis eingegangen, aus einer unabwägbaren Situation heraus seine Geschichte zu entwickeln. Denn die Love-Parade nachzuinszenieren, dazu reichte das Budget des Films natürlich nicht. Also musste während der tatsächlichen Veranstaltung inszeniert werden. Sechs Kameras waren im Einsatz – und so entwickelt der Film in der Eröffnungssequenz eine fast dokumentarisch wirkende Dynamik. Leider verpufft diese Wirkung dann sehr schnell, als sich die Geschichte zu einer Dreiecks-Beziehungskiste entwickelt, weil das Drehbuch im Detail dann doch etwas schludrig arbeitet und die eine oder andere Wendung wenig glaubhaft entwickelt. (...)
*Rolf Rüdiger Hamacher, Filmecho-Filmwoche, 34/2001*

(...) So einfach konstruiert, wie das Ganze sich anhört, ist dieser fatal an den Kleist-Klassiker »Die Marquise von O.« erinnernde Film nun doch nicht. Die Verbindung von Vergewaltigung und Liebesgeschichte wird sensibel angegangen, zudem vermittelt der Film sehr verschiedene Berlin-Eindrücke. Techno-Fans dürften allerdings zu kurz kommen, denn die Love-Parade dient hier nur als Fassade. »Julietta« ist gute Unterhaltung mit viel Herzschmerz, aber ganz ohne Schnulzenfaktor. *Zitty, 19/2001*

**Interview:** *Was ist für Sie das Wichtigste für einen guten Film?*

Das Drehbuch, die Schauspieler und eine lange, lange Vorbereitung. Um ein gutes Drehbuch zu schreiben, sollte man ein Jahr Zeit haben. Alle Details müssen stimmen. Das Problem ist, dass diese Zeit nicht bezahlt wird und man sie sich deshalb kaum leisten kann. Ich brauche wenigstens vier bis fünf Wochen Vorbereitungszeit mit meinem Kameramann und den Darstellern, zwei Wochen bekomme ich normalerweise. Bei »Julietta« ging es ganz gut, fast ein halbes Jahr habe ich mit dem Kameramann vorbereitet, dann vor Drehbeginn vier Wochen mit Lavinia Wilson und zwei Wochen mit Barnaby Metschurat und Matthias Koeberlin. Wir haben jede Szene durchgeprobt, das ist super, weil man die Auflösungen genau durcharbeiten kann und so den emotionalen Bogen für das Ganze kriegt.

*Christoph Stark im Interview mit Frauke Hanck, Blickpunkt Film, 36/2001*

## Jurassic Park III 469

JURASSIC PARK III ***

**Regie:** Joe Johnston
**Darsteller:** Sam Neill (Dr. Alan Grant), Tea Leoni (Amanda Kirby), William H. Macy (Paul Kirby), Laura Dern (Dr. Ellie Sattler), Mark Harelik (Ben), Julio Oscar Mechoso (Enrique), Trevor Morgan (Eric Kirby)
**Drehbuch:** Peter Buchman, Alexander Payne, Jim Taylor, nach Charakteren von Michael Crichton
**Kamera:** Shelly Johnson
**Musik:** John Williams (Originalthemen), Don Davis
**Schnitt:** Robert Dalva
**Prod.-Des.:** Ed Verreaux
**Prod.:** USA 2001; 92 Min.
Kathleen Kennedy, Larry Franco für Amblin Ent.
**Verleih:** UIP/UIP/UIP, 2.8.2001
**FSK:** ab 12 J.

Nach den schrecklichen Erfahrungen mit den monströsen Urviechern wollte Dr. Alan Grant eigentlich nie mehr einem Dino in die Augen sehen. Doch jetzt wird er erneut dazu gezwungen. Denn ein Kind geht auf der Insel Sorna verloren, und wenn einer es retten kann, dann der leicht unterbeschäftigte Paläontologe. Dieses dritte Abenteuer von Steven Spielbergs Dino-Saga ist das harmloseste. Spannung kommt selten auf, trotz all den spektakulär wieder belebten Flug-, Unterwasser- und Spinosauriern. Sympathisch Sam Neill, verschmitzt William H. Macy in den Hauptrollen.

*Film, 8/2001*

*Nochmal Dinos in ›Jurassic Park III‹*

**Kritik:** (...) »Jurassic Park III«, kein Zweifel, ist ein mieser Film. Aber mittendrin stapfen eben doch imposante Dinos umher. Und wer seine Wahrnehmung noch nicht ganz und gar beschleunigt und seine Fähigkeit zum Staunenkönnen noch nicht dem allzu raschen Überdruss ausgeliefert hat, der wird über die Aufrufung einer versunkenen Welt noch staunen können. (...)

*Thomas Klingenmaier, Stuttgarter Zeitung, 2.8.2001*

(...) Na ja, sonst ist der Film ganz in Ordnung. Den dritten Teil von Spielbergs Dinotrilogie schaut man sich etwa so gelassen an wie den neuesten Bond. Viel kann einen da in der ewigen Wiederkehr des Gleichen auch nicht mehr überraschen. (...)

*Sebastian Feldmann, Rheinische Post, 3.6.2001*

**Interview:** *Mr. Winston, die Computertechnik hat enorme Fortschritte gemacht – fühlen Sie sich mit den mechanischen Effekten, die Sie zum Film beisteuern, nicht manchmal selbst als Saurier, der vom Aussterben bedroht ist?*

Nein, nie. Die Entwicklung der Computertechnologie kommt der Animatronik entgegen, beide Technologien befruchten sich gegenseitig. Das sind parallele Weiterentwicklungen. In »Jurassic Park III« gibt es ungefähr doppelt so viele Dinosaurier-Szenen wie in den ersten beiden Filmen zusammen, aber wir haben auch viel mehr mechanische Effekte als früher. Die Effekte lassen sich heute viel besser miteinander verbinden, ihre Übergänge sind fließend geworden. Das erhöht den Realismus.

*Stan Winston im Interview mit Frank Arnold, SZ, 3.8.2001*

## Just Visiting 470

JUST VISITING ***+

**Regie:** Jean-Marie Gaubert
**Darsteller:** Jean Reno (Thibault), Christina Applegate (Rosalind/Julia), Christian Clavier (Andre), Matthew Ross (Hunter), Tara Reid (Angelique), Bridgette Wilson-Sampras (Amber), John Aylward (Byron)
**Drehbuch:** Christian Clavier, Jean-Maire Poiré, John Hughes, nach dem Roman »Les Visiteurs« von Jean-Maire Poire, Christian Clavier
**Kamera:** Ueli Steiger, Buzz Feitshans IV (2nd unit)
**Musik:** John Powell
**Schnitt:** Michael A. Stevenson
**Prod.-Des.:** Doug Kraner
**Prod.:** Frankreich/USA 2001; 87 Min. Patrice Ledoux, Ricardo Mestres für Hollywood Pic. mit Gaumont
**Verleih:** Highlight/Einhorn/-, 26.7.2001

Ein mittelalterlicher Ritter landet durch einen falsch gemixten Zaubertrank versehentlich im Chicago des Jahres 2000. Das Drehbuch verlässt sich auf Komplikationen und Gags, die sich aus dieser Situation ergeben, Letztere sind aber oft nicht einmal lustig; die Kulissen werden als solche erkennbar, ein unreflektiert für Lacher ausgebeutetes Sklavenverhältnis ist ärgerlich. *Alrun Fichtenbauer, Multimedia (Die Furche), 13.9.2001*

**Kritik:** Es gibt eine unheilige amerikanische Tradition, nicht nur keine ausländischen Filme sehen zu wollen, sondern andernorts erfolgreiche Ideen kurzerhand noch einmal komplett neu zu verfilmen. Auf Amerikanisch. So verwandelten sich Kurosawas »Die Sieben Samurai« in den Western »Die glorreichen Sieben«, so wurde aus der »Frau in Rot« die »Woman in Red«, und jetzt ist aus dem französischen Ritter-Zeitreise-Klamauk »Die Besucher (»Les Visateures«) auf wundersame Weise »Just Visiting« geworden. Und das landet als Reimport wieder in den europäischen Kinos. (...)
Leider sind in der US-Version (am Drehbuch schrieben außer Clavier und Ur-Regisseur Jean-Marie Poire und Schnulzenregisseur John Hughes mit) die bissigsten Szenen – vor allem die klassenkämpferischen Späßchen – radikal unter den Tisch gefallen. Dafür wurde Christina Applegate eingebaut – die ist den Amis allemal zuzumuten. *Gerald Jung, Zitty, 16/2001*

## K.AF.KA Fragment 471

□

**Regie:** Christian Frosch
**Darsteller:** Lars Rudolph, Ursula Ofner
**Drehbuch:** Christian Frosch, nach Briefen von Franz Kafka
**Kamera:** Johannes Hammel
**Musik:** VOOV
**Schnitt:** Christian Frosch
**Prod.-Des.:** Annette Deutschmann
**Prod.:** Österreich/BRD/Schweiz 2000; 85 Min.
Johannes Hammel für Hammel Film/ Konrad/Froschfilm
**UA:** 27.1.2001, Int. Filmfestspiele Rotterdam, »Main Program«
**EA:** 23.11.2001, Stuttgart, Akademie Schloss Solitude

Basierend auf Briefen Franz Kafkas an F. erzählt der Film von der Liebe, vom Schreiben und von der Unmöglichkeit der filmischen Übersetzung literarischer Strukturen. Für Christian Frosch dient der Briefwechsel als »Steinbruch kafkaesker Motive und Versuchsanordnungen«, in denen die Briefpartner immer mehr zu literarischen Figuren werden. *Pressetext*

**Interview:** »Da ich den Briefverkehr Kafkas als literarische Form, genau wie etwa seine Tagebücher, begreife, war es mir wichtig, aus K. und F. Figuren zu machen, also weder in Aussehen, Zeit, Milieu den überlieferten Bildern zu folgen, sondern die Geschichte sowohl in der Vergangenheit als auch in der Gegenwart anzusiedeln – in einer pur filmischen Zeit.«
*Christian Frosch*

## Kadosh 472

KADOSH ****

**Regie:** Amos Gitai
**Darsteller:** Yael Abecassis, Yoram Hattab, Meital Barda, Uri Ran Klauzner, Sami Hori, Youssef Abou Warda
**Drehbuch:** Amos Gitai, Eliette Abecassis, Jacky Cukier
**Kamera:** Renato Berta
**Musik:** Philippe Eidel
**Schnitt:** Kobi Netanel, Monica Coleman
**Prod.:** Israel/Frankreich 1999; 110 Min.
Agav Hafakot für M.P./Studio Canal+
**Verleih:** Pegasos, OmU/-/Frenetic, 19.7.2001

Die Schwestern Rivka und Malka wohnen in Mea Shearim, dem ultraorthodoxen Viertel von Jerusalem. Beide sind Außenseiterinnen der religiösen Gemeinschaft: Die eine ist nach zehnjähriger Ehe kinderlos, die jüngere in einen Abtrünnigen verliebt, weshalb sie die ihnen auferlegten Pflichten zu hinterfragen beginnen. Dem israelischen Regisseur ist dank hervorragenden Darstellern und der schlichten Kameraarbeit des Schweizers Renato Berta ein feinfühliger Blick auf eine abgekapselte Welt gelungen, ohne dem Exotismus oder billiger Folklore zu verfallen.
*Film, 11/2000*

**Kritik:** (…) Alle Konflikte bleiben unter der Oberfläche, so will es die Tradition. Und deshalb schafft es der Film mit den einfachsten Mitteln, das Gefühl einer erstickenden Enge zu erzeugen. In langen Einstellungen verharrt die Kamera auf den beiden Frauen: Ihre Gesichter allein erzählen von einer Tragik, die in anderen Filmen bisher nur behauptet wurde.
*Tobias Kniebe, SZ, 14.5.1999*

(…) Die Qualität seines sehr klar und verständlich argumentierenden Films liegt darin, dass er sich in seiner Kritik an der Macht und Rigorosität von Religionen nicht ausschließlich auf das Judentum bezieht. Das düster-unsentimentale Klagelied richtet sich gegen jeden religiösen Fanatismus. (…)
*Heiko R. Blum,*
*Rheinische Post, 17.8.2001*

(…) Die differenzierende Genauigkeit, mit der Gitai (Mitautorin: Eliette Abecassis) die Rituale der Talmud-Gesetze beschreibt, lassen den tragischen Konflikt sichtbar werden: Der weibliche Duldergehorsam muss akzeptiert werden – oder die Familie bietet keine Heimat mehr. Einsamkeit ist der Preis. Solange die Frauen diese Traditionen des männlichen Fundamentalismus nicht verweigern, so lange wird sich nichts ändern.

*Ponkie, AZ, 19.7.2001*

## Kanzlerbilder – Szenen vom großen und kleinen Theater der Politik 473

***

TV

**Regie:** Thomas Schadt
**Darsteller:** Gerhard Schröder, Bill Clinton, Vladimir Putin, Georg Leber
**Kamera:** Thomas Schadt, Johann Feindt, Peter Schmidt
**Schnitt:** Thomas Wellmann
**Prod.:** BRD 2001; 88 Min.
Odyssee-Film/SWR
**TV:** 14.10.2001, 3sat, 21.15

(…) Wie die Tagesordnung aussieht, zeigt uns auf eindrucksvolle Weise der neue Film von Thomas Schadt. Der Autor und Kameramann hatte schon 1998 mit seinem Film »Der Kandidat« einen Blick hinter die Kulissen des Wahlkampfes von Gerhard Schröder geworfen und die zugrunde liegende Dramaturgie aufgezeigt. In diesem Film versucht er nun, Veränderungen im Verhalten Schröders bei dessen öffentlichen Auftritten sichtbar zu machen. Herausgekommen ist dabei eine Dokumentation darüber, wie aktuelle Politikmeldungen für die Öffentlichkeit inszeniert werden. Nur sehr selten gelingt es Schadt, hinter die Maske des Kanzlers zu blicken und etwas vom Menschen Gerhard Schröder bloßzulegen. Den Grund hierfür liefert uns der Regisseur jedoch gleich mit: Wie bei jeder politischen Berichterstattung waren auch hier die Kamerapositionen und die Dauer der Drehzeit genauestens festgeschrieben. Man bekommt nur das zu Gesicht, was von oberster Stelle genehmigt wurde. (…)

*Frank Brenner, Schnitt, 4/2001*

## Karla 51 474

□

TV

**Regie:** Sylvie Banuls
**Prod.:** BRD 2001; 85 Min.
**TV:** 16.12.2001, 3sat, 22.00

Sylvie Banuls begleitete zwei Jahre lang das Kommen und Gehen in dem Münchner Hotel »Karla 51«, das obdachlose Frauen beherbergt.

## Karnaval 475

KARNAVAL

***

**Regie:** Thomas Vincent
**Darsteller:** Amar Ben Abdallah (Larbi), Sylvie Testud (Bea), Clovis Cornillac (Christian), Dominique Baeyens (Doriane), Jean-Paul Rouve (Pine), Thierry Bertein (Gigi), Martine Godart (Beas Mutter)
**Drehbuch:** Maxime Sassier, Thomas Vincent
**Kamera:** Dominique Bouilleret
**Musik:** Krishna Levy
**Schnitt:** Pauline Dairou
**Prod.:** Frankreich/Belgien/Schweiz 1998; 90 Min.
Alain Rozanes, Pascal Verroust; Thierry Abel, Pierre Alain Meier, Richard Boidin, Georges Goldenstern, Arlette Zylberberg (Co-Prod.) für ADR/Thelma Films/RTBF/ Arte France Cinema
**UA:** 11.2.1999, Int. Filmfestspiele Berlin, »Wettbewerb«
**Verleih:** Kiros, OmU/-/Alhena (CH, August 1999), 22.2.2001

Monströs maskierte Männer fordern ihr Recht auf Party und feiern wie besessen Karneval. In der Hafenstadt Dünkirchen treibt die tolle Zeit besondere Triebe und wird zum Hintergrund einer sensiblen Dreiecksgeschichte im Arbeitermilieu. Sie lebt vor allem durch die begeisternde Schauspielerin Sylvie Testud, die sich plötzlich zwischen ihrem cholerischen Mann und einem jungen Araber entscheiden soll. Beeindruckend, wie Thomas Vincent in seinem Spielfilmdebüt Fiktion mit Dokumentarischem kreuzt. *Cristina Moles Kaupp, tip, 4/2001*

**Kritik:** (…) Am dichtesten ist der Film, wenn er sich ganz auf die Karnevalsriten einlässt, wenn er zeigt, dass das grenzenlose Feiern und Saufen auch etwas Zwanghaftes und Verzweifeltes haben. Der Regisseur Thomas Vincent hat für sein Leinwanddebüt den tatsächlichen Karneval in Dünkirchen gefilmt, was »Karnaval« mit der Aura der Authentizität adelt. Sehenswert ist dieser Film, der das Treiben geschickt einsetzt, um eine Geschichte über Ausgrenzung und über Grenzüberschreitungen zu erzählen, allemal. *Stuttgarter Zeitung, 29.11.2001*

## Karrieregeil 476
LIP SERVICE
□
TV

**Regie:** Graeme Campbell
**Darsteller:** Peter Outerbridge (Roger Deacon), Gail O'Grady (Maggie Stanley), Kari Wuhrer (Sunni), Stewart Bick (Lowell Levitt), Jerry Ciccoritti (Buddo), Harvey Atkin (Sydney Golden), Ryan Dennis (Josh Stanley)
**Drehbuch:** Eric Williams
**Kamera:** Nikos Evdemon
**Musik:** Jonathan Goldsmith
**Schnitt:** Ralph Brunjes
**Prod.-Des.:** Bob Sher
**Prod.:** USA 2000; 87 Min.
TVA Int./Hearst Int.
**TV:** 19.5.2001, ZDF, 14.00

Sunni, der neue Star des Produzenten Roger Deacon, sieht sexy aus, kann aber überhaupt nicht singen. Als Deacon Sunnis Videoclip mit der Stimme der ahnungslosen Hausfrau Maggie unterlegt, stürmt der Song die Charts.

## Kein Alibi – Dunkles Geheimnis 477
NO ALIBI
***+
Video

**Regie:** Bruce Pittman
**Darsteller:** Dean Cain (Bob Valenz), Lexa Doig (Camille), Eric Roberts (Vic Haddock), Peter Stebbings (Phil (Valenz), Richard Chevolleau (Paul), Larry Day, Melissa DiMarco
**Drehbuch:** Ivan Kane, John Schafer
**Schnitt:** Dean Balser
**Prod.:** Kanada 1999; 89 Min.
Jean Desormeaux, Stéfane Reichel für Motion Int./Coolbrook Media
**Vertrieb:** VCL Video, 26.4.2001
**FSK:** ab 16 J.

Die hübsche Camille, deren Bekanntschaft Bob macht, wurde als Spionin auf ihn angesetzt, um verschwundenes Drogengeld aufzustöbern. Finten- wie wendungsreicher Thriller.

## Kelly Bastian – Geschichte einer Hoffnung 478
***
TV

**Regie:** Andreas Kleinert
**Darsteller:** Dagmar Manzel (Petra Kelly), Michael Mendl (Gert Bastian), Nicole Heesters (Charlotte Bastian), Gudrun Ritter (Omi Birle), Hans Uwe Bauer (Hartmut Detlefsen)
**Drehbuch:** Wolfgang Menge, nach dem Buch von Alice Schwarzer
**Kamera:** Johann Feindt
**Musik:** Niki Reiser
**Schnitt:** Gisela Zick
**Prod.-Des.:** Gabriele Wolff
**Prod.:** BRD 2001; 90 Min.
Sytze van der Laan, Gisela Marx
**TV:** 29.11.2001, 3sat, 20.15; 3.10.2001, ARD, 20.15

(...) Hier wurde der Versuch der Entmystifikation wie der der Desavouierung gewagt, beim Protagonisten-Paar wie der Partei, nicht ohne Vergröberung, Verkürzung, Verallgemeinerung und Verwischung. Das fiel mal erdenschwer, mal packend, mal irritierend, aber auch zuweilen befremdlich aus. (...)
*W. O. P. Kistner, AZ, 5.10.2001*

## Ketten der Vergangenheit 479
ABOVE SUSPICION
□
TV

**Regie:** Stephen La Rocque
**Darsteller:** Scott Bakula (James Stockton), George Dzundza (Louis Stamos), Annabella Sciorra (Lisa Stockton), Edward Asner (Thomas O'Claire), Cait Gentile (Stacy), Jack Blessing (Nick), Shane Callahan (Stan)
**Drehbuch:** Stephen La Rocque
**Musik:** Mark Adler
**Schnitt:** Leonard Feinstein
**Prod.-Des.:** C. Daniel Hall, Rashel »Ro« Rey
**Prod.:** USA 2000; 95 Min.
Sam Froelich, William R. Greenblatt, Jake Froelich, Sam Gragg
**TV:** 12.5.2001, VOX, 20.15

James Stockton ist gut und glücklich verheiratet und ein erfolgreicher Geschäftsmann in einem Ort in North Carolina. In Atlantic City wird er aber seit 14 Jahren unter einem anderen Namen als Mörder gesucht. Als er heimlich in Verkleidung an der Beerdigung seiner Mutter – der Witwe des berüchtigten Mafia-Bosses Carlo Mancini – teilnimmt, wird James erkannt. (…) *AZ TV Journal*

## Khroustaliov, meinen Wagen! 480

KHROUSTALIOV, MA VOITURE! ****

TV

**Regie:** Alexei German
**Darsteller:** Y. Tsourilo (General), N. Rouslanova (Frau des Generals), Y. Yarvet (schwedischer Reporter), M. Dementiev (Sohn), A. Bachirov (Idiot)
**Drehbuch:** Svetlana Karmalita, Alexei Guerman
**Kamera:** Vladimir Ilyne
**Musik:** Andrei Petrov
**Schnitt:** Irina Gorokhovskaya
**Prod.-Des.:** V. Svetozarov
**Prod.:** Frankreich/Russland 1998; 150 Min. Guy Seligmann, Armen Medvedev, Alexandre Golutva für Sodaperaga/ Goskino
**UA:** 20.5.1998, Int. Filmfestspiele Cannes »Wettbewerb«
**EA:** 1.7.1998, Filmfest München
**TV:** 2.2.2001, Arte, 23.45

Youri Glinski ist Oberarzt an einem Moskauer Krankenhaus. Außerdem bekleidet der Spezialist für Gehirnchirurgie das Amt eines Generals in der Roten Armee und ist Oberhaupt einer großen Familie. Seine Tage verbringt er zwischen Operationssaal, Heim und zahlreichen Geliebten, nicht ohne bei jeder Gelegenheit reichlich dem Alkohol zuzusprechen. Man schreibt das Jahr 1953, als der KGB auf Anordnung Stalins eine Verschwörung anzettelt, in die auch der General verwickelt wird. Halbherzig versucht er zu fliehen, wird auf einer verschneiten Bahnstation aber gefangen genommen und verschwindet in einem Gulag-Lager. (…)
*Katalog Filmfest München*

## Kick 481

KICK **

Video

**Regie:** Lynda Heys
**Darsteller:** Russell Page (Matt Grant), Rebecca Yates (Claire Andrews), Martin Henderson (Tom Bradshw), Radha Mitchell (Tamara Spencer), Paul Mercurio (David Knight), George Spartels (Jack Grant), Philipp Holder (Mr. Power)
**Drehbuch:** Stuart Beattie
**Kamera:** Martin McGrath
**Musik:** Nerida Tyson-Chew
**Schnitt:** John Scott
**Prod.-Des.:** Luigi Pittorino
**Prod.:** Australien 1999; 87 Min. Mariel Beros, Sharon Kruger, Ross Mathews für Carmelina/Blackwood/Premium Movie
**UA:** 19.5.1999, Filmfestival Cannes
**Vertrieb:** Laser Paradise Video, 20.8.2001
**FSK:** o. A.

Rugby-Star Matt beschließt nach einem Ballettbesuch, Tänzer zu werden, was in seiner Umgebung einhellig auf Ablehnung stößt. Wenig einfallsreiche Variante des Themas »Allein gegen den Rest der Welt«, aber wenigstens in der Hauptrolle sympathisch besetzt.

## Kill the Man – Vom Kopiertrottel zum Millionär 482

KILL THE MAN **

Video

**Regie:** Tom Booker, Jon Kean
**Darsteller:** Luke Wilson (Stanley Simon), Joshua Malina (Bob Stein), Paula Devicq (Vicki Livingston), Phil LaMarr (Marky Marx), Phillip Rhys (Seth), Teri Garr (Mrs. Livingston), Lisa Robin Kelly (Nan)
**Drehbuch:** Tom Booker, Jon Kean
**Kamera:** Mark Mervis
**Musik:** Paul Mills
**Schnitt:** Sean Albertson
**Prod.-Des.:** Franco-Giacomo Carbone
**Prod.:** USA 1998; 86 Min. Marshall Persinger, Gary Binkow für Fresh Prod./Seattle Pacific/Summit
**Vertrieb:** Helkon (Columbia Tri Star) Video, 19.4.2001
**FSK:** ab 12 J.

Jungunternehmer-Duo stecken Lotteriegewinn in Kopier-Shop – und legen sich direkt mit dem landesweiten Marktführer auf diesem Gebiet an. Herzhaft alberne Trottel-Klamotte.

## Der Killer aus der Wildnis 483
IN THE BLUE GROUND □ TV

**Regie:** Alan Simmonds
**Darsteller:** Tina Keeper (Michelle Kenidi), Robert Bockstael (Fletcher), Peter Kelly Gaudreault (James Harper), Tracey Cook (Sarah), Dakota House
**Prod.:** Kanada 1999; 110 Min.
**TV:** 27.8.2001, VOX, 20.15

Corporal Michelle Kenidi und ihr Partner Constable James Harper verdächtigen einen hitzköpfigen Lieferanten, eine Geologin ermordet zu haben. Plötzlich verschwindet Sarah, die Krankenschwester des Ortes, unter beängstigenden Umständen. (...) *AZ TV Journal*

## Kinder des Scheusals 484
ENFANTS DE SALAUD ****+ TV

**Regie:** Tonie Marshall
**Darsteller:** Anemone (Sylvette), Nathalie Baye (Sophie), François Cluzet (Sandro), Molly Ringwald (Susan), Jean Yanne (Julius Mandenne), Patrick Bauchau, Micheline Presle
**Drehbuch:** Tonie Marshall, Jacky Cukier
**Kamera:** Dominique Chapius
**Musik:** Vincent Malone
**Schnitt:** Jaques Comets
**Prod.-Des.:** Marie-Pierre Bourboulon
**Prod.:** Frankreich/Schweiz/Belgien 1996; 106 Min.
Michel Propper für MP/France 2 Cinema/M6/UGC/Tabo-Tabo/Zagora/Banana Films mit Canal+
**TV:** 1.4.2001, BR

Erst während eines Mordprozesses erfahren die vier Kinder des Angeklagten von der Existenz der anderen Halbgeschwister. Danach ist natürlich nichts mehr wie vorher und das Leben – ohnehin nicht einfach – wird richtig kompliziert, aber auch spannend.

## Ein Kindermädchen für Papa 485
AU PAIR □ TV

**Regie:** Mark Griffiths
**Darsteller:** Gregory Harrison (Oliver Caldwell), Heidi Noelle Lenhart (Jennifer Morgan), Jane Sibbett (Vivian Berger), Katie Volding (Kate Caldwell), Jake Dinwiddie (Alex Caldwell), John Rhys-Davies (Nigel Kent), Richard Riehle (Sam Morgan)
**Drehbuch:** Jeffrey C. Sherman, Cheryl Saban
**Kamera:** Blake T. Evans
**Musik:** Inon Zur
**Prod.:** USA 1998; 89 Min.
**TV:** 13.10.2001, ARD, 15.05

Die ehrgeizige Jungökonomin Jenny Morgan wird von Konzernchef lediglich als Kinderfrau engagiert. Obwohl Alex und Kate ziemlich verzogene Gören sind, beschließt Jenny, aus ihrem ersten Job das Beste zu machen.

## Kiss of the Dragon 486
KISS OF THE DRAGON **+

**Regie:** Chris Nahon, Cory Yuen
**Darsteller:** Jet Li (Liu Jian), Bridget Fonda (Jessica), Tcheky Karyo (Jean-Pierre Richard), Laurence Ashley (Aja), Rick Young (Herr Big), Burt Kwouk (Onkel Tan), John Vorgeham (Max)
**Drehbuch:** Luc Besson, Robert Mark Kamen, nach einer Story von Jet Li
**Kamera:** Thierry Arbogast
**Musik:** Craig Armstrong
**Schnitt:** Marco Cave
**Prod.-Des.:** Jaques Bufnoir
**Prod.:** USA/Frankreich 2001; 97 Min.
Luc Besson, Jet Li, Steve Chasman, Happy Walters; Bernard Grenet (Co-Prod.) für Europa Corp./Quality Growth/Current & Immortal/Canal+
**Verleih:** Tobis/Constantin/-, 25.10.2001
**FSK:** ab 16 J., ffr.

Wer furiose Feuergefechte und meisterhaft präsentierte Martial Arts mag, kommt in »Kiss of the Dragon« voll auf seine Kosten, wenn Jet Li als unschlagbarer Super-Cop aus Peking im Alleingang ganze Legionen von französischen Schurken in Paris platt macht. Produktionstechnisch ist dieser Kung-Fu-Krimi besser als Originale aus Hongkong. Wer im Kino Zynismus, Gewaltexzesse und frauenfeindliche Dialoge verabscheut, sollte diesem Film allerdings fern bleiben.
*Ralph Umard, tip, 22/2001*

**Kritik:** (...) Luc Besson steht groß auf der Verpackung dieses Films. Die da-

*Laurence Ashley und Bridget Fonda*

durch entstehenden Erwartungen eines in irgendeiner Weise aus der Reihe fallenden Action-Films werden aber nicht erfüllt. Außer ein par »schönen« Kampfszenen: eine notdürftig zusammengebastelte Handlung und eine optische Umsetzung, die dem bereits vielfach gesehenem Genremuster entspricht. *Stefan Stiglbauer, Multimedia, 25.10.2001*

(…) Stattdessen inszeniert Regisseur Chris Nahon, der bisher nur Werbefilme gedreht hat, den Kampf des einen Guten gegen das Heer der Bösen als Comicstrip. Dazu gehört dann eben auch, dass der höchste Polizist von Paris am Rande seines persönlichen Feldzugs, ohne eine Sekunde zu zögern, das Leben von Passanten und Restaurantbesitzern riskiert, als handle es sich ums Tontaubenschießen auf dem Jahrmarkt. Es ist seit dem 11. September zweifellos etwas schwieriger geworden, über all die sinn- und gedankenlosen Gemetzel hinwegzusehen und nur das elegante Ornament und die virtuose Choreografie zu bewundern.
Und dennoch gibt es zwei Edelsteine, die in dem Schutt und Geröll des Verbrechens schimmern: Es macht einfach Spaß, Jet Li zuzusehen, der mit seiner bei Tsui Hark und in »Romeo must die« perfektionierten kühlen Eleganz einen Gegenentwurf zu Jackie Chans Komödienklamauk darstellt. Und wenn der Kung-Fu-Meister dann, ganz anders als bei den überhöhten Baumwipfelballetten von Ang Lee in »Crouching Tiger, Hidden Dragon«, immer wieder mit Haushaltsaccessoires wie Bügeleisen, Bügelbrett und Wischmopp zu Werke geht, dann findet der Film für Momente sogar zu einer entwaffnenden Ironie. (…) *Anke Sterneborg, SZ, 27.10.2001*

## Kiss the Sky 487

KISS THE SKY ***

Video

**Regie:** Roger Young
**Darsteller:** William L. Petersen (Jeff), Gary Cole (Marty), Sheryl Lee (Andy), Patricia Charbonneau (Franny), Season Hubley (Beth), Terence Stamp (Kozen), Ivana Milicevic (Ilse)
**Drehbuch:** Eric Lerner
**Kamera:** Donald M. Morgan
**Musik:** Patrick Williams, Leonard Cohen (Songs)
**Schnitt:** Benjamin A. Weissman
**Prod.-Des.:** James L. Schoppe
**Prod.:** USA 1998; 105 Min.
Lope V. Juban jr., Eric Lerner für MGM
**Vertrieb:** MGM/UA (Fox) Video, 14.6.2001
**FSK:** ab 16 J.

An einem einsamen See wollen zwei Mittvierziger ihre Midlife-Crisis kurieren, beginnen mit derselben Frau eine Affäre und beschließen schließlich ihr Leben umzukrempeln. Dialoglastiges, aber durchweg unterhaltsames Melodram.

**Kritik:** (…) Selbst einige Leonard-Cohen-Songs oder ein Auftritt Terence Stamps als weiser Buddhisten-Mönch sind nicht Anreiz genug, das Interesse an dieser trivialen Psychokrise wach zu halten.
*Hans Jörg Marsillius, Film-Dienst, 12/2001*

## Klassentreffen – Mordfall unter Freunden 488

□
TV

**Regie:** Diethard Küster
**Darsteller:** Natalia Wörner (Nina Carstens), Leslie Malton (Marianne), Christoph M. Ohrt (Rainer), Esther Schweins (Dagmar), Werner Wölbern (Detlev), Herbert Knaup, Guntbert Warns
**Drehbuch:** Jochen Brunow
**Prod.:** BRD 2000; 93 Min.
**TV:** 20.2.2001, SAT.1, 20.15

(...) Nina Carstens kehrt als erfolgreiche Staatsanwältin aus Berlin zum 15-jährigen Abi-Jubiläum in die norddeutsche Provinz zurück. (...) Da passt es wie die Faust aufs Auge, wenn die Wiedersehensrituale, die vor allem vom Alkohol befeuert werden, bruchlos in eine Beerdigung übergehen: Organisatorin Dagmar erlebt das Klassentreffen gar nicht mehr. Am gleichen Abend noch liegt sie mit aufgeschnittenen Pulsadern in der Badewanne. (...) Das ist vom Plot her nicht neu, aber doch ein guter Zug von SAT.1, mal ein bisschen Chabrol-Flair zu verbreiten. Der Regisseur setzt die Kriminalhandlung verhalten und präzise in Szene. (...)

*Christian Bartels, SZ, 20.2.2001*

## Die Klavierspielerin 489

LA PIANISTE *****+

**Regie:** Michael Haneke
**Darsteller:** Isabelle Huppert (Erika Kohut), Benoit Magimel (Walter Klemmer), Annie Girardot (Mutter), Anna Sigalevitch (Anna Schober), Susanne Lothar (Frau Schober), Udo Samel (Dr. Blonskij)
**Drehbuch:** Michael Haneke, nach dem gleichn. Roman von Elfriede Jelinek
**Kamera:** Christian Berger
**Schnitt:** Monika Willi, Nadine Muse
**Prod.-Des.:** Christoph Kanter, Hannes Salat
**Prod.:** Österreich/Frankreich 2001; 129 Min. Veit Heiduschka, Marin Karmitz, Alain Sarde; Ulrike Lässer (Prod.-Ltg.) für Wega/MK2 mit Les Films Alain Sarde/Arte France Cinema/BR
**UA:** 13.5.2001, Int. Filmfestspiele Cannes
**Verleih:** Concorde/Filmladen/Monopole Pathé, 11.10.2001
**Vertrieb:** Concorde Video (Video, DVD)
**FSK:** ab 16 J., ffr.

Hanekes preisgekrönte Adaption von Elfriede Jelineks Roman »Die Klavierspielerin« ist ein distanziert gefilmtes Fallbeispiel der Psychopathologie des Sexuallebens, aber auch ein grandioses Melodram mit grotesken Zügen. Isabelle Huppert, ganz versteinerte Maske der diktatorischen Künstlerin und frustrierten Frau; Annie Girardot als grantige Mutter-Herrscherin; Benoit Magimel als der jugendliche Tor. Das, was die Klavierspielerin als Annäherung an den Liebhaber versteht, ist die demütigende Offenbarung ihrer eigenen grausamen Zurichtung. Eine Spirale der Abstoßung, Bestrafung und Selbstbestrafung setzt ein.

*Claus Löser, tip, 21/2001*

**Kritik:** (...) Sexualität bei Haneke dient nicht wie Pornografie der Erregung. Sie zeigt die völlige, auch sexuelle Deformierung eines Menschen, der von Kindheit an aus elterlichem Ehrgeiz nicht lieben durfte. Sicher mutet der Regisseur den Zuschauern einiges zu. Aber einen packenderen Film über das Dunkle hinter bildungsbürgerlichen Fassaden, diese Kombination aus Kultiviertheit und Monstrosität, hat man seit Jahren nicht gesehen.

*Adrian Prechtel, AZ, 11.10.2001*

(...) Schließlich hört man keine Musik mehr. »Die Klavierspielerin« erzählt auch von Menschen, die ihre Musik verloren haben. Es gibt keinen tröstenden Moment in diesem Film. Je weiter sich die Klavierlehrerin in ihre Emotionen verstrickt, desto hoffnungsloser werden ihre Wünsche. Und quälender – zumindest für den jungen Mann, der sich von den masochistischen Fantasien der Frau, die ihm ihre Requisiten präsentiert wie ein Kind seine Spielsachen, zunehmend abgestoßen fühlt. Was sich schon bei einem Hauskonzert mit seinen eitel kulturbeflissenen Gästen angedeutet hatte: Diese Kultur hat in

Hanekes Film die Menschen nicht kultiviert, diese Zivilisation gebiert Ungeheuer und Gewalt. So könnte man in diesen Tagen leicht in Versuchung geraten, in »Die Klavierspielerin« eine irritierende Aktualität zu entdecken, an die weder Jelinek noch Haneke gedacht haben können. Aber das belegt nur, wie hautnah sich dieser mitunter unangenehm bittere Film an unserer Wirklichkeit bewegt.

*H. G. Pflaum, SZ, 11.10.2001*

(...) In seiner zutiefst ernsthaften und kompromisslosen Erzählweise und Bildgestaltung konfrontiert Haneke seine Zuschauer sowohl mit erschreckenden Wahrheiten menschlicher Existenz als auch mit der Ambivalenz und den Pervertierungsmöglichkeiten von Kunst (hier im Besonderen der Musik). Grandiose Schauspieler und vor allem die reflektierte und originäre Form des Films machen ihn zu einem zwar unbequemen, aber auch unvergleichlichen und zeitlosen Meisterwerk.

*Richard Richter, Multimedia (Die Furche), 15.11.2001*

(...) Elfriede Jelinek steht Horváth in nichts nach. In ihrer Sprache gibt es keine Zartheit, und Regisseur Michael Haneke findet für die krassen, gnadenlosen Worte der österreichischen Schriftstellerin – gemeinsam mit Frau Huppert – unvergleichlich stimmige Bilder und Musiken. Es gibt selten Filme, die sich mit literarischen Vorlagen messen können; Werner Schroeters Annäherung an Ingeborg Bachmann mit »Malina« und Michael Hanekes Adaptation von Elfriede Jelinek sind Ausnahmen.

*Heiko R. Blum, Rheinische Post, 12.10.2001*

**Interview:** *Die Klavierspielerin ist eine hochgradig gestörte Frau. Warum gelingt es uns Normalos trotzdem nicht, uns in der Haltung des Voyeurs bequem zurückzulehnen?*

Weil es im Hirn weiterarbeitet. Ich benutze ja gern den Ausnahmefall, um das Typische einer Gesellschaft zu zeigen. Am Extrem lässt sich leichter verdeutlichen, was wir als Normalität empfinden. über eine private Geschichte lässt sich viel über den Zustand einer Gesellschaft aussagen. Allerdings bin ich nicht bereit, meine eigene Arbeit zu interpretieren. Ich zeige, was es zu zeigen gibt. Das ist alles. Es ist Aufgabe des Zuschauers, das zu bewerten.

*Wie nah ist das Buch denn Ihrer Meinung nach an den Erfahrungen der Autorin?*

An Spekulationen will ich mich gar nicht beteiligen. Elfriede Jelinek selbst macht da widersprüchliche Angaben. Mal hat sie gesagt, es sei ein sehr autobiografisches Buch. Dann wieder fordert sie, den Roman nicht unter diesem Aspekt zu betrachten, weil es die Sache zu sehr einenge. Grundsätzlich ist man dann versucht, etwas als persönliches Problem eines Autors zu sehen. Von ausländischen Journalisten werde ich immer wieder mit Schaudern gefragt, ob denn die Welt in Österreich wirklich so schlecht sei. Damit schiebt man den Film wieder nach Österreich zurück, als hätte man damit nichts zu tun. Das Gleiche gilt, wenn man alles auf den Autor reduziert. Von mir wird immer behauptet, ich wäre so fasziniert vom Schrecklichen. Mit dem Unterton, ich müsse wohl krank sein. Damit man sich distanziert, sagt man halt, der Regisseur hat ein Problem – und mit mir hat das nichts zu tun. Ein Mechanismus, der erstaunlich gut funktioniert. Aber so einfach verhält es sich natürlich nicht.

*Sind Sie ein Gegner von Filmmusik?*

»Die Klavierspielerin« braucht natürlich Musik und die Lieder aus Schuberts »Winterreise« haben einen Bezug zum Geschehen. Insofern hat

beste Darstellerin Isabelle Huppert bester Darsteller Benoît Magimel
und Großer Preis der Jury für „Die Klavierspielerin" von Michael Haneke
VEIT HEIDUSCHKA, MARIN KARMITZ, ALAIN SARDE
präsentieren
Isabelle
Huppert
Annie
Girardot
Benoît
Magimel
Die Klavierspielerin
Ein Film von
Michael Haneke

die Musik hier ihre Berechtigung. In der ersten Hälfte sorgt sie dafür, dass man sich in einem kulturellen Ambiente wohl fühlt. Im zweiten Teil gibt es wenig Musik und auch keinen Grund zum Wohlgefühl. Natürlich ist es eine List, den Zuschauer in das Geschehen hineinzuziehen. Auf der anderen Seite war es mir persönlich ein großes Vergnügen, endlich einmal Musik einsetzen zu können. Ich bin ein großer Musikliebhaber, doch in meinen Filmen kann ich sie selten verwenden. Im Kino wird Musik ja gerne dazu benutzt, um die Schwäche der Filme zu kaschieren.

*Dienen Sex und Gewalt im Kino auch dazu, Schwierigkeiten zu vertuschen?*

Sex und Gewalt werden normalerweise verwendet, um Geschäfte zu machen. Dagegen polemisieren alle meine Filme. Wie ich es mit dem Thema Gewalt in »Funny Games« getan habe, mache ich es hier mit der Sexualität. Auch Sexualität ist zeigbar, ohne pornografisch zu sein.

*Michael Haneke im Interview mit Dorothée Lackner, Zitty, 21/2001*

*Madame Huppert, wie konnten Sie sich dieser selbstzerstörerischen Figur annähern?*

Über das Mitgefühl mit ihr. Erika Kohut ist eine einsame Frau ohne Sexualleben, in ihrer Seele herrscht Eiszeit. Sie fürchtet, sich zu verlieren, will alles kontrollieren. In ihrer kleinen Welt funktioniert sie perfekt – bis sie den jungen, in sie verliebten Mann trifft. Da spürt sie instinktiv, dass der ihr gefährlich werden kann. Sie ist voller Frustration und gleichzeitig voller Liebe, ihr fehlt das Urvertrauen. In dieser Ambivalenz musste ich mich hineinfinden, die Frau psychisch einschätzen. Aber ich muss sie nicht sympathisch finden.

*Ist weibliche Sexualität ein filmisches Modethema?*

Frauen haben leider bisher viel zu wenig über ihre Sexualität gesprochen. Wenn Frauen das tun, kriegen Männer einen großen Schreck und stecken sie schnell in die Pornografie-Ecke.

*Was ist das Besondere an Michael Haneke?*

Er verfügt über ein ganz besonderes Gespür für menschliche Empfindungen, legt den Finger auf die Wunde, obwohl er weiß, es tut weh. Ich falle bei ihm in einen Abgrund. Mit ihm zusammenzuarbeiten war nicht nur eine physische, sondern auch eine mentale Herausforderung. Er ist ein Perfektionist. *Isabelle Huppert im Interview mit Margret Köhler, AZ, 11.10.2001*

## Das kleine Buch der Liebe 490

PEQUENO DICIONARIO AMOROSO ***

**Regie:** Sandra Werneck
**Darsteller:** Andréa Beltrao (Luiza), Daniel Dantas (Gabriel), Tony Ramos (Baratu), José Wilker (Alaor), Gloria Pires (Bel), Marcos Winter, Monica Torres (Marta)
**Drehbuch:** Paulo Halm, José Roberto Torero
**Kamera:** Walter Carvalho
**Musik:** Ed Motta, Joao Nabuco
**Schnitt:** Virginia Flores
**Prod.-Des.:** Claudio Armaral Peixoto
**Prod.:** Brasilien 1997; 91 Min.
Sandra Werneck, Marc Beauchamps, Bruno Wainer für Cineluz/Lumière Latin America
**UA:** 9.9.1997, Vancouver Film Festival
**Verleih:** Movienet/Cinematograph/trigon, Juni 2000 (CH), 5.7.2001

Die Architektin Luzia und der Biologe Gabriel erleben die große Liebe und ihr Erkalten. Der Film erzählt eine Mittelklasse-Liebesgeschichte in Rio de Janeiro in Stationen von »amar« (lieben) bis »zerar« (nichts) und begleitet sie witzig mit pseudodokumentarischen, ironisch-zynischen Kommentaren zur Unmöglichkeit einer dauerhaften Mann-Frau-Beziehung. Charmante, gut beobachtete Nichtigkeiten, ein Sommerfilm für Paare mit einem Restguthaben auf ihrem Liebeskonto. *Film, 6–7/2000*

**Kritik:** (...) Die brasilianische Regisseurin schildert den Verlauf der Beziehungen ihres Paares als Stationendrama; sie sucht nicht nach individuellen Konflikten, sondern nach allgemeinen. Der nie ausgesprochene, aber im Unterton permanent erhobene Anspruch auf Allgemeingültigkeit macht nicht nur dieser Liebe, sondern auch dem Film schwer zu schaffen. Sein Scheitern ist vorprogrammiert, weil die mechanisch vorgetragene Beweisführung die Figuren in Beschlag nimmt und ihnen kein Eigenleben, also auch keine Überraschung gestattet. (...) *H. G. Pflaum, SZ, 9.7.2001*

(...) Man kann diese Studie über die klassischen Stationen einer Pärchenkonstellation durchaus ansprechend finden. Der Schauplatz ist attraktiv, die Erzählweise leger, die Besetzung bemüht – wären da nicht die Dialoge, die Wernecks Darsteller aufsagen müssen: Die klingen mitunter wie Kalenderweisheiten. Dass ein amerikanischer Kritiker den Film als eine Art »Harry und Sally in Rio« bezeichnete, mutet da doch sehr übertrieben an. Am Ende trennt sich das Paar. Doch das Fazit dieser mal leichtfüßigen, mal etwas sehr geschwätzigen Sommerkomödie ist nicht traurig, sondern optimistisch. Vielleicht klappt es ja beim nächsten Mal besser. Das kann man Frau Werneck auch für ihren folgenden Film wünschen.
*Albert Baer, Rheinische Post, 6.7.2001*

(...) Libido-Variationen eines uralten Rechenexempels, bei dem immer wieder etwas anderes herauskommt (alte Muster, neue Fehlerquellen). Nicht weltbewegend – aber amüsant.
*Ponkie, AZ, 5.7.2001*

## Der kleine Dieb 491
LE PETIT VOLEUR ****

**Regie:** Erick Zonca
**Darsteller:** Nicolas Duvauchelle (S.), Yann Tregouet (Barruet), Jean-Jerome Esposito (Oeil), Martial Bezot (Mathias), Joe Prestia (Tony), Ingred Peynat (Leila), Veronique Balme (Tina)
**Drehbuch:** Erick Zonca, Virginie Wagon
**Kamera:** Pierre Milon
**Schnitt:** Jean-Robert Thomann
**Prod.:** Frankreich 1999; 65 Min.
Gilles Sandoz für AGAT/La Sept arte
**UA:** 29.4.1999, San Francisco Filmfestival
**EA:** 27.6.1999, Filmfest München
**Verleih:** Peripher/polyfilm/JMH, April 2000 (CH), 26.7.2001

Ein 20-Jähriger kommt, nachdem er als Bäckergehilfe entlassen wurde, nach Marseille und wird dort von einer Bande Kleinkrimineller aufgenommen. Langsam steigt er in der Hackordnung des Milieus auf. Als die Bande eines Tages eine leer stehende Villa ausraubt, wird sie von der Polizei überrascht. In dokumentarischem Stil gehaltenes, kompromissloses Porträt eines jungen Mannes, der mit allen Mitteln versucht, einen Platz und Anerkennung in der Gesellschaft zu finden.

**Kritik:** (...) Erick Zonca hat einen kurzen, pointierten, bedachtsamen und lapidaren Film gedreht, der in seiner Schlichtheit und seiner Dichte, seiner Intelligenz und seinem Witz begeistert und berührt. Eine kluge Auseinandersetzung mit der gesellschaftlichen Realität und den Träumen einer Generation, die wenig zu wählen hat und dennoch ihren Weg finden muss. *Multimedia*

## Der kleine Eisbär 492
DER KLEINE EISBÄR ****

**Regie:** Piet de Rycker, Thilo Graf Rothkirch
**Darsteller:** Stimmen: Wolfgang Volz, Harry Rowohlt (Hippo), Dirk Bach, Mike Krüger, Jochen Busse, Ingo Lück, Anke Engelke
**Drehbuch:** Bernd Schrickel, Thomas Wittenburg, Piet de Rycker, nach den Büchern von Hans de Beer
**Prod.:** BRD 2001; 78 Min.
Thilo Graf Rothkirch, Willi Geike für Cartoon-Film/Warner Bros. mit WDR
**Verleih:** Warner/-/-, 4.10.2001
**Vertrieb:** Warner Video (Video, DVD)
**FSK:** o. A.
**FBW:** Besonders wertvoll

Der kleine Eisbär Lars freundet sich mit einer kleinen Robbe an, wird irrtümlich in südliche Gefilde getrieben und kann nach seiner erfolgreichen Rückkehr einen Fische aufsaugenden Tanker zur Strecke bringen. Die Bilderbücher-Verfilmung übernimmt die Sorgfalt in der Zeichnung der Landschaft, verbindet die verschiedenen Episoden zwar etwas holprig, erzählt aber insgesamt eine positive Geschichte. Die Kinofassung verzichtet nicht auf für die eigentliche Zielgruppe, irritierende Spannungsmomente und Brutalitäten. *Alrun Fichtenbauer, Multimedia (Die Furche), 4.10.2001*

**Kritik:** (…) Die Regisseure Piet de Rycker und Thilo Graf Rothkirch (auch Produzent) haben das Wunder vollbracht und mit ihren Zeichnern einen zauberhaften Film geschaffen, der sich vor allem erfolgreich bemüht, von Kindern verstanden zu werden. So verzichtet er auf eine durchgehende Erzählung, bleibt auch in den abenteuerlichen Momenten ruhig und ohne aufgesetzte Dramatik, etwa wenn Lars mit seinen Freunden das große Schiff zum Kentern bringt, das alle Tiere des Meeres wegfangen soll. *Heiko R. Blum, Rheinische Post, 5.10.2001*

(…) Die entspannte Freundlichkeit der Kinderbücher von Hans de Beer wurde in der Zeichentrickverfilmung von »Der kleine Eisbär« allerdings einer erheblich aufregenderen, gleichwohl konventionelleren Dramaturgie geopfert. Das lässt diese an internationalen Standards orientierte Produktion für ein ganz junges Publikum nicht unbedingt geeignet erscheinen. *tip, 20/2001*

## Kleine Semmeln

493
□
TV

**Regie:** Paul Harather
**Darsteller:** Heio von Stetten (Dieter Behringer), Fritz von Friedl (Günther), Carola Regnier (Renate), Liane Forestieri (Tanja), Florian Fischer (Herbert), Christiane Blumhoff
**Prod.:** BRD 1998; 90 Min.
**TV:** 1.4.2001, BR, 19.45

Die Architekten Behringer, Vater und Sohn, wollen im Münchner Stadtteil Haidhausen ein modernes Einkaufszentrum errichten, bekommen aber den Widerstand einer Bäckersfamilie zu spüren.

## Kleiner Mann sucht großes Herz

494
□
TV

**Regie:** Heidi Kranz
**Darsteller:** Mark Keller (Tom Bergmann), Bettina Zimmermann (Pamela), David Kötter (Sascha), Johanna Christine Gehlen (Tamila Freund)
**Drehbuch:** Elmar Schäfer
**Prod.:** BRD 2001; 93 Min.
Zeitsprung Film + TV
**TV:** 3.4.2001, SAT.1, 20.15

Der kleine Heimjunge Sascha begegnet Tom, einem erfolgreichen, chaotischen, aber warmherzigen Creative Director einer Werbeagentur und sieht darin eine Chance, endlich Glück und Geborgenheit in einer Familie zu finden. Zwischen beiden entsteht eine so innige Freundschaft, dass sogar eine Adoption wahrscheinlich wird. (…) *AZ TV Journal*

## Kolobos

495
KOLOBOS
**
Video

**Regie:** Daniel Liatowitsch, David Todd Ocvirk
**Darsteller:** Amy Weber (Kyra), Donny Terranova (Tom), Nichole Pelerine (Erica), John Fairlie (Gary), Promise LeMarco (Tina), Ilia Volokh (Faceless), Linnea Quigley (Dorothy)
**Drehbuch:** Nne Ebong, Daniel Liatowitsch, David Todd Ocvirk
**Kamera:** Yoram Astrakhan; Eric Fletcher (steadicam)
**Musik:** William Kidd
**Schnitt:** Brian Olson
**Prod.-Des.:** Preston Fischer
**Prod.:** USA 1999; 84 Min.
Dana Altman, Nne Ebong für Armitage Pic.
**Vertrieb:** Laser Paradise Video, 20.8.2001
**FSK:** ab 18 J.

Eine Hand voll junger Leute wird in eine Villa gelockt und der Reihe nach abgeschlachtet. Das hatten wir schon oft und es war immer schlecht und uninteressant. Gänzlich uninspirierter Teenie-Horror, der auf der »Scream«-Welle mitschwimmen möchte, aber schon lange vorher kentert.

## Komplizinnen aus Angst 496

PELON MAANTIEDE ***

TV

**Regie:** Auli Mantila
**Darsteller:** Tanjalotta Räikkä (Oili Lyyra), Leea Klemola (Maaru Tang), Pertti Sveholm (Rainer Auvinen), Kari Sorvali (Eero Harakka), Anna-Elina Lyytkäinen (Laura Lyyra)
**Drehbuch:** Auli Mantila, nach dem Roman »Pelon Maantiede« von Anja Kauranens
**Kamera:** Heikki Färm
**Musik:** Hilmar örn Hilmarsson
**Schnitt:** Kimmo Taavila
**Prod.:** Finnland 1999; 95 Min.
Blind Spot
**EA:** 13.2.2000, Int. Forum des Jungen Films Berlin
**TV:** 18.6.2001, Arte, 20.45

Die Gerichtsmedizinerin Oili Lyyra wird zur Untersuchung einer Männerleiche, die im Hafenviertel Helsinkis gefunden wurde, herangezogen. Ihr Freund ist Kommissar und ermittelt im selben Fall.

**Kritik:** (...) »Geographie der Angst« (Festivaltitel, die Red.) – der Titel bezieht sich auf einen Plan, der die Großstadt in für Frauen sichere und unsichere Gebiete einteilt – ist auf den ersten Blick ein unzeitgemäßer Film, weil er ein Problem aufgreift, das Filmemacherinnen der 70er-Jahre bereits beschäftigt hat, das aber auch in so genannten postfeministischen Zeiten nicht gelöst ist. Und mit ihrem kühlen, distanzierten Realismus sorgt Auli Mantila dafür, dass ihre Filme den gut gemeinten, mitunter dilettantischen Manifesten der 70er ästhetisch weit überlegen sind.

*Daniela Sannwald,*
*Der Tagesspiegel, 13.2.2000*

## Komm, süßer Tod 497

****

**Regie:** Wolfgang Murnberger
**Darsteller:** Josef Hader (Simon Brenner), Simon Schwarz (Berti), Barbara Rudnik (Klara), Michael Schönborn (Junior), Bernd Michael Lade (Gross), Nina Proll (Angelika Lanz), Reinhard Nowak (Munz)
**Drehbuch:** Wolfgang Murnberger, Wolf Haas, Josef Hader, nach dem gleichn. Roman von Wolf Haas
**Kamera:** Peter von Haller
**Musik:** Sofa Surfers
**Schnitt:** Evi Romen
**Prod.:** Österreich 2000; 108 Min.
Danny Krausz, Kurt Stocker für DOR-Film
**Verleih:** Ventura/Filmladen/-, 20.9.2001
**FSK:** ab 16 J., ffr. – **FBW:** Wertvoll

Für den ehemaligen Polizisten Brenner ist seine Arbeit als Rettungsfahrer Rückzugsgebiet von einer enttäuschenden und entzauberten Welt. Dementsprechend wehrt er sich auch, in rätselhafte Todesfälle an seinem Arbeitsplatz verwickelt zu werden – bis er sich dennoch mitten in einem unglaublichen Verbrechen wieder findet und auf eigene Faust ermittelt. Zwischen hartem Realismus und ironischem Zynismus balancierende Kriminalkomödie, fantasievoll von Regisseur Murnberger in Szene gesetzt und von guter Schauspielerleistung getragen. Eine gelungene Romanadaption, die Unterhaltung auf hohem inhaltlichen und technischen Niveau bietet. *Multimedia*

*Josef Hader und Simon Schwarz*

**Kritik:**
(...) Josef Hader spielt den grantelnden Brenner als Wiener Antwort auf Lino Ventura. Als phlegmatischer Ermittler lässt er die Dinge lieber auf sich zukommen und betrachtet vom Rande den Wahnsinn auf den Straßen von Wien. Eine schwarze Komödie, ein komisches Schauerstück, ein Krimi auf irrsinnigen Abwegen.
*Volker Gunske, tip, 19/2001*

(...) In Österreich ist Wolfgang Murnbergers Adaption des Kultkrimis von Wolf Haas der Kinohit des Jahres. Zu Recht. So viel abgefeimten Wortwitz, makabre Situationskomik und wunderbar verquere Charaktertypen, darunter »Stockinger« Karl Markovics, hat man schon lange nicht mehr im Kino erlebt. Fast jede einzelne Szene hat Film-noir-Klasse. Die Krimihandlung ist abstrus, aber clever konstruiert, deren eigenwillige Rasanz ein Lob der Langsamkeit. Wien fährt und läuft Amok, aber immer mit einem guten Schmäh auf den Lippen. (...)
*Angie Dullinger, AZ, 20.9.2001*

(...) Dass er den schrägen, den sarkastischen, den nach den Zerfallserscheinungen des Bürgerlich-Wohlanständigen forschenden Blick aber immer wieder verliert, dass er unvermittelt in ein kommentarloses, bloß registrierendes Hingucken verfällt, das ist die Schwäche dieses Films. Und auch, dass er diese scheingemütliche, hinterfotzige, heimtückisch joviale Erzählerstimme aus den Romanen von Wolf Haas mal aus dem Off kommentieren lässt und dann wieder vergisst, das ist eine arge Ungeschicklichkeit. Einerseits hat dieser boshafte Krimi eben immer Angst davor, zu ins naive Klischee zu verfallen. Aber in all seinem Schwanken ist auch eine produktive Unruhe zu spüren: Auf keinen Fall soll hier noch mal eine vertraute Geschichte auf altbekannte Art erzählt werden.
*Thomas Klingenmaier, Stuttgarter Zeitung, 20.9.2001*

**Interview:** *Was ist das Besondere am österreichischen Film?*

Der österreichische Film hat zwei Probleme: Entweder er will irgendetwas nachmachen, und das gelingt ihm dann 70% schlechter, oder er erzählt Geschichten, die es auf der ganzen Welt gibt, aus einem typisch österreichischen Blickwinkel, und die Ergebnisse sind oft unbefriedigend. Ein schönes Gegenbeispiel ist der Film »Nordrand«. Er erzählt eine überall verstehbare Geschichte, allerdings ohne diese typische österreichische Gemütlichkeit in Inhalt und Form, sondern eher unbequem.
*Josef Hader im Interview mit Martin Schwarz, Zitty, 20/2001*

*Sie spielen den Ex-Polizisten Brenner, der beim Rettungsdienst arbeitet und unversehens in eine Verbrechensserie gerät. Und während alles hysterisch wird, bleibt Brenner phlegmatisch.*

Ja, es gibt ja die große Tradition der passiven Ermittler, also wenn ich an Simenon denke oder an diese Filme, in denen Lino Ventura eigentlich nur schlecht gelaunt im Büro herumsitzt und die Dinge auf sich zukommen lässt. Die Überlegenheit des passiven Ermittlers besteht darin, dass er sich nicht engagiert und dadurch immer einen Abstand hat und überlegen kann.

*Sehr treffend für Brenners Art der Ermittlungsarbeit ist der Satz: »Vorgehen ist schon mal falsch.«*

Ja.

*Und wie geht man nun in einem Mordfall vor?*

Vorgehen ist schon falsch.

*Durch dieses Phlegma auf der einen Seite und diese sich steigernde Mordserie bekommt der Krimi ein merkwürdiges schräges Tempo ...*

Schneller Film mit langsamen Helden – das war so ein bissel das Konzept.

Krimi ist ja wahrscheinlich nicht das richtige Wort. Das ist eine schwarze Komödie mit ein paar schaurigen Elementen drin, die kurz so tun, als wär ein Thriller im Gang. Aber das ist immer nur sehr punktuell, sonst ist es schwarze Komödie. Es war der Versuch, die Sprache von Wolf Haas, diese eigene, etwas nachlässige Sprache, in eigene, nachlässige Kameraarbeit zu übersetzen. Also wenn ein Wagen durch die Luft fliegt, nehmen das keine fünf Highspeed-Kameras auf, sondern es ist ganz lakonisch gefilmt. Das schaut aus wie Matchbox, baff, und das ist es.

*Josef Hader im Interview mit Volker Gunske, tip, 19/2001*

## Kommando Störtebeker 498

***+

**Regie:** Ute von Münchow-Pohl
**Darsteller:** Mit Stimmen von Otto Waalkes (Baby Bruno/Papagei), Bastian Pastewka (Paul Bommel), Ferdinand Dux (Opa Bommel), Karin Eckhold (Renate Bommel), Beate Hasenau (Fr. Hoppmann), Robert Missler (Prof. Lugano)
**Drehbuch:** Ully Arndt, Gunter Baars, Ulrich Tormin
**Musik:** JB Genkel
**Prod.:** BRD 2000; 83 Min.
Michael Schaack, Thomas Walker, Hans Otto Mertens für TFC Trickompany/ CTL-UFA
**Verleih:** Buena Vista/-/-, 20.9.2001
**FSK:** o. A. – **FBW:** Wertvoll

Die Ottifanten-Familie Bommel sucht nach einem Piratenschatz. »Schrill, kreisch, aua«, wirbt der Verleih für seinen komikfreien Episodenzeichentrickfilm. Aua, stimmt. *tip, 19/2001*

**Kritik:** (…) Formal geht »Kommando Störtebeker« auf Nummer Sicher: Klassische 2-D-Handzeichnungen wurden u. a. bei den rasanten Autoverfolgungsjagden oder der Schatzsucherinvasion auf Sylt mit modernen Digitaltricks kombiniert. Insgesamt gibt es rund 1400 computeranimierte Szenen. Trotz einiger Längen werden sich die Freunde knalliger Trickfilmspektakel auch beim Ottifanten-Film amüsieren. Die eingestreuten Anspielungen auf Formel 1, Britney Spears oder James-Bond-Eskapaden dürften aber nicht ausreichen, um den Appetit filmischer Gourmets zu stillen.

*Reinhard Kleber, Filmecho-Filmwoche, 37/2001*

(…) Nun ja: Wer die »Werner«-Filmchen mochte, wird wohl auch hier sein Zwerchfell zum Zucken bringen. Andere dürften sich in diesem grob gestrickten Garn aus Computertrickserien und gezeichneten Cartoons fehl am Platze fühlen. Denn platte Witzchen, viel Klamauk und eine antiquierte Animation verderben das Vergnügen an diesem Filmchen. Auf der großen Leinwand machen die Ottifanten also noch nicht mal halb so viel Spaß. *Albert Baer, Rheinische Post, 21.9.2001*

## Komodo – The Living Terror 499

KOMODO **

Video

**Regie:** Michael Lantieri
**Darsteller:** Jill Hennessy (Victoria), Billy Burke (Oates), Kevin Zegers (Patrick), Paul Gleeson (Denby), Nina Landis (Annie), Michael Edward-Stevens, Simon Westaway
**Drehbuch:** Hans Bauer, Craig Mitchell
**Kamera:** David Burr
**Musik:** John Debney
**Schnitt:** Michael Fallavollita
**Prod.-Des.:** Georg Liddle
**Prod.:** Australien 1999; 86 Min.
Alan Riche, Tony Ludwig für Scanbox Asia Pacific/Komodo Film
**Vertrieb:** Helkon (Columbia TriStar) Video, 13.2.2001
**FSK:** ab 18 J.

Zu Therapiezwecken kehrt Tim auf die Südseeinsel zurück, wo dereinst seine Eltern Opfer hungriger Killer-Warane wurden. Und die lauern dort natürlich immer noch auf Schafsnasen, die sich ihnen zum Fraß anbieten. Ausgemachter Horror-Blödsinn für die Trash-Fan-Fraktion.

## Komser Sekspir 500
KOMSER SEKSPIR ***

**Regie:** Sinan Cetin
**Darsteller:** Kardiv Inanir, Mujde Ar, Okan Bayulgen, Pelin Batu
**Drehbuch:** Mesut Ceylan
**Kamera:** Kamil Cetin
**Musik:** Ozgür Omer
**Prod.:** Türkei 2000; 113 Min.
Plato Film
**Verleih:** Warner (OmU)/-/-, 22.3.2001
**FSK:** ab 12 J., ffr.
**FBW:** Besonders wertvoll

Ein allein erziehender Kommissar organisiert für seine an Leukämie erkrankte Tochter und mit Menschen von der Straße eine ungewöhnliche Theateraufführung.

**Kritik:** (...) Die eigentliche Handlung von »Kommissar Shakespeare« – bei der schon mal gelacht werden darf, wenn im Hintergrund Gefangene geprügelt und getreten werden und eine Menschenrechtsdelegation als Witzfiguren auftritt – versinkt über weite Strecken in erbarmungslosem Kitsch, bis Theaterensemble und Filmgeschehen gegen Schluss über ein tragisches Vorfinale die Kurve zu einem fast aufrührerischen Ende finden. Oder ist das alles vielleicht doch eine bitterböse Satire auf den türkischen Obrigkeitsstaat? Ein eher zwiespältiges Filmvergnügen.
*Gerald Jung, Zitty, 7/2001*

## Der König tanzt 501
LE ROI DANSE ***

**Regie:** Gerard Corbiau
**Darsteller:** Benoit Magimel (Louis XIV.), Boris Terral (Jean-Baptiste Lully), Tcheky Karyo (Moliere), Colette Emmanuelle (Königin Anna), Cecile Bois (Madaleine), Claire Keim (Julie), Johan Leysen (Cambert)
**Drehbuch:** Eve de Castro, Andree Corbiau, Gérard Corbiau, Didier Decoin, frei nach dem Roman von »Lully ou le musicien du soleil« von Philippe Beaussant
**Kamera:** Gerard Simon
**Musik:** Musical Consultant; Reinhard Goebel (Leitung Musika Antiqua Köln)
**Schnitt:** Ludo Troch, Philippe Ravoet
**Prod.-Des.:** Hubert Pouille
**Prod.:** Belgien/Frankreich/BRD 2000; 114 Min.
Dominique Janne für K-Star/France 2 Cinéma/MMC/K-Dance/K2 mit Canal+/RTL TVI/K2
**UA:** Int. Filmfestspiele Berlin 2001, Eröffnungsfilm »Panorama«
**Verleih:** Helkon/Filmladen/JMH, 26.4.2001
**FSK:** ab 12 J., ffr.
**FBW:** Besonders wertvoll

Leben und Sterben des Komponisten und Tanzlehrers von Ludwig XIV., Jean-Baptiste Lully (1632–1687), der sich wegen seiner Homosexualität ständigen Intrigen ausgesetzt sah und den Liebesentzug des abgöttisch verehrten Sonnenkönigs nicht verkraftete. Opulent gefilmtes, eindringlich gespieltes Historien-Gemälde, in dem Bilder, Musik, Tanz, persönliche Schicksale und politische Hintergründe zu einer rauschhaften Choreografie verschmelzen. *Film, 6/2001*

**Kritik:** (...) Mit diesem unbedingten Willen, der die bedingte Form zu sprengen droht, kann die Handlung

*Benoit Magimel*

nicht mithalten, die sich im Konventionellen und Beliebigen verirrt, als wäre die Sonne, das Auge des Regisseurs, nach dem fulminanten Beginn aus der Bahn geworfen worden. Die Kunst im Film triumphiert über die Filmkunst, und im Schlussbild müsste eigentlich eine Allegorie des Kinos dem sterbenden Lully ihre Kamera zu Füßen legen. Rasch versiegt der Quell der soziologischen Fantasie, der in den Eröffnungsszenen sprudelte. Die Legende vom Avantgardekünstler, der sich durch abweichendes Verhalten unentbehrlich macht, wird nicht weiter ausgemalt, und die Königinmutter und Conti repräsentieren nicht mehr die höfische Gesellschaft, sondern sind die Intriganten, die dafür sorgen, dass Blut fließt, wo schöne Menschen einfach nur glücklich sein wollen. (...) Nach fast zwei Stunden umwegiger und abwegiger Handlung weiß man freilich die Form von Lullys Balletten zu würdigen, in denen nichts geschieht, außer dass Planeten sich um die Sonne drehen.

*Patrick Bahners, FAZ, 25.4.2001*

(...) Ein schwacher Kostümfilm, der seinen Figuren keinen Raum lässt und sich in pompösen Inszenierungen und ausladenden Gesten verliert.

*Multimedia*

## Der König vom Block 502

**+
TV

**Regie:** Carolin Thummes
**Darsteller:** Hannes Hellmann (Jannes Nowak), Renate Krößner (Hilde), Andreas Schmidt (Max), Nina Petri (Rita), Maria Happel, Frank Seppeler
**Drehbuch:** Carolin Thummes
**Kamera:** Peter Nix
**Schnitt:** Romy Schuhmann
**Prod.-Des.:** Monika Nix
**Prod.:** BRD 20001; 88.
Kirsten Hager, Eric Moss für Bayerischer Rundfunk
**UA:** 4.7.2001, Filmfest München
**TV:** 25.10.2001, ARD, 23.00

Als »Debüt im Ersten« hatte das Berliner Milieu-Panoptikum eine gewisse Skurril-Kuriosität. Doch dieses Gammel-Sammelsurium von Hinterhof-Kunstfiguren findet seine Grenzen in den Klischees von Säufer-Originalen und Spinner-Marotten. Ein Theater-Szenario mit hoher Schauspielerqualität.

*Ponkie, AZ, 27.10.2001*

## Ein Königreich für ein Lama 503

THE EMPEROR'S NEW GROOVE ***

**Regie:** Mark Dindal
**Darsteller:** Mit den Original-Stimmen von: David Spade (Lama), John Goodman (Pascha), Eartha Kitt (Yzma), Patrick Warburton (Kronk), Wendie Malick (Chica), Kellyann Kelso (Chaca), Eli Russell Linnetz
**Drehbuch:** David Reynolds, nach einer Story von Chris Williams, Mark Dindal, basierend auf der Original-Story von Roger Allers, Matthew Jacobs
**Musik:** John Debney, Sting, David Hartley
**Schnitt:** Pamela Ziegenhagen-Shefland
**Prod.-Des.:** Paul Felix
**Prod.:** USA 2000; 79 Min.
Randy Fullmer für Walt Disney
**Verleih:** Buena Vista/dto./dto., 15.3.2001
**Vertrieb:** Buena Vista Video (Video, DVD)
**FSK:** o. A., ffr.

Als ein selbstsüchtiger Inka-Herrscher von seiner herrschsüchtigen Beraterin in ein Lama verwandelt wird, hilft ihm nur ein bodenständiger Lama-Bauer, den er zuvor in seiner Arroganz massiv verärgert hat. Ein erfrischend frecher und temporeicher Disney-Trickfilm, der die genreüblichen Moralbotschaften immer wieder selber unterläuft und mit selbstironischen Kommentaren bestens unterhält. Für Kinder und Erwachsene gleichermaßen ein Genuss. *Film, 4/2001*

**Kritik:** (...) Zwischen den Zeilen und Bildern ist der Disneyfilm auch eine Karikatur der Gesellschaft: konsumistisch, egozentrisch, ökonomistisch. Auch dass »Ein Königreich für ein Lama« noch unsentimental ohne Bambi-Kulleraugen-Tränen auskommt, hebt ihn unter vielen Zeichentrickfilmen hervor.

*Adrian Prechtel, AZ, 15.3.2001*

*Konzert vor Marx und Engels*

## Konzert im Freien 504

***

**Regie:** Jürgen Böttcher
**Drehbuch:** Jürgen Böttcher
**Kamera:** Thomas Plenert, Lars Lenski, Gunter Becher
**Musik:** Günter »Baby« Sommer, Dietmar Diesner
**Schnitt:** Gudrun Plenert
**Prod.:** BRD 2001; 88 Min. Ö-Filmprod.
**UA:** 8.2.2001, Int. Forum des Jungen Films Berlin
**Verleih:** Basis/-/-, 1.3.2001

Experimenteller Dokumentarfilm über die Entstehung und Gegenwart des Marx-Engels-Denkmals im Zentrum von Berlin. *Zitty, 4/2001*

**Kritik:** Nach zehn Jahren, die er seiner Malerei gewidmet hat, kehrt der Defa-Avantgardist Jürgen Böttcher jetzt mit einem Musik- und Historienfilm ins Kino zurück. Böttcher kombiniert musikalische Inszenierungen mit den ostdeutschen Post-Free-Jazz-Größen Günter »Baby« Sommer und Dietmar Diesner im Marx-Engels-Forum am Alexanderplatz mit Material, das er selbst in den 80ern im Staatsauftrag von der Entstehung des Skulpturenparks gedreht hat: eine Geistergeschichte. Den Kommentar delegiert er an die musikalischen Mitstreiter in den Gegenwarts-Video-Sequenzen, mitunter blueshaft-ernst, öfter aber frech-schnatternd oder ketzerisch-trommelnd. Ein spröder, störrischer Post-DDR-Avantgardefilm. *Robert Weixlbaumer, tip, 5/2001*

## Der Kreis 505

DAYEREH

****

**Regie:** Jafar Panahi
**Darsteller:** Maryiam Parvin Almani (Arezou), Nargess Mamizadeh (Nargess), Fereshte Sadr Orafai (Pari), Monir Arab (Ticket Verkäufer), Elham Saboktakin (Krankenschwester), Fatemeh Naghavi (Mutter), Mojgan Faramarzi (Prostituierte)
**Drehbuch:** Kambozia Partovi
**Kamera:** Bahram Badakshani
**Schnitt:** Jafar Panahi
**Prod.:** Iran/Italien 2000; 91 Min. Jafar Panahi für Jafar Panahi Film/Mikado/ Lumiere & Co.
**UA:** 6.9.2000, Int. Filmfestspiele Venedig
**Verleih:** Alamode/-/Filmcooperative, 13.9.2001

Mit dokumentarischer Kamera und fast in Realzeit erzählt Jafar Panahis preisgekrönter Film von einer Gruppe von Frauen, die sich durch den Alltag im Iran kämpfen. Die Hauptfiguren sind doppelt deklassiert: Als Ex-Sträflinge und Frauen sind sie jederzeit der Willkür der konservativen Moral ausgeliefert. »Der Kreis« ist ein konzentrierter Kriegsfilm aus einem scheinbar befriedeten Land, der von einem stillen Bürgerkrieg der Männer gegen die Frauen erzählt.

*Robert Weixlbaumer, tip, 19/2001*

**Kritik:** Jafar Panahi, der in seinen Filmen »Der weiße Ballon« und »Der Spiegel« Kritik an den sozialen Ungerechtigkeiten in seinem Land in Metaphern verpackte, lässt in diesem wie ein Dokudrama inszenierten, bewegenden Meisterwerk eine ungewohnte Deutlichkeit spüren – und trotz aller Demütigung ein Stück Hoffnung auf Liberalisierung im Land religiös eifernder Mullahs.

*Margret Köhler, AZ, 13.9.2001*

**Kritik:** (...) Ein Film über Blicke, könnte man auch sagen. über ängstliche, panische Blicke. Suchende, vergebliche Blicke. Den fatalistischen Blick, wenn man nichts zu verlieren hat. Den Blick der Hoffnung und der enttäuschten Hoffnung. Den bittenden, den helfenden, den Rat suchenden Blick. »Der Kreis«, mit Laiendarstellerinnen an Originalschauplätzen gedreht, zeigt, was man sehen kann von dem, was unter den Bedingungen der Unfreiheit nicht gesehen werden soll. Neben der realen Zelle gibt es das unsichtbare Gefängnis draußen, auf offener Straße. Panahis Film setzt sich nicht über das Bilderverbot hinweg, sondern macht sich ein Bild von dem, was dieses Verbot anrichtet und wie es Menschen zurichten kann. (...)

*Christiane Peitz, Der Tagesspiegel, 13.9.2001*

## Der Krieger – Shaka Zulu 506

SHAKA ZULU – THE CITADEL **

Video

**Regie:** Joshua Sinclair
**Darsteller:** David Hasselhoff (Mungo), Karen Allen (Alizabeth), Henry Cele (Shaka Zulu), Roger Alborough (Hawkins), Peter Marinker (Cowley), James Fox, Grace Jones
**Drehbuch:** Joshua Sinclair
**Schnitt:** Britta Nahler
**Prod.-Des.:** Osvaldo Desideri
**Prod.:** Niederlande/BRD 2000; 179 Min. Global Ent./Victory Media
**Vertrieb:** Arthaus, 11.12.2001
**FSK:** ab 12 J.

Zulu-König fällt Sklavenhändlern in die Hände und muss von seinem Freund, einem britischen Offizier, befreit weren. US-TV-Zweiteiler nach der TV-Serie – aufwändig, mit deutschen Fondsmitteln koproduziert, aber nicht aufregend.

## Ein kriminelles Paar 507

LES AMANTS CRIMINELS ***+

TV

**Regie:** François Ozon
**Darsteller:** Natacha Régnier (Alice), Jérémie Rénier (Luc), Miki Manojlovic (der Riese), Salim Kechiouche (Said), Yasmine Belmadi (Karim)
**Drehbuch:** François Ozon
**Kamera:** Pierre Stoeber
**Musik:** Philippe Rombi
**Schnitt:** Dominique Petrot
**Prod.:** Frankreich/Japan 1999; 96 Min. Olivier Delbosc, Marc Missonnier für Fidelite/Eurospace mit Arte/Canal+
**TV:** 17.10.2001, Arte, 22.35, OmU

Alice, eine jugendliche Schülerin, kann sich nicht zwischen zwei Männern entscheiden und beschließt kurzerhand, einen der Bewerber auszuschalten. Doch mit dem Mord beginnt erst die eigentliche Geschichte. (...)

*AZ TV Journal*

## Kukai 508

KUKAI ***+

**Regie:** Junya Sato
**Darsteller:** Kinya Kitaoji, Mayumi Ogawa, Goh Kato, Hisaya Morishige
**Drehbuch:** Akira Haysaka
**Kamera:** Masahiko Timura
**Musik:** Tsuotomu Yamashita

**Schnitt:** Junya Sato
**Prod.:** Japan 2000; 180 Min.
Tan Taikawa, Yoshishide Nakamura für United Dragons
**Verleih:** -/UDI/-, Jan. 2001

Biografie des buddhistischen Meisters Kukai, der im Japan des 9. Jahrhunderts einen bedeutenden Orden gründete. Der Spielfilm bringt uns das Leben des Meisters nicht aus einer distanzierten oder historisch-kritischen Betrachtung näher, sondern erzählt die Legenden, Mythen und Wunder, die von Kukai erzählt werden. Das wirkt zum einen oftmals oberflächlich bis beinahe lächerlich, andererseits in seiner simplen Montagetechnik und klaren Intention und Struktur auch ehrlich. Interesse an japanischem Buddhismus, Akzeptanz der historisch-naiven Herangehensweise und cineastische Ausdauer bei einer Spielzeit von drei Stunden vorausgesetzt, thematisch anregend.
*Multimedia*

*›Kurische Nehrung‹*

## Kurische Nehrung 509

****

**Regie:** Volker Koepp
**Drehbuch:** Volker Koepp
**Kamera:** Thomas Plenert
**Schnitt:** Angelika Arnold
**Prod.:** BRD 2001; 92 Min.
Thomas Geyer Film/Vineta/SWR/Arte
**UA:** 10.2.2001, Int. Forum des Jungen FilmsBerlin
**Verleih:** Salzgeber/-/-, 2.8.2001

Poetischer Dokumentarfilm über die »Kurische Nehrung«, ein ehemals ostpreußisches Gebiet an der Ostsee, das heute zwischen Russland und Litauen geteilt ist.

**Kritik:** (…) Was in den anderen Dokumentarfilmen Koepps zu einer großen Kunst des Augenblicks, der Stille und des Fragens aufläuft, in welcher sich die Tragik der Geschichte verdichtet, ist hier nicht einmal mehr Heimatkunde – es bleibt Heimatfilm. (…) Doch der Film bleibt letztlich seltsam ungenau und vage. *Anke Westphal, Berliner Zeitung, 12.2.2001*

(…) Ein Dokumentarfilm könnte in dieser wechselvollen Historie reichlich Material finden. Aber wie in seinem letzten Kinofilm, »Herr Zwilling und Frau Zuckermann«, stehen bei Koepp die kleinen Leute im Mittelpunkt. Die große Geschichte wird anhand unauffälliger Alltäglichkeiten erzählt. Die Kamera schaut respektvoll der Arbeit auf der Vogelstation zu, verfolgt mit zurückhaltender Distanz einige wenige Einwohner. Renate zum Beispiel: Sie plauscht in charmant gebrochenem Deutsch aus ihrem Leben. Unspektakulär und einnehmend.
Dieser Film kann seinen Protagonisten zuhören. Den Menschen wie der Landschaft. Manchmal ist nur der Wind zu hören, hält die Kamera lange über der Landschaft still. Störend sind nur die überflüssigen Off-Kommentare. Sonst zeichnen diese 90 schönen Film-Minuten ein ruhiges Gemälde, in dem man am liebsten verschwinden möchte. *Zitty, 16/2001*

(…) Aber er schreckt vor einem Essayfilm zurück, der die Ansichten konsequent zur Seelenlandschaft montiert, und kommt mit dem journalistischen Ansatz nicht voran. Koepp zeigt uns zu wenig von der aktuellen sozialen Realität, kann auch die Hemmnisse seiner Gesprächspartner nicht überwinden, offen von der Vergangenheit zu sprechen, den harten Erlebnissen der einstmals deutschen Bevölkerung Sarmatiens im Sowjetreich. Das ist neben Wehmut das Hauptgefühl, das der Film vermittelt: dass da mehr zu erzählen wäre.

*Thomas Klingenmaier, Stuttgarter Zeitung, 8.11.2001*

Die »Kurische Nehrung« ist ein Dokumentarfilm, der vor allem Menschen anspricht, die sich für Landschaften und Geschichte des Deutschtums und die heutige Situation in Osteuropa und hier im Speziellen für das Ostsee-Gebiet interessieren. Eine 90-minütige Geschichtsstunde hält Volker Koepp nicht. Das historische Bewusstsein muss man bereits mitbringen. *Adrian Prechtel, AZ, 7.2.2002*

## Küss mich Tiger! 510

***

TV

**Regie:** Jan Ruzicka
**Darsteller:** Uwe Ochsenknecht (Hartmut Popp), Barbara Rudnik (Sabine Popp), Peter Sattmann (Robert Merten), Dominique Horwitz (Jürgen Dux), Charlotte Schwab (Hildegard Timm), Anian Zollner (Hans Behnke), Jockel Tschiersch (Dieter)
**Drehbuch:** Norbert Eberlein
**Kamera:** Michael Heiter
**Musik:** Carsten Bohn
**Schnitt:** Marcel Peragine
**Prod.-Des.:** Reinhard Glöde
**Prod.:** BRD 2000; 85 Min.
Dirk R. Düvel für Studio Hamburg ARD/ Degeto
**TV:** 11.5.2001, ARD, 20.15

Der Literatur-Professor Hartmut Popp ist glücklich verheiratet, spürt aber, dass er in Sachen Romantik viel Nachholbedarf hat. (…)

## A L'Attaque 511
A L'ATTAQUE ****+

**Regie:** Robert Guédiguian
**Darsteller:** Ariane Ascaride, Pierre Banderet, Federique Bonnal, Patrick Bonnel, Jacques Boudet, Jean-Pierre Darroussin, Denis Podalydes
**Drehbuch:** Robert Guédiguian, Jean-Louis Milesi
**Kamera:** Bernard Cavalié
**Musik:** Jacques Menichetti
**Schnitt:** Bernard Sasia
**Prod.:** Frankreich 1999; 90 Min.
Gilles Sandoz, Michel Saint-Jean, Robert Guédiguian für AGAT/Diaphana/TF1
**Verleih:** -/-/Agora, August 2001

Ein Jahr vor »La ville est tranquille« entstand Guédiguians hinreißende Komödie über zwei Drehbuchautoren, die eine Geschichte über die Armen und Reichen Marseilles zu schreiben versuchen und mit allerlei Tücken zu kämpfen haben. Alle ihre Vorstellungen und Einfälle werden auf der Leinwand zum Leben erweckt und kollidieren immer wieder mit den Wünschen der beiden Autoren. Gleicher Stil, gleiche Besetzung wie »La ville est tranquille«. Nur heiterer und ausgelassener. *Film, 8/2001*

## L. A. Nights 512
THE THIEF AND THE STRIPPER **
Video

**Regie:** L.P. Brown III, John Siogren
**Darsteller:** Michael Madsen (Jimmie D.), Martin Kove (Face), Brion James (Shoe), Roxana Zal (June), Adam S. Bristol (Danka), Stoney Jackson (U-Hund), Todd Bridges (Burn)
**Prod.:** USA 1998; 81 Min.
L. P. Brown III, Richard Jastrow (Line Prod.)
**Vertrieb:** e-m-s (Sunfilm) Video, 17.7.2001
**FSK:** ab 18 J.

Alles, was ein Billig-Thriller braucht: kaputter Bulle, korrupte Kollegen und ein Koffer von der Mafia. Filmisch glanzlos und von den Darstellern routiniert abgespult.

## The Ladies Man 513
THE LADIES MAN **

**Regie:** Reginald Hudlin
**Darsteller:** Tim Meadows (Leon), Karyn Parsons (Julie), Billy Dee Williams (Lester), Will Ferrell (Lance), Lee Evans (Barney), Tiffani Thiessen (Honey DeLune), John Witherspoon (Scrap Iron)
**Drehbuch:** Tim Meadows, Dennis McNicholas, Andrew Steele
**Kamera:** Johnny E. Jensen
**Musik:** Marcus Miller
**Schnitt:** Earl Watson
**Prod.-Des.:** Franco De Cotiis
**Prod.:** USA 2000; 84 Min.
Lorne Michaels für SNL Studios
**Verleih:** UIP/-/-, 30.8.2001

Der aus der US-Comedy-Show »Saturday Night Live« bekannte Komiker Tim Meadows bringt seine Glanznummer ins Kino: den schwarzen Radiomoderator Leon Phelps, der sich als »The Ladies Man« mit entspannt zum Besten gegebenen sexuellen Anzüglichkeiten um Kopf und Kragen quatscht. In einer Serie von

*Tim Meadows*

*Moritz Bleibtreu und Lucas Gregorowicz als Betreiber ihrer Special-Pizzeria*

oftmals urkomischen Sketchen versucht er herauszufinden, welche seiner unzähligen Frauenbekanntschaften ihm wohl jenen Brief geschickt haben könnte, in dem er gebeten wird, zu seinem »Sweet Thing« (und ihrem vielen Geld) zurückzukehren. Dass ihn dabei eine Horde betrogener Ehemänner mit Lynchgelüsten und haarsträubenden Musicalnummern verfolgt, macht die Sache nicht einfacher. Doch bei allem Amüsement: Im Fernsehen wäre die Komödie, deren ästhetische Qualitäten gerade einmal an eine Sitcom heranreichen, einfach besser aufgehoben. *tip, 18/2001*

**Kritik:** (...) Der im Stil eines 70er-Jahre-Altherrenwitz bemüht in Szene gesetzte Kalauer-Streifen baut einen Sketch der legendären »Saturday Night Live«-TV-Blödler aus – und bauchlandet. Ein Retortenfilm, absolut fäkalhumorig, tempolahm und gestrig. Noch Fragen? *tip, 18/2001*

(...) Doch statt ihrem Thema der Rassenspannung treu zu bleiben, gleitet diese formlose Nummernrevue schnell ins Reich pubertärer Blödeleien und doofer Schockwitzchen ab. Dass ein Lynchmob weißer gehörnter Ehemänner den schwarzen Frauenhelden jagt, versucht Regisseur Hudlin dadurch zu entschärfen, dass auch ein schwarzer Hahnrei mit von der Partie ist: So dummplump einfach glaubt sich diese Produktion aus der realen Zeitgeschichte verabschieden zu können. Wie Leon schlicht sagen würde: »Das ist ja total in die Hose gegangen.«

*Thomas Klingenmaier, Rheinische Post, 31.8.2001*

## Lammbock 514

***

**Regie:** Christian Zübert
**Darsteller:** Lucas Gregorowicz (Stefan), Moritz Bleibtreu (Kai), Marie Zielcke (Laura), Alexandra Schalaudek (Gina), Julian Weigend (Achim), Antoine Monot jr. (Schöngeist), Alexandra Neldel (Jenny)
**Drehbuch:** Christian Zübert
**Kamera:** Sonja Rom
**Musik:** Chris Jones, Oblivia
**Schnitt:** Andrea Mertens
**Prod.-Des.:** Stefan Schönberg
**Prod.:** BRD 2001; 90 Min.
Sönke Wortmann, Hanno Huth für Little Shark/Senator mit WDR/Arte

*Moritz Bleibtreu und Julian Weigend*

**UA:** 3.7.2001, Filmfest München
**Verleih:** Senator/Constantin/-, 23.8.2001

Zwei Kiffer und Dealer in der Würzburger Provinz: Zwischen Stagnation und Aufbruch bewegt sich das Leben der beiden Freunde und Geschäftspartner Kai und Stefan, die mit jedem weiteren Joint das eigene Erwachsenwerden hinausschieben. Die lakonische Erzählweise des Regiedebütanten Christian Zübert passt zu den Figuren, aber einige wenige abgedrehte Momente machen auch deutlich, was der Film verschenkt.

*Frank Arnold, tip, 17/2001*

**Kritik:** (...) Wer sagt, Drogen sind nicht komisch, der hat natürlich Recht. Aber diese Hasch-Spezialität des Pizza-Dienstes »Lammbock« mit Kiffer-Haschtütchen unter der Dealer-Salami (aus eigener Cannabis-Plantage im Wald) liefert einen entwaffnend schnittigen Dialog-Witz frei Haus. Zwei Würzburger Nichtsnutze aus der Erben-Generation – der prassende Lebenskünstler Kai und der gewissensgezwackte Richter-Sohn und ewige Jura-Student Stefan – feilen ganztags daran, das Styling ihrer Sprüche zu perfektionieren. (...)

*Ponkie, AZ, 23.8.2001*

(...) Durchaus beachtenswert als Talentprobe in der Inszenierung eines konsequenten Tonfalls, der Schauspielerführung und einzelner guter Sequenzen, doch lahm, verschmockt und selbstverliebt im Drehbuch, dem es an stringenter Dramaturgie mangelt. Der Geschichte fehlt der Drive, sie wirkt bekifft wie ihre Protagonisten. Zwar wird plumper Klamauk vermieden, doch gelingt auch die ironische Brechung nicht, wodurch das Ganze zur bedenklich rechtfertigend verharmlosenden Idealisierung realitätsflüchtigen Losertums wird.

*Richard Richter, Multimedia (Die Furche), 27.9.2001*

(...) Der Rest des Films ist gefüllt mit diversen Liebeleien, viel coolem und mitunter auch witzigem Geschwätz und einem Showdown, der so drastisch ist, dass er völlig unglaubwürdig wirkt. Einen echten Trumpf hat Zübert allerdings mit Moritz Bleibtreu zu bieten. Die derzeitige Nr. 1 des deutschen Films brilliert auch in diesem handlungsarmen Werk durch seine entwaffnende Natürlichkeit. Wenn »Lammbock« statt einer Aneinanderreihung von Kabinettstückchen eine echte Geschichte zu bieten hätte, wäre der Film ein echter Renner. Das Potenzial ist da.

*Martin Schwarz, Zitty, 18/2001*

**Interview:** *Der Film zeigt permanenten Cannabis-Konsum. Ist es nicht zweifelhaft, so einen Film zu produzieren?*

Wortmann: Nein. Der Film ist keine Hommage an leichte Drogen, sondern eine Zustandsbeschreibung. Ich habe es bei der Premiere auf dem Filmfest München gesehen: An den Lachern bei technischen Details und Anspielungen sieht man, dass alle wissen, was los ist. Die deutsche Drogendiskussion wird ja mit einer Doppelmoral geführt, wenn man bedenkt, wie leichtsinnig mit Alkohol umgegangen wird. Der Polizeichef sagt es im Film, während er einen Joint dreht, zu seinen Polizisten beim Ausbildungslehrgang: »Es zieht sich durch alle Altersgruppen und Schichten.« In den 70ern haben wir uns zum Entsetzen unserer Eltern einen Joint gedreht, heute bieten uns die 50-Jährigen einen an.

Zübert: Hätte ich den Film vor vier oder fünf Jahren gedreht, wäre es nur ein Film über coole Typen geworden. Aber ich zeige, dass diese Coolness nur überspielte Gehemmtheit ist. Und sobald das erste Problem auftaucht, rennen sie zu Papi.

*Es gibt keine einzige intellektuelle Figur.*

Wortmann: In den 70ern haben unsere Eltern gegen die Spießer aufbegehrt. Heute sind unsere Eltern die Intellektuelleren und als Gegenkultur zum gutbürgerlichen Mittelstand machen sich eben die Bürgersöhnchen die Proll-Kultur zu Eigen. Diese Leere und Laschheit kommt sicher auch vom mangelnden Druck von außen. Irgendwie haben die Jungs von heute zu viele Möglichkeiten.

*Sönke Wortmann und Christian Zübert im Interview mit Adrian Prechtel, AZ, 23.8.2001*

## Der lange Weg zurück 515

THE LONG WAY HOME □ TV

**Regie:** Glenn Jordan
**Darsteller:** Jack Lemmon (Tom Gerrin), Sarah Paulson (Leanne), Betty Garrett, Eric Keenleyside, Peter Bryant, Kristin Griffith
**Prod.:** USA 1998; 100 Min.
**TV:** 14.10.2001, Super RTL, 22.00

Der 75-jährige Tom Gerrin trampt nach dem Tod seiner Ehefrau mit der Lebenskünstlerin Leanne von Kansas nach Kalifornien und hofft, dort seine Jugendliebe Veronica wieder zu finden.

## Die Last mit der Lust 516

ENTRE LAS PIERNAS *** TV

**Regie:** Manuel Gómez Pereira
**Darsteller:** Victoria Abril (Miranda), Javier Bardem (Javier), Carmelo Gomez (Felix), Juan Diego (Jareno), Sergi Lopez (Claudio), Maria Adanez (Juani), Javier Albala (Juancar)
**Drehbuch:** Joaquin Oristrell, Yolanda Garcia Serrano, Juan Luis Iborra, Manuel Gomez Pereira
**Kamera:** Juan Amoros
**Musik:** Bernardo Bonezzi
**Schnitt:** José Salcedo
**Prod.:** Spanien/Frankreich 1998; 115 Min. BocaBoca/Aurum/DMDV mit Canal+
**EA:** 11.2.1999, Int. Filmfestspiele Berlin, »Wettbewerb«
**TV:** 14.1.2001, ARD, 23.35

Sex oder das Leiden an der Lust – ein heikles Thema. Dem spanischen Regisseur ging die Chose sprichwörtlich in die Hose: An seinem Film, gedacht als klassischer Film noir aus dem heutigen Madrid, bleibt nur der Titel gut. Man lacht sich scheckig bei all der unfreiwilligen Komik im wirren Plot.
Ausgerechnet während der Therapie-Sitzung für Sexsüchtige verfallen Filmproduzent Javier und Radio-Plauderin Miranda einander so unausweichlich, dass sie es in einem fremden Auto im Parkhaus treiben müssen. Da im Kofferraum später eine Leiche entdeckt und Mirandas eifersüchtiger Polizisten-Gatte mit dem Kriminalfall betraut wird, können die obsessiven Liebenden ihrem »Basic Instinct« nur erschwert folgen.

*Angie Dullinger, AZ, 16.2.1999*

## Last Resort 517

LAST RESORT ****

**Regie:** Pawel Pawlikowski
**Darsteller:** Dina Korzun (Tanja), Artiom Strelnikov (Artiom), Paddy Considine (Alfie), Lindsey Honey (Les), Dave Bean, Perry Benson
**Drehbuch:** Pawel Pawlikowski, Rowan Joffe
**Kamera:** Ryszard Lenczewski
**Musik:** Max de Wardener, Rowan Oliver
**Schnitt:** David Charap
**Prod.:** GB 2000; 76 Min. Ruth Caleb, Christopher Collin für BBC
**EA:** 30.6.2001, Filmfest München
**Verleih:** -/Stadtkino/-, Febr. 2001

Die Russin Tanja reist mit ihrem Sohn in Großbritannien ein; ihr Verlobter

*›Last Resort‹ auf der Suche nach dem Gelobten Land*

lässt sie aber im Stich, und so landet sie in einem Auffanglager für Asylsuchende, wo sie Alfie kennen und lieben lernt, der sich rührend um sie kümmert. Die in jeder Einstellung greifbar gemachte triste Atmosphäre im Auffanglager ist mit wenigen Farbtupfern durchsetzt, die eine mögliche Spannweite zwischen erträumtem Lebensentwurf und Realität deutlich machen. *Multimedia*

## The Last Witness – Nur tote Zeugen schweigen 518

CARACARA **

Video

**Regie:** Graeme Clifford
**Darsteller:** Michael Filipowich (Jack Peligrino), Natasha Henstridge (Rachel Sutherland), David McIlwraith (Alan Crancer), Johnathon Schaech (David J. McMillan), Robin Brule (Christy Dyer), Lauren Hutton (Cynthia Kirkman Sutherland), Kate Greenhouse (Det. Deena Mason)
**Drehbuch:** Craig Smith
**Kamera:** Bill Wong
**Musik:** Christophe Beck
**Schnitt:** Stan Cole
**Prod.-Des.:** Tamara Deverell
**Prod.:** USA 1999; 93 Min.
Barbara Black, David Lancaster, Armand Mastroianni, Jeffrey Morton für Le Monde Ent.
**Vertrieb:** KirchMedia (Laser Paradise) Video, 3.9.2001
**FSK:** ab 18 J.

Die FBI-Agenten, die von Rachels Wohnung aus eine Observation vornehmen, entpuppen sich als gemeingefährliche Terroristen. Jede Menge Tote stehen in diesem absurden Actionthriller einem Nichts an Logik entgegen.

## Layover 519

LAYOVER **

Video

**Regie:** Alan B. McElroy
**Darsteller:** David Hasselhoff (Dan Morrison), Gregg Henry (Jack Gillardo), Yvonne Scio (Vickie Dennis), Tom Wright (Det. Hills), Sherri Alexander (Allayne Morrison), Mindee Chem, J. P. Bumstead
**Drehbuch:** Alan B. McElroy
**Kamera:** Jacques Haitkin
**Musik:** Terry Plumer
**Schnitt:** Howard Flaer
**Prod.-Des.:** Tammi Sutton
**Prod.:** USA 2000; 95 Min.
Vince Ravine für PM Ent.
**Vertrieb:** Splendid (Warner) Video, 24.8.2001
**FSK:** ab 16 J.

Handyvertreter wird unversehens zum Spielball einer groß angelegten Mordintrige. Banal bis zum Abwinken – ein Thriller, der nur so tut, als hätte er Überraschendes zu bieten.

## Leben im Paradies 520

VIVRE AU PARADIS ***

TV

**Regie:** Bourlem Guerdjou
**Darsteller:** Roshdy Zem (Lakhdar), Fadila Belkebla (Nora), Omar Bekhaled (Rachid), Hiam Abbas (Aicha), Farida Rahouadj (Ouarda), Ramzi Brari (Brahim)
**Drehbuch:** Bourlem Guerdjou, Olivier Lorelle, Olivier Douyère, nach dem Roman »Vivre au paradis d'une Oasis à un bidonville« von Brahim Benaicha
**Kamera:** Georges Lechaptois
**Musik:** Bourlem & H. Guerdjou
**Schnitt:** Sandrine Deegen
**Prod.-Des.:** Laurent Perod
**Prod.:** Frankreich/Belgien 1998; 105 Min.
Jean Brehat, Rachid Bouchareb für 3B Prod./Le Studio Canal/Arte France Cinéma/ Bjorn Aaskorg Exposed Alain Berliner WFE
**EA:** 27.6.1999, Filmfest München
**TV:** 1.11.2001, Arte, 20.40

Der Film handelt von einer Situation, in der es zum Konflikt zwischen gesellschaftlichem Engagement und privatem Glücksverlangen kommt: Lakhdar ist einer jener Algerier, die Anfang der 60er-Jahre mit ihrer Familie nach Frankreich übersiedeln. Während er selbst sich mit den Verhältnissen mehr und mehr arrangiert hat, entdeckt Lakhdar eines Tages die militante politische Parteinahme seiner Frau Nora. Lakdhars Familie fällt auseinander. Aber da ist ja noch die Solidarität der Immigrantengemeinschaft … *Katalog Filmfest München*

## Das Leben ist (k)ein Roman 521

PODMOSKOBNYE VETCHERA □ TV

**Regie:** Waleri Todorowski
**Darsteller:** Ingeborga Dapkunaite (Katia), Wladimir Maskow (Sergei), Alisa Freindlich (Irina), Aleksandr Feklistov (Mitia), Juri Kuznecov (Romanov), Natalia Sukina (Sonja), Avangard Leont'ev (Chefredakteur)
**Drehbuch:** Alla Krinitsina
**Prod.:** Frankreich/Russland 1994; 92 Min.
**TV:** 7.5.2001, Arte, 22.30

Katia führt in Moskau ein eintöniges Leben mit ihrem Mann Mitia. Alles ändert sich schlagartig, als sie Sergei begegnet. *Pressetext*

## Lebenslinien – Schicksal auf Russisch 522

LINIYA ZHIZNI / RUSSIAN MAFIA ****+ TV

**Regie:** Pavel Lungin
**Darsteller:** Vincent Perez (Philippe Robin), Tania Mechtcherkina (Oxana), Armen Dshigarchanjan, Rasmi Djabrailov, Vsevolod Larionov, Lev Borisov, Aleksandr Negreba
**Drehbuch:** Vincent Lambert, Pavel Lungin, Viktor Merezhko, Pierre-Henry Salfati
**Kamera:** Manuel Terán
**Musik:** Pascal Andreacchio
**Schnitt:** Luc Barnier
**Prod.-Des.:** Vladimir Aronin, Hélène Giorgis
**Prod.:** Frankreich/Italien/Schweiz/Russland 1996; 99 Min.
Georges Benayoun für IMA/Mosfilm-Service/Progress Publishing/UGC Images
**TV:** 18.2.2001, ARD, 23.50

(…) Hier spielt Vincent Perez den etwas naiven Pariser Komponisten Philippe, der in Moskau in die Gangsterkriege der neuen Mafia gerät. (…) *Fritz Göttler, SZ, 17.2.2001*

## Lebenszeichen – Proof of Life 523

PROOF OF LIFE ****+

**Regie:** Taylor Hackford
**Darsteller:** Meg Ryan (Alice Bowman), Russell Crowe (Terry Thorne), David Morse (Peter Bowman), Pamela Reed (Janis Goodman), David Caruso (Dino), Anthony Heald (Ted Fellner), Stanley Anderson (Jerry)
**Drehbuch:** Tony Gilroy, inspiriert durch den Vanity Fair Artikel »Adventures in the Ransom Trade« von William Prochnau und durch den Roman »Long March to Freedome« von Thomas Hargrove
**Kamera:** Slawomir Idzak; Lukasz Jogalla (2nd unit)
**Musik:** Danny Elfman
**Schnitt:** John Smith, Sheldon Kahn
**Prod.-Des.:** Bruno Rubeo
**Prod.:** USA 2000; 135 Min.
Taylor Hackford, Charles Mulvehill für Anvil Films für Castle Rock/Bel-Air Prod.
**Verleih:** Tobis/dto./Monopole-Pathé, 5.4.2001
**Vertrieb:** BMG Video (Video, DVD)
**FSK:** ab 6 J., ffr. – **FBW:** Wertvoll

Alice und Peter haben einen ernsthaften Ehestreit miteinander. Bevor sich das Paar wieder versöhnen kann,

*Russell Crowe und Meg Ryan*

wird Peter von einer Gruppe Guerillakämpfer entführt. Da tritt Ex-Soldat Terry auf den Plan, der Peter retten, sich dabei aber auch in dessen Frau verlieben wird. Basierend auf Berichten eines professionellen Entführungsspezialisten, entwickelt sich der Film zu einer genretypischen Actiongeschichte, in der Alice und Terry manchmal miteinander flirten dürfen.

*Film, 4/2001*

**Kritik:** (...) »Lebenszeichen« bleibt ein schöner Versuch von Gefühlen und Werten. Nicht nur der verschleppte Bowman soll wieder gefunden werden, in Crowes Figur soll auch ein Held wieder entdeckt werden, ein einsamer amerikanischer Hero, der wie einst »Mein großer Freund Shane« eine angeschlagene Ehe zusammenkittet. Aber Russell Crowe erscheint nach seinen Rollen in »Gladiator« und »The Insider« verloren zwischen altem Mythos und dem zeitgenössischen Heldentum eines Mittlers und Moderators. Ist es Zufall, dass Thorne beim Show-down, der an Söldnerfilme und Western erinnert, beinahe erblindet?

Man sollte das Kino bei den Schlusscredits übrigens nicht vorzeitig verlassen: Denn ganz am Ende gibt es noch einen merkwürdigen magischen Moment, eine Art Reflexion der Kamera. Zu Van Morrisons Ballade »I'll be your lover too« fliegt die Kamera über die Hauptstadt eines fiktiven südamerikanischen Staates hinweg in die Berge hinein. Als sei die Suche noch lange nicht vorbei.

*Hans Schifferle, SZ, 23.3.2001*

## Die Legende von Bagger Vance 524

THE LEGEND OF BAGGER VANCE ***+

**Regie:** Robert Redford
**Darsteller:** Will Smith (Bagger Vance), Matt Damon (Rannulph Junuh), Charlize Theron (Adele Invergordon), Bruce McGill (Walter Hagen), Joel Gretsch (Bobby Jones), J. Michael Moncrief (Hardy Greaves), Peter Gerety (Neskaloosa)
**Drehbuch:** Jeremy Leven, nach einem Roman von Steven Pressfield
**Kamera:** Michael Ballhaus
**Musik:** Rachel Portman
**Schnitt:** Hank Corwin
**Prod.-Des.:** Stuart Craig
**Prod.:** USA 2000; 127 Min.
Robert Redford, Michael Nozik, Jake Eberts; Chris Birgham, Joseph Reidy (Co-Prod.) für Widlwood/Allied für DreamWorks SKG Pic./Wildwood/Allied Filmmakers
**Verleih:** 20th Century Fox/dto./Rialto, 1.2.2001
**FSK:** ab 6 J., ffr.
**FBW:** Besonders wertvoll

Die furchtbaren Erlebnisse im Ersten Weltkrieg veranlassen einen einstmals gefeierten Golf-Spieler zum Rückzug ins Private. Nur mühsam und mithilfe von außen findet er neues Selbstvertrauen.

Generationswechsel Golf: Matt Damon und Will Smith spielen in der Verfilmung des Romans von Steven Pressfield jene Rollen, in die ursprünglich Redford selbst und Morgan Freeman schlüpfen sollten. So trägt es den Film schon vom Abschlag an weit aus der Bahn: Ein 30-jähriges Milchgesicht ist in der Rolle eines Golf-Genies, das verzweifelt um sein Comeback kämpft, ein großes Handicap. Redford will den Mythos um jeden Preis, stellt aber nur Behauptungen auf, die er nie einlöst: Bis zum Ende begreift man nie, was für seinen Helden auf dem Spiel steht.

*Lars-Olav Beier, tip, 3/2001*

Ein junger Golf-Profi gerät durch seine Erlebnisse im Ersten Weltkrieg aus dem Tritt und findet bei einem Turnier in seiner Heimatstadt Savannah nur mühsam zu alter sportlicher Form und einem Neubeginn zurück. Mit spirituellen Motivationen angereicherter Film, dessen bedächtige Erzählweise und nachdrückliche Doppeldeutigkeit den Zugang erschweren mögen. Die autobiografisch beeinflusste Geschichte ist gut gespielt und schweigt in sinnbildhafter, schöner Fotografie. *Film, 5/2001*

**Kritik:** (...) Man kann die Lust am Pathos übertreiben, diese Sehnsucht nach einer verloren gegangenen besseren Welt kommt einem langsam vor wie ein Redford'sches Leitmotiv. Nicht, dass es nicht schön wäre; nur hat es die Vergangenheit, von der er erzählt, so nie gegeben. Er zeichnet die Dinge mit so viel Überschwang und Hingabe nach, dass man ihm nicht mehr glauben kann: Das ist schon eher der Traum von einer guten alten Zeit, die Hoffnung, etwas davon in die Gegenwart retten zu können – und beides funktioniert dann am besten, wenn er den Boden der Tatsachen verlässt. So sind dann auch die besten Augenblicke in »Die Legende von Bagger Vance« jene, wenn die Geschichte die Bodenhaftung verliert, wenn Bagger Vance beispielsweise aus dem Dunkel auftaucht oder wenn er am Ende über die Hügel spukt – der gute Geist, der alles heilen kann, kommt aus dem Reich der Träume. In der richtigen Welt fände er sich nicht zurecht.
*Susan Vahabzadeh, SZ, 1.2.2001*

(...) Dann beginnt der sonst so kluge Regisseur Robert Redford, sich zu verrennen: Zu ausgedehnt die Turnier-Sequenzen (Nicht-Golfer langweilen sich da gewiss), Charaktere werden zu Schablonen von Großmäuligkeit oder Großmut. Und Bagger Vance nervt mit Trivialpsychologie.
So ästhetisch versiert kann Kameramann Michael Ballhaus gar nicht agieren, um Überdruss am allzu Gutgemeinten zu vermeiden. Auch lichtdurchflutete Landschaften, glanzvolle Dekors und geschickt eingesetzte Spezialeffekte (der Zuschauer fliegt mit dem Golfball) nutzen sich ab. Von unfreiwilliger Komik die Szenen, wo Verlierer Junuh zu großer Form auf-

*Will Smith und Matt Damon*

läuft, den Wind und das Gras »liest«. Dazu braust die Musik, feiern weiße und schwarze Bürger von Savannah ihren Lokalchampion.
Das Scheitern an zu viel Edelmut macht diesen Film von Robert Redford aber auch liebenswert und sympathisch. Dass Caddy Bagger den alten Hardy – leuchtendes Ende der Rahmenhandlung – vom Fairway ins Jenseits lockt, taugt aber nur für bekennende Sentimentale: Und wieder ging einer in die untergehende Sonne.
*Angie Dullinger, AZ, 1.2.2001*

(...) Nein, ein großer Film ist »Die Legende von Bagger Vance« nicht geworden – wohl auch, weil das elitäre Golfspiel als Metapher für die Selbstüberwindung des Menschen vielleicht doch ein wenig abseitig ist. Aber ein großer kleiner Film ist »Bagger Vance« schon geworden. Herzerwärmend und wunderbar anzusehen. Mit Jack Lemmon in einer klitzekleinen Cameorolle – ganz am Anfang und ganz am Schluss und ohne Nennung im Abspann. Auch das irgendwie wunderbar herzerwärmend.
*Hans-Joachim Neumann, Zitty, 3/2001*

**Interview:** *Sie benutzen das Golfspiel als Metapher für das Leben und zeigen uns einen jungen Mann – gespielt von Matt Damon – der seinen »authentischen Swing« verloren hat.*

So ist es. Aber bevor wir mit dem Interview beginnen, möchte ich zwei Dinge klarstellen. Erstens: Nein, ich habe Matt Damon nicht ausgewählt, damit er mich als jungen Robert Redford darstellt. Und zweitens: »Die Legende von Bagger Vance« ist kein Film über das Golfen!

*Haben Sie auch schon einmal selbst Ihren »authentischen Swing« im Leben verloren?*

O ja, viele Male. Sei es durch Schicksalsschläge – wie vor kurzem, als mein Sohn eine Lebertransplantation zu überstehen hatte – oder durch Probleme im Beruf. Ich glaube, wenn man, wie die meisten von uns, ständig in einer oft sehr brutalen Wettbewerbssituation steht, dann kann es sehr leicht passieren, dass man seine innere Stimme überhört und aus dem Rhythmus kommt. In diesem Film wollte ich zeigen, dass man sich aber auch nach herben Rückschlägen wieder aufrappeln und zu sich selber finden kann.

*Für »Bagger Vance« haben Sie den deutschen Kameramann Michael Ballhaus engagiert.*

Weil er einfach einer der Besten ist. Außerdem sprechen Michael und ich dieselbe Filmsprache. Ich muss ihm also nicht erst stundenlang etwas erklären – er weiß sofort, was ich meine. Es ist einfach wunderbar, mit einem so kreativen Könner wie ihm arbeiten zu können.

*Und was haben Sie in Zukunft vor?*

habe vor vielen Jahren meinen Beruf als Kunstmaler gegen die Schauspielerei eingetauscht. Und da ich seit einiger Zeit eine Freundin habe, die Malerin ist – und übrigens aus Deutschland kommt –, würde ich mich freuen, wenn ich wieder mehr malen könnte.

*Robert Redford im Interview mit Ulrich Lössl, Zitty, 3/2201*

*Können Sie etwas anfangen mit Filmen der jungen Generation von amerikanischen Filmemachern – Tarantino oder Robert Rodriguez beispielsweise, für die beide »Sundance« der Ausgangspunkt der Karriere war?*

Na ja. Als ich anfing, sind Regisseure rausgegangen und haben gelebt, und ihre Erfahrungen haben sie dann verarbeitet. Und jetzt kommt eine völlig andere Generation – sie verarbeiten, was sie in Filmen gesehen haben, aber eigentlich sind sie nicht aus ihrem Wohnzimmer rausgekommen. Sie wollen unbedingt noch härtere Gewalt zeigen als Sam Fuller, wissen aber eigentlich nicht wirklich, was das ist. Ich denke schon, dass sie Angst hätten, wenn sie in der Wirklichkeit mit Gewalt konfrontiert wären. So kommen dann doch nur Cartoons dabei heraus.

*Jedenfalls eine ganz schön kaltherzige Sicht auf die Welt.*

Ich denke, wir werden kälter, weil wir nichts mehr verarbeiten, alles rauscht wie bei MTV an uns vorüber. Nachrichten gibt es häppchenweise, Bilder rasen vorbei – ich glaube nicht, dass man da noch Zeit hat, etwas zu fühlen. Ich denke, das erzeugt soziale Kälte. Ich glaube, dass Gewalt heute im Kino missbraucht wird, weil sie sich verkauft. Wir sind ganz schön herzlos, und das ist traurig. Vielleicht gefährlich. Aber vielleicht soll es auch einfach so sein. *Robert Redford im Interview mit Susan Vahabzadeh, SZ, 1.2.2001*

## Legion of the Dead 525

LEGION OF THE DEAD **

Video

**Regie:** Olaf Ittenbach
**Darsteller:** Michael Carr (William), Russell Friedenberg (Luke), Kimberly Liebe (Geena), Matthias Hues (Togaio), Hank Stone (Jeff), Harvey J. Alperin (Nicolas), Christopher Kriese (Psycho Mike)
**Drehbuch:** Olaf Ittenbach
**Kamera:** Holger Diener
**Musik:** Jaro Messerschmidt, Ralf Wengenmayr

**Schnitt:** Thomas Bachmann, Christian Lonk
**Prod.-Des.:** Michael Poettinger
**Prod.:** BRD/USA 2000; 90 Min.
Michael Poettinger, Claudia Quirchmayr für X-Vision
**UA:** Fantasy Filmfest 2001
**Vertrieb:** VCL Video, 25.10.2001
**FSK:** ab 16 J.

Zwei Freunde begegnen auf ihrem Trip durch die Wüste von Nevada mordlüsternen Psychos gleich im Dutzend. Bestenfalls drittklassiger Horror für Vielseher.

## Let's talk about Sex 526

LET'S TALK ABOUT SEX **
Video

**Regie:** Troy Beyer
**Darsteller:** Troy Beyer (Jasmine »Jazz« Hampton), Paget Brewster (Michelle), Randi Ingerman (Lena), Michaline Babich (Morgan), Tina Nguyen (Drew), Dale Paris (A. J.), James Hyde (Scott »Booty Call Guy«)
**Drehbuch:** Troy Beyer
**Kamera:** Kelly Evans
**Musik:** Michael Carpenter
**Schnitt:** Bill Henry (= William Henry)
**Prod.-Des.:** Chandler Roneli, Joe Warson
**Prod.:** USA 1999; 62 Min.
Deborah Ridpath für Sphinx/Island Digital Media
**Vertrieb:** One World Video, Jan. 2001
**FSK:** ab 16 J.

Drei privat gebeutelte Freundinnen basteln an einer TV-Sendung namens »Girltalk«, in der Frauen über ihre geschlechtspezifischen Probleme berichten sollen. Erschreckend einfältiges Pseudo-Pamphlet zum Geschlechter-Kampf, das Klischees zelebriert, statt sie zu demontieren.

## Die letzte Festung 527

THE LAST CASTLE ***

**Regie:** Rod Lurie
**Darsteller:** Robert Redford (Gen. Irwin), James Gandolfini (Col. Winter), Mark Ruffalo (Yates), Steve Burton (Capt. Peretz), Delroy Lindo (Gen. Wheeler), Paul Calderon (Dellwo), Samuel Ball (Duffy)
**Drehbuch:** David Scarpa, Graham Yost, nach einer Story von David Scarpa
**Kamera:** Shelly Johnson; Jonathan Taylor (2nd unit)
**Musik:** Jerry Goldsmith
**Schnitt:** Michael Jablow, Kevin Stitt
**Prod.-Des.:** Kirk M. Petruccelli
**Prod.:** USA 2001; 129 Min.
Robert Lawrence für DreamWorks
**UA:** 18.10.2001, N. Y.
**Verleih:** UIP/UIP/UIP, 29.11.2001
**FSK:** ab 16 J., ffr.

Ein hoch dekorierter General landet im Militärgefängnis und spielt da ein bisschen mit seiner Aura herum. Der Gefängnisdirektor, seines Zeichens nur Colonel und in seinem Herzen eine Ratte, muss mit ansehen, wie der hohe Häftling mit Liebe, Respekt und guten Worten aus den Knackis wieder Soldaten baut. Klar, dass das Ärger gibt. Am Ende flattert aber die Flagge im Wind und alles ist in Erdnussbutter. *tip, 24/2001*

**Kritik:** (…) Knastfilme leben vom Kontrast zwischen strenger Ordnung und Befreiungssehnsüchten. Regisseur Rod Lurie transformiert den Genreanarchismus in patriotische Ehrpinselei. Dabei birgt der Stoff – ähnlich wie »Das Experiment« – die Chance auf eine spannende Psycho-Studie in sich.

*Robert Redford*

Die Gefangenen werden zur manipulierbaren Masse zwischen dem allmächtigen Anstaltsleiter und dem kriegserfahrenen Aufwiegler. Durch die einseitige Verteilung von Sympathiepunkten verschenkt Lurie jedoch viel zu früh alle Möglichkeiten, dem Kampf der Rivalen psychologischen Tiefgang zu verleihen. James Gandolfini spielt sich um Kopf und Kragen und kann gegen das Drehbuchklischee des kultivierten Despoten nichts ausrichten. Robert Redford hingegen ruht sich mit der Gelassenheit eines Frühpensionärs auf seinem Leinwandcharisma aus.

*Martin Schwickert, AZ, 29.11.2001*

**Interview:** *Mr. Redford, in »Die letzte Festung« sind Sie ein General, der wegen Befehlsverweigerung hinter Gitter kommt, aber am Ende die meuternden Mitgefangenen unter dem Sternenbanner vereint. Ein Kommentar zur Zeit?*

Die Bürger unseres Landes haben sich auf den Patriotismus besonnen, weil er ihnen hilft, den Schock des 11. September zu verarbeiten. Das Sternenbanner ist das Symbol für Einheit und Solidarität. Es gibt den Menschen das Gefühl, in ihrem Schmerz und mit ihrer Angst nicht allein zu sein. Die Reaktion des amerikanischen Volkes hat mich beeindruckt. Viele Menschen haben ihr Leben riskiert, um andere zu retten. Da zeigte sich die Stärke, die unser Land besitzt.

*»Die letzte Festung« scheint trotz seines Patriotismus in den USA nicht anzukommen. Warum?*

Vielleicht wurde der Film schlecht vermarktet. Er beschäftigt sich mit der Frage, welche Fähigkeiten man braucht, um Menschen führen zu können. Der General, den ich darstelle, ist dazu geboren. Nixon war keine solche Führungsfigur, Kennedy und Churchill waren es sehr wohl.

*Nach dem 11. September haben Produzenten und Regisseure der Gewalt abgeschworen. Mit blutrünstigen Spektakeln soll nun Schluss sein. Glauben Sie daran?*

Unmöglich. Das Geschäft wird in Hollywood immer an erster Stelle stehen. Wenn der Kommerz mit der Kunst zusammenfällt, umso besser, aber Kunst vor Kommerz – niemals. Wichtig ist nur, was sich verkauft.

*Robert Redford im Interview mit Helmut Sorge, Der Spiegel, 48/2001*

## Die letzte Mahadevi 528

***

**Regie:** Karin Kaper, Dirk Szuszies
**Drehbuch:** Karin Kaper, Dirk Szuszies
**Prod.:** Kaper-Szuszies Filmprod.

Inge Eberhard, Tochter eines österreichischen Försters, lernt Anfang der 50er-Jahre beim Studium in den USA den Bergbauingenieur Sao kennen und lieben. Nach der Heirat stellt sie bei der Ankunft in seinem Heimatland überrascht fest, dass ihr Gatte der Prinz eines mit Burma assoziierten Schanstaates ist – Inge wird Mahadevi. Wenn die sympathische und intelligente Frau heute Privates aus jenen Tagen erzählt, bleibt die kommentarlose Dokumentation von Karin Kaper und Dirk Szuszies allein durch die Protagonistin lebendig und interessant. Nur: Irgendwann wird es zwangsläufig auch politisch, denn Prinz Sao kam 1962 beim Militärputsch in Burma ums Leben. Doch der Film bleibt ebenso vage und anekdotisch wie zuvor. *tip, 6/2000*

## Die letzte Station 529

□
TV

**Regie:** Bogdan Dumitrescu Dreyer
**Darsteller:** Sergio Rubini (Nelu), Cosmin Sofron, Mihai Constantin, Marion Kracht
**Drehbuch:** Leo Benvenuti, Massimo Bavastro, Piero De Bernardi, Bogdan Dumitrescu Dreyer
**Kamera:** Doru Mitran

**Musik:** Adrian Enescu
**Schnitt:** Adina Georgescu-Obroca
**Prod.:** BRD/Rumänien 1998; 86 Min.
Daniel Zuta für Zuta/Filmex Romania/
CDI mit Arte/HR/BR
**UA:** Max Ophüls-Festival Saarbrücken 2000
**TV:** 2.3.2001, Arte
**FSK:** ab 12 J., ffr.

Tragikomödie über das Sterben, den Tod und die Geschäfte, die mit ihm gemacht werden.

## Letztes Gefecht am Saban River 530

LAST STAND AT SABAN RIVER □ TV

**Regie:** Dick Lowry
**Darsteller:** Tom Selleck, Suzy Amis, Rachel Duncan, Haley Joel Osment, Keith Carradine, David Carradine, Tracey Needham
**Drehbuch:** Ronald Cohen, nach einer Novelle von Elmore Leonard
**Kamera:** Ric Waite
**Musik:** David Shire
**Schnitt:** William B. Stich
**Prod.:** USA 1997; 120 Min.
Mary Brandman für Brandman Prod.
**UA:** 19.1.1997, TNT
**TV:** 16.1.2001, Super RTL

Kriegsmüder Südstaaten-Soldat findet auch nach dem Ende des Krieges keinen Frieden. Nachdem er in seine Heimat zurückgekehrt ist, muss er um seinen Besitz kämpfen.

## Liam 531

LIAM ****

**Regie:** Stephen Frears
**Darsteller:** Ian Hart (Vater), Claire Hackett (Mutter), Anthony Borrows (Liam), David Hart (Con), Megan Burns (Teresa), Anne Reid (Mrs. Abernathy), Russell Dixon (Father Ryan)
**Drehbuch:** Jimmy McGovern
**Kamera:** Andrew Dunn
**Musik:** John Murphy
**Schnitt:** Kristina Hetherington
**Prod.-Des.:** Stephen Fineren
**Prod.:** GB/BRD 2000; 91 Min.
Colin McKeown, Martin Tempia für Liam Films/Road Movies mit Mida/Diaphana/Bim/WDR-Arte/ARD-Degeto Film
**UA:** 4.9.2000, Int. Filmfestspiele Venedig
**Verleih:** Alamode/-/-, 6.12.2001

Autor Jimmy McGovern und Regisseur Stephen Frears setzen ganz auf die Kraft der Bilder und die Intensität ihres siebenjährigen Hauptdarstellers, um die tragische Geschichte einer Arbeiterfamilie zu erzählen, die im Liverpool der 30er-Jahre auseinander bricht, als der Vater seinen Job verliert und sich den Faschisten anschließt. Zwischen Liam, der die Welt noch nicht versteht, und seinem Vater, der die Welt nicht mehr versteht, spannen sich Abgründe und Idyllen auf, eng nebeneinander, oft im selben Bild. Ein schöner, trauriger, komischer, bulligwarmer Film.

*Blickpunkt Film, 48/2001*

**Kritik:** Standing Ovations für Stephen Frears und seinen achtjährigen Protagonisten Anthony Borrows in »Liam«, britisches Kino in bester Tradition. Ein kleiner Junge schaut mit großen Augen in das Schlafzimmer seiner Eltern und sieht seine Mutter nackt – eine schreckliche Sünde, wie er glaubt. Denn in der Schule wird ihm eingebläut, dass man für unsittliche Gedanken für alle Ewigkeit in der Hölle schmoren muss. Aufmerksam beobachtet er, was in der irischen Gemeinde um ihn herum geschieht, erlebt die Arbeitslosigkeit des Vaters und das Auseinanderbrechen der Familie.
30 Jahre nach seinem ersten in Liverpool gedrehten Film »Gumshoe« kehrt Frears in die nordenglische Stadt zurück, erzählt aus kindlicher Perspektive von Armut, Stolz und Bedrohung durch den aufkommenden Faschismus Ende der 30er-Jahre, von sexueller Neugier und katholischen Schuldgefühlen.

*Margret Köhler, AZ, 7.9.2000*

(…) Eine andere Schlussfolgerung seiner Geschichte hat der Regisseur in Interviews noch plakativer und simpler gezogen: »Wenn man Menschen so plötzlich aus ihrem Job wirft, darf man nicht überrascht sein, wenn sie schwarze Hemden anziehen« – das heißt, sie werden Faschisten. Solange sich Frears bei Alltäglichkeiten aufhält und erzählt – wie O'Sullivans Kinder andächtig ihrem Vater beim Abnehmen seines Schnurrbarts zusehen oder wie Teresa, die Toilette putzend, vom Klavierunterricht der Tochter Samuels' magisch angezogen wird –, sehen wir Fragmente eines wunderbaren Films, der immer dann scheitert, wenn er seine Geschichte auf eine höhere, politische Ebene stemmen will – und auf eine finale Botschaft: Der Faschismus zerstört seine Kinder.

*H. G. Pflaum, SZ, 10.12.2001*

(...) In »Liam« ist nun der Weg in den Antisemitismus schematisch vorgezeichnet. Wie sonst nur rechtsradikale Verschwörungstheorien sind ausnahmslos alle Widersacher Tom Sullivans – der Werftbesitzer, der Vermieter, der Pfandleiher – Juden. Wenn der gebeutelte Familienvater wortlos sein Schwarzhemd anlegt und erstmals in der Uniform der britischen Faschisten durch sein Viertel marschiert, schütteln Nachbarn fassungslos den Kopf. Und im Kinosessel tut man es ihnen unwillkürlich gleich und wünschte, Frears hätte seinem unscheinbaren, bis dahin wunderbar gespielten Film die letzten zehn Minuten grotesker Melodramatik erspart.

*Holger Römers, FR, 6.12.2001*

## Liar's Poker 532
LIAR'S POKER **
Video

**Regie:** Jeff Santo
**Darsteller:** Richard Tyson, Caesar Luisi, Jimmy Blondell
**Kamera:** Giles Dunning
**Musik:** Peter Himmelman
**Schnitt:** Kathryn Himoff
**Prod.-Des.:** William J. Perretti
**Prod.:** USA 1999; 93 Min.
Jeff Santo, Carlos H. Sánchez für North Bran Ent./Savino Brothers
**Vertrieb:** Sunfilm Video, 26.6.2001
**FSK:** ab 16 J.

Vier Gangster, ein Boss, eine einsame Hütte und ein ungeklärter Mord an der Frau vom Boss. Aus diesen Zutaten rührte der Regisseur ein actionarmes, von gelegentlichen Inszenierungs-Mätzchen unterbrochenes Dialogstück zusammen, das erlesen langweilt.

## Liebe aus zweiter Hand 533
THE ONLY THRILL □
TV

**Regie:** Peter Masterson
**Darsteller:** Diane Keaton (Carol Fritzsimmons), Sam Shepard (Reece McHenry), Diane Lane (Katherine Fritzsimmons), Robert Patrick (Tom McHenry), Tate Donovan (Eddie), Stacey Travis (Lola Jennings), Brad Leland (Louis Quillet)
**Drehbuch:** Larry Ketron, nach seinem Theaterstück
**Kamera:** Don E. Fauntleroy
**Musik:** Peter Rodgers Melnick
**Prod.:** USA 1996; 102 Min.
**TV:** 7.10.2001, ARD, 23.50

Der texanische Ladenbesitzer Reece und die Schneiderin Carol lieben einander, bringen es aber nicht fertig, sich wirklich zu binden. Es kostet sie 25 Jahre, um zu begreifen, dass sie das Glück ihres Lebens verschenkt haben. Und ihr tragisches Schicksal scheint sich in dem ihrer Kinder zu wiederholen. *Pressetext*

## Liebe in Blechdosen 534
DEN BÄSTA SOMMAREN ***+
TV

**Regie:** Ulf Malmros
**Darsteller:** Kjell Bergqvist (Yngve Johansson), Anastasios Soulis (Marten), Rebecca Scheja (Annika), Cecilia Nilsson (Fröken Svanström), Brasse Brännström (Sven)
**Drehbuch:** Ulf Malmros, Lars Johansson
**Kamera:** Mats Olofsson
**Musik:** Dan Sundquist
**Schnitt:** Michael Leszczylowski, Fredrik Abrahamsen
**Prod.-Des.:** Louise Gylling
**Prod.:** Schweden 2000; 91 Min.
Lars Jönsson für Memfis Film/Zentropa/Film Väst/Schwedisches Fernsehen SVT
**EA:** 1.7.2001, Filmfest München
**TV:** 29.0.2001, Kinderkanal

Sommer 1958 irgendwo in Südschweden: Annika und Marten, zwei elfjährige Waisenkinder, finden mitten auf dem platten Land Aufnahme bei dem etwas merkwürdigen Herrn Johansson, dem örtlichen Bestatter. Johansson hat genaue Vorstellungen, wie die Ferien der beiden aussehen sollen: geregelter Tagesablauf, Nachsitzen für die Schule und vor allem keinen Ärger machen. (...) Doch Annika und Marten werden sein Leben gründlich umkrempeln. (...)

*Lutz Gräfe, Kinder/Jugendfilm-Korrespondenz, nach Katalog Filmfest München*

## Liebe Kunst und Zimmerpflanzen 535

KEEP THE ASPIDISTRA FLYING / A MERRY WAR ***+ TV

**Regie:** Robert Bierman
**Darsteller:** Richard E. Grant (Gordon Comstock), Helena Bonham Carter (Rosemary), Julian Wadham (Ravelston), Jim Carter (Erskine), Harriet Walter (Julia Comstock), Lesley Vickerage (Hermione), Barbara Leight-Hunt
**Drehbuch:** Alan Pater, nach dem Roman »Die Wonnen der Aspidistra« von George Orwell
**Kamera:** Giles Nuttgens
**Schnitt:** Bill Wright
**Prod.-Des.:** Sarah Greenwood
**Prod.:** GB 1997; 95 Min.
Peter Shaw für Art Council of England/ Bonaparte/Overseas/Sentinel Films
**TV:** 6.5.2001, ZDF, 15.20

Ein nach den ruhmreichen, aber finanziell abträglichen Weihen der Dichtkunst strebender junger Poet muss sich nach etlichen Rückschlägen in seiner Karriere zwischen Boheme und bürgerlichem Leben entscheiden.

*Pressetext*

## Eine Liebe nach dem Krieg 536

UN SOIR APRES LA GUERRE □ TV

**Regie:** Rithy Panh
**Darsteller:** Chea Lyda Chan (Srey Poeuv), Narith Roeun (Savannah), Ratha Keo (Maly), Sra N'Gath Kheav, Mol Sovanna, Peng Phan
**Drehbuch:** Rithy Panh, Eve Duboise
**Kamera:** Christphe Pollock
**Musik:** Marc Marder
**Schnitt:** Marie-Christine Rougerie
**Prod.:** Frankreich 1998; 108 Min.
Jacques Bidou für JBA mit Thelma Film/Compagnie Mediterraneenne de Cinema/La Direction du Cinema
**UA:** 19.5.1998, Int. Filmfestspiele Cannes
**TV:** 4.6.2001, Arte, 22.45

Kambodscha im August 1992. Savannah, 28 Jahre, kehrt nach vier Jahren Krieg gegen die Roten Khmer nach Phnom Penh zurück. Wie alle Gleichaltrigen kennt er nur den Krieg, mit allem, was dazugehört: Lager, Massaker, Hunger ...
Von seiner Familie, dezimiert unter dem Pol-Pot-Regime, bleibt ihm nur sein Onkel Sön, bei dem er Unterschlupf sucht. Eines Abends erliegt er in der Bar eines großen Hotels dem Charme von Srey Poeuv, einer der Hostessen. Savannah will mit ihr ein neues Leben beginnen. Er fängt wieder mit dem Boxen an und bestürmt Srey Poeuv, ihren Beruf aufzugeben. Sie leben in einem Hüttendorf auf einem besetzten Hochhausdach mit dem Namen »E Serei«. Freie Anarchie! In dem Chaos der neuen Freiheit leben sie ihre Leidenschaft aus. Eine Leidenschaft, die Savannah, der endlich leben wollte, den Tod bringen wird, während sie, die ihrem Leben ein Ende setzen wollte, weiter leben wird.

*Pressetext*

## Liebe unter weißen Segeln 537

□ TV

**Regie:** Robert A. Pejo
**Darsteller:** Christina Plate (Dr. Karen Stendal), Miguel Herz-Kestranek (Gregor Simonis), Mark Keller (Thomas Sand), Christian Kahrmann (Oliver Brengel), Immanuel Storm (Tobias Ernst), Yvonne Burbach (Tanja Keil), Klaus Zmorek (Hannes Meier)
**Drehbuch:** Christiane Sadlo
**Kamera:** Randy Franken
**Musik:** Michael Hofmann de Boer
**Schnitt:** Gerd Berner
**Prod.-Des.:** Meike Kohls
**Prod.:** BRD 2001; 85 Min.

Heidi Ulmke, Michael Smeaton für FFP Media für ARD/Degeto mit ORF
**TV:** 20.4.2001, ARD, 20.15

Die Marineärztin Dr. Karin Stendal wird auf das Segel-Schulschiff Albatros abkommandiert, das ihre große Liebe Gregor Simonis als Kapitän leitet. Doch verhält Gregor sich betont kühl und abweisend ihr gegenüber. Als Karen jedoch den Grund für Gregors sonderbare Zurückhaltung erfährt, weiß sie, dass er sie jetzt mehr braucht als je zuvor. *Pressetext, gekürzt*

## Liebe.Macht.Blind

538
□
TV

**Regie:** Thorsten Näter
**Darsteller:** Götz George (Konsul Alexander Stahlberg), Barbara Auer (Anna von Wallenberg), Sylvester Groth (Béla), Armin Rohde (Alois Brummer), Udo Schenk (Bley), Thomas Thieme (Alfred), Elia Festus (Mgobo)
**Drehbuch:** Sacha Arango
**Kamera:** Peter Ziesche
**Musik:** Nicolaus Glowna, Siggi Müller
**Schnitt:** Julia von Frihling
**Prod.-Des.:** Klaus-Peter Platten, Thomas Schappert
**Prod.:** BRD 2001; 87 Min.
Doris Zander, Nico Hofmann, teamWorx/SWR Media für ARD/Degeto/SWR
**TV:** 22.11.2001, ARD, 20.15

Der Honorarkonsul und Hochstapler Alexander Stahlberg lebt gut vom Verkauf falscher Titel. Nachdem er schon die Heirat des ordinären Tierfutterfabrikanten Alois Brummer mit der bankrotten Gräfin Anna von Wallenberg arrangiert hat, entdeckt er die Gräfin für sich, heiratet sie und brennt mit ihr und Brummers Geld in den afrikanischen Dschungel durch.

Pfeif auf die Pünktchen. Und wir wissen natürlich: Niemand macht freiwillig und extra mit Fleiß einen grottenschlechten Film. Was also war es, das einen Götz George dazu brachte, sich auf das bescheuerte Drehbuch der bescheuerten Hochstapler-Dschungelhopser-Tropenfieber-Afrikaabenteuer-Thrillerkomödie einzulassen? Solcher unprofessionellen Verblendung muss dorch irgendeine plausible Illusion zugrunde liegen. Vielleicht das Wunder eines Genre-Wechsels mitten aus dem Plumpsack-Tempo einer unelegant nachgeäfften Konsul-Weyer-Satire in den Einschläferungs-Trübsinn eines afrikanischen Forscherhütten-Deliriums?
Man kann's einfach nicht glauben.
*Ponkie, AZ, 15.12.2001*

**Kritik:** (...) Die Amerikaner nennen einen gründlich missratenen Film, in dem die Darsteller furchtlos die Grenze zur unfreiwilligen Komik durchbrechen, einen »turkey«. Wir nennen das eine Degeto-Produktion. Auf der ARD-Tochter, die vorwiegend mit Frauenaffinen Nichtigkeiten im Fernsehfilmbereich aufwartet, scheint ein Fluch zu lasten, der selbst große Künstler in den Staub zwingt.
*Arnold Hohmann, SZ, 14.12.2001*

(...) Die Genres wechseln jeweils arg abrupt; Komik und Dramatik sind streng voneinander getrennt. Dadurch wirken Handlung und Charaktere seltsam gebrochen, die Motive der Figuren bleiben nebulös.
Knapp fünf Jahre haben Hofmann und seine Crew in das Projekt gesteckt, mehrere Wochen wurde in Afrika gedreht, Nebenrollen mit bekannten Darstellern besetzt. Entsprechend kündigte Hofmann »Liebe.Macht.Blind« als »Event« an – zu viel gewollt, ein bisschen weniger hätte dem Film besser getan. *Iris Ockenfels, Der Tagesspiegel, 13.12.2001*

## Lieber Brad

539
□
TV

**Regie:** Lutz Konermann
**Darsteller:** Carol Schuler (Tina Vonlanthen), Andrea Guyer (Babs), Matthias Gnädiger (Urs), Martine Maximin (Caroline), Ingo Hülsmann (Ludger), Katharina von Bock (Ludgers Frau), Steven Degener (Cesare)
**Drehbuch:** Güzin Kar
**Kamera:** Benjamin Dernbecher
**Schnitt:** Vendula Roudnicka

**Prod.:** Schweiz 2001; 89 Min.
Bernhard Lang Filmprod.
**TV:** 28.2.2001, SF DRS; 29.11.2001, 3sat, 22.25

Die zwölfjährige Tina Vonlanthen schreibt regelmäßig Briefe an Brad Pitt, in denen sie ihm von ihrem langweiligen Leben in der Provinz, von ihrer doofen, zehn Jahre älteren Schwester Babs und von ihrem schusseligen Vater Urs berichtet.

## Liebes-Inventur 540

RESHIMAT AHAVA ***+

**Regie:** David Fisher
**Drehbuch:** David Fisher
**Kamera:** Itzik Portal
**Musik:** Ammon Fisher, Doron Shenkar
**Schnitt:** Tali Halter Schenkar
**Prod.:** Israel 2001; 90 Min.
Yahaly Gat für JCS/Muse/Noga Comm.
**Verleih:** Peripher/-/-, 13.12.2001

Eine Real-Life-Doku-Soap über vier Brüder und eine Schwester der israelischen Familie Fisher. Nach dem Tod des Vaters beschließen die Kinder, ein altes Familienrätsel aufzuklären: Die Mutter hatte vor 50 Jahren Zwillinge bekommen, die bei der Geburt gestorben waren – doch es ist nur ein Grab auffindbar. In der Recherche verschränken sich Gegenwart und Vergangenheit des Staates Israel und seiner Generationen zwischen Holocaust-Trauma und Erfolgsgeschichten. *Bert Rebhandl, tip, 25/2001*

**Kritik:** (...) Nebenher entrollt Regisseur David Fisher, selbst eines der fünf Geschwister, noch die Hasslieben zwischen und zu seinen Geschwistern. Leider wird die erzählenswerte Geschichte von einer aufdringlich pseudoavantgardistischen Kameraführung verstellt. Mal wackelt unsinnigerweise das Bild, mal ist es unscharf, mal zeigt es schlichtweg gar nichts. Vielleicht soll das einen besonderen Stil abgeben, womöglich ist aber die aufgesetzte Form nichts als dürftiger Spannungsersatz: Der Streifen will mit Extravaganzen imponieren. Der Zuschauer verliert schnell das Interesse, obwohl er gern mehr erfahren hätte.
*Dirk Pilz, Zitty, 26/2001*

## Das Liebesdrama von Venedig 541

LES ENFANTS DU SIECLE ***

**Regie:** Diane Kurys
**Darsteller:** Juliette Binoche (George Sand), Benoit Magimel (Alfred de Musset), Stefano Dionisi (Pagello), Robin Benucci (Buloz), Karin Viard (Marie Dorval), Isabelle Carre (Aimee d'Alton), Arnaud Giovaninetti (Tattet)
**Drehbuch:** François Olivier Rousseau, Murray Head, Kurys
**Kamera:** Vilko Filac
**Musik:** Luis Bacalov
**Schnitt:** Joele Van Effenterre
**Prod.-Des.:** Bernard Vezat
**Prod.:** Frankreich 1999; 137 Min.
Diane Kurys, Sarde für Les Films Alain Sarde/Alexandre Films/France2 Cinema/ Canal+
**UA:** 15.9.1999, Toronto Film Festival
**Verleih:** Tobis (nicht gestartet), 18.9.2001
**FSK:** ab 12 J.

Ein wild-romantisch bis tragisches Kapitel aus dem Leben der Autorin George Sand. Ihre Affäre mit einem jüngeren Kollegen inszenierte Diane Kurys mit Fingerspitzengefühl und Gespür für starke Bilder wie starke Emotionen.

## Die Liebesschule der Mrs. X 542

SEX & MRS. X ☐
TV

**Regie:** Arthur Allan Seidelman
**Darsteller:** Jacqueline Bisset (Mme. Simone), Linda Hamilton (Joanna), Paolo Seganti (Francesco), Peter MacNeill (Harry), Stewart Bick (Dale), Marina Carradine (Shirley)
**Drehbuch:** Elisa Bell, nach der Vorlage von Amanda Vaill
**Musik:** Joseph Conlan
**Prod.:** USA 2000; 87 Min.
Brayton-Carlucci/Hearst Ent.
**TV:** 26.5.2001, ZDF, 14.00

Komödie über die Pariser Liebesschule von Madame Simone, in der Theorie und Praxis des Liebeslebens unterrichtet werden.

## Little Hippo 543
PETIT POTAM ***

**Regie:** Bernard Deyries, Christian Choquet
**Drehbuch:** Robin Lyons, Andrew Offiler, nach einer Vorlage von Christine Chagnoux
**Musik:** Jacques Bastello, Olivier Lannelux, Bill Baxter, La Belle Equipe
**Schnitt:** Esther Ruel
**Prod.:** Frankreich 2001; 77 Min.
Lilian Eche, Paul Hannequart, Marc Minjauw, Ariane Payen für Neuroplanet
**Verleih:** MFA/-/-, 13.12.2001
**FSK:** o. A., ffr.

Viel Farbe für die Kleinsten in diesem einfältigen Zeichentrickfilm und Abenteuer in einem Dschungel-Afrika, wo die Welt noch in Ordnung wäre, gäbe es nicht die bösen Piraten. Zufällig belauscht der kleinste Hippo ihre finsteren Pläne, doch keiner will ihm glauben. Also muss erst das Dorf geplündert werden, bis die lieben Erwachsenen ihre Lektion gelernt haben.
*Cristina Moles Kaupp, tip, 25/2001*

**Kritik:** (...) Für Erwachsene mangelt es leider an jeglicher Ironie, die Kleinen werden über so viel Süßstoff trotzdem entzückt sein.
*Manfred Hobsch, Zitty, 26/2001*

(...) Betont schön und farbenprächtig gestalteter Zeichentrickfilm, der kleine Kinogänger zu eigenem Selbstbewusstsein anhält, seine Aussage aber eher klischeehaft und vor allem auch kitschig und wenig fabulierfreudig umsetzt. *Horst Peter Koll, Film-Dienst, 25/2001*

## Little Nicky – Satan Junior 544
LITTLE NICKY ***

**Regie:** Steven Brill
**Darsteller:** Adam Sandler (Little Nicky), Harvey Keitel (Vater), Patricia Arquette (Mary), Rhys Ifans (Adrian), Tom »Tiny« Lister jr. (Cassius), Rodney Dangerfield (Opa Luzifer)
**Drehbuch:** Tim Herlihy, Adam Sandler, Steven Brill
**Kamera:** Theo van de Sande
**Musik:** Michael Dilbeck
**Schnitt:** Jeff Gourson
**Prod.-Des.:** Perry Andelin Blake
**Prod.:** USA 2000; 91 Min.
Jack Giarraputo, Robert Simonds für Happy Madison Prod.
**Verleih:** Kinowelt/Constantin/Rialto, 22.2.2001

Auf die teuflisch-verführerische Liz Hurley folgt der diabolische Querschläger Adam Sandler. In seiner neuen Slapstick-Komödie spielt der Brachialkomiker den sprachgestörten jüngsten Sohn des Teufels, der von seinem Vater auf die Welt geschickt wird, um dort für Ordnung zu sorgen. Natürlich mit ganz und gar gegenteiligem Effekt. Denn Sandler bleibt seinem Rezept treu und setzt wieder ganz auf Fäkalhumor und Späße weit unter der Gürtellinie. *Film, 3/2001*

**Kritik:** (...) Ein gnadenlos komisches Werk des ehemaligen Stand-up-Komikers Sandler mit Geschmacklosigkeiten ohne Ende, das auf intelligente Weise mit amerikanischen Pop-Kontexten spielt: Denn der Teufel steckt nicht im Heavy Metal, sondern immer da, wo man ihn nicht erwartet.
*tip, 4/2001*

(...) Regisseur Steven Brill nutzt diese dämliche Geschichte für ein buntes Feuerwerk von Verfolgungsjagden, geschmacklosen Gags und irrwitzigen Spezialeffekten. Das kann man nun mögen oder nicht, rasant ist es allemal. Zudem hat der Streifen hübsche Cameos zu bieten: die Harlem Globetrotters, Ozzy Osbourne sowie Quentin Tarantino als Priester. Adam Sandler gibt einen wirklich überzeugenden Deppen mit einem (im Original) hanebüchenen Sprachfehler. Niveaulos, bescheuert, aber ungemein spaßig.
*Zitty, 5/2001*

## Living It Up – Nur eine Woche Millionär 545
LA GRAN VIDA ***
Video

**Regie:** Antonio Cuadri
**Darsteller:** Salma Hayek (Lola), Carmelo

Gomez (Martin), Fernando Valverde (Salva), Alicia Agut (Rosa), Miguel Ayones (Montero), Eusebio López (Maître), Jacinto Molina
**Drehbuch:** Carlos Asorey, Fernando León de Aranoa
**Kamera:** Néstor Calvo
**Musik:** Manuel Villalta
**Schnitt:** Guillermo Represa
**Prod.:** Spanien 2000; 109 Min.
Aldo Spagnoli für BesoBeso/Bocaboca/ Telecinco
**Vertrieb:** Columbia TriStar, 6.11.2001
**FSK:** ab 12 J.

Suizidwilliger Busfahrer leiht sich in Madrid von Gangstern Riesensumme, um seine letzten Tage genießen zu können. Dabei trifft er aber die Frau seines Lebens ... Auch nicht neu, aber nett variiert: annehmbare Komödie mit einem Schuss spanischen Schwarzhumors.

## Longshot – Ein gewagtes Spiel 546

LONGSHOT ***+

**Regie:** Lionel C. Martin
**Darsteller:** Tony DeCamillis (Jack Taylor), Joey Sculthorpe (Alex Taylor), Hunter Tylo (Rachel Montgomery), Jessica Wessen (Kelly Montgemery), Ellen Albertini Dow (Mrs. Fleisher), Paul Sorvino (Laszlo Pryce)
**Drehbuch:** Tony DeCamillis, Louis J. Pearlman
**Kamera:** Sergio Arguello
**Musik:** Lalo Schifrin
**Schnitt:** William Young
**Prod.:** USA 2000; 89 Min.
Louis J. Pearlman, Tony DeCamillis, Lionel C. Martin für PearlCam/Trans Continental
**Verleih:** Rekord/-/-, 25.10.2001
**Vertrieb:** MC-One Video (Video, DVD)
**FSK:** ab 12 J., ffr.

Alex geht auf die High School und ist der typische Verlierer: Er hat weder Erfolg beim Sport noch bei den Frauen. Sein älterer Bruder Jack dagegen ist ein gut aussehender, erfolgreicher Fitnesstrainer für reiche Damen. Ein eifersüchtiger Ehemann bringt Jack in eine gefährliche Lage und Alex mit dazu. Eine spannende, actionreiche Verfolgungsjagd beginnt.

**Kritik:** (...) Eine bemüht auf ein jugendliches Publikum abgestimmte Mischung aus Komödie und Action, die ein Nichts an Geschichte ohne klare Linie erzählt und einzig dem Spaß verpflichtet ist. *Hans Messias, Film-Dienst, 2/2001*

## Lost Angeles 547

*** TV

**Regie:** Eckhart Schmidt
**Prod.:** BRD 2000; 90 Min.
Raphaela Films für BR
**TV:** 24.3.2001, BR, 22.00

(...) Der Dokumentarfilm war das außerordentliche »Charakterbild« einer Stadt, in der Einsamkeit und Glücksfassade, Erfolg und Absturz ohne Netz dicht beieinander sind.
*Ponkie, AZ, 26.3.2001*

## Lost Killers 548

LOST KILLERS ****+

**Regie:** Dito Tsintsadze
**Darsteller:** Nicole Seelig (Lan), Misel Maticevic (Branco), Lasha Bakradze (Merab), Elie »James« Blezes (Carlos), Franca Kastein Ferreira Alves (Maria), Franz Koller, Michael Holz
**Drehbuch:** Dito Tsintsadze
**Kamera:** Benedict Neuenfels
**Musik:** Dito Tsintsadze & Mirian, Udo Schobel, Adrian Sherwood, Skip McDonald
**Schnitt:** Stephan Krumbiegel
**Prod.-Des.:** Thilo Mengler
**Prod.:** BRD 1999; 98 Min.
Peter Rommel für Home Run/Rommel Film mit ZDF/Arte
**UA:** 17.5.2000, Int. Filmfestspiele Cannes, »Un Certain Regard«
**EA:** 25.6.2000, Filmfest München 2000
**Verleih:** Advanced/-/Stamm, 3.5.2001
**FSK:** ab 16 J., ffr.
**FBW:** Besonders wertvoll

Gestrandete Gestalten, die sich in Mannheim mit zwielichtigen Aktivitäten durchs Leben mischeln: Der Kroate Branko und der Georgier Merab planen ihren ersten Auftragsmord, dessen Ausführung ihnen die größte Mühe bereitet, der Vietnamesin Lan gehen wegen ihrer schlechten Zähne die Freier aus, während der hünenhafte Carlos aus Haiti eine

Niere spendet, um nach Australien auswandern zu können. Die skurrilen Figuren in dieser zuweilen ziemlich derben Groteske sind eine Entdeckung. *Film, 6/2001*

**Kritik:** »Lost Killers« besteht im Grunde aus zwei Filmen. Der eine lohnte sich vielleicht, den anderen kann man getrost vergessen. Die Kombination wirkt vor allem ärgerlich unentschlossen. Eine Mischung aus Tarantino-Coolness, Dogma-Realismus und Kusturica-Überdrehtheit ergibt nun mal nicht unbedingt einen coolen, realistischen und ausgelassenen Film. (…)
Regisseur Dito Tsintsadze, der selbst in Georgien geboren wurde und zeitweise in Deutschland lebte, aber wollte die Sozialreportage adeln zu einer Parabel über Heimatlosigkeit und Einsamkeit. Weil aber das Groteske und das Realistische so schlecht zusammenpassen in seinem Film, wirkt »Lost Killers« selbst wie gestrandet in einer Art Niemandsland. Bezeichnend die seelenlos wirkende Figur, die Tsintsadze in seinem Film selbst spielt: Es ist die Mutter des kroatischen Amateurkillers, eine kranke, fast tote alte Frau. Sie erscheint als Zombie, als Freak. Das ist nicht komisch, nicht traurig, sondern ein schlechter Witz.
*Martina Knoben, SZ, 5.5.2001*

(…) Auf weite Strecken ist »Lost Killers« eine Schmierenkomödie. Wenn der Regisseur selbst in die Rolle einer Greisin schlüpft, um als bleich geschminktes Gespenst im Rüschennachthemd durch die Szenen zu geistern, bleibt von der Tragikomik nur fader Ulk. Ähnlich steht es um das Elend der Prostituierten Lan, die wegen ihres Gebisses nur Freier findet, solange sie den Mund geschlossen hält. *Eva-Maria Lenz, FAZ, 6.6.2001*

(…) Der georgische Regisseur Dito Tsintsadze, preisgekrönt für »Am

*Misel Maticevic und Lasha Bakradze*

Rande«, hat mithilfe des Stuttgarter Produzenten Peter Rommel ein wundersam anrührendes Porträt von Menschen am Rand des sozialen Abgrunds geschaffen. Ihre Würde behalten sie. Dabei spart Tsintsadze nicht mit deftig-ironischem Witz und behält die Balance zwischen Multi-Kulti-Groteske, Melancholie und herbem Realismus. Ein kleiner großer Film für wache Träumer.
*Angie Dullinger, AZ, 3.5.2001*

## Lost Souls – Verlorene Seelen 549
LOST SOULS ***

**Regie:** Janusz Kaminski
**Darsteller:** Winona Ryder (Maya Larkin), Ben Chaplin (Peter Kelson), Sarah Wynter (Claire Van Owen), Philip Baker Hall (Pater James), John Hurt (Pater Lareaux), Elias Koteas (John Townsend), Brian Reddy (Pater Frank)
**Drehbuch:** Pierce Gardner, nach einer Idee von Pierce Gardner und Betsy Stahl
**Kamera:** Mauro Fiore
**Musik:** Jan Kaczmarek
**Schnitt:** Anne Goursaud, Andrew Mondshein
**Prod.-Des.:** Garreth Stover
**Prod.:** USA 2000; 100 Min.
Nina R. Sadowsky, Meg Ryan; Christopher Cronyn (Co-Prod.) für Prufrock Pic.
**UA:** 13.10.2000
**Verleih:** Kinowelt/Constantin/Rialto, 18.1.2001
**Vertrieb:** Kinowelt Video (Video, DVD)

Rund um Teufelsaustreibung und die Ankunft des Antichristen kreist der thematisch stark an »Der Exorzist« angelehnte Horrorthriller. Die Exorzismus-Assistentin Maya versucht den agnostischen Schriftsteller Peter davon zu überzeugen, dass sich in ihm der Antichrist inkarnieren wird. Trotz ausgezeichnetem Licht- und Kameraeinsatz verhindert ein schwaches Drehbuch einen genrebereichernden Film. *Multimedia*

**Kritik:** (...) Der Film geht, wie so viele dieses Genres, von der irrigen Annahme aus, dass sich der Satan vor der feindlichen Übernahme unseres Planeten den Luxus des Drohens und der Ankündigung leisten würde. Doch selbst unter dieser Prämisse wirken die Figuren wie die Farben der Inszenierung: fahl und verwaschen. Mit niemandem empfindet man Sympathie, man kauft den Protagonisten nicht mal ihre Furcht ab. Die modernistische Schnickschnack-Regie Kaminkis mit Extrem-Perspektiven darf als hilfloser Versuch gewertet werden, einer langweiligen Vorlage zu mehr Attraktivität zu verhelfen.

*W. O. P. Kistner, AZ, 18.1.2001*

(...) Interessant ist »Lost Souls« immer dann, wenn man das Gefühl hat, dass Kaminski sich auf die Qualitäten besinnt, die ihm zwei Oscars als Kameramann eingebracht haben. Die düstere Stimmung, die sich über den ganzen Film legt, eine Szene, in der Kelson von seiner toten Mutter erzählt und dabei ein Reh beobachtet, das ganz langsam in der Nacht aus dem Scheinwerferlicht eines herannahenden Autos verschwindet – es gibt in »Lost Souls« Momente, da erzählen die Bilder mehr als die kruden Dialoge. Und dann würde man sich wünschen, dass Kaminski es noch einmal versucht, gerne mit denselben Darstellern – nur müsste er dann vorher herausfinden, was für eine Geschichte das ist, die sich hinter den Bildern verbirgt.

*Susan Vahabzadeh, SZ, 24.1.2001*

*Winony Ryder*

## Love and Basketball 550

LOVE AND BASKETBALL ***+

**Regie:** Gina Prince-Bythewood
**Darsteller:** Sanaa Lathan (Monica Wright), Omar Epps (Quincy McCall), Alfre Woodard (Camille Wright), Dennis Haysbert (Zeke McCall), Debbi Morgan (Mona McCall), Harry J. Lennis (Nathan Wright)
**Drehbuch:** Gina Prince-Bythewood
**Kamera:** Reynaldo Villalobos
**Musik:** Terence Blanchard
**Schnitt:** Terilyn Shropshire
**Prod.-Des.:** Jeff Howard
**Prod.:** USA 2000; 124 Min.
Spike Lee, Sam Kitt
**Verleih:** Kinowelt/-/-, 28.6.2001 (angekündigt, nicht gestartet)
**Vertrieb:** Kinowelt Video (Video, DVD)

Gina Prince-Bythewoods erster Kinofilm »Love and Basketball« hält genau das, was der Titel verspricht: Monica und Quincy machen Sportkarriere auf dem Spielfeld, die Liebe muss zu oft zurückstecken. Schwarz und sehr amerikanisch produziert von Spike Lee. *Gerald Jung, Zitty, 14/2001*

**Kritik:** (...) »Love and Basketball« täte man aber Unrecht, reduzierte man ihn auf die sportlichen Aspekte der Handlung – oder auch nur auf die Zutaten des Titels. Es ist vielmehr ein Film über weibliches Selbstbewusstsein in einer männlich dominierten Welt, über die Schwierigkeiten, die auf jede Frau warten, die nicht den Konventionen und Erwartungen ihrer Umgebung entsprechen will. (…)

*Blickpunkt Film, 26/2001*

## Love and Rage 551

LOVE & RAGE □ TV

**Regie:** Cathal Black
**Darsteller:** Greta Sacchi, Daniel Craig, Stephen Dillane, Valerie Edmond, Donal Donnelly
**Drehbuch:** Brian Lynch, nach dem Roman »The Playboy and the Yellow Lady« von James Carney
**Kamera:** Slawomir Idziak
**Musik:** Ralph Wienrich
**Schnitt:** Ulrike Leopold, Emer Reynolds
**Prod.-Des.:** Ned McLoughlin
**Prod.:** BRD/GB/Irland 1998; 100 Min. Rudolph Wichmann, Cathal Black für Schlemmer/Nova
**UA:** 29.8.1999, World Film Festival Montreal
**TV:** 11.1.2001, ARD

Eine tragische Liebesaffäre zwischen einer 40-jährigen selbstbewussten Engländerin und ihrem 20-jährigen Gutsverwalter in Irland, am Ende des 19. Jahrhunderts.

## Love and Sex 552

LOVE AND SEX ***

**Regie:** Valerie Breiman
**Darsteller:** Famke Janssen (Kate Welles), Jon Favreau (Adam Levy), Noah Emmerich (Eric), Ann Magnuson (Mrs. Steinbacher), Cheri Oteri (Mary), Josh Hopkins, Robert Knepper
**Drehbuch:** Valerie Breiman
**Kamera:** Adam Kane
**Musik:** Pierpaolo Tiane, Billy White Acre
**Schnitt:** Martin Applebaum
**Prod.-Des.:** Sara Sprawls
**Prod.:** USA 2000; 82 Min. Martin J. Barab, Timothy Scott Bogart, Brad Wyman für Behaviour Worldwide
**UA:** 24.1.2000, Sundance Film Festival
**EA:** 26.6.2000, Filmfest München
**Verleih:** Alamode/-/-, 14.6.2001
**Vertrieb:** Arthaus Video (Video, DVD)
**FSK:** ab 12 J., ffr.,

Journalistin Kate versäumt in Sex-Tändeleien beinahe die wahre Liebe. Ein flotter Konsumfilm zum Thema Nummer eins, aufgewertet mit Dialog- und Situationskomik.

*Angie Dullinger, AZ, 26.6.2000*

Wie erklärt man in 2500 Wörtern, wie man den perfekten Mann findet und hält? Nach 13 Affären weiß die Journalistin zwar, dass Oralsex gegen Depressionen hilft (beim Mann). Aber eine Sachverständige für Liebesglück ist sie dadurch nicht geworden. Erst die Begegnung mit dem exzentrischen Maler Adam könnte die tragikomische Bilanz am Ende dann doch noch ausgleichen … Die drollige Mesalliance schlägt zwar auf der Leinwand nicht ganz die erhofften Funken, aber Janssen und Favreau sind dennoch ein munteres, unkonventionelles Gespann. *Gerhard Midding, tip, 12/2001*

**Kritik:** (…) Bekanntermaßen berühren Komödien aber erst dann, wenn sie auch die Luft unserer seelischen Abgründe schnuppern »Love and Sex« indes bleibt stets an der sicheren Oberfläche und schlägt aufgrund seiner Halbherzigkeit eine unangemessen weiche Tonart an. Da müssen sich Adam und Kate nach ihrer Trennung erst wie Pubertierende mit anderen Partnern eifersüchtig machen, um endgültig zusammenfinden zu können. Eine Liebeskomödie ohne interessante Konflikte jedoch haut auch die meisten Kinogänger nicht von den Sesseln. *Jennifer Bleek, Zitty, 13/2001*

(…) Tatsächlich steckt das Drehbuch voll jener verbalen Schnappfallen, die romantische Annäherungsversuche im Kino erst erträglich machen. Famke Janssen (»X-Men«) spielt hier die Journalistin, die den richtigen Mann sucht. Das Problem ist, dass sie und ihre Partner auf ihre mehr oder weniger witzigen Sprüche reduziert bleiben. Sie sind Sitcom-Kreaturen. Gerade wenn sie einen Moment lang nichts sagen, wird uns bewusst, dass diese Figuren keine Menschen sind, sondern nur kleine Lautsprecher für Valerie Breimans Werbedurchsage: »Ich kann Gags schreiben.«

*Thomas Klingenmaier, Stuttgarter Zeitung, 13.6.2001*

## Love Kills 553

LOVE KILLS ***+

Video

**Regie:** Mario Van Peebles
**Darsteller:** Mario van Peebles (Poe Finklestein), Leslie Ann Warren (Evelyn Heiss), Daniel Baldwin (Danny Tucker), Donovan Leitch (Dominique), Alexis Arquette (James), Louise Fletcher (Alena Heiss), Loretta Devine (Sylvia Finklestein)
**Drehbuch:** Mario Van Peebles
**Kamera:** George Mooradian
**Musik:** Simon Le Bon, Nick Wood
**Schnitt:** Edward R. Abroms
**Prod.-Des.:** Brooke Wheeler
**Prod.:** USA 1998; 97 Min.
Mark Buntzman, Mario van Peebles für Trident/Van Peebles Films
**EA:** 21.5.1999, Cannes Film Festival
**Vertrieb:** Sunfilm Video, 17.7.2001
**FSK:** ab 16 J.

Juwelendieb schleicht sich als Masseur getarnt in schwerreiche Familie ein, doch ein Gaunertrio droht ihm zuvorzukommen. Interessant besetzter, filmisch ansprechender, allerdings etwas verworrener Thriller.

**Kritik:** (...) Die Folge ist eine Reihe von Shoot-outs, bei denen die wirklich Bösen ins Gras beißen. Ein auf der immer noch aktuellen Tarantino-Welle dümpelnder Thriller, der seine Schnoddrigkeit geradezu selbstgefällig ausstellt, kaum Gedanken auf Zusammenhänge verschwendet und in fahriger Inszenierung das sattsam bekannte »Jeder-gegen-Jeden«-Schema präsentiert. (...) *Hans Messias, Film-Dienst, 21/2001*

## Love Letters – Liebe per Nachnahme 554

***

TV

**Regie:** Thomas Louis Pröve
**Darsteller:** Annika Pages (Jenny Arndt), Bernhard Schir (Matthias Seeberg), Karl

*Videocover*

Markovics (Karl Kunert), Katharina Schubert (Lotte Bichsel), Boris Aljinovic (Kemal Yilmaz), Julia Christina (Christine Burkhard), Nina Gummich (Lilly Seeberg)
**Drehbuch:** Sarah Schnier
**Prod.:** BRD 2001; 95 Min.
Janus Filmprod.
**TV:** 22.11.2001, Pro7, 20.15

Das Schmalspurkomödchen beginnt als pfiffige kleine Rationalisierungs-Satire zur Pflege des Stellenabbaus bei der Post – und endet als welke Pusteblume im Beziehungs-Unkraut. Die »Love-Letters« des vorlauten Schulkindes Lilly an die verstorbene Mutter landen bei der Post in der skurrilen Kellerabteilung »für unzustellbare Briefe« – nach Ansicht der Rationalisierungsberater sowieso ein überflüssiger Saftladen, dessen unnütze Mitarbeiter alle entlassen werden sollten. Da Postsortiererin Jenny sich der einsamen, Briefe schreibenden Lilly annimmt, deren karrieregieriger Vater justament der Rationalisierungs-Chef ist, gibt es allerlei Schabernack als Nebengeräusche – aber der Witz macht schneller schlapp als für die Romantik einer Lovestory gut ist. *Ponkie, AZ, 24.11.2001*

## Love Me 555

LOVE ME ****

**Regie:** Laetitia Masson
**Darsteller:** Sandrine Kiberlain (Rose), Johnny Hallyday (Lennox), Jean-François Stévenin (Carbonne), Aurore Clément (Rose' Mutter), Salomé Stévenin (Jugendliche), Anh Duong (Gloria), Julie Depardieu (Barbara)
**Drehbuch:** Laetitia Masson, Olivia Bruynoghe
**Kamera:** Antoine Héberlé
**Musik:** John Cale
**Schnitt:** Ailo Auguste
**Prod.:** Frankreich 2000; 105 Min. Alain Sarde; Christine Gozlan (Ass.-Prod.) für Les Films Alain Sarde mit Ciné Valse/Canal+/Studio Images 6
**UA:** 16.2.2000, Int. Filmfestspiele Berlin
**Verleih:** Kool, OmU/Filmladen/Filmcooperative, Juni 2000 (CH), 1.3.2001

Eine Verlorene läuft einem desillusionierten Sänger hinterher durch eine amerikanische Einsamkeitswelt, die die französische Filmemacherin Laetitia Masson konsequent ins Imaginäre kippt: Kino zwischen Traum und Wirklichkeit, seltsam künstlich, aber sehnsuchtsvoll und überaus komplex.
*Stefan Grissmann, tip, 5/2001*

**Kritik:** Bestechend fotografiertes Drama, das in Analogie zur assoziativen Struktur seelischer Prozesse eine kaum überschaubare Fülle an Zeit- und Erzählebenen ineinander schachtelt, in denen es um Sehnsucht, Liebe und Abhängigkeit geht. Die konzentrierte, durch Musik und Schnitt akzentuierte Bildsprache geleitet in eine traumnahe Region, deren schwebende Bewegung über den filmischen Binnenraum hinausdrängt und zur visuellen Metapher psychischer Selbstbefragung wird.
*Josef Lederle, Film-Dienst*

(…) Wie schon in »À Vendre« erzählt Masson in klug arrangierten Breitwandbildern, die diesmal aber weniger manieriert anmuten. Zwar arbeitet die Regisseurin auch hier mit expressiver Bildgestaltung, verkanteter Kamera und leuchtenden Farben, über-

*Sandrine Kiberlain zwischen Traum und Wirklichkeit*

schreitet dabei aber nie die Stufe zum Selbstzweck, sondern stellt die Bilder immer in den Dienst der Geschichte. »Love Me« ist einfach hemmungslos romantisch und durchzogen von Massons offensichtlicher Liebe zu Elvis.

*Michael Meyns, Zitty, 5/2001*

## Love Philosophy – Die Poesie der Liebe 556

LOVE PHILOSOPHY **

Video

**Regie:** Jack Gerlach
**Darsteller:** Jack Gerlach (Sebastian), Alisyn Brock (Jubilee), Wendy Schumacher (Alexander Keith), Jay Gabat (Jake), Conrad Corral (Bernard), Pat Atkins (alte Dame), Daniela Feath
**Musik:** Tom Batoy, Franco Tortora
**Prod.:** USA 2001; 89 Min.
Lightsource Ent./Love Philosophy
**Vertrieb:** MC-One Video, 6.12.2001
**FSK:** o. A.

Liebe auf dem Campus: Sebastian verguckt sich in Jubilee, aber die weiß nicht so recht. Selbstredend Happy-End-haltige Steril-Komödie wie aus der Retorte.

## Love Song – The Beat of Life 557

LOVE SONG **

Video

**Regie:** Julie Dash
**Darsteller:** Monica Arnold (Camille), Christian Kane (Billy Ryan), Essence Atkins (Toni), Vanessa Bell Calloway (Evelyne), Teck Holmes (Malik), Rozonda Thomas (Direktorin), Rachel True (Renee)
**Drehbuch:** Josslyn Luckett
**Kamera:** David Claessen
**Musik:** Frank Fitzpatrick
**Schnitt:** Pam Malouf
**Prod.:** USA 2000; 85 Min.
Kimberly L. Ogletree, Claudio Castravelli für Handprint Ent./Viacom Prod.
**Vertrieb:** Paramount Video, 13.9.2001
**FSK:** ab 16 J.

Mit langweiligem Lover liierte Lehrerin lernt Schlagzeuger kennen und krempelt ihr Leben um. Megaharmloses Musik-Schnülzchen für die weibliche MTV-Kundschaft.

## Love Trip 558

***+

TV

**Regie:** Richard Huber
**Darsteller:** Dominic Raacke (David Werner), Désirée Nosbusch (Britt Werner), Hannes Jaenicke (Alex), Neithardt Riedel (Hans Urban), Saskia Vester (Margot Urban), Katja Giammona (Isabel), Enno Hesse (Chris)
**Drehbuch:** Benita Garvin
**Prod.:** BRD 2000; 90 Min.
**TV:** 22.2.2001, Pro7, 20.15

Für die Ramschbude Pro7 ein beachtlich gefühlsgenaues, sanft-komisches Ehe-Melodram von alltagsermüdeten Partnern beim Ausbruchsversuch. Leider hat der »Love-Trip« einen albern aufgetakelten Schluss in öder Kitsch-Pose. Aber die Leiden von Dominic Raacke (der Fassadenmann voll Versagerangst) und Désirée Nosbusch (die schwerblütige Introvertierte) – im Kontrast zu den scheinbar so coolen Verwandten und dem Lover aus Amsterdam – haben einen liebenswerten Stich von Lebensbanalität.

*Ponkie, AZ, 24.2.2001*

## Love Juice 559

LOVE JUICE ***

**Regie:** Kaze Shindo
**Darsteller:** Mika Okuno, Chika Fujimura, Toshiya Nagasawa, Hidetoshi Nichijima
**Drehbuch:** Kaze Shindo
**Kamera:** Koji Kanaya
**Musik:** Kenichiro Isoda
**Schnitt:** Ikuo Watanabe
**Prod.:** Japan 2000; 78 Min.
Tsunku Town/Cine Bazar
**EA:** 9.2.2001
**Verleih:** Freunde/-/-, 24.5.2001

Chinatsu und Kyoko sind beste Freundinnen, die so gut wie alles miteinander teilen. Ihre Beziehung ändert sich jedoch schlagartig, als sich eine in die andere verliebt. Die junge Regisseurin inszenierte mit ihrem Debüt gewiss keinen Film, der dem ewig aktuellen Thema des alltäglichen Beziehungsfrustes neue Nuancen abgewinnen kann. Mit einfachsten Mitteln schafft sie jedoch Momente voller Intimität, die tausendmal mehr über das

Leben aussagen als Tonnen von hippen Stakkato-Dialogen. *tip, 11/2001*

**Kritik:** (…) Vor allem das Neonlicht der Aquarien und der Nachtclubs scheinen die junge Regisseurin Kaze Shindo bei ihrem Debütfilm inspiriert zu haben. Immer wieder bettet sie die Geschichte in kaltes Licht, verliert dabei aber nie die emotional sehr aufgeladene Geschichte aus den Augen, um die es ihr eigentlich geht. Und diese schildert sie äußerst einfühlsam und dicht. Eine echte Entdeckung aus dem Forum der diesjährigen Berlinale. *Michael Meyns, Zitty, 11/2001*

## Lovely Rita 560

***+

**Regie:** Jessica Hausner
**Darsteller:** Barbara Osika (Rita), Christoph Bauer (Fexi), Peter Fiala (Chauffeur), Wolfgang Kostal (Ritas Vater), Karina Brandlmayer (Ritas Mutter), Gabriele Wurm-Bauer (Fexis Mutter), Harald Urban (Fexis Vater)
**Drehbuch:** Jessica Hausner
**Kamera:** Martin Gschlacht
**Schnitt:** Karin Martusch
**Prod.-Des.:** Katharina Wöppermann
**Prod.:** Österreich 2000; 80 Min. Philippe Bober, Heinz Stussak, Antonin Svoboda für Essential Filmprod./Coop99/ Prisma Film mit ZDF/Arte
**UA:** Int. Filmfestspiele Cannes 2001 »Un Certain Regard«; 1.7.2001, Filmfest München
**Verleih:** -/Polyfilm/-, Nov. 2001

Das Pubertätsdrama eines fast autistisch isolierten Mädchens, das individuelle Berührungen sucht, um sich der Kälte im kleinbürgerlichen Alltag zu entziehen. Rita schwänzt die Schule, nervt ihre Mitmenschen: Fluchtreflexe der Verweigerung, die als Verdorbenheit gedeutet werden. Sanft, böser Außenseiterblick.
*Ponkie, AZ, 30.6.2001*

Rita, ein Mädchen im Teenageralter, die wie ein Fremdkörper in ihrer Umgebung wirkt und sich in einem kommunikativen Vakuum bewegt,

*Barbara Osika ist ›Rita‹*

beendet den nicht ausgesprochenen Konflikt mit ihren Eltern, indem sie die beiden erschießt. Ein Plädoyer gegen Sprachlosigkeit, das seine Bilder zwar sorgfältig inszeniert, sich aber auf der Suche nach einer eigenen Formensprache zwischen »Nordrand« und Haneke-Filmen verstrickt und die Qualität seiner Vorbilder nicht erreicht. *Alrun Fichtenbauer, Multimedia (Die Furche), 1.11.2001*

**Kritik:** (…) Viele werden dem Film nicht folgen wollen. Es ist ein deprimierender, trauriger, »winterlicher« und abweisender Film. Aber wer das Negativthema innerlich annimmt, der sieht einen psychologisch konsequenten und künstlerisch adäquaten Film – in auffälliger Nachfolge zu dem ebenfalls österreichischen Filmemacher Michael Haneke. *Thomas Engel, Der Gildedienst, 8–9/2001*

## Luchino Visconti 561

LUCHINO VISCONTI

****+
TV

**Regie:** Carlo Lizzani
**Darsteller:** Claudia Cardinale, Massimo Girotti, Suso Cecchi d'Amico, Alain Delon

**Prod.:** Italien 1999; 60 Min.
**TV:** 3.4.2001, Nord 3, 0.00

Der Regisseur Carlo Lizzani schildert Leben und Werk seines Weggefährten, des Filmregisseurs Luchino Visconti. Die Schauspieler Burt Lancaster und Claudia Cardinale erinnern sich an die Zusammenarbeit mit Visconti.

## Lucky Break – Rein oder Raus 562

LUCKY BREAK ****

**Regie:** Peter Cattaneo
**Darsteller:** James Nesbitt (Jimmy Hands), Olivia Williams (Annabel Sweep), Timothy Spall (Cliff Gumball), Christopher Plummer (Dir. Mortimer), Lennie James (Rudy), Bill Nighty (Roger), Ron Cook (Herr Perry)
**Drehbuch:** Ronan Bennett
**Kamera:** Alwin H. Kuchler
**Musik:** Anne Dudley
**Schnitt:** David Gamble
**Prod.-Des.:** Max Gottlieb
**Prod.:** GB 2001; 107 Min.
Barnaby Thompson, Peter Cattaneo für Fragile/Lucky Break mit Senator/Paramount/ Miramax
**Verleih:** Columbia TriStar/-/Elite, 8.11.2001
**FSK:** ab 6 J., ffr.

In seinem zweiten Kinofilm nach »Ganz oder gar nicht« knüpft der britische Regisseur Peter Cattaneo an einige Erfolgsmuster des siebenfach Oscar-nominierten Komödienknüllers an, hütet sich jedoch vor einer platten Kopie. Mithilfe eines erstklassigen Ensembles legt er eine amüsante Kombination aus Knastkomödie und Romanze vor.

*Filmecho-Filmwoche, 41/2001*

**Kritik:** (...) Dabei geht es ihm nicht um ein realistisches Abbild des Knast-Alltags, sondern darum, wie der Einzelne auf Härten reagiert und sich zum kurzen Atemholen in Galgenhumor flüchtet. Keine billigen Lacher auf Kosten der Protagonisten, sondern eine liebevolle Zeichnung ihrer Schwächen. Am Ende mag man diese verzweifelten Dickköpfe mit kindlicher Seele.

*Margret Köhler, AZ, 8.11.2001*

(...) »Lucky Break« erzählt davon, dass in jedem Menschen mehr steckt, als es auf den ersten Blick den Anschein hat: Es ist eine Frage der Chancen, die einer bekommt. Aber es geht auch um Verletzlichkeit, Gefährdung, Verzweiflung. Der Schritt zu Selbstmord und Tod ist beängstigend kurz in dieser wunderbaren Komödie.

*H. G. Pflaum, SZ, 9.11.2001*

(...) Cattaneos neuer Film spielt im Gefängnis. Wieder erzählt Cattaneo von rauen Kerlen, die zuvor nie für möglich gehaltene Rollen proben, um eine Änderung ihrer Lebensumstände zu erzwingen, die sich also radikal ändern, um selbstbestimmt und sie selbst bleiben zu können. Die Gefangenen inszenieren ein Musical, hinter dessen Kulissen ein Ausbruch vorbereitet werden kann.
Das ist eine weit simplere Flucht als die aus der Arbeitslosigkeit: In »The Full Monty« wartete auf die Männer tatsächlich ein neues und ungewohntes Leben, in »Lucky Break« gähnt ihnen nur das Klischee des Lochs in der Mauer entgegen: Die Wiederaufnahme des Lebens in Freiheit ist nur Vorwand, um Ausbruchsanstrengungen in Gang zu bringen. (...)

*Thomas Klingenmaier, Stuttgarter Zeitung, 8.11.2001*

## Lucky Numbers 563

LUCKY NUMBERS ***+

**Regie:** Norah Ephron
**Darsteller:** John Travolta (Russ Richards), Lisa Kudrow (Crystal Latory), Tim Roth (Gig), Ed O'Neill (Dick Simmons), Michael Rapaport (Dale Wagstaff), Darryl Mitchell (Chambers), Michael Moore (Walter)
**Drehbuch:** Adam Resnick, Norah Ephron
**Kamera:** John Lindley
**Musik:** George Fenton
**Schnitt:** Barry Malkin
**Prod.-Des.:** Dan Davis
**Prod.:** USA 1999; 101 Min.
Andrew Lazar, Jonathan D. Krane, Sean Daniel für Mad Chance Prod. mit Alphaville
**Verleih:** Tobis/-/Frenetic, 17.5.2001
**Vertrieb:** BMG Video (Video, DVD)
**FSK:** ab 12 J., ffr.

Der in finanzielle Schwierigkeiten geratene »Wetterfrosch« einer lokalen amerikanischen Fernsehstation manipuliert die Ziehung der Lottozahlen und tritt dabei eine Lawine unvorsehbarer Ereignisse los. Gediegen inszeniert, aber allzu unentschlossen zwischen makabrem Humor, Slapstick und pubertären Witzen pendelnde Gaunerkomödie, deren Dialogen der nötige Esprit fehlt. Auch schauspielerisch enttäuschend. *Film, 6/2001*

**Kritik:** (...) Insgesamt hätte man sich die Story eine Spur prägnanter, im wahrsten Sinne des Wortes gemeiner, aberwitziger und tiefgründiger gewünscht. Ephrons Metier sind aber nun mal nicht die ziellos vor sich hin wurstelnden Loser am wirtschaftlichen Abgrund, wie sie von den Coens in »Fargo« oder »The Big Lebowski« porträtiert wurden. Und ihre Gauner sind nur dumm, was sie nicht daran

*John Travolta und Lisa Kudrow*

hindert, einen sauberen Job hinzulegen. In echte Bedrängnis geraten sie leider nie. *Katharina Dockhorn, Filmecho-Filmwoche, 5/2001*

(...) Leider verliert sich der Film in seinem konzeptlosen Drehbuch. Dadurch wirkt »Lucky Numbers« trotz seiner Standardlänge von 101 Minuten endlos. Schade, denn der wahre Fall, auf dem diese Geschichte beruht, der in den USA sehr bekannte »666 Fix«, ist bis heute nicht aufgeklärt und hätte viel Platz für unterhaltsamere Spekulationen geboten. *Zitty, 11/2001*

## Lumumba 564

LUMUMBA ****

**Regie:** Raoul Peck
**Darsteller:** Eriq Ebouaney (Patrice Lumumba), Alex Descas (Joseph Mobutu), Theohile Moussa Sowie (Maurice Mpolo), Maka Kotto (Joseph Kasa Vubu), Mariam Kaba (Pauline Lumumba)
**Drehbuch:** Raoul Peck, Pascal Bonitzer
**Kamera:** Bernard Lutic
**Musik:** Jean-Claude Petit
**Schnitt:** Jacques Comets
**Prod.:** Frankreich/Belgien/BRD/Haiti 2000; 115 Min.
Jacques Bidou für JBA Prod./Entre Chien et Loup/Essential/Velvet/Arte France Cinema/ RTBF
**EA:** 14.5.2000, Int. Filmfestspiele Cannes, Semaine des Realisateurs
**Verleih:** EZEF/Cinematograph/-, 5.7.2001

Vom einfachen Postangestellten steigt er innerhalb kürzester Zeit zum Premierminister seines Landes auf: Patrice Lumumba führt den Kongo, ein Land von der Größe Westeuropas, in die Unabhängigkeit. Doch kaum an die Macht gekommen, wird Lumumba durch ein politisches Intrigenspiel des Westens entmachtet und schließlich hingerichtet. Politisches Drama um die Geschichte Afrikas.

**Kritik:** (...) Dennoch: Der Spielfilm »Lumumba« ist nicht dessen Hochglanzversion. Er erzählt die kurze Geschichte Lumumbas linear, mit perfekt inszenierten Ensemble-Auftritten, großen schauspielerischen Soli (Eriq Ebouaney als Lumumba, Alex Descas als Mobutu) und entfaltet gegen Ende das klamme Szenario vollständiger Isolation. Dabei erzählt Peck bei aller Stringenz noch elliptisch genug, um seine Zuschauer nicht ganz der Fassungslosigkeit auszuliefern. War es so? Es könnte genau so gewesen sein.

*Christina Bylew, Die Zeit, 12.7.2001*

(...) Abgesehen davon, dass sich auch in einem fast zweistündigen Spielfilm dramaturgisch notwendige Verkürzungen nicht vermeiden lassen, verhehlt Peck nie seine Sympathie für Lumumba und dessen politische Anliegen. Folgerichtig bringt er dem Zuschauer auch die menschliche Dimension nahe, etwa wenn der Regierungschef in einer telefonischen Krisenberatung vom Tod seiner schwer kranken Tochter erfährt.
Diesem erzählpsychologischen Ansatz angemessen ist auch die Strategie der poetischen Überhöhung zentraler Szenen. So kommentiert die imaginäre Stimme des ermordeten Lumumba in eindringlichen Worten die Hinrichtung und das Verschwindenlassen des Leichnams aus dem Off und nimmt die Zuschauer auf diese Weise auch emotional gefangen. Zuschauer ohne nähere Kenntnisse der afrikanischen Geschichte dürften zuweilen Schwierigkeiten haben, das wechselvolle Intrigenspiel zu durchschauen. Sieht man davon einmal ab, so ist Peck eine atmosphärisch dichte Filmbiografie gelungen, die sich auf ein erstklassiges Schauspielerensemble stützt.

*Reinhard Kleber, Filmecho-Filmwoche, 25/2001*

## Lying in Wait 565

LYING IN WAIT **

Video

**Regie:** D. Shone Kirkpatrick
**Darsteller:** Rutger Hauer (Keith Miller), Virginia Madsen (Vera Miller), Thomas Newton (Babee Gordon), Vanessa Dorman (El), Ian Buchanan (George), Shannon Whirry (Lois), Tony Bill (Det. Mike)
**Drehbuch:** D. Shone Kirkpatrick
**Kamera:** Don E. FauntLeRoy
**Musik:** Thomas Morse
**Schnitt:** Jonathan Cates
**Prod.:** USA 2000; 91 Min.
Robert Snukal, Dan Grodnik für Itasca
**Vertrieb:** Highlight Video, 15.3.2001
**FSK:** ab 16 J.

Scheuer Maler freundet sich mit Jet-Set-Pärchen an, das ihn als Teil in einem teuflischen Racheplan missbraucht. Überkonstruierter Thriller mit zwei Hauptdarstellern auf verlorenem Posten.

## Mach 2
566

MACH 2

*

Video

**Regie:** Fred Olen Ray
**Darsteller:** Brian Bosworth (Capt. Jack Tyree), Sondra Currie (Courtney Davis), Michael Dorn (Rogers), Lance Guest (Keith Dorman), Cliff Robertson (Vize-Präsident Pike), Shannon Whirry, David Hedison
**Drehbuch:** Steve Latshow
**Kamera:** Tom Gallaway
**Musik:** Alexander Baker, Claire Marlow
**Schnitt:** Randy Carter
**Prod.:** USA 2000; 91 Min.
Robyn Stevens für Unified Film Org.
**Vertrieb:** VCL Video, 27.3.2001
**FSK:** ab 16 J.

Spitzenagent Tyrell soll US-Politiker bei dessen Reise nach Bosnien vor dortigen Terroristen und hiesigen Drahtziehern schützen. Action-Dünnsinn der nervtötenden Sorte.

## Macht der Begierde
567

CENTER OF THE WORLD

***

**Regie:** Wayne Wang
**Darsteller:** Molly Parker (Florence), Peter Sarsgaard (Richard), Carla Gugino (Kerry), Jason McCabe Calacanis, Balthazar Getty
**Drehbuch:** Ellen Benjamin Wang, nach einer Idee von Paul Auster, Miranda July, Siri Hustvedt
**Kamera:** Mauro Fiore
**Musik:** Six Degrees
**Schnitt:** Lee Percy
**Prod.-Des.:** Donald Graham Burt
**Prod.:** USA 2001; 86 Min.
Peter Newman, Wayne Wang für Redeemable Feature
**UA:** Int. Filmfestspiele Cannes 2001
**EA:** 3.7.2001, 20.00 Uhr, Filmfest München
**Verleih:** offen, 13.12.2001
**Vertrieb:** Highlight Video (Video, DVD)
**FSK:** ab 18 J.

Ein Internet-Yuppie vor dem Börsengang bezahlt eine Frau für ein Wochenende bestehend aus Striptease und Sex.
Eine ungewöhnliche Begegnung: Er ist ein junger Held der New Economy. Sie spielt in einer Rock-Band, und strippt für ihren Lebensunterhalt. Sie treffen sich, ziehen einander an. Er will mit ihr für drei Tage nach Las Vegas, bietet ihr Geld. Schließlich willigt sie ein, aber unter Bedingungen: keine Küsse auf den Mund, keine Penetration, keine Gefühle – und alles nur zwischen 22 und 2 Uhr …

## Das Mädchen aus der Fremde
568

***

TV

**Regie:** Peter Reichenbach
**Darsteller:** Mareike Carrière (Luisa Wagner), Christian Kohlund (Robert Wagner), Miriam Stein (Neda), Stefan Gubser (Arzt Michael Marek), Hans Schenker (Direktor Fischer), Noemi Steuer (Frau Kistler), Kolumbina Müntener (Nedas Mutter)
**Drehbuch:** Christa Capal, Peter Reichenbach
**Kamera:** Peter Indergand
**Prod.:** BRD/Schweiz 2001; 88 Min.
**TV:** 4.4.2001, ARD, 20.15

(…) Das verstörte Flüchtlingskind Neda wirbelt das Leben von Chefarzt Robert Wagner und dessen Frau Luisa durcheinander, bis es schließlich von seiner leiblichen Mutter tränenselig auf dem Flughafen in die Arme geschlossen wird. – Der mangelnden Substanz des Skripts stand eine schnickschnackfreie, besonnene Inszenierung gegenüber, die auch mit ihrer nüchternen Farbgebung die zahlreichen Anflüge von sentimentalem Sozialkitsch minderte.

*W. O. P. Kistner, AZ, 6.4.2001*

## Das Mädchen gegenüber
569

THE GIRL NEXT DOOR

***

TV

**Regie:** Eric Till
**Darsteller:** Henry Czerny (Arthur Bradley), Polly Shannon (Fiona Winters), Simon MacCorkindale (Steve Vandermeer), Robin Gammell (Len Winters), Janet-Laine Green (Joyce Winters), Alberta Watson (Mary Bradley), Scott Yaphe
**Drehbuch:** Mel Frohman, Russ Firestone
**Kamera:** Malcolm Cross
**Musik:** Jonathan Goldsmith
**Schnitt:** T. C. Martin

**Prod.-Des.:** Ed Hanna
**Prod.:** USA 1999
Tony Thatcher für Fireworks/Storm Ent.
**TV:** 12.1.2001, Pro7

Eine »verhängnisvolle Affäre« eine Nummer kleiner. Als die 18-jährige Nachbarstochter Fiona ermordet aufgefunden wird, gerät der verheiratete Arzt Bradley in Verdacht.

## Mädchen, Mädchen! 570

***

**Regie:** Dennis Gansel
**Darsteller:** Diana Amft (Inken), Felicitas Woll (Victoria), Karoline Herfurth (Lena), Andreas Christ (Nick), Max Riemelt (Flin), Martin Reinhold (Dirk), Frederic Welter (Tim)
**Drehbuch:** Maggie Peren, Christian Zübert, nach einer Idee von Colette Burson, Kate Robin
**Kamera:** Axel Sand
**Musik:** Tobias Neumann, Martin Probst
**Schnitt:** Anne Christine Loewer
**Prod.-Des.:** Ingrid Henn
**Prod.:** BRD 2000; 88 Min.
Molly v. Fürstenberg, Harald Kügler, Viola Jäger, Tina Fauvet für Olga Film mit Key Ent.
**Verleih:** Constantin/dto./Filmcooperative, 29.3.2001
**Vertrieb:** BMG Video (Video, DVD)
**FSK:** ab 16 J., ffr. – **FBW:** Wertvoll

Regisseur Dennis Gansel, Jahrgang 1973, schafft eine unverkrampfte Teenie-Komödie zum Themenkreis erste Liebe, Erotik und Sexualität. Ganz ohne Klischeemuster kommt zwar auch das Drehbuch von Maggie Peren und Christian Zübert nicht aus, doch Gansels Regie und sein überzeugendes Darstellerensemble haben Charme und Leichtigkeit.

Drei 18-jährige Gymnasiastinnen träumen trotz teilweise ausgiebiger Sexerfahrungen immer noch von ihrem ersten Orgasmus. Während die eine dank ihres Fahrradsattels und die zweite per Internet-Chat zum Höhepunkt kommt, wählt die dritte den altmodischen Weg einer von Missverständnissen geprägten Beziehung. Inszeniert im einfallsarmen Stil einer Vorabend-Fernsehserie, kümmert sich der Film nie wirklich um die »Nöte« seiner Protagonistinnen, sondern liefert lediglich Unterhaltung auf unterstem Zoten-Niveau. *Film, 5/2001*

*Felicitas Woll, Diana Amft und Karoline Herfurth*

**Kritik:** (…) Das alles wird zwar routiniert in Szene gesetzt, kann aber mit keinen frischen Ideen aufwarten und überrascht selten. Der Film verlangt nach einer tragfähigen Story, die ihm aber hartnäckig vorenthalten wird. Was bleibt, ist daher ein Pulk knackiger Teenager mit ihrem ebenso agilen wie sinnlosen Geplappere über Sex und Liebe. Teenager, die viel süßer sind als das Drehbuch, dem sie Leben einhauchen sollen.
*Jennifer Bleek, Zitty, 7/2001*

## Das Mädcheninternat – Deine Schreie wird niemand hören 571

**
TV

**Regie:** Robert Sigl
**Darsteller:** Katharina Wackernagel (Nina), Anne Kanis (Janine), Luise Bähr (Julia), Alexandra Finder (Lizzy), Barnaby Metschurat (Niklas), Frederike Kempter (Cora), Lilia Lehner (Monique)

**Drehbuch:** Kai Meyer
**Kamera:** Sven A. Kirsten
**Prod.:** BRD 2000; 94 Min.
Real-Film für RTL
**TV:** 28.2.2001, RTL, 20.15

Nina will sich auf einem Mädcheninternat in der Bretagne von dem Schrecken ihrer Abi-Fete, während der mehrere ihrer Mitschüler ermordet wurden, erholen. Auf der kleinen, idyllischen Insel empfängt sie statt psychologischer Betreuung jedoch das nackte Grauen. *Pressetext*

## The Magic of Love 572

THE PRICE OF KISSING **

Video

**Regie:** Vincent DiPersio
**Darsteller:** Pauley Perette (Renee), Leon (Larry), Nicole Eggert (Annette), Jon Seda (Billy), Loretta Devine (Jackee), Lou Rawls (Ben), William Moses (Miles)
**Drehbuch:** Vincent DiPersio
**Kamera:** Feliks Parnell
**Musik:** Philip Marshall
**Schnitt:** Michael Bloecher
**Prod.-Des.:** Michael Ivey, Denny Diaddezzlo
**Prod.:** USA 1996; 90 Min.
León, Farzin Toussi, Bill Guttentag für The Price of Kissing/MDP
**Vertrieb:** VCL Video, 24.5.2001
**FSK:** ab 12 J.

A liebt B, B liebt C, C liebt D, D liebt A – oder so ähnlich. Die pittoreske Location von New Orleans täuscht selten über die Flachbrüstigkeit dieser Liebeskomödie hinweg.

## Makah – Die den Wal fangen 573

***

**Regie:** Ralf Marschalleck
**Drehbuch:** Ralf Marschalleck
**Kamera:** Lars Barthel, Maletzke
**Prod.:** BRD 1998; 118 Min.
UmWelt Filmprod. mit SUR/WDR/Arte/MDR/ABC
**Verleih:** Peripher/-/-, 5.7.2001

(...) Es sind spannende Fragen, um die die einfühlsame Dokumentation von Ralf Marschalleck kreist. Es gelingt ihm, beide Positionen nachvollziehbar erscheinen zu lassen und weder die Indianer noch die Umweltschützer bloßzustellen. Wenn überhaupt, tun das Letztere selbst, wenn sie sich zu Indianern der Neuzeit stilisieren. Trotz annähernd zwei Stunden Länge ist »Makah – Die den Wal fangen« ein fesselnder Dokumentarfilm, der relevante Fragen aufwirft, ohne so zu tun, als ob er sie beantworten könnte.

*Michael Meyns, Zitty, 14/2001*

## Make up 574

□

TV

**Regie:** Daphne Charizani
**Drehbuch:** Daphne Charizani
**Kamera:** Christl Fromm
**Schnitt:** Pauline Pauli, Daphne Charizani, Michèle Barbin
**Prod.:** BRD 1999; 98 Min.
Daphne Charizani für DC-Film für ZDF
**UA:** 18.2.1999, Int. Filmfestspiele Berlin, »Neue deutsche Filme«
**TV:** 10.1.2000, 8.10.2001, ZDF, 0.55

Sieben Frauen im Alter zwischen 16 und 50 Jahren sprechen über ihr Ritual des Schminkens und erzählen darüber ihr Leben. *Zitty, 4/99*

## Maldoror 575

***+

**Regie:** Kerri Sharp, Filmgruppe Abgedreht, Duncan Reekie, Caroline Kennedy, Colette Rouhier, Filmgruppe Chaos, Steven Eastwood, Jeniger Film, Andrew Coram, Häntfilm, Paul Tarrago, Canary Sings, Jennet Thomas
**Drehbuch:** Feridun Zaimoglu (Textbearbeitung), nach »Die Gesänge des Maldoror« von Comte de Lautréamont
**Musik:** The Residents
**Prod.:** BRD/GB 2000; 95 Min.
Karsten Weber, Duncan Reekie für Filmgruppe Chaos/Exploding Cinema
**Verleih:** Filmgruppe Chaos Kiel/-/-, Nov. 2001

Ehrgeiziges Schmalfilmprojekt, das sich des legendären Poems »Die Gesänge des Maldoror« von Lautréamont annahm, um die Utopie einer kollektiven, künstlerischen Arbeit zu reanimieren. Die zwölf Kapitel der Vorlage wurden an zwölf verschiedene Filmemacher bzw. Filmemachergruppen verteilt und nach der Realisierung zusammengekoppelt. Ein erwartungsgemäß disparates Werk, in dem sich keine filmische Handschrift isolieren lässt, wohl aber ein gemeinsamer Gestus ästhetischer Independenz. Über allem schwebt, unangetastet von den mehr oder weniger gelungenen Versuchen einer Aneignung, die zeitlose Aktualität des Lautréamont'schen Textes.

*Claus Löser, Film-Dienst, 11/2001*

## The Man Who Wasn't There 576

THE MAN WHO WASN'T THERE ***

**Regie:** Joel Coen
**Darsteller:** Billy Bob Thornton (Ed Crane), Frances McDormand (Doris Crane), Michael Badalucco (Frank), James Gandolfini (Big Dave), Katherine Borowitz (Ann Nirdlinger), Jon Polito (Creighton Tolliver), Scarlett Johansson (Birdy Abundas)
**Drehbuch:** Joel Coen, Ethan Coen
**Kamera:** Roger Deakins
**Musik:** Carter Burwell
**Schnitt:** Tricia Cooke, Roderick Jaynes
**Prod.-Des.:** Dennis Gassner
**Prod.:** 2001; 116 Min.
Ethan Coen; John Cameron (Co-Prod.) für Working Title Prod.
**UA:** 13.5.2001, Int. Film Festival Cannes
**EA:** Filmfest Hamburg 2001
**Verleih:** Constantin/dto./-, 8.11.2001
**FSK:** ab 12 J., ffr. – **FBW:** Wertvoll

Als Ed Crane den Liebhaber seiner Frau erpresst, um so an Geld für eine Geschäftsidee zu kommen, tritt er damit Geschehnisse los, die eine Eigendynamik entwickeln und ihn schließlich auf den elektrischen Stuhl bringen. Die formale Gestaltung des in Schwarzweiß gedrehten Films, dessen Geschichte von Ed aus dem Off erzählt wird, forciert den Eindruck, Ed bewege sich ruhig, fast schon leidenschaftslos durchs Leben und lasse alles mit sich geschehen. Nur an wenigen Stellen wird deutlich, dass dem eigentlich nicht so ist. Ein eindrücklicher Film der Brüder Coen mit Anklängen an den Film noir.

*Alrun Fichtenbauer, Multimedia (Die Furche), 8.11.2001*

**Kritik:** (...) die Kunst der Coens lebt von der Kunst ihrer Schauspieler – all diese kruden Geschichten wären nichts, würden sie nicht immer wieder Gestalten auftreiben, die die Fratzen, die sie finden wollen, wirklich zustande bringen. Gandolfini und Thornton sind Neuerwerbungen im Coen-Ensemble – und beide sollten sie sich unbedingt erhalten. (...)

*Susan Vahabzadeh, SZ, 7.11.2001*

(...) »The Man Who Wasn't There« kreist um das »schwarze« Genre-Zentrum Ehemann/untreue Frau/Rechtssystem. Mit seinen unvorhersehbaren Windungen ist der Film in die Erzählstruktur des klassischen Film noir eingebettet, dem es stets weniger um die Aufklärung eines Kriminalfalles als um zeitgeistige Seelenzustände ging. Von Anfang an muss der Zuschauer sich also mit dem lakonischen Ton und der Deadpan-Mimik eines gänzlich apathisch wirkenden Ed Crane abfinden, der sich mit »Ich bin der Friseur« vorstellt und dies für ausreichend hält. Offen bleibt, worin Eds kriminelle Energie eigentlich gründet (wenn nicht in der Langeweile); jedenfalls sucht er sie durch Betrach-

*James Gandolfini und Billy Bob Thornton*

tungen über das Wachstum der Haare nach dem Tode und den (auto-)aggressiven Charakter des Haareschneidens zu sublimieren. (...)

*Marli Feldvoss, Berliner Zeitung, 8.11.2001*

(...) In einer wunderbar leuchtenden Schwarzweiß-Ästhetik entfaltet sich das Drama. Aber das ist auch das kleine Problem des Films: kein Fehler, sich dieses kunstvolle Meisterwerk der Melancholie anzusehen. Aber man fragt sich ein wenig: Was will uns dieses edle Museumsstück eigentlich noch sagen?

*Adrian Prechtel, AZ, 8.11.2001*

(...) Der Vergleich mit dem Mode-Label drängt sich auch insofern auf, als dass ein Stil hier zur Masche verkommt, eine ehemalige entwaffnend außergewöhnliche Handschrift zur Schablone verkümmert. Ausgerechnet dadurch, dass sie in ihm ihr längst legendäres Puzzle der Hommage und Kopie, fulminant vervollkommnen, versickert ihr Film zu einer bedeutunglosen rein formalen Spielerei, und das zu einem Zeitpunkt, zu dem die Postmoderne nicht einmal mehr jene provoziert, die sich einst vor ihrer Kälte fürchteten. Die Bevorzugung des Stils vor dem Inhalt mochte in Hollywood einmal eine Provokation sein. Sich allein darauf zu verlassen, sollte auch den Coens nicht mehr genügen. *Annette Kilzer, FR, 9.11.2001*

## Mandragora 577

MANDRAGORA ***

**Regie:** Wiktor Grodecki
**Darsteller:** Miroslav Caslavka (Marek), David Svec (David), Pavel Skripal (Honza), Kostas Zerdolaglu (Krysa), Miroslav Breu (Libor), Jiri Kodet (Olec), Karel Polisensky (Sascha)
**Drehbuch:** Wiktor Grodecki, David Svec
**Kamera:** Vladimir Holomek
**Musik:** Wolfgang Hammerschmid
**Schnitt:** Wiktor Grodecki
**Prod.:** Tschechien 2000; 126 Min.
**Verleih:** Salzgeber/-/-, 1.11.2001
**FSK:** ab 16 J., ffr.

Grodeckis Film ist die überlange Spielfilmaufbereitung seiner Dokumentationen »Not Angels But Angels« und »Body Without Soul« und bietet, unterstützt von den überzeugenden Laiendarstellern, einen kalten Blick auf das tschechische Stricher- und Ludenmilieu. Eben aus der deutschen Provinz angekommen, gerät der 16-jährige Marek an den Zuhälter Honza. Zu Beginn angewidert von der Prostution, findet der naive Junge bald Gefallen am schnellen Geld und gerät in den wohl bekannten Teufelskreis aus Drogen, Prostitution und Gewalt. *tip, 22/2001*

## Der Mann, den sie nicht lieben durfte 578

□
TV

**Regie:** Lars Montag
**Darsteller:** Muriel Baumeister (Irena), Christoph M. Ohrt (Dennis), Oliver Mommsen (Julian), Julia Schmidt (Daniela), Rolf Becker (Roland), Dirk Bach (Frederick), Steven Brandt (Felix)
**Drehbuch:** Andy T. Hoetzel, Ina Siefert
**Prod.:** BRD 2000; 90 Min.
Studio Hamburg Letterbox für RTL
**TV:** 21.3.2001, RTL, 20.15

Ein Flugzeugabsturz, bei dem ihr Mann Julian ums Leben kommt, zerstört das Leben der Designerin Irena. Nach einer Zeit lernt sie den professionellen Spieler Dennis kennen, einen angeblichen Freund ihres verstorbenen Mannes. Als Irena sich in Dennis verliebt, ahnt sie nicht, welch tragische Verbindung zu ihrem verstorbenen Mann besteht, denn in Dennis' Brust schlägt das Herz von Julian. *Pressetext, gekürzt*

## Der Mann, der kein Freund sein konnte 579

LE CAFE DE LA PLAGE □
TV

**Regie:** Benoît Graffin
**Darsteller:** Ouassini Embarek (Driss), Jacques Nolot (Fouad), Leila Belarbi (Betsoul), Meriem Serbah (Malika), Dalia Amrani (Zineb)

**Drehbuch:** Benoît Graffin, André Téchiné, nach der Kurzgeschichte »Der Himmel über der Wüste« von Paul Bowles und der mündlichen Erzählung »Le café de la plage« von Mohammed Mrabet, aufgezeichnet und übersetzt von Paul Bowles
**Prod.:** Frankreich 2001; 87 Min.
**TV:** 9.11.2001, Arte, 20.45

Am Strand bei Tanger begegnet der junge Driss einem abweisenden alten Mann, Fouad, der ein winziges Strandcafé betreibt. Ein alter Fischer warnt Driss vor Fouads Wahn und seinen Lügen. Dennoch ist Driss fasziniert von dem undurchsichtigen Alten. Es ist der Beginn einer unmöglichen Freundschaft zwischen beiden Männern. *AZ TV Journal*

## Der Mann für eine Woche 580
THE HIRED HEART □ TV

**Regie:** Jeremy Kagan
**Darsteller:** Penelope Ann Miller (Garnet Hadley), Brett Cullen (Bryan), Barry Corbin (Mike Hadley), Graham Greene (Keith), Allison Hossack (Jenny)
**Drehbuch:** Jeff Elison
**Kamera:** Arthur Albert
**Musik:** Ralph Grierson
**Schnitt:** Michael Economou
**Prod.-Des.:** Perri Gorrara
**Prod.:** USA 1997; 86 Min.
Philip Rogers
**TV:** 21.4.2001, ZDF, 14.00

Drama um eine attraktive Witwe, die einen Callboy engagiert, um endlich in Ruhe gelassen zu werden.

## Ein Mann sieht rosa 581
LE PLACARD ****+

**Regie:** Francis Veber
**Darsteller:** Daniel Auteuil (François Pignon), Gerard Depardieu (Felix Santini), Thierry Lhermitte (Guillaume), Michele Laroque (Miss Bertrand), Michel Aumont (Belone), Jean Rochefort (Kopel), Stanislas Crevillen
**Drehbuch:** Francis Veber
**Kamera:** Luciano Tovoli
**Musik:** Vladimir Cosma
**Schnitt:** Georges Klotz
**Prod.:** Frankreich 2001; 84 Min.
Alain Poire, Patrice Ledoux für Gaumont/EFVE/TF1 Films mit Canal+

*Daniel Auteuil und Michele Laroque*

**Verleih:** Tobis/-/Monopole-Pathé, 29.11.2001
**FSK:** ab 6 J., ffr. – **FBW:** Besonders wertvoll

Daniel Auteuil steht im Zentrum dieser schwungvollen französischen Erfolgsklamotte mit ernsthaftem sozialem Hintergrund und Starbesetzung. Er spielt einen scheuen Büroangestellten, der in tiefe Verzweiflung stürzt, als er seinen letzten sozialen Halt, seinen Job, verlieren soll. Als ihm ein Bekannter rät, sich als Homosexueller auszugeben, verzichtet die Firmenleitung aus Gründen der Political Correctness auf seine Entlassung. Damit beginnt die turbulente Geschichte einer Verwandlung: Aus einer unscheinbaren Büromaus wird ein begehrenswerter Mitarbeiter. *Film, 8/2001*

**Kritik:** (...) Veber persifliert politische Korrektheit, hinter der sich oft nur heuchlerische Pseudo-Toleranz verbirgt, provoziert kein billiges Gelächter über sexuelle Vorlieben, sondern führt mit deftigen Scherzen und sanfter Ironie irrwitzige Vorurteile in aberwitzigen Situationen ad absurdum. Und das ist gut so. *Margret Köhler, AZ, 29.11.2001*

(...) »Ein Mann sieht rosa« war in Frankreich einer der erfolgreichsten Filme des Jahres und ist auch in den USA gut gelaufen. Eine Komödie über einen, der für schwul gehalten wird – Assoziationen mit einer sehr ertragreichen deutschen Komödie, »Der bewegte Mann«, liegen nahe. Die Geschichte ist eine andere, aus einer Welt, die nach anderen Regeln funktioniert: François Pignon kann keinerlei homosexuelle Neigung an sich selbst entdecken; er tut nur so, weil es gerade ratsam ist. (…)

*Susan Vahabzadeh, SZ, 30.11.2001*

(…) Doch letztendlich dürfte der französische Komödien-Humor nicht wirklich was fürs deutsche Publikum sein, umgekehrt etwa wäre auch ein »Schuh des Manitu« in Frankreich undenkbar. Zu unterschiedlich die Mentalität, zu verschieden das Verständnis von populärem Kino und anspruchsvoller Filmkunst. Warum diese Komödie aber gleich ein »Besonders wertvoll« von der Wiesbadener FBW erhalten hat, das ist nun wirklich nicht nachzuvollziehen. *Thilo Wydra, Filmecho-Filmwoche, 46/2001*

## Die Männer Ihrer Majestät 582

ALL THE QUEEN'S MEN (AT) **+

**Regie:** Stefan Ruzowitzky
**Darsteller:** Udo Kier (Gen. Landsdorf), Eddie Izzard (Tony Parker), Oliver Korittke (Franz), Matt LeBlanc (Steven O'Rourke), James Cosmo (Archie), David Birkin (Johnno), Nicolette Krebitz (Romy)
**Drehbuch:** David Schneider, Jeff Stockwell, nach einer Story von Digby Wolfe, Joseph Manduke, June Roberts
**Kamera:** Wedigo von Schultzendorff
**Musik:** Joern-Uwe Fahrenkrog-Petersen
**Schnitt:** Nick Moore, Andrea Schumacher, Britta Nahler
**Prod.-Des.:** Frank Bollinger
**Prod.:** BRD/Österreich/Ungarn/USA 2000; 105 Min.
Marco Weber, Gabrielle Kelly, Zachary Feuer, Danny Krausz; Geörgy Marosi (Co-Prod.) für Atlantic Streamline mit Dor Film/ Constantin/Phoenix/B.A.
**UA:** 14.10.2001, Mill Valley Film Festival
**Verleih:** Constantin/-/-, 13.12.2001

Britische Agenten versuchen während des Zweiten Weltkriegs in Berlin, eine Fabrik zu unterwandern, um die Chiffriermaschine Enigma zu bekommen. *Pressetext*

*Sissi Perlinger und Udo Kier*

**Kritik:** (…) Die Männer Ihrer Majestät erledigen ihre Mission dann doch noch – und gleichzeitig die Geduld des Zuschauers mit diesem hilflos zwischen allen Genres eiernden Spionage-Klamauk.

*Angie Dullinger, AZ, 13.12.2001*

(…) Von der bunten Besetzung bis zum Nebeneinander von Komik und Action, gewagtem Trash und biederer Kunst – »Die Männer Ihrer Majestät« ist ein Flickenteppich auf der Suche nach einem Muster. Man bleibt also recht ratlos zurück nach diesem komischen Film, komisch im Sinne von seltsam. Soll man sich wundern über die unglaubliche Albernheit dieser aufwändigen internationalen Produktion, die fast an absurde Abschreibungsprojekte vergangener Jahre erinnert? Oder soll man dem Film etwas abgewinnen wegen seines bisweilen schrägen Charmes? Zweifellos, ein Enigma dieses Filmjahres.

*Hans Schifferle, SZ, 14.12.2001*

## Männer ohne Ehre 583

TONI ***

TV

**Regie:** Philomène Esposito
**Darsteller:** Alessandro Gassman (Toni), Béatrice Dalle (Marie), Raf Vallone (Der Alte), Venantino Venantini (Minelli), Elena Varzi (Sylvana), Martin Esposito, Roland Marchisio
**Drehbuch:** Philomène Esposito, Patrick Laurent
**Kamera:** Emmanuel Machuel
**Musik:** Alexandre Desplat
**Schnitt:** Nicolas Barachin
**Prod.-Des.:** Christian Marti
**Prod.:** Frankreich/Italien 1998; 92 Min. Oliver Granier für Galfin
**TV:** 3.2.2001, ZDF, 23.15

Der 25-jährige Mafioso Toni wird von seinem Onkel nach Paris geschickt, um einen Streit mit der italienischen Familie Minelli zu schlichten. Als Verbindungsmann wird er an einen verschrobenen Alten verwiesen, der versucht, dem völlig unerfahrenen Mafioso erste Einblicke zu vermitteln.

*AZ TV Journal*

## Männerzirkus 584

SOMEONE LIKE YOU ***+

**Regie:** Tony Goldwyn
**Darsteller:** Ashley Judd (Jane Goodale), Greg Kinnear (Ray Brown), Hugh Jackson (Eddie Alden), Marisa Tomei (Liz), Ellen Barkin (Diane Roberts), Catherine Dent (Alice), Laura Regan (Evelyn)
**Drehbuch:** Elizabeth Chandler, nach dem Roman »Animal Husbandry« von Laura Zigman
**Kamera:** Anthony B. Richmond
**Musik:** Rolfe Kent
**Schnitt:** Dana Congdon
**Prod.-Des.:** Dan Leigh
**Prod.:** USA 2001; 97 Min. Lynda Obst; Jim Chory (Co-Prod.) Lynda Obst für Fox 2000 Pic.
**Verleih:** 20th Century Fox/Buena Vista/ 20th Century Fox, 26.7.2001
**Vertrieb:** Fox Video (Video, DVD)
**FSK:** ab 12 J., ffr.

Die Talkshow-Mitarbeiterin Jane, privat gerade erst von einem Arbeitskollegen sitzen gelassen, beginnt die männliche Natur zu studieren und findet erstaunliche Parallelen zu Stieren, Kälbern und Affen. Ihre unter einem Pseudonym niedergeschriebene Theorie sorgt für Furore. Die Komödie findet nie wirklich ihren Rhythmus und bringt einen nur selten zum Lachen. Zu abstrus und überdreht sind die Männer- und Frauenbilder, mit denen hier operiert wird.

*Film, 6/2001*

**Kritik:** (...) Visuell beweist der Film einmal mehr die ungeheure Attraktivität New Yorks: Besonders mit Eddies Loft und seiner Lieblingsbar im hippen Schlachthausdistrikt im südlichen Manhattan haben sich die Produktionsdesigner Mühe gegeben. Die Schauplätze charakterisieren vortrefflich die Interessen der Figur: Frischfleisch, Flirts und schnelle Ficks. Nicht ganz überzeugend sind die Darsteller, abgesehen von der souveränen Ellen Barkin als pseudoeinfühlsame Talkshow-Moderatorin. Ashley Judd und Greg Kinnear als das vermeintliche Traumpaar sind beide ein wenig blass und Hugh Jackson hat Mühe, in der Rolle des einsamen Stadtwolfs Eddie zu überzeugen. Macht aber nichts: Für einen netten Sommer-Filmabend mit oder ohne Mann oder Frau reicht es allemal.

*Daniela Sannwald,*
*Der Tagesspiegel, 26.7.2001*

(...) Die in romantischen Komödien erfahrene Produzentin Lynda Obst hat diesmal daneben gegriffen: Das Spiel mit Fernsehshows und Lebensratgeber ist nicht witzig geraten, sondern füllt die eigentlich melancholischen Augenblicke zwischen dem falschen Mann und dem richtigen Mann mit nervigem Geplapper.

*Multimedia, 7/2001*

(...) Das klingt nicht nur platt, das ist es auch. Ein platter Plot in einem New Yorker Parallel-Universum, in dem die Menschen schön und durchtrainiert sind, Super-Jobs haben und den ganzen Tag mit Ben-and-Jerrys-Eiscremepötten in der Hand Ally

McBeal zu gucken scheinen. Die erotischen Irrungen treiben Jane schließlich zuerst in die Wohnung, später in die Arme eines anderen Kollegen, der Megasexbombe Eddie. Die Verfilmung von Laura Zigmans Roman ist höchstens ein Mittwochs-Kinotag-Film, aber eigentlich ein typischer Fall fürs In-zwei-Jahren-mit-Eiscremepott-im-Fernsehen-Gucken. Dann kichert man vielleicht auch ab und an. *Schnitt, 3/2001*

## Die Manns – ein Jahrhundertroman 585

****

TV

**Regie:** Heinrich Breloer
**Darsteller:** Armin Mueller-Stahl (Thomas Mann), Monica Bleibtreu (Katia Mann), Jürgen Hentsch (Heinrich Mann), Veronica Ferres (Nelly Kröger-Mann), Sophie Rois (Erika Mann), Sebastian Koch (Klaus Mann), Philipp Hochmair (Golo Mann)
**Drehbuch:** Heinrich Breloer, Horst Königstein
**Kamera:** Gernot Roll
**Musik:** Hans P. Ströer
**Schnitt:** Monika Bednarz-Rauschenbach, Olaf Strecker
**Prod.-Des.:** Götz Weidner
**Prod.:** BRD 2001; 3 x 105 Min.
Thilo Kleine, Katharina Gräfin Lambsdorff, Bavaria Film
für ARD/WDR/NDR/BR/Arte/ORF/SRG/SF DRS
**TV:** 17./19./21.12.2001, ARD, jeweils 20.15; 5./6./7.12.2001, Arte, jeweils 20.45
**Vertrieb:** Euro Video (Video, DVD)

Dokumentarspiel über das Leben der Künstlerfamilie Mann.

**Kritik:** (…) Forscher-Ehrgeiz ist es ja zumeist, irgendetwas Neues zu entdecken (in Winkeln der Tagebücher, in Essay-Texten). Doch Breloer vertraut – das fällt einem beim zweiten Sehen auf – viel mehr auf die emotionalen Zwischentöne, wie sie von den unterschiedlichen Mitgliedern einer grundsätzlich diskreten Familie vermittelt werden: von Golo, Elisabeth, Erika, Monika. Im Unkontrollierbaren. *Ponkie, AZ, 19.12.2001*

## Märchenprinz verzweifelt gesucht 586

GOOSED

**

TV

**Regie:** Aleta Chappelle
**Darsteller:** Jennifer Tilly (Charlene), Danielle Harris (Charlene, jung), Joan Rivers (Mutter Blanche), Robert Klein (Vater Mel), Steve White (Lawrence), Vincent Spano (Steven Binder)
**Drehbuch:** Charlie Dahl
**Kamera:** Horacio Marquinez
**Musik:** Branford Marsalis
**Schnitt:** George Folsey jr.
**Prod.-Des.:** Susan Block
**Prod.:** USA 1998; 85 Min.
Charlie Dahl, Denis Hann, Mark Lipsky, Aleta Chappelle, Francis Ford Coppola für Look Here/Square Dog/Tradewinds
**TV:** 20.4.2001, Pro7, 9.45

Der Pechvogel Charlene macht sich auf die Suche nach dem Märchenprinzen, mit dem ihr eine Wahrsagerin eine glückliche Ehe vorausgesagt hat.

## Marga Engel schlägt zurück 587

***+

TV

**Regie:** Helmut Metzger
**Darsteller:** Marianne Sägebrecht (Marga Engel), Gunter Berger (Ohrmann), Claudia Messner (Nele Ebeling), Ina Paule Klink (Olga), Michael Gwisdek (Dr. Henning Gössel), Matthias Zahlbaum (Dr. Schöller)
**Drehbuch:** Kurt Boeser
**Kamera:** Helge Peyker
**Musik:** Stefan Traub
**Prod.:** BRD 2000; 90 Min.
**TV:** 14.3.2001, ARD, 20.15

Marianne Sägebrecht als bauernschlaue Köchin, die, vom Unschulds- zum Racheengel mutiert, einem bösen Baulöwen mit Königsberger Klopsen und Kalenderblattweisheiten das Betrüger-Fell über die Ohren zieht. Selbst das verschimmelte Motiv von den Zigmillionen Fahrrädern in China, die nach Rücklichtern lechzen und deren westliche Lieferanten zum Millionär machen könnten, fand in diesem bieder-naiven, auf putzig getrimmten Puppenstuben-Märchen mit Schwindel erregender Zufalls-Dichte noch Verwendung.

*W. O. P. Kistner, AZ, 16.3.2001*

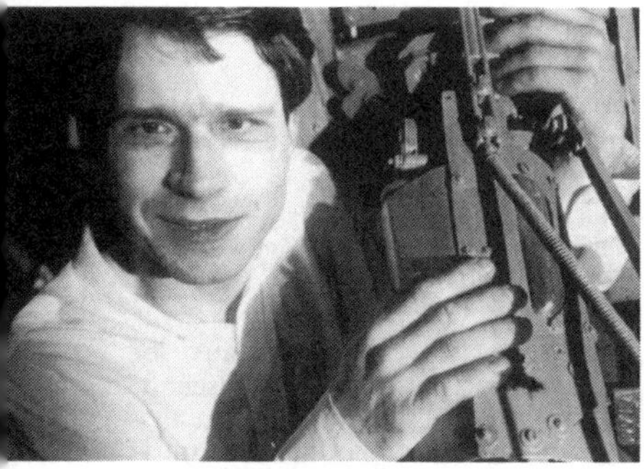

*Markus Anatol Weisse*

## Die Markus-Family 588

****+

TV

**Regie:** Elfi Mikesch
**Darsteller:** Markus Anatol Weisse, Drosera Weisse, Eva Ebner, Fritz Eggert, Julia Meiler Brand
**Drehbuch:** Elfi Mikesch
**Kamera:** Elfi Mikesch
**Schnitt:** Heide Breitel
**Prod.:** BRD 1999; 80 Min.
Elke Peters für Mira Filmprod.
**EA:** Int. Filmfestspiele Berlin, »Panorama«
**TV:** 21.1.2001, 3sat, 21.15

Der Film erzählt die Geschichte des Markus Anatol Weisse, der trotz extremer Sehbehinderung erstaunlicherweise Maler geworden ist, der seltsame Maschinenwesen baut und sich selbst wünscht, ein Bio-Roboter, ein Cyborg, zu sein.

*Katalog Berlinale 2000*

## Marlowe ermittelt: Geheimnis in Poodle Springs 589

POODLE SPRINGS ***+

TV

**Regie:** Bob Rafelson
**Darsteller:** James Caan (Philip Marlowe), Dina Meyer (Laura), David Keith (Larry Victor), Tom Bower (Lt. Arnie Burns), Brian Cox (Clayton Blackstone), Michael Laskin (Lipschultz), Julia Campbell (Muffy Blackstone)
**Drehbuch:** Tom Stoppard, nach dem gleichn. Roman von Raymond Chandler und Robert B. Parker
**Kamera:** Stuart Dryburgh
**Musik:** Michael Small
**Schnitt:** Steven Cohen
**Prod.-Des.:** Mark Friedberg
**Prod.:** USA 1998; 92 Min.
Tony Mark
**UA:** Int. Filmfestspiele Venedig 1998
**TV:** 28.5.2001, ZDF, 22.15

(…) Dies sind die frühen 60er, Kennedy ist Präsident und Marlowe frisch verheiratet. Der Fall ist noch verschachtelter, als es Chandler je hätte planen können. Wohin Marlowe auch tritt, öffnet sich eine Falltür in ein neues Rätsel, in dem wieder alle ein doppeltes Spiel spielen. Das Ende ist wie der Anfang, aber ein Blick auf eine Zeitung eröffnet, dass Kennedy in Dallas erwartet wird. (…)

*Michael Althen, SZ, 9.9.1998*

## Marschall Titos Geist 590

MARSAL ****

**Regie:** Vinko Bresan
**Darsteller:** Drazen Kühn (Stipan), Linda Begonja (Slaviva), Ivo Gregurevic (Luka), Ilja Ivezic (Marinko), Boris Buzancic (Jakov), Inge Appelt, Predrag Vusovic
**Drehbuch:** Ivo Bresan, Vinko Bresan
**Kamera:** Zivko Zalar
**Musik:** Mate Matesic
**Schnitt:** Sandra Botica Bresan
**Prod.-Des.:** Mario Ivezic
**Prod.:** Kroatien 1999; 97 Min.
Ljubo Sikic, Ivan Maloca für Interfilm/HRT (Kroatisches TV)
**EA:** 11.2.2000, Int. Forum des Jungen Films Berlin
**Verleih:** Horch & Guck/-/-, 24.5.2001

Dorfbewohner auf einer kleinen Insel in der Adria meinen, den Geist von Marschall Tito gesehen zu haben. Die Nachricht verbreitet sich blitzartig und die Insel erlebt einen Touristenboom. *Zitty, 4/2000*

Auf einer Insel vor Kroatien wird der Geist von Tito gesehen. Dem Dorfchef kommt die Erscheinung gerade recht. Ein »sozialistisch-spiritueller« Tourismus soll wieder Urlauber in die ehemalige Feriengegend locken. Mit Umzügen und roten Fahnen zitiert man die Symbole der kommunistischen Ideologie, um aus ihr Kapital zu

*›Marschall Titos Geist‹*

schlagen. Aus dieser Wiederbelebung entwickelt Vinko Bresan seine bitterböse Groteske über eine Insel und ihre Bewohner, die mit den alten Werten ihren Teil vom Globalisierungskuchen abbekommen wollen.
*Anke Leweke, tip, 11/2001*

## Mary Kay Letourneau – Eine verbotene Liebe 591

THE MARY KAY LETOURNEAU STORY: ALL-AMERICAN GIRL ☐ TV

**Regie:** Lloyd Kramer
**Darsteller:** Penelope Ann Miller (Mary Kay Letourneau), Omar Anguiano (Vili), Mercedes Ruehl, Rena Owen
**Prod.:** USA 2000; 115 Min.
**TV:** 17.3.2001, VOX, 20.15

1997 erzählt Mary Kay Letourneau, die ihren Prozess wegen Missbrauchs eines 13-Jährigen erwartet, im Gefängnis der Psychologin Jane Newhall ihre Geschichte. Die frustrierte Frau, die ihren Eltern zuliebe Karrierewünsche aufgegeben hatte, Lehrerin, Ehefrau und Mutter wurde, wird in einer kritischen Situation von einem Schüler getröstet. (…) *AZ TV Journal*

## Mäusejagd auf der Titanic 592

THE LEGEND OF TITANIC ***+

**Regie:** Kim J. Ok
**Drehbuch:** Clelia Castaldo, Loris Peota
**Musik:** John Sposito
**Schnitt:** Emanuele Foglietti
**Prod.:** Italien/Spanien/USA 1999; 86 Min. Orlando Corradi für Mondo TV/Int. TV Broadcasting/Hollywood Gang
**Verleih:** -/-/Stamm, Febr. 2001

Der Untergang der Titanic aus der Sicht einer Mäuse-Reisegesellschaft, die sich ebenfalls an Bord des Luxuskreuzers befindet, darunter ein intriganter Schiffsmagnat und eine böse Stiefmutter, deren Eigensucht die Katastrophe herbeiführt. Im letzten Augenblick wird diese von einem riesigen Kraken verlangsamt, sodass Mann und Maus gerettet werden können. Ein grell-buntes Zeichentrick-Spektakel, das sich dem Sujet in Form einer »Räuberpistole« allzu unangemessen nähert. *Film, 2/2001*

## Max Knight – Ultra Spy 593

MAX KNIGHT: ULTRA SPY ***+ Video

**Regie:** Colin Budds
**Darsteller:** Michael Landes (Max Knight), Rachel Blakely (Ricki/Claire), Brooke Haman (Lindsay), Christopher Morris (Zach), Anja Coleby (Tyler)
**Drehbuch:** Paul Bales
**Kamera:** Ben Nott
**Musik:** Garry McDonald, Lawrence Stone
**Schnitt:** Geoffrey Lamb
**Prod.:** Australien/USA 2000; 86 Min. Darryl Sheen für Coote/Hayes/Paramount/ The Asylum
**Vertrieb:** Paramount Video, 15.2.2001
**FSK:** ab 16 J.

Bevor megafiese Hacker das Internet und später die ganze Menschheit unterjochen können, tritt »Cyberagent« Max in Aktion. Mit Anflügen von Humor abgemilderte US-TV-Parodie auf Super-Agenten und Science-Fiction-Reißer.

**Kritik:** (…) Die Umsetzung der comichaft angelegten Story strahlt eine glatte, künstliche Atmosphäre aus, die keinerlei Spannung zu erzeugen vermag. Dazu tragen auch die farblosen, auf unterem Niveau spielenden Darsteller bei. *Anselm Jungeblodt, Film-Dienst, 9/2001*

## Maybe Baby 594
MAYBE BABY ***

**Regie:** Ben Elton
**Darsteller:** Hugh Laurie (Sam Bell), Joely Richardson (Lucy Bell), Adrian Lester (George), James Porefoy (Carl Phipps), Tom Hollander (Ewan Proclaimer), Joanna Lumley (Sheila), Rowan Atkinson (Mr. James)
**Drehbuch:** Ben Elton, nach seinem Roman »Inconceivable«
**Kamera:** Roger Lanser
**Musik:** Colin Towns
**Schnitt:** Peter Hollywood
**Prod.-Des.:** Jim Clay
**Prod.:** GB/Frankreich 2000; 104 Min. Phil McIntyre für Pandora/BBC Films
**Verleih:** Concorde/dto./-, 13.9.2001

Ursprünglich »bloß« ein erfolgreicher Stand-up-Comedian, gilt Ben Elton in seiner Heimat England längst auch als echter Literaturstar: enorm populär und trotzdem literarisch anerkannt, eine Art glückliche Schnittmenge aus Stuckrad-Barre, Rainald Goetz und Harald Schmidt. Aber auch damit fühlte er sich offensichtlich nicht ausgefüllt, denn nun lieferte Elton auch noch seine erste Filmregie ab. Doch die Geschichte des jungen Paares, das sich sehnlichst ein Kind wünscht und sich dafür buchstäblich auf den Kopf stellt, ist zwar recht britisch-amüsant und mit einigen Rowan-Atkinson-Songs gewürzt, aber nicht so scharf analytisch und rotzfrech, wie man es nach seinen Büchern erwarten durfte. *Annette Kilzer, tip, 19/2001*

**Kritik:** (...) Warum soll man ernst nehmen, was die Regie zuvor der Lächerlichkeit preisgegeben hat? Mit »Maybe Baby« hat Ben Elton ein Exempel statuiert, wie schon andere vor ihm: Wer einen Stoff gut zu schreiben vermag, muss diesen noch lange nicht gut verfilmen können. Herauskommen kann Käse – wenn man Glück hat, ist wenigstens Musik drin. *Thomas Basgier, Stuttgarter Zeitung, 13.9.2001*

(...) Britische Komödie mit guter Besetzung, der der gänzliche Mangel an Boshaftigkeit zum Verhängnis wird: Die Situationskomik wird herbeigeredet, ist aber nicht zu sehen oder zu erfühlen. *Multimedia, 7/2001*

## Me, Myself, I 595
ME, MYSELF, AND I ***
Video

**Regie:** Pip Karmel
**Darsteller:** Rachel Griffiths (Pamela Drury), David Roberts (Robert Dickson), Sandy Winton (Ben), Yael Stone (Stacey), Shaun Loseby (Douglas), Trent Sullivan (Rupert), Rebecca Frith (Terri)
**Drehbuch:** Pip Karmel
**Kamera:** Graham Lind
**Musik:** Charlie Chan
**Schnitt:** Denise Haratzis
**Prod.-Des.:** Murray Picknett
**Prod.:** Australien/Frankreich 1999; 104 Min. Fabien Liron; Andrena Finlay (Co-Prod.); Vicki Popplewell (Line-Prod.) für AFFC/ Gaumont/Les Films du Loup
**Vertrieb:** UFA (BMG Video), 6.6.2001
**FSK:** ab 6 J.

Durch einen mysteriösen Zwischenfall erfährt Singlefrau Pamela am eigenen Leib, was passiert wäre, wenn sie ihren langjährigen Freund geheiratet hätte. Um Anspruch bemühte Mischung aus Melodram und Komödie mit einem Schuss Fantasy und einer Prise Sozi-Satire.

## Meat Loaf: To Hell and Back 596
MEAT LOAF – TO HELL AND BACK ***
Video

**Regie:** Jim McBride
**Darsteller:** W. Earl Brown (Meat Loaf), Dedee Pfeiffer (Leslie Edmonds), Zachary Throne (Jim Steinman), Tim Kelleher (David Sonenberg), Tom Wood (Kevin Frears), Kim Robillard (Wes Aday), Lisa Jane Persky (Wilma Aday)
**Drehbuch:** Ron McGee
**Kamera:** Denis Lenoir
**Musik:** Hummie Mann
**Schnitt:** Milton Ginsberg

**Prod.:** USA 2000; 87 Min.
Jeff Freilich für VH-1 für Paramount
**Vertrieb:** Paramount Video, 19.4.2001
**FSK:** ab 12 J.

Die wechselvolle, interessante Lebensgeschichte des schwergewichtigen Rockmusikers Meat Loaf, behutsam vom in Sachen Musiker-Biografien erfahrenen Jim McBride in Szene gesetzt.

**Kritik:** (...) Die Überzeugungskraft des Films verdankt sich neben der sachlich-intensiven Regie besonders der einfühlsamen Darstellung der Hauptfigur durch W. Earl Brown, der Kraft und Abgründe Meat Loafs durch seine Präsenz sinnlich vermittelt.
*Hans Jörg Marsilius, Film-Dienst, 12/2001*

## Mein – Bis in den Tod 597
TRUST ***
TV

**Regie:** David Drury
**Darsteller:** Caroline Goodall (Anne Travers), Nathaniel Parker (Andrew Pearce), Mark Strong (Michael Mitcham), John McGlynn (Det. Insp. Jim Hinton), Caroline Strong (Det. Sergeant Sarah Miller), Felicity Montagu (Beth Simpson), Georgia MacKenzie (Tara Reeves)
**Drehbuch:** Richard McBrien
**Kamera:** Peter Middleton
**Musik:** Robert Lockhart
**Schnitt:** Ian Farr
**Prod.-Des.:** Roger Murray-Leach
**Prod.:** GB 2000; 114 Min.
Jill Green für Greenlit/Red Rooster Film
**TV:** 5.4.2001, BR, 21.45

(...) Ein selbstzweiflerisches Psycho-Bohren in Golf spielenden Juristen- und Medizinerkreisen – die Anwältin als Strafverteidigerin ihres eigenen Ehemannes, eines erfolgreichen Psychotherapeuten. Er soll eine Prostituierte umgebracht und in einem Müllcontainer entsorgt haben. Vom schlechten Gewissen geplagt wegen ihrer eigenen Affäre mit dem Kollegen Andrew, erscheint die Anwältin als Belogene unter lauter Lügnern. Diese Falschmünzerei mit dem gegenseitigen Vertrauen hat zwar die Künstlichkeit einer Reißbrettkonstruktion, ist aber spannend genug, um den Gerichtssaal-Duellen die nötigen Verblüffungseffekte zu sichern. (...)
*Ponkie, AZ, 7.4.2001*

## Mein Boss bin ich 598
****

**Regie:** Niki List
**Darsteller:** Christian Polster, Christa Polster, Robert Polster, Performance-Gruppe »Bilderwerfer«, Harald Begusch, Lena
**Drehbuch:** Christa Polster
**Kamera:** Peter Roehsler
**Musik:** Peter Janda
**Schnitt:** Sonja Lesowsky
**Prod.:** Österreich 2000; 86 Min.
Niki List, Christa Polster für Cult Filmprod.
**Verleih:** -/Cult/-, Mai 2001

Nach »Mama lustig« (1984) und »Muss denken« (1991) der dritte (Kino-)Film über und mit dem durch Down-Syndrom behinderten Christian Polster, der auch die Hauptrolle in einem von ihm geschriebenen Kurzfilm spielt. Seine Mutter Christa Polster und Niki List haben unter besonderer Mithilfe der Performance-Gruppe »Bilderwerfer« in zweijähriger Arbeit Beobachtungen über den Alltag, die persönlichen Beziehungen und die Ausbildung des jungen Mannes zum Performance-Künstler gestaltet. Beachtenswert sind die Bemühungen des Filmteams, authentische Bilder über die Möglichkeiten und Grenzen der Integration eines Behinderten durch Bewegung, Tanz, Video(spiel) und Filmarbeit zu liefern und den möglichen voyeuristischen Effekt durch offenkundige Inszenierung zu verhindern. *Multimedia*

## Mein Freund für einen Sommer 599
LE BON FILS ***+
TV

**Regie:** Irène Jouannet
**Darsteller:** Jérémy Lippmann (Luc), Max Boublil (Manuel), Marie-Laure Dougnac (Liliane), Marie Dubois (Mamie Michelle), Nicole Kaufmann (Fauvette), Sullivan Sebac (Paul), Josette Ménard (Valérie)
**Drehbuch:** Stéphane Galas, Irene Jonannet
**Kamera:** Dilip Varma

**Musik:** Faton Cahen
**Schnitt:** Zofia Mennet
**Prod.-Des.:** Patrick Colpaert
**Prod.:** Frankreich 2000; 86 Min.
Marie-Astrid Lamboray für France 3/K-Star/K2/RTFB/Arte
**TV:** 8.6.2001, Arte, 20.45

**Kritik:** Eine kleine Sommerstory vom vertrauten Truffaut-Territorium, Echos aus den 50ern, vom Beginn der französischen Nouvelle vague. (…)

*Fritz Göttler, SZ, 8.6.2001*

## Mein langsames Leben 600

***

**Regie:** Angela Schanelec
**Darsteller:** Ursina Lardi (Valerie), Andreas Patton (Thomas), Anne Tismer (Marie), Wolfgang Michael (Maries Mann), Sophie Aigner (Maria), Clara Enge (Clara), Nina Weniger (Sophie)
**Drehbuch:** Angela Schanelec
**Kamera:** Reinhold Vorschneider
**Schnitt:** Angela Schanelec, Bettina Böhler
**Prod.-Des.:** David Hoffmann
**Prod.:** BRD 2001; 85 Min.
Florian Koerner von Gustorf, Michael Weber für Schramm Film mit ZDF
**UA:** 10.2.2001, Int. Forum des Jungen Films Berlin
**Verleih:** Peripher/-/-, 20.9.2001

*Sophie Aigner (links)*

Sophie unterhält sich mit Valerie. Sie wird den Sommer in Rom verbringen, die Freundin will in Berlin bleiben. Ein langsamer, stetiger Reigen aus beiläufigen Gesprächen und Begegnungen beginnt. Viel ereignet sich in den Monaten, bis Sophie zurückkehrt: neue Beziehungen, der Tod von Valeries Vater. Dem Leben in seinem Fluss zuschauen, ist Angela Schanelecs subtile Art des Erzählens. In lakonischen Dialogen öffnet sie Räume, die die Fantasie anregen, die Geschichten um Valerie weiterzuspinnen.

*Claudia Lenssen, tip, 19/2001*

**Kritik:** (…) Fremde in der eigenen Stadt, im eigenen Umfeld. Alle auf der Suche nach Authentizität, Sinn, Bestimmung, Liebe vielleicht. Alle irgendwie unverbindlich, vorsichtig, als trauten sie sich ihr Leben gar nicht zu. Heimliche Sehnsüchte spiegeln sich in cineastischen Metaphern. So einfach erfahrbar, klar und eingängig die auch sind, so irritierend fordern sie den Zuschauer heraus, sich das Gesehene und Gehörte zu eigenen Gedanken und Assoziationen zusammenzubauen.
Keine leichte Übung. Man muss sich schon einlassen können auf so viel künstlerische Radikalität. Auf kommerzielle Erfolge pfeift die Regisseurin offensichtlich. Ihre Entspanntheit könnte aber Sehgewohnheiten auf neue Spuren führen. (…)

*Angie Dullinger, AZ, 27.9.2001*

(…) Schanelecs Ästhetik der Aussparungen erzeugt magische Spannung, weil wir die Ellipsen mit unserer Imagination ausfüllen – ein dialogisches, die Wahrnehmung öffnendes und schärfendes Werk, eigenwillig und spannend wie schon lange kein deutscher Film mehr. (…)

*Rainer Gansera, SZ, 28.9.2001*

(…) »Mein langsames Leben« ist ein langsamer Film. Ein extrem langsamer. Schnitte sind selten. Einstellungen lasten minutenlang, die Kamera bewegt sich kaum, die Protagonisten sitzen, stehen oder gehen langsam. Die schnellste Bewegung macht Valerie, als sie eine Fliege verscheucht. (...) Dieses Fehlen von Emotionen beim Reden über Emotionen (es geht fast die ganze Zeit um Beziehungen) macht den Film aber interessanterweise auch an vielen Stellen wahr. Zum Beispiel in jener Geschichte um Valerie und ihren Bruder, die in das Dorf ihrer Kindheit fahren, um den Vater sterben zu sehen. Traurigkeit ist schwierig darzustellen. In den meisten deutschen Filmen wirkt sie lächerlich. Dass die Regisseurin Angela Schanelec diese triste, monotone Form gewählt hat, die die Zwischentöne stärker herausstellt als das eigentlich Gesagte, lässt sie genau dieses Problem umschiffen. (...)

*Jenni Zylka, Schnitt, 3/2001*

**Interview:** *Sie lassen in Ihrem Film viele Gelegenheiten für eine dramatische Szene aus. Mögen Sie starke Emotionen auf der Leinwand nicht?*

Ich hab Scheu davor, manche Situationen zu zeigen – etwa wie der Vater im Film stirbt. Ich sehe diese Situationen selber nicht gern auf der Leinwand. Und ich finde, Emotionen werden beim Zuschauer nicht unbedingt dadurch provoziert, dass er Schauspieler in Emotion sieht. Emotion hat für mich eher mit der Form des Films zu tun, und damit auch mit diesen Auslassungen.

*Zeigen Sie deshalb kaum Großaufnahmen?*

Es hat natürlich eine Bedeutung, wie nah man einer Figur auf den Leib rückt mit der Kamera. Es gibt Großaufnahmen in meinem Film, die finde ich auch richtig. Aber ich finde es eben auch richtig, Abstand zu halten. Auch um den Personen ein bisschen freier zugucken zu können.

*Angela Schanelec im Interview mit Martina Knoben, SZ, 28.9.2001*

## Mein Papa mit der kalten Schnauze 601

**+
TV

**Regie:** Britta Krause
**Darsteller:** Axel Milberg (Klaus Kramer), Birge Schade (Verena Kramer), Sina Richardt (Susanne Kramer), Maximilian Köster (Markus Kramer), Peer Jäger (Pascher), Felix Bresser (Jonathan Kaltenbach)
**Drehbuch:** Britta Krause, nach der Vorlage von Tatiana Bliss, Jennifer Robinson
**Kamera:** Michael Wiesweg
**Schnitt:** Vessela Martschewski
**Prod.-Des.:** Ulrika Andersson
**Prod.:** BRD/Südafrika 2000; 94 Min. Michael Bütow für Studio Babelsberg/ Two Oceans für Pro7
**UA:** 6.7.2001, Filmfest München
**TV:** 13.9.2001, Pro7, 20.15

Das Hunde-Familienschmonzetterl war von gutartiger Harmlosigkeit: Dass ein Kind sich einen Hund wünscht und, weil es ihn nicht kriegt, den hundefeindlichen Papa in einen Hund verzaubert, entbehrt nicht der gerechten Märchen-Logik. Der Hund ist entzückend, sehr begabt, zum Glück sprachlos und jederzeit bereit, Fremdanwärter auf Mamas Gunst in empfindliche Körperteile zu beißen. Ein Filmchen nach der Devise: Hund zieht immer. *Ponkie, AZ, 15.9.2001*

## Mein Sohn – der Mörder! 602

MURDER AT MY DOOR

□
Video

**Regie:** Eric Till
**Darsteller:** Judith Light (Irene McNair), R. H. Thompson (Ed McNair), Johnny Galecki (Teddy McNair), Laura Harris (Valerie Sanders), Keegan MacIntosh (Scott McNair), Vanessa King (Jana McNair), Blu Mankuma
**Drehbuch:** Patti Sullivan, Chris Canaan
**Schnitt:** Georg Appleby
**Prod.:** USA 1996; 85 Min. James Shavick
**Vertrieb:** UAP (Top Medienvertrieb) Video, DVD
**TV:** 18.3.1997, Vox, 20.15, 15.11.2001
**FSK:** ab 12 J.

Von der Natter, die manch allzu fürsorgliche Mutter ahnungslos an ihrer eigenen Brust nährt, berichtet dieser größtenteils hanebüchene, aber immerhin durchweg ernsthaft vorgetragene Hausfrauenthriller aus Fernsehfilmproduktion. (...)

*Video Woche, 41/2001*

## Mein Stern 603

****

**Regie:** Valeska Grisebach
**Darsteller:** Nicole Gläser (Nicole), Christopher Schöps (Christopher), Monique Gläser (Monique), Jeanine Gläser (Jeanine), Anika Jahn (Freundin), Christina Sandke (Mutter), Sebastian Rinka (Sebastian)
**Drehbuch:** Valeska Grisebach
**Kamera:** Bernhard Keller
**Schnitt:** Anja Salomonowitz
**Prod.:** BRD/Österreich 2001; 65 Min.
Anna von Wagner, Inge Classen für HFF »Konrad Wolf«/Universität für Musik und Darstellende Kunst mit ZDF/3sat
**UA:** 15.2.2001, Int. Forum des Jungen Films Berlin
**Verleih:** Peripher/-/-

Bruchstückhafte Szenen aus dem Leben zweier Berliner Teenager, die nach ihrem eher emotionslosen Kennenlernen im Umfeld des Schulhofs ein Paar werden. Es gibt kleine Schwindeleien und große Übertreibungen, gespielte Ausbrüche und echte Bestürzungen, und zuletzt bleibt unklar, ob ihrer Beziehung eine Zukunft beschert ist. Dokumentarisch akzentuierter Spielfilm, der durch ein hohes Maß an Authentizität beeindruckt. Indem er seine »Helden« ernst nimmt, entfernt er sich meilenweit von den üblichen spekulativen Teenie-Filmen und erreicht im Spannungsfeld aus protokollarischer Beobachtung und Stilisierung eine außergewöhnliche authentische künstlerische Qualität.

*Claus Löser, Film-Dienst, 7/2001*

## Mein Vater und andere Betrüger 604

***
TV

**Regie:** Christian von Castelberg
**Darsteller:** Uwe Ochsenknecht (Yves/Armin Mueller), Mareike Lindenmeyer (Charlotte Mueller), Friederike Wagner (Simone Mueller), Christine Neubauer (Delphine), Anna Bertheau (Jane), Saskia Vester (Baronin Anniko), Laura Schuhrk (Eileen)
**Drehbuch:** Christiane Spatz, Susanne Brand, Vera Rüdiger, Sibylle Tafel, nach dem gleichn. Roman von Milena Moser
**Kamera:** Reinhard Schatzmann
**Musik:** Fabian Römer
**Prod.:** BRD 2001; 88 Min.
Jutta Lieck-Klenke für Objectiv Film/ Katharina M. Trebitsch für ZDF/SF DRS
**TV:** 19.11.2001, ZDF, 20.15

Nicht, dass man dem Uwe Ochsenknecht nicht jeden schlitzohrigen Bigamisten, Brieftaschenklauer, Rabenvater und Hochstapler-Schlawiner abnähme: Die bunt gestrickte kriminelle Energie in der Komödie wäre schon tragfähig. Aber die Teenie-Träume einer vaterfixierten Daddy-Tochter mit Party-Flausen im Hirn schleppen sich beim Mallorca-Urlaub (in falschen Fincas, an falschen Pools, in falschen Jet-Set-Kreisen des Herrn Künstler-Agenten) eher wie das Gelabere von Pausenhof-Aufschneiderinnen durch die Landschaft. Und als die naive Luxusmaus vom polizeilich gesuchten Papa bei einer Schriftstellerin in einem norddeutschen Kaff abgeladen wird, ist bald klar, dass deren Tochter ihre Schwester ist. Die beiden verladen dann ihren Betrüger-Pappi nach Kuba und inszenieren seine Beerdigung mit zwei Witwen. Was ja ganz niedlich wäre – falls man nicht vorher abgeschlafft im Swimmingpool ertrunken ist.

*Ponkie, AZ, 21.11.2001*

## Mein Vater, die Tunte 605

**
TV

**Regie:** Uwe Janson
**Darsteller:** Jan Gregor Kremp (Dietrich), Matthias Schweighöfer (Jan), Pasquale Aleardi (Max), Sabine Orléans, Walter Giller
**Prod.:** BRD 2000; 90 Min.
**TV:** 2.10.2001, SAT.1, 20.15

Manche Scherztypen halten es ja immer noch für komisch, wenn einer das Wort »schwul« an die Rampe sülzt. Ist aber weder komisch noch von jenem Mindest-Charme, der das Kokettieren mit Tuntenmätzchen rechtfertigen könnte. Was die Autoren und der Regisseur da zusammenpfuschten, ist nur eins: »Der große SAT.1-Film«. Das ist schlimm genug.

*Ponkie, AZ, 4.10.2001*

## Meine verlorene Tochter 606

SA MERE, LA PUTE ****+

TV

**Regie:** Brigitte Roüan
**Darsteller:** Brigitte Roüan (Catherine), Florence Loiret (Coralie), Dragan Nicolic (Boksic), Raphael Krepser (Keller), Sébastien Eveno (Quentin), Christine Murillo (Wendy), Sylvie Joly
**Drehbuch:** Marc Villard, Brigitte Roüan
**Prod.:** Frankreich 2000; 98 Min.
**TV:** 30.11.2001, Arte, 20.45

Als Catherine erfährt, dass ihre einzige Tochter an einer Überdosis Drogen im Rotlichtmilieu gestorben ist, kann sie sich damit nicht abfinden, dass der Fall zu den Akten gelegt wird. Sie ist davon überzeugt, dass es sich um Mord handelt. Sie führt ihre eigenen überaus riskanten und schmerzlichen Untersuchungen und taucht ein in eine undurchdringliche Dunkelwelt, trifft auf halbseidene Figuren, Dealer, Prostituierte und Zuhälter. (...)

*AZ TV Journal*

## Memento 607

MEMENTO ****

**Regie:** Christopher Nolan
**Darsteller:** Guy Pearce (Leonard »Lenny« Shelby), Carrie-Anne Moss (Natalie), Joe Pantoliano (Teddy), Mark Boone jr. (Burt), Russ Fega (Kellner), Jorja Fox (Leonards Frau), Stephen Tobolowsky (Sammy Jankis), Harriet Sansom Harris
**Drehbuch:** Christopher Nolan, nach einer Novelle von Jonathan Nolan
**Kamera:** Wally Pfister
**Musik:** David Julyan, David Bowie
**Schnitt:** Dody Dorn
**Prod.:** USA/GB 2000; 116 Min.
I Remember/Newmarker Capital
**Verleih:** Helkon/Buena Vista/Rialto, Okt. 2000 (CH), 13.12.2001
**FSK:** ab 16 J., ffr.

Konsequent zwingt uns Regisseur Christopher Nolan in den defekten Kopf seines Helden: Leonard Shelby hat gerade einen Menschen erschossen, aber weder er noch wir wissen, warum. Wir wissen es nicht, weil der Film gerade angefangen hat. Er weiß es nicht, weil ein Kurzzeitgedächtnis nicht existiert. Seine Erinnerungen an Orte, Namen, Handlungsgründe haben gerade mal ein paar Minuten Bestand. Er fotografiert Leute und Orte, tätowiert sich Fakten auf die Haut, damit er sich ein paar Minuten später noch daran erinnern kann. Nolan erzählt von besagtem Mord an rückwärts und gestattet so dem Zuschauer zu keinem Zeitpunkt, schlauer zu sein als der verwirrte und gleichzeitig sehr geradeaus handelnde Held. Ein Meisterwerk, angesiedelt irgendwo zwischen Film noir und Erkenntnistheorie.

*tip, 25/2001*

**Kritik:** (...) Diese Struktur ist für den Zuschauer ungewohnt, irritierend und anstrengend. Man muss hier ziemlich hart arbeiten für sein Geld. Denn man möchte die Abfolge im Kopf ständig wieder umdrehen, um das Geschehen besser durchdringen zu können. Doch nach und nach lernt man, dass man sich in diesem Film an die Zukunft des Helden genau erinnern muss, um seine Vergangenheit gespannt erwarten zu können. (...) *Lars Olav Baier, Der Spiegel, 26.11.2001*

*Christopher Nolan führt Regie*

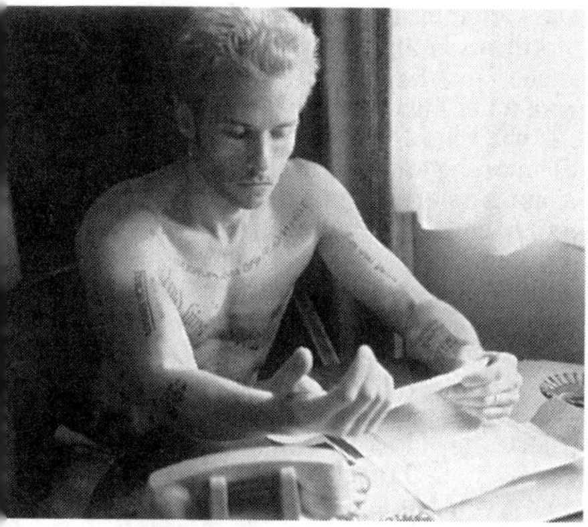

*Guy Pearce*

(...) »Memento« ist ein existenzialistischer, experimenteller Film noir, eine Kreuzung aus B-Movie und Konzeptkunst, ein dramaturgisches Abenteuer über Zeit und Erinnerung, Illusion und Identität, ein rasantes Werk, das auf kleinstem Raum dahinjagt und dabei sehr weit herumkommt – und das auch noch im Rückwärtsgang.

*Merten Worthmann, Die Zeit, 13.12.2001*

(...) So radikal wie niemals zuvor schildert der junge Filmemacher Christopher Nolan in »Memento« die dramatischen, aber auch die komischen Folgen eines Gedächtnisverlusts. Gleichzeitig überträgt er die tiefe Verunsicherung seiner Hauptfigur Leonard auf den Zuschauer, indem er, so einfach wie genial, mit der linearen Erzählstruktur des Kinos bricht. Er beginnt seine Geschichte mit dem Ende, einem Mord, und entwickelt sie in ineinander überlappenden Rückblenden bis zum Ausgangspunkt. (...)

*Heiko Rauber, AZ, 13.12.2001*

(...) So ist »Memento« zwar auch ein Thriller, aber doch vor allem ein Zweifeln an sich selber, eine Übung in Skepsis gegenüber der Eindeutigkeit der Zeichen, der Glaubwürdigkeit des Sichtbaren. Und am Ende die Lektion, dass Sehen von Wegsehen eben nicht zu trennen ist. Die Wahl der Fantasie, eine Verteidigung der Lüge im ganz und gar außermoralischen Sinn.

*Rüdiger Suchsland, Schnitt, 4/2001*

(...) Allerdings steht mit zunehmender Dauer die Form dem Inhalt doch sehr im Weg. Bei seinen Schritten zurück muss sich Nolan zwangsläufig wiederholen, damit der Zuschauer nicht den Überblick verliert. Das nervt. Dennoch: ein wirklich interessantes filmisches Experiment.

*Martin Schwarz, Zitty, 26/2001*

## Men of Honor 608
MEN OF HONOR ***

**Regie:** George Tillman jr.
**Darsteller:** Robert de Niro (Billy Sunday), Cuba Gooding Jr. (Carl Brashear), Charlize Theron (Gwen), Aunjanue Ellis (Jo), Hal Hoolbrook (Mr. Pappy), David Keith (Capt. Hartigan), Michael Rapaport (Snowhill)
**Drehbuch:** Scott Marshall Smith, nach der Lebensgeschichte von Carl Brashear
**Kamera:** Anthony B. Richmond, Pete Romano (unter Wasser)
**Musik:** Mark Isham
**Schnitt:** John Carter
**Prod.-Des.:** Leslie Dilley
**Prod.:** USA 2000; 129 Min.
Robert Teitel, Bill Badalato für State Street Pic. Prod.
**UA:** 14.9.2000, Int. Filmfestspiele Toronto
**Verleih:** 20th Century Fox/dto./dto., 10.5.2001
**Vertrieb:** Fox Video (Video, DVD)
**FSK:** ab 12 J., ffr. – **FBW:** Wertvoll

Die Story des ersten farbigen Tiefseetauchers der U.S. Navy, der mit unbeugsamer Zielstrebigkeit den rassistischen Nachstellungen seines Vorgesetzten standhält. Solide psychologische Spannung und heroische Actionszenen im Stil traditioneller Militärdramen sorgen für fesselnde Unterhaltung mit vorsichtig dosiertem kritischem Unterton. *Film, 5/2001*

**Kritik:** (...) Die amerikanische Welt braucht wohl den weißen und den schwarzen Helden. Cuba Gooding jr. sorgt als zäher Kämpfer für anrührende Momente in diesem sonst emotionsarmen Drama. Ehrenwert das Anliegen und der leider naiv inszenierte Aufruf zu Toleranz, der am Ende in Patriotismus-Getöse untergeht. *Margret Köhler, AZ, 10.5.2001*

(...) Was dem Zuschauer hier vorgesetzt wird, ist berechnendes Hochglanz-Hollywoodkino der übelsten Sorte. Ein Klischee jagt das nächste, betont heroische und bemüht mitreißende Momente werden platt aneinander gereiht. Trotz des wahren Hintergrunds wirkt die Geschichte wie an den Haaren herbeigezogen. Als Höhepunkt des Desasters bettelt Brashear nach einem Unfall förmlich darum, dass man ihm sein Bein abschneidet, damit er mit Prothesen wieder tauchen kann. Aua!
*Michael Meyns, Zitty, 10/2001*

(...) Ein etwas nachdenklicherer Film hätte an dieser Stelle danach gefragt, ob es der Rassismus ist, der einem Menschen derart zusetzt, dass er sich selbst verstümmelt. Diese durch und durch patriotische Hollywoodproduktion stilisiert die Selbstzerstörung aber als aufopferndes Heldentum.
*Dorothee Schöpfer, Stuttgarter Zeitung, 10.5.2001*

## Metade Fumaca 609
BAN ZHI YAN ****+

**Regie:** Riley Ip (= Yip Kam-Hung)
**Darsteller:** Eric Tsang (Roy »Mountain Leopard«), Nicholas Tse (Smokey), Qi Shu (Ah Nam), Kelly Chen (Polizistin), Sandra Ng (Third Sister), Terence Yin (Chai), Elaine Jin (Smokeys Mutter)
**Drehbuch:** Riley Ip
**Kamera:** Peter Pau
**Musik:** Chin Tsang-hei, Lau Cho-tak
**Schnitt:** Maurice Li
**Prod.-Des.:** Peter Wong
**Prod.:** Hongkong 1999; 101 Min. John Chong, Claudie Chung Chun, Solon So für Media Asia/United Filmmakers Org. (UFO)
**Verleih:** REM, OmU/-/-, 8.11.2001

Das Originellste an dieser Krimi-Klamotte aus Hongkong ist der portugiesische Titel. Er verweist auf eine halb gerauchte Zigarette, die hier ein Metzger wie eine Reliquie verwahrt: eine Erinnerung an seine große Liebe, der er nur einmal begegnet ist, bevor er ins Exil nach Brasilien ging. Nach 30 Jahren kehrt er nach Hongkong zurück um mithilfe eines halbstarken Möchtegern-Gangsters seine Liebe wieder zu finden. *Ralph Umard, tip, 23/2001*

**Kritik:** (...) »Metade Fumaca« thematisiert die Übergabe der Stadt an China, stellt Fragen nach Vergessen, dem Erinnern an die eigene Vergangenheit und der ungewissen Zukunft. Andererseits ist der von Peter Pau (»Tiger and Dragon«) wunderbar fotografierte Film auch eine typische Hongkong-Perle, die weniger auf dramaturgische Stimmigkeit als auf Momente mit berührenden Szenen und großen Gesten bedacht ist. Auf dieser Ebene gehört »Metade Fumaca« zum Schönsten, was es in letzter Zeit gegeben hat. Typisches Fernost-Werk mit Gefühl und Pathos.
*Michael Meyns, Zitty, 23/2001*

## The Mexican 610
THE MEXICAN ***

**Regie:** Gore Verbinsky
**Darsteller:** Brad Pitt (Jerry Welbach), Julia Roberts (Samantha), James Gandolfini (Leroy), Bob Balaban (Bernie Nayman), J. K. Simmons (Ted), David Krumholtz (Beck), Richard Coca (Car Thief)
**Drehbuch:** J. H. Wyman
**Kamera:** Dariusz Wolski
**Musik:** Alan Silvestri
**Schnitt:** Craig Wood
**Prod.-Des.:** Cecilia Montiel
**Prod.:** USA 2000; 123 Min.; Lawrence Bender, John Baldecchi; William S. Beasley (Co-Prod.) für Newmarket
**Verleih:** Helkon/Buena Vista/UIP, 16.8.2001
**Vertrieb:** Columbia TriStar Video (Video, DVD)
**FSK:** ab 12 J., ffr.

Jerry und Samantha sind ein Paar mit gestörter Harmonie. Eine dubiose Gang nötigt ihn, eine antike Pistole aus Mexiko zu beschaffen, und sie nötigt ihn, ihr nach Las Vegas zu folgen. Was tun? Während Jerry nach Mexiko reist, wird Samantha von einem schwulen Gangster als Geisel genommen. Aus Pitt und Roberts ein Liebespaar zu machen, gelingt dem Film nicht. Ihr Spiel ist – trotz wunderschöner Bilder und amüsanter Dialoge – zu kokett und kalkuliert. James Gandolfini stiehlt den beiden Stars die Show. *Film, 8/2001*

**Kritik:** (...) Während Samantha entführt wird und mit dem Killer fortan Beziehungsprobleme wälzt, stolpert Jerry durch eine Handlung, die banaler nicht sein könnte. Nur ausgesprochene Fans von Brad Pitt oder Julia Roberts kommen durch diesen Film ohne Überdruss. Die Sommerkomödie richtet sich vornehmlich an Pärchen, die selbst gerade einen nervigen Urlaub hinter sich haben. *Irene Rudolf, Multimedia (Die Furche), 16.8.2000*

(...) Mexiko als Märchenland, als Land auch der Befreiung zweier Schauspieler von sich selbst. Insgesamt bleibt der Schauplatz bei alldem eher unscharf. Letztlich sind es wieder die alten Scherze, erscheint Mexiko als das Land der irgendwie Verrückten, die schnell mit der Waffe bei der Hand sind, die Autos klauen und wo alles verwahrlost und dreckig aus-

*Julia Roberts*

*Brad Pitt und Julia Roberts*

sieht. »Was ist nur los mit euch allen?«, fragt auch Brad Pitt, und wenn er diese Frage aller Fragen stellt, will er das stellvertretend für uns tun, werden also auch wir spätestens da zu Mexiko-Reisenden, die alles vor allem pittoresk finden und ein wenig bedrohlich. Auch diesmal, nur eben in Komödienform, fungiert Mexiko somit als das Land des Geheimnisvoll-Unverständlichen, des Staat gewordenen bösen Horrortrips. Ein Name eben. Nur das Männlichkeitsritual will nicht recht funktionieren. Der Junge bleibt ein Junge.
*Rüdiger Suchsland, Schnitt, 3/2001*

(...) Herausgekommen ist ein süßes Nichts, ein Sommerfilm, der gar nicht verstecken will, dass er nur darauf aus ist, dem Zuschauer zwei unterhaltsame Stunden zu schenken. Das schafft er aber locker, Caramba!
*Lutz Göllner, Zitty, 17/2001*

## Midnight's Calling 611

MIDNIGHT'S CALLING *

Video

**Regie:** Timo Rose
**Darsteller:** Yazid Benfeghoul, Erich Amerkamp, Ricky Goldberg, Norbert Krekel, Andreas Schnaas
**Prod.:** BRD 2000; 78 Min.
**Vertrieb:** Fleshlight (Lacher) Video, 27.3.2001

Fünf Elitekämpfer treffen bei ihrer Suche nach Verschwundenen auf Kannibalen-Bande. Erzblöder, himmelschreiend dilettantischer Horror-Dreck aus einheimischer Produktion.

## Midsommar Stories 612

***

TV

**Regie:** Elena Alvarez *(Himmelbett)*; Andi Niessner, Markus Krämer *(Sabotage)*; Livia Vogt *(Die Goblins kommen)*; Heike Wasem *(Am Rande)*; Michael Chauvistré *(Pax)*
**Darsteller:** *Himmelbett:* Annika Kuhl (Lene), Wolfram Koch (Peter), Li Hagman-Schmalenbach (Claudia), Billie Zöckler (Corinna Huf), Johannes Silberschneider (Herr Huf); *Sabotage:* Franziska Petri (Jacqueline), Kai Schumann (Roland), Jacques Breuer (Herr Mehring)
**Drehbuch:** Elena Alvarez *(Himmelbett)*; Andi Niessner *(Sabotage)*; Livia Vogt *(Die Goblins kommen)*; Heike Wasem *(Am Rande)*; Michael Chauvistré, nach der Kurzgeschichte von Armin Völckers *(Pax)*
**Kamera:** Markus Krämer *(Sabotage)*; Stefan Spreer *(Pax)*
**Musik:** Tom Leonhardt *(Himmelbett)*
**Schnitt:** Dirk Göhler *(Himmelbett)*
**Prod.-Des.:** Alexander Manasse *(Himmelbett)*; Otto Kinzer *(Sabotage)*; Doerthe Komnick *(Am Rande)*; Johannes Sternagel *(Pax)*
**Prod.:** BRD 1999; 96 Min.
Allary-Film mit BR/Arte/HFF München
**TV:** 23.6.2001, Arte, 22.40

Episodenfilm von höchst unterschiedlicher Qualität über die Schicksalswege von Menschen, die an irgendeinem entscheidenden Punkt ihres Lebens Erfahrungen mit Ikea-Selbstbaumöbeln gemacht haben.

## Milch und Honig aus Rotfront 613

***+

**Regie:** Hans-Erich Viet
**Drehbuch:** Hans-Erich Viet
**Kamera:** Thomas Keller
**Schnitt:** Anne Fabini
**Prod.:** BRD 2000; 115 Min.
Herbert Schwering für Schwering & Viet-Film mit ZDF »Kleines Fernsehspiel«
**UA:** 9.2.2001, Int. Forum des Jungen Films Berlin
**Verleih:** Basis/-/-, 7.6.2001

Hans-Erich Viet erzählt die Geschichte deutschstämmiger Bewohner in der fernen asiatischen Steppe und spürt dabei ihren unterschiedlichen Motivationen nach. Zwischen Himalaya und Weserbergland sucht er in einer eindrucksvollen Bildsprache filmische Antworen über Ferne und Heimat, Sehnsucht und Selbstbeschränkung. *Katalog Forum*

**Kritik:** (...) Hans-Erich Viet betrachtet in seinem Schwarzweißfilm die Menschen aus der Distanz, fragt mehrfach nach, überwindet Hemmschwellen, ohne auf die Nerven zu fallen. Auf die Frage nach ihrer Heimat werden sie skeptisch. »Wir haben eigentlich keine Heimat, nicht hier und nicht in Deutschland.« Doch es liegt keine Schwermut, keine Hoffnungslosigkeit in den Antworten. Sehr glücklich aber wirkt keiner von ihnen.

*Heiko R. Blum,*
*Rheinische Post, 17.7.2001*

**Bemerkungen:** Die Idee zu dem Film entstand im Mai 1995 auf einer Reise mehrerer deutscher Filmemacher durch die zentralasiatischen Republiken Kirgisien und Kasachstan. Wir stellten dort in einer »deutschen Filmwoche« eigene Produktionen und Filmreihen vor. Acht Flugstunden von Deuschland entfernt, lernten wir eine ganz andere deutsche Kultur der dort lebenden deutschen Minderheiten kennen. Mitten in der asiatischen Steppe, an den Ausläufern des Himalaya, leben Menschen, die sich wie selbstverständlich auf Deutsch unterhalten. Der Name ihres Dorfes ist »Rotfront«, ein Erbe Stalins. Sowohl in kirgisischer als auch in russischer Sprache ist die Aussprache dieses Namens deutsch. Die Hälfte der Dorfbewohner ist deutschstämmig und fast alle gehören der mennonitischen Glaubensgemeinschaft an.(...)

*Hans-Erich Viet*

## Militia
614
MILITIA
**
Video

**Regie:** Jim Wynorski
**Darsteller:** Dean Cain (Carter), Jennifer Beals (Sanders), Frederic Forrest (Fain), John Beck (Anderson), Stacy Keach (Montgomery), Brett Butler (Bobbi), Christopher Maleki (Staley)
**Drehbuch:** Steve Latshaw, William Carson
**Kamera:** Mario d'Ayala
**Musik:** Neal Acree, Joel Goldsmith (Titelthema)
**Schnitt:** William Daniels
**Prod.-Des.:** Gil Alan
**Prod.:** USA 2000; 85 Min.
Paul Hertzberg für Cinetel/Militia
**Vertrieb:** Helkon (Columbia, TriStar) Video, 13.3.2001
**FSK:** ab 16 J.

FBI-Agent muss mit Rechts-Revolutionär paktieren, um die Umtriebe einer Terror-Miliz in den Griff zu bekommen. Niveauloses Entertainment in einem Action-Thriller, der die Rechtsradikalen-Szene nur optisch ausschlachtet, ohne auf die Hintergründe einzugehen.

## Millennium Mann
615
□
TV

**Regie:** Joe Coppoletta
**Darsteller:** Markus Knüfken (Nikolas Beyer), Simon Licht (Oliver Zorn), Andrea Lüdke, Rainer Grenkowitz
**Prod.:** BRD 2000; 90 Min.
RTL
**TV:** 18.10.2001, RTL, 20.15

Kommissar Nikolas Beyer ist dank einer Operation nach dem Attentat auf ihn ein Super-Polizist, ausgestattet mit bionischen High Tech-Körperteilen. Jetzt will er es dem Attentäter zeigen, dem Drogendealer Zorn. Doch der ist mit allen Wassern gewaschen und schreckt auch nicht davor zurück, ein ganzes Schiff samt Besatzung und Passagieren in die Luft zu sprengen, als Beyer dort das Drogen-Labor aufgespürt hat. *AZ TV Journal*

## Der Millionär und die Stripperin
616
□
TV

**Regie:** Donald Kraemer
**Darsteller:** Katja Giammona (Rita/Bambi), Walter Sittler (Wolff), Paul Faßnacht (Ike), Sonja Baum (Eveline), Sebastian Rudolph (Wolfgang), Eva Pichler (Torte), Jörg Zick (Schmitt)
**Drehbuch:** Rolf Silber, Rudi Bergmann
**Prod.:** BRD 2000; 94 Min.
U5 Filmprod. für RTL
**TV:** 7.2.2001, RTL, 20.15

Ein verwitweter Millionär im besten Alter verliebt sich in die rassige Stripperin Rita; doch seine Familie versucht, diese nicht standesgemäße Verbindung zu stören. Als sich auch noch die Presse in die Geschichte reinhängt, wird die Liebe des ungleichen Paares auf eine harte Probe gestellt.
*Pressetext*

## Milo – Die Erde muss warten
617
DELIVERING MILO
**
Video

**Regie:** Nick Castle
**Darsteller:** Bridget Fonda (Elizabeth), Albert Finney (Elmore Dahl), Anton Yelchin (Milo), Campbell Scott (Kevin), Leslie Ann Warren (Anna), Douglas Spain (Herr Gordon), Alison Lohman (Frau Madeline)
**Drehbuch:** Diana Wagman, David Hubbard, nach einer Story von Heidi Levitt
**Kamera:** Willy Kurant
**Musik:** Craig Safan
**Schnitt:** Patrick Kennedy, Peck Prior
**Prod.-Des.:** Patricia Norris
**Prod.:** USA 2000; 94 Min.
Heriberto Schoeffer, Heidi Levitt, Deepak Nayar für IMMI Pic./Lakeshore
**UA:** 15.1.2001, Palm Springs Festival
**Vertrieb:** Columbia TriStar Video, 11.12.2001
**FSK:** ab 6 J.

Als der noch ungeborene Milo beschließt, nicht zur Welt zu kommen, blockiert er damit weltweit alle Geburten. Milos verstorbener Großvater wird alarmiert. Also: Schwachsinns-Plot, Schnulze, Top-Besetzung – wenn auch nicht in Hochform.

## Les Miserables – Gefangene des Schicksals 618

LES MISERABLES ***

TV

**Regie:** Josée Dayan
**Darsteller:** Gérard Depardieu (Jean Valjean), Virginie Ledoyen (Cosette), John Malkovich (Javert), Charlotte Gainsbourg (Fantine), Enrico Lo Verso (Marius Pontmercy), Steffen Wink (Enjolras), Christian Clavier (Thénardier)
**Drehbuch:** Didier Decoin, nach dem gleichn. Roman von Victor Hugo
**Kamera:** Willy Stassen
**Musik:** Jean-Claude Petit
**Schnitt:** Adeline Yoyotte
**Prod.:** Frankreich/BRD/Spanien/USA 2000; 3 x 90 Min.
Jean-Pierre Guerin für TF1/GMT/Taurus Film/Mediaset/DD/Mediatrade/Kirch Media für SAT.1/Fox Family Channel
**UA:** 7.1.2001, Fox Family Channel, 19.00
**TV:** 14.1./15.1./16.1.2001, SAT.1/ORF, jeweils 20.15

(...) Depardieu ist der viel geschundene Ex-Kettensträfling Jean Valjean, der ein reicher Wohltäter wurde, aber seines Lebens nicht froh werden kann, weil ihm die rächende Justiz im Nacken sitzt: ein stiernackiges Kraftpaket, in seiner vierschrötigen Körperwucht strotzend vor Güte und Überlebensschlauheit. Und welche Pracht John Malkovich als fanatischer Polizeichef Javert. Der fürs nachnapoleonische Frankreich vorweggenommene Gestapo-Stasi-KGB-CIA-Spitzel in schwarzem Leder, bleiche Kellerassel im sadistischen Schnüffelglück der Staatsmacht – ob gegen rebellische Studenten oder gegen die »Elenden«. (...) *Ponkie, AZ, 17.1.2001*

## Miss Undercover 619

MISS CONGENIALITY ***

**Regie:** Donald Petrie
**Darsteller:** Sandra Bullock (Gracie Hart), Michael Caine (Victor Melling), Benjamin Bratt (Eric Matthews), Candice Bergen (Kathy Morningside), William Shatner (Stan Fields), Ernie Hudson (McDonald), John Diresta (Clonsky)
**Drehbuch:** Marc Lawrence, Katie Ford, Caryn Lucas
**Kamera:** Laszlo Kovacs; Raymond G. Prado (2nd unit)
**Musik:** Edward Shearmur
**Schnitt:** Billy Weber
**Prod.-Des.:** Peter Larkin
**Prod.:** USA 2000; 110 Min.
Sandra Bullock; Katie Ford (Co-Prod.) für Fortis Films für Castle Rock/Village Roadshow mit NPV Ent.
**Verleih:** Warner/Buena Vista/-, 29.3.2001
**FSK:** ab 12 J., ffr. – **FBW:** Wertvoll

Ein Serienmörder lässt durchblicken, dass er es auf die Schönheiten der nationalen Misswahlen abgesehen hat. Also schleust das FBI den weiblichen Undercoveragent Gracie Hart ein, die sich als ehrgeizige Anwärterin fürs Krönchen ausgibt. Bevor das Pistolen schwingende Mannweib allerdings mit Pumps auf die Bühne stöckeln kann, muss es erst durch einen »Spezialisten« auf Dame getrimmt werden. Ein harmloser Spaß, der vorgibt, mehr zu sein, als er ist.
*Film, 3/2001*

**Kritik:** (...) So bissig wie Michael Patrick Janns »Drop Dead Gorgeous« (»Gnadenlos schön«) zum selben Thema, der im vergangenen Jahr bei uns lief, ist »Miss Undercover« trotzdem nicht; dazu bleibt die Geschichte allzu sehr an der Oberfläche der gesellschaftlichen Beziehungen, die

*Es lebe der Weltfrieden*

diese Schönheitswut bestimmen. Irgendwann wird die Sache sogar so versöhnlich, dass es fast ein bisschen schade ist um all die bösen Scherze, die dem menschelnden Ende vorangegangen sind. Aber vielleicht ist das ja gar nicht so verkehrt – es gibt mehr als einen Zugang zur Welt, mehr als ein Frauenbild, das in ihr Platz hat. Und tausend Arten von Schönheit gibt es sowieso.

*Susan Vahabzadeh, SZ, 30.3.2001*

(...) Wer einen spannenden Krimi oder gar eine Satire auf Schönheitswettbewerbe erwartet, sieht sich getäuscht: Nach ein paar Seitenhieben, einer Hand voll treffender »Einzeiler« kriecht die Inszenierung von Donald Petrie wieder beim Teenie-Entertainment unter und lässt so manche Pointenchance ungenutzt. Bleiben Sandra Bullocks und Michael Caines Spielfreude sowie ein Wiedersehen mit Candice Bergen als aufgetaktelte Veranstalterin und William »Captain Kirk« Shatner als abgetakelter Conférencier.

*W. O. P. Kistner, AZ, 29.3.2001*

## Missbraucht – Eine Mutter beichtet 620

FAMILY RESCUE ☐

TV

**Regie:** Graeme Campbell
**Darsteller:** George C. Scott (Clayton Hayes), Rachael Leigh Cook (Emma Baker), Don Diamont (Ray Wilcox), Ally Sheedy (Angie Baker), Trent McDevitt (Gary O'Leary), Stan Kelly (Gilford Crowell), Rick Warner (Roy Moorehead)
**Drehbuch:** Linda Taddeo
**Kamera:** Richard Leiterman
**Musik:** James McVay
**Prod.:** USA 1996; 88 Min.
**TV:** 5.6.2001, ARD, 0.50

Eine 15-jährige Schülerin, die bei ihrem fürsorglichen Großvater aufgewachsen ist, bekommt nach der Vergewaltigung durch den Freund der Mutter ein Baby. Durch einen Winkelzug seines Anwalts wird dem Übeltäter vor Gericht das Sorgerecht für das Kind zugesprochen. Um das Baby dem verderblichen Einfluss seines Erzeugers zu entziehen, organisiert der Großvater die Entführung des Kindes. *Pressetext*

## Mission Death – Countdown zur Ewigkeit 621

DIAMOND BACKS **

Video

**Regie:** Bernard Salzman
**Darsteller:** Miles O'Keefe (Frank Jenkins), Eb Lottimer (Bryce Pierson), Timothy Bottoms (Ed Williams), Christopher Mitchum (Bill Jones), Nancy Barne (Catherine »The Cat«), John Francis (Alan Harrson)
**Drehbuch:** Rachel Gordon
**Kamera:** Bernard Salzman
**Musik:** Terry Plumeri
**Schnitt:** Joel Bender
**Prod.:** USA 1998; 91 Min.
Wolf Schmidt für Night Vision
**Vertrieb:** Madison Video, 22.2.2001
**FSK:** ab 16 J.

Konspirative Bürgermiliz droht, einen Antiterrorsatelliten über bewohntem Gebiet abstürzen zu lassen. Äußerst schlicht bis peinlich geratener Polit-Actioner.

## Der Mistkerl 622

****

**Regie:** Andrea Katzenberger
**Darsteller:** Ines Nieri (Pauline), Louis Klamroth (Leon), Ingo Naujoks (Pit), Anna Loos (Anna, Paulines Mutter), Peter Lohmeyer (Hr. v. Doornum, Leons Vater)
**Drehbuch:** Andrea Katzenberger
**Kamera:** Tore Vollan
**Musik:** Mario Schneider
**Schnitt:** Syliva Genzmer
**Prod.-Des.:** Zazie Knepper
**Prod.:** BRD 2000; 94 Min.
Dirk R. Düwel, Anja Jabs für Studio Hamburg mit ZDF/Hamburger Filmwerkstatt
**UA:** Int. Filmfestspiele Berlin 2001, »Kinderfilmfest«-Eröffnungsfilm
**Verleih:** Arsenal/-/-, 9.8.2001
**FSK:** o.A., ffr.

Ein zwölfjähriges Mädchen, das mit seiner allein erziehenden Mutter in Hamburg lebt, kämpft mit einem Freund einfalls- und intrigenreich für eine neue Familie. Ein turbulenter, ereignisreicher und ebenso unterhaltsamer wie hintersinniger Kinderfilm, der von zwei faszinierenden jungen Hauptdarstellern geprägt wird, die das kompakte Konzept zahlreicher thematischer Ansätze spielerisch und liebenswert vermitteln können.

*Horst Peter Koll, Film-Dienst, 16/2001*

(...) Geschickt inszeniert die Regisseurin, die schon mit ihrem 30-minütigen Kinderfilm »Anja, Bine und der Totengräber« überzeugte, die Annäherung zwischen den Kids und dem erwachsenen Mann, gleichzeitig schildert sie einfühlsam aus dem kindlichen Blickwinkel die Verlustängste eines Mädchens, das sich in ihrer Rolle als Vertraute der Mutter bedroht fühlt. Die Stärke dieses zwischen Realität und Überhöhung pendelnden Kinderfilms liegt in der Figur der durchsetzungsfähigen und gleichzeitig sehr verletzbaren Pauline, die nur langsam lernt, ihren Absolutheitsanspruch aufzugeben. (...)

*Margret Köhler, Blickpunkt Film, 32/2001*

## Mit aller Härte 623

ONCE IN THE LIFE ***

Video

**Regie:** Laurence Fishburne
**Darsteller:** Laurence Fishburne (20/20 Mike), Titus Welliver (Torch), Eamonn Walker (Tony), Annabella Sciorra (Maxine), Dominic Chianese jr. (Freddie Nine Lives), Gregory Hines (Ruffhouse), Paul Calderon (Manny Rivera)
**Drehbuch:** Laurence Fishburne, nach dem Theaterstück »Riff-Raff«
**Kamera:** Richard Turner
**Musik:** Branford Marsalis
**Schnitt:** Bill Pankow
**Prod.-Des.:** Charley Beal
**Prod.:** USA 2000; 104 Min.
David L. Bushell, Laurence Fishburne, Helen Sugland für Cinema Gypsy/The Shooting Gallery
**Vertrieb:** VCL, 20.12.2001
**FSK:** ab 16 J.

Ex-Knacki lässt sich auf riskanten Coup ein, mit dem er Drogen für seinen Halbbruder finanzieren will. Dank renommierter Darsteller intensiver City-Thriller nach dem Broadway-Stück »Riff-Raff«.

## Mit Ikea nach Moskau 624

***

**Regie:** Michael Chauvistré
**Darsteller:** Manuela Geelhaar, Ulf Seemann
**Drehbuch:** Michael Chauvistré
**Kamera:** Michael Chauvistré; Stefan Tolz (2nd unit)
**Musik:** Georg Fischer, Christoph Seil, Claudius Dreilich
**Schnitt:** Dorothea Brühl, Felix Haß
**Prod.:** BRD 2001; 90 Min.
Michael Chauvistré, Sven Boeck für Koppfilm/Happy Endings mit ORB/ZDF
**Verleih:** Piffl/-/-, 30.8.2001

Manuela und Ulf arbeiten für Ikea. Hier haben sie sich kennen gelernt, jetzt zieht das Paar nach Moskau, um dort eine neue Ikea-Filiale aufzubauen. Der Filmemacher Michael Chauvistré begleitet sie. »Mit Ikea nach Moskau« erzählt von Manuela und Ulf, ihrer Arbeit, den Kollegen, der Eröffnung der Moskauer Filiale, den Kunden und vielem mehr. Dem Themenspektrum fehlt eine sinnvolle Struktur, trotzdem hat der kommentarlose Dokumentarfilm vor allem in der Moskau-Sequenz große Augenblicke. *tip, 18/2001*

**Kritik:** (...) Der Russe und der Traum vom »Billy«-Regal – das ist rund eine Stunde lang richtig spannend und mitunter auch amüsant. Doch dann gerät diese Dokumentation zu einem öden Abfilmen von langweiligen Familiendetails. Der Film wirkt wie mühsam auf abendfüllende Länge gebracht. Was bleibt, sind einige eindrucksvolle Bilder: Den Sturm aufs Kaufhaus etwa muss man gesehen haben.

*Martin Schwarz, Zitty, 18/2001*

(...) Wer auch immer seine Bücher in »Billy« oder dem Dauerbrenner »Ivar« aufbewahrt, sollte sich diesen Film ansehen.

*Silvia Hallensleben, epd-Film, 8/2001*

(...) Vom Andrang der Russen bei der Eröffnung der Moskauer Filiale

*Manuela Geelhaar und Ulf Seemann*

wurden nicht nur die Ikea-Manager, sondern auch das Filmteam schier überrannt, hier ist das Drehen mit kleinem Budget und minimaler technischer Besetzung augenscheinlich an seine Grenze gestoßen. Dennoch hat Chauvistré, Regisseur und Kameramann in Personalunion, eindrückliche Bilder eingefangen, die davon berichten, wie das globale Dorf wieder etwas näher zusammengerückt ist. Welch ein Ärger, wenn das ersehnte Sofa mal wieder nicht auf Lager ist – das ist in Moskau nicht anders als in den übrigen Teilen der Welt, in denen die »Billy«-Regale ihren Siegeszug angetreten haben. *Dorothee Schöpfer, Stuttgarter Zeitung, 30.8.2001*

## La Moderna Poesia 625

□

**Regie:** Birgit Hein
**Prod.:** BRD 2000
**Verleih:** Eigenverleih/-/-, 13.4.2000

Birgit Hein kultiviert das Videotagebuch als Reflexionsform einer desillusionierten Linken: »La Poesia Moderna« enthält Notizen aus Kuba. Hein sucht nach Spuren des Mythos von Che Guevara im kubanischen Alltag, findet aber nur Parolen und angestaubte Reliquien. Unmerklich lässt sich die Filmemacherin von Kuba gefangen nehmen, eine träge Lebensfreude wird spürbar, aber auch die Morbidität einer Gesellschaft im Verfall. *Bert Rebhandl, tip, 8/2001*

## Monday 626

MONDAY ****+

**Regie:** Sabu (= Hiroyuki Tanaka)
**Darsteller:** Shinichi Tsutsumi (Takagi), Yasuko Matsuyuki (Yuko Kirishima, Freundin des Yakuza-Bosses), Ren Osugi (Murai Yoshio), Masanobu Ando (Mitsuo Kondo), Hideki Noda, Naomi Nishida
**Drehbuch:** Sabu
**Kamera:** Kazuhiko Sato
**Musik:** Keiichiro Shibuya
**Schnitt:** Kumio Onaga
**Prod.:** Japan 1999; 101 Min.
Lee Bong-Ou für Cine Qua Non/Cinerocket/ Media Factory
**EA:** 16.2.2000, Int. Forum des Jungen Films Berlin
**Verleih:** REM/-/Fama, 7.6.2001

Der Montag danach: Verkatert und zunächst ohne Erinnerungen findet sich ein kleiner Angestellter in einem Hotelzimmer wieder. Schritt für Schritt wird ihm bewusst, dass er sich am Wochenende unter dem Einfluss von Alkohol vom unauffälligen Kleinbürger zum todbringenden Rächer gewandelt hat. Den Absturz und die Wandlung seines lächerlichen Montagmannes inszeniert der junge Japaner Sabu als rabenschwarzen Trip, mit verblüffenden Wendungen. Sein Sinn für absurde Komik und das Spiel mit unterschiedlichen Formen (vom Kammerspiel bis zum Horrorthriller) machen diesen Film zu einem (Seh-) Vergnügen sondergleichen.

*Film, 6/2001*

**Kritik:** (…) Nach einem betont stillen und verhaltenen Start steigert sich die von surrealen Elementen durchzogene Story am Schluss in ein apokalyptisches, irreales Finale. Dazwischen lässt der Regisseur so ziemlich alles vom Stapel, was an verkanteten Perspektiven und rasanten Schnittmustern derzeit en Vogue ist. Allerdings wollte Sabu offensichtlich zwei halbe

Filme zu einem fügen, was ihm so ganz nicht gelungen ist: Er trifft zwar durchaus die leisen Töne schräger Alltagsabsurditäten, aber die wollen sich nun gar nicht mit dem Donnern eines blutig-brutalen Actiondramas zu einem gemeinsamen Klang verbinden. (...) *W. O. P. Kistner, AZ, 7.6.2001*

(...) Der Publikumsliebling des letztjährigen Forums präsentiert sich als rabenschwarzer Cocktail aus Komödie, Thriller, Tanzfilm und Sozialkritik mit Horrorelementen, stilsicher geschüttelt und aufgefüllt mit zynischem Gelächter. *tip, 12/2001*

(...) Was der Autor und Regisseur Sabu mit seiner wohl von Luis Buñuel und von David Lynch inspirierten Geschichte betreibt, ist so etwas wie die Selbsterforschung einer Gesellschaft und die Sichtbarmachung von deren Träumen und Ängsten. Der Angriff auf diese Gesellschaft kommt in diesem Film nicht von den Rändern her, sondern aus ihrem Zentrum. Der Zwang zur Konformität hat einen Druck erzeugt, dem ein kleiner Mann nicht mehr standhält. Etwas bricht in Takagi auf und aus ihm heraus. Erstaunt schaut er sich selber an – so fremd ist er sich geworden. (...)

*Rupert Koppold,*
*Stuttgarter Zeitung, 11.10.2001*

## Mondscheintarif 627

***

**Regie:** Ralf Huettner
**Darsteller:** Gruschenka Stevens (Cora Hübsch), Tim Bergmann (Daniel Hoffmann), Jasmin Tabatabai (Jo), Bettina Zimmermann (Carmen Lopez), Rüdiger Klink, Karina Fallenstein, Peter Wolf
**Drehbuch:** Silke Neumayer, Ralf Huettner, Barbara Oslejsek, nach dem Bestseller von Ildikó von Kürthy
**Kamera:** Thomas Wildner
**Musik:** Schallbau
**Schnitt:** Horst Reiter
**Prod.-Des.:** Ingrid Buron
**Prod.:** BRD 2001; 90 Min.
Kirsten Hager, Eric Moss, Andreas Schneppe; Benjamin Herrmann, Stefan Gärtner für Hager Moss mit Senator/ Seven Pic./Hanfgarn & Ufer
**UA:** 1.7.2001, 20.00 Uhr, Filmfest München
**Verleih:** Senator/-/-, 25.10.2001
**FSK:** ab 12 J., ffr.

Liebe ist schön und verliebt sein die Hölle. Eben hatte die Fotografin Cora mit dem Arzt Daniel den besten Sex ihres Lebens, nun hängt sie neben dem Telefon und hofft, dass aus dem One-Night-Stand die fette Liebe wird. Banales Geplänkel aus Berlin, das komprimiert als Musikvideo oder als Werbeclip für »Schräger Wohnen« vielleicht punkten könnte. Wenn da nicht die hausbackene Hauptfigur wäre, deren Ansichten allenfalls zur 70er-Jahre-Blümchentapete passen – aber nicht in das Berlin von 2001.

*Cristina Moles Kaupp, tip, 22/2001*

**Kritik:** (...) Ein bisschen frischer als die üblichen deutschen Flirtfilmchen ist das durchaus. Trotzdem wirken die Figuren wie Musterexemplare neuer Küchenarbeitsplatten mit pflegeleichter Abwaschoberfläche. Cora ist freie Fotografin, damit sie einen schicken kreativen Beruf hat und einen freien Kalender für die Beziehungsnöte. Schade, dass wir ihr nicht den Kopf waschen können.

*Thomas Klingenmaier,*
*Stuttgarter Zeitung, 25.10.2001*

(...) Umso erstaunlicher, was Huettner aus diesem mehr als mageren Plot herausholt. Er jongliert gekonnt mit den zeitlichen Ebenen, mit Traum und Realität. Er findet spannende Bilder, setzt geschickt den poppigen Soundtrack ein. Und er lässt der charmanten Gruschenka Stevens viel Platz für eine genaue Charakterisierung der verliebten jungen Dame. Die allerdings schleppt ein Frauenbild mit sich herum, dass es schmerzt. Denn als braves Weibchen hat man gefälligst die eherne Anbaggerregel zu befolgen, die da lautet: Die Frau ruft niemals zuerst an! Sollte das Mädel dann wirklich auf ewig Single bleiben, dann braucht sie wahrlich niemandem Leid zu tun. *Martin Schwarz, Zitty, 22/2001*

(…) Wie so oft in deutschen Beziehungskomödien stimmt die Psychologie ebenso wenig wie der Berufsalltag der Figuren. Dass Cora ihren Lebensunterhalt als Fotografin bestreitet, bleibt Behauptung; ihr Verhalten ist eher das einer von den Eltern unterstützten Bummelstudentin. Die beste Freundin Jo soll Journalistin sein, fndet aber nichts dabei, sich mitten in einem wichtigen Interview von Coras Anrufen unterbrechen zu lassen.
Das einzig Erfreuliche an diesem Film ist die einfallsreiche Regie von Ralf Huettner (»Die Musterknaben«), dessen Gespür für Atmosphäre selbst hier noch beeindruckt. *Frank Noack, Rheinische Post, 26.10.2001*

**Interview:** *Nach dem Männerfilm »Die Musterknaben« kommt jetzt der Frauenfilm »Mondscheintarif«?*

Ich habe eine lange Kinopause gemacht und musste mir überlegen, mit was ich wieder ins Geschäft einsteige. Eine Frauengeschichte zu erzählen war schon reizvoll.

*Wieso dieses pseudodokumentarische Hineinsprechen in die Kamera der weiblichen Hauptfigur?*

Wir haben alles doppelt gedreht, weil wir nicht wussten, ob dieser dokumentarische Effekt funktioniert oder nur tierisch nervt. Dann stellten wir fest, dass es einfach spannend ist, ihr zuzugucken. Es bedarf am Anfang vielleicht einiger Gewöhnung. Nach und nach sieht man sie als eine gute Bekannte und freut sich, ihr Gast zu sein – quasi im Wohnzimmer –, und taucht ganz allmählich in ihre Gefühlswelt ein.

*Warum drehen Sie so wenige Kinofilme?*

Nach »Die Musterknaben« war ich schon etwas frustiert von der deutschen Kinolandschaft, verlor die Lust. Wenn die Leute einen Film mögen und trotzdem geht keiner rein, tut das weh. Ich habe die Gelegenheit genutzt, Werbung zu machen. Manchmal benötige ich auch eine Pause, um den Akku aufzuladen und in Ruhe zu schauen, was die anderen so machen. Kinofilme verschlingen sehr viel Kraft.

*Ist es für Sie ein Unterschied, für das Fernsehen oder fürs Kino zu arbeiten?*

Die Denkweise unterscheidet sich grundlegend. Fernsehen ist ein interessantes Medium, aber die Leinwand bietet einfach ein hundertmal größeres Bild und da muss man auch hundertmal mehr nachdenken, was man macht. Kino bedeutet intensives Erleben, allerdings auch größere Kon-

*Jasmin Tabatabai und Gruschenka Stevens*

kurrenz, und den Kinozuschauer halte ich für gnadenloser.

*Ralf Huettner im Interview mit Margret Köhler, Blickpunkt Film, 41/2001*

## Monkey King – Ein Krieger zwischen den Welten 628

THE LOST EMPIRE **

TV

**Regie:** Peter MacDonald, David Henry Hwang
**Darsteller:** Thomas Gibson (Nick Orton), Bai Ling (Göttin Kwan Ying), Russell Wong (Monkey King), Kabir Bedi (Mönch Sand), Eddie Marsan (Schwein Pigsy), Randall Duk Kim (Zensor Shu), Yu Beng Lim (Dämon Skeleton)
**Drehbuch:** Nach dem Roman »Affenkönig«
**Prod.:** USA/BRD 2000; 110 Min.
**TV:** 23.9/24.9.2001, RTL, jeweils 20.15

(...) Chinesenmystik im Hollywood-Glamour: Ein literarisch gebildeter Amerikaner wird hier mithilfe des »Monkey King« zum Retter eines chinesischen Buches, das die mittelalterlichen Unterweltautoritäten unbedingt auslöschen wollen. – Es geht zu wie im Comic, und das brave Schwein Pigsy ist ein besonders nettes dummes Schwein im Gefolge der edlen »Göttin«, ewig verfolgt von der hinterhältig regierenden Schurkenbande. Simple Märchenmoral – donnerndes Actiongetöse. *Ponkie, AZ, 26.9.2001*

## The Monkey's Mask 629

THE MONKEY'S MASK ****+

Video

**Regie:** Samantha Lang
**Darsteller:** Susie Porter (Jill Fitzpatrick), Abbie Cornish (Mickey Norris), Brendan Cowell (Hayden), Jim Holt (Bill McDonald), Jean-Pierre Mignon (Tony Brach), John Noble (Mr. Norris), Linden Wilkinson (Mrs. Norris)
**Drehbuch:** Anne Kennedy, Dorothy Porter
**Kamera:** Garry Phillips
**Schnitt:** Dany Cooper
**Prod.-Des.:** Michael Philips
**Prod.:** Australien/Kanada/Frankreich/Italien/Japan 2000; 89 Min.
Robert Connolly, John Maynard für Arena/Asmik Ace/Fandango/Le Studio Canal+/TNA
**Vertrieb:** e-m-s (Sunfilm) Video, 26.4.2001
**FSK:** ab 16 J.

Detektivin Jill lernt auf der Suche nach der verschwundenen Mickey die Literaturexpertin Diana kennen und verliebt sich in sie. Als Mickey ermordet wird, zählt auch Diana zu den Verdächtigen ... Mit Fingerspitzengefühl inszenierter Szenekrimi, der auf Samtpfoten Spannung entwickelt, dessen bescheidenes Budget freilich auch manchmal sichtbar wird.

## Monkeybone 630

MONKEYBONE ***

**Regie:** Henry Selick
**Darsteller:** Brendan Fraser (Stu Miley), Bridget Fonda (Julie McElroy), Whoopi Goldberg (Death), Chris Kattan (Organ Donor Stu), Dave Foley (Herb), Giancarlo Esposito (Hypnos), Rose McGowan (Kitty)
**Drehbuch:** Sam Hamm, nach dem Comic »Dark Town« von Kaja Blackley, illustriert von Vanessa Chong
**Kamera:** Andrew Dunn; Dawn Soler (Supervisor)
**Musik:** Anne Dudley
**Schnitt:** Mark Warner, Jon Poll, Nicholas C. Smith
**Prod.-Des.:** Bill Boes
**Prod.:** USA 2000; 92 Min.
Michael Barnathan, Mark Radcliffe für 1492 Prod.
**Verleih:** 20th Century Fox/-/-, 28.6.2001
**Vertrieb:** Fox Video (Video, DVD)
**FSK:** ab 12 J., ffr.

Beim Titel des mild-makabren, Freud-angehauchten Spaßes handelt es sich um eine Reverenz auf das sexuelle Tier in der Hose des Mannes. Diese in Gestalt eines Affens zum Leben erweckte Libido gehört »Die Mumie«-Star Brendan Fraser als schüchterner Cartoonzeichner, der im Koma in einer bizarren Zwischenwelt landet. Sein lästig-lasterhaftes Alter Ego hingegen macht sich auf der Erde in seinem Körper breit und stiftet allerhand Unfug. *Blickpunkt Film, 11/2001*

**Kritik:** (...) Dass das Ganze dann doch nicht wie ein Cocktail aus amerikanischem Brandner-Kasper und Romero daherkommt, liegt vornehmlich an Bridget Fonda. Sie spielt Julie, die Freundin von Fraser, die eine harte Liebesprobe bestehen muss – »love with a proper monkey«. Mit Fonda kommt das Prinzip Hoffnung in den Film, sie hat allemal mehr von Paul Schrader gelernt als von Tarantino und kontert Frasers Hitze mit bewährter Coolness – wer, fragt man sich auch hier wieder, wird als Erster kapieren, dass diese Frau eine Retro verdient hat? (...)

*Fritz Göttler, SZ, 28.6.2001*

(...) Regisseur Henry Selick (»Nightmare before Christmas«) kombiniert Real- und Trickfilmbilder, setzt einen teils surrealen, teils vorpubertär blödelnden Trip in Szene. Das ist ein Weilchen faszinierend anzuschauen. Doch lange bevor unser Untoter sich einen der raren Rückflugscheine hinauf ins Hier und Jetzt ergattert, merkt man dem Film seine Orientierungslosigkeit an. Starbesetzung, bilderwuchtige Szenarien klamaukiger Zoten – irgendwie geht die Rechnung nie ganz auf, sehnen wir bald nur noch das Ende herbei. Kurzum: Mainstream-Kinokost, bei der weder junge noch ältere Filmfans richtig auf ihre Kosten kommen.

*Horst E. Wegener, Zitty, 14/2001*

## Das Monstrum 631

**+

**Regie:** Miriam Pfeiffer
**Darsteller:** Corinna Harfouch (Helene Hempel), Thomas Dreher (Paul Hempel), Philipp Modeß (Benjamin Krause), Franz Röth (Sebastian Hitsch), Max Grashod (Werner Braun), Ursula Geyer-Hopfe (Bertha Krause), Bernd Renne (Oberbürgermeister)
**Drehbuch:** Miriam Pfeiffer, René Reinhardt
**Kamera:** Uwe Mann
**Musik:** Hendrik Gundlach
**Schnitt:** Esther Bartz
**Prod.:** BRD 2001; 90 Min.
Miriam Pfeiffer, René Reinhardt für Sunset-Movie Prod.
**Verleih:** Sunset/-/-, 9.8.2001

Helene, eine erfolgreiche Marketingexpertin, kommt nach Leipzig, um sich von Paul scheiden zu lassen, und gerät in eine dubiose Geschichte: Das Völkerschlachtdenkmal soll an die USA verkauft werden, mit dem Erlös soll aus Leipzig die erste schuldenfreie Stadt Deutschlands werden. Ein paar rüstige Rentner aus dem Seniorenheim sind dahintergekommen und möchten das Wahrzeichen der Stadt an seinem Platz behalten.

*Filmecho-Filmwoche, 30/2001*

**Kritik:** (...) Halbherzige Mischung aus Krimikomödie und Heimatfilm, deren gute Hauptdarstellerin und eine herausragende Kameraarbeit über viele Klischees, fehlenden Witz und die schwache Inszenierung hinwegtrösten. *Film-Dienst, 16/2001*

(...) Die Low-Budget-Produktion besticht durch gute Schauspielerleistungen, runde Dialoge und Gespür für aufregende Bilder, die nicht nur die Messestadt in attraktives Licht setzen. Das Problem des Films liegt eher im dramaturgischen Bereich. Durch das große Ensemble bekommt der Film eine Episodenhaftigkeit, die eine Entwicklung von Charakteren kaum zulässt. Einzige wirkliche Ausnahme ist Corinna Harfouchs Helene. Das mag noch angehen. Die Filmemacher können sich aber nicht entschließen, einem Genre konsequent zu folgen. Liebesgeschichte und Politthriller – das hätte durchaus gereicht. Dass sie die Geschichte in der zweiten Hälfte auf die Ebene eine Mysterythrillers ziehen, enttäuscht die Erwartungen und verspielt die Möglichkeiten des Stoffes, der doch eigentlich die Zivilcourage von Bürgern gegen die absurden Pläne ihrer Volksvertreter in den Mittelpunkt stellt.

*Katharina Dockhorn, Filmecho-Filmwoche, 32/2001*

## Mob Cops 632

COMODINES **+

**Regie:** Jorge Nisco, Daniel Barone
**Darsteller:** Carlos Calvo (Norberto Lorenzi), Adrian Suar (Guillermo Parodi), Rodolfo

Ranni, Nancy Dupláa, Patricia Viggiano, Paul Rizzio, Nelly Prono
**Drehbuch:** Gustavo Belatti, Ricardo Piglia, Mario Segade
**Kamera:** Ricardo DeAngelis
**Musik:** Ivan Wyszogrod
**Schnitt:** Alejandro Alem
**Prod.:** Argentinien 1997; 95 Min.
Fernando Blanco, Edi Fiehner für Artear/Films S.A./Pol-Ka Prod.
**Verleih:** Rekord/-/-, 27.9.2001

Der Film mit dem Originaltitel »Comodines« (bedeutet »Joker«) war in seinem Heimatland Argentinien mit 1,3 Mio. Besuchern der erfolgreichste Film des Jahrs 1997 und der argentinischen Filmgeschichte überhaupt.

**Kritik:** (...) Jorge Nisco geht es in seinem Film »Mob Cops« weder um Geschichtsaufarbeitung noch um die argentinische Gegenwart. Dem Film fehlt es sowohl an glaubwürdigen Charakteren als auch an glaubwürdiger Geschichte. Da nimmt es nicht wunder, dass eines der Hauptmotive die Lüge, die Verlogenheit der Protagonisten ist. Die Geschichte zweier ungleicher Cops, die gegen die Korruption im Sumpf der Drogenmafia ankämpfen, wirkt abgekupfert und unecht. Das einzig erwähnenswerte Detail ist die auffallende Ähnlichkeit eines der Protagonisten (des in Drogengeschäfte verwickelten Polizeichefs Lizarrage) mit dem ehemaligen Staatschef Argentiniens, Carlos Menem. *Stuttgarter Zeitung, 29.9.2001*

## Mord auf Sendung 633

IN THE RED ****+
TV

**Regie:** Marcus Mortimer
**Darsteller:** Warren Clarke (George Cragge), Stephen Fry (Rundfunkrat Charles), Richard Griffiths (Geoffrey Crichton-Potter), Rik Mayall (Dominik De'Ath), Richard Wilson (Lord Tone), John Bird (Rundfunkrat Martin), Alun Armstrong (Frank Jefferson)
**Drehbuch:** Malcolm Bradbury, nach dem Roman von Mark Taverner
**Prod.:** GB 1998; 88 Min.
BBC
**TV:** 6.1., 13.1.2001, Arte, 22.40, 22.35

Ein Serienmörder in London hat sich schon den zweiten Bankmanager als Opfer ausgesucht. Ausgerechnet BBC-Radioreporter Cragge, der für diese Fälle verantwortliche Berichterstatter, erhält nun mysteriöse Telefonanrufe. *Pressetext*

## Mörderinnen 634

***
TV

**Regie:** Pepe Danquart
**Darsteller:** Cornelia Schmaus (Christa Teske), Katja Studt (Lilly), Katja Kolm (Christa, jung), Carin Abicht (Christas Mutter), Giannina Stoltenberg (Lilly, 7 Jahre)
**Drehbuch:** Brendan Somers
**Prod.:** BRD 2000; 88 Min.
**TV:** 16.3.2001, Arte, 20.45

(...) Viele Jahre nach ihrer Verurteilung wird die siebenfache Mörderin Christa Teske entlassen, mit einer Perücke und einer neuen Identität versehen und in die Gesellschaft zurückgeschickt, um noch einmal ein neues, ein normales Leben zu versuchen. Die Sozialarbeiterin Kathrin steht ihr zur Seite, aber die hat eigene Pläne, wird sich als Verräterin erweisen. Und irgendwo draußen wartet eine weitere Frau, Lilly, die nicht vergessen kann. (...) Zwei Frauen, die nicht vergessen können, weil sie die Bilder aus der Vergangenheit nicht zusammenbekommen mit denen der Gegenwart. (...) Die Vielschichtigkeit des Genres verschwimmt freilich beim Transfer in die deutsche Wirklichkeit. Am Ende ist der Film näher am »Erklärerischen« als gewollt.
*Fritz Göttler, SZ, 16.3.2001*

## Mörderische Küsse 635

CIRCLE OF DECEPTION □
TV

**Regie:** Eric DelaBarre
**Darsteller:** Kari Wuhrer (Kate McGrath), Farrah Forke (Sara Ryan), Matt Borlenghi (Ezra), Matt Porretta (Dylan), Joel Gretsch (Jack), Natalie Radford (Zoey), Daniel Henry Murray (Jasper)
**Drehbuch:** Eric DelaBarre
**Kamera:** Jeffrey Wilkins

**Musik:** Bill Conn
**Prod.:** USA 1998; 85 Min.
**TV:** 23.6.2001, ARD, 23.10

Liebe, Mord, Eifersucht – alles wie gehabt.

## Ein mörderischer Plan 636

***
TV

**Regie:** Matti Geschonneck
**Darsteller:** Iris Berben (Luisa), Frank Giering (Mark), Christian Redl (Robert Pfaff), Daniel Brühl (Reini), Jan Georg Raffelt (Alex), Sabine Postel (Doris Pfaff)
**Drehbuch:** Hannah Hollinger
**Kamera:** Bruno Blahacek
**Prod.:** BRD 2000; 90 Min.
**TV:** 24.1.2001, ARD, 20.15

Angeknackste Psychologin kehrt in ihr Elternhaus auf einer Nordseeinsel zurück und wird dort mit dem Mord am Nachbarsehepaar konfrontiert, den deren labiler Sohn angezettelt hat. – Trotz einiger hochprätentiöser Dialoge und der Tatsache, dass die Berben etwas zu löwenmähnig-mondän über das Eiland schwebte, gelang es dem Regisseur und vor allem seinem Kameramann, ein ebenso intensives wie unaufgeregtes Fernsehspiel auf die Mattscheibe zu zaubern, das weit jenseits von Fast-Food-TV überzeugte. Blahacek verlieh der düsteren Story erdige Töne, die zuweilen fast in Schwarzweiß entglitten, und insgesamt eine hinreißende, eine makellose Optik, die so manche Plausibilitätslücke der semiauthentischen Geschichte stopfte.

*W. O. P. Kistner, AZ, 26.1.2001*

**Kritik:** (…) Der Film ist Tragödie, Psychodrama und Liebesfilm zugleich, wie er in dieser Form nur auf einer Insel möglich ist.

*Der Tagesspiegel, 24.1.2001*

## Mortal Transfer 637

MORTEL TRANSFERT ***

**Regie:** Jean-Jacques Beineix
**Darsteller:** Jean-Hugues Anglade (Michel Durand), Hélène de Fougerolles (Olga Kubler/Prostituierte), Miki Manojlovic (Erostrate), Valentina Sauca (Hélène Maier), Robert Hirsch (Armand Zlibovic), Yves Rénier (Max Kubler), Denis Podalydès (Kommissar Chapireau)
**Drehbuch:** Jean-Jacques Beineix, nach dem Roman von Jean-Pierre Gattegno
**Kamera:** Benoit Delhomme
**Musik:** Reinhardt Wagner
**Schnitt:** Yves Deschamps
**Prod.-Des.:** Philippe Chiffre
**Prod.:** Frankreich/BRD 2000; 122 Min. Jean-Jacques Beineix; Reinhard Klooss (Co-Prod.) für Cargo/Odeon mit Canal+
**UA:** 10.1.2001, Paris
**EA:** 12.2.2001, Int. Filmfestspiele Berlin, »Panorama«
**Verleih:** Concorde/-/-, 31.1.2002

Der Psychoanalytiker weiß nicht mehr, was er tun soll, als seine hübsche Lieblingspatientin plötzlich tot auf der Couch liegt. *Zitty, 4/2001*

**Kritik:** (…) Hinter ihren unnahbaren Oberflächen bergen Beineix' Filme Hinweise auf seine persönlichen Vorlieben und Leidenschaften. Und wenn der gelbe Füller, den Olga kurz vor ihrem Tod von Dr. Durants Schreibtisch klaut, in Wirklichkeit Jean-Jacques Beineix gehört, dann kann man das getrost als Zeichen einer Seelenverwandtschaft zwischen dem Filmemacher und dem Psychoanalytiker lesen.

*Anke Sterneborg, SZ, 16.2.2001*

(…) Aber es stimmt, der Film ist ziemlich lustig. Vielleicht aus purer Notwehr. Weil es zu einem richtigen Suspence-Horror-Analytiker-Thriller dann doch nicht gereicht hat. Doch erkennbar bleibt er bis zuletzt. (…)

*Kerstin Decker,*
*Der Tagesspiegel, 12.2.2001*

## Most Original Comedy 638

LAUGHTER ON THE 23RD FLOOR ***
Video

**Regie:** Richard Benjamin
**Darsteller:** Nathan Lane (Max Prince), Mark Linn-Baker (Val Skotsky), Saul Rubinek (Ira Stone), Dan Castellaneta (Milt Fields), Richard Portnow (Harry Prince), Ardon Bess (Cecil), Colin Fox (Cal Weebs)

**Drehbuch:** Neil Simon, nach seinem Theaterstück
**Kamera:** Danny Nowak
**Musik:** Joseph Vitarelli
**Schnitt:** Jacqueline Cambas
**Prod.-Des.:** Franco De Cotiis
**Prod.:** USA 2001; 98 Min.
Jeffrey Lampert für Paramount TV/Showtime Networks
**Vertrieb:** Paramount Video, 6.12.2001
**FSK:** ab 16 J.

Die amüsanten Erinnerungen des erfolgreichen US-Komödien-Autors Neil Simon (»Die Sonnyboys«) an die Anfänge seiner Karriere in den 50ern. Betulich inszeniert, leider nur ein nostalgischer Bilderbogen aus der McCarthy-Ära.

## Moulin Rouge 639
MOULIN ROUGE ****

**Regie:** Baz Luhrmann
**Darsteller:** Nicole Kidman (Satine), Ewan McGregor (Christian), John Leguizamo (Toulouse-Lautrec), Jim Broadbent (Zidler), Richard Roxburgh (Duke of Worcester), Gary McDonald, Jacek Koman
**Drehbuch:** Baz Luhrmann, Craig Pearce
**Kamera:** Donald M. McAlpine
**Musik:** Craig Armstrong
**Schnitt:** Jill Bilcock
**Prod.-Des.:** Catherine Martin
**Prod.:** USA/Australien 2001; 128 Min.
Martin Brown, Baz Luhrmann, Fred Baron; Catherine Knapman (Co-Prod.) für Bazmark Prod.
**UA:** 9.5.2001, Int. Filmfestspiele Cannes, Eröffnungsfilm
**EA:** 2.10.2001, Berlin
**Verleih:** 20th Century Fox/dto./dto., 18.10.2001
**FSK:** ab 12 J., ffr.
**FBW:** Besonders wertvoll

Ein junger Schriftsteller kommt auf den Montmartre, wird von Toulouse-Lautrec, Satine und deren Freunden zum Texter und Komponisten für ihre ultimative Show gemacht, die sie dem Moulin Rouge anbieten wollen. Der Junge verliebt sich prompt unsterblich in den Hauptstar, die berühmteste Kurtisane. Baz Luhrman formuliert hier das Musicalgenre für das Kino des 21. Jahrhunderts neu. In einem orgiastischen Bilderrausch, überbordend an originellen Einfällen, voll stupender Schnitte und Übergänge, optischer Details und szenischer Gags erweist er jeder Stilphase des bisherigen Kinomusicals seine Reverenz.

*Richard Richter, Multimedia (Die Furche), 25.10.2001*

**Kritik:** (...) Noch während der Abspann lief, verließen bereits Dutzende Kritiker das Kino. Bleiernde Stille lag über dem riesigen Saal. Einzelne Buhs, das Publikum wehrte sich kaum, nur ein paar Unverdrossene spendeten spärlichen Beifall. »Moulin Rouge« ist als Wettbewerbsbeitrag bereits erledigt.
Dabei hat der Film alle Zutaten für großes Unterhaltungskino: eine aufwändige Kulisse der Belle Époque, eine erotische Geschichte mit Nicole Kidman als Edelprostituierter, die sich in einen armen Schriftsteller verliebt. Musikalisch inszeniert wird dieses Märchen durch eigenwillig interpretierte Popsongs von Madonna, Elton John, den Beatles und U 2.
Aber alle Bemühungen Luhrmanns verpuffen: Nicole Kidman wirkt so steril wie ein aufgebrezelter Besen und ihre Stimme ist so dünn und piepsig, dass der Programmheftvergleich mit Marlene Dietrich und selbst Rita Hayworth nur noch peinlich ist. In der Hektik des Films entsteht nicht ein Hauch von Atmosphäre. Es bleibt ein kitschiger, teurer Brei, den wir aus »La Bohème« um Welten glaubwürdiger und bei Toulouse-Lautrec drastischer finden. *Adrian Prechtel, AZ, 10.5.2001*

(...) »Wide Awake Cinema« nennt Baz Luhrmann sein Kino. Er hat dieses Festival, das stets mit dem Schlaf zu kämpfen scheint, erst mal gründlich wachgerüttelt. Er hat es mit Bildern zugebombt und in eine neue Umlaufbahn geschossen: Cannes ist jetzt Cannes-Cannes. Fühlt sich gut an. So gut wie schon lange nichts mehr.

*Tobias Kniebe, SZ, 11.5.2001*

(...) Es gibt eine Überzeichnung von Amerika im Hollywood-Kino, bei der man sich fast darauf verlassen kann, dass der Filmemacher gar kein Amerikaner ist. Baz Luhrmann, der Regisseur des Cannes-Eröffnungsspektakels »Moulin Rouge« ist Australier – und so unbefangen amerikanisch wie er ist kein anderer aus Hollywood je mit Paris umgegangen. Nicht mal Gene Kelly.

»Moulin Rouge« ist ein Musical – und eigentlich hat Baz Luhrmann dieses Genre MTV-tauglich gemacht; genau dort ist jene Passage, in der Christina Aguilera und Konsorten »Voulez-vous coucher avec moi« singen, als Clip gelaufen, und eigentlich kann man gar nicht sagen, ob MTV einen Filmausschnitt zeigt oder ob Luhrmann ein Musikvideo in seinen Film eingebaut hat. Er hat Musical und Musikvideo miteinander verschmolzen und sein Geschöpf ist selbst ein Popstar: Der Film ist wie eines dieser Mädels, bei denen man nie weiß, ob ihre seltsamen Gewänder eigentlich noch sexy sind oder nur noch grotesk, ob ihre Gesichter schön sind oder Silikonfratzen – aber auf jeden Fall ist neu und anders genug, um faszinierend zu sein. (...)

*Susan Vahabzadeh, SZ, 18.10.2001*

(...) Ärgerlich aber ist die Ruhelosigkeit, die jeden Anflug von Romantik zerstört. Und wie will man Musical-Liebhaber ansprechen, wenn die vielen Lieder doch nie zu Ende gesungen werden? Nach zwei Stunden und ein paar Minuten steht fest: Bei »Moulin Rouge« waren Könner am Werk, die kein Vertrauen in ihr Können haben. Angeberei ersetzt Charme und ironische Distanz ersetzt Humor.

*Frank Noack, Rheinische Post, 19.10.2001*

(...) Das macht Spaß, und der ganze Esprit des Films verträgt auch gut das sehr pathetische Ende. Allerdings wäre etwas weniger manchmal mehr gewesen. Zwischendurch fühlt man sich von der Bild- und Tonlawine des Films regelrecht zugeballert. Ich empfehle: große Leinwand und die Originalfassung mit deutschen Untertiteln. Und danach einen Sekt.

*Martin Schwarz, Zitty, 22/2001*

*Nicole Kidman und Ewan McGregor*

**Interview:** *Mister Luhrmann, Ihre Geschichte spielt im bohemehaften Sündenbabel eines erfundenen Paris im Jahre 1900.*

Ich suchte eine Übergangszeit, eine Zeit, in der sich die technologischen und die sozialen Bedingungen rasant änderten. Ich bin alle Epochen durchgegangen: Von den Bohemiens um 1830 bis in Andy Warhols Factory im New York der 70er. Um 1900 versuchte die bürgerliche Klasse noch zu retten, was zu retten war. Aber es gab schon den Schub von Populär- und Asphaltkultur.

*Und worin besteht die Parallele zu heute?*

Auch wir erleben einen rasanten technischen Fortschritt und die Verunsicherung, ob wir eher bewahren oder nach vorne schauen sollten.

*Was hat es denn mit dem Motiv der Unterwelt auf sich?*

McGregor geht wie Orpheus in die Unterwelt des Moulin Rouge und verlässt damit den Moralkodex der Eltern und der öffentlichen Welt.

*Hat die Welt des Moulin Rouge auch etwas mit Spaßkultur zu tun?*

An der Oberfläche ist die Welt des Moulin Rouge eine freie Welt von Sex, Drugs und Can-Can. Aber die totale Freiheit führt zu neuen Abhängigkeiten, wie von einer Droge.

*Baz Luhrmann im Interview mit Adrian Prechtel, AZ, 17.10.2001*

*In Ihren Filmen erschaffen Sie eine geschlossene künstliche Welt – ist der Regisseur eine Art Gott?*

Das ist eine gute Frage, und ich muss sehr vosichtig sein, was ich sage. Mein persönlicher Gott ist nicht der Gott des Islam oder des Christentums oder des Hinduismus. In diesem Sinne wäre es eine maßlose Untertreibung, Gott nur als großen Regisseur zu bezeichnen. Trotzdem gibt es einen Mechanismus, der uns kreative Menschen dazu verführt, sich gottgleich zu fühlen, während wir in Wirklichkeit doch nur Illusionen schaffen. Das ist der Grund, warum ich nach jedem Film für einige Monate mit dem Rucksack allein auf Reisen gehe, ohne zu wissen, wohin ich gehe, und ohne Baz Luhrmann, der Regisseur, zu sein.

*Baz Luhrmann im Interview mit Anke Sterneborg, SZ, 18.10.2001*

## Mr. Boogie 640

□

**Regie:** Vesna Jovanoska
**Darsteller:** Zlatko Trpkowski (Mr. Boogie), Sunnyi Melles (Claudia Schuhmacher), Mark Zak (Sergej), Nina Marks (Harry), Norbert Heisterkamp (Olaf), Anian Zollner (André), Sabine Wolf (Lucia)
**Kamera:** Peter Przybylski
**Schnitt:** Niko Remus
**Prod.-Des.:** Frank Sander
**Prod.:** BRD 2000
Frank Dragun für ena Film
**Verleih:** Highlight/-/-, nicht gestartet

Mr. Boogie ist ein ungewöhnlicher Privatdetektiv und lässt die Leichen seiner Kundschaft verschwinden – so auch im Fall der eleganten Claudia, in deren Villa sich ein toter Mann breit macht. Doch was nach Routine aussieht, entpuppt sich alsbald als harte Nuss, denn Mr. Boogie muss ein Hindernis nach dem anderen aus dem Weg räumen. *Blickpunkt Film, 45/2001*

## Mr. Death 641

MR. DEATH: THE RISE AND FALL OF FRED A. LEUCHTER JR. ***+

**Regie:** Errol Morris
**Darsteller:** Fred A. Leuchter, David Irving, Caroline Leuchter, James Roth, Shelly Shapiro, Suzanne Tabasky, Robert Jan Van Pelt
**Kamera:** Peter Donahue, Robert Richardson
**Musik:** Caleb Sampson
**Schnitt:** Karen Schmeer
**Prod.-Des.:** Ted Bafaloukos
**Prod.:** USA 1999; 91 Min.
Michael Williams, David Collins, Dorothy Aufiero, Errol Morris für Fourth Floor Prods., Cambridge
**Verleih:** -/Stadtkino/-, Jan. 2001

Mr. Death zeigt einen Hobbybastler, der zum Konstrukteur einiger Hinrichtungsinstrumente für die US-amerikanische Justiz wurde und im Auftrag eines Leugners des Holocaust eine lächerlich unwissenschaftliche Arbeit anfertigt, die die Nichtexistenz von Gaskammern in den KZs der Nationalsozialisten belegen soll. Handwerklich ausgezeichnet und mit einem feinen Gespür für Bilder stellt Regisseur Morris seine Hauptfigur dar bzw. bloß, bleibt aber dennoch fair, wirft Fragen nach Schuld und Gewissen auf und bringt einen wichtigen Beitrag zur Aufarbeitung des Nationalsozialismus und seiner Nachwehen ein.

*Multimedia*

**Interview:** *Wie nah fühlen Sie sich selbst gegenüber all diesen recht exzentrischen Menschen in Ihren Filmen?*

Wahrscheinlich näher, als ich gern zugeben würde. Fred Leuchter ist gar nicht so viel anders als wir, es gibt da mehr Gemeinsamkeiten als Unterschiede. Wie die Welt Fred sieht, ist recht eindeutig: Er ist der Böse, ein Holocaust-Leugner, der sein so genanntes Fachwissen den Neonazis zur Verfügung gestellt hat. Doch was ich bemerkenswert finde – und das teilen wir anderen unglücklicherweise mit ihm –, ist, dass er sich als Held sieht. Für jede seiner Handlungen findet er eine Erklärung. Er baut Todesmaschinen und sieht sich als Florence Nightingale der Todestrakte!

*Solche Parodoxa gibt es immer wieder in Ihren Filmen.*

Es ist der persönliche Traum, der mich dabei interessiert: Bei Stephen Hawking faszinierte mich, wie er sich selbst in das Objekt seiner Studien, das Weltall, hineinprojiziert, wie die Wissenschaft dabei etwas ganz Emotionales bekommt.

*Nähern Sie sich einem anerkannten Wissenschaftler anders als einem eher zweifelhaften Charakter?*

Ich könnte mir keine gegensätzlicheren Menschen vorstellen als Hawking und Leuchter – Letzteren bewundere und respektiere ich wirklich. Und doch geht es mir in beiden Filmen darum, herauszufinden, wie sie die Welt und sich selbst sehen, was sie bewegt. Bei Leuchter kreist das um die eine Frage: Machen die Menschen bewusst böse Dinge? Gibt es da draußen die Jagos, die Ladies Macbeth, die Richards III., die ganz bewusst und vorsätzlich Verbrechen begehen? Das ist die zentrale Frage in »Mr. Death«.

*Sie sind also immer noch Philosoph?*

Das würde ich gerne so sehen. Ich habe in Berkeley Philosophie studiert und dort angefangen, ins Kino zu gehen. Als ich dann für Werner Herzog arbeitete, war der Übergang bereits vollzogen. Herzog war für mich ein Beispiel, wie man als Filmemacher seine persönliche Vision realisieren kann.

*Dann gingen Sie aber doch ganz anders an die Sache heran.*

Es ist schwer, sich heute noch in Erinnerung zu rufen, welchen Einfluss das neue deutsche Kino auf viele amerikanische Filmemacher hatte. Wenn man damals in Amerika Filme machen wollte, suchte man sich einen Agenten, ging nach L. A. und versuchte, bei einem Studio unter Vertrag zu kommen. Da waren Leute wie Wenders, Fassbinder, Herzog unsere Vorbilder, es anders zu machen.

*Errol Morris im Interview mit Anke Sterneborg, SZ, 18.2.2001*

## Mr. Right – Zur falschen Zeit 642

ROMANCE AND REJECTION **

Video

**Regie:** Kevin W. Smith
**Darsteller:** Reece Dinsdale (Mike), John Hannah (Tony), Clara Bellar (Sara), Victoria Smurfit (Helen), Frank Finlay (Mikes Vater), Susannah York (Mikes Mutter), Rowena King
**Drehbuch:** Kevin W. Smith
**Kamera:** Ian Salvage
**Musik:** Howard J. Davidson
**Schnitt:** Mark Talbot-Butler
**Prod.-Des.:** Lucy Reeves
**Prod.:** GB 1997; 89 Min.
Jonathan English für Bloomsbury Films
**Vertrieb:** Atlas (Laser Paradise) Video
**TV:** 21.1.1998, VOX, 20.15; 2.5.2001
**FSK:** ab 6 J.

Wenig überzeugende Romantikkomödie um einen erfolglosen Komponisten, in dessen Liebesleben Flaute herrscht. Für 89 Minuten entschieden zu wenig Einfälle und größtenteils schwache Darstellerleistungen.

## Muggers – Auf Herz und Nieren 643

MUGGERS **

Video

**Regie:** Dean Murphy
**Darsteller:** Matt Day (Brad Forrest), Jason Barry (Gregor O'Leary), Petra Yared (Sophie), Chris Haywood (»Roy« Rogers),

Marshall Napier (Prof. Lawrence), Rod Mullinar (Dr. Browning), Caroline Gillmer
**Drehbuch:** Robert Taylor
**Kamera:** Roger Lanser
**Musik:** Frank Strangio
**Schnitt:** Peter Carrodus
**Prod.-Des.:** Patrick Reardon
**Prod.:** Australien/GB 1999; 97 Min.
Nigel Odell, David Redman für Instinct/Australian Film Finance Corporation/Muggers Films
**EA:** Int. Hofer Filmtage 1999
**Vertrieb:** VCL Video, 27.9.2001
**FSK:** ab 18 J.

Medizinstudenten treiben schwunghaften Organhandel und schrecken auch nicht davor zurück, ihre Ware lebenden Objekten zu entnehmen. Was schwarz, satirisch und böse hätte werden können, verkommt dank ubiquitärer Talentlosigkeit zum blöden Splatter-Ulk.

## Die Mumie kehrt zurück 644

THE MUMMY RETURNS ***

**Regie:** Stephen Sommers
**Darsteller:** Brendan Fraser (Rick O'Connell), Rachel Weiz (Evelyn), John Hannah (Jonathan), Freddie Boath (Alex O'Connell), Arnold Vosloo (Imhotep), Oded Fehr (Ardeth Bay), Lock Nah (Adewale)
**Drehbuch:** Stephen Sommers
**Kamera:** Adrian Biddle; Harvey Harrison
**Musik:** Alan Silvestri
**Schnitt:** Bob Ducsay
**Prod.-Des.:** Allan Cameron
**Prod.:** USA 2001; 123 Min.
Jim Jacks, Sean Daniel; Don Zepfel (Co-Prod.) für Universal Pic.
**Verleih:** UIP/UIP/UIP, 17.5.2001
**Vertrieb:** Universal Video
**FSK:** ab 12 J., ffr.

Die im Britischen Museum aufbewahrte Mumie eines ägyptischen Hohepriesters wird wieder erweckt, um einen 6000 Jahre alten ägyptischen Krieger – halb Mensch, halb Skorpion – zu besiegen, der die Welt bedroht. Als das Kind eines Forscher-Ehepaares entführt wird, weil es im Besitz eines magischen »Wegweisers«ist, kommt es zu haarsträubenden Abenteuern. Fortsetzung des Erfolgsfilms »The Mummy« (1999), dramaturgisch im Stil eines B-Movies,

*John Hannah, Rachel Weiz, Brendan Fraser und Freddie Boath*

technisch auf dem neuesten Stand computeranimierter Effekte.

*Film, 6/2001*

**Kritik:** (...) »Die Mumie kehrt zurück« ist glänzend unterhaltendes Popcorn-Kino für Freunde von viel Tamtam, die an einer halbwegs sinnvollen Geschichte oder einer differenzierten Figuren-Charakterisierung kein sonderliches Interesse haben. Im Vergleich zu Teil I wurden Tempo, Aufwand und Effekthascherei deutlich nach oben geschraubt. Wie ein Gewitter bricht diese faszinierende Bilderflut über einen herein. Trotz seiner hanebüchenen Geschichte vergisst Sommers den so wichtigen Schuss Ironie nicht, an sein Vorbild »Indiana Jones« reicht das Werk in puncto Charme allerdings nicht heran.

*Martin Schwarz, Zitty, 11/2001*

(...) Bei einem noch so großen, aber endlichen Budget erschlägt die Quantität schließlich die Qualität. Soll heißen: Da Sommers mit seinem Werk auf die Menge an Effekten setzt, bleibt das Niveau ihrer Ausführung auf der Strecke, es rutscht ab in die Zweitklassigkeit. Insbesondere die Computeranimationen hinken weit hinter dem her, was heute machbar ist, obwohl sie von den Spezialisten bei Industrial

Light & Magic verfertigt wurden. Bei aller Kritik kann »Die Mumie kehrt zurück« nicht wenigstens als Familienprogramm für einen verregneten Sonntagnachmittag empfohlen werden? Nun, wir wollen es mal nicht so genau nehmen: als Schlechtwetter-Alternative bedingt geeignet.

*Thomas Basgier, Stuttgarter Zeitung, 17.5.2001*

## Mundo Grua 645

MUNDO GRUA ***

**Regie:** Pablo Trapero
**Darsteller:** Luis Margani, Adriana Aizemberg, Daniel Valenzuela, Roly Serrano, Federico Esquerro, Graciana Chironi, Alfonso Rementeria
**Drehbuch:** Pablo Trapero
**Kamera:** Coby Migliora
**Musik:** Francisco Canaro
**Schnitt:** Nicolas Goldbart
**Prod.-Des.:** Andres Tambornino
**Prod.:** Argentinien 1999; 89 Min. Lita Stantic, Pablo Trapero für Cinematografica Sargentina
**EA:** 7.9.1999, Filmfestspiele Venedig, »Critics Week«; Filmfestspiele Montreal
**Verleih:** -/-/Xenix, Jan. 2001

Rulo ist knapp 50, gutmütig und trägt einen dicken Bauch vor sich her. Früher war er Bassist in einer stadtbekannten Rockband. Heute schlägt er sich mit Gelegenheitsarbeiten auf Baustellen durch und träumt, als Kranführer arbeiten zu können. Neben der dazu benötigten Prüfung und seiner angeschlagenen Gesundheit bereitet Rulo auch sein arbeitsloser Sohn Sorgen. Die fiktive Erzählung über den tristen Alltag der argentinischen Arbeiterklasse wirkt durch die grobkörnige Schwarzweiß-Ästhetik dokumentarisch. *Film, 1/2001*

## Der Muselmane 646

MUSUL' MANIN ***+

TV

**Regie:** Vladimir Khotinenko
**Darsteller:** Evgeny Mironov (Kolya), Nina Usatova (Mutter), Evdokia Ghermanova (Vera), Alexander Baluev (Bruder), Petr Zaichenko (Village Head), Alexander Peskov, Vladimir Ilin
**Drehbuch:** Valery Zalotucha
**Kamera:** Alexei Rodionov
**Musik:** Alexander Pantykin
**Schnitt:** Svetlana Tarik
**Prod.:** Russland 1995; 110 Min. Vladimir Khotinenko, Vladimir Repnikov für Kompanija/Roskomkino Prod. mit Russkaja Nedvizimost
**UA:** 7.9.1995, Int. Filmfestspiele Venedig
**TV:** 1.3.2001, Arte

Der Film erzählt von der Rückkehr eines Soldaten in sein Dorf, dessen Bewohner während seiner Gefangenschaft in Afghanistan zum Islam konvertierten. Khotinenko versucht in seinem Film, sowohl den Islam in der religiösen Landschaft Russlands wie auch den Zusammenbruch des Kommunismus und seine Folgen zu beschreiben. *Pressetext*

## Müßiggang 647

V LERU ****

TV

**Regie:** Janez Burger
**Darsteller:** Jan Cvitkovic (Dizzy), Natasa Burger (Marina), Janez Rus (Marko), Mojca Fatur (Ana), Polona Lovsin (Evica), Drago Milinovic (Beno), Matjaz Javsnik (Slavo)
**Drehbuch:** Janez Burger, Jan Cvitkovic
**Prod.:** Slowenien 1999; 88 Min.
**EA:** Filmfestival Cottbus 1999; Nov. 2001, Slowenische Filmwoche München
**TV:** 20.8.2001, Arte, 22.45, OmU

Dizzy ist ein typischer Langzeitstudent: Seine »Bude« im Studentenheim hat er sich als endgültige Bleibe eingerichtet. Von ernsthaftem Studium ist keine Rede. Doch Dizzys Lebensroutine gerät völlig aus den Fugen, als Marko auftaucht. Er ist das genaue Gegenteil von Dizzy: fleißig, ehrgeizig und ordnungsliebend. Er lässt auch seine Freundin Ana nachkommen, die hochschwanger ist. (...)

*Arte Magazin*

Das Leben des Langzeitstudenten Dizzy besteht vor allem aus nächtlichen Trinkgelagen, Rumhängen, Kartenspielen und Fernsehgucken. Sein

Wohlbefinden steht und fällt mit der Beziehung zu Evica, die sich allerdings von ihm trennt, als sie dessen Antriebsarmut und Initiativlosigkeit nicht mehr aushält. Gleichzeitig muss Dizzy mit seinem neuen Mitbewohner im Studentenwohnheim warm werden, einem strebsamen jungen Mann, dessen Freundin ein Kind erwartet. Aus seinem müßiggängerischen Trott aufgeschreckt, bleibt Dizzy nichts anderes übrig, als sich der Konfrontation mit einer ihm vollkommen fremden Welt zu stellen. Die charmante, lakonisch erzählte Liebeskomödie gewinnt vor allem durch die vielen kleinen Szenen, in denen es um menschliche Unsicherheiten und die unbewusste Komik des studentischen Alltags geht. *Programmheft München*

## Mutation 2 – Generation Dead 648

**

**Regie:** Timo Rose
**Darsteller:** Thomas Kercmar, Jens Maßmann, Andreas Pape, Erich Amerkamp, Teo Geoghegan, Olaf Ittenbach, Timo Rose
**Schnitt:** Timo Rose
**Prod.:** BRD 2001; 84 Min.
**Verleih:** SOI Film, 22.10.2001
**Vertrieb:** SOI Film Video (Video, DVD)

Dieser ultimative Trash erzählt die Story von Gen-Räubern, die den Leichnam von Eva Braun anzapfen …

## Die Mutter meines Mannes 649

***

TV

**Regie:** Ute Wieland
**Darsteller:** Yvonne Johna (Franziska), Doris Kunstmann (Anna), Thomas Huber, Heio von Stetten, Thomas Scharff
**Drehbuch:** Renate Ziemer
**Prod.:** BRD 2001; 90 Min.
SAT.1
**TV:** 25.9.2001, SAT.1, 20.15

Ein klug angelegter, sensibel entwickelter Film über die Wirkungsmechanismen des psychologischen Mutterschaftsterrors: »Die Gesellschaft« gibt Bewusstseinsnormen vor, die so nicht stimmen, und wer nicht ins Raster passt, kann sich die Etiketten zwischen Rabenmutter und Karrierefurie aussuchen. (…) Mit den Psychiatrie-Szenen begibt sich die Regisseurin allerdings ins Kuckucksnest-Zwielicht: Schocksüchtige Sensationslust wird nicht vermieden – hier landet der Film unangenehm plakativ in der »Klapsmühlen«-Spekulation. Das ist schade bei diesem Themenansatz.

*Ponkie, AZ, 27.9.2001*

## Eine Nacht bei McCool's 650
ONE NIGHT AT MC COOL'S ****+

**Regie:** Harald Zwart
**Darsteller:** Liv Tyler (Jewel), Matt Dillon (Randy), John Goodman (Det. Dehling), Paul Reiser (Carl), Michael Douglas (Mr. Burmeister), Reba McEntire (Dr. Green), Andrew Silverstein (Utah/Elmo)
**Drehbuch:** Stan Seidel
**Kamera:** Karl Walter Lindenlaub
**Musik:** Marc Shaiman
**Schnitt:** Bruce Cannon
**Prod.-Des.:** Jon Gary Steele
**Prod.:** USA 2001; 93 Min.
Michael Douglas, Allison Lyon Segan für Further Films
**Verleih:** Constantin/dto./Rialto, 26.4.2001
**Vertrieb:** BMG Video (Video, DVD)
**FSK:** ab 16 J., ffr.

Drei Männer verfallen einer jungen Frau und setzen für sie ihr bisheriges Leben aufs Spiel. Moderne Variation des klassischen Femme-fatale-Themas, in der die Frau vor allem als Projektionsfläche männlicher Fantasien dient, dies hier aber eiskalt für ihre Zwecke ausnutzt. Mit ironischem Witz inszenierter Film, der das Geschehen einer Nacht in drei Rückblenden erzählt und entsprechend der verschiedenen Wunschvorstellungen der Männer unterschiedliche ästhetische Mittel benützt. *Film, 5/2001*

*Matt Dillon und Liv Tyler*

**Kritik:** (...) Das sind gelungene Augenblicke, und Zwarts unkonventionelle Inszenierung zelebriert freche Späße. Nur zum Finale, wenn sich alle Beteiligten in Zeitlupe die Kanonenkugeln um die Ohren ballern, glaubt man sich in einer trashigen Klamotte wieder zu finden. Von diesem Ausrutscher einmal abgesehen, ist »Eine Nacht bei McCool's« allerdings überraschend anders, überraschend cool.
*Markus Tschiedert, AZ, 27.4.2001*

(...) Eine Ausgangssituation, die Regieneuling Harald Zwart nach einem Drehbuch von Stan Seidel mit geradezu kindlicher Lust am Verdrehen scheinbar eindeutiger Tatsachen aus drei verschiedenen Blickwinkeln immer weiter drechselt und so lange durch die Mangel dreht, bis am Ende zwei Auftragskiller, ein liebestoller Polizist, ein Sadomaso-Immobilienmakler und ein dreifach genarrter Barkeeper sich wie in einer Episode aus »The Village People meet Pulp Fiction« gegenüberstehen und nur noch der Zuschauer als lachender Sechster den Überblick behalten hat. (...) *Gerald Jung, Zitty, 8/2001*

## Eine Nacht im Gefängnis 651
AARON COHEN'S DEBT / ***
HOVO SHEL AHAROW COHEN TV

**Regie:** Amalia Margolin
**Darsteller:** Moshe Ivgi (Aaron Cohen), Avital Abergel (Maya Cohen), Youssef Abou Warda (Taylor), Uri Avrahami (Eli Shemer), Doron Tsabari (Massalti), Odet Menaster, Saar Badishi
**Drehbuch:** Alon Bar
**Prod.:** Israel 1999; 96 Min.
**TV:** 3.11.2001, Arte, 22.35, OmU

(...) Der Film behandelt in spannender, kaleidoskopartiger Erzählweise gerade für Israel gewagte Themen wie Homosexualität und menschenrechtswidrige Polizeimethoden. *Pressetext*

## Nachtfalter 652

**+

**Regie:** Franz Novotny
**Darsteller:** Eva Lorenzo, Maria Schuster, Mickey Hardt, Klaus Händl, Sylvia Wohlmut, Hanno Pöschl
**Drehbuch:** Franz Novotny
**Kamera:** Andreas Hutter
**Musik:** Arb Bluestar, Elmü, Matterhorn, Mum, Planet E. Sofa Surfers, Starway to Heaven, Toxic Lounge, Uko, Waldeck
**Schnitt:** Cordula Werner
**Prod.:** Österreich 2000; 81 Min.
Franz Novotny, Karin Novotny für Novotny & Novotny Filmprod.
**Verleih:** -/Novotny/-, Mai 2001

Katrin arbeitet als Claudia im Bordell Claudia's, in dem alle Prostituierten Claudia heißen. Wegen ihres starken Charakters und weil sie Herausforderungen bei ihrer Arbeit liebt, bekommt sie die schwierigen Freier. Mit aller Gewalt wird hier versucht, eine schonungslose, dann aber auch wieder artifizielle oder lustige Inszenierung des Milieus zu geben. So gibt es kaum eine Szene ohne nackte Frauen zu sehen, wobei die Kameraeinstellungen allerdings zumeist nicht einer männlich-pornogradischen Perspektive folgen. Das Ergebnis ist ein leider nicht nur absichtlich hemmungslos schlechter Film über Sex, Mord, Geld und Liebe, dessen Handlung jenseits aller Groschenromane angesiedelt ist. Weckt trotz der für ein Pseudo-B-Movie fehlenden Selbstironie vielleicht dennoch streckenweise Interesse. *Multimedia*

## Nachtschatten 653

NACHTSCHATTEN **

Video

**Regie:** Ulli Bujard
**Darsteller:** Nicole Müller, Stefan »Cheesy« Keseberg, Alex Kaese
**Prod.:** BRD 2000; 95 Min.
**Vertrieb:** Astro Video, 29.1.2001

Horrorautor lässt sich bei seinen Werken von seiner Untermieterin, einer veritablen Vampirin inspirieren. Handwerklich und inhaltlich über dem Level deutscher Low-Budget-Schocker, dennoch von fragwürdiger Qualität.

## The Naked Man 654

THE NAKED MAN ***

**Regie:** J. Todd Anderson
**Darsteller:** Michael Rapaport (Dr. Edward Bliss jr.), Michael Jeter (Sticks Varona), John Caroll Lynch (Sticks Fahrer), Arija Bareikis (Kim Bliss), Rachael Leigh Cook (Dolores), Martin Ferrero (Sonny), Joe Grifasi (Lt. Albert Karski)
**Drehbuch:** J. Todd Anderson, Ethan Coen
**Kamera:** Jeff Barklage
**Musik:** Edward Bilous, Janek Sirrs
**Schnitt:** Tricia Cooke, Mark Cretcher
**Prod.:** USA 1998; 93 Min.
Ben Barenholtz, Aida Ashenafi für Naked Man/October Films
**Verleih:** Jugendfilm/-/-, 12.7.2001

Ein Chiropraktiker, der abends gerne als Wrestler in den Ring steigt, will sich endlich dem Willen seines Vaters fügen und eine eigene Praxis eröffnen, als ein Gangster seine Eltern erschießt. »Schriller« Debütfilm über eine seltsame Sportart, der über weite Strecken wie eine Fingerübung wirkt, weil seinen verschrobenen, teilweise auch makabren Einfällen ein übergreifendes Ziel fehlt.

*Roland Mörchen, Film-Dienst, 14/2001*

## Nancy und Frank – A Manhattan Love Story 655

**+

**Regie:** Wolf Gremm
**Darsteller:** Hardy Krüger jr. (Frank Wagner), Frances Anderson (Nancy Ferencz), Robert Wagner (Curtis Sherman), Gottfried John (Paul v. Bernwarth), Jamie Harris (Anatoly Makarov), Denise Witbanks (Shermans Sekretärin), Gerry Goldstein (Mr. Miller)
**Drehbuch:** Jonathan Brett, Wolf Gremm, nach dem Roman »Hinter dem Horizont« von Hans Werner Kettenbach
**Kamera:** Egon Werdin
**Musik:** Jack White
**Prod.:** BRD/USA 2000; 95 Min.
Elke Ried, Regina Ziegler, Rainer Bienger für Ziegler Film/Cinefrank/Cinerenta mit WDR
**Verleih:** Warner/-/-, 25.10.2001

Nancy stammt aus Ungarn, lebt aber seit Jahren in den USA. Sie studiert an der New York University und träumt davon, als Verhaltensforscherin mit Gorillas in Afrika zu arbeiten.

Um sich dies zu ermöglichen, arbeitet sie als Hostess für wohlhabende Geschäftsleute. So lernt sie den Deutschen Frank kennen. Die beiden verlieben sich, aber es tauchen große Schwierigkeiten auf.

**Kritik:** »Sie sehen aus, als hätten Sie sich verliebt!«, säuselt die Concièrge Frank zu, nachdem sich dieser erstmals mit Nancy in New York getroffen hat. Schön, dass sie es noch mal so deutlich sagt, von selbst wäre da nämlich niemand darauf gekommen. Eine klassische Fernsehstrategie: Alles im Bild Gezeigte muss zwanghaft dialogisch aufgearbeitet werden, damit trotz Stullenschmierens in der Küche auch nichts verpasst wird. Das entpuppt sich hier als doppelt furchtbar, weil ein Großteil der Szenen von den müden Darstellern derart platt agiert wird, dass das im Bild Gezeigte ohne Dialog schon gar nicht verstanden werden würde. (…) Wolf Gremm, Regisseur von »Tod und Freiheit« oder »Kamikaze 1989« – lang ist's her –, präsentiert zudem (doppelt tragisch) eine unfassbar banale Geschichte, die dermaßen trocken erzählt wird, als habe es vorher nichts Vergleichbares gegeben. Wolf Gremm fällt optisch gar nichts ein und akustisch stellt sich zudem die Nachsynchronisation als – gelinde formuliert – derart stümperhaft heraus, dass nicht erst die Auftritte von Hardy Krüger junior endgültig das Gefühl erwecken, man sei Zeuge einer zweitklassigen mexikanischen TV-Soap. Auf den hochtrabenden Untertitel »A Manhattan Love Story« rekurierend, kann ich nur schließen: eine Katastrophe.

*Schnitt, 3/2001*

## Natürlich blond! 656

LEGALLY BLONDE ***+

**Regie:** Robert Luketic
**Darsteller:** Reese Witherspoon (Elle Woods), Luke Wilson (Emmett), Selma Blair (Vivian), Matthew Davis (Warner), Victor Garber (Prof. Callahan), Jennifer Coolidge (Paulette), Holland Taylor (Prof. Stromwell)
**Drehbuch:** Karen McCullah Lutz, Kirsten Smith, nach dem Roman von Amanda Brown
**Kamera:** Anthony B. Richmond
**Musik:** Rolfe Kent
**Schnitt:** Anita Brandt Burgoyne, Garth Craven
**Prod.-Des.:** Melissa Stewart
**Prod.:** USA 2001; 97 Min.
Marc Platt, Rick Kidney für MGM
**Verleih:** 20th Century Fox/dto./dto., 15.11.2001
**FSK:** o. A., ffr. – **FBW:** Besonders wertvoll

Elle, ein blondes kalifornisches Girlie, beginnt in Harvard ein Jurastudium, um ihren Exfreund wieder zurückzugewinnen, der sich eine seriöse Freundin wünscht. Im Laufe der Zeit entpuppt sie sich als brillante Juristin, die dann, als sie ihn endlich haben könnte, von ihrem Ex natürlich nichts mehr wissen will. Eine schrille amerikanische Komödie, die, auch mithilfe von Kostüm und Setdesign, Klischees bis zum Äußersten treibt und dies als Quelle für ihren Witz nützt.

*Alrun Fichtenbauer, Multimedia (Die Furche), 15.11.2001*

**Kritik:** (…) Luketic ist kein ökonomisch arbeitender oder subtiler Re-

*Reese Witherspoon*

gisseur. Mit Andeutungen gibt er sich nicht zufrieden, er versucht lieber, auf jeden Einfall noch einen weiteren draufzusetzen. Wenn es zur triumphalen Abschlussfeier in Harvard kommt, muss selbst Elles Hündchen einen Doktorhut auf dem Kopf tragen. Aber Luketic verfügt über genügend Witz und Charme, um seine Geschichte unterhaltsam und nicht ohne bissige Momente über die Runden zu kriegen. Dass sich der vermeintliche Traummann, für den Elle Woods ihren Auf- und Ausbruch gewagt hat, am Ende als Albtraum, als eitler und selbstsüchtiger Karrierist erweist, macht das Glück der Blondine vollkommen.

*H. G. Pflaum, SZ, 15.11.2001*

(...) Aber »Legally blonde« ist kein schlechter Film. Er ist nur einer, der mit dem Talent seiner Hauptdarstellerin nicht ganz mithalten kann. Wenn dieser Film nun Elle, die gleich wieder zu alter Ignoranz und Oberfläche findet, im Cabrio mit Hündchen und begleitendem Möbelwagen zum Jurastudium nach Harvard schickt und wenn er dieses Eindringen eines schrill bunten Mädels aus L. A. in die dezent dämmrigen Hallen des Wissens als Kulturclash zwischen West- und Ostküste schildert, dann gelingen ihm ein paar sehr witzige Szenen. Wobei der Hort der Kultur sich nicht als der erweist, an dem auch Herzensbildung gelehrt wird, sondern als ein Bollwerk der Hochmut und der Arroganz. Wenn der Film dann aber all jene Gräben, die er so lustvoll aufgerissen hat, am Ende wieder zuschüttet, dann gerät er doch zu versöhnlerisch. (...)

*Rupert Koppold, Stuttgarter Zeitung, 15.11.2001*

**Interview:** *Wie kamen Sie zu Ihrer großen Chance, in Hollywood zu drehen?*

Ich habe einen Kurzfilm gemacht, der auf dem Festival in Telluride, Colorado, gezeigt wurde, und er wurde eine Art Kultfilm auf den Filmfestivals in den USA. Alle Produzenten, Manager und Agenten haben ihn gesehen und sie sagten: Komm nach Los Angeles. Sie steckten mich in ein tolles Appartement, kümmerten sich um mich, und auf einmal kamen all diese Drehbücher, mehrere pro Tag. Aber sie waren alle furchtbar, sehr schlechte Teenagerkomödien. Kein einziges dieser Bücher, die ich ablehnte, ist verfilmt worden. Drei Jahre habe ich gewartet und mit MGM habe ich das richtige Studio gefunden.

*Sie bezeichnen sich selbst als »commercial filmmaker«, was bedeutet das?*

Dass ich keine Filme mache, die zehn Leute sehen. Ich mache Filme für ein großes Publikum. Das ist es, wofür das Medium erfunden wurde: um die Massen zu unterhalten. Und das bereitet mir großes Vergnügen und macht mich stolz. Meine Schwester ist gerade aus Indonesien zurückgekommen und hat mir erzählt, dass dort an jeder Straßenecke illegale DVDs von »Natürlich blond« für fünf US-Dollar verkauft werden. Das war einen Monat nachdem der Film in den USA in die Kinos kam! Zuerst war ich ein bisschen wütend, aber dann fand ich es auch cool. Meine Schwester sah, wie diese Leute den Film mit ihren Videokameras im Kino abfilmten. Da machen die dann die DVDs davon. Unglaublich.

*Robert Luketic im Interview mit Christian Seebaum, SZ, 15.11.2001*

## Nenn mich einfach Nikolaus 657

CALL ME CLAUS **

Video

**Regie:** Peter Werner
**Darsteller:** Whoopi Goldberg (Lucy Cullins), Nigel Hawthorne (Nick), Brian Mitchell (Cameron), Victor Garber (Taylor), Taylor Negron (Ralph), Frankie Faison (Dwayne), Alexandra Wentworth (P. A.)
**Drehbuch:** Paul Mooney, Sara Bernstein, Gregory Bernstein
**Kamera:** Neil Roach

**Musik:** Van Dyke Parks, Garth Brooks
**Schnitt:** Benjamin A. Weissman
**Prod.-Des.:** Charles C. Bennett
**Prod.:** USA 2001; 86 Min.
Jay Benson, Tom Leonardis für Columbia TriStar TV/Floresta/One Ho/Red Strokes
**Vertrieb:** Columbia TriStar Video, 4.12.2001
**FSK:** o. A.

TV-Shopping-Produzentin heuert – wie sich herausstellt – den echten Weihnachtsmann als Werbekanone an. Mit den vorgestanzten Story-Schablonen versehener, selten origineller Jahresende-Schmuse-Quatsch.

## Net Worth – Die Macht des Geldes 658

NET WORTH **

Video

**Regie:** Kenny Griswold
**Darsteller:** Daniel Baldwin (Robert Freedman), Craig Sheffer (Woody Miller), Todd Field (Thad Davis), Michael T. Weiss (Michael Winslow), Tara Wood (Tara), Alix Koromzay (Liddy Adams), Max Perlich
**Drehbuch:** Kenny Griswold, Bill Kerig
**Kamera:** Yoram Astrakhan
**Musik:** David Nessim Lawrence
**Schnitt:** Sean Hubbert
**Prod.:** USA 2000; 95 Min.
Michael Baker, Cerise Fukuji, Bill Kerig, Kris Wiseman McIntyre für Curb Ent.
**Vertrieb:** e-m-s (Sunfilm) Video, 16.10.2001
**FSK:** ab 12 J.

Vier sehr unterschiedliche Freunde wetten, dass sie mit 100 Dollar einen Monat in einer fremden Stadt überleben werden. Am originellsten noch die Idee, dann die Darsteller und schließlich die Inszenierung. Fazit: ganz nett.

## Das neue Land 659

DET NYA LANDET □

TV

**Regie:** Geir Hansteen Jörgensen
**Darsteller:** Mike Almayehu (Ali), Lia Boysen (Louise), Michalis Koutsogiannakis, Lars Vaeringer
**Prod.:** Schweden 2000; 135 Min.
**TV:** 17.7.2001, ZDF, 0.05, »Das kleine Fernsehspiel«

Fernsehspiel über die beschwerliche Odyssee zweier Asylbewerber durch Schweden. Während ihrer Reise begegnen sie einigen skurrilen Menschen und werden in aberwitzige Erlebnisse verwickelt. *AZ TV Journal*

## Die neuen Abenteuer von Pinocchio 660

***

**Regie:** Michael Anderson
**Darsteller:** Martin Landau (Geppetto), Udo Kier (Mme. Flambeau/Lorenzini), Gabriel Thomson (Pinocchio), Gemma Gregory (Blue/Isabella), Warwick Davis (Zwerg/Pepe), Sarah Alexander (Felinet), Simon Schatzberger (Volpe)
**Drehbuch:** Tom Sheppard, Sherry Mills
**Kamera:** Ennio Guarnieri
**Musik:** Günther Fischer, Rainer Oleak
**Schnitt:** Marcus Manton
**Prod.-Des.:** Humphrey Bangham
**Prod.:** BRD/GB 2001; 94 Min.
Harald Reichebner, Knut Boeser; Romain Schroeder, Tom Reeve für Creativ Berlin Filmpartner Rajn Patel & Jeffrey Sneller/ The Carousel
**Verleih:** Nighthawks/-/-, 5.4.2001
**Vertrieb:** MC-One Video (Video, DVD)
**FSK:** ab 6 J., ffr.

Magie und Liebe haben ihn zum Leben erweckt. Ein schlichter Herzenswunsch ließ Holz zu Fleisch werden, eine Marionette zu einem lebendigen Jungen – Pinnocchio. Aber die gleichen Zauberkräfte, die ihm einst nützlich waren, werden jetzt gegen ihn benutzt und Pinocchio muss plötzlich um seine Menschlichkeit kämpfen.

**Kritik:** (…) Im Unterschied zum »Legenden«-Pinocchio setzt Regisseur Anderson, dessen Abenteuerfilm »In 80 Tagen um die Welt« vor vielen Jahren mit fünf Oscars ausgezeichnet wurde, in der 17 Mio. Mark teuren deutschen Produktion mehr auf Zirkusattraktionen und familiäre Beziehungen als auf Actionsequenzen. Mit der Story-Pointe, dass Pinocchio ein lebendiger Junge und keine Holzfigur ist und zunächst sein Vater in eine sprechende Marionette verwandelt wird, ist den Autoren eine originelle Variante des schon häufig verfilmten Stoffs gelungen. *Reinhard Kleber, Filmecho-Filmwoche, 13/2001*

(…) Ob dies, die üppige Ausstattung, die Figuren von Jim Jenson's Creature Shop und die visuellen Effekte ausreichen, das angepeilte Familienpublikum anzulocken, scheint jedoch angesichts der gemächlichen Inszenierung fraglich. Kleine Kinogänger, die über Fische mit Menschenköpfen und sprechende Katzen noch staunen können, kommen aber allemal auf ihre Kosten.

*Reinhard Kleber, Filmecho-Filmwoche, 13/2001*

## Ein neues Leben 661

PEAU NEUVE □ TV

**Regie:** Emilie Deleuze
**Darsteller:** Samuel Le Bihan (Alain), Marcial Di Fonzo Bo (Manu), Catherine Vinatier (Pascale), Claire Nebout (Isabelle), Fabien Lucciarini (Jean), Candice Dufour (Anna)
**Drehbuch:** Emilie Deleuze, Laurent Guyot, Guy Laurent
**Kamera:** Antoine Heberle
**Musik:** L'Attirail, Supersonic
**Schnitt:** Fabrice Rouaud
**Prod.:** Frankreich 1999; 92 Min. Agnes B., Carole Scotta für Haut et Court/Love Streams mit Canal+/CNC
**UA:** 15.5.1999, Int. Filmfestspiele Cannes, »Un Certain Regard«
**TV:** 10.3.2001, WDR, 22.15

Der Film beeindruckt durch die Beschreibung einer ungewöhnlichen Freundschaft, aber auch durch das ungewöhnliche Milieu großer Baustellen und riesiger Baumaschinen, das optisch attraktiv in Szene gesetzt ist.

*Pressetext*

## Die neun Leben des Tomas Katz 662

THE NINE LIVES OF TOMAS KATZ ****+

**Regie:** Ben Hopkins
**Darsteller:** Thomas Fisher (Tomas Katz), Tony Maudsley (Taxifahrer), Ian McNeice (Inspektor), Andrew Melville (Fischereiminister), Trevor Thomas (Schlauch), Tim Barlow (Herr Brown), Steven O'Donnell (Keith)
**Drehbuch:** Ben Hopkins, Thomas Browne, nach einer Vorlage von Ben Hopkins und Rob Cheek
**Kamera:** Julian Court
**Musik:** Dominik Scherrer
**Prod.-Des.:** Gideon Davey
**Prod.:** GB/BRD 1999; 82 Min. Caroline Hewitt für Geißendörfer Film/United Artists/Strawberry Vale
**EA:** Int. Hofer Filmtage 1999
**Verleih:** Piffl/-/-, 11.1.2001

London, 1999: Im Dunkel der totalen Sonnenfinsternis versinkt die Hauptstadt im Chaos. Apokalypse auf Britisch – makaber, absurd und herrlich erfrischend, da Ben Hopkins alles auf die Schippe nimmt: Esoteriker, Londoner, Minister, Frauen, Rabbiner, Journalisten, Kinderhasser, Schüler, Sozialarbeiter, Christen, den Antichrist und vor allem Polizisten.

*Cristina Moles Kaupp, tip, 1/2001*

**Kritik:** (…) Die Bilder spannen einen großen Bogen vom deutschen Kino-Expressionismus über die Anarchie der britischen Nonsense-Komödie der 30er-Jahre bis zu den frühen Filmen von Richard Lester und dem Monty Pythons. Dem jungen britischen Regisseur Ben Hopkins, der vor zehn Jahren seinen ersten Kurzfilm gedreht hat, ist mit seinem zweiten Spielfilm eine Komödie gelungen, die ununterbrochen von Dingen erzählt, die bis zur Unsichtbarkeit finster sind, Computerviren, HIV, Ebola und BSE – ohne sie jemals zu benennen: eine Geschichte, in der am Ende einfach alles aufgefressen wird oder sich auflöst, bis nichts mehr bleibt. Der Letzte macht, bevor er sich selbst abschaltet, das Licht aus.

*H. G. Pflaum, SZ, 12.1.2001*

(…) Mit krimineller Energie hat sich Hopkins ans Unkonventionelle gewagt. Sämtliche Außenaufnahmen entstanden ohne Drehgenehmigung auf die gute alte Guerilla-Art. So sehen die Szenen dann auch aus, ex und hopp, doch durch nichts ließe sich Nos flüchtige Erscheinung besser inszenieren. Weil es das Budget nicht anders zuließ und dadurch auch noch Erkenntnis befördert wird, sind Hopkins Politiker eben Pappkameraden – im buchstäblichen Sinne. Zusammen mit dem gänzlich irritierenden Tomas Fisher schafft der Regisseur eine seltsam angespannte Atmosphäre, die sich immer wieder im Lachen löst. Wer Humor, Apokalypse und Kunstanspruch in einem Film zusammendenken kann, erlebt hier eines der besten, witzigsten und zugleich schönsten Leinwandwerke seit Jahren. (...)

*Philipp Bühler,*
*Berliner Zeitung, 11.1.2001*

## Neutral 663

NEUTRE ****+

**Regie:** Xavier Ruiz
**Darsteller:** Roberto Bestazzoni, Olivier Iglesias, Gaspard Boesch, Miami Themo, Nicholas Michel, Julien George
**Drehbuch:** Nicholas Cuthbert
**Kamera:** Christophe Serrare
**Musik:** Nik Petsilas, Bernard Trontin
**Schnitt:** Jean-Paul Cardiaux, Xavier Ruiz
**Prod.-Des.:** Patrick Schmid
**Prod.:** Schweiz 2000; 92 Min.
Xavier Ruiz für Navarro mit Subliminal Pic./ Freenews/Nena
**UA:** 30.8.2001, Montreal Film Festival (World Cinema: Reflections of Our Time)
**Verleih:** -/-/Elite, August 2001

Eine Gruppe von WK-Soldaten gerät unter ihrem überforderten und ehrgeizigen Oberleutnant während einer Übung auf französisches Gebiet. Bei der illegalen Rückkehr in die Schweiz kommt es zum Drama. Der mit minimalem Budget realisierte Film überrascht durch den effizienten Einsatz der bescheidenen Mittel. Sehr effektvoll (Musik!) macht er aus dem volkstümlichen Ritual WK einen spannenden Thriller. Die Gefahr kommt nicht von außen, sondern aus der Institution Armee selber: Der Ernstfall, das sind die sinnlosen wie lächerlichen Übungen. *Film, 8/2001*

## New Alcatraz 664

NEW ALCATRAZ **
Video

**Regie:** Phillip J. Roth
**Darsteller:** Dean Cain (Robert Trenton), Craig Wasson (Warden), Mark Sheppard (Yuri Brescov), Elizabeth Lackey (Jssica), Dean Biasucci (Maj. Larsten), Grand L. Bush (Quinn), Richard Tanner (Peter Yuvol)
**Drehbuch:** Phillip J. Roth
**Kamera:** Todd Barron
**Schnitt:** Randy Carter
**Prod.-Des.:** David Huang
**Prod.:** USA 2001; 90 Min.
Cell Block Prod.
**Vertrieb:** e-m-s (Sunfilm) Video, 20.11.2001
**FSK:** ab 16 J.

Geologen bohren in der Antarktis statt Erdgasvorkommen steinzeitlichen Killer-Organismus an und aktivieren ihn. Billige Mischung aus Horror und Action, bei dem die Vorbilder deutlich durchschimmern.

## New York kreuz und quer 665

THE CRUISE ***

**Regie:** Bennet Miller
**Darsteller:** Timothy »Speed« Levitch
**Kamera:** Theodore Miller
**Musik:** Marty Beller
**Schnitt:** Michael Levine
**Prod.:** USA 1998; 76 Min.
Bennet Miller für Charter Films
**UA:** 7.4.1998, Film Festival L. A.
**EA:** 11.2.1999, Int. Forum des Jungen Films Berlin
**Verleih:** Kinoinitiative/-/-, 5.3.2001

**Kritik:** (...) »Cruise« heißt eigentlich Vergnügungsfahrt – und im schwulen Jargon das gegenseitige Begutachten auf der Straße. Für Tim Levitch bedeutet der Begriff mehr: Entwicklung, Freiheit, Bewegung, auch wenn sie kreisförmig ist – das Leben als Stadtrundfahrt. Wer mitkommen will, ist herzlich eingeladen. Bei aller Verschrobenheit hat er die Gabe, seine Zuhörer teilhaben zu lassen am Faszinosum New York.
Schwer zu sagen, ob »The Cruise« ein Film über Timothy Levitch oder über New York ist, die beiden sind unzertrennlich. Für Levitch sind die Stadt und ihre Gebäude lebendig, die steinernen Pfeiler der Brooklyn Bridge betrachtet er als seine Freunde. Man würde sich kaum wundern, wenn die Zuneigung auf Gegenseitigkeit beruhte.

*Susanna Nieder,*
*Der Tagesspiegel, 5.4.2001*

## Newenas weite Reise 666

***

**Regie:** Nenad Djapic
**Darsteller:** Victoria Borislavova Borisova (Newena), Florian Jaeger (Jan), Dieter Pfaff (Kojak), Peter Franke (Fiete), Heike Falkenberg (Birgit), Max Herbrechter (Hanns), Igor Galo
**Drehbuch:** Nenad Djapic, Marc Eric Wessel
**Kamera:** Anton Rangelov Bakarski
**Musik:** Ingo Frenzel
**Schnitt:** Krasimira Velickova
**Prod.-Des.:** Swetlana Bone
**Prod.:** BRD/Bulgarien 2000; 92 Min.
Ottokar Runze für Ottokar Runze Filmprod. mit BR/NDR/ORB/SWR
**Verleih:** Basis/-/-, 8.11.2001
**FSK:** ab 6 J., ffr.

Wie erklärt man Kindern Krieg? Vor allem jenen, die im Überfluss leben, wie der 14-jährige Jan aus Hamburg. Bei Kriegsbildern aus dem Fernsehen zappt er weiter, ihn interessiert nur Basketball. Bis er Newena kennen lernt, ein traumatisiertes Mädchen, das im Krieg auf dem Balkan seine Eltern verloren hat und nun den kleinen Bruder sucht. Sie reist als blinder Passagier auf just jenem Dampfer, auf den Jans viel beschäftigte Eltern ihren Sohn »abgeschoben« haben – schließlich ist der Kapitän Jans Onkel. Und so entwickelt sich »Newenas weite Reise« nicht nur zu einer Abenteuergeschichte, sondern versucht auch, dem verständlichen Wunsch nach einer heilen Welt gerecht zu werden.
*Cristina Moles Kaupp, tip, 23/2001*

**Kritik:** (...) Eine weitgehend anrührende Geschichte, die vor allem von ihren plastischen Hauptfiguren lebt, dabei aber etwas zu stark zum Moralisieren neigt. Die Videotechnik führt zudem zu uninspirierten Experimenten, die dem Erzählduktus schaden.
*Oliver Rahayel, Film-Dienst, 23/2001*

(...) Mit kurzen Traumsequenzen werden die Erfahrungen der beiden Teenager angedeutet. Während der verwöhnte Jan nur vom Spiel träumt, wird Newena auch am Tag von ihren schrecklichen Kriegserlebnissen verfolgt, bei denen ihre Eltern starben. Diese inhaltliche Komponente dürfte vor allem älteren Kindern zugänglich sein. Das langsame Erzähltempo und die einfache Erzählstruktur ist für diese Altersgruppe weniger geeignet. Zumal allzu oft der Zeigefinger erhoben und in den Dialogen alles haarklein erklärt wird, um das Anliegen den Kids auch wirklich nahe zu bringen. Daher wirkt der Film mitunter wie eine verlängerte Schulstunde.
*Katharina Dockhorn, Filmecho-Filmwoche, 43/2001*

## Ein nicht ganz perfekter Mord 667

ONCE YOU MEET A STRANGER ***

TV

**Regie:** Tommy Lee Wallace
**Darsteller:** Jacqueline Bisset, Theresa Russell, Robert Desiderio, Nick Mancuso, Andi Chapman, Gretchen Wyler
**Prod.:** USA 1996; 90 Min.
**TV:** 20.11.2001, RTL2, 0.10

Sheila Haines hat Probleme mit ihrem habgierigen Ehemann, der nicht in die Scheidung einwilligen will. Da trifft sie im Zug auf eine mysteriöse Frau, die ihr vorschlägt, ihren Mann umzubringen, wenn Sheila dafür deren Mutter tötet. *AZ TV Journal*

## Nicht ohne dich 668

□

TV

**Regie:** Diethard Klante
**Darsteller:** Naomi Krauss (Sophie Wagner), Heiko Deutschmann (Kai Wagner), Nicole Heesters (Gisela List), Heinz Hoenig (Paul Werner), Felix Füllenbach (Benni Wagner), Julia Schneider (Katja Wagner), Teresa Harder (Ulla Jacob)
**Drehbuch:** Gareth Jones, Fiona Howe
**Kamera:** Hans Grimmelmann
**Musik:** Jochen Schmidt-Hambrock
**Schnitt:** Jutta Brandstaedter
**Prod.-Des.:** Frank Chamier
**Prod.:** BRD 2001; 90 Min.
Joachim Schöneberger für Telefilm Saar
**TV:** 23.4.2001, ZDF, 20.15

Wohlstand erreicht, Probleme stellen sich ein, Ehe geht in die Brüche. Wie im wahren Leben.

## Nicht von dieser Welt 669
FUORI DAL MONDO ****

**Regie:** Giuseppe Piccioni
**Darsteller:** Margherita Buy (Caterina), Silvio Orlando (Ernesto), Carolina Freschi (Teresa), Maria Cristina Minerva (Esmeralda), Sonia Gessner, Giuliana Lojodice, Marina Massironi
**Drehbuch:** Giuseppe Piccioni, Gualtiero Rosella, Lucia Maria Zei
**Kamera:** Luca Bigazzi
**Musik:** Ludovico Einaudi
**Schnitt:** Esmeralda Calabria
**Prod.-Des.:** Marco Beluzzi
**Prod.:** Italien 1999; 100 Min.
Lionello Cerri für Lumière mit RAI
**Verleih:** Schwarz-weiss/-/Elite, 27.12.2001
**FSK:** ab 6 J., ffr.

Italiens Oscar-Hoffnung ist ein herzerwärmendes Manifest gegen die Gefühlskälte unserer Zeit. Ein ausgesetztes Neugeborenes wird einer Nonne anvertraut, ein depressiver Wäschereibesitzer gibt sich ihr als möglicher Vater zu erkennen. Ihre gemeinsame Suche nach der Mutter dient dem Regisseur als Metapher für die Selbstfindung seiner Figuren. Ein stark gespielter, ungemein sentimentaler Film, der sich ohne Ausrutscher auf dem schmalen Grat zwischen Gesellschaftskritik und Kitsch bewegt. *Film, 1/2000*

**Kritik:** (...) Passend zur Weihnachtszeit plädiert dieses ebenso unterhaltende wie nachdenklich stimmende Beziehungsdrama für mehr menschliches Verantwortungs- und Mitgefühl.
*Ralph Umard, tip, 26/2001*

(...) Es geht in Piccionis Film, der auch Melodram und augenblicksweise fast Drama ist, um Erfahrungen von Leben, von Bewegung und Veränderung. Nicht Stillstand, weder planvoll noch ziellos, kann das eigentliche Leben sein, sondern immer wieder etwas Neues, das den Menschen fordert, ob positiv oder negativ. Nicht von dieser Welt zu sein, hat immer etwas von Flucht, von Frust vielleicht auch – Piccionis Film zeigt, wie man Lust aufs Leben bekommen kann.
*Frauke Hanck, Blickpunkt Film, 51/2001*

(...) Während der Eigenbrötler sein Leben überdenkt und die Nonne an

*Silvio Orlando und Margherita Buy mit den Mitarbeitern der Wäscherei*

*Silvio Orlando und Margherita Buy*

ihrer Berufung zweifelt, verbindet die Regie souverän Neorealismus und Neuzeit-Märchen. Piccioni besetzt überzeugend und wurde für seine Tragikomödie mit Festivalpreisen bis hin zur Nominierung für den Auslands-Oscar überhäuft – schön, dass der 1999 entstandene Film jetzt endlich auch in die deutschen Kinos kommt. Herzerwärmend unprätentiös lotet der Film die Höhen und Tiefen des Menschseins aus.

*Horst W. Wegener, Zitty, 1/2002*

## Nichts bereuen 670

****

**Regie:** Benjamin Quabeck
**Darsteller:** Daniel Brühl (Daniel), Jessica Schwarz (Luca), Marie Lou-Sellem (Anna), Denis Moschitto (Dennis), Josef Heynert (Axel), Sonja Rogusch (Maria)
**Drehbuch:** Hendrik Hölzemann
**Kamera:** David Schultz
**Musik:** Lee Buddah
**Schnitt:** Tobias Haas
**Prod.-Des.:** Markus Wollersheim, Miriam Möller
**Prod.:** BRD 2001; 104 Min.
Stephanie Wagner, Michael Schaefer für Filmakademie Ludwigsburg mit Arri TV/WDR
**UA:** 4.7.2001, Filmfest München
**Verleih:** Ott Film, UIP/UIP/-, 15.11.2001
**FSK:** ab 12 J., ffr. – **FBW:** Wertvoll

Abtasten der pubertären Unsicherheitsgefühle nach dem Abitur. Der Zivildienstleistende Daniel, mit den Grausamkeiten der Greisenbetreuung konfrontiert, zugleich im Aufruhr der Sexualität auf Orientierungssuche – ein Stadium der Unreife, des Experimentierens, ein Testen der eigenen Möglichkeiten auf einer emotionalen Chaos-Rennstrecke ohne Gewähr.

*Ponkie, AZ, 4.7.2001*

**Kritik:** (…) Quabeck ist mit seinem Debütfilm etwas wirklich Bemerkenswertes gelungen: ein schöner, unaufgeregter Film, der sich weder vor Emotionen noch vor einfachen Wahrheiten fürchtet.

*Michael Meyns, Zitty, 24/2001*

(…) Nur am Ende wird diese schöne Komödie ein bisschen sehr verstörend. Wenn der nun aus seiner Schüchternheit und Jungfräulichkeit erlöste Daniel einiger wüster Kummerexzesse wegen vor Gericht erscheinen muss und selbstzufrieden auf jedes Zeichen von Reue verzichtet, dann scheint es plötzlich, als sei das Erwachsenwerden gleichbedeutend mit Entflechtung aus der sozialen Verantwortung. Dann hat »Nichts bereuen« zu seinem Titel gefunden und ist plötzlich nahe dran an jenem haargelschlüpfrigen Zeitgeist, gegen den er vorher opponiert. Aber vielleicht zeigt er da ja auch nur die Verführbarkeit seiner Figuren.

*Thomas Klingenmaier,*
*Stuttgarter Zeitung, 15.11.2001*

(…) Da der Film, würde man ihn nur inhaltlich beschreiben wollen, recht platt rüberkäme, sei abschließend folgende Plattitüde erlaubt: Wer sich diesen Film anschaut, wird es auf jeden Fall nicht bereuen.

*Nikolaj Nikitin, Schnitt, 4/2001*

**Interview:** »Der Film hat 330.000 Mark gekostet, er war also sehr günstig. Kein Mensch hat eine Gage bekommen, das waren alles Rückstellungen und das ganze Team hat auf Kosten der Stadt Wuppertal in einer riesigen Villa gewohnt – wie in einer

Jugendherberge. Veltins hat 1500 Liter Bier gesponsert – das hat genau bis zum letzten Tag gereicht. Viele andere Firmen haben uns unterstützt, die Hauptkosten sind finanziert durch den WDR, das Filmbüro NRW und durch die Filmakademie. Als Koproduzent ist Arri großzügig beteiligt. Zuvor hatten einige Sender das Projekt abgelehnt.«

*Benjamin Quabeck im Interview mit Blickpunkt Film, 31/2001*

*Wirken die letzten Monate auf Sie nicht wie ein Traum?*

Ich habe kaum Zeit zum Zurücklehnen und Genießen des Erfolgs. Ich habe einen aufwändigen Werbespot gedreht, um mich auch auf diesem Gebiet auszuprobieren, und bereite einen Spielfilm mit den Produzenten Claussen & Wöbke (»Jenseits der Stille«, »Crazy«) vor. Als sie mir ein Drehbuch anboten, ging für mich ein Traum in Erfüllung. Eigentlich weiß man, das es so passieren müsste, man ist dann aber total erstaunt, wenn es wirklich eintrifft. Aber alle Dinge, die ich wollte, haben bisher funktioniert.

*Benjamin Quabeck im Interview mit Katharina Dockhorn, Zitty, 24/2001*

*Daniel Brühl und Jessica Schwarz*

## Nichts wie weg 671

□

TV

**Regie:** Peter Patzak
**Darsteller:** Elke Winkens (Claudia Aigner), Gregor Bloéb (Joe Swoboda), Hanno Pöschl (Gerhard Berger), Vanessa Rausch (Ketut), Karin Giegerich (Bettina Morris), Aglaia Szyszkowitz (Helga Marek), Bigi Fischer (Tante Lore)
**Drehbuch:** Georg Biron, Peter Patzak
**Kamera:** Andreas Köfer, Mario Hopfgartner
**Schnitt:** Michou Hutter
**Prod.:** Österreich 2001; 90 Min.
Wega Film
**TV:** 16.10.2001, ORF; 27.11.2001, 3sat, 20.15

Die Kantine von Joe und Claudia wird abgerissen und der Traum vom eigenen Unternehmen scheint ausgeträumt. Sie nutzen ihren Flitterwochengutschein für einen Urlaub auf Bali und wollen dort ein kleines Hotel kaufen, werden aber betrogen und über den Tisch gezogen. *Pressetext*

## Nick Knatterton – Der Film 672

□

**Regie:** Niki List, Marcus O. Rosenmüller
**Darsteller:** Jens Schäfer (Nick Knatterton), Jeanette Hain (Virginia Peng), Axel Milberg, Johannes Silberschneider, Wolfram Berger, Kordula Kohlschmitt
**Drehbuch:** Philipp Weinges, Günter Knarr, Uwe Kossmann, Uwe Wilhelm
**Kamera:** Hagen Bogdanski
**Musik:** Johnny Klimek, Reinhold Heil (Score)
**Prod.-Des.:** Matthias Kammermeier
**Prod.:** BRD 2000
Werner Koenig; Marcus O. Rosenmüller (Co-Prod.) für Helkon mit MME/Cult/ Babelsberg Independents
**Verleih:** Helkon/-/-, 7.2.2002 (geplant, nicht gestartet)

**Bemerkungen:** Eigentlich sollte das urdeutsche Popcorn-Movie schon im Mai mit Kai Wiesinger in der Titelrolle gedreht werden, doch man konnte sich nicht über eine endgültige Konzeption einig werden: Während auch eine extrem überspitzte Comicadaption im Stil von »Dick Tracy« oder ein reines Actionfeuerwerk zur Diskussion standen, setzte Produzent Werner Koenig schließlich seine Vision einer Superheldenstory um, die den spitzfindigen Detektiv aus den 50ern, ähnlich wie »Austin Powers«, in die Gegenwart versetzt. Mit dem theatererfahrenen Jens Schäfer, der schon in Rosenmüllers »Der tote Taucher im Wald« eine Hauptrolle spielte, fand man schließlich einen Darsteller, der die Rolle »optimal ausfüllt«. Einen echten deutschen Star in der Hauptrolle hielt Koenig nicht für nötig: Er ist davon überzeugt, dass die Marke Nick Knatterton in einer Form für sich alleine wirbt, wie es auch ein »Superman« tut. *Blickpunkt Film*

## Nimm das Geld und hau ab 673

KAC PARA KAC ***+

TV

**Regie:** Reha Erdem
**Darsteller:** Taner Birsel (Selim), Bennu Yildirimlar (Ayla), Zuhal Gencer (Nihal), Engin Alkan (Ahmet), Ali Düsenkalkar (Cahser)
**Drehbuch:** Reha Erdem
**Kamera:** Florent Herry, Jean Louis Vialard
**Musik:** Pressure Drops
**Schnitt:** Nathalie Le Guay
**Prod.-Des.:** Ömer Atay
**Prod.:** Türkei 1999; 100 Min.
Ömer Atay für Atlantik Film
**EA:** 24.6.2000, FilmFest München
**TV:** 26.9.2001, WDR, 23.00

Istanbul heute: Selim lebt ein braves Leben. Er hat ein Ladengeschäft, ist ein liebender Ehemann und ein guter Vater.
Seine Ehrlichkeit ist allgemein bekannt. Die kleinen Mauscheleien des Alltags, die Notlügen und Tricks, um sich ein paar kleine Vorteile zu verschaffen, sind ihm fremd. Wie tief kann einer so sinken, was ist nötig, um seinen moralischen Willen zu brechen? Reha Erdems schwarze Komödie gibt die Antwort: Ein Koffer voller Geld reicht völlig aus. Schnell stellt sich heraus, dass der Koffer gestohlen wurde, und Selim findet keinen Weg, den Betrag zurückzugeben. Mehr und mehr nimmt das Geld von seinem Leben Besitz.
*Katalog Filmfest München*

## Nirgendwo in Afrika 674

****+

**Regie:** Caroline Link
**Darsteller:** Juliane Köhler (Jettel Redlich), Merab Ninidze (Walter Redlich), Matthias Habich (Süßkind), Sidede Onyulo (Owuor), Karoline Eckertz (Regina, groß), Lea Kurka (Regina, klein)
**Drehbuch:** Caroline Link, nach dem gleichn. Roman von Stefanie Zweig
**Kamera:** Gernot Roll; Mike Bartlett (Steadycam)
**Musik:** Niki Reiser
**Schnitt:** Patricia Rommel
**Prod.-Des.:** Susann Bieling, Uwe Szielasko
**Prod.:** BRD 2001; 141 Min.
Peter Herrmann; Bernd Eichinger, Thilo Kleine, Michael Weber, Sven Ebeling (Co-Prod.) für MTM mit Constantin/ Bavaria/Media Coop. One
**Verleih:** Constantin/-/-, 27.12.2001
**FSK:** ab 6 J., ffr.
**FBW:** Besonders wertvoll

Auf ihrer Flucht aus Nazideutschland verschlägt es die Redlichs in die Einöde irgendwo in Kenia. Während die Frau anfangs noch glaubt, die Emigration wäre eine kurzzeitige Unterbrechung ihres Alltags als Anwaltsgattin, richten sich Mann und Tochter in der neuen Umgebung ein. Doch die Umstellung ist für alle hart. Nach dem Krieg folgt Walter Redlich einem Ruf als Richter nach Frankfurt. Caroline Link verfilmte den gleichnamigen autobiografischen Roman von Stefanie Zweig. »Nirgendwo in Afrika« ist Kindheitsgeschichte und Melodram, will großes Kino sein und bleibt doch nur unentschlossen. *tip, 26/2001*

**Kritik:** (...) Caroline Link hat mit ihrem Erfolgsfilm »Jenseits der Stille« gezeigt, dass sie es kann: das große amerikanische Gefühlskino mit der europäischen Sehnsucht nach Authentizität zu verbinden. Damals wie heute hat die Glaubwürdigkeit von Links Filmen etwas mit den Schauspielern zu tun. Und mit einer Kamera, die deren Gesichter beobachtet und sich an deren Fersen heftet. Leider hat »Nirgendwo in Afrika« zu viele »gute« Hauptdarsteller. Der Film wird in dem Moment unscharf, als er den Kinder-

*Lea Kurka, Sidede Onyulo in ›Nirgendwo in Afrika‹ von Caroline Link*

blick verliert und die Liebes- und Eheprobleme der Eltern fokussiert. Eine wahre Geschichte mit echten Menschen erzählt er dennoch.

*Regine Bruckmann, Zitty, 1/2002*

**Interview:** »Zwei Aspekte haben in mir die Lust der Adaption geweckt: Zum einen die Möglichkeit, in Kenia zu drehen. Das war eine Herausforderung, die mir auch Angst machte. Zum anderen der ungewöhnliche Blick auf den Zweiten Weltkrieg und eine Familie, die sich wie viele – im Gegensatz zur Familie Mann – ohne Geld, soziale Kontakte und die Kenntnis der Sprache in einer entlegenen Gegend durchschlagen muss. Man sollte denken, sie sollten sich freuen, weil sie in Sicherheit sind. Aber ihr Drama begann erst im Exil, weil sie in der Fremde an ihrem Schicksal verzweifeln.«

*Caroline Link im Interview mit Katharina Dockhorn, Zitty, 1/2002*

## No Escape – Der Kampf mit der Bestie 675

MILLENNIUM MAN **

Video

**Regie:** Bradford May
**Darsteller:** Eric Scott Woods (Major Damon), Andrew Jackson (Adaman/Adam), Jennifer Gatti (Dr. Susan Shelly), Shannon Kenny (Veronica), Jonathan Banks (Dr. Eisenberg)
**Drehbuch:** Glen A. Larson
**Kamera:** Mark Melville
**Musik:** Robert J. Walsh
**Schnitt:** Doug Clark
**Prod.:** USA 1999; 85 Min.
Neil Lundell für Glen A. Larson Prod.
**Vertrieb:** Paramount Video, 8.2.2001
**FSK:** ab 16 J.

Nachdem ein erster künstlich erzeugter »Adaman« geflohen und ins kriminelle Milieu abgetaucht ist, muss nun ein verstorbener Agent als Rohmaterial herhalten und Adaman das Handwerk legen. Bescheidene US-Fernsehproduktion, die sattsam bekannte Muster wiederkäut.

## Noose – Teufelskreis des Schweigens 676

SNITCH / NOOSE ***

TV

**Regie:** Ted Demme
**Darsteller:** Denis Leary (Bobby »Noose« O'Grady), Jason Barry (Seamus), Famke Janssen (Katy O'Connor), Jeanne Tripplehorn (Annie), Martin Sheen (Det. Hanlon), Ian Hart (Mouse), Lenny Clarke (Shunk)
**Drehbuch:** Mike Armstrong
**Kamera:** Adam Kimel
**Musik:** Todd Kasow
**Schnitt:** Jeffrey Wolf
**Prod.-Des.:** Ruth Ammon
**Prod.:** USA 1998; 93 Min.
Nicolas Clermont, Elie Samaha, Joel Stillerman, Ted Demme, Adam Doench, Jim Serpico für Spanky/Apostle/ Clinica Estetico/Filmline Int./Kushner-Lockel Tribeca
**EA:** 30.6.1998, Filmfest München 1998
**TV:** 9.12.2001, SAT.1

Bobby ist 33 und auf dem besten Weg, das Rentenalter nicht zu erreichen. Sein ganzes Leben hat er in Charlestown, Massachusetts, verbracht und nicht einmal im Traum daran gedacht, der armseligen Iren-Enklave den Rücken zu kehren. »Regiert« wird das Kaff von Jackie, einer lokalen Gangstergröße, der vor allem eines fordert: Loyalität.

*Katalog Filmfest München 1998*

## Normale Zeiten 677

***

**Regie:** Elisabeth Scharang
**Darsteller:** Grete und Pepi Grossberger, Alexandra Pednarik, Walter Krotky, Hilde, Anton, Jörg und Nina Ponier, Othmar
**Drehbuch:** Elisabeth Scharang
**Kamera:** Claus Muhr, Johannes Hammel
**Musik:** Fritz Ostermayer
**Schnitt:** Michael Ranocha
**Prod.:** Österreich 2000; 85 Min.
Erich Lackner für Lotus Film
**Verleih:** -/Polyfilm/-, Mai 2001

Elisabeth Scharang, Jahrgang 1969, nimmt ein sozialkritisches Hörspiel ihres Vaters aus dem Jahr 1972 zum Ausgangspunkt für ein ikonenhaftes, plakatives, sichtlich von ihren eigenen Betroffenheiten gelenktes Feature über Ausschnitte des Österreich der 70er-Jahre. Das dokumentarische Material erscheint assoziativ ausgewählt und collagiert. Angesprochene Themen werden nicht analytisch vertieft bzw. transparent gemacht. Ihr Stil der Ungenauigkeit ergibt nur ein individuelles Stimmungsbild mit starken Zügen einer wehleidigen Polemik, das sich zu Unrecht als politisch interessiert ausgibt. *Multimedia*

## Nowhere Man 678

PILGRIM **+

Video

**Regie:** Harley Cokliss
**Darsteller:** Ray Liotta (Jack), Gloria Reuben (Vicky), Armin Mueller-Stahl (Mac), Daniel Kash (Hogan), Lisa Owen (Heidi), Juilian Busio (Rafa), Alvaro Carcano (Jaime)
**Drehbuch:** Harley Cokliss, Peter Milligan
**Kamera:** Stephen McNutt
**Musik:** Fred Mollin
**Schnitt:** Michael Bradsell
**Prod.-Des.:** Jo-Ann Chorney
**Prod.:** Kanada/GB/Mexiko 1999; 91 Min.
Gery Howsam, Jason Pietle, Harley Cokliss für GFT Ent./Spice Factory/Barzo/Milagro Films
**Vertrieb:** VCL Video, 24.4.2001
**FSK:** ab 16 J.

Mitten in der Wüste erwacht Jack ohne Gedächtnis. Schnell gerät er ins Visier von anonymen Bösewichten und seine gar nicht löbliche Vergangenheit holt ihn ein. Prominente Namen, vielfach bekannte Story – allenfalls solider US-Kabel-TV-Thriller.

## Null Uhr 12 679

**+

**Regie:** Bernd Michael Lade
**Darsteller:** Meret Becker (Kathrin), Mario Irrek (Frank), Bernd Michael Lade (Jonas), Dieter Landuris (Martin), Esther Esche (Martins Ehefrau), Reiner Schöne (Kommissar), Sylvia Leifheit (Franks Ex)
**Drehbuch:** Stefan Kolditz
**Kamera:** Michael Paul Heiter
**Musik:** Michael Kobs
**Schnitt:** Sabine Brose
**Prod.-Des.:** Thomas Kuhn
**Prod.:** BRD 2001; 92 Min.
Olivier Deflou, Peter Lohner für Clasart Filmprod.
**UA:** Int. Hofer Filmtage 2001, Eröffnungsfilm
**Verleih:** Concorde/dto./-, 6.12.2001

Ein Überfall auf einen Geldtransporter, fünf Verdächtige, fünf Polizisten, Verhöre, Beschattungen – und am Ende wieder ein Überfall auf einen Geldtransporter. Oder doch nicht? Das weiß am Ende weder der Film so genau noch der Zuschauer. »Null Uhr 12« ist eine leblose Versuchsanordnung, die sich vor allem für so genannte überraschende Wendungen interessiert – und dabei alles andere aus dem Blick verliert: die Protagonisten, die Dramaturgie, die Handlungslogik. Das erzeugt eine eher unbeabsichtigte, überraschende Wendung: ein Plot, der derart um überraschende Wendungen kreist, dass am Ende nichts als Ratlosigkeit herrscht.

*Volker Gunske, tip, 25/2001*

**Kritik:** (...) Schauspieler Bernd Michael Lade, der Tatort-Kommissar Kain, verweigert sich in seiner zweiten Regiearbeit nach »Rache« konsequent jeglichen Genre-Zuweisungen. Er wagt sich weit weg von eindimensionalen Fernsehkrimis, verwirrt aber durch abstruse Wendungen – war der Anfang das Ende oder das Ende der Anfang? Hier eine müßige Frage. Der Krimi sollte sein wie die Songs der Smashing Pumpkins, die ihre Melodien erst aufbauen und dann zerhacken. Ein zerhackter Film ist aber nicht jedermanns Sache.

*Margret Köhler, AZ, 6.12.2001*

(...) Große und kleine Vorbilder werden zitiert, aber wenig Eigenes eingebracht, der Witz resultiert nicht selten aus einer gehörigen Portion Selbstironie. Hier wird vieles vermischt und durchgeschüttelt, wird auf die Originalität des Plots vertraut und auf eine Auflösung hin inszeniert, die die Erwartungen aber nur bedingt erfüllt. So gerät das beabsichtigte ironische Grinsen zum Schluss doch eher zu einem erleichterten Lächeln, nach dem man das Kino in der Gewissheit verlässt, dass es nun einen weiteren deutschen Kinokrimi gibt, der gerne mehr gewesen wäre, als er ist. Die kleine Revolution aber, die das Genre so nötig hätte, die ist wieder einmal ausgeblieben. *Steffen Heinke, Filmecho-Filmwoche, 45/2001*

## Nur adoptiert 680

TRESSE D'AMINATA □ TV

**Regie:** Dominique Baron
**Darsteller:** Virginie Lemoine (Mireille), Olivier Marchal (Jean-Marc), Johanna Coco (Aminata), Aurélie Lebarbé (Léa), Pascale Arbillot (Gaelle), Noella Dussart (Hélène), Patrick Raynal (Roger)
**Drehbuch:** Dodine Herry-Grimaldi, nach dem Roman von Alison Bernard
**Prod.:** Frankreich 1999; 89 Min.
**TV:** 13.4.2001, Arte, 20.45

Geschichte eines aus dem Senegal adoptierten Mädchens, das in einer französischen Familie an der bretonischen Küste lebt und plötzlich erfahren muss, dass sie in Zukunft nicht als einziges Kind von den Eltern geliebt werden wird. *Pressetext*

## Nur mein Sohn war Zeuge 681
**
TV

**Regie:** Jakob Schäuffelen
**Darsteller:** Maximilian Seidel (Niko), Andrea Sawatzki (Cora), Ingo Naujoks (Peter Nowak), Uwe Kokisch (Bach), Teresa Harder (Brunhilde), Vaclav Mares (Peters Vater), Dietrich Hollinderbäumer (Polizeipräsident Bodenburg)
**Drehbuch:** Hannes Fraunhoffer, Martina Borge
**Prod.:** BRD 2001; 90 Min.
Arena Aktuell
**TV:** 10.4.2001, SAT.1, 20.15

(…) In der Berliner Kinderjagd-Variante verbrüdern sich SAT.1-Thriller und SAT.1-Schnulze zu einem Durchschnittsmelodram, in dem Mutter Cora in Sorbentracht untertaucht bei den Sorben-Eltern des Polizisten Nowak. Gemeinsam müssen sie sich eines mörderischen, korrupten Polizistenpaares erwehren – ehe ihnen die Spreewälder Happy-End-Idylle winkt.
*Ponkie, AZ, 12.4.2001*

**Kritik:** (…) Moralisch also steht SAT.1 recht sauber da: Die Ideen sind zwar geklaut, aber alles darin enthaltene Spannungspotenzial wird großzügig verschenkt.
*Christian Bartels, SZ, 10.4.2001*

## Nürnberg – Im Namen der Menschlichkeit 682
NUREMBERG ***

**Regie:** Yves Simoneau
**Darsteller:** Alec Baldwin (Richter Robert H. Jackson), Jill Hennessy (Elsie Douglas), Brian Cox (Hermann Göring), Michael Ironside (Col. Burton C. Andrus), Matt Craven (Capt. Gustav Gilbert), Christopher Plummer (Sir David Maxwell-Fyfe), Max von Sydow (Samuel Rosenman)
**Drehbuch:** David W. Rintels, nach dem Buch »Nuremberg: Infamy or Trial« von Joseph E. Persico
**Kamera:** Alain Dostie
**Musik:** Richard Grégoire, Michael Nyman
**Schnitt:** Yves Langlois
**Prod.-Des.:** Guy Lalande
**Prod.:** Kanada/USA 2000; 176 Min.
Ian McDougall, Mychele Boudrias für Alliance Atlantis/La Fete mit British American Ent.
**UA:** 16.7.2000, TNT, 20.00
**Verleih:** Alliance Atlantis/British American/Les Producion La Fete, 3.9.2001
**FSK:** ab 12 J.

US-TV-Remake des Kinofilms »Das Urteil von Nürnberg« (1961) über den Prozess der Alliierten gegen die NS-Größen des Dritten Reichs. Ernsthaft, rechtschaffen, aber in seiner Figurenzeichnung denn doch überraschend differenziert – drei Stunden TV vom Feinsten.

## Oase der Zombies / Abgrund der lebenden Toten 683

LA TUMBA DE LOS MUERTOS VIVIENTES *

Video

**Regie:** Jess Franco
**Darsteller:** Manuel Gelin, Jeff Montgomery, Myriam Landson, Antonio Mayans, France Jordan, Miguel Angel Aristu, Eduardo Fajardo
**Drehbuch:** Jess Franco, nach einer Story von Ramon Llido
**Kamera:** Juan Soler
**Musik:** Pablo Villa (= Jess Franco), Daniel White
**Prod.:** Spanien/Italien/Frankreich/BRD 1983; 82 Min.
Marte Films
**Vertrieb:** X-Rated (Anolis) Video, 5.11.2001
**FSK:** ab 16 J.

Soldatensohn will bei Kriegsschlacht in der Sahara abhanden gekommene Wehrmachtsgelder bergen, doch Zombies wollen genau das verhindern. Krank und eklig peinlich, mit ebensolcher Synchronisation.

## October 22 684

OCTOBER 22 □

**Regie:** Richard Schenkman
**Darsteller:** Mark Boone jr. (Bob), Tate Donovan (Peter), Ernie Hudson (Arthur), Donna Murphy (Carole), Michael Paré (Gary), Amanda Plummer (Denise), Maylin Pultar (Andrea)
**Drehbuch:** Fred Golan
**Kamera:** Kim Haun
**Musik:** Midge Ure, Josh Phillips
**Schnitt:** Donn Aron
**Prod.:** USA 1998; 100 Min.
Alfred Sapse für Millennium Films
**Verleih:** Jugendfilm (nicht gestartet)/-/-, 12.7.2001

Ein bewaffneter Mann läuft in einem Café Amok, schießt auf alles und jeden. Auf ganz unterschiedlichen Wegen haben an diesem 22. Oktober die Menschen in dieses Café gefunden und werden unerwartet Zeugen eines Infernos.

*Filmecho-Filmwoche, 25/2001*

## Octopus 2 685

OCTOPUS II *

Video

**Regie:** Yossi Wein
**Darsteller:** Michael Reilly Burke, Meredith Morton, Chris Innis, Frederic Lane
**Drehbuch:** Michael D. Weiss
**Musik:** Bill Wandel
**Schnitt:** Cari Coughlin
**Prod.:** USA 2001; 99 Min.
Danny Lerner, David Varod, Boaz Davidson für Nu Image
**Vertrieb:** Highlight, 6.12.2001
**FSK:** ab 16 J.

Riesenkraken meucheln New Yorker Bürger. Billiger Horror-Actioner mit einem beträchtlichen Kontigent an Ignoranz und Unfähigkeit.

## Die Oetker-Entführung 686

□

TV

**Regie:** Danuta Harrich-Zandberg, Walter Harrich
**Prod.:** BRD 2001; 75 Min.
**TV:** 9.11.2001, ARD, 21.45

Die Dokumentation der Oetker-Entführung von 1976 bemüht sich zwar korrekt um jedes Detail, irritiert jedoch durch die Täter-Interviews: Dass ihm nachträglich noch einmal ermöglicht wird, die Medien zu benutzen, um sich eitel als anmaßendes Großmaul in Szene zu setzen, das entlarvt zwar die kriminelle Energie des Täters Zlof, erscheint aber als unangemessene Aufwertung eines selbstgefälligen Zynikers.

*Ponkie, AZ, 12.11.2001*

## Eine öffentliche Affäre 687

***

TV

**Regie:** Rolf Schübel
**Darsteller:** Christian Quadflieg (Michael Mölders), Ulrike Kriener (Susanne Mölders), Bernadette Heerwagen (Melanie Mölders), Ulrike Grote (Ulrike Reich), Gerhard Garbers (Dr. Böhmer), Dietmar Mues (Heinz Siebert), Frank Röth (Hübner)
**Drehbuch:** Barbara Wilde, Rolf Schübel
**Kamera:** Rudolf Körösi

**Musik:** Detlef Friedrich Petersen
**Prod.:** BRD 2000; 85 Min.
**TV:** 20.6.2001, ARD, 20.15

(...) Der Medienstar (Christian Quadflieg, glaubwürdig zwischen eitel und genervt) hatte eine überspannte Teenie-Anbeterin abgewiesen – worauf sie ihr Tagebuch mit angeblich erfüllten Wunschträumen voll schrieb und Selbstmord beging. – Zur Rehabilitierung verfällt der Film dann allerdings in jene schwerfällig pathetische Oberlehrer-Manier des altmodischen Moralzeigefinger-Kinos, die das »Alles-wird-gut«-Fernsehen offenbar nicht entbehren kann.

*Ponkie, AZ, 22.6.2001*

## Oh du Liebezeit 688

***
TV

**Regie:** Martina Elbert
**Darsteller:** Michael Mendl (Eduard Eisenhuth), Johanna Moraweg (Polly), Franziska Walser, Julian Beimel, Maria Körber, Simon Schwarz, Hans-Peter Korff
**Drehbuch:** Thomas Kirdorf
**Kamera:** Peter Hoffmann
**Schnitt:** Beate Gottschall
**Prod.-Des.:** Daniela Sommer, Steffi Bruhn
**Prod.:** BRD 2001; 90 Min.
Hessischer Rundfunk
**TV:** 22.12.2001, ARD, 20.15

Der Maler Eduard Eisenhuth lebt zurückgezogen auf dem Land. Als er seine beiden Enkelkinder für eine Weile bei sich aufnehmen muss, lernt der grimmige Hypochonder ganz neue Seiten an sich kennen.

## Ohne Erbarmen – Eine Familie des Hasses 689

IN MY SISTER'S SHADOW
□
TV

**Regie:** Sandor Stern
**Darsteller:** Janet Leigh, Nancy McKeon, Thomas McCarthy, Alexandra Wilson
**Prod.:** USA 1997; 105 Min.
**TV:** 13.9.2001, Pro7, 9.20

Thriller über einen alkoholkranken Psycho-Terroristen, der die Trennung von seiner Frau nicht verwinden kann.

## Ohne Worte 690

SAY IT ISN'T SO
**

**Regie:** James B. Rogers
**Darsteller:** Heather Graham (Jo Wingfield), Chris Klein (Gilly), Orlando Jones (Dig McCaffey), Sally Field (Valdine Wingfield), Richard Jenkins (Walter Wingfield), John Rothman (Larry Falwell), Jack Plotnick (Leon Pitofsky)
**Drehbuch:** Peter Gaulke, Gerry Swallow
**Kamera:** Mark Irwin
**Musik:** Mason Daring
**Schnitt:** Larry Madaras
**Prod.-Des.:** Sidney J. Bartholomew jn.
**Prod.:** USA 2001; 95 Min.
Bobby Farrelly, Peter Farrelly, Bradley Thomas; Marc S. Fischer (Co-Prod.) für Conundrum Ent.
**Verleih:** 20th Century Fox/-/-, 14.6.2001
**FSK:** ab 12 J., ffr.

Als Hundefänger Gilly die Friseuse Jo trifft, weiß er gleich: Das ist die Liebe seines Lebens (auch wenn sie ihm ein Ohr abschneidet). Gerade haben sie sich verlobt, da stellt sich heraus, dass sie Bruder und Schwester sind. Damit beginnt Gillys tragikomischer Leidensweg. Was nach einem Stoff der Farrelly-Brüder klingt, wurde zwar von ihnen produziert und von ihrem langjährigen Regieassistenten inszeniert, lässt aber beim Drehbuch und im Timing deren Klasse vermissen. Ein Lichtblick ist immerhin Sally Field als gierige, bösartige Proll-Mutter. *Frank Arnold, tip, 12/2001*

## The Omega Code 691

THE OMEGA CODE
**
Video

**Regie:** Rob Marcarelli
**Darsteller:** Casper Van Dien (Gillen Lane), Michael York (Stone Alexander), Catherine Oxenberg (Cassandra Barashe), Michael Ironside (Dominic), Jan Triska (Prophet 1), Gregory Wagrowski (Prophet 2), Devon Odessa (Jennifer Lane)
**Drehbuch:** Stephan Blinn, Hollis Barton
**Kamera:** Carlos Gonzalez
**Musik:** Harry Manfredini
**Schnitt:** Peter Zinner, Katja Zinner
**Prod.-Des.:** Mark Harper
**Prod.:** USA 1999; 99 Min.
Matthew Crouch, Rob Marcarelli, Lawrence

Mortorff; Gary M. Bettman (Co-Prod.) für TBN/Gener8xion Ent.
**Vertrieb:** Columbia TriStar Video, 21.8.2001
**FSK:** ab 16 J.

Nichts ahnender Professor geht Milliardär auf den Leim, der geheime Bibelcodes erforschen und die Welt beherrschen will. 08/15-Horror, weitgehend mit den üblichen Verdächtigen auf der Besetzungsliste.

## Onkel Paul 692
ONCLE PAUL □
TV

**Regie:** Gérard Vergez
**Darsteller:** Pascal Légitimus (Onkel Paul), Georges du Fresne (Franck), Peter King Junior (Adel), Yael Simion (Yamo), Emile Abossolo M'Bo (Omar), Valérie Bagnou-Beido (Mireille), Pierre Aussedat (Polizist)
**Drehbuch:** Gérard Vergez
**Prod.:** Frankreich 2000; 88 Min.
**TV:** 29.6.2001, Arte, 20.45

Eine temperamentvolle Komödie, die sich mit feinsinnigem Humor gegen Rassismus und Intoleranz unserer Zeit wendet. *Pressetext*

## Operation Sandman 693
OPERATION SANDMAN **
Video

**Regie:** Nelson McCormick
**Darsteller:** Persia White (Winslow), Ron Perlman (Laborleiter), John Haymes Newton (Martin), Richard Tyson (Riggins), Mary B. Ward (Jean), Robert William Howard, Michael Woolson
**Drehbuch:** Beau Bensink, Nelson McCormick
**Kamera:** Larry Blanford
**Schnitt:** Michael Schultz
**Prod.-Des.:** Felipe Fernandez del Paso
**Prod.:** USA 2000; 85 Min.
Jose Ludlow für Paramount TV/Singer White/Milk & Honey
**Vertrieb:** Paramount Video, 8.3.2001
**FSK:** ab 16 J.

Mit Spar-Budget heruntergekurbelter US-TV-Actionthriller um geheimnisvolle Todesfälle unter Elitesoldaten. Kein großer Wurf, nicht mal ein kleiner.

## Opferlamm – zwischen Liebe und Hass 694
***+
TV

**Regie:** Sigi Rothemund
**Darsteller:** Uwe Kockisch (Karl Mattes), Bettina Kupfer (Heike Gerritz), Helmut Zierl (Martin Gerritz), Tobias Schenke (Philipp Mattes), Julia Kristin Pittasch (Steffi Gerritz), Jürgen Holtz (Walter Grosche), Tatjana Clasing (Hanna)
**Drehbuch:** Detlef Müller
**Kamera:** Dragan Rogulj
**Musik:** Axel Donner
**Schnitt:** Birgit Gasser
**Prod.-Des.:** Björn Nowak
**Prod.:** BRD 2000; 88 Min.
NFP Berlin
**TV:** 5.3.2001, ZDF, 20.15

(…) Das latent schwelende Rachebedürfnis eines nach zehn Jahren aus dem Knast entlassenen Bankrotteurs, dessen Geschiedene den reichen Mann geheiratet hat, der ihn einst ruinierte und dessen Sohn in der neuen Familie dem Vater entfremdet wurde – diese atmosphärische Vergiftung wird nur verdeckt und leise entwickelt. Keine Explosionen. Doch der Vater macht aus dem Sohn zielbewusst eine lebendige Waffe. Er benutzt die zerrissenen Gefühle des Jungen, um allen alles heimzuzahlen – bis das erpresserische Spiel tödlich wird. (…) Das war weitab von der üblichen »Movie«-Dramaturgie.
*Ponkie, AZ, 7.3.2001*

## Orbiter 3 695
IN THE DEAD OF SPACE / *
SPACE FURY Video

**Regie:** Eli Necakov
**Darsteller:** Michael Paré (Konrad), Lisa Bingley (Rene), Tony Curtis Blondell (Max), Stacie Fox (Maddie), George Chuvalo (Marschall Popov), Nenad Petrovic, Christian Vidosa
**Drehbuch:** Vincent Monton
**Kamera:** Graeme Mears
**Musik:** Doland Quan
**Schnitt:** Bill Towgood
**Prod.-Des.:** Ricardo Barcelo
**Prod.:** Kanada 1998; 88 Min.
Daniel D'Or, Philip Jackson, Demerise J. LaFleur
**Vertrieb:** Ascot Video, April 2001
**FSK:** ab 16 J.

Russisch-französische Raumstation bekommt Besuch von zwei Amis: einem Profigolfer und einem als Wissenschaftler getarnten Prostituierten-Mörder. Science-Fiction-Debakel, für das an alle Beteiligten mehrere Dutzend Stockschläge verteilt werden sollten.

## The Order 696

THE ORDER **

Video

**Regie:** Sheldon Lettich; Yossi Wein (2nd unit)
**Darsteller:** Jean-Claude Van Damme (Rudy), Charlton Heston (Prof. Finley), Ben Cross (Maj. Ben-Ner), Sofia Milos (Dalia), Brian Thompson (Cyrus), Alon Abootboul, Vernon Dobtcheff
**Drehbuch:** Jean-Claude Van Damme, Les Weldon
**Musik:** Pino Donaggio
**Schnitt:** Donn Aron
**Prod.:** USA 2001; 95 Min.
Boaz Davidson, Danny Lerner, John Thompson für Millennium/Nu Image
**Vertrieb:** Highlight, 13.12.2001
**FSK:** ab 16 J.

Kampfsportelnder Museumsdirektorssohn bricht zur Befreiung seines Vaters, der sich in der Hand religiös verblendeter Fanatiker befindet, nach Jerusalem auf. Konfuser Action-Quatsch, der deutlich Van Dammes Abstieg markiert.

## Original Sin 697

ORIGINAL SIN ***

**Regie:** Michael Cristofer
**Darsteller:** Antonio Banderas (Luis Antonio Vargas), Angelina Jolie (Julia Russell), Thomas Jane (Walter Downs), Jack Thompson (Alan Jordan), Allison Mackie (Augusta Jordan), Joan Pringle (Sara), Pedro Armendariz (Jorge Cortes)
**Drehbuch:** Michael Cristofer, nach dem Roman »Walzer in die Dunkelheit« von Cornell Woolrich
**Kamera:** Rodrigo Prieto
**Musik:** Terence Blanchard
**Schnitt:** Eric Sears
**Prod.-Des.:** David J. Bomba
**Prod.:** USA 2001; 116 Min.
Denise Di Novi, Kate Guinzburg, Carol Lees; Edward L. McDonnell (Co-Prod.) für Epsilon Motion/Hyde Park Ent. mit Via Rosa/ Di Novi Pic.
**Verleih:** Constantin/-/-, 12.7.2001
**FSK:** o. A.
**FBW:** Besonders wertvoll

Ein reicher Kubaner sitzt einer Heiratsschwindlerin auf, in die er sich noch dazu Hals über Kopf verliebt und damit sein Leben riskiert, weil der Liebhaber seiner Frau ihn deswegen umbringen will. Ein als Erotikthriller angekündigter Film, in dessen Verlauf Antonio Banderas zwar die ihm auf den Leib geschneiderte Rolle des heißblütigen Latino-Lovers vorzüglich mimt, der aber sich ankündigende spannende Handlungsfäden konsequent abwürgt, wobei die ersatzweise angebotenen überraschenden Wendungen wenig überraschend sind und daher die Etikettierung als Thriller alles in allem eigentlich keine Berechtigung hat. *Alrun Fichtenbauer, Multimedia (Die Furche), 12.7.2001*

**Kritik:** (...) Banderas ist nun mal eher »Desperado« oder »Zorro«, von ihm eine psychologisch glaubhafte und differenzierte Darstellung zu verlangen, geht doch sehr an die Grenzen seiner Begabung. Und Angelina Jolie hält zwar ihre – wie der »Spiegel« schrieb – »honigmelonengroßen Brüste« sehr dekorativ in die Kamera. Wo jedoch brodelnder Sex oder dampfende Erotik erwartet wird, herrscht die aseptische Stimmung eines Pro7-Softsexfilms. Schade drum. *Zitty, 15/2001*

(...) Der Fairness halber muss natürlich als Pluspunkt angeführt werden, dass Angelina Jolie die Hauptrolle der Femme fatale mitsamt Messerspielchen wie auf den Leib geschrieben wurde. Konsequenterweise beginnt Michael Cristofer auch gleich mit einem Close-up auf den Mund seiner Protagonistin, der uns die Geschichte von Beginn an zu erzählen ankündigt und dabei weit mehr verspricht, als dieser laue Erotikthriller letztendlich zu halten vermag. *Schnitt, 3/2001*

*Angelina Jolie und Antonio Banderas in ›Original Sin‹*

Cornell Woolrichs Roman vom Plantagenbesitzer, der sich in seine Braut umso leidenschaftlicher verliebt, je mehr sie sich als geldgierige Betrügerin entpuppt, war 1969 François Truffauts Vorlage für »Das Geheimnis der falschen Braut«. Die neue US-Fassung nun weckt Neugier durch die Besetzung der Hauptrollen: statt Belmondo Hollywoods derzeit populärster »Latin Lover«, Antonio Banderas, und statt Catherine Deneuve Angelina Jolie, die seit ihrem »Oscar« für »Durchgeknallt – Girl Interrupted« als Amerikas Jung-Diva mit der stärksten erotischen Ausstrahlung gefeiert wurde. Doch unter der Regie von Michael Cristofer absolviert sie alle erotischen Szenen so mechanisch, als hätte sie bereits für die Rolle jener »Lara Croft« trainiert, als die sie derzeit durch die Kinos jagt. Obendrein wurde die Handlung nach Kuba verlegt. Spätestens dann, wenn die Akteure in Havanna zu sein behaupten, sich aber unentwegt durch Hollywood-konforme Mexiko-Szenerie bewegen, versinkt der Stoff, der bei Truffaut (und im Roman) ein Thriller war, im zähen Brei einer kläglichen Seifenoper. *Peter Steinhart, Rheinische Post, 13.7.2001*

## Out of Time – Der tödliche Auftrag 698

FIRETRAP **

Video

**Regie:** Harris Done
**Darsteller:** Dean Cain (Max Hopper), Richard Tyson (Paul Brody), Dale Godboldo (Vinnie), Vanessa Angel (Beth Hooper), Mel Harris (Cordella Galloway), Lori Petty (Lucy), Clay Donahue Fontenot
**Drehbuch:** Diane Fine, Richard Preston jr.
**Kamera:** Mark W. Gray
**Musik:** Sean Murray
**Schnitt:** Stephen Adrianson
**Prod.-Des.:** Tammi Sutton (2nd unit)
**Prod.:** USA 2001; 95 Min.
Vince Ravine, John J. Kelly; Dean Cain (Co-Prod.) für PM Ent.
**Vertrieb:** Splendid (Warner) Video, 3.8.2001
**FSK:** ab 16 J.

Beim Versuch, mittels Einbruch wertvollen Computerchip zu ergattern, wird Max von Großfeuer und zahllosen weiteren Interessenten an der Beute überrascht. Action und Thrill aus der Retorte – kennst du einen, kennst du alle.

## Outlaws

699

***

**Regie:** Rolf Teigler
**Drehbuch:** Rolf Teigler
**Kamera:** Lars Barthel, Günther Berghans
**Musik:** Michael Ferwagner, Ralf Forster
**Schnitt:** Inge Schneider
**Prod.:** BRD 2000; 93 Min.
Jörg Streller, Marc von Stürler für Der Garten/ZDF/ORB
**Verleih:** Basis/-/-, 8.11.2001

Rolf Teigler beobachtet eine Gruppe von jugendlichen Straftätern, die in der Jugendstrafanstalt Ichtershausen einsitzen. Das Besondere an dieser Gruppe: Die Häftlinge entwickeln und drehen einen Kurzfilm über das Leben, die Machtverhältnisse und Sehnsüchte im Knast. Das Besondere an Teiglers manchmal etwas schwerfälliger Dokumentation: die Unnahbarkeit der jungen Männer, die ihre Taten, ihr jetziges Leben und ihre Hoffnungen hinter aufgepumpten Muskeln und verbalen Allgemeinplätzen verstecken. *tip, 23/2001*

**Kritik:** (...) Teigler verirrt sich mit seinem eindrucksvollen Dokumentarfilm weder in kitschige Verbrecherromantik noch in Dämonisierung des Bösen. Er zeigt verurteilte Menschen, ohne sie zu beurteilen. Nur der misslungene Off-Kommentar passt nicht in das ambivalent gezeichnete Gefängnisbild. Gelunge Dokumentation über den Knastalltag. *Zitty, 23/2001*

## P. Tinto's Miracle
EL MILAGRO DE P. TINTO 700
***
Video

**Regie:** Javier Fesser
**Darsteller:** Luis Ciges (P. Tinto), Silvia Casanova (Olivia), Pablo Pinedo (Joselito), Javier Aller (Marcianito 1), Emilio Gavira (Marcianito 2), Janfri Topera (Usillos), German Montaner (Crispin)
**Drehbuch:** Guillermo Fesser, Javier Fesser
**Musik:** Suso Saiz
**Schnitt:** Guillermo Represa
**Prod.:** Spanien 1998; 102 Min.
Luis Manso für Sociedad General de Televisión
**Vertrieb:** Anolis Video, 20.9.2001
**FSK:** ab 12 J.

Vom Aussterben bedrohte spanische Nobelsippe drückt ausgerechnet einen Verrückten an die adoptionsbereite Brust. Versponnen und ausgeflippt – ein spanischer Rundumschlag gegen Hollywood-Einheitsbrei.

## Paddy
PADDY 701
□
TV

**Regie:** Gérard Mordillat
**Darsteller:** Julie Gayet (Paddy), Marc Barbé (Jean), Julie Jézéquel (Rose), Jacques Pater (Baecker), Florence Thomassin (Norma), Luc Thuillier (Paul), Julia Vaidis-Bogard (Dorothée)
**Drehbuch:** Gérard Mordillat, Jérôme Prieur, nach dem Roman »John Perkins« von Henri Thomas
**Prod.:** Frankreich 1998; 94 Min.
**TV:** 10.8.2001, Arte, 23.15, OmU

Paddy und Jean sind ein Paar. Beide liebten Ben, der mit ihnen die Wohnung teilte. Doch Ben kam bei einem Motorradunfall ums Leben. Nach Bens Tod leben sie zwar noch in der gemeinsamen Wohnung, aber es scheint, als hassten sie sich, als hätten sie den Boden unter den Füßen verloren. (…) *Pressetext*

## Palermo flüstert
702
****

**Regie:** Wolf Gaudlitz
**Darsteller:** Mimmo Cuticchio, Francesco Di Gangi, Leoluca Orlando; Sergio Lo Verde (Erzähler)
**Drehbuch:** Wolf Gaudlitz
**Kamera:** Geraldo Milsztein, Carolin Dassel, Matthias Fuchs
**Schnitt:** Andre Bendocchi Alves
**Musik:** Toti Basso
**Prod.:** BRD 2001; 89 Min.
Wolf Gaudlitz für Solofilm mit ZDF/Arte

*Der Poet über den Dächern von Palermo. Mimmo Cuticcio in ›Palermo flüstert‹*

**Verleih:** Solofilm/polyfilm/-, 26.4.2001
**FSK:** ab 12 J., ff. – **FBW:** Wertvoll

In der spirituellen Spiegelung der Palermo-Gesellschaft setzt Wolf Gaudlitz in seinem deutsch-italienischen Stadt-Porträt aus imaginären Personen-Geschichten einen Stadt-Charakter zusammen, geprägt von der Angst des Schweigens unter der lebenslangen Mafia-Bedrohung. Eine Schriftsteller-Heimkehr als Wanderung durch die Zeiten, als Begegnung mit Toten: Lemurengeflüster.
*Ponkie, AZ, 19.7.2001*

**Bemerkungen:** Mit einer außergewöhnlich interessanten poetischen Bildsprache führt der Film in das Labyrinth einer Stadt. Geschichten ihrer Bewohner verknüpfen sich zu einem differenzierten Mosaik, das Atmosphäre beschwört, den Blick weitet und neugierig macht.
Abstrakte Themen wie Zeit, Wirklichkeit und Vergänglichkeit, Verwurzelung und Verbannung, Rückkehr und Ankunft bindet der Film in wunderbarer Weise an Orte, deren Gestalt und deren Magie. Besonders eindrucksvoll ist dies zum Beispiel in den Szenen des Alten am nächtlichen Brunnen oder des beichtenden Mannes in der zerfallenden Kirche.
So feingliedrig, leise und differenziert diese Collage von Abstraktem und Konkretem zwischen Emotion und Information geschickt jongliert, so raumergreifend, extemporiert und wortgewaltig wird die Ich-Figur geführt. In deren selbstvergessenden Elogen wirkt der hochliterarische Anspruch manches Mal zu krampfhaft bemüht, vor allem wenn der Text durch Blicke und Gesten noch zusätzlich pathetisiert wird. Dabei übertönen die überfrachteten Off-Texte so manches Mal die assoziative Kraft der Bilder. Die Stringenz der Ich-Erzählung bildet jedoch zugleich einen spannungsvollen Gegensatz zur Kolportage über das Flüstern in einer Stadt.
*Begründung der FBW*

## Pan Tadeusz 703
PAN TADEUSZ ****+

**Regie:** Andrzej Wajda
**Darsteller:** Boguslaw Linda (Mönch), Daniel Olbrychski (Gervais), Grazyna Szapolowska (Télimène), Andrzej Seweryn (Richter), Marek Kondrat (Graf), Alicja Bachleda-Curus (Sophie), Michal Zebrowski (Tadeusz)
**Drehbuch:** Andrzej Wajda, Jan Nowina Zarzycki, Piotr Weresniak, nach dem Versepos von Adam Mickiewicz
**Kamera:** Pawel Edelman
**Musik:** Wojciech Kilar
**Schnitt:** Wanda Zeman
**Prod.-Des.:** Allan Starski
**Prod.:** Polen/Frankreich 1999; 150 Min. Lech Rywin, Margaret Menegoz für Heritage/Les Films du Losange/Canal+ Polska/Le Studio Canal+
**EA:** 17.2.2000, Int. Filmfestspiele Berlin, »Sondervorführung: Hommage an Andrzej Wajda«
Bisher nicht in Deutschland zu sehen

»Pan Tadeusz« von Adam Mickiewicz, 1834 im Pariser Exil geschrieben, ist das wichtigste Nationalepos der Polen. Es behandelt die sensible Thematik der Beziehungen mit Russland und der litauischen Identität zur Zeit Napoleons.
*Zitty, 4/2000*

**Kritik:** (…) Andrzej Wajda hat sich weitgehend an die Vorlage gehalten. »Pan Tadeusz« bietet große Geschichte, Handlung, Spannung, auch die Macht der Liebe kommt zum Zuge. Flirrende Kampfszenen werden untermalt vom aggressiven Stakkato aus der Feder des Komponisten Wojciech Kilar, der für alle bedeutenden polnischen Regisseure der Gegenwart gearbeitet hat, dessen Musik hinter Wort und Bild hier jedoch völlig zurücktritt, um nicht zu sagen: verblasst. (…)
*Gerhard Gnauck, Die Welt, 20.10.1999*

**Interview:** »Heute brauchen wir das Gefühl der eigenen Identität wahrscheinlich sehr, denn die westliche Welt greift uns an. Solchen Attacken waren wir zur Zeit des Kommunismus nicht ausgesetzt. Die Russen haben eine großartige Kunst geschaffen, aber keine Zivilisation, mit der sie uns hätten imponieren können. Hät-

*Sabine Bach, Marquard Bohm, Adriana Altaras und Hanns Zischler in ›Paradiso‹*

ten sie sie gehabt, wären wir längst russifiziert und von dieser Großmacht verschluckt worden. Heute ist es anders. Da kommt eine Zivilisation, die der Jugend gefällt ... Was ist unsere Antwort?«

*Andrzej Wajda im Interview mit Rzeczpospolita, nach »Die Welt«, 20.10.2001*

## Papa's Angels – Bewegte Zeiten 704

PAPA'S ANGELS **

Video

**Regie:** Dwight H. Little
**Darsteller:** Scott Bakula (Grins Jenkins), Lachlan Murdoch (Alvin Jenkins), Cynthia Nixon (Sharon Jenkins), Eva Marie Saint (Großmutter), Kimberley Warnat (Becca Jenkins), Jenny-Lynn Hutcheson (Hannah-Rose Jenkins), Kirsten Bishop (Jessica)
**Drehbuch:** Bill Cain, nach dem Buch »Papa's Angels« von Collin Witcox Paxton und Gary Carden
**Kamera:** Brian J. Reynolds
**Musik:** Velton Ray Bunch
**Schnitt:** Alan Baumarten
**Prod.-Des.:** Rick Roberts
**Prod.:** USA 2000; 83 Min.
Eda Lishman für Bakula Prod./CBS/Marian Rees Ass.
**Vertrieb:** Paramount Video, 2.11.2001
**FSK:** ab 6 J.

Kurz vor Weihnachten kommen die vier Kinder eines trunksüchtigen Witwers auf eine gloriose Idee zur Sippenrettung. Gefühliges, aber selten kitschiges und höchst familientaugliches Drama.

## Paradiso – sieben Tage mit sieben Frauen 705

****

**Regie:** Rudolf Thome
**Darsteller:** Hanns Zischler (Adam Bergschmidt), Cora Frost (Eva Wustenberg), Adriana Altaras (Lulu), Sabine Bach (Lilith), Khyana El Bitar (Marion), Irm Hermann (Berenice), Isabel Hindersin (Lucia)
**Drehbuch:** Rudolf Thome
**Kamera:** Reinhold Vorschneider
**Musik:** Wolfgang Böhmer
**Schnitt:** Karin Nowarra
**Prod.:** BRD 2000; 102 Min.
Rudolf Thome für Moana-Film mit ARD/Degeto

**UA:** 14.2.2000, Int. Filmfestspiele Berlin, »Wettbewerb«
**Verleih:** Prometheus/-/-, 19.7.2001
**FSK:** o. A., ffr. – **FBW:** Besonders wertvoll

Anlässlich seines 60. Geburtstags lädt die Frau eines Komponisten die sechs anderen Frauen ein, die sein Leben bestimmten. Die Feier, beobachtet vom besten Freund des Jubilars, ist eine stete Balance zwischen Annäherung und Entfremdung. *Zitty, 4/2000*

**Kritik:**(…) Hatte sich Thome in seinen letzten Filmen manchmal etwas zu hartnäckig geweigert, endlich erwachsen zu werden, gleichzeitig aber versucht, den Philosophen zu spielen, so erzählt und inszeniert er nun weit gelassener, manchmal immer noch ein wenig naiv, aber wohltuend ruhig und heiter. (…)
*H. G. Pflaum, SZ, 16.2.2000*

(…) Eine Männerfantasie. Ein Harem! Ja, aber warum sollen die Männer keine Fantasien haben dürfen? Man kann »Paradiso« als eine Antwort auf »Das Fest« von Thomas Vinterberg verstehen, wo ebenfalls ein Familienpatriarch die Seinen zum Geburtstagsfest ruft. Während bei Vinterberg die Dämonen der Vergangenheit aus ihren Ritzen kriechen, siegt bei Thome der fromme Wunsch von heute über die Schuld von gestern. Die Personen scheinen aus der Zeit herauszufallen, sie werden mit wenig Psychologie ausgestattet, wie in Trance bewegen sie sich interessiert aufeinander zu. Aus vielen wird eins. Ein Paradies, ohne Eifersucht. Sex hat ohnehin nur der alte Herr, das macht die Sache leichter. (…) *Harald Martenstein, Der Tagesspiegel, 14.2.2000*

(…) »Paradiso« ist indirekt auch ein recht persönlicher Film von Thome, der 1999 ebenfalls 60 Jahre alt wurde. Er ist eine Art Zwischenstation im Œuvre mit vielen seiner bevorzugten Schauspieler. Besonders schön ist Sabine Bach als lederbekleidete Lilith. Einst hatte sie eine Liebesaffäre mit Hanns Zischler in Thomes »Berlin Chamissoplatz« (1980). Das Kino des scheinbar ewig jungen Altmeisters Thome wirkt manchmal fast organisch. Dem oft benutzten Begriff »heiter-melancholisch« gibt Thome seine ursprüngliche Bedeutung zurück. Sein Film ist eine Eloge auf die Liebe: mit all ihren Möglichkeiten, aber auch ihren Grenzen. (…)
*Hans Schifferle, SZ, 19.7.2001*

## Paragraph 175 706
PARAGRAPH 175 ***+

**Regie:** Rob Epstein, Jeffrey Friedman
**Darsteller:** Rupert Everett (Sprecher)
**Drehbuch:** Sharon Wood
**Kamera:** Bernd Meiners
**Musik:** Tibor Szemzö, Howard Rosenman
**Schnitt:** Dawn Logsdon
**Prod.:** GB/USA/BRD 1999; 81 Min.
Rob Epstein, Jeffrey Friedman, Michael Ehrenzweig, Janet Cole; Howard Rosenman (Co-Prod.); Klaus Müller (Ass.-Prod.) für Telling Pic./Channel Four/Zero/HBO
**EA:** 13.2.2000, Int. Filmfestspiele Berlin, »Panorama«
**Verleih:** Salzgeber/-/Filmcooperative, Mai 2000 (CH), 12.11.2001

(…) Etwa 100.000 Schwule wurden während der Naziherrschaft verhaftet, zum Teil in Konzentrationslager gesteckt, gefoltert oder für medizinische Experimente missbraucht. Angesichts der völligen sexuellen Freiheit, die in den 20er-Jahren in Berlin herrschte, kam die plötzliche Verfolgung als besonderer Schock. Ihr entrann nur, wer das Land verließ oder seine Sexualität unterdrückte. Nun mussten also zwei Amis kommen, um über eine Opfergruppe zu berichten, die immer noch nicht als solche anerkannt und entschädigt wurde.
*Michael Meyns, Zitty, 24/2001*

Fünf Porträts von Überlebenden der Schwulenverfolgung während der Nazizeit. Die Dokumentarfilmer Rob Epstein und Jeffrey Friedman, zuletzt in »The Celluloid Closet« auf den

Spuren verdrängter Homosexualität im amerikanischen Kino, begleiten einen deutschen Historiker bei seinen mit viel Respekt, Geduld und Vorsicht geführten Interviews. Die Reise des Teams quer durch Deutschland und ins Elsass (zu einem besonders beeindruckenden Mann) gibt zugleich die Form einer Zeitreise in die 20er-Jahre und die Nazizeit vor. Mit seltenem Archivmaterial wird der Kontrast zwischen der reichen homosexuellen Subkultur während der Weimarer Republik und der Paranoia der Nazis herausgestellt – beides im Schatten des kriminalisierenden Strafgesetzparagrafen. *Claus Löser, tip, 23/2001*

## Parallele Welten 707
PARALELNI SVETY □
TV

**Regie:** Petr Václav
**Darsteller:** Lenka Vlasáková (Tereza), Karel Roden (Krystof), Jitka Schneiderová, Gabriela Skrabáková, Martina Smuková
**Prod.:** Tschechien/Frankreich/Niederlande 2001; 100 Min.
**TV:** 13.11.2001, Arte, 23.00, OmU

Krystof und Tereza, beide Anfang 30, leben seit einigen Jahren in Prag zusammen und haben sich inzwischen auseinander gelebt. Als Krystof eine Affäre mit seiner Sekretärin beginnt, verschwindet Tereza spurlos.

## Partners in Crime – Der Tod kommt nie allein 708
PARTNERS IN CRIME **
Video

**Regie:** Jennifer Warren
**Darsteller:** Rutger Hauer (Det. Gene Reardon), Paulina Porizkova (Wallis P. Longsworth), Andrew Dolan (Lloyd Dyer), Frank Gerrish (Buster Cummings), Dalin Christiansen (Mike Pelton), Sarah Ashley (Stadey Reardon), Geoff Hansen (Philip Weems)
**Drehbuch:** Brett Lewis
**Kamera:** Stevan Larner
**Prod.-Des.:** Cosmas A. Demetriou
**Prod.:** USA 2000; 87 Min.
Ram Bergman, J. Todd Harris, Dana Lustig für Bergman Lustig Prod./Daly-Harris/Davis Ent.
**Vertrieb:** KirchMedia (Laser Paradise) Video, 3.9.2001
**FSK:** ab 12 J.

Im brisanten Entführungsfall bekommt Detective Reardon vom FBI Unterstützung – durch seine Exfrau. Etwas müde dahindümpelnder Thriller mit zwei typischen B-Movie-Helden.

## Passwort: Swordfish 709
SWORDFISH ****+

**Regie:** Dominic Sena
**Darsteller:** John Travolta (Gabriel), Hugh Jackman (Stanley), Halle Berry (Ginger), Don Cheadle (Roberts), Sam Shepard (Senator Reisman), Vinnie Jones (Marco), Drea de Matteo (Melissa)
**Drehbuch:** Skip Woods
**Kamera:** Paul Cameron; Josh Bleibtreu (2nd unit)
**Musik:** Christopher Young
**Schnitt:** Stephen Rivkin
**Prod.-Des.:** Jeff Mann
**Prod.:** USA 2001; 99 Min.
Joel Silver, Jonathan D. Krane; Dan Cracchiiolo, Skip Wood (Co-Prod.) für Warner mit Village Roadshow/NVP Ent.
**UA:** 8.6.2001, N. Y.
**Verleih:** Warner/dto./dto., 1.11.2001
**Vertrieb:** Warner Video (Video, DVD)
**FBW:** Wertvoll

Der große Coup als todsichere Sache: Gabriel Shear will die USA um ein paar hundert Milliarden Dollar erleichtern, die von geheimen Regierungsaktivitäten übrig geblieben sind.

*John Travolta*

Ein Banküberfall ist aber nur die Tarnung für ein enormes illegales Telebanking durch einen Hacker. Osama bin Laden geistert als Attrappe durch diesen rohen Film, dessen Ironie vor und nach dem 11. September unerträglich und reaktionär war und ist.

*Bert Rebhandl, tip, 22/2001*

**Kritik:** (...) Schon vor dem 11. September wirkte dieser Film unerträglich zynisch. Produziert wurde er für das Publikum von »Speed«, »The Rock« und »Armageddon« – alles Filme, in denen die Technik über die Menschlichkeit siegt, in denen Autos und Häuser explodieren, unschuldige Menschen sterben und nebenbei coole Sprüche fallen, über die das einschlägige Publikum lacht, denn bei den Toten handelt es sich ja nur um unbedeutende Passanten.
Im Fall von »Passwort: Swordfish« kämpft der moralische Ekel mit dem Respekt vor der künstlerischen Leistung, da es sich bei dem Regisseur Dominic Sena (»Kalifornia«) um einen großen Stilisten handelt, mit ausgeprägter Vorliebe für Abendsonne: Rot-braun-goldener Schimmer liegt über den Bildern. Es fällt schwer, auf einen Film zu schimpfen, der solch ein Wechselbald der Gefühle erzeugt. (...) Einiges ist gelungen und sogar sympathisch an diesem Film. Aber während Stanley trotz seines Kontakts zur Unterwelt anständig bleibt, gibt es bei Regisseur Sena keinen Unterschied mehr zwischen Regieführen und Prostitution. *Frank Noack, Rheinische Post,3.11.2001*

(...) Ob sich Terroristen und Spezialeinheiten im Kampf gegen das internationale Verbrechen in ihren Methoden unterscheiden, ist die nicht unspannende Fragestellung dieses Actionfilms. Der Reiz des Filmes hätte es sein können, dass die klassischen Positionen von Gut und Böse aufgehoben sind und eine Person gewissermaßen beide Positionen einnimmt. In der technischen Umsetzung bleibt das Werk dann aber ganz im Fahrwasser der üblichen Genrekonventionen. Thematisch wird die Oberflächlichkeit nicht verlassen. Die verbleibenden unterschwelligen gesellschaftspolitischen Botschaften sind äußerst kritisch zu sehen.

*Stefan Stiglbauer, Multimedia (Die Furche), 8.11.2001*

## Paulas Schuld 710

□
TV

**Regie:** Claudia Garde
**Darsteller:** Ulrike Krumbiegel (Paula), Ute Willing (Doris), Ingo Naujoks (Beckmann), Sven Lubeck (Simon), Christine Schorn (Frau Bleibtreu), Axel Prahl (Gründlin), Peter Lerchbaumer (Rechtsanwalt)
**Drehbuch:** Hans-Ullrich Krause, nach Motiven des Romans »Mordskind« von Susanne Mischke
**Kamera:** Oliver Bokelberg
**Musik:** Jörg Lemberg
**Schnitt:** Claudia Wolscht
**Prod.:** BRD 2001; 89 Min.
Laila Stieler, Ilka Förster für Ufa/Babelsberg
**TV:** 15.10.2001, ZDF, 20.15

Die Nachbarinnen Paula und Doris sind die personifizierten Gegensätze. Das einzig Gemeinsame und Verbindende sind ihre Söhne im gleichen Alter, die sie alleine erziehen. Nach einem tragischen Zwischenfall ändert sich das Verhältnis der beiden Frauen. Denn Max, Doris' Sohn, stirbt bei einem Unfall in Paulas Haus. Allmählich keimt in Doris der Wunsch, Paulas Sohn zu sich zu nehmen. (...)

*AZ TV Journal*

## Pearl Harbor 711

PEARL HARBOR ***

**Regie:** Michael Bay
**Darsteller:** Ben Affleck (Rafe McDawley), Josh Hartnett (Danny Walker), Kate Beckinsale (Evelyn Johnson), Alec Baldwin (Jimmy Doolitle), Dan Aykroyd (Capt. Thurman), Cuba Gooding jr. (Doris »Dorie« Miller), Tom Sizemore (Earl)
**Drehbuch:** Randall Wallace
**Kamera:** John Schwartzman
**Musik:** Hans Zimmer

**Schnitt:** Roger Barton, Mark Goldblatt, Chris Lebenzon, Steven Rosenblum
**Prod.-Des.:** Nigel Phelps
**Prod.:** USA 2001; 173 Min.
Jerry Bruckheimer, Michael Bay für Jerry Bruckheimer Prod. für Touchstone
**UA:** 21.5.2001, N. Y.
**Verleih:** Buena Vista/dto./dto., 7.6.2001
**FSK:** ab 12 J., ffr. – **FBW:** Wertvoll

Ein Blockbuster aus Fertigteilen: Michael Bay erzählt vom japanischen Angriff auf die US-Pazifikflotte im Jahr 1941 im Manier eines großen, sentimentalen Melodrams. Aber weder der Kriegsfilm noch die Liebesgeschichte funktionieren, der Bombenhagel ist eine tönerne Material- und Effektschlacht und die Schauspieler sind nur Kanonenfutter: Ben Affleck als Pilot macht sich zum Gespött und Kate Beckinsale muss sich als Krankenschwester auf rote Lippen beschränken. Übrig bleibt eine patriotische Aufwallung, zu der Jon Voight als Präsident Roosevelt die Sentenzen spricht. *Bert Rebhandl, tip, 12/2001*

**Kritik:** (...) Das wirklich tödliche Problem an »Pearl Harbor« ist, dass der Film wirkt wie ein 182 Minuten langer Werbespot der Konsumgüterindustrie. Man könnte alles mit ihm verkaufen: Hawaii, Sonnenbrillen, Cocktails, Hängematten, Krankenhäuser, Flugzeuge, Rasierklingen, Schuhe und Bomben. Alles hat den Atem für 30 bunte Sekunden, aber nicht den Mumm für das Erzählen einer Story.
Je mehr Bruckheimer und sein Regisseur Bay die Muskeln ihrer teuren Technik spielen lassen, desto armseliger wirkt ihr Werk. Die Explosionen und der Rauch können nicht verhüllen, was an cleverer Dramaturgie und Charakteren fehlt. (...)
*Thomas Hültlin, Der Spiegel, 28.5.2001*

(...) »Pearl Harbor« ist nicht schlecht, weil die Bilder so groß, deutlich und laut sind, dass sie einen zu erschlagen drohen. Das Kino von Bruckheimer/Bay wollte nie weniger sein als King-

size mit geschmolzener Butter drauf. »Pearl Harbor« ist ein schlechter Film, weil er zu keinem Rhythmus findet und die Darsteller posieren müssen, statt spielen zu dürfen. (...)
*Eckhard Vollmar, Focus, 2.6.2001*

(...) Bei der amerikanischen Kritik hat all das schöne Geld nicht geholfen – die war ziemlich einhellig der Meinung, man hätte die 40 Millionen besser und vor allem aufregender investieren können. In der »Washington Post« wurde, in Anlehnung an Richard Fleischers Pearl-Harbor-Film »Tora! Tora! Tora!« von 1970, die Umbenennung des Films in »Bore-a! Bore-a! Bore-a!« (Langeweile, Langeweile, Langeweile) vorgeschlagen. Das »Wall Street Journal« titelte »Snore-a! Snore-a! Snore-a!« (Schnarch! ...); in der dazugehörigen Besprechung urteilt Joe Morgenstern: »Lahmer Humor, dubiose Geschichtsdarstellung, unbeholfenes Drama und eine Liebesgeschichte, die so albern ist, dass sie einen Pazifisten dazu bringt, sich nach dem Krieg zu sehnen.« »Extravagant durchschnittlich« hieß es in der »New York Times«. »Es könnte sein, dass sie Dialogzeilen aus diesem Film zitieren – aber nicht aus Bewunderung«, befand Roger Ebert von der »Chicago Sun Times. »Bomb« nennt man Flops in Hollywood – aber Bomben, befand die »New York Post«, sind nun mal so laut, das sie sofort eine Menschenmenge anziehen. Bei Disney kümmert das nicht: Charman Dick Cook hat schon verkündet, worüber man sich dort beklagt: Keiner hat daran gedacht, eine Fortsetzung einzuplanen.

*Susan Vahabzadeh, SZ, 31.5.2001*

(...) Insofern zielt auch die Kritik ins Leere, die »Pearl Harbor« vorwirft, dass er es mit der historischen Wahrheit nicht allzu genau nimmt. Das Melodram aus dem Pazifikkrieg hat Fred Zinnemann vor knapp 50 Jahren inszeniert: »Verdammt in alle Ewigkeit«. Michael Bays »Pearl Harbor« erzählt nur von sich selber: von der Schlacht um die Kinokassen der Welt. Und wenn es da eine Wahrheit gibt, dann ist sie so vulgär wie pragmatisch: The truth is what works.

*Claudius Seidl, SZ, 6.6.2001*

(...) Doch nicht alles ist kalkulier- und kopierbar, Erfolg nur in Maßen, Kunst überhaupt nicht – der Film ist eine kreative und historische Nullnummer mit perfekten Bildern. Immerhin: Die digitalen Spezialeffekte sind ihr Geld wert. Ganze 40 Minuten explodiert die Leinwand. Eine Sequenz, so ist nachzulesen, zeigt gar 450 Explosionen in sieben Sekunden, gefilmt von zwölf Kameras. Wenn das keine cineastischen Superlative sind.

*Stefanie Schild, AZ, 7.6.2001*

Vorbei die Zeit, als Kriegsfilme noch Antikriegsfilme waren; als man sich wenigstens noch bemühte, die Hölle des Krieges anzudeuten. Hier ist davon nichts mehr geblieben, nicht einmal mehr Spurenelemente. Der Krieg wird schamlos zum Hurra-Patriotismus hochgewuchtet und zur Kolportage designet. Mögen auch die Actionszenen beeindruckend sein und Amerika die letzte Weltmacht – der Film ist ein aufgeblasener Popanz.

*Film, 6/2001*

**Interview:** *Mister Bruckheimer, Mister Bay, muss man beim »teuersten Film aller Zeiten« nicht zwangsläufig für den Massengeschmack erzählen?*

Bruckheimer: Wir haben eine Liebesgeschichte ausgewählt mit einem historischen Hintergrund. Das gibt die Spannung von Liebe und Tod und erzeugt eine große dramatische Basis. Katastrophen sind attraktiv, wir sind eine voyeuristische Gesellschaft. Oder warum sonst stehen bei Unfällen so viele herum oder ist CNN live vor Ort?

Bay: Ob teuer oder nicht, es war vor allem mein anstrengendster Film. Ich war von Anfang an unter Druck. Dann kam die Direktive, zehn Millionen muss der Etat runter, man könne ja zum Beispiel Roosevelt weglassen. Aber ich hatte den Film bereits im Kopf und wollte nichts weglassen. Ich habe eigenes Geld reingesteckt und weitere Geldgeber gefunden. Man könnte »Pearl Harbor« im Witz als den teuersten Independentfilm bezeichnen.

*Was war der Tiefpunkt der Produktion?*

Ich habe mir schon sonst was für Disney aufgerissen und schon eine Menge Geld für die gemacht. Als Disney-Boss Michael Eisner anrief und sagte: »135 Millionen und keinen Cent mehr«, habe ich ihn wirklich gehasst.

*Mister Bay, die Kriegsszenen wirken sehr dicht. Ist viel digital ergänzt worden?*

Letztlich überraschend wenig. Wir haben nur 150 Einstellungen mit digitalen optischen Effekten versehen. Zum Vergleich: Bei »Titanic« sind es 550 und bei »Armageddon« 300. Wir hatten zwar nur 14 Flugzeuge in der Luft, aber es fielen beim Untergang der sechs Kriegsschiffe 450 Bomben und Explosionen in sieben Sekunden. Und als der Flugzeugträger Oklahoma Schlagseite bekommt und kippt, waren 300 Statisten im Wasser und 150 an Deck. Es ist für Außenstehende schwer vorstellbar, was es heißt, die Verantwortung bei riskanten Aufnahmen für all die Leute am Boden, im Wasser und in der Luft zu tragen. Als dann einer der Piloten nur wenige hundert Meter von mir mit einer Palme kollidierte und abstürzte, habe ich mir gedacht: »Was soll der Wahnsinn für einen Film?« Aber der Pilot war ein harter, erfahrener Kerl von Mitte 60 und hatte sich nur den Ringfinger gebrochen.

*Herr Bruckheimer, entmutigen Sie die schlechten Kritiken in den USA und jetzt auch in Europa nicht?*

Ich bin ein Mann der Unterhaltungsbranche und ein Geschichtenerzähler. Wenn ich meine Karriere auf Kritiken fußen lassen würde, wäre ich nicht in diesem Business.

*Jerry Bruckheimer und Michael Bay im Interview mit Adrian Prechtel, AZ, 7.6.2001*

## Pettersson und Findus 712

PETTERSSON & FINDUS – KATTEN OCH GUBBENS AR ***+

**Regie:** Albert Hanan Kaminski
**Darsteller:** Deutsche Stimmen: Harald Leipnitz (Pettersson), Lilian Brock (Findus), Horst Raspe (Gustavsson), Doris Gallert (Elsa)
**Drehbuch:** Torbjörn Jansson, nach der Vorlage von Sven Nordqvist
**Musik:** Lennart Olsson
**Schnitt:** Uwe Fritz
**Prod.-Des.:** Peter Gissberg
**Prod.:** Schweden/BRD 1999; 74 Min. Ulf Synnerholm für Happy Life Animation/TNO-Loonland Film
**UA:** 11.2.2000, Int. Filmfestspiele Berlin, »Kinderfilmfest«
**EA:** 24.6.2000, Filmfest München, »Kinderfilmfest«
**Verleih:** MFA/Filmladen/Columbus, 4.1.2001
**FSK:** o. A., ffr. – **FBW:** Besonders wertvoll

Im Zentrum der beliebten Kinderbücher des Schweden Sven Nordqvist steht der alte Mann Pettersson, der mit seinem frechen Kater Findus auf einem Hof wohnt. Die Abenteuer der beiden wurden zu einem liebenswerten Trickfilm verarbeitet, der sich gut für Kinofrischlinge eignet – allerdings sollten Kinder bereits Hochdeutsch verstehen. Die gemächliche und mit viel Liebe zum Detail erzählte Geschichte bietet willkommene Abwechslung zur Disney-Kost.

*Film, 2/2001*

**Kritik:** (...) Ein Härtetest für die erwachsenen Begleiter dürften hingegen, gerade angesichts der sonst wohlgelungenen deutschen Synchronisation, die wie schon in der ZDF-Serie vom Teeniestar Naima gesungenen Lieder darstellen. Ansonsten sind »Pettersson und Findus« ein Gewinn

*Pettersson und Findus*

für Kinder, Neffen und Nichten, und sind wir das nicht alle? Achten Sie auf die Wuseltierchen.

*Wolfgang Führmann, Berliner Zeitung, 4.1.2001*

## Peut-etre 713

PEUT-ETRE ***+

**Regie:** Cedric Klapisch
**Darsteller:** Romain Duris (Arthur), Jean-Paul Belmondo (Ako), Geraldine Pailhas (Lucie), Vincent Elbaz (Philippe), Riton Liebman (Mathieu), Julie Depardieu (Nathalie), Emmanuelle Devos (Juliette)
**Drehbuch:** Santiago Amigorena, Alexis Galmot, Cedric Klapisch
**Kamera:** Philippe Le Sourd
**Musik:** Loik Dury, Magister Dixit
**Schnitt:** Francine Sandberg
**Prod.:** Frankreich 1999; 109 Min.
Aissa Djabri, Farid Lahouassa, Manuel Munz für Vertigo/PECF/M6 Films mit TPS Cinema
**Verleih:** Arsenal, OmU/-/-

Ein junger Mann, der keine Kinder will, wacht im Paris des Jahres 2070 auf, das fast ganz unter Sanddünen begraben ist, und lernt seinen Sohn kennen, einen 70-jährigen alten Mann. Eine Mischung aus Science-Fiction, Surrealismus und Poesie mit beeindruckenden optischen Effekten, die eine faszinierende Altersrolle für Jean-Paul Belmondo bietet. Die Inszenierung ist letztlich jedoch ebenso unbeholfen wie die Frage, ob man Kinder in die gegenwärtige Welt setzen soll, nur oberflächlich behandelt wird.

*Andrea Dittgen, Film-Dienst, 20/2001*

## Pie in the sky – The Brigit Berlin Story 714

PIE IN THE SKY – THE BRIGIT BERLIN STORY ****

**Regie:** Vincent Fremont, Shelly Dunn Fremont
**Darsteller:** Richard Bernstein, Bob Colacello, Patricia Hearst
**Kamera:** Vic Losick
**Musik:** Chris Stein
**Prod.:** USA 2000; 75 Min.
Vincent Fremont Enterprises
**Verleih:** Freunde/-/-, 22.11.2001

Brigit Berlin, wechselnd korpulente Tochter des Geschäftsführers der Hearst-Korporation, verwandelte sich in den 60er-Jahren mit ihrem Umzug in die High Society der Warhol-Factory in den »schlimmsten Albtraum des amerikanischen Geldadels«. In dem überaus unterhaltsamen Porträtfilm lernt man nicht nur die »Nonstop-Talking-Machine« Brigit Berlin kennen, sondern auch den kreativen Zwang zur Selbstentäußerung, der in diesem Universum herrschte: obsessiv kontrollierter Kontrollverlust.

*Robert Weixlbaumer, tip, 24/2001*

**Kritik:** (…) John Waters bewunderte sie schon als Jugendlicher und ließ sie später an der Seite von Patty Hearst in »Serial Mom« mitspielen. Überhaupt ist Brigit Berlin heute mit ihren 60 Jahren munterer und scharfzüngiger als je zuvor und lebt als schlanke Mops-Liebhaberin im Dauerkampf mit ihrer Vorliebe für Limonenkuchen in Manhattan. Ein gefundenes Fressen für das Dokumentarfilmer-Paar Fremont, für dessen Porträt – eine schöne Ergänzung zur Warhol-Ausstellung – Brigit Berlin freimütig drauflosplaudert. Quietschlebendige Geschichtsforschung mit hohem Unterhaltungswert.

*Gerald Jung, Zitty, 24/2001*

## Pinky und der Millionenmops 715

***

**Regie:** Stefan Lukschy
**Darsteller:** Jaime Krsto (Pinky), Hans Clarin (Jonathan Morgan), Heinrich Schafmeister (Dr. Webster), Carmen-Maja Antoni (Leontine), Lazlo Horwitz (Monster), Maria Petz (Diana), Tanja Schumann (Blindschleiche)
**Drehbuch:** Sibylle Durian, nach dem Kinderbuch »Detektiv Pinky« von Gert Prokop
**Kamera:** David Slama
**Musik:** Andreas Bick
**Schnitt:** Kerstin Kexel
**Prod.:** BRD 2000; 90 Min.
Jürgen Haase für Provobis/MDR/SWR/Tellux
**Verleih:** Progress/-/-, 16.8.2001
**FSK:** ab 6 J., ffr. – **FBW:** Wertvoll

Der elfjährige Freizeitdetektiv Pinky ermittelt im Auftrag des verschrobenen Unternehmers Jonathan Morgan einen Kaufhauseinbrecher. Zudem findet er heraus, wer Morgan den geliebten Mops gemopst hat und warum. Waisenkinder, herzensgute Pflegeeltern, ein exzentrischer Millionär, skurrile Erfinder – bereits das Personal verdeutlicht, dass die Geschichte dieses Kinderfilms nicht gerade aus dem täglichen Leben gegriffen ist. Das sorgt für einen angenehm altmodischen Charme – doch auch die Inszenierung ist ein wenig pomadig geraten und verirrt sich immer wieder in Nebensächlichkeiten und ziemlich überflüssigem Brachialhumor.

*tip, 17/2001*

**Kritik:** (...) Auch wenn die Kinder zuweilen etwas zu altklug wirken und einige Dialoge und Szenen ins Klamaukhafte abgleiten, bietet der Kinderkrimi doch insgesamt beträchtliche Unterhaltungsqualitäten.

*Reinhard Kleber, Filmecho-Filmwoche, 31/2001*

## Pizza für eine Leiche 716

DELIVERED ***

Video

**Regie:** Guy Ferland
**Darsteller:** Ron Eldard (Reed), David Strickland (Will), Leslie Stefanson (Claire), Scott Bairstow (Canyon), Nicky Katt (Barry), Jillian Armenante (Danielle), Bob Morrisey (Det. Lozano)
**Drehbuch:** Andrew Liotta, Lawrence Trilling
**Kamera:** Shane F. Kelly
**Musik:** Nicholas Pike
**Schnitt:** Deborah Zeitman
**Prod.-Des.:** James A. Gelarden
**Prod.:** USA 1998; 89 Min.
Michey Liddell, Guy Ferland, Brian Swardstrom für Banner Ent.
**Vertrieb:** VCL Video, 23.1.2001
**FSK:** ab 16 J.

Serienkiller (ja, ja, schon wieder einer!) fällt das Diktiergerät eines Pizzaboten in die Hände – und er beginnt, den dort aufgesprochenen Thriller in die Tat umzusetzen ... Ansatzweise einfallsreiche Mixtur aus schwarzer Komödie und hartem Krimi.

## Planet der Affen 717

PLANET OF THE APES ***

**Regie:** Tim Burton
**Darsteller:** Mark Wahlberg (Capt. Davidson), Tim Roth (Thade), Helena Bonham Carter (Ari), Michael Clarke Duncan (Attar), Paul Giamatti (Limbo), Estella Warren (Daena), Cary-Hiroyuki Tagawa (Krull)
**Drehbuch:** Mark Rosenthal, nach einer Novelle von Pierre Boulle
**Kamera:** Phillippe Rousselot
**Musik:** Danny Elfman
**Schnitt:** Chris Lebenzon
**Prod.-Des.:** Rick Heinrichs
**Prod.:** USA 2001; 120 Min.
Richard D. Zanuck für Zanuck Prod.
**Verleih:** 20th Century Fox/dto./dto., 30.8.2001
**FSK:** ab 12 J., ffr. – **FBW:** Wertvoll

Der Astronaut Leo gerät mit seinem Shuttle in ein Wurmloch und stürzt auf einem unbekannten Planeten ab. Dort regieren sprechende Affen, während Menschen ihnen als Sklaven dienen. Leo wird bald zum Führer der Widerstandsbewegung der Menschen. Von der Armee der Affen gejagt, dringt er in die »verbotene Zone« ein und versucht, das Geheimnis des Planeten der Affen zu erforschen. Remake des gleichnamigen Klassikers aus dem Jahr 1968, das nur in Bezug auf Ausstattung und Maske einen Vergleich mit dem Original halten kann. Als Action- und Science-Fiction-Film mit viel Witz, aber ohne gesellschaftskritische Ansätze inszeniert. Routinierter durchschnittlicher Mainstream – sicherlich aber kein Höhepunkt im Schaffen von Tim Burton.

*Stefan Stiglbauer, Multimedia (Die Furche), 6.9.2001*

**Kritik:** (...) Tim Burton kann dem bekannen Stoff erstaunlich wenig Neues abgewinnen. Wir erfahren amüsante Details aus dem Alltag der Affen, staunen über deren meterhohe Sprünge und die hübschen Details der Ausstattung – da war's. Der Film läppert so dahin, ohne echte Höhepunke, aber auch ohne zu langweilen. Und das ist, mit Verlaub, für einen Tim-Burton-Film zu wenig.

*Martin Schwarz, Zitty, 18/2001*

(...) Burton ist kein nachdenklicher Regisseur, er will uns in eine Fantasiewelt entführen. Aber diese Welt ist in sich nicht stimmig. Rick Heinrichs, für seine Dekorationen zu Burtons »Sleepy Hollow« mit dem Oscar ausgezeichnet, versagt hier völlig. Sein Planet ist ein überdekorierter Spielzeugladen. Wüste und Sumpf stehen unvermittelt nebeneinander.
Das Beste sind die Affen, genauer gesagt: die Affendarsteller. Helena Bonham Carter hat bewegende Momente als Schimpansin Ari, die sich für die Rechte der Menschein einsetzt. Sie ist die Frau zwischen den Fronten und die einzige Figur, um die wir zittern. Tim Roth steht ihr als böser General Thade zur Seite, der alle Menschen vernichten und Alleinherrscher auf dem Planeten sein will. Einen würdevollen Auftritt absolviert Heton als Thades sterbender Vater. Er warnt sie vor den Menschen; die seien gar nicht so dumm und hilflos, die könnten sogar mit Gewehren umgehen. Insider-Joke: Der erzkonservative Heston ist Präsident der National Rifle Association.
Nach der Premiere gab ein gut gelaunter Heston seinem Nachfolger Wahlberg die Hand. Die gute Laune ist verständlich. Denn das Remake trägt dazu bei, den Klassikerstatus der 1968er-Version zu festigen.

*Frank Noack, Rheinische Post, 31.8.2001*

**Interview:** *Mister Burton, 160 Mio. Dollar sind zwar nicht wenig, aber die 20th Century Fox hat sicherlich mit mehr Umsatz gerechnet.*

Ich versuche, mich aus solchen Dingen herauszuhalten. Natürlich ist mir klar: Geld wird investiert, um noch mehr Geld zu gewinnen. Aber für mich wäre das der falsche Grund, einen Film zu machen.

*Was hat Sie also gereizt, sich an einen Klassiker wie »Planet der Affen« zu wagen?*

Anfangs lehnte ich sogar ab, weil ich mir nicht vorstellen konnte, ein Remake zu drehen. Bis man mir sagte, dass es gar kein Remake werden sollte. Ich durfte also meine eigenen Visionen mitbringen, und die Idee, dass Affen die Welt beherrschen und Menschen diese Affen spielen, gefiel mir einfach.

*Sozialkritische Aspekte aus dem Original wie Rassendiskriminierung oder Gesellschaftshierarchien haben Sie ganz weggelassen.*

Diese Themen gehören zu sehr zu dem alten Film und den späten 60er-Jahren. Das hätte man nicht wieder beleben können. Ich wollte etwas ganz anderes herausarbeiten. Die Affen im Film symbolisieren für mich die dunkle Seite des menschlichen Unterbewusstseins. Es geht um den täglichen Kampf des Intellekts gegen primitive Urinstinkte.

*Und wie stehen Sie zu den Vorwürfen, dass Ihre Version nur pures Actionkino sei?*

Das Problem ist doch, dass jeder von »Planet der Affen« bestimmte Vorstellungen hat. Das ist genauso, als ob man einen guten Roman, den die Leute lieben, verfilmen möchte. Mit den gleichen Schwierigkeiten hatte ich schon bei »Batman« zu kämpfen. Als Regisseur darf ich solche Erwartungen nicht ganz außer Acht lassen, aber »Planet der Affen« ist nach vier Fortsetzungen und einer TV-Serie schon durch so viele Stadien gegangen, dass ich es mir erlaubte, mich davon nur inspirieren zu lassen und einen neuen Weg zu gehen.

*Der wohl auf ein jüngeres Publikum zielt, das statt Sozialkritik lieber Schlachtszenen erleben will?*

*Mark Wahlberg, Helena Bonham Carter*

Ich persönlich ziele mit meinen Filmen auf niemanden. Wäre auch idiotisch. Nur die Studios tun so, als wüssten sie die Zielgruppe. Da würde ja jeder Film ein Hit werden.

*Konnten Sie sich gegenüber dem Studio durchsetzen?*

Je mehr Geld im Spiel ist, desto größer der Druck. Das Drehbuch wurde ein wenig abgeändert, wir mussten schneller arbeiten. Aber ich habe mir den Spaß nicht verderben lassen – mit den Schauspielern, die zu Affen wurden. *Tim Burton im Interview mit Markus Tschiedert, AZ, 30.8.2001*

*Vor 33 Jahren waren Sie als Fox-Produktionschef für den ersten »Planet der Affen« zuständig. Langweilt es Sie nicht, das Remake zu produzieren?*

Es ist kein Remake; nur die Grundidee ist dieselbe. Als mich Produktionschef Tom Rothman anrief, um mir das Projekt vorzuschlagen, brauchte er nur zwei Worte zu sagen: Tim Burton. Und ich war sofort dabei. Denn Tim macht nichts nach Schema F, alles bei ihm ist inspiriert und originell.

*Folgen die meisten großen Studioproduktionen Schema F?*

In der Regel schon. Man zögert einfach, neue Ideen auszuprobieren. Deshalb sehen so viele Filme wie Klone von anderen Filmen aus. Die Studios werden meistens von Managern geführt, denen das Filmemachen nicht im Blut liegt – die gegenwärtige Fox-Spitze oder Dreamworks einmal ausgenommen. Für sie macht dieses Geschäft ökonomisch oft keinen Sinn. Deshalb versuchen sie, auf Nummer sicher zu gehen, im Sequels zum Beispiel. Und es gibt zu viele Köche, die mitmischen, sodass in einen Film bis zu 100 verschiedene Meinungen einfließen.

*Richard D. Zanuck im Interview mit Blickpunkt Film, 6.8.2001*

## Plötzlich Prinzessin! 718
THE PRINCESS DIARIES ***

**Regie:** Garry Marshall
**Darsteller:** Julie Andrews (Queen Clarisse Renaldi), Anne Hathaway (Mia Thermopolis), Hector Elizondo (Joe), Heather Matarazzo (Lilly Moscovitz), Mandy Moore (Lana Thomas), Caroline Goodall (Helen), Robert Schwartzman (Michael Moscovitz)
**Drehbuch:** Gina Wendkos, nach einer Story von Meg Cabot
**Kamera:** Karl Walter Lindenlaub
**Musik:** John Debney
**Schnitt:** Bruce Green
**Prod.-Des.:** Mayne Berke
**Prod.:** USA 2001; 115 Min.
Whitney Houston, Debra Martin Chase, Mario Iscovich; Ellen H. Schwartz (Co-Prod.) für Walt Disney/Brownhouse Prod.
**Verleih:** Buena Vista/dto./dto., 20.12.2001
**Vertrieb:** Buena Vista Video (Video, DVD)
**FSK:** o. A., ffr. – **FBW:** Wertvoll

Mia ist ein 15-jähriges Mädchen mit den pubertären Problemen eines 15-jährigen Mädchens: Selbstzweifel und Unsicherheit. Aus heiterem Himmel erfährt sie, dass sie die einzige

*Julie Andrews*

Thronfolgerin eines kleinen Königreichs ist. Das Märchen von der wunderbaren Verwandlung wird hier für die wichtigste, weil größte Kinozielgruppe der 12- bis 15-Jährigen angewandt – zudem familientauglich, da ohne Gewaltdarstellung. Mittelmäßige Schauspielleistungen, erwartbare Dialoge, unauffällige Regie, also durchschnittliche Mainstream-Qualität. Aber als abgewandeltes Märchen auch pathetisch-verlogen und voller Klischees in der Geschlechterdarstellung.

*Stefan Stiglbauer, Multimedia (Die Furche), 20.12.2001*

**Kritik:** (...) Garry Marshall, Entdecker von »Pretty Woman« Julia Roberts, baut mit der talentierten Newcomerin Anne Hathaway eine Art Roberts-Duplikat auf, das die Wandlung vom hässlichen Girl in Schuluniform zur Lady im Abendkleid ruck, zuck schafft – zahnpastafrisch das Lächeln, verführerisch die Naivität. Gegen diese Zuckerwatten-Welt, voll gepumpt mit kitschig-falschen Gefühlen, wirken selbst Rosamunde-Pilcher-Filme dokumentarisch.

*Margret Köhler, AZ, 12.12.2001*

(...) Derweil pendelt Regisseur Garry Marshall zwischen Drehbuchstandards vom Reißbrett und Witzen aus der Mottenkiste. So gelingt ihm ein Familienfilm, wie zu Zeiten von Mary Poppins – eine altmodisch-gestrige Retortenkino-Mär.

*Horst E. Wegener, Zitty, 26/2001*

## The Point Men 719

THE POINT MEN **

Video

**Regie:** John Glen
**Darsteller:** Christopher Lambert (Tony), Kerry Fox (Maddy), Vincent Regan (Amar), Cal Macaninch (Horst), Nicolas de Pruysenaere (Peter Hauser), Donald Sumpter (Benni Baum), Maryam D'Abo (Francie Koln)
**Drehbuch:** Nach dem Roman »The Heat of Ramadan« von Steven Hartov
**Kamera:** Alec Mills
**Schnitt:** Matthew Glen
**Prod.-Des.:** Humphrey Bangham
**Prod.:** USA 2001; 87 Min.
Silvio Muraglia, Avi Nesher, Tom Reeve für The Carousel Pic.
**Vertrieb:** Kinowelt, 11.12.2001
**FSK:** ab 16 J.

Exagent spürt hartnäckig totgeglaubtem Terroristen nach, der mit neuem Gesicht seine Gegner liquidiert. Actionthriller jenseits der Realität, zersetzend und zerstörerisch – vor allem fürs Hirn. Christopher Lambert hat auch schon bessere Zeiten und Filme gesehen.

## Pokémon 3 – Im Bann des Unbekannten 720

POKETTO MONSUTAA: KESSHOTO NO TEIO ***

**Regie:** Kunihiko Yuyama, Michael Haigney
**Darsteller:** Stimmen: Veronica Taylor, Rachael Lillis, Eric Stuart, Addie Blaustein, Ikue Otani, Amy Birnbaum
**Drehbuch:** Takeshi Shudo, Hideki Sonoda, nach Figuren von Satoshi Tajiri; Norman J. Grossfield, M. Haigney (amerikanische Version)
**Kamera:** Hisao Shirai
**Musik:** Ralph Schuckett
**Schnitt:** Jay Film, Roshio Henmi
**Prod.-Des.:** Katsuyoshi Kanemura
**Prod.:** Japan 2000; 69 Min.

Norman J. Grossfield, Choji Yoshikawa, Yukako Matsusako, Takemoto Mori für Pikachu Project 2000-Shogakukan/ NintendoTV Toyko mit 4Kids Ent.
**Verleih:** Warner/Buena Vista/Warner, 21.6.2001
**Vertrieb:** Warner Video (Video, DVD)
**FSK:** ab 6 J., ffr.

»Pokémon« von 1999 war die logische Konsequenz des weltweiten Erfolgs der TV-Serie mit Pikachu und seinen Freunden. Die Kinofilme sind allgemein düsterer und komplexer als die Fernsehfolgen, haben aber nicht weniger Erfolg bei den Kleinen. Ihnen scheint auch die abstruseste Story nicht zu kompliziert. Im neuesten Abenteuer erforscht Professor Hale eine mysteriöse Pokémon-Spezies, die menschliche Träume lesen und wahrmachen kann. *Film, 6/2001*

**Kritik:** Waren es noch acht Monate, die zwischen dem ersten und dem zweiten Teil lagen, kommen Pokémon-Fans nun bereits nach sechs Monaten Pause in den Genuss der dritten Kinofolge. Geändert hat sich ansonsten nicht viel: Einem 22-minütigen Kurzfilm folgt ein nur bedingt abendfüllendes Animationsspektakel, das sich durch simple Zeichentricktechnik, vertraute Figuren und Handlungsabläufe definiert. (...)
*Blickpunkt Film, 25/2001*

## Die Polizistin 721

****

**Regie:** Andreas Dresen
**Darsteller:** Gabriela Maria Schmeide (Anne), Axel Prahl (Mike), Jevgenij Sitochin (Jegor), Paul Grubba (Benny), Katrin Sass (Frau Kubitschek), Horst Krause (Albert), Martin Seifert (Herr Unbitschek)
**Drehbuch:** Laila Stieler, frei nach Motiven des Buchs »Meine Nachtgestalten« von Annegret Held
**Kamera:** Michael Hammon
**Schnitt:** Monika Schindler
**Prod.-Des.:** Susanne Hopf
**Prod.:** BRD 2000; 97 Min.
Norbert Sauer, Christian Granderath für UFA Film für WDR
**UA:** 30.6.2000, Filmfest München
**Verleih:** Piffl/-/-, 10.5.2001

Plattenbauten und Hochhäuser ... die Stimmung in dem Rostocker Problembezirk ist düster. Ausgerechnet hierher verschlägt es die 27-jährige Anne nach ihrer Polizeiausbildung. Der Umgang mit den Menschen gestaltet sich für Anne schwierig und sie kann nur schwer Distanz halten. Bald ist sie hin und her gerissen zwischen persönlicher Anteilnahme und beruflicher Pflicht.

**Kritik:** (...) Trotzdem wirkt auch in der »Polizistin« dieser wie aus dem Leben gegriffene Blick auf die Dinge, den man gern dokumentarisch nennt, erst mal bestechend. Den Schauspielern, allen voran der Titelheldin Gabriela Maria Schmeide, merkt man nicht die geringste spielerische Anstrengung an. Wenn es nicht genau umgekehrt wäre, könnte man sagen, dass sie nie aus der Rolle fallen. Es ist aber eher so, dass sie nie »in« eine Rolle fallen. Da merkt man, dass Dresen lange Dokumentarfilmer war, ehe er sich dem Spielfilm zugewandt hat: Er hat einen Blick für falsche Töne. Deswegen ist sein Film durchaus packend, manchmal auch rührend, aber wenn dann die »Portion Kino« ins Spiel kommt, fühlt man sich hinters Licht geführt.
*Michael Althen, SZ, 25.10.2000*

*Gabriela Maria Schmeide*

*Gabriela Maria Schmeide und Axel Prahl*

(…) Verwirrte Greisinnen ins Heim zurückbringen, Alkoholikerkrawalle schlichten, Familiensuff und Kinderjammer mit ansehen – der Seelendruck im Beruf ist hart und die Suche nach der kleinen Nestwärme bringt nicht viel. Dennoch ist dies einer der humansten Filme über Unzulänglichkeiten in den Nachtrevieren der Städte. Und einer der besten deutschen Filme des Jahres.

*Ponkie, AZ, 10.5.2001*

**Interview:** *Warum kam »Die Polizistin« nicht direkt ins Kino, sondern lief zuerst in der Glotze?*

»Nachtgestalten« und »Die Polizistin« wurden ursprünglich parallel entwickelt. Nachdem sich der Produzent Peter Rommel für den ersten entschieden hatte, lag der zweite auf Eis. Wir konnten dann die UFA und den WDR als Partner gewinnen. Nach der Erstaufführung des Films beim Münchner Filmfest hatten vier Kinoverleiher Interesse, doch der WDR bestand leider auf der Erstausstrahlung. Und nachdem der Film dann mit 3,8 Mio. Zuschauern im Fernsehen lief, blieb nur noch ein Verleiher übrig.

*Als Regisseur hat man doch entweder Fernseh- oder Kinobilder im Kopf …*

Das spielt insofern eine Rolle, dass ich bei der Arbeit fürs Fernsehen der Totale nicht so vertraue, weil sie dort nicht diese Kraft besitzt. Bei der »Polizistin« haben wir uns daher viel im Nahbereich bewegt. Das hat dann Reißschwenks zur Folge, die man bei einer Totale nicht bräuchte. Aber wir wollten ja sowieso eine vibrierende Kamera haben.

*Andreas Dresen im Interview mit Zitty, 10/2001*

## Polt muss weinen

722
***
TV

**Regie:** Julian Roman Pölsler
**Darsteller:** Erwin Steinhauer (Simon Polt), Hans-Michael Rehberg (Friedrich Kurzbacher), Hans Clarin (Karl Brunner), Fritz Egger (Ernst Höllenbauer), Peter Faerber (Josef Schachinger), Gerhard Dorfer (Dr. Eichhorn), Michou Friesz (Grete Hahn)
**Drehbuch:** Susanne Freund, Julian Roman Pölsler, nach dem gleichn. Roman von Alfred Komarek
**Kamera:** Fabian Eder
**Schnitt:** Ulrike Pahl
**Prod.:** Österreich 2001; 88 Min. Wulf Flemming
**TV:** 11.4., ORF, 20.15; 1.6., Arte, 20.45; 27.11.2001, 3sat, 22.25

Der Gendarmerie-Inspektor Simon Polt aus einem Dorf im Weinviertel muss nach dem plötzlichen Tod des despotischen und in der Gemeinde verhassten Weinbauern Albert Hahn ermitteln, ob es sich um einen Unfalltod durch Gärgas oder um Mord handelt.

## Popcorn, Leichen & Posaune

723
☐
TV

KEEP AN EYE ON THE TROMBONE

**Regie:** Roger Cantin
**Darsteller:** Germain Houde, Raymond Bouchard, Anais Goulet-Robitaille
**Prod.:** Kanada 1992; 95 Min.
**TV:** 9.1.2001, VOX, 0.20

Der Nachtwächter eines Filmstudios gerät unschuldig unter Mordverdacht und sucht selbst nach dem Killer, der Posaune spielt.

## Der Preis der Ehre 724
REGENERATION ***
TV

**Regie:** Gillies MacKinnon
**Darsteller:** Jonathan Pryce (Dr. William Rivers), James Wilby (Siegfried Sassoon), Jonny Lee Miller (Billy Prior), Stuart Bunce (Wilfred Owen), Tanya Allen, John Neville
**Drehbuch:** Allan Scott, nach dem Roman von Pat Barker
**Kamera:** Glen MacPherson
**Musik:** Mychael Danna
**Schnitt:** Pia Di Ciaula
**Prod.-Des.:** Andy Harris
**Prod.:** GB/Kanada 1997; 110 Min.
Allan Scott, Peter R. Simpson für Rafford Films/BBC Films/Scottish Arts Council Lottery Fund/Norstar Ent. mit Telefilm Canada/
**TV:** 8.9.2001, Arte, 22.40

Während des Ersten Weltkriegs behandelt der Psychiater William Rivers traumatisierte Soldaten, darunter die Dichter Siegfried Sassoon und Wilfred Owen. Sassoon und Owen gehören zu den bedeutendsten Kriegsliteraten Englands.

## The President's Man 725
THE PRESIDENT'S MAN **
Video

**Regie:** Michael Preece
**Darsteller:** Chuck Norris (Joshua McCord), Dylan Neal (Deke Slater), Jennifer Tung (Que), Ralph Waite (Präsident Mathews), Stuart Whitman (George Williams), Soon-Tek Oh (Gen. Vinh Tran)
**Drehbuch:** Bob Gockin
**Prod.:** USA 2000; 90 Min.
**Vertrieb:** Highlight Video, 15.2.2001
**FSK:** ab 18 J.

Der Leibwächter der US-Präsidentenfamilie sucht nach einem würdigen Nachfolger und findet ihn just in einem Knacki-Großmaul. Pilotfilm zu US-TV-Serie mit gebremster Haudrauf-Ideologie und patriotischem Pathos.

## Price of Glory 726
PRICE OF GLORY ***

**Regie:** Carlos Avila
**Darsteller:** Jimmy Smits (Arturo Ortega), Jon Seda (Sonny Ortega), Clifton Collins jr. (Jimmy Ortega), Maria del Mar (Rita Ortega), Sal Lopez (Hector Salman), Louis Mandylor (Davey Lane)
**Drehbuch:** Phil Berger
**Kamera:** Alfonso Beato
**Musik:** Joseph Julián González
**Prod.-Des.:** Robb Wilson King
**Prod.:** USA 2000; 118 Min.
Robert Katz, Arthur Friedman für Moctesuma Esparza
**Verleih:** Kinowelt/-/-, 28.6.2001

Familiengeschichte und Boxerfilm ist Carlos Avilas Spielfilmdebüt im Latino-Ambiente mit Jimmy Smits in der Rolle des dominierenden Vaters dreier Söhne. Im Sundance Workshop wurde der Stoff entwickelt, der interessante Elemente des Beziehungsverhaltens, in Traditionen verwurzelter Generationskonflikte und sozialer Identifkation in einer Multikulti-Gesellschaft miteinander verbindet. Solides, handfestes Kino für ein Publikum, das spannende Unterhaltung mit Sinn für Realität liebt.

*Frauke Hanck, Blickpunkt Film, 18/2001*

## Primary Suspect 727
INFORMANT **
Video

**Regie:** Jeff Celentano
**Darsteller:** William Baldwin (Christian Box), Brigitte Bako (Nikki), Lee Majors (Lt. Blake), Robert Madrid (Det. Rudd), Vinent Castellanos (Reuben), Tim Ryan (Nemanski), John Fleck (Timothy)
**Drehbuch:** M. F. McDowell
**Musik:** John Coda
**Schnitt:** David Rawlins
**Prod.-Des.:** Anthony R. Stabley
**Prod.:** USA 2000; 91 Min.
Neva Friedenn, Paul Maslak, Gerald I. Wolff für Boxer Prod.
**Vertrieb:** VCL, 29.11.2001
**FSK:** ab 16 J.

Degradierter Polizist benutzt scheinbar günstige Gelegenheit, den Mörder seiner Frau ins Jenseits zu befördern. Mühsam zum Thriller gebürsteter Story-Schrott mit wenigen akzeptablen Sequenzen.

## Ein Prinz kommt selten allein 728

THE STUDENT PRINCE □ TV

**Regie:** Simon Curtis
**Darsteller:** Robson Green (Barry Grimes), Rupert Penry-Jones (Prinz), Tara Fitzgerald (Grace), Stephen Moore (Dr. Rymans), Graeme Garde (The Master), Judy Cornwell (Mr. Quigley), Rosalind Bailey (Mrs. Grimes)
**Drehbuch:** Lee Hall
**Musik:** Stephen Warbeck
**Schnitt:** Philip Kless
**Prod.-Des.:** Donal Woods
**Prod.:** GB 1997; 92 Min.
Michael Darbon (Producer) für BBC
**TV:** 16.4.2001, RTL, 10.35

Ein etwas naiver Prinz des britischen Königshauses und sein cleverer Leibwächter beginnen gemeinsam ein Studium der britischen Literatur in Cambridge, wo sie lehrreiche Erfahrungen in Sachen Liebe machen. *Pressetext*

## Der Prinz und der Bettelhund 729

THE POOCH AND THE PAUPER □ TV

**Regie:** Alex Zamm
**Darsteller:** Fred Williard (Präsident Caldwell), Richard Karn (Secret-Service-Agent Drainville), George Wendt (Sheldon Sparks), Vincent Schiavelli (Willy Wishbow)
**Drehbuch:** Mark Steilen, Bennett Yellin
**Prod.:** USA 1999; 85 Min.
**TV:** 16.4.2001, RTL, 12.25

Zwei völlig gleich aussehende amerikanische Bulldoggen – Liberty ist »First Dog« im Weißen Haus, Moocher hingegen ein gewiefter Streuner von der Straße – müssen aufgrund eines unglücklichen Zufalls ihr bisheriges Dasein mit dem des jeweils anderen tauschen. (...) *Pressetext*

## Prinzessin Mononoke 730

MONONOKE HIME ****

**Regie:** Hayao Miyazaki
**Darsteller:** Mit den Stimmen von: Yoji Matsuda (Ashitaka), Yuriko Ishida (San), Yoko Tanaka (Lady Eboshi), Kaoru Kobayashi (Jiko), Masahiko Nishimura, Sumi Shimamoto, Akihiro Miwa
**Drehbuch:** Hayao Miyazaki
**Kamera:** Atushi Okui
**Musik:** Joe Hisaishi; Yoshikazu Mera
**Schnitt:** Hayao Miyazaki, Takeshi Seyama
**Prod.:** Japan 1997; 133 Min.
Toshio Suzuki für Studio Ghibli/Tokuma Shoten/Nippon TV/Dentsu
**EA:** 12.2.1998, Int. Filmfestspiele Berlin, »Sondervorführung«
**Verleih:** Buena Vista/dto./Rialto, März 2000 (CH), 19.4.2001
**Vertrieb:** Buena Vista Video (Video, DVD)
**FSK:** ab 12 J., ffr. – **FBW:** Wertvoll

Ein junger Krieger tötet in Notwehr einen Walddämonen und versucht das Geheimnis seines Leidens zu ergründen. Bei seiner Suche trifft er auf die Herrin Eboshi, die der Natur gnadenlos ihre Schätze abringt, und die von mächtigen Wolfsgöttern aufgezogene San, jene »Prinzessin Mononoke«, die mit Eboshi und ihrer Stadt in erbittertem Streit steht. Hayao Miyazakis beeindruckendes Zeichentrickepos verblüfft nicht nur mit ungemein differenzierten Charakteren, die sich dem klassischen Gut-böse-Schema schlicht verweigern, sondern auch mit einem erstaunlichen künstlerischen Anspruch: Die in klaren Linien und Farben dargestellte Natur ist von überwältigender Schönheit und der Waldgott scheint in seiner Gestalt als Nachtwandler geradewegs einem surrealistischen Gemälde entstiegen zu sein. *tip, 8/2001*

**Kritik:** (...) Im Gegensatz zu den oft sehr flächig gezeichneten Welten der japanischen Animationen sind Charaktere und Landschaften hier stärker differenziert, was nicht zuletzt auch damit zu tun hat, dass Miyazaki Handzeichnungen den Vorzug gegenüber digitalen Computeranimationen gibt und einen großen Teil der Zeichnungen sogar selbst übernommen hat. Statt martialischer Manga-Aggression und lieblicher Disney-Niedlichkeit ist die Stimmung eher melancholisch-poetisch geprägt. In Japan war »Prinzessin Mononoke« der erfolgreichste Film aller Zeiten, der selbst »Titanic«

die Spitzenposition streitig machen konnte. Nun kommt er mit vier Jahren Verspätung, ausgerechnet unter Disneys Fittichen, endlich auch in unsere Kinos.

*Anke Sterneborg, SZ, 19.4.2001*

(…) Differenziert und unaufdringlich vermarktet der Film vergessene Werte wie Respekt, Achtung und Höflichkeit. »Der Zorn macht den Dämon Hass nur noch stärker«, wird Ashitaka gewarnt, der gegen das Böse in seinem Inneren ankämpft. Kein Kinderfilm, nicht nur wegen seiner Brutalität, ist »Prinzessin Mononoke« ein visuell ungewohntes, fesselndes Stück japanischer Zeichentrickkunst mit hinreißender Scoremusik. *Zitty, 9/2001*

(…) Visuell setzt Miyazaki allerdings meisterhaft auf die Macht der Verführung. Wenn es im Wald nur zu regnen beginnt, sehen Spielberg und Lucas schon alt aus. Und wenn sich der Waldgott nachts in ein atemberaubendes pulsierendes Lichtwesen verwandelt, versteht man, weshalb die Schöpfer von Animationsfilmen wie »Toy Story« oder »Mulan« Miyazaki als »Kurosawa der Animation« oder gleich als »so etwas wie Gott« bezeichnen.
So gesehen ist es dann auch egal, warum »Prinzessin Mononoke« so spät in die deutschen Kinos gekommen ist. Hauptsache, der Film ist überhaupt zu sehen.

*Helmut Ziegler, Die Woche, 20.4.2001*

*›Prinzessin Mononoke‹, ein märchenhafter Animationsfilm von Hayao Miyazaki*

## Pripyat 731

***
TV

**Regie:** Nikolaus Geyrhalter
**Drehbuch:** Wolfgang Widerhofer
**Kamera:** Nikolaus Geyrhalter
**Schnitt:** Wolfgang Widerhofer
**Prod.:** Österreich 1999; 100 Min.
Nikolaus Geyrhalter für Nikolaus Geyrhalter Filmprod.
**UA:** 15.2.1999, Int. Forum des Jungen Films Berlin
**TV:** 28.4.2001, BR

Der Regisseur ist weniger an den Geschehnissen der Katastrophe von Tschernobyl interessiert als an der Frage, wie die Bewohner der verseuchten Zone um den Atomreaktor mit ihrem Schicksal umgehen.

## Professor niedlich – mit mir müsst ihr rechnen! 732

**+

**Regie:** Lukas Stepanik
**Darsteller:** Herbert Fux (Prof. Niedlich), Nino Kratzer (Peter Schall), Armin Paar (Oliver Picker), Lisa Trischler (Helga), Kurt Weinzierl (Direktor Ripperl), Veronika Faber (Anita Ripperl)
**Drehbuch:** Christian Fuchs
**Kamera:** Jerzy Palacz
**Musik:** Herbert Berger
**Schnitt:** Adi Waalisch
**Prod.:** Österreich 2000; 90 Min.
Josef Koschier für SK-Film/ÖFI/WFF
**Verleih:** Globus/-/-, 8.2.2001
**FSK:** ab 6 J.

Zwei mittelmäßige zehnjährige Schüler geraten in die Fänge eines verschrobenen Professors, der ihnen auf eigenwillige Art Mathematik beibringt und sie für die Goldsuche in den österreichischen Alpen rekrutiert. Missratener Kinderfilm, der sein junges Publikum nicht ernst nimmt, sondern nur vorlaute Klischees präsentiert, um die unausgegorene Geschichte in holpriger Machart vorwärts zu treiben.

*Hans Messias, Film-Dienst, 4/2001*

## Prophecy of the Tiger – Die Rache des Tigers 733

DR. JEKYLL & MR. HYDE **

Video

**Regie:** Colin Budds
**Darsteller:** Adam Baldwin (Dr. Jekyll/Mr. Hyde) Steve Bastoni (McAfee/Newcomen), Kira Clavell (Connie), Karen Cliche (Muriel), Linden Goh (Kano), Jason Chong (Whang Kim), Richard Chong, Anthony Wong Chau-Sang
**Drehbuch:** Peter M. Lenkov
**Kamera:** Mark Wareham
**Musik:** Garry McDonald, Lawrence Stone
**Schnitt:** Suresh Ayyar
**Prod.:** USA 1999; 105 Min.
Darryl Sheen für Telescene Film Group Prod.
**Vertrieb:** EuroVideo, 11.1.2001
**FSK:** ab 18 J.

Hochzeitsreise endet für US-Schönheitschirurgen im Fiasko: Er gerät in Gangsterkrieg, verliert seine Frau und rüstet bald zur Rache auf. Action-Kracher für bescheidenste Ansprüche. Hongkong-Version eines Klassikers.

## The Protector 734

THE PROTECTOR *

Video

**Regie:** Boon Collins, Fabian Lloyd (= Jeff Frey)
**Darsteller:** Frank Zagarino (Cole), Matthias Hues (Gunther), Steven Nijjar, Meeka Schiro
**Drehbuch:** Boon Collins, Robert Cousins, Russell Sherad Langile, John McFetridge
**Kamera:** Gurgeet Mann, Ed Tillman
**Musik:** Paul Nelson
**Schnitt:** Steve Swersky
**Prod.-Des.:** Richard Pianet
**Prod.:** USA 1998; 90 Min.
Judo Hsia für MFI
**Vertrieb:** Screen Power Video, 18.1.2001
**FSK:** ab 18 J.

Computer-Crack weiß, wie man alle Sicherheitscodes der Welt knacken kann, verliert aber sein Gedächtnis, wird von Gangsterboss gejagt und von Karate-Crack beschützt. Billigst-Action nach der Devise »Widerspruch? – Knochenbruch!«

## Public Enemy 735

***

**Regie:** Jens Meurer
**Darsteller:** Jamal Joseph, Nile Rodgers, Kathleen Cleaver, Bobby Seale
**Drehbuch:** Jens Meurer
**Kamera:** Torsten Lippstock
**Musik:** Nile Rodgers & Chic
**Schnitt:** Anne Weil
**Prod.:** BRD/Frankreich/Finnland 1999; 90 Min.
Denis Freyd; Jens Meurer für Egoli Films/ Archipel 33/Kinotar/La Sept Arte/Channel Four
**UA:** 1.9.1999, Int. Filmfestspiele Venedig
**EA:** Int. Hofer Filmtage 1999
**Verleih:** Real Fiction/-/-, 7.6.2001

Jens Meurer macht gar keinen Hehl daraus, wem seine Sympathien gehören. Seine Dokumentation will weder eine detailliert genaue Historie der Black Panther liefern, noch suggeriert sie Objektivität und politische Ausgewogenheit, indem sie auch die Gegenseite zu Wort kommen lässt. Er konzentriert sich allein auf vier prominente Mitglieder der schwarzen Bürgerrechtsbewegung, darunter Mitbegründer Bobby Seale, und auf die Frage, wie sehr der Kampf um Gleichberechtigung in den 70er-Jahren und die Opfer, die sie dafür brachten, ihr heutiges Leben bestimmt und beeinflusst. Ein interessanter, exemplarischer Ansatz, der indes ausgerechnet an Meurers offener Bewunderung scheitert, die ihn statt zu kritischer Würdigung zu einer distanzlosen Heldenverehrung verführt hat.

*Annette Kilzer, tip, 12/2001*

**Kritik:** (…) Leider fragt Regisseur Jens Meurer sie nicht, wieso die Bewegung keinen Bestand hatte. Und wie hiesige 68er beklagen auch die Alt-Panther unisono, dass die heutige Jugend »kein politisches Bewusstsein« mehr habe und sich wegen Nike-Turnschuhen gegenseitig umbringe.

*FR, 8.8.2001*

## Die purpurnen Flüsse 736

LES RIVIERES POURPRES ***+

**Regie:** Mathieu Kassovitz
**Darsteller:** Jean Reno (Pierre Niemans), Vincent Cassel (Max Kerkerian), Nadia Fares (Fanny Ferreira), Dominique Sanda (Schwester Andree), Karim Belkhadra

(Capt. Dahmane), Jean-Pierre Cassel (Dr. Cherneze), Didier Flamand
**Drehbuch:** Jean-Christophe Grange, Mathieu Kassovitz, nach einem Roman von Jean-Christophe Grange
**Kamera:** Thierry Arbogast
**Musik:** Bruno Coulais
**Schnitt:** Maryline Monthieux
**Prod.:** Frankreich 2000; 104 Min. Alain Goldman für Gaumont/Legende/ TF1 mit Canal+
**EA:** San Sebastian Film Festival 2000, »Wettbewerb«
**Verleih:** Tobis/Buena Vista/Monopole-Pathé, 19.4.2001
**Vertrieb:** BMG Video (Video, DVD)
**FSK:** ab 16 J., ffr.
**FBW:** Besonders wertvoll

Als sich in einer abgeschiedenen Alpenuniversität mehrere grässliche Morde ereignen, wird der berühmte Kommissar Niémans auf den Plan der Ermittlungen gerufen, eine französische Special-Agent-Ausgabe mit »Akte-X«-Hintergrund. Zwar stößt der unkonventionelle Polizist in der Provinz auf viele Vorurteile, kann aber gemeinsam mit einem jüngeren Kollegen und einer ebenso schönen wie geheimnisvollen Bergführerin eine kolossale Verschwörung aufdecken, die auf nichts Geringeres zielt als die Züchtung einer neuen, elitären Menschenrasse. Aufwändig inszenierter Trashfilm, der sich um Subtextbildung bemüht, daher aber immer wieder an die eigenen Grenzen stößt. Wer die grobschlächtigen Konstruktionsmuster von Comics mag, wird allerdings auf seine Kosten kommen.

*Claus Löser, tip, 8/2001*

**Kritik:** (...) Die wenig originelle Geschichte, welche einmal mehr die Dämonie des Nazismus bemüht, kupferte bei Filmen wie »The Silence of the Lambs« oder »Seven« ab. Trotz beachtlichem ästhetischem Aufwand, gepflegter Kameraarbeit und Regie gelingt es nicht, den Film vor der Lächerlichkeit zu retten. Uninspirierte Schauspieler tragen das ihrige dazu bei. *Film, 4/2001*

(...) Zwar geht letztlich der Plot nicht ganz auf und der Film endet etwas fahrig. Das ändert aber nichts daran, dass mit »Die purpurnen Flüsse« ein europäischer Thriller gelungen ist, der nicht nur Spannung, sondern auch geistigen Hintergrund bietet, ohne nur auf Schocker zu setzen.

*Adrian Prechtel, AZ, 19.4.2001*

(...) Die an den Haaren herbeigezogene Auflösung ist leider unglaubwürdig und der Mottenkiste eines Horrorfilms entsprungen. Das mag logisch denkende Zuschauer irritieren, nichtsdestotrotz zählt »Die purpurnen Flüsse« zu den besten Actionfilmen aus Frankreich und kann es mit jedem US-Film dieses Genres aufnehmen. *Margret Köhler, Blickpunkt Film, 3/2001*

(...) Mathieu Kassovitz hat einen Film gemacht, der eine Synthese schaffen will aus Actionkino und Autorenfilm.

Einen, der zahlreiche spekulative Thrillerelemente und überflüssige Actionsequenzen enthält und dessen Plot eine ziemliche Räuberpistole ist. Er hat aber auch einen Film gemacht, der glänzt wie ein Juwel: kalt und schön. *Thomas Waitz, Schnitt, 2/2001*

## Python – Lautlos kommt der Tod 737

PYTHON **

Video

**Regie:** Richard Clabaugh
**Darsteller:** Fraye Rosanoff (John), William Zabka (Greg), Sara Mornell (Theresa), Casper van Dien (Bart Parker), Robert Englund (Dr. Anton Rudolph)
**Drehbuch:** Chris Neal, Gary Hershberger, Paul J. M. Bogh, nach einer Story von Philip Roth
**Kamera:** Patrick Rousseau
**Musik:** Daniel J. Nielsen, Mad Bus
**Schnitt:** Christian McIntire
**Prod.-Des.:** David Hung
**Prod.:** USA 2000; 96 Min.
Ken Orlandt, Philip Roth, Jeffrey Beach für Unified/Python
**Vertrieb:** VCL Video, 20.2.2001
**FSK:** ab 16 J.

Eine Hand voll Jugendlicher will einer genmanipulierten, menschenverzehrenden Riesenschlange das Maulstopfen. Hohler Horror-Schocker, wohl eher fürs Zwerchfell gedacht denn als Gänsehaut-Generator geeignet.

## Quatermain – Der Schatz der Könige 738

HIGH ADVENTURE **

Video

**Regie:** Mark Roper
**Darsteller:** Thomas Ian Griffith, Anja Kling, Harry Peacock, Götz Otto, Barry Flatman, Kendra Torgan
**Kamera:** Roberto De Angelis
**Prod.:** USA 2001; 90 Min.
**Vertrieb:** e-m-s Video, 21.8.2001
**FSK:** ab 12 J.

Ein Abenteurer, eine Archäologin, eine Schatzkarte und eine Verbrecherbande – fertig ist die Story. Nichts Neues also unter der Action-Abenteuer-Sonne.

## Queens Messenger 739

QUEENS MESSENGER **

Video

**Regie:** Mark Roper
**Darsteller:** Gary Daniels (Capt. Anthony Strong), Teresa Sherrer (Alexi Jones), John Standing (Foreign Secretary), David Whitehead (Sir Desmond), Romina Mondello (Rafaella), Christoph Waltz (Ali Ben Samm), David Dukas
**Drehbuch:** Peter Welbeck (= Harry Alan Towers), Peter Jobin
**Kamera:** Adolfo Bartoli
**Schnitt:** Jacqueline Carmody
**Prod.:** Kanada/GB/Bulgarien 2000; 91 Min. Harry Alan Towers, Barbara Bergman, Gary Daniels, Evgeni Mihailor für GFTI/ Messenger/Towers of London/Boylan
**Vertrieb:** Sunfilm Video, Mai 2001
**FSK:** ab 16 J.

Britischer Unterhändler gerät in Kasachstan in einen Hinterhalt von Rebellen, die den Botschafter entführen. Wirres Action-Thrillerchen mit noch wirreren Story-Strängen.

## Qui Plume la Lune? 740

QUI PLUME LA LUNE? ****+

**Regie:** Christine Carriere
**Darsteller:** Jean-Pierre Darroussin (Vater), Garance Clavel (Suzanne), Elsa Dourdet (Marie), Michèle Ernou (Mutter), Michèle Brousse (Prudence), Laetitia Ferreira, Angele Guedra
**Drehbuch:** Christine Carrière
**Kamera:** Pierre David, Pascal Lagriffoul, Gilles Porte
**Schnitt:** Raymonde Guyot
**Prod.:** Frankreich 1999; 100 Min. Alain Sarde für Cine Valse/Arte France Cinema/CRRAV mit Canal+/Studio Images 5/CNC
**UA:** 18.5.1999, Int. Filmfestspiele Cannes, Semaine des Realisateurs
**Verleih:** -/Polyfilm/Filmcoop., Mai 2000

Untröstlich über den Tod seiner Frau versucht Lucien seine beiden Töchter alleine großzuziehen – während diese als ihre Hauptaufgabe sehen, ihn am Selbstmord zu hindern. 20 Jahre lang begleitet der Film wie ein Fotoalbum die kleine Familie. Weit davon entfernt, eine realistische Gesichte üblichen Zuschnitts zu erzählen, werden Charaktere gezeigt, die versuchen, ein verlorenes und unerreichbares Glück zu leben. Angesichts der erwachenden Sexualität der Töchter zerbricht die unschuldige Idylle. Eine stilistisch sehr beeindruckende Arbeit, die zwar einer linearen Zeit, aber einer kindlich assoziativen Logik folgt – und zwischen Ernst und Komik, Skurrilität und Poesie balanciert. Und so wird am Ende der Versuch, nicht erwachsen zu werden, vielleicht doch noch gemeinsam gelingen. *Multimedia*

## Quills – Macht der Besessenheit 741

QUILLS ***

**Regie:** Philip Kaufman
**Darsteller:** Geoffrey Rush (the Marquis de Sade), Kate Winslet (Madeleine), Joaquin Phoenix (Coulmier), Michael Caine (Royer-Collard), Billie Whitelaw (Madame LeClerc), Patrick Malahide (Delbene), Amelia Warner (Simone)
**Drehbuch:** Doug Wright, nach ihrem Bühnenstück
**Kamera:** Rgier Stoffers
**Musik:** Stephen Warbeck
**Schnitt:** Peter Boyle
**Prod.-Des.:** Martin Childs
**Prod.:** USA 2000; 124 Min. Julia Chasman, Nick Wechsler, Peter

Kaufman für Fox Searchligt/Industry Ent./ Walrus & Associates mit Hollywood Partnern
**UA:** 2.9.2000
**EA:** 10.2.2001, Int. Filmfestspiele Berlin
**Verleih:** 20th Century Fox/dto./dto., 8.3.2001
**Vertrieb:** Fox Video (Video, DVD)
**FSK:** ab 16 J., ffr. – **FBW:** Wertvoll

Der im Irrenasyl Charenton einsitzende Marquis de Sade produziert Pornografie im Akkordtempo. Das ist kein Problem, solange er dies zur Selbsttherapie tut. Doch der Marquis lässt seine Texte nach draußen schmuggeln, wo sich bald alle Welt daran erfreut. Bloß Napoleon ist not amused und schickt den sinistren Irrenarzt Dr. Royer-Collard zum »Aufräumen« nach Charenton. Wie man den »brutalst möglichen Aufklärer« de Sade zum Kämpfer für Redefreiheit uminterpretiert, zeigt Philip Kaufman exemplarisch. *Film, 3/2001*

*Kate Winslet und Geoffrey Rush*

**Kritik:** (...) Nicht, dass Kaufman keine bildgewaltigen Einfälle mehr hätte, um die Leidenschaften abzubilden, aber man blickt auf sie wie auf einen fernen Spiegel. Da quälen sich Geoffrey Rush, Joaquin Phoenix und Kate Winslet ab, dem Exzess ein Gesicht zu verleihen, aber es kommen nur Fratzen dabei heraus. Was in Amerika als gewagt durchgehen mag, wirkt bei uns nur abgeschmackt. Und je heftiger Kaufman die Körpersäfte fließen lässt, desto deutlicher wird, dass »Quills – Macht der Besessenheit« vor allem eines fehlt: Herzblut.
*Michael Althen, SZ, 10.2.2001*

(...) Leider verfällt »Quills« schließlich in genau jene Kurzschlussreaktion, die der Film bis dahin so brillant verweigert. De Sades Provokationen lösen ein Inferno aus, Wahnsinn und Barberei. Wer glaubt, dass Gewaltfantasien ohne Umwege in wirkliche Gewalt münden, redet der Zensur das Wort. Eben jener Zensur, gegen die Kaufmans Bilder bis dahin unentwegt argumentieren. »Wenn einer aufs Wasser geht und denkt, dass es ihn trägt, ist dann die Bibel schuld, wenn er ertrinkt?«, hatte de Sade den Abt gefragt. Kaufman schlägt sich auf die Seite des Priesters. *Christiane Peitz, Der Tagesspiegel, 8.3.2001*

## Race against Time – Wettlauf gegen den Tod 742

RACE AGAINST TIME ***

Video

**Regie:** Geoff Murphy
**Darsteller:** Eric Roberts (James Gabriel), Cary Elwes (Burke), Sarah Wynter (Alex), Chris Sarandon (Anton Stoffles), Cas Anvar (Leonard Sheck), Diane Venora (Dr. Helen Steele), Sean Devine (Kilroy)
**Drehbuch:** Chuck Konzelman, Cary Solomon
**Musik:** Don Davis
**Schnitt:** Rick Shaine
**Prod.:** USA/Kanada 2000; 87 Min.
Turner Network TV
**Vertrieb:** Laser Paradise Video, 19.3.2001
**FSK:** ab 16 J.

Organhandel-Konzern jagt Ingenieur, dem er seine heiß begehrten Innereien abjagen will. Doch der schlägt – mit weiblicher Hilfe – zurück ... Da vor wie hinter der Kamera Profis standen, ein passagenweise spannender Action- und Science-Fiction-Verschnitt.

## Radiopiraten 743

KALÓZOK ***

TV

**Regie:** Tamàs Sas
**Darsteller:** Gabriella Gubás (Marta), Attila Király (Pipi), Viktor Bodo (Max), Karina Kecskés (Juli), Eszter Onodi (Anci), Gábor Máté (Farkas)
**Drehbuch:** Péter Geszti, Istvan Nemes
**Kamera:** Tamás Sas, Gergely Pohárnok
**Schnitt:** Zsusza Pósán
**Prod.:** György Buda, Ungarn 1998; 96 Min.
**TV:** 29.9.2001, Arte, 22.35

Pipi und Max, beide Anfang 20, sind Radiopiraten und betreiben einen illegalen Radiosender in Budapest. Doch über Nacht taucht in der Nachbarwohnung ein Mädchen auf und stellt die Freundschaft der zwei auf eine harte Probe. *Pressetext*

## Rage – Irrsinnige Gewalt 744

ALL THE RAGE ***

Video

**Regie:** James D. Stern
**Darsteller:** Joan Allen (Helen Harding), Andre Braugher (Tim Sullivan), Josh Brolin (Tennel), Jeff Daniels (Warren Harding), Robert Forster (Tyler), Anna Paquin (Annabel Lee), Giovanni Ribisi (Sidney Lee)
**Drehbuch:** Keith Reddin, nach seinem Videospiel
**Kamera:** Alex Nepomniaschy
**Musik:** Mark Mothersbaugh; Michele Kuznetsky, Mary Ramos (Supervisor)
**Schnitt:** Tony Lombardo
**Prod.-Des.:** Jerry Fleming
**Prod.:** USA 1999; 97 Min.
James D. Stern, Peter Gilbert, Ash R. Shah, Anne McCarthy, Mary Vernieu für Screenland/Market Capital Group/Mutual/Scanbox
**Vertrieb:** Columbia TriStar Video, 16.1.2001
**FSK:** ab 16 J.

Lose Folge von Episoden, deren Figuren noch loser miteinander verbunden sind oder auch nicht. Aber irgendwie haben alle mit Waffen zu tun und irgendwie wollten die Macher dazu auch kritisch Stellung nehmen. Aber irgendwie haben sie das nicht geschafft. Mitunter unterhaltsam, meistens aber irgendwie langweilig.

## Ran an die Braut 745

GET OVER IT ***

**Regie:** Tommy O'Haver
**Darsteller:** Kirsten Dunst (Kelly), Ben Foster (Berke Landers), Melissa Sagemiller (Allison McAllister), Sisqo (Dennis), Shane West (Bentley »Striker« Scrumfeld), Colin Hanks (Felix), Swoosie Kurtz (Beverly Landers)
**Drehbuch:** R. Lee Fleming jr.
**Kamera:** Maryse Alberti
**Musik:** Steve Bartek
**Schnitt:** Jeff Betancourt
**Prod.-Des.:** Robin Standefer
**Prod.:** USA 2001; 87 Min.
Michael Burns, Marc Butan, Paul Feldsher; Richard Hull, Leanna Creel, Louise Rosner (Co-Prod.) für Ignite/Keshan/Miramax/Morpheus
**Verleih:** Concorde/-/-, 23.8.2001

Berke leidet unter verständlichem Liebeskummer, hat ihn seine Freundin doch gerade für den ekligen Sänger einer Boygroup verlassen. Ebenso hartnäckig wie erfolglos macht sich der Verschmähte daran, die Verflossene zurückzugewinnen – und wird dabei von der netten Schulkameradin Kelly unterstützt, die sich längst in ihn verliebt hat. Kein Meisterwerk der Teeniekomödie, aber ein amüsanter Unterhaltungsfilm, der vom Spiel seiner gut aufgelegten Hauptdarsteller getragen wird und allen Versuchen des Verleihs, ihn als hirnlosen Blödsinn für pubertierende Jungs zu verscherbeln, tapfer widersteht.

*tip, 17/2001*

**Kritik:** (…) Ein bisschen zu hampelig, nassforsch startet der Regisseur Tommy O'Havers in seine Geschichte. Aber wenn er dann augenzwinkernd selber auf deren Serialität und Vorhersehbarkeit verweist, wenn er auch dem Treiben seiner Protagonisten mit ironischer Distanz und trotzdem mit Sympathie zuschaut, dann findet er zu einem angenehm entspannten Ton. Und er findet die Zeit, in seinem Film Hommagen an die Farben und Formen der 70er-Jahre unterzubringen oder sich liebevoll mit Nebenfiguren zu beschäftigen, mit dem tuntigen Theatergruppenchef etwa, hinter dessen Karikatur deshalb ein Charakter zu erahnen ist. (…)

*Rupert Koppold, Stuttgarter Zeitung, 23.8.2001*

(…) Bis Berke begreift, dass sie eine echte Traumfrau ist, nutzt Regie-Newcomer Tommy O'Haver die Zeit zu einem federleichten Comedy-Mix. Allerdings pendelt man teils arg entscheidungslos zwischen High-School-Teenie-Blödeleien, Erste-Liebe-Herzschmerz, MTV-Feeling und Shakespeare-Modernisierung hin und her. Als harmloser Sommerkino-Spaß ist der Film aber durchaus die paar Mark Eintrittsgeld wert. Allemal lohnenswert: der Soundtrack – da kommt unweigerlich gute Laune auf, immer wieder.

*Horst E. Wegener, Zitty, 18/2001*

## Rapid Assault – Entscheidung im Atlantik 746

RAPID ASSAULT **

Video

**Regie:** Sherman Scott
**Darsteller:** Tim Abell (Jim Decker), Lisa Mazzetti (Angela Strichman), Don Scribner (Lars Rynark), Jeff Rector (David Phillips), Harrison Ray (Marko), Ricki Worth (Talia)
**Drehbuch:** Sean O'Bannon
**Kamera:** Howard Wexler
**Musik:** David und Eric Wurst
**Schnitt:** Vanick Moradian
**Prod.:** USA 1997; 86 Min.
Robyn Scott für Royal Oaks
**Vertrieb:** e-m-s Video, 22.3.2001
**FSK:** ab 16 J.

Mega-Gangster plant von seinem Unterwasser-Stützpunkt aus, der Menschheit den Todesstoß via Killerbakterium zu versetzen. Höchst preiswert heruntergekurbeltes Action-Abenteuer der »Sofort vergessen«-Klasse.

## Ratcatcher 747

RATCATCHER ****

**Regie:** Lynne Ramsay
**Darsteller:** William Eadie (James), Tommy Flanagan (Da), Mandy Matthews (Ma), Learnue Mullen (Margaret Anne), Michelle Stewart (Ellen), Lynne Ramsay jr., John Miller
**Drehbuch:** Lynne Ramsay
**Kamera:** Alwin H. Kuchler
**Musik:** Rachel Portman
**Schnitt:** Lucia Zucchetti
**Prod.-Des.:** Jane Morton
**Prod.:** GB 1999; 93 Min.
Gavin Emerson für Arts Council/BBC mit Holy Cow Films/Les Studio Canal+/Les Prod. Lazennec/Merchant-Ivory/Pathé
**UA:** Int. Filmfestspiele Cannes 1999
**Verleih:** Kairos/-/-, 11.1.2001
**FSK:** ab 12 J., ffr.

Eine Vorstadtsiedlung in Glasgow, irgendwann in den 70ern. Müll wuchert die Straßen zu, Halbwüchsige machen sich auf Rattenjagd. Ein Gemeinwesen in Auflösung. Wer sich noch nicht aufgegeben hat, will hier nur noch weg. Für die Familie des zwölfjährigen Außenseiters James stehen die Aussichten eher schlecht. Traumatisiert knüpft James zaghafte Verbindungen zu anderen Außenseitern, entwirft sich einen Utopieraum. Soziale Geanuigkeit ohne Welterlösungspathos, glaubhafte Charaktere, die nie ins gewollt Gemeingültige, Allergorische abdriften. Das britische Filmwunder geht in die nächste Runde. *Claus Löser, tip, 1/2001*

**Kritik:** (...) Und die große Kunst von Lynne Ramsay ist es, ihre Bilder nicht zu Tode zu reiten. Sie stößt sie an, sie wartet mit beeindruckenden Details und Sichten, vor allem aber mit einer Fähigkeit zum sinnlichen Erinnern und genauen Nachfühlen auf. Psychologische und soziale Wahrheit fügen sich, Gegenläufiges läuft zusammen, Schnitt und Ton verschichten dies und das. Jede Figur kann nur so, wie sie muss. Das gehört zu einer Tragödie. Und das ist manchmal wirklich herzzerreißend. »Ratcatcher« sagt dem britischen Working-Class-Kino der inzwischen aufgeweichten Art kategorisch Adieu. Oder wollte noch jemand eine Runde mit »Billy Elliot« tanzen? (...)
*Birgit Galle, Berliner Zeitung, 11.1.2001*

## Das Rätsel des blutroten Rubins 748

***
TV

**Regie:** Thomas Jauch
**Darsteller:** Floriane Daniel (Ariane Kellermann), Tatjana Blacher (Marlene), Ulrich Noethen (Prof. Planitz), Georg Prang (Dr. Lienau), Michael Schiller (Kalle), Stefan Jürgens (Messner)
**Drehbuch:** Monica Simon, H. Brüning
**Prod.:** BRD 2000; 95 Min.
Pro7
**TV:** 1.2.2001, Pro7, 20.15

(...) In dem Thriller suchen wir nichts Geringeres als den Schatz der Nibelungen. Irgendwo in der Kölner Gegend muss das Zeug seit dem 11. Jahrhundert vor sich hin modern. Und der geldgierige Archäologieprofessor täuscht seinen Tauchertod im Rhein nur vor, um ungestört das Burgunder-Erbe zu plündern. Aber er hat die Rechnung ohne seine schlaue, lateinkundige Assistentin Ariane gemacht, die einen derben Teenie-Slang mit heißem Forscherdrang vereint und aus alten Schriften den Standort der Reliquien herausrätselt – und auch findet. Mithilfe der Professoren-»Witwe«, die dem Saukerl einiges heimzuzahlen hat. (...)
*Ponkie, AZ, 3.2.2001*

## Ratten – Sie werden dich kriegen! 749

****+
TV

**Regie:** Jörg Lühdorff
**Darsteller:** Ralph Herforth (Frank Dabrock), Anne Cathrin Buhtz (Katrin Elder), Helmut Lorin (Dinter), Christian Kahrmann (Stuffz. Hubert), Christoph Hagen-Dittmann (Bennat), Janek Rieke, Frank Röth
**Drehbuch:** Alexander M. Rümelin
**Kamera:** Mathias Neumann
**Musik:** Egon Riedel
**Schnitt:** Jens Klüber
**Prod.-Des.:** Frank Godt, Jiri Zavadil
**Prod.:** BRD 2001; 95 Min.
Christian Becker, Thomas Häberle, Michael Münch; Simon Happ (Producer) für F.A.M.E-Indigo mit dkf Multimedia für Pro7
**UA:** 5.7.2001, Filmfest München
**TV:** 18.10.2001, Pro7, 20.15

Rattenplage und Kapitalismus – schon immer hatte man geahnt, dass beides etwas miteinander zu tun hat. Die Gewissheit bringt der heißeste Sommer seit 150 Jahren in der deutschen Börsenhauptstadt Frankfurt/Main. Nachdem die Müllabfuhr in Streik getreten ist, bedroht schnell eine Rattenplage Mainhattans City. (...) *Katalog Filmfest München*

## Rave Macbeth 750

***

**Regie:** Klaus Knösel
**Darsteller:** Michael Rosenbaum (Marcus), Nicki Aycox (Lidia), Jamie Elman (Troy), Kirk Baltz (Dean), Marguerite Moreau (Helena), Anna Thalbach, Annette von Klier
**Drehbuch:** Harry Ki, Klaus Knösel nach W. Shakespeare
**Kamera:** Arturo Smith, Stefan Jonas
**Musik:** Tom Batoy, Franco Tortora (Producers)

**Schnitt:** Birgit Klingl
**Prod.-Des.:** Johanna Butler
**Prod.:** BRD 2001; 88 Min.
Stefan Jonas, Silvia Astarita, Seljin Ki, Hans Peter Mack (Co-Prod.) für Frame Werk/ Silhouette Media Group mit Media AG
**UA:** 4.7.2001, 22.30 Uhr, Filmfest München
**Verleih:** Nighthawks/top-film/-, 8.11.2001
**FSK:** ab 16 J., ffr.

Marcus und Troy, zwei Technofreaks, bekommen die Chance, für einen Rave-Veranstalter und Ecstrasydealer den Pillenhandel zu überwachen. Zusammen mit seiner Freundin Lidia, die seine Eifersucht und seinen Hass anstachelt, begeht Marcus mehrere Morde, für die die beiden selbstverständlich bitter bezahlen müssen. Eine ausgesucht platte Adaption des Macbeth-Stoffes von Shakespeare.

*Bernhard Natschläger,*
*Multimedia (Die Furche), 22.11.2001*

**Kritik:** (...) In »Rave Macbeth« wanken matte Typen durchs Stroboskoplicht und versuchen, uns weiszumachen, die schmierige Abzockerei kleiner Drogenkrämer sei ein vom Höllenfeuer umlodertes Königsdrama. Der deutsche Regisseur Klaus Knösel (»High Crusade«) hat das digital gedreht.
Aber sein Film führt uns nicht mutig in die Innenwelt von Techno und Rausch, sondern schaut auf die schalen Kulissen einer Kunstwelt. Keine einzige Passage hier kann sich mit den psychedelischen Kinotrips der 60er messen. Aber wenigstens nuscheln die MacEcstasys bloß Kneipenprosa. Shakespeares Verse sind wohl am Türsteher hängen geblieben.

*Thomas Klingenmaier,*
*Rheinische Post, 19.11.2001*

(...) In diese Falle geht Klaus Knösel mit seinem Film »Rave Macbeth« glücklicherweise nicht. Er versucht sich nicht an einem Abbild des Clublebens, das irgendeinen Anspruch auf Realitätsbezug erheben würde, sondern setzt der jugendlichen Uneinnehmbarkeit stattdessen gleich einen Klassiker entgegen. Er hat sich Shakespeare gesucht, hat die Geschichte über Macht, Verrat und gewaltsamen Tod ein bisschen zurechtgestutzt und sie in eine Nacht, einen Club und zwischen 3500 Raver verlegt. Aber das Handlungsmuster bleibt vertraut, auch in dieser Umgebung leicht verständlich, ohne zu viel Dialog.
Indem er also nicht vorgibt, ihre Geschichte zu erzählen, hat Klaus Knösel sich den Unmut der Raver erspart. Und ihm ist ein Film aus dem Clubleben gelungen, der auch den nächsten Fehler des Genres vermeidet: Er sieht, trotz seiner artifiziellen Story, tatsächlich echter aus als die meisten Clubfilme. Das allerdings war bisher vor allem ein Problem des Filmmaterials – des nötigen Lichts für die Aufnahmen. In einem voll ausgeleuchteten Club eine Stimmung von Rausch und Geheimnis herzustellen ist nahezu unmöglich.
Aber Knösel hatte für »Rave Macbeth« eine neuartige Digitalkamera zur Verfügung, die fast gar kein zusätzliches Licht benötigt. Er konnte drehen,

*Klaus Knoesel führt Regie.*

Foto: Bernd Stadler

ohne die Atmosphäre dadurch zu ruinieren, dass er die Aufmerksamkeit auf Licht oder Kamera zog, und es sind Bilder mit dokumentarischer Qualität entstanden. Die Menge wogt, an der Bar herrscht Gedränge, selbst die Tänzer wirken, als tanzten sie zum eigenen Vergnügen. Dass die Geschichte um einen Drogenkönig und seine eifersüchtigen Freunde dabei beinahe untergeht, macht den Film eher sympathisch. (…)

*Doris Kuhn, SZ, 12.11.2001*

(…) Regisseur Klaus Knösel geht es um »den Look«; wie die Protagonisten im Party-Gewimmel verschwindet auch die Dramatik Shakespeares in bunten Fummeln und unfreiwilliger Komik. Ein handwerklich perfekt gemachter Rave-Werbeclip, aufgebläht auf Spielfilmlänge und voll gestopft mit Klischees. Die sprachlose Spaßkultur feiert sich selbst.

*Margret Köhler, AZ, 15.11.2001*

## Ready To Rumble 751

READY TO RUMBLE **

Video

**Regie:** Brian Robbins
**Darsteller:** David Arquette (Gordie Boggs), Rose McGowan (Sasha), Scott Caan (Sean Dawkins), Oliver Platt (Jimmy King), Bill Goldberg (Goldberg), Diamond Dallas Page, Brian Robbins
**Drehbuch:** Steven Brill
**Kamera:** J. Clark Mathis
**Musik:** George S. Clinton
**Schnitt:** Ned Bastille, Cindy Mollo
**Prod.-Des.:** Jaymes Hinkle
**Prod.:** USA 2000; 107 Min.
Robert F. Newmyer, Jeffrey Silver; Herb Gains, John Gatins, Scott Strauss (Co-Prod.) für Bel Air/Tollin/Robbins Prods./Outlaw Prod.
**Vertrieb:** BMG Video, 28.8.2001
**FSK:** ab 12 J.

Zwei Provinz-Hallodris päppeln ihr vom Absturz in die Gosse bedrohten Wrestling-Idol wieder auf. Matte Komödie mit zahllosen Gastauftritten statt zündendem Witz.

## Recycled 752

***

TV

**Regie:** Maria von Heland
**Darsteller:** Peter Lohmeyer (Martin), Amanda Ooms (Kia), Ingo Hasselbach (Tilo), Anna Böttcher (Esther), Dieter Laser (Hasso von Walden), Tana Schanzara (Pennerin Moni), Steffen Schult (Mann der Pennerin)
**Kamera:** Bernd Fischer
**Schnitt:** Galip Iyitanir
**Prod.-Des.:** Ulrika Andersson
**Prod.:** BRD 1999; 94 Min.
Klaus Sungen für Dom Film mit WDR
**UA:** Int. Hofer Filmtage 1999
**TV:** 17.1.2001, WDR, 23.15

Das Leben des berühmten Schriftstellers Martin Lamm ändert sich schlagartig, als seine Ehefrau Esther ihm eines schönen Morgens erklärt, sie habe einen Killer angeheuert, um ihn zu töten. Nur Stunden später liegt Esther auf dem Grund des Flusses und Martin flieht mit Kia, seiner neuen Liebe, vor einem Killersyndikat, dem Kia noch vor kurzem angehörte.
Doch die Vergangenheit holt die beiden schnell ein: Kias kaltblütiger Exfreund und Martins tobender Schwiegervater hetzen sie durch die Stadt, bis es für die Liebenden nur einen Ausweg gibt: sterben, bevor sie umgebracht werden.
Doch nichts ist, wie es scheint. Martin ist gar kein Schriftsteller, Kia keine Killerin und die eigentliche Frage lautet. Wessen Geschichte erzählt Esther aus der Tiefe des Flusses?

*Katalog Hofer Filmtage*

## Red Planet 753

RED PLANET ***

**Regie:** Antony Hoffman
**Darsteller:** Val Kilmer (Galagher), Carrie-Anne Moss (Bowman), Tom Sizemore (Burchenal), Benjamin Bratt (Santen), Simon Baker (Pettengil), Terence Stamp (Chantilas), Jessica Morton
**Drehbuch:** Chuck Pfarrer, Jonathan Lemkin, nach einer Story von Chuck Pfarrer
**Kamera:** Peter Suschitzky
**Musik:** Greaeme Revell
**Schnitt:** Robert K. Lambert, Dallas S. Puett
**Prod.-Des.:** Owen Paterson

**Prod.:** USA 2000; 106 Min.
Mark Canton, Bruce Berman und Jorge Saralegui für Village Roadshow mit NPV Ent.
**Verleih:** Warner/dto./dto., 1.3.2001
**Vertrieb:** Warner Video (Video, DVD)

Wieder mal steht Mütterchen Erde die Apokalypse ins Haus. Der Mars soll als Ausweichkolonie herhalten. Doch das Terraforming-Project bringt nicht nur die erwünschte Luft auf den roten Planeten, sondern auch Algen, die wiederum gemeingefährliches Kribbelkrabbelzeug produzieren. Außer den beißwütigen Vielbeinern hat Hoffmans Science-Fiction keine nennenswerten Überraschungen zu bieten. Standardware mit ebensolcher Besetzung. Zwar nimmt man Val Kilmer den Helden ab – aber nie den wider Willen. *Anke Leweke, tip, 5/2001*

**Kritik:** (...) »Red Planet« ist ein Science-Fiction-Film in bester Genre-Tradition, ohne Fantasy-Aufputz. Keine grünen Männchen, keine grotesken Mars-Monster wie in »Mars Attacks«, auch keine marsianischen Feen wie in »Mission to Mars«: Raumfahrtabenteuer ohne Mars-Mythologie. Regisseur Antony Hoffman zeigt in seinem Spielfilmdebüt eindrucksvoll, wie der Vorstoß in die Weiten des Alls zu einem Drama der immer gefährdeten Versorgung wird. Der Sauerstoff in den Raumanzügen wird immer knapper, die Treibstoffanzeige fällt in den roten Bereich, der Funkkontakt bricht ab. An ihren technologischen Nabelschnüren hängen die Astronauten im kosmischen Niemandsland und rufen: »Houston – wir wollen nach Hause!«
*Rainer Gansera, SZ, 1.3.2001*

(...) Wenn Burchenal mit dem letzten Quäntchen Sauerstoff seinem Leidensgenossen Galagher die Symptome des beiden scheinbar bevorstehenden Ersticksungstods erklärt und der fragt: »Tut das weh?«, dann haben die Dialoge die Grenze zur unfreiwiligen Komik weit hinter sich gelassen. So dürfte diese überflüssige Produktion auch und gerade bei Freunden des Science-Fiction-Genres eher als Lachnummer gehandelt werden.
*W. O. P. Kistner, AZ, 1.3.2001*

## Das Reich und die Herrlichkeit 754
THE CLAIM ***

**Regie:** Michael Winterbottom
**Darsteller:** Peter Mullan (Dillon), Wes Bentley (Dalglish), Milla Jovovich (Lucia), Nastassja Kinski (Elena), Sarah Polley (Hope), Julian Richings (Bellinger), Sean McGinley (Sweetley)
**Drehbuch:** Frank Cottrell Boyce, nach dem Roman »Der Major von Casterbridge« von Thomas Hardy
**Kamera:** Alwin Kuchler
**Musik:** Michael Nyman
**Schnitt:** Trevor Waite
**Prod.-Des.:** Mark Tildesley, Ken Rempel
**Prod.:** GB/Kanada 2000; 120 Min.
Andrew Eaton für MGM + Pathe Pictures, The Arts Council of England, Le Studio Canal+, BBC, Alliance Atlantis
**UA:** 27.11.2000, MGM Santa Monica
**EA:** Int. Filmfestspiele Berlin 2001
**Verleih:** Concorde/-/-, 8.11.2001
**FSK:** ab 12 J., ffr.

Ein junger Abenteurer verkauft Frau und Baby für Geld und eine Parzelle Land in Kalifornien zur Zeit des Goldrauschs. Reich und mächtig geworden, leidet er unter seelischer Vereinsamung. Als er Frau und Tochter nach 20 Jahren wieder sieht, versucht er mit allen Mitteln, seine Schuld zu begleichen und seine Familie zurückzugewinnen. Liebesfilm im Westerngewand, beschaulich inszeniert entgegen gängiger Westernmythologie.
*Ralph Umard, tip, 23/2001*

**Kritik:** (...) Dass »Das Reich und die Herrlichkeit« trotz der Darsteller, der Bilder, der Musik von Michael Nyman merkwürdig kalt lässt, hat mit dem Aufwand der Inszenierung, aber auch mit dem übersteigerten Naturalismus des Films zu tun. Winterbottom wollte den Westen realistich abbilden, gerade deshalb sieht »Das Reich und die Herrlichkeit« wie ein Kostümfilm aus. Selbst die Haut der Darsteller – die realistisch glänzt, manchmal sind auch die Poren zu sehen – wirkt wie verkleidet. *Martina Knoben, SZ, 8.11.2001*

(...) Eigentlich sind alle Voraussetzungen für eine epische Geschichte gegeben, voller Liebe und Intrigen. Umso enttäuschender, dass Winterbottom daraus nichts macht. Die Figuren bleiben blass, die Kamera selbstverliebt, es fehlt jeder Konflikt. Schön fotografierte Landschaften reichen eben nicht aus.

*Michael Meyns, Zitty, 23/2001*

(...) Mag sein, dass mancher Zuschauer das eisige Äußere in Schauplatz, Bild und Handlung als zu abweisend empfindet – im Kino gibt es negative Erfahrungen mit solchen Filmen. Regisseur Winterbottom schert sich wenig darum. Sein Melodram, seine Tragödie inszeniert und präsentiert er in der gewohnt kreativen und letztlich sehenswerten Form.

*Thomas Engel, Der Gildedienst, 11/2001*

**Interview:** »Für diesen Film haben 200 Leute über mehrere Monate unter schweren Bedingungen gearbeitet, um die Kulissen aufzubauen, und am Ende haben wir das Set für die letzte Szene niedergebrannt. Das ist letztendlich ein Bild für den Prozess des Filmemachens. Viele Menschen kommen zusammen, erschaffen eine künstliche Welt, die danach wieder spurlos verschwindet. Übrig bleiben nur die fotografischen Aufnahmen und die Erinnerungen.«

*Michael Winterbottom im Interview mit Martin Schwickert, AZ, 8.11.2001*

## Reise in den Abgrund 755

UN ANGE EN DANGER □ TV

**Regie:** Nicolas Klotz
**Darsteller:** Cyril Troley (Victor), Gérald Thomassin (Momo), Didier Berestetsky (Blaise), Aristide Demonico (Le Double), Nouredine Barour (Karim), Morgane Hainaux (Anabelle), Mélanie Robaglia (Sandrine)
**Drehbuch:** Elisabeth Perceval
**Prod.:** Frankreich 2000; 109 Min.
**TV:** 23.3.2001, Arte, 20.45, OmU

Mit digitalen Kameras und fast ohne künstliches Licht drehte der Regisseur einen Film, der physisches Leid und Ärmlichkeit der Obdachlosen in Paris authentisch dokumentiert und gleichzeitig eine Liebesgeschichte erzählt. *Pressetext*

## Reise nach Kandahar 756

SAFAR E GHANDEHAR ****

**Regie:** Mohsen Makhmalbaf
**Darsteller:** Niloufar Pazira (Nafas), Hassan Tantai (Tabib Sahib), Sadou Teymouri (Khak)
**Drehbuch:** Mohsen Makhmalbaf
**Kamera:** Ebrahim Ghafouri
**Musik:** Mohamad Reza Darvishi
**Schnitt:** Mohsen Makhmalbaf
**Prod.:** Iran/Frankreich 2001; 85 Min. Makhmalbaf Film House/Bac Film
**UA:** Int. Filmfestspiele Cannes 2001
**EA:** 6.7.2001, Filmfest München
**Verleih:** Movienet/-/Frenetic, 20.12.2002
**FSK:** ab 6 J., ffr.

Eine afghanische Frau kehrt aus Amerika in ihre Heimat zurück, um ihre Schwester von einer Verzweiflungstat abzuhalten. Die Reise aus der iranischen Grenzregion in Richtung Kandahar wird zu einem Stationendrama, bei dem in Begegnungen mit Koranschülern und Kriegsversehrten das Leid der Menschen anschaulich wird. Makhmalbaf beginnt halbdokumentarisch, am Ende jedoch führt er jede Beobachterdistanz ad absurdum.

*Bert Rebhandl, tip, 26/2001*

**Kritik:** (...) Mohsen Makhmalbaf hat seine Geschichte nach Afghanistan verlegt, auch das ist eine Methode, der Zensur zu entgehen. »Kandahar« erzählt von einer jungen Afghanin – Nafas –, die in Kanada lebt, aber in ihr Heimatland zurückkehrt, um ihrer Schwester zu helfen. Mit Nafas erlebt der Zuschauer ein durch Krieg und religiösen Fanatismus fast unbewohnbar gewordenes Land. So ungeheuerlich erscheint es, dass wie von selbst surreal anmutende Szenen entstehen.

Die Reise nach Kandahar ist aber vor allem ein Weg in die Unkenntlichkeit der Frau. Nafas Gesicht – am Anfang ist sie noch ganz selbstverständlich unverschleiert – ist immer seltener zu sehen. Schließlich verschwindet sie ganz in einer Gruppe verhüllter Gestalten. Individualität erreicht sie nur, indem sie eine der zahllosen Regeln verletzt. »Kandahar« ist wie »Der Tag, an dem ich zur Frau wurde« alles andere als ein optimistischer Film. Sichtbar zu werden, bedeutet für diese Frauen aufzufallen. Bedeutet Scheidung, Inhaftierung, in jedem Fall Gefahr. *Martina Knoben, SZ, 7.7.2001*

(...) So füllt der neue Film des iranischen Regisseurs Mohsen Makhmalbaf sicherlich eine Lücke, indem er vom Alltag in Afghanistan berichtet, geprägt von Krieg, Verstümmelungen und Unterdrückung. Leider tut er dies auf nicht besonders subtile Weise, sondern lässt die Charaktere bei jeder Gelegenheit betonen, wie furchtbar doch alles sei. Das ist es ohne Frage auch, nur ist das Medium Film eben dann am stärksten, wenn die Bilder erzählen. (...)

*Michael Meyns, Zitty, 26/2001*

## Rembrandt 757

REMBRANDT VAN RIJN ***+

**Regie:** Charles Matton
**Darsteller:** Klaus Maria Brandauer (Rembrandt van Rijn), Romane Bohringer (Hendrickje Stoffels), Jean Rochefort (Nicolaes Tulp), Johanna Ter Steeg (Saskia Uylenburgh), Jean-Philippe Ecoffey (Jan Six), Caroline van Houten (Geertje Dircx), Barbara Schultz (Janeke)

**Drehbuch:** Sylvie Matton, Charles Matton
**Kamera:** Pierre Dupouey
**Musik:** Nicolas Matton
**Schnitt:** François Gedigier
**Prod.-Des.:** Philippe Chiffre
**Prod.:** Frankreich/BRD/NL 1999; 103 Min. Humbert Balsan; Vibeke Windelov, Peter van Vogelpoel, Erik Schut (Co-Prod.) für Ognon Pic./Argus Film Prod./France 2 Cinema/ Pain Unlimited/Argus Film/Trois Television/ Cobo Fund/Pyramide mit Canal+/CNC
**Verleih:** Pegasos/-/-, 3.5.2001
**FSK:** ab 12 J., ffr.

Charles Matton entwirft in dieser 20 Millionen Mark teuren französisch-deutsch-holländischen Koproduktion ein Porträt des eigenwilligen Künstlers über fast vier Jahrzehnte hinweg, erzählt von heißen Amouren, gesellschaftlichem Absturz und Leben in Armut.

**Kritik:** (…) Das aufwändig inszenierte Porträt des holländischen Malers bleibt trotz aller Ausstattungsanstrengungen realtiv blutleer. Manche Innenkulissen strahlen gar den zweifelhaften Charme von Pappmaché aus. Nur ansatzweise gelingt es Charles Matton, die Ambivalenz des Mannes zu vermitteln, der exzessiv frisst, säuft und hurt und als sensibler Künstler einmalige Meisterwerke schafft. Rembrandts vielfältige Charakterzüge – seine Dickköpfigkeit und gleichzeitig Dünnhäutigkeit, seine Maßlosigkeit, Unbeugsamkeit und Unangepasstheit, seine tiefen Gefühle als Ehemann, Geliebter und Vater – kommen kaum zum Ausdruck, nur selten spürt man den Mythos der Legende, von der Vincent van Gogh einmal sagte: »Man muss mehrere Male gestorben sein, um derart zu malen.« Und Klaus Maria Brandauer als geächtetes und unbezähmbares Genie hat leider in nur wenigen Momenten die Gelegenheit, Leidenschaft und Sinnlichkeit grandios bis zur Neige auszuspielen. (…) *Margret Köhler, Blickpunkt Film, 16/2001*

(…) Das Thema des Regisseurs, Autors (und Hobbymalers) Charles Matton ist Rembrandt als Privatmann. Er zeigt den Maler als Opfer der feinen Gesellschaft, die er mit seiner freizügigen Lebensweise vor

*Klaus Maria Brandauer als Rembrandt*

den Kopf stößt, bis er von ihr zugrunde gerichtet wird. Von einem Porträt über das Seelenleben eines Genies ist dieser Film weit entfernt – hier sind nicht nur die Kragen starr, hier sind auch die Dialoge steif.

*Stuttgarter Zeitung, 3.5.2001*

(...) Matton gelingt es zu selten, sich von der Kulissenwelt der sterilen Interieurs zu lösen, sodass die biedere Inszenierung über weite Strecken allzu gemächlich dahinplätschert. Symptomatisch für das Defizit an erzählerischer Eleganz ist die Schlusssequenz, in der Rembrandts letzte Lebensgefährtin den familiären Niedergang aus dem Off kommentieren muss. (...)

*Reinhard Kleber, Filmecho-Filmwoche, 17/2001*

## The Replacement – Todeskommando Weißes Haus 758

THE ALTERNATE **

Video

**Regie:** Sam Firstenberg
**Darsteller:** Eric Roberts (der Leiter), Bryan Genesse (Vertreter), Ice T (Agent Williams), John Beck (Präsident Fallbrook), Brooke Theiss (Mary), Larry Manetti (Agent Harris), Michael Madsen (Agent Briggs)
**Drehbuch:** Bryan Genesse
**Kamera:** Gerry Lively
**Musik:** Serge Colbert, Robert J. Schuster
**Schnitt:** Marcus Manton
**Prod.-Des.:** Whitney Brooke Wheeler
**Prod.:** USA 1999; 91 Min.
Frank De Martini; Steven J. Anderson (Co-Prod.) für Nu Image
**Vertrieb:** VCL Video, 23.1.2001
**FSK:** ab 16 J.

Um den US-Präsidenten aus einem (im doppelten Sinne) Stimmungstief zu befreien, denken sich seine Mitarbeiter einen fingierten Terrorüberfall auf ihn aus. Action aus der Retorte.

## Replicant 759

REPLICANT ***

Video

**Regie:** Ringo Lam
**Darsteller:** Jean-Claude Van Damme (die Fackel/Replicant), Michael Rooker (Jake Riley), Catherine Dent (Angie), Ian Robison (Stan Reisman), Brandon James Olson (Danny), Pam Hyatt (Mrs. Riley)
**Drehbuch:** Lawrence Riggins, Les Weldon
**Kamera:** Mike Southon
**Musik:** Guy Zerafa
**Schnitt:** David M. Richardson
**Prod.-Des.:** Andrew Neskoromny
**Prod.:** USA 2001; 101 Min.
John Thompson, David Dadon, Danny Lerner; Tani Cohen, Richard G. Murphy (Co-Prod.) für Millennium Film mit Artisan Ent./777 Films
**Vertrieb:** Highlight Video, 13.9.2001
**FSK:** ab 18 J. (gekürzte Fass. 96 Min.), ab 16 J. gekürzt auf 90 Min.

Aus dem Haar eines Serienkillers mit der Präferenz für junge Mütter entwickeln Wissenschaftler seinen Klon, der die Polizei auf die Spur des »echten« Täters führen soll. So verquer die Story, so geradlinig die Inszenierung, ja selbst Van Damme in Doppelrolle kann das akzeptabele Action-Vergnügen nicht verderben.

## Requiem for a Dream 760

REQUIEM FOR A DREAM ***

**Regie:** Darren Aronofsky
**Darsteller:** Ellen Burstyn (Sara Goldfarb), Jared Leto (Harry Goldfarb), Jennifer Connelly (Marion Silver), Marlon Wayans (Tyrone C. Love), Christopher McDonald (Tabby Tibbons), Louise Lasser (Ada), Keith David (Little John)
**Drehbuch:** Hubert Selby, Jr. Aronofsky, nach einem Roman von Hubert Selby jr.
**Kamera:** Matthew Libatique
**Musik:** Clint Mansell
**Schnitt:** Jay Rabinowitz
**Prod.-Des.:** James Chinlund
**Prod.:** USA 2000; 102 Min.
Eric Watson, Palmer West für Artisan/Thousand Words
**UA:** 14.5.2000, Int. Filmfestspiele Cannes
**EA:** 1.7.2001, Filmfest München
**Verleih:** Highlight/Einhorn/-, Okt. 2001 (AU)
**Vertrieb:** Highlight Video (Video, DVD)
**FSK:** ab 16 J.

Sara nimmt Diätpillen, um für einen Auftritt in einer Fernsehshow hübsch zu sein; ihr Sohn Harry steigt zusammen mit seinem Freund Tyrone ins Drogengeschäft ein, um seiner Freundin Marion einen Designershop finanzieren zu können. Für jede der vier Figuren endet ihre Drogensucht mit einem Desaster. Mit vielen formalen Spielereien wird eine immer bedrückendere Atmosphäre erzeugt, die Einsamkeit der Figuren, die an der Erfüllung ihrer Träume scheitern, ist greifbar. Seine Konstruiertheit merkt man dem Film allerdings an.

*Alrun Fichtenbauer, Multimedia, 4.10.2001*

## Ressources Humaines 761
RESSOURCES HUMAINES ****

**Regie:** Laurent Cantet
**Darsteller:** Jalil Lespert (Frank), Jean-Claude Vallod (Vater), Chantal Barre (Mutter), Veronique de Pandelaere (Sylvie), Michel Begnez (Oliver), Lucien Longueville (Chef), Danielle Melador (Mme. Arnoux)
**Drehbuch:** Laurent Cantet, Gilles Marchand
**Kamera:** Matthieur Poirot Delpech, Claire Caroff
**Schnitt:** Robin Campillo
**Prod.:** Frankreich 1999; 103 Min.
Caroline Benjo, Carole Scotta für La Sept Arte/Haut et Court Prod. mit CNC/Procirep/BBC
**Verleih:** Neue Visionen, OmU/-/-, 19.7.2001

Der Vater ist seit Jahrzehnten Arbeiter an der Stanze in einer kleinen Fabrik. Eines Tages wird er entlassen. Sein Sohn, der einmal Karriere in der Führungsetage dieser Fabrik machen soll, schmeißt sein Praktikum hin und hilft seinem Vater, einen Arbeitskampf zu organisieren.

**Kritik:** (…) Dem französischen Regisseur Laurent Cantet ist mit diesem Debüt ein ehrliches Sozialporträt gelungen. Klar die Dialoge, umprätentiös und immer nah an einzelnen Schicksalen die Bilder. Besonders anrührend der klassische Konflikt: Die Eltern haben sich für Franks Studium abgerackert, der Sohn erkennt, wie kleinlich er sich des Arbeitermilieus geschämt hatte. »Diese Scham hast du mir vererbt«, wirft er dem Vater vor. Als der sich endlich den Streikenden anschließt, kann der gefeuerte Frank nach Paris zurückfahren. Das Ende bleibt offen, wie so oft im wirklichen Leben. *Angie Dullinger, AZ, 8.10.2001*

*Jalil Lespert und Jean-Claude Vallod*

(…) Zwei Dinge sind an diesem gelungenen Regiedebüt bemerkenswert: Erstens kommt der Film ohne Liebesgeschichte aus, und zweitens verzichtet er auf eine ideologische Belehrung seines Publikums. »Ressources Humaines« ist vielmehr das berührende Porträt eines Idealisten, ein außergewöhnliches Vater-Sohn-Drama und eine präzise Arbeitskampf-Dokumentation. (…)

*Jennifer Bleek, Zitty, 15/2001*

## Retro Puppet Master 762
RETRO PUPPETMASTER *
Video

**Regie:** David DeCoteau, Joseph Tennent
**Darsteller:** Greg Sestero (Andre Toulon), Guy Rolfe (Andre Toulon im Alter), Brigitta Dau (Ilsa), Stephen Blackehart (Verfolger), Jack Donner (Afzel), Robert Radoveanu, Vitalie Bantas
**Drehbuch:** Benjamin Carr, nach einer Story von Charles Band
**Kamera:** Viorel Sergovici
**Musik:** John Massari

**Prod.:** USA/Rumänien 1999; 88 Min.
Kirk Edward Hansen, Vlad Paunescu für Full Moon
**Vertrieb:** Sunfilm, 21.8.2001
**FSK:** ab 12 J.

Vor den Augen des Varietékünstlers Toulon wird ein 3000 Jahre alter Greis von Mumien ermordet und kann gerade noch sein Geheimnis weitersagen. Siebter (!) Teil der Horrorserie – und entsprechend abgegrabbelt kommt er daher.

## Rette deine Haut! 763

***
TV

**Regie:** Lars Becker
**Darsteller:** Gregor Törzs (Franky Bockhorn), Henriette Heinze (Rosi Bockhorn), Jan Gregor Kremp (Kurt Brenner), Katharina Böhm (Emma Brenner), Ken Duken (Rudi Novak), Ercan Durmaz (Emile Rachid), Belhe Zaimoglu (Leila Rachid)
**Drehbuch:** Lars Becker
**Kamera:** Hannes Hubach
**Schnitt:** Oliver Gieth
**Prod.:** BRD 2000; 90 Min.
Nework Movie/ZDF
**TV:** 1.10.2001, ZDF, 20.15

(...) In dem Krimi sitzt ein Polizistenteam in der Erpresserfalle. Die schlecht bezahlten Beamten konnten nicht widerstehen, sich von einem Zuhälterboss für Razzia-Tipps schmieren zu lassen. Denn ihre Frauen schätzten unbedachtes Konsumverhalten. Und im Nu ersäuft man in den Kreditschulden. Als der Gangster von den korrupten Beamten einen Zeugenmord verlangt, werden den Ehefrauen die Tausender im Kleiderschrank unheimlich. Einer wird umgebracht, und der Jüngste steigt aus: Eine heillose Verstrickung in einem System von Profit durch Verbrechen – aus der Gier werden Tragödien.

*Ponkie, AZ, 4.10.2001*

## Revelation – Tödliche Prophezeihung 764

REVELATION

**
Video

**Regie:** Andre van Heerden
**Darsteller:** Jeff Fahey (Thorold Stone), Carol Alt (Cindy Bolton), Nick Mancuso (Franco Macalousso), Tony Nappo (Willie Spino), Leigh Lewis (Helen Hannah), David Roddis (Len Parker), Marium Carvell (Selma Davis)
**Drehbuch:** Paul Lalonde, Peter Lalonde
**Kamera:** George Tirl
**Musik:** Gary Koftinoff
**Prod.:** USA 1999; 87 Min.
Paul Lalonde, Peter Lalonde für Prophecy/Scorpio Pic.
**Vertrieb:** MVW Video, 25.10.2001
**FSK:** ab 16 J.

Nach mysteriöser Katastrophe fehlen dem Planeten plötzlich Millionen von Bewohnern. Ein Polizist kommt zumindest dem Geheimnis rebellierender Christen auf die Spur. Teil einer ungewöhnlichen Endzeit-Miniserie, deren Videos in wahlloser Reihenfolge und separat auf den deutschen Markt geworfen werden.

## Rhapsody in Bloom 765

RHAPSODY IN BLOOM

□
TV

**Regie:** Craig M. Saavedra
**Darsteller:** Penelope Ann Miller (Lilah Bloom), Ron Silver (Mitch), Craig Sheffer (Jack Safranek), Caroline Goodall (Debra), Michael Shulman (Aaron), Miles Marsico (Randy), Jamie Renee Smith (Ellen)
**Drehbuch:** Eric Tuchman
**Kamera:** Wally Pfister
**Musik:** David Michael Frank
**Schnitt:** Mary Jo Markey
**Prod.:** USA 1998; 89 Min.
Craig Saavedra, Steven Felder für Becker Filmworks
**UA:** 17.5.1998, Film Festival Cannes
**TV:** 30.3.2001, ARD, 10.30

Familienschmonzette über Hoffnungen und Enttäuschungen.

## Ride with the Devil 766

RIDE WITH THE DEVIL

***+

**Regie:** Ang Lee
**Darsteller:** Skeet Ulrich (Jack Bull Chiles), Tobey Maguire (Jake Roedel), Jewel (Sue Lee Shelley), Jeffrey Wright (Daniel Holt), Simon Baker (George Clyde), Jonathan Rhys Meyers (Pitt Mackeson), James Caviezel (Black John)
**Drehbuch:** James Schamus, nach dem Roman »Woe to Live On« von Daniel Woodrell
**Kamera:** Frederick Elmes; Michael Benson (2nd unit)

**Musik:** Mychael Danna; Alex Steyermark (Supervisor)
**Schnitt:** Tim Squyres
**Prod.-Des.:** Mark Friedberg
**Prod.:** USA 1999; 138 Min.
Ted Hope, Robert Colesberry, James Schamus für Good Machine Prod.
**UA:** Int. Filmfestspiele Venedig 1999
**Verleih:** Tobis/-/-, 4.1.2001
**Vertrieb:** BMG Video (Video, DVD)
**FSK:** ab 12 J., ffr. – **FBW:** Wertvoll

Im Mittelpunkt des amerikanischen Bürgerkriegs stehen hier zwei Außenseiter: der deutschstämmige Jake und der Afroamerikaner Holt, die aus Loyalität zu ihren besser gestellten Freunden die Nordamerikaner bekämpfen, die ihre Freiheit und Gleichheit wollen. Dabei geht es Ang Lee zwar um die Sogkraft der Aufklärung und den Siegeszug des amerikanischen Way of Life, aber man sollte sich nicht täuschen lassen: Mit seinem langsamen Tempo und dem Verzicht auf etwaige Sentimentalitäten gehorcht der Film einer gänzlich anderen Logik als die sonst üblichen Emanzipationsdramen Hollywoods.

*Kerstin Stolt, tip, 1/2001*

**Kritik:** (...) Es kann nicht allein am historischen und kulturellen Abstand gelegen haben, dass »Ride with the Devil« so distanziert daherkommt. Vielmehr scheint hier die Erzählstruktur misslungen; der Film wirkt mitunter so langatmig, als würde man den Bürgerkrieg in Echtzeit miterleben. Ang Lees Bürgerkriegsfilm mag zwar den historischen Tatsachen näher kommen als beispielsweise »Vom Winde verweht«, er mag schlauer konzipiert und besser gespielt sein, was die Hilflosigkeit der Figuren angeht. Doch »Ride with the Devil« scheint allenfalls als Bekenntnis Ang Lees zu seiner Wahlheimat USA gelungen, ansonsten ist der Film leider ein enormer Rückschritt im Schaffen des großen Regisseurs.

*Harald Peters, Beliner Zeitung, 4.1.2001*

(...) Ang Lee räumt auf mit der Mär von den Helden, die für das Gute ihr Leben riskieren, zeigt die schmutzige Seite des Krieges, weit weg vom patriotischen Pathos eines Roland Emmerich in »Der Patriot«. Es gibt kei-

*Skeet Ulrich, Jewel, Tobey Maguire, Jeffrey Wright in ›Ride with the Devil‹ von Ang Lee*

nen vermeintlich gerechten Krieg, sondern nur Verlierer – junge Menschen, die sich in grenzenloser Naivität für nebulöse politische Ziele opfern. Auf der Strecke bleibt nicht nur ihre Jugend, sondern auch der Glaube an Gerechtigkeit und Gefühle. (…)

*Margret Köhler, AZ, 4.1.2001*

(…) Einen hübsch ausgestatteten Historienfilm hat Ang Lee hier zusammengebraut. Doch je mehr die ziemlich weitschweifigen 138 Minuten Laufzeit voranschreiten, umso dringender fragt man sich: Was möchte uns der Regisseur mit all dem Aufwand eigentlich sagen? Heftig wogt das Geschehen hierhin und dorthin, doch alles in allem verdichtet sich der Plot nirgends zu tieferem Sinn oder wenigstens so etwas wie einem roten Faden. Den aber braucht gerade dieser Film dringend, ist doch der Western – und um einen solchen handelt es sich im Prinzip – ein eigentlich verstorbenes Genre. Wer es wieder belebt, muss schon ganz genau wissen, warum. Ang Lee wusste es offenbar nicht. Eine Enttäuschung.

*Hans-Joachim Neumann, Zitty, 1/2001*

**Interview:** *Die Besetzung der einzigen größeren Frauenrolle mit einem Popstar, der Countrysängerin Jewel, ist eine ungewöhnliche Entscheidung.*

Sie wurde mir vorgeschlagen – ich kannte sie nicht. Zunächst mal hatte sie das richtige Gesicht. Ich wollte eine gewisse sexuelle Dominanz, die man dieser jungen Witwe zutraut und die von ihr ausgehen sollte. Und Jewel hatte sie. Die Dreharbeiten waren für sie nicht leicht: zwei Wochen – quasi als Anfängerin – unter den männlichen Jungstars des amerikanischen Kinos. Sie hat sich enorm angestrengt.

*Die vielen Einzelaufnahmen mit ihr verraten aber auch wohl, dass Sie allein mit ihr arbeiten mussten, weil es Schwierigkeiten gab.*

Es gab am Anfang, nach einer gewissen Dauer der Aufnahmen und Proben, Konzentrationsschwierigkeiten. Bis sie sich an das Drehtag-Pensum gewöhnt hatte. Das Tolle war, dass alle zu ihr hielten, sie nie ausschlossen. Jewel hat eine große schauspielerische Gabe: Sie setzt die Anweisung des Regisseurs unmittelbar um. Was ich suggerierte, geschah in und an ihr sofort. Das muss man als Vorzug sehen: Sie hat eine Reinheit und Naivität, die viele Schauspieler gänzlich verloren haben.

*Noch mal zurück zu einer Kernszene des Films. Das Massaker, das die Südstaatler in Lawrence anrichten. Das ist eine längere beeindruckende Sequenz …*

Ja, völlig absurd, was da geschah. Wir haben ziemliche genaue Beschreibungen von damals. Die Südstaatler kamen mit Todeslisten an und gingen danach vor. Alles wurde niedergemetzelt, »abgehakt« – nur die Frauen wurden verschont. Männer versuchten sich in Frauenkleidung zu retten. Absurd, bizarr, grauenhaft, was hier alles zusammenkam. Ich musste leider viel zu viel kürzen. Das Studio zwang mich dazu. Die Sequenz ist im Film sieben Minuten lang. Davor waren es 28 Minuten. Überhaupt hatte ich etwa 40 Minuten, die ich für die Struktur des Films für unabkömmlich hielt – und wurde gezwungen, darauf zu verzichten. *Ang Lee, im Interview mit Patrick Roth, SZ, 4.1.2001*

## Riekes Liebe

767
***+
TV

**Regie:** Kilian Riedhof
**Darsteller:** Laura Charlotte Syniawa (Frederike Wehmeyer), Florian Stetter (Nils Wehmeyer), Isabell Gerschke (Lydia Pascal), Axel Milberg (Jürgen Wehmeyer), Christoph Waltz (Trainer Karlhoff), Hansa Czypionka (Uwe), Jeanette Arndt (Stefanie Neumann)
**Drehbuch:** Kilian Riedhof, Sophia Krapoth, Peter Hinderthür
**Kamera:** Georgij Pestov

**Musik:** Peter Hinderthür
**Prod.:** BRD 1999; 90 Min.
Georg Althammer für Monaco Film
**TV:** 29.10.2001, ZDF, 20.15

Ein starker Film – ungewöhnlich in seiner introvertierten Intensität und der Verstärkung aller Einsamkeitsgefühle durch den Druck des Leistungssports. Ein im Eispaarlauf erfolgreiches Geschwisterpaar, vom Trainer-Vater zur Meisterschaft angespornt, gerät durch die Pubertät aus der Balance: Nils ist der bessere Sportler und bekommt von einem anderen Trainer eine andere Partnerin verordnet. Rieke (Laura Charlotte Syniawa – beklemmend in der lautlos verzweifelten, klammernden Eifersuchtspanik) ist verletzt im Selbstwertgefühl, frisst kindlichen Jammer und weibliche Wut in sich hinein. Der labile Nils befreit sich mithilfe der neuen Partnerin – Rieke bestraft sich, Bruder und Vater durch Selbstmord: ein Psycho-Familiendrama der schäbigen kleinen Fluchten in die Träume des Selbstbetrugs. – Das geht sehr nahe – als Sporttragödie und als Liebes-Unglück: Der Film gehört zu den interessantesten Filmen des Jahres.

*Ponkie, AZ, 31.10.2001*

## The Right Temptation – Mörderische Versuchung 768

THE RIGHT TEMPTATION **

Video

**Regie:** Lyndon Chubbuck
**Darsteller:** Kiefer Sutherland (Michael), Rebecca De Mornay (Derian), Dana Delany (Anthea), Adam Baldwin (Capt. Wagner), Joanna Cassidy (Maryanne), Michael Ralph (Falco), Bobby Jacoby
**Drehbuch:** Larry Brand
**Kamera:** Eric Goldstein
**Musik:** Phil Marshall, William Pearson
**Schnitt:** Lawrence Maddox
**Prod.-Des.:** Shay Austin
**Prod.:** USA 2000; 89 Min.
Paul Maslak, Neva Friedenn, Gerald I. Wolff für Tempting/Award/Columbia TriStar/Showcase
**Vertrieb:** e-m-s Video, 28.12.2000
**FSK:** ab 12 J.

Expolizist verstrickt sich als Jungdetektiv in die raffinierte Intrige eines mordlüsternen Pärchens. Story austauschbar, Darsteller ansehnlich, Unterhaltungswert unerheblich – müder Thriller.

## Ring frei – Die Jerry-Springer-Show 769

RINGMASTER **

Video

**Regie:** Neil Abramson
**Darsteller:** Jerry Springer (Jerry Farrelly), Jaime Pressly (Angel Zorzak), Molly Hagan (Connie Zorzak), William McNamara (Troy Davenport), John Capodice (Mel Riley), Wendy Raquel Robinson (Starletta), Ashley Holbrook (Willie)
**Drehbuch:** Jon Bernstein
**Kamera:** Russ Lyster
**Musik:** Kennard Ramsey
**Schnitt:** Suzanne Hines
**Prod.-Des.:** Deborah Raymond, Dorian Vernacchio
**Prod.:** USA 1998; 86 Min.
Gary W. Goldstein, Bradley Jenkel, Gina Rugolo, Jerry Springer, Steven Stabler für Artisan/Kushner-Locke/MPCA
**Vertrieb:** Laser Paradise Video, Mai 2001
**FSK:** ab 18 J.

Fiktive Story um zerstrittene Unterschicht-Sippe, die ihre Streitigkeiten vor laufender Kamera in der (höchst realen) »Jerry-Springer-Show« austragen will. Weniger schlimm als erwartet, aber dennoch eher überflüssige Filmversion der legendären US-Trash-Show.

## Ring of Fire 770

RING OF FIRE ***

Video

**Regie:** Xavier Koller
**Darsteller:** Kiefer Sutherland (Hank Braxton), Daryl Hannah (Celia), Molly Ringwald (Connie), Melinda Dillon (Rose Braxton), Al Corley (Dr. Fremont), Bo Hopkins (Ray Drupp), Pete Postlethwaite (Reid Braxton)
**Drehbuch:** James Redford
**Musik:** Andrew Gross, Richard Horowitz, Daniel Licht
**Prod.:** USA 2000; 105 Min.
Al Corley, Eugene Musso, Bart Rosenblatt für Neverland Films
**Vertrieb:** Sunfilm Video, 6.12.2001
**FSK:** ab 12 J.

Zwei Brüder, beide im Rodeo-Business als Cowboys tätig, verlieben sich in dieselbe Frau ... Oscar-Preisträger Koller (»Reise der Hoffnung«) standen hochkarätige Mimen zur Inszenierung dieses respektablen Melodrams zur Verfügung, doch hierzulande dürfte die sehr US-amerikanische Thematik für Zurückhaltung sorgen.

## Ritter aus Leidenschaft 771

A KNIGHT'S TALE ***

**Regie:** Brian Helgeland
**Darsteller:** Heath Ledger (William Thatcher), Mark Addy (Roland), Paul Bettany (Chaucer), Shanynn Sossamon (Jocelyn), Roger Ashton-Griffiths (Bischof von Rouen), Nick Brimble (Sir Ector), Leigh Conwell
**Drehbuch:** Brian Helgeland
**Kamera:** Richard Creatrex
**Musik:** Carter Burwell
**Schnitt:** Kevin Stitt
**Prod.-Des.:** Tony Burrough, John Hill
**Prod.:** USA 2001; 132 Min.
Todd Black, Jason Blumenthal, Tim van Rellim für Black and Blu/Columbia Pic./ Finestkind
**Verleih:** Columbia TriStar/-/-, 6.9.2001
**Vertrieb:** Columbia TriStar Video (Video, DVD)
**FSK:** ab 6 J., ffr.

In eine mittelalterliche Kulisse hinein inszeniert »A Knight's Tale« die Wettkämpfe eines Helden, johlender und kumpelhafter, handfester und siegessicherer als es die Gegenwart erlauben würde. 27 Lanzenkämpfe werden als modernes Sportereignis präsentiert, mit Regeln, Punktezahl, Endausscheidung und Weltmeisterschaft. Zeitgenössische Details in historischem Ambiente sollen den Humor ausmachen und die Formel anreichern: Blonder Jüngling aus einfachen Verhältnissen arbeitet sich hoch hinaus. Lustig war es im Mittelalter und oft sentimental. *Irene Rudolf, Multimedia (Die Furche), 6.9.2001*

**Kritik:** (...) »A Knight's Tale« ist romantisch, albern und rührend, ein wunderbares mittelalterliches Road-Movie. Helgeland hat eine ganz großartige Geschichte zu erzählen vom Rock und vom Mittelalter und von ein paar Jungs, die auszogen, ihr Schicksal selbst in die Hand zu nehmen und den Lauf der Sterne zu ändern. (...)

*Susan Vahabzadeh, SZ, 6.9.2001*

(...) Nach 27 Blechmannkämpfen in 132 Kinominuten verliert auch diese Extremsportart ihren Reiz. Helgeland fehlt der Mut und vielleicht auch die Fantasie für eine konsequente Verballhornung des Schwert-und-Lanze-Films. Von der genialen Albernheit des Monty-Python-Klassikers »Ritter der Kokosnuss« jedenfalls ist dieses halbherzige Mittelalterspektakel weit entfernt.

*Martin Schwickert, AZ, 6.9.2001*

(...) »Good, clean fun«, so sagt der Angelsachse zu dieser Art von Unterhaltung, wobei er manchmal nur das zweite Wort ernst meint. Der Film aber feiert am Ende seine Helden und vor allem sich selber mit dem Song »We are the Champions«. Schließlich hat Hollywood spielend leicht gesiegt gegen das Mittelalter und es dem amerikanischen Heimatboden gleichgemacht.

*Rupert Koppold, Rheinische Post, 7.9.2001*

**Interview:**
*Bevor Sie nach Hollywood gingen, haben Sie als Fischer gearbeitet. Warum haben Sie Ihr Leben infrage gestellt und etwas völlig anderes gemacht?*

Mein Vater, mein Großvater und mein Onkel waren Fischer. Also bin ich in ihre Fußstapfen getreten, nachdem ich vom College kam und nicht wusste, was ich anfangen sollte. Ich merkte bald, dass das kein Job fürs Leben ist. Ich war 23 und habe mich gefragt, was mich sonst noch interessiert. Mir fiel nur der Film ein. An der Uni wurde ich dann für das Schreiben begeistert.

*War es schwer, das Studio zu überzeugen?*

*Heath Ledger*

Die Chefs waren zum einen sehr nervös, zum anderen eher relaxt. Denn in Hollywood ist es ein offenes Geheimnis, dass solche Filme normalerweise kein Geld einspielen. Also ließen sie mich gewähren, solange ich im vorgesehenen Budget von 40 Millionen Dollar blieb. Die Stunde der Wahrheit waren die Testvorführungen. Was macht man, wenn 15 Leute die Musik hassen und 20 die Musik gut finden? Wir waren in einer Pattsituation. Am Ende wurde nichts geändert.

*Wie kamen Sie auf Queen und David Bowie?*

Wenn ich schreibe, ziehe ich mich für zwei Monate völlig zurück. Kein Telefon, kein Leben, keine Familie. Ich brauche absolute Ruhe und höre Musik, meist die Klassiker meiner Jugendzeit. Bei »L. A. Confidential« war es vor allem Led Zeppelin, diesmal Queen. Irgendwann ist mir aufgefallen, wie oft »We are the Champions« bei Sportveranstaltungen als Hymne gespielt wird. Also habe ich weitergesucht und festgestellt, wie gut ihre Musik die Stimmungen von William unterstreicht. Ich ahnte natürlich, dass sich viele Kritiker eher einen klassischen Orchestersound wünschen. Aber mit welchem Recht? Diese Instrumente wurden erst 200 bis 300 Jahre nach dem Tod meiner Helden erfunden.

*Brian Helgeland im Interview mit Katharina Dockhorn, Zitty, 19/2001*

## Ein Ritter in Camelot 772

A KNIGHT IN CAMELOT □

TV

**Regie:** Roger Young
**Darsteller:** Whoopi Goldberg (Dr. Vivian Morgan), Michael York, Simon Fenton, Paloma Baeza, James Coombes
**Drehbuch:** Joe Wisenfeld, nach dem Roman von Mark Twain
**Kamera:** Eleméi Ragály
**Schnitt:** Benjamin A. Weissman
**Prod.:** USA 1998; 105 Min.
**TV:** 8.7.2001, RTL, 20.15

Der Physikerin Dr. Vivian Morgan scheint der Nobelpreis sicher zu sein. Sie hat Beweise für Gravitationspartikel gefunden. Ein letzter Test – und ihre Arbeit kann endlich an die Öffentlichkeit. Doch anstatt den Lohn ihrer langjährigen Arbeit zu ernten, findet sich Vivian im Jahre 589 nach Christus in England wieder. (…)

*AZ TV Journal*

## Riverplay 773

RIVERPLAY *

Video

**Regie:** Olaf Ittenbach
**Darsteller:** Joe Cook, Melanie Sigl, Gerhard Jilka
**Prod.:** BRD 2000; 82 Min.
Olaf Ittenbach
**Vertrieb:** IMAS (Lacher) Video, 27.3.2001

Drei Pärchen machen Paddelausflug, eines von ihnen ist ein blutrünstiges Killer-Duo. Reichlich abgedrehtes Ekel-Machwerk eines notorischen Mehrfachtäters.

## Roberto Succo 774
ROBERTO SUCCO ****

**Regie:** Cédric Kahn
**Darsteller:** Stefano Casetti (Kurt), Isild Le Besco (Léa), Patrick Dell'Isola (Thomas), Vincent Deneriaz (Denis), Aymeric Chauffert (Aelaunay), Viviana Aliberti
**Drehbuch:** Pascale Froment, Cédric Kahn
**Kamera:** Pascal Marti
**Musik:** Julien Civage, »Sleep« Marianne Faithfull
**Schnitt:** Yann Dedet
**Prod.-Des.:** François Abelanet
**Prod.:** Frankreich 2001; 124 Min.
Gilles Sandoz, Patrick Sobelman (Line-Prod.) für Agat/CNC/Diaphana/Ex Nihilo/ France 3 Cinéma/Gimages 3/Le Studio Canal+/TSR/Véga Film
**Verleih:** -/Stadtkino/-, Nov. 2001

Versuch eines filmischen Psychogramms des Italieners Robert Succo, der mit 19 seine Eltern ermordete, nach der Flucht aus einer geschlossenen Anstalt für Geisteskranke zahlreiche Gewalttaten verübte und sich schließlich 1988 in der Haft selbst erstickte. Gestützt auf Dokumente und Recherchen, gelang Regisseur und Drehbuchautor Cédric Kahn ein bildstarker Film, der abseits des Action- und Serienkillergenres positioniert, dem Zuschauer ermöglicht, neben dem Standpunkt des Täters und dem seiner Verfolger auch jenen der unschuldigen Opfer einzunehmen. Wenn auch nicht auf Sensationen fixiert, emotionalisiert der Film doch stark – nicht nur durch unerwartete Handlungsweisen der Hauptfigur, sondern auch durch die Assoziationen zu aktuellen Bedrohungen wie politischem und alltäglichem Terror.

*Walter Aulehla, Multimedia, 22.11.2001*

## RoboCop: Prime Directives – Dark Justice 775
ROBOCOP: PRIME DIRECTIVES 1 – DARK JUSTICE ** Video

**Regie:** Julian Grant
**Darsteller:** Page Fletcher (Alex J. Murphy/ RoboCop), Maurice Dean Wint (John T. Cable), Geraint Wyn Davies (David Kaydick), Maria del Mar (Sara Cable), Anthony Lemke (James Murphy), Kevin Jubinville (Damian Lowe), Leslie Hope (Ann R. Key)
**Drehbuch:** Brad Abraham, Joseph O'Brien
**Kamera:** Gerald R. Goozee
**Musik:** Norman Orenstein
**Schnitt:** Chuck Kahn, Marion Moskal, Jocelyn Poon, David Ransley, Bill Towgood
**Prod.:** USA 2000; 95 Min.
Julian Grant für Robocop Prod.
**Vertrieb:** Sunfilm Video, 18.9.2001
**FSK:** ab 16 J.

Für den armen Robo gibt's zwar keine Ersatzteile mehr, aber immer noch genügend böse Buben, die er jagen muss. US-TV-Routine aus der Retorte.

## RoboCop: Prime Directives – Meltdown 776
ROBOCOP: PRIME DIRECTIVES 2 – MELTDOWN ** Video

**Regie:** Julian Grant
**Darsteller:** Page Fletcher (Alex J. Murphy/Robocop), Maurice Dean Wint (John T. Cable), Maria Del Mar (Sara Cable)
**Drehbuch:** Brad Abraham, Joseph O'Brian
**Kamera:** Gerald R. Gooze
**Musik:** Norman Orenstein
**Prod.:** USA 2001; 95 Min.
Julien Grant für Robocop Prod.
**Vertrieb:** Sunfilm Video, 13.11.2001
**FSK:** ab 18 J.

In Delta City kündigt sich ein Duell zwischen dem »alten« Robocop und dem »neuen«, aus den Überresten von John Cable gewonnenen an. Absurde Folge aus der US-TV-Serie.

## Romani Kris – Zigeunergesetz 777
CIGANYTÖRVÉNY ***+ TV

**Regie:** Bence Gyöngyössy
**Darsteller:** Djokko Rossich (Lover), Mihály Szabados (Tamáska), Violetta Koleva (Sarolta), Diliana Dimitrova (Kukunda), Silvia Pinku, János Derzsi
**Drehbuch:** Bence Gyöngyössy, András Nagy, Katalin Petényi
**Kamera:** Tamás Sas
**Musik:** Ferenc Kiss
**Schnitt:** Maria Nagy
**Prod.-Des.:** István Balogh
**Prod.:** BRD/Ungarn 1997; 93 Min.
Barna Kabay für Macropus/Europa 2000/Gala mit BR/WDR/MTV

**EA:** Max Ophüls Preis Saarbrücken 1998
**TV:** 24.1.2001, West3

Lover, ein altes patriarchalisches Familienoberhaupt einer Roma-Familie in Ungarn, macht sich zusammen mit dem Dorfnarren auf den Weg, sich vor seinem Tod noch einmal mit den größten Sünden seines Lebens zu konfrontieren. (...) Während seiner langen und abenteuerlichen Reise quer durchs Land begegnet ihm das heutige Ungarn mit all seinen gesellschaftlichen und menschlichen Konflikten.
*Katalog Max Ophüls Preis*

## Romeo 778
ROMEO ***
TV

**Regie:** Hermine Huntgeburth
**Darsteller:** Martina Gedeck (Lotte Zimmermann), Sylvester Groth (Hermann), Katrin Bühring (Julia), Martin Glade (Ralf), Michael Sideris (Anwalt), Rudolf Kowalski (MfS Offizier Holz), Lena Lessing (Staatsanwältin)
**Drehbuch:** Ruth Toma
**Kamera:** Diethardt Prengel
**Musik:** Biber Gullatz, Eckes Malz, Andreas Schäfer
**Prod.:** BRD 2000; 88 Min.
Martin Bach für Bavaria Film
**TV:** 29.1.2001, ZDF, 20.15

Lotte Zimmermann, Sekretärin in einem Ministerium, ist allein stehende Mutter einer erwachsenen Tochter. Eines Tages wird sie wegen Spionage für das MfS verhaftet. (...) Im Prozess wird Lottes Geschichte enthüllt.

**Kritik:** (...) Insofern ist das beachtliche Psychodrama auch ein Stück Zeitgeschichte. Eine Tragödie mit grotesken Zügen, nicht ohne satirische Bitter-Komik – denn es wurden gleich zwei Menschen in ihrer Substanz verletzt: Mutter und Tochter. (...) *Ponkie, AZ, 31.1.2001*

## Rosetta 779
ROSETTA ****

**Regie:** Luc Dardenne, Jean-Pierre Dardenne
**Darsteller:** Emilie Dequenne (Rosetta), Fabrizio Rongione (Riquet), Anne Yernaux (Rosettas Mutter), Olivier Gourmet (Boss)
**Drehbuch:** Luc Dardenne, Jean-Pierre Dardenne
**Kamera:** Alain Marcoen
**Schnitt:** Marie-Helene Dozo
**Prod.:** Belgien/Frankreich 1999; 95 Min.
Luc Dardenne, Jean-Pierre Dardenne, Michele Petin, Laurent Petin für Les Films du Fleuve/RTBF/ARP
**UA:** 22.5.1999, Cannes Film Festival
**Verleih:** Peripher/polyfilm/Xenix, 3.5.2001

Die Gebrüder Dardenne, die zuletzt mit »La promesse« auf sich aufmerksam gemacht haben, erzählten in »Rosetta« die Geschichte eines Mädchens, das mit ihrer Mutter, die Alkoholikerin ist, auf einem Campingplatz lebt und verzweifelt nach Arbeit sucht. Ihr Leben ist ein einziger Kampf, in dem sie sich auf eine zutiefst kindliche und doch auch allzu erwachsene Weise eingerichtet hat. Verbissen und verschlossen bahnt sie sich ihren Weg durch eine trübe, verregnete Welt, behandelt die versoffene Mutter wie ein ungezogenes Kind und findet nur bei einem jungen Waffelverkäufer kurze Momente der Ruhe. Sonst ist sie ständig unterwegs, von einem Teilzeitjob zum nächsten, von einem Tiefschlag zum anderen. Und die Kamera ist ihr ständig auf den Fersen, rückt ihr permanent so auf den Leib, dass Rosettas Anstrengungen und ihre Selbstaufopferung auf eine Weise körperlich spürbar werden, dass man hinterher

*Emilie Dequenne ist ›Rosetta‹*

zerschmettert aus dem Kino ins Licht taumelt.
»Rosetta« ist packend und enervierend wie sonst nur die Filme der »Dogma«-Leute – und in gewisser Weise tragen die Dardenne-Brüder – und mit ihnen die Jury – jener Entwicklung im Weltkino Rechnung, wonach auch das Autorenkino mittlerweile träge und unbeweglich geworden ist und eine Erneuerung nur noch von ganz unten stattfinden kann – zurück zur Nahtstelle zwischen Realität und Fiktion.

*Michael Althen, SZ, 25.2.1999*

**Kritik:** Ein Film wie »Rosetta« rechtfertigt das Überleben des Kinos. Wenn so ein Satz einmal dasteht, geht vieles schon leichter. Wenn sich ein großes Herzklopfen nicht geradewegs in sachliche Worte übersetzen will, muss man mit einer Umarmung beginnen.
Dabei lässt sich Rosetta, die Heldin, nur ungern umarmen. Und auch »Rosetta«, der Film, ist zu selbstständig und klarsichtig und hart, um sich von raschen Gefühlen still stellen zu lassen. Beide schenken sich nichts und wollen auch nicht beschenkt werden. Sie betteln um nichts, obwohl sie, auf den ersten Blick zumindest, arm und machtlos sind, gemessen an den Typen auf der Siegerstraße. Im Gegenteil: Rosetta und »Rosetta« fordern mit der Art und Weise, wie sie in der Welt sind, diese Siegerwelt unmittelbar heraus. (…)

*Alexander Horwath, Die Zeit, 3.5.2001*

(…) »Rosetta« ist, zugegeben, kein amüsanter Film und er hat wenig mit dem zu tun, was das große Publikum honorieren würde – aber dieses wunderbare Porträt eines Mädchens, das zu früh viel zu erwachsen sein muss, lohnt sich für alle, die sonst das Kino meiden, weil sie dort weder dem Tod noch den Technikern, sondern dem Leben bei der Arbeit zusehen wollen.
»Rosetta« ist ein scheinbar sehr einfacher Film, geprägt von der nervösen Aufmerksamkeit einer Handkamera und von der Armut seiner Originalschauplätze. Die Erzählung bewegt sich so dicht an der Titelheldin, dass kein Raum bleibt für dramaturgische Schachzüge oder Parallelhandlungen.
Die Inszenierung wirkt bedingungslos realistisch, und doch sichert gerade der Realismus dem Film seinen doppelten Boden. Die überzeugendsten Metaphern entstehen, das kann man im Kino immer wieder beobachten, erst durch die Genauigkeit des Blicks. (…)

*H. G. Pflaum, SZ, 11.5.2001*

(…) Nur Hollywood-Fachblätter wie »Variety« schäumten vor Wut über diesen Triumph für einen »kleinen Film über Jugend-Arbeitslosigkeit in Europa«. Doch da wurde das Thema mit der Form verwechselt. Für die Brüder Dardenne aus Lüttich, die ihre Regiekarriere mit Dokumentarfilmen begannen, ist Arbeitslosigkeit ein viel zu selbstverständliches Thema, als dass sie dafür sozialkritische Kino-Larmoyanz bemühen wollten. Ihre »Rosetta« ist vielmehr eine echte Kinoheldin: überwältigend überlebensgroß in ihrem bewundernswert vitalen und schockierend rücksichtslosen Kampf um ein respektables Leben in einer Gesellschaft, in der für Randfiguren wie sie keine bürgerliche Normalität vorgesehen ist.

*Peter Steinhart,*
*Rheinische Post, 29.6.2001*

**Interview:** *Einige Kritiker probten den Aufstand gegen eine Jury, die sich auf die Seite der pessimistischsten Filme geschlagen hat …*

Da liegt das Problem: Wenn ich »Rosetta« anschaue, bin ich nicht deprimiert. Ich bin, im Gegenteil, erregt und euphorisch. Es ist vielleicht ein Film, der in einigen seiner gesellschaftlichen Beobachtungen pessimistisch ist, aber nicht in Bezug auf das

Kino. Man muss wissen, wovon man redet, wenn man den Pessimismus heraufbeschwört, und man muss entscheiden, ob das notwendigerweise etwas Schlechtes ist. Ein Film, der bestimmte Aspekte der menschlichen Natur oder der Gesellschaft kritisiert, gilt nicht als in dem Maße pessimistisch, dass ein Cinéast das Verlangen verspürte und die Kraft fände, das zu kommentieren.
Der echte Pessimismus wäre der, solche Filme nicht mehr zu drehen, zu glauben, es gäbe keine Hoffnung mehr und nichts mehr zu sagen. Auf gewisse Weise ist das Hollywood-Kino das pessimistischste, weil es jeden Kommentar zur Wirklichkeit vermeidet und bekräftigt, dass Diskussionen zu nichts führen würden und es besser sei, sich fern davon zu halten, um Geld zu verdienen.

*David Cronenberg im Interview mit Laurent Rigoulet, Die Welt, 6.7.1999*

## Rote Glut 780

****+
TV

**Regie:** Mark Schlichter
**Darsteller:** Roman Knizka (Robert Wegener), Richy Müller (Adam Wegener), Meret Becker (Judith), Michael Degen (Dr. Kolmers), Hermann Lause (Egon), Walter Gontermann (Bürgermeister), Paul Faßnacht
**Drehbuch:** Christian Jeltsch
**Kamera:** Diethard Prengel
**Musik:** Claus Wagner
**Schnitt:** Mona Bräuer
**Prod.-Des.:** Martin Schreyber
**Prod.:** BRD 2000; 90 Min.
Dieter Ulrich Aselmann für d.i.e. film. mit ZDF/Arte
**UA:** 24.6.2000, Filmfest München
**TV:** 3.11.2000, Arte, 20.45; 5.2.2001, ZDF, 20.15

Vor dem Hintergrund des Strukturwandels im Ruhrgebiet dokumentiert der Konflikt der ungleichen Brüder Robert und Adam die Problematik einer Region durch Stahlwerksschließungen, Arbeitslosigkeit und dem Niedergang einer ganzen Industrie.

**Kritik:** (…) »Rote Glut« ist ein bewegendes Drama um zwei ungleiche Brüder, eine anrührende Liebesgeschichte und ein spannender Wirtschaftskrimi zugleich. Autor Christian Jeltsch gelingt das Kunststück, an die Kämpfe der Stahlarbeiter um ihre Jobs aus einer neuen Perspektive zu erinnern: aus der Sicht ihrer Söhne und Töchter. (…)
Der Film ist gewiss keine romantische Verklärung von Klassenkämpfen, die Schlichters Generation womöglich fremd ist. Dennoch ist es »ein politischer Film«, findet ZDF-Fernsehspielchef Hans Jahnke. »Nicht im Stil der vielleicht hilflosen Filme der 70er-Jahre. Wir sind ein gutes Stück vorangekommen.« *Thomas Gehringer, Der Tagesspiegel, 5.2.2001*

## Rugrats in Paris 781

RUGRATS IN PARIS – THE MOVIE ***

**Regie:** Stig Bergqvist, Paul Demeyer
**Darsteller:** Originalstimmen und ihre Charaktere: Susan Sarandon (Coco La Beuche), John Lithgow (Jean Claude), Debbie Reynolds (Lulu Pickles), E. G. Daily (Tommy Pickles), Christine Cavanaught
**Drehbuch:** J. David Stem, David N. Weiss, Jill Gorey, Barbara Herndon, Kate Boutilier
**Musik:** Mark Mothersbaugh
**Schnitt:** John Brynt
**Prod.-Des.:** Dima Malanitchev, Gena Komyshev
**Prod.:** USA 2000; 78 Min.
Arlene Klasky, Gabor Csupo; Tracy Kramer, Terry Thoren, Norton Virgien (Co-Prod.) für Klasky-Csupo/Nickelodeon für Paramount
**Verleih:** UIP/-/-, 31.5.2001
**FSK:** o. A., ffr.

Das Konzept der »Rugrats« ist ebenso einfach wie verblüffend: Fernsehserie und Filme präsentieren das Leben aus der Sicht von zweijährigen Windelträgern, die sich untereinander prächtig verständigen können. »Rugrats in Paris« bedient sich dabei der gleichen Zutaten wie das Vorgängerwerk »Rugrats: Der Film«: viele bunte Abenteuer für die Zielgruppe der zwei- bis elfjährigen Kids, filmhistorische Parodien (sehr komisch: »Der Pate«), die wohl eher die Erwachsenen bei der Stange halten sollen, und eine erhebliche Dosis amerikanischer Familienwerte. Statt Baby Tommy steht diesmal der ängstliche Chuckie im Mittelpunkt der Geschichte: Auf der Suche nach einer neuen Frau für seinen verwitweten Vater müssen die Babys Avancen der fiesen französischen Managerin eines Themenparks abwehren, die nur aus Karrieregründen heiraten will. *tip, 11/2001*

**Kritik:** (...) Zu allem Überfluss kann sich »Rugrats in Paris« mit seinen quietschbunten, computergelackten Bildern Seitenhiebe auf die globale Spaßindustrie nicht verkneifen, obwohl er selbst alles verwurstet, was ihm an medial überlieferten Zutaten irgendwie brauchbar erscheint.

*Thomas Basgier, Stuttgarter Zeitung, 2.6.2001*

## Rushmore 782

RUSHMORE ****

**Regie:** Wes Anderson
**Darsteller:** Jason Schwartzman (Max Fischer), Bill Murray (Herman Blume), Olivia Williams (Rosemary Cross), Seymour Cassel (Bert Fischer), Brian Cox (Dr. Guggenheim), Mason Gamble (Dirk Calloway), Sara Tanaka
**Drehbuch:** Wes Anderson, Owen Wilson
**Kamera:** Robert Yeoman
**Musik:** Mark Mothersbaugh
**Schnitt:** David Moritz
**Prod.-Des.:** David Wasco
**Prod.:** USA 1998; 89 Min.
Barry Mendel, Paul Schiff; John Cameron (Co.-Prod.) für Touchstone/American Empirical
**UA:** 6.9.1998, Filmfestival Telluride
**EA:** 30.6.1999, Filmfest München
**Verleih:** Moviemet/-/-, 8.3 2001
**Vertrieb:** Touchstone (Buena Vista) Video

Max Fischer ist der schlechteste Schüler in Rushmore. Im Unterricht liest er Zeitung, aber in der Freizeit ist er nicht zu bremsen: Seine außerschulischen Aktivitäten sind legendär, seine exzentrischen Ideen leider auch. Wes Andersons Komödie »Rushmore« erzählt von der Reifeprüfung dieses jungen Mannes, der sich in die Lehrerin Miss Cross verliebt und der in dem traurigen Stahlunternehmer Herman Blume einen unvermuteten Gefährten findet. Wie die Schultheater-Inszenierungen seines Helden ist auch »Rushmore« reich an bizarren Details, kuriosen Anspielungen, ziellosen Fantasien – aber Anderson integriert dies alles in eine Geschichte, in der psychologisch wie politisch alles seine Richtigkeit hat.

*Bert Rebhandl, tip, 5/2001*

**Kritik:** (...) Am Ende wird Max Fischer ein Stück über Vietnam schreiben, das triumphale Aufnahme findet und alle Protagonisten noch einmal vereint. Das Problem ist nur, dass diese Beschreibung dem Universum dieses Films nicht annähernd gerecht werden kann, dem Erfindungsreichtum jeder Szene, der Liebe in jedem Detail, weshalb man hier auch einfach Schluss machen kann. Muss man noch sagen, dass der Regisseur Wes Anderson von nun an einen festen Platz in unserem Herzen hat? Dann wäre mal wieder gar nichts gelungen.

*Tobias Kniebe, SZ, 10.3.2001*

(...) Bis zum Ende wird sich »Rushmore« in seiner Bewegung zwischen Absurdität und Romantik noch ein paarmal wenden und damit die Grenzen des aktuellen High-School-Films endgültig gesprengt haben. Um mit

*Jason Schwartzman (links) als Präsident aller Clubs in ›Rushmore‹*

der Logik des Films zu sprechen: So wie Max Fischer sich von seinen Mitschülern unterscheidet, indem er als Einziger nichts anderes als die geliebte Schuluniform trägt, so verhält sich »Rushmore« zu seinem Genre. Gerade mit der Sonderstellung der Uniform, dem ausdrücklichen Annehmen der Schüleridentität, setzt sich der Film von der Uniformierung der aktuellen Coming-of-Age-Filme ab. In seiner Einheitskleidung ist Max Fischer zugleich das Gegenbild zu jenen Kino-Teenagern, deren Individualität immer schon ins Schema passen muss.

*Jan Distelmeyer, Die Zeit, 8.3.2001*

## Russische Hochzeit 783
LA NOCE ****+

**Regie:** Pavel Lungin
**Darsteller:** Marat Bascharow (Mischa), Maria Mironowa (Tanja), Andrei Panin (Garkuscha), Alexander Somtchew (Borso), Wladimir Simonow (Borodin), Maria Golubkina (Sveta), Natalja Koljakanowa (Rimma)
**Drehbuch:** Pavel Lungin, Alexander Galin
**Kamera:** Alexander Burow
**Musik:** Wladimir Chekassin, Stadtkapelle Lipski, Veteranenkapelle Borodinski
**Schnitt:** Sophie Brunet
**Prod.-Des.:** Ilja Amursky
**Prod.:** Frankreich/Russland/BRD 2000; 114 Min.
Max Linder, Catherine Dussart; Joachim Ortmanns (Co-Prod.) für CDP/Lichtblick/WDR/Arte mit Centre National de la Cinematographie/ Canal+
**UA:** Int. Filmfestspiele Cannes 2000
**EA:** Int. Hofer Filmtage 2000
**Verleih:** Ventura, OmU/-/-, 17.5.2001

Eine Kleinstadt irgendwo in der russischen Provinz. Moskau ist weit, seit Monaten wurden keine Löhne mehr gezahlt. Die schöne Tanja ist aus der Hauptstadt zurückgekehrt und will nun Mischa, ihren Jugendfreund, heiraten. Mitten in den Hochzeitsvorbereitungen wird plötzlich der Bräutigam verhaftet.

**Kritik:** (...) Lungin, der »Taxi Blues« gemacht hat und »Luna Park«, lebt selbst seit einiger Zeit in Paris. Zwi-

*Maria Mironowa und Marat Bascharow*

schen Nähe und Distanz pendelt auch sein Film. Da ist viel Liebe zum provinziellen Russland zu spüren, aber auch viel Ironie. Am Ende wird eine heilige Familie in eine ungewisse Zukunft fahren. Das ist angesichts der Umstände so viel Optimismus, wie man sie wohl nur aus der (ironischen) Distanz aufbringen kann.

*Martina Knoben, SZ, 17.5.2001*

(...) Doch der weinerliche Zynismus und die korrupte Melancholie, die Lungins Stereotypen sich abpressen, als gelte es, die profitable russische Seele auf Flaschen zu ziehen, ist das Produkt eines Markenfälschers. Die Hochzeit von russischem Klischee und amerikanischem Happy End verwässert die Erkenntnis, die Russland und das Filmschaffen der postsowjetischen Ära seit Konstantin Lopuschanskis Film »Russische Symphonie« über sich selbst gewonnen haben könnte. (...)

*Heike Kühn, FR, 18.5.2001*

(...) Hemmungslos werden Klischees bedient: Der Russe als solcher säuft bis

zum Delirium, prügelt sich vorher aber gerne noch ordentlich. Permanente Existenznöte und Mangelwirtschaft machen ihn anfällig für kleine Diebereien und große Korruption. Im tiefen Grunde schlummert ein weites Herz und eine schöne Seele, die sich in solidarischen Gesten und Sangeslust Luft verschafft. So verkommt Lungins »Russische Hochzeit« zu Ethnokitsch. Ärgern muss man sich nicht gerade, gibt es doch auch lakonisch witzige und anrührende Momente von völkerverbindendem Charme. (...)
Alles wird gut. Akkordeons plärren. Wodka und Tränen der Versöhnung fließen. Prost und Schluss.

*Angie Dullinger, AZ, 17.5.2001*

(...) Die Vorbilder von Regisseur Pawel Lungin sind unübersehbar: Charles Spencer Chaplin, dessen klassisches Tramp-Finale zitiert wird, und Vasili Shukshin. Vor allem dessen liebenswerte Land-und-Leute-Komödien wie »Kalina krasnaya« (1973) standen deutlich Pate. Da verblüfft allerdings, dass Lungin die ihm im Gegensatz zu Shukshin zur Verfügung stehenden Möglichkeiten der scharfen Polit-Satire nicht ausschöpft. Er begnügt sich mit liebenswert-skurrilen Charakter- und Situationsbeschreibungen. Das hat Charme und unterhält trefflich, hakt sich jedoch nicht wirklich im Gedächtnis oder gar im Herzen fest. Dazu fehlt's an Biss.

*Peter Claus, Zitty, 11/2001*

## Sacrifice – Der Sweetwater Killer 784

SACRIFICE **

Video

**Regie:** Mark L. Lester
**Darsteller:** Michael Madsen (Tyler Pierce), Jamie Luner (Naomi Cohen), Bokeem Woodbine (Agent Gottfried), Diane Farr (Karen Yeager), Deborah Shelton (Margaret Sackett), Michelle Lintel (Agent Hildebrandt), Tony Abatemarco (Phil Lombardi)
**Drehbuch:** Randall Frakes, nach einer Story von Mitchell Smith
**Kamera:** Robert Steadman
**Musik:** Michael Bowers, Stephen Edwards
**Schnitt:** Christopher Roth
**Prod.-Des.:** Peter Kanter
**Prod.:** USA 2000; 87 Min.
Dana Dubovsky, Mark L. Lester für American World/Lions Gate
**Vertrieb:** BMG Video, 9.1.2001
**FSK:** ab 18 J.

Als die Tochter des Bankräubers Tyler Opfer eines Serienkillers wird, bricht der trauernde Vater aus dem Knast aus, um den Spitzbuben zur Strecke zu bringen. Thriller ohne Thrill.

## Sag mir, warum Du mich verlassen hast 785

KAZI ZASTO ME OSTAVI ****

TV

**Regie:** Oleg Novkovic
**Darsteller:** Zarko Lausevic (Pedja), Milica Mihajlovic (Vera), Ljubisa Samardzic (Rade), Vladan Dujovic (Ljuba), Rahela Ferari (Baba), Dragan Jovanovic (Marko), Katharina Gojkovic (Ivana)
**Drehbuch:** Oleg Novkovic, Srdan Koljevic
**Kamera:** Miladin Colakovic
**Musik:** Zoran Simjanovic
**Schnitt:** Marco Glusac
**Prod.:** Jugoslawien 1993; 90 Min.
Cinema Design
**EA:** 15.10.1994, Viennale Wien
**TV:** 24.8.2001, Arte, 23.10

Zurück von der Front in Belgrad kommt Pedja mit seiner Umwelt nicht mehr zurecht: Selbst alte Bekannte und auch seine Verlobte Ivana sind ihm fremd geworden. Ein Kriegskamerad mit ähnlichen Schwierigkeiten nimmt sich in seiner Verzweiflung das Leben. Dann verliebt sich Pedja in die junge Vera, die er aus dem Krieg kennt und die ohne Familie in Belgrad lebt. Zwei Opfer des Krieges haben sich gefunden – und gemeinsam versuchen sie, die grausame Vergangenheit zu überwinden … *Pressetext*

## Salamander 786

□

**Regie:** Barbara Gebler
**Darsteller:** Henriette Heinze (Sandra), Mario Mentrup (Ronnie), Bela B. Felsenheimer (Mike), Andreas Bisowski (Wachmann), Sophie Huber (Serviererin), Michael Freerix (Eddie), Detlev Lutz (Polizist)
**Drehbuch:** Wieland Bauder, nach einer Idee von Barbara Gebler, Michael Freerix, Wieland Bauder
**Kamera:** Eva Fleig
**Musik:** Andreas Koslik
**Schnitt:** Birgit Berndt
**Prod.-Des.:** Ingrid Jebram
**Prod.:** BRD 2000; 60 Min.
Christian Hohoff für dffb mit ZDF/Colonia Media
**UA:** 12.2.2001, Int. Forum des Jungen Films Berlin
**TV:** 25.9.2001, ZDF, 0.00
**Verleih:** dffb/-/-

Die kampfsportgeübte Sandra hat genug davon, ihrem Exfreund Ronnie bei seinen krummen Geschäften zu helfen. Sie beschließt, die Übergabe gefälschter Pässe einfach mithilfe von Schlaftabletten zu verschlafen.

## Die Salsaprinzessin 787

□

TV

**Regie:** Dror Zahavi
**Darsteller:** Bojana Golenac (Christel), Pasquale Aleardi (Rubén), Maverick Quek (Han), Hannelore Minkus (Frau Lindenblatt), Sabine Orléans (Stationsärztin), Georg Tryphon (Otto), Edda Leesch (Doro)
**Drehbuch:** Georg Heinzen
**Prod.:** BRD 2001; 95 Min.
Relevant Film für RTL
**TV:** 28.3.2001, RTL, 20.15

Eine verloren gegangene Sporttasche führt die pummelige Krankenschwes-

ter Christel und den rassigen Latino-Tänzer Rubén zusammen, Doch während Christel sich sofort unsterblich in Rubén verliebt, würdigt der Profitänzer sie zunächst keines Blickes. (...)
*Pressetext*

## Saltwater 788
SALTWATER ****+

**Regie:** Conor McPherson
**Darsteller:** Peter McDonald (Frank Beneventi), Brian Cox (George Beneventi), Conor Mullen (Dr. Raymond Sullivan) Laurence Kinlan (Joe Beneventi), Brendan Gleeson (Mc Curdie), Eva Birthistle (Deborah)
**Drehbuch:** Conor McPherson, nach seinem Theaterstück »This Lime Three Bower«
**Kamera:** Oliver Curtis
**Musik:** The Plague Monkeys
**Schnitt:** Emer Reynolds
**Prod.-Des.:** Luana Hanson
**Prod.:** Irland/GB 2000; 94 Min.
Robert Walpole für BBC/Alta/Tresure
**EA:** Int. Filmfestspiele Berlin 2000, »Panorama«
**Verleih:** Kairos/-/-, 19.4.2001

Ein irisches Küstenkaff, eine Familie, die einen Fish-'n'-Chips-Shop führt. Der Vater wird von Schulden gedrückt, der Buchmacher sitzt ihm mit Forderungen im Nacken. Der älteste Sohn versucht das Problem zu lösen, indem er den Buchmacher überfällt. Der jüngste Sohn schlägt sich mit Pubertätsproblemen herum und hat es plötzlich mit einer Anzeige wegen Vergewaltigung zu tun. Und der Schwiegersohn in spe sorgt sich darum, wie er seine heimliche Geliebte loswerden kann. Kleine, sympathische, gut gespielte Episoden, denen nur die Kraft fehlt, sich zu einer Kinogeschichte zu erheben. *tip, 8/2001*

**Kritik:** (...) Wohltuend vermeidet er dabei alles Konstruierte. Das Entscheidende: die psychologische Vielschichtigkeit der Figurenzeichnung, gepaart mit einem genauen Blick auf die soziale Realität. Dafür sorgen insbesondere die Dialoge, die so trocken sind wie der Fish 'n' Chips, die Familie Beneventi an der irischen See verkauft. Sentimentalität bleibt außen vor, provoziert wird meist ein verhaltenes Lächeln. Das wirkt bekanntlich nachhaltiger als dicke Tränenströme und kreischende Lachsalven. Wenn Zentralfigur Joe (hinreißend: Laurence Kinlan), der Jüngste der Familie, am Ende unsicher den Schritt in die Selbstständigkeit wagt, möchte man ihn gern auf seinem weiteren Weg begleiten. Doch McPherson befolgt klug die alte Regel: Wenn's am schönsten ist, muss Schluss sein.
*Peter Claus, Zitty, 9/2001*

(...) McPherson will aus all dem ein Bild des falschen Lebens collagieren, bekommt aber nur Schnappschüsse irischer Romantik zuwege: Manche von denen aber sind sehr, sehr komisch. *Thomas Klingenmaier, Stuttgarter Zeitung, 23.8.2001*

## Die Sammler und die Sammlerin 789
GLANEURS ET LA GLANEUSE ****

**Regie:** Agnes Varda
**Darsteller:** Kommentar: Agnès Varda
**Drehbuch:** Agnès Varda
**Kamera:** Agnès Varda, Stéphane Krausz, Didier Rouget, Pascal Sautelet, Didier Doussin
**Musik:** Joanna Bruzdowicz
**Schnitt:** Agnès Varda, Laurent Pineau
**Prod.:** Frankreich 2001; 79 Min.
Cine Tamaris
**Verleih:** Peripher, OmU/-/-, 6.12.2001
**FSK:** o. A., ffr.

Die vitale alte Dame Agnès Varda auf den Spuren der Sammler, die auflesen, was die Überflussgesellschaft an Ausschuss produziert. Angeregt vom malerischen Genrebild einer »Ährenleserin«, begibt sie sich auf eine Reise durchs herbstliche Frankreich und schaut, was aus dem alten Brauch der Nachlese geworden ist. Wer sind die Leute, die die Reste von den Feldern und aus den Mülltonnen holen? Sie trifft Arme, aber auch Connaisseure und Originale, die die Reste als Rohstoff für ihre Kreativität nutzen. Was sich da am Rand der Gesellschaft abspielt, steht ihrer Art des Filmemachens gar nicht so fern – beweist Agnès Varda listig.

*Claudia Lenssen, tip, 25/2001*

**Kritik:** (...) Agnès Varda, eine der letzten Überlebenden der französischen Nouvelle vague. Und eine Sammlerin aus Profession und Leidenschaft. Denn ist nicht auch das Filmemachen eine Form des Sammelns? Jetzt hat die Regisseurin eine Digitalkamera bekommen, das ideale Spielzeug für solche Leidenschaft. Und sie hat damit einen schön verspielten und sehr persönlichen Film gemacht: über das Sammeln und die, die es betreiben, sich selbst eingeschlossen. (...)

*Silvia Hallensleben,*
*Der Tagesspiegel, 7.12.2001*

## Das Sams 790

****

**Regie:** Ben Verbong
**Darsteller:** Christine Urspruch (das Sams), Ulrich Noethen (Bruno Taschenbier), Aglaia Szyszkowitz (Margarete März), Armin Rohde (Anton Mon), Eva Mattes (Annemarie Rotkohl), August Zirner (Oliver Oberstein jr.), Gert Burkard (Hr. Lürcher)
**Drehbuch:** Paul Maar, Ulrich Limmer, nach den Büchern von Paul Maar
**Kamera:** Klaus Eichhammer
**Musik:** Nicola Piovani
**Schnitt:** Norbert Herzner
**Prod.-Des.:** Frank Polosek
**Prod.:** BRD 2000; 102 Min.
Ulrich Limmer für Kinowelt Filmprod.
**Verleih:** Kinowelt/-/-, 18.10.2001
**Vertrieb:** Kinowelt Video (Video, DVD)
**FSK:** o. A., ffr. – **FBW:** Besonders wertvoll

Der schüchterne, angepasste Herr Taschenbier trifft auf das Sams, ein rothaariges, zur Korpulenz neigendes Fantasiewesen mit Schweinsnase. Das Sams ist alles, was Herr Taschenbier nicht ist: frech, neugierig, respektlos: die Verkörperung des Prinzips Kind in Reinkultur. Zunächst möchte Herr Taschenbier das peinliche Sams wieder loswerden, doch schließlich entdeckt auch er das Kind in sich selbst wieder – zumal sich herausstellt, dass das Sams »Wunschpunkte« besitzt, die jeden Wunsch erfüllen können. Überaus amüsant hat Regisseur Ben Verbong verschiedene Episoden aus den Kinderbüchern von Paul Maar in Szene gesetzt, stets unterstützt von hervorragenden Schauspielern.

*Christiane Peitz, tip, 21/2001*

**Kritik:** (...) Paul Maars wunderbare, längst zu Kinderbuch-Klassikern avancierte Sams-Geschichten sind eine fröhliche Wissenschaft von der Kunst des Wünschens. Der Sams-Film übersetzt sie mit viel Witz und inszenatorischem Geschick auf die Leinwand. Regisseur Ben Verbong gelingt eine den Büchern getreue Mischung aus furiosem Kobold-Spektakel und bezaubernder Fantasiereise, mitreißend komödiantisch. (...)

*Rainer Gansera, SZ, 18.10.2001*

(…) »Das Sams« ist ein Lichtblick im sonst so vernachlässigten deutschen Familienfilm – die Figur anarchisch und mutig, ein Vorbild für die Kids, sich im Leben etwas zu trauen. Parole: Aufmucken, nicht ducken.

*Margret Köhler, AZ, 18.10.2001*

(…) Ben Verbong, der bislang mehr oder minder spannende Krimifolgen fürs Fernsehen gedreht hat, überrascht mit einem fantasiereichen, schönen Kinderfilm. Erster Pluspunkt: Für die Titelrolle hat man einmal nicht einen niedlichen Kinderstar gesucht und gefunden, sondern Christine Urspruch, die quirlige Bühnenschauspielerin, gibt dem Kobold ein lausbubenhaftes Gesicht sowie sehr viel Liebreiz. In dem großartigen Schauspieler Ulrich Noethen hat das Sams seinen ebenso hinreißenden wie freundlichen Papa. Paul Maars erfolgreiche Kinderbücher sind so zu einem liebenswerten Leben erwacht, dass man dem Film gerne ebenso viele Millionen große und kleine Zuschauer wünscht wie das geschriebene »Sams« Leser gefunden hat.

*Heiko R. Blum, Rheinische Post, 19.10.2001*

(…) Ein liebenswerter, sorgfältig gemachter Kinderfilm, bewusst im klassisch »altmodischen« Stil inszeniert, mit viel Witz und guten Darstellern. Für die Zielgruppe sicher ein Vergnügen, das noch dazu ohne jeden denunziatorischen Humor oder billigen Klamauk auskommt.

*Richard Richter, Multimedia (Die Furche), 25.10.2001*

**Interview:** *Wer hatte die Idee, Paul Maars Erfolgsbücher zu verfilmen?*

Eigentlich mein Sohn, dem ich die Bücher vorgelesen habe, als er fünf Jahre alt war. Ich erkundigte mich nach den Filmrechten und war erstaunt, dass sie noch frei waren. 1999 haben wir den Vertrag gemacht und mit dem Drehbuch angefangen. Maar als versierter Theaterautor und die hervorragende Basis seiner »Sams«-Bücher ließen unser Skript schnell fertig werden.

*Und die Idee, Regisseur Ben Verbong zu engagieren?*

Das war meine, weil ich mit ihm schon bei einem Film für Pro7 sehr gut zusammengearbeitet hatte. Er hat eine große professionelle Erfahrung und geht sehr individuell mit Schauspielern und gut mit Emotionen um, kann wunderbar in Bildern erzählen.

*Produzent Ulrich Limmer im Interview mit Frauke Hanck, Blickpunkt Film, 17.9.2001*

## Sandrine sieht rot 791

TRAFIC D'INFLUENCE ****+
TV

**Regie:** Dominique Farrugia
**Darsteller:** Aure Atika (Sandrine Athan), Thierry Lhermitte (Maxime de la Labardière), Gérard Jugnot (Gérard Ravanelli), Zinédine Soualem (Gilles), Jean-Pierre Cassel (Pierre-Jean Guisard), Didier Bénureau (Chef des Kabinetts), Jean-Paul Rouve (Jean-Frédéric)
**Kamera:** Pascal Gennesseaux; Bernard Wuthrich (Steadicam)
**Prod.-Des.:** Olivier Radot
**Prod.:** Frankreich 1999; 88 Min.
Le Studio Canal+/Novo Arturo/Rigolo/TF1 Films
**TV:** 18.6.2001, ZDF, 22.15

In der französischen Politkrimikrawallkomödie muss die Polizistin Sandrine zwei wegen Korruption verknackte Politiker in den Knast bringen. Und sie erwartet in dem vom Streik stillgelegten Räuberland mit stoischem Gleichmut, dass alle Mitmenschen diebisch, bestechlich, habgierig, gewalttätig und verlogen sind. Saukalte Anarcho-Komik.

*Ponkie, AZ, 20.6.2001*

## Santa Fe 792

SANTA FE ☐
TV

**Regie:** Andrew Shea
**Darsteller:** Lolita Davidovich (Eleanor Braddock), Tina Majorino (Crystal Thomas),

Gary Cole (Paul Thomas), Sheila Kelley (Lea Thomas), Jere Burns (Dr. Dan Yates), Richard Schiff (Alex), Tony Plana (Gomez)
**Drehbuch:** Mark Medoff, Andrew Shea
**Kamera:** Paul Elliott
**Musik:** Mark Governor
**Prod.:** USA 1996; 91 Min.
**TV:** 4.3.2001, ARD, 0.40

Ein psychisch labiler Streifenbeamter, der aufgrund seiner Zugehörigkeit zu einer dubiosen Sekte suspendiert worden ist, erstreitet nach erfolgreicher Therapie seine Wiedereinstellung in den Polizeidienst. Als er sich in eine charismatische Therapeutin verliebt und dabei rückfällig zu werden droht, kommt es zu einigen Turbulenzen. *Pressetext*

## Santas Weihnachtswunsch 793
ONCE UPON A CHRISTMAS **
Video

**Regie:** Tibor Takacs
**Darsteller:** Kathy Ireland (Kristin Claus), Mary Donelly Haskell (Rudolpha Claus), John Dye (Bill Morgan), Kristen Proud (Brittney Morgan), James Kirk (Kyle Morgan)
**Drehbuch:** Steven H. Berman
**Schnitt:** Ellen Fine
**Prod.:** USA 2000; 90 Min.
John Carrasco, Deboragh Gabler, Stephen Rosenberry für Legacy Filmworks
**Vertrieb:** Paramount Video, 6.12.2001
**FSK:** o. A.

Eine Runde sentimentalen Seelen-Punsch zum Fest: Die Tochter des Weihnachtsmanns soll einer kaputten Rumpf-Sippe wahre (US-)Familienwerte lehren. Jahresendgemäße Kitsch-Komödie.

## Sara America 794
□
TV

**Regie:** Roland Suso Richter
**Darsteller:** Dennenesch Zoudé (Sara), Thomas Heinze (Hans), Gregor Törzs (Jo), Oliver Korittke (Stanislaw), Yumi Miyanashi (Sue), Antje Schmidt (Mascha)
**Drehbuch:** Roland Suso Richter, Tobias Stille
**Kamera:** Martin Langer
**Musik:** Ulrich Reuter
**Schnitt:** Eva Schnare
**Prod.-Des.:** Bettina Schmidt
**Prod.:** BRD 1999; 90 Min.
Roland Suso Richter
**UA:** 11.10.1999, Chicago Film Festival, »World Festival«
**TV:** 14.6.2001, Vox

Berlin-, Drifter- und Roadmovie-Ballade.

## Sarahsara 795
SARAHSARA ***
TV

**Regie:** Renzo Martinelli
**Darsteller:** Giulio Brogi (Gershe), Kim Engelbrecht (Sarah), Ciro Esposito (Ciro), Lucio Allocca (Enzo), Denise Newman (Karima), Ricky Rudolph (Vernon), Ray Ntlokwana (Lucky)
**Drehbuch:** Renzo Martinelli, Maurizio D'Adda, Giulio Paradisi
**Kamera:** Fabio Cianchetti, Giuliano Giustini
**Musik:** Mauro Pagani
**Schnitt:** Osvaldo Bargero
**Prod.:** Italien 1993; 112 Min.
Renzo Martinelli für Martinelli Film Int./RAI-TV Channel 1/Istituto Luce
**UA:** 8.2.1994, Int. Filmfestspiele Berlin, »Kinderfilmfest«
**TV:** 21.4.2001, 3sat, 15.45

Mädchendrama um eine junge südafrikanische schwarze Sportlerin, die gegen Apartheid-Handicaps ankämpft.

## Sass 796
***

**Regie:** Carlo Rola
**Darsteller:** Henry Hübchen (Fabich), Jürgen Vogel (Erich Sass), Ben Becker (Franz Sass), Julia Richter (Gertrude), Jeanette Hain (Sonja Weiss), Julia Richter (Gertrude), Otto Sander (Vater Sass), Detlef Bothe
**Drehbuch:** Uwe Wilhelm, Holger Karsten Schmidt; Andrea Kuhn (Dramaturgie)
**Kamera:** Martin Langer
**Musik:** Georg Kleinebreil
**Schnitt:** Friederike von Normann
**Prod.-Des.:** Bettina Schmidt
**Prod.:** BRD 2000; 112 Min.
Oliver Berben; Andreas Richter (Co-Prod.) für Moovie the art of entertainment mit Taurus/Road Movies/Constantin/Roxy/SAT.1
**Verleih:** Constantin/-/-, 27.9.2001
**FSK:** ab 12 J., ffr. – **FBW:** Wertvoll

Ben Becker und Jürgen Vogel schlagen sich als Tresorknacker durch das Berlin der 20er-Jahre. Nach ersten Fehlschlägen liefern sie ihr Meisterstück: den Einbruch in die Diskonto-Bank. Lose angelehnt an die abenteuerliche Geschichte der Ganovenbrüder Franz und Erich Sass, setzen Becker & Vogel den Meisterdieben ein liebevolles Denkmal. Leider wollte Regisseur Carlo Rola gleichzeitig eine deutsche Antwort auf »Es war einmal in Amerika« geben – uninspiriert kopiert er Leones Gangster-Epos bis hin zu einem drittklassigen Soundtrack-Abklatsch. So steht neben dem gut aufgelegten Schauspieler-Duo Becker & Vogel die schwerfällige Kopie eines Klassikers.

*Volker Gunske, tip, 20/2001*

**Kritik:** (...) Nun ist zwar kein Krimi verpflichtet, vom sozialen Hintergrund zu erzählen, der seine Ganoven hervorbringt. Aber wenn die These, die Kriminalität seiner Helden sei aus sozialer Not entstanden, schon einmal angesprochen wird, dann sollte sie nicht hinterher unverzüglich ad acta gelegt werden. Das ist das Grundproblem von »Sass«: Der Film erzählt von allem ein bisschen und nichts konsequent. Zu Beginn stehen die beiden Brüder vor Gericht. Rola nimmt, teilweise, den Ausgang seiner Geschichte vorweg. Und damit auch die Spannung. Die Rückblende, in der der größte Teil des Films erzählt wird, verspricht eine analytische Struktur, die dann doch nicht eingelöst wird.

Vor allem mangelt es dem Film an lebendigen, widersprüchlichen Charakteren. Ben Becker und Jürgen Vogel haben nicht mehr Tiefe als jene Typen, die in vergleichbaren Hollywood-Filmen eben in Nebenrollen auftauchen. Hier aber sollen sie als Protagonisten eine Geschichte tragen, die am Ende in den Beginn des NS-Terrors mündet. Otto Sander spielt den Vater der Brüder, einen aufrechten, bei den Kommunisten aktiven Arbeiter aus dem Bilderbuch des proletarischen Kinos – zu erzählen aber hat der Film über ihn nichts. Zu einem überzeugenden Rhythmus findet der Film nie – das liegt zunächst an den Dialogen. Viel zu oft teilen sich die Figuren etwas mit, was sie eh schon wissen, nur damit es auch der Zuschauer erfährt. (...)

*H. G. Pflaum, SZ, 27.9.2001*

(...) Dass »Sass« diesen Mythos trifft, verdankt er seinen Hauptdarstellern, allen voran Ben Becker und Jürgen Vogel. Beiden scheint ihre Rolle auf den Leib geschrieben, Becker die des forschen Franz, der lieber eine Lippe zu viel als zu wenig riskiert, Vogel die des scheuen Erich, der immer wieder zum großen Bruder aufschaut. Die beiden schaffen es tatsächlich, die Gebrüder Sass vor ihrem eigenen Klischee zu retten, Vogel durch seine Hintersinnigkeit und ironische Distanz zur Rolle, Becker durch seine nahtlose Identität mit dem hungrigen Unterirdischen, dem keine Arbeit zu schwer und das Leben ohnehin zu kurz ist. Zusammen verkörpern sie die guten Berliner, die besseren Deutschen: die eben, die mitten aus dem Volk stammen, die sich weder von politischen Parolen noch von der Obrigkeit foppen und einschüchtern lassen. (...)

*Veronika Rall, FR, 28.9.2001*

(...) Doch mehr als die gehübschte Boulevardversion eines kriminellen Lebens gelingt Rola nicht. Mehr hatte er vermutlich auch nicht im Sinn. Denn bis auf das tragische Ende wirkt alles recht harmlos, nicht wie ein Aufbruch ins Ungewisse. »Sass« ist eine handwerklich saubere Arbeit im Stil von Joseph Vilsmaiers »Comedian Harmonists« – gehobener Kriminal-Kitsch für ältere Semester.

*Karl-Heinz Schäfer, Rheinischer Merkur – Christ und die Welt, 20.9.2001*

(...) Doch all die illustren Namen und der immense Aufwand können nicht verhindern, dass »Sass« zu großen Teilen stinklangweilig ist. Zu behäbig ist die Inszenierung, zu bekannt die alte Robin-Hood-Geschichte von den

*Ben Becker und Jürgen Vogel*

Gaunern mit dem großen Herzen. Was mit einer sympathischen Rache am Finanzamt beginnt, führt zum Leben in Saus und Braus und schließlich in die Katastrophe. Kommt einem irgendwie bekannt vor.

*Martin Schwarz, Zitty, 20/2001*

**Interview:** *»Sass« erinnert phasenweise an Werke wie Sergio Leones »Es war einmal in Amerika«.*

Es ist sicherlich richtig, dass ich das amerikanische Kino sehr schätze. Aber ich habe mich nicht davon inspirieren lassen. Wir haben lediglich gewisse dramaturgische Mittel angewandt. Und wenn ich überhaupt ein Vorbild habe, dann ist das Fritz Lang, gerade die kammerspielartigen Filme wie »M – eine Stadt sucht einen Mörder« zum Beispiel. Hinter gigantischen Geschichten wie »Die Nibelungen« oder »Metropolis« können sich die Amerikaner noch heute verstecken. Ich würde mir wünschen, dass man sich hierzulande eine neue Wertmaßgabe aneignet.

*Über welches Budget sprechen wir bei »Sass«?*

Der Film hat so viel gekostet wie die amerikanische Premierenfeier von »Pearl Harbor«. Und die hat meines Wissens so zwischen fünf und sechs Millionen Dollar verschlungen. Und wenn Sie hierzulande mit so einem Budget arbeiten, dann verkaufen Sie schon im Vorfeld alle Rechte aus der Verwertungskette. Sonst wäre so etwas nicht finanzierbar. Aber wir haben ja mit der Constantin den besten und stärksten Partner, den man sich in der Filmbranche wünschen kann.

*Sie haben 1995 bereits einen Kinofilm inszeniert: »Peanuts – Die Bank zahlt alles«.*

Es gab sensationelle Vorkritiken, nur die Tagespresse hat dann ein bisschen draufgehauen. Das Problem lag woanders: Weil man schon im Vorfeld an keinen Erfolg glaubte, wurde er nicht entsprechend herausgebracht. Vielleicht lag's auch am Film. Heute stehe ich der Sache kritisch gegenüber. Allerdings konnte ich damals nicht den Film machen, den ich machen wollte. Ganz im Gegenteil zu »Sass«. Hier standen mir alle Möglichkeiten offen.

*Carlo Rola im Interview mit Blickpunkt Film, 24.9.2001*

## Save the Last Dance 797

SAVE THE LAST DANCE ***

**Regie:** Thomas Carter
**Darsteller:** Julia Stiles (Sara), Sean Patrick Thomas (Derek), Kerry Washington (Chenille), Fredro Starr (Malakai), Terry Kinney (Roy), Bianca Lawson (Nikki), Vince Green (Snookie)
**Drehbuch:** Duane Adler, Cheryl Edwards
**Kamera:** Robbie Greenberg
**Musik:** Mark Isham
**Schnitt:** Peter E. Berger
**Prod.-Des.:** Paul Eads
**Prod.:** USA 2000; 113 Min.
Robert W. Cort, David Madden; Marie Cantin für Cort/Madden Prod. mit MTV
**Verleih:** UIP/UIP/UIP, 22.3.2001
**Vertrieb:** Paramount Video
**FSK:** ab 12 J., ffr. – **FBW:** Wertvoll

Zu R&B-Rhythmen üben sich Sara und Derek im Hip-Hop und in der Liebe. Der von MTV mitproduzierte Musikfilm besticht weniger durch seine Tanzszenen als vielmehr durch den vorurteilslosen Blick auf die Jugendlichen im Schwarzen-Viertel von Chicago. Die haben schlicht andere Prioritäten, als sich mit Gewalt und Drogen das Leben schwer zu machen. Solid inszeniert und mit jungen Schauspielern besetzt, die viel von ihrem Fach verstehen. *Film, 4/2001*

**Kritik:** (...) Natürlich ist das Ganze nett gemacht und wird die Zielgruppe sicher erfreuen, doch angesichts solch geballter Klischees kann man sich nur fragen, ob Spike Lee nicht doch Recht hatte, als er während der Berlinale sagte, dass sich die Darstellung von Schwarzen im Hollywoodkino in den letzten 50 Jahren so gut wie gar nicht verändert hat.

*Michael Meyns, Zitty, 7/2001*

## Scary Movie 2 798
SCARY MOVIE 2 **

**Regie:** Keenen Ivory Wayans
**Darsteller:** Anna Faris (Cindy Campbell), Shawn Wayans (Ray Maker), Marlon Wayans (Shorty Meeks), Tori Spelling (Alex), Christopher Masterson (Clark), Kathleen Robertson (Jamie Lee Curtisto), James Woods
**Drehbuch:** Shawn Wayans, Marlon Wayans, Alison Fouse, Greg Grabianski, Dave Polsky, Craig Wayans, Michael Anthony Shnowden
**Kamera:** Steven Bernstein
**Musik:** George S. Clinton
**Schnitt:** Peter Teschner, Thomas J. Nordberg, Richard Pearson
**Prod.-Des.:** Cynthia Charette
**Prod.:** USA 2001; 95 Min.
Eric L. Gold
**Verleih:** Highlight/Einhorn/-, 8.11.2001
**FSK:** ab 16 J., ffr.

Noch vor dem Vorspann verarschen die Wayans-Brüder mit einer fulminanten Kotzorgie den ehrwürdigen »Exorzisten«. Danach geht's bergab im zweiten Teil der schamlosen Genreparodie, in der unter anderem »Hollow Man«, die »Drei Engel für Charlie« und »Haunted Hill« vulgär verwurstet werden.

*Jörg Buttgereit, tip, 23/2001*

## Scheherazade 799
SCHEHERAZADE ***

**Regie:** Riccardo Signorell
**Darsteller:** Antonia Beamish, Jürgen Brügger, Zoé Mikuleczky, Philipp Stengele, Siegfried Terpoorten
**Drehbuch:** Riccardo Signorell, Simon Hesse, Philipp Stengele
**Kamera:** Felix von Muralt
**Musik:** Swandivel Spooman (Songs)
**Schnitt:** Riccardo Signorell, Simon Hesse
**Prod.-Des.:** Sybille Burkhardt
**Prod.:** Schweiz 2001; 98 Min.
Simon Hesse für Arsenfilm
**UA:** Int. Filmfestspiele Locarno 2001
**Verleih:** -/-/Filmcooperative, Aug. 2001

**Kritik:** (...) Erzählt wird eine Geschichte, die von ihrer ganzen Anlage her auf Konzentration, Intensität, Verdichtung angelegt sein müsste: die Geschichte der Begegnung von fünf Personen an einem Ort, von dem es, zumindest für die Dauer der Handlung, kein Entrinnen gibt. Dieser »Huisclos« ist eine prächtige alte Jacht, die da für die Dauer eines Sommernachmittags und bis in die von nun stärker vernehmbaren Wassergeräuschen geprägte Dunkelheit hinein im unteren Seebecken des Zürichsees dümpelt. (...)

*Christoph Egger, NZZ, 31.8.2001*

## Scheidung auf Amerikanisch 800
PRIVATE LIES ***
TV

**Regie:** Sherry Hormann
**Darsteller:** Martina Gedeck (Sarah), John Corbett (David Thompson), Vyto Ruginis (Bob), Marianne Sägebrecht (Betty), Sarah Fischer (Lilly, 7 Jahre), Rosemarie Fendel
**Drehbuch:** Gabriela Sperl
**Kamera:** Ken Kelsch
**Musik:** Mason Dering
**Schnitt:** Christel Suckow
**Prod.-Des.:** Renate Schmaderer, David Gulick
**Prod.:** BRD 1999; 102 Min.
Otto Grokenberger, Bernd Burgemeister, Dorothy Aufiero, David Collins; Gabriela Sperl (Co-Prod.) für TV-60 mit BR/NDR/WDR/ORF/SF DRS
**UA:** 26.6.2000, Filmfest München
**TV:** 28.2.2001, ARD

Sarah und Bob sind verheiratet, haben zwei Kinder. Scheinbar glücklich lebt das deutsch-amerikanische Paar in einem Ostküstenstaat der USA. Aber hinter der glänzenden Fassade haben sich beide schon voneinander distanziert. (...) Bob hat die Scheidung eingereicht, der Kampf um die Kinder beginnt. (...)

*Katalog Filmfest München*

## Scheitern als Chance 801

***

**Regie:** Stefan Corinth, Alexander Grasseck
**Darsteller:** Christoph Schlingensief, Werner Brecht, Dietrich Kuhlbrodt, Martin Wuttke, Carl Hegemann, Achim v. Paczensky, Alfred Biolek
**Drehbuch:** Stefan Corinth, Sibylle Dahrendorf, Alexander Grasseck
**Prod.:** BRD 1999; 94 Min.
Ahoi Media
**Verleih:** Ahoi/-/-, Febr. 2001

Während Christoph Schlingensief 1998 als unverschämter Künstlerlümmel die Partei »Chance 2000« für die Chancenlosen gründete (jeder wählt sich selbst) und am Wolfgangsee den Volkstümler-Urlaub von Bundeskanzler Kohl störte, sind seine Widersacher inzwischen selber als CDU-Komödianten auf die Bühne gestiegen und stellen jede Wanderschmiere in den Schatten. So gewinnt das Wahlzirkus-Dokumentarspiel eine groteske Doppeldeutigkeit. Und als Schlingensief seine Partei zum Verkauf feilbot, erläuterte Bierbichler: Parteien sind käuflich! Ein Anarcho-Zirkus als Fundgrube für die Wahrheit der Narren.

*Ponkie, AZ, 9.2.2000*

## Schlaf mit meinem Mann 802

**
TV

**Regie:** Donald Kraemer
**Darsteller:** Oliver Broumis (Leo), Bojana Golenac (Conny), Christian Oliver (Benny), Jennifer Steffens (Stella), Doris Kunstmann (Frau Ommer), Gisela Franke (Frau Brühl)
**Drehbuch:** Christos Yiannopoulos
**Prod.:** BRD 2000; 94 Min.
U5 Filmprod. für RTL
**TV:** 10.1.2001, RTL, 20.15

**Kritik:** Ein Fernsehspiel dieses Titels verspricht keinerlei Überraschungen – und richtig: RTL beließ es bei den üblichen substanzlosen Sättigungsbeilagen. Nach kaum zehn Minuten die erste Sex-Sequenz und eine mehr als hanebüchene Story. (...) Das Skript von Christos Yiannopoulos zeigte sich ebenso austauschbar wie die Inszenierung von Donald Kraemer, einzig Doris Kunstmann, die ihren Part als lüsterne Supermarktleiterin mit unvergleichlicher Grandezza absolvierte, blieb im Gedächtnis haften. Ansonsten verströmte das Ganze eher den spröden Charme einer nicht sonderlich animierten Laienspiel-Schar.

*W. O. P. Kistner, AZ, 12.1.2001*

## Der schlafende Mann 803

NEMURU OTOKO ***+

**Regie:** Kohei Oguri
**Darsteller:** Sung-ki Ahn (Takuji, der schlafende Mann), Christine Hakim (Tia, die Frau aus Südostasien), Koji Yakusho (Kamimura, Takujis Jugendfreund), Masaso Imafuku (Kiyoji
**Drehbuch:** Kohei Oguri, Kiyoshi Kenmochi
**Kamera:** Osame Maruike
**Musik:** Toshio Hosokawa
**Schnitt:** Nobuo Ogawa
**Prod.-Des.:** Yoshinaga Yokoo
**Prod.:** Japan 1996; 103 Min.
Munashi Masuzawa, Hiroshi Fujikura, Hiroyuki Kodera für Space Co.
**EA:** 14.2.1997, Int. Forum des Jungen Films Berlin
**Verleih:** Freunde, OmU/-/trigon, November 1997 (CH), 7.6.2001

Ein großer Naturfilm über die Dauer im Wechsel: Die Bewohner des Dorfes Hitosuji gruppieren sich um Takuji, der seit einem Unfall in den Bergen nicht mehr erwacht ist. Kohei Oguri erzählt in ruhigen, atmenden Bildern von der prekären Balance, die in Hitosuji herrscht: zwischen den Alten und den Jungen, zwischen Frauen aus Indonesien und Thailand und den Einheimischen, zwischen Satellitenfernsehen und regionalen Mythen.

*Bert Rebhandel, tip 12/2001*

## Schlimmer geht's nimmer 804

WHAT'S THE WORST THAT COULD HAPPEN? ***

**Regie:** Sam Weisman
**Darsteller:** Martin Lawrence (Kevin Caffery), Danny De Vito (Max Fairbanks), John Leguizamo (Berger), Glenne Headly (Gloria), Carmen Ejogo (Amber Belhaven), Richard Schiff (Walter Greenbaum), William Fichtner (Det. Tardio)
**Drehbuch:** Matthew Chapman, nach einer Story von Donald E. Westlake
**Kamera:** Anastas Michos
**Musik:** Tyler Bates, Marc Shaiman
**Schnitt:** Garth Craven, Nick Moore
**Prod.-Des.:** Howard Cummings
**Prod.:** USA 2001; 99 Min.
Lawrence Turman, David Hoberman, Ashok Amritraj, Wendy Dytman; Peaches Davis (Co-Prod.) für Turman-Morrissey/ Hyde Park Ent.
**Verleih:** 20th Century Fox/-/-, 13.12.2001
**FSK:** ab 6 J., ffr. – **FBW:** Wertvoll

Der Titel täuscht nicht, aber wer über tuntige Kriminalkommissare mit furzenden Pudeln lachen kann, kommt sogar auf seine Kosten bei dieser zeitgenössischen US-Variante des klassischen Kampfes zwischen David und Goliath. Martin Lawrence als smarter Profi-Einbrecher streitet dabei mit Danny De Vito als skrupellosem Großkapitalist verbissen um einen Fingerring. *Ralph Umard, tip, 25/2001*

**Kritik:** Irgendwann einmal muss dieser Stoff ein gewisses Quantum an Originalität besessen haben, immerhin überzeugte er einen Verleger, der ihn als Roman veröffentlichte. Und die Produzenten versichern, dass sie sich schon vorher die Rechte an einer Verfilmung gesichert hätten. Dann aber muss etwas schief gelaufen sein, denn Sam Weisman, bisher mehr (»George, der aus dem Dschungel kam«) oder weniger (»Schlaflos in New York«) erfolgreich im Inszenieren von sinnfreiem Entertainment, liefert hier nicht mehr als öden Leerlauf ab. (...)
*W. O. P. Kistner, AZ, 13.12.2001*

(...) Zu den größten Problemen bei »Schlimmer geht's nimmer« gehört die Menschenmenge, die auf der Leinwand vorüberzieht – Sam Weisman setzt auf zu viele Charaktere und zu viele kleine Nebenhandlungen. Der Film zerfällt in lauter Einzelteile unterschiedlicher Qualität – die Handlung verfolgt keinen großen Plan, sie setzt sich aus Episoden zusammen. Und manche der Figuren sind sehr hübsch angelegt, aber dann tun sie doch nichts, um ihre Anwesenheit in diesem Film zu rechtfertigen. (...)
*Susan Vahabzadeh, SZ, 15.12.2001*

## Schluss mit lustig! 805

***+
TV

**Regie:** Isabel Kleefeld
**Darsteller:** Martin Glade (Felix), Wotan Wilke Möhring (Moritz), Maja Schöne (Jenny), Yangsom Brauen (Maja), Nikita Wokurka (Paul)
**Drehbuch:** Martin Gypkens
**Prod.:** BRD 2001; 90 Min.
**TV:** 27.9.2001, Pro7, 20.15

(...) Und dass der schüchterne Felix vom Großmaul-Freund Moritz immer mit doofen Ratschlägen in die Liebespleite gejagt wird, das zieht sich hin zur Chaoten-Langweilerei. Als die WG-Kumpane in dem Debütfilm den Familienrappel kriegen, landet Felix bei Maja und entsetzt sich, dass die ein Kind hat. Weil: »Kinder sind eine Seuche.« Was im Fernsehen meist zutrifft (aber dieses Kind ist ausnahmsweise originell). Ein braves Seifenblasenfilmchen. *Ponkie, AZ, 29.9.2001*

## Schneefrei 806

SNOW DAY ***

**Regie:** Chris Koch
**Darsteller:** Chris Elliot (Schneepflugmann), Mark Webber (Hal Brandston), Jean Smart (Laura Brandston), Schuyler Fisk (Lane Leonard), Iggy Pop (Mr. Zellweger), Pam Grier (Tina), Chevy Chase (Tom Brandston)
**Drehbuch:** Will McRobb, Chris Viscardi
**Kamera:** Robbie Greenberg
**Musik:** Steve Bartek
**Schnitt:** David Finfer
**Prod.-Des.:** Leslie McDonald
**Prod.:** USA 1999; 89 Min.

Albie Hecht, Julia Pistor; Grace Gilroy, Will McRobb, Chris Viscardi (Co-Prod.); David Kerwin (Ass.-Prod.) für Nickelodeon Movies/New Faction
**Verleih:** UIP/UIP/UIP, 25.1.2001
**Vertrieb:** Paramount Video (Video, DVD)
**FSK:** o. A., ffr. – **FBW:** Wertvoll

Nach unerwartet heftigen Schneefällen bricht in einer US-Kleinstadt das öffentliche Leben zusammen. Viele Erwachsene und alle Kinder freuen sich über schneefrei. Doch nicht allen passt die winterliche Freizeit in den Kram. Leidlich unterhaltsame Komödie nach vorhersehbarem Muster, die kaum Kapital aus der hübschen Ausgangsidee schlägt und recht biederen Humor ohne Gefühl für einzelne Gags bietet. *Multimedia*

**Kritik:** (...) Das Ganze plätschert in seichtester amerikanischer Mainstream-Tradition vor sich hin, voll mit politisch korrekten Familien-Werten, aber weitestgehend frei von Witz. So ist »Schneefrei« selbst für einen Kinderfilm erstaunlich flach und über weite Strecken schlichtweg öde. Einzig Iggy Pop als Eisbahn-Discjockey, der die Schlittschuhläufer am liebsten mit schnulzigen Schlagern beschallt, sorgt für einige wirklich originelle Momente. *Michael Meyns, Zitty, 3/2001*

## Das Schneeparadies 807

□ TV

**Regie:** Erwin Keusch
**Darsteller:** Tanja Wedhorn (Pauline Bertram), Andreas Bruckner (Max Hardenberg), Klaus Wildbolz (Ferdinand Hardenberg), Diana Körner (Marianne), Rosel Zech (Margot), Anne Brendler (Johanna), Horst-Günter Marx (Georg)
**Drehbuch:** Marlis Ewald, nach der Idee von Thomas Brückner
**Kamera:** Hagen Bogdanski
**Musik:** Enjott Schneider
**Prod.-Des.:** Dieter Bächle
**Prod.:** BRD 2001; 90 Min.
Multimedia B
**TV:** 23.12.2001, ZDF, 20.15

Die Schmuckverkäuferin Pauline wird von ihrem Freund enttäuscht und nimmt die Einladung ihres Personalchefs Max Hardenberg an, zusammen mit seiner Familie Weihnachten auf dem verschneiten Familienschloss nahe Neuschwanstein zu feiern. Max bittet sie, seine Verlobte zu spielen, aber es kommt bald zu Missverständnissen.

## Der Schneider von Panama 808

THE TAILOR OF PANAMA ****+

**Regie:** John Boorman
**Darsteller:** Pierce Brosnan (Andy Osnard), Geoffrey Rush (Harry Pendel), Jamie Lee Curtis (Louisa Pendel), Leonor Varela (Marta), Brendan Gleeson (Mickie Abraxas), Harold Pinter (Onkel Benny), Catherine McCormack (Francesca)
**Drehbuch:** John le Carré, John Boorman, Andrew Davies, nach dem gleichn. Roman von John le Carré
**Kamera:** Philippe Rousselot
**Musik:** Shaun Davey
**Schnitt:** Ron Davis
**Prod.-Des.:** Derek Wallace
**Prod.:** Irland/GB 2001; 109 Min.
John Boorman für Merlin Filmprod.
**EA:** 11.2.2001, Int. Filmfestspiele Berlin
**Verleih:** Columbia TriStar/-/Buena Vista, 26.4.2001
**Vertrieb:** Columbia TriStar Video (Video, DVD)

Spionagefilm um einen britischen Agenten, der einen Schneider anwirbt, weil er denkt, dass dieser beim Einkleiden der Staatsmänner das eine oder andere Geheimnis in Erfahrung bringen könnte. *Zitty, 4/2001*

*Jamie Lee Curtis und Pierce Brosnan*

In der eleganten Verfilmung von John le Carrés ironischem Abgesang auf das Spionage-Genre glänzt Geoffrey Rush als panamaischer Herrenschneider mit Zwang zum Geschichtenerzählen. Er liefert einem abgetakelten Geheimdienst-Agenten gegen gutes Geld frei erfundene »Informationen« über eine ominöse »stille Opposition« in Panama und damit eine Story, die den Geheimdiensten so gut gefällt, dass diese sie nur zu gerne für wahr halten – und damit Realität werden lassen. *Film, 4/2001*

**Kritik:** (...) Der erpressbare Harry, ein Mann von überbordender Fantasie, beliefert in seiner Not bald den Agenten Andy mit den aberwitzigsten Geschichten, zum Beispiel jener über den geplanten Verkauf des Panamakanals an die Chinesen. Andys Arbeitgeber in London sind »amused«, aber auch höchst alarmiert, und so kommt hohe Weltpolitik ins erdachte Spiel. Eine wunderbare Farce, von John Boorman in klugem Zynismus inszeniert. *Angie Dullinger, AZ, 14.2.2001*

(...) Natürlich ist »Der Schneider von Panama« das Werk von zwei älteren Herren. John le Carré und John Boorman sind mit einem »british sense of humour« gesegnet und in einer Gedankenwelt zu Hause, die weit mehr mit Graham Greene oder Alfred Hitchcock zu tun hat als mit allem, was heute im Kino Erfolg hat. Genau dies aber sorgt für die vielen hinreißenden Momente in diesem etwas versponnenen und leicht chaotischen Film. (...)
*H. G. Pflaum, SZ, 27.4.2001*

**Interview:** *Mr. le Carré, »Der Schneider von Panama« ist nicht Ihr erster Roman, der verfilmt wurde. Stellen Sie sich schon beim Schreiben Schauspieler für Ihre Charaktere vor?*

Nein, gar nicht, denn dadurch wird die Romanfigur reduziert. Solange man kein Bild anbietet, kann jeder Leser eine eigene Vorstellung von der Figur entwickeln. Die Minderung, die stattfindet, wenn man sich einen Schauspieler aussucht, finde ich immer etwas enttäuschend. Aber das ist nicht zu vermeiden.

*Welcher Schauspieler kam einer Ihrer Romanfiguren am nächsten?*

Alec Guinness als George Smiley. Aber Geoffrey Rush und Pierce Brosnan im »Schneider« gefallen mir auch sehr gut. Die Chemie stimmt. Bildlich hatte ich andere Vorstellungen von Osnard: dicker, schlampiger, bestimmt nicht so gut aussehend wie Brosnan. Aber die Begegnung zwischen einem boshaften, anziehenden Menschen und einem Träumer ist perfekt dargestellt.

*Wie sehen Sie als Romanautor die Ausdrucksmöglichkeiten des Films?*

Das Minimale bleibt. Man muss aus der Kuh einen Bouillonwürfel machen. Ein Buch ist ein großes Ding mit viel zu viel Inhalt. Man muss den richtigen Faden rausziehen, mit maximaler Flexibilität den minimalen Inhalt beschreiben. Ich freue mich, wenn ein Film wirklich Film wird und allen Respekt für das Buch zum Fenster rauswirft.

*Wie eng haben Sie mit Regisseur John Boorman zusammengearbeitet?*

Ich habe das Buch in meinem Regal und war für Boorman immer ansprechbar. Nachdem wir die Form des Filmes festgelegt hatten, war ich allerdings ungefähr so wichtig wie der Tonmann. Ich gehörte zu seiner Infanterie, das war alles.
*John le Carré im Interview mit Alexander Soyez, Stuttgarter Nachrichten, 26.4.2001*

*Wie lief nun die Zusammenarbeit mit einem großen US-Studio?*

Columbia ließ mir wirklich freie Hand. Allerdings hatte ich nicht mit

*Geoffrey Rush und Regisseur John Boorman*

dieser Riesenbürokratie gerechnet, eine Kombination aus japanischem, amerikanischem und preußischem Kontrollsystem. Man musste ständig Formulare ausfüllen, jede freie Stunde, jeder freie Tag wurde detailliert festgelegt und ausgehandelt. Zum Verrücktwerden!

*Welche bürokratischen Auswüchse gab es?*

Da wollte mir ein Autoverleiher vor Ort den passenden Wagen kostenlos zur Verfügung stellen. Das ging aber nicht, sondern man verschiffte für ein Heidengeld das gleiche Modell von Los Angeles nach Panama. Das Beste kommt aber noch: Plötzlich tauchte ein Studio-Typ am Set auf und hielt uns ganz ernsthaft einen Vortrag über sexuelle Belästigung. Wegen so einem Unsinn mussten wir die Arbeit unterbrechen. Der Mann wusste allerdings, wovon er redete. Bei jedem fünften Columbia-Film mit Liebesszenen soll es in den vergangenen Jahren Prozesse wegen sexueller Belästigung gegeben haben. Man mag es kaum glauben.

*Wie funktionieren Dreharbeiten in Panama?*

Wir haben nur die Außenaufnahmen dort gedreht, ziemlich abenteuerlich. Es existiert keine Filmindustrie, nicht die geringste filmische Infrastruktur. Wir mussten jedes einzelne Teil mitbringen, auch die ganze Crew, es gab nur wenige einheimische Helfer. Und wenn Pierce Brosnan auf der Straße auftauchte, standen die Leute vor Begeisterung Kopf.

*John Boorman im Interview mit Margret Köhler, AZ, 25.4.2001*

## Der schöne Tag 809

***+

**Regie:** Thomas Arslan
**Darsteller:** Serpil Turhan (Deniz), Bilge Bingül (Diego), Florian Stetter (Jan), Selda Kaya (Leyla), Hafize Üner (Mutter), Hanns Zischler (Regisseur), Elke Schmitter
**Drehbuch:** Thomas Arslan
**Kamera:** Michael Wiesweg
**Musik:** Selda Kaya & shape: mod, Morton Feldman, Saul Williams
**Schnitt:** Bettina Blickwede
**Prod.:** BRD 2000; 74 Min.
Thomas Arslan, Martin Hagemann für Pickpocket/Zero/ZDF
**UA:** 12.2.2001, Forum des Jungen Films Berlin
**Verleih:** Peripher/-/-, 18.10.2001
**FSK:** o. A., ffr.

24 Stunden aus dem Leben einer jungen Frau in Berlin: Im Morgengrauen verlässt Deniz den Freund, fährt nach Hause, zur Arbeit im Filmsynchronstudio, zur Mutter mit der Wäsche, zur Schwester am Bahnhof. Dazwischen ersetzt beinahe eine neue Liebe die alte. Neue Chancen werden sichtbar und eine Frage stellt sich immer wieder: Wofür, wie soll man sich entscheiden? Arslans eleganter Film versteckt in seiner Alltagserzählung eine Theorie der Intimität, Wissenssoziologie trifft auf genaue Beobachtung, Luhmann auf eine Hauptdarstellerin, die hier mit Arslan eine Trilogie beschließt, die mit »Geschwister« und »Dealer« begonnen hat.

*Robert Weixlbaumer, tip, 21/2001*

**Kritik:** (...) Knapp 70 Minuten scheint alles stimmig zu sein, folgt der Film seinem inneren Rhythmus, spiegeln sich die Charaktere in der Kamera-

und Lichtführung. Und dann kurz vor Schluss das: Elke Schmitter unterhält sich als Sozilogiedozentin mit Deniz – und plaudert das zarte Geheimnis des Streifens aus. Unvermittelt bringt Thomas Arslan seinen Film damit auf einen moralinsauren Missionskurs: Er erklärt sich selbst, wo es keiner Erklärung bedarf: Das Leben und die Liebe sind nämlich vertrackte Angelegenheiten. Das wussten wir schon. Manchmal reicht offenbar eine einzige Szene, um den gesamten Film zu verraten. *Dirk Pilz, Zitty, 22/2001*

## Der Schrei des Schmetterlings 810

***

**Regie:** Frank Strecker
**Darsteller:** Marie Zielke (Paulina), Marek Harloff (Pablo), Hannelore Elsner (Susanne), Dietmar Schönherr (Großvater), Tito Larriva (Vater)
**Drehbuch:** Sarah Brigitte Thomsen
**Kamera:** Jürgen Jürges
**Musik:** Paul Vincent Gunia
**Schnitt:** Gisela Zick
**Prod.:** BRD 1999; 106 Min.
Elke Peters für MIRA für ZDF/Arte
**Verleih:** Freunde/-/-, Jan. 2001

(…) Die Handlung ist einfach genug: Ein leukämiekrankes Mädchen, ein von den Eltern vernachlässigter, schwer depressiver Junge, eine Liebesgeschichte, ein angeklebtes Happy End. Vor allem Marie Zielcke verhindert, dass das zum tränenreichen Rührstück wird; stattdessen kommt ein kreuzbraver öffentlich-rechtlich-deutscher Fernsehfilm heraus, souverän und unaufgeregt inszeniert, pädagogisch milde wertvoll, familientauglich, nicht zu dumm und nicht zu helle. Wer so etwas mag, der zappt dann eben nicht weg.
*Schnitt, 12/2000*

(…) Der 18-jährige Pablo will wegwerfen, wofür die gleichaltrige Paulina kämpft. Die Geschichte klingt nach einem Stoff, wie ihn Ärzteserien und TV-Movies reihenweise vernudeln. Was Strecker daraus gemacht hat, ist meilenweit entfernt von jeder Konfektionsware zum Thema Krankheit und Tod. Das liegt in erster Linie daran, dass sich sein Film konsequent auf jenen schmalen Pfad konzentriert, auf dem sich Pablo und Paulina begegnen können: die Gegenwart. Wenn man filmisch im Augenblick leben kann, dann tut es dieser Film. (…)
*Christiane Kögel, SZ, 18.5.2001*

## Schrei, wenn du kannst 811

VALENTINE

**+

**Regie:** Jamie Blanks
**Darsteller:** Denise Richards (Paige), David Boreanaz (Adam), Marley Shelton (Kate), Jessica Capshaw (Dorothy), Daniel Cosgrove (Campbell), Jessica Cauffiel (Lily), Katherine Heigl (Shelley)
**Drehbuch:** Donna Powers, Wayne Powers, Gretchen J. Berg, Aaron Harberts, nach dem Roman von Tom Savage
**Kamera:** Rick Bota
**Musik:** Don Davis
**Schnitt:** Steve Mirkovich
**Prod.-Des.:** Stephen Geaghan
**Prod.:** USA 2001; 96 Min.
Dylan Sellers für Village Roadshow/NPV/Cupid
**Verleih:** Warner/-/Warner, 19.4.2001
**Vertrieb:** Warner Video (Video, DVD)
**FBW:** Wertvoll

Ein gnadenloser Killer bringt am Valentinstag eine Reihe von Menschen um. Wie sich herausstellt, wurde er von ihnen einst als Schüler gehänselt

*Marley Shelton*

und gequält. Ein mehr als überdurchschnittlich unorigineller Slasher-Film, der sich zudem weitaus ernster nimmt als die vorangegangenen erfolgreichen Teenie-Horror-Streifen, auf deren Erfolg er mit seiner Besetzungsliste offensichtlich spekuliert. *Film, 4/2001*

**Kritik:** (...) Seine Opfer sind so blutleer, hohl und schmerzhaft blöd, dass die Möglichkeit, die verfolgten Schminkmonster könnten das Attentat überstehen, den Zuschauern eine Heidenangst einjagen kann. Was übrigens nicht heißen soll, dass der Horror-Fan sich wenigstens auf die Slasher-Szenen freuen darf. Die sind so aufregend wie ein Schuss aufs leere Tor fünf Minuten nach Abpfiff.
*tip, 8/2001*

(...) Wer ist der Mörder? Vom Handwerk und von der Spannung her, von den eingesetzten Figuren und der Ausstattung her sieht sich der Streifen gut an. Einem anderen Anspruch wird er aber nicht gerecht. Es handelt sich um einen passablen, guten Routinekrimi. Aber auch um eine Sorte, die schon in vielen Variationen da war.
*Thomas Engel,*
*Der Gildedienst, 4/2001*

## Schritte der Achtsamkeit 812

***

**Regie:** Thomas Lüchinger
**Darsteller:** Thich Nhat Hanh
**Drehbuch:** Thomas Lüchinger
**Kamera:** Thomas Lüchinger
**Musik:** Raga Purja, Jecklin Disco
**Schnitt:** Anja Bombelli
**Prod.:** Schweiz 1997; 87 Min.
Beat Curti, Thomas Lüchinger für Roses for you
**Verleih:** Arthaus/polyfilm/Columbus, Mai 1998 (CH), Mai 2001 (AU)
**FSK:** o. A., ffr.

**Kritik:** Der vietnamesische Buddhist Thich Nhat Hanh lebt seit vielen Jahren im Exil in Frankreich. Der Film dokumentiert eine Pilgerreise, die der Zenmönch mit einer Gruppe von Schülern durch Indien macht. Die Vorlesungen des Meisters, die gemeinsame Meditation, die Fahrten im Bus und die schöne Landschaft – in der beliebigen Bildauswahl erinnert das Ergebnis an ein Urlaubsvideo und auch die Auseinandersetzung mit Thich Nhat Hanh und seiner Lehre vermisst man. Immerhin einige schöne Bilder, die Lust auf Reisen und Meditation auf stillen Bergkuppen machen. *Multimedia*

## Der Schuh des Manitu 813

****

**Regie:** Michael Herbig
**Darsteller:** Michael »Bully« Herbig (Abahachi/Winnetouch), Christian Tramitz (Rancher), Sky Dumont (Santa Maria), Marie Bäumer (Uschi), Hilmi Sözer (Hombre), Rick Kavanian (Dimitri), Tim Wilde (John)
**Drehbuch:** Michael Herbig, Alfons Biedermann, Rick Kavanian, Murmel Clausen
**Kamera:** Stephan Schuh
**Musik:** Ralf Wengenmayr
**Schnitt:** Alexander Dittner
**Prod.-Des.:** Claus Kottmann
**Prod.:** BRD 2001; 85 Min.
Michael Herbig, Michael Wolf für herb X/ Pro Sieben/Seven Pic.
**Verleih:** Constantin/dto./Filmcooperative, 19.7.2001
**Vertrieb:** BMG Video (Video, DVD)
**FSK:** ab 6 J., ffr. – **FBW:** Wertvoll

**Kritik:** (...) über den Plot muss man nicht weiter nachdenken »Der Schuh des Manitu« ist eine Nummernrevue – die karge Handlung dient einzig und allein als Abschussrampe für die Gags. Das ist manchmal aber schon genug, wenn die Gags ganz gut sind – und wer bei der Vorstellung, dass irgendwann ein alternder Häuptling im Hasenkostüm über die Prärie hoppelt, keinen Schreikrampf kriegt, der wird den Charme des groben Unfugs in »Der Schuh des Manitu« bestimmt entdecken.
*Susan Vahabzadeh, SZ, 19.7.2001*

(...) Formal kann man den Kinofilm nun durchaus als gelungen betrachten: Schöne Landschaftsaufnahmen in Cinemascope und teilweise an der

Grenze zum Wahnsinn chargierende Schauspieler, besonders Sky Dumont und Marie Bäumer sieht man an, wie viel Spaß sie beim Dreh hatten. Dazu viele mehr oder weniger witzige Ideen, zusammengeklaut aus den alten Karl-May-Kamellen, bei Sergio Leone und Indiana Jones. Die eigentliche Handlung ist absolut belanglos und dient sowieso nur dazu, die Sketche miteinander zu verbinden. Allein mit dem Timing hapert es doch sehr. Lag es nun an der Fünffachbelastung von Herbig, der zwei Hauptrollen spielt, produziert, das Drehbuch geschrieben hat und nach »Erkan & Stefan« zum zweiten Mal auch noch Regie führte? Ein bisschen arg langsam und auf Fernsehdramaturgie getrimmt holpert das Lustspiel schon daher. *Zitty, 15/2001*

(...) Natürlich ist es ein skalpsträubender Blödsinn, den Herbig als Regisseur, Hauptdarsteller, Produzent und Co-Autor in seinem zweiten Film (nach »Erkan und Stefan«) anrichtet. Aber lachen muss man doch, wenn auch eher unter Niveau. Denn der hemmunglos kindische Held der Comedy-Serie »Bullyparade« entwickelt in seiner Westernparodie durchaus Sinn für Slapstick, Wortwitz und deftige Genre-Zitate. Ein richtiger Film ist zwar nicht aus der Aneinanderreihung einzelner Sketche geworden, die Gag-Dramaturgie stolpert wie der suizidale Esel, aber mit Kunstanspruch hat Herbig sowieso nichts an der Winnetou-Perücke. (...)
*Angie Dullinger, AZ, 19.7.2001*

*Michaeel ›Bully‹ Herbig und Christian Tramitz*

(...) Um es mal ketzerisch zu formulieren: Im Grunde erfüllt »Manitu« die Forderung an den deutschen Film, er möge mit dem Leben seiner Zuschauer irgendwas zu tun haben. Deutsche Komödien scheinen oft einem seltsamen Paralleluniversum zu entstammen: Menschen, die einen an niemanden erinnern, bewohnen designermöblierte Lofts, die es nicht gibt, und sprechen Texte, die auf freier Wildbahn nicht vorkommen. Das Münchnerisch, das die Indianer bei Michael Herbig sprechen, ist echt. Und die Erinnerung an ungezählte verregnete Sonntagnachmittage, an denen das Fernsehen die Republik mit Karl-May-Filmen am Leben hielt, sind den meisten Menschen eben näher als die absurde Leiche im Keller in »Kalt ist der Abendhauch« – was nur die wenigen Menschen wissen, die diesen Film gesehen haben. Und vor allem erweist Herbigs Film dem Film an sich die Ehre: Man muss das Kino schon wirklich lieben, um es auf die Schippe nehmen zu können.
*Susan Vahabzadeh, SZ, 11.8.2001*

(...) Das Mittelmaß der Erklärungen ist es, das vor dem Bully-Wahn kapituliert, und wer zu lange auf die vermeintlichen Symptome schaut, der steckt sich am Ende selbst bei ihnen an. »Manitus« Erfolg ist noch nicht einmal ein schwarzes Loch, nur ein krudes Faktum mit begrenztem Erkenntniswert für den Stand der abendländischen Kultur. Freuen wir uns lieber auf die nächste Wiederkehr der 60er-Jahre im deutschen Kino: »Heinz Schenk und der Bembel des Todes«. *Peter Körte, FAZ, 25.10.2001*

*Sky Dumont als das ›Böse‹ mit Michael ›Bully‹ Herbig und Christian Tramitz am Marterpfahl*

So konstruiert »Der Schuh des Manitu«, ob das nun intendiert ist oder nicht, so sehr eine »Deutschheit«, wie »Amélie« eine »Französischkeit« konstruiert. Statt sich, wie in der traditionellen »nationalen Komödie« einerseits über »Nationaleigenschaften« lustig zu machen und andererseits nationale Wunschstereotypen (nicht selten: inklusive Feindbilder) zu bedienen, nehmen diese Filme den Umweg über vorgeprägte Traumwelten und konstruieren sich dabei selbst als Gegenbild zu den unbewohnbar gewordenen Traumwelten Hollywood und Fernsehprogramm. Sie akzeptieren, anders als der traditionelle »Heimatfilm«, dass es Deutschland oder Frankreich nicht mehr gibt, aber deutsche oder französische Träume. Insofern ist das Leichtbayerische in »Manitu« auch kein Mittel der Verfremdung, sondern im Gegenteil eines der Intimisierung. Der nationale »Überraschungserfolg« im Kino unserer Tage ist ein generationsübergreifendes Sampling synthetischer Bilder des komisch zerfallenden und beständig rekonstruierten Glücks. Warum nicht, wenn's uns dann besser geht?

*Georg Seeßlen,*
*epd-Film, 1.10.2001*

**Interview:** *Funktioniert der bayerische Humor des Films auch außerhalb Bayerns?*

Ja. In Dresden sind die Leute bei der Premiere des Films komplett ausgerastet, viel mehr als in München. Vielleicht, weil Karl May aus der Gegend ist. Oftmals wirkt Dialekt viel authentischer als eine deutsche Synchronfassung. Die Amerikaner sind beim Verwenden von Dilekten hemmungsloser. Man erzeugt mit Dialekt eine viel größere Originalität, man kann Dinge wesentlich stimmiger, genauer und auch feinfühliger ausdrücken als im Hochdeutschen.

*Woher kam die Idee, einen Western zu machen?*

Dieser Traum steckt, glaube ich, in dem drin. Ich habe das bei allen Schauspielern festgestellt: Sobald die ihre Klamotten anhatten und die Pistolen umgeschnallt, ging's los. Jeder hat seinen Cowboy-Blick aufgesetzt und mit der Knarre herumhantiert – ich glaube, die Leute haben mehr mit den Pistolen geübt als ihre Texte gelernt. Wenn du um dich herum nur Indianer siehst, benimmst du dich automatisch auch wie einer.

*Christian Tramitz im Interview mit Claudia Fischer, SZ, 2.8.2001*

## Schuhe aus Amerika 814

□

TV

**Regie:** Arkadiy Yakhnis
**Darsteller:** Ramaz Chkhikvadze (Isaac), Viktoria Malektorovich (Helena), Taras Denisenko (David), Viktoria Avdeenko (Zigeunerin), Lyudmila Pogorelova (Wanda), Nina Sharalapova (Lapchica), Valeriya Malaya (Verochka)
**Drehbuch:** Arkadiy Yakhnis, Swetlana Wassilenko, Dinara Seidova, Gennadi Ostrowski
**Prod.:** BRD/Ukraine 2001; 87 Min.
**TV:** 26.9.2001, Arte, 0.40, OmU

Der Zweite Weltkrieg ist zu Ende. In einem ukrainischen Dorf ist der alte Isaac der einzige Jude, der die Besatzung der Deutschen überlebt hat. (...) Isaac hat die fixe Idee, auf den Messias zu warten, der seine Familie wieder zum Leben erwecken soll. (...)

*Pressetext*

## Die Schuld 815

DLUG

****

TV

**Regie:** Krzysztof Krauze
**Darsteller:** Robert Gonera (Adam), Joanna Szurmiej (Basia), Agnieszka Warchulska (Jola), Jacek Borcuch (Stefan), Andrzej Chyra (Gerard), Cezary Kosinski, Joanna Kurowska
**Drehbuch:** Krzysztof Krauze, Jerzy Morwaski
**Kamera:** Bartek Prokopowicz
**Musik:** Michal Urbaniak
**Schnitt:** Krzysztof Szpetmánski
**Prod.-Des.:** Magdalena Dipont
**Prod.:** Polen 1999; 102 Min.
Juliusz Machulski, Jack Bromski für Studio Filmowe »Zebra«/Canal+ Polska/ITI Cinema/Agencja Produkcji Filmowej Komitetu Kinematografii
**EA:** 18.2.2000, Int. Filmfestspiele Berlin, »Panorama«
**TV:** 22.11.2201, BR, 21.45

Zwei junge Polen, die ein Geschäft für Motorroller gründen wollen, werden von der Mafia erpresst. Um sich zu verteidigen, müssen sie schließlich selber zu illegalen Mitteln greifen.

## Schuldig – Ein mörderischer Auftrag 816

THE GUILTY

***

Video

**Regie:** Anthony Waller
**Darsteller:** Bill Pullman (Callum Crane), Gabrielle Anwar (Sophie Lennon), Devon Sawa (Nathan Corrigan), Angela Featherstone (Tanya Duncan), Joanne Whalley (Nathalie Crane), Ken Tremblett (Brent Frazer), Jaimz Woolvett (Leo)
**Drehbuch:** William Davies, nach dem Buch »The Guilty« von Simon Burke
**Kamera:** Tobias Schliessler
**Musik:** Debbie Wiseman
**Schnitt:** Alison Grace
**Prod.-Des.:** Douglas Higgins
**Prod.:** GB/Kanada/USA 1999; 107 Min.
Lisa Richardson, Thomas Hedman für J&M/Dogwood mit Muse Ent. Enterprises
**Vertrieb:** BMG Video, 20.2.2001
**FSK:** ab 16 J.

Nach der Vergewaltigung seiner Sekretärin heuert Bundesrichter Crane einen Killer für sie an. Doch der entpuppt sich als sein eigener Sohn. Halbwegs spannender Thriller, der vor allem mit seiner Top-Besetzung punktet.

## Der Schuss 817

****+

TV

**Regie:** Nikolaus Leytner
**Darsteller:** Lisa Martinek (Rita Bluhm), Felix Eitner (Martin Sabarski), Tim Wilde (Bruno Hellweg), Meriam Abbas (Cora Hellweg), Sandra Cervik (Johanna Wenig), Dominique Horwitz (Robert Oswald), Corinna Kirchhoff (Dr. Agnes Lenz)
**Drehbuch:** Nikolaus Leytner
**Kamera:** Hermann Dunzendorfer
**Musik:** Jörg Lemberg

**Prod.-Des.:** Katharina Wöppermann
**Prod.:** BRD 2001; 88 Min.
Nico Hofmann für teamWorx für Arte/ZDF
**TV:** 26.11.2001, ZDF, 20.15

(…) Polizist Sabarski sieht seinen Freund sterben, den ein Gangster abgeknallt hat. Den zweiten Gangster, der sich ergibt, schießt er in einem Reflex nieder. Aus der Situation zu verstehen – aber das durfte er eben nicht. Und seine Freundin Rita, Polizistin wie er, hat es gesehen. (…) Die Vorgesetzten, nach Presse-Anwürfen gegen »Killer-Cops« ums Polizeiimage besorgt, vertuschen die Details, isolieren das Paar und setzen es unter massiven Solidaritätsdruck. (…) Als Rita den Druck nicht aushält und die Wahrheit sagt, sind Beziehung, Beruf und Zukunft im Eimer. Auge zudrücken oder kompromisslose Aufklärung? Ein leiser, intensiver Innen-Aufruhr.

*Ponkie, AZ, 28.11.2001*

## Schutzengel gesucht 818

***
TV

**Regie:** Miguel Alexandre
**Darsteller:** Bernadette Heerwagen (Tina), Armin Rohde (Eddie), Bettina Kupfer (Anna), Gisela Trowe (alte Dame), Woody Mues (kleiner Junge)
**Drehbuch:** Ben Taylor
**Kamera:** Jörg Widmer
**Musik:** Dominic Roth
**Schnitt:** Dagmar Pohle
**Prod.-Des.:** Andreas Lupp
**Prod.:** BRD 2001; 89 Min.
Susan Schulte für Letterbox für Arte/SWR
**UA:** 5.7.2001, Filmfest München
**TV:** 12.12.2001, ARD, 20.15

Eine ungewöhnliche Geschichte zwischen Traum und Wirklichkeit. Das Mauerblümchen Anna arbeitet am Flughafen als Servicekraft. Statt in ihr Traumland Afrika zu fliegen, verkauft sie tagein, tagaus nur belegte Brötchen. Ihre einzige Abwechslung ist eine alte Dame, die Anna von ihren Reisen erzählt und davon, dass jeder seinen persönlichen Schutzengel habe. (…) *Katalog Filmfest München*

**Kritik:** (…) Es ist eine rührende Liebesgeschichte, die Miguel Alexandre und Ben Taylor erzählt haben, ein weihnachtliches Mutmacher-Märchen vom Zauber der kleinen Dinge, tragikomisch und voller schöner Details. Nur gegen Ende, als die Lage kippte und Eddie einen Schutzengel brauchte, verlor die Geschichte an Spannkraft. Schlimm war das nicht, denn was den Film so adventlich herzerweichend machte, sind seine beiden Hauptdarsteller: die präzise Bettina Kupfer und der wunderbare Armin Rohde – zwei Lebensretter des deutschen Fernsehens, das öfters solche Schutzengel bräuchte.

*Christine Dössel, SZ, 13.12.2001*

## Der Schwan mit der Trompete 819

THE TRUMPET OF THE SWAN ***

**Regie:** Richard Rich, Terry L. Noss
**Darsteller:** Originalstimmen und ihre Charaktere: Jason Alexander (Vater), Mary Steenburgen (Mutter), Reese Witherspoon (Serena), Seth Green (Royd), Carol Burnett (Frau Hammerbotham), Joe Mantegna (Monty), Sam Gifaldi (Sam Beever)
**Drehbuch:** Judy Rothman Rofe, nach dem Buch von E. B. White
**Kamera:** Brian McSweeney (Computeranimation und Effekte)
**Musik:** Marcus Miller
**Schnitt:** Joseph L. Campana, James D. Koford
**Prod.:** USA 2001; 78 Min.
Lin Oliver; Richard Rich, Thomas J. Tobin, Terry L. Noss (Co-Prod.) für Rich-Crest Prod.
**UA:** 14.6.2001
**Verleih:** Columbia TriStar/-/-
**Vertrieb:** Columbia TriStar Video (Video, DVD)
**FSK:** o. A., ffr.

Der junge Trompeterschwan Louie wurde stumm geboren, was ihn vor allem beim Werben um das hübsche Schwanenmädchen Serena erheblich behindert. Mithilfe einer Trompete, die sein Vater für ihn entwendet hat, entwickelt sich Louie schließlich zu einem großen Jazzstar in Boston und kann mit seiner blechernen Ersatzstimme auch Serenas Herz gewinnen. Klingt nach Kitsch, und genauso wird

es von den Regisseuren Rich und Noss – die ihr Handwerk einst bei Disney erlernten und in den letzten Jahren vornehmlich Animationsserien für das Fernsehen gestalteten – auch präsentiert: in grellen Bonbonfarben, ohne viel Witz und mit Songs, die insbesondere in der deutschen Fassung vor Schmalz nur so triefen.
*tip, 12/2001*

**Kritik:** (...) Getreu der Tradition des amerikanischen Animationsfilms ist auch »Der Schwan mit der Trompete« ein harmoniesüchtiges Märchen, in dem das einzige, die Idylle zerstörende Problem happyendlich und zu aller Glück und Zufriedenheit gelöst wird. Nicht unbedingt ganz so wie im wirklichen Leben. *Frauke Hanck, Rheinische Post, 14.6.2001*

## Das schwangere Mädchen 820

□
TV

**Regie:** Bettina Woernle
**Darsteller:** Anna Brüggemann (Donna Huse), Ken Duken (Jens), Ulrich Pleitgen (Peter Huse), Hildegard Kuhlenberg (Monika Huse), Clelia Sarto (Sandra), Marita Breuer (Dr. Ursula Conrad), Stefan Gebelhoff (Robert Lechner)
**Drehbuch:** Klaus-Peter Wolf, Christine Hartmann, nach dem Roman »Donnas Baby« von Klaus-Peter Wolf
**Prod.:** BRD 2000; 93 Min.
Cologne Gemini für RTL
**TV:** 3.1.2001, RTL, 20.15

Kurz vor dem Abi wird die 18-jährige Donna schwanger. Und das ausgerechnet von einem Automechaniker – Donnas Eltern sind schockiert. Als Donna ein angeblich harmloses Kreislaufmittel schluckt, gerät nicht nur ihr Baby in Gefahr. *SZ TV-Beilage*

## Die schwarze Tafel 821

TAKHTE SIAH ****+

**Regie:** Samira Makhmalbaf
**Darsteller:** Bahman Ghobadi (Reeboir), Said Mohamadi (Said), Behnaz Jafari (Halaleh)
**Drehbuch:** Samira Makhmalbaf, Mohsen Makhmalbaf
**Kamera:** Ebrahim Ghafori
**Musik:** Mohamad Reza Darvishi
**Schnitt:** Mohsen Makhmalbaf
**Prod.:** Iran/Italien 2000; 85 Min.
Mohsen Makhmalbaf, Marco Müller für Makhmalbaf Film House/Fabrica Cinema mit Raicinema/T-Mark
**UA:** 11.5.2000, Int. Filmfestspiele Cannes 2000
**EA:** 30.6.2000, Filmfest München
**Verleih:** Arthaus/-/Frenetic, Juni 2001 (CH)

Zwei fahrende Lehrer irren auf der Suche nach Schülern durch das Gebirge im iranisch-irakischen Grenzland. Der eine schließt sich einer Gruppe von alten Männern und einer jungen Frau an, der andere begleitet Kinder, die als Schmuggler ihren dürftigen Lebensunterhalt verdienen. Ein dokumentarisch gestalteter, karger Film über vertriebenes, entwurzeltes und sprachloses Leben, in dem das Lernen zum unerreichbaren Luxus geworden ist und eine Wandtafel zu vielem dient – nur nicht zum Unterrichten.
*Film, 6/2001*

**Kritik:** (...) Die Kamera wartet geduldig, bis sie näher kommen. Und schon hat man Zeit, darüber nachzudenken, warum diese Einstellung zwar schön und richtig aussieht, aber trotzdem auch enttäuschend ist. Denn dies ist ein iranischer Film: »Takhté Siah« von Samira Makhmalbaf.
Jene unter uns, die schon einmal einen iranischen Film gesehen haben, wissen dies: Einsame Straßen in karstigen Landschaften sind dort praktisch Pflicht. Und wenn dann etwas passiert, wirkt es meistens leicht surreal, hat aber tiefen Symbolgehalt. Diese Männer hier zum Beispiel sind Kurden auf der Flucht, heimatlose Lehrer auf der Suche nach neuen Schülern. Sie tragen die Last der Zivilisation auf ihren Schultern. Und sie dürfen diese Last, auch wenn sie später von Soldaten beschossen werden, nicht ablegen. Und dagegen ist nun wirklich nichts zu sagen, außer eben dies: »Takhté Siah« ist der zweite Film einer gerade mal 20-jährigen irani-

schen Regisseurin, und trotzdem ist nichts daran überraschend. Erwartungen, die exakt erfüllt werden – so etwas braucht ein Festival eigentlich am allerwenigsten.

*Tobias Kniebe, SZ, 13.5.2000*

## Schwimmer in der Wüste 822

***+

**Regie:** Kurt Mayer
**Darsteller:** Kurt Mayer, Elisabeth Zauninger, Gustav Mayer, Maria Mayer, László Almásy
**Drehbuch:** Martina Theininger
**Kamera:** Helmut Wimmer, Kurt Mayer
**Musik:** Rupert Huber
**Schnitt:** Charlotte Müllner
**Prod.:** Österreich 2001; 104 Min. Dieter Pochlatko für Epo-Film/ Kurt Mayer Film
**Verleih:** -/Filmladen/-, Mai 2001

Auf den Spuren seines Vaters und auf der Suche nach den Träumen seiner Jugend begibt sich Kurt Mayer nach Afrika, dorthin, wo sein Vater 1929 László Almásy (der eine Hauptfigur in dem Film »Der englische Patient« war) filmte. Der Dokumentarfilmer folgt der Faszination, die dessen Abenteuer auf ihn ausüben: Wüstenfahrer und Spione, mit denen Almásy Kontakt hatte, werden aufgesucht, Flugversuche mit seinem kleinen Wüsten-Segelflugzeug angestellt, in seinem Nachlass geforscht. Die komplexe Verflechtung der Suche nach sich selbst, seiner Familiengeschichte und nach Almásy beschreibt Mayer in unaufdringlichen Metaphern und Bildern ohne Eile. *Multimedia*

## Schwindelnde Höhen 823

***
TV

**Regie:** Jobst Oetzmann
**Darsteller:** Ulrike Kriener (Dr. Marie Steinhard), Roman Knizka (Ben Neubauer), Rudolf Kowalski (Rochus Steinhard), Nikolaus Paryla (Arnold), Dirk Mühlbach (Schuller)
**Drehbuch:** Dorothee Schön
**Kamera:** Jürgen Schnell
**Musik:** Dieter Schleip
**Schnitt:** Roswitha Gnädig
**Prod.-Des.:** Anette Ganders
**Prod.:** BRD 2000; 90 Min. Ulrich Herrmann für SWR
**UA:** 6.7.2001, Filmfest München
**TV:** 20.7.2001, Arte, 20.45

Während der Renovierungsarbeiten am Regensburger Dom verliebt sich die seit 20 Jahren glücklich verheiratete verantwortliche Dombaumeisterin widerwillig in einen jungen, hoch talentierten Steinmetz. Ohne jeglichen Ausbildungsnachweis soll er im Auftrag des Bischofs ein Porträt von ihr anfertigen. Klischeebeladener Versuch, eine ungewöhnliche Liebesgeschichte subtil zu erzählen.

*Uli Buchner*

**Kritik:** (…) Doch das Poetische hinter den Bildern fehlt diesem Spielfilm. Es gibt keine Einstellung, die nicht bedeutsam, kein Dialog, der nicht mit Sinn überfrachtet ist – alles ist wichtig und richtig. Die Zuschauer sollen die Handlung begreifen und deshalb muss die zugrunde liegende Idee unablässig ausgesprochen und gezeigt werden: »Wir leben doch jetzt!«, sagt der Steinmetz. (…) *Uta-Maria Heim, Der Tagesspiegel, 21.7.2001*

*Roman Kniszka und Ulrike Kriener*

## The Score 824
THE SCORE ****

**Regie:** Frank Oz
**Darsteller:** Robert de Niro (Nick), Edward Norton (Jack/Brian), Marlon Brando (Max), Angela Bassett (Diane), Gary Farmer (Burt), Paul Soles (Danny), Jamie Harrold (Steven)
**Drehbuch:** Kario Salem, Lem Dobbs, Scott Marshall Smith, nach einer Story von Daniel E. Taylor, Kario Salem
**Kamera:** Rob Hahn, Bud Davis (2nd unit)
**Musik:** Howard Shore; Budd Carr (Musikproduzent)
**Schnitt:** Richard Pearson
**Prod.-Des.:** Jackson de Govia
**Prod.:** USA 2001; 124 Min.
Gary Foster, Lee Rich für Mandalay/ CP Medien/Horsehoe Bay
**Verleih:** Constantin/-/-, 9.8.2001
**Vertrieb:** BMG Video (Video, DVD)
**FSK:** ab 12 J., ffr.
**FBW:** Besonders wertvoll

Nach Jahrzehnten erfolgreicher Arbeit will ein in die Jahre gekommener Einbrecher noch einen großen Coup durchführen und dann endgültig aufhören. Über weite Strecken des Films wird detailliert die Planung und Vorbereitung des immer riskanter werdenden Einbruchs geschildert. Die für einen Film dieses Genres ungewöhnlich ruhigen und geradezu lyrisch ausgeleuchteten Bilder aus der Welt der Gentlemanverbrecher und die Lust an technischen Details zeichnen den Film aus, sind aber leider in einen Plot eingeordnet, der oft wenig überraschenden Erzählkonventionen folgt.

*Cai Mosich, Multimedia (Die Furche), 9.8.2001*

**Kritik:** (...) Pragmatisch und unaufdringlich folgt »The Score« der bewährten Dramaturgie des Genres, das Publikum immer nur zur Hälfte einzuweihen und damit Suspense ebenso wie Verblüffung redlich vorzubereiten: ein Spiel mit verdeckten Karten und der Verlässlichkeit des Unvorhergesehenen, das am Tatort wie am Drehort Improvisationstalent erfordert. Frank Oz, der hier als Komödienspezialist auch eine schwer kalkulierbare Variable ist, inszeniert mit sympathisch verhaltenem Gestus. Und er ist klug genug, sich der langsam ansteigenden Spannungskurve des Drehbuchs anzuvertrauen, das in einer atemraubenden Einbruchssequenz kulminiert. (...)

*Gerhard Midding, Berliner Zeitung, 9.8.2001*

(...) Es ist kein Zufall, dass der Soundtrack von »The Score« im Wesentlichen aus klassischem Jazz besteht: Oz' Film ist ein im besten Sinne altmodisches Vergnügen. Hier lassen sich keine Szenen für MTV-Clips abtrennen, Computer wurden bei der Entstehung hauptsächlich dazu benutzt, das Drehbuch zu bearbeiten und die Buchhaltung zu führen, und de Niro sowie vor allem Norton erweisen sich einmal mehr als Schauspieler, die auf Subtilität setzen und sich nicht mit billigen Knalleffekten profilieren mögen. »The Score« ist ein Film, der sich auf eine alte, scheinbar schon fast vergessene Tugend besinnt: Er erzählt eine Geschichte.

*Gernot Griksch, Rheinischer Merkur – Christ und Welt, 2.8.2001*

(...) Wie da ein Plan konzentriert umgesetzt wird, wie da ein Rädchen ins andere greift, das müsste verständlich präsentiert werden, das müsste zu sehen sein! Aber hier wird man nie richtig ins Bild gesetzt; hier wird äußerste Konzentration einfach nur behauptet. Und deshalb hat man diesen Film, wenn er sich in ein seltsam müdes Ende flüchtet, auch fast schon vergessen. Bloß ein paar Szenen mit Marlon Brando bleiben in Erinnerung. Szenen, in denen Brando sich einfach weigert, in Frank Oz' Film mitzuspielen und lieber irgendwas anderes macht.

*Rupert Koppold, Rheinische Post, 10.8.2001*

(...) In ein merkwürdiges Exil führt dieser an Originalschauplätzen in Montreal gedrehte Film. Dort, wohin Hollywood inzwischen so gern seine

*Edward Norton und Robert de Niro*

Produktionen auslagert, ohne freilich den Schauplatz kenntlich zu machen, sucht der mit deutschem Geld realisierte Film nach einem Kino, das es eigentlich gar nicht mehr gibt. Das alte Riffifi-Genre, das »caper movie«, war in den 60er-Jahren überaus beliebt für europäisch-amerikanische Großproduktionen. Es passte gut zum Jazz, den man damals hörte, zu Dave Brubeck oder zum Modern-Jazz-Quartett, ein musikalisches Ambiente, das auch Frank Oz seinem Film unterlegt.
Heute scheinen so viel Konzentration und Knifflichkeit nicht unbedingt zeitgemäß, aber auch davon handelt dieser Film: von der Unmöglichkeit, sein Zepter in würdige Hände zu übergeben.

*Daniel Kothenschulte, FR, 10.8.2001*

## Scream of the Mummy 825

ANCIENT EVIL: SCREAM OF THE MUMMY *

Video

**Regie:** David DeCoteau
**Darsteller:** Jeff Peterson (Don), Trent Latta (Norman), Ariauna Albright (Stacey), Michelle Nordin (Janine), Russell Richardson (Arlando), Brenda Blondell (Prof. Cyphers), Michael Lutz (Morris)
**Drehbuch:** Matthew Jason Walsh
**Kamera:** Howard Wexler
**Musik:** Jared DePasquale
**Schnitt:** Harry James Picardi
**Prod.-Des.:** Mark A. Thomson
**Prod.:** USA 2000; 82 Min.
David DeCoteau, Sam Irvin, David Silberg; Michael Catalano (Co-Prod.) für Rapid Heart Pic.
**Vertrieb:** Highlight Video, 16.8.2001
**FSK:** ab 16 J.

Azteken-Mumie wird von verblendetem Wissenschaftler zum Leben erweckt und fängt das muntere Morden an. Inakzeptables Trittbrettfahrer-Produkt des doppelten »Mumie«-Erfolgs.

## Screw Loose 826

SVITATI *

Video

**Regie:** Ezio Greggio
**Darsteller:** Ezio Greggio (Bernardo Puccini), Mel Brooks (Jake Gordon), Julie Condra Douglas (Dr. Barbara Collier), Gianfranco Barra (Guido Puccini), John Carlsen (Dr. Caputo), Randi Ingerman (Sofia)
**Drehbuch:** Rudy de Luca, Steve Haberman
**Kamera:** Luca Robecchi
**Musik:** Umberto Smalia, Silvio Amato
**Schnitt:** Gib Jaffe
**Prod.:** Italien/USA 1999; 85 Min.
Ezio Greggio, Whitney Robert Hunter für Wolf Pic.
**Vertrieb:** Columbia TriStar Video, 10.7.2001
**FSK:** ab 6 J.

Nach solchen »Brüllern« wie »Das Schweigen der Hammel« und »Die römische Kanone« gelang es dem Grobhumoristen Greggio diesmal, sein (unerreichtes!) Vorbild Mel Brooks vor seine Kamera zu komplimentieren. Bescheuert schon die Story: Taugenichtssohn fahndet in den USA nach Ex-GI, der seinem inzwischen todkranken Vater einst das

Leben rettete – und findet einen Geistesgestörten vor. Letzterer wäre das ideale Publikum für diesen Slapstick-Quatsch.

## The Sea Wolf 827
THE SEA WOLF **
Video

**Regie:** Gary McDonald
**Darsteller:** Stacy Keach (Kapitän Wolf Larson), Jaason Simmons (Humphrey van Weyden), Stephen Davies (Cookye), Alejandra Cruz (Maria), Rick Dean (Leach), Kenneth Cortland (Nilson), Dom Magwilli (Conquo)
**Drehbuch:** Gerald Thompson, nach dem gleichn. Roman von Jack London
**Kamera:** Andrea Rossotto
**Musik:** Roger Neill
**Schnitt:** Eric Jenkins
**Prod.:** USA 1997; 90 Min.
Frances Doel für The Pacific Trust
**Vertrieb:** Highlight Video, Juni 2001
**FSK:** ab 18 J.

Von Umweltschützern ins Meer getriebener Gutmensch wird von unwirschem Seebären aufgefischt und aufgemischt. Armer Jack London! Aus deinem Roman wurde ein von Brutalismen strotzendes Action-Abenteuer ohne Biss und Spannung.

## Second Chance – Alles wird gut 828
THE CREW ***

**Regie:** Michael Dinner
**Darsteller:** Richard Dreyfuss (Bobby Bartellemeo), Burt Reynolds (Joey »Bats« Pistella), Dan Hedaya (Mike »The Brick« Donatelli), Seymour Cassel (Tony »Mouth« Donato), Carrie-Anne Moss (Olivia Neal), Jennifer Tilly (Ferris »Aka Maureen« Lowenstein), Lainie Kazan (Pepper Lowenstein)
**Drehbuch:** Barry Fanaro
**Kamera:** Juan Ruiz Anchia
**Musik:** Steve Bartek
**Schnitt:** Nicholas C. Smith
**Prod.-Des.:** Peter S. Larkin
**Prod.:** Australien 2000; 87 Min.
Barry Josephson, Barry Sonnenfeld; Zane Weiner (Co-Prod.) für George Litto/Sonnenfeld Josephson Worldwide/Touchstone
**Verleih:** Kinopolis/-/-, 15.11.2001
**FSK:** ab 12 J., ffr.

Ihre Glanzzeiten liegen längst hinter ihnen. Doch noch einmal müssen die gealterten Ganoven Richard Dreyfuss, Burt Reynolds, Seymour Cassel und Dan Hedaya ihre kriminellen Energien reaktivieren, um den Rauswurf aus ihrem Hotel zu verhindern. Leichenraub, Entführung und Brandstiftung als Reha. Den Abenteuern dieser vier »Space-Cowboys« mit Bodenhaftung gebricht es zwar mitunter an Schwung, dennoch bietet das Drehbuch genug Anlass für pfiffige Genreparodien und Selbstironie.

*Gerhard Midding, tip, 23/2001*

## Second Skin – Mörderisches Puzzle 829
SECOND SKIN **
Video

**Regie:** Darrell James Roodt
**Darsteller:** Natasha Henstridge (Crystal Ball), Angus MacFayden (Sam Kane), Peter Fonda (Merv Gutman), Liam Waite (Tomy G), Norman Anstey (Hawthorne), Andre Jacobs (Harvey)
**Prod.:** Kanada/Südafrika/GB 2000; 87 Min.
Jeffrey Morton, David Wicht für Alliance Atlantis/Fiction/Film Afrika/Le Monde Ent.
**Vertrieb:** Sunfilm, 16.10.2001
**FSK:** ab 16 J.

Auf dem Weg zum Ziel verliert Auftragskillerin ihr Gedächtnis und wird von ihrem potenziellen Opfer gesund gepflegt. Nicht eben vor Originalität strotzender Mafia-Thriller, der wohl nur Henstridge-Fans entzücken dürfte.

## Secret Society 830
***

**Regie:** Imogen Kimmel
**Darsteller:** Charlotte Brittain (Daisy/»Great White Jellyfish«), Lee Ross (Ken), Annette Badland (Marlene »Priestress of Elements«), James Hooton (Billy), Lisa Riley (Beth Trailer), Charles Dale (Paul), Rachel Smith (Sue)
**Drehbuch:** Catriona McGowan, Imogen Kimmel, nach einer Idee von Catriona McGowan
**Kamera:** Glynn Speeckaert
**Musik:** Paul Heard
**Schnitt:** Katharina Schmidt
**Prod.-Des.:** Eddy Andres
**Prod.:** BRD/England 2000; 92 Min.

Vesna Jovanoska, David Pupkewitz, Erwin C. Dietrich für ena/Focus Films mit Ascot/CLT-UFA/Isle of Man Film Commission/IAC/WDR/Arte
**UA:** Int. Filmtage Hof 2000
**Verleih:** Moviemet/-/-, 20.12.2001

Was passiert, wenn ein Mann sich zu viel mit Science-Fiction und Ufos beschäftigt und plötzlich über Sumo-Ringerinnen beim geheimen Training stolpert? Und dann auch noch die eigene Frau mitten unter den seltsam kostümierten Kreaturen entdeckt? Die liebenswerte Komödie im Stil des New British Cinema über Kleinstadtexzentriker und dicke Frauen weiß wohl die Würde ihrer Charaktere zu wahren, doch die deutsche Fassung verliert einigen Charme durch die lausige Synchronisation. *tip, 26/2001*

**Kritik:** (…) eine ganze Reihe skurriler Einfälle sowie eine lebendige, souverän gestaltete Optik runden dieses muntere Panoptikum mit Tiefgang zu einer Komödie ab, der man es wünscht, nicht zwischen Harry Potter und dem Herrn der Ringe zermalmt zu werden.
*W. O. P. Kistner, AZ, 20.12.2001*

(..) Der in Englisch gedrehte Film porträtiert liebevoll seine Protagonistin und deren Suche nach Anerkennung. Allerdings muten einen die Science-Fiction-Fantasien von Ken über die Machenschaften seiner Frau etwas konstruiert an. Ein liebevoller Low-Budget-Film mit Sinn für schrägen Humor und einem richtig spannenden Finale. *Martin Schwarz, Zitty, 26/2001*

## Sehnsucht und Erinnerung 831
MEMORY AND DESIRE □
TV

**Regie:** Niki Caro
**Darsteller:** Yuri Kinugawa (Sayo), Eugene Nomura (Keiji), Yoko Narahashi (Mrs. Nakajima), Joel Tobeck (Nod)
**Drehbuch:** Niki Caro, nach der Kurzgeschichte von Peter Wells
**Kamera:** Dion Beebe
**Musik:** Peter Scholes
**Prod.:** Neuseeland 1997; 85 Min.
**TV:** 12.2.2001, ARD, 0.20

Der erfolgreiche Angestellte Keiji verliebt sich in die etwas ältere Sekretärin Sayo. Um dem Druck seiner standesbewussten Mutter Nakajima zu entfliehen, heiratet das Paar heimlich in Neuseeland. Sie genießen ihre glückliche Zweisamkeit, aber dann verunglückt er tödlich beim Surfen. In Japan wird Sayo von Mrs. Nakajima mit Verachtung empfangen. Verzweifelt reist sie erneut nach Neuseeland, um dem Geist des Geliebten am einsamen Strand nahe zu sein.
*Pressetext*

## Sein letzter Coup 832
THE OPPORTUNISTS ***
Video

**Regie:** Myles O'Connell
**Darsteller:** Christopher Walken (Victor Kelly), Peter McDonald (Michael Lawler), Cindy Lauper (Sally Mahon), Vera Farmiga (Miriam Kelly), Donal Logue (Pat Duffy), Jose Zuniga, Anne Pitoniak
**Drehbuch:** Myles Connell
**Kamera:** Teodoro Maniaci
**Musik:** Kurt Hoffmann
**Schnitt:** Andy Keir
**Prod.-Des.:** Debbie DeVilla
**Prod.:** USA/GB 2000; 89 Min.
John Lyons, Tim Perell für Eureka mit Kalkaska Films/Clinica Estetico
**UA:** 2.7.2000, Sundance Filmfestival, »American Spectrum«
**EA:** 24.6.2000, Filmfest München
**Vertrieb:** VCL Video, 24.4.2001
**FSK:** ab 16 J.

Ein finales Ding will Safeknacker Victor noch drehen, um von seinen astronomischen Schulden herunterzukommen. Erfrischend anders als die übliche Dutzendware: stimmiges Milieu, Spitzen-Schauspieler – allen voran Christopher Walken! – und eine leidlich originelle Story.

**Kritik:** (…) Schließlich wollte man Christopher Walken schon immer einmal als Mann des täglichen Lebens sehen, als erfolglosen Automechaniker zum Beispiel, mit Tante im Altersheim, zu hohen Schulden und diversen wirren Freunden, die ihn zu Dummheiten überreden, ihn betrügen, verraten und doch nicht ganz im Stich lassen. Eine kleine Spielerei mit dem Genrekino ist Myles O'Connells »The Opportunists«, ein bisschen Neo-Noir, ein bisschen White-Trash-Märchen, nahe an der Realität der heißen, heruntergekommenen Vorstädte, in denen sich noch immer das eine oder andere Geheimnis verbirgt.

*SZ, 25.6.2000*

## Seitensprung in Manhattan 833
THE DAYTRIPPERS □

**Regie:** Greg Mottola
**Darsteller:** Hope Davis (Eliza D'Amico), Pat McNamara (Jim Malone), Anne Meara (Rita Malone), Parker Posey (Jo Malone), Liev Schreiber (Carl), Stanley Tucci (Louis D'Amico), Campbell Scott (Eddie)
**Drehbuch:** Greg Mottola
**Kamera:** John Inwood
**Schnitt:** Anne McCabe
**Prod.-Des.:** Bonnie J. Brinkley
**Prod.:** USA 1996; 88 Min.
Nancy Tenenbaum, Steven Soderbergh
**UA:** South by Southwest Film Festival Austin 1996
**EA:** Filmfest München 1997
**Verleih:** MFA/-/-

Beim Aufräumen findet Eliza einen Brief, der wie ein Liebesbrief an ihren Mann Louis aussieht. In ihrem Entsetzen fährt sie zu ihren Eltern und ihrer Schwester Joe und berät sich. Schließlich überzeugt die Mutter ihre Tochter davon, sofort nach New York City zu fahren, wo Louis arbeitet, um ihn mit dem Brief zu konfrontieren. Alle fünf steigen in den Familienkombi und fahren nach Manhattan …

## Septembersturm 834
EYLÜL FIRTINASI ****

**Regie:** Atif Yilmaz
**Darsteller:** Tarik Akan (Hüseylin Efe), Zara (Ayten), Kutay Özcan (Metin), Deniz Türkali, Hazim Körmükcü, Oktay Sözbir
**Drehbuch:** Gaxe Boralioglu, nach dem Roman »Eylül Firtinasi« von Habib Bektas
**Kamera:** Erdal Kahraman
**Musik:** Tamer Ciray
**Schnitt:** Mevlüt Kocak
**Prod.:** Türkei 2000; 100 Min.
Atif Yilmaz, Iskender Ulus für Delta/ Ulus Müzik
**Verleih:** InterForum, OmU/-/-, 1.3.2001

In der Folge des türkischen Militärputsches von 1980 werden die Eltern des kleinen Metin als Kommunisten verdächtigt und verhaftet. Großvater Efe nimmt den Enkel zu sich, bemüht, inmitten der Atmosphäre militärischer Willkür den familiären Zusammenhalt zu sichern. Unsentimental und genau erfasst Yilmaz die gesellschaftliche Katastrophe, den Vertrauensbruch des Staates gegenüber seinen Bürgern, und konzentriert sie in der Figur des Großvaters, dessen Zweifel schließlich zu Verstörung werden. *tip, 5/2001*

Ein fünfjähriger Junge erlebt im Herbst 1980 nach dem Militärputsch in der Türkei, wie seine Familie Terror und Willkür ausgeliefert ist. Seine Mutter flieht nach Deutschland, wo auch er 14 Jahre lang Asyl findet. Ein engagierter Film, der die Zustände in der Seele des Kindes spiegelt, dem zugestanden wird, auch in finsterer Zeit Kind sein zu dürfen.

*Hans Messias, Film-Dienst 06/01*

## Shadow of the Vampire 835
SHADOW OF THE VAMPIRE ***+

**Regie:** Elias Merhige
**Darsteller:** John Malkovich (F. W. Murnau), Willem Dafoe (Max Schreck), Cary Elwes (Fritz Wagner), John Aden Gillet (Henrick Galeen), Eddie Izzard (Gustav von Wangenheim), Udo Kier (Albin Grau), Catherine McCormack (Greta Schroeder)
**Drehbuch:** Steven Katz
**Kamera:** Lou Bogue
**Musik:** Dan Jones
**Schnitt:** Chris Wyatt
**Prod.-Des.:** Assheton Gorton
**Prod.:** GB/USA 2000; 95 Min.
Nicolas Cage, Jeff Levine; Jimmy de Brabant, Richard Johns (Co-Prod.)
**UA:** 16.5.2000, Int. Filmfestspiele Cannes, »Director's Fortnight«
**Verleih:** 20th Century Fox/Einhorn/-, 21.6.2001
**FSK:** ab 12 J., ffr. – **FBW:** Wertvoll

Beseelt von seiner Idee und seinem realistischen Anspruch drehte F. W. Murnau 1922 seinen berühmten Film »Nosferatu« mit einem echten Graf Dracula, der zwar alt, aber immer noch durstig war.

**Kritik:** (…) Regisseur Elias Merhige treibt ein schönes Spiel mit Fakten und Möglichkeiten, mit realistischer Interpretation und freier Fantasie. Statt die Dreharbeiten von damals akribisch zu rekonstruieren, benutzt er sie als Folie für eine Auseinandersetzung mit dem kreativen Prozess. Wo Murnau die Illusion durchlöcherte, um Reaität durchsickern zu lassen, geht Merhige im Grunde den umgekehrten Weg, von der Wirklichkeit der Dreharbeiten in die Sphären der Kunst. (…)

*Anke Sterneborg, SZ, 21.6.2001*

Das Beste an diesem Film ist, was nur am Rande zum Film gehört – der Vorspann. Zu düsterer Musik öffnen sich mit geheimnisvollen Darstellungen inkrustierte Tote, hinter denen immer weitere Tore warten. Das alles in einem fahlen, unirdischen Gelbton. Sehr unheimlich. Der Film selbst fällt dagegen ab. (…)

*Hans-Joachim Neumann, Zitty, 13/2001*

(…) Das Hauptdilemma besteht im Überstrapazieren einer Idee, die noch banaler ist als die mit dem echten Vampir als Hauptdarsteller: Es ist die filmtheoretische Standardmetapher von der vampirischen Natur des Kinos, die hier in John Malkovichs Murnau-Figur ein ums andere Mal ausgereizt wird. (…)

*Daniel Kothenschulte, FR, 20.6.2001*

(…) Das Genre, dem Merhige den Pfahl der Reflexion durchs Herz treibt, hat seine eigenen Gesetze. Sie sind wandelbar, wie Rodriguez' Trashorgie »From Dusk till Dawn« ebenso beweist wie Po-Chih Leongs unterkühlt existenzialistische »Weisheit der Krokodile« oder Francis Ford Coppolas Vampiroper »Bram Stokers Dracula«. Verzichtbar sind sie nicht: Wer der Hauptdarstellerin unmotiviert an den Hals springt, ist kein Vampir, sondern ein Fetischist. Abgesehen von der handelsüblichen Hollywood-Erotik, bleibt der rote Faden der vampiristischen Fixierung im »Shadow of the Vampire« ein blutleerer Handlungsstrang. (…)

*Heike Kühn, Welt am Sonntag, 17.6.2000*

(…) Obwohl »Shadow of the Vampire« in seiner filmischen Umsetzung sehr gelungen ist, verlässt man etwas unbefriedigt das Kino. Wie Murnau und Schreck nun wirklich waren, erfährt man nicht. Fraglich bleibt auch, ob sie mit der freien Interpretation ihrer Persönlichkeiten einverstanden gewesen wären. Denn Tote können sich nicht mehr wehren.

*Markus Schiedert, AZ, 21.6.2001*

## Shadrach – Die Heimkehr des Fremden 836

SHADRACH □

TV

**Regie:** Susanna Styron
**Darsteller:** Harvey Keitel (Vernon Dabney), Andie MacDowell (Trixie Dabney), John Franklin Sawyer (Shadrach), Scott Terra (Paul), Ginnie Randall (Virginia), Daniel Treat (Little Mole), Monica Bugajski (Edmonia)
**Drehbuch:** Susanna Styron, Brighet Terry, nach einer Kurzgeschichte von William Styron
**Kamera:** Hiro Narita
**Musik:** Van Dyke Parks
**Schnitt:** Colleen Sharp
**Prod.-Des.:** Burton Rencher
**Prod.:** USA 1998; 86 Min.
Bridgett Terry, John Thompson, Boaz Davidson für Bridgett Terry Prod.
**UA:** 17.4.1998, L. A. Independent Film Festival
**TV:** 14.11.2001, ARD, 0.35

Für den Schwarzbrenner Vernon, der seine Frau und die sieben Kinder nur mit Mühe durch die Depression bringt, ist der frühere Reichtum seiner Familie längst Legende. Aber als der Schwarze Shadrach auftaucht, der vor fast einem Jahrhundert auf der Tabakplantage der Dabneys gearbeitet hat, begreift Vernon, dass die Vergangenheit einen langen Schatten wirft: Das Erbe der Sklaverei lastet auch auf ihm. *Pressetext*

## Shark Attack II – The Killer is Back 837

SHARK ATTACK 2 *

Video

**Regie:** David Worth
**Darsteller:** Thorsten Kaye (Dr. Nick Harris) Nikita Ager (Samantha Peterson), Daniel Alexander (Roy Bishop), Danny Keogh (Miguel Francisco), Caroline Bruins (Amy Peterson)
**Drehbuch:** Scott Devine, William Hooke
**Kamera:** Yossi Wein
**Musik:** Mark Morgan
**Schnitt:** Irit Raz
**Prod.:** USA 2000; 89 Min.
Marlow de Mardt, Brigid Olen für Nu Image/Martien Holding/Do Prod.
**Vertrieb:** Highlight Video, 12.4.2001
**FSK:** ab 16 J.

Forscher und Haiopfer-Hinterbliebene erforschen am Kap der Guten Hoffnung die Lebensgewohnheiten eines weißen Killerhais. Klischees zuhauf, Talent Mangelware – ein Action-Abenteuer von rarer Dürftigkeit.

## Shark Skin Man And Peach Hip Girl 838

SAMEHADAOTOKO TO MOMOJIRIONNA ***

**Regie:** Katsuhito Ishii
**Darsteller:** Tadanobu Asano (Samehada), Sie Kohinata (Toshiko), Ittoku Kishibe (Tanuki), Susumu Terashima (Sawada), Kimie Shingyogi (Mitsuko), Shingo Tsurumi (Mitsuru), Yohachi Shimada (Sonezaki)
**Drehbuch:** Katsuhito Ishii, nach einer Comicserie von Minetaro Mochizuki
**Kamera:** Hiroshi Machida
**Schnitt:** Yumiko Doi
**Prod.-Des.:** Tomoyuki Maruo
**Prod.:** Japan 1998; 108 Min.
Kazuto Takida für Tohokushinsha Film
**UA:** 16.9.1998, Toronto Film Festival
**Verleih:** Kinoinitiative/-/-, Aug. 2001

Als sich ein Gangsterduo entschließt, die Beute eines Banküberfalls nicht beim örtlichen Yakuza-Clan abzuliefern, ruft das eine Horde komplett durchgeknallter Profi-Killer sowie den am schlechtesten angezogenen Privatschnüffler der Filmgeschichte auf den Plan. Die abgedrehte Mangaverfilmung wird all jene aus dem Stand befriedigen, die mit japanischem Kino in allererster Linie knallbunte Popkonglomerate assoziieren. Film als Ausdruck an der Lust zum Lärmen, mehr Punk als Rock 'n' Roll, einfach ein Höllenspaß. *tip, 17/2001*

## Showdown auf dem Weg zur Hölle 839

PURGATORY □

TV

**Regie:** Uli Edel
**Darsteller:** Eric Roberts (Blackjack), Brad Rowe (Sonny), Sam Shepard, Randy Quaid, Peter Stormare
**Prod.:** USA 1999; 110 Min.
**TV:** 19.10.2001, VOX, 20.15

Nach einem Banküberfall flüchtet Blackjacks Bande nach Refuge – und landet ahnungslos im Vorhof der Hölle. Zunächst sind sie sehr verwundert über die freundliche Aufnahme und staunen, dass der Sheriff keine Waffe trägt. Flugs planen sie den nächsten Coup. (…) *AZ TV Journal*

## Shrek – Der tollkühne Held 840

SHREK ****

**Regie:** Andrew Adamson, Victoria Jenson
**Darsteller:** Die Originalsprecher und ihre Charaktere: Mike Myers (Shrek), Eddie Murphy (Esel Donkey), Cameron Diaz (Prinzessin Fiona), John Lithgow (Lord Farquaad, Capt. Spiegel, Gingerbread Man), Vincent Cassel (Robin Hood)
**Drehbuch:** Ted Elliott, Terry Rossio, nach dem Buch von William Steig
**Musik:** Harry Gregson-Williams, John Powell
**Schnitt:** Sim Evan-Jones
**Prod.-Des.:** James Hegedus
**Prod.:** USA 2000; 90 Min.
Aron Warner, John H. Williams, Jeffrey Katzenberg; Ted Elliott, Terry Rossio (Co-Prod.) für PDI/DreamWorks Pic.
**Verleih:** UIP/UIP/UIP, 5.7.2001
**Vertrieb:** Universal (DreamWorks) Video (Video, DVD)
**FSK:** o. A., ffr. – **FBW:** Besonders wertvoll

Shrek, der klobige und hässliche, aber großherzige und mutige Held, macht sich mit einem plappernden Esel auf die Reise, um für den kleinen und kleinkarierten Lord Farquaad die Prinzessin Fiona aus dem drachenbewachten Schloss zu befreien. Nur noch die Bewegungen der Figuren sind vereinfacht: Lichteinfall und Texturen, mimischer Ausdruck und Szenerie sind von derartiger Nähe zur physischen Welt, dass mit Shrek ein Märchen erzählt wird, das trotz Animation wirklich erscheint. In diesem Märchen ist nichts, wie es in Märchen sein sollte, und doch wird es ein richtiges Märchen mit einer richtigen Moral: für Kinder höchst vergnügliche, für Erwachsene höchst ironische Unterhaltung. *Multimedia (20173)*

Der Unhold Shrek muss für den Fiesling Farquaad eine Prinzessin retten, verliebt sich dabei aber selber und erlebt allerhand Überraschungen. Originelles und unverfrorenes Anti-Märchen, das Zuschauer jeden Alters anspricht, die mehr Sinn für Zoten und Anspielungen haben als für Poesie und/oder Kitsch. Die CGI-Animation setzt Maßstäbe, die witzigen Dialoge werden von Eddie Murphy, Mike Myers und Cameron Diaz mit Verve vorgetragen. *Film, 6/2001*

**Kritik:** (…) Hier werden, das fällt als Erstes auf, die Figuren und Geschichten des Disney-Konzerns veralbert, was kritische Europäer natürlich begeistert. Zum Beispiel die Franzosen in Cannes, die »Shrek« in diesem Jahr als ersten Animationsfilm überhaupt in den Wettbewerb einluden. Andererseits zeigt sich dadurch nur, wie stark die Welt schon der Disneyfizierung verfallen ist. Walt und seine Erben haben diese Figuren schließlich nicht erfunden – im Hintergrund lauern immer die Gebrüder Grimm und der komplette Geschichtenschatz der Menschheit. (…)

*Tobias Kniebe, SZ, 5.7.2001*

*Esel Donkey und Shrek*

(…) Es bleibt also ein amüsanter Rest vom enttäuschenden Ganzen, wenn auch nur in der amerikanischen Originalfassung. Die Eindeutschung hat einmal mehr ganze Arbeit geleistet und mit Sascha Hehn, Esther Schweins und Rufus Beck so etwas wie eine Ausschlussliste des hiesigen Synchronwesens bereitgestellt. Die Befreiung der Zeichentrickfiguren aus ihrem Reservat erscheint da wie blanker Hohn.

*Michael Kohler, FR, 5.7.2001*

(…) Für uns Zuschauer aber läuft das ganz richtig. Ein entschlacktes, beschleunigtes Märchen ist hier zu bestaunen, eine bunte, hyperreale Märchenshow voller Witz, unwiderstehlichem Charme und atemberaubendem Timing. Das Schönste: Die Helden entwickeln Charakter. Und dass in dieser Geschichte äußere Erscheinung und inneres Wesen sich nicht immer entsprechen; dass sogar in einem Drachen ein nettes Mädel geweckt werden kann, das macht »Shrek« zu einem sehr sympathischen Plädoyer für Außenseiter.

*Rupert Koppold,*
*Rheinische Post, 6.7.2001*

(…) Bedauerlich ist allerdings, dass jene kleinen Schwächen, die der Film nun mal hat, zumindest in der deutschen Fassung noch potenziert werden durch die völlig ironiefreie Synchronisation der Titelfigur. Wer auch immer die Idee hatte, hierfür Sascha Hehn zu besetzen, sollte auf die MS Berlin strafversetzt werden.

*Schnitt, 3/2001*

(...) Es gehört zur Zauberformel dieses vergnüglichen Familienfilms, dass sowohl die großen als auch die kleinen (wenn auch nicht gerade die allerkleinsten) Zuschauer voll auf ihre Kosten kommen, was nicht zuletzt den fantastisch guten Synchron-Sprechern und dem klug augesuchten Soundtrack (kein Phil Collins, kein Sting) zu verdanken ist. Und damit ist »Shrek« der intelligenteste, warmherzigste und lustigste Popcorn-Knüller dieses Sommers.

*Gerald Jung, Zitty, 14/2000*

**Interview:** *Wie wird das Duell Katzenberg versus Disney ausgehen?*

Ich mache diesen Job seit 30 Jahren und bin stolz auf meine Arbeit, auf meinen guten Ruf als vertrauenswürdiger Partner in Hollywood. Dafür musste ich ziemlich ackern. Sich Rachegelüsten hinzugeben, wäre rufschädigend. Mein Motto lautet: Lass Disney machen, was sie wollen. Die Resultate sollen für sich sprechen. »Shrek« konkurriert nicht mit einem Disney-Film oder nimmt dem Konzern einen Teil des Geschäfts weg. »Shrek« ist etwas anderes. Dass er im Wettbewerb von Cannes lief, halte ich für revolutionär, einen Meilenstein in der Geschichte des Animationsfilms und eine große Anerkennung für Dreamworks.

*Wo hört die Entwicklung neuer Animationstechniken auf?*

PDI/Dreamworks sammelte in den vergangenen sechs Jahren viele Erfahrungen. Die Entwicklung schreitet rasend voran. »Toy Story 2« galt damals als Optimum, jetzt hat »Shrek« technologisch die Nase vorn, geht weiter als alles bisher Dagewesene in der Computeranimation. Aber der nächste Animationsfilm wird uns mit noch ausgefeilterer computergenerierter Technik toppen. Das Ganze erinnert an eine Spirale. Bei »Antz« waren wir noch stolz, dass es für die Durchschnittsameise 70 Steuerungsmöglichkeiten gab, bei »Shrek« verfügten wir schon über 585 für die Ganzkörperanimation.

*Trotz aller Fortschritte floppen manche Animationsfilme.*

Weil man digitale Spielereien überbewertete. Von dem Vorwurf konnte ich mich in der Vergangenheit auch nicht freisprechen. Wichtig ist die Geschichte. Technik darf nur als Werkzeug der Vermittlung dienen, nicht als Selbstzweck. Wenn man unsere Filme nur wegen der tollen Effekte lobt, läuft etwas falsch.

*Warum legen Sie so großen Wert auf die Sprechrollen?*

Die Stimmen sind für mich so wichtig wie die Zeichnungen bei einem Animationsfilm. Die Schauspieler hauchen den Figuren die Seele ein, müssen alles geben. Bei der nicht gerade tollen Bezahlung reißen sich die wenigsten darum. Eddie Murphy habe ich richtig angefleht, den Sprechpart des Esels zu übernehmen.

*Jeffrey Katzenberg im Interview mit Margret Köhler, Blickpunkt Film, 18.6.2001*

## Shriek – Schrei, wenn du weißt, was ich letzten Freitag, den 13. getan habe 841

SHRIEK IF YOU KNOW WHAT I DID LAST FRIDAY THE 13TH *
Video

**Regie:** John Blanchard
**Darsteller:** Harley Cross (Dawson), Majandra Delfino (Marita), Tiffani-Amber Thiessen (Nagitha), Julie Benz (Barbara), Simon Rex (Slab), Coolio (Principle), Tom Arnold (Teigi)

**Drehbuch:** Sue Balley, Joe Neims
**Kamera:** David Miller
**Musik:** Tyler Bates
**Schnitt:** Richard LaBrie
**Prod.:** USA 2000; 83 Min.
Stephen Nemeth, Andrew Ooi für Lions Gate/Rhino
**Vertrieb:** Sunfilm, 16.10.2001
**FSK:** ab 12 J.

Das geballte Teenie-Sterben an der Bulimia Falls High School wirft Fragen auf. Die Parodie auf die Parodie der Parodie auf die Teenie-Horror-Ergüsse der letzten Jahre hat leider nichts außer Langeweile und Plagiate zu bieten.

## Sie haben meinen Sohn getötet 842

GANHAR A VIDA/GAGNER LA VIE ****+ TV

**Regie:** Joao Canijo
**Darsteller:** Rita Blanco (Cidália), Adriano Luz (Adelino), Teresa Madruga (Celestina), Alda Gomes (Alda), Olivier Leite (Orlando)
**Drehbuch:** Joao Canijo, Celine Pouillon, nach der Geschichte von Pierre Hodgson
**Kamera:** Mário Castanheira
**Musik:** Alexandre Soares
**Schnitt:** Joao Braz
**Prod.:** Portugal/Frankreich 2001; 110 Min.
Paulo Branco für Madragoa Filmes/ICAM/ Gémini Films/RTP/La Sept-Arte
**TV:** 18.8.2001, Arte, 22.45

Nachdem ihr Sohn bei Auseinandersetzungen mit der Polizei in einem Pariser Vorort erschossen wurde, verlangt eine portugiesische Putzfrau die lückenlose Aufklärung der Tatumstände. Ihr heftiger Protest, der zunächst von ihrer Familie unterstützt wird, führt sie immer mehr in die Isolation und zieht familiäre Auseinandersetzungen nach sich. Drama, das sich den Lebensumständen portugiesischer Einwanderer in Frankreich widmet, die teilweise in der dritten Generation dort leben, ohne je eine Integration angestrebt zu haben. Durch die starke Frauenrolle gewinnt der Film die Dimensionen einer antiken Tragödie.

*Josef Nagel, Film-Dienst, 17/2001*

## 27 Missing Kisses 843

27 MISSING KISSES ****+

**Regie:** Nana Djordjadze
**Darsteller:** Nuza Kuchianidze (Sibylla), Eugenij Sidichin (Alexander), Shalva Iashvili (Mickey), Pierre Richard (Captain), Amalia Mordvinova (Veronica), Levani (Pjotr), David Gogibedashvili (Leutnant)
**Drehbuch:** Iraklij Kvirikadze
**Kamera:** Phedon Papamichael
**Musik:** Goran Bregovic
**Schnitt:** Vessela Martschewski
**Prod.-Des.:** Vasha Dialagania
**Prod.:** BRD/Georgien 2000; 98 Min.
Jens Müer, Olvier Damian für Egoli Films mit Le StudioCanal+/Moco Films/British Screen/ Studio Babelsberg Independents/Wave Pictures
**EA:** 11.5.2000, Int. Filmfestspiele Cannes, »Director's Fortnight«
**Verleih:** Arthaus/-/Frenetic, 21.6.2001
**Vertrieb:** Arthaus Video (Video, DVD)
**FBW:** Besonders wertvoll

**Kritik:** (...) Solange sich die Regisseurin und ihr Kameramann auf die Realität des Schauplatzes konzentrieren und sich auf ihren Blick für Landschaften verlassen, provoziert ihr Film überraschende Assoziationen an Marcel Pagnol, aber auch an Otar Iosseliani – obwohl einige Sequenzen dieser eher kuriosen Koproduktion vermutlich in Griechenland gedreht wurden. Wenn es aber um die erotische Ebene geht, leistet sich Nana Djordjadze Momente, die eher in die Kategorie »Lass jucken, Kumpel«

*Nuza Kuchianidze*

gehören. Angestrengt bleiben die poetischen Ambitionen; plötzlich gleitet ein Schiff durch die Straßen des Orts, mit Pierre Richard als Kapitän, dem das Meer abhanden kam. Fellini und seine Epigonen lassen grüßen.
Erst am Ende, wenn das Schiff wieder sein Wasser gefunden hat, ergibt das Bild einen Sinn. Sibylla will mitfahren und schwimmt ihm hinterher. Da schließt sich ein Kreis: eingangs rannte sie winkend und rufend dem Bus nach, um gerade noch mitzukommen. So erzählt »27 Missing Kisses« in seinen besten Momenten von einem jungen Mädchen und der Angst, zurückzubleiben und eine entscheidende Bewegung des Lebens zu verpassen.

*H.G. Pflaum, SZ, 21.6.2001*

(…) Die Handlung kommt bei solch einer Sintflut an Einfällen naturgemäß eher zu kurz und nicht voran. Ein bisschen Liebesreigen, Sibylla wirbt, der Sohn leidet, und der Vater verweigert sich, der Rest ist ein diffus-tragikomisches Panorama, dessen Unklarheit man allenfalls damit entschuldigen kann, dass man sie »charmant« findet. (…)

*Rüdiger Suchsland, FR, 22.6.2001*

**Interview:** *Der Dreh in Georgien musste abgebrochen und in Griechenland fortgesetzt werden. Gab es einen Moment, in dem Sie das Aus befürchteten?*

Ein Dreh läuft nie so, wie man es sich vorstellt. Ich werde nie jene Regisseure verstehen, die schon vorher genau wissen, was sie am 26. Tag machen werden. Man muss doch den Mut haben, zu sehen, was der Tag bringt. Generell kann man in Georgien professionell, billig und bei gutem Wetter drehen. Im Keller des Studios war ein Kühllager für Hühnerflügel, die rücksichtlos über den Set getragen wurden. Der Tschetschenienkrieg machte die Versorgungslage noch dramatischer, sodass die deutsche Botschaft innerhalb von 48 Stunden Visa für die 60-köpfige Crew ausstellte.

*Nana Djordjadze im Interview mit Katharina Dockhorn, Zitty, 13/2001*

## Signs and Wonders 844

SIGNS AND WONDERS ***

**Regie:** Jonathan Nossiter
**Darsteller:** Stellan Skarsgard (Alec Fenton), Charlotte Rampling (Marjorie), Deborah Kara Unger (Katherine), Dimitris Katalifos (Andreas Thimis), Ashley Remy (Siri), Dave Simonds (Kent), Dimitris Kamberidis
**Drehbuch:** James Lasdun, Jonathan Nossiter, nach der Story von James Lasdun
**Kamera:** Yorgos Arvanitis
**Musik:** Adrian Utley
**Schnitt:** Madeleine Gavin
**Prod.-Des.:** Yvon Crenn
**Prod.:** Frankreich 1999; 108 Min.
Marin Karmitz für MK2 mit Ideefixe/Industry Ent./Sunshine Amalgamedia/Goatworks
**UA:** 11.2.2000, Int. Filmfestspiele Berlin, »Wettbewerb«
**Verleih:** Arthaus/-/-, 15.2.2001

Zwiespältiges Eifersuchtsdrama über einen zwanghaften amerikanischen Geschäftsmann, der mit seiner Familie in Athen lebt und diese in Folge seines Drangs, alle möglichen Belanglosigkeiten für sein Leben zu deuten, verlässt – aber bald wieder zurück will, nachdem die neue Beziehung gescheitert ist. Der stilistisch den »Dogma«-Filmen sehr ähnliche Film konzentriert sich zu sehr auf die visuelle Umsetzung seines Themas als die Charaktere. *U. B.*

**Kritik:** Alternde Männer wollen es noch einmal wissen, suchen sich eine Jüngere, schlachten die Ehe. Und kehren wieder zurück, wie dieser aus Schweden stammende Geschäftsmann mit amerikanischem Pass, der mit seiner Familie in Athen lebt. Der Aussöhnung folgt bald ein bizarres Spiel aus Zeichen und Mustern, die ihm als Orakel dienen. Blau steht für den untreuen Mann, Gelb für die Geliebte, der er erneut verfallen wird. Eine krude Geschichte sich gegenseitig bespitzelnder Figuren. Dazu ein schlechter Hauptdarsteller und eine taumelnde Kamera, die mit jeder Spiegelung und Verzerrung liebäugelt. Das gibt Kopfschmerzen.

*Cristina Moles Kaupp, tip, 4/2001*

(...) Der Film ist eine Anthologie unmotivierter Fahrten und sinnloser Schwenks; die permanente äußere Bewegung und die Angst, einmal einen Moment innezuhalten, dienen nur noch der Verschleierung der Leere. (...) Es ist eh alles ständig im Fluss. Entsprechend holpern und springen die Schnitte, das Material lässt sich im Grunde nicht mehr montieren oder gar strukturieren. Diese visuelle Beliebigkeit, mit der sich der Film nur noch selbst belichtet, ist keine Alternative zur imperialen Macht der Hollywood-Grammatik, sondern das Ergebnis von Dilettantismus und Gedankenlosigkeit. (...)

*H. G. Pflaum, SZ, 14.2.2000*

(...) In der Stringenz der dargestellten familiären Bindungen und schicksalhaften Ereignisse erinnert Nossiters Spielfilm zudem an die Werke des Kanadiers Atom Egoyan, ohne jedoch dessen erzählerische Prägnanz zu erreichen. Im Streben nach bedeutungsschwangerer visueller Metaphorik lässt die Regie allerdings die Kamera zu oft durch verschwommene Fensterscheiben schauen und die Figuren über Spiegel beobachten. Angesichts dieses Hangs zur kunstgewerblichen Verrätselung überrascht auch das offene Ende nicht mehr, das viele Fragen offen und damit viele Deutungen zulässt. *Reinhard Kleber, Filmecho-Filmwoche, 8/2000*

*Charlotte Rampling*

*Deborah Kara Unger und Stellan Skarsgard*

(...) Für seinen auf der letzten Berlinale gezeigten Film hat sich Regisseur Jonathan Nossiter viel vorgenommen. Er erzählt von Liebe und Eifersucht, von den schwierigen Versuchen, Entschädigung für erlittenes Leid zu erhalten, von Zufällen und dem Glauben an schicksalhafte Zeichen. Das ist auf die Dauer zu viel, denn schon nach kurzer Zeit erscheinen die verschiedenen Elemente der Geschichte immer verworrener, die Motivation der Charaktere bleibt weitgehend im Dunkeln, das Interesse erlahmt.
Allein visuell ist »Signs and Wonders« interessant. Komplett mit Digitalka-

mera gefilmt, entwickelt der Film eine eigene Ästhetik, die – wie es das Thema verlangt – vor allem Kälte ausstrahlt. Unterstützt wird dies durch die moderne Architektur, die Leuchtreklamen der noch unentdeckten Filmstadt Athen, die im Grunde der eigentliche Star des Films ist.

*Michael Meyns, Zitty, 4/2001*

(...) Das anfangs sehr differenziert ausgespielte und durchaus Anteilnahme heischende Ehedrama rutscht leider gegen Ende in eine »schröckliche« Moritat ab, aus der sich nur noch Charlotte Ramplings darstellerische Leistung hervorhebt. Vermutlich ist eine Anlehnung an oder auch nur Anspielung auf die antike Tragödie beabsichtigt, doch hier dürfte ein Missverständnis vorliegen. Denn es handelt sich bei diesem Drama keineswegs um eine schicksalhafte Verstrickung, aus der es kein Entrinnen gibt, sondern um eigenes Verschulden.

*Thomas Engel, Der Gildedienst, März 2000*

## Sind denn alle netten Männer schwul? 845

***+

TV

**Regie:** Sibylle Tafel
**Darsteller:** Floriane Daniel (Mala), Marc Hosemann (Carlo), Nadeshda Brennicke, Marco Rima, Hilmi Sözer, Christian Kahrmann, Arthur Klemt
**Drehbuch:** Maggie Peren
**Kamera:** Peter Aichholzer
**Musik:** Wolf Wolff
**Schnitt:** Brigitta Tauchner
**Prod.-Des.:** Vera Rüdiger
**Prod.:** BRD 2000; 120 Min.
Christian Becker, Thomas Häberle für Indigo für SAT.1
**TV:** 20.3.2001, SAT.1, 20.15

(...) In der Partner-Reinfallkomödie bleibt die Ärztin Mala immer nur an parasitären Egozentrikern kleben, und als der wieder mal durchs Examen gerasselte Schlamp-Chaot Carlo bei der ordentlichen Mala als Untermieter einzieht, wird er ihr als problemloser Schwuler angepriesen. – Der weitere spärliche Humor speist sich aus dem Missverständnis schwul oder nicht schwul. Positiv anzumerken: Das übliche seifige Tunten-Gehabe wird ausgespart. Aber der Skurrilwitz von erotischen Fehlinterpretationen erschöpft sich.

*Ponkie, AZ, 22.3.2001*

## Six Pack – Jäger des Schlächters 846

SIX-PACK ****+

Video

**Regie:** Alain Berberian
**Darsteller:** Richard Anconcina (Komm. Nathan), Frederic Diefenthal (Saule), Chiara Mastroianni (Marine), Bernard Fresson (Benetti), Jonathan Firth (Blade), François Berleand, Jean-Claude Dauphin
**Drehbuch:** Alain Berberian, nach dem gleichn. Roman von Jean-Hugues Oppel
**Kamera:** Jean-François Robin
**Musik:** Elia Cmiral
**Schnitt:** Catherine Renault
**Prod.:** Frankreich 1999; 105 Min.
Alain Sarde für Chrysalide/Les Film Alain Sarde/TF1/Chrysalde
**Vertrieb:** Columbia TriStar Video, 20.2.2001
**FSK:** ab 18 J.

Eigentlich ein ausgelutschtes Sujet: Von der Politik aus opportunistischen Gründen gedeckter Serienkiller soll mit weiblichem Lockvogel geködert werden. Ohne übertriebene Brutalität, mit Gespür für die Figuren inszenierter Hochspannungs-Thriller mit erstaunlichen Qualitäten.

## Skeletons in the Closet 847

SKELETONS IN THE CLOSET ***

Video

**Regie:** Wayne Powers
**Darsteller:** Treat Williams (Will Reed), Linda Hamilton (Tina Conway), Jonathan Jackson (Seth Reed), Schuyler Fisk (Robin), Gordon Clapp (Dan), Camden Munson (Set mit 6 J.), Sandha Khin
**Drehbuch:** Donna Powers, Wayne Powers
**Kamera:** Michael Barrett, Jeffrey G. Hunt (steadicam)
**Musik:** Christopher L. Stone
**Schnitt:** Anita Brandt-Burgoyne
**Prod.-Des.:** Charles Daboub jr.
**Prod.:** USA 2000; 87 Min.
Donna Powers für Artisan/Nu Image

**Vertrieb:** Highlight Video, 15.11.2001
**FSK:** ab 16 J.

Als die Fälle von Mord und von Vermissten in der Gegend dramatisch steigen, verdächtigt der allein erziehende Will seinen Sohn der Täterschaft. Erfreulich sparsam mit Effekten, dafür reich an innerer Spannung: ein ansehnlicher Psycho-Thriller.

## Ski To The Max 848

**+

**Regie:** Willy Bogner
**Darsteller:** John Eavas, Reto Lamm, Häppi Michel, Briece Lequertier, Markus Wasmeier
**Drehbuch:** Willy Bogner
**Kamera:** Willy Bogner
**Musik:** Gary Wright Pink
**Prod.:** BRD 2000; 40 Min.
Willy Bogner Film für Willy Bogner Film
**Verleih:** IMAX/dto/dto, Jan. 2001

Großteils selbst für Fans von Sport-Stunts enttäuschend »normale« Aufnahmen werden in »Ski To The Max« geboten, ein Titel, der eigentlich Stunts und Aufnahmen am Limit verspricht. Der Streifen birgt auch in keiner anderen Hinsicht Interessantes.

*Multimedia*

## Sky Hook 849

NEBESKA UDICA ****

TV

**Regie:** Ljubisa Samardzic
**Darsteller:** Nebojsa Glogovac (Kaja), Ana Sofrenovic (Tijana), Ivan Jevtovic (Turca), Katarina Zutic (Zozi), Nikola Kojo (Zuba), Sonja Kolacaric (Seka), Dragan Bjelogrlic (Toza)
**Drehbuch:** Dorde Milosavljevic, Srdan Koljevic
**Kamera:** Radoslav Vladic
**Musik:** Vlatko Stefanovski
**Schnitt:** Marko Glusac
**Prod.:** Jugoslawien/Italien 1999; 93 Min.
Ljubisa Samardzic; Giacomo Billi (Co-Prod.); Vlastimir Petkovic (Ass.-Prod.) für Sinema Dizajn (= Cinema Design)/Cine Enterprise/ RTS
**EA:** 10.2.2000, Int. Filmfestspiele Berlin, »Wettbewerb«
**TV:** 13.8.2001, Arte, 22.20

Während der Bombardierung Belgrads im Frühjahr 1999 suchen ein Familienvater und eine Gruppe junger Männer nach der Normalität des Alltags und einer Perspektive für die Zukunft.

**Kritik:** (...) Von dem Film wird schon im nächsten Jahr niemand mehr reden. Doch als Momentaufnahme und Dokument erzählt der Film, der sich von den bloßen Fakten des Krieges löst, weit mehr und genauer von jenen Tagen als die vielen Kriegsberichte, die damals über unsere Fernsehsender gejagt wurden.

*H. G. Pflaum, SZ, 12./13.2.2000*

## Slam 850

SLAM ***

**Regie:** Marc Levin
**Darsteller:** Saul Williams (Ray Joshua), Sonja Sohn (Lauren Bell), Bonz Malone (Hopha), Beau Sia (Jimmy Huang), Lawrence Wilson
**Drehbuch:** Marc Levin, Richard Stratton, Sonja Sohn, Saul Williams
**Kamera:** Mark Benjamin
**Schnitt:** Emir Lewis
**Prod.:** USA 1998; 100 Min.
Henri Kessler, Marc Levin, Richard Stratton für Offline Ent. Group
**EA:** Filmfest München 1998
**Verleih:** Advanced/-/-

Dieser Preisträger des Sundance-Festivals ist aufregend direktes Kino, als Spielfilm von einem der renommiertesten US-Dokumentaristen inszeniert. Marc Levin, ein Weißer, engagiert sich für reale Lebenssituationen der Schwarzen. Phänomenaler Hauptdarsteller ist der authentische Slam-Poet Saul Williams in dieser Story eines Rappers und Dichters mit Drogen-, Knast- und dann motivierenden Arbeitserfahrungen. Faszinierend die Slam-»Poesie des gesprochenen, emotional aufgeladenen Wortes«.

*Frauke Hanck, AZ, 27./28.6.1998*

**Kritik:** (...) Können Gedichte die Welt – oder zumindest ein Leben – verändern? Die Frage erscheint im Spielfilmdebüt des Dokumentarfilmers Levin im coolen, authentischen HipHop-Kontext, mit Originaltexten der beiden Hauptdarsteller Saul Williams und Sonja Sohn. Das Pathos kommt manchmal arg dicke – aber das gehört wahrscheinlich zu jeder Erlösungsgeschichte.

*Annette Kilzer, tip, 24/2001*

## Sleepless 851

NON HO SONNO **

Video

**Regie:** Dario Argento
**Darsteller:** Max von Sydow (Komm. Ulisse Moretti), Stefano Dionisi (Giacomo), Chiara Caselli (Gloria), Gabriele Lavia (Attorney Betti), Rossella Falk (Laura De Fabritiis), Paolo Maria Scalondro (Komm. Manni), Roberto Zibetti (Lorenzo Betti)
**Drehbuch:** Dario Argento, Franco Ferrini, Carlo Lucarelli
**Kamera:** Ronnie Taylor
**Musik:** Goblin
**Schnitt:** Anna Rosa Napoli
**Prod.-Des.:** Massimo Antonello Geleng
**Prod.:** Italien 2001; 117 Min.
Dario Argento für Cecchi Gor Croup Tiger/Medusa/Opera Film
**Vertrieb:** Sunfilm, 27.12.2001

Serienkiller hinterlässt 17 Jahre nach seinen letzten Untaten neben seinen Opfern wieder dieselben Visitenkarten. Der in Genre-Kreisen geschätzte Argento, inzwischen auch 61, ergeht sich wieder mal in blutigem, gestyltem Edel-Horror.

## Snake Zone – Straße ins Jenseits 852

VENOM OUS **

Video

**Regie:** Fred Olen Ray
**Darsteller:** Treat Williams (David Hemming), Brian Poth (Billy), J. B. Gaynor (Jimmy), Hannes Jaenicke, Mary Page Keller, Hilary Adahms, Anthony Azizi
**Drehbuch:** Dan Golden, Sean McGinly
**Kamera:** Andrea V. Rossotto
**Musik:** Neal Acree
**Schnitt:** Randy Carter
**Prod.-Des.:** Steve Ralph
**Prod.:** USA 2001; 93 Min.
Alison Semenza für Snake Eyes Prod.
**Vertrieb:** MVM Video, 29.11.2001
**FSK:** ab 16 J.

Mit Todesviren versetzte Versuchs-Schlangen gelangen nach Bombenangriff in die Zivilisation ... Besonders blödsinniges Beispiel aus dem Sub-Genre »Tierhorror«.

## Snatch – Schweine und Diamanten 853

SNATCH ****+

**Regie:** Guy Ritchie
**Darsteller:** Benicio Del Toro (Franky Four Fingers), Denis Farina (Avi), Vinnie Jones (Bullet Tooth Tony), Brad Pitt (Mickey O'Neil), Rade Sherbedzija (Boris the Blade), Jason Statham (Turkish), Alan Ford (Brick Top)
**Drehbuch:** Guy Ritchie
**Kamera:** Tim Maurice Jones
**Musik:** John Murphy
**Schnitt:** John Harris, Les Healey
**Prod.-Des.:** Hugo Luczyc-Wyhowski
**Prod.:** GB/USA 2000; 102 Min.
Matthew Vaughn für SKA Films
**UA:** 19.1.2001, N. Y.
**Verleih:** Columbia TriStar/-/Buena Vista, 22.3.2001
**Vertrieb:** Columbia TriStar (Video, DVD)

Kleine Gangster in großen Problemen: Der Engländer Guy Ritchie mixt die Elemente aus seinem Erstling »Lock, Stock and Two Smoking Barrels« (1998) neu zu einer schwarzen Komödie mit vielen Déjà-vus. Mit lässiger Attitüde verknüpft er mehrere Storys – es geht um einen Diamantenraub, getürkte Boxkämpfe und alte Rechnungen – zu einem Tohuwabohu, das viele seiner mehrheitlich unterbelichteten Figuren nicht überleben. Der Reigen an makabren, grotesken und absurden Szenen wird in Clip-Manier aufgepeppt, wirkt aber auf die Länge ermüdend. *Film, 3/2001*

**Kritik:** (...) Schon möchte man sich also bei den vielen schick-schmuddeligen Typen nach Miss Marple zurücksehnen, da rettet einer den Film vor dem totalen Absturz. Nein, es ist nicht Vinnie Jones, der ehemalige Fußballstar und Ritchie-Lieblingsschauspieler, der hier als Bullet Tooth Tony ein wenig grotesken Schrecken verbreiten darf. Es ist vielmehr Brad Pitt, der

als irischer Zigeuner furios mit den Fäusten umgehen kann, aber sonst ein unverständliches und unglaublich komisches Kauderwelsch von sich gibt, das Dustin Hoffmans Murmeln in »Dick Tracy« locker in den Schatten stellt. Dem deutschen Synchronsprecher Tobias Meister gelingt es übrigens recht gut, Pitts grandioses Gestammel nachzuempfinden.
Brad Pitts Performance ist einfach wunderbar: Mit seinen schrecklichen Tätowierungen und dem fürchterlichen Lederhütchen strahlt er einen vortrefflichen Negativ-Glamour aus. Er treibt die Rollen, die er in »Twelve Monkeys« und »Fight Club« gespielt hat, weiter in Richtung Dadaismus. Pitt allein trifft den Ton eines verunsichernden Narrenspiels, den Guy Ritchie wohl für den ganzen Film anschlagen wollte.

*Hans Schifferle, SZ, 22.3.2001*

(…) Voraus- und Rückblenden, Zeitraffer und Zeitlupen, schnelle Schnitte irritieren; zu viele Figuren und Schauplätze im kreativen Chaos machen die Handlung unübersichtlich. Beim makabren Spiel mit dem Mangel an politischer Korrektheit fallen beim Tarantino-Epigonen die letzten Geschmacksschranken. Amüsant dagegen die satirische Referenz an David Finchers »Fight Club«, wenn »Gypsykanake« Pitt die Fäuste fliegen lässt oder mit fettem irischem Akzent vor sich hin nuschelt. Da kommt Stimmung auf.

*Margret Köhler, AZ, 22.3.2001*

**Interview:** *Was war an der Synchronisation so knifflig?*

In »Snatch« werden sehr viele verschiedene englische Dialekte und ausländische Akzente gesprochen. Das kann man im Deutschen kaum rüberbringen, denn wir können bei der Synchronisation nicht mit Dialekten arbeiten. Das wäre albern, wenn Schwarze, die im Original Slang sprechen, im Deutschen plötzlich bayerisch oder sächsisch reden würden. Das würde aufgesetzt wirken: Wir mussten also die verschiedenen Akzente nachmachen und über den schauspielerischen Ausdruck das Original nachempfinden. Für die Szenen, in denen Jiddisch gesprochen wird, hatten wir eine Sprachberatung, die den Sprechern geholfen hat.

*Und im Fall von Brad Pitt?*

Das war besonders schwierig. Pitt spricht im Original eine Fantasiesprache, bestehend aus einem mit irischem Akzent und Roma-Brocken angereicherten Englisch, das er dann noch vernuschelt. Wir haben uns dann extra einen Roma ins Studio geholt, der sich lange mit Pitts Synchronstimme Tobias Meister unterhalten hat. Der dachte, wenn er beim Synchronisieren ebenso nuschelt, würden die Zuschauer denken, er könne nicht sprechen, aber ich habe ihm gesagt: »Mach das, die Leute lachen sich tot.«

*Andreas Pollak im Interview mit Lutz Göllner, Zitty, 7/2001*

*Regisseur Guy Ritchie*

## So weit die Füße tragen 854
***+

**Regie:** Hardy Martins
**Darsteller:** Bernhard Bettermann (Clemens Forell), Michael Mendl (Dr. Stauffer), André Hennicke (Bauknecht), Anatoli Kotenjow (Kamanev), Irina Pantaeva (Irina), Irina Narbekova (Dr. Pachmutova), Iris Böhm
**Drehbuch:** Bernd Schwamm, Bastian Cleve, Hardy Martins, nach dem gleichn. Roman von Josef Martin Bauer
**Kamera:** Pavel Lebeshev
**Musik:** Eduard Artemjew
**Schnitt:** Andreas Marschall
**Prod.-Des.:** Valentin Gidulanov, Igor Schtschelokov
**Prod.:** BRD 2001; 157 Min.
Jimmy C. Gerum, Hardy Martins; Roland Pellegrino, Bastian Cleve (Co-Prod.) für Cascadeur mit PC Medien/B&C Film
**Verleih:** Angel Falls/-/-, 27.12.2001
**FSK:** ab 12 J., ffr.

**Kritik:** Neuverfilmung des Erfolgsromans von Josef Martin Bauer, der die Flucht eines deutschen Wehrmachtsoffiziers aus ostsibirischen Bleibergwerken über Kasachstan und Persien bis nach Deutschland beschreibt. Clemens Forell trotzt ebenso den Unbilden der Natur wie den hartnäckigen Nachstellungen durch seinen ehemaligen Lagerkommandanten. Die Sehnsucht nach seiner bayerischen Heimat und nach der zurückgelassenen Familie sind ihm Ansporn. Pünktlich zu Weihnachten trifft der deutsche Landser, im Felde geschlagen, doch erfolgreich auf der Flucht, im heimatlichen Gau ein. Eine ohne jede künstlerische Intention entstandene Zeitreise in den Kalten Krieg, fast schon bestürzend in ihrer Plattheit. *Claus Löser, tip, 26/2001*

## Solange wir lieben 855
☐
TV

**Regie:** Olaf Kreinsen
**Darsteller:** Hannelore Elsner (Dr. Miriam Herzfeld), Michael Mendl (Dr. Karl Sellinger), Marius Frey (Gabriel Zondek), Hanns Zischler (Prof. Rudolf Zondek), Martha Fessehatzion (Ciru), Oli Bigalke (Frank), David Scheller (Razor)
**Drehbuch:** Martin Kluger
**Kamera:** Achim Poulheim

*Bruno Bettermann*

**Musik:** Jochen Schmidt-Hambrock
**Schnitt:** Usch Born
**Prod.-Des.:** Jörg Baumgarten
**Prod.:** BRD 2001; 88 Min.
Dr. Eberhard Jost, Joachim Schöneberger für Telefilm Saar
**TV:** 9.4.2001, ZDF, 20.15

Tierärztin, aus Kanadas Wildnis zurück, trifft als leitende Zootierärztin in Berlin ihre Liebe aus Kanada als Bärenpfleger wieder.

## Solas 856
SOLAS
****

**Regie:** Benito Zambrano
**Darsteller:** Ana Fernandez (Maria), Maria Galiana (Mutter), Carlos Alvarez-Novoa (Nachbar), Paco de Osca (Vater), Antonio Dechent (Doktor), Juan Fernandez (Juan)
**Drehbuch:** Benito Zambrano
**Kamera:** Tote Trenas
**Musik:** Antonio Meliveo
**Schnitt:** Fernando Pardo
**Prod.:** Spanien 1998; 98 Min.
Antonio P. Pérez für Maestranza Films
**EA:** 18.2.1999, Int. Filmfestspiele Berlin, »Panorama: art & essai«
**Verleih:** Pegasos, OmU/Polyfilm/Xenix, 29.3.2001

Der Besuch einer in einem andalusischen Dorf lebenden Mutter bei ihrer nach Sevilla gezogenen Tochter wird zum Anlass einer Gegenüberstellung von Stadt und Land, Alt und Jung, Tradition und Moderne im heutigen Spanien. Die eindrückliche Milieuschilderung spürt den unsichtbaren Grenzen zwischen den Generationen und Kulturen nach. Mutter, Tochter und ein liebenswerter Wohnungsnachbar werden in diesem Kinoerstling glaubwürdig von erfahrenen Theaterschauspielern interpretiert.

*Film, 11/2000*

(...) Wie die unterschiedlichen Lebensentwürfe aufeinander prallen und dabei neue Beziehungen aufkeimen, wie kleine Gesten der Hilfe gegen die Frustrationen der alltäglichen Großstadtisolation helfen können, das hat Zambrano anrührend und sehr intensiv in Szene gesetzt. Bewundernswert ist dabei die Souveränität, mit der er jeden Anflug von Larmoyanz vermeidet. Trotz der realistischen Schilderungen des öden Vorstadtmilieus kommt auch der Humor in diesem eindringlichen Sozialdrama nicht zu kurz. Viel stärker als etwa sein Landsmann Pedro Almodovar verlässt sich Zambrano auf das Schauspieler-Ensemble, wobei er auf jegliche formalen Raffinessen verzichtet. (...)

*Reinhard Kleber, Filmecho-Filmwoche, 10/2000*

**Kritik:** (...) Der junge spanische Autorenfilmer Benito Zambrano schafft mit seinem klaren, unsentimentalen Blick auf eine soziale Realität, die niemand beschönigen kann, ein tragikomisches Kinodebüt, das man nicht vergessen wird. Es ist seiner Mutter gewidmet und allen anderen Müttern.

*Angie Dullinger, AZ, 29.3.2001*

(...) Das Spielfilmdebüt des Spaniers Benito Zambrano erzählt auf sehr leise und sparsame Weise von den Einsamen und Kummervollen. Ohne große Gesten und dramatische Wendungen porträtiert er alltägliche Menschen mit wirklichen Sorgen. Zwar bleiben die beiden Handlungsstränge nebeneinander stehen und werden am Ende ein wenig künstlich zusammengebracht, doch Zambranos Film berührt und ist zugleich auf wohltuende Weise unspektakulär. Trotz aller Tristesse wirkt er nicht bedrückend, sondern hoffnungsvoll. Und so ist es bezeichnend, dass »Solas« mit dem Tod und mit der Geburt endet. Weil es eben einfach weitergeht.

*Mani Beckmann, Zitty, 7/2001*

## Der Solist – Niemandsland 857

**+

TV

**Regie:** Thomas Freundner
**Darsteller:** Thomas Kretschmann (Philip Lanart), Oliver Nägele (Hennings), Hans-Michael Rehberg (Alexander Jensen), Jochen Nickel (Marco Rossi), Rosita Habicki (Patricia Rossi), Dieter Landuris (Massimo Canzan), Gojko Mitic (Enrico Nadlini)
**Drehbuch:** Holger Karsten Schmidt
**Kamera:** Frank Küpper
**Musik:** Georg Kleinebreil
**Schnitt:** Friederike von Normann
**Prod.-Des.:** Erik Ruffler
**Prod.:** BRD 2000; 90 Min.
Oliver Berben, Moovie-The Art of Entertainment für ZDF
**TV:** 24.2.2001, ZDF, 20.15

(...) Mit steinernem Antlitz musste der große Einsame und beinharte Einzelgänger Philip Lanart einen Mörder von Sardinien nach Hamburg überführen und nur widerwillig ließ er sich von seinem gutmütigen Assi helfen. Als er dahinterkommt, dass der Mörder und seine Tochter Opfer einer miesen Schutzgelderpresserbande waren, löst er den Fall auf seine Art: der Mafia-Kerl und sein Papa-Pate in der Falle – der »Mörder« spurlos verschwunden. Abenteuer-Wunschträume vom Gutmenschen auf eigene Rechnung. Zuschauer abgeschlafft zu Schiff nach Hamburg.

*Ponkie, AZ, 26.2.2001*

## Sommer wie Winter 858

PRESQUE RIEN ***

**Regie:** Sebastien Lifshitz
**Darsteller:** Jeremie Elkaim (Mathieu), Stéphane Rideau (Cédric), Dominique Reymond (Mutter), Marie Matheron (Annick),

Laetitia Legrix (Sarah), Nils Ohlund (Pierre), Réjane Kerdaffrec (Psychiater)
**Drehbuch:** Sébastien Lifshitz, Stéphane Bouquet
**Kamera:** Pascal Puocet
**Musik:** Perry Blake
**Schnitt:** Yann Dedet
**Prod.:** Frankreich/Belgien 2000; 100 Min. Christian Tison, Marion Hänsel für Lancelot/ Man's/Arte France/RTBF/CNC/Canal+/ Procierep/Centre du cinéma
**EA:** Schwul-lesbisches Filmfest »Verzaubert«, 2000
**Verleih:** Salzgeber, OmU/-/-, 21.6.2001

Ein 18-Jähriger findet in den Sommerferien in einem etwas älteren Mann seine erste große Liebe. Nach einem Jahr aber steht er vor den Trümmern dieser Beziehung, die er verarbeiten muss. Porträt eines Heranwachsenden, das sich optisch durchaus geschickt, wenn auch mit teilweise drastischen Szenen auf die sinnliche Seite der Sexualität konzentriert. Dabei verwirrt die unkonventionelle Erzählung mit vielen Zeitsprüngen und verliert an Glaubwürdigkeit, weil sich der Film nur andeutungsweise mit der Persönlichkeitsentwicklung des Protagonisten beschäftigt.
*Andreas Dittgen, Film-Dienst, 13/2001*

**Kritik:** (...) Regisseur Lifshitz erzählt sehr assoziativ, lässt Bausteine weg, die der Zuschauer aus Stimmungen, Blicken und Andeutungen ergänzt. Er scheut dabei weder offene Sexszenen noch Strandromantik am Rande des Kitsches. Aber sein Film feiert die Schönheit, Freiheit, die Melancholie und Erotik der Jugend einfühlsam und ästhetisch.
*Adrian Prechtel, AZ, 28.6.2001*

(...) Der Film erzählt nicht chronologisch, sondern schneidet immer wieder zwischen den beiden Jahreszeiten, den beiden Phasen der Beziehung, hin und her. Dies führt weniger zu gesteigerter Spannung als zu dem immer mitschwingenden Wissen, das die unbeschwerten Momente des Sommers nicht von Dauer sein werden.
*Michael Meyns, Zitty, 13/2001*

## Sommerliebe 859
O DA BENI SEVIYOR ****

**Regie:** Baris Pirhasan
**Darsteller:** Luk Piyes, Lale Mansur, Hale Akinli, Ayla Algan, Cezmi Baskin, Taner Birsel, Ece Eksi
**Drehbuch:** Baris Pirhasan, nach dem Roman von Gül Dirican
**Kamera:** Jürgen Jürges
**Prod.:** Türkei/Ungarn 2001; 95 Min. Filma-Cass
**Verleih:** Concorde/-/-, 20.12.2001

Esmas Zeugnis ist so schlecht, dass sie den Sommer zu Verwandten aufs Land geschickt wird, »in die Verbannung«. Doch der Urlaub in dem anatolischen Nest hat alles, was sich ein zwölfjähriges Mädchen erträumt: ein Haus voller Geschichten, eine treue Komplizin und einen hübschen Jungen zum Verlieben. »Sommerliebe« nimmt ein Publikum mit auf einen der schönsten Kurzurlaube, den das Kino derzeit bietet. *tip, 25/2001*

**Kritik:** (...) »Sommerliebe« ist ein typischer Autorenfilm, mit geringem Budget und leichthändig gedreht, sehr natürlich, fast dokumentarisch. Manchmal wirken die Bilder zu einfach, die Handlung zu durchschaubar. Aber Spannung entsteht nicht aus unerwarteten Wendungen und Geschwindigkeit, sondern daraus, dass wir etwas über ein Lebensgefühl in der heutigen Türkei zwischen Bosporus und Anatolien erfahren.
*Adrian Prechtel, AZ, 20.12.2001*

(...) »Sommerliebe« spielt in den frühen 70er-Jahren, lange vor dem Bürgerkrieg, der mit dem Militärputsch von 1980 brutal beendet wurde. Die Landschaft erscheint als Paradies, in dem liebenswerte Traditionen gepflegt werden. In den Dörfern wohnen mehrere Generationen unter einem Dach, und alle arbeiten hart um ihren bescheidenen Wohlstand zu erhalten.
Aber Erwachsenwerden ist überall schwer und gerade die Idylle ist anfällig für Störungen. Davon erzählt

Baris Pirhasan, der als Assistent von Atif Yilmaz, dem Altmeister des türkischen Autorenfilms, gelernt hat. Sein Film bewegt sich ästhetisch dicht an der Grenze zum Kitsch – aber dadurch wirkt seine sanft kritische Tönung umso eindringlicher.

*Daniela Sannwald, Der Tagesspiegel, 20.12.2001*

(...) Baris Pirhasan hat mit seinem dritten Spielfilm einen flirrend sommerlichen, beinahe schon französisch anmutenden, wunderbaren Film über das Erwachsenwerden gedreht. Denn in dem anfangs so langweiligen Dorf erlebt Esma nicht nur die erste Liebe und die erste schmerzvolle Enttäuschung, sie erfährt auch so einiges über die Verlogenheit der Erwachsenen, die Scheinheiligkeit der Religion und die Dehnbarkeit von Familienbanden. Ein anrührender, glänzend gespielter Film – und alles andere als folkloristisch.

*Gerald Jung, Zitty, 26/2001*

## Ein Sommertraum 860

***

TV

**Regie:** Rolf Silber
**Darsteller:** Katharina Böhm (Thea), Ruth Drexel (Mutter), Seyfi Oelmez (Kemal), Antonio Putignano (Marcello), Ulrike Kriener (Frau Leidig), Peter Lerchbaumer (Celinski), Heinrich Giskes (Babuschke)
**Drehbuch:** Maria Bachmann, Rolf Silber
**Kamera:** Stephan Wagner
**Musik:** Peter W. Schmitt
**Schnitt:** Raimund Barthelmes
**Prod.-Des.:** Johannes Wild, Bergith Geyer
**Prod.:** BRD 2001; 90 Min.
Dieter Ulrich Aselmann für D.I.E. Film
**TV:** 10.12.2001, ZDF, 20.15

(...) Die Mama will der Tochter ein schlechtes Gewissen machen und verlangt nach kleinem Schlaganfall persönliche Transportbegleitung aus dem ländlichen Bayern in die Rehaklinik. Ein neurotisches Machtspiel entfaltet sich zur ironischen Tragikomödie: Die Mama stichelt – die Tochter reagiert wie eine, die mit Rattengift abgefüttert wird. Denn die ganze Rebellenwut der Kindheit kommt ihr dabei wieder hoch. (...) Das hat mehr Witz als sonst üblich bei »Sommertraum«-Komödien und ist auch im Sentimentalen nicht billig.

*Ponkie, AZ, 12.12.2001*

## Songs from the Second Floor 861

SANGER FRAN ANDRA VANINGEN ****

**Regie:** Roy Andersson
**Darsteller:** Lars Nordh (Kalle), Stefan Larsson (Stefan), Torbjörn Fahlström (Pelle), Sten Andersson (Lasse), Lucio Vucino (Magier), Hanna Eriksson (Mia), Peter Roth (Thomas)
**Drehbuch:** Roy Andersson
**Kamera:** Istvan Borbas, Jesper Klevenas
**Musik:** Benny Andersson
**Schnitt:** Roy Andersson
**Prod.:** Schweden/Frankreich/BRD 2000; 100 Min.
Lisa Alwert für Roy Andersson Filmprod. mit Sveringe TV/Danmarks Radio/Arte France Cinema/ZDF
**UA:** Int. Filmfestspiele Cannes 2000
**Verleih:** -/Polyfilm/-, Dez. 2001

Eine assoziative Szenenfolge, nahezu alle mit der Standkamera gefilmt, die Bild- und Charakterkomposition angelehnt an die Gemälde der Neuen Sachlichkeit, vor allem an Otto Dix, von Bibelpsalmen inspirierte Textpas-

*Bizarr: ›Songs from the Second Floor‹*

sagen, die Opferung einer Jungfrau und der scheiternde Versuch zum 2000-jährigen Jubliläum mit Christusstatuen ein Geschäft zu machen. Der Filmemacher Roy Andersson hat nach 25 Jahren, in denen er vor allem Werbespots drehte, wieder einen Langspielfilm gedreht. Ohne kommerzielle Kompromisse eingehen zu müssen, konnte er innerhalb von vier Jahren ein Werk grotesk-surrealer Hoffnungslosigkeit schaffen, welches den Vergleich mit den Filmen Aki Kaurismäkis aber auch Buñuels nicht zu scheuen braucht. *Cai Mosich, Multimedia (Die Furche), 20.12.2001*

## Sonny, der Entendetektiv 862

SOLAN, LUDVIG OG GURIN MED REVEROMPA ****

**Regie:** John M. Jacobsen, Nille Tystad
**Drehbuch:** Kjell Aukrust, Vibeke Idsöe, nach einem Roman von Kjell Aukrust
**Musik:** Kjetil Bjerkestrand
**Schnitt:** Einar Egeland
**Prod.:** Norwegen 1998; 80 Min.
John M. Jacobsen für Filmkameratene/ AB Svensk Filmindustri
**Verleih:** MFA/-/-, 28.6.2001

Ein Detektiv in Entengestalt und sein Assistent spüren im Auftrag einer Witwe einen nichtsnutzigen Gnom auf, dem wegen seiner Unartigkeit über Nacht ein gewaltiger Fuchsschwanz gewachsen ist. Eine hübsche Zeichentrickgeschichte mit charmanten Figuren, die ältere Zuschauer durch zahlreiche Zitate aus der Filmgeschichte unterhält, während sie den Jüngsten eine überschaubare und liebevolle Geschichte bietet.
*Roland Mörchen, Film-Dienst, 13/2001*

**Kritik:** (…) Die Gesichter der Figuren sind grob gezeichnet, wobei die hexenhaften Züge der Stadtmenschen mit den einfältigen Gesichtern der Dorfbewohner kontrastieren. So recht kommt der handlungsarme und an manchen Stellen auch plump pädagogische Film nicht in Schwung. Seine Aussagen immerhin sind klar: Verachte niemanden wegen seines Aussehens! Rauchen schadet der Gesundheit! Und reiche Witwen aus der Stadt sind so durchgeknallt, dass sie ihren Papagei mit Valium füttern!
*Stuttgarter Zeitung, 30.6.2001*

## Sophie – Sissis kleine Schwester 863

***
TV

**Regie:** Matthias Tiefenbacher
**Darsteller:** Valerie Koch (Sophie), Steffen Groth (Edgar), Marie-Lou Sellem (Nadine), Daniela Ziegler (Herzogin Ludovika von Bayern), Fritz Karl (Ferdinand von Alencon), Miguel Herz-Kestranek (Herzog Max von Bayern), Tonio Arango (Ludwig)
**Drehbuch:** Natalie Scharf
**Kamera:** Joachim Jung
**Prod.:** BRD 2001; 92 Min.
Veith von Fürstenberg, Michael von Wolkenstein (Co-Prod.) für Bavaria Film mit Satel für RTL/ORF/TF1
**Vertrieb:** BMG Video
**TV:** 6.5./7.5.2001, RTL, jeweils 20.15

Das eheliche Historien-Saftstück will die keimfreie Sissi-Ikone mit ein bisschen nacktem Pseudo-Realismus übertrumpfen, bleibt aber der edlen Verlogenheit des Modells nichts schuldig. Ob Possenhofener Prinzesserl oder Bürgermadl mit Bodenhaftung ist für die niedliche Valerie Koch gehupft wie gesprungen: Sie darf halt lieb schauen. (…) Doch das durchaus tragische Ehe- und Standes-Drama wird mit sentimentalen Schnörkeln zugekleistert und in frommer Volkstümler-Demut mit liebesschmachtender Sterbe-Träne zu Ende gebracht. Es dehnt sich. Und ist so langweilig, wie soßige Edelschnulzen eben sind.
*Ponkie, AZ, 9.5.2001*

## S.O.S. Barracuda – der Mädchenjäger 864

**
TV

**Regie:** Michel Bielawa
**Darsteller:** Nick Wilder (Jan Fehrmann), Oliver Bootz (Marc Hinrichs), Sandra Keller (Tina Schönborn), Nadja Abd el Farrag (Eva Stein), Peter Gavajda (Crespo), Michaela May

**Drehbuch:** Marc Terjung
**Prod.:** BRD 2000; 90 Min.
**TV:** 20.3.2001, RTL, 20.15

(...) Das simple Fangermandl-Muster dieses Action-Brummers vereint die Künste der Wasserpolizei mit den Fahndertricks von Lockvögeln und hilft einer gramwimmernden Mutter, die Tochter von einer Harems-Yacht zu erretten. Model-Langbein Naddel als Polizistin mit echtem Revolver – Gut und Böse sauber sortiert.

*Ponkie, AZ, 22.3.2001*

## The Sound of War – Wenn Helden sterben 865

WHEN TRUMPETS FADE ***

Video

**Regie:** John Irvin
**Darsteller:** Ron Eldard (Manning), Zak Orth (Warren Sanderson), Frank Whaley (Medic Chamberlain), Dylan Bruno (Sgt. Talbot), Martin Donovan (Capt. Roy Pritchett), Timothy Olyphant (Lt. Lukas), Dan Futterman
**Drehbuch:** V. W. Vought
**Kamera:** Thomas Burstyn
**Musik:** Geoffrey Burgon
**Schnitt:** Lan Crafford
**Prod.-Des.:** Laszlo Rajk
**Prod.:** USA 1998; 87 Min.
John Kemeny für Citadel Ent.-John Kemeny Prod.
**UA:** 10.6.1998, Seattle Film Festival
**EA:** 2.7.1999, Filmfest München
**Vertrieb:** EuroVideo, 11.1.2001
**FSK:** ab 16 J.

Fürs US-Kabel-TV produzierter kleiner Bruder von Spielbergs »Der Soldat James Ryan«: Als einziger Überlebender seiner Einheit gerade aus dem Kriegsinferno im Herbst 1944 zurückgekehrt, muss der zum Sergeant beförderte David Manning postwendend zum nächsten Himmelfahrtskommando. Bewegendes Antikriegsdrama nicht frei von Klischees.

**Kritik:** (...) Das veritable Pendant zu Steven Spielbergs »Private Ryan«. Die Schlacht gleicht den Killing Fields von Erich Maria Remarque. Alle Faszination, jeglichen morbiden Sexappeal und verhohlenes Durchhaltepathos, das die Bilder aus dem Krieg, selbst diejenigen der sinnlosesten Schlachten, im Kino bisweilen auszuströmen vermögen, hat Irvin ihnen nun bis auf den Grund ausgetrieben. Herausragend und ungewöhnlich.

*Michael Hanfeld, FAZ, nach Katalog Filmfest München*

## Späte Rache 866

****+

TV

**Regie:** Matti Geschonneck
**Darsteller:** Peer Jäger (Michael), Maja Maranow (Heide), Christian Redl (Klaus), Birge Schade (Karin Wolf), Lena Stolze (Susanne Schneider)
**Drehbuch:** Hannah Hollinger
**Kamera:** Rudolf Blahacek
**Musik:** Ulrich Reuter
**Schnitt:** Inge Behrens
**Prod.-Des.:** Bernd Gaebler
**Prod.:** BRD 2001; 90 Min.
Reinhold Elschot für Network Movie, für ZDF
**UA:** 3.7.2001, Filmfest München
**TV:** 23.11.2001, Arte, 20.45; 11.3.2002, ZDF

Zwei ungleiche Lebensläufe in Ost und West und eine offene Rechnung aus DDR-Zeiten machen nach der Wende aus scheinbar alten Freunden erbitterte Gegner. *Pressetext*

## Spiders 2 867

SPIDERS II *

Video

**Regie:** Sam Firstenberg
**Darsteller:** Stephanie Niznik (Alex), Greg Cromer (Jason), Richard Moll (Dr. Grbac), Gerald Henderson
**Drehbuch:** Stephen David Brooks
**Kamera:** Peter Belcher, Plamen Somov
**Musik:** Serge Colbert
**Schnitt:** Irit Raz
**Prod.:** USA 2001; 93 Min.
Boaz Davidson für Nu Image
**Vertrieb:** Highlight Video, 11.10.201
**FSK:** ab 16 J.

Aus Seenot gerettetes Pärchen soll von größenwahnsinnigem Wissenschaftler als Brutstätte für Riesenspinnen missbraucht werden. Horror zum Abgewöhnen – zu schlecht, um schon wieder lustig zu sein, und fast zu schlecht, um wahr zu sein.

## Spionin auf Urlaub 868
MY MOTHER THE SPY □ TV

**Regie:** Elodie Keene
**Darsteller:** Jayne Brook (Alison Shaeffer), Dyan Cannon (Gloria Shaeffer), Kevin Kilner (Rabbi Gary), David Pulffy (Vasquez), Gloria Stuart (Großmutter), Shawn MacDonald (Eric), Garwin Sanford (Peter)
**Drehbuch:** Barbara Davilman
**Kamera:** Laszlo George
**Musik:** Stewart Levin
**Schnitt:** Anthony Redman
**Prod.-Des.:** Michael Nemirsky
**Prod.:** USA 1999; 87 Min.
Popular Arts Ent./Hearst Ent.
**TV:** 5.5.2001, ZDF, 14.00

Beziehungsprobleme zwischen Mutter und erwachsener Tochter.

## Spirit Dog – Die Fährte des Geisterhundes 869
LEGEND OF SPIRIT DOG □ TV

**Regie:** Martin Goldman, Michael Spencer
**Darsteller:** Morgan Brittany (Elizabeth), Martin Balsam (Stan), Jon Paul Nicoll (Jed), Joel Meyer-England (Jeds Freund), David Richards (Richard), George Charles (Ray), Robert Frier (Cliff)
**Drehbuch:** Rick Fields, Martin Goldman, Ron Meyer
**Kamera:** Ron Arrowsmith
**Musik:** David Arkenstone
**Prod.:** USA 1996; 81 Min.
**TV:** 31.3.2001, ARD, 9.30

Der Sohn einer Tierärztin, ein Wolfshund und ein Eskimo-Medizinmann verhindern in Alaska ein fieses Öko-Verbrechen.

## Spoiler – Verdammt im Eis 870
SPOILER ** Video

**Regie:** Jeff Burr, Cameron Von Daake (= Luca Bercovici)
**Darsteller:** Jeff Burr, Cameron Von Daake, Gary Daniels (Roger Mason), Jeffrey Combs (Captain), Meg Foster, Bryan Genesse, Nicholas Sadler
**Drehbuch:** Michael Kalesniko
**Kamera:** Philip Lee
**Musik:** Marco Marinangeli
**Schnitt:** Amanda I. Kirpaul
**Prod.:** USA 1997; 99 Min.
Barnet Bain, Amy Gibbons für Ed Ancoats
**Vertrieb:** One World Video
**TV:** 7.10.1999, Premiere, 0.15, März 2001
**FSK:** ab 18 J.

Der brave Bürger Roger Mason wandert unschuldig in das Hochsicherheits-Gefängnis »Ice Box«. Als er flieht und wieder gefasst wird, erhöht sich seine Strafe auf 26 Jahre. Roger bäumt sich auf ... Science-Fiction-Action-Kampfsport-Gebräu von geringer Bekömmlichkeit.

## Spot 871
SEE SPOT RUN ***+

**Regie:** John Whitesell
**Darsteller:** David Arquette (Gordon Smith), Angus T. Jones (James), Leslie Bibb (Stephanie), Michael Clarke Duncan (Murdoch), Anthony Anderson (Beny), Paul Sorvino (Sonny Talia), Joe Viterelli (Gino)
**Drehbuch:** George Gallo, Gregory Poirier, Danny Baron, Christian Faber, nach einer Story von Stuart Gibbs, Craig Titley, George Gallo
**Kamera:** John S. Bartley
**Musik:** John Debney
**Schnitt:** Cara Silverman
**Prod.-Des.:** Mark Freeborn
**Prod.:** USA 2001; 97 Min.
Robert Simonds, Tracy Trench, Andrew Deane für Village Roadshow/NPV Ent.
**Verleih:** Warner/dto./dto., 12.4.2001
**Vertrieb:** Warner Video (Video, DVD)
**FSK:** o. A., ffr. – **FBW:** Besonders wertvoll

Der Hund Spot, Held einiger US-amerikanischer Kinderbücher, verkommt in dieser Slapstick-Gangsterfilmparodie auf tiefstem Niveau zum Polizeihund-Helden. Abgebissene Gangster-Hoden, strategisch platzierte Hundekothaufen und andere müde Gags der vulgärsten Sorte lassen schnell die Frage aufkommen, ob Kinder so was wirklich zu schätzen wissen. *Film, 4/2001*

**Kritik:** (...) Bis Mama wieder daheim einschwebt, nutzt Filmer John Whitesell jede Gelegenheit, um die Zweibeiner zu Idioten zu machen. Zudem verquickt er seine zutiefst vulgären Slapstick-Streiche mit neuzeit-modischen Ekel-Eskapaden, dass einer schon ganz schön abgebrüht sein muss, um dies als Film für die ganze Familie weiterempfehlen zu können. Vom einst positiven Hollywood-Familienkino-Erfolgsrezept à la »Lassie« oder den »Beethoven«-Späßen scheint nur mehr der Vierbeiner als Held übrig geblieben. Arme Jugend, die mit Fast-Food-Nichtigkeiten à la »Spot« aufwachsen soll.

*Horst E. Wegener, Zitty, 8/2001*

(...) Durch eine Verkettung unsäglicher Zufälle muss Postzusteller Gordon nicht nur auf den Sohn seiner Möchtegernfreundin aufpassen, sondern dem erklärten Vierbeinerfeind läuft auch noch ein von Mafia-Killern gejagter Polizeihund zu. Der Humor ist zäh, das Handwerk unterhalb der Routine-Grenze, das Vergnügen kaum vom Nullpunkt entfernt. Arquette (»Scream«) gestand: »Wir haben die ganze Zeit nur Blödsinn gemacht.« Dem wird niemand widersprechen.

*W. O. P. Kistner, AZ, 12.4.2001*

## Sprachlos 872

LE PORNOGRAPHE ***

**Regie:** Bertrand Bonello
**Darsteller:** Jean-Pierre Leaud, Jeremie Renier, Dominique Blanc, Catherine Mouchet, Thibault Montalembert, Andre Marcon, Alice Houri
**Drehbuch:** Bertrand Bonello
**Kamera:** Josée Deshaies
**Musik:** Laurie Markovitch
**Schnitt:** Fabrice Rounaud
**Prod.:** Frankreich/Kanada 2001; 108 Min. Carole Scotta für Haut et Court/In Extremis Images/Téléfilm Canada
**Verleih:** -/Stadtkino/-, Nov. 2001

Ein Filmemacher, der sich auf Pornofilme spezialisiert hat, arbeitet nach Jahren der beruflichen Abstinenz wieder an einem Projekt. Seine künstlerischen Ambitionen werden dabei ständig vom Produzenten zunichte gemacht, der auf billigen Porno-Mainstream aus ist. Das nimmt er sprachlos hin, diese Sprachlosigkeit versucht er im privaten Umfeld jedoch aufzubrechen. Was zunächst als Metadiskurs über das Filmemachen und Reflexion über die bildliche Darstellung von Genuss gelesen werden kann, stellt sich in karger Ästhetik und reduzierter szenischer Gestaltung immer mehr als Porträt eines Mannes dar, der das Schlichte auf radikale Weise zu seiner Lebensmaxime erhoben hat und sich selbst stets zurücknimmt, sodass er schließlich in letzter Konsequenz in Einsamkeit endet.

*Alrun Fichtenbauer, Multimedia (Die Furche), 1.11.2001*

## Die Spur meiner Tochter 873

L' INCONNUE DU VAL PERDU ****+

TV

**Regie:** Serge Meynard
**Darsteller:** Zabou Breitman (Martine), Julie de la Fosse (Olivia), Didier Bienaimé (Marc), Barbara Schulz (Florence), Beppe Clerici (Pousse Cailloux), Elsa Royer (Jessica), Arlette Lebret (Mélanie)
**Drehbuch:** Chantal Pelletier, Serge Meynard
**Prod.:** Frankreich 2000; 87 Min.
**TV:** 27.7.2001, Arte, 20.45

(...) Geschichte einer Rächerin, die zurückkehrt, um der Gerechtigkeit zu ihrem Sieg zu verhelfen. Französisches Kino stößt auf eher ärmliche Thriller-Muster, es gibt intelligente Dialoge und knarzende Türen mit Blechtopf-Fallen, als wäre Kevin allein zu Haus. Tarotkarten weisen magische Spuren, Fotos zeigen die gemordete Tochter beim druidischen Ringelreihen. – Es fehlt nicht viel zur Parodie eines Thrillers. Aber da ist eben diese starke Figur der Mutter, die Zabou Breitman mit einer inneren Wahrheit spielt, als wäre sie einem Film von Robert Bresson entsprungen. Selten hat man so wie hier gesehen, dass eine einzige Schauspielerin aus einem durchschnittlichen Fernsehfilm eine packende Psychostudie machen kann.

*Wilfried Geldner, SZ, 27.7.2001*

## Spy Kids 874

SPY KIDS ***

**Regie:** Robert Rodriguez
**Darsteller:** Antonio Banderas (Gregorio Cortez), Carla Gugino (Ingrid Cortez), Alexa Vega (Carmen Cortez), Daryl Sabara (Juni Cortez), Alan Cumming (Fegan Floop), Tony Shalhoub (Alexander Minion), Teri Hatcher (Mrs. Gradenko)
**Drehbuch:** Robert Rodriguez
**Kamera:** Guillermo Navarro
**Musik:** Danny Elfman, Gavin Greenaway, Hector Pereira, John Debney, Robert Rodriguez, Los Lobos
**Schnitt:** Robert Rodriguez
**Prod.-Des.:** Cary White
**Prod.:** USA 2001; 88 Min.
Robert Rodriguez, Elizabeth Avellan; Tamee Smith-Zimmerman (Co-Prod.) für Dimension/Troublemaker Studios
**EA:** Fantasy Filmfest 2001
**Verleih:** Dimension/Concorde/-, 4.10.2001
**FSK:** ab 6 J., ffr.

Das Ehepaar Cortez war früher im Spionagegeschäft tätig, wovon ihre beiden Kinder keine Ahnung haben. Als ihre Eltern im Zuge einer geheimen Mission entführt werden, werden auch die Kinder in das Agentendasein hineingestoßen. Nach anfänglichen Schwierigkeiten können sie ihre Eltern aus dem Fantasy-Schloss, in dem sie von einem Star aus einer Kinder-Fernseh-Show gefangen gehalten werden, befreien. Rodriguez durchmischt einen Agentenfilm mit Fantasy-Elementen und schafft so ein buntes Feuerwerk an Anspielungen und Details, einen rasanten, humorvollen Film. *Alrun Fichtenbauer, Multimedia (Die Furche), 4.10.2001*

**Kritik:** (…) Regisseur Robert Rodriguez, der bisher für seine postmodernen Action-Spektakel (»El Mariachi«) sämtliche Schubladen der Gattungskonventionen durchwühlt und sich ohne falsche Scham im Überfluss bedient hat, verfährt auch für die Kinderkomödie »Spy Kids« nach bewährtem Rezept. Der Film ist wie eine bunte Wundertüte, die sich durch ständiges Schütteln in ein großes Kaleidoskop verwandelt. *Karin Zendagui, Rheinische Post, 5.10.2001*

(…) Das übertriebene Product-Placement, die gelegentliche Hyperhektik der Inszenierung und etliche Story-Löcher lassen sich wegen der rasanten Humorquote der Inszenierung leicht verschmerzen. Die jungen Fans quirliger Kinderactionfilme dürfen sich übrigens freuen: Die Verträge zu »Spy Kids 2« sind in trockenen Tüchern. *Reinhard Kleber, Filmecho-Filmwoche, 43/2001*

## Das Staatsgeheimnis 875

*** TV

**Regie:** Matthias Glasner
**Darsteller:** Benno Fürmann (Lars Schelling), Nele Müller-Stöfen (Nicole Masur), Jutta Wachowiak (Irene Schelling), Maxi Mari Duck (Emmylou), Ill Young Kim (Kim Chong), Otto Mellies (Krassnitz), Michael Hannemann (Pape)
**Drehbuch:** Margot Rothkirch, Michael Fengler
**Kamera:** Benjamin Dernbecher
**Schnitt:** Dirk Grau
**Prod.:** BRD 2001; 90 Min.
Harry Kügler, Molly von Fürstenberg für Olga-Film
**TV:** 30.11.2001, 3sat, 20.15; 25.10.2001, Pro7, 20.15

Der Paranoia-Thriller jagte einen Unwissenden durch die Geldwäscher-Mafia von Altstasi-Seilschaften. DDR-Nachfolge-Grusel der Finanzschieber-Strauß-Connections im James-Bond-Stil. *Ponkie, AZ, 27.10.2001*

**Kritik:** (…) Glasners Film ist intelligent aufgebaut, klug strukturiert, spannend erzählt – eben niemals langweilig oder platt-plakativ oder klischeehaft-kitschig. Vor allem aber ist »Das Staatsgeheimnis« ein mutiger Polit-Thriller, der durchaus kritisch ans Werk geht – und zwar bei beiden Systemen, dem der DDR und dem der Bundesrepublik. (…) *Thilo Wydra, Der Tagesspiegel, 25.10.2001*

## Stadt der Tiere 876

LA CITE ANIMALE / ANIMAL CITY ****+ Video

**Regie:** Frederic Gonseth, Catherine Azad
**Drehbuch:** Frederic Gonseth, Catherine Azad
**Kamera:** Frederic Gonseth
**Schnitt:** Frederic Gonseth, Catherine Azad
**Prod.:** Schweiz 2000; 79 Min.
Frederic Gonseth für Television Suisse Romande
**Vertrieb:** Frederic Gonseth Video, Febr. 2001

In Jaipur, der Hauptstadt des indischen Bundesstaates Rajasthan, leben zwei Millionen Menschen und etwa gleich viele Tiere. Die Affen, Ziegen, Schweine, Dromedare, Elefanten und heiligen Kühe – teils Haustiere, die von ihren Besitzern auf die Straße geschickt werden, um in den Abfällen nach Essbarem zu suchen – gehören ebenso zum Stadtbild wie der chaotische Verkehr. Der bedächtige Dokumentarfilm geht in einem exotischen Bilderbogen der Frage nach, wie sich der Umgang von Mensch und Tier in der hinduistischen Gesellschaft gestaltet. *Film, 2/2001*

## Stadt, Land, Kuss 877

TOWN & COUNTRY ***

**Regie:** Peter Chelsom
**Darsteller:** Warren Beatty (Porter Stoddard), Diane Keaton (Ellie Stoddard), Andie MacDowell (Eugenie), Garry Shandling (Griffin), Jenna Elfman, Nastassja Kinski (Alex), Goldie Hawn (Mona)
**Drehbuch:** Michael Laughlin, Buck Henry
**Kamera:** William A. Fraker
**Musik:** Rolfe Kent
**Schnitt:** David Moritz, Claire Simpson
**Prod.-Des.:** Caroline Hanania, Mark Worthington
**Prod.:** USA 2001; 104 Min.
Andrew Karsch, Fred Roos, Simon Fields; Cyrus Yavneh (Co-Prod.) für FR Prod./ Longfellow mit Simon Fields Prod.
**Verleih:** Kinowelt/-/Rialto, 12.7.2001

Die zweite US-Produktion des Briten Peter Chelsom ist eine Komödie um zwei reiche New Yorker Ehepaare und ihre Seitensprung-Nöte. Trotz Stars in bester Spiellaune enttäuscht der Film in seiner unverbindlichen Nettigkeit. Wie schon bei seinem Kinderfilm »The Mighty« verzichtet Chelsom auf seine persönliche Handschrift zugunsten industrieller Belanglosigkeit. Einziges Highlight ist eine böse Selbstparodie von Schusswaffenfan Charlton Heston.

*Film, 8/2001*

**Kritik:** (...) Sein Händchen für Komik bewies Chelsom schon in seinen britischen Burlesken »Hear my Song« sowie »Funny Bones«. Und auch in seiner ersten großen US-Produktion »Stadt, Land, Kuss« demonstriert er sein Können für Komödie, obwol ihm die Arbeit in Hollywood nicht gerade leicht gemacht wurde. Wegen etlicher Verzögerungen zog sich die Produktion endlos hin; die Dreharbeiten wurden abgebrochen, dann wieder aufgenommen; und schließlich wurde monatelang an verschiedenen Schnittfassungen herumgedoktert.

*Diane Keaton und Warren Beatty*

Was man dem Film im Endeffekt auch anmerkt. Viele Szenen wirken wüst aneinander gereiht, die Handlung zerfällt in Episoden, die mehr oder weniger zusammenpassen. Aber sonst sind viele Passagen dieser Posse einfach urkomisch. Und auch die Stars laufen zu Hochform auf. Ob nun Warren Beatty selbstironisch sein Image als Schwerenöter vom Dienst aufs Korn nimmt; ob sich Diane Keaton als spröde Ehegattin an der Inneneinrichtung des Heims abreagiert; ob sich Goldie Hawn mal wieder als hysterische Quietschnudel aufplustert oder ob sich der reaktionäre Waffennarr Charlton Heston selbst parodiert – es macht einfach Spaß, den spielfreudig aufgelegten Akteuren zuzusehen. (...) So viele Ungereimheiten in einem einzigen Film erlauben eigentlich nur den einen Schluss: dass hier wieder einmal viele Köche den Brei verdorben haben. Aber warum sollte das jemanden davon abhalten, sich die Rosinen herauszupicken?

*Michael Kohler, FR, 10.7.2001*

(...) Katastrophenstimmung begleitet diesen Film. Eine Aura von Desaster, von Absturz und totalem Versagen umgibt ihn und seine Stars, Warren Beatty und Diane Keaton, Josh Hartnett – aus »Pearl Harbor« – und Jenna Elfman. Ein Dutzend Anläufe hatte es gebraucht, zwölfmal wurde ein Starttermin angesetzt zwischen April 1999 und April 2001, bevor »Town & Country« endlich in die Kinos kam. Die Einspielzahlen für Amerika waren ganz und gar unglaublich, 6,7 Millionen in vier Wochen ... und kleinlaut zog der amerikanische Verleih alle Kopien wieder zurück.

Im Nachhinein schien die Katastrophe allen vorhersehbar. Es hatte bei diesem Projekt Kalamitäten in einer solchen Dichte gegegeben, dass die Produktionsgeschichte manchmal komischer wirkte als der Plot des Films. Das Skript war natürlich nicht fertig, als man mit dem Dreh begann, und Starautor Buck Henry musste mit Zusatzszenen und -dialog einspringen – dafür verkörpert er nun am Schluss die entscheidende Instanz. Die Kosten stiegen auf über 80 Millionen und der Regisseur Peter Chelsom kam mit dem Star Beatty nicht sehr gut zurecht. Und angeblich gingen bei einem Transport in Manhattan einige Dosen wesentliches Filmmaterial verloren. Was auch immer davon wahr ist, was hinzuerfunden wurde, schon vor seiner Premiere wurde der Film als heißer Kandidat gehandelt im Wettbewerb um den größten Stinker der Filmgeschichte – und einer der großen Konkurrenten von Warren Beatty ist dabei Kevin Costner mit seinen Produktionen »Waterworld« und »The Postman«. (...)

*Fritz Göttler, SZ, 11.7.2001*

## Stanley Kubrick – A Life in Pictures 878

STANLEY KUBRICK – A LIFE IN PICTURES ****

Video

**Regie:** Jan Harlan
**Darsteller:** Sprecher: Tom Cruise.
Mit: Christiane Kubrick, Ken Adam, Brian Aldiss, Woody Allen, Steven Berkoff, Louis C. Blau, John Calley
**Kamera:** Manuel Harlan
**Schnitt:** Melanie Viner Cuneo
**Prod.:** GB 2000; 144 Min.
Jan Harlan für Warner Home Video Prod.
**UA:** 17.2.2001, Int. Filmfestspiele Berlin, »Außer Wettbewerb«; Filmfest München 2001
**Vertrieb:** Warner, Herbst 2001

Von Kubrick selbst gibt es nicht viele Bilder, veröffentlicht werden stets dieselben Porträts: Stanley Kubrick – ein bekannter Unbekannter. Denn was man über die Person Stanley Kubrick weiß, steht in umgekehrtem Verhältnis zum Bekanntheitsgrad seines Namens und seiner Filme.

Gewiss legte er Wert auf sein Privatleben, aber ein Einsiedler war Kubrick nicht. Harlans Film vermittelt nun Einblicke nicht allein in Kubricks

Arbeitsweise. Darüber hinaus porträtiert er auch dessen Leben jenseits der beruflichen Sphäre, das er seit 1958 mit Christiane Kubrick teilte, die neben raren Fotos auch gänzlich unbekannte Filmaufnahmen aus ihren gemeinsamen Ehejahren zur Verfügung stellte. Außer ihr erinnern Freunde, Mitarbeiter und prominente Kollegen an den Kino-Perfektionisten – und an den Menschen Stanley Kubrick.

*Katalog Berlinale*

## Startup 879

ANTITRUST / CONSPIRACY.COM ***

**Regie:** Peter Howitt
**Darsteller:** Ryan Philippe (Milo Hoffman), Rachael Leigh Cook (Lisa Calighan), Claire Forlani (Alice Poulson), Tim Robbins (Gary Winston), Douglas McFerran (Bob Shrot), Richard Roundtree (Lyle Barton), Tygh Runyan (Larry Banks)
**Drehbuch:** Howard Franklin
**Kamera:** John Balley
**Musik:** Don Davis
**Schnitt:** Zach Staenberg
**Prod.-Des.:** Catherine Hardwicke
**Prod.:** USA 2000; 110 Min.
Nick Wechsler, Ketih Addis, David Nicksay für Industry Ent. mit Hyde Park Ent.
**Verleih:** Constantin/-/Rialto, 28.8.2001

Softmogul Gary Winston ist mit seinem gewitzten Charme und der Paranoia die fiktive Version des real existierenden Bill Gates. Winston engagiert das junge Computergenie Milo, um sein noch nicht ausgereiftes revolutionäres Satellitenkommunikationssystem zu vollenden. Dabei entwickelt sich der scheinbare Traumjob für den jungen Mann bald zum Albtraum. Der Thriller bleibt konventionell trotz des Hightech-Instrumentariums, mit dem die Protagonisten um sich schlagen. *Film, 6/2001*

**Kritik:** (…) Je weiter der Film voranschreitet, desto weniger scheint sich auch der Drehbuchautor Howard Franklin auf Cybertricks und Orwell'sche Überwachungsszenarien verlassen zu wollen. Dass »Startup« nicht ohne konventionelle Verfolgungsjagden und Mann-gegen-Mann-Duelle auskommt, wirkt letztlich schlicht wie eine Bankrotterklärung vor den nicht genutzten Möglichkeiten der virtuellen Welt auf der Leinwand.

*Claire Forlani*

*Dorothee Schöpfer, Stuttgarter Zeitung, 28.6.2001*

(….) Wenig Spannung in der Story also – und wären da nicht einige fesselnd inszenierte Paranoia-Szenen sowie der denkwürdige Auftritt von Tim Robbins (der wie in »Arlington Road« als charismatischer Schurke glänzt), könnte man sich diesen Komplott-Thriller ersparen.

*Albert Baer, Rheinische Post, 29.6.2001*

## Startup.com 880

STARTUP-DOT-COM ****

**Regie:** Jehane Noujaim, Chris Hegedus
**Darsteller:** Tom Herman, Kaleil Isaza Tuzma, Bill Clinton, Maynard Jackson
**Kamera:** Jehane Noujaim
**Musik:** Sherief El Katsha, Kit Pennebaker
**Schnitt:** Chris Hegedus, Erez Laufer, Jehane Noujaim

**Prod.:** USA 2000; 103 Min.
D. A. Pennebaker für Pennebaker Hegedus Films/Noujaim Films
**UA:** 22.11.2001, Eröffnungsfilm beim IFDA Amsterdam
**EA:** 20.11.2001, Cinemaxx Hannover
**Verleih:** Founders United/-/-, Okt. 2001

Die Regisseurin Jehane Noujaim erfährt 1998, dass ihr Mitbewohner Isaza Tuzman seine lukrative Anstellung aufgeben will, um gemeinsam mit einem Freund eine dotcom zu gründen. Von Anfang an dokumentiert sie diesen Prozess, von der Projekt- über die Implantierungsphase, die ersten Erfolge bis zum Absturz am Ende. Ein selten authentisches Dokument, das die Goldgräbereuphorie und Gewinnfantasien dieses Sektors deutlich macht und einen ungebrochenen Blick in die Funktionsweisen des Börsenkapitalismus gewährt.
*Richard Richter, Multimedia (Die Furche), 25.10.2001*

**Kritik:** (...) »Startup.com« ist ein faszinierendes Zeitbild des modernen Kapitalismus und ein spannendes Lehrstück in Sachen Freundschaft und Idealismus. *Andreas Fuchs, Filmecho-Filmwoche, 21/2001*

## Sterben, aber richtig! – A Better Way to Die 881

A BETTER WAY TO DIE **
Video

**Regie:** Scott Wiper
**Darsteller:** Scott Wiper (Boomer), Lou Diamond Phillips (Spezial-Agent William Dexter), Andre Braugher (Cleveland), Joe Pantoliano (Flash), Natasha Henstridge (Kelly), Matt Galini (Laslov), Wayne Duvall (Rifkin)
**Drehbuch:** Scott Wiper
**Kamera:** Lawrence Sher
**Musik:** John M. Keane
**Schnitt:** James E. Tooley
**Prod.-Des.:** Ren Blanco
**Prod.:** USA 2000; 97 Min.
Graham Taylor, Russell Gray, Bradley Fuller für Newman/Tooley/Newmarker Capital Group
**Vertrieb:** Columbia TriStar Video, 9.10.2001
**FSK:** ab 18 J.

Die Rückkehr zu seiner Jugendliebe in der Provinz gerät für Chicagoer Ex-Polizisten zum Martyrium. Und auch dem Zuschauer bleibt wenig an platten Klischees erspart – ein Action-Thriller ohne Höhepunkte.

## The St. Francisville Experiment 882

THE ST. FRANCISVILLE EXPERIMENT *
Video

**Regie:** Tim Baldini
**Darsteller:** Madison Charap (Madison Charap), Ryan Larson (Ray Larson), Paul Palmer (Paul Carson), Tim Baldini (Tim Thompson), Troy Taylor, Paul Salamoff, Ava Jones
**Kamera:** Todd Richard
**Schnitt:** Tom Vater, Jeff Bradley
**Prod.:** USA 2000; 76 Min.
Dana Scanlan für Kusher-Lucke Prod.
**Vertrieb:** Sunfilm, 18.9.2001
**FSK:** ab 16 J.

Im Auftrag von Parapsychologen erkunden vier Menschen ein so genanntes Spukhaus – exakt mit dem zu erwartenden Effekt. Allerbilligstes »Blair Witch Project«-Plagiat in »erbärmlicher Blechdosen-Synchronisation«. *Film-Dienst*

## Stille Nacht, tödliche Nacht 883

PARENTI SERPENTI □
TV

**Regie:** Mario Monicelli
**Darsteller:** Paolo Panelli (Opa Saverio), Pia Velsi (Oma Trieste), Cinzia Leone (Gina), Alessandro Haber (Alfredo), Marina Confalone (Lina), Monica Scattini (Milena), Tommaso Bianco (Michele)
**Drehbuch:** Carmine Amoroso
**Kamera:** Franco Di Giacomo
**Musik:** Rudy De Cesaris
**Prod.:** Italien 1991; 98 Min.
**TV:** 4.12.2001, ARD, 1.35

Wie jedes Jahr feiern die vier erwachsenen Colapietro-Geschwister mit ihren Familien Weihnachten bei den Eltern. Das traditionelle Familientreffen verläuft wie üblich in streitlustiger Eintracht, bis die 80-jährige Mutter mitteilt, dass sie und ihr Mann nun zu alt zum Alleineleben seien. Über die

Frage, wer die agilen Senioren bei sich aufnimmt, geraten die Geschwister in Streit, bis ihnen eine ungewöhnliche Lösung für dieses Problem dämmert.

*Pressetext*

## Stiller Sturm 884

****+

TV

**Regie:** Tomasz Thomson
**Darsteller:** Jana Thies (Anne), Brigitte Hobmeier (Nora), Marcus Born (Stefan), Christoph Bach (Adam), Doreen Dietel (Stefanie), Thomas Wodianka (Alexander), Henriette Thimig (Annes Nachbarin)
**Drehbuch:** Tomasz Thomson, Katrin Merkel
**Kamera:** Oliver Soravia
**Musik:** Jörg Burger
**Schnitt:** Christoph Galetzka
**Prod.:** BRD 2000; 93 Min.
Björn Klimek für Screen: Works Köln/ZDF
**TV:** 18.9.2001, ZDF, 23.15, »Das kleine Fernsehspiel«

Ich will raus aus der Dunkelheit, ich will ans Licht, lautet der programmatische Wunsch der vereinsamten Protagonistin, die in ihrer Introvertiertheit den Anschluss ans Leben zu verpassen droht und ihrem großen Bedürfnis nach Liebe, Nähe und Geborgenheit kaum Rechnung zu tragen vermag. Der Film lebt vor allem von der Präsenz der Hauptdarstellerin Jana Thies, deren ausdrucksstarkes Gesicht ein ruhender Pol im pulsierenden urbanen Treiben ist.

*Horst-Peter Koll, Film-Dienst, 13.2.2001*

## The Story of a Bad Boy 885

THE STORY OF A BAD BOY ☐

**Regie:** Tom Donaghy
**Darsteller:** Jeremy Hollingworth (Pauly), Christian Camargo (Noel), Giampiero Judica (Paolo), Stephen Lang (Spygo), Julie Kavner (Elaine), Lauren Ward (Ludmilla), Howie Ravikoff (Colin)
**Drehbuch:** Tom Donaghy
**Kamera:** Garrett Fisher
**Musik:** Angelo Badalamenti, Chris Hajian
**Schnitt:** Barbara Tulliver
**Prod.:** USA 1999; 85 Min.
Jean Doumanian für Sheila Fraser Milne Prod.
**Verleih:** Jugendfilm (nicht gestartet)/-/-, 12.7.2001

Der 17-jährige Pauly, von seinen Eltern unverstanden und von den Freunden auf die falsche Fährte geschickt, will alles ausprobieren, scheint aber nirgendwo sein Glück zu finden. Auf der Suche nach seiner Identität, gerät Pauly von einem skurrilen Abenteuer ins nächste.

*Filmecho-Filmwoche, 25/2001*

## Strange Frequency 886

STRANGE FREQUENCY **

Video

**Regie:** Mary Lambert, Bryan Spicer
**Darsteller:** Martin Cummins (Dante), Judd Nelson (Martin Potter), Eric Roberts (Bob Henry), John Taylor (Jimmy Blitz), Eric Palladino (Buck), Danny Masterson (Randy), Marla Sokoloff (Darcy King)
**Drehbuch:** Joseph Anaya, Dale Kutzera, Dan Merchant
**Musik:** Tyler Bates
**Prod.:** USA 2001; 83 Min.
Deborah Ann Henderson für Broadway/ Viacom Prod.
**Vertrieb:** Paramount Video, 8.11.2001
**FSK:** ab 16 J.

Von Musiksender VH-1 produzierter Episodenfilm, der seine qualitativ unterschiedlichen Storys rund um Rockmusik rankt.

## Strike Zone 887

STRIKE ZONE *

Video

**Regie:** John Christian Ingvordsen
**Darsteller:** Frank Zagarino (Rick Burns), Billy Drago (Alex Goddard), Adam R. Brown (Lt. Reese), Rick Washburn (John Watkins), Richard Lynch (Admiral Douglas Lamport), T. J. Glenn (Abdul), Eileen Grubba
**Drehbuch:** Matthew M. Howe, J. Christian Ingvordsen
**Kamera:** Matthew M. Howe
**Musik:** Stephen Edwards
**Schnitt:** Kevin Locarro
**Prod.:** USA 1999; 89 Min.
Matthew M. Howe, J. Christian Ingvordsen, Frank Zagarino
**Vertrieb:** e-m-s (Sunfilm) Video, 26.6.2001
**FSK:** ab 16 J.

Mission impossible für Kampftaucher Rick: Er muss seine entführte Freundin und ein geklautes Raketenprogramm aus dem Irak schleusen. Sinn-

und hirnloses Action-Spektakel in jeder Hinsicht auf unterem Niveau.

## The Suburbans – The Beat goes on! 888
THE SUBURBANS ***+
Video

**Regie:** Donal Lardner Ward
**Darsteller:** Craig Bierko (Mitch), Amy Brenneman (Grace), Antonio Fargas (Maggie), Will Ferrell (Gil), Tony Guma (Rory), Donal Lardner Ward (Danny)
**Drehbuch:** Donal Lardner Ward, Tony Guma
**Kamera:** Michael Barrett
**Musik:** Robbie Kondor
**Schnitt:** Kathryn Himoff
**Prod.:** USA 1999; 84 Min.
Michael Burns, Brad Krevoy, Jeffrey Abrams, Leanna Creel für Suburbans/HSX/Ignite/MPCA/Red Hour
**Vertrieb:** Columbia TriStar Video, 10.4.2001
**FSK:** ab 6 J.

New-Wave-Band bekommt 20 Jahre nach ihrem einzigen Hit ein verlockendes Angebot für ein Comeback. Liebenswerte, wenngleich nicht gerade mit vielen Einfällen gesegnete Musik- und Familienkomödie.

## Sucht nach Liebe 889
SOMEONE TO LOVE ME □
TV

**Regie:** Chuck Bowman
**Darsteller:** Lynda Carter (Diane Young), Jessica Bowman (Cayley Young), Scott Foley (Ian Hall), Julie Patzwald (Leigh Eversol), Andrea Nemeth (Kim McKay), Malcolm Stewart (Calvin Ritt), Mary Ellen Trainor (Jocelyn Hart)
**Drehbuch:** Elizabeth Gill, nach der Story von Jill Blotevogel
**Kamera:** Peter Benison
**Musik:** Stacy Widelitz
**Prod.:** USA 1998; 85 Min.
**TV:** 9.12.2001, ARD, 23.35

Die hübsche Cayley gilt an ihrer Schule als eine, die für jeden zu haben ist. Als sie von einem ehemaligen Liebhaber vergewaltigt wird, entschließt sie sich zur Klage, hat aber wenig Hoffnung, den Täter zu überführen. Denn wer glaubt schon einem Mädchen, das in wenigen Wochen drei Affären hatte? *Pressetext*

## Suck My Dick 890
***

**Regie:** Oskar Roehler
**Darsteller:** Edgar Selge (Jekyll), Katja Flint (Jeanny), Ralf Richter (Hyde), Wolfgang Joop (Psychiater/Otto), Hannelore Elsner, Zora Holt, Franziska Walser
**Drehbuch:** Oskar Roehler
**Kamera:** Carl-F. Koschnick
**Musik:** Martin Todsjarow
**Schnitt:** Gergana Voigt
**Prod.-Des.:** Alexander Manasse
**Prod.:** BRD 2000; 74 Min.
Werner Koenig für Helkon Media
**UA:** 5.7.2001, Filmfest München
**Verleih:** Helkon/-/-, 8.11.2001
**Vertrieb:** Columbia TriStar Video (Video, DVD)
**FSK:** ab 16 J., ffr.

Ojemine! Der Schwanz ist weg. Sein edles Stück wurde Dr. Jekyll von seinem Alter Ego Hyde geklaut, der eines Tages aus seinem Hirn verschwand, um endlich Fleisch zu werden. Bei solchem Verlust retardiert selbst der Intellektuelle zum Affen. Wie und mit welchen Konsequenzen, zeigt Oskar Roehler in seiner angetrashten Satire über Kopf- und Triebmenschen und die Berliner Szene-Schicksen, bei der Wolfgang Joop als Psychiater und Katja Flint als Ur-Weib nicht fehlen dürfen.
*Cristina Moles Kaupp, tip, 23/2001*

**Kritik:** (...) Dieses Massaker des Körperkults, mit dem Techno-Sound der Trash-Society dicht am wundgescheuerten Zahnarzt-Nerv, ist bösartig und intelligent – und nimmt keine Rücksicht auf irgendeine Sorte von Publikum. Der Zyniker-Autor ohrfeigt den Zuschauer lieber mit Houellebecq-Zitaten und überlässt ihn am Ende den letzten Zuckungen einer verrotteten Spätkultur. Umsonst gibt's hier nichts. *Ponkie, AZ, 8.11.2001*

(...) Es gibt Filme wie diesen, da kann man als Kritiker nur alles falsch machen. Bejubelt man »Suck My Dick«, ist zu hören: Wie kannst du diesen Schmarren nur gutheißen, wohl weil Oskar Roehler draufsteht? Fabriziert

der Autor einen Verriss, klagt die Szene: Hey, der Film ist total hip. Hast du etwa keinen Humor? Wenn das lustig sein soll, was uns der seit seiner »Unberührbaren« umjubelte Roehler da vorsetzt, dann habe ich wirklich keinen Humor. (…)
Satire ist dann wirkungsvoll, wenn sie indirekt kommt und nicht mit dem Dampfhammer. So entpuppt sich dieser Film schnell als ein Rohrkrepierer. Prominent besetzter Möchtegern-trash. *Martin Schwarz, Zitty, 23/2001*

(…) Roehler exponiert seine Figuren dort, wo Fassbinder sie zu schützen gewusst hätte, er macht sich über sie lustig, wo Fassbinder sie ernst genommen hätte. Diese Differenz zu überschreiten, hat Roehler einmal geschafft: In »Die Unberührbare« hatte er allzu berührt ein Berührungsverbot ignoriert. Dass ihn Dr. Jekyll, sein Alter Ego Hyde und die übrigen dramatischen Personen schlechterdings nicht tangieren, spürt man »Suck My Dick« in jeder Filmminute an. Die Invektive, die laut Roehler als Publikumsbeschimpfung gedacht war, kommt beim Publikum nur als Selbstbeschimpfung an. (…)

*Veronika Rall, FR, 8.11.2001*

(…) »Suck my Dick« will eine beleidigende Komödie sein, in der wir uns körperlich unwohl und als Zuschauer nicht für voll genommen fühlen sollen. Beides gelingt ihr. Aber für die Weigerung, zu unserem Selbstwertgefühl als Kulturkonsument beizutragen, zahlt dieses gallige Stück Kino einen hohen Preis: Es gelingt diesem Kino nicht, uns durch Komik, Melancholie oder Wut tiefer zu ergreifen.

*Thomas Klingenmaier,*
*Stuttgarter Zeitung, 8.11.2001*

**Interview:** *Herr Roehler, in Ihrem Film verliert Edgar Selge als Erfolgsautor sein bestes Stück. Leiden Sie auch unter männlichen Verlustängsten?*

*Edgar Selge in Nöten*

Verlustängste sind mir vertraut, ich gehöre zur Paranoia-Fraktion. Aber vor allem geht es mir darum, das satirische Bild einer auf Äußerlichkeiten fixierten Kulturszene durch den Kakao zu ziehen. Ich würde gerne mal einen Film über Verlustängste von Frauen drehen, aber das maße ich mir jetzt noch nicht an. Das Verhalten von Männern, die immer ihre Umwelt erobern und verteidigen wollen, liegt mir natürlich näher.

*In manchen Szenen sind Sie ganz schön zynisch.*

Ich bin eher sarkastisch, ziehe manchmal gerne Dinge in den Dreck. Es ist auch der Sinn von Komödien, die Hauptfiguren ganz furchtbar zu behandeln und in die schlimmsten Situationen schlittern zu lassen, der Gesellschaft den Spiegel unter die Nase zu halten.

*Was unterscheidet »Suck My Dick« von Ihren früheren Filmen?*

Ich habe dem Realismus komplett den Rücken gekehrt und mich ganz anderer Mittel bedient, nicht von der Technik, sondern vom Intellekt her. Es gibt höchstens Ähnlichkeiten in puncto Krudität und subversiven Elementen. »Suck My Dick« ist meine Reaktion auf diese langweiligen deutschen Filme, in denen Themen wie »Ich und meine Freundin« oder »Ich in der Disco« auf 90 Minuten ausgewalzt werden. Wir sind in Deutschland künstlerisch risikoscheu, statt diesen Wahnsinn zuzulassen, der in uns allen steckt.

*Hat der Erfolg von »Die Unberührbare« Ihr Leben verändert?*

Ich habe ihn genossen, spüre aber bei jedem Film neuen Druck, bevor er ins Kino kommt. Erfolg heißt, dass man nicht mit einem Film baden geht – wie ich mit »Gierig«. Das war eine niederschmetternde Erfahrung. Die Aufgabe eines Regisseurs ist es, das richtige Thema zu wählen. Man muss einen persönlichen Bezug zu dem haben, was man macht, sonst verliert man die Kontrolle.

*Sie gelten als Intellektueller und »enfant terrible«, vor allem durch Ihre Zusammenarbeit mit Christoph Schlingensief.*

Ich folge nur meinen Instinkten, bin freiheitsliebend und freiheitsbedürftig. Für den Part des »enfant terrible« ist Christoph zuständig. Wer mich mittags auf dem Balkon Blumen gießen sieht, hält mich eher für arbeitslos als wild. Es kommt auf die Wahrnehmung an. Ich möchte nur meine Ideen in Ruhe ausbrüten und der Filmindustrie nicht verpflichtet sein. Für diese Freiheit zahle ich einen hohen Preis, weil ich immer fiebern muss, ob alles klappt, dass ich das Geld herbeibringe. Ich leide von der ersten Sekunde an.

*Oskar Roehler im Interview mit Margret Köhler, AZ, 5.11.2001*

## Sugar & Spice 891

SUGAR AND SPICE ***

**Regie:** Francine McDougall
**Darsteller:** Marley Shelton (Diane Weston), James Marsden (Jack Bartlett), Mena Suvari (Kansas), Marla Sokoloff (Lisa), Rachel Blanchard (Hannah), Melissa George (Cleo), Alexandra Holden (Fern)
**Drehbuch:** Mandy Nelson
**Kamera:** Robert Brinkman
**Musik:** Mark Mothersbaugh
**Schnitt:** Sloane Klevin
**Prod.-Des.:** Jeff Knipp
**Prod.:** USA 2001; 81 Min.
Wendy Finerman; Michael Nelson (Co-Prod.) für Wendy Finerman Prod.
**Verleih:** Kinowelt/-/-, 15.3.2001
**Vertrieb:** Kinowelt Video (Video, DVD)
**FSK:** ab 12 J., ffr.

Belanglose Teenager-Komödie über fünf typisch amerikanische Cheerleader-Girls, die aufgrund der Schwangerschaft von einer von ihnen beschließen, eine Bank zu überfallen. Da die Story nicht viel hermacht, gibt's ein paar überflüssige Nebenstränge. Hübsche Girls und ein paar Lacher.

*Uli Buchner*

**Kritik:** (...) Wenn die Schauspieltruppe um Hauptdarstellerin Marley Shelton nicht so umwerfend gut wäre, wenn der Soundtrack mit Beiträgen von Gary Glitter bis El Vez nicht so clever ausgesucht und die Regie der australischen Debütantin Francine McDougall nicht so verdammt souverän und vor Ironie nur so triefend wäre, hätte man als der Pubertät längst entwachsener Kinogänger wohl einfach einen weiteren »American Pie«-Rip-off gesehen. So aber weiß »Sugar & Spice« durchaus zu unterhalten, auch über sein Zielpublikum hinaus: eine niedliche, kleine Komödie mit satirischen Hintergedanken.

*Zitty, 6/2001*

## Sumo Bruno 892

***

**Regie:** Lenard Fritz Krawinkel
**Darsteller:** Hakan Orbeyi (Bruno), Oliver Korittke (Kalle), Julia Richter (Anna), Martin

Seifert (Akashi), Thomas Drechsel (Timo), Esther Esche (Gina), Tim Wilde (Lucky)
**Drehbuch:** Marius del Mestre, Jan Berger, Lenard Fritz Krawinkel
**Kamera:** Piotr Lenar
**Musik:** Biber Gullatz, Eckes Malz
**Schnitt:** Adam Boome
**Prod.-Des.:** Claus Jürgen Pfeiffer
**Prod.:** BRD 1999; 99 Min.
Dirk Beinhold, Friedrich-Carl Wachs; Arthur Hofer, Hanno Huth (Co-Prod.) für Babelsberg Film mit Studio Babelsberg/Senator
**UA:** Int. Hofer Filmtage 2000
**Verleih:** Senator/-/-, 11.1.2001
**Vertrieb:** Euro Video (Video, DVD)

Ein unter Fettleibigkeit und Liebeskummer leidender Koloss ringt sich zur Teilnahme an den Sumo-Weltmeisterschaften in Riesa durch. Keine »Rocky«-mäßige Erfolgsstory, mehr eine Milieu- und Charakterstudie über exzentrische Zeitgenossen in der tristen ostdeutschen Provinz. Erstaunlich souverän gelingt es dem Laienakteur Hakan Orbeyi, dem sächsischen Helden Würde zu verleihen.

*Ralph Umard, tip, 1/2001*

**Kritik:** (...) Tatsache ist aber, dass Regisseur Lenard Krawinkel das Sumo-Ringen nie so ernst nimmt, wie es die Sache verdient hätte, sondern nur als Mittel zum Zweck sieht, seine freudige Botschaft zu verkünden, dass man auch hierzulande willens ist, Filme für die ganze Familie zu machen. Statt also auf die Rituale des Sumo-Ringens zu vertrauen, hat man stets den Eindruck, es gehe Krawinkel viel eher um die nicht sonderlich aufregenden Geschichten, die er darum herum gestrickt hat. Da gibt es dann noch einen kleinen selbstmordgefährdeten dicken Jungen, seine junge unglückliche Mutter, einen schmierigen Veranstalter, einen absonderlichen Wahljapaner und was man sich sonst noch so einfallen lässt, wenn man erzählen möchte, aber nicht weiß, was. Nichts steht einfach mal für sich, hinter jeder Einstellung lauert eine Absicht. Und wenn es etwas gibt, was man von den Amerikanern lernen kann, dann jene Überzeugung, dass man ein Thema auch ernst nehmen muss.

*Michael Althen, SZ, 24.1.2001*

(...) Regisseur Krawinkel hütet sich davor, die obligaten »Rocky«-Strukturen Hollywoods zu bedienen: Bruno bleibt der gebrochene Held im Gegenwind, steigt nie zum Phoenix aus der Asche auf. Andererseits vermeidet Krawinkel jede Art von Sozial-Romantik und Sozial-Kitsch. So bleibt der Realitätsbezug erhalten und der Humor pendelt sich auf eher stille Töne ein. Bei allem Mut, bei aller Sensibilität schlackern manche Handlungsfäden plötzlich arg im dramaturgischen Wind. Einige Nebenfiguren gerinnen zu Karikaturen, was den Gesamteindruck ein wenig schmälert.
Die Wahl des türkischen Laiendarstellers Hakan Orbeyi erweist sich aber in jeder Sekunde als elementarer Glücksgriff, denn jenseits seiner beeindruckenden physischen Präsenz gelingt ihm das Kunststück, durch sein professionelles Spiel und seine liebenswerte Ausstrahlung jede Menge Sympathien zu erzeugen. So bleibt Krawinkels Debüt ein Schritt in die richtige Richtung und ein erfreulich erfrischender Film aus einheimischer Produktion.

*W. O. P. Kistner, AZ, 18.1.2001*

(...) Das ist mau ausgedacht und witzlos inszeniert, wohl weil der Regisseur zu sehr auf den Dumpfen-Bären-Charme seines Hauptdarstellers setzt. Weit trägt allerdings auch der nicht und schon gar nicht in die leichten, luftigen Gefilde des Komödiantischen. Womit wir wieder bei der Diskussion im deutschen Film wären. Dem bleiben bekanntlich schon wieder die Zuschauer weg – nicht zuletzt wegen Filmen wie diesem, bei dem sich offenbar niemand die wichtigste Frage im Filmbusiness überhaupt gestellt hat: Wer, um Himmels willen, könnte sich so etwas ansehen wollen?

*Hans-Joachim Neumann, Zitty, 2/2001*

## Sunburn 893

SUNBURN ****+

**Regie:** Nelson Hume
**Darsteller:** Paloma Baeza (Aideen Higgins), Cillian Murphy (Davin McDerby), Barry Ward (Robert Fiske), Ingeborga Dapkunaite (Carolyn Kramer), Michael Liebman (Billy Conlin)
**Drehbuch:** Mark Edgington, Nelson Hume
**Kamera:** Frank DeMarco
**Schnitt:** Suzanne Pillsbury
**Prod.:** USA 1999; 89 Min.
Jean Doumanian für Sweetland
**Verleih:** Jugendfilm (nicht gestartet)/-/-, 12.7.2001

Drei junge irische Studenten kommen in ihren Ferien nach Long Island, um zu jobben und viel Spaß zu haben. Sie schlagen über die Stränge, verlieben sich und werden ein bisschen erwachsener. Stimmungsvolles Spielfilmdebüt nach wahren Erlebnissen aus der Sicht junger Leute, inszeniert mit zartem Humor, poetischen Bildern und dokumentarischen Qualitäten. Auf ebenso spielerische wie entspannte Weise wirbt der sympathische Film um Verständnis für das Jungsein.

*Andrea Dittgen, Film-Dienst, 14/2001*

## Das sündige Mädchen 894

***
TV

**Regie:** Christoph Stark
**Darsteller:** Anna Loos (Angela Winter/ Annemarie Ostermeier), Jürgen Tarrach (Claus), Simon Licht (Jürgen Schneider), Lisa Kreuzer (Mutter), Bernhard Bettermann (Robert)
**Drehbuch:** Waltraud Ratzenberger (= Edeltraud Rabitzer), nach wahren Begebenheiten aus dem Leben der Pornodarstellerin Sibylle Rauch
**Kamera:** Gernot Roll
**Musik:** Ludwig Eckmann
**Schnitt:** Marco D'Austria
**Prod.-Des.:** Josef Sanktjohanser
**Prod.:** BRD 2000; 2 x 90 Min.
Misha Hofmann, Philip Voges für Hofmann & Voges Ent. für RTL
**UA:** 7.7.2001, Filmfest München
**TV:** 1.9.2001, RTL, 20.15

(...) über Nacht wird Annemarie zum Star. Unter ihrem Künstlernamen Angela Winter genießt sie den Glamour in vollen Zügen. Doch auf die Jahre der Erfolge folgt in den 80er- und 90er-Jahren der Abstieg in die Hardcore-Hölle. Ausgebeutet von Produzenten, im Stich gelassen von den Freunden und sogar von der eigenen Schwester betrogen, überwiegen schnell die Schattenseiten. Durch Schulden und Drogen rutscht Annemarie ab. (...)

*Katalog Filmfest München*

**Kritik:** (...) Solche Momente zeigen, dass das Filmteam nach Kräften bemüht war, den schlüpfrigen Auftrag unverkrampft zu erfüllen. Doch können sie letztlich nicht darüber hinwegtäuschen, dass es dem Film nicht gelingt, einen eigenen Ton zu finden und durchzuhalten: Zu viel ist hektisch hineingepackt, zu sehr schwankt er zwischen Klamotte und Melodram. Ganz davon abgesehen, dass mit Titel und Thema allerlei sündige Erwartungen geweckt werden, die immer wieder angeheizt und doch nie erfüllt werden. Der RTL-Anspruch, einen »neugierigen Blick ohne expliziten Sex« hinter die Kulissen des Pornogewerbes zu werfen, wirkt da ein wenig heuchlerisch – die Quote hängt natürlich stark vom neugierigen Blick der Voyeure ab, die auf nackte Tatsachen hoffen.

*Antje Weber, SZ, 19.1.2001*

## Super 8 Stories 895

SUPER 8 STORIES BY EMIR KUSTURICA ****+

**Regie:** Emir Kusturica
**Darsteller:** No Smoking Orchestra: Nelle Karajillic, Stribor Kusturica, Zoran Marjanovic Ceda, Goran Markovski Glava, Nenad Gajin Coce, Emir Kusturica, Drazen Jankovic
**Kamera:** Michel Amathieu, Chico de Luigi, Petar Propovic, Gianenrico Bianchi, Gerd Breiter, Frédéric Burgue, Pascal Caubère, Raimond Goebel, Thorsten Königs, Ratko Kusic, Emir Kusturica, Dragan Radivojevic Lav, Stephan Schmidt, Darko Vucic
**Musik:** No Smoking Orchestra
**Schnitt:** Svetolik Mica Zajc

**Prod.:** BRD/Italien 2000; 90 Min.
Carlo Cresto-Dina, Raimond Goebel für Pandora/Fandango mit Arte
**EA:** 14.2.2001, Int. Filmfestspiele Berlin, »Außer Konkurrenz«
**Verleih:** Pegasos/-/Filmcooperative, 6.9.2000
**FSK:** ab 12 J., ffr.

Seit zwölf Jahren spielt Emir Kusturica in der Balkan-Punk-Band »No Smoking Orchestra«. Nun hat er die laute und chaotische Truppe auf ihrer Europatournee begleitet. Sein überdrehter, bisweilen ermüdend klamaukhafter Film nimmt (in oft parodierender Art) immer mal wieder Bezug auf Wenders' »Buena Vista Social Club«. Das grobkörnige Bandporträt ist zwar mit allerlei persönlichen bis privaten Reminiszenzen angereichert, verliert aber kaum ein Wort über die Situaton in Ex-Jugoslawien und die politische Haltung der Band. *Film, 8/2001*

**Kritik:** (...) Eines ist klar: Das »No Smoking Orchestra« besteht aus Individualisten von unterschiedlichen Begabungen und Lebensläufen. Vereint durch Seele, Leidenschaft, Leid – und die Liebe zu einer Musik, die Grenzen auflöst. Mutig sind die desillusionierten Balkan-Helden, und lustig erst recht. Unza Unza Unza!
*Angie Dullinger, AZ, 6.9.2001*

(...) Wer die wilde, aufpeitschende Musik mag (und eigentlich kann man Kusturicas Filme nicht mögen, ohne auch die Musik zu lieben), könnte bei dieser Dokumentation auf seine Kosten kommen, alle anderen werden dem Treiben auf der Leinwand eher gelangweilt zuschauen. Denn besonders spannend oder in irgendeiner Weise über die Klänge hinausgehend ist Kusturicas Film nicht. Wahllos schneidet er zwischen Bühne, Bus und Fotoshooting hin und her, manchmal sorgen Eskapaden der Bandmitglieder für witzige Momente. Doch insgesamt bleibt der Film blass. Bis auf die hinreißende Musik eben.
*Michael Meyns, Zitty, 19/2001*

*Emir Kusturica*

**Interview:** *Emotionen spielen in »Super 8 Stories ...« eine große Rolle.*

Es gibt zwei Typen von Filmregisseuren, den Geschäftsmann und den Künstler. Der Geschäftsmann versucht einfach, das Publikum mit einem Haufen von Sound- und visuellen Effekten vollzuknallen. Der Künstler, und dazu möchte ich mich zählen, versucht, die menschlichen Seiten zu durchdringen, die Substanz dessen, was Kunst ist, die Gefühle herauszufiltern. Lebenswichtige Entscheidungen werden nicht auf der Basis von mathematischen Zahlen oder im Computer getroffen, sondern hauptsächlich vom Instinkt her. Es gibt eine Tendenz, insbesondere in Hollywood, die uns totschlägt mit etwas, was diesem Film diametral entgegensteht. Natürlich bin ich nicht der Einzige, aber diese anderen Filme verteidigen die

Menschlichkeit. Und ich denke, es gibt ein sehr starkes Bedürfnis danach. Wir müssen aus unserem Herzen heraus arbeiten.

*Aber Instinkt und Emotionen führen auch zu Gewalt, zu Zerstörung, zu Kriegen wie auf dem Balkan.*

Völlig richtig. Beide Seiten gehören zusammen. Der Balkan ist eine tragische und selbstzerstörerische Welt. Und in der Musik kann man den Rhythmus der Tragik dieser Region wieder finden. Wenn man diese Musik genau untersucht, findet man die Einflüsse von türkischer, ungarischer, rumänischer Musik, aber auch westlichen Rock 'n' Roll und Zigeunermusik. All das spiegelt sich auch in meinem Film wider, in der Musik und in den Musikern. Ich würde mich riesig freuen, wenn das Publikum das auch spürt, weil ich zeigen möchte, dass diese Menschen gleichzeitig gut und schlecht sein können.

*Emir Kusturica im Interview mit Barbara Lorey, tip, 4/2001*

## Survivor – Die Überlebende 896

SOLE SURVIVOR **

Video

**Regie:** Mikael Salomon
**Darsteller:** Billy Zane (Joe Carpenter), Gloria Reuben (Rose), Isabella Hoffmann (Barbara Chrisman), Rachel Victoria Roberts (21:21), Mitchell Klosterman (Becker), John C. McGinley (Yates)
**Drehbuch:** Richard Christian Matheson, nach einem Roman von Dean Koontz
**Kamera:** Jon Joffin
**Musik:** Mark Snow
**Schnitt:** Christopher Rouse
**Prod.:** USA 2000; 163 Min.
Hans Proppe für Lions Gate/Columbia TriStar TV/Sole Survivor Prod./Mandalay
**Vertrieb:** Columbia TriStar Video, 11.9.2001
**FSK:** ab 16 J.

Journalist, bei Flugzeugabsturz Frau und Kind verloren, bekommt von einem ungeheuerlichen Komplott Wind, was ihn in tödliche Gefahr bringt. Verblasener Fantasy-Thriller mit allzu schlichter Botschaft.

## Der süße Duft des Todes 897

UN DULCE OLOR A MUERTE **

**Regie:** Gabriel Retes
**Darsteller:** Diego Luna, Hector Alterio, Karra Elejalde, Ana Alvarez, Gabriel Retes, Odiseo Bichir
**Drehbuch:** Edna Necoechea, nach dem gleichn. Roman von Guillermo Arriaga
**Kamera:** Claudio Rocha
**Musik:** Ivan Wyszogrod
**Schnitt:** Carlos Salces
**Prod.:** Mexiko/Spanien/Argentinien 1998; 98 Min.
Tita Lombardo
**Verleih:** -/Cinematograph/-, Nov. 2001

In einer kleinen Stadt im mexikanischen Hochland wird ein Mord verübt. Fern der Metropolen, ist man es hier gewohnt, Probleme selber zu lösen. Also ermittelt der alte Sheriff Justino in dieser Sache, wobei all die sozialen Bruchstellen und Ressentiments einer ländlichen Struktur sichtbar werden. Gelungene Milieustudie, die Kritik an der doppelmoralischen, patriarchalischen und korrupten Tradition des ländlichen Mexiko übt – unterbrochen von einigen dramaturgisch zweifelhaften Spannungsmomenten aus dem Routinefundus des Kriminalgenres. Klein, aber fein.

*Multimedia (Die Furche), 29.11.2001*

## Süße Träume 898

SLADKE SANJE ***

**Regie:** Saso Podgorsek
**Darsteller:** Janko Mandic (Egon), Veronika Drolc (Mutter), Iva Zupancic (Großmutter), Josef Nadj (Onkel Vinko), Marinka Stern (Tant), Joze Hrovat, Iva Babic
**Drehbuch:** Miha Mazzini
**Kamera:** Sven Pepeonik
**Schnitt:** Zlatkan Cutkor
**Prod.-Des.:** Dusan Mandic, Miran Mohar, Andrej Savski
**Prod.:** Slowenien 2001; 110 Min.
Franci Zajc für Arsmedia
**EA:** 31.11.2001, Slowenische Filmwoche München

Egon Vittori ist 13 und hat noch keinen Plattenspieler. Jugoslawien am Anfang der 70er scheint aber wie ein Schlaraffenland zu sein. Luxusgüter, die amerikanische Musik, Filme und die neueste Mode werden importiert. Alle haben Plattenspieler, nur Egon hat keinen. Während der Verwirklichung seines Plans, wie man den Plattenspieler bekommen könnte, schlägt er sich durch aufgeregte Familienmitglieder, Plattenbesitzer, Mitschüler, Professoren, Kommunisten und Dissidenten. Am Ende bekommt er seinen Plattenspieler. Und erwachsen wird er auch noch dabei! *Programmheft*

## Süßes Gift 899

MERCI POUR LE CHOCOLAT ****

**Regie:** Claude Chabrol
**Darsteller:** Isabelle Huppert (Marie-Claire »Mika« Muller), Jacques Dutronc (Andre Polonski), Anna Mouglalis (Jeanne Pollet), Rodolphe Pauly (Guillaume Polonksi), Michel Robin (Dufreigne), Brigitte Catillon (Louise Pollet), Mathieu Simonet (Axel)
**Drehbuch:** Claude Chabrol, Caroline Eliacheff, nach dem Roman »The Chocolate Cobweb« von Charlotte Armstrong
**Kamera:** Renato Berta
**Musik:** Matthieu Chabrol
**Schnitt:** Monique Fardoulis
**Prod.-Des.:** Yvan Niclass
**Prod.:** Frankreich/Schweiz 2000; 99 Min. Marin Karmitz für MK2/TSR
**Verleih:** Concorde/dto./Filmcooperative, 4.1.2001

Dieser unaufgeregte Thriller spielt in den edlen Kreisen einer Schokoladendynastie am Genfer See. Die schöne Direktorin kontrolliert nicht nur ihre Fabrik, sondern auch ihren Pianisten-Gatten und ihren Stiefsohn und schreckt dabei vor drastischen Mitteln nicht zurück. Gewohnt raffiniert und liebevoll zeichnet Claude Chabrol die Abgründe emotionaler Leere einer eigentlich sorgenfreien Gesellschaft. Die pointenfreie Spannungsdramaturgie macht den Film zu einem Lehrstück. *Film, 2/2001*

**Kritik:** (...) Eine Art Intensivkurs in Sachen »mise en scène«, ein kühles, unaufgeregtes, im besten Sinne sprödes Meisterstück über die Lügen und Geheimnisse der Großbürger. Mit der gewohnt minimalistischen Isabelle Huppert an der Seite des weltfremden Jacques Dutronc. Virtuos.
*Stefan Grissemann, tip, 1/2001*

(...) Vielleicht liegt das größte Manko überhaupt in der mysteriös-ominösen Figur der steinreichen Fabrikantin Mika und ihrer Darstellung durch Huppert. Warum sich in dieser Frau Abgründe auftun, warum sie scheinbar zum Mord fähig ist und alle Welt, vor allem aber ihre Liebsten, mit Doppel-Wahrheiten hintergeht, das wird im Ansatz nicht einmal angedeutet. Und das schadet dieser Studie eines maroden bourgeoisen Familiensystems, wirkt doch Mikas Psychose wie eine Art abstrahierter Aufhänger, um die Geschichte überhaupt erzählen zu können. *Thilo Wydra, Filmecho-Filmwoche, 49/2000*

(...) Mit der lüsternen Geduld eines Feinschmeckers legt Chabrol eine Zwiebelhaut nach der anderen frei. Seine Inszenierung der Dialoge und Blicke folgt gut kaschierter Zielstrebigkeit, Chabrols bewährte Cutterin Monique Fardoulis fügt immer wieder scheinbar unmotivierte Zwischenschnitte als Stolpersteine ein, deren

*Isabelle Huppert und Anna Mouglalis*

Bedeutung sich erst später erschließt. Die argwöhnisch gleitende Kamera von Renato Berta bleibt auf Augenhöhe mit den Charakteren und belauert ihre Unergründlichkeit. Die Motive und Strategien bleiben vieldeutig, Lüge und Wahrheit, Gut und Böse sind bei Claude Chabrol unlösbar miteinander verknüpft. Das Geheimnis lag vielleicht nie hinter, sondern immer vor der Tür. Wer die Augen verschließt, macht sich mitschuldig. Das gilt bei Chabrol nicht nur für die Figuren. Auch die Unachtsamkeit des Zuschauers ist strafbar. *Gerhard Midding, Berliner Zeitung, 4.1.2001*

## Suzhou River 900

SUZHOU HE ****

**Regie:** Lou Ye
**Darsteller:** Zhou Xhun (Meimei, Moudan), Jia Hongsheng (Mardar), Nai An (Mada), Yao Anlian (Chef), Hua Zhongkai (Lao B.), Lou Ye (Erzähler)
**Drehbuch:** Lou Ye
**Kamera:** Yu Wang
**Musik:** Jörg Lemberg
**Schnitt:** Karl Riedl
**Prod.-Des.:** Zhuoyi Li
**Prod.:** China/BRD 2000; 83 Min.
Nai An, Philippe Bober; Jian Wei Han, Asai Takashi (Ass-Prod.) für Dream Factory/ Essential Film mit ZDF/Arte/BR
**UA:** Int. Filmfestival Rotterdam
**EA:** 2.7.2001, Filmfest München
**Verleih:** X-Verleih/-/Filmcooperative, 27.9.2001
**Vertrieb:** Warner Video

Ein Videofilmer zieht mit seiner Kamera durch die Straßen von Shanghai und denkt an seine Freundin Meimei, die ihn verlassen hat. Eines Tages kommt der Motorradkurier Mardar zu ihm, der im Gefängnis war, weil er sich an der Entführung seiner Geliebten Moudan beteiligt hatte. Als Moudan seinen Betrug herausfand, stürzte sie sich in den Fluss und verschwand spurlos. Der Fluss Suzhou dient als Parabel für das urbane Leben der vier Protagonisten, die nach Liebe und Identität suchen. Ein frisches Stück chinesisches Kino. *Film, 1/2001*

**Kritik:** (…) »Suzhou River« ist kein Film für Logikversessene. Wer sich nicht früh genug der Eigendynamik der Erzählung ergibt, bringt sich um das Sehvergnügen. Das Spiegelkabinett der sich ineinander verschiebenden Wirklichkeitsebenen versetzt den Film und seine Zuschauer in einen leicht somnambulen Trancezustand. Film noir, Nouvelle vague und Hitchcocks »Vertigo« winken von der anderen Seite des Flusses, ohne dass der Stilwille des jungen Filmemachers verwässert wird.
*Martin Schwickert, AZ, 27.9.2001*

(…) Man fühlt sich an Hitchcocks »Vertigo« erinnert, an klassische Kinostile wie den Film noir; die erzählerischen Fantasien verbinden sich harmonisch mit den rauen, dokumentarischen Aufnahmen vom Alltagsleben am Fluss. Ein wunderschön melancholisches, fast meditatives Liebesdrama aus dem Bauch von Shanghai, entlang der Ufer des »Suzhou River« – faszinierend verworren, romantisch und hautnah am Puls der Stadt.
*Albert Baer, Rheinische Post, 19.10.2001*

(…) Die Geschichte ist wie ein Vexierspiel: Immer wieder werden die Liebesbeziehungen zwischen den vier jungen Menschen gegenseitig innerlich wie äußerlich überblendet, ins Traumhafte gezogen, wird der Naturalismus des im Grunde tristen und von Verbrechen gekennzeichneten Lebens überhöht durch Poesie, wird die Realität infrage gestellt. Ein Film aus der so genannten »6. Generation« der chinesischen Filmemacher, nicht einfach zu enträtseln und oft auch ohne die nötige künstlerische Zucht und Ökonomie. Und doch ein Film mit Poesie, der eine Faszination ausübt.
*Thomas Engel, Der Gildedienst, 8–9/2001*

**Interview:** (…) Der Absolvent der Filmhochschule Peking, der eigentlich

›Suzhou River‹

Malerei studieren wollte, gehört zur so genannten »6. Generation«, die sich von der »5. Generation« der Filmemacher abgrenzt durch einen unbekümmerteren Umgang mit der Wirklichkeit und sich gegen das traditionelle Kino der Väter wendet: »Wir fühlen uns freier, feiern das chinesische Neujahrsfest und gleichzeitig auch Weihnachten mit Weihnachtsbaum. Das typische China, das die »5. Generation« beschwor, existiert nicht mehr. Wir sind wahrscheinlich wurzellos. Aber man kann die Zeit nicht zurückdrehen, die Globalisierung macht nicht an Chinas Grenzen halt. (…)
Filmemachen ist kein Zuckerschlecken in China, fasst Lou Ye die abenteuerliche Entstehung zusammen. Erst nach Absegnung durch die Zensurbehörde erhält man die Drehgenehmigung und nach Fertigstellung wird der Film noch einmal kritisch unter die Lupe genommen. Lou Ye wartet immer noch auf die Freigabe: Bis dahin hat »Suzhou River« Aufführungsverbot. Trotz der Stolpersteine steht ein Wechsel ins westliche Ausland für ihn aber nicht zur Debatte: In der heutigen Situation sind alle Pläne schnell Makulatur. Ich konzentriere mich auf den Film, den ich gerade drehe, und habe zwei Ziele: einen Film zu Ende zu bringen und ihn vor großem Publikum aufzuführen. Das hört sich vielleicht nicht sehr visionär an, aber was nützen mir Träume, wenn ich sie nicht realisieren kann?

*Lou Ye im Interview mit Margret Köhler, AZ, 26.9.2001*

## Sweet November — 901
SWEET NOVEMBER — ***

**Regie:** Patrick O'Connor
**Darsteller:** Keanu Reeves (Nelson Moss), Charlize Theron (Sara), Jason Isaacs (Chaz), Greg Germann (Vince), Liam Aiken (Abner), Robert Joy (Baeford Dunne), Lauren Graham (Angelica)
**Drehbuch:** Kurt Voelker, nach einer Story von Paul Yurick und Kurt Voelker, nach einem Drehbuch von Herman Raucher
**Kamera:** Edward Lachman
**Musik:** Enya, Christopher Young
**Schnitt:** Anne V. Coates
**Prod.-Des.:** Naomi Shohan
**Prod.:** USA 2001; 121 Min.
Elliott Kastner, Steven Reuther, Deborah Stoff, Erwin Stoff; Marty Ewing (Co-Prod.) für Bel-Air/3 Arts
**Verleih:** Tobis/dto./-, 2.8.2001
**FSK:** ab 6 J., ffr. – **FBW:** Wertvoll

Der rund um die Uhr arbeitende Werbefachmann Nelson trifft auf Sara, die als Hippie-Verschnitt das Leben in San Francisco liebt und genießen will. Sara macht Nelson das Angebot, den ganzen November bei ihr zu wohnen. Nelson geht schließlich auf das Angebot ein, die beiden verlieben sich ineinander. Sara hat jedoch Krebs und trennt sich von Nelson, weil sie ihm ihr Ende nicht zumuten will. Die Charaktere sind äußerst klischeehaft gezeichnet, das melodramatische Potenzial des Stoffes wird ausgereizt, dennoch verfehlt der Film, lässt man sich darauf ein, seine Wirkung nicht und bietet detailverliebtem Publikum zudem einige Schmankerl im Hintergrund.

*Alrun Fichtenbauer, Multimedia (Die Furche), 9.8.2001*

**Kritik:** (…) Film, das sei Wahrheit, 24-mal in der Sekunde, hat Godard gesagt. Film, das ist Lüge, 24-mal in der Sekunde, sagt Pat O'Connor, der Regisseur dieses von Soft-Songs ein-

gespülten, wollig-verwaschenen Romantik-Melodrams. Nein, er sagt das natürlich nicht, er inszeniert es. Und die Lügen, die er in diesen Trost-Film verbreitet, die sind so dreist, dass die Leinwand vor Scham eingentlich rot anlaufen müsste. *Rupert Koppold, Rheinische Post, 3.8.2001*

(…) Und schon ist Nelson seines Anzugs und seines Handys beraubt; Sex und Müßiggang zeigen überraschend schnell Wirkung. Als der Geläuterte Sara gar bittet, ihn zu heiraten, muss sie ablehnen. Denn sie bewahrt ein bitteres Geheimnis. That's life. Keine Chance für den in einen Gutmenschen verwandelten Ex-Yuppie Nelson, kein Erbarmen mit uns allzu kritischen Kinogängern. Ein Retortenfilm unter Love-Story-Niveau – Taschentücher nicht vergessen.
*Horst E. Wegener, Zitty, 16/2001*

## The Sweetest Sound 902
THE SWEETEST SOUND ***+

**Regie:** Alan Berliner
**Drehbuch:** Alan Berliner
**Kamera:** Richard Dallett
**Schnitt:** Alan Berliner
**Prod.:** USA 2001; 60 Min.
Alan Berliner für Cine-Matrix
**Verleih:** Freunde, OmU/-/-, 14.6.2001

»Ich wollte einen Film über Identität drehen, über den Widerspruch zwischen dem Wunsch nach Einzigartigkeit und der Sehnsucht nach einer Gemeinschaft«, bekennt der Regisseur. Sein überbordender Essayfilm über den schönen Namensklang, voll von aberwitzigen Ideen, verblüffenden Erkenntnissen und amüsanten Montagen, beschäftigt sich mit der privaten Genealogie des New Yorker Filmemachers. Er lud zwölf Namensvettern zum Dinner ein, um am Ende festzustellen, dass es keine gemeinsame Eigenschaft der Gleichnamigen gibt. Eine verschroben-melancholische Reflexion über Individualismus und Vergänglichkeit, die vom unvermittelten Umschlag vom Tiefsinnig-Philosophischen ins Alltäglich-Banale (und umgekehrt) lebt.
*Margarete Wach, Film-Dienst, 13/2001*

**Kritik:** (…) Einerseits erfährt man dabei ganz handfeste Dinge: über Namenstraditionen im Judentum, Einwanderungsformalitäten auf Ellis Island oder die Statistik der beliebtesten Vornamen in den USA. Andererseits beschwört Berliner die seltsame Magie des Namens, die unwillkürlichen Assoziationen, die sich um ihn ranken, seine psychologischen Auswirkungen, im Glück, im Unglück. Und man sieht: Es hilft nur ironische Distanz im Arrangement mit dem Unabänderlichen. Wenn das nicht gelingt, bleibt nur noch die Anklage: Schuld sind immer die Eltern. Auch Alan Berliner erspart seinem Vater, den er schon in »Nobody's Business« porträtierte, die Rechtfertigung nicht.

Man kann die 60 Minuten von »The Sweetest Sound« leicht zwei- oder dreimal hintereinander sehen, ohne das Raffinement und den Materialreichtum dieses Films ganz durchschaut zu haben. Nichts könnte mehr für »The Sweetest Sound« sprechen. Neugierigen empfiehlt sich auch ein Blick ins Internet: Der Filmemacher hat sich als erster Mensch die Website *www.alanberliner.com* reserviert. Zumindest das kann ihm keiner mehr nehmen. *Gregor Dotzauer*
*Der Tagesspiegel, 14.7.2001*

## Swimmingpool 903
SWIMMING POOL ***+

**Regie:** Boris von Sychowski
**Darsteller:** Kristen Miller (Sarah), Thorsten Grasshoff (Gregor), Elena Uhlig (Carmen), Maximilian Grill (Diego), Jonah Lotan (Chris), Bryan Carney (Carter), John Hopkins (Frank)
**Drehbuch:** Lorenz Stassen, Boris von Sychowski, nach einem Originaldrehbuch von Andreas Bütow
**Kamera:** Notker Mahr
**Schnitt:** Sabine Haigis-Mahr
**Prod.-Des.:** Gerald Damovsky
**Prod.:** BRD 2001; 101 Min.
Werner Possardt, Benjamin Herrmann für Calypso/Senator
**Verleih:** Senator/Constantin/-, 4.10.2001
**FSK:** ab 16 J., ffr.

In einem Schwimmbad will eine langweilige Teenieclique nächtens ihren High-School-Abschluss feiern, wird dabei aber von einem Totenkopfmaskenmörder gestört, der leider nicht alle platt machen kann. Komischerweise spielt das Ganze in Prag und die Clique soll aus Menschen unterschiedlicher Nationalitäten bestehen, die jedoch alle aussehen wie »Friends«-Schauspieler. In diesem überflüssigen »Scream«-Abklatsch voller voraussehbarer Schrecksequenzen und viel Blut an glatten Solariumskörpern stellt sich der Horror vor allem ein, wenn man an Drehbuch und Darsteller denkt.
*Jenni Zylka, tip, 20/2001*

**Kritik:** (...) Sieht man mal vom schrecklich schlechten Drehbuch ab, das voller Logik-Löcher steckt, sowie den dusslig agierenden Darstellern, deren mimisches Talent noch nicht mal für eine Folge von »Gute Zeiten, schlechte Zeiten« reichen würde, gelingen Regisseur von Sychowski einige durchaus effektvolle Schock-Spannungsmomente. (...)
*Albert Baer, Rheinische Post, 5.10.2001*

## Taboo 904

GOHATTO ****

**Regie:** Nagisa Oshima
**Darsteller:** Takeshi »Beat« Kitano (Capt. Toshizo Hijikata), Ryuhei Matsuda (Samurai Sozaburo Kano), Shinji Takeda (Lt. Soji Akita), Tadanobu Asano (Samurai Jyozo Tashiro), Koji Matoba (Samurai Heibei Sugano), Tommy Masa (Insp. Jo Yamazaki), Masatoh Eve (Off. Koshitaro Ito)
**Drehbuch:** Nagisa Oshima, nach drei Novellen von Kazuo Shimizu und Ryotaro Shiba
**Kamera:** Toyomichi Kurita
**Musik:** Ryuichi Sakamoto
**Schnitt:** Tomoyo Oshima
**Prod.-Des.:** Yoshinobu Nishioka
**Prod.:** Japan/Frankreich 2000; 100 Min.
Eiko Oshima, Shigehiro Nakagawa, Kazuo Shimizu für Shochiku/BAC/Le Studio Canal+/Recorded Pic. mit Kadokawa Shoten Publishing/Imagica/BS Asahi/ Eisel Gekijo
**UA:** 15.5.2000, Int. Filmfestspiele Cannes
**Verleih:** -/-/Frenetic, Mai 2001

Japan im Jahr 1865, gegen Ende der Edo-Periode (1603–1867): Die Shinsen-Gumi-Miliz, die die Ordnung verteidigen soll, sucht neue Samurai. Ein androgyner Mann, der aufgenommen wird, bringt mit seiner Schönheit die klare Ordnung der Miliz durcheinander. Oshima liefert in seinem ästhetisch herausragenden Film weniger einen Kommentar zur Historie als eine Reflexion über die Kraft der Schönheit und den Gegensatz zwischen vorgegebenen Verhaltensnormen und eruptiver Homoerotik.

*Film, 5/2001*

## Takedown 905

TAKEDOWN ***

Video

**Regie:** Joe Chappelle
**Darsteller:** Skeet Ulrich (Kevin Mitrick), Angela Featherstone (Julia), Russell Wong (Tsutomo Shimomura), Tom Berenger (Mccoy Rollins), Cara Buono (Christina Painter), Scott Cooper (Mark Seiden), Gil Johnson (Rosswell)
**Drehbuch:** David Newman, Leslie Newman, John Danza, Howard A. Rodman, nach dem Buch »Takedown« von Tsutomu Shimomura und John Markoff
**Kamera:** Dermott Downs
**Prod.:** USA 1999; 95 Min.
John Thompson, Brad Weston für Dimension Films
**Vertrieb:** One World Media Video, 1.2.2001
**FSK:** ab 16 J.

Auf Tatsachen basierende Story von einer Gruppe Computer-Hackern, die sich Ende der 80er mit ihren Kisten Zugang zu den Rechnern von Polizei und Industrie verschafften. Ausnahmsweise mal realistisch gestalteter High-Tech-Thriller mit durchaus spannenden Sequenzen.

## Talisman – Der Fluch des Bösen 906

CURSE OF THE TALISMAN *

Video

**Regie:** Colin Budds
**Darsteller:** Jesse Spencer (Jeremy), Sara Gleeson (Fiona), Tempany Deckert (Miranda), Max Garner Gore, Rod Mullinar, Dragitsa Debert, Nicholas Hammond
**Drehbuch:** Duncan Kennedy
**Kamera:** Ben Nott
**Musik:** Garry McDonald, Lawrence Stone
**Schnitt:** Suzanne Angel
**Prod.:** USA 2000; 88 Min.
Darryl Sheen für United Paramount Network
**Vertrieb:** Paramount (PHE) Video, 6.8.2001
**FSK:** ab 12 J.

Vor 800 Jahren zerstörte der in einem Amulett hausende Dämon eine ganze Stadt, jetzt wird er in US-Kleinstadt reaktiviert. Von erbärmlichster Tricktechnik gänzlich ruinierter Einfaltspinsel-Horror.

## Tanz der Feuerräder – Das poetische Kino des Juri Iljenko 907

***

TV

**Regie:** Andrzej Klamt
**Prod.:** BRD 2001; 56 Min.
**TV:** 25.4.2001, Arte, 0.20

Iljenko ist der letzte noch lebende Protagonist der »Malerischen« bzw. »Poetischen Schule«, einem stilistischen Phänomen innerhalb der sowjetischen Kinematographie. (…) Der

Film nähert sich sensibel und ohne eigene Kommentare dem Künstler und Menschen Iljenko. *Pressetext*

## Tanz der Wissenschaft: Die Curies – Ein Herz und eine Forscherseele 908

LES PALMES DE M. SCHUTZ ***

Video

**Regie:** Claude Pinoteau
**Darsteller:** Isabelle Huppert (Marie Curie), Philippe Noiret (Monsieur Schutz), Charles Berling (Pierre Curie), Christian Charmetant (Gustave Bemond), Philippe Morier-Genoud (De Clausat), Suzanne Andrews (Loie Fuller)
**Drehbuch:** Joel Noel Fenwick, Ricard Dembo, Claude Pinoteau
**Kamera:** Pierre Lhomme
**Musik:** Vladimir Cosma
**Schnitt:** Marie-Josephe Yoyotte
**Prod.:** Frankreich 1996; 103 Min.
Emmanuel Schlumberger für L Films/ France2 Cinéma/French Prod./Ideale Audience-Légende Prod./Le Studio Canal+/Sofineurope
**Vertrieb:** BMG Video
**TV:** 28.3.1998, Vox, 20.15; 6.8.2001
**FSK:** o. A.

Trotz Bestbesetzung und obwohl im Ansatz achtbar, gelingt es diesem Historiendrama über zehn Jahre Leben von Marie und Pierre Curie nie, wirklich zu überzeugen. Zu willkürlich wird da mit Fakten und Historie umgegangen, zu frei mit der Gestaltung der historischen Figuren.

## Der Tanz mit dem Teufel – Die Entführung des Richard Oetker 909

***

Video

**Regie:** Peter Keglevic
**Darsteller:** Sebastian Koch (Richard Oetker), Tobias Moretti (Georg Kufbach), Christoph Waltz (Dieter Cilov), Ann-Kathrin Kramer (Lena Sander-Kufbach), Günther Maria Halmer (Heinz Stegmayr), Sophie von Kessel (Christine Kubelka), Erich Hallhuber (Schumann)
**Drehbuch:** Dr. Rainer Berg
**Kamera:** Hans Günther Bücking
**Musik:** Ionne Barius
**Prod.-Des.:** Martin Schreiber
**Prod.:** BRD 2001; 90 Min.
Nico Hofman, Ariane Krampe, Ludwig zu Salm für teamWorx Prod.
**Vertrieb:** BMG Video (Video, DVD)
**TV:** 11./12.2001, SAT.1, jeweils 20.15

Respekt für die Schauspieler, die sich mit Leidenschaft in den Kriminalfall der Oetker-Entführung hineinfühlten – obwohl dann die nachfolgende Spiegel-TV-Reportage mit »Die wahre Geschichte« von Henning Köhler als nüchterne Dokumentation die härtere Wirkung hatte.

*Ponkie, AZ, 14.11.2001*

## Ein Teenager flippt aus 910

□

TV

**Regie:** Hannu Salonen
**Darsteller:** Yasmin Asadie, Oliver Korittke, Julia Richter, Jophi Ries
**Drehbuch:** Peter Petersen
**Prod.:** BRD 2000; 95 Min.
NDF für RTL
**TV:** 25.12.2001, RTL, 2.05

Caroline, die Tochter zweier ehemaliger Punker, liebt ihre Eltern abgöttisch. Nach dem plötzlichen und unerwarteten Tod ihrer Mutter Agatha während eines Banküberfalls – in dieser Bank arbeitet ihr Vater Thore als Wachmann – flüchtet sich Caroline in die heile Welt einer Reiterhof-Serie und verliert nach und nach den Bezug zu ihrer Umwelt. (…) *Pressetext*

## Ternitz Tennessee 911

***

**Regie:** Mirjam Unger
**Darsteller:** Sonja Romei (Betty), Nina Proll (Lili), Gerald Votava (El Bresli), Birgit Doll, Clemens Haipl, Adé Sapara, Mathieu Carrière
**Drehbuch:** Manfred Rebhandl
**Kamera:** Jürgen Jürges
**Musik:** Fritz Ostermayer, Christof Kurzmann
**Schnitt:** Karina Ressler
**Prod.-Des.:** Mona Quintus
**Prod.:** Österreich 2000; 80 Min.
Thalia Film
**Verleih:** -/Polyfilm/-, Jan. 2001

Für die Freundinnen Betty und Lili ist der abgetakelte Elvis-Imitator El Bresli Idol und unnahbares Projektionsziel ihrer Sehnsüchte. Zunächst nur in ihrer engen Kleinstadtwelt agierend, finden beide einen Blick über die Ortsgrenze und stehen zuletzt am Anfang einer neuen Wegevielfalt. Mirjam Ungers Debütspielfilm zeichnet lebhaft und offenherzig, manchmal jedoch auch etwas unnuanciert schrill ein provinzielles Österreich mit dem entlarvend heruntergekommenen Helden El Bresli im Fernseh-Hauptabendprogramm.

*Multimedia*

## Terror im Orient Express 912

DEATH, DECEIT AND DESTINY ABOARD ORIENT EXPRESS **

Video

**Regie:** Mark Roper
**Darsteller:** Richard Grieco (Jack Chase), Romina Mondello, Christoph Waltz, Richard Flatman, Götz Otto, Jennifer Nitsch
**Prod.:** Kanada 2000; 92 Min.
**Vertrieb:** e-m-s (Sunfilm) Video, 18.9.2001
**FSK:** ab 16 J.

Eine Hand voll Multimillionäre lässt sich auf die Einladung eines Unbekannten ein, Silvester im Zug zu verbringen. Den Rest kann man sich denken, obwohl man bei diesem zusammengeklau(b)ten Action-Schwachsinn so wenig wie möglich denken sollte.

## Teuflisch 913

BEDAZZLED ***

**Regie:** Harold Ramis
**Darsteller:** Brendan Fraser (Elliot), Elizabeth Hurley (der Teufel), Frances O'Connor (Alison/Nicole), Miriam Shor (Carol), Orlando Jones, Paul Adelstein, Toby Huss
**Drehbuch:** Harold Ramis, Larry Gelbart, Peter Tolan
**Kamera:** Bill Pope
**Musik:** David Newman
**Schnitt:** Craig O. Herring
**Prod.-Des.:** Rick Heinrichs
**Prod.:** USA 2000; 93 Min.
Trevor Albert, Harald Ramis für 20th Century Fox/Monarchy/Regency
**Verleih:** 20th Century Fox/-/-, 18.1.2001
**FSK:** ab 12 J., ffr. – **FBW:** Wertvoll

**Kritik:** Die weibliche Inkarnation des Bösen sieht aus wie ein britisches Supermodel und soll einem unglücklich verliebten Informatiker zu einem besseren Leben verhelfen. Der unter-

*Elizabeth Hurley*

haltsame Film ist ein Remake der gleichnamigen Stanley-Donen-Komödie von 1967. Harold Ramis inszeniert flüssig mit vielen Gags, entfernt sich aber vom faustischen Potenzial zwischen Sein und Schein. Elizabeth Hurley mag keine grosse Schauspielerin sein, die Kunst der Verführung beherrscht sie jedoch mit teuflischem Gespür. *Film, 12/2000*

(…) Ein bisschen Bereitschaft zum Vergeben muss man aber schon haben, um an »Teuflisch« seine Freude zu haben. Denn die Episoden der jeweils erfüllten Wünsche sind für sich genommen besser als der ganze Film. (…) *Susan Vahabzadeh, SZ, 19.1.2001*

(…) In Harold Ramis' Remake einer Stanley-Donen-Komödie wird der Teufelspakt aus unerwiderter Verliebtheit freilich weder erotisch noch sonstwie vieldeutig, sondern liefert nur mehr den Anlass für einige Gags von mechanischer Cleverness. Kein diabolisches Raffinement, nur lauwarmes satirisches Fegefeuer.

*Gerhard Midding, tip, 2/2001*

Die Schattenseite dieses offensiven Unterhaltungsfilms ist seine schnell durchschaubare Dramaturgie. Doch die facettenreiche ironische Gesellschaftskritik gleicht das aus. Hinzu kommt eine wahrhaft lehrreiche Pointe. Man sollte sie sich nicht entgehen lassen. *Simone Mahrenholz, Der Tagesspiegel, 18.1.2001*

## Texas Story 914

TEXAS FUNERAL ***+

**Regie:** William Blake Herron
**Darsteller:** Martin Sheen (Großvater Sparta), Grace Zabriskie (Großmutter Murtis), Robert Patrick (Zach Whit), Jane Adams (Mary Joan Whit), Quinton Jonnes (Sparta Whit), Christopher Noth (Clinton), Olivia D'Abo (Charlotte)
**Drehbuch:** William Blake Herron
**Kamera:** Michael Bonvillain
**Musik:** James Legg
**Schnitt:** Paul Trejo
**Prod.-Des.:** Jaymes Hinkle
**Prod.:** USA 1999; 96 Min.
Damian Jones, Graham Broadbent; Dave Pomier (Co-Prod.) für Dragon Pic.
**Verleih:** Arthaus/-/-, 19.4.2001

Der Patriarch ist tot, lang lebe der Patriarch. Zur Beerdigung ihres Familienoberhaupts versammelt sich die exzentrische Sippe der Whits auf ihrem alten Familiensitz in Texas. Während alle auf die Testamentseröffnung warten, brechen alte Wunden und Verletzungen auf und so mancher gesteht Verfehlungen der Vergangenheit. Ja, das ist der Stoff, aus dem epochale Familienchroniken gezimmert sind: Jeder Südstaatler hat 'ne Klatsche oder 'ne Leiche im Keller, jedes Familientreffen gerät unversehens zum existenziellen Streit. Die Klischees in diesem Film sind kaum zu zählen, offensichtliche Vorbilder wie Tennessee Williams oder John Steinbeck unerreichbar. So stellt sich rasch kein frischer Axe-, sondern ein ermüdender Déjà-vu-Effekt ein.

*Annette Kilzer, tip, 8/2001*

**Kritik:** (...) Die Nähe zu Williams mag auch den Ausschlag dafür gegeben haben, die Story, die leicht auch in der Gegenwart spielen könnte, vor dem Hintergrund der 60er-Jahre anzusiedeln.
Neben dem Spaß, sich auf eine dramaturgisch ökonomische, dabei mit Lust am Fantasieren erzählte Geschichte einzulassen, neben den klugen Gedanken, die diese Geschichte unaufdringlich transportiert, bietet der Film ein hohes Vergnügen durch schauspielerische Klasse. (...) Das macht sich gut in diesem fern des Studiosystems produzierten »kleinen« Film, dessen Schönheit vor allem auch seiner Wahrhaftigkeit entspringt.

*Peter Claus, Zitty, 9/2000*

(...) Autor und Regisseur William Blake Herron, bislang ein weitgehend unbeschriebenes Blatt, hat eine ziemlich bizarre Familiensage erfunden. Mit wundervoller Selbstverständlichkeit suchen die Geister ihre Nachfahren auf, allen voran Martin Sheen als eigentümlicher, aber hinreißender Großvater. Und auch der Rest setzt sich aus großartigen Einzelteilen zusammen: Da gibt es einen Mord in der Vergangenheit, die magische Anziehungskraft der Whit'schen Ohren und ein Kind, das nie gelebt hat – all diese bizarren Geschichten machen eine ungeheure Lust am Erzählen spürbar, auch wenn sie dann nicht so recht zusammenfinden. Am Ende ergibt nichts Sinn, aber alles Irrsinn; ein bisschen Irrsinn braucht die Welt. Und das Kino sowieso.

*Susan Vahabzadeh, SZ, 24.4.2001*

## Thanksgivin' 915

**+

**Regie:** Michael Pfeifenberger
**Darsteller:** Alexander Pschill, Marianne Sägebrecht, Arthur Klemt, Phillip Sonntag, Katharina Stemberger
**Drehbuch:** Stephan Demmelbauer
**Kamera:** Christian Giesser
**Musik:** Manfred Holub
**Schnitt:** Alexander Frohner

**Prod.:** Österreich 2001; 98 Min.
Stephan Demmelbauer für Demmelbauer Film
**Verleih:** -/top/-, Nov. 2001

Ein junger Mann streift einsam durch den Wiener Prater und begeht unvermittelt in der Mitte der Nacht einen Mord, lernt eine mütterliche Klofrau kennen, gerät ins Gefängnis und schließlich aus der die Menschen verderbenden Stadt auf einen idyllischen Bauernhof. Dieser Sinn bildende Gegensatz Zivilisation und Glück wird überdeutlich gemacht und wie häufig in hiesigen Filmen fehlt der Vision vom einfachen Leben auf dem Lande eine kritische oder ironische Dimension. Ein zu wirres B-Movie – eine schwache Variante österreichischer Kinopoesie. *Cai Mosich, Multimedia (Die Furche), 1.11.2001*

## That's the way it is 916

ELVIS – THAT'S THE WAY IT IS ****
TV

**Regie:** Denis Sanders
**Kamera:** Lucien Ballard
**Schnitt:** Rick Schmidlin (Neufassung)
**Prod.:** USA 1970; 126 Min.
MGM
**TV:** 2.1.2000, ARD, 3.15, OmU
**FSK:** ab 6 J., ffr.

**Kritik:** (...) Kaum ein Fan ist so treu wie der von Elvis Presley. So dürfte es auch in Berlin jede Menge Tollenträger geben, die sich auf diese neu bearbeitete und mit Zusatzmaterial angereicherte Dokumentation aus dem Jahr 1970 freuen. Für den nicht ganz so enthusiastischen Rock-'n'-Roll-Fan ist das Ganze allerdings eine eher zähe Angelegenheit. Bei den geschönten, immer mit demselben Blubberrhythmus versehenen Ohrwürmern sehnt man sich nach den rauen Originalversionen der Elvis-Klassiker. *Zitty, 17/2001*

## Thema Nr. 1 917

***+

**Regie:** Maria Bachmann
**Darsteller:** Antje Schmidt (Paula), Nicole Marischka (Gabi), Sissy Höfferer (Jutta), Katarina Klaffs (Franziska), Luca Kolenda (Motte), Isabel Trimborn
**Drehbuch:** Maria Bachmann
**Kamera:** Rodger Hinrichs
**Musik:** Rainer Kühn
**Schnitt:** Thomas Knöpfel
**Prod.-Des.:** Agnette Schlößer
**Prod.:** BRD 2001; 88 Min.
Mischa Hofman, Philip Voges für Hofman & Voges mit Constantin
**UA:** 5.7.2001, Filmfest München
**Verleih:** Constantin/-/-, 16.8.2001
**FSK:** ab 12 J., ffr.

Vier Freundinnen aus Köln unterhalten sich über ihre mehr oder weniger scheiternden Versuche, mit dem anderen Geschlecht in Kontakt zu treten. Schon sehr bald aber wünscht man den Zicken Arbeitslosigkeit oder Exmittierung an den Hals – tatsächliche Probleme also. Die einzig originelle Idee des als Komödie gedachten Films besteht in dem Umstand, dass die thematisierten Männer selbst niemals ins Bild kommen. Das Ganze behauptet mit wackeliger Handkameraführung zwar eine gewisse Modernität, erweist sich im Gestus jedoch als schlicht. Schließlich bliebe auch ein Dogma-Remake von »Der Förster vom Silberwald« immer noch ein banaler Heimatschinken. *Claus Löser, tip, 17/2001*

**Kritik:** (...) Maria Bachmanns »Thema Nr. 1« zeigt vier Frauen beim Beziehungsgeplapper-Marathon, der bereits nach zehn Minuten so konfus und platt gerät, dass jegliches Interesse abdriftet. *Rainer Gansera, SZ, 4.7.2001*

(...) Auch filmisch ist das ganze eher verunglückt: Mit verwackelter Handkamera, dunkel ausgeleuchteten Szenen und eingestreuten Schwarzweiß-Sequenzen sollte wohl der Eindruck von Authentizität erweckt werden, stattdessen ist das Ganze nicht mehr als eine seichte Seifenoper im Fernsehformat – mit Dialogen, die um den heißen Brei herumreden, einer Dramaturgie, die man vergebens sucht, und Darstellerinnen, die arg hilflos herumstehen. Thema verfehlt, Frau Bachmann!

*Albert Baer, Rheinische Post, 17.8.2001*

(...) Mag sein, dass sich der Film aus Sicht der Regisseurin als eine Art deutsche Antwort auf Woody Allen versteht. Doch davon kann beim besten Willen keine Rede sein, nicht nur weil der Film stilistisch trotz aller Mätzchen mit Handkamera und unlinearer Erzählform das Niveau durchschnittlicher TV-Soaps nicht überschreitet, sondern ebenso, weil ihm Ironie, Subtilität und Doppelbödigkeit einer durchschnittlichen Allen-Komödie völlig abgehen. Allenfalls das Milieu erinnert an Allen: sehr bürgerliche großstädtische Verhältnisse, italienischer Wein und viele Bücher im Regal. Diese Frauen sind tough und geben sich abgeklärt. (...)

*Rüdiger Suchsland, FR, 18.8.2001*

(...) Hätte man das ganze Debakel als Hörspiel produziert, die Filmförderung NRW wäre heute sehr viel reicher.

Zur Selbstverwirklichung gibt es doch im 21. Jahrhundert andere Möglichkeiten. Gerechtigkeitshalber sollte erwähnt sein, dass die drei jungen Damen, die in der Pressevorführung hinter mir saßen, sich köstlich amüsiert haben.

*Lutz Göllner, Zitty, 17/2001*

*Antje Schmidt und Sissy Höfferer*

## Therapie Mord 918

THE ASYLUM

□

Video

**Regie:** John Steward
**Darsteller:** Steffanie Pitt, Nick Waring, Ingrid Pitt, Patrick Mower, Robin Askwith, Colin Baker, Chloe Annett
**Drehbuch:** John Steward
**Kamera:** Nathan Sheppard
**Musik:** Christopher Slaski
**Schnitt:** Paul Green
**Prod.-Des.:** Philip Blowers
**Prod.:** Kanada 2000; 101 Min.
Carol Lemon für Nunhead Films Prod.
**UA:** Film Festspiele England
**Vertrieb:** 4.11.2000 London (Video)
**TV:** 28.5.2001, Pro7

Weil sein Nervenarzt plötzlich verschwindet, schleust sich Detektiv Tordone in dessen Nervenklinik ein und entdeckt mörderische Machenschaften.

## They Nest – Tödliche Brut 919

THEY NEST

**

Video

**Regie:** Ellory Elkayem
**Darsteller:** Thomas Calabro (Dr. Cahill), Dean Stockwell (Sheriff Hobbs), John Savage (Jack Wald), Kristen Dalton (Nell Bartle), Tom McBeath (Eamon Wald), Mark Schooley (Johnnie Skee), Dean Wray (Josiah Bean)
**Drehbuch:** John Claflin, Daniel Zelman
**Kamera:** Philip Linzey, Paul Mitchnick (2nd unit)
**Musik:** Vinny Golia
**Schnitt:** Harry Hitner
**Prod.-Des.:** James Cordeiro
**Prod.:** USA 2000; 89 Min.
Frank Hildebrand; John Claflin, Daniel Zelman (Co-Prod.) für Kushner-Locke Prod.
**EA:** Fantasy Filmfest 2000
**Vertrieb:** Sunfilm Video, 21.8.2001
**FSK:** ab 16 J.

Killerkakerlaken bedrohen idyllisches Eiland, auf das sich gestresster Notaufnahme-Arzt zur Regeneration zurückgezogen hat. Hart an Parodie und unfreiwilliger Komik schrammt dieses TV-Horrorfilmchen vorbei, das wieder einmal nur die alten Zutaten verwendet.

## The Thin Blue Lie 920

THE THIN BLUE LIE ***

Video

**Regie:** Roger Young
**Darsteller:** Rob Morrow (Jonathan Neumann), Randy Quaid (Phil Chadway), Cynthia Preston (Kate Johnson), Al Waxman (Art Zuggler), Paul Sorvino (Frank Rizzo), G.W. Bailey (K. C.), Beau Starr (Det. Marshall)
**Drehbuch:** Daniel Helfgott
**Kamera:** Donald M. Morgan
**Musik:** Patrick Williams
**Schnitt:** Benjamin A. Weissman
**Prod.-Des.:** Jeff Ginn
**Prod.:** USA 2000; 85 Min.
Paramount Network/Helfgott-Turner/ Showtime
**Vertrieb:** Paramount Video, 14.6.2001
**FSK:** ab 16 J.

US-TV-Politkrimi um Journalisten-Heißsporn vom Lande, der als Justizreporter den korrupten Honoratioren von Philadelphia gehörig auf die Füße steigt. Wenig überzeugend, da von holzschnittartig charakterisierten Figuren getragen, was die namhaften Schauspieler kaum ausgleichen können.

## Things I Never Told You 921

THINGS I NEVER TOLD YOU ***

**Regie:** Isabel Coixet
**Darsteller:** Lili Taylor (Ann), Andrew McCarthy (Don Henderson), Alexis Arquette (Paul), Debi Mazar (Diane), Richard Edson (Steve), Kathleen Edwards (Dr. Lewis), Chanda Watts (Krankenschwester)
**Drehbuch:** Isabel Coixet
**Kamera:** Teresa Medina
**Musik:** Alfonso Vilallonga
**Schnitt:** Cathryn Himoff, Juan Pelaez
**Prod.:** Spanien/USA 1995; 93 Min.
Dora Medrano, Javier Carbó für Eddie Saeta/Carbó Films
**UA:** 23.2.1996, Int. Filmfestspiele Berlin, »Panorama: art & essai«
**Verleih:** Arsenal/-/-, 4.1.2001

Dass die kleine Lili Taylor die großartigste aller amerikanischen Independent-Schauspielerinnen ist, war schon immer klar. Wie berührend sie wirklich sein kann, erlebt man in einem Film aus dem Jahr 1995, der erst jetzt bei uns ins Kino kommt: In »Things I Never Told You« spielt Taylor eine junge Frau, die gerade von ihrem Freund verlassen wurde. Anne schickt ihrem Ex Videobänder, in denen sie ihm alles sagt, was sie sich nie zu sagen traute. Aber die Kassetten erreichen den Falschen. Isabel Coixets Film erzählt von der merkwürdigen Zwischenzeit des Liebeskummers, aber auch von einem Neubeginn mit komischen Zufällen und wunderbaren Begegnungen im Waschsalon.

*Anke Leweke, tip, 1/2001*

**Kritik:** (…) Eben weil »Things I Never Told You« eine Betrachtung über das tägliche Einerlei ist, geschieht vordergründig nicht viel. Andererseits ist dieser Film mit so viel Handlung und Personal angereichert, dass er sich kaum zu einer klaren Geschichte zusammenfassen lässt. Man kann das Lebensnähe nennen. Die Figuren bahnen sich ihren Weg durch den Tag und hoffen, dass ihnen nichts Schlimmes widerfährt. (…)

*Harald Peters, Der Tagesspiegel, 4.1.2001*

## Thirteen Days 922

THIRTEEN DAYS ****

**Regie:** Roger Donaldson
**Darsteller:** Kevin Costner (Kenneth P. O'Donnell), Bruce Greenwood (John F. Kennedy), Steven Culp (Robert F. Kennedy), Dylan Baker (Robert McNamara), Michael Fairman (Adlai Stevenson), Henry Strozier (Dean Rusk), Frank Wood (McGeorge Bundy)
**Drehbuch:** David Self, nach dem Buch »The Kennedy Tapes – Inside the White House During the Cuban Missile Crises« von Ernest, R. May, Philip D. Zelikow
**Kamera:** Andrzej Bartkowiak
**Musik:** Trevor Jones
**Schnitt:** Conrad Buff
**Prod.-Des.:** Dennis Washington
**Prod.:** USA 2000; 147 Min.
Armyan Bernstein, Peter O. Almond, Kevin Costner; Paul Deason, Mary Montiforte (Co-Prod.); Staci A. Silva (Ass.-Prod.) für New Line/Beacon Pic.
**EA:** 13.2.2001, Int. Filmfestspiele Berlin, »Außer Konkurrenz«
**Verleih:** Kinowelt/Constantin/Rialto, 22.3.2001
**Vertrieb:** Kinowelt Video (Video, DVD)

Während 13 Tagen im Oktober 1962 stand die Welt am Rande eines nuklearen Krieges. Sowjetische Atomraketen wurden in Kuba stationiert und die USA mussten darauf reagieren. Im Zentrum des dialoglastigen, aber dennoch packenden Politthrillers mit einem Minimum an Actionszenen steht das Triumvirat JFK, Robert F. Kennedy und Präsidentenberater O'Donnell, das in den Büros des Weißen Hauses zwischen Diplomatie und militärischem Schlag entscheiden muss. *Film, 3/2001*

**Kritik:** (…) Die Jungen, die hier im engen Verhandlungszimmer des Weißen Hauses zusammenhocken, unter der diskreten Führung und Aufsicht des persönlichen Beraters Kenneth P. O'Donnell, sind ein paar Jahre zuvor in den Bomber-Cockpits oder hinterm Steuer ihrer PTs gehockt, und auch Mel Gibson oder Kevin Costner hat man noch mit abgewetzten Lederjacken bestens in Erinnerung. Nun ist Costner, die Krawatte korrekt, den Stift in der Brusttasche, der väterliche Freund O'Donnell – »Irish Connection«! –, der kein Problem hat, auch mal für längere Zeit im Hintergrund zu bleiben. Am Anfang hat er noch, en passant, mit Jackie eine Soiree-Sitzordnung ausgehandelt.
So ist »Thirteen Days« ein aufregendes Stück Polit-Suspense, aber auch ein Film über den Generationswechsel, den Amerika absolvieren musste in den 60ern. Ein Film übers Älterwerden, über eine Generation, für die es ein Pitcairn Island nicht mehr geben wird. Am glücklichsten wirkt, wenn er, vor der UNO-Vollversammlung, noch mal in Action gehen darf, der gute alte Adlai Stevenson.
*Fritz Göttler, SZ, 22.3.2001*

(…) Ansonsten: nichts als Worte. Trommelwirbel und die tackernd eingeblendeten Datums- und Ortsangaben intonieren einen Count-down, an dessen Ende man nicht den Knall

*Steven Culp, Bruce Greenwood und Kevin Costner*

einer Atombombenexplosion, sondern nur den Gong der »Tagesthemen« erwartet. (…) Sein Politthriller ist über weite Strecken so sexy wie eine Schulfunksendung. Und die Darsteller können noch so viele »Four Letter Words« in ihre Sätze einstreuen, auch im Zustand emotionaler Aufgewühltheit wirken sie doch nur wie hölzerne Dialogaufsager. (…)
*Christian Schröder, Der Tagesspiegel, 13.2.2001*

**Interview:** *Bei den Darstellern der Kennedys mussten Sie schon nach einer gewissen Ähnlichkeit Ausschau halten?*

Sicher, aber wichtiger war es, mit der Körpersprache und der Stimme und deren Rhythmus zu arbeiten. Ich war nervös, denn die Kennedys sind so verankert im öffentlichen Bewusstsein, besonders in den USA – man sieht sie noch derartig oft im Fernsehen. Die Aufgabe war es, Schauspieler zu finden, deren eigene Arbeit die realen Vorbilder ersetzt. Bruce Greenwood, der John F. Kenndy verkörpert, ist Kanadier und ich wollte ihn schon für einen meiner früheren Filme haben, aber die Produzenten waren dagegen, weil er damals unbekannt war. Das war die Hauptrolle in »White Sands«, die schließlich Willem Dafoe gespielt hat. Dann sah ich ihn in einem kleinen Film wieder und es klickte sofort bei mir. Die Casting-Leute waren erst dagegen, denn Bruce hatte in den letzten Jahren vor allem Bösewichter gespielt. Aber als er dann vorsprach, hat er uns alle umgehauen.

*Hat sich Kevin Costner seit Ihrer Zusammenarbeit bei »No Way Out« sehr verändert?*

Ein bisschen, nicht sehr. Als ich ihn das erste Mal traf, war er schon sehr selbstbewusst und wusste, was er wollte. Er ist ein bisschen starrköpfig. Andererseits liebt er Filme und das Filmemachen. Seinem Hintergrund nach ist er ein »ordinary man«. Er hat Talent und ist ein guter Schauspieler, der seinen Ruhm benutzt, um genau jene Dinge zu machen, zu denen er Lust hat – sei es nun Golf spielen oder eine aufregende Frau in Timbuktu treffen oder aber einen Film zu machen, von dem alle sagen, dass er nicht gemacht werden kann. Dafür respektiere ich ihn.

*Roger Donaldson im Interview mit Frank Arnold, SZ, 22.3.2001*

*Nach Massenware wie »Species« oder »Dante's Peak« überraschen Sie mit einem fast dokumentarischen Polit-Thriller.*

Man muss manchmal Filme drehen, um Geld zu verdienen. An »Thirteen Days« aber hängt mein Herz. Ich wollte endlich wieder etwas außerhalb des Kommerzkinos machen. Politik war schon immer mein Thema. Bei diesem Drehbuch musste ich sofort zugreifen. Das Spannendste waren die Gespräche mit Politikern wie dem damaligen Verteidigungsminister Robert McNamara oder dem für die Spionageflüge über Kuba verantwortlichen Kommandenten William B. Ecker. Da merkte ich, wie nah wir an der Katastrophe vorbeigeschrammt sind.

*Wie authentisch ist Ihr Film?*

Wir haben Unmengen von Memoiren und Biografien studiert, Bänder von den Kennedys aus dem Weißen Haus abgehört, uns an die Fakten gehalten. Nur die Dialoge sind fiktiv.

*Haben Sie auch auf russischer Seite recherchiert?*

Ich habe Chruschtschows Sohn getroffen, der inzwischen US-Staatsbürger ist, aber sehr loyal zu seinem Vater steht und die Krise hautnah miterlebt hat.

*Was interessierte Sie speziell an der von Kevin Costner gespielten Figur des Präsidentenberaters O'Donnell?*

Ich wollte die Geschichte aus der Sicht eines Mannes erzählen, der zwar zum inneren Kreis der Macht gehört, aber dennoch ein ganz normales Leben mit Familie führt. Er ist ein Gegengewicht zum Mythos Kennedy, steht für den Typ von Politiker, der sich nicht vordrängt, aber im Hintergrund die Fäden zieht. Ich hoffe, durch ihn wird das für Außenstehende undurchsichtige Machtgeflecht etwas durchsichtiger.

*Kann »Thirteen Days« ein junges Publikum erreichen, das nichts über diese Zeit weiß?*

Man sollte junge Leute nicht für dumm verkaufen und mit dummen Filmen zumüllen. Die Welt ist kein Disney-Vergnügungspark. Heute werden 18-Jährige in Kriege geschickt. Mein Film zeigt ihnen, was passiert, wenn andere über sie bestimmen, kann hellhörig machen. Eigentlich habe ich den Film für mich als jungen Mann gedreht.

*Roger Donaldson im Interview mit Margret Köhler, AZ, 22.3.2001*

## Thomas est amoureux 923
THOMAS EST AMOUREUX ****+

**Regie:** Pierre-Paul Renders
**Darsteller:** Benoit Verhaert, Ailin Yay, Magali Pinglaut, Micheline Hardy, Alexandre von Sivers, Frederic Topart, Serge Lariviere
**Drehbuch:** Philippe Blasband
**Kamera:** Virginie Saint-Martin
**Musik:** Igor Sterpin
**Schnitt:** Ewin Ryckaert
**Prod.:** Belgien/Frankreich 2000; 97 Min. Diane Elbaum für Entre Chien et Loup mit JBA/RTBF
**Verleih:** -/-/Filmcooperative, August 2001

Ein junger Mann, der an Agoraphobie (Platzangst) leidet, kommuniziert ausschließlich über audiovisuelle Medien. Die Welt ist nur noch verpixelt. Als Thomas über das Chatten eine junge Frau kennen lernt, überwindet er seine Phobie. Dem Belgier Pierre-Paul Renders gelang eine ungewöhnlich originelle Satire über den modernen »homo electronicus.« Kompromisslos zwingt er den Zuschauer in die Perspektive des Helden (den man nie sieht) und erreicht gerade damit eine verblüffende Spannung und Emotionalität. *Film, 8/2001*

## Thomas Pynchon – A Journey Into The Mind of P. 924
****+

**Regie:** Fosco Dubini, Donatello Dubini
**Drehbuch:** Fosco Dubini, Donatello Dubini
**Kamera:** Donatello Dubini
**Musik:** The Residents
**Schnitt:** Fosco Dubini, Donatello Dubini
**Prod.:** BRD/Schweiz 2001; 90 Min. Fosco Dubini, Donatello Dubini für Dubini Filmprod. mit Tre Valli/Arte/ZDF
**EA:** Duisburger Dokumentar Film Festival 2001
**Verleih:** Real-Fiction, OmU/-/-, 6.12.2001

Fosco und Donatello Dubini haben sich auf die Suche nach der Bedeutung von Thomas Pynchon gemacht. Zum Glück beschränken sich die Filmemacher nicht darauf, die Biografie des verrätselten Autors aus Daten, Zeugenaussagen und literarischen Spuren zusammenzukonstruieren. Ihr Film ist weniger ein Film über Thomas Pynchon als über all die Pynchon-Maniacs und Pynchon-Deuter, die aus der Abwesenheit eines Autors eine Welt bauen, in der ebendieser Autor, der sich der Öffentlichkeit verweigert, zum allgegenwärtigen Zentrum wird. *tip, 25/2001*

**Kritik:** (...) Gegen Ende des Films immerhin bekommt der geduldige Zuschauer den Hitchcock'schen McGuffin: das aktuelle Bild des Autors. Nur nützt es einem, wie bei McGuffins üblich, rein gar nichts. Für die material- und geistreiche Filmspielerei gilt die alte Weisheit: Man findet immer dort, wo man nicht sucht. *Simone Mahrenholz, Der Tagesspiegel, 10.12.2001*

(...) Orientierungshilfe bei der annäherungsweisen Schilderung der Biografie und Vorstellungswelt Pynchons gibt die klare Gliederung mit ihren fünf Überschriften Paranoia, Disappearance, Alien Territories, Pynchomania und The Final Act. Unser fragmentarischer Wissensstand über den enigmatischen Romanautor findet auf der formalen Ebene ihre Entsprechung in der gelegentlich angewandten Split-Screen-Technik. Ähnlich sinnfällig wirkt die Entscheidung, den Soundtrack mit der psychedelisch angehauchten Musik der amerikanischen Underground-Band »The Residents« zu bestreiten: Ihre Mitglieder verweigern sich ebenfalls konsequent den Medien und treten seit 30 Jahren bei ihren Konzerten nur mit Masken auf. *Reinhard Kleber, Filmecho-Filmwoche, 48/2001*

## Thrill Seekers – Zeitreise in die Katastrophe 925
THE TIME SHIFTERS **
Video

**Regie:** Mario Azzopardi
**Darsteller:** Casper Van Dien (Tom Merrick), Catherine Bell (Elizabeth Wintern), Theresa Saldana (Cortez), Peter Outerbridge (Felder), Julian Richings (Katastrophen-Tourist

Murray Trevor), Lawrence Dane (FBI-Agent Baker), Catherine Oxenberg
**Drehbuch:** Kurt Inderbitzin, Gay Walch
**Kamera:** Derick Underschultz
**Musik:** Fred Mollin
**Schnitt:** Ron Wisman
**Prod.-Des.:** Peter Cosco
**Prod.:** USA 1999; 88 Min.
Tom Luse für Abandon/Avenue/Hamdon Ent.
**Vertrieb:** EuroVideo Video, 12.7.2001
**FSK:** ab 12 J.

Boulevard-Reporter Tom macht eine beunruhigende Entdeckung: Auf Fotos von Katastrophen tritt über Jahrzehnte hinweg immer ein und dieselbe mysteriöse Person in Erscheinung. Von cleverer Idee getragener TV-SF-Thriller, der dieses Potenzial freilich nicht zu nutzen versteht.

## Ticker 926

TICKER **

Video

**Regie:** Albert Pyun
**Darsteller:** Steven Seagal (Glass), Tom Sizemore (Nettles), Dennis Hopper (Swann), Rozonda »Chilli« Thomas (Lilly), Joe Spano (Capt. Spano), Jaime Pressly (Claire), Tish Daniels (Angie)
**Drehbuch:** Paul B. Margolis
**Kamera:** Philip Alan Waters
**Musik:** Serge Colbert
**Schnitt:** Ken Morrisey
**Prod.:** USA 2001; 88 Min.
Ken Aguado, Randall Emmett, George Furla, Albert Pyun, Paul Rosenblum für Artisan/Nu Image
**Vertrieb:** Highlight Video, 15.11.2001
**FSK:** ab 16 J.

Unerschrockener Polizist jagt in San Francisco einen frechen Bombenleger. Trotz der Besetzung ein Fiasko: Story und Inszenierung erreichen mühelos das Bodenlose.

## Tiger and Dragon 927

WU HU ZANG LONG / CROUCHING TIGER, HIDDEN DRAGON ****

**Regie:** Ang Lee
**Darsteller:** Chow Yun-Fat (Li Mu Bai), Michelle Yeoh (Yu Shu Lien), Zhang Ziyi (Jen), Chang Chen (Lo), Lung Sihung (Sir Te), Cheng Pei-Pei (Jade Fox), Li Fazeng (Governor Yu)
**Drehbuch:** James Schamus, Wang Hui Ling, Tsai Kuo Jung, nach dem Roman von Wang Du Lu
**Kamera:** Peter Pau
**Musik:** Tan Dun, Yo-Yo Ma (Cellosolos)
**Schnitt:** Tim Squyres
**Prod.-Des.:** Tim Yip
**Prod.:** Hongkong/Taiwan/USA 2000; 120 Min.
Bill Kong, Hsu Li Kong, Ang Lee für United China Vision/Sony Pic. Classics/Columbia/Asia mit Good Machine
**UA:** 16.5.2000, Int. Filmfestspiele Cannes »Außer Konkurrenz«
**Verleih:** Arthaus/Polyfim/Rialto, 11.1.2001
**Vertrieb:** Kinowelt Video (Video, DVD)

Dieser märchenhaft-fantastische Schwertkämpferfilm verbindet spielerisch die hongkongchinesische Tradition des Genres mit romantischen und verhalten feministischen Motiven. Akrobatische Kämpfe um Gerechtigkeit und Chancengleichheit verbinden sich mit zwei raffiniert verschachtelten Liebesgeschichten zu einem energiegeladenen Kinofest. Die charismatischen Darsteller gehen völlig auf in ihrer Spielfreude und in den grandios übersteigerten Kampfchoreografien. *Film, 11/2000*

Ang Lees Hommage an das Martial-Arts-Kino: Ein geachteter Krieger will sein Jade-Schwert für immer an den Nagel hängen, doch eine junge nach Freiheit suchende, aber kurz vor den Zwängen der Ehe stehende Frau stiehlt es. Das ist Ausgangspunkt für eine Fantasy-Geschichte um Liebe, Freiheit und Ehre, die mit hervorragenden Schauspielern und einer kongenialen Choreographie, leider aber auch einer ziemlich langweiligen, fast nur aus festen Einstellungen bestehenden Kameraführung manchmal etwas langatmig inszeniert ist. *U. B.*

**Kritik:** (...) Eine besondere Neugier scheint diesen Wanderer (Ang Lee, die Red.) zwischen den Welten zu treiben, seien es die Kochrituale in »Eat Drink Man Woman«, seien es die sozialen Zwänge in »Das Hochzeitsbankett« oder »Der Eissturm«. Immer balancieren seine Filme auf der Grenze zwischen zwei Welten, zwischen Tradition und Aufbruch. Kindheit und Erwachsensein – oder wie zuletzt in seinem Bürgerkriegsfilm »Ride With the Devil« zwischen Nord- und Südstaaten. Und wenn man so will, dann ist auch »Tiger & Dragon« in einem Zwischenreich angesiedelt – nämlich zwischen Himmel und Erde. Das ist kein schlechter Ort, um das Fliegen zu lernen. *Michael Althen, SZ, 10.1.2001*

(…) Für ein Heldenepos ungewöhnlich ist auch, dass sich hier gleich drei Frauen mit Geist, Körper und Schwert zur Wehr setzen, um ihren eigenen Weg gehen zu können. Dass »Tiger & Dragon« trotz exotischer Kulissen nicht fremdartig wirkt, liegt wohl daran, dass man mit diesem Film auch den Westen erobern wollte. Das ist gelungen und Ang Lee hätte einen Oscar verdient.
*Markus Tschiedert, AZ, 11.1.2001*

(…) Mit unwiderstehlichem Charme erzählt der taiwanesisch-amerikanische Regisseur diese unwahrscheinliche Geschichte und zaubert ein ost-westliches Meisterstück auf die Leinwand: Melodram und Abenteuerfilm, Märchen und Western, spektakuläre Kampfkunst und taoistische Kontemplation, weibliche Emanzipationsstory und wilde Kolportage. Perfektes Kino, das federleicht vom Boden abhebt und einen atemberaubenden Salto nach dem nächsten schlägt. *Volker Gunske, tip, 1/2001*

(…) Dem erklärten Ziel des Regisseurs, in diesem Film westliche Handlungsführung und fernöstliche Action eins werden zu lassen, ist dieser Bruch jedenfalls nur bedingt dienlich. So ist Ang Lee zwar ein brillanter Actionfilm gelungen, der viele westliche Zuschauer mit den asiatischen Martial Arts in Berührung bringen wird. Von der Homogenität reiner Hollywoodprodukte mit Martial-Arts-Zutat à la »Matrics« wie der stilistischen

*Furiose Action mit Zhang Ziyi in ›Tiger and Dragon‹*

Geschlossenheit authentisch asiatischer Kampffilme aber bleibt »Tiger and Dragon« gleichermaßen entfernt.

*Michael Meyns, Zitty, 2/2001*

(...) Lee variiert das Genre durchaus erfindungsreich. Abweichend von westlichem Geniekult fand die chinesische Kunst ihre Vollendung von jeher im Spiel von Wiederholung und Variation. So erinnern die Kampf-Choreografien von Yuen Wo-Ping, einem Altmeister der Kunst, in ihrer markanten Rhythmik an die Operntradition, der der Kampfkunst-Film einst entstiegen ist. Und auch die tragende Rolle, die kämpfende Frauen spielen dürfen, ist keineswegs Lees Erfindung, sondern reicht bis in alte chinesische Legenden zurück und hinterlässt bis heute ihre Spuren im Hongkonger Actionfilm. Mit der Darstellerin Cheng Pei-Pei in der Rolle der bösen Hexe Jadefuchs darf zudem eine weibliche Martial-Arts-Ikone aus den heroischen 60er-Jahren in diesem Film ihr Unwesen treiben.
Manches dagegen ist echt neu. Die Intimität der Liebesgeschichten etwa mit ihren Geständnissen und Großaufnahmen galt bisher als unerhört. Auch die delikate Farbgebung, die manchmal sehr ins nächtliche Dunkel abkippt, verrät Gestaltungswillen. Manchmal gerät das einen Touch zu kitschig. Alles in allem aber entgeht Ang Lee mit klugem Understatement den Gefahren, die ambitioniertes Künstlertum für einen Genrefilm bedeuten kann. (...)

*Silvia Hallensleben,*
*Der Tagesspiegel, 10.1.2001*

**Interview:** *Sie sind nach eigener Aussage ein Mann der zwei Welten. Welcher fühlen Sie sich stärker verbunden?*

Ich entscheide das täglich neu. Meine Weltanschauung geht auf die Philosophien und Religionen Chinas und Taiwans zurück. Während meiner Jahre in New York und der Zusammenarbeit mit vielen liberalen Intellektuellen habe ich jedoch viele westliche Werte verinnerlicht. Sie sind zu meiner zweiten Natur geworden.

*Beginnen Sie noch jeden Film mit einer Tai-Chi-Zeremonie?*

In China glaubt man, dass es einem Film Unglück bringt, wenn man auf diese Zeremonie verzichtet. Meine amerikanischen Produzenten haben mich ermuntert, sie beizubehalten, weil man damit der Crew auf ein gemeinsames Ziel einschwört.

*Hollywood würde einfach auf Special Effects setzen.*

Der Film hat rund 60 Special-Effects-Shots und 300 retuschierte Bilder. Wir haben die Drahtseile, an denen die Körper der Schauspieler hingen, Bild für Bild bearbeitet. Das hat uns in die Lage versetzt, das Ganze eleganter, realistischer und mit mehr Großaufnahmen zu filmen.

*Wie haben Sie Ihre Erfahrungen mit der amerikanischen Produktionsweise bei den Dreharbeiten nutzen können?*

Meine »Erstliga«-Produktionen waren die Basis, auf der ich für diesen Film aufbauen konnte. In den USA

*Michelle Yeoh und Chow Yun-Fat*

habe ich gelernt, Elemente des großen Kinofilms in ein B-Filmgenre einzubringen, wie Wechsel der Kamerastandpunkte, Detailbewusstsein, Sinn für Emotionen oder das Vermeiden von Nachlässigkeiten in den Nicht-Action-Szenen. Die starke Martial-Arts-Kämpferin Li Mu Bai muss zum Beispiel auch innere Konflikte austragen. Solche Momente der Tiefe und des Hinterfragens moralischer Werte fehlen normalerweise im asiatischen Action-Genre.

*Ang Lee im Interview mit Katharina Dockhorn, Zitty, 1/2001*

## Tigerland 928

TIGERLAND ****

**Regie:** Joel Schumacher
**Darsteller:** Colin Farrell (Roland Bozz), Matthew Davis (Jim Paxton), Clifton Collins jr. (Miter), Thomas Guiry (Cantwell), Shea Whigham (Wilson), Russell Richardson (Johnson), Cole Hauser (Sergeant Cota)
**Drehbuch:** Ross Klavan, Michael McGruther
**Kamera:** Matthew Libatique
**Musik:** Nathan Larsen
**Schnitt:** Mark Stevens
**Prod.-Des.:** Andrew Laws
**Prod.:** USA 2000; 101 Min.
Arnon Milchan, Steven Haft, Beau Flynn für Haft Ent./ New Regency Prod.
**UA:** 12.9.2000, Toronto Film Festival
**Verleih:** 20th Century Fox/-/-, 24.5.2001
**Vertrieb:** Fox Video (Video, DVD)
**FSK:** ab 16 J., ffr. – **FBW:** Wertvoll

Im verrissenen Doku-Stil verfolgt Joel Schumacher amerikanische Armee-Rekruten, die 1971 auf ihren Einsatz in Vietnam vorbereitet werden. Der anfänglich dicht inszenierte Kriegsfilm, der zur Gänze in den USA spielt, erzählt von Sadismus und Dehumanisierung und überrascht mit einer deologischen Kehrtwendung: Schumacher eröffnet mit einem Helden, der sich gegen die Kriegsmaschinerie auflehnt, und endet in der Versöhnung mit dem Staat.

*Robert Weixlbaumer, tip, 11/2001*

**Kritik:** (...) Joel Schumacher, der mit »Batman«-Filmen wahre Materialschlachten inszenierte, schuf mit einem Budget von knapp einer Million Dollar den wahrscheinlich wichtigsten Film seiner Karriere. Ausschließlich mit der Handkamera gedreht, zeichnet Schumacher das bedrückende Porträt junger Männer, die noch nichts vom Leben wissen, aber bereits als Kanonenfutter herhalten müssen. Kriege bringen keine Helden, sondern nur Opfer hervor.

*Markus Tschiedert, AZ, 23.5.2001*

(...) Die Tonspur sorgt für zusätzliche Entindividualisierung: Ein unendlicher Strom gebrüllter Flüche, durchsetzt mit wüsten Beschimpfungen und Drohungen, die sich an einzelne Rekruten oder auch an das gesamte Platoon richten, ergießt sich über den Film; da keinerlei Musik dessen Wirkung mildert oder verstärkt, wirkt der Ton ziemlich verstörend. Weitgehend mit der Handkamera auf 16 mm gedreht, ist »Tigerland« ein rauer, sperriger Film. Unspektakulär und dafür umso eindringlicher schildert er eine sadistische, autoritäre Ausbildungspraxis, an deren Ende Kriegseinsatz, lebenslange Traumata oder Tod standen. Damit ist »Tigerland« im Grunde auch ein 68er-Film und der 1939 geborene Joel Schumacher vielleicht repräsentativer für seine Generation, als man immer gedacht hatte.

*Daniela Sannwald, FR, 25.5.2001*

## Time and Tide 929

SEUNLAU NGAKLAU ***+
Video

**Regie:** Tsui Hark
**Darsteller:** Nicholas Tse (Tyler), Wu Bai (Jack), Candy Lo (Ah Hui), Cathy Chui (Ah Jo), Anthony Wong (Onkel Ji), Couto Remotigue jr. (Miguel Joventino)
**Drehbuch:** Koan Hui, Tsui Hark
**Kamera:** Ko Chiu-Lam, Herman Yau
**Musik:** Tommy Wai
**Schnitt:** Marco Mak
**Prod.:** Hongkong 2000; 113 Min.
Tsui Hark; Nansun Shi (Co-Prod.) für Hong Kong Film Workshop/Columbia Pic. Asia
**UA:** 5.9.2000, Int. Filmfestspiele Venedig
**Vertrieb:** Columbia TriStar Video, 16.10.2001
**FSK:** ab 18 J.

Ein junger und ein alter ehrenwerter Outcast, ein Geldkoffer, Gangster, zwei werdende Mütter – ein Storysalat, der sich mit forciertem Tempo über die Runden zu bringen versucht, aber schon in der ersten an seiner eigenen Konfusion scheitert.

## To the Limit 930

AL LIMITE ***

Video

**Regie:** Eduardo Campoy
**Darsteller:** Juanjo Puigcorbe (Javier), Lydia Bosch (Maria), Beatrice Dalle (Elena), Bud Spencer (Elorza), Mabel Lozano (Candela), Jose Manuel Lorenzo (Vadillo), Rafael Romero Marchent
**Drehbuch:** Agustin Diaz Yanes, Luis Marias, Carlos Perez Merinero
**Kamera:** Armand Marco
**Musik:** Mario de Benito
**Schnitt:** Luis Manuel del Valle
**Prod.-Des.:** Javier Fernandez
**Prod.:** Spanien 1997; 90 Min.
Eduardo Campoy, Enrique Cerezo für CARTEL
**Vertrieb:** One World Media Video, 1.2.2001
**FSK:** ab 16 J.

Spanische Filme erfreuen sich – auch mangels Masse – in unseren Videotheken keiner allzu großen Beliebtheit. Dieser solide Thriller vom Serienkiller aus der High Society und seiner unermüdlichen Jägerin hätte allerdings größere Aufmerksamkeit verdient.

## Tochter des Glücks 931

CORY SZCZESCIE ***

TV

**Regie:** Márta Mészáros
**Darsteller:** Olga Drozdowa (Natasha), Jan Nowicki (Mr. Robert), Masha Petraniuk (Masha), Olaf Lubashenko (Janek), Ewa Telega (Vera), Igor Czerniewicz (Andrej)
**Drehbuch:** Zoltán Jancsó, nach einer Serie von Márta Mészáros, Maciej Karpinski
**Kamera:** Piotr Wojtowicz
**Musik:** Jan Kanty Pawluskiewicz
**Schnitt:** Cezary Grzesiuk
**Prod.-Des.:** Halina Dobrowolska
**Prod.:** Polen/Ungarn/BRD 1999; 119 Min.
Filip Bajon, Miroslav Bork, Andrzej Widelski Golebiowski, Manfred Durniok, Ferenc Kardos, Wlodzmiersz Niederhaus für Studio Dom/TV Polski/ Budapest Filmstudio Lengyei TV/Manfred Durniok Prods.
**UA:** 6.2.1999, Ungarische Filmwoche Budapest
**TV:** 20.8.2001, Arte, 20.45

Das Drama zeigt eine russische Familie prototypisch als Verlierer der Auflösung des Ostblocks. Natasha muss in Polen zur Hure werden, um ihre Tochter zu schützen und zu überleben – ihr ahnungsloser Mann, früher ein gut bezahlter Wissenschaftler, ist heute arbeitslos und zum Alkoholiker geworden. *Arte Magazin*

## Die Tochter des Präsidenten: In tödlicher Gefahr 932

FIRST DAUGHTER □

TV

**Regie:** Armand Mastroianni
**Darsteller:** Mariel Hemingway (Alexandra McGregor), Doug Savant (Grant Carlson), Monica Keena (Jess Hayes), Diamond Dallas Page (Dirk Lindman), Gregory Harrison (Präsident Jonathan Hayes), Dominic Purcell (Troy), Paul Tassone (Mark)
**Drehbuch:** Chad Hayes, Carey Hayes
**Kamera:** Mark Wareham
**Musik:** Louis Febre
**Schnitt:** Peter V. White
**Prod.-Des.:** Tim Ferrier
**Prod.:** Australien/USA 1999; 120 Min.
Michael O. Gallant für Columbia TriStar TV/Lions Gate TV/Mandalay TV/TBS
**TV:** 17.8.2001, Pro7, 20.15

Als Terroristen angreifen, rettet Leibwächterin Alexandra den US-Präsidenten Hayes. Trotzdem verliert sie ihren Job. Doch Hayes zeigt sich dankbar: Alexandra soll seine 16-jährige Tochter Jessie während einer Abenteuer-Bootstour beschützen. Dieser Ausflug bleibt der Terrorgruppe nicht verborgen, Jessie wird entführt. *Pressetext*

## Tod auf See 933

HASSEL – FÖRGÖRARNA □

TV

**Regie:** Mikael Hylin
**Darsteller:** Lars-Erik Berenett (Roland Hassel), Regina Lund (Galina Volkova), Göran Forsmark (Nils Ahlberg), Björn Gedda (Simon Palm), Cathrine Hardenborg (Myrna Clavebo), Thomas Hanzon (Johnny Strand), Lisa Werlinder (Ludmilla)

**Drehbuch:** Nach der Vorlage von Olov Svedelid
**Prod.:** Schweden 2000; 100 Min.
**TV:** 29.10.2001, ZDF, 22.15

Kommissar Hassel untersucht den Mord an einer russischen Drogenkurierin, die auf einer Fähre von Finnland nach Schweden gefunden wird. Er bittet die russische Mafiaexpertin Galina um Hilfe, die aber eigene Interessen verfolgt.

**Kritik:** Ein spannender Mafia-Thriller – aber es bleibt der Horror-Eindruck, ganz Schweden sei im Besitz von Killerbanden der Russen-Mafia. Ein Trauma? *Ponkie, AZ, 31.10.2001*

## Todesflug 1602 – Als der Himmel einstürzte 934

A WING AND A PRAYER □ TV

**Regie:** Paul Wendkos
**Darsteller:** Claudia Christian (Shelley Lowe), Jeff Yagher (Jack Lowe), Jessica Tuck (La Vaughn), Christopher Cousins (Evan), Leon Russom (Vernon), Jim Metzler (Will), Judith Scott (Harriet)
**Drehbuch:** Michael Ahnemann, Stephen Harrigan
**Kamera:** Chuck Arnold
**Prod.-Des.:** James Shanahan
**Prod.:** USA 1998; 90 Min.
PolyGram TV/USA Pic.
**TV:** 17.1.2001, Pro7, 9.35

Actionfilm aus der Fluglotsen-Perspektive nach dem üblichen Katastrophenfilm-Muster.

## Todesschuss im Schnee 935

WITHOUT MALICE □ TV

**Regie:** Rob King
**Darsteller:** Jennifer Beals (Sam Wilkes), Gabrielle Anwar, Craig Sheffer, Corey Haim, Ian Black
**Prod.:** USA 2000; 105 Min.
**TV:** 29.10.2001, VOX, 20.15

Paul und Marty wollten eigentlich nur ein geruhsames Jagdwochenende in der kanadischen Wildnis verbringen. Doch als sie einen Wildhüter aus Versehen erschießen, beginnt ein Albtraum. (...) *AZ TV Journal*

## Todesstrafe – Ein Deutscher hinter Gittern 936

□ TV

**Regie:** Michael Wenning, Holger Karsten Schmidt
**Darsteller:** Claudia Michelsen (Corinna Pohl), Jan-Josef Liefers (Klaus Jansen), Calvin Burke (Steven Grady), Patrick Pinhera (Simmons), Barbara Focke (Gisela Jansen), Susanne Schäfer
**Prod.:** BRD 2000; 94 Min.
RTL
**TV:** 16.5.2001, RTL, 20.15

Corinna Pohl reist in die USA, um eine Geschichte über den deutschen Touristen Klaus Jansen zu schreiben, der unschuldig in der Todeszelle sitzt. Zwischen den beiden entwickelt sich eine Liebesbeziehung, die ständig von der Exekution Jansens bedroht ist. Sie beschließt, zusammen mit Jansens Anwältin, Steven Grady, nach neuen Fakten zu suchen.

## Tödliche Tarnung – Killer Instinct 937

INSTINCT TO KILL ** Video

**Regie:** Gustavo Graef-Marino
**Darsteller:** Mark Dacascos (J. T. Dillon), Melissa Crider (Tess Beckett), Tim Abell (Jim Beckett), Kadeem Hardison (Lance Difford), Jill Jabobson (Arlene), Deron McBee (Des), James Greene
**Drehbuch:** Josh Olson, Randall Frakes
**Kamera:** Jacques Haitkin
**Schnitt:** Sherwood Jones
**Prod.:** USA 2001; 87 Min.
Dana Dubovsky, Brian Etting, Terese Linden Kohn für American World Pic.
**Vertrieb:** Universal Video, Januar 2001
**FSK:** ab 18 J.

Ehemaliger Söldner soll Ehefrau vor entsprungenem Massenmörder-Gatten schützen. Dieser Action-Thriller mischt munter extreme Brutalitäten unter eine Klischee-Story.

## Tödlicher Irrtum 938

LA BAVURE ***+ TV

**Regie:** Alain Tasma
**Darsteller:** Clovis Cornillac (Jacques Corti), Bernard Verley (Lessner), Renaud

Menager (Bruno), Caroline Proust (Betty), Erik Deshors (Bricourf), Stéphane Slima (Frédéric Cadain), Jacques Le Carpentier (Cantona)
**Drehbuch:** Nathalie David-Weill, Mathien Fabiani, Guy-Patrick Sainderichin
**Musik:** Cann Beguin, Roland Bocquet
**Prod.:** Frankreich 1994; 80 Min.
**TV:** 17.3.2001, MDR3, 0.20

Die Polizei verhaftet das Crashkid Bruno nach einer wilden Verfolgungsjagd. Inspektor Jacques Corti hat Mitleid mit ihm und will verhindern, dass Kommissar Lessner ihn als Spitzel einsetzt, aber Bruno chauffiert bereits zwei Mörder zu ihrem Verbrechen.

## Ein tödliches Wochenende 939

**
TV

**Regie:** Torsten C. Fischer
**Darsteller:** Andrea Sawatzki (Ute Sperling), Nele Mueller-Stöfen (Sabine Jung), Dominique Horwitz (Julius), Thomas Kretschmann (Christian), Helmut Berger (Jochen), Jochen Nickel (Ernst Menzel)
**Drehbuch:** Klaus-Peter Wolf
**Kamera:** Theo Bierkens
**Musik:** Mark Hollis Massive Attack, Counting Crows (Songs)
**Schnitt:** Sybille Windt
**Prod.-Des.:** Adrian Ochse
**Prod.:** BRD 1998; 89 Min.
Holm Dressler für HDTV Ent. TV für NDR
**UA:** 1.7.1999, Filmfest München
**TV:** 7.3.2001, ARD, 20.15

Eine reizvolle Idee: Fünf ziemlich zivilisationsgeschädigte Wohlstandskrüppel treffen sich regelmäßig in provinzieller Abgeschiedenheit bei dem Psycho-Guru Harry (präziser Seelen-Sezierer), um bei extremen Spielchen Selbsterfahrungen zu sammeln. (…) Ein, wie es schien, bewusst gegen die verdorbenen Sehgewohnheiten und die RTL-Erwartungshaltungen angelegtes Fernsehspiel mit authentisch wirkenden Dialogen, die dem Spitzen-Ensemble saftiges Darstellerfutter boten. Da fielen dann selbst die kleineren Plausibilitätslücken nicht mehr so sehr ins Gewicht.

*W. O. P. Kistner, AZ, 9.3.2001*

## Ein todsicheres Geschäft (Undertakers Paradise) 940

***

**Regie:** M. X. Oberg
**Darsteller:** Thomas Schmauser (Hugo Nagel), Ben Gazzara (Jim Lagota), Edward Jewesbury (Burns Senior), Emma Catherwood (Natalie), Michael Fitzgerald (Edgar), Janine Eser (Pauline), Sally Dexter (Mary-Boo)
**Drehbuch:** M. X. Oberg, Tim Dabringhaus
**Kamera:** Martin Kukula
**Musik:** Niki Reiser
**Schnitt:** Barbara Giess
**Prod.-Des.:** Ulrika Andersson
**Prod.:** BRD 2000; 92 Min.
Jakob Claussen, Thomas Wöbke für Claussen + Wöbke
**UA:** 25.6.2000, Filmfest München
**Verleih:** Buena Vista/Buena Vista/-, 8.2.2001
**Vertrieb:** Buena Vista Video
**FSK:** ab 12 J., ffr. – **FBW:** Wertvoll

Deutscher Jung-Bestatter macht sich mithilfe eines alternden Jazz-Trompeters in einer wallisischen Kleinstadt mit dem weltweit höchsten Prozentsatz alter Bewohner selbstständig und damit dem einzigen ansässigen Beerdigungsinstitut Konkurrenz. Was ein lakonisch süffisanter Film voll von schwarzem Humor hätte werden können, ist aufgrund dramaturgischer Fehler, Vorhersehbarkeit und fehlender Spannung leider Langeweile pur.

*Uli Buchner*

**Kritik:** (…) Doch schade, der Film kommt von der ersten Minute an dramaturgisch nicht richtig in die

*Thomas Schmauser*

Gänge. Mögliche schwarzhumorige Ansätze erstickt die Regie, die so gerne trocken und lakonisch erzählen möchte, durch fehlende Spannungsbögen im Keim. So agieren die sehenswerten Akteure (allen voran Thomas Schmauser, dessen Unbeholfenheit an die frühen Werke eines Detlev Buck erinnern) in einem luftleeren, mit schönen Landschaftsaufnahmen angereicherten Raum und hinterlassen beim Kinogänger ein »Ja, und?«-Schulterzucken.

*Martin Schwarz, Zitty, 4/2001*

(...) Trostlose deutsche Komödie, die ihre Zuschauer mit Gutgemeintem überschüttet. *Multimedia, 7/2001*

## Tokyo Raiders 941

DUNGGING GUNGLEUK / DONG JING GONG LÜE *
Video

**Regie:** Jingle Ma
**Darsteller:** Tony Leung Chiu-Wai (Lin), Ekin Cheng (Yung), Kelly Chen (Macy), Cecilia Cheung (Saon), Toru Nakamura (Takahasni), Abe Hiroshi, Kumiko Endo
**Drehbuch:** Susan Chan, Felix Chong
**Kamera:** Jingle Ma, Chan Chi-Ying
**Musik:** Peter Kam
**Schnitt:** Kwong Chi-Leung
**Prod.-Des.:** Yee Chung-Man
**Prod.:** Hongkong 2000; 96 Min.
Chan Shek-Hong, Chong Lai-Chun, Raymond Chow für Red on Red/Golden Harvest
**Vertrieb:** Columbia Tristar, 21.8.2001
**FSK:** ab 16 J.

Bankierstochter fahndet in Tokio nach ihrem abgängigen Verlobten und schlittert in ein Spionage-Abenteuer. Konfus montierte Action-Sequenzen – mehr ist über diese Produktion nicht zu sagen.

## Tolle Lage 942

***

**Regie:** Sören Voigt
**Darsteller:** Ill-Young Kim (Pit Sun), Paul Faßnacht (Rolf Skiernitzki), Julia Hummer (Steffi Oelke), Gaby Methner (Martina Skiernitzki), Henriette Heinze (Anita Skiernitzki), Fritz Roth (Natascha), Michi Fanselow

**Drehbuch:** Sören Voigt
**Kamera:** Hanno Lentz
**Musik:** Rainer Kirchmann
**Schnitt:** Gergana Voigt
**Prod.-Des.:** Heike Wolf
**Prod.:** BRD 1999; 80 Min.
Alexander Ris, Lucas Schmidt für Mediopolis mit Studio Babelsberg Independents/DFFB/ZDF
**Verleih:** Progress/-/-, 3.5.2001

Der Film erzählt von dem alltäglichen Desaster an einem hochsommerlichen Urlaubstag auf dem Campingplatz »Tolle Lage« an der Ostseeküste. Pit Sun, Kind vietnamesischer Eltern, jobbt dort als Mädchen für alles. (...) In diesem Mikrokosmos tun sich menschliche Abgründe auf und führen zu kuriosen Katastrophen.

*Katalog Max-Ophüls-Preis*

**Kritik:** (...) über die Machart erklärt sich's ein bisschen – »Tolle Lage« sieht aus wie ein früher Farbfilm der Defa, huldigt grobkörnig und mit verblichener Couleur der ehemals staatswirtschaftlichen Zelluloidästhetik. Solche derart in Ostalgie schwelgende Optik wirkt wie ein erläuternder Kommentar zu jener Botschaft, die Voigt anders nicht schlüssig zu transportieren vermag: dass es nämlich legitim sei, sich zu entziehen, wenn Zeitgeschichte zum Jammertal wird – durch Flucht ins Vergangene, in Sex und Zynismus oder sogar ins Filmemachen. Tolle Einstellung. *Thomas Basgier, Stuttgarter Zeitung, 9.8.2001*

## Tomb Raider 943

LARA CROFT: TOMB RAIDER ***

**Regie:** Simon West
**Darsteller:** Angelina Jolie (Lara Croft), Jon Voight (Lord Croft), Ian Glen (Manfred Powell), Daniel Craig (Riex Marrs), Leslie Phillips (Wilson), Noah Taylor (Bryce), Julian Rhind-Tutt (Pimms)
**Drehbuch:** Patrick Massett, John Zinman, nach einer Story von Sara B. Cooper, Mike Werb, Michael Colleary, basierend auf Eidos Interactive-Spielserie von Core Design
**Kamera:** Peter Menzies jr.
**Musik:** Graeme Revell
**Schnitt:** Glen Scantlebury, Dallas S. Puett
**Prod.-Des.:** Kirk M. Petrucelli
**Prod.:** USA 2001; 100 Min.
Lawrence Gordon, Mark Gordon, Lloyd Levin, Gary Levinsohn, Colin Wilson; Bobby Klein, Chris Kenny (Co-Prod.) für Lawrence Gordon Prod. mit Eidos Interactive
**Verleih:** Concorde/dto./Elite, 28.6.2001
**Vertrieb:** Concorde Video (Video, DVD)

Fast so schön wie Charlies Engel, mutiger als Batman und abenteuerlustiger als Indiana Jones. Lara Croft, die ultimative Heroin des 21. Jahrhunderts, hat ihr Computer-Game gesprengt. Mutterseelenallein reist sie von Kambodscha nach Sibirien, um die Welt vor einer Horde machtgieriger Terroristen zu retten. Das Resultat ist eine gut geölte Unterhaltungsmaschine, aufgedonnert mit köstlichen Spezialeffekten und dem Sexappeal von Angelina Jolie. *Pressetext*

**Kritik:** (…) Das einzige Geheimnis, das Lara aus dem Spiel mitgebracht hat, das ihrer Gymnastik, ist keines mehr: Stuntgirl und Computerretusche machen auch Jolie gelenkig. Nun müsste Lara neue Geheimnisse bekommen. Doch sobald sie ihren Fitnessraum verlässt, führt West sie nur in blasse Zitate. Ein wenig Greystoke-Schloss aus »Tarzan«, ein wenig Bat-Höhle aus »Batman« ist ihr mit Hightech angefüllter Landsitz, aber die Dinge bekommen so wenig Substanz wie der Butler und der Technikbastler, die immer mal wieder als Laras Handlanger durchs Bild huschen. (…) *Thomas Klingenmaier, Rheinische Post, 30.6.2001*

(…) In wenigen Szenen blitzt allerdings ein entlastendes Element auf: Ironie. So, wenn Lara Croft im konservativen Kostüm am Grab ihres Vaters Gedenkminuten hält. Oder der Butler zur Verteidigung des Schlosses der Lady Croft zum MG greift und die britische Oberschicht als vergreiste Snobs karikiert wird. Aber dieser Anflug von Humor kann die Geschichte nicht retten. Lara Croft bleibt eine sterile Amazone, die dem Film aber immerhin kitschige Sentimentalität erspart. *Adrian Prechtel, AZ, 28.6.2001*

(…) Über den Film selbst ist wenig zu sagen, schon deshalb, weil er voll dem Eidos-Marketingkonzept gehorcht und dem Spiele-Rhythmus treu bleibt. Auch einige neu kreierte Nebenfiguren fallen durch gröbste Stereotypie und flachste Charakterzeichnung auf. Jolies maskenhaftes reduziertes Gebärdenspiel und das dümmliche Grinsen auf aufgespritzten Lippen treffen sich mit Indiana Jones' kargem Mienenspiel. Tief in die Mottenkiste heterosexueller Geschlechtermetaphysik greifen die enge Vaterbindung Laras und die abwesende Mutterfigur: Der duale Vater-Kind-Pakt ist ein altes Hollywood-Erzählmuster von

»Kramer vs. Kramer« bis »A Perfect World«. Der auch biologische Jolie-Vater Jon Voight fügt sich in das imaginäre Illusionsspiel. (…)

*Marli Feldvoss, NZZ, 18.7.2001*

(…) So bleibt nichts als die Figur, der zentrale Engel dieses Films, nichts als Angelina: In körperbetonenden Leder- und Stretchmaterialien, vornehmlich in Schwarz, balanciert sie Süße und Cleverness fotogen gegeneinander aus und lässt nebenbei sämtliche Gegner ironisch und unangestrengt hinter sich.
Über einen gravierenden Nachteil gegenüber seiner Vorlage kommt der Film natürlich nicht hinweg: An »Tomb Raider« kann man nun nur noch passiv teilnehmen. Das schmälert Vergnügen und Substanz entscheidend und lässt nichts als unentwegte Raserei mehr zu, von einem Grab zum nächsten, von einer künstlichen Erregung zur andern. Die Musik lässt zudem kein Geheimnis offen, keine Andeutung als solche stehen, sie hämmert die (falschen) Emotionen zurecht und macht die Erzählung so flach wie möglich: dem Erdboden gleich. (…) *Stefan Grissemann, Die Presse, 30.6.2001*

(…) Den tieferen Grund für den grassierenden Sommerblues hat Elvis Mitchell von der New York Times unbewusst in seiner Kritik zu »Lara Croft – Tomb Raider« angesprochen: »Dieses · verschwenderische, tumbe Actionspektakel durchzusitzen, macht ungefähr so viel Spaß, wie jemandem beim Videospielen zuzusehen.« (…) »Tomb Raider« mag in der Tat kein guter Film gewesen sein. Aber eben nicht wegen der matten Dialoge oder der logischen Löcher in der Handlung. »Tomb Raider« hat seine Verrisse verdient, weil die Effekte lieblos sind und platt, zu deutlich erkennt man die Grenze zwischen der digitalen und der realen Filmebene. Das konnten nicht einmal die grandiosen Stunts retten, bei denen der Film-Lara-Croft die Actionbewegungen der Spielfigur zum Ballett verfeinert. (…)

*Andrian Kreye, SZ, 3.8.2001*

**Interview:** *Wie sind Ihre Erfahrungen bei der Postproduktion?*

Der Cutter ist dein erster Zuschauer und sollte gnadenlos mit dem Material umgehen. Man braucht einfach seinen zweiten, kritischen Blick, der beurteilen kann, ob das Bild, das man geschossen hat, gut ist. Man hat in das Projekt so viel Emotion reingesteckt, sich monatelang damit auseinander gesetzt und versucht, es so gut wie möglich zu machen. Doch oft funktioniert es nicht. Und da braucht man jemanden, der es einem höflich und konstruktiv verklickert. Das Studio mischt sich immer ein, es investiert auch eine Menge Geld. Man stellt sich immer vor, dass ein Komitee von zwölf Männern im schwarzen Anzug anmarschiert, den Film analysiert und sagt, wie er auszusehen hat. In Wahrheit sind das ein oder zwei Studioleute, die sagen, dass sie bei dieser

*Angelina Jolie*

oder jener Sache nicht sicher sind, und jeder argumentiert. Dann präsentiert man es einem Publikum. Und manchmal stimmt das Publikum mit dem Studio überein, manchmal mit dir. Ich mag diese Testscreenings nicht, sie sind sehr schmerzhaft für mich. Aber die Reaktionen sind oft unglaublich und können einem auch helfen, das richtige Gleichgewicht für einen solchen Film zu finden.

*Simon West im Interview mit Blickpunkt Film, 27–28/2001*

## Tomcats 944

TOMCATS ***+

**Regie:** Gregory Poirier
**Darsteller:** Jerry O'Connell (Michael Delaney), Shannon Elizabeth (Natalie Parker), Jake Busey (Kyle Brenner), Horatio Sanz (Steve), Jaime Pressly (Tricia), Bernie Casey (Hurley), David Ogden Stiers (Crawford)
**Drehbuch:** Gregory Poirier
**Kamera:** Charles Minsky
**Musik:** David Kitay
**Schnitt:** Harry Keramidas
**Prod.-Des.:** Robb Wilson King
**Prod.:** USA 2001; 95 Min.
Alan Riche, Tony Ludwig, Paul Kurta; Peter Riche, Bruce Franklich (Co-Prod.) für Eagle Cove Ent./Revolution Studios
**Verleih:** Senator/Constantin/-, 5.7.2001

Eine Gruppe Frauenhelden wettet darum, wer es am längsten schafft, Junggeselle zu bleiben. Einige Jahre später hat es Michael eilig, diese Wette zu gewinnen, denn er sieht keine andere Möglichkeit mehr, seine Spielschulden zu bezahlen. Um die Siegesprämie zu kassieren, muss er allerdings noch seinen letzten Konkurrenten Kyle unter die Haube bringen. Dummerweise verliebt sich auch Michael in die Frau, die er für seinen Freund bestimmt hat. Was die Gags angeht, so besteht der Höhepunkt darin, einen Hoden, der wegen Krebs herausoperiert wurde, einzufangen. Lustig glitschig entwischt das Organ durchs Treppenhaus bis in die Kantine auf den Teller eines Arztes.

*Multimedia*

**Kritik:** (...) Kaum zu glauben, aber wahr: Regiedebütant Gregory Poirier unterbietet mit seiner Zoten-Parade noch das Niveau früherer »Verrückt nach Mary«-Nachahmer. Da wandelt sich eine brave Bibliothekarin zur dildoschwingenden Domina oder hopst mit amputierten Hoden durch die Gegend. Ex-Disney-Studiochef Joe Roth hat mit seiner ersten eigenen Produktion voll ins Klo gegriffen.

*Albert Baer, Rheinische Post, 6.7.2001*

(...) Der große Unterschied zum Vorbild »American Pie«. Dort wurde trotz aller Gags unter der Gürtellinie eine Geschichte erzählt, die gar nicht so abwegig war. Es ging um vier Freunde, die vor Ende ihrer Schulzeit endlich einmal Sex haben wollten. Hier legen nun zwei Aufreißer jede Frau flach, die ihnen über den Weg läuft, obwohl sie eigentlich doch nur nach Eheglück streben. Keine Frage, was realistischer ist, mit welchen Charakteren man sich eher identifizieren kann, welche Figuren eher berühren. Möglichst viele Fäkalwitze reichen eben doch nicht für einen erfolgreichen Film.

*Michael Meyns, Zitty, 14/2001*

## Tommy und der Luchs 945

POIKA JA ILVES ****+

**Regie:** Raimo O. Niemi
**Darsteller:** Konsta Hietanen (Tommy), Risto Tuorila (Onkel Jouko), Jarmo Mäkinen (Haapala), Antti Virmavirta (Vater), Kristina Halttu (Helena), Rauno Ahonen (Jaska), Jussi Puhakka (Oula)
**Drehbuch:** Ville Suhonen, Martin Daniel, nach der Idee von Ville Suhonen, Matti Haapanen
**Kamera:** Kari Sohlberg
**Musik:** Sören Hyldgaard
**Schnitt:** Jukka Nykänen
**Prod.:** Finnland/Dänemark/Luxemburg 1998; 96 Min.
Hannu Tuomainen; Henrik Danstrup, Jani Thiltges (Co-Prod.) für Suomi/Wildcat/Samsa Film/Balboa 2
**EA:** 12.2.1999, Int. Filmfestspiele Berlin, »Kinderfilmfest«
**Verleih:** -/-/Fama, Febr. 2001

Tommy verliert sein Herz an den Luchs Leevi, der in einem Naturreservat in Lappland aufgezogen worden ist. Als das Tier verkauft werden soll, lässt Tommy ihn heimlich in die Freiheit entlaufen. Doch schon bald muss der Junge erkennen, dass der Luchs nie gelernt hat, in der freien Wildnis zu überleben. Tommy versucht das Tier zu retten, bevor es Schaden anrichten kann oder ein Wilderer es erschießt. Der herzige Luchs darf in diesem spannenden Abenteuerfilm Wildkatze bleiben und wird nicht zum Schmusekater degradiert.

*Film, 2/2001*

**Kritik:** (...) Schöne Landschaftsaufnahmen, ein niedliches Raubtierchen und ein blond gelockter Bube – diese wirkungsvollen Zutaten und ein recht spannender, für ganz kleine Kinder ungeeigneter Show-down können nicht darüber hinwegtäuschen, dass der Streifen mitunter doch kräftig durchhängt. Zudem haben Tommy und Leevi ein emotionales Problem: Weil der Luchs in der Freiheit überleben soll, kommen tränenrührendes Herumgebalge und Streichelorgien nicht infrage.

*Martin Schwarz, Zitty, 2/2001*

## Too Much Flesh 946

TOO MUCH FLESH ***

**Regie:** Jean-Marc Barr, Pascal Arnold
**Darsteller:** Rosanna Arquette (Amy), Elodie Bouchez (Juilette), Jean-Marc Barr (Lyle), Ian Vogt (Vernon), Ian Brennan (Bert)
**Drehbuch:** Jean-Marc Barr, Pascal Arnold
**Kamera:** Pascal Arnold
**Musik:** Irina Decermic, Misko Plavi
**Schnitt:** Brian Schmitt
**Prod.:** Frankreich 2000; 109 Min.
Pascal Arnold, Karina Grandjean, Jean-Marc Barr für Toloda & Barnothing mit TF1/Canal+
**UA:** 24.9.2000, Int. Filmfestival San Sebastian, »Open Zone«
**Verleih:** Arsenal/-/Filmcoopi, 26.4.2001

Narzisstisch inszeniert Jean-Marc Barr im zweiten Film seiner »Free-trilogy« sich selbst und Elodie Bouchez als Freigeister unter verklemmten amerikanischen Provinzlern. Die mit Handkamera gefilmte Story eines Farmers, der durch eine Französin sexuell befreit wird, bietet bis zum bitteren Ende keine Überraschungen und ärgert mit ihrem penetrant zelebrierten Gegensatz zwischen der Naturlust der beiden und der sich in Gewalt entladenen Lustangst der Hinterwäldler. *Film, 6/2001*

**Kritik:** (...) So ist »Too Much Flesh« ein Lehrstück gegen Intoleranz geworden, dem man allenfalls vorwerfen kann, das es mitunter etwas zu manieriert in Szene gesetzt ist. Was aber wiederum nur Puristen stören dürfte.

*Albert Baer, Rheinische Post, 25.5.2001*

(...) Wenngleich sich Barr mit seinem Anliegen just auch gegen jenes konformistische, prüde Denken richten mag, es gelingt ihm einfach nicht, wirklich gute und überzeugende Bilder zu finden. Gewiss, die Bilder von Pascal Arnold sind brav dogmatisch verwackelt und verkantet, voller Reißschwenks und natürlich hübsch grobkörnig, doch was bei »Lovers« passen mochte, funktioniert hier nicht. Zu statisch ist diese variierte Lolita-Geschichte, die im Grunde nichts Neues erzählt und zuweilen wirkt, als würde sie hauptsächlich im Dienste der Fleischbeschau stehen. Bleibt der Trilogie letzter Teil abzuwarten ...

*Thilo Wydra, Schnitt, 2/2001*

(...) Man muss sich gelegentlich an die Prüderie erinnern, die Clinton entgegenschlug, um sich darüber klar zu werden, dass »Too Much Flesh« eine überspitzte, aber nicht hanebüchene Geschichte erzählt; im Übrigen kommt der Familienname Barr im Abspann in allerhand Funktionen vor, denn als Ort der Handlung hat sich der in Frankreich lebende Barr jenes Kaff in der Nähe von Chicago ausgesucht, aus dem sein Vater stammt.

Man kann davon ausgehen, dass er einigermaßen weiß, wovon er redet – die halbe Dorfbevölkerung von Rankin war zwar an der Produktion beteiligt, das Drehbuch bekam dort aber vorsichtshalber niemand zu lesen. Unter solch halbprovisorischen Umständen einen Kinofilm zu drehen, ist im Prinzip nur mit der Videokamera möglich: Das ist bei »Too Much Flesh« manchmal ein Vorteil – und stört den Rest der Zeit. Es geht Barr weniger um die Ästhetik, die durch die verwackelte Handkamera entsteht (»Lovers« war noch streng nach den Dogma-Regeln gedreht), sondern um die Freiheit, drehen zu können, wo man will. Was dabei herauskommt, sind ein paar fantastische Aufnahmen – ein Maisfeld beispielsweise, das sich auf der Leinwand geradezu in ein impressionistisches Gemälde zu verwandeln scheint. Die meiste Zeit aber wirkt »Too Much Flesh« einigermaßen unbeholfen. Im Grunde ist dieser Film ein wenig wie sein Schöpfer: eine reizvolle Mischung aus Naivität, Wahnsinn und Genie. Diese Mixtur hat durchaus ihren Charme; aber ein bisschen anstrengend ist sie auf die Dauer trotzdem.

*Susan Vahabzadeh, SZ, 28.4.2001*

## Topsy Turvy 947

TOPSY-TURVY ****+

**Regie:** Mike Leigh
**Darsteller:** Jim Broadbent (W. S. Gilbert), Timothy Spall (Richard Temple), Allan Corduner (Arthur Sullivan), Lesley Manville (Lucy Gilbert), Eleanor David (Fanny Ronalds), Ron Cook (Richard D'Oyly Carte), Kevin McKidd (Lely)
**Drehbuch:** Mike Leigh
**Kamera:** Dick Pope
**Musik:** Carl Davis, basierend auf den Werken von Arthur Sullivan
**Schnitt:** Robin Sales
**Prod.-Des.:** Eve Stewart
**Prod.:** GB 1999; 159 Min.
Simon Channing-Williams für Thin Man/The Greenlight Fund/Newmarket Capital Group
**UA:** 2.9.1999, Int. Filmfestspiele Venedig
**Verleih:** Tobis (nicht gestartet)/Stadtkino/Frenetic, 18.9.2001

Das viktorianische Erfolgsduo Gilbert & Sullivan mit seinen komischen Operetten ist ein ungewöhnliches Sujet für den britischen Sozialethiker Mike Leigh (»Secrets and Lies«). Aber dieser mit grandioser Ironie inszenierte Kostümfilm zelebriert eine Liebe zum Theater, die eine gesellschaftshistorische Komponente einschließt. Im witzigen Seilziehen zwischen kommerziellem Erfolg und künstlerischer Ambition lässt der Film aktuelle Entertainment-Diskussionen sehr witzig anklingen. *Film, 1/2001*

**Kritik:** (...) Denn »Topsy Turvy« ist neben Leinwandbiografie und historischem Kostümfilm, neben Musical und Operette, neben Burleske und Parodie auch und in erster Linie eine Reverenz des alten Theaterveteranen Leigh an die Bühne und die Menschen, denen die Bretter die Welt bedeuten. Dort kämpfen, wie in seinen zeitgenössischen Filmen, Lug und Trug mit dem Willen nach Entlarvung und Erleuchtung, dort deklamieren Zeitgeist und Geschichtsbewusstsein ihre Verse, dort spreizen sich die Eitelkeiten des Bühnenbetriebs in Großaufnahme und krümmen sich die Triebe unter dem Joch ihrer Unterdrückung. Und so sind auch in dieser farbigen Theatergeschichte – Motor des Geschehens ist eine große Krise des kreativen Duos – Leighs düstere soziale Themen präsent und hinter der opulenten Kostüm- und Kulissenwelt versteckt sich das nackte Gerippe einer morbiden Klassengesellschaft, in dem man sanft die Würmer kraxeln hört. (...)

*Pia Horlacher, NZZ, 29.12.2000*

## Tosca 948

TOSCA ****

**Regie:** Benoit Jacquot
**Darsteller:** Angela Gheorghiu (Floria Tosca), Roberto Alagna (Mario Cavaradossi), Ruggero Raimondi (Baron Scarpia), David Cangelosi (Spoletta), Sorin Coliban

(Sciarrone), Enrico Fissore (Sacristan), Maurizio Muraro (Angelotti)
**Drehbuch:** Benoit Jacquot, nach der gleichn. Oper von Giacomo Puccini
**Kamera:** Romain Winding
**Musik:** Giacomo Puccini
**Schnitt:** Luc Barnier
**Prod.-Des.:** Sylvain Chauvelot
**Prod.:** Frankreich/Italien/BRD/GB 2001; 125 Min.
Daniel Toscan du Plantier, Frederic Sichler; Alfred Hürmer, Dagmar Jacobsen, Alessandro Verdecchi, Lévon Sayan, Douglas Cummins (Co-Prod.) für Euripede/Veradia Film/Integral/Axiom mit Seven Stars Systems, France3 Cinema/WDR
**UA:** 31.8.2001, Int. Film Festival Venedig, »Außer Wettbewerb«
**Verleih:** Integral, OmU/-/-, 6.12.2001
**FSK:** ab 6 J., ffr. – **FBW:** Besonders wertvoll

Nur halb im Scherz nannte Jacquot seine Adaption der gleichnamigen Oper während der Dreharbeiten einen Luxus-Experimentalfilm. Der fertige Film ist eine prunkvolle Stilübung, deren behänder Wechsel der erzählerischen Ebenen und deren raffiniertes Spiel mit der Künstlichkeit durchaus dem Stoff angemessen ist: In Puccinis Oper geht es um Schein und Täuschung. Auch in diesem hochkarätig besetzten Musikdrama um Eifersucht, Liebesverrat und politische Intrigen zur Zeit der Napoleonischen Kriege bleibt der Regisseur dem Grundthema seines Kinos treu: dem Tauschhandel der Gefühle.

*Gerhard Mudding, tip, 25/2001*

**Kritik:** (…) Gewiss, brillanter als mit Angela Gheorghiu, Roberto Alagna und Ruggero Raimondi kann man eine »Tosca« heute kaum besetzen. Doch bei allem Verständnis für Star-Eitelkeiten: Eine Opernverfilmung kann sich nicht auf Großaufnahmen und Porträtausschnitte beschränken – was besonders lächerlich wirkt, wenn die (überflüssige) deutsche Untertitelung die Sänger ständig unterm Kinn kratzt.

*Marianne Reißinger, AZ, 6.12.2001*

(…) In langen, konzentrierten Kamerabewegungen durchquert er die

*Angela Gheorghiu und Benoit Jacquot*

stilisierten Räume, umspielt er seine Figuren; und durch die Illusionen, die er erzeugt, schimmert die Wahrheit der Gefühle. Wenn er die Aufnahmen aus dem Tonstudio verwendet, wenn er farblich verfremdete Super-8-Handkamera-Aufnahmen der Originalschauplätze wie Imaginationen einfügt, wenn er im dritten Akt Szenen rückwärts laufen lässt (eine Reminiszenz an Cocteau) – dann sind das nie Manierismen. Immer bleibt Jacquot den seelischen Bewegungen des Dramas auf der Spur. Und immer erzählt er dabei auch seine Geschichte, die er schon mit Virginie Ledoyen in »Das einsame Mädchen«, mit Sandrine Kiberlaine in »Der siebte Himmel«, mit Isabelle Huppert in »Schule des Begehrens« gestaltet hat: wie sich eine Frau im Labyrinth von Eifersucht, Liebesverrat und Käuflichkeit der Gefühle ihre Reinheit bewahrt.

*Rainer Gansera, SZ, 11.12.2001*

## Die Totenglocke 949
DÖDSKLOCKAN ☐ TV

**Regie:** Daniel Alfredson
**Darsteller:** Anders Ekborg (Mäns Westling), Tova Magnusson-Norling (Eva Westling), Jakob Hazell (Göran), Micke Enerdal (Hasse), Keve Hjelm (Gustaf Åkerman), Tomas Pontén (Erik Emilsson), Gösta Bredefeldt (Georg Märd)
**Drehbuch:** Jonas Frykberg, nach dem Roman von Kerstin Ekman

**Kamera:** Olof Johnson
**Schnitt:** Louise Brattberg
**Prod.-Des.:** Kicki Ilander, Eva Norén
**Prod.:** Schweden 1999; 100 Min.
Danmarks Radio/Nordiska TV-Samarbetsfonden/SVT Drama/Yleisradio
**TV:** 24.11.2001, Arte, 22.35

Eine Gruppe von Jägern trifft sich wie jedes Jahr zur Jagd. (...) Durch einen tödlichen Unfall gerät die Männergesellschaft jedoch in eine missliche Lage, die zum Prüfstein für die Loyalität jedes Einzelnen wird. Im Dorf wie vonseiten der Polizei werden Ermittlungen angestellt. (...)

*Pressetext*

## Tough Guys – Zwei rechnen ab 950

I WENT DOWN **

Video

**Regie:** Paddy Breathnach
**Darsteller:** Brendan Gleeson (Bunny Kelly), Peter McDonald (Git Hynes), Peter Caffrey (Frank Grogan), Tony Doyle (Tom French), Antoine Byrne (Sabrina Bradley), Donal O'Kelly (das freundliche Gesicht), David Wilmot (Anto)
**Drehbuch:** Conor McPherson
**Kamera:** Cian de Bultlear
**Musik:** Dario Marianelli
**Schnitt:** Emer Reynolds
**Prod.-Des.:** Zoe MacLeod
**Prod.:** Irland/GB 1997; 102 Min.
Paddy Breathnach für BBC Films/Irish Film Board mit Radio Telefis Eireann/Euskal Media/Treasure Films
**UA:** 23.8.1997, Int. Film Festival Edinburgh
**Vertrieb:** VCL, 20.12.2001
**FSK:** ab 16 J.

Glückloses Gangsterduo – darunter ein Ex-Knacki – soll für Kredithai flüchtigen Schuldner finden. Gauner-Road-Movie, das viel origineller und vor allem noch viel intelligenter tut, als es tatsächlich ist.

## Tout Va Bien, On S'en Va 951

TOUT VA BIEN, ON S'EN VA ****

**Regie:** Claude Mourieras
**Darsteller:** Miou-Miou, Sandrine Kiberlain, Michel Piccoli, Caroline Pili, Laurent Poitrenaux, Marcial di Fonzo Bo, Natacha Regnier
**Drehbuch:** Claude Mouriéras
**Kamera:** William Lubtschansky
**Schnitt:** Monique Dartonne
**Prod.:** Frankreich 2000; 95 Min.
Jean-Michel Rey, Philippe Liégeois für France 2/Rhone Alpes/Rezo
**UA:** Int. Filmfestspiele Cannes, »Quinzaine des Realisateurs«
**Verleih:** -/-/Agora, Juni 2001

Nach 15 Jahren taucht der Vater von drei Schwestern als einsamer, kranker und hilfsbedürftiger Mann wieder auf und bringt das Beziehungsgeflecht der Frauen durcheinander. Das als Kammerspiel inszenierte Familiendrama über psychische Verletzungen und die Frage, wie man mit seinem Schicksal Frieden schließen kann, besticht durch die hervorragende Leistung des Ensembles, die präzise Regie und eine superbe Kamera.

*Film, 6/2001*

## Track 952

TRACK *

Video

**Regie:** Sammy Balkas
**Darsteller:** Robert Hiob, Zach Montez, Roland Stemmer, Armin Vestin, Maria Strasser, Ralf Willmann
**Prod.:** BRD/USA 1998; 101 Min.
Sterling Sceen Ent.
**Vertrieb:** Anolis Video, 3.5.2001
**FSK:** ab 18 J.

Bei Lösegeldübergabe patzt Polizist Steve und schwört, das getötete Ent-

*Miou-Miou, Sandrine Kiberlaine, Natacha Regnier in ›Tout Va Bien, On S'en Va‹*

führungsopfer zu rächen. Von keinerlei Professionalität beseelter Action-Müll, den es schnell zu entsorgen gilt.

## Traffic – Macht des Kartells 953

TRAFFIC ****

**Regie:** Steven Soderbergh
**Darsteller:** Michael Douglas (Robert Wakefield), Don Cheadle (Montel Gordon), Benicio Del Toro (Javier Rodriguez), Luis Guzman (Ray Castro), Dennis Quaid (Arnie Metzger), Catherine Zeta-Jones (Helena Ayala), Steven Bauer (Carlos Ayala)
**Drehbuch:** Stephen Caghan, nach der TV-Serie »Traffic« von Simon Moore
**Kamera:** Peter Andrews (= Steven Soderbergh)
**Musik:** Cliff Martinez
**Schnitt:** Stephen Mirrione
**Prod.-Des.:** Philip Messina
**Prod.:** USA/BRD 2000; 147 Min.
Edward Zwick, Marshall Herskovitz, Laura Bickford für Initial mit Splendid/USA Films
**EA:** 8.2.2001, Int. Filmfestspiele Berlin
**Verleih:** 20th Century Fox/dto./Elite
**Vertrieb:** Splendid (Warner) Video (Video, DVD)
**FSK:** ab 16 J., ffr.
**FBW:** Besonders wertvoll

Auf mehreren parallel verlaufenden Handlungsebenen entwickelte, authentisch wirkende Beschreibung der amerikanischen Drogensituation.
Ein mexikanischer Cop, der einen ausweglosen Kampf gegen die Verstrickung der Autoritäten mit den Drogenkartellen führt, ein konservativer Richter, der, zum obersten Drogenfahnder ernannt, sich der Drogenabhängigkeit seiner eigenen Tochter stellen muss, eine reiche Ehefrau, die sich entscheidet, den Wohlstand, von dem sie nicht wusste, dass er auf Drogenhandel fußt, zu verteidigen: keine schicksalsschweren Zusammenstöße, sondern allein die differenzierte Betrachtung des Themas und ein ausgefeiltes filmisches Konzept bringen diese Erzählstränge zusammen. Bestandsaufnahme der Drogenproblematik und spannender und atmosphärisch dichter Polit-Thriller.
*Multimedia*

*Benicio Del Toro*

**Kritik:** (…) Der kaleidoskopische Blick auf die US-Drogenrealität diesseits und jenseits der mexikanischen Grenze besticht durch eine unaufgeregte Dramaturgie, die parallel verlaufende Handlungsstränge nicht zwangsläufig verknüpft, sondern in einen moralisch-ethischen Kontext stellt. (…) *Ulrich Lössl, Zitty, 4/2001*

So verquickt Soderbergh in »Traffic« drei völlig unabhängige Erzählstränge zu einem Bild des Drogenhandels, das nicht durch neue Erkenntnisse besticht, sondern durch eine Inszenierung, welche die Handlungsfäden so lose knüpft, dass man stets gefordert bleibt, die Lücken selbst zu füllen. Wobei Soderbergh, der auch sein eigener Kameramann ist, nahezu jede Einstellung zu einem Abenteuer macht, weil er näher an seinen Figuren zu sein scheint und es doch schafft, ihnen mehr Raum zu lassen. Er besitzt offenbar eine andere, respektlosere Art, sich seinen Stars zu nähern, die ihren Hochglanzpanzer durchdringt und ihnen eine neue Lebendigkeit verleiht. Und es ist zwar alles da, was auch anderswo zu so einem Thema

versammelt würde – vom Gewohnheitsalkoholismus des Vaters bis zu den Therapiesitzungen – und doch hat man den Eindruck, dass man das alles noch nie so klar und so eindrücklich gesehen hat.
So ist »Traffic« der Beleg dafür, dass man die Zeit zwar nicht zurück-, aber doch wenigstens vordrehen kann – und dass das nicht nur eine Frage technischer Mittel ist, sondern eine Sache der Intelligenz. Und so gesehen ist das Kino dann immer noch eine der schärfsten Drogen überhaupt. Egal, wie warm oder kalt es draußen ist.

*Michael Althen, SZ, 10.2.2001*

(...) Eine subtile Dramatisierung kann man das nicht nennen – und warum es dennoch so gut funktioniert, warum »Traffic« überhaupt ein toller Film ist, obwohl die äußeren Beschreibungen nicht wirklich dafür sprechen wollen – das ist dann wohl wieder das spezielle Soderbergh-Geheimnis. Der Mann dreht ja auch Thriller, die nur aus wundervoll-liebevollen Details bestehen (»Out of Sight«), oder Gerichtsdramen, die gerade ohne die finale Gerichtsszene funktionieren (»Erin Brockovich«), der packt einfach etwas an und dann gelingt es, weiter ist die Analyse im Moment noch nicht vorangekommen. (...)

*Tobias Kniebe, SZ, 4.4.2001*

**Interview:** *Ist das versöhnliche Ende von »Traffic« ein Zugeständnis an das Publikum?*

Nach zweieinhalb Stunden komplizierter Struktur wollte ich ihm kein deprimierendes Ende zumuten. Bei zu viel Hoffnungslosigkeit verschließt sich der Zuschauer der Thematik. Das Happy End spielt in der privaten Welt, jeder weiß, die brisanten Fragen bleiben offen.

*Sie begannen mit Kunstfilmen, nun feiern Sie kommerzielle Erfolge mit »Erin Brockovich« und »Traffic«. Haben Sie sich dem Mainstream zugewandt?*

Was heißt Mainstream? Ich finde es nicht ungehörig, ein ernstes Thema unterhaltsam zu vermitteln. Im Gegenteil, nur so kann ich den Zuschau-

*Dennis Quaid und Catherine Zeta-Jones in ›Traffic‹ von Steven Soderbergh*

*Regisseur Steven Soderbergh*

er zum Nachdenken bringen. Für mich sind meine Filme alle gleich attraktiv. Meinen Anspruch habe ich nicht geändert. Ich bin mit Studiofilmen aufgewachsen und habe mich jetzt mit Hollywood arrangiert. Erfolg ist doch nichts Negatives.

*Hat sich bei Ihnen durch den Erfolg etwas geändert?*

Persönlich nichts. Ich hebe nicht ab oder mime den großen Zampano. Als Regisseur genieße ich es, dass ich jetzt einem Produzenten nicht mehr drei Wochen lang ein Projekt erklären muss, sondern nur noch drei Tage.

*Steven Soderbergh im Interview mit Margret Köhler, AZ, 5.4.2001*

*Was sagen die Kameramänner, dass Sie bei »Traffic« selbst hinter der Kamera standen und danach verkündet haben, Sie würden nie wieder mit einem Kameramann drehen?*

Von denen kriege ich sicher keinen Preis. Aber ich nehme das keineswegs auf die leichte Schulter. Immerhin drehe ich meine eigenen Sachen, seit ich 13 Jahre alt war. Ich habe eine Ausbildung als Fotograf und kann in der Dunkelkammer arbeiten. Ich habe das ja nicht gemacht, weil ich partout den Credit als Kameramann wollte. Ich habe auf dieses Ziel hingearbeitet, habe von jeher alle erhältlichen Fachzeitschriften gelesen und meinen Kameraleuten sehr genau zugesehen. Dafür, dass ich schneller arbeiten kann und mich dem Film näher fühle, nehme ich auch in Kauf, dass ich nicht unbedingt ein Weltklassekameramann bin. Das ist es wert. Ich finde aber nicht, dass das andere Regisseure unbedingt nachmachen sollten.

*Steven Soderbergh im Interview mit Michael Althen, SZ, 5.4.2001*

## Training Day 954

TRAINING DAY ****

**Regie:** Antoine Fuqua
**Darsteller:** Denzel Washington (Alonzo Harris), Ethan Hawke (Jake Hoyt), Scott Glenn (Roger), Tom Berenger (Stan), Harris Yulin (Roselli), Cliff Curtis (Smiley), Dr. Dre (Paul)
**Drehbuch:** David Ayer
**Kamera:** Mauro Fiore
**Musik:** Mark Mancina, Snoop Doggy Dogg, Dr. Der, Enimen
**Schnitt:** Conrad Buff
**Prod.-Des.:** Naomi Shohan, David Lazan
**Prod.:** USA 2001; 122 Min.
Jeffrey Silver, Bobby Newmyer; David Wisnievitz, Scott Strauss, David Ayer für Village Roadshow/NPV Ent./Outlaw Prod.
**UA:** Int. Filmfestspiele Venedig 2001
**Verleih:** Warner/dto./dto., 6.12.2001
**Vertrieb:** Warner Video (Video, DVD)
**FSK:** ab 16 J., ffr.
**FBW:** Besonders wertvoll

Ein junger Polizist wird an seinem ersten Tag bei der Drogenfahndung mit einem gewalttätigen und korrupten Vorgesetzten konfrontiert, dessen illegale Methoden er bis zu einem gewissen Grad mitträgt, um seinen Job nicht zu verlieren, dem er aber schließlich, nach einem vorsätzlich begangenen Mord, die Loyalität verweigert. Ein rasant und konsequent inszenierter Film voll Gewalt und Brutalität. Konsumierbar einerseits als zynisches Actionspektakel, das bloß altbekannte Genretypen weiterentwickelt, aber auch verstehbar als

*Denzel Washington und Ethan Hawke*

Spiegelung und Reflexion aktueller Debatten über Polizeimethoden, moralische Dilemmata und die Durchsetzbarkeit demokratischer Spielregeln gegenüber Clannormen, die sich freilich potenziellen Missverständnissen aussetzt.

*Alrun Fichtenbauer, Richard Richter, Multimedia (Die Furche), 13.12.2001*

In solch großen Buchstaben stand das Wort Oscar-Nominierung lange nicht mehr über einer Rolle: Der Part des charismatischen, korrupten Drogenfahnders, der seinem neuen Partner rüde Lektionen in Straßenjustiz erteilt, gibt Denzel Washington reichlich Gelegenheit, gegen sein Saubermann-Image anzuspielen. Wie der Film seiner erklärten Ambition eines schonungslos realistischen Bildes urbaner Gewalt gerecht werden soll, wenn er seine Hauptfigur derart überlebensgroß anlegt – diesen Widerspruch kann Antoine Fuqua (der sich bislang eher bescheidene Meriten als Genreregisseur erworben hat) freilich nicht ganz auflösen.

*Gerhard Midding, tip, 25/2001*

**Kritik:** (..) Am Ende des Tages – die Sonne ist längst untergegangen – hat nur einer der beiden überlebt. Ein abschließendes Wort zur versprochenen Gewissheit werden wir nicht zu hören bekommen und sind selbst dazu verpflichtet, ein persönliches Fazit zu ziehen. Es könnte lauten: Wir haben einen klassischen Cop-Film gesehen und zugleich sein außergewöhnliches Gegenteil. »Training Day« hat sich in das Genre eingeschleust, um dort wie seine Protagonisten undercover zu arbeiten.

*Jan Distelmeyer, Die Zeit, 6.12.2001*

## Tramps 955

TRAMPS ☐ TV

**Regie:** Neil Hollander
**Darsteller:** Stacy Keach (Kapitän Savienko), Antoine Stip (Sam Spencer), Eric Nguyen (Kim), Michael Boland (1. Offizier), Jeff Kronson (Funker), Gus Scharr (Bootsmann), Oscar S. Tevez (Koch)
**Drehbuch:** Neil Hollander, Regine Michel
**Kamera:** John Cressey
**Musik:** Christophe Henrotte
**Prod.-Des.:** Lorenzo Contessa
**Prod.:** USA 1995; 90 Min.
**TV:** 25.1.2001, ARD, 23.00

Durch ein makaber-ironisches Ereignis sind Sam Spencer die Polizei und die Mafia auf den Fersen. Seine Flucht führt ihn im Hafen von New York auf ein rostiges Trampschiff, die »Aran«. Hier trifft er auf eine Mannschaft von Ausgestoßenen vieler Länder. (...)

*Pressetext*

## Der Traum ist aus – Die Erben der Scherben 956

****

**Regie:** Christoph Schuch
**Drehbuch:** Christoph Schuch
**Kamera:** Thomas Schuch, Jochen Hasmanis, Marian Stoica u. a.
**Musik:** Ton Steine Scherben, Rio Reiser, Element of Crime, Die Sterne, Tocotronic, Dritte Wahl, Das Department, Best Before
**Schnitt:** Christoph Schuch, Sven Ritzkowski
**Prod.:** BRD 2001; 95 Min.
Christoph Schuch für Avanti Film
**UA:** Int. Filmfestspiele Berlin 2001, »Panorama«
**Verleih:** Salzgeber/-/-, 9.8.2001
**FSK:** o. A., ffr. – **FWB:** Wertvoll

Mit Slogans wie »Keine Macht für niemand« und »Macht kaputt, was auch kaputtmacht« brachte die Berliner Politrockband »Ton Steine Scherben« in den 70er-Jahren Ideen der Protestbewegungen im Gefolge der 68er-Rebellion auf den Punkt. In seinem aufschlussreichen Dokumentarfilm rekapituliert Christoph Schuch die Entwicklung dieser wegweisenden Gruppe und ihren anhaltenden Einfluss auf die heutige deutsche Musikszene. *Reinhard Kleber, Filmecho-Filmwoche, 33/2001*

**Kritik:** (...) Engagierter Dokumentarfilm, der neben dem Gruppenporträt eine politische Zeitreise unternimmt und Musiker zu Wort kommen lässt, die von der Band nachhaltig beeinflusst wurden. Dabei wird der Verlust an politischem Engagement ebenso deutlich wie der gesellschaftliche Wandel, der sich einer Politisierung weitgehend verweigert. Zahlreiche Musikstücke machen den Film zu einem Vergnügen.
*Hans Messias, Film-Dienst, 17/2001*

## Träume nicht, Sibylle 957

***

**Regie:** Julie Schrader
**Prod.:** BRD 2001; 91 Min.

Die Modezeitschrift »Sibylle«, seit 1956 in Ostberlin produziert, war eine Institution der DDR-Gesellschaft, ein Fenster in eine bessere, buntere, realsozialistische Welt. In den 60er-Jahren setzten junge Redakteure ein frisches Konzept durch: Die Models wurden vermehrt in Alltagsposen fotografiert, was weit entfernt war, sollte näher ins Leben gerückt werden und bleibt doch für die meisten unerreichbar. Nach der Wende versuchte man den Sprung in den Westen, aber der Markt war stärker als die guten Ideen. Julie Schraders Videodokumentation, eine Magisterarbeit am Fachbereich Kulturwissenschaft der Humboldt-Uni, rekonstruiert diesen Weg chronologisch. Ein interessanter Stoff, doch der Film ist ästhetisch und technisch insgesamt zu unambitioniert, um die Schwächen des Drehbuchs zu verbergen. *Robert Weixlbaumer, tip, 26/2001*

**Kritik:** (...) Schraders Blick ist der einer Nachgeborenen. Die »Sibylle« als in der Rückschau exotisch erscheinendes (oder verklärtes?) Heft wird mit Staunen vorgeführt. Doch die Menschen dahinter werden lediglich als Informationsquelle benutzt. Ihnen gilt kein wirkliches Interesse. Das macht den Film letztlich dann nur noch so aufregend wie eine Zeitschrift von vorgestern.
*Peter Claus, Zitty, 26/2001*

## Traumfrau mit Verspätung 958

□
TV

**Regie:** Hans-Erich Viet
**Darsteller:** Thekla Carola Wied (Katharina Lenz), Horst Buchholz (Leon), Dieter Montag (Hartmut), Peter Franke (David), Rudolf Kowalski (Gunther), Dieter Mann (Wolfgang), Hubertus Hartmann (Roland)
**Drehbuch:** Thomas Brückner
**Kamera:** Michael Bertl
**Musik:** Kambiz Giahi
**Schnitt:** Anne Fabini
**Prod.-Des.:** Christian Bussmann
**Prod.:** BRD 2001; 90 Min.
Dagmar Rosenbauer für Multimedia Berlin
**TV:** 9.12.2001, ZDF, 20.15

Katharina Lenz führt mehr als 20 Jahre lang klaglos ein ereignisloses Leben als Ehefrau, Mutter und Hausfrau. Am Weihnachtsabend erhält sie überraschend eine Erbschaft, die ihr eine schöne Wohnung und finanzielle Unabhängigkeit von ihrer Familie beschert. Sie beschließt, ihr Leben zu ändern, trennt sich von ihrer Familie und geht auf Männerfang.

## Traumpaare – Stars für eine Nacht 959

DUETS

****+

**Regie:** Bruce Paltrow
**Darsteller:** Maria Bello (Suzi Loomis), Andre Braugher (Reggie Kane), Paul

Giamatti (Todd Woods), Huey Lewis (Ricky Dean), Gwyneth Paltrow (Liv), Scott Speedman (Billy), Angie Dickinson (Blair)
**Drehbuch:** John Byrum
**Kamera:** Paul Sarossy
**Musik:** David Newman
**Schnitt:** Jerry Greenberg
**Prod.-Des.:** Sharon Seymour, William Heslup
**Prod.:** USA 2000; 112 Min.
John Byrum, Kevin Jones, Bruce Paltrow für Beacon/Hollywood Pic./Seven Arts
**Verleih:** Concorde/dto./-, 31.5.2001
**Vertrieb:** Concorde (VCL) Video

Eine sanfte Komödie, die sich deutlich an dem großen Vorbild Robert Altman orientiert (und damit auch ein wenig übernimmt): Die Geschichten von sechs Menschen, die alle auf ihre Weise ein wenig verloren sind, nehmen jeweils in Karaoke-Bars entscheidende Wendungen und über die Erforschung dieser Alltagssubkultur führt Paltrow die Wege seiner Protagonisten dann auch zusammen: beim 5000-Dollar-Contest in Omaha. Paul Giamatti glänzt mit dem großen Solo eines Handlungsreisenden, Gwyneth Paltrow spielt ihrem Vater zuliebe mit und Huey Lewis gibt den Zyniker in einem Film, der seinen surrealen Beginn sukzessive an das Sentiment verkauft. *Bert Rebhandl, tip, 11/2001*

**Kritik:** (...) Alle Figuren verbindet das offenbar einzigartige Karaokefeeling, der Adrenalinrausch glanzvoller Minuten auf den Bühnen schäbiger Bars. Und mehr ist auch dieser Film nicht: zwei Stunden weich gespülter, klischeegetränkter Eskapismus mit perfektem Soundtrack. Aber auch nicht weniger. *Stefanie Schild, AZ, 31.5.2001*

(...) Bruce Paltrow (der seine Tochter Gwyneth hier als ranke, schlampige Las-Vegas-Tänzerin zu imposanten Gesangsleistungen antreibt) hat diesen »kleinen« bittersüßen Film furios inszeniert, mit Schnitten, deren Tempo sich steigert, bis die anfangs parallel laufenden Erzählstänge sich immer dichter berühren und ineinander verflechten. Was da entsteht, ist nicht nur

*Gwyneth Paltrow und Huey Lewis*

das wunderbar treffsicher skizzierte Abbild einer provinzamerikanischen Subkultur – in Hinterzimmern, schäbigen Bars, nächtlichen Highway-Motels –, wo die unentwegt »on the road« tingelnde Szene ihre Meetings abhält mit Schmalz und Geschmetter im Halbplayback. Der Film schildert zugleich noch andere Bizarrierien, auch kleine zerschellte amerikanische Träume, deren Scherben der Regisseur grell vor uns herblitzen lässt. Lachlüste kitzelnd. (...)
*Ruprecht Skasa-Weiß, Stuttgarter Zeitung, 31.5.2001*

## Tribulation 960
TRIBULATION **
Video

**Regie:** Andre van Heerden
**Darsteller:** T. D. Jakes (T. D. Jakes), Nick Mancuso (Franco Macalousso), Nigel Shawn-Williams (Victor), Joseph Ziegler (Calvin Canboro), Patrick Gallagher (Jake Goss), Marium Carvell (Selma Davis), James Downing (Steve Jones)
**Drehbuch:** Paul Lalonde, Peter Lalonde
**Musik:** Gary Koftinoff
**Schnitt:** Michael Doherty
**Prod.:** USA 2000; 95 Min.
Paul Lalonde, Peter Lalonde; Nicholas Tabarrok (Line-Prod.) für Cloud Ten Pic
**Vertrieb:** e-m-s (Sunfilm) Video, 21.8.2001
**FSK:** ab 12 J.

Nach Unfall erwacht Polizist Tom in einem Parallel-Universum, in dem Christen zur verfolgten Minderheit herabgesunken sind. Zweiter Teil einer ungewöhnlichen Endzeit-Miniserie, deren Teile in wahlloser Reihenfolge und separat auf den deutschen Markt geworfen werden (siehe »Revelation – Tödliche Prophezeiung«).

## Der Tunnel

961
****
Video

**Regie:** Roland Suso Richter
**Darsteller:** Heino Ferch (Harry Melchior), Sebastian Koch (Matthis Hiller), Mehmet Kurtulus (Vic), Nicolette Krebitz (Fritzi), Felix Eitner (Fred), Alexandra Maria Lara (Lotte), Uwe Kokisch (Oberst Krüger)
**Drehbuch:** Johannes W. Betz
**Kamera:** Martin Langer
**Musik:** Harald Kloser, Thomas Wanker
**Schnitt:** Eva Schnare
**Prod.-Des.:** Michael Pfalzer
**Prod.:** BRD 2000; 180 Min.
Nico Hofmann, Ariane Krampe, teamWorx für SAT.1 mit RAI/Telecino/Kirch Media
**Vertrieb:** BMG Video (Video, DVD)
**TV:** 21./22.1.2001, SAT.1, jeweils 20.15
**FSK:** ab 12 J.

Schwierig, ein historisch unverrückbar festgelegtes Ereignis, dessen Zeitzeugen noch leben, als Nervenschinder-Abenteuer und existenziellen Gefühlshammer (das es beides war) nachzuspielen – zumal die Beteiligten durch ein Zufalls-Arrangement damals beim Tunnelgraben von einem NBC-Kamerateam gefilmt wurden und ihre eigenen Erinnerungen am eindringlichsten dokumentieren konnten. – Roland Suso Richters Doku-Drama liefert den Realitäten-Horror als perfektes Schicksals-Movie, Effekt-Symbolik zum Tod an der Mauer inklusive. Und jeder Darsteller eine thrillertaugliche Charakterfigur.
*AZ, 24.1.2001*

**Kritik:** (…) Am Ende die Erlösung, der Triumph. Die Momente der List, das Spielerische, das beim wirklichen Tunnelbau durchaus eine Rolle gespielt hat, fehlt im Film. Hofmann und Richter träumen vom großen europäischen Kino und orientieren sich am amerikanischen Melodram – der Film sieht aus wie die Universalklassiker der 50er. In mancher Großbesprechung zu ihrem Werk wird deshalb selbstredend vom »movie« gesprochen. (…) *Fritz Göttler, SZ, 20.1.2001*

**Interview:** *Hätte sich nicht eine Auswertung im Kino angeboten?*

Ich hatte zu Nico gesagt, ich würde gern einen Kinofilm drehen. Er fand die Idee reizvoll, hatte aber das Ganze schon als Zweiteiler annonciert. Sehr geschickt konnte er viel Geld bei SAT.1 loslösen. Bei einer Kinoförderung wäre man nie so schnell auf eine vergleichbare Summe gekommen. Hätten wir ganz offiziell gesagt, wir machen Kino, wären die Gagen hochgegangen, das heißt, wir hätten statt 13 Millionen Mark 16 bis 17 Millionen gebraucht. Nach der ersten Vorführung haben auch viele Leute, wie zum Beispiel Jan Mojto, gesagt, der Film müsse ins Kino.

*Gibt es eine Kinofassung?*

Wir haben ein sehr spannendes Experiment gemacht und gleich mit zwei Cuttern geschnitten: Eva Schnare (»die Bubi Scholz Story«) die Fernsehfassung und Peter Adam (»Nichts als die Wahrheit«) die Kinofassung.
*Gab es Verleihinteresse?*

Die Verleihsituation in Deutschland ist sehr angespannt und gerade da sind wir hineingeraten. Es gab auch zwei Angebote. Eines wollten wir nicht annehmen, weil wir schlechte Erfahrungen gemacht haben, das andere scheiterte an Fragen der Wirtschaftlichkeit. SAT.1 wird diesen Film mit ungefähr 4,5 Millionen Mark vermarkten. Die Verleiher wussten genau, dass SAT.1 etwas Ähnliches von ihnen verlangen würde. Der Genickbruch war jedoch, dass Herr de Hadeln den Film für die Berlinale abgelehnt hat, und das tut natürlich sehr, sehr weh und ärgert mich zutiefst.

*Roland Suso Richter im Interview mit Frauke Hanck, Blickpunkt Film, 3/2001*

## Turbulence 3 962

TURBULENCE 3 – HEAVY METAL **
Video

**Regie:** Jorge Montesi
**Darsteller:** Joe Mantegna (Frank Garner), Craig Sheffer (Nick Watts), Gabrielle Anwar (Kate Hayden), Sharon Alexander (Mandy Morgan), Bernie Coulson (Shred), Rutger Hauer (Co-Pilot Macintosh), Rick Burgess (Kyle Martin)
**Drehbuch:** Wade Ferley
**Musik:** John McCarthy
**Prod.:** USA/Kanada/GB 2001; 92 Min.
Ogden Gavanski, Jennifer Hilton für OG Prod./Province of British Columbia/Studio Eight Prod.
**Vertrieb:** BMG, 30.10.2001
**FSK:** ab 16 J.

Okkultband gibt in Boeing 747 Live-Konzert und kriegt's dort mit echten Satanisten zu tun, doch der Leadsänger erweist sich als zäher Bursche. Seelenlose Fließband-Action mit interessanter Besetzung.

*Rose Byrne und Heath Ledger*

## Two Hands 963

TWO HANDS ***
Video

**Regie:** Gregor Jordan
**Darsteller:** Heath Ledger (Jimmy), Rose Byrne (Alex), Bryan Brown (Pando), Susie Porter (Dierdre), Steven Vidler (Michael), David Field (Acko), Tom Long (Ally)
**Drehbuch:** Gregor Jordan
**Kamera:** Malcolm McCulloch
**Musik:** Cezary Skubiszewski
**Schnitt:** Lee Smith
**Prod.-Des.:** Steven Jones-Evans
**Prod.:** Australien 1999; 85 Min.
Marian Macgowan für Beymond/CML/ Meridian Films
**Vertrieb:** Sunfilm Video, 30.1.2001
**FSK:** ab 16 J.

Gelegenheitsgauner Jimmy vermasselt seinen ersten Handlanger-Auftrag für die Mafia und verliebt sich, während ihn die Bosse jagen, in eine Kunststudentin. Australischer Spät-Trieb des abklingenden Tarantino-Epigonentums, ein handfester Actionfilm, mit herben Schwankungen in Tempo und Stil.

## Über kurz oder lang 964

BLOW DRY ***

**Regie:** Paddy Breathnach
**Darsteller:** Alan Rickman (Phil), Natasha Richardson (Shelly), Rachel Griffiths (Sandra), Rachael Leigh Cook (Christina), Josh Hartnett (Brian), Bill Nighy (Ray), Warren Clarke (Tony)
**Drehbuch:** Paddy Breathnach nach dem Drehbuch »Never Better« von Simon Beaufoy
**Kamera:** Cian De Buitlear
**Musik:** Patrick Doyle, Bob Last (Supervisor)
**Schnitt:** Tony Lawson
**Prod.-Des.:** Sophie Becher
**Prod.:** GB/BRD/USA 2000; 94 Min. Ruth Jackson, William Horberg, David Rubin für IMF/Mirage/West Eleven Films
**Verleih:** Helkon/-/-, 26.7.2001
**Vertrieb:** Columbia TriStar Video (Video, DVD)
**FSK:** ab 6 J., ffr.

Eine seit Jahren zerstrittene britische Frisörfamilie findet anlässlich eines Wettbewerbs für Hairstylisten, den sie schließlich auch gewinnt, wieder zusammen.
Das bekannte »Gemeinsam sind wir stark«-Motiv wird hier verbrämt mit Anklängen an eine Romeo-und-Julia-Geschichte, die jedoch nicht ausgelotet wird, und angetrieben von einem tragischen Umstand, der Krebserkrankung der Mutter, die aber im Wesentlichen auf die Funktion eines Tränendrückers reduziert wird. Ein oberflächlicher, klischeeüberladener Film, der zwar seine witzigen Momente hat, im Großen und Ganzen jedoch aufgesetzt wirkt.

*Alrun Fichtenbauer, Multimedia (Die Furche), 25.10.2001*

**Kritik:** (...) Die Fehler der Vergangenheit werden im Laufe des Films aufgearbeitet, alte Rivalitäten beendet, und am Ende haben sich fast alle Probleme in Wohlgefallen aufgelöst. Das ist zwar ganz amüsant, kommt aber bei weitem nicht an die »richtigen« britischen Filme heran.

*Michael Meyns, Zitty, 16/2001*

## Der Überfall 965

****

**Regie:** Florian Flicker
**Darsteller:** Roland Düringer (Andreas Berger), Joachim Bissmeier (Josef Böckl), Josef Hader (Werner Kopper), Birgit Doll (Böckls Freundin), Sonja Romei (Maria), Ulrike Beimpold (Gertrude Bacher), Klaus Ortner (Herbert Bachar)
**Drehbuch:** Susanne Freund, Florian Flicker
**Kamera:** Helmut Pirnat
**Musik:** Sam Auinger, Hannes Strobl
**Schnitt:** Monika Willi
**Prod.:** Österreich 2000; 87 Min. Helmut Grasser für Allegro
**UA:** 9.8.2000, Locarno Filmfestival
**Verleih:** Advanced/Filmladen/Xenix, Okt. 2000 (AU), 15.11.2001
**FBW:** ab 12 J., ffr.

Der arbeitslose Andreas Berger braucht Geld und greift zur Waffe. Er will einen Supermarkt überfallen, traut sich nicht und stürmt stattdessen in eine Schneiderei. In der Zwischenzeit wird der Supermarkt von anderen überfallen und der ganze Block von der Polizei abgeriegelt. Berger sitzt in der Schneiderei fest – und mit ihm der renitente Schneider und ein devot intriganter Kunde. Es beginnt eine ebenso grandiose wie erbärmliche Schlacht armer Wiener Würstchen.

*tip, 23/2001*

**Kritik:** (...) »Der Überfall« ist auch eine Sozialstudie aus dem Kleinbürgermilieu. Seine Intensität gewinnt der Film aus dem ständigen Auf und Ab und dem Spiel mit dem Genre Komödie und Tragödie. Entgegen deutscher Komödientradition gibt es kein Happy End und trotzdem sind am Ende dieses Tages alle irgendwie glücklich – sogar der Tote.

*Alexandra Hahn, AZ, 15.11.2001*

(...) Gut gespielt ist es übrigens, dieses tragikomische Kammerspiel, das nachmal in Richtung absurdes Theater rutscht. Hier und da allerdings forciert das Drehbuch zu stark. Und am Ende versucht sich diese Story auch noch an einem Bluff, der filmisch nicht richtig umgesetzt wird und deshalb ziemlich danebengeht. Aber insgesamt kann dieser Film Ingeborg Bachmanns Diagnose überzeugend bestätigen: Die Männer sind alle krank. Oder jedenfalls die Männer in Wien. Oder jedenfalls diese drei Wiener, die da nachmittags ein Geiselnehmerdrama aufführen.

*Rupert Koppold, Stuttgarter Zeitung, 15.11.2001*

(...) »Der Überfall« von Florian Flicker erfüllt nun all die Kriterien des kabarettistischen Krankheitsbildes: Er spielt fast nur an einem Ort, ist mit skurrilen Figuren bevölkert und er vereint die beiden Volkshelden Hader und Düringer. Und doch ist »Der Überfall« nicht bloß ein lieblos abgefilmtes Kammerspiel. Sondern – tatsächlich – Kino: gekonnt inszeniert, atmosphärisch dicht und spannend. (...)

*Nils Meyer, Der Tagesspiel, 15.11.2001*

**Interview:** *Die neue Regierung unter Beteiligung der FPÖ hat der kritischen Kultur den Kampf angesagt. Wie wirkt sich das auf die Filmbranche aus?*

Die Kulturbudgets wurden um die Hälfte gekürzt. Innerhalb der Filmbranche hat es etwas bewirkt, was die Regierung nicht gewollt hat: Wir halten umso mehr zusammen und ein neues Selbstbewusstsein ist entstanden.

*Ist der Film typisch österreichisch?*

Seelische Abgründe sind ein Teil der österreichischen Mentalität. Seit Sigmund Freud erkennen wir sie als Tatsachen an und leben mit ihnen – mit dem Hang zum Morbiden und auch dem Kokettieren damit.

*Ist das der Unterschied zu deutschen Filmen?*

Wir versuchen etwas über unsere Mentalität zu erzählen. Das gilt auch für den Kinofilm »Komm, süßer Tod« von Wolfgang Murnberger, für »Hundstage« von Ulrich Seidl und »Die Klavierspielerin« von Michael Haneke.

*Diese Filme sind international sehr erfolgreich. Schlägt die Anerkennung auch wieder ins Land zurück?*

Wir hören Lob eigentlich nur aus dem Ausland.

*Florian Flicker im Interview mit Alexandra Hahn, AZ, 25.11.2001*

## Un Amore 966

UN AMORE ****+

**Regie:** Gianluca Maria Tavarelli
**Darsteller:** Lorenza Indovina (Sara), Fabrizio Gifuni (Marco), Luciano Federico (Filippo), Roberta Lena (Veronica), Gianluca Arcopinto (Saras Ehemann), Riccardo Montanaro (Detektiv)
**Drehbuch:** Gianluca Maria Tavarelli
**Kamera:** Pietro Sciortino
**Musik:** Ezio Bosso
**Schnitt:** Marco Spoletini
**Prod.:** Italien 2000; 98 Min.
Gianluca Arcopinto für Pablo für RAI
**Verleih:** Kairos/-/-, 7.6.2001

Eine Liebesgeschichte, die sich über mehr als 18 Jahre hindurchzieht: Sara und Marco lernen sich im Alter von 20 Jahren an der Uni kennen. Sie werden ein Liebespaaar, mit Höhen und Tiefen, Trennungen, Wiedersehen, Neuversuchen. In der ersten Szene des Films trennen sie sich, und dann folgt ein Rückblick. Episodenartig wird ihr gemeinsamer Weg bis in die Gegenwart geschildert. Sara und Marco haben inzwischen Kinder von anderen Partnern. (...) *Zitty, 17/2001*

**Kritik:** (...) Am Ende jedenfalls erkennen Marco und Sara, dass das Paradies, das sie sich immer erträumt haben, gleich um die Ecke liegt. Tavarellis Filme zeichnen schließlich genaue, wunderbare Dialoge aus. Manchmal könnten sie aus einer Screwball-Comedy stammen, manchmal aus einem Bergman-Film. Es bietet sich an, zu diesem bittersüßen, vielschichtigen Film Roland Barthes' »Fragmente einer Sprache der Liebe« zu lesen.

*Hans Schifferle, epd-Film, 6/2001*

## Under Control 967

BOR LEI JUN / GORGEOUS **

**Regie:** Vincent Kok
**Darsteller:** Jackie Chan (C. N. Chan), Qi Shu (Bu), Tony Leung Chiu Wai (Albert Lui), Emil Chau (L.W. Lo), Richie Ren (Yi Lung), Sung Young Chen (Bus Vater), Elaine Jin (Bus Mutter)
**Drehbuch:** Vincent Kok, Jackie Chan, Yiu-Fai Lo, nach einer Story von Ivy Ho
**Kamera:** Cheung Man Po
**Musik:** Dang-Yi Wong
**Schnitt:** Ka-Fai Cheung, Chi-Leung Kwong
**Prod.:** China/Hongkong 1999; 99 Min.
Raymond Chow, Jackie Chan für Golden Harvest
**Verleih:** 20th Century Fox/Einhorn/-, 22.2.2001
**Vertrieb:** Splendid (Warner) Video

Jackie Chan hat sich einen lang gehegten Wunsch erfüllt und eine romantische Liebeskomödie gedreht. Viele Worte, wenig Action, den Kung-Fu-Fans werden zwei sehenswerte Kampfsport-Duelle und ein paar neckische Geplänkel geboten. Jackie spielt einen erfolgverwöhnten, gefühlskalten Großindustriellen, der dank einer herzerfrischenden Maid mit niedlichem Schmollmund (Shu Qi, ein ehemaliges Sex-Starlet aus Taiwan) Lebensfreude und Liebe wieder entdeckt. *Ralph Umard, tip, 4/2001*

**Kritik:** (...) Ein Martial-Arts-Film, der mit einer flachen Story vor dem Hintergrund eines peppig bunten Hochglanz-Chinas nichts weiter kann und will, als auschoreografierte Kämpfe auf die Leinwand zu bringen.
*Multimedia*

## Under Suspicion – Mörderisches Spiel 968

UNDER SUSPICION ****

**Regie:** Stephen Hopkins
**Darsteller:** Morgan Freeman (Capt. Benezet), Gene Hackman (Henry Hearst), Thomas Jane (Det. Owens), Monica Bellucci (Chantal Hearst), Nydia Caro (Isabella), Angel Suarez (Superintend. Miguel), Pablo Cunqueiro (Det. Castillo)
**Drehbuch:** Tom Prevost, W. Peter Iliff, basierend auf dem Film »Garde a vue« von Claude Miller, Jean Herman, Michel Audiard, nach dem Roman »Brainwash« von John Wainwright
**Kamera:** Peter Levy
**Musik:** Brian Transeau
**Schnitt:** John Smith
**Prod.-Des.:** Cecilia Montiel
**Prod.:** USA 2000; 111 Min.
Lori McCreary, Anne Marie Gillen, Stephen Hopkins für Revelations/TF1
**EA:** 11.5.2000, Int. Filmfestspiele Cannes, »Wettbewerb: Außer Konkurrenz«
**Verleih:** 20th Century Fox/Einhorn/-, 3.5.2001
**Vertrieb:** Splendid (Warner) Video
**FSK:** ab 12 J., ffr.
**FBW:** Besonders wertvoll

Ein angesehener, reicher Anwalt wird verdächtigt, junge Mädchen vergewaltigt und ermordet zu haben. Die Beweise sind erdrückend. In einem dramatisch verlaufenden Verhör wird er eingekesselt.

Gelungenes Remake von Claude Millers »Das Verhör«, in dem ein Polizist einem angesehenen Anwalt, der in Verdacht steht, zwei junge Mädchen vergewaltigt und ermordet zu haben, auf den Zahn fühlt, worauf der sich in seinem selbst gestrickten Lügennetz verheddert. Im Gegensatz zum Vorgänger, der fast nur in einem Raum spielt, nutzt Hopkins die große Leinwand für seine Inszenierung voll aus, was Spannung und psychologische Dichte jedoch nicht beeinträchtigt. Die beiden Hauptdarsteller tun ein Übriges. *Uli Buchner*

**Kritik:** (...) Morgan Freeman als Lino Ventura, Gene Hackman als Michel Serrault und Monica Bellucci als Romy Schneider. Ein Anwalt soll sich an zwei Mädchen vergangen haben, in Wahrheit ist er an der Verachtung seiner Frau zerbrochen. Die Geschichte funktioniert immer noch. Dabei wirkt sie fast schon altmodisch in der Art, wie sich hier jemand bemüht, etwas

*Monica Bellucci, Morgan Freeman und Gene Hackman*

von vorn nach hinten zu erzählen. Das Original von »Under Suspicion« ist ja schließlich auch schon 20 Jahre alt.
*Michael Althen, SZ, 15.5.2000*

(…) Handlungsort ist, von wenigen Ausnahmen abgesehen, das Polizeipräsidium. Für den Zuschauer allerdings ist die Sache bald nur noch mäßig interessant. Denn erstens merken wir rasch, dass alles auf eine Schlusspointe zutreibt. Und die kann zweitens nur darin bestehen, dass Hearst eben nicht der Mörder ist; obwohl alles auf ihn hindeutet. Aber Monica Bellucci ist die gegenwärtig wohl schönste Kino-Schauspielerin. Und das ist ja auch was.
*Hans-Joachim Neumann, Zitty, 5/2001*

## Uneasy Rider 969
NATIONALE 7 ****

**Regie:** Jean-Pierre Sinapi
**Darsteller:** Nadia Kaci (Julie), Olivier Gourmet (René), Lionel Abelanski (Roland), Chantal Neuwirth (Sandrine), Said Taghmaoui (Rabah), Nadine Marcovici (Florde), Gérald Thomassin (Jean-Louis)
**Drehbuch:** Jean-Pierre Sinapi, Anne-Marie Cartois
**Kamera:** Jean-Paul Meurisse
**Schnitt:** Catherine Schwartz
**Prod.:** Frankreich 1999; 91 Min.
Jacques Fansten für Telepic/Arte France
**EA:** Int. Filmfestspiele Berlin 2000
**Verleih:** Arthaus/polyfilm/-, 29.3.2001

René leidet an Muskelschwund und lebt im Heim. Sein sehnlichster Wunsch: noch einmal mit einer Frau zu schlafen.

René ist 50, fettleibig, leidet an Muskelschwäche und ist notorisch schlecht gelaunt. Der frisch gebackenen Pflegerin Julie vertraut er eines Tages seinen sehnlichsten Wunsch an: mit einer Frau ins Bett zu gehen. Allein macht sich Julie auf die Suche nach einer Prostituierten für René. Die leichtfüßige Komödie über das Leben und die Sexualität von körperlich Behinderten wirkt authentisch und wirft verblüffend viele Klischees durcheinander. *Film, 4/2001*

**Kritik:** (…) Jean-Pierre Sinapi erhielt für seine sensibel inszenierte, glänzend austarierte Tragikomödie Kritiker- und – was mehr zählt – auch viele Publikumspreise. Dass er die verdient hat, davon sollten sich vor allem diejenigen überzeugen, die in dem nicht eben üppigen Angebot an jenseits von Kommerztrends angesiedelten Filmen gerne auf Entdeckungsreise gehen. Selten wurde die so häufig schmerzhaft klaffende Lücke zwischen seriösem Sujet und gelungener Unterhaltung so charmant geschlossen wie hier.
*W. O. P. Kistner, AZ, 29.3.2001*

*Protestzug der Heimbewohner*

(…) Einzige Crux: Der Film wurde mit einer Amateur-Videokamera gedreht. Das bedeutet: Gewackel und merkwürdig flach wirkende Bilder ohne jede Tiefenschärfe. Das bedeutet aber auch: eine Authentizität, die fast an einen Dokumentarfilm heranreicht. Zudem spielen die Schauspieler so wunderbar, dass der Zuschauer wohl kaum überrascht wäre, wenn Olivier Gourmet oder Said Taghmaoui plötzlich zur Kinotür hereingerollt kämen. Der Film begeisterte die Filmfans bei der Berlinale 2000 so sehr, dass sie ihm den Panorama-Publikumspreis zusprachen. Damals hatte »Uneasy Rider« allerdings noch nicht den jetzigen peinlichen Titel, sondern hieß wie die Straße, wo die Prostituierten ihrer Arbeit nachgehen: Nationale 7.

*Martin Schwarz, Zitty, 7/2001*

## Ein unmöglicher Mann 970

***
TV

**Regie:** Thomas Berger
**Darsteller:** Stephan Kampwirth (Axel Ehrlich), Svenja Pages (Annelie Müller), Jennifer Nitsch (Dr. Lea Hirschberg), Heiko Deutschmann (Bodo Wernatz), Michael Roll (Wolf-Dietrich Auermann), Denise Virieux (Lydia Blumenau), Otto Tausig (Hubert Ecklinger)
**Drehbuch:** Thomas Berger, nach Geschichten von Robert Stromberger
**Kamera:** Torsten Breuer
**Musik:** Dieter Schleip
**Schnitt:** Helga Borsche, Barbara von Weitershausen, Rebecca Khanide
**Prod.-Des.:** Susann Bieling, Pit Janzen
**Prod.:** BRD 2000; jeweils 88 Min.
Ronald Mühlfellner für Bavaria Film
**TV:** 11., 13., 19., 21., 26.3.2001, ZDF, jeweils 20.15

In fünf Geschichten begleitet der Film die gescheiterte Ehe des Paares Axel und Annelie durch ein chaotisch-aufregendes Jahr vom Kennenlernen bis zur Scheidung und beleuchtet die Ereignisse und die Umgebung des Paares aus unterschiedlichen Blickwinkeln.

## Die unsichtbare Tochter 971

INVISIBLE CHILD
□
TV

**Regie:** Joan Micklin Silver
**Darsteller:** Rita Wilson (Mrs. Beeman), Victor Garber (Tim Beeman), Mae Whitman, David Dorfman, Tushka Bergen
**Drehbuch:** David Field, Ron Bass
**Kamera:** Ken Kelsch
**Prod.:** Gideon Amir, USA 1999; 87 Min.
**TV:** 15.1.2001, ZDF, 0.20

Mrs. Beeman spricht mit einer eingebildeten Tochter. Das neue Kindermädchen Gillian schaltet die Jugendfürsorge ein, die einen Fall von Kindesmissbrauch vermutet.

## Unter dem Sand 972

SOUS LE SABLE
****

**Regie:** François Ozon
**Darsteller:** Charlotte Rampling (Marie Drillon), Bruno Cremer (Jean Drillon), Jacques Nolot (Vincent), Alexandra Stewart (Amanda), Pierre Vernier, Andree Tainsy
**Drehbuch:** François Ozon, Emmanuele Bernheim, Marina de Van, Marcia Romano
**Kamera:** Jeanne Lapoirie, Antoine Heberle
**Musik:** Philippe Rombi
**Schnitt:** Laurence Bawedin
**Prod.:** Frankreich 2000; 96 Min.
Olivier Delbosc, Marc Missonnier für Fidélité Prod. mit Euro Space/Haut & Court/Arte
**UA:** San Sebastian Film Festival
**Verleih:** Alamode/-/JMH, 8.11.2001

Marie und Jean sind seit 25 Jahren glücklich verheiratet und verbringen den Urlaub in ihrem Haus am Meer. Als Marie am Strand einschläft, geht Jean schwimmen – doch er kehrt nicht mehr zurück. Sie kann und will seinen Tod nicht akzeptieren, selbst als er nach langer Zeit Gewissheit ist, und zieht sich fast unmerklich in eine eigene Welt zurück, in der er noch gegenwärtig ist. Ein stiller, einfühlsamer Film mit Charlotte Rampling als grandioser Hauptdarstellerin.

*Richard Richter,*
*Multimedia (Die Furche), 20.12.2001*

**Kritik:** (…) In klaren, ruhigen Einstellungen blickt François Ozon auf den psychischen Genesungsprozess seiner Protagonistin und gibt ohne Rührseligkeit eine intensive Studie über das Gefühl des Verlustes. Hinter ihrer kühlen Fassade lässt Charlotte Rampling die seelischen Abgründe ihrer Figur nur erahnen und bewahrt den Film vor allen Ausflügen ins Melodramatische. Ozon ist mit »Unter dem Sand« ein traurig-schönes Meisterwerk gelungen, das durch seine sparsame Dosierung der Emotionen überzeugt und berührt.

*Martin Schwickert, AZ, 8.11.2001*

(...) Ozon verzichtet auf das klassische Zutaten-Repertoire wie Entdeckung eines Doppellebens, einer Geliebten oder kriminelle Aktivitäten. Er konzentriert sich auf die Entwicklung einer Frau und ihre Flucht in die Illusion, erzählt eine einfache, fast intime Geschichte von Liebe und Trauer(arbeit), benutzt dabei ein Minimum an Musik und Kamerabewegungen. Im Mittelpunkt steht die psychologische Wandlung der weiblichen Figur von Verweigerung bis zur Akzeptanz des Unausweichlichen, zur befreienden Katharsis. Charlotte Rampling trägt den Film mit ihrer Ausstrahlung, da »sitzt« jeder Blick, jede Geste. Sie ist schön und verletzbar, eine schauspielerische Offenbarung – nicht trotz, sondern gerade wegen ihres Alters und ihrer Falten. Die Poesie dieser melancholischen Reise in die »terra incognita« der Psyche klingt noch lange nach. Ozon gelang ein filigranes Meisterwerk, das mehr als nur erwachsene Zuschauer begeistern sollte. *Margret Köhler, Blickpunkt Film, 44/2001*

**Interview:** *Sie haben sehr unkonventionell gearbeitet.*

Ich habe die ersten 20 Minuten im September gedreht, die Dreharbeiten dann unterbrochen und den Schnitt gemacht. Den Rest habe ich erst danach geschrieben. Den Anfang haben wir den Geldgebern gezeigt. Auch da fanden sie noch, er sei zu düster. Die

*Charlotte Rampling*

Leute stecken einen immer in Schubladen. Das Schreiben dann war ein »work in progress« – künstlerisch toll, finanziell aber ein Albtraum. Zeitweise dachten wir, das bleibt ein Kurzfilm, mit offenem Ende.

*Ihre Filme verursachen bewusst eine Art Unwohlsein. Misstrauen Sie der Harmonie?*

Ich erwarte von einem Film, dass er mich erschüttert, mich verändert, dass ich anders aus der Vorführung herauskomme. Ich möchte im Film auch von den Bösen angezogen werden. Es ist schön, die Zuschauer in Zonen zu führen, in die sie vielleicht nicht vordringen möchten, die nicht schmeichelhaft sind. Auch »Unter dem Sand« soll beunruhigen – als Geschichte einer Frau, die sich in eine imaginäre Welt flüchtet. Das sind Dinge, denen man sich nicht gerne stellt.

*Sie stellen Frauen immer sehr selbstbewusst dar, in ihren Sehnsüchten und Wünschen.*

Ich mag starke Frauenfiguren. Ich muss ein Feminist sein. Dabei wirft man mir manchmal Misogynie vor. Männer sind bei mir oft ziemlich passiv, werden manipuliert. Oder sie sind Sadisten. Aber ich habe darüber nicht wirklich nachgedacht.

*Sie drehen sehr schnell, einen Film pro Jahr, wie Woody Allen. Sind Sie süchtig?*

Fassbinder drehte sieben Filme pro Jahr. Ich könnte noch mehr drehen, kann es aber nicht wegen der Werbung. Wenn man Filme zu schnell hintereinander herausbringt, kommt das Publikum nicht mit. Ich muss mich etwas beruhigen.

*François Ozon im Interview mit Kira Taszman, Der Tagesspiegel, 8.11.2001*

## Unter Hypnose 973

DORMEZ JE LE VEUX! □ TV

**Regie:** Irène Jouannet
**Darsteller:** Céline Milliat-Baumgartner (Cora), Féodor Atkine (Katz), Jean-Louis Loca (Pedro), François Berléand, Catherine Frot
**Drehbuch:** Irène Jouannet, Gilles Taurand, nach dem Roman »Hypnose für jedermann« von Marie Nimier
**Prod.:** Frankreich 1998; 92 Min.
**TV:** 26.2.2001, Arte, 22.20, OmU

Mädchendrama über ein einsames junges Mädchen, das ihre Umgebung durch Hypnose zu mehr Begeisterungsfähigkeit bringen will und dabei einem üblen Hypnotiseur in die Hände fällt. *AZ TV Journal*

## Untersuchung an Mädeln 974

***

**Regie:** Peter Payer
**Darsteller:** Anna Thalbach (Stella Blumauer), Elke Winkens (Esmeralda Nemetz), Max Tidof (Harald Poppinger), Otto Sander (Untersuchungsrichter Meixner), Martin Brambach (Kuno Fichtinger), Branko Samarovski, Regina Fritsch
**Drehbuch:** Wolfgang Beyer, Peter Payer, nach dem gleichn. Roman von Albert Drach
**Kamera:** Andreas Berger
**Musik:** Werner Pirchner
**Schnitt:** Britta Nahler
**Prod.:** Österreich 1999; 90 Min.
Danny Krausz, Kurt Stocker für DOR Film
**EA:** Max-Ophüls-Preis Saarbrücken 2000
**Verleih:** MOP/Filmladen/-, April 1999 (AU), 5.4.2001
**FBW:** Sehenswert

In einem heuchlerisch-spießbürgerlichen Dorf leben zwei junge Frauen, schon mehrmals von Männern mehr oder weniger direkt missbraucht, die aber an ihrer Lebensfreude und sexueller Freizügigkeit festhalten. Sie werden Freundinnen und teilen sogar ihren Liebhaber. Als ein Mann verschwindet, mit dem sie Kontakt hatten, hält man sie sofort für Mörderinnen, die gerichtliche Untersuchung wird für sie zu einer Art »Hexenjagd«.

*Multimedia*

**Kritik:** (...) Payer entrückt die provinzielle Justizposse des 1971 erschienenen Buches tendenziell ins Zeitlose und nimmt der grotesken Hexenjagd so unnötigerweise die Schärfe. Die eigenwillige Inszenierung schafft zwar beklemmende Szenen, wirkt aber durch ihren forcierten Hang zur Stilisierung mitunter gekünstelt. Insgesamt dürfte die sozialkritisch grundierte Psycho-Studie aus dem Burgenland über Cineastenzirkel hinaus wenig Kinowirkung entfalten.

*Reinhard Kleber, Filmecho-Filmwoche, 13/2001*

(...) Ein formal wie inhaltlich ebenso spröder wie interessanter Film, in dem die stets im Halbdunkel bleibenden Bilder und andere Verfremdungseffekte die Off-Stimmen des strengen moralischen Polizeiprotokolls ad absurdum führen.

*Andrea Dittgen, Film-Dienst, 7/2001*

## Die Untreuen 975

LES INFIDELES *** TV

**Regie:** Randa Chahal Sabbag
**Darsteller:** Jean-Marc Barr (Farid), Thibault de Montalembert (Charles), Laure Marsac (Juliette), Manuel Munz (Henri), Jean-Michel Savy (Thierry), Jasmine K. Chahal (Massond)
**Drehbuch:** Pierre Hodgson
**Kamera:** Rodolphe Pélicier
**Schnitt:** Jennifer Augé
**Prod.:** Frankreich 1997; 86 Min.
Aissa Djabri, Manuel Munz, Farid Lahouassa für Vertigo/La Sept/Arte
**UA:** Int. Filmfestspiele Locarno 1997
**TV:** 13.10.2001, Arte, 22.35

Die Geschichte: Auf der einen Seite Farid, ein reuevoller islamischer Extremist; auf der anderen Charles, ein französischer Diplomat. Die Handlung spielt im Libanon und in seiner Umgebung. Farid ist bereit, dem französischen Geheimdienst die Namen von Terroristen zu nennen, die auf französischem Boden aktiv sind. Im Gegenzug erwartet er, dass sein in Frankreich inhaftierter Freund freigelassen wird. Es ist nicht wirklich ein Pakt, es handelt sich eher um einen Tausch. (...) *Katalog Locarno*

## Uttara 976

UTTARA ****

**Regie:** Buddhadeb Dasgupta
**Darsteller:** Jaya Seal (Uttara), Tapas Pal (Nemai), Shankar Chakraborty (Balaram), R. I. Asad (Padre), Tapas Adikari (Railway guard), Saurav Das (Matthew), Gautam Warshi
**Drehbuch:** Buddhadeb Dasgupta, nach einer Geschichte von Samaresh Bose
**Kamera:** Asim Bose
**Musik:** Biswadeb Dasgupta
**Schnitt:** Raviranjan Maitra
**Prod.-Des.:** Ashok Bose
**Prod.:** Indien 2000; 99 Min.
Buddhadeb Dasgupta für Buddhadeb Dasgupta Prods.
**UA:** 30.8.2000, Int. Filmfestspiele Venedig
**EA:** 6.7.2001, Filmfest München
**Verleih:** -/-/trigon, Juni 2001 (CH)

Die Bahnwärter Balaram und Nemai frönen in einem abgelegenen bengalischen Dorf in inniger Zweisamkeit ihrem Hobby, dem Ringen. Nach Balarams Heirat mit Uttara ist es mit der männlichen Idylle aus. Das Auftauchen fundamentalistischer Rowdys, die es auf den engagierten Dorfpfarrer und seine Kirche abgesehen haben, kündet zudem vom drohenden Unheil auf dem paradiesischen Flecken. Buddhadeb Dasguptas prächtiger Film hält die Balance zwischen bildstarker Poesie und Bezug zur Realität mit ihren Konflikten.

*Film, 6/2001*

## Uzumaki 977

UZUMAKI ***+

**Regie:** Akihiro Higuchinsky
**Darsteller:** Eriko Hatsune (Kirie Goshima), Fhi Fan (Shuichi Saito), Ren Osugi (Toshio Saito), Hinako Saeki (Kyooko Sekino), Masami Horiuchi (Ichiro Tamura), Taro Suwa, Eun-Kyung Shin
**Drehbuch:** Kengo Kaji, Takao Nitta, Chika Yasuo, nach dem Manga von Junji Ito
**Kamera:** Gen Kobayashi
**Musik:** Tetsuro Kashibuchi, Keiichi Suzuki
**Prod.:** Japan 2000; 91 Min.
Man Kurosawa, Dai Miyazaki, Toyoyuki Yokohama für Omega Micott/Starmax/Shogakukan/Toei/Space Shower/Tokyo FM
**Verleih:** REM/-/-, 13.9.2001
**FSK:** ab 16 J., ffr.

Eine Stadt gerät in den Sog der allmächtigen Spirale. Ein Mann steigt in die Waschmaschine und lässt sich im Schleudergang zur Spirale verformen. Schüler stürzen Wendeltreppen hinab, Mädchen türmen ihre Haare zu gigantischen Spiralmonstranzen auf. Der japanische Regisseur Higuchinsky verfilmte den gleichnamigen Manga als vollendete Groteske: Der Film selbst ist als Spirale konstruiert, die zu Beginn weite, langsame Bögen zieht und sich immer kleinkreisiger zuspitzt, bis der Zuschauer dort endet, wo jede Spirale endet: im Leeren.

*Sönke Lars Neuwöhner, tip, 19/2001*

**Kritik:** (...) Wahrlich bizarr ist dieses Kabinettstück aus Fernost. Regisseur Higuchinsky bietet keine Erklärungen, die die Geschehnisse verständlich machen. Nein, er zelebriert vielmehr den reinen Horror, der aus dem Nichts kommt und seine Opfer heimsucht, ohne dass ein Entkommen möglich wäre. Dieses beunruhigende Szenario der Ausweglosigkeit, in das die Figuren hier geraten, dürfte nicht jedermanns Geschmack sein – aber wer sich auf Higuchinskys extravagantes Horror-Puzzle einlässt, erlebt einen Gruseltrip der ungewöhnlichen Art.

*Albert Baer, Rheinische Post, 21.9.2001*

## Vacances au Pays 978

VACANCES AU PAYS ***+

**Regie:** Jean-Marie Téno
**Kamera:** Jean-Marie Téno, Moussa Diakité
**Musik:** Ben's Belinga, Marianne Entat
**Schnitt:** Christiane Badgley
**Prod.:** Kamerun/Frankreich/BRD 2000; 78 Min.
Jean-Marie Téno für Les Films du Raphia mit ZDF/Arte
**EA:** 13.2.2000, Int. Forum des Jungen Films Berlin
**Verleih:** Freunde, OmU/-/-, 22.3.2001

Eine Reise von Yaoundé ins Landesinnere von Kamerun. Jean-Marie Téno, in Frankreich lebender Filmemacher und Fernseh-Cutter, nahm die Kamera mit auf den Weg, den er als Kind fuhr, um sein Dorf in den Ferien zu besuchen. Nach 40 Jahren Postkolinialismus kommt er dabei einer zwiespältigen »Modernité« auf die Spur, hinter der sich Korruption und Misswirtschaft verbergen.

*Claudia Lenssen, tip, 6/2001*

**Kritik:** (...) Für seinen Dokumentarfilm »Vacances aux Pays« indes kehrte er in seine Heimat zurück. Téno unternimmt eine Reise von der Großstadt Yaoundé, wo er das Gymnasium besuchte, in die dörfliche Provinz seiner Heimat Bandjouin. Mit dem teilnehmenden Blick des ehemaligen Einwohners und der ironischen Distanz des Ausgewanderten nimmt er dabei jenes Konzept von Modernität unter die Lupe, das ihm schon zu Schulzeiten eingeimpft wurde: eine Identitätssuche, die mit Europa verknüpft ist und eine Geringschätzung für alles Afrikanische mitbringt. Diese blinde Anpassung greift Téno an. (...)

*Jennifer Bleek, Zitty, 7/2001*

## Der Vamp im Schlafrock 979

□
TV

**Regie:** Berno Kürten
**Darsteller:** Gudrun Landgrebe (Ellen), Walter Kreye (Donald), Luci van Org (Lisette), Eleonore Weisgerber (Ulrike), Kaya Kürten (Hella Schweitzer), Benno Frevert (Lukas Schweitzer), Ralph Herforth (Richard)
**Drehbuch:** Jürgen Wolff, nach einem Roman von Dagmar Hansen
**Kamera:** Konstantin Kröning
**Musik:** Stefan Traub
**Schnitt:** Susanne Peuscher
**Prod.-Des.:** Thomas Schappert
**Prod.:** BRD 2000; 88 Min.
Tanja Ziegler für Ziegler Film für ARD
**UA:** 4.7.2001, Filmfest München
**TV:** 7.9.2001, ARD, 20.15

(...) Hat Ellen Donald vielleicht zu sehr vernachlässigt; hat sich zu viel Routine in den Alltag eingeschlichen? Allmählich beginnt das Gift der Eifersucht zu wirken. Einerseits ist Ellen zwar auf dem besten Wege, erneut einen Bestseller zu schreiben, andererseits wird es Zeit, einmal ihre Ehe zu überdenken. (...)

*Katalog Filmfest München*

## Vatel 980

VATEL ***

**Regie:** Roland Joffe
**Darsteller:** Gérard Depardieu (François Vatel), Uma Thurman (Anne de Montausier), Tim Roth (Marquis de Lauzun), Julian Glover (Prinz de Condé), Julian Sands (König Ludwig XIV.), Timothy Spall (Gourville), Arielle Dombasle (Prinzessin de Conde)
**Drehbuch:** Jeanne Labrune, nach der engl. Fassung von Tom Stoppard
**Kamera:** Robert Fraisse
**Musik:** Ennio Morricone
**Schnitt:** Noelle Boisson
**Prod.-Des.:** Jean Rabasse
**Prod.:** Frankreich/GB 2000; 103 Min.
Alain Goldman, Roland Joffe; Timothy Burrill (Co-Prod.) für Gaumont-Legende/Timothy Burril Prod. mit Nomad/TF1/Canal+
**UA:** 10.5.2000, Int. Filmfestspiele Cannes, »Außer Wettbewerb«
**Verleih:** Tobis/dto./Monopole-Pathé, 31.5.2001
**Vertrieb:** BMG Video (Video, DVD)
**FSK:** o.A.
**FBW:** Besonders wertvoll

Der verschuldete Prinz de Condé empfängt im April 1671 den Hofstaat von Louis XIV. und hofft so, sich die Gunst Ihrer Majestät zu erwerben.

*Gérard Depardieu und Julian Glover*

Condés ergebener Maître de Cuisine, François Vatel, erhält den fatalen Auftrag, den dekadenten Hofstaat mit einem dreitägigen Fest zu berauschen. Das französisch-amerikanische Kostümdrama möchte die Kulissen der Macht spielerisch entlarven und führt doch kaum mehr als eine Orgie von Salatblättern und glasierten Perlhühnern vor. *Film, 5/2001*

**Kritik:** (…) So wird die gepflegte Langeweile im Grunde nur dadurch vertrieben, dass einem fortwährend die Augen übergehen, angesichts all der verfeinerten Genüsse, die Vatel auffahren lässt. Eisplastiken, Feuerwerke, Blumengestecke, Tischgedecke – der ganze Film gerinnt zum Stillleben. Aber man schmeckt nichts, riecht nichts, fühlt nichts. »Vatel« ist eine Augenweide, aber man kommt sich vor wie in einem Museum – lauter tote Bilder an den Wänden. (…)
*Michael Althen, SZ, 12.5.2000*

## Venedig – Als hätten wir geträumt 981

****

**Regie:** Wolfgang Ettlich
**Darsteller:** Die Venezianer
**Drehbuch:** Wolfgang Ettlich, nach der Idee von Hans-Albrecht Lusznat
**Kamera:** Hans-Albrecht Lusznat
**Schnitt:** Henry Hauck
**Prod.:** BRD 2000; 90 Min.
Wolfgang Ettlich für MGS

*In den Gassen Venedigs*

**UA:** 24.6.2000, Filmfest München
**Verleih:** MGS/-/-, Dez. 2001

Wo der Venedigtourist eher selten vorbeikommt, morgens in den Gassen der einheimischen Kleinbürger, da bewegt sich die Kamera in die Labyrinthe aus Kanälen und Durchgangsmäuern. Und das Auge kann Schönheit, Romantik und Historie trinken – oder auch Vergänglichkeit. Ein Film als Sehgenuss, als Weltbild und kleine Ortskunde. *Ponkie, AZ, 24.6.2000*

## Vengo 982

****

**Regie:** Tony Gatlif
**Darsteller:** Antonio Canales (Caco), Orestes Villasan Rodriguez (Diego), Antonio Perez Dechent (Cousin Alejandro), Bobote (Cousin Antonio), Juan Luis Corrientes (Cousin Tres), Fernando Guerrero Rebello (Fernando Caravaca), Francisco Chavero Rios (Francisco Caravaca)
**Drehbuch:** Tony Gatlif, David Trueba (Dialoge)
**Kamera:** Thierry Pouget
**Musik:** Regis Leroux
**Schnitt:** Pauline Dairou
**Prod.-Des.:** Denis Mercier, Brigitte Brassart
**Prod.:** Frankreich/Spanien/Schweiz/BRD/Japan 2000; 87 Min.
Tony Gatlif, Natalie Duran für Arte France/Princes/Astrolabio mit Canal+/Senator
**UA:** 8.9.2000, Int. Filmfestspiele Venedig
**EA:** 1.7.2001, Filmfest München
**Verleih:** Verleih/Filmladen/Filmcooperative, 12.7.2001
**Vertrieb:** Warner Video
**FSK:** ab 12 J. – **FBW:** Wertvoll

Tony Gatlif, bekannt geworden mit seinem Roma-Film »Gadjo dilo«, bleibt seinem Thema treu. Diesmal zeichnet er ein ebenfalls intensives, aber um einiges düstereres Bild vom Leben am Rand der Gesellschaft. In der andalusischen Pampa hat Cacos Familie eine Blutschuld gegenüber der Familie Caravaca zu bezahlen. Der Versuch, sich aus diesem Schicksal zu befreien, scheitert. Im Rhythmus des Flamencos wird dem Schmerz Luft gemacht. *Film, 5/2001*

**Kritik:** (...) »Vengo« ist wohl als Hommage an den Flamenco zu verstehen, als Liebeserklärung an Andalusien und seine Bewohner, die hier noch nach sehr archaischen Prinzipien agieren. Auf jeden Fall bietet der Film ein ungewohntes Kinoerlebnis, das Sehgewohnheiten zu durchbrechen versucht und die Musik als einen wesentlichen Bestandteil des Films in den Mittelpunkt der Aufmerksamkeit rückt. *Alrun Fichtenbauer, Multimedia (Die Furche), 13.12.2001*

(...) Und obwohl man wohl einwenden kann, dass Gatlif sich am Verhängnisvollen der Blutschuld, an der Ungerechtigkeit der Vergeltung nicht satt sehen kann, dass er fasziniert ist, wie tragisch glühend der unerbittliche Widersinn der Rache die Leben seiner Figuren hinterlegt, darf man ihm doch nicht vorwerfen, eine Hymne auf archaische Männlichkeitsrituale zu liefern. In vieler Hinsicht ist dies, trotz seiner souveränen dokumentarischen Selbstgewissheit, Gatlifs Film mit der größten Distanz zum Gezeigten. Hier lädt nicht der Flamenco die Rachegeschichte mit Pathos und Lebenswut auf. Hier geht es verstörender zu: Hier färbt die Blutrache den Flamenco in der Opfersteinfarbe eines grausamen Rituals. *Thomas Klingenmaier, Stuttgarter Zeitung, 4.8.2001*

**Interview:** *Woher kommt Ihre Lust an der Musik, die Faszination am Flamenco?*

Das Einzige, was ich nicht machen wollte, war ein Film über die Faszination des Flamenco. Ich will ins Herz der Musik gehen. Flamenco ist mehr als Musik, steht für ein mystisches Gefühl, für Maßlosigkeit, Liebe und Schmerz, Sehnsucht und Hass, für alles, was wir tief in uns empfinden.

*Was reizt Sie an Andalusien?*

Andalusien ist eine Mixtur von vielen Kulturen, da gibt es arabische, spanische und jüdische Einflüsse. Ende des 15. Jahrhunderts brachten die Zigeuner neue Musik- und Tanzformen mit, es entstand der Flamenco, den jede Bevölkerungsgruppe für sich beansprucht. Die Gitanos blieben Außenseiter mit archaischen Regeln und Konflikten.

*Existieren diese Konflikte auch heute?*

Man spricht nicht offen darüber, auch die Zeitungen verschweigen Morde aus Blutrache. Ich hasse Gewalt, aber Rache ist Bestandteil einer südländischen Tradition.

*Wieder arbeiten Sie größtenteils mit Laienschauspielern.*

Mit Laien entwickelt sich eine ganz andere Energie, die nutze ich. Ich

*Erst Flamenco, dann Rache*

arbeite spontan wie ein Dokumentarfilmer mit Menschen, baue keine Kulissen auf. Flamenco in Bilder umzusetzen ist kompliziert, man lebt, denkt und fühlt ihn. Ich musste mich frei machen von Zwängen, folkloristischen Elementen – einfach meinem Instinkt folgen. *Tony Gatlif im Interview mit Margret Köhler, AZ, 29.6.2001*

## Venus und Mars 983

**

**Regie:** Harry Mastrogeorge
**Darsteller:** Daniela Lunkewitz (Kay Vogel), Lynn Redgrave (Emily Vogel), Michael Weatherly (Cody), Julie Bowen (Lisa Kelly), Julia Sawalha (Marie), Fay Masterson (Celeste), Ryan Hurst (Roberto)
**Drehbuch:** Ben Taylor
**Kamera:** Martin Fuhrer
**Prod.:** BRD 2000; 94 Min.
Bernd F. Lunkewitz, Emmo Lempert, Uwe Schott; Thomas Bretschneider, Lauren Moews (Co-Prod.) für Atlantis, mit MDR/HR/NDR
**Verleih:** Buena Vista/dto./dto., 15.3.2001
**Vertrieb:** Touchstone (Buena Vista) Video
**FSK:** ab 6 J., ffr. – **FBW:** Wertvoll

Vier junge Frauen kommen anlässlich des Todes ihres Fußballtrainers aus Kindertagen in ihrem Heimatstädtchen Himmelsgarten wieder zusammen und stellen fest, dass sie zwar alle so hübsch, aber der großen Liebe so fern sind. Die Mutter der schönsten unter ihnen prophezeit für die Nacht, in der Venus und Mars einander am Sternenhimmel treffen, Männer – für jede von ihnen. Am Ende des Films sind sie alle glücklich unter die Haube gekommen. Groschenheftchen auf Zelluloid, das sich nicht im Geringsten bemüht, die Vorhersehbarkeit der Pärchenbildung zu kaschieren.

*Multimedia*

**Kritik:** (...) Dass diese Bilder und Ideen hier jedoch nicht passend, sondern wie von außen aufgesetzt wirken, liegt vor allem daran, dass die Story des Films nicht gut funktioniert. Gerade der Amerikaner, in den sich Kay verliebt, ist ein blasser Charakter, der bloß eine dramaturgische Funktion erfüllt. (...) So aber fällt das romantische Spiel mit der Liebe und den Zeichen, das den Reiz des Genres ausmacht, ab zum Kitsch.

*Jennifer Bleek, Zitty, 6/2001*

## Vera Brühne 984

****+
TV

**Regie:** Hark Bohm
**Darsteller:** Corinna Harfouch (Vera Brühne), Katja Flint (Isabel Mende), Uwe Ochsenknecht (Hans Ferbach), Ulrich Noethen (Böck), Udo Wachtveitl (Sternmüller), Hans Werner Meyer (Dr. Haddenhorst), Fritz Wepper (Dr. Wallner)
**Drehbuch:** Hark Bohm
**Kamera:** Frank Küpper
**Musik:** Stephan Zacharias
**Schnitt:** Inez Regnier
**Prod.-Des.:** Bernd Lepel
**Prod.:** BRD 2001; 141 Min.
Bernd Eichinger, Martin Moszkowicz für Constantin Film
**TV:** 24.5./25.5.2001, SAT.1, jeweils 20.15

Hark Bohms mit dokumentarischer Präzision recherchierter Kriminalfall ist einer der besten deutschen Fernsehfilme – aber eben keineswegs so einfach zu konsumieren wie irgendein beliebiger Sensationsprozess-Movie des Thriller-Genres. Das authentische Justizdrama über einen Doppelmord enthält nicht nur ein Zeitbild der Nachkriegs-Bundesrepublik der Ära Adenauer, sondern konzentriert sich, penibel wie in einem Juristenseminar, auf den Nachweis eines klassischen Fehlurteils. (...)

*Ponkie, AZ, 23.5.2001*

**Kritik:** (...) Dabei gehört gerade dieser Film zu den seltenen Exemplaren, die im Kopf des Zuschauers weiterarbeiten und die eines ganz bestimmt nicht sind: ein Spaßbeitrag für die Spaßgesellschaft. Der Film vermittelt zum Beispiel eine Reflexion des Frauenbildes, wie es noch in der Generation der damals 50-jährigen Vera Brühne ins Unterbewusstsein eingebrannt war: Frau hat nur als Dekorationsstück Verkaufswert. (...)

*Ponkie, AZ, 26.5.2001*

## Verbotene Küsse 985

***+

TV

**Regie:** Johannes Fabrick
**Darsteller:** Natalia Wörner (Martina Winger), Ralph Herforth (Peter Rieser), Vadim Glowna (Garwitz), Anita Olatunji (Kabea), Marie Zielcke (Christina), Wolfgang S. Zechmayer (Ulf), Udo Kroschwald (Quentin)
**Drehbuch:** Johannes Fabrick, Frank Göhre
**Kamera:** Holly Fink
**Musik:** Andreas Schäfer
**Prod.:** BRD 2001; 89 Min.
Network Movie/Objectiv Film
**TV:** 12.11.2001, ZDF, 20.15

(...) Der Krimi paart Huren-Ehre (niemals Küsse!) mit dem Job der Polizistin (bei der Sitte!). So darf Natalia Wörner sowohl als sexy Domina einen mordenden Psychopathen locken, bevor er seine Tochter schändet – wie auch als taffe Polizeibeamtin in korrupte Mädchenhändlerklüngel hineinstochern. Der ganze Sittenverhau ist von A bis Z unglaubwürdig, aber das ist sowieso egal. Die tüchtige Rotlichtpolizistin kriegt ihren Kollegen, und der darf sie sogar küssen.
*Ponkie, AZ, 14.11.2001*

**Kritik:** (...) Denn der ehemalige Dokumentarfilmer Fabrick konzentriert sich nicht nur auf die seelischen Abgründe der drei Hauptcharaktere, sondern erforscht auch langatmig die Nebenfiguren und Seitenwege der Geschichte: Mädchenhandel, sexueller Missbrauch, Korruption – zu viel für einen Krimi. *Iris Ockenfels, Der Tagesspiegel, 12.11.2001*

## Verführerische Falle 986

TABLE FOR ONE

**

TV

**Regie:** Ron Senkowski
**Darsteller:** Rebecca De Mornay (Ruth), Michael Rooker (Matt), Mark Rolston (Tom), Lisa Zane (Ariana), Shareen Mitchell (Betty)
**Prod.:** USA 1998; 105 Min.
**TV:** 14.5.2001, ZDF, 22.15

(...) Der Thriller zeigt uns einen über Land fahrenden Vertreter und Naturkerl, der seine Frau, ein sexy herumschwänzelndes Ex-Nachtclubgirl, im einsamen Landhaus in Quarantäne hält. Sein Doppelleben (an der Ostküste ist er ein reicher Akademiker mit Familie!) endet tödlich. Dachten wir's uns doch. *Ponkie, AZ, 16.5.2001*

## Der Verleger 987

***

TV

**Regie:** Bernd Böhlich
**Darsteller:** Heiner Lauterbach (Verleger), Susanna Simon (Luise), Sylvester Groth (Christian Kracht), Anica Dobra (Monika), Jürgen Hentsch (Hans Zehrer), Lisa Martinek (Angela), Arndt Schwering-Sohnrey (Axel Junior)
**Drehbuch:** Bernd Böhlich, nach dem Szenario von Paul Hengge und der Biografie »Der Fall Axel Springer« von Michael Jürgs
**Kamera:** Eberhard Geick
**Musik:** Tamás Kahane
**Schnitt:** Karola Mittelstädt
**Prod.-Des.:** Eduard Krajewski
**Prod.:** BRD 2001; 2 x 85 Min.
Regina Ziegler für Ziegler Film für NDR/WDR
**TV:** 9.10./10.10.2001, ARD, jeweils 20.15

Da hilft nun alle Vorreklame nichts: Aus der sorgfältig recherchierten Biografie des Großverlegers Axel Springer von Michael Jürgs hat Autor-Regisseur Bernd Böhlich alle komplizierteren Elemente herausgebürstet und eine pseudohistorische Promi-Soap übrig gelassen. – Er erzählt die »Verleger«-Story mit den gleichen Mitteln, die Axel Springer, der nationalromantische Missionar und Erfinder des Massenblatts »Bild«, seinen »Bild«-Machern als Fundamentalrezept anempfahl: simple Sprache, simpler Sinn und simples Gemüt. – Aha-Szenen der Erleuchtung – ohne dass dabei Entwicklungen und tiefere Ursachen sichtbar würden: Die Charakterbrüche und Widersprüche erhalten kaum Hintergrund. Da Heiner Lauterbach so ziemlich alles spielen kann, was man von ihm verlangt, wird er auch mit dieser Type mühelos fertig. Aber weder Charisma noch narzisstische Eitelkeit, weder religiöse Sentimentalität noch rücksichtslose Unternehmerdynamik fügen sich hier zu jenem polarisierenden Überzeugungstäter, der ein Massenblatt machte für die Massen, die er verachtete. – Mit dieser plakativen Schlagzeilentechnik ist die Filmfigur Axel Springer unterbewertet. Vielleicht findet sich ja irgendwann doch ein Dokumentarist vom Range Heinrich Breloers für dieses Stück deutscher Nachkriegsgeschichte. *Ponkie, AZ, 11.10.2001*

## Verliebte Jungs 988
RENT A BABY □
TV

**Regie:** Christoph Schrewe
**Darsteller:** Idil Üner (Ayse), Axel Stein (Willi), Alexandra Neldel (Tine), Tom Wlaschiha (Oliver), Christian Näthe (Michael), Matthias Herrmann (Leo)
**Drehbuch:** Don Bohlinger, J. Dutcher
**Prod.:** BRD/Südafrika 2001; 90 Min.
**TV:** 10.5.2001, Pro7, 20.15

Oliver und Michael brauchen Geld und jobben deshalb in einem Szene-Biergarten. Als sie von den Kollegen erfahren, dass die Kellner der Gaststätte jedes Jahr einen Wettbewerb veranstalten, sind sie begeistert dabei: Gewinner ist, wer die meisten amourösen Abenteuer vorweisen kann.
*AZ TV Journal*

## Verlorene Flügel 989
***
TV

**Regie:** Wolfgang Scholz
**Darsteller:** Gudrun Okras (Johanna Haupt), Peter Franke (Fährmann), Roy Helbig (Benja), Christel Peters (Annelie)
**Drehbuch:** Wolfgang Scholz
**Kamera:** Hans Fischer
**Musik:** Alex-Frank Singer
**Prod.-Des.:** Martina Gross-Georgi
**Prod.:** BRD 1999; 85 Min.
Robert Busch, Marko Voß, Wolfgang Scholz für Edgar Reitz Filmprod./Koppfilm/Sic!Film mit MDR
**UA:** Int. Hofer Filmtage 1999
**TV:** 20.10.2001, MDR

Als der 14-jährige Benja ein Gespräch auf dem Friedhof belauscht, erfährt er von einer alten Frau in einer geheimnisvollen Villa. Er macht sich auf die Suche nach ihr. Als er sie entdeckt, entsteht eine Freundschaft zwischen den beiden. *Katalog Hofer Filmtage*

## Verlorene Kinder 990
***
Video

**Regie:** Norbert Kückelmann
**Darsteller:** Robert Giggenbach (Lehrer Steiner), Marcus Michalski (Andreas), Tobias Riefer (Martin), Dennis Grabosch (Werner), Karsten Linde (Knuffel), Daniel Schön (Hammer)
**Drehbuch:** Norbert Kückelmann, Dagmar Kekulé, Thomas Petz
**Kamera:** Rainer Gutjahr
**Musik:** Markus Urchs
**Schnitt:** Sigrun Jäger
**Prod.-Des.:** Franz Bauer
**Prod.:** BRD 2000; 90 Min.
Joachim von Mengershausen, FFAT für WDR
**UA:** 28.6.2000, Filmfest München
**Vertrieb:** KJF Video
**TV:** 18.10.2000, ARD, 23.00
**FSK:** ab 12 J.

Jugendliche Gewalttäter, die eine ganze Kleinstadt terrorisieren, werden zum Zankapfel braver Bürger und der Medien. Prätentiös und hochpädagogisch kommt dieses um Sozialkritik bemühte, letztlich aber undifferenzierte und klischeehaft entwickelte Fernsehspiel daher.

## Verrat auf Leben und Tod 991
THE WHISTLE BLOWER □
TV

**Regie:** Ben Bolt
**Darsteller:** Amanda Burton (Laura Tracey), Bill Paterson (Neil Sleightholme), Neil Pearson (Dominic Tracey), Emma Cunniffe (Kathy Enfield), Charlotte Salt (Sasha Tracey), Liam Hess (Daniel Tracey), Richard Johnson (Sir Alastair Montgomery)
**Drehbuch:** Patrick Harbinson
**Prod.:** GB 2001; 2 x 85 Min.
BBC
**TV:** 24.10./25.10.2001, BR, jeweils 21.45

Ein spannender Thriller, der das Zeugenschutzprogramm zum Thema hat: Laura arbeitet seit über 15 Jahren bei einer großen Londoner Bank. Als sie Ungereimtheiten bei gewissen Konten entdeckt, wendet sie sich an die Polizei. Und das hat unwiderrufliche schicksalhafte Konsequenzen für Laura und ihre Familie. Ein Killer wird auf sie angesetzt und Laura muss mit ihrer Familie untertauchen.
*Pressetext*

## Verrat in den eigenen Reihen 992
LEK ***
TV

**Regie:** Jean van de Velde
**Darsteller:** Cas Jansen (Eddy), Ricky Koole (Ria), Victor Löw (Jack), Thomas Acda (Franco), Gijs Scholten van Aschat (Ferdinand de Wit), Ton Kas (Ben Haveman), Daniel Boissevain (Wout)
**Drehbuch:** Jean van de Velde, Simone de Waal, nach dem Roman von Jan van Daalen
**Kamera:** Jules van den Steenhoven
**Musik:** Fons Merkies
**Prod.:** Niederlande 2000; 101 Min.
**TV:** 24.11.2001, ARD, 22.40

Polizeithriller über einen Amsterdamer Polizisten, der in den Verdacht gerät, Informant der Drogenbosse zu sein, gegen die er seinen Freund als Undercover-Ermittler eingesetzt hat. Er wird suspendiert. *AZ TV Journal*

## Verraten und verkauft 993
CAPTIVE HEART: THE JAMES MINK STORY □
TV

**Regie:** Bruce Pittman
**Darsteller:** Louis Gossett jun. (James), Kate Nelligan (Elizabeth), Rachael Crawford, Ruby Dee, Peter Outerbridge, Colin Fox
**Drehbuch:** Byron White, Brian Bird
**Kamera:** Michael Storey
**Prod.:** Wendy Grean, USA 1995; 88 Min.
**TV:** 29.7.2001, Super RTL, 22.05

Toronto, 1850. Der schwarze Geschäftsmann James Mink verheiratet seine Tochter Mary mit dem vermögenden weißen Kaufmann William. Nach der Hochzeit reist Mary mit ihrem Mann nach New York, wo er sein wahres Gesicht zeigt und Marys Leidensweg beginnt: Vergewaltigung, Prostitution, Sklavenmarkt.

## Verrückt / Schön 994
CRAZY / BEAUTIFUL ***

**Regie:** John Stockwell
**Darsteller:** Kirsten Dunst (Nicole), Jay Hernandez (Carlos), Bruce Davison (Tom Oakley), Herman Osorio (Luis), Miguel Castro (Eddie), Tommy de la Cruz (Victor), Rolando Molina, Taryn Manning
**Drehbuch:** Phil Hay, Matt Manfredi
**Kamera:** Shane Hurlbut
**Musik:** Paul Haslinger
**Schnitt:** Melissa Kent
**Prod.-Des.:** Maia Javan
**Prod.:** USA 2001; 99 Min.
Mary Jane Ufland, Harry J. Ufland, Rachel Pfeffer für Touchstone
**Verleih:** Buena Vista/dto./-, 25.10.2001
**FSK:** ab 12 J., ffr.

Teenager-Lovestory und Familiendrama mit einer unfassbar reaktionären Story: Nicole, die 17-jährige Tochter eines Kongressabgeordneten, hängt gerade ein wenig durch: Sie schwänzt die Schule, hört laute Musik und trinkt gelegentlich einen über den Durst. Ihr neuer Freund Carlos stammt aus einer armen mexikanischen Familie und ist ein ausgesprochener Streber, der gern eine Militärakademie besuchen möchte. Aus der unterschiedlichen Herkunft der beiden Verliebten macht der Film allerdings kein Drama – dafür wird Nicoles Ziellosigkeit plötzlich als destruktiv und krank verortet. Und weil der Film auch auf inszenatorischer Ebene nicht mehr als die Illustration eines penetranten Pop-Soundtracks bietet, kann auch die engagierte Kirsten Dunst in der Hauptrolle an diesem Schwachsinn nichts retten. *tip, 22/2001*

**Kritik:** (…) »Verrückt / Schön« ist ein kitschgefährdeter Film, der durch seine Darsteller gerettet wird. Die

*Taryn Manning und Kirsten Dunst*

immer bezaubernde Kirsten Dunst und der Newcomer Jay Hernandez agieren in Augenhöhe zu ihren Figuren: unaffektiert, unsentimental, mit packender Direktheit. Sie überspielen die banalen, konventionellen Momente der Story, verleihen dem Universum des Films dramatische Energie und Glaubwürdigkeit. (...)

*Rainer Gansera, SZ, 25.10.2001*

(...) Was zunächst nach einem klischeebeladenen Sozialdrama klingen mag, hat durch die behutsame Regie von John Stockwell und vor allem durch das beeindruckende, absolut glaubwürdige Spiel der beiden Hauptdarsteller Tiefe und Authentizität gewonnen.
Die Verrückte und der Schöne bieten uns einen wohltuenden Gegenentwurf zur üblichen Pubertätsklamotte à la »American Pie«.

*Heinz Holzapfel, Rheinische Post, 26.10.2001*

(...) »Verrückt / Schön« ist ein Liebesfilm, der seine Helden ernst nimmt, in der Liebe selbst, doch auch, indem er ihnen daneben andere existenzielle Konflikte zutraut. So ist diese Liebesgeschichte auch eine Sozial- und Familienstudie. Ganz ohne Sentimentalitäten geht es dabei natürlich nicht ab. Tränen fließen, und sie dürfen es auch.

*Silvia Hallensleben, Der Tagesspiegel, 26.10.2001*

## Verschollen in der weißen Hölle 995

ANGEL FLIGHT DOWN **
Video

**Regie:** Charles Wilkinson
**Darsteller:** Patricia Kalember (Teresa Bagshaw), Garwin Sanford (Rick Fowler), David Charvet (Brad Brown), Christopher Atkins (Jack Bahr), Paige Magnusson (Sammy Bahr), Donna Larson (Patty Bahr), Stephen E. Miller (Robert Coma)
**Drehbuch:** Michael Petryni
**Kamera:** Michael Slovis
**Musik:** Cory Lerios, John D'Andrea
**Schnitt:** Lenka Svab
**Prod.-Des.:** Rick Roberts
**Prod.:** USA 1996; 90 Min.
Joan Carson
**Vertrieb:** UAP Video (DVD), UAP Video (Video, DVD)
**TV:** 26.9.1996, Vox, 20.15, 15.8.2001
**FSK:** ab 12 J.

Illustre Belegschaft muss mit Kleinjet in den Rocky Mountains notlanden. Eine Art Katastrophenfilm, nur eben ohne weitere Katastrophen, stattdessen mit endlosen Dialogen.

## Versiegelt mit einem Kuss 996

SEALED WITH A KISS □
TV

**Regie:** Ron Lagomarsino
**Darsteller:** John Stamos (Bennett), Annabeth Gish (Robbie), Jane Sibbett (Christina), Mitchell Whitfield (Larry), Robert Stack (Sumner Ethridge), Angie Dickinson (Lucille Ethridge)
**Drehbuch:** Jeff Arch
**Kamera:** Robert Primes
**Musik:** Lee Holdrige
**Schnitt:** Charles Bornstein
**Prod.-Des.:** Gerry Holmes
**Prod.:** USA 1999; 87 Min.
New Line TV
**TV:** 31.3.2001, ZDF, 14.00

Robbie, die Leiterin eines Museums in Cambridge, das von der Schließung bedroht ist, und der Anlageberater Bennett finden auf zahlreichen Umwegen und nach einigen Missverständnissen zueinander.

## Das Versprechen 997

THE PLEDGE ****

**Regie:** Sean Penn
**Darsteller:** Jack Nicholson (Jerry Black), Patricia Clarkson (Margaret Larsen), Benicio Del Toro (Toby Jay Wadenah), Dale Dickey (Strom), Aaron Eckhart (Stan Krolak), Costas Mandylor (Monash Deputy), Helen Mirren (Ärztin)
**Drehbuch:** Jerzy Kromolowski, Mary Olson-Kromolowski, nach dem Roman »Es geschah am hellichten Tag« von Friedrich Dürrenmatt
**Kamera:** Chris Menges
**Musik:** Hans Zimmer, Klaus Badelt
**Schnitt:** Jay Cassidy
**Prod.-Des.:** Bill Groom
**Prod.:** USA 2000; 124 Min.
Michael Fitzgerald, Sean Penn, Elie Samaha

für Morgan Creek/Franchise/Clyde Is Hungry Films Prod.
**Verleih:** Warner/dto./dto., 11.10.2001
**Vertrieb:** Warner Video (Video, DVD)
**FSK:** ab 12 J., ffr. – **FBW:** Wertvoll

Düsterer Realismus vor der Kulisse der grandios einsamen Berglandschaft Nevadas rund um Reno. Der vor der Pensionierung stehende Polizeidetektiv Jerry Black verspricht der Mutter eines ermordeten kleinen Mädchens, den Täter ausfindig zu machen. Seine Suche wird zu einer Obsession, in der er sich selbst verliert. Eine als Thriller verkleidete Meditation über die Angst vor dem Alter und Remake des Rühmann-Films »Es geschah am hellichten Tag«. Nicholson ist hervorragend als alternder, ausgepowerter Detektiv.

*tip, 21/2001*

**Kritik:** (…) Das Motiv der Vereinsamung eines von dieser Jagd-Obsession deformierten Psychopathen wird am Anfang vorweggenommen und bildet am Ende die Klammer: ein Versager, der seinen Fall nicht gelöst, sein Versprechen nicht eingehalten hat, im Delirium brabbelnder Selbstgespräche. Das Vorhersehbare eines Krimiklassikers – und die Brutal-Details eines grausamen Thrillers: ein respektables, aber nicht zwingend nötiges Remake.

*Ponkie, AZ, 11.10.2001*

(…) Dürrenmatt-Kenner müssen sich auf eine Verschiebung der Perspektive einstellen, Fans des Genres dürfen sich keine Neuauflage altbekannter Muster erwarten, Liebhabern vielschichtiger Bilder bietet sich hier allerdings ein kunstvoll inszenierter und spannender Film.

*Alrun Fichtenbauer, Multimedia (Die Furche), 25.10.2001*

(…) »Das Versprechen« ist eine merkwürdige Symbiose von Starkino und Independent Movie. Penn bleibt dicht an den Figuren dran, spart die Weite der Landschaft meistens aus. So wird

*Jack Nicholson*

der Film auch zu einer amerikanischen Pathologie, einer Enzyklopädie von Schmerz, Leiden und Leidenschaft. (…)

*Fritz Göttler, SZ, 10.10.2001*

(…) Penns Version von »Es geschah am hellichten Tag« (auf Deutsch 1956 mit Heinz Rühmann und 1996 mit Joachim Król in der Rolle des Kommissars verfilmt) funktioniert wunderbar in der kargen Landschaft Nevadas und besticht nicht zuletzt durch ihr konsequentes, der Romanfassung Dürrenmatts entsprechend ironisches Ende. Wenn der Schauspieler Sean Penn selbst hinter der Kamera steht (»Indian Runner«, »Crossing Guard«), schert er sich eben einen Dreck um die Konventionen Hollywoods.

*Gerald Jung, Zitty, 21/2001*

(…) In Sean Penns Fassung des Stoffes kommt der Mädchenmörder allerdings niemals ins Bild, sondern wird zum phantomhaften Doppelgänger des Kommissars, der im Namen seiner Mission Vertrauen missbraucht und damit sein eigenes Schicksal besiegelt. »Das Versprechen« ist eine schmerzhafte Meditation über Alter, Einsamkeit, enttäuschte Hoffnung und Trostlosigkeit.

*Karim Zendgui, Rheinische Post, 12.10.2001*

**Interview:** *Nach »The Crossing Guard« ist das Ihr zweiter Film unter Penns Regie. Waren Sie an der Vorbereitung beteiligt?*

Sean und ich sind alte Freunde, wir kennen uns noch aus den Tagen, als Helenas Roller Skating Club aufmachte. Tim Hutton und Sean klopften eines Tages bei mir an und wollten meinen Rat, weil sie mit einem gewissen Regisseur, den ich kannte, nicht klarkamen. Seither sprechen wir sehr offen über alles – und nicht nur übers aktuelle Projekt oder Filme im Allgemeinen. Wir haben die längeren Gespräche also schon hinter uns, wenn wir auf dem Set stehen. Da genügen dann knappe Anweisungen. Mir fiel beim Beginn der Arbeit gleich auf, wie sehr sich Sean als Regisseur entwickelt hat. Er beherrscht seinen Beruf jetzt, er ist der »Captain«, nichts kann ihn aus der Ruhe bringen. Die Selbstsicherheit teilt sich auch seiner Crew mit. Es waren anstrengende Dreharbeiten in Kanada – das Wetter war unbeständig. Aber Sean hatte alles im Griff.

*Wenn Sie »Das Versprechen« mit anderen Studiofilmen vergleichen …*

Da gibt's keinen Vergleich. Sean und mir geht es hier nicht primär um Kasse. Ich kann mir das leisten. Das ist kein 400-Millionen-Dollar-Movie. Warum? Weil es total unberechenbar ist. Du weißt nicht, wohin der Plot sich entwickelt. Dürrenmatt ging es um die Menschen. Sean und mir kommt es auf die Charaktere an. Das meiste, was man heute auf der Leinwand sieht, ist doch Blue-Screen-Arbeit. Special-Effects-Hascherei. Mich interessiert das nicht mehr. Warum mache ich das noch?
Meine Arbeit soll etwas über den Menschen sagen.

*Jack Nicholson im Interview mit Patrick Roth, SZ, 11.10.2001*

## Vertical Limit 998

VERTICAL LIMIT ***

**Regie:** Martin Campbell
**Darsteller:** Christ O'Donnell (Peter Garrett), Bill Paxton (Elliot Vaughn), Robin Tunney (Annie Garrett), Scott Glenn (Montgomery Wick), Izabella Scorupco (Monique Aubertine), Temuera Morrison (Major Rasul), Nicholas Lea (Tom McLaren)
**Drehbuch:** Robert King, Terry Hayes
**Kamera:** David Tattersall, Fraser Taggart (2nd unit)
**Musik:** James Newton Howard
**Schnitt:** Thom Noble
**Prod.-Des.:** Jon Bunker
**Prod.:** USA 2000; 120 Min.
Lloyd Phillips, Robert King, Martin Campbell für Columbia Pic.
**UA:** 8.12.2000, N. Y.
**Verleih:** Columbia TriStar/dto./Buena Vista, 25.1.2001
**Vertrieb:** Columbia TriStar Video (Video, DVD)
**FSK:** ab 12 J.

Ein verantwortungsloser Milliardär verunglückt mit seiner Mannschaft bei der Besteigung des K2 im Himalaya. Im Wettlauf mit der Zeit versuchen Rettungsteams, die Sterbenden im ewigen Schnee zu retten. Streckenweise spannendes Bergsteiger-Drama, auch wenn man die zirkushaft inszenierten Absturz-Stunts, die pyrotechnischen Effekte und einige der Kunstfiguren kaum ernst nehmen kann. *Ralph Umard, tip, 2/2001*

**Kritik:** (…) Der Film setzt auf Effekte, die den Extremsport fühlbar machen wollen: Katastrophenszenario mit hyperrealistischen Aufnahmen, der keine andere Spannung als die visuelle Sensation der Gefahren zu bieten hat.
*Multimedia*

(…) Mit dem Humor ist es am Berg eh eine gefährliche Sache. Wenn im Himalaya ein Gag abstürzt, dann fällt er tief. An irgendeinem Punkt seiner Expedition hätte Regisseur Martin Campbell eigentlich auffallen müssen, dass das alles nicht zusammenpasst: Berg, Humor, Nitroglyzerin, Psychologie. Die interessantesten Momente sind die, wenn einem vor lauter Langeweile der Kopf schwer wird und seitlich wegkippt. Um 90 Grad gedreht, sehen die Bergsteiger aus wie Babys beim Krabbeln.

*Oliver Fuchs, SZ, 29.1.2001*

## Victor

999

VICTOR ... PENDANT QU'IL EST TROP TARD ****+

**Regie:** Sandrine Veysset
**Darsteller:** Jeremy Chaix (Victor), Lydia Andrei (Triche), Mathieu Lane (Mick), Skan Guenin, Chantal Malebert, Paulette Benson, Nicole Richard
**Drehbuch:** Sandrine Veysset, nach dem Roman »Les ailes de Julien« von Denis Belloc
**Kamera:** Helene Louvart
**Musik:** Henri Ancilotti
**Schnitt:** Mathilde Grosjean
**Prod.-Des.:** Thomas Peckre
**Prod.:** Frankreich 1998; 86 Min.
Humbert Balsan für Ognon/La Sept Cinema/ Le Studio Canal+ mit Studio Images 4/CNC
**Verleih:** Kinoinitiative/polyfilm/-, Mai 2001 (AU)

Geflohen vor den sexuellen Belästigungen durch seine Eltern, irrt der zehnjährige Victor durch die Stadt. Nachdem er so lange Karussell gefahren ist, bis er bewusstlos wird, bringt der Schausteller Mick ihn zu seiner Freundin. Triche schläft tagsüber und geht in der Nacht auf den Strich. Sie lässt den Ausreißer bei sich wohnen und zwischen ihnen, die beide unter den Nachstellungen ihrer Eltern gelitten haben, entwickelt sich eine geschwisterliche Beziehung. In stillen Bildern, mehr in symbolischen Handlungen als in Dialogen, werden die jeweiligen Versuche gezeigt, mit der Vergangenheit umzugehen und so die Hoffnung auf eine andere Zukunft zu bewahren. *Multimedia*

## Vienna

1000

□

**Regie:** Peter Gersina
**Darsteller:** Elke Winkens, Erika Marozsan, Axel Milberg, Roman Knizka, Max Tidof, Kirk Kirchberger, Detlef Bothe
**Drehbuch:** Peter Gersina
**Kamera:** Zivko Zalar
**Musik:** Thomas Rabitsch
**Prod.:** BRD/Österreich 2000; 104 Min.
Regina Ziegler, Markus Reischl, Frank Kaminski, Ulrich Stiehm für Kinofilm München mit DoRo/Helkom Media/ORF
**Verleih:** Helkon/-/-, noch nicht gestartet
**FSK:** ab 12 J., ffr. – **FBW:** Wertvoll

Entlassener Totengräber schließt Freundschaft mit zwei Außenseitern der Gesellschaft. Gemeinsam finden sie wieder Spaß am Leben.

**Kritik:** Ein Blinder, ein »reiner Tor« und ein Säufer hausen auf einer Wiener Baustelle in einem Wohnwagen. Zur Philosophie, zum Lebenskünstlertum und zum Wiener Schmäh haben sie ein weitaus besseres Verhältnis als zu Arbeit und Broterwerb. Und doch müssen sie sich irgendwie durchs Leben bringen. So verfallen sie auf die Idee, eine vermeintliche übernatürliche Fähigkeit des »Toren« zu Geld zu machen.
Was sich wie eine Geschichte mit rotem Faden anhört, ist aber keine. Vielmehr geht es dem Autor und Regisseur Peter Gersina offensichtlich darum, gesellschaftlich exotische Individualisten zu schildern; aufzuzeigen, wie die Menschen oft genug ohne ihr Zutun täglichen oder lebenslangen Unbilden ausgesetzt sind.
Leicht macht es sich dieser Streifen nicht. Denn er ist oft von einer eigenwilligen, ausfransenden, quer schießenden, unbürgerlichen und unbequemen Gedankenwelt, die denjenigen, der eine lineare Geschichte, eine feine dramatische Ordnung oder eine klar angelegte Herz-Schmerz-Angelegenheit will, eher zu irritieren geeignet ist. (...) *Thomas Engel, Der Gildedienst, 1/2001*

## Vier Geschwister halten zusammen

1001

HOMECOMING □

TV

**Regie:** Mark Jean
**Darsteller:** Anne Bancroft (Abigail Tillerman), Kimberlee Peterson, Trever O'Brien, Hannah Hall, William Greenblatt, Bonnie Bedelia
**Drehbuch:** Cynthia Voigt, nach ihrem gleichnamigen Buch
**Kamera:** Toyomichi Kurita
**Musik:** W. G. Snuffy Walden
**Prod.:** USA 1996; 97 Min.
**TV:** 25.3.2001, RTL, 22.05

Vier von ihrer Mutter verlassene Geschwister finden bei ihrer etwas sonderbaren Großmutter Abigail ein Zuhause und machen sich jeden Tag nützlich, um bei ihr bleiben zu können.

## Vier Meerjungfrauen 1002

***

TV

**Regie:** René Heisig
**Darsteller:** Hannelore Hoger (Maren Ohmsen), Jürgen Schornagel (Friedrich Torkelsen), Nina Hoger (Muriel Ohmsen), Mavie Hörbiger (Merle Ohmsen), Susanne Schäfer (May-Brit Ohmsen), Gregor Bloéb (Richard Hess), August Zirner (Harald)
**Drehbuch:** Meike Toelstede
**Kamera:** Hans Grimmelmann
**Schnitt:** Gisela Castronari
**Prod.:** BRD 2000; 90 Min.
Reinhold Elschot für Network Movie/ Arranque Film/Kai Wiesinger Filmprod. für ZDF
**TV:** 31.8., Arte, 20.45; 10.9.2001, ZDF, 20.15

Es muss ein Virus sein. Dauernd hüpfen solche altmodischen Paarungskringel über Stock und Stein, durch Gourmetrestaurants, Weinstuben und romantische Provinz-Idyllen. Das Gasthaus »Vier Meerjungfrauen« gehört vier Meerjungfrauen, und die drei Egozickentöchter wollen nicht, dass die Nixen-Mutter wieder heiratet. Die tut's aber doch, und bei der Hochzeit gibt es viel Gänsebraten zu essen, garniert mit Lebensweisheit.

*Ponkie, AZ, 12.9.2001*

**Interview:** *Ist der Film »Vier Meerjungfrauen« gut geworden?*

Weiß ich nicht.

*Was ist denn das Besondere an der Geschichte?*

Keine Ahnung.

*Ist es denn anders, mit der eigenen Tochter zu spielen, oder behandeln Sie sie wie jede andere Schauspielerin?*

Nein.

*Hannelore Hoger im Interview mit Katrin Wilkens, FR, 31.8.2001*

## 24/7 Sunset Boulevard 1003

***

**Regie:** Eckhart Schmidt
**Darsteller:** Colette Divine (Laura)
**Drehbuch:** Eckhart Schmidt
**Kamera:** Steve Elkins
**Musik:** Studio F/S
**Schnitt:** Raoul Sternberg
**Prod.:** BRD 2001; 90 Min.
Eckhart Schmidt für raphaela film
**UA:** Filmfest München 2001
**Verleih:** Preview Release/-/-, 1.7.2001

Momente des Authentischen: Bei Eckhart Schmidt blitzen sie auf, wenn die farbige Möchtegernschauspielerin Laura von ihrem phänomenalen Lover erzählt, der sie betrügt, beklaut, hintergeht und von dem sie doch nicht lassen kann. Egal, ob die mäandernde Geschichte von Liebe, Sex und Verrat, die sie in langen Monologen der Kamera anvertraut, erfunden oder tatsächlich so geschehen ist – es ist die Lebendigkeit ihres Vortrags, die sie in unseren Köpfen zum eigentlichen Film macht.

*Reiner Gansera, SZ, 4.7.2001*

## Viktor Vogel – Commercial Man 1004

**+

**Regie:** Lars Kraume
**Darsteller:** Alexander Scheer (Viktor Vogel), Götz George (Eddie Kaminsky), Chulpan Khamatova (Rosa), Vadim Glowna (Werner Stahl), Maria Schrader (Johanna von Schulenberg), Julien Lamborschini (Heckel), Hans Löw (Boiler)
**Drehbuch:** Lars Kraume, Thomas Schesinger
**Kamera:** Andreas Doub
**Musik:** Robert Meyer
**Schnitt:** Benjamin Hembus
**Prod.-Des.:** Knut Loewe
**Prod.:** BRD 2001; 107 Min.
Andrea Willson für von Vietinghoff/Deutsche Columbia TriStar
**Verleih:** Columbia TriStar/-/UIP, 12.4.2001
**Vertrieb:** Columbia TriStar Video (Video, DVD)

Mit Hochstapeleien schwindelt sich ein junger Nichtsnutz an die Spitze eines angesehenen Frankfurter Werbeunternehmens, ohne die leiseste Ahnung von der Materie zu haben. Eine hektisch inszenierte Komödie,

die an ihrem Milieu kein echtes Interesse entwickelt, sondern ausgelutschte Klischees aneinander reiht. Humor ist ebenso Mangelware wie überzeugende schauspielerische Leistungen – trotz prominenter Besetzung mit Götz George. *Film, 5/2001*

**Kritik:** Viktor Vogel will zur Werbung. Bei der Agentur Brainstorm schlawinert er sich bis in den Sitzungssaal durch und lässt die dort präsentierte 120-Millionen-Mark-Kampagne für den neuen Opel platzen. Bloß: Aufgefordert, eine Alternative zu entwickeln, fällt ihm nur ein, die Idee seiner Freundin für ein Kunstvideo zu klauen. Das moralische Dilemma nimmt seinen Anfang …

*Annette Kilzer, tip, 8/2001*

Regie-Hoffnung Lars Kraume, Kino-Urgestein Götz George und Shootingstar Alexander Scheer hätte man mehr zugetraut (und gewünscht) als diese Komödie, die sophisticated sein will, aber bloß verunglückten Slapstick produziert.

*Annette Kilzer, tip, 8/2001*

(…) Dazu noch ein bisschen Herzschmerz, fertig ist die Kommerzkiste. Für 18-, 19-Jährige vielleicht der Inbegriff von Traumfabrik, für den Rest einfach noch ein Billigfilm aus heimischer Produktion.

*Hans-Joachim Neumann, Zitty, 8/2001*

## Die Villa 1005

UP AT THE VILLA ****+

**Regie:** Philip Haas
**Darsteller:** Kristin Scott Thomas (Mary Panton), Sean Penn (Rowley Flint), Anne Bancroft (Prinzessin San Ferdinando), James Fox (Sir Edgar Swift), Jeremy Davies (Karl Richter), Derek Jacobi (Lucky Leadbetter), Massimo Ghini (Beppino Leopardi)
**Drehbuch:** Belinda Haas, nach einer Novelle von W. Somerset Maugham
**Kamera:** Maurizio Calvesi
**Musik:** Pino Donaggio
**Schnitt:** Belinda Haas
**Prod.-Des.:** Paul Brown

*Sean Penn und Kristin Scott Thomas*

**Prod.:** GB/USA 2000; 114 Min.
Geoff Stier, David Brown für Intermedia/Mirage/October/Universal Pictures
**Verleih:** UIP (nicht gestartet), 22.2.2001
**FSK:** ab 12 J., ffr.

Nach ersten ernüchternden Eheerfahrungen flieht die Britin Mary nach Florenz, wo sie sich zwischen zwei Männern, einem reifen Diplomaten und einem hitzköpfigen Desperado entscheiden muss. Von starken Darstellern getragenes, großes Gefühlskino für die anspruchsvollere weibliche Kundschaft.

**Kritik:** (…) Ähnlich dialoglastig wie Neil Jordans Graham-Greene-Verfilmung »Das Ende einer Affäre« wirkt auch dieses bilderarme Kammerspiel zumindest passagenweise langatmig und insgesamt altmodisch. Auch wenn die Drehbuchautorin die Figur des Rowley auf Sean Penn zugeschrieben hat, so vermag dieser in der Rolle des verführerischen Dandys doch nicht recht zu überzeugen.

*Reinhard Kleber, Filmecho-Filmwoche, 23/2000*

## La Ville est Tranquille 1006

LA VILLE EST TRANQUILLE ****

**Regie:** Robert Guédiguian
**Darsteller:** Ariane Ascaride, Veronique

Balme, Pierre Banderet, Frederique Bonnal, Jean Piere Daroussin, Patrick Bonnel, Jacques Boudet, Pascale Roberts
**Drehbuch:** Jean-Louis Milesi, Robert Guédiguian, Bernard Cavalié
**Kamera:** Bernard Cavalié
**Musik:** Jacques Merichett
**Schnitt:** Bernard Sasia
**Prod.:** Frankreich 2000; 132 Min.
Gilles Sandoz, Michel Saint-Jean, Robert Guédiguian für Agat/Diaphana/Canal+
**UA:** 17.1.2001
**Verleih:** -/-/Agora, Aug. 2001

Robert Guédiguians Filme, im deutschsprachigen Raum kaum bekannt, sind faszinierende Porträts von Menschen aus Marseille. Mit leichter Hand und hohem humanem Engagement verknüpft er mehrere Biografien kunstvoll ineinander: eine Fischverkäuferin, die ihre drogensüchtige Tochter zu retten versucht, ein traumseliger Taxifahrer, eine Musiktherapeutin, ein Afrikaner, ein jugendlicher Pianist. Gemeinsam scheinen sie nichts zu haben und sind dennoch voneinander abhängig. Meisterhaft.
*Film, 8/2001*

## Vino Santo – Es lebe die Liebe, es lebe der Wein 1007

**+
TV

**Regie:** Xaver Schwarzenberger
**Darsteller:** Anna Galiena (Serafina), Friedrich von Thun (Georg Altenburger), Helen Zellweger (Gioia Altenburger), Gisela Schneeberger (Helene), Raf Vallone (Nonno), Nicole Marischka (Steffi Winkler), Karl Schönböck (Franz Altenburger)
**Drehbuch:** Ulli Schwarzenberger
**Kamera:** Xaver Schwarzenberger
**Prod.:** BRD/Österreich 1999; 90 Min.
BR/ORF
**TV:** 15.8.2001, ARD, 20.15

Die Steuerberaterin Gioia Altenburger soll in die Kanzlei ihres Vaters Georg eintreten und aus geschäftlichen Gründen den Sohn von Notar Dr. Winkler heiraten. Doch dann verliebt sie sich nach einem One-Night-Stand in Max, den sie bei einem Familienfest in Italien wieder trifft.

## La Virgen de los Sicarios 1008

LA VIRGEN DE LOS SICARIOS ***

**Regie:** Barbet Schroeder
**Darsteller:** German Jaramillo (Frenando), Anderson Ballesteros (Alexis), Juan David Restrepo (Wilmar), Manuel Busquets (Alfonso)
**Drehbuch:** Fenando Vallejo, nach seinem gleichn. Roman
**Kamera:** Rodrigo Lalinde
**Musik:** Jorge Arriagada
**Schnitt:** Elsa Vasquez
**Prod.:** Frankreich/Kolumbien 2000; 101 Min.
Jaime Osorio Gomez, Barbet Schroeder, Margaret Menegoz für Les Films du Losange/Le Studio Canal+/Vertigo Films/Tucan/Cinematograficas
**UA:** 1.9.2000, Int. Filmfestspiele Telluride Venedig
**Verleih:** -/-/Frenetic, Juni 2001 (CH)

Die von den Drogenkartellen beherrschte kolumbianischen Stadt Medellin ist eine gewalttätige Hölle, durch die Barbet Schroeder einen geschwätzigen, schwulen Schriftsteller ziehen lässt – und zeigt, wie sich die Jungs, mit denen sich der Poet vergnügt, in einem barbarischen Bandenkrieg abschlachten. Die Faszination der Amoralität wirkt degoutant, weil die Charaktere unglaubwürdig bleiben und die Story zunehmend grotesk-widerwärtige Konturen annimmt. *Film, 6/2001*

**Kritik:** (...) Die Welt ist ein großer Müllhaufen. Der Schriftsteller und sein eiskalter Engel räumen auf. »La Virgen de los Sicarios« ist eine schwarze Messe des Weltekels. Barbet Schroeder arbeitet mit der Faszination der Amoralität, die aber schnell degoutant wird, weil die psychologische Zeichnung der Charaktere unglaubwürdig bleibt und die Story zunehmend grotesk-widerwärtige Konturen annimmt. *Rainer Gansera, SZ, 9.9.2000*

## Virtual Nightmare – Du kannst nicht entkommen! 1009

VIRTUAL NIGHTMARE **+
Video

**Regie:** Michael Pattinson
**Darsteller:** Michael Muhney (Dale), Tasma Walton (Wendy), John Noble (Vater), Bob Hornery (Stan), Mitchell Butel (Miller)

**Drehbuch:** Dan Mazur, David Tausik
**Kamera:** Ben Nott
**Musik:** Gery McDonald, Lawrence Stone
**Schnitt:** Suzanne Angel
**Prod.:** Australien 2000; 86 Min.
Darryl Sheen für Coote Hayes Prod.
**Vertrieb:** Paramount Video, 8.2.2001
**FSK:** ab 16 J.

Computerexperte, immer öfter von merkwürdigen Visionen heimgesucht, macht eine erschreckende Entdeckung: Das, was er bisher für Realität hielt, ist eine virtuelle Chimäre. Nicht sonderlich einfallsreiche Variation von SF-Motiven, weltenweit entfernt vom Vorbild »Matrix«.

## Virtual Nightmare – Open Your Eyes 1010

ABRE LOS OJOS ****
Video

**Regie:** Alejandro Amenábar
**Darsteller:** Eduardo Noriega (César), Penélope Cruz (Sofia), Chete Lera (Antonio), Fele Martínez (Pelayo), Najwa Nimri (Nuria), Gerard Barray (Serge Duvernois), Chete Lera (Antonio)
**Drehbuch:** Alejandro Amenábar, Mateo Gil
**Kamera:** Hans Burmann
**Musik:** Alejandro Amenábar, Mariano Marín
**Schnitt:** Elena Sainz de Rozas
**Prod.:** Spanien/Frankreich/Italien 1997; 114 Min.
Fernando Bovaira, José Luís Cuerda; Ana Amigo, Alain Sarde, Andrea Occhipinti (Ass.-Prod.) für Sogetel/Las Producciones del Escorpión/Les Films Alain Sarde/Lucky Red/Sogepaq/Canal+ Espana/Eurimages
**EA:** 13.2.1998, Int. Filmfestspiele Berlin, »Panorama«
**Vertrieb:** VCL Video, 28.6.2001; Ende Januar 2002 auch Kinostart unter dem Titel »Open Your Eyes«
**FSK:** ab 16 J.

Der bei einem Unfall grausam entstellte César erhält eine zweite Chance: Mit neuem alten Konterfei kann er sogar seine Freundin wieder gewinnen, doch die erscheint ihm immer öfter mit dem Gesicht seiner Ex-Geliebten. Exzellenter, erotisch angehauchter Vexier-Thriller mit Hitchcock-Ambitionen, einer überraschenden Auflösung und einer höchst beunruhigend wirkenden Handlung. Vorlage zu »Vanilla Sky« mit Tom Cruise und wieder mit Penélope Cruz.

## Visions of Death 1011

AFTER ALICE ***
Video

**Regie:** Paul Marcus
**Darsteller:** Kiefer Sutherland (Mickey Hayden), Henry Czerny (Harvey Hatter), Polly Walker (Dr. Vera Swann), Gary Hudson (John Hatter), Stephen Quimette (Det. Ray), Eve Crawford (Margret Ellison), Dennis Akayama
**Drehbuch:** Jeff Miller
**Kamera:** Brian Pearson
**Musik:** Michael Hoenig
**Schnitt:** Kate Evans, Liz Webber
**Prod.-Des.:** Taavo Sooder
**Prod.:** BRD/GB/Kanada 1999; 95 Min.
Tina Stern, Andre Paquette, Tom Kinninmont für After Alice/Promark/Videal
**Vertrieb:** VCL Video, 20.2.2001
**FSK:** ab 16 J.

Medial begabter, aber von privaten Problemen gepeinigter Polizist will mithilfe seiner unkontrolliert auftretenden Visionen einen Serienkiller schnappen. Ansehnliche Genreware aus der Grauzone zwischen Psychothriller und Horror-Fantasy.

## Visitor Q 1012

VISITOR Q ***

**Regie:** Takashi Miike
**Darsteller:** Kenichi Endo, Shungiku Uchida, Kazushi Watanabe, Shoko Nakahara
**Drehbuch:** Haru Era
**Kamera:** Hideo Yamamoto
**Musik:** Koji Endo
**Prod.:** Japan 2000; 84 Min.
Susumu Nakajima, Reiko Arakawa, Seiichiro Kobayashi für Cine Rocket
**Verleih:** REM/-/-, 6.9.2001

Ein extremes Familiendrama von einem der aufregendsten Regisseure der Gegenwart. Die minderjährige Tochter prostituiert sich, der Sohn prügelt die heroinabhängige, Milch verspritzende Mutter, der Vater vögelt mit einer Leiche. Das ist krass, aber nicht spekulativ inszeniert. Miike lotet die Abgründe der japanischen Seele aus, betreibt Kulturkritik und Mediensatire auf hohem filmhandwerklichem Niveau. Das wirkt ebenso schockierend wie pervers-witzig.

*Ralph Umard, tip, 18/2001*

**Kritik:** (…) Gefilmt hat Miike ausschließlich mit extrem wackliger, dafür äußerst mobiler Digitalkamera, die dem Ganzen den Anschein eines morbiden Homevideos gibt. Angesichts der rohen Qualität der Bilder fällt es schwer, sich dem Sog des Films trotz aller abstoßender Darstellungen zu entziehen. Ob man Miikes Film in irgendeiner Weise als gesellschaftskritisch bezeichnen kann, muss jeder für sich entscheiden. Faszinierend und verstörend ist er in jedem Fall.

*Michael Meyns, Zitty, 19/2001*

(…) Diese Qualität geht »Visitor Q«, dem neuesten Produkt des Fließband-Regisseurs Takashi Miike (drei Dutzend Filme in zehn Jahren!), völlig ab. Das Ekel-Werk gibt sich als bittere Satire auf die Unmenschlichkeit der Lebensverhältnisse in Japan, treibt das Spiel mit dem Bösen aber weit über die Schmerzgrenze hinaus. Sadismus, Inzest, Nekrophilie feiern Triumphe; Blut, Muttermilch und sonstige Körperausscheidungen spülen jeden Sinn weg. Ein grausames Land mit Gewaltorgien unter Jugendlichen, allgegenwärtiger Prostituion und totaler Gleichgültigkeit stellt sich hier in billig auf Videomaterial gedrehten, kalten, rohen Bildern dar. Abschreckend und überflüssig. *Heinz Holzapfel, Rheinische Post, 7.9.2001*

## Vizontele 1013

VIZONTELE ****+

**Regie:** Yilmaz Erdogan, Ömer Faruk Sorak
**Darsteller:** Yilmaz Erdogan, Demet Akbag, Altan Erkekli, Cem Yilmaz, Cezmi Baskin, Bican Gunalan, Segnem Sommez
**Drehbuch:** Yilmaz Erdogan
**Kamera:** Ömer Faruk Sorak
**Musik:** Kardes Turkuler
**Schnitt:** Mustafa Preseva
**Prod.:** Türkei 2001; 105 Min.
Necati Akpinar für BKM Filmprod.
**UA:** 27.8.2001, Montreal Film Festival, »World Cinema«
**Verleih:** Warner/-/-, 27.9.2001

Ausgehend von eigenen Kindheitserinnerungen porträtiert Autor, Regisseur und Schauspieler Erdogan ein Provinzkaff in der ostanatolischen Einöde anno 1974. Streitigkeiten, allabendliche Freiluftkinoaufführungen und die Installation des ersten Fernsehempfängers sorgen für Aufregung im weltfremden Dasein der einfältigen Einwohner. In der Türkei brach dieser Kino-Schwank Besucherrekorde, er appelliert an nostalgische Gefühle und die Sehnsucht vieler Zuschauer nach einem beschaulichen Leben in der Moderne.

*Ralph Umard, tip, 20/2001*

**Kritik:** (…) Mit trockenem Humor beschreibt Erdogan das Leben und er durchsetzt es mit jenen glücklichen Momenten, in denen die Kamera einfängt, was ein Bergdorf in Anatolien jeder Großstadt voraushat – das Licht, die Landschaft, vielleicht auch das Wissen um die eigene Unwichtigkeit. (…) *Doris Kuhn, SZ, 4.10.2001*

(…) Viel zu schematisch verteilen sich in diesem anatolischen Mikrokosmos Sympathie und Antipathie, zu sehr schwankt der Regisseur Yilmaz Erdogan zwischen kauzig-liebevoller Charakterzeichnung und Denunziation von Figuren. Gegen Schluss jedoch versandet die humorige Bemühtheit – als die Glotze läuft, ist dies das Ende der Unschuld, es offenbart sich die Malaise des Medienzeitalters: Schlimmer als jede Schreckensnachricht ist die Art ihrer Übermittlung. Eine wahrlich aktuelle Einsicht.

*Thomas Basgier, Stuttgarter Zeitung, 29.9.2001*

(…) Das ist alles ein bisschen deftig und grob gestrickt, doch ausgesprochen originell und fantasiereich. Diese heitere Kinokomödie gehörte zu den ganz großen Erfolgen – auch in der ländlichen Türkei; das verdankt er nicht zuletzt der Beliebtheit von Yilmaz Erdogan, einem der beiden Regisseure, der zugleich Drehbuchautor und Hauptdarsteller ist. Erdogan,

1968 im kurdischen Hakkari geboren, hat seit Jahren ein eigenes, erfolgreiches Theaterensemble.

*Heiko R. Blum, Rheinische Post, 28.9.2001*

## Voyeur.com

VOYEUR.COM

1014

*

Video

**Regie:** Miles Feldman, Serge Rodnunsky
**Darsteller:** Adam Weiner (Alex), Jena Romano (Mary), Tawnya Richardson (Ricci), Travis Shakespeare (Alex), Keri-Anne Telford (Jenniger), Vanessa Nachtmann (Heidi), Shannon Hutchinson (Lisa)
**Drehbuch:** Miles Feldman
**Musik:** Eric Hester
**Schnitt:** John P. Garry, Serge Rodnunsky
**Prod.:** USA 2000; 94 Min.
Serge Rodnunsky
**Vertrieb:** e-m-s (Sunfilm) Video, 17.7.2001
**FSK:** ab 18 J.

Laienhaft heruntergekurbelter Low-Tech-Pseudoporno-Thriller um drei Jungs, die ein Haus mieten, um darin übers Internet Softsex anzubieten. Leider erscheint auch ein ungebetener Gast: ein Serienkiller. Schier unglaublich scheußliche Abfall-Produktion.

## Wadigrand, Canyon

1015
***
TV

**Regie:** Amos Gitai
**Prod.:** Frankreich 2001; 89 Min.
**TV:** 12.11.2001, Arte, 22.25

Bereits 1981 und 1991 filmte Amos Gitai Einwohner des kleinen Tals Wadi Rushmia, zwischen dem Karmel-Gebirge und der Bucht östlich von Haifa. Bei der Gründung des Staates Israel hatten sich dort neue jüdische Zuwanderer aus Nordafrika und Osteuropa sowie vertriebene Palästinenser niedergelassen. Dieses Jahr ist er in das heute völlig zerstörte Tal zurückgekehrt. (…) *Pressetext*

## Wambo

1016
****
TV

**Regie:** Jo Baier
**Darsteller:** Jürgen Tarrach (Herbert Stieglmeier), Alexander Lutz (Amadeus), Steffen Wink (Ferdi), Bettina Redlich (Amalie), Ruth Drexel (Mama Stieglmeier), Jan Niklas (Dr. Fischer), Florian Lukas (Clemens)
**Drehbuch:** Jo Baier, nach der Idee von Makowsky, Martin, Toerkell, nach Motiven aus dem Leben des bayerischen Volksschauspielers Walter Sedlmayr
**Kamera:** Tom Fährmann
**Musik:** Thomas Osterhoff
**Schnitt:** Clara Fabry
**Prod.-Des.:** Thomas Freudenthal
**Prod.:** BRD 2000; 130 Min.
Helmut Dietl, Anja Föringer für Diana Film für SAT.1
**TV:** 13.5.2001, SAT.1, 20.15

Tragische Geschichte vom Leben und Sterben eines bayerischen Volksschauspielers, der zum Opfer seiner privaten Obsessionen und seines homosexuellen Doppellebens wird.

**Interview:** *Stört Sie das Wörtchen »Flop« vor »Wambo«?*

Schau'n Sie, es gibt so viele Neidhammel. Mir ist klar, dass ich nicht massentauglich arbeite, sondern auch weiter kontroverse Themen anpacken muss. Auch für Quoten werde ich nicht präventiven Honigschleim einsetzen. Quoten sind auch kein Maßstab für Qualität. Da wäre »Big Brother« ja dann ultimative Fernsehkunst.

*Das Fernsehereignis des Jahres: Jürgen Tarrach als ›Wambo‹ von Jo Baier*

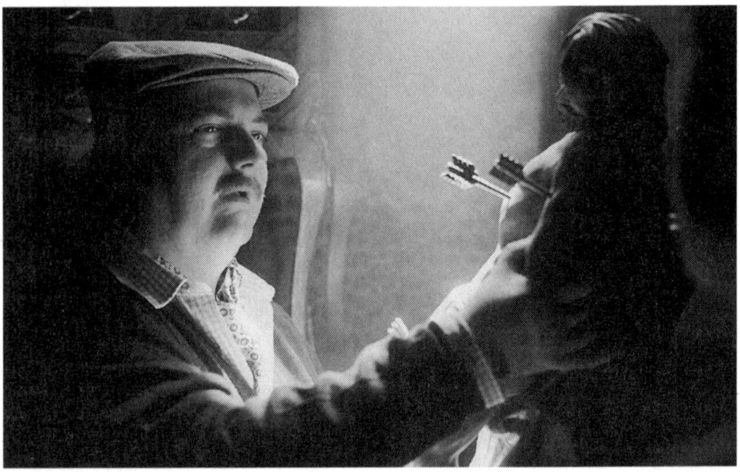

*Jedes Ihrer Projekte ist mit Medienrummel verbunden.*

Um den habe ich nie gebeten. Diese Leute kommen alle freiwillig, rühren kräftig mit und beschweren sich dann, wenn ich nicht immer den Rossinimäßigen »Super-Mega-Hammer« hinhaue. Ich weiß schon, was ich tue, und ich bleibe, gestatten Sie mir das Adorno-Zitat, bei meinen »Minima Moralia«.

*Wenn Sie das nicht erklären, werden Sie wieder missverstanden.*

Macht nix. Jeder darf interpretieren und hineindeuten, was er mag.

*Helmut Dietl im Interview mit Angie Dullinger, AZ, 17.5.2001*

## War Live 1017

RAT UZIVO ***

**Regie:** Darko Bajic
**Darsteller:** Dragan Bjelogrlic, Srdjan Todorovic, Daryl Haney, Aleksandar Bercek, Vesna Trivalic, Goran Kicic
**Drehbuch:** Nikola Pejakovic
**Kamera:** Vladan Pavic
**Musik:** Toma Babovic
**Schnitt:** Steva Maric
**Prod.:** Jugoslawien 2000; 101 Min.
Dragan Bjelogrlic, Predag Maksimovic für Cobra Film
**Verleih:** -/UDI/-, Nov. 2001

Ein Filmteam versucht in Serbien einen Film mit den Geldern eines amerikanischen Touristen zu drehen. Mit Beginn der NATO-Bombardements droht das Aus für das an sich schon schwierige Unterfangen. Eine Weiterarbeit des Filmteams ist nur möglich, indem man dem Geheimdienst ein patriotisches Projekt vorspiegelt. Unter diesen Voraussetzungen wundert es nicht, dass es für alle Beteiligten anders kommt als erwartet. Der dialogreiche und in hohem Tempo geschnittene Film vollzieht die in einer solchen Komödie unvermeidlichen Wechsel zwischen Komik und Tragik recht unvermittelt, allerdings nicht ohne Selbstironie.

*Cai Mosich, Multimedia, 29.11.2001*

*Filmteam vor dem Aus*

## Warden of Red Rock 1018

WARDEN OF RED ROCK **
Video

**Regie:** Stephen Gyllenhaal
**Darsteller:** James Caan (John Flinders), David Carradine (Mike Sullivan), Brian Dennehy (Sheriff Church), Rachel Ticotin (Maria McVale), Billy Fieck (Harry Joe Reese)
**Drehbuch:** James Lee Barrett
**Kamera:** Henner Hofmann
**Musik:** Michel Colombier
**Schnitt:** Richard Halsey
**Prod.:** USA 2000; 85 Min.
Paul Freeman für Clifden
**Vertrieb:** Paramount Video, 18.10.2001
**FSK:** ab 12 J.

Liberaler Gefängnisdirektor wird in Form eines Ex-Kumpels mit seiner Vergangenheit konfrontiert. Dieser US-TV-Western hat eine Hand voll bekannte Namen auf der Besetzungsliste, mehr allerdings hat er nicht zu bieten.

## Warten auf Schnee 1019

EN ATTENDANT LA NEIGE □
TV

**Regie:** Antonio Olivares, Killy Olivares
**Darsteller:** Driss El Haddaoui (Dédé Gallice), Jalil Naciri (Paco Sanchez), Emmanuelle Bach (Claire), Marc Andréoni (Pierre), Ali Boukhélif (Soni), Laurent Gauthier (Bedienung), Antonio Olivares
**Drehbuch:** Christiane Lebrima, Jacques Lebrima, Antonio Olivares, Killy Olivares
**Prod.:** Frankreich 1999; 82 Min.
**TV:** 19.12.2001, Arte, 22.45, OmU

Paco Sanchez und Dédé Gallice kennen sich von klein auf und teilen die Leidenschaft für Karate. Es kommt der Tag, an dem sich die beiden in einem Turnier zum Kampf stellen. Paco jedoch verweigert den Kampf und bleibt in der Kabine. Dédé wird kampflos Gewinner und zum Champion der Pariser Vorstadt Seine-Saint-Denis gekürt. (…) Drei Jahre später kreuzen sich die Wege der Freunde erneut. (…) *Pressetext*

## Was Frauen wollen 1020

WHAT WOMEN WANT ****+

**Regie:** Nancy Meyers
**Darsteller:** Mel Gibson (Nick Marshall), Helen Hunt (Darcy Maguire), Marisa Tomei (Lola), Mark Feuerstein (Morgan Farwell), Lauren Holly (Gigi), Ashley Johnson (Alex Marshall), Alan Alda (Dan Wanamaker)
**Drehbuch:** Josh Goldsmith, Cathy Yuspa, nach einer Story von Josh Goldsmith, Cathy Yuspa, Diane Drake
**Kamera:** Dean Cundey, Reymond Stella (2nd unit)
**Musik:** Alan Silvestri
**Schnitt:** Stephen A. Rotter, Thomas J. Nordberg
**Prod.-Des.:** Jon Hutman
**Prod.:** USA 2000; 126 Min.
Nancy Meyers, Bruce Davey, Matt Williams, Susan Cartsonis, Gina Matthews; Bruce Block (Co-Prod.) für Icon/Wind Dancer Prod. für Paramount
**Verleih:** Buena Vista/dto./Elite, 15.2.2001
**Vertrieb:** Warner Video (Video, DVD)
**FSK:** ab 6 J., ffr.

Mel Gibson spielt einen Werbe-Macker, dem eines Abends der Föhn in die Wanne fällt. Er überlebt den Schock nicht nur, er kann fortan auch hören, was Frauen denken. Sein Talent nutzt er, um seine Chefin und Konkurrentin auszutricksen – aber auch sich selbst, denn er verliebt sich zugleich in die Frau. Mel Gibson findet in Nancy Meyers' schwungvoller romantischer Komödie an der Seite von Helen Hunt den Kontakt zu seiner eigenen weiblichen Seite (wieder). *Film, 2/2001*

**Kritik:** (…) Der Film beginnt als vergnüglicher Emanzenschocker mit

*Helen Hunt und Mel Gibson*

einem ausgelassenen Mel Gibson. Doch wenn die unausweichliche Romanze mit seiner Kontrahentin Helen Hunt losschleimt, verkommt der Film zur Weichspülerkomödie.
*Jörg Buttgereit, tip, 4/2001*

(…) Der Prozess der Veränderung, erst der Versuch, die überraschende Gabe zum eigenen Vorteil zu nutzen, dann die Erkenntnis, das politisch Korrekte zu tun, das erzählt Nancy Meyers beschwingt und witzig. Insgesamt ist »Was Frauen wollen« trotz des Klamaukhaften eine selten originelle Hollywood-Komödie. Und Mel Gibson entpuppt sich als Erzkomödiant. *Michael Meyns, Zitty, 4/2001*

## Was geht – Die Fantastischen Vier 1021

***

**Regie:** Dieter Zimmermann
**Darsteller:** Michael Schmitt (Smudo), Michael Beck (DJ Hausmarke), Thomas Dürr (Thomas D.), Andreas Rieke (And.Y)
**Kamera:** Werner Schmidtke
**Musik:** Die Fantastischen Vier
**Schnitt:** Stephan Krumbiegel
**Prod.:** BRD 2000; 90 Min.
Christian Drewing für CP Medien/Filmareal
**UA:** 18.8.2001, Popkomm Köln
**Verleih:** X Verleih/-/-, 23.8.2001
**Vertrieb:** Warner Video (Video, DVD)
**FSK:** ab 6 J., ffr.

Vor gut zehn Jahren zogen vier Freunde aus, um Hip-Hop auf deutsche Verhältnisse umzumünzen, und wurden Popstars. Kult und Business haben die Fantastischen Vier jedoch nicht verbogen. Im Gegenteil. »Was geht« hat die vier über zwei Jahre begleitet – vom Studio bis in die Duschkabinen. Ein Dokumentarfilm, der die Band nicht platt erklären will. Stattdessen zeigt er die vielen Facetten der sympathischen Charaktere, ihre Power, ihren Charme, ihren Witz, ihre Zweifel und das Wichtigste: ihre Freundschaft.

*Cristina Moles Kaupp, tip, 17/2001*

**Kritik:** (…) Wie gesagt, nichts Weltbewegendes. Aber vor allem Fans der Fanta 4 (und solche, die es noch werden wollen) kommen in dieser zwar konventionellen, aber sympathischen Doku auf ihre Kosten.

*Albert Baer, Rheinische Post, 24.8.2001*

(…) Die Porträts bleiben oberflächlich zwischen Musikvideo und gefälligem Wirtschaftsbericht hängen. Zwei Jahre lang hat Zimmermann gedreht, den Fantastischen Vier ist er nicht wirklich nahe gekommen. Die Fantas sind viel zu professionell geworden, als dass sie sich wirklich in die Karten schauen lassen würden.

*Mirko Heinemann, Zitty, 18/2001*

**Interview:** *Sollte der Film nicht schon vergangenen November in die Kinos kommen …?*

Es gibt immer wieder so viele Faktoren. Der Produzent, der Verleih. Oder die Frage: ins Fernsehen oder ins Kino und vor allem in welche Kinos? Und so etwas kann sich dann schon mal ein bisschen hinziehen. Wenngleich wir sehr lernfähig waren, als uns der Verleih sagte, dass wir den Film nicht als Dokumentarfilm bezeichnen sollen, weil das niemanden vom Hocker reißen würde.

*Dieter Zimmermann im Interview mit Alex Schütz und Ulrich Welke, Stuttgarter Zeitung, 11.8.2001*

## The Watcher 1022

THE WATCHER ***

**Regie:** Joe Charbanic
**Darsteller:** James Spader (Joel Campell), Marisa Tomei (Polly), Keanu Reeves (David Allen Griffin), Ernie Hudson (Ibby), Chris Ellis (Hollis), Robert Chicchini (Mitch), Yvonne Niami (Lisa)
**Drehbuch:** David Elliott, Clay Ayers, nach einer Story von Darcy Meyers und David Elliott
**Kamera:** Michael Chapman
**Musik:** Marco Beltrami
**Schnitt:** Richard Nord
**Prod.-Des.:** Brian Eatwell, Maria Caso, Jeff Wallace
**Prod.:** USA 2000; 96 Min.
Christopher Eberts, Elliott Lewitt, Jeff Rice, Nile Niami, Paul Pompian für Interlight Prod.
**Verleih:** Tobis/Constantin/Universal, 18.1.2001
**Vertrieb:** BMG Video (Video, DVD)

Man hat ihn schon so oft – und mit diesem lahmen Thriller definitiv einmal zu oft – gesehen: den FBI-Agenten, der ausgebrannt, körperlich wie seelisch am Ende ist, der den Job an den Nagel gehängt und die Stadt gewechselt hat – und der in einem letzten tödlichen Duell mit dem Serienmörder, der ihm gefolgt ist, dann doch wieder alle Kräfte mobilisiert und über sich hinauswächst. Was ein packendes Duell zwischen James Spader als »Captain Barbiturat« und Keanu Reeves als narzistischer, um Aufmerksamkeit heischender Killer hätte werden können, ist doch nur müde Konfektionsware.

*Annette Kilzer, tip, 2/2001*

**Kritik:** (…) Joe Charbanic versteht sich auf jenen Typus Bilder, die im Musikvideo alltäglich sind, den Spielfilm jedoch selten bereichern: Sie sind unstet, verwischt, nie ganz bei der Sache, immer schon Pose. Kein Wunder, dass »The Watcher« langsam verrückt wird. In diesem Film gibt es einfach nichts zu sehen.

*Bert Rebhandl, Berliner Zeitung, 18.1.2001*

(…) Charbanic und Kameramann Michael Chapman (er fotografierte

1976 Scorseses »Taxi Driver«) streuen nicht ungeschickt immer wieder Traumsequenzen in bizarrer Optik in die zumeist actiongeladene Handlung – Erinnerungsfetzen Campbells an seine erste Beinahe-Begegnung mit Griffin. Und da toben sich die beiden so richtig aus: Wisch- und Schlier-Optik, Zeitlupe und -raffer, Brennweitenwechsel, Extrem-Linsen, Wechsel zu grobkörnigem Filmmaterial – kaum etwas, was hier nicht zum Einsatz käme.
Weil aber Verfolungsjagden und Wettläufe mit der Zeit – wenn sie nicht allzu dilettantisch daherkommen – immer wieder Spannung erzeugen, auch wenn wir sie so oder anders schon oft gesehen haben, bleibt dies ein Thriller mit passablem Unterhaltungswert und einer überambitionierten Optik.

*W. O. P. Kistner, AZ, 18.1.2001*

## The Watermelon Woman 1023
THE WATERMELON WOMAN ***

**Regie:** Cheryl Dunye
**Darsteller:** Cheryl Dunye (Cheryl), Guin Turner (Diana), Valerie Walker (Tamara), Lisa Marie Bronson (Fae Richards), Toshi Reagon (Straßensängerin), Camille Paglia
**Drehbuch:** Cheryl Dunye
**Kamera:** Michelle Crenshaw
**Schnitt:** Annie Taylor, Burke Moody
**Prod.:** USA 1996; 85 Min.
Barry Swimar, Alexandra Juhasz für Dancing Girl Prod.
**UA:** 24.2.1996, Int. Filmfestspiele Berlin, »Panorama: art & essay«
**Verleih:** Salzgeber/-/-, 10.7.2001
**FSK:** ab 16 J.

Cheryl, Mitte 20, lesbisch, schwarz und stolz darauf, ist eine angehende Filmemacherin, die sich allerdings zurzeit noch ihre Brötchen als Angestellte in einem Videoladen verdient. Das immerhin zusammen mit Tamara, ihrer besten Freundin. Zusammen haben die beiden eine pfiffige Methode entwickelt, sich Videos kostenlos zu bestellen. Diese scheinbar harmlose Gaunerei sorgt jedoch auf einmal für heftige Turbulenzen in Cheryls Leben. (...) *Katalog Filmfestspiele Berlin*

## Way of the Gun 1024
THE WAY OF THE GUN **

**Regie:** Christopher McQuarrie
**Darsteller:** Ryan Philippe (Parker), Benicio Del Toro (Longbaugh), James Caan (Joe Sarno), Taye Diggs (Jeffers), Nicky Katt (Obecks), Dylan Kussman (Dr. Allen Painter), Kristin Lehman (Francesca Chidduck)
**Drehbuch:** Christopher McQuarrie
**Kamera:** Dick Pope
**Musik:** Joe Kraemer
**Schnitt:** Stephen Semel
**Prod.-Des.:** Maia Javan
**Prod.:** USA 2000; 119 Min.
Kennth Kokin für Artisan/Aqaba Prod.
**Verleih:** Highlight (nicht gestartet)/Einhorn/-, 7.6.2001
**FSK:** ab 18 J.

Zwei verwahrloste Männer entführen eine im achten Monat schwangere Leihmutter. Vor keinerlei Brutalität zurückschreckender Sozio-Action-Metzel-Thriller, dessen Qualitäten sich weitgehend auf die Darsteller beschränken.

## Wedding Planner – Verliebt, verlobt, verplant 1025
THE WEDDING PLANNER ***

**Regie:** Adam Shankman
**Darsteller:** Jennifer Lopez (Mary Fiore), Matthew McConaughey (Steve Edison), Bridgette Wilson-Sampras (Fran Donolly), Justin Chambers (Massimo), Judy Greer (Penny), Alex Rocco, Joanna Gleason
**Drehbuch:** Pamela Falk, Michael Ellis
**Kamera:** Julio Macat
**Musik:** Mervyn Warren
**Schnitt:** Lisa Zeno Churgin
**Prod.-Des.:** Bob Ziembicki
**Prod.:** USA 2001; 102 Min.
Peter Abrams, Robert L. Levy, Jennifer Gibgot, Gigi Pritzker; Deborah Del Prete für Tapestry/Dee Gee Ent./IMF mit Prufrock Pic.
**Verleih:** Helkon/-/Elite, 3.5.2001
**Vertrieb:** Columbia TriStar Video (Video, DVD)
**FSK:** o. A., ffr.

Mary, die unter ständigem Stress die Hochzeit anderer Leute plant und dabei ihre eigenen Herzensangelegenheiten vernachlässigt, stößt eines

*Jennifer Lopez und Matthew McConaughey*

Tages mit ihrem Traummann frontal zusammen. Dummerweise handelt es sich hierbei aber um den Bräutigam in spe ihrer momentanen Auftraggeberin. In dem klischeegetränkten Plot funkt es zwischen den beiden Hauptdarstellern nur lauwarm. Da helfen auch keine Liebesschwüre – die sich anbahnende Romanze bleibt bemüht.

*Film, 5/2001*

**Kritik:** (...) Auch wenn die Chemie der beiden Hauptdarsteller nur bedingt funktioniert, es bleibt zumindest der Versuch, sich auf die Vorbilder klassischer Kinokomödien zu besinnen. Die Tanzszenen, die romantischen Sequenzen wirken zumindest nicht zynisch und auch nicht sonderlich kitschig. Und Lopez-Fans werden sich von diesen Mäkeleien ohnehin nicht stören lassen.

*W. O. P. Kistner, AZ, 3.5.2001*

## Das Weibernest 1026

**
TV

**Regie:** Karola Hattop
**Darsteller:** Susanne Uhlen (Franziska Zis), Axel Milberg (Enno), Nadja Tiller (Alma), Erich Hallhuber (Alexander Karl), Dana Vavrova (Marie Karl), Benjamin Seidel (Franz), Kai Mößner (Willi)
**Drehbuch:** Axel Staeck, nach dem gleichn. Roman von Hera Lind
**Kamera:** Konstantin Kröning
**Musik:** Andi Slavik
**Prod.:** BRD 2000; 89 Min.
**TV:** 14.9.2001, ARD, 20.15

Alles, was Hera Lind auf Lager hat an Mutti-Gewäsch, Powerfrauen-Getue, Talkshow-Quark, Kindermund und verlogenem Problem-Absud, das klebte sie einem Ensemble von erstklassigen Schauspielern ans Hemd. Der Film sülzte sich penetrant durch jenes Niemandsland läppischer Frauenzeitschriften, die auf dem Rückweg in die 50er locker jeden reaktionären Mist mitnehmen.

*Ponkie, AZ, 17.9.2001*

## Weil es dich gibt 1027

SERENDIPITY ****

**Regie:** Peter Chelsom
**Darsteller:** John Cusack (Jonathan Trager), Kate Beckinsale (Sara Thomas), Molly Shannon (Eve), Jeremy Piven (Dean Kansky), John Corbett (Lars Hammond), Bridget Moynahan (Halley Buchanan), Eugene Levy (Verkäuferin Bloomingdale)
**Drehbuch:** Marc Klein
**Kamera:** John de Borman
**Musik:** Alan Silvestri
**Schnitt:** Christopher Greenbury
**Prod.-Des.:** Caroline Hanania
**Prod.:** Kanada/USA 2001; 90 Min.
Simon Fields, Peter Abrams, Robert L. Levy; Amy Kaufman, Andrew Panay für Tapestry mit Simon Fields Prods.
**Verleih:** Highlight/Einhorn/Elite, 29.11.2001
**FSK:** o. A., ffr.

Kurz vorm weihnachtlichen Ladenschluss lernen sich Jonathan und Sara über ein Paar Handschuhe kennen. Man verbringt einen Abend zusammen, und wenn es die Sterne wollen – so Sara –, auch noch mehr. Jahre vergehen, und als die beiden vor der Hochzeit mit jemand anders stehen, besinnen sie sich auf ihr Rendezvous und glauben plötzlich, ein auserwähltes Paar zu sein. Die Suche nach einander kann beginnen. Chelsom versucht der romantischen Komödie einen esoterischen Touch zu verleihen, doch in diesem Genre ziehen sich doch eigentlich Gegensätze und keine Seelenverwandte an.

*Anke Leweke, tip, 24/2001*

**Kritik:** (...) Mit dieser New-York-City-Comedy (die Twin Towers wurden nachträglich aus den Skyline-Ansichten entfernt!) allerdings beweist er, dass er einen Liebesfilm ohne penetrante Sentimentalität à la Nora Ephron (»Schlaflos in Seattle«, »E-Mail für dich«) intelligent und schwungvoll inszenieren kann.
Auch wenn die Verwicklungen gegen Ende ein wenig zu massiert daherkommen, die 99 Minuten vergehen wie im Flug. Man verlässt das Kino guter Laune, und selbst eine Darstellerin wie Kate Beckinsale (»Pearl Harbor«), die noch niemals so richtig überzeugen konnte, wächst da plötzlich über sich selbst hinaus. Ein wunderbares Mittel gegen Weihnachtsstress und Weltlagenpessimismus.

*W. O. P. Kistner, AZ, 29.11.2001*

(...) Ein Stoff, wie er schöner fürs Kino nicht hätte erfunden werden können. Was Chelsom faszinierte, war dieses »Tauziehen mit dem Schicksal«, diese »seelischen Turbulenzen«: »dass diese Figuren ständig mit sich selbst zu kämpfen haben; dass sie sagen, warum tue ich das bloß, ich muss völlig verrückt sein.« Was wäre, wenn? Wer erkennt sie, jene vieldeutigen, versteckten Hinweise, die über den Lauf unseres Lebens entscheiden?

*Kate Beckinsale und John Cusack*

*John Cusack und Kate Beckinsale*

Peter Chelsom entwickelte hierfür eine sehenswerte, kurzweilige und gleichermaßen bewegende wie witzige Leinwand-Theorie. Dem britischen Romantiker in Hollywood ist mit dieser Komödie ein unterhaltsames Märchen mit Tiefgang gelungen, ein wahrhaft wundervolles Stück filmischer Lebensphilosophie.

*Heinz Holzapfel,*
*Rheinische Post, 30.11.2001*

(...) Man darf sich, davon erzählt Chelsom seit seinem Debüt mit »Hear My Song« immer wieder, niemals untätig auf sein Schicksal verlassen; man muss ihm – und dem eigenen Glück – schon tatkräftig nachhelfen. Der Zufall schafft dafür im besten Fall die Voraussetzungen. Jonathan und Sara hatten sich unmittelbar vor Weihnachten kennen gelernt. Vielleicht war das schon ein Hinweis, dass ihre Beziehung unter einem guten Stern stehen muss.

*H. G. Pflaum, SZ, 29.11.2001*

## Weißer Brunnen – Akkuyu 1028
AKKUYU ☐

Video

**Regie:** Orhan Calisir, Michael Enger
**Drehbuch:** Orhan Calisir
**Kamera:** Jean Luc Reiser

**Musik:** Orhan Simsek
**Schnitt:** Stephan Sautter
**Prod.:** Türkei 2001; 57 Min.
Calisir-Filmprod.
**Vertrieb:** Calisir, Sept. 2001

Die türkische Regierung will an der Südküste der Türkei ein Atomkraftwerk bauen. Der geplante Standort ist die Bucht Akkuyu, die ein Teil des Dorfes Büyükeceli ist. Die bis in die 70er-Jahre als Halbnomaden lebenden Bewohner des Dorfes sind von dem Vorhaben der Regierung überrascht. Zunächst hatte man ihnen erzählt, dass man nach Erz suchen würde.
In 25 Kilometer Entfernung vom Standort verläuft eine aktive Bruchlinie der Erdkruste.
Das AKW-Bauvorhaben verändert das Leben der Menschen im Dorf Büyükeceli gravierend. Aus dem Nichts entstand eine Anti-Atom-Bewegung, die 25 Jahre Widerstand gegen die Atomlobby leisten sollte. Der Film erzählt von diesem Widerstand und dem Alltagsleben in einem südanatolischen Dorf.

## Wenn die Liebe flöten geht 1029

**

**Regie:** Nadja Seelich, Bernd Neuburger
**Darsteller:** Andreas Dibl, Marion Dimali, Lidwina Dox, Karl Edlinger, Susanne Fasching, Marino Formenti, Mathias Pichler
**Drehbuch:** Nadja Seelich (Konzept)
**Kamera:** Bernd Neuburger
**Musik:** Zdenek Merta
**Schnitt:** Eliska Stibrová
**Prod.:** Österreich 2000; 85 Min.
Bernd Neuburger, Lukas Stepanik für Extrafilm
**Verleih:** -/Filmladen/-, Jan. 2001

Fünf Paare erzählen kurz nach ihrer Trennung von ihrer Geschichte. Ein Jahr später werden sie noch einmal befragt: Viele haben neue Partner gefunden, manche haben ihren Beruf gewechselt, allen geht es wieder gut. Ein ruhiger Film, der die Erzählenden in den Mittelpunkt rückt und das, was da erzählt wird, ernst nimmt.
*Multimedia*

## Wenn eine Mutter ihr Leben verspielt 1030

□ TV

**Regie:** Jorgo Papavassiliou
**Darsteller:** Franziska Petri (Mona Lutter), Christoph Grunert (Michael Lutter), Erdal Yildiz
**Prod.:** BRD 2001; 95 Min.
**TV:** 25.4.2001, RTL, 20.15

Edelschmonzette von der braven Mutter, die durch ihre Spielsucht in eine Katastrophe hineinsteuert.

## Wes Craven's Dracula 1031

DRACULA ***+

**Regie:** Patrick Lussier
**Darsteller:** Gerard Butler (Dracula), Christopher Plummer (Abraham Van Helsing), Jonny Lee Miller (Simon Sheppard), Justine Waddell (Mary Heller), Colleen Ann Fitzpatrick (Lucy), Jennifer Esposito (Solina), Omar Epps (Marcus)
**Drehbuch:** Joel Soisson, nach einer Story von Joel Soisson, Patrick Lussier
**Kamera:** Peter Pay
**Musik:** Marco Beltrami
**Schnitt:** Patrick Lussier
**Prod.-Des.:** Carol Spier, Peter Devaney Flanagan
**Prod.:** USA 2000; 109 Min.
W. K. Border, Joel Soisson; Dan Arredondo, Ron Schmidt (Co-Prod.) für Carfax/Wes Craven mit Neo Art & Logic
**Verleih:** Highlight/Einhorn/Elite, 26.4.2001

Im heutigen London machen sich Diebe im Geheimbunker des Antiquitätenhändlers Van Helsing an einem Silbersarg zu schaffen. Sie vermuten darin einen Schatz. Stattdessen hüpft der abgemagerte Graf Dracula heraus, welcher sich auch gleich ans Blutsaugen macht. Der krampfhafte Versuch, eine millenniumstaugliche Vampirfigur zu schaffen, wartet zwar mit einer neuen Herkunftstheorie auf, würgt diesen einzigen Bonus jedoch mit einer einfallslosen Inszenierung wieder ab. *Film, 5/2001*

**Kritik:** (...) Von einer Blutbeißer-Attacke zur nächsten schreitet der Ermüdungseffekt schneller fort: Da Dracula einen Haufen Gebissener

*Gerard Butler*

hinterlässt, die selber weiterbeißen, kommen einander unentwegt neue Beißvereine ins Gehege. Das Zähnefletschen dauert und dauert, ohne dass dem Vampir-Kino dabei atmosphärische Glücksmomente zuwüchsen. Dracula ist unsterblich – aber diesen kann man wieder im Bleisarg einmauern. *Ponkie, AZ, 26.4.2001*

(...) Diese x-te Variante des Vampirmythos versucht die altbewährte Geschichte durch viel Hightech und Spezialeffekte aufzumotzen. Das gelingt zum Teil (etwa dann, wenn die Vampire visuell reizvoll an den Wänden kleben). Doch wirklich Neues hat der Film nicht zu bieten. Und obwohl er gerade mit Wes Craven, dem Erneuerer des modernen Horrorfilms, wirbt (der Regisseur der »Scream«-Trilogie ist lediglich der ausführende Produzent), gehen dem Werk Cravens Ironie völlig ab. Und auch Gerard Butler bleibt als Dracula im doppelten Sinn des Wortes blass. Fazit: Nur etwas für eingefleischte Fans der Blutsauger.

*Martin Schwarz, Zitty, 9/2001*

(...) Alles, was man sich an Fantastischem, Esoterischem, Religiösem, Kitschigem und Schauerlichem vorstellen kann, wurde hineingemixt. Und so steht denn auch in diesem gezielt für Fans und Freaks gedrehten Opus der geistige Mumpitz im umgekehrten Verhältnis zur durchaus eindrucksvollen äußeren Gestaltung.

*Thomas Engel,*
*Der Gildedienst, 4/2001*

## West fickt Ost 1032

**

**Regie:** Jürgen Brüning
**Darsteller:** Daniel Bätscher, Hendrik Schneider, Tarik Qazi, Jörn Hartmann
**Drehbuch:** Jürgen Brüning
**Kamera:** Kristian Petersen, Ralph Schreckenberg
**Musik:** Thomas Meyer
**Prod.:** BRD 2001; 60 Min.
Jürgen Brüning Filmprod.
**Verleih:** GM/-/-, 4.10.2001

Ein toller Filmtitel – der leider nichts von dem hält, was er verspricht: Weder werden Probleme der deutschen Einheit behandelt noch solche deutscher Vereinigungen, denn richtig gefickt wird gar nicht. Was umso bedauerlicher ist, als es auch sonst keine nennenswerte Handlung gibt. Man sieht improvisierte Szenen aus dem Alltag dreier einander zugetaner junger Herren im Berlin unserer Tage, die belangloses Zeug herumbrabbeln, mal hier, mal da etwas Geld verdienen, aber die meiste Zeit nur herumhängen oder durch die Stadt strolchen. Da verglichen damit selbst noch die dritte »Big Brother«-Staffel aufregend war, beträgt die gefühlte Laufzeit dieses Films mindestens doppelt so viel wie die objektiven 60 Minuten.
Bei der Betrachtung der bisweilen modisch verwackelten Videobilder drängt sich der Eindruck auf, als habe Jürgen Brüning sich partout mal von seiner Hauptbeschäftigung der letzten Jahre als erfolgreicher Produzent und Regisseur von Schwulenpornos der Marke »Cazzo« absetzen wollen. Wobei es aber vielleicht doch keine so gute Idee war, zu seinen Hauptfiguren

drei Kerle zu machen, die wenig mehr tun, als vorschriftsmäßig glatt rasiertes und fitnessstudiogestähltes Fleisch herzuzeigen und so demonstativ herumzuknutschen, als wäre das noch unglaublich gewagt – eine Art Porno mit ein wenig »Handlung«, aber ohne richtige Sexszenen.

*Jan Gimpel, Zitty, 21/2001*

## Where a Good Man Goes 1033

WHERE A GOOD MAN GOES ***

**Regie:** Johnnie To
**Darsteller:** Lau Ching-Wan, Ruby Wong
**Drehbuch:** Yau Nai-Hoi
**Kamera:** Cheng Siu Keung
**Schnitt:** Chan Chi Wai
**Prod.:** Hongkong/China 1999; 92 Min. Johnnie To, Wai Ka-Fai für Milkyway Image
**EA:** 10.2.2000, Int. Forum des Jungen Films Berlin
**Verleih:** REM/-/-, 29.3.2001

Dieser Film ist eine gefühlvolle Romanze vor dem Hintergrund der Triadengewalt in Macao. Die Geschichte handelt von einem früheren Triadenmitglied und seinen Beziehungen zu einer Hotelbesitzerin und deren Sohn. (…) *Katalog Forum*

Hongkongs derzeit kreativster Kinomacher erzählt milieugetreu und mit filmsprachlicher Eloquenz die tragikomische Resozialisationsgeschichte eines frisch aus der Haft entlassenen Gangsters. Im Clinch mit ehemaligen Bandengenossen und einem brutalen Cop wandelt er sich – durch die Liebe einer Frau geläutert – vom Berserker zum »guten Mann«. Ein außergewöhnlicher Kanton-Krimi, der weniger auf Action setzt, sondern sich mehr mit dem menschlichen Drama beschäftigt. *Ralph Umard, tip, 8/2001*

**Kritik:** (…) Aus rabiatem Herumkommandieren und Herablassung entwickeln sich langsam Zuneigung, Achtung und Liebe, und diese subversive, manchmal fast surreale Art, in der sich hier überraschend Perspektiven öffnen, findet man immer wieder in den neuen Filmen aus Hongkong.

*Anke Sterneborg, SZ, 16.2.2000*

(…) Familiäre Geborgenheit ist es, wonach sich Michael sehnt, und das wird ihm spätestens dann bewusst, als er versucht, Judy zu vergewaltigen. Die Krise dieses Macho-Kinos aus Hongkong, sie wird in Johnnie Tos beeindruckendem Film anhand der inneren Konflikte des männlichen Protagonisten besonders augenfällig. In einer Gesellschaft, die sich wandelt und deren traditionellen Werte an Inhalt verlieren, erliegen auch die Mythen der Heldengeschichten vergangener Zeiten einem stillen Tod.

*Igor Krstic, Stuttgarter Zeitung, 20.9.2001*

## Wie angelt man sich einen Müllmann? 1034

** TV

**Regie:** Karsten Wichniarz
**Darsteller:** Thorsten Grasshoff (Frank Winkler), Oliver Reinhard (Benno Baumgärtel), Julia Thurnau (Maxi Kortner), April Hailer (Henriette), Ingrid van Bergen (Maxis Tante)
**Drehbuch:** Katharina Eckart, Claudia Pütz
**Kamera:** Thomas Makosch
**Prod.-Des.:** Borries Hahn-Hoffmann
**Prod.:** BRD 2000; 90 Min.
**TV:** 4.7.2001, ARD, 20.15

(…) Da wurde uns ein Schönling als Müllmann verkauft, der sich in eine Betrügerin verguckt, die wiederum eine ältliche Filmdiva versorgt. Das atmete den verstaubten Charme betagter DEFA-Produktionen, das Proll-Milieu wurde wie üblich zum Märchen verklärt, doch dafür mangelte es gehörig an Fantasie, für realistische Bezüge gebrach es deutlich an Kenntnis der Realität. Hier wurden die angeschimmeltsten Klischees verschandelt. (…) Diese Story war bar jeglicher Glaubwürdigkeit und – bei einer Komödie verständlicherweise fatal – bar jeden Humors. (…)

*W. O. P. Kistner, AZ, 6.7.2001*

## Wie buchstabiert man Liebe? 1035

***+

TV

**Regie:** Christine Hartmann
**Darsteller:** Suzanne von Borsody (Anna Jurak), Peter Sattmann (Tom Dellwig), Pamela Marquardt (Bibi Jurak), Marco Bretscher-Coschignano (Max Jurat), Marie-Lou Sellem (Maria Suhrke), Stefan Reck (Rolf Jurak), Vanessa Muth (Frau Bilek)
**Drehbuch:** Manfred Kosmann
**Kamera:** Otto Kirchhoff
**Musik:** Fabian Römer
**Prod.:** BRD 2001; 90 Min.
Taunus Film
**TV:** 9.11.2001, ARD, 20.15

Vielleicht ein bisschen zu naiv konstruiert, dieses Familienmelodram um eine Analphabetin mit zwei Kindern, die vom Ehemann erpresserisch in Abhängigkeit gehalten wird – aber Suzanne von Borsody spielt derlei wie geölt und kriegt auch mit dem »berühmten Bestsellerautor« jedes Happy End hin.

*Ponkie, AZ, 12.11.2001*

## Wie Feuer und Flamme 1036

****

**Regie:** Connie Walther
**Darsteller:** Anna Bertheau (Nele), Antonio Wannek (Captain), Tim Sander (Hacki), Aaron Hildebrand (Meise), Michael Krabbe (Tremmel), Luise Helm (Bax), Carmen Birk (Kopfi)
**Drehbuch:** Natja Brunckhorst
**Kamera:** Peter Nix
**Musik:** Rainer Oleak
**Schnitt:** Ewa J. Lind
**Prod.-Des.:** Gabriele Wolff
**Prod.:** BRD 2001; 102 Min.
Maria Köpf, Stefan Arndt für X Filme Creative Pool mit ZDF
**Verleih:** X Verleih/-/-, 14.6.2001
**FSK:** o. A., ffr.
**FBW:** Besonders wertvoll

Es ist die uralte und dabei stets aktuelle Geschichte von Romeo und Julia, bloß spielt sie diesmal weder in Verona noch auf dem Lande, sondern im geteilten Berlin der 80er-Jahre. Da verliebt sich das Westgirl Nele bei einem Besuch im Osten in Captain, den Boss einer Punkband. Zwei Welten prallen da aufeinander. Die Liebenden stört das naturgemäß nicht, wohl aber Vater Staat. Doch selbst ein Einreiseverbot kann Nele nicht stoppen: Als Captain verhaftet wird, sucht sie verzweifelt einen geheimen Weg zurück in die DDR. Nichts ist so ernst wie die erste große Teenager-Liebe. Nicht nur, weil der Fall auf einer authentischen Geschichte basiert und weil Punk ohnehin gerade sein Revival feiert, sondern auch und vor allem wegen seiner mitreißenden Schauspieler, den lebensnahen Dialogen und dem offenen Bekenntnis zur Romantik fiebert und leidet man hier schrecklich (schön) mit.

*Annette Kilzer, tip, 12/2001*

**Kritik:** (...) Bei allem Respekt für diesen Film: »Wie Feuer und Flamme« leidet an exemplarischen Defiziten, weil die Erinnerungen bereits verblassen und unscharf werden und bald niemand mehr da ist, der solche Geschichten aus erster Hand erzählen könnte. Man spürt diese Unsicherheiten, die durch das Wissen aus zweiter Hand entstehen, auch in den Dialogen, in denen überambitioniert von einem »Strom aller Erinnerungen« die Rede ist, New York pathetisch zum »anderen Ende der Welt« erklärt wird und junge Punks Sätze abliefern wie: »Wir passen nicht ins offizielle Bild des Staats.«
So bleibt am Ende doch nur die Liebesgeschichte. Dabei erzählt der Film durchaus glaubwürdig auch vom destruktiven gegenseitigen Argwohn, den die Verhältnisse – und dies war durchaus im Sinne der Staatsmacht – produzierten, während Vertrauen das Wichtigste war. Am Ende, vor einer letzten sinnlosen Rückblende, fallen sich Nele und Captain noch einmal in die Arme, doch da geht der Blick der Kamera zu Boden, wir sehen nur die Silhouette der beiden. Es ist das schönste und ehrlichste Bild dieses Films: Wir sehen nur die Schatten der Vergangenheit.

*H. G. Pflaum, SZ, 13.6.2001*

*Connie Walther am Set mit Anna Bertheau und Antonio Wannek*

(...) Der Film kann sich nicht recht entscheiden, ob er nun Geschichtsfilm, Musikfilm oder Teenie-Lovestory sein will. Und so flimmern viele der Szenen, die Brunckhorst so glänzend niedergeschrieben hat (Stasi erpresst Punk-Girl, Polizei stürmt Punk-Party, Nele schmuggelt sich im Müll-Lastschiff über die Grenze), ein bisschen zu harmlos-bunt am Zuschauer vorbei. Und Punks sind auf einmal so ungefährlich und süß, wie die DDR sie gern gehabt hätte.

*Bettina Poeschel, AZ, 13.6.2001*

(...) Aber der spöttische Rückblick, mit dem etwa »Sonnenallee« die DDR betrachtete, wird hier verworfen. Der DDR-Staat schlägt zu, Captain und seine Kumpel werden bespitzelt, ins Gefängnis geworfen; Nele versucht verzweifelt, ihren Geliebten wieder zu treffen. Der Film wird nun fast zum Politthriller und seinen Szenen ist eine große Unversöhnlichkeit eingeschrieben. Nein, diese Geschichte wird nicht erzählt, damit Historie aufgearbeitet ist und vergessen werden kann. Die Wut fühlt sich hier noch ganz frisch an.

*Rupert Koppold,*
*Rheinische Post, 14.6.2001*

(...) »Wie Feuer und Flamme« basiert auf einer authentischen Geschichte, die Connie Walther mit mehr Musik im Vorder- und Hintergrund als die konventionelle Bildsprache es verkraftet, zur Punk-Oper ausgebaut hat. Wer im Herzen nicht mehr 17 ist, wird es schwer haben mit diesem Film. Sein ästhetisches Konzept füllt wenig mehr aus als die Lederjacke, die ein Mitglied der ehemaligen Ost-Punk-Gruppe planlos der Kostümbildnerin zur Verfügung stellte.

*Heike Kühn, FR, 15.6.2001*

(...) Auch die Atmosphäre der Ost-Punks ist stimmig eingefangen (auch wenn der Film der erste Mauerfilm ohne Mauer ist). Doch das Problem steckt in der Dramaturgie: »Wie Feuer und Flamme« ist schlicht erschreckend langweilig, die Geschichte zieht sich zäh dahin. Vor lauter genauer Charakterisierung ihrer Figuren und Konzentration auf eine authentische Atmosphäre vergisst die Regisseurin, ihr Tempo zu variieren. Schade. *Zitty, 13/2001*

(...) Umgekehrt zur allmählichen politischen Liberalisierung verläuft die Verengung der Lebensmöglichkeiten der beiden Liebenden. Deutsches Schicksal im Kalten Krieg. Connie Walther, und das ist die für diesen Film nicht minder wichtige formale Ebene, ist nicht an einer linearen und ausführlichen Detailschilderung interessiert. Dass und wie diese Liebe von Außeneinwirkungen kaputtgemacht wird, zeigt sie in einem konsequent kühlen Stil, in zuweilen fast abweisenden Bildern, denen jedoch ihre gezielte Bedeutung keineswegs abgeht. *Thomas Engel, Der Gildedienst, 5/2001*

## Wie Hund und Katz 1037

CATS & DOGS ***

**Regie:** Lawrence Guterman
**Darsteller:** Jeff Goldblum (Prof. Brody), Elizabeth Perkins (Mrs. Brody), Alexander Pollock (Scott Brody), Miriam Margolyes (Sophie), Myron Natwick (Mr. Mason), Doris Chillcott (Mrs. Calvert), Kirsten Robek (Pie Mom)
**Drehbuch:** John Requa, Glenn Ficarra
**Kamera:** Julio Macat
**Musik:** John Debney
**Schnitt:** Michael Stevenson, Rick W. Finney
**Prod.-Des.:** James Bissell
**Prod.:** USA 2001; 87 Min.
Andrew Lazar, Chris DeFaria, Warren Zide, Craig Perry für Made Chance/Village Roadshow/NVP Ent.
**Verleih:** Warner/dto./dto., 19.7.2001
**Vertrieb:** Warner Video (Video, DVD)
**FSK:** o. A. – **FBW:** Wertvoll

Es gibt einen Krieg auf dieser Welt – und kein Mensch merkt etwas davon. Hunde und Katzen, weiß diese Komödie zu berichten, sind sich so spinnefeind, dass sie ihre Hütten und Körbe in James-Bond-Manier mit viel High Tech ausgerüstet haben. Global organisiert, kämpfen sie um die Weltherrschaft. Der ganz nach gängigem Muster funktionierende, mit Zitaten gespickte Agentenfilm verlässt sich allzu stark auf die Irritation, die aus dem Rollenvertausch von Mensch und Tier resultiert. *Film, 8/2001*

**Kritik:** (...) Zwar nutzte Regisseur Lawrence Guterman einen ganz neuen Mix aus abgerichteten Tieren, Tierpuppen und Computeranimationen, die zumindest die Hunde als Helden tierisch echt aussehen lassen. Aber was nützen trickfilmähnliche Actionszenen von Tieren, wenn die Story nicht über US-Familienklischees und Idyllen hinausgeht. *Adrian Prechtel, AZ, 19.7.2001*

(...) Die Geschichte um den abenteuerlustigen Beagle Lou, der ein guter Agent werden will, kommt deshalb ebenso zu kurz wie die des Professors (gespielt von Jeff Goldblum), der ein Mittel gegen Hundeallergie sucht und sich vor seiner Familie buchstäblich verschließt. Und warum findet das Finale, bei dem eine diktatorische Perserkatze eine Art Reichsparteitag abhält, eigentlich in einer Christbaumfabrik statt? Und warum hält die Ausstattung nicht die Gegenwart durch, sondern stürzt sich ab und an zurück in die 50er-Jahre? Dieser Film weiß einfach nicht recht, was er tun soll – und so tut er immer zu viel. Fazit: Für Katzenhasser bedingt empfehlenswert. *Rupert Koppold, Stuttgarter Zeitung, 19.7.2001*

## Die wiedergefundene Zeit 1038

LE TEMPS RETROUVE ****+

**Regie:** Raul Ruiz
**Darsteller:** Cathérine Deneuve (Odette), Emmanuelle Béart (Gilberte), Vincent Pérez (Morel), John Malkovich (Charlus), Pascal Greggory (Saint-Loup), Marcello Mazzarella (Marcel, Erzähler; gesprochen von Patrice Chereau)
**Drehbuch:** Gilles Taurand, Raúl Ruiz, nach dem gleichn. Roman aus dem Romanzyklus von Marcel Proust
**Kamera:** Ricardo Aronovich

**Musik:** Jorge Arriagada
**Schnitt:** Denise de Casabianca
**Prod.-Des.:** Bruno Beauge
**Prod.:** Frankreich/Italien 1999; 158 Min. Paulo Branco für Gemini Films/France 2 Cinema/Les Films du Lendemain/Blu Cinematografica mit Madragoa Filmes/ Canal+ CNC
**UA:** 16.5.1999, Int. Filmfestspiele Cannes
**Verleih:** Schwarz-weiß/Filmladen/JMH, 18.1.2000

Vielleicht die beste Proust-Verfilmung – denn Raul Ruiz geht es weniger um die Geschichte als um deren Struktur. So leisten die filmischen Mittel hier tatsächlich Erinnerungsarbeit. Überblendungen, gleitende Kamerafahrten, Spiegelungen, parallele Inszenierung verschmelzen Zeitebenen und Episoden. Gemeinsam mit dem Film schwelgt man im dekadenten Zeichensystem des französischen Großbürgertums, man tafelt mit den Verdurins, feiert mit der Prinzessin von Guermantes und lauscht schwulen Anspielungen des Baron de Charlus. Bei Ruiz geht es um die persönliche Zeit, um eine Epoche und letztlich um den fürs Kino wieder gefunden Proust.

*Anke Leweke, tip, 3/2001*

**Kritik:** (…) Der Marcel seines Films ist ein unbeschwerter Typ, den Typen des jungen amerikanischen Kinos verwandt, beinahe beschwingt gleitet er durch die Räume seiner Erinnerung – er schaut den Mädchen nach, den rätselvoll-naiven Gesten von Gilberte, lässt sich verwirren von den dezenten Auftritten von Odette. Krank hockt er im Bett, kritzelt ohne abzusetzen, holt die alten Fotografien unter seine Lupe. Patrice Chéreau leiht ihm eine Stimme, die bösartig klingt. Mit raschem Wechsel zwischen dem Heute und dem Gestern versetzt Ruiz uns in eine selige Konfusion. »Proust, das ist die Religion der Kunst«, sagt er: »Wenn Proust etwas untersucht, ist es nicht diese Sache, die man davon behält, sondern die Art des Untersuchens. In dem Moment, da man sich der Art und Weise widmen müsste, wie einer einen anderen erdolcht, konzentriert man sich auf einen Lichtreflex auf dem Dolch – was einem erlaubt, etwas zu sagen über das Licht in der Zeit damals.«

*Fritz Göttler, SZ, 22.1.2000*

*Die feine Gesellschaft am Meer: ›Die wiedergefundene Zeit‹ von Raul Ruiz*

**Kritik:** (…) Wie hier intelligent Zeitebenen miteinander verflochten werden; wie hier die Ästhetik Triumphe feiert; wie hier scharfzüngige Kommentare fallen und präzise menschliche Beobachtungen angestellt werden; wie hier trotz mancher Längen und Schwächen in der Dramaturgie das Porträt einer Gesellschaft entsteht; wie hier auch die Dekadenz choreografiert wird; wie hier die Ausstattung schwelgt; wie hier die Beteiligten zu hoher Form auflaufen – das lässt nie und nimmer den Schluss zu, dass das gute Kino untergehen könnte. *Thomas Engel, Der Gildedienst, 3/2001*

(…) Der Film vermeidet jegliche Psychologisierung der Figuren und versucht stattdessen, die Bewegung dieser Suche nach der verlorenen Zeit filmsprachlich zu übersetzen und damit in seiner Struktur dem Proust'schen Text treu zu bleiben. Die Anwesenheit des alterslosen Flaneurs setzt also stets Prozesse in Gang, er ist wie ein Medium, das die Zeit auf ihre Bestandteile untersucht, die sich in ihr abgelagert haben. (…) Für Proust-Liebhaber kann das alles ein Ansporn sein, die Analogien zwischen Film und Buch zu suchen, für Nichtleser stellt »Die wiedergefundene Zeit« jedoch einen opulenten eigenständigen Film dar, der sich ganz und gar selbst erzählt. (…)
*Marli Feldvoß, epd-Film, 1/2001*

(…) Aber es ist genau dieses Suchen nach spezifisch filmischen Mitteln, die dem Geist statt dem Buchstaben der Vorlage gerecht werden sollen, das dem Ganzen so etwas kunsthandwerklich Preziöses mitteilt. So werden Jahre des Lesevergnügens in zweieinhalb Stunden Kinoqual überführt.
*Ijoma Mangold, Berliner Zeitung, 1.2.2001*

(…) Viel Ausdauer muss aufbringen, wer sich Tausende von Seiten des Proust'schen Mammutwerks zu Gemüte führen will. So viel Arbeit macht Ruiz' Verfilmung nicht, aber Geduld erfordert auch seine dialoglastige Inszenierung, die – der subtilen Thematik angemessen – auf lange Einstellungen setzt. Wer sich auf den gemächlichen Erzählrhythmus einlässt, wird schon bald in das fiktionale Universum des Autors hineingezogen. Mit einer komplizierten Technik der erzählerischen Darbietung versucht Ruiz, die einzigartige Schreibweise Prousts ins filmische Medium zu übertragen. Das gelingt ihm im Großen und Ganzen auch.
*Reinhard Kleber, Filmecho-Filmwoche, 51/2000*

## Wilder Hafen Ehe 1039

□
TV

**Regie:** Oliver Dommenget
**Darsteller:** Daniel Friedrich (Harry), Karsten Speck (Kai), Katharina Müller-Elmau (Tamara), Johanna Christine Gehlen (Swantje), Björn Kirschniok (Elian), Ina Rudolph (Sabine), Paula Simon (Valentina)
**Drehbuch:** Natalie Scharf
**Kamera:** Maukus Hausen
**Musik:** Jörg Magnus Pfeil
**Prod.:** BRD 2001; 89 Min.
**TV:** 23.9.2001, ZDF, 20.15

Nachdem sein Job und sein Haus weg sind und der Ehesegen mit seiner Ehefrau Tamara auch schief hängt, fliegt der frustrierte Harry nach Rom, um sich seine Männlichkeit zu beweisen, während sich seine Frau und sein bester Freund Kai ineinander verlieben.

## Wildflowers – Geheimnisvoller Sommer 1040

WILDFLOWERS

**
Video

**Regie:** Melissa Painter
**Darsteller:** Clea DuVall (Cally), Daryl Hannah (Sabine), Tomas Arana (Wade), Eric Roberts (Jacob), Richard Hillman (Graham), Eric Yetter (Dylan), Robert Haas
**Drehbuch:** Melissa Painter
**Kamera:** Paul Ryan
**Musik:** Sam Bisbee

**Schnitt:** Brent White
**Prod.-Des.:** Andrea Soeiro
**Prod.:** USA 2000; 93 Min.
Timothy Bird, Thomas Garvin, Zachary Matz für Filmsmith/Fries/Wildflowers
**Vertrieb:** Helkon (Columbia TriStar) Video, 18.9.2001
**FSK:** ab 12 J.

Auf der Suche nach ihrer leiblichen Mutter trifft Hippie-Kind Cally die exzentrische Malerin Sabine, in die sie ihre Wünsche projiziert. Braves, bemühtes Frauendrama, das niemanden vom Hocker reißt.

## Wind des Vergessens – The Wind of Amnesia 1041

KAZE NO NAMAE WA AMUNEJIA ***+ Video

**Regie:** Kazuo Yamazaki
**Drehbuch:** Kazuo Yamazaki, Yoshiaki Kawajiri
**Kamera:** Kinichi Ishikawa
**Musik:** Kazz Tojama
**Prod.:** Japan 1993; 78 Min.
Heisuke Kuri für Japan Home Video
**Vertrieb:** Manga Video/A.C.O.G., Juni 2001
**FSK:** ab 12 J.

Ein von Außerirdischen initiierter Wind kostet die Menschheit das Gedächtnis. Einer bleibt natürlich davon verschont und muss nun seine Spezies retten. Ungewöhnlich ernsthafter Vertreter aus dem Anime-Genre, dennoch nur für Eingeweihte von Interesse.

## Wir bleiben zusammen 1042

□ TV

**Regie:** Wolfgang Murnberger
**Darsteller:** Bernadette Heerwagen (Kristine Bergmann), Bernhard Schir (Richard Oberberg), Alexander Lutz (Henning Bülow), Jeremy Göppner (Max Bergmann), Sophie Pflügler (Neli Bergmann), Therese Murnberger (Franzi Bergmann), Hannes Thanheiser (Opa Friedrich)
**Drehbuch:** Henriette Piper
**Kamera:** Helmut Wimmer
**Musik:** Martin Grassl
**Prod.-Des.:** Michael Drexler
**Prod.:** BRD/Österreich 2001; 87 Min.
ORF/ZDF
**TV:** 7.10.2001, ZDF, 20.15

Nach dem dramatischen Verlust ihrer Eltern kämpft die junge Pianistin Kristine Bergmann um das Sorgerecht für ihre drei kleinen Geschwister.

## Witchblade – Die Waffe der Götter 1043

WITCHBLADE ** Video

**Regie:** Ralph Hemecker
**Darsteller:** Yancy Butler (Sara Pezzini), Anthony Cistaro (Kenneth Irons), George Jenesky (Gallo), David Chokachi (Jake McCartey), Kenneth Welsh (Joe Siri), Will Yun Lee (Danny Woo), Eric Etebari
**Drehbuch:** J. D. Zeik
**Kamera:** Anghel Decca
**Musik:** Neal Acree, Joel Goldsmith
**Schnitt:** Norman Buckley
**Prod.-Des.:** Jasna Stefanovic
**Prod.:** USA 2000; 91 Min.
Brad Foxhoven, Perry Husman, David Wohl für Halsted/Toplow/Warner Bros. TV
**Vertrieb:** Warner Video, 22.6.2001
**FSK:** ab 16 J.

Bei der Jagd auf den Mörder ihres Vaters stößt Polizistin Sara auf einen Handschuh, der magische Kräfte verleiht. Ebenso krude wie kuriose Mischung aus High Tech, Fantasy und Action-Thriller als Pilotfilm zu einer US-TV-Serie.

## Wohin der Wind uns trägt 1044

ZANESJONNY VETROM □ TV

**Regie:** Andrej Osipow
**Drehbuch:** Gennadi Gorodnij
**Kamera:** Irina Kralskaja
**Prod.:** Russland 2000; 52 Min.
**EA:** 4.–11.4.2001, Filmfestival »goEast« Wiesbaden
**TV:** 23.5.2001, Arte, 0.10

Poetischer Dokumentarfilm aus Russland über Menschen in einer kleinen Gemeinde am Nordpolarmeer, fast zugeweht vom Sand, aber voller Liebe zu ihrer Heimat. *Pressetext*

## The Wolves of Kromer 1045

THE WOLVES OF KROMER ***

**Regie:** Will Gould
**Darsteller:** Rita Davies (Fanny), Lee Williams (Seth), James Layton (Gabriel), Kevin Moore

(Priester), Angharad Rees (Mary), Leila Lloyd-Evelyn (Polly), Matthew Dean
**Drehbuch:** Charles Lambert
**Kamera:** Laura Remacha
**Musik:** Basil Moore-Asfouri
**Schnitt:** Carol Salter
**Prod.-Des.:** Mark Larkin
**Prod.:** GB 1998; 80 Min.
Charles Lambert für Disco Dog Prod.
**EA:** »Verzaubert« Festival 2000
**Verleih:** Salzgeber/-/-, 8.3.2001

Seth und Gabriel, zwei schöne, schwule »Wölfe«, machen die Gegend um das walisische Kromer unsicher. Zum Verhängnis werden ihnen zwei Hausdamen, die ihnen einen Mord in die Schuhe schieben. Schließlich bringt der Dorfpfarrer die Untiere zur Strecke. Mit seinem surreal-romantischen Kriminalmärchen gelingt Regiedebütant Gould ein schwungvolles und ungewöhnliches Plädoyer für mehr kirchliche Toleranz gegenüber der Homosexualität. *tip, 5/2001*

**Kritik:** (…) Dieser Debütfilm des jungen Will Gould, der an die Märchen der Brüder Grimm erinnert, ist eine kaum verklausulierte Metapher über Homosexualität. Die Wölfe leben diskriminiert am Rande der Gesellschaft, müssen sich gegen absurde Vorurteile zur Wehr setzen und werden schließlich von einer aufgebrachten Meute gejagt. Das ist zwar eine nette Idee, besonders spannend erzählt ist der Film nicht. Als Erzähler ist übrigens Boy George zu hören.
*Michael Meyns, Zitty, 6/2001*

## Wunderbare Augenblicke der Luftfahrt 1046

GREAT MOMENTS IN AVIATION □
TV

**Regie:** Beeban Kidron
**Darsteller:** Vanessa Redgrave (Dr. Angela Bead) John Hurt (Rex Goodyear), Jonathan Pryce (Duncan Stewart), Dorothy Tutin (Gwendolyne Quim), Rakie Ayola (Gabriel Angel), Carmen Munroe (Vesuvia), Oliver Samuels (Thomas), David Harewood (Steward)
**Drehbuch:** Janette Winterson
**Kamera:** Remi Adefarasin
**Musik:** Rachel Portman
**Schnitt:** John Stothart
**Prod.-Des.:** Tony Burrough
**Prod.:** GB 1993; 97 Min.
Phillippa Giles für BBC Films/Miramax
**TV:** 24.10.2001, ARD

Ein Mädchen von den Westindischen Inseln will Flugkapitän werden – »Mein Großvater hat mir gesagt, wo andere Mädchen Brüste haben, hätte ich Propeller« – und verlässt ihre Heimat und die Familie. Mit an Bord sind ein undurchsichtiger schottischer Fotograf, ein Kunsthistoriker, dem ein Gemälde abhanden gekommen ist, zwei Missionarinnen auf dem Heimweg nach 30 Jahren Dienst des Herrn.

## Wut im Bauch 1047

□
TV

**Regie:** Claus-Michael Rohne
**Darsteller:** Evelyn Hamann (Charlotte Mayer), Christian Näthe, Miriam Horwitz, John Freigang, Holger Handtke, Ulli Philipp, Siegfried Kernen
**Drehbuch:** Ruth Thoma
**Kamera:** Wernr Adams
**Schnitt:** Antje Bartram
**Prod.:** BRD 1998; 90 Min.
Markus Trebitsch für Aspekt Telefilm für ZDF
**TV:** 2.1.1999, ARD, 20.15

Nach dem Tod ihres Mannes kehrt Charlotte Mayer, Mutter dreier Kinder, ins Berufsleben zurück. Als der Filialleiterjob an einen weniger qualifizierten Mann vergeben wird, kündigt Charlotte in ihrer Wut fristlos. Doch plötzlich kommt der Mitbewerber abhanden, noch ehe er seine Stelle antreten kann. (…)
*AZ TV Journal*

## The Yards – Im Hinterhof der Macht 1048

THE YARDS ***

**Regie:** James Gray
**Darsteller:** Mark Wahlberg (Leo Handler), Joaquin Phoenix (Willie Gutierrez), Charlize Theron (Erica Stoltz), James Caan (Frank Olchin), Ellen Burstyn (Val Handler), Faye Dunaway (Kitty Olchin), Chad Aaron (Bernard Stoltz)
**Drehbuch:** James Gray, Matt Reeves
**Kamera:** Harris Savides
**Musik:** Howard Shore
**Schnitt:** Jeffrey Ford
**Prod.-Des.:** Kevin Thompson
**Prod.:** USA 2000; 115 Min.
Nick Wecksler, Paul Webster, Kerry Orent; Matt Reeves, Christopher Goode (Co-Prod.) für Paul Webster/Industry Ent.
**UA:** 19.5.2000, Int. Filmfestspiele Cannes
**Verleih:** Kinowelt/-/Rialto, 14.6.2001

Es geht um moralische Dilemmas, falsche Loyalitäten, eherne Familienbande und individuelle Wünsche in diesem Film, der stark an Coppolas »The Godfather« erinnert. Das dunkle, überraschend sanfte, sehr gut besetzte, manchmal aber gar ernsthafte Epos handelt von einem jungen New Yorker Strafentlassenen, der beim Versuch, auf den Pfad der Tugend zurückzukehren, in mafiose Versuchung gerät. Auffallend ist James Grays ganz und gar unzeitgemäßer Anspruch, Figuren und Verhältnisse in ihrer ganzen Komplexität zu zeigen.

*Film, 1/2001*

**Kritik:** (...) Loyalität und Verrat, enttäuschte Gefühle und destruktive Wahrheiten: Mit diesem großartig gespielten Familiendrama beweist Gray, dass Thriller Tiefgang und einen moralischen Standpunkt haben können, ohne an Spannung zu verlieren. Wie Verbrechen das Leben von Opfer und Tätern zerstören – dieses Thema ist im modernen Hollywood-Gewaltkino aus der Mode gekommen. Trotzdem, nein: Gerade deshalb fesselt dieser realitätsnahe, melancholische Anti-Tarantino von der ersten Szene an. Und lässt einen lange nach dem verhalten optimistischen Schluss nicht los.

*Karl-Heinz Schäfer, Rheinischer Merkur/Christ und Welt, 15.6.2001*

(...) Gute Darsteller, eine durchaus kompetente Regie und ein handfestes Krimithema – eigentlich sollte der Film solide funktionieren. Tut er auch, allerdings derart solide und unspektakulär, dass man ihn augenblicklich wieder vergisst. Immerhin nehmen wir aus der Vorführung doch einen gewissen Erkenntniszugewinn mit: dass »The Yards« Abstellanlage für U-Bahn-Züge heißt. Immerhin.

*Hans-Joachim Neumann, Zitty, 13/2001*

## Year of the Horse 1049

YEAR OF THE HORSE ****

**Regie:** Jim Jarmusch
**Darsteller:** Ralph Molina, Frank »Poncho« Sampedro, Billy Talbot, Neil Young
**Drehbuch:** Jim Jarmusch
**Kamera:** L. A. Johnson, Jim Jarmusch
**Musik:** Neil Young & Crazy Horse
**Schnitt:** Jay Rabinowitz
**Prod.:** USA 1997; 107 Min.
L. A. Johnson für Shakey Pic.
**EA:** Int. Hofer Filmtage 1997
**Verleih:** Jugendfilm/Polyfilm/Filmcoopi, Juni 1998 (CH), 26.7.2001

Zwar nicht ohne Unterbrechungen, aber nunmehr seit über 30 Jahren besteht die Formation Neil Young & Crazy Horse. Jim Jarmusch begleitete die Band 1996 auf ihrer Tournee im chinesischen Jahr des Pferdes. Der größere Teil des Filmes besteht aus ungeschnittenen Songs, die bei zwei Konzerten (eines davon in Wien) auf Super 8 und teilweise in Schwarzweiß aufgenommen wurden. Dazu kommen neue und ältere Interviews, Backstage- und Reiseszenen. Inhaltlich wenig ergiebig und filmisch konventionell – wer nicht mehr als einen Crazy-Horse-Konzertmitschnitt erwartet, wird allerdings auf seine Kosten kommen.

*Cai Mosich, Multimedia, 15.11.2001*

**Kritik:** (…) Zwar verwendet Jarmusch einige Interviewschnipsel mit Band- und Crewmitgliedern, auch Archivaufnahmen aus den 70er- und 80er-Jahren sind zu sehen, doch das Herz des Films ist die Musik. Neun Songs sind ungeschnitten (!) zu hören und zu sehen, manchmal unterlegt mit Aufnahmen vom Tourleben, man sieht sie abseits der Bühne des Öfteren über Nichtigkeiten streiten, im Zusammenspiel aber zu einer Einheit verschmelzen.

Dabei hilft ihm vor allem eine sauber ausgesteuerte Tonspur, die den satten Livesound der Band perfekt wiedergibt. Bei manchen Songs, besonders bei »Tonight's the Night«, der Hommage an den verstorbenen Roadie Bruce Berry, und »Like a Hurricane«, bei dem Jarmusch Liveaufnahmen von 1996 und 1976 zusammenschneidet und die physische Veränderung der langen Karriere schmerzhaft sichtbar werden, entsteht durch den Surround-Ton ein bemerkenswert räumliches Klangerlebnis. In solchen Momenten kann man die Augen schließen und fühlt sich direkt vom Kinosessel in eine Konzerthalle gebeamt. Mehr kann man von einem Konzertfilm nicht erwarten.

*Michael Meyns, Zitty, 16/2001*

**Interview:** *Wie sind Sie auf die Idee zu »Year of the Horse« gekommen?*

Dieser Film war nicht geplant, deshalb hat er so viel Spaß gemacht. Der Entwurf kam erst zustande, als wir das Material zusammenhatten. Erst in der Schnittphase schälte sich so etwas wie eine Absicht heraus – nämlich das lange Bestehen einer großen Rock-'n'-Roll-Gruppe hochleben zu lassen, auch ihre weniger bekannten Mitglieder vorzustellen und zu zeigen, welche Musik sie heute machen.

*Im Vorspann ist zu lesen »Proudly filmed in Super 8«. Was gefällt Ihnen so gut an Super 8?*

Das Korn ist offensichtlich, die Kameras sind klein und tragbar, für Amateure gedacht – auch das gefällt mir. Super 8 ist für flüchtige Skizzen gedacht, für Familien- und Ferienzwecke, um mit dem Material herumzuspielen. Das finde ich sehr befreiend, denn es ist nicht kostbar: Man dreht aus dem Stegreif; es ist mehr Bleistiftzeichnung als Ölgemälde.

*Ihnen gelingen sehr archaische Bilder, oft sieht es aus wie bei einem Stammestreffen …*

Ich habe das nicht entworfen, sondern im Gegenstand entdeckt. Es war einfach da.

*Ist das die Essenz von Neil Young und von Rock 'n' Roll?*

Ich glaube schon. Rock 'n' Roll ist eine Musik, die nicht von virtuosen Musikern aufgeführt werden muss. Kids spielen sie in der Garage; sie ist wild, ungehobelt und extrem expressiv. Das gefällt mir so am Rock 'n' Roll: Man muss kein brillanter Gitarrist wie Jimmy Hendrix sein; man kann auch wie die Sex Pistols sein und nur drei Riffs beherrschen. Es gibt keinen Druck; man darf sich einfach ausdrücken. Im Rock 'n' Roll geht es darum, wie man sich fühlt, nicht darum, wo man zur Schule gegangen ist.

*Sie haben immer als »independent filmmaker« gegolten. Wie sehen Sie diesen Status heute?*

Hollywood hat das Wort »independent« (unabhängig) übernommen und dafür benutzt, Hollywoodfilme zu verkaufen. Deshalb bedeutet das Wort heute gar nichts mehr. Für mich heißt »independent«, dass die künstlerischen Entscheidungen von den Filmemachern und nicht von den Finanziers getroffen werden. Und das stimmt heute nicht mehr für Filme, die »independent« genannt werden.

*Was wünschen Sie sich vom Kino der Zukunft?*

Es soll sich zurück in Richtung Ausdruck entwickeln und nicht in Richtung Marktanalyse.

*Jim Jarmusch im Interview mit Marli Feldvoss, Berliner Zeitung, 26.7.2001*

## Ein Yeti zum Verlieben 1050

**
TV

**Regie:** Thorsten Schmidt
**Darsteller:** Oliver Stokowski (Tim Bergmann), Sophie von Kessel (Chris), Ines Nieri (Charlie), Wilfried Hochholdinger, Kristina van Eyck, Gustav Peter Wöhler, Peter Rühring
**Drehbuch:** Martin Rauhaus
**Kamera:** Bernhard Jasper
**Schnitt:** Dagmar Lichius
**Prod.:** BRD 2001; 98 Min.
Doris Zander für teamWorx für Pro7
**TV:** 15.11.2001, Pro7, 20.15

Das zähnefletschende kleine Zottel-Ungeheuer aus dem Himalaya mit den E.T.-Schmuseaugen reichte allerdings kaum über die Herzensbedürfnisse von Sechsjährigen hinaus: Die Zoo-Märchenkomödie bemühte gute Schauspieler, aber wenig Fantasie. (...) Nur leider arg simpel bis zur Langeweile. Auch Märchen sollten spannend sein. *Ponkie, AZ, 17.11.2001*

## Yi Yi 1051

YI YI / A ONE AND A TWO ****

**Regie:** Edward Yang
**Darsteller:** Wu Nianzhen (NJ Jian), Kelly Lee (Ting-Ting), Jonathan Chang (Yang-Yang), Issey Ogata (Herr Ota), Elaine Jin (Min-Min), Ke Suyun (Sherry Chan), Tang Ruyun (Großmutter)
**Drehbuch:** Edward Yang
**Kamera:** Yang Weihan
**Musik:** Peng Kai-Li
**Schnitt:** Chen Bo-Wen
**Prod.-Des.:** Kaili Peng
**Prod.:** Taiwan/Japan 2000; 173 Min.
Shinya Kawai, Naoko Tsukeda für 1+2 Seisaku linkai/Atom/Theatre
**UA:** Int. Filmfestspiele Cannes 2000
**EA:** 26.6.1999, Filmfest München 2000
**Verleih:** Pegasos, OmU/Cinematograph/-, 14.6.2001

Anhand von drei Generationen einer typischen Mittelstandsfamilie aus Taipeh erzählt Regisseur Edward Yang von den Bedingungen des modernen Lebens. Komisches, Tragisches und Banales sind dabei auf wundersame Weise ineinander verwoben. Ausgerechnet während einer Hochzeit fällt Großmutter Jian in ein Koma, von nun an folgt Krise auf Krise. Vater NJ Jian fragt sich, ob es für ihn vielleicht noch eine zweite Chance gibt, seine Frau Min-Min verfällt einer Depression und sucht in den Bergen spirituelle Erleuchtung. Die 15-jährige Tochter Ting-Ting lernt die Schrecken der ersten Liebe kennen und der 8-jährige Sohn Yang-Yang beginnt mithilfe eines Fotoapparats und eines Kondoms, die Welt zu erkunden. Eine Meditation über Familie, Liebe, Freundschaft, Geburt und Tod – über all die einfachen Dinge des Lebens, die so kompliziert sind.

*Volker Gunske, tip, 12/2001*

**Kritik:** (...) »Yi Yi« beginnt mit einer Hochzeit und endet mit einer Beerdigung – es geht also ums Ganze. Dazwischen kreuzen sich Schicksale aus

*Wu Nianzhen*

verschiedenen Generationen einer Familie: Der Mann ist beruflich in einer Krise, die Schwiegermutter hat einen Herzinfarkt, die Frau geht ins Kloster, der kleine Sohn hat in der Schule Probleme. Die Geschichten sind im Grunde weniger aufregend als die Art, wie Yang sie in Szene setzt. Seine Kamera rückt gerne von den Personen ab, zeigt sie als Figuren im städtischen Ambiente, so als sei es die Stadt Taipeh selbst, die hier ihre Geschichten erzählt. Diese Kompositionen tragen nicht durchgehend zweieinhalb Stunden, aber Yang gelingen mehr Momente von Poesie und Zärtlichkeit als seinen asiatischen Kollegen im Wettbewerb. (…)

*Michael Althen, SZ, 19.5.2000*

Manchmal kommen im Kritiker alte Reflexe hoch und er stellt Vergleiche an, die eigentlich unstatthaft sind. Aber er kann nicht anders. Seit einer Woche läuft »Pearl Harbor« in den deutschen Kinos, ein dreistündiger Film, der hierzulande sicherlich ein paar Millionen Zuschauer haben wird, der Verleih träumt sogar von zwölf. Jetzt folgt der nächste Dreistundenfilm, Edward Yangs »Yi Yi«, und dessen Verleih wäre schon froh, wenn er 20.000 Besucher bekäme, also etwa ein Hunderstel der »Pearl Harbor«-Quote. »Pearl Harbor« ist ein Monument aus Lügen, Kitsch und Langeweile. »Yi Yi« dagegen ein Meisterwerk voll Weisheit, Schönheit und Spannung. Man könnte verzweifeln – und muss stattdessen froh sein, dass Yangs jüngste Arbeit überhaupt ins Kino kommt. Von den sieben Filmen des Taiwanesen hatte bislang kein Einziger einen deutschen Verleih. (…)

*Merten Worthmann, Die Zeit, 13.6.2001*

(…) Die an sich guten Geschichten werden allerdings als Vorwand für einen letztlich sehr sterilen, wenn auch immer wieder visuell ansprechenden Filmessay über das Wahrnehmen und Erkennen der Welt missbraucht. *Bernhard Natschläger, Multimedia (Die Furche), 1.11.2001*

Wenn es das Gegenteil des Films »Pearl Harbor« zu benennen gälte, es hieße »Yi Yi« und dauert ebenfalls fast drei Stunden. Und das ist wirklich die einzige Gemeinsamkeit. Denn das brillante Familien- und Gesellschaftsporträt des taiwanesischen Drehbuchautors und Regisseurs Edward Yang fesselt jede Minute mit all den Elementen, die das amerikanische Propaganda-Monster vermissen lässt: Ruhe, subtile Ästhetik, Rhythmus, Sympathie, Detailfreude, geniale Lichteffekte, authentische Charaktere und absolute Humanität. (…)

*Stefanie Schild, AZ, 13.6.2001*

## You Can Count on Me 1052
YOU CAN COUNT ON ME ****

**Regie:** Kenneth Lonergan
**Darsteller:** Laura Linney (Sammy Prescott), Mark Ruffalo (Terry Prescott), Rory Culkin (Rudy), Matthew Broderick (Brian), Jon Tenney (Bob), V. Smith-Cameron (Mabel), Kenneth Lonergan (Priester)
**Drehbuch:** Kenneth Lonergan
**Kamera:** Stephen Kazmierski
**Musik:** Lesley Barber
**Schnitt:** Anne McCabe
**Prod.-Des.:** Michael Shaw
**Prod.:** USA 1999; 109 Min.
John Hart, Jeffrey Sharp, Larry Meistrich, Barbara de Fina; Julian Iragorri (Co-Prod.) für Hart Sharp/Shooting Gallery
**UA:** 28.1.2000, Sundance Filmfestival
**Verleih:** Movienet/polyfilm/-, 19.4.2001
**Vertrieb:** Columbia TriStar Video (Video, DVD)

Mal nicht bigger than life, sondern just life: Die allein erziehende Sammy verbringt ihren Tag zwischen Job und Herd. Nebenbei führt sie eine unstressige Dauerbeziehung, die doch nicht alle Sehnsüchte erfüllt. Ihr Bruder Terry, der plötzlich vor der Tür steht, lebt in den Tag hinein und ist eine Art unorthodoxer Vaterersatz für Sammys kleinen Sohn. Eine ganz gewöhnliche Familiengeschichte, wenn man so will. Das Ungewöhnliche daran ist, dass sie einem auch als solche gezeigt wird. *Anke Leweke, tip, 8/2001*

**Kritik:** (...) Es passiert nichts Spektakuläres in diesem Debütfilm von Theaterregisseur und Autor Kenneth Lonergan. Und trotzdem sind Lonergans Alltagsbetrachtungen außergewöhnlich wahrhaftig, nachhaltig. Das liegt vor allem an den realistischen, witzigen Dialogen und den animierten Schauspielern.

*Angie Dulinger, AZ, 19.4.2001*

(...) Kenneth Lonergan war bisher hauptsächlich Theaterautor, fiel in Hollywood aber bereits durch so umwerfend komische Drehbücher auf wie jenem zu »Analyze This«. »You Can Count on Me« ist der erste Film, bei dem er über das Drehbuch hinaus auch Regie führt, und das macht er so gewitzt, dass er dafür gleich mit etlichen Preisen bedacht wurde: Er arbeitet mit bestechender erzählerischer Ökonomie, er setzt lieber auf die Intelligenz des Zuschauers als auf lange Erklärungen und er bewegt sich mit seiner Geschichte nicht auf ein Ende zu, das eine sichere Lösung bereithält. Er bietet weder wohlfeile Beruhigung noch abschließende Resignation, sondern er beschränkt sich auf die präzise Betrachtung eines Zeitabschnitts und lässt alle weiteren Möglichkeiten offen. Genau dadurch aber gelingt es ihm, einen Blick auf die zerfallende amerikanische Familienstruktur zu richten, die eher geprägt ist von Eigensinn und Optimismus als von jener Hilflosigkeit, die man in den letzten Jahren im Kino ständig durchexerzieren musste.

*Doris Kuhn, SZ, 19.4.2000*

## Die Zahnfee 1053

TOOTHLESS □ TV

**Regie:** Melanie Mayron
**Darsteller:** Kirstie Alley, Dale Midkiff, Ross Malinger, Daryl (Chill) Mitchell, Lynn Redgrave, Melanie Mayron, Kimberly Scott
**Drehbuch:** Mark S. Kaufman
**Kamera:** Sandi Sissel
**Musik:** David Michael Frank
**Schnitt:** Henk Van Eeghen
**Prod.-Des.:** Nina Ruscio
**Prod.:** USA 1997; 120 Min.
Joan Van Horn; Mike Karz (Co-Prod.) für Mandeville Films/Walt Disney TV
**TV:** 4.6.2001, RTL plus, 17.05

Als die Zahnärztin Katherine in einen Unfall verwickelt wird und stirbt, erwacht sie in einer Zwischenwelt. Um für die Qualen zu büßen, die sie den Patienten zugefügt hat, wird sie verwandelt: in die Zahnfee, die den Kindern erscheinen muss, wenn diese einen Milchzahn verloren haben. *Pressetext*

## Der Zauber des Rosengartens 1054

□ TV

**Regie:** Gabi Kubach
**Darsteller:** Barbara Wussow (Katharina Klante), Christian Kohlund (Martin Vogt), Lara Joy Körner (Laura Vogt), Barbara Focke (Marlies Faller), Gesche Tebbenhoff (Monika Miller), Jacques Breuer (Julian Gerber), Florian Heiden (Daniel Kaminszki)
**Drehbuch:** Christiane Sadlo
**Kamera:** Markus Fraunholz
**Musik:** Stefan Melbinger
**Prod.:** BRD 2000; 90 Min.
**TV:** 15.4.2001, ARD, 20.15

Beziehungsstress einer Mutter, weil ihre Tochter einen echten und einen Adoptivvater hat.

## Der Zauber von Malèna 1055

MALÈNA ***+

**Regie:** Giuseppe Tornatore
**Darsteller:** Monica Bellucci (Malèna Scordia), Giuseppe Sulfaro (Renato Amoroso), Luciano Federico (Renatos Vater), Matilde Piana (Renatos Mutter), Pietro Notarianni (Prof. Bonsignore), Gaetano Aronica (Nino Scordia), Gilberto Idonea (Anwalt Centorbi)
**Drehbuch:** Giuseppe Tornatore, nach der Kurzgeschichte von Luciano Vincenzoni
**Kamera:** Lajos Koltai
**Musik:** Ennio Morricone
**Schnitt:** Massimo Quaglia
**Prod.-Des.:** Francesco Frigeri
**Prod.:** Italien/USA 2000; 105 Min.
Harvey Weinstein, Carlo Bernasconi; Mario Cotone (Line-Prod.) für Medusa/Miramax
**EA:** 9.2.2001, Int. Filmfestspiele Berlin
**Verleih:** Concorde/dto./Elite, 1.3.2001
**Vertrieb:** Euro Video (Video, DVD)
**FSK:** ab 12 J., ffr.

Die Aufmerksamkeit der Einwohner eines sizilianischen Dorfes gilt nicht etwa dem herannahenden Ausbruch des Zweiten Weltkrieges, sondern Malèna: Den Männern verdreht sie den Kopf, die Ehefrauen schlagen – buchstäblich – prompt zurück. Auch der 13-jährige Renato entdeckt, von der Frau träumend, seine Sexualität. Ein schwülstiger Soundtrack, eine ewig leidende und ausladend gestikulierende Hauptdarstellerin, ein herziges Bubi: Der Gefühlskino-Versuch scheitert an seiner eindimensionalen Umsetzung. *Film, 3/2001*

**Kritik:** (…) Nicht nur die Geschichte eines schmerzhaften Erwachsenwerdens, sondern auch Porträt einer doppelbödigen Männerwelt und einer historischen Epoche, Studie der unerbittlichen Sozialmechanik einer Kleinstadt – gleichzeitig aber auch eine Reflexion über das Kino und die in ihm sich konkretisierende kollektive Schaulust. Dicht erzählt und wunderbar inszeniert in dem für Tornatore schon fast typischen, sich liebenswert altmodisch gebenden Stil. *Multimedia*

(…) Tornatores operettenhaft gebauschter Nostalgie-Bilderbogen beginnt als krude Teenie-Sex-Komödie, wird zur pathetisch-banalen Abrechnung mit kleinstädtischer Heuchelei und verarbeitet die Heldin zur plakativen Männerfantasie. Madonna, Hure, brave Ehefrau. *tip, 5/2001*

(...) Am Ende ist Giuseppe Tornatores Film dann eben doch mehr als nur eine Geschichte von der fröhlichen Masturbation der Knaben: »Der Zauber von Malèna erzählt auch davon, wie viele Qualen, Dummheiten und Peinlichkeiten mit der Sehnsucht verbunden sein können, endlich ein paar Jahre älter zu werden. Die Erwachsenen und die von ihnen zu verantwortende Zeit, die Renato weder begreifen kann noch zu erklären versucht, machen diesen Weg nur noch schmerzhafter.

*H. G. Pflaum, AZ, 2.3.2001*

(...) Denn bei dieser mit pseudoerotischem Tremolo erzählten Geschichte um die ebenso schöne wie stolze Malèna, die 1940 in einem vom Faschismus durchseuchten sizilianischen Dorf ihr tragisches Schicksal meistert, ist Tornatore fast jegliches Gespür für Sinnlichkeit abhanden gekommen. Was bleibt, ist der pubertäre Blick des 13-jährigen Protagonisten Renato, aus dessen Blickwinkel sich der Film umständlich entfaltet: pittoresk koloriert und mit dem Firnis der Langeweile überzogen.

*Ulrich Lössl, Zitty, 4/2001*

**Interview:** *Wie haben Sie den Film produziert?*

Erstmals hat Harvey Weinstein einen Film von mir koproduziert, bisher hatte Miramax nur die Verleihrechte für drei meiner Filme in den USA. Da wir uns kannten und schätzten, mussten wir uns nicht mehr aneinander gewöhnen. Wenn Harvey Weinstein eine Sache anpackt, dann richtig. »Ganz oder gar nicht«, heißt seine Devise. Er ist ein sehr leidenschaftlicher Mensch, ein vom Film Besessener.

*Sind amerikanische Koproduktionen die einzige Möglichkeit, den italienischen Film international wieder zur Geltung zu bringen?*

Dies war eine sehr glückliche, leider seltene Erfahrung. Es ist das erste Mal, dass eine amerikanische Produktionsfirma so viel Geld in ein nicht englisch gedrehtes Projekt steckt, der Film kostete immerhin elf Millionen Dollar. Das könnte vielleicht ein Mo-

*Monica Bellucci ist ›Malèna‹ in dem Film von Giuseppe Tornatore*

dell sein, die Schwierigkeiten des italienischen Films zu lösen. Aber zu sicher bin ich mir da nicht. Fremdsprachige Filme haben kaum eine Chance in den USA. Ich hatte das große Glück, dass Anthony Minghella und Joseph Tropiano die Untertitelung übernommen und die Poesie der italienischen Sprache erhalten haben.

*Woran krankt der italienische Film?*

Da gibt es mehrere Gründe. Die italienischen Verleiher bemühen sich zu wenig, Interesse zu wecken, und in den anderen europäischen Ländern ziehen die Zuschauer amerikanische Filme vor. Es ist nicht nur der Fehler der Regisseure. »Cinema Paradiso« konnte weltweit gute Zahlen vorweisen, nur in Deutschland nicht. Erst auf Video kam der Erfolg. In Europa wird viel produziert, wir haben Talente und gute Geschichten. Nur: Wie sollen wir mit unseren Mini-Marketingbudgets den Markt erobern? Wenn ich mit einem Produzenten über das Budget rede, fällt kein Wort über die Promotion. Man hofft immer auf den guten Willen der Verleiher. Eine völlig absurde Situation! Auch ein guter Film muss promotet werden, ohne Werbung existiert er einfach nicht. Aber kriegen Sie diese Erkenntnis mal in einen Produzentenkopf hinein. Die erste Frage ist immer, wie teuer ist der Film, aber nie, wie teuer ist es, ihn ans Publikum zu bringen.

*Deprimiert Sie das?*

Es ärgert mich. Manchmal träume ich von einem großen und teuren Film, bei dem ich nicht aufs Geld schauen muss.

*Könnten Sie sich vorstellen, in Amerika zu arbeiten?*

Die Möglichkeit würde mich schon reizen. Bisher bot man mir aber nur Projekte an, die mich nicht hundertprozentig überzeugten, meistens Remakes von »Cinema Paradiso«. Bei einem Film, der meiner Lust am Geschichtenerzählen entspricht, nehme ich das erste Flugzeug. Filmemachen halte ich für ein zu kostbares Privileg, als es zu vergeuden. An dem Tag, an dem ich weiß, warum ich wirklich Filme mache, höre ich auf. Was mich antreibt, ist diese Neugier.

*Giuseppe Tornatore im Interview mit Margret Köhler, Blickpunkt Film, 8/2001*

## Zeichnen bis zur Raserei – Der Maler Ernst Ludwig Kirchner 1056

***

**Regie:** Michael Trabitzsch
**Darsteller:** Maria Brak, Bernd Brenner, Martina Reuter, Monika Richter, Britta Zorn
**Drehbuch:** Michael Trabitzsch
**Kamera:** Rolf Klingelhöfer, Pio Corradi
**Musik:** Michael Rodach
**Schnitt:** Mirjam Krakenberger
**Prod.:** BRD/Schweiz 2001; 86 Min. Michael Trabitzsch für Prounen/Catpics mit WDR-Arte/SFB/ORB/InterNationes/SRG/SF DRS
**Verleih:** MFA/-/-, 20.9.2001

Frauen und Landschaften waren bevorzugte Motive des Expressionisten Kirchner, kühn-abstrahierend gemalt mit leuchtenden Farben. Seine ausdrucksstarken Arbeiten stehen im Mittelpunkt dieses Künstlerporträts, das sich anhand von Bildcollagen, Filmszenen und Interviews Kirchners Persönlichkeit und Lebensstationen annähert. Nach einem Bohemiendasein in Dresden und Berlin zog er sich nervenkrank in die Schweizer Bergwelt zurück, wo er 1938 Selbstmord beging.

*Ralph Umard, tip, 19/2001*

**Kritik:** (...) Der Film, im Einzelnen eindrucksvoll, verstrickt sich im Zuviel, in der optischen Überfülle, einem Verschnitt von Original und Kulisse, von Schauplätzen, Namen und Zitaten. Er lässt nur sekundenweise etwas von der großartigen künstlerischen Welt Ernst Ludwig Kirchners ahnen.

*Wolfgang Rainer, Stuttgarter Zeitung, 20.9.2001*

(...) Interessant wird die Biografie erst, als Trabitzsch im Schlussteil den Augenzeugen in Davos größeren Raum gewährt und dabei stellenweise eine beachtliche dokumentarische Qualität erreicht. Erst hier gelingt es der Regie, die inspirierende Wirkung der Umwelt und die faszinierende Ausstrahlung der Persönlichkeit Kirchner auf die Zeitgenossen verständlich zu machen.

*Reinhard Kleber, Filmecho-Filmwoche, 37/2001*

(...) In den ersten beiden Dritteln entwickelt sich eine Zeitreise der Assoziationen: Von Dresden ins Berliner Mietskasernen-Milljöh, erotische Akte, Nutten, Nachtleben, Zirkus, Sommer auf Fehmarn und der Wandel seines Zeichenstils, der erregter und nervöser wird. Als sich der kranke Kirchner in die Schweizer Berge zurückzieht, ändert sich die Form des Films: Trabitzsch lässt Zeitzeugen erzählen, vom unüberbrückbaren Gegensatz zwischen Künstler und bodenständigen Bergbauern. Fußnote eines rastlosen Lebens: Die Flucht aus einem Land, in dem seine Kunst nun als »entartet« galt, wird zu einer Flucht aus dem Leben.

*Manfred Hobsch, Zitty, 20/2001*

## Zeit der Männer, Zeit der Frauen 1057

LA SAISON DES HOMMES ****

**Regie:** Moufida Tlatli
**Darsteller:** Rabiaa Ben Abdallah (Aicha), Sabah Bouzuita (Zeineb), Ghalia Ben Ali (Meriem), Hend Sabri (Emna), Ezzedine Gennoun (Said), Mouna Noureddine (Ommi), Lilia Falkat (Emna als Kind)
**Drehbuch:** Moufida Tlatli, Nouri Bouzid
**Kamera:** Youssef Ben Youssef
**Musik:** Anouae Brahem
**Schnitt:** Isabelle Devinck
**Prod.-Des.:** Khaled Joulak, Claude Bennys
**Prod.:** Tunesien/Frankreich 2000; 124 Min. Margaret Menegoz, Mohamed Tlatli für Maghrebfilms/Les Films Du Losagne
**UA:** Int. Filmfestspiele Cannes 2000, »Un Certain Regard«
**EA:** 26.6.2000, Filmfest München
**Verleih:** Kairos, OmU/-/Filmcooperative, 11.10.2001

Aichas Mann arbeitet wie die meisten Männer von Djerba in der tunesischen Hauptstadt. Nur einen Monat im Jahr kehren sie zu ihren Familien zurück – ein Höhepunkt im eintönigen Leben der Frauen. Aicha und ihre zwei Töchter leiden unter der strengen Aufsicht der Schwiegermutter. Doch ihr Mann will sie nur nach Tunis mitnehmen, wenn sie ihm einen Sohn schenkt. In langen Rückblenden und sinnlichen Bildern erzählt Moufida Tlatli vom Leben der Frauen, die sich aus dem patriarchalen System zu befreien suchen. *Film, 5/2001*

**Kritik:** Verkrustete Moralvorstellungen über Sexualität und Jungfräulichkeit vor der Ehe – selbst im modernen Tunesien lauern sie noch unterschwellig. Moufida Tlatlis zweiter Spielfilm ist ein intimes Generationenporträt, das vom Umgang mit Körperlichkeit und den daraus entstehenden Problemen erzählt. Eine psychologisch genau beobachtete, intensive Abrechnung mit der älteren Generation.

*Cristina Moles Kaupp, tip, 21/2001*

(...) Komplex strukturierter Frauenfilm, der über ein dichtes Geflecht aus Rückblenden, Träumen und Reflexionen ein differenziertes Bild des Lebens in Tunesien zeichnet und dabei das Unvermögen, über intime Dinge zu sprechen, als Grundübel skizziert. Der Film will jedoch weniger eine Bestandsaufnahme als eine Anleitung zur Selbstwahrnehmung sein.

*Josef Lederle, Film-Dienst, 21/2001*

## Zeit der trunkenen Pferde 1058

ZAMANI BARAYE MASTI ASBHA ****

**Regie:** Bahman Ghobadi
**Darsteller:** Ayoub Ahmadi (Ayoub), Rojin Younessi (Rojin), Amaneh Ekhtiardini (Madi), Ameneh Ekhtiardini (Ameneh), Kolsolum Ekhtiar-dini (Kolsum), Rahman Salehi, Osman Karimi

**Drehbuch:** Bahman Ghobadi
**Kamera:** Saed Nikzat
**Musik:** Jossein Alizadeh
**Schnitt:** Samad Tavazoi
**Prod.:** Iran/Frankreich 2000; 80 Min.
Bahman Ghobadi für MK 2
**UA:** Int. Filmfestspiele Cannes 2000
**Verleih:** Kool/Stadtkino/Look now!, 25.10.2001

Der im Stil des Neorealismus erzählte iranische Film ermöglicht einen authentischen Blick in das Alltagsleben kurdischer Kinder an der iranisch-irakischen Grenze. Die Erzählkraft und die überwältigende Schönheit der Bilder verbinden sich mit der hervorragenden Schauspielführung der Kinder. Die Kamera bleibt so nahe bei den Figuren, als wäre sie ein Teil von ihnen. Im Kontrast zum sozialen Elend steht die intensive Aura dieses Films. Ein außergewöhnliches Werk, das den bitteren Kampf des kurdischen Volkes zeigt.
*Film, 2/2001*

**Kritik:** (...) Das erklärt den skurril anmutenden Titel, aber dieser Film ist das erschütternde Porträt von Kinderschicksalen in einer von Armut und Gewalt geprägten Welt. Der kurdische Regisseur Bahman Ghobadi setzt in seinem meisterlich suggestiven Debüt die Enge und Aussichtslosigkeit menschlicher Existenz der archaischen Majestät der Natur entgegen. Ghobadi hat seine Kindheit in dieser »Todeslandschaft« verbracht, kennt alle Nuancen der Verzweiflung und Hoffnung. Seine Laiendarsteller spielen praktisch sich selbst, in einer anrührenden Wahrhaftigkeit.
*Angie Dullinger, AZ, 31.10.2001*

(...) Genug Stoff also für ein Melodram. Der kurdische Regisseur Ghobadi, der selbst einen Teil seiner Kindheit in dem Dorf zugebracht hat, in dem die Geschichte spielt, lässt jedoch Nüchternheit und Strenge walten. Für lange Einstellungen, die sich im Elend der Kinder suhlen, hat er keine Zeit, schließlich kennen auch die Kinder keine Resignation, denken immer nur an den nächsten Schritt, wirken immer etwas gehetzt. Nur die karge, schöne, aber auch lebensfeindliche Landschaft, die das Leben in dieser Region bestimmt, rückt er immer wieder in kontemplativen Einstellungen ins Bild.
»Ich wollte einen Film kreieren, bei dem sich der Zuschauer fragt, ob es sich um einen Spielfilm oder eine Dokumentation handelt«, so Regisseur und Drehbuchautor Ghobadi in einem Interview. Die Grenze ist wahrlich schwierig zu ziehen: Die Darsteller, bei denen keine Geste, kein Wort aufgesetzt oder künstlich wirkt, sind allesamt Laien, die Geschichte ist gespeist aus Wirklichkeitspartikeln, und doch ist der Film durch und durch konstruiert. (...) *Dorothee Schöpfer, Stuttgarter Zeitung, 25.10.2001*

## Zerbrechliche Zeugin 1059

***
TV

**Regie:** Ben Verbong
**Darsteller:** Anne Kanis (Emma), Tobias Schwenke (Mike), Simon Verhoeven (Hendrik), Sylvester Groth (Kommissar Reitz), Michael Brandner (Polizeibeamter Witt), Regine Zimmermann (Polizeibeamtin Braun), Karin Gregorek (Hilda)
**Drehbuch:** Ben Taylor
**Kamera:** Theo Bierkens
**Prod.:** BRD 2000; 90 Min.
**TV:** 27.9.2001, ARD, 23.30

Ein geistig behindertes 20-jähriges Mädchen wird Zeugin eines Mordes und lässt sich überzeugen, mit dem Freund, der ebenfalls Zeuge war, zu fliehen, da sie Angst um ihr Leben haben müssen. *AZ TV Journal*

## Zero Tolerance – Zeugen in Angst 1060

NOLL TOLERANS
***
Video

**Regie:** Anders Nilsson
**Darsteller:** Jakob Eklund (Johan Falk), Marie Richardson (Helén), Peter Andersson (Leo Gaut), Stig Torstensson (Edvin Josefsson), Sven-Ake Wahlström (Insp.

Göransson), Hans Mosesson (Chefankläger), Kristian Lima de Faria
**Drehbuch:** Joakim Hansson, Anders Nilsson
**Kamera:** Jacob Jörgensen
**Musik:** Bengt Nilsson
**Schnitt:** Darek Hodor, Anders Nilsson
**Prod.-Des.:** Maria Sohlman Wikman
**Prod.:** Schweden 1999; 104 Min.
Björn Carlström, Joakim Hansson für Film i Väst/Nordisk/Sandrews/Sonet/TV1000/TV4
**Vertrieb:** Laser Paradise (Atlas) Video
**TV:** 22.1.2001, ZDF, 22.15, 19.3.2001
**FSK:** ab 16 J.

In dem Polizistenkrimi entkommt der Gangster nach einem Mord am Weihnachtsabend, schüchtert die Augenzeugen mit brutalen Erpressermethoden ein und hängt die Tat dem Polizisten an, der ihn gestellt hat. – Ein knapper, geradlinig spannungsgeladener Atmosphäre-Thriller über Bürgerangst und Bürgermut (wer Kinder hat, ist durch jede Drohung doppelt verwundbar). Als einsamer Polizisten-Alleingang von besonderer Intensität.
*Ponkie, AZ, 24.1.2001*

## Zickenterror – Der Teufel ist eine Frau 1061
EVIL WOMAN ***

**Regie:** Dennis Dugan
**Darsteller:** Jason Biggs (Darren Silverman), Steve Zahn (Wayne Le Fessier), Jack Black (J. D. McNugent), Amanda Peet (Judith Snodgrass-Fessbeggler), Amanda Detmer (Sandy Perkus), R. Lee Ermey (Trainer), Neil Diamond
**Drehbuch:** Greg DePaul, Hank Nelken
**Kamera:** Arthur Albert
**Schnitt:** Debra Neil-Fisher
**Prod.-Des.:** Michael Bolton
**Prod.:** USA 2001; 96 Min.
Neal H. Moritz; Warren Carr (Co-Prod.) für Village Roadshow mit NPV/Original Film
**Verleih:** Columbia TriStar/dto./-, 1.11.2001
**Vertrieb:** Columbia TriStar (Video, DVD)
**FSK:** ab 12 J.

Zwei junge Männer wollen ihren Freund Silverman vor seiner Verlobten, einer Psychologin, retten, entführen sie daher kurzerhand und verkuppeln ihn stattdessen mit einer braven Fast-Nonne. Billig produzierter Klamauk, der – gespickt mit zahllosen Obszönitäten und Brutalitäten – ein seltsames Bild der »Idealfrau« vermittelt, wobei Intelligenz und Wehrhaftigkeit als zu gefährlich für Männer eingestuft werden und eine Frau, die in diese Kategorien fällt, daher wahlweise mit dem Teufel oder einem psychopathischen Serienkiller assoziiert wird. Ein formal schlecht gemachter Film mit haarsträubenden Inhalten, der niemandem zu empfehlen ist. *Alrun Fichtenbauer, Multimedia (Die Furche), 1.11.2001*

**Kritik:** (...) Regisseur Dennis Dugan (»Big Daddy«) schreckt vor keinem noch so unangenehmen Gag zurück: Er setzt auf Kopfuntertauchen im Klobecken, das Ausschlagen von Zähnen, einen Neil-Diamond-Liveauftritt. Jason Biggs, Vorzeigemime aus »American Pie«, kann einem bei so viel fäkalhumoriger Unterhaltung Leid tun. Witzfreie Variante des Igittigitt-Humor-Genres.
*Horst E. Wegener, Zitty, 22/2001*

(...) Regisseur Dennis Dugan, der sonst mit Grobkomiker Adam Sandler arbeitet, inszeniert »Zickenterror« mit der Feinfühligkeit einer pressluft-hupenseligen Reserve-hat-Ruh-Feier in der Fußgängerzone. Aber gerade die maskenlose Derbheit macht ihn so interessant. Hier wird eben nicht von Coolness und sexueller Abgebrühtheit erzählt, sondern vom panikartigen Wunsch, sich gegen das andere Geschlecht abschotten zu dürfen.
Hier schmort die Angst vor willensstarken Frauen wie eingekochte Soße. Und hier werden die Kumpel nicht dazu gebracht, ihre Position zu überdenken, hier ordnet sich die Frau am Ende in die Welt der Männerwünsche ein. Vielleicht finden das viele nicht eben komisch, aber Denkanstöße zum Wesen der real existierenden Männerbündelei liefert es allemal.
*Thomas Klingenmaier, Rheinische Post, 3.11.2001*

## Das Zimmer meines Sohnes 1062

LA STANZA DEL FIGLIO *****+

**Regie:** Nanni Moretti
**Darsteller:** Nanni Moretti (Giovanni), Laura Morante (Paola), Jasmine Trinca (Irene), Giuseppe Sanfelice (Andrea), Silvio Orlando (Oscar), Claudia Della Seta (Raffaella), Stefano Accosti (Tommaso)
**Drehbuch:** Linda Ferri, Nanni Moretti, Heidrun Schleef, nach der Idee von Nanni Moretti
**Kamera:** Giuseppe Lanci
**Musik:** Nicola Piovani
**Schnitt:** Esmeralda Calabria
**Prod.-Des.:** Giancarlo Basili
**Prod.:** Italien/Frankreich 2001; 100 Min. Angelo Barbagallo, Nanni Moretti für Sacher Film/Bac Film-Studio Canal mit RAI/Tele+/ Le Studio Canal
**UA:** Int. Filmfestspiele Cannes 2001
**EA:** Filmfest Hamburg 2001
**Verleih:** Prokino/polyfilm/Frenetic, 22.11.2001
**FSK:** ab 12 J., ffr.
**FBW:** Besonders wertvoll

Nanni Moretti spielt einen Psychoanalytiker, den Vater einer durchschnittlichen italienischen Familie mit zwei Kindern im Teenager-Alter. Nach dem Unfalltod des 17-jährigen Sohnes drohen die übrigen Familienmitglieder, die auf je verschiedene Weise mit ihrer Trauer umgehen, auseinander zu driften. Höchst einfühlsam und in stillen Bildern erzählt Moretti seine Geschichte und greift dabei nur manchmal und weit weniger bissig, als man es von ihm gewohnt ist, auf das Stilmittel der Ironie zurück.

*Alrun Fichtenbauer, Multimedia (Die Furche), 22.11.2001*

*Nanni Moretti, Jasmine Trinca und Laura Morante*

**Kritik:** (…) Dennoch ist »Das Zimmer meines Sohnes« kein pessimistischer Film. Am Ende wird sich die Familie mit Andreas Ferienliebe Adriana und deren neuem Freund auf eine Reise begeben. Bis zur französischen Grenze bringen sie die beiden, doch eigentlich ist es die Grenze der Leidensfähigkeit, an die die Familie gelangt. Überschreiten werden Giovanni, Paola und Irene diese Barriere nicht. In einem Film, der weitgehend von Metaphern absieht, um die konkrete Wucht des Schmerzes nicht unter dem Bildervorrat einer metaphysischen Trauerkunst zu verdecken, muss das Herantasten an das Land hinter dem Leid umso symbolmächtiger ausfallen. »Sie überwinden nichts. Aber es deutet sich ein Neuanfang an«, sagt Nanni Moretti. Unspektakulär und von diesseitiger Größe sind die Mittel, mit denen er die tiefsten Eindrücke hinterlässt. Wundersam ist einzig, wie aus der Geschichte eines Todes sein Kino neu geboren wurde.

*Heike Kühn, Die Zeit, 22.11.2001*

»Das Zimmer meines Sohnes« ist gewiss ein nachdenklicher, grüblerischer Film wie schon einige Komödien Morettis, aber er besitzt auch eine unschuldige, beinahe naive Seite, welche gerade die Dinge neu betrachten lässt und den Film so traurig, so herzzerreißend, so schön macht. Der einzige Trost, den der Film andeutet, liegt denn in einer unbemerkten, liebevollen Poesie, die ein Lächeln sein kann, ein Gedicht, ein Song wie Brian Enos »By This River«, der am Ende erklingt, oder ein Film wie der von Moretti selbst. »La stanza del figlio« heißt der Film im Original. »Stanza«

*Giuseppe Sanfelice und Nanni Moretti als Vater und Sohn in ›Das Zimmer meines Sohnes‹*

verweist nicht nur auf das »Zimmer«, sondern ist – im Italienischen wie im Deutschen – auch ein alter Begriff für ein Gedicht. Morettis Film ist ein Filmpoem auf die Liebe und das Leben im Angesicht des Todes.

*Hans Schifferle, SZ, 22.11.2001*

(…) Dieser Trost, den »Das Zimmer meines Sohnes« am Ende bereithält, ist eine Hommage an das Leben, aber das Leid der Trauernden bleibt davon unberührt. Es gibt nichts geschenkt von Nanni Moretti, und gerade das macht diesen wahrhaft vollkommenen Film zu einem Gechenk an uns.

*Daniel Kothenschulte, FR, 23.11.2001*

(…) Normalerweise lebt uns heute Hollywood vor, wie wir zu weinen und zu trauern haben. Gegen solchen Emotionsdruck ist der Film »Das Zimmer meines Sohnes« das beste Gegengift. In all dieser Trauer ist das Schöne an Morettis Film, dass man den Figuren zutraut, weiterzuleben und wieder zueinander zu finden. Das schafft letztlich einen angenehm optimistischen Grundton.
Am Ende fahren die Eltern mit der Tochter ans Meer. Im Auto sitzt auch die Freundin des toten Sohnes – eine erste Liebe aus dem Familien-Sommerurlaub. Sie hat ihren neuen Freund dabei. Und irgendwie spürt man: Das Leben geht weiter.

*Adrian Prechtel, AZ, 22.11.2001*

**Interview:** *Stilistisch ist »Das Zimmer meines Sohnes« von bezwingender Klarheit und Einfachheit.*

Das italienische Kino kennt dieses Stereotyp bei der Darstellung von Trauer und Schmerz, dass Emotionen spektakulär-theatralisch ausgestellt werden. Das wollte ich in jedem Fall vermeiden. Einfachheit herzustellen ist gar nicht einfach. Sie hat ja nichts mit Banalität zu tun, entsteht auch nicht aus Spontaneität oder Improvisation. Sie ist hart erarbeitet. Ich drehe meist überdurchschnittlich viele Takes von jeder Einstellung. Es kommt mir darauf an, immer den richtigen Ton zu treffen. Einen Ton, der nichts Sadistisches gegenüber dem Zuschauer hat und der sich nicht am Leid ergötzt.

*Im dritten Teil von »Liebes Tagebuch« haben Sie von Ihrer Krebserkrankung erzählt. War das eine erste Begegnung mit dem Thema Tod?*

Nicht wirklich. Ich hatte die Krankheit ja gut überstanden und konnte sogar mit Selbstironie davon erzählen. Damals sagten viele Leute zu mir: »Es muss schrecklich für dich sein, noch einmal diese Krankheit für den Film zu durchleben!« Tatsächlich dachte ich nur an meine Arbeit als Filmemacher, regelte die technichen Probleme und war guter Dinge. Ganz anders war es bei »Das Zimmer meines Sohnes«. Es gelang mir überhaupt nicht, indifferent zu bleiben gegenüber dem Schmerz, von dem ich erzählte. Wenn ich abends ins Hotel kam, war ich von diesem Schmerz wie imprägniert und konnte ihm nicht entkommen. Davon ist mir bis heute etwas geblieben.

*Nanni Moretti im Interview mit Rainer Gansera, SZ, 22.11.2001*

## Der Zimmerspringbrunnen 1063

***

**Regie:** Peter Timm
**Darsteller:** Götz Schubert (Hinrich Lobek), Simone Solga (Julia Lobek), Gustav Peter Wöhler (Uwe Strüver), Hermann Lause (Dr. Boldinger), Bastian Pastewka (Thomas Hamann), Nina Franoszek, Christoph Wackernagel
**Drehbuch:** Kathrin Richter, Ralf Hertwig, nach dem gleichn. Roman von Jens Sparschuh
**Kamera:** Achim Poulheim
**Musik:** Rainer Oleak
**Schnitt:** Barbara Hennings
**Prod.:** BRD 2001; 94 Min.
Günther Rohrbach für Senator/Relevant Film
**Verleih:** Senator/-/-, 29.11.2001
**FSK:** o. A., ffr. – **FBW:** Besonders wertvoll

Lobek, der arbeitslose, ehemalige Angestellte der Kommunalen Wohnungsverwaltung (KWV) in Ostberlin, schafft nach Vermittlung durch das Arbeitsamt an einen westdeutschen Hersteller von Zimmerspringbrunnen doch noch den Anschluss an die neue, kapitalistische Welt. Dank seiner Kenntnisse der Infrastruktur im Neubaugebiet und vor allem der darin nistenden Ostmentalität gelingt es ihm schnell, erste Verkaufserfolge zu erzielen. Doch parallel zu seinem beruflichen Aufstieg vollzieht sich die weitere Entfremdung von seiner Ehefrau Julia. Filmkomödie auf der Grundlage eines Erfolgsromans von Jens Sparschuh, die dank der differenzierten Vorlage und der guten Darstellerleistungen nie zur bloßen Klamotte oder gar nostalgischen DDR-Verklärung abrutscht.

*Claus Löser, tip, 24/2001*

**Kritik:** Der Ost-West-Komödien-Spezialist Peter Timm hat Jens Sparschuhs gleichnamigen Roman verfilmt und dabei die DDR zu einem Popanz aufgebläht, aus dem entsprechend leicht die Luft gelassen wird. Götz Schubert spielt einfühlsam den Ostberliner Heimwerker, der nach der Wende aus dem Nest nach oben fällt. Aber man kann ruhigen Herzens warten, bis der Film ins Fernsehen kommt. *FAZ, 29.11.2001*

(...) In Peter Timms kurz nach der Wende gedrehten »Go Trabi Go« wurde der auf der Reise an die Cote d'Azur stückweise zu Bruch gehende Trabi noch mit West-Ersatzteilen aufgerüstet. Zehn Jahre später sind die Westprodukte nur verkäuflich, wenn sie mit DDR-Träumen versetzt werden. Doch von der Hektik des Westlebens will Lobeck sich nicht vereinnahmen lassen – die Beförderung schlägt er zugunsten einer Umsatzbeteiligung aus. So entwickelt der Film genau jene ein wenig leidenschaftslose Gelassenheit, die seinen Helden prägt: Sympathie statt Satire.

*Anke Sterneborg, SZ, 1.12.2001*

(...) Peter Timms von Sympathie geprägter Blick in ostdeutsche Befindlichkeiten leidet unter der zähen

Kombination von Tristesse und Larmoyanz. Die klischeehafte Darstellung vom geldgeilen Wessi, der den langsamen Ossi über den Tisch zieht, ist nicht gerade neu. Auch die gute Absicht, soziale Realität mit einem Schuss Satire zu verzieren und die »blühenden Landschaften« aufs Korn zu nehmen, gelingt nur bedingt.
Gelacht wird primär auf Kosten der bedauernswerten Protagonisten. Eine Wonne dagegen die akribische Beobachtung der Welt brauner Schrankwände und Aktentaschen, Strickjacken und Pantoffeln, mittendrin das exzellente Schauspieler-Duo Götz Schubert und Gustav Peter Wöhler.

*Margret Köhler, AZ, 20.12.2001*

## Zitternd vor Gott 1064

TREMBLING BEFORE G-D ****+

**Regie:** Sandi Simcha DuBowski, Susan Korda
**Kamera:** David Leitner
**Musik:** John Zorn
**Schnitt:** Susan Korda
**Prod.:** USA/Israel 2001; 94 Min.
Sandi Simcha DuBowski, Marc Smolowotz, Johanna Prenner, James Velaise, Philippa Kowarsky für Simcha Leib Prod.
**Verleih:** Freunde, OmU/-/-, 19.7.2001

Mit seinem ersten abendfüllenden Dokumentarfilm »Trembling before G-D« (»Zitternd vor Gott«) packte der Amerikaner Sandi Simcha DuBowski ein heißes Eisen an – Homosexualität im orthodoxen Judentum. Der Film beschreibt die verzweifelten Versuche Einzelner, ihre Sexualität mit ihrem Glauben in Einklang zu bringen, ohne den inneren Konflikt offen austragen zu können. (...) *Film-Dienst, 14/2001*

**Kritik:** (...) Die Hauptfrage bleibt allerdings ungeklärt: Woher eigentlich rührt das Bedürfnis, sich ausgerechnet in einer Religion zu verorten, die nicht nur oberflächlich autoritär und patriarchal strukturiert ist? Einige Male wird sie im Film gestellt, beantwortet nie. Eine einzige unter den gezeigten Figuren geht einen anderen Weg: aus der Religion heraus. Er sehe einen logischen Widerspruch zwischen seinen Einstellungen und den Positionen der Bibel, sagt Steve. Aber wahrscheinlich denken religiöse Menschen einfach anders.

*Silvia Hallensleben, Der Tagesspiegel, 19.7.2001*

## Zoolander 1065

ZOOLANDER ****+

**Regie:** Ben Stiller
**Darsteller:** Ben Stiller (Derek Zoolander), Owen Wilson (Hansel), Will Ferrell (Mugatu), Christine Taylor (Matilda Jeffries), Milla Jovovich (Katinka), Jerry Stiller (Maury Ballstein), Jon Voight (Larry Zoolander)
**Drehbuch:** Drake Sather, Ben Stiller, John Hamburg, nach einer Story von Drake Sather und Ben Stiller
**Kamera:** Barry Peterson
**Musik:** David Arnold
**Schnitt:** Greg Hayden
**Prod.-Des.:** Robin Standefer
**Prod.:** USA 2001; 89 Min.
Scott Rudin, Ben Stiller, Stuart Cornfeld; Cella D. Costas (Co-Prod.) für Village Roadshow mit VH1/NPV/Red Hour
**Verleih:** UIP/UIP/UIP, 27.12.2001
**FSK:** ab 12 J., ffr.
**FBW:** Besonders wertvoll

Jahrelang war Derek Zoolander die Nummer eins im Männermodelbusiness, aber nun verliert er die Führung an den blonden Hansel. Stillers dritte Regiearbeit (nach »Reality Bites« und »Cable Guy«) ist ein entzückend-doofer Film mit einem masochistischen Filmhelden: In hypnotisierter Verzweiflung wird Zoolander in ein Mordkomplott gegen den Ministerpräsidenten von Malaysia verwickelt, aber ein einfach unbeschreiblicher, neuer Zoolander-Look namens Magnum rettet die Welt schließlich vor den dunklen Verschwörungen der Modeindustrie. Prominente Nebendarsteller fügen zum surrealen Witz des Drehbuchs weitere Humornoten hinzu.

*Robert Weixlbaumer, tip, 26/2001*

*Owen Wilson und Ben Stiller*

**Kritik:** (...) Offen bleibt die Frage, unter dem Einfluss welcher Pilze die Autoren standen, als sie das Buch verfassten. Sicher ist, dass die Akteure vor und hinter der Kamera auch davon gekostet haben. Und wahrscheinlich ist diese Gaga-Comedy in ihrer Albernheit auch nur nach Konsum derselben genießbar.

*W. O. P. Kistner, AZ, 27.12.2001*

## Zoom

1066

□

**Regie:** Otto Alexander Jahrreiss
**Darsteller:** Florian Lukas (Tom Waller), Oana Solomon (Wanda), Albert Kitzl (Sergiu), Götz Schubert (Herr Schwarzkopf), Gundula Koester (Frau Schwarzkopf), Alexander Popescu (Victor), Klaus Manchen
**Drehbuch:** Otto Alexander Jahrreiss, Markus Hoffmann
**Kamera:** Hannes Hubach
**Musik:** Martin Todsharow, Till Broenner
**Schnitt:** Behruz Torbati
**Prod.-Des.:** Ingrid Buron
**Prod.:** BRD 2000; 100 Min.
Michael Schwarz; Otto Alexander Jahrreiss (Co-Prod.) für Vega Film mit SAT.1
**Verleih:** noch nicht gestartet
**UA:** 31.8.2000, World Film Festival Montreal; Int. Filmfestspiele Berlin 2001, »Panorama«

Jahrreiss gewinnt dem Leben der Underdogs und osteuropäischen Einwanderer neue Seiten ab und verbindet seine Geschichte mit ungewöhnlichen Kameraperspektiven und einer neuen Form der Nachbearbeitung, bei der jedes Bild einzeln gescannt und retuschiert wurde, was dem Film einen sehr geschlossenen, ästhetischen Look verleiht. (...)
Mit der gleichen Konsequenz, wie er seine Geschichte erzählt, hält Jahrreiss sein künstlerisches Konzept durch. Er bleibt stets dicht an den Figuren dran, verzettelt sich nicht in Nebensträngen und schafft es, über weite Strecken, nur über Bilder und kaum über Dialoge zu erzählen. Durch die Bildbearbeitung erzielt er eine durchgehend kalte, abweisende Atmosphäre, in der sich nur die beiden Protagonisten gegenseitig ein wenig Wärme geben können. Der Ausbruch des Paars aus dem eigenen emotionalen Gefängnis und dem bisherigen Leben verleiht dem Film aber einen Hoffnungsschimmer, der überwiegt und den Zuschauer optimistisch aus dem Kino entlässt.

*Katharina Dockhorn, Filmecho-Filmwoche, 13/2001*

**Kritik:** (...) Jahrreiss bedient sich kräftig bei Scorseses »Taxi Driver« und Lynchs »Blue Velvet« (die dunklen Korridore!). Ihm stehen selbst für Nebenrollen exzellente Darsteller zur Verfügung. Götz Schubert als erpresster Kunde zum Beispiel. Und seine puritanische Haltung – der zufolge sogar der netteste Kunde bestraft werden muss, weil er ein Freier ist – lässt sich zur Not auch noch ertragen. Nicht jedoch die »maßstäbesetzende« Ästhetik. Jahrreiss hat alle Bilder digital verfremdet. Das nervt auf die Dauer. Außerdem verrät er so nur sein Misstrauen in die Geschichte, die er erzählt.

*Frank Noack, Der Tagesspiegel, 8.2.2001*

## Zugvögel der Liebe

1067

**+

TV

**Regie:** Richard Engel
**Darsteller:** Christian Wolff (Alexander Struck), Maruschka Detmers (Julia Klimt), Patrick Wolff (Daniel Struck), Stephan

Schwartz (Steve Montgomery), Rolf Becker (Luke Taller)
**Drehbuch:** Christiane Sadlo
**Kamera:** Bernd Neubauer
**Musik:** Hans Günter Wagener
**Prod.:** BRD/Österreich 2001; 90 Min.
ZDF/ORF
**TV:** 13.4.2001, ZDF, 21.15

Das Flieger-Familienmelodram ließ Vater und Sohn auf Flucht-Tourismus nach Südafrika an Fliegerei und Liebe zu Maruschka Detmers reifen, wozu auch der Biss einer Giftschlange beitrug. Papa kriegt Frau und Fliegerjob, Sohn darf endlich Musiker werden. Zufrieden? *Ponkie, AZ, 28.5.2001*

## Zurück auf Los 1068

***+

**Regie:** Pierre Sanoussi-Bliss
**Darsteller:** Pierre Sanoussi-Bliss (Sam), Matthias Freihof (Bastl), Dieter Bach (Rainer), Bart Klein (Manne), Paul Gilling (Mike), Ared Hubert (Khaleb), Frank Schäfer (Patient)
**Drehbuch:** Pierre Sanoussi-Bliss
**Kamera:** Thomas Plenert, Lars Lensky
**Musik:** Stephan Kling
**Schnitt:** Gudrun Steinbrück
**Prod.:** BRD 1999; 92 Min.
Frank Löprich, Katrin Schlösser für Ö-Film mit ZDF
**UA:** 18.2.2000
**Verleih:** ProFun/-/-, 22.3.2001

Für einen homosexuellen schwarzen Sänger in Berlin, der HIV-positiv getestet wurde, dreht sich das Beziehungskarussell immer schneller. Ein trotz einiger anrührender Szenen insgesamt eher fragwürdiger Film, der persönliche Eitelkeiten statt gesellschaftliche Befindlichkeiten spiegelt. In der Diskussion um den Umgang mit der Immunschwächekrankheit und ihren Opfern ist er dabei eher kontraproduktiv.

*Hans Messias, Film-Dienst, 96/01*

**Kritik:** (...) Der stimmigen Inszenierung, dem selbstironischen Ton und den wunderbaren Darstellern (neben Sanoussi-Bliss selbst als Sam vor allem Matthias Freihof als Bastl) ist es zu verdanken, dass diese bittersüße Geschichte nicht in Schmalz und Pathos versinkt, sondern glänzend unterhält. Und mag das doofe Schicksal auch noch so schlimm zuschlagen, Sam und Bastl haben immer einen trockenen Spruch parat.

*Martin Schwarz, Zitty, 7/2001*

## Zusammen 1069

TILLSAMMANS ****

**Regie:** Lukas Moodysson
**Darsteller:** Lisa Lindgren (Elisabeth), Mikael Nykvist (Rolf), Gustav Hammarsten (Göran), Anja Lundkvist (Lena), Jessica Liedberg (Anna), Ola Norell (Lasse), Shanti Roney (Klas)
**Drehbuch:** Lukas Moodysson
**Kamera:** Ulf Brantas
**Musik:** ABBA, Hawkwind
**Schnitt:** Michal Leszczylowski, Fredrik Abrahamsen
**Prod.:** Schweden/Dänemark/Italien 2000; 106 Min.
Lars Jönsson; Peter Aalbaek Jensen (Co-Prod.) für Memfis mit Zentropa/Film i Väst/SVT Drama/Keyfilms/Nordic
**Verleih:** Concorde/dto./Look Now!, 5.4.2001

Seinen Zweitling hat der Regisseur von »Fucking Amal« im Stockholm der 70er-Jahre angesiedelt. In der Kommune »Tillsammans« erproben eine Lesbe, ein Marxist, ein Vegetarier, eine geschlagene Ehefrau und diverse Kinder das Leben nach vermeintlich freieren Regeln. Der Film

*Jessica Liedberg und Lisa Lindgren*

balanciert geschickt zwischen Komik und Realismus und zeigt das Scheitern der Gemeinschaft an der Individualität der liebenswerten Einzelfiguren. Ein enorm unterhaltsamer Rückblick auf sympathische Träume.
*Film, 1/2001*

**Kritik:** Mit Schärfe und Witz nimmt »Zusammen« jene Borniertheiten der post68er-Jahre aufs Korn, in denen der emanzipatorische Aufbruch immer in Gefahr ist, in ideologische und existenzielle Erstarrung umzukippen – und trifft damit den Kern des geschichtlichen Augenblicks. Auch wenn der Film die anekdotische und komödiantische Zuspitzung der Situationen sucht, macht er doch seine Figuren niemals zur Karikatur, gibt sie niemals der Lächerlichkeit preis. Er lässt das Scheitern von Lebensentwürfen sichtbar werden, rettet die Scheiternden aber durch die allumfassende Sympathie seines Blicks. (…) Der tiefste Ernst der Gefühle und die größte Vernunft der Einsichten kommt den Kindern zu. Die Erwachsenen erscheinen dagegen verstrickt in kindische Spiele, mit denen sie sich vor dem Erwachsenensein drücken. Anrührend und authentisch zeichnen sich dennoch die Konturen aller Schicksale ab, weil Moodysson in jeder Figur den einen archimedischen Punkt findet: die Einsamkeit. So erzählen noch die absurdesten Eskapaden der WG-Protagonisten von der Sehnsucht, der Einsamkeit zu entkommen. *Rainer Gansera, SZ, 12.4.2001*

(…) Mit viel Witz und großer Sympathie für seine idealistischen Helden erzählt Regisseur Lukas Moodysson (»Raus aus Amal«) seine zu Herzen gehende Geschichte von den wundersamen 70ern – garniert mit Musik der schwedischen Pop-Legenden Abba und Bo Hansson.
*Volker Gunske, tip, 8/2001*

## 20 Stunden und nichts ist, wie es war 1070

L' INTERPELLATION ***+

TV

**Regie:** Marco Pauly
**Darsteller:** Robin Renucci (Georges Brunel), Jacques Penot (Vido, Polizist), Yves Verhoeven (Lavigne, Polizist)
**Drehbuch:** Marco Pauly, Odile Barski
**Prod.:** Frankreich 2001; 97 Min.
**TV:** 14.12.2001, Arte, 20.45

Der Arzt Georges Brunel wird von der Polizei festgenommen. Die Untersuchungshaft gerät zu einem Albtraum, bei dem er, obwohl unschuldig, unter Druck gesetzt wird. Jedes psychologische Mittel ist recht, um die systematische Demütigung weiterzutreiben. Schließlich bricht Georges zusammen. (…) *AZ TV Journal*

## Ein Zwilling zu viel 1071

**

TV

**Regie:** Thomas Bohn
**Darsteller:** Thomas Heinze (Franz), Nele Mueller-Stöfen (Inga), Sven Koller (Nicki), Andreas Hippe (Kowalski), Brigitte Karner (Pia), Ingrid Stein (Hanne), Stefan Hunstein (Kurti)
**Drehbuch:** Ulrich Limmer, Hans Schöne
**Kamera:** Hans-Jörg Allgeier
**Prod.:** BRD 2000; 90 Min.
**TV:** 31.1.2001, ARD, 20.15

(…) Beide wollen uns glauben machen, dass Unternehmerin Inga dem vorbestraften Betrüger Franz letztlich ihr Herz schenkt, obwohl er sie und ihre Familie betrogen und bestohlen hat. – Wenn die beiden Hauptdarsteller etwas (mehr) Leuchtkraft besessen hätten, wären aus dieser sanftseichten Plätscher-Geschichte mit dekorativen herbstlichen Ansichten der Hansestadt Hamburg vielleicht ein paar kleine Funken gesprüht. Da funkelten auch keine Pointen, da glänzte nur immer mal wieder ein dunkelblauer BMW Z3.
*W. O. P. Kistner, AZ, 2.2.2001*

# Die Filmbranche: Jahresrückblick 2001

## Januar

• Der Versicherungskonzern MÜNCHNER RÜCK kauft 1,2 Mio. Aktien der KINOWELT AG und sichert sich somit eine 4,9-prozentige Beteiligung an dem Unternehmen.
• Die Münchner INTERTAINMENT LICENSING GMBH verklagt das US-Studio FRANCHISE PICTURES auf Schadenersatz wegen überhöhter Filmbudgets. Franchise reagiert mit einer Gegenklage.
• Die DAS WERK AG übernimmt zu 100 Prozent die US-amerikanische CENTROPOLIS EFFECTS (CFX).
• Der Kirch-Vertrieb BETA FILM gründet den Kinovertrieb BETA CINEMA.
• Klaus Schaefer wird nach dem Ausscheiden von Herbert Huber alleiniger Geschäftsführer des FILMFERNSEHFONDS Bayern.
• AOL übernimmt TIME WARNER.
• Ridley Scotts *Gladiator* gewinnt einen Golden Globe für den besten Film, *Tiger & Dragon* wird für die beste Regie und als bester ausländischer Film ausgezeichnet.
• Bis Ende Januar dreht der Australier Gregor Jordan die deutsch-britische Koproduktion *Buffalo Soldiers* mit Joaquin Phoenix und Ed Harris.
• Das »Anatomie«-Produktionsteam DEUTSCHE COLUMBIA PICTURES und CLAUSSEN + WÖBKE realisiert *Was tun, wenn's brennt* mit Til Schweiger und Nadja Uhl über eine Gruppe ehemaliger Hausbesetzer.
• Bernd Eichinger erwirbt für einen mehrstelligen Millionenbetrag die Filmrechte an Patrick Süskinds Krimibestseller *Das Parfüm* über einen Killer mit feiner Nase. Später gewinnt er Ridley Scott als Mitstreiter.
• KC MEDIEN holt Pete Bogdanovich nach Deutschland, wo der Regieveteran *The Cat's Meow* dreht.
• Die TV-Vermarkter bilanzieren für das abgelaufene Jahr 2000 ein Wachstum der Brutto-Werbeinvestitionen im zweistelligen Bereich. Spitze bleibt RTL mit 4,257 Mrd. Mark bei einer Steigerung um 11,8 Prozent. RTL 2 erzielt mit 30,27 Prozent die höchste Steigerung.
• Die H.O.T. Networks-Tochter Euvía wird Alleingesellschafterin von TM 3.

## Februar

• Die KINOWELT MEDIEN AG verkauft Aktien an die ALLIANCE ATLANTIS COMMUNICATIONS INC. für 166 Mio. Mark.
• Laut FFA hat das Kinojahr 2000 einen Besucherzuwachs von 2,4 und einen Umsatzzuwachs von 2 Prozent erbracht.
• Die Interessengemeinschaft FILM 20 gründet sich aus 17 Produktionsfirmen und will als Sprachrohr unabhängiger Produzenten auftreten. Vorstandsmitglied ist Ulrich Felsberg, Generalsekretärin ist Journalistin Georgia Tornow.
• Benjamin Herrmann wird neuer GF für Vertrieb und Marketing beim SENATOR FILMVERLEIH und somit Nachfolger des ausscheidenden GF Alfred Holighaus.
• Mischa Hofmann und Philip Voges gründen zusammen mit dem geschäftsführenden Christoph Müller GOLDKIND FILM. Die Firma will sich ausschließlich Kinofilmen widmen.
• Berlinale-Leiter Moritz de Hadeln verabschiedet sich nach 22 Jahren Amtszeit. Sein Nachfolger wird Dieter Kosslick.
• Die britischen PINEWOOD und SHEPPERTON STUDIOS fusionieren.
• *Lust auf Anderes* und *Harry meint es gut mit dir* gewinnen je vier Césars.
• Caroline Link dreht erstmals außerhalb Deutschlands. In Kenia inszenierte sie das Ehedrama *Nirgendwo in Afrika* nach Stefanie Zweigs Bestseller. MTM und CONSTANTIN stemmen das 14-Mio.-Mark-Projekt.

• Roman Polanski beginnt mit den Dreharbeiten zu *Der Pianist* über das Überleben eines jüdischen Komponisten während der Nazizeit. Hauptdrehort ist Studio Babelsberg.
• Der französische Privatsender TF1 übernimmt vollständig EUROSPORT.
• Boris Brandt verlässt SENATOR und wechselt als General Manager zur ENDEMOL ENTERTAINMENT HOLDING.
• BERTELSMANN hält nach der Übernahme der GBL-Anteile künftig 67 Prozent an der RTL GROUP.
• Zwei Goldene Nymphen für Max Färberböcks *Jenseits* beim Monte Carlo TV-Festival. BR-Intendant Albert Scharf erhält den Ehrenpreis.

## März

• Der Vorstandsvorsitzende der ADVANCED MEDIA AG, Christophe Montague, wird vom Aufsichtsrat abberufen. Veronika Morawetz wird als Filmverleih-Vorstand bestätigt, als neuer Finanzvorstand kommt Otto Dauer.
• Die CONSTANTIN FILM AG vereinbart mit einem Bankenkonsortium unter der Führung der DG Bank einen Rahmenkredit in Höhe von 140 Mio. Mark.
• Der demnächst herausgegebene Medienerlass ruft Verwirrung bei Produzenten hervor und gefährdet laut Arno Ortmair (FILM-LINE) die Existenz mittelständischer Produzenten.
• Sowohl *Tiger & Dragon* als auch *Gladiator* gewinnen jeweils vier British Academy Awards, die erstmals vor der Oscar-Verleihung vergeben werden.
• Die Verhandlungen zwischen der WRITERS GUILD OF AMERICA (WGA) mit den Produzenten werden ergebnislos abgebrochen.
• *Gladiator* erhält fünf, *Tiger & Dragon* vier Oscars. Als bester Kurzfilm wird die deutsche Produktion *Quiero Ser* von Florian Gallenberger prämiert.
• Den Amerikaner Robert Altman zieht es zu den Dreharbeiten zu seinem neuesten Gesellschaftsporträt *Gosford Park* mit seiner Starbesetzung in die britischen Shepperton Studios.
• Patrice Leconte dreht mit *Rue des plaîsirs* erneut einen aufwändigen, historischen Stoff. Der Film wird von Cine B produziert.
• Clint Eastwood hat sein nächstes Regieprojekt ausgewählt. Er will den psychologischen Thriller *Mystic River* drehen.
• Die PROSIEBENSAT1 MEDIA AG schließt ihr erstes Geschäftsjahr mit 2,155 Mrd. Euro Umsatz und einem Gewinn von 93 Mio. Euro ab.
• 4,044 Mrd. Euro Jahresumsatz für die RTL GROUP bei EBITA-Gewinn von 555 Mio. Euro.
• EM TV & MERCHANDISING will die JIM HENSON COMPANY wieder abstoßen.

## April

• Der HDF veranstaltet seinen 31. Filmtheater-Kongress vom 24. bis 26. April im Kölner Cinedom.
• Christoph Ott, bis dato Vorstandsmitglied der SENATOR ENTERTAINMENT AG, gibt seinen Posten auf.
• Bernd Eichinger ist nicht mehr Vorstandsvorsitzender und will sich innerhalb der Constantin Film AG nur noch seiner Produzententätigkeit widmen.
• KINOWELT übernimmt die restlichen 49,9 Prozent an den KINOPOLIS-MULTIPLEXEN.
• Die ADVANCED AG beziffert ihren angekündigten Fehlbetrag für das Geschäftsjahr 2000 mit 71,8 Mio. Mark.
• Thomas Schäffer wird Gesamt-Geschäftsführer des neuen Förderverbundes von Bremen und Niedersachsen, NORD MEDIA.
• Thomas Häberle legt sein Amt als Produktionsvorstand der F.A.M.E. AG aufgrund unterschiedlicher Auffassungen in der Geschäftspolitik zwischen ihm und seinen Vorstandskollegen nieder.
• Als Reaktion auf den drohenden Schauspielerstreik steigt die US-Produktion um 45 Prozent.

• DREAMWORKS verlängert doch die Kooperation mit UNIVERSAL, da man sich mit AOL TIME WARNER nicht über Videolizenzen einigen kann.

• M. Night Shyamalan und Disney kündigen die Fortsetzung ihrer Zusammenarbeit an. Nach *The Sixth Sense* und *Unbreakable* soll mit *Signs* ein weiterer Mysterythriller folgen. Mel Gibson übernimmt die Hauptrolle.

• Die 28. MIP-TV in Cannes setzt im April mit dem *Spotlight on Germany* einen deutschen Schwerpunkt.

• BETA RESEARCH und GALAXIS verkünden im Vorfeld der Anga Cable in Köln die gemeinsame Entwicklung von Set-Top-Boxen.

• Die HOLDING SLEC, die an der KIRCH-GRUPPE und EM TV beteiligt sind, ergattert für 309 Mio. Dollar die Vermarktungsrechte an der Formel 1 für die nächsten 100 Jahre.

## Mai

• Die Verbände HDF, VdF und CINEROPA wollen die Besucherfrequenz in den Kinos steigern und initiieren ab 1. Mai bundesweit den »Half Price Day – Super Kino Dienstag«.

• Stephan Oliver Hansch ist neuer Finanzvorstand der ODEON AG. Er tritt damit die Nachfolge von Andreas Pres an, der das Unternehmen verlässt.

• Laut FFA präsentiert sich das erste Quartal 2001 als besucherstärkstes Quartal seit der Wiedervereinigung. Mit 47,7 Mio. verkauften Kinokarten steigerte sich das Ergebnis im Vergleich zum Vorjahr um 12,4 Prozent.

• Das Bundesjustizministerium veröffentlicht am 17. Mai den Referentenentwurf zum Urheberrechtsvertrag. Die Initiative Film 20 spricht jedoch bei Justizministerin Herta Däubler-Gmelin vor, um Änderungen zu erreichen.

• *Shrek* erzielt mit 42,3 Mio. Dollar Einspiel das beste Wochenendergebnis für Dreamworks und den besten Umsatz eines Drei-Tage-Wochenendes für einen Animationsfilm.

• *Die Mumie kehrt zurück* stellt mit einem Start-Einspiel von 68,1 Mio. Dollar das beste Drei-Tages-Ergebnis an einem Nicht-Feiertags-Wochenende.

• Die britische Schauspielergewerkschaft Equity droht mit Streik, falls man sich nicht auf einen neuen Vertrag mit den Produzenten einigen kann.

• *Das Zimmer meines Sohnes* von Nanni Moretti gewinnt die Goldene Palme in Cannes.

• Für Constantins Filmadaption des Games *Resident Evil* fällt Ende Mai die letzte Klappe. Paul Anderson drehte das 80-Mio.-Mark-Projekt im Studio Adlershof Berlin.

• Die vorläufige Jahresbilanz von EM TV fördert einen Verlust von 2,8 Mrd. Mark zutage.

• PROSIEBENSAT1 MEDIA beteiligt sich mit 48,4 Prozent an TM-3-Betreiber EUVÍA.

## Juni

• Kinowelt-Chef Michael Kölmel gibt hausintern die Anweisung, alle Investitionen und Ausgaben zu stoppen. Den Verdacht auf Insiderhandel weist das Unternehmen zurück.

• Christoph Ott wird wieder sein eigener Herr und gründet den Verleih OTTFILM. Sein erster Film ist der mit dem Regieförderpreis der HypoVereinsbank beim Filmfest München ausgezeichnete *Nichts bereuen*.

• VILLAGE ROADSHOW verkauft seine französischen Kinos an PATHÉ.

• Jennifer Fox, VP Production bei Universal, verlässt das Studio, um mit Ben Cosgrove das Warner-Label Section Eight herauszubringen.

• Robert Rodriguez dreht *Once Upon a Time in Mexico* ebendort mit seinem *Spy Kids*-Star Antonio Banderas.

• EM TV stellt alle Internetaktivitäten ein, EM INTERACTIVE geht an Victory und firmiert künftig als VICTORY.TV GMBH.

• Organisationschef David Tomatis kündigt das »Aus« für den Monte Carlo Television Market an. Das Festival soll weiter bestehen bleiben, wird aber von Februar auf Juli verschoben.

## Juli

• Die FILMPOOL FILM- UND FERNSEHPRODUKTION wird in die Interessengemeinschaft FILM 20 aufgenommen.
• In Berlin wird der Deutsche Filmpreis verliehen. Lolas gibt es u. a. für *Die innere Sicherheit* und *Das Experiment*.
• Der JUGENDFILM-VERLEIH schließt zum Monatsende und wird künftig von der Mutterfirma KINOWELT AG direkt betreut.
• Mit BABELSBERG TV schließt auch der letzte Produktionsarm von Studio Babelsberg. Das Studio wird in Zukunft nur noch als Dienstleister auftreten.
• BAVARIA FILM gründet die BAVARIA ENTERTAINMENT GMBH und beteiligt sich mit 45 Prozent an der SCHWANSTEIN ENTERTAINMENT AG. Als GF fungiert Markus Andorfer.
• Der Bundesrat meldet in seiner Sitzung am 13. Juli Zweifel an der geplanten Neuregelung des Urheberrechts an. Das gibt Aufschwung für die Aktivitäten der Filmverbände.
• Ein US-Schauspielerstreik kann abgewendet werden, da sich die Screen Actors Guild (SAG) und die Alliance of Motion Picture & Television Producers (AMPTP) auf einen neuen Tarifvertrag geeinigt haben.
• Die DEUTSCHE TELEKOM verkauft ihre TV-Kabelnetze in 13 Bundesländern zu 100 Prozent an den US-Konzern LIBERTY MEDIA. Der Deal, dessen Wert auf rund 5,5 Mrd. Euro beziffert wird, ist vorbehaltlich der kartellrechtlichen Genehmigung.
• Einstimmig befürwortet der Rundfunkrat des SFB eine baldige Fusion mit dem ORB.
• Thomas Haffa, Gründer und Vorstandschef von EM TV & MERCHANDISING, verlässt das Unternehmen. Sein Nachfolger wird Werner Klatten.
• Disney erwirbt für 5,3 Mrd. Dollar Fox Family Worldwide von News Corp. und Saban.

## August

• Die CINEMAXX AG und die UFA THEATER GMBH UND CO. KG haben im Zuge ihrer Firmenkonsolidierung den im April 2000 vereinbarten »Geschäftsbesorgungsvertrag« aufgelöst.
• UIP und FILMWELT Christian Friedel bringen künftig die Filme der OTTFILM GMBH ins Kino.
• Leonardo DiCaprio gründet mit der INITIAL ENTERTAINMENT GROUP seine eigene Produktionsfirma APPIAN WAY.
• Frank R. Pierson wird zum Präsidenten der Academy of Motion Picture Arts & Sciences gewählt.
• Ben Affleck und Matt Damon gründen die Produktionsfirma LIVE PLANET.
• *Alla rivoluzione sulla due cavalli* von Maurizio Sciarra gewinnt den Goldenen Leoparden in Locarno.
• Beim Filmfestival Motovun findet das erste »Südosteuropa-Filmmeeting« der Goethe-Institute statt.
• *Gladiator* Russell Crowe bereitet sein Regiedebüt vor, es soll der Zweiter-Weltkrieg-Film *The Long Green Shore* werden.
• *Erkan & Stefan* kämpfen in ihrem zweiten Spielfilmabenteuer gegen *Die Mächte der Finsternis*. Hofmann & Voges, Goldkind und Constantin produzieren die Horror-Persiflage.
• In Österreich treten das neue ORF- und das Privatfernsehgesetz in Kraft. 2002 soll ein duales System mit bundesweitem Privatfernsehen entstehen.
• Die KIRCH-GRUPPE zieht ihren Antrag beim Bundeskartellamt auf Einstieg in die EM TV & MERCHANDISING AG zurück.

## September

• Nach monatelanger genereller Ablehnung der Urheberrechts-Novelle legt die deutsche Filmbranche einen gemeinsam formulierten Alternativvorschlag vor.

• Eine erste Filmkunstmesse veranstaltet die AG Kino vom 10. bis 13. September in Leipzig.
• Wilfried Geike fungiert ab sofort als Vice President & Managing Director für WARNER BROS. PICTURES DEUTSCHLAND und WARNER HOME VIDEO in Deutschland und Österreich.
• Mira Nairs *Monsoon Wedding* gewinnt den Goldenen Löwen in Venedig.
• Mit 63,3 Mio. Dollar verzeichnen die USA das schwächste Boxoffice-Wochenende 2001 nach den Anschlägen vom 11. September.
• Aufgrund der Terroranschläge verschieben US-Verleiher einige Filmstarts, darunter *Collateral Damage, Passwort: Swordfish* und *Big Trouble*.
• Der Privatsender TM 3 startet mit neuem Konzept unter dem neuen Namen »Neun Live«.
• KIRCH MEDIA und die PROSIEBENSAT1 MEDIA AG kündigen an, ihre Aktivitäten bis Juni 2002 zusammenzulegen.
• Der erste private deutsche Auslandssender, Channel D, geht in Nord- und Südamerika als Pay-TV an den Start.
• *Dune – der Wüstenplanet*, produziert vom Kirch/Mediaset-Gemeinschaftsunternehmen Evision, wird mit zwei Primetime Emmy Awards ausgezeichnet.
• Die FFA-Mittelbindung an ein bestimmtes Sendesystem fällt mit sofortiger Wirkung weg. Hierauf verständigen sich FFA, ARD, ZDF und VPRT.
• In Mainz einigen sich deutsche Programmveranstalter und Landesmedienanstalten auf MHP als Standard für das digitale Fernsehen.
• VIVENDI UNIVERSAL »parkt« seinen gut 22-prozentigen Anteil am britischen Pay-TV-Sender BSkyB bei der Deutschen Bank.

## Oktober

• RTL TELEVISION tritt der größten deutschen Filmförderung, der Filmstiftung NRW, bei.
• Die KINOWELT AG kündigt sämtlichen Mitarbeitern der KINOWELT FILMPRODUKTION, die Eigenproduktion soll allerdings weitergehen.
• Gabriela Bacher wird zur GF der STUDIO BABELSBERG MOTION PICTURES GMBH berufen. Diese Firma wird u. a. Muttergesellschaft der BABELSBERG FILM- UND FERNSEHVERTRIEBS GMBH und der STUDIO BABELSBERG GMBH.
• WARNER übernimmt ab sofort die Auswertung aller New-Line-Filme, die bis 2003 in die amerikanischen Kinos kommen, für Deutschland. Dazu gehört auch der *Herr der Ringe 1*.
• Der MÜNCHNER ADVANCED FILMVERLEIH steht kurz vor dem Aus. Bis zur Jahreswende sollen sämtliche Aktivitäten eingestellt werden.
• Die AG NEUER DEUTSCHER SPIELFILMPRODUZENTEN und die SPIO einigen sich darauf, dass der Beitritt der AG SPIELFILM bis zum Ende des Jahres vollzogen werden soll.
• Claire Clouzot wird zur künstlerischen Leiterin der »Semaine de la Critique« beim Filmfestival in Cannes ernannt.
• Bavaria-Produzentin Uschi Reich und Regisseurin Hermine Huntgeburth lassen *Bibi Blocksberg* vom 23. Oktober bis 21. Dezember hexen. In der Realverfilmung spielen Katja Riemann und Ulrich Noethen.
• Die Seventies-Copserie *Starsky und Hutch* wird von WARNER als Leinwandadaption vorbereitet. Todd Philipps hofft, Ben Stiller und Owen Wilson als Hauptdarsteller zu gewinnen.
• Martin Scorsese will mit Leonardo DiCaprio ein Epos über Alexander den Großen realisieren.
• *Der Tunnel* wird mit dem Deutschen Fernsehpreis als bester Fernsehfilm ausgezeichnet. *Vera Brühne* erhält als einzige Produktion des Abends zwei Auszeichnungen.
• Die KIRCH-GRUPPE erhöht ihren Anteil an der FORMEL-1-HOLDING SLEC auf 58,3 Prozent.
• In Cannes geht die Mipcom – knapp drei Wochen nach den Terroranschlä-

gen in den USA – mit einem deutlichen Teilnehmerrückgang zu Ende. Nach 11.762 im Vorjahr kamen diesmal nur 9935 Besucher.

• MTV kündigt die Entlassung von 450 Mitarbeitern – knapp 9 Prozent der gesamten Belegschaft – an.

## November

• Peter Heinzemann übernimmt neben seiner Tätigkeit als GF des Kinowelt Filmverleihs auch die Geschäftsführung der KINOPOLIS ENTERTAINMENT GMBH sowie der KINOPOLIS MANAGEMENT GMBH.

• Bis zum dritten Quartal des Jahres 2001 gingen 127,3 Mio. Menschen ins Kino. Das bedeutet einen Umsatzanstieg von 15 Prozent, so die Filmförderungsanstalt (FFA).

• Laut einer FFA-Studie stellt sich der Samstag als besucherstärkster Kinotag der Woche heraus; die beliebteste Vorstellung findet zwischen 20 und 21 Uhr statt.

• Der Expräsident von UNIVERSAL PICTURES INTERNATIONAL und POLYGRAM, Stewart Till, eröffnet eine internationale Produktions- und Verleihfirma.

• Harry Potter startet mit einem Rekordeinspiel von 90,3 Mio. Dollar in den USA und 16,3 Mio. Pfund in Großbritannien.

• Fox gibt grünes Licht für einen zweiten »Akte-X«-Film. Chris Carter und Frank Spotnitz bereiten ihn vor.

• Sechs Unternehmen bewerben sich um eine Lizenz für bundesweites Privatfernsehen in Österreich. Darunter auch Herbert Kloibers ATV und MAINSTREAM MEDIA von Gottfried Zmeck, der seinen Antrag jedoch wenig später wieder zurückzieht.

• VIVA MEDIA übernimmt per Aktientausch die Mehrheit an der Produktionsfirma BRAINPOOL TV.

• RTL erwirbt die deutschen Free-TV-Rechte an den *Classic Treasures* von Disney. Im Paket enthalten sind u. a. *Das große Krabbeln, Mulan* und *Toy Story*.

• Max Färberböcks *Jenseits* (Network Movie für ZDF) wird in Baden-Baden als bester Fernsehfilm ausgezeichnet.

• Der US-Fernsehsender ABC erwirbt für rund 140 Mio. Dollar die TV-Rechte an *Harry Potter und der Stein der Weisen* und dessen Fortsetzungen.

## Dezember

• Die ABN Amro Bank kündigt der KINOWELT MEDIEN AG einen Kredit über mehr als 100 Mio. Mark. Demzufolge steht Kinowelt ein Insolvenzverfahren ins Haus.

• Ein Gutachten bestätigt den Vorwurf der AG Spielfilm, der Medienerlass erschwere internationale Koproduktionen für deutsche Produzenten. Staatsminister Julian Nida-Rümelin erklärt daraufhin die Änderung des Erlasses zur Chefsache.

• Der Milliardär Philip Anschutz erwirbt in einem Joint-Venture mit Oaktree Capital Management die weltgrößte Kinokette REGAL CINEMAS.

• *Die fabelhafte Welt der Amélie* wird mit vier europäischen Filmpreisen ausgezeichnet.

• Edgar Bronfman jun. tritt von seinem Posten als Executive Vice Chairman bei VIVENDI-UNIVERSAL zurück.

• Gerald Levin tritt als CEO bei AOL TIME WARNER zurück und übergibt seinen Posten an Richard Parsons.

• VIVENDI UNIVERSAL übernimmt Barry Dillers USA NETWORKS (inkl. USA-Films). Diller wird als CEO der Film-, TV- und Themenpark-Division von Universal leiten.

• Die Wahl des neuen ZDF-Intendanten wird auf Januar 2002 vertagt, nachdem weder Helmut Reitze noch Dagmar Reim die erforderliche Mehrheit der Stimmen erhielten.

*Dank an das Branchen-Magazin BLICKPUNKT: FILM, aus dem die meisten Informationen stammen.*

# Filmpreise und Auszeichnungen

## Internationale Auszeichnungen

### 73. Academy Awards – Oscars 2001

Die Monate vor der Oscarverleihung gibt es »the same procedure as every year«. Es wird gejammert und geunkt, dass weit und breit keine würdigen Anwärter in Sichtweite seien. So entschieden sich die Mitglieder der Academy, die der Welt Prestige und kinokassenfüllendste Filmpreise vergeben, für die geglückte Wiederbelebung eines lange ruhenden Genres. Der erste Sandalenfilm des neuen Jahrtausends, *Gladiator*, verband Politintrige mit Schlachtenszenarien ebenso wie gutes Schauspiel mit gutem Kasseneinspiel.
Trotz der zwölf Nominierungen für *Gladiator* hatten auch *Crouching Tiger, Hidden Dragon* und *Traffic* erhebliche Unterstützung bei der Academy, da sie innovativer als das Kostümspektakel schienen.
Dieser Sonntagabend war ein denkwürdiger, da er den Abschied von dem altehrwürdigen Shrine-Auditorium bedeutete: Die Veranstaltung zieht um ins Kodak Theatre im Herzen von Hollywood. Das bringt auch die Oscars zum ersten Mal nach 40 Jahren zurück in die Filmhauptstadt.

Die **Gewinner** und Nominierten:

**Bester Film: *Gladiator* (Ridley Scott)**, *Chocolat* (Lasse Hallström), *Tiger & Dragon* (Ang Lee), *Erin Brockovich – Eine wahre Geschichte* (Steven Soderbergh), *Traffic* (Steven Soderbergh).

**Beste Regie: Steven Soderbergh *(Traffic)***, Stephen Daldry *(Billy Elliot)*, Ang Lee *(Tiger & Dragon)*, Ridley Scott *(Gladiator)*, Steven Soderbergh *(Erin Brockovich – Eine wahre Geschichte)*.

**Bester Hauptdarsteller: Russell Crowe *(Gladiator)***, Javier Bardem *(Before Night Falls)*, Tom Hanks *(Cast Away – Verschollen)*, Ed Harris *(Pollock)*, Geoffrey Rush *(Quills)*.

**Beste Hauptdarstellerin: Julia Roberts *(Erin Brockovich)***, Joan Allen *(The Contender)*, Juliette Binoche *(Chocolat)*, Ellen Burstyn *(Requiem for a Dream)*, Laura Liney *(You Can Count On Me)*.

**Bester Nebendarsteller: Benicio Del Toro *(Traffic)***, Jeff Bridges *(The Contender)*, Willem Dafoe *(Shadow of the Vampire)*, Albert Finney *(Erin Brockovich)*, Joaquin Phoenix *(Gladiator)*.

**Beste Nebendarstellerin: Marcia Gay Harden *(Pollock)***, Judi Dench *(Chocolat)*, Kate Hudson *(Almost Famous – Fast berühmt)*, Frances McDormand *(Almost Famous – Fast berühmt)*, Julie Walters *(Billy Elliot)*.

**Bester nicht englischsprachiger Film: *Tiger & Dragon*, Regie: Ang Lee** (China/Taiwan); *Amorres Perros* (Mexiko); *Divided We Fall* (Tschechien); *Everybody Famous!* (Belgien); *Lust auf Anderes!* (Frankreich).

**Bestes Originaldrehbuch: *Almost Famous* – Cameron Crowe**, Lee Hall *(Billy Elliot)*, Susannah Grant *(Erin Brockovich)*, David Franzoni *(Gladiator)*, Kenneth Lonergan *(You Can Count On Me)*.

**Bestes adaptiertes Drehbuch: Stephen Gaghan *(Traffic)***, Robert Nelson Jacobs *(Chocolat)*, Wang Hui-Ling, James Schamus und Tsai Kuo Jung *(Tiger & Dragon)*, Ethan und Joel Coen *(O Brother, Where Art Thou?)*, Steve Kloves *(Wonder Boys)*.

**Beste Kamera: Peter Pau *(Tiger & Dragon)***, John Mathieson *(Gladiator)*, Lajos Koltai *(Der Zauber von Malèna)*, Roger Deakins *(O Brother, Where Art Thou?)*, Caleb Deschanel *(Der Patriot)*.

**Bester Schnitt: Stephen Mirrione *(Traffic)***, Joe Hutshing, Saar Klein *(Almost Famous – Fast berühmt)*, Tim Squyres *(Tiger & Dragon)*, Pietro Scalia *(Gladiator)*, Dede Allen *(Wonder Boys)*.
**Beste Ausstattung: Timmy Yip *(Tiger & Dragon)***, Michael Corenblith, Meredith Boswell *(The Grinch)*, Arthur Max, Crispian Sallis *(Gladiator)*, Martin Childs, Jill Quertier *(Quills)*, Jean Rabasse, Françoise Benoît-Fresco *(Vatel)*.
**Beste Kostümgestaltung: Janty Yates *(Gladiator)***, Anthony Powell *(102 Dalmatiner)*, Timmy Yip *(Tiger & Dragon)*, Rita Ryack *(The Grinch)*, Jacqueline West *(Quills)*.
**Bestes Make-up: Rick Baker, Gail Rowell-Ryan *(The Grinch)***, Michèle Burke, Edouard F. Henriques *(The Cell)*, Ann Buchanan, Amber Sibley *(Shadow of the Vampire)*.
**Beste Filmmusik: Tan Dun *(Tiger & Dragon)***, Rachel Portman *(Chocolat)*, Ennio Morricone *(Der Zauber von Malèna)*, Hans Zimmer und Lisa Gerrard *(Gladiator)*, John Williams *(Der Patriot)*.
**Bester Filmsong: *Things Have Changed*** von **Bob Dylan *(Wonder Boys)***, *A Love Before Time (Tiger & Dragon), I've Seen It All (Dancer In the Dark), My Funny Friend And Me (Ein Königreich für ein Lama), A Fool In Love (Meine Braut, ihr Vater und ich)*.
**Bester Ton: Scott Millan, Bob Beemer, Ken Weston *(Gladiator)***, Randy Thom, Tom Johnson, Dennis Sands, William B. Kaplan *(Cast Away – Verschollen)*, Kevin O'Connell, Greg P. Russell, Lee Orloff *(Der Patriot)*, John Reitz, Gregg Rudloff, David Campbell, Keith A. Wester *(Der Sturm)*, Steve Maslow, Gregg Landaker, Rick Kline, Ivan Sharrock *(U-571)*.
**Bester Toneffektschnitt: Jon Johnson *(U-571)***, Alan Robert Murray, Bub Asman *(Space Cowboys)*.
**Beste visuelle Effekte: Scott E. Anderson, Craig Hayes, Scott Stokdyk, Stan Parks *(Hollow Man)***, John Nelson, Neil Corbould, Tim Burke, Rob Harvey *(Gladiator)*, Stefen Fangmeier, Habib Zargarpour, John Frazier, Walt Conti *(Der Sturm)*.
**Bester Dokumentarfilm: *Into the Arms of Strangers: Stories of the Kindertransport* (Mark Jonathan Harris, Deborah Oppenheimer)**, *Legacy* (Tod S. Lending), *Long Night's Journey Into Day* (Frances Reid, Deborah Hoffmann), *Scottsboro: An American Tragedy* (Barak Goodman, Daniel Anker), *Sound and Fury* (Josh Aronson, Roger Weisberg).
**Bester Kurzdokumentarfilm: *Big Mama* (Tracy Seretean)**, *Curtain Call* (Chuck Braverman, Steve Kalafer), *Dolphins* (Greg MacGillivray, Alec Lorimore), *The Man on Lincoln's Nose* (Daniel Raim), *On Tiptoe: Gentle Steps to Freedom* (Eric Simonson, Leelai Demoz).
**Bester Kurztrickfilm: *Father and Daughter* (Michael Dudok de Wit)**, *The Periwig-Maker* (Steffen Schäffler, Annette Schäffler), *Rejected* (Don Hertzfeldt).
**Bester Kurzfilm: *Quiero Ser* (Florian Gallenberger)**, *By Courier* (Peter Riegert, Ericka Frederick), *One Day Crossing* (Joan Stein, Christina Lazaridi), *Seragilo* (Gail Lerner, Colin Campbell), *Una Historia de Futebol* (Paulo Machline).

## 53. BAFTA Awards

Der Trubel im Vorfeld zu den Oscars ist um eine Veranstaltung bereichert worden. Während bisher die Golden Globes als Ouvertüre zu den Oscars galten, versuchen sich nun die Film-Awards der British Academy of Film and Television Arts (BAFTA) als Wegweiser für das Oscar-Rennen.
Vor allem durch die Vorverlegung der Veranstaltung auf den 25. Februar und die Umbenennung in Orange BAFTA Awards (nach dem Telefonkonzern-Sponsor Orange) will man dem Event, das zuvor immer im Anschluss an die Academy Awards stattgefunden

hatte, zu größerem Renommee verhelfen. Schon jetzt lässt sich anhand der BAFTA-Awards-Nominierungen eine klare Orientierung an dem Vorbild Hollywood erkennen. Obwohl es sich um eine britische Veranstaltung handelt, sind es vor allem US-Filme, die die Liste der Nominierungen und somit das Flair der Preisverleihungen bestimmen.

Die Nominierten und die **Gewinner**:

**Bester Film:** ***Gladiator***, *Almost Famous, Billy Elliot – I Will Dance, Tiger & Dragon, Erin Brockovich – Eine wahre Geschichte.*

**Bester britischer Film (Alexander Korda Award):** ***Billy Elliot – I Will Dance***, *Chicken Run – Hennen Rennen, The House of Mirth, Last Resort, Sexy Beast.*

**Bester Regisseur (David Lean Award): Ang Lee *(Tiger & Dragon)***, Stephen Daldry *(Billy Elliot – I Will Dance)*, Steven Soderbergh *(Erin Brockovich)*, Ridley Scott *(Gladiator)*, Steven Soderbergh *(Traffic)*.

**Bestes Drehbuch: *Almost Famous* (Cameron Crowe)**, *Billy Elliot – I Will Dance* (Lee Hall), *Erin Brockovich* (Susannah Grant), *Gladiator* (David Franzoni, John Logan, William Nicholson), *O Brother, Where Art Thou?* (Ethan Coen, Joel Coen).

**Beste Darstellerin: Julia Roberts *(Erin Brockovich)***, Juliette Binoche *(Chocolat)*, Kate Hudson *(Almost Famous)*, Hilary Swank *(Boys Don't Cry)*, Michelle Yeoh *(Tiger & Dragon)*.

**Bester Darsteller: Jamie Bell *(Billy Elliot – I Will Dance)***, Russell Crowe *(Gladiator)*, Michael Douglas *(Wonder Boys)*, Tom Hanks *(Verschollen)*, Geoffrey Rush *(Quills)*.

**Bester ausländischer Film: *Tiger & Dragon***, *The Girl On the Bridge, Harry meint es gut mit dir, In the Mood For Love, Der Zauber von Malèna.*

## 26. César – Französischer Filmpreis

Die von Daniel Auteuil präsidierte 26. César-Verleihung hat, wie erwartet, die meistnominierten Produktionen *Lust auf Anderes* und *Harry meint es gut mit dir* belohnt. Beide Filme dominierten mit jeweils vier Auszeichnungen.
Agnès Jaoui und Dominik Moll haben sich bei der 26. César-Verleihung die attraktivsten Preise gesichert. Agnès Jaouis ***Lust auf Anderes*** gewann die Statuetten für den besten Film, den besten Darsteller (Gérard Lanvin) und die beste Nebendarstellerin (Anne Alvaro) sowie den Preis für das beste Drehbuch. Dominik Molls ***Harry meint es gut mit dir*** erhielt ebenfalls vier Auszeichnungen. Das Team des Nachwuchsregisseurs erhielt Auszeichnungen für den besten Darsteller, den besten Ton und den besten Schnitt. Obwohl Bernard Rapps *Une affaire de goût* fünfmal und Olivier Assayas' *Les destinées sentimentales* viermal nominiert waren, wurden sie am Ende völlig ignoriert. Enttäuschend war ebenfalls das Urteil für Patricia Mazuy *(Saint-Cyr)*, die trotz acht Nominierungen, unter anderem in den Kategorien bester Regisseur, bester Film und bestes Drehbuch, nur einmal auf die Bühne stieg, um den César für die besten Kostüme zu erhalten. Wie im vorigen Jahr Luc Bessons *Johanna von Orléans* wurden die Großproduktionen kaum berücksichtigt, auch Patrice Lecontes *La veuve de Saint-Pierre* ging leer aus. Außerdem überraschte die Kritiker, dass 15 der 24 nominierten Filme keinerlei Erwähnung fanden.

*Blickpunkt Film*

## 14. Europäischer Filmpreis

Am 1. Dezember wurde in Berlin zum 14. Mal der Europäische Filmpreis verliehen. Insgesamt waren diesmal acht Filme für die Auszeichnung als

bester europäischer Film des Jahres nominiert worden. Deutschland hatte den Psychothriller *Das Experiment* von Oliver Hirschbiegel mit Moritz Bleibtreu ins Rennen geschickt, der aber gegen die reizende »Amélie« keine Chancen hatte.
Deutschland gewann mit dem RAF-Film ***Black Box BRD*** von Andres Veiel den Preis für den **besten Dokumentarfilm**. Der **Preis für ihr Lebenswerk** wurde der legendären britischen Comedygruppe **Monty Python** zuerkannt.
Die Preise wurden im neu erbauten Tempodrom am Anhalter Bahnhof vergeben. Der Europäische Filmpreis wird seit 1988 durch die in Berlin ansässige Europäische Filmakademie mit ihrem Präsidenten Wim Wenders verliehen.

**Die Preise:**

**Europäischer Film 2001:** ***Die fabelhafte Welt der Amélie*** von Jean-Pierre Jeunet (Frankreich).
**Bester Regisseur: Jean-Pierre Jeunet** für *Die fabelhafte Welt der Amélie.*
**Beste Schauspielerin: Isabelle Huppert** in *Die Klavierspielerin* (Österreich).
**Bester Schauspieler: Ben Kingsley** in *Sexy Beast* (Großbritannien/Spanien).
**Bestes Drehbuch: Danis Tanovic** für *No Man's Land* (Frankreich/Italien/Belgien/Großbritannien/Slowenien).
**Beste Kamera: Bruno Delbonnel** für *Die fabelhafte Welt der Amélie.*
**»Fassbinder Award« (Entdeckung 2001):** ***El Bola*** von Achero Manas (Spanien).
**Kurzfilm (»Prix UIP«):** ***Je t'aime John Wayne*** von Toby MacDonald (Großbritannien).
**Bester Dokumentarfilm (»Prix Arte«):** ***Black Box BRD*** von Andres Veiel (Deutschland).
**Kritikerpreis:** ***La ville est tranquille*** von Robert Guédiguiain (Frankreich).
**Europäischer Beitrag zum Weltkino: Ewan McGregor** in *Moulin Rouge.*
**European Film Academy Lifetime Achievement Award (Lebenswerk): Monty Python.**
**Screen International Award:** ***Moulin Rouge*** von Buz Luhrmann.

**Publikumswahl:**

**Bester Regisseur: Jean-Pierre Jeunet.**
**Bester Darsteller: Colin Firth** in *Bridget Jones – Schokolade zum Frühstück.*
**Beste Darstellerin: Juliette Binoche** in *Chocolat.*

## 58. Golden Globe Awards

Die Vereinigung der Auslandspresse in Hollywood betätigte sich mal wieder als Barometer für die spätere Oscarvergabe.

**Die Gewinner:**

**Bester Film – Drama:** ***Gladiator.***
**Bester Film – Musical/Komödie:** ***Almost Famous – Fast berühmt.***
**Bester Regisseur: Ang Lee** *(Tiger & Dragon).*
**Beste Schauspielerin – Drama: Julia Roberts** *(Erin Brockovich).*
**Bester Schauspieler – Drama: Tom Hanks** *(Verschollen).*
**Beste Schauspielerin – Musical/Komödie: Renee Zellweger** *(Nurse Betty).*
**Bester Schauspieler Musical/Komödie: George Clooney** *(O Brother, Where Art Thou?).*
**Bester Auslandsfilm:** ***Tiger & Dragon.***
**Beste weibliche Nebenrolle: Kate Hudson** *(Almost Famous).*
**Beste männliche Nebenrolle: Benicio Del Toro** *(Traffic).*
**Bestes Drehbuch: Stephen Gaghan** *(Traffic).*
**Beste Filmmusik: Hans Zimmer** *(Gladiator).*
**Bester Song: Things Have Changed** von Bob Dylan *(Wonder Boys).*

## 15. Goya-Verleihung – Spanischer Filmpreis

Bei der 15. Goya-Award-Verleihung der spanischen Filmakademie in Madrid hat sich schon beinahe traditionsgemäß ein Nachwuchskünstler gegen die etablierte Filmelite durchgesetzt. Wie schon Augustin Diaz Yannes, Alex de la Iglesia, Alejandro Amendabar sowie Benito Zambrano konnte in diesem Jahr Schauspieler-Regisseur **Achero Manas** mit seinem Debüt ***El Bola*** *(The Wodden Pellet)* die Jury überzeugen.
Der Film über die Misshandlung eines kleinen Jungen gewann gleich in vier Kategorien: **bester Film**, **bester Nachwuchsregisseur**, **bestes Drehbuch** und **bester Nachwuchsdarsteller** (Juan José Ballesta).
Damit setzte sich der Film gegen die spanischen Boxoffice-Renner *The Commonwealth* von De la Iglesia und José Luis Garcis *You're the One* durch, die je 15 bzw. 14 Nominierungen aufweisen konnten. Während ***Commonwealth*** nur für die Leistungen seiner Hauptdarstellerin Carmen Maura und im Bereich der Special Effects gewann, konnte ***You're the One*** immerhin in sechs Kategorien überzeugen. Neben der **besten Kamera** (Raul Perez Cubero) wurden auch Juan Luis Galiardo (**Darstellerpreis**) sowie Emilio Gutierrez Caba und Julia Gutierrez Caba (**beste Nebendarsteller**) geehrt.
Als weitere Überraschung wurde Ex-Filmakademie-Präsident **José Luis Borau** für seinen Thriller ***Leo*** als **bester Regisseur** ausgezeichnet.
Als **bester europäischer Film** konnte Lars von Triers ***Dancer in the Dark*** auch in Spanien überzeugen, während die argentinisch-spanische Koproduktion ***Plata Quemada*** von Marcelo Pineyro den Award für den besten spanischsprachigen Film aus dem Ausland erhielt.

*Blickpunkt Film*

# Nationale Auszeichnungen

## Bayerischer Filmpreis

Bei der diesjährigen Verleihung des Bayerischen Filmpreises im Münchner Cuvilliés-Theater ging der **Regiepreis**, dotiert mit 60.000 DM, an ***Das Experiment*** von Oliver Hirschbiegel, der **Nachwuchs-Regiepreis** (40.000 DM) an Esther Gronenborn für ***alaska.de***. Als **beste Darstellerin** wurde **Hannelore Elsner** *(Die Unberührbare)*, als **bester Darsteller Benno Fürmann** *(Freunde)* mit je 30.000 DM ausgezeichnet. Die Preise für die **Nachwuchsdarsteller**, dotiert mit 20.000 DM, gingen an **Fritzi Haberlandt** *(Kalt ist der Abendhauch)* und **Robert Stadlober/Tom Schilling** *(Crazy)*; der **Kamerapreis** mit 40.000 DM ging an **Rainer Klausmann** *(Das Experiment)*, der **Drehbuchpreis**, dotiert mit 40.000 DM, an **Mario Giordano, Christoph Darnstädt** und **Don Bohlinger** *(Das Experiment)*. Den undotierten **Ehrenpreis** des Bayerischen Ministerpräsidenten erhielt **Mario Adorf**. Avista Film *(Vergiss Amerika)* und Olga Film *(Die Einsamkeit der Krokodile)* teilen sich den **Produzentenpreis** (jeweils 250.000 DM); der **Preis der VGF** (100.000 DM) wurde **Hofmann & Voges** *(Erkan & Stefan)* zuerkannt.

## Deutscher Filmpreis 2001

***Das Experiment*** erhielt die meisten Lolas, wie der Preis sich jetzt nennt, darunter den **Publikumspreis** für den besten Film. Doch **Gold** für den besten Film ging an ***Die innere Sicherheit***. Im Übrigen begann zum ersten Mal die Zeremonie mit einer Kanzlerrede.
**Bester Spielfilm:** Nominierungen, verbunden mit einer Prämie von 500.000 DM: ***alaska.de*** von Esther Gronenborn (P: Bioskop Film); ***Crazy*** von

Hans-Christian Schmid (Silber; P: Claussen + Wöbke Filmproduktion); ***Das Experiment*** von Oliver Hirschbiegel (P: Fanes Film/Typhoon Film Produktion); ***Gran Paradiso*** von Miguel Alexandre (P: Studio Hamburg Filmproduktion); ***Die innere Sicherheit*** von Christian Petzold (Gold; P: Schramm Film); ***Der Krieger und die Kaiserin*** von Tom Tykwer (Silber; P: X-Filme).
**Bester Dokumentarfilm**, verbunden mit einer Prämie von 200.000 DM: ***Havanna mi amor*** von Uli Gaulke (Gold; P: Flying Moon Filmproduktion) und ***Milch und Honig aus Rotfront*** von Hans-Erich Viet (P: Icon Film).
**Beste Regie: Esther Gronenborn** für *alaska.de*; **Christian Petzold** für *Die innere Sicherheit*; **Tom Tykwer** für *Der Krieger und die Kaiserin.*
**Beste Hauptdarstellerin: Julia Hummer** für *Die innere Sicherheit*; **Franka Potente** für *Der Krieger und die Kaiserin*; **Katrin Saß** für *Heidi M.*
**Bester Hauptdarsteller: Moritz Bleibtreu** für *Das Experiment* und *Im Juli*; **Marek Harloff** für *Vergiss Amerika*; **Robert Stadlober** für *Crazy.*
**Beste Nebendarstellerin: Barbara Auer** für *Die innere Sicherheit*; **Franziska Troegner** für *Heidi M.*; **Antje Westermann** für *Gran Paradiso.*
**Bester Nebendarsteller: Justus von Dohnanyi** für *Das Experiment*; **Frank Giering** für *Gran Paradiso*; **Lars Rudolph** für *Der Krieger und die Kaiserin.*
**Hervorragende Einzelleistungen: Andrea Kessler, Uli Hanisch** (Szenenbild von *Das Experiment*), **Gero Steffen** (Kamera bei *Frau2 sucht HappyEnd*), **Christian Lonk** (Schnitt von *alaska.de*).
**Bester ausländischer Film:** ***In the Mood for Love*** (Wong Kar-wai).
**Ehrenpreis: Curt Linda.**
**Publikumspreise:** Deutscher Kinofilm des Jahres: ***Das Experiment.***
Schauspieler/in des Jahres: **Moritz Bleibtreu.**

## Bayerischer Dokumentarfilmpreis

**Der junge Löwe 2001**, vergeben beim Filmfest München und dotiert mit jeweils 15.000 DM, ging an **Konstantin Faigle** für ***Out of Edeka*** (P: Kunsthochschule für Medien, Köln), an **Branwen Okpako** für ***Dreckfresser*** (DFFB/ZDF) und an **Juliette Cazanave** für ***Nicole et Jean*** (P: DFFB mit BR und ARTE).

## Discovery Channel Award

Der **Regiepreis für Nachwuchsleistungen** im Bereich Dokumentarfilm, dotiert mit 15.000 DM, ging an ***Gnadenlos*** von **Andrea Schramm** und **Jana Matthes** (P: Kick Film München mit BR und WDR).

## Femina-Filmpreis

Der vom Verband der Filmarbeiterinnen vergebene und mit 3000 DM dotierte Preis ging an **Sophie Maintigneux** für ihre Kameraarbeit in *L'amour, l'argent, l'amour* von Philip Gröning.

## First Steps 2001 Nachwuchspreis

Kategorie **Abendfüllender Spielfilm**: ***Das weiße Rauschen*** von **Hans Weingartner** (Kunsthochschule für Medien, Köln);
Kategorie **Dokumentarfilm**: ***Groundspeed*** von **Luzia Schmid** (Kunsthochschule für Medien, Köln);
Kategorie **Spielfilme bis 60 Minuten**: ex aequo an ***Mein Stern*** von **Valeska Grisebach** (Filmakademie Wien und HFF ›Konrad Wolf‹ Potsdam-Babelsberg) und an ***Über Wasser*** von **Kirsten Peters** (Filmakademie Ludwigsburg);
Kategorie **Kurz- und Animationsfilme bis 25 Minuten**: ***Letzte Hilfe*** von **Gabriela D'Hondt** (Hochschule für Gestaltung und Kunst, Zürich).

## Deutscher Fernsehpreis 2001

Der SAT.1-Zweiteiler ***Der Tunnel*** wurde bei der dritten Verleihung des Deutschen Fernsehpreises als bester Fernsehfilm ausgezeichnet. ***Vera Brühne*** erhielt als einzige Produktion zwei Auszeichnungen. Als erfolgreichste Sender gingen ARD und SAT.1 mit je sechs Preisen aus der Veranstaltung hervor.

**Die »filmrelevanten« deutschen Fernsehpreise:**

**Fernsehfilm: *Der Tunnel*** (Sat.1/Teamworx).
**Serie/Schauspieler Serie: *Der Ermittler*/Oliver Stokowski** (ZDF/SF/DRS/Monaco Film).
**Dokumentation: *Klein, schnell und außer Kontrolle*** (3sat/HFF München).
**Regie Fernsehfilm: Andreas Dresen** (*Die Polizistin*, ARD/WDR/Westdeutsche Universum).
**Drehbuch Fernsehfilm: Ruth Toma** (*Romeo*, ZDF/Bavaria).
**Schauspieler Fernsehfilm: Matthias Habich** (*Jahrestage*, ARD/WDR/NDR/BR/ORB/ORF/Eikon).
**Schauspielerin Fernsehfilm: Corinna Harfouch** (*Vera Brühne*, SAT.1/Constantin).
**Schauspieler Nebenrolle: Uwe Ochsenknecht** (*Vera Brühne*, SAT.1/Constantin).
**Schauspielerin Nebenrolle: Anna Thalbach** (*Tatort – Kindstod*, ARD/WDR/Colonia Media).
**Kamera: Carl-Friedrich Koschnick** (*Jenseits*, ZDF/Arte/Network Movie)
**Schnitt: Trevor Holland** (*Abschnitt 40*, RTL/Typhoon Networks).
**Musik: Paul Vincent Gunia, Tito Larriva, Derya** und **Sema Mutlu** (*Der Schrei des Schmetterlings*, ZDF/Arte/Mira).
**Ausstattung: Harald Turzer** (*Die Nacht der Engel*, RTL/d.i.e.film.gmbh und *Der Runner*, Pro 7/NDF).
**Förderpreise: Miriam Stein** für ihre Rolle in *Das Mädchen aus der Fremde* (ARD/C-Films), **Britta Wauer** für ihren Dokumentarfilm *Heldentod – der Tunnel und die Lüge* (ZDF/Arte).
**Ehrenpreis: Peter Scholl-Latour.**

## Preis der Filmkritik

Der **Deutsche Kritikerverband** zeichnete im Rahmen des **Max-Ophüls Preis-Festivals *Die Unberührbare*** als besten Film des Jahres 2000 und ***Vergiss Amerika*** als **beste Nachwuchsarbeit** aus. Die **Darstellerpreise** gingen an **Hannelore Elsner** und **Vadim Glowna** für ihre Rollen in *Die Unberührbare*. In der Kategorie **Bester Dokumentarfilm** votierten die Kritiker für ***Neustadt Stau – Stand der Dinge*** von Thomas Heise.
Mit dem **Ernst-Lubitsch-Preis** des Clubs der Berliner Filmjournalisten wurden **Gudrun Orkas**, **Christel Peters** und **Elisabeth Peters** für ihre bravouröse Leistung in *Jetzt oder nie – Zeit ist Geld* geehrt. **Hannelore Hoger** hingegen ist die Trägerin des **Helmut-Käutner-Preises 2001** der Stadt Düsseldorf, mit dem die Jury »eine der wandlungsfähigsten deutschen Schauspielerinnen« würdigte.
Der von der Filmstiftung NRW erstmals verliehene **Preis der Filmkritik**, mit dem Personen, Institutionen oder Vereine geehrt werden, die sich besonders um die Filmkultur in NRW verdient gemacht haben, ging an den Bonner **Schwarz-Weiss-Filmverleih** von Dieter Hertel. Der Preis wurde im Rahmen der »Film +«-Veranstaltung Anfang Dezember in Köln übergeben, auf der auch der diesjährige **Schnitt-Preis** an **Monika Schindler** für ihre Arbeit an ***Die Polizistin*** verliehen wurde. *nach Film-Dienst*

## Gilde-Preise

Die diesjährigen Preisträger der **Gilde Deutscher Filmkunstkinos** sind in der Kategorie **Deutscher Film: Tom Tykwer** für *Der Krieger und die Kaiserin*

(Gold), **Miguel Alexandre** für *Gran Paradiso* (Silber); beim **Ausländischen Film: Lasse Hallström** für *Chocolat* (Gold) und **Silvio Soldini** für *Brot & Tulpen* (Silber).
Bei der Preisverleihung waren u. a. Leslie Caron (*Chocolat*), Miguel Alexandre, Ken Duken, Volker Modenbach (alle *Gran Paradiso)* sowie Benno Fürmann und Joachim Król *(Der Krieger und die Kaiserin)*.

## 11. Deutscher Kamerapreis

In den **Kategorien Spielfilm** ging der Preis an **Benedict Neuenfels** für ***Lost Killers***;
**Fernsehfilm** an **Michael Hammon** für ***Die Polizistin***;
**Dokumentation** an **Thomas Riedelsheimer** für ***Rivers and Tides – Fluss der Zeit***.
Der **Förderpreis Kamera/Kurzfilm** ging an **Alexander du Prel** für ***Ist gut jetzt.***
**Ehrenkameramann 2001: Jost Vacano.**

## Shootingstars 2001

Die European Film Promotion (EFP) präsentiert zum vierten Mal im Rahmen der 51. Berlinale 18 aufstrebende europäische Schauspieler/innen. Auf zahlreichen Events stellte sich eine junge europäische Schauspielergeneration der internationalen Filmbranche und der Presse vor.
Die deutschen Shootingstars für das Jahr 2001 sind **Heike Makatsch** *(Gripsholm, Gott & die Welt, Late Night Shopping)* und **Benno Fürmann** *(Der Krieger und die Kaiserin, Kanak Attack, Anatomie, Freunde)*.

## Schnitt-Preis 2001

Eine Expertenjury, bestehend aus Hans-Christoph Blumenberg, Bettina Böhler, Catherine Flemming, Thomas Mauch, Peter Rommel, Michael Schmid-Ospach und Brigitte Werneburg, überreichte den 3. Schnitt-Preis an **Monika Schindler** *(Die Polizistin)*.
Der Schnitt-Preis, der vom Filmmagazin »Schnitt« zusammen mit der Filmstiftung NRW und der Stadt Köln verliehen wird, würdigte damit zum dritten Mal die Einzelleistung eines Cutters und ist mit 15.000 DM dotiert. Eine ausdrückliche Anerkennung wurde zudem **Martina Matuschewski** für ihre Schnittleistung an *Vergiss Amerika* ausgesprochen.

*Blickpunkt Film*

## Filmpreis der Stadt München 2001

Am 11. November 2001 wurde im Filmmuseum zum fünften Mal der inzwischen mit 20.000 DM dotierte Filmpreis der Stadt München verliehen. Nach Herbert Achternbusch (1992), Oliver Herbrich (1994), Dagmar Hirtz (1996) und Marlies Kirchner (1998) erhielt die langjährige Leiterin des Dokumentarfilm-Festivals, **Gudrun Geyer**, den begehrten Preis.
In der Begründung der Jury, der Michael Hartmann (S/F/K-Verband), Marlies Kirchner (Theatiner Filmkunst), Bettina Reitz (teamworx), Claudius Seidl (FAZ) und Simone Stewens (BR) sowie die Stadtratsmitglieder Sabine Csampai, Haimo Liebich, Monika Renner, Ursula Sabathil und Walter Zöller angehörten, wird Gudrun Geyer vor allem für ihre Aufbauarbeit und 16-jährige Leitung des Internationalen Dokumentarfilm-Festivals München ausgezeichnet. Überdies wird ihr Engagement für das »Sinema Türk« als »wertvoller Beitrag zur Ausländerintegration für München« gewürdigt.

## Deutscher Kurzfilmpreis

Nominierungen, verbunden mit einer Prämie von 25.000 DM für Filme bis höchstens sieben Minuten:
**Eva-Marel Jura, Robert Krause: *Cut away***; P: HFF München (ausgezeichnet mit dem Filmpreis in Gold).
**Nils Loof: *Wahlverwandtschaften***;

B: Levin Alexander, P: Nils Loof Filmproduktion (ausgezeichnet mit dem Filmpreis in Silber).

Nominierungen, verbunden mit einer Prämie von 25.000 Mark für Filme bis höchstens 15 Minuten:
**Idil Üner:** ***Die Liebenden vom Hotel Osman***; P: Peter Stockhaus Filmproduktion (Filmpreis in Gold).
**Su Turhan:** ***Gone Underground***: B: Su Turhan, Bettina Platz; P: Gone Underground/Getpix Filmroduktion (Filmpreis in Silber).
**Felicitas Korn:** ***Naß***; P: Kinoherz@ Lounge/HFF München.
**Patrick Lambertz:** ***Gleisarbeiter***; P: HFF »Konrad Wolf«, Potsdam.
**Ivan Sainz-Pardo:** ***Schneckentraum***; P: Wiedemann & Berg München/HFF München.
**Carsten Strauch:** ***Das Taschenorgan***; P: Carsten Strauch Filmproduktion.

## Short-Tiger-Kurzfilmpreise

Zur Förderung des kreativen Filmnachwuchses vergab die FFA die Kurzfilmpreise »Short Tiger« an sieben Studenten deutscher Filmhochschulen. Die mit einer ungewöhnlich hohen Fördersumme von insgesamt 250.000 DM ausgestatteten Auszeichnungen wurden am 3. Juli in einer Sonderveranstaltung des Münchner Filmfests vergeben. Den Hauptpreis in Höhe von 50.000 DM erhielt der Hamburger Filmhochschüler **Wolfgang Dinslage** für seinen Kurzfilm *Quak*. Die Jurymitglieder Regisseur **Oskar Roehler**, Kinobetreiber **Heinrich-Georg Kloster** und FFA-Vorstand **Rolf Bähr** erkannten eine »besondere Anziehungskraft zwischen Mensch und Fröschen«.
**Bester Film in der Kategorie Animation** (50.000 DM):
***Hessi James***, Regie: Johannes Weiland (Filmakademie Baden-Württemberg) GmbH.
**Förderpreis** (jeweils 30.000 DM):
***Sonntags***, Regie: Ina Weisse (Hamburger Filmwerkstatt).
***Wilde Ehe***, Regie: Kathrin Feistl (Dt. Film- und Fernsehakademie Berlin).
***Der Pilot***, Regie: Oliver Seiter (Filmakademie Baden-Württemberg).
***Adrian und der Wolf***, Regie: Sylvie Lazzarini (Dt. Film- und Fernsehakademie Berlin).
***Herr im Haus***, Regie: Gudrun Falke (Hamburger Filmwerkstatt).
*Blickpunkt Film, 29/2001*

## Deutscher Videopreis 2001

Die elfte VideoWinner-Gala, veranstaltet vom Entertainment Media Verlag fand im Kaisersaal der Münchner Residenz statt.
Der Deutsche Videopreis ging diesmal an die Schauspielerin **Hannelore Elsner** *(Die Unberührbare)* und den *Lord of the Dance*, **Michael Flatley. Robert Stadlober** *(Crazy)* und **Tobias Schenke** *(Harte Jungs)* durften sich über den mit je 7500 DM dotierten Nachwuchsförderpreis der bayerischen Staatsregierung freuen.
»Highlander« **Christopher Lambert** bekam aus den Händen von Desirée Nosbusch den European Video Award und Senta Berger würdigte die Karriere von »Dracula« **Christopher Lee**, der mit dem **Lifetime Achievement Award** ausgezeichnet wurde. Zuvor waren die VideoWinner für die Publikumslieblinge des Jahres 2000 vergeben worden. VCL bekam die Statuette in Gold für den Verleihhit ***The Sixth Sense***. Zwei Anbieter erhielten Zweifachplatin: Fox für ***Star Wars: Episode 1*** und Buena Vista für ***Tarzan***. Columbia TriStars ***Gladiator*** wurde als DVD des Jahres mit der DIVA prämiert. *Blickpunkt Film, 6/2001*

# Internationale Filmfestivals

## Beirut Film-Festival

Das Film-Festival Beirut (3.–10. Oktober) bekam die Schatten der amerikanisch angeführten Angriffe auf Afghanistan zu fühlen: Ein großer Teil der erwarteten professionellen Teilnehmer blieb dem Festival fern, was zur Folge hatte, dass auch der Kartenverkauf sehr darunter litt.
Die Einheimischen ließen sich weniger von der allgemein vorherrschenden Hysterie der westlichen Journalisten anstecken. Einige der Festivalgäste machten einen Ausflug zur Grenze zwischen Syrien und Israel zum Set von *The Kite*, einem Spielfilm über eine libanesische Familie, die während der israelischen Invasion 1982 auseinander gerissen wurde; Regie: Randa Chahal Sabbag.
Die internationale Jury, mit dem italienischen Produzenten und Exfestivalchef von Locarno, **Marco Muller,** als Vorsitzenden, zeichnete **Magdi Ahmad Ali's *A Girl's Secret*** mit der Goldmedaille in dem neu gegründeten Wettbewerb des Kinos des Mittleren Ostens aus. Der Film brach in seinem Heimatland Ägypten etliche Tabus, indem er die grausame Reaktion einer strikt muslimischen Gesellschaft auf Teenagerschwangerschaften verurteilte, was vor allem beim jugendlichen Publikum Anklang fand.
Mit dem zweiten Preis wurde der poetische ***Clouds of May*** des Türken **Nuri Bilge Ceylan** belohnt, gefolgt von ***Under the Moonlight***, ein offener Blick auf den iranischen Klerus des Regisseurs **Reza Mir Karimi**.
Die Dokumentarfilmerin **Mai Masri** gewann den Preis der Jury für ihren Film ***Frontiers of Dreams and Fears***. Der Film handelt von zwei Mädchen, die in palästinensischen Lagern im Libanon und in Bethlehem leben und sich über das Internet angefreundet haben.

## 51. Berlinale – Internationale Filmfestspiele Berlin

Die letzte Berlinale unter der Ägide von Moritz de Hadeln überzeugte als Mischung von Mainstream und künstlerischen Experimenten, wurde zum Triumph für den europäischen Film. Für Hollywood-Glamour sorgten Altstars wie Sean Connery, Anthony Hopkins oder die Kinolegende Kirk Douglas. Das Fell des Bären ist verteilt, jedoch nicht immer zur Zufriedenheit aller. Mit einer Überraschung ging die 51. Berlinale zu Ende: Nicht der Favorit, Steven Soderberghs *Traffic*, erhielt den Goldenen Bären, sondern Patrice Chéreau für sein sexuell verstörendes Drama ***Intimacy***, eine Arte-Koproduktion. Und Kerry Fox kassierte den Silbernen Bären als beste Hauptdarstellerin. Buhrufe bei der Pressekonferenz ließen die Ambivalenz spüren, mit der diese wagemutige, aber vertretbare Jury-Entscheidung aufgenommen wurde. *(Margret Köhler, Blickpunkt Film)*
Im Gegensatz zum Vorjahr, wo die Berlinale (7.–18.2.) noch stark durch US-Produktionen geprägt war, dominierten 2001 vor allem die europäischen Filme das Festival. Einziger deutscher Teilnehmer war »My Sweet Home«, eine Low-Budget-Produktion von Filipos Tsitos.

**Die wichtigsten Auszeichnungen:**

**Goldener Bär: *Intimacy*** (Patrice Chéreau).
**Silberner Bär (Großer Preis der Jury): *Beijing Bicycle*** (Wang Xiaoshuai).
**Silberner Bär (Preis der Jury): *Italienisch für Anfänger*** (Lone Scherfig).
**Silberner Bär für die beste Regie: Lin Cheng-sheng** *(Betelnut Beauty)*.
**Silberner Bär für die beste Darstellerin: Kerry Fox** *(Intimacy)*.
**Silberner Bär für den besten Darsteller: Benicio del Toro** *(Traffic)*.

**Silberner Bär für eine herausragende Leistung:** Kameramann **Raúl Pérez Cubero** für ***You're The One*** (José Luis Garci).
**Der Blaue Engel (AGICOA-Preis) für den besten europäischen Film: Patrice Chéreau** *(Intimacy).*
**Alfred-Bauer-Preis für einen Erstlingsfilm:** ***La Ciénaga*** (Lucrecia Martel).
**Goldener Bär für den besten Kurzfilm:** ***Ame Noire*** (Martine Chartrand).
**Silberner Bär (Kurzfilm):** ***Jungle Jazz: Public Enemy No. 1*** (Frank Fitzpatrick).
**Preise der Kirchen der ökumenischen Jury:** ***Italienisch für Anfänger*** (Lone Scherfig), ***Wit*** (Mike Nichols), ***Blue End*** (Kaspar Kasics), ***Det Nya Landet*** (Geir Hansteen Jörgensen).
**Preise der FIPRESCI (Fédération Internationale de la Presse Cinématographique):** ***Italienisch für Anfänger*** (Lone Scherfig), ***Maelström*** (Denis Villeneuve), ***Danach hätte es schön sein müssen*** (Karin Jurschick).
**Preis der Gilde deutscher Filmkunsttheater:** ***Forrester – Gefunden!*** (Gus Van Sant).
**Preis der CICAE (Confédération Internationale des Cinémas d'Art et Essaî – Internationaler Verband der Filmkunsttheater):** ***Late Night Shopping*** (Saul Metzstein).
**Panorama-Publikumspreis:** ***Berlin Is in Germany*** (Hannes Stöhr).
**Gläserner Bär (Kinder-Jury):** ***There's Only One Jimmy Grimble*** (John Hay).
**Gläserner Bär (Kurzfilm):** ***Robbie das Rentier und das große Rentierrennen*** (Richard Goleszowski).
**Wolfgang-Staudte-Preis (GWFF):** ***Love/Juice*** (Kaze Shindo).
**Caligari-Filmpreis:** ***Crónica de un Desayuno*** (Benjamín Cann).
**Leserpreis der Berliner Zeitung:** ***Werckmeister Harmóniák*** (Béla Tarr).
**Leserpreis der Berliner Morgenpost:** ***Italienisch für Anfänger*** (Lone Scherfig).
**Leserpreis der Siegessäule:** ***Sa Tree Lex*** (Yongyoot Thongkonthun).

Mit der Berlinale-Kamera wurde **Heinz Badewitz**, Leiter der Int. Hofer Filmtage und mitverantwortlich für die »Deutsche Reihe« bei der Berlinale, ausgezeichnet.

## 54. Internationale Filmfestspiele Cannes

Auch dieses Jahr war es ein Triumph des europäischen Films auf der Croisette, obwohl der Jury eine imposante Auswahl asiatischer Filme zur Verfügung stand.
Die Juroren kamen jedoch hauptsächlich vom Alten Kontinent und dessen kulturellem Umkreis (Ausnahme Edward Yang), eine Tatsache, die sich natürlich auch auf ihren filmischen Geschmack auswirkte.
Was sich in der Wirtschaft schon lange durchgesetzt hat, wird in der Filmindustrie auch immer populärer: Outsourcing, Lizenz- und Koproduktionen, ohne welche vor allem der europäische Film gar nicht mehr überleben könnte (*Das Zimmer meines Sohnes*, Italien/Frankreich; *Die Klavierspielerin*, Frankreich/Österreich/Deutschland; *No Man's Land*, Cast aus fünf Ländern; etc.).
Man mag diese Allianzen zwischen privaten Gruppen und öffentlichen Subventionen begrüßen oder nicht und es gibt bestimmt genügend Ansatz für Kritik, doch auf jeden Fall ermöglichen sie eine erfreuliche Vielfältigkeit und einen notwendigen Pluralismus. Letztendlich sind sie ein Garant für künstlerische Freiheit und bieten etwas Neues, Innovatives, weg von den hollywoodliken Stereotypen. Wofür Cannes noch ein Beleg war in diesem Jahr, ist, dass die Nationalität der Filme immer unwichtiger wird: Inspiration für unsere Politiker?! – auf jeden Fall Zukunft.

**Die wichtigsten Festivalpreise:**

**Goldene Palme:**
***La stanza del figlio (Das Zimmer meines Sohnes)*** von Nanni Moretti.

**Grand Prix:**
***Die Klavierspielerin*** von Michael Haneke.
**Prix d'interprétation féminine:**
**Isabelle Huppert** für *Die Klavierspielerin.*
**Prix d'interprétation masculine:**
**Benoît Magimel** für *Die Klavierspielerin.*
**Prix de la Mise en Scène (exaequo):**
***The Man Who Wasn't There*** von Joel Coen.
**Prix de la Mise en Scène (exaequo):**
***Mulholland Drive*** von David Lynch.
**Prix du Jury à un Technicien:**
***Duu-Chich Tu*** von Ni Nei Pien Chi Tien.
**Prix du Meilleur Scénario:**
***No Man's Land*** von Danis Tanovic.

**Kurzfilme:**
**Palme d'or:**
***Bean Cake*** von David Greenspan.
**Prix du Jury:**
***Pizza Passionata*** von Kari Juusonen.
**Prix spécial du Jury:**
***Dadd's Girl*** von Irvine Allan.

Die Jury für den Wettbewerb der abendfüllenden Filme bildeten:
Liv Ullmann (Präsidentin), Charlotte Gainsbourg, Sandrine Kiberlain, Julia Ormond, Moufida Tlatli, Mimmo Calopresti, Terry Gilliam, Mathieu Kassovitz, Philippe Labro, Edward Yang.

## Internationales Filmfestival Chicago

Bei dem diesjährigen 37. Internationalen Filmfestival in Chicago (4.–18. Oktober) wurden gleich drei Schauspielerinnen ausgezeichnet: **Faye Dunaway** und **Halle Berry** mit einem **Career Achievement Award** und **Sigourney Weaver** mit einem **Lifetime Achievement Award**.
Die internationale Jury setzte sich aus Henri Behar (Frankreich), John Russell Taylor (GB), Duane Byrge (USA) und Patrick Z. McGavin (USA) zusammen. Sie belohnten Catherine Breillats ***Fat Girl*** (Frankreich) mit dem **Goldenen Hugo** für »ihre unerschrockene und kompromisslose Untersuchung des sexuellen Erwachens«.
Der **Silberne Hugo** ging an Hou Hsiao-Hsien für seinen Film ***Millennium Mambo*** (Taiwan/Frankreich) »für sein anhaltendes Heraufbeschwören der Erinnerung und Zeit sowie des nie endenden Kampfes zwischen Körper und Geist«.
Der **Silberne Hugo** für **beste Regie** ging an Tsai Ming-Liang für seinen Film ***What Time Is It There?*** (Taiwan/Frankreich), »weil er die Grenzen des Kinos ständig versetzt und herausfordert und die Tugenden der Stille wieder entdeckt«.
Den Silbernen Hugo für die **beste Schauspielerin** teilten sich **Sandrine Kiberlain** und **Nicole Garcia**, *Betty Fisher And Other Stories* (Frankreich/Kanada) »für ihre fein erfassten und letzlich untrennbaren Darstellungen innerhalb eines handwerklich makellosen Films«.
Der Silberne Hugo für den **besten Schauspieler** ging an **Koji Yakusho** für seine Darstellung in *Warm Water Under A Red Bridge* (Japan), die »in einzigartiger Weise das Naturalistische und Surreale vermischt, Slapstick und Drama, manchmal in derselben Einstellung«.
Der **Spezielle Preis der Jury** für die **beste Kamera** ging an **Benoît Delhomme** für »die unheimliche Subtilität, mit der er Licht in einen flügge gewordenen Charakter« in dem Film *What Time Is It There?* (Taiwan/Frankreich) bringt.
Innerhalb des Festivals gab es auch einen Dokumentar- und Kurzfilmwettbewerb.

## Festival des amerikanischen Films Deauville

Der Film, den sich die Jury des diesjährigen 27. amerikanischen Filmfestivals in Deauville (1.–9. September) als Favorit erkoren hat, stellt keine Überraschung dar: **John Cameron**

**Mitchell's *Hedwig and the Angry Inch***, der drei Preise gewann, inklusive den der Grand Jury. Auch der andere große Gewinner ist keine Überraschung, da der Regisseur **Terry Zwigoff** schon 1994 in Sundance mit *Crumb* erfolgreich war und hier mit ***Ghost World*** den Jury-Preis und **Thora Birch** den Preis für den besten Schauspieler gewann.
Mit dem Gewinn dieser beiden Filme machte sich eine Atmosphäre der Ehrfurchtslosigkeit am Abend der Abschlussfeier breit, bei der der letzte Film von **Amos Kollek**, ***Quennie in Love***, gezeigt wurde und der Regisseur/Hauptdarsteller **John Cameron Mitchell** »Voulez-vous coucher avec moi çe soir?« zum Besten gab.

**Grand Jury Preis:**
***Hedwig and the Angry Inch*** von John Cameron Mitchell.
**Jury-Preis:**
***Ghost World*** von Terry Zwigoff.
**Bester Kurzfilm:**
Grand Jury Preis: ***The Good Things*** von Seth Wiley.
Jury-Preis: ***Mental Hygiene*** von Lori Silverbush.

## 18. Internationales Filmfestival Jerusalem

Das 18. Filmfest in Jerusalem (12.–21. Juli) hatte etwa 200 internationale Beiträge in seinem Programm und wurde während der neun Tage seiner Dauer von etwa 62.000 Zuschauern besucht. Sie konnten miterleben, wie **Stephen Frears** ein Life Achievement Award verliehen wurde und seinen neuesten Film *Liam* präsentierte. Obwohl *The Believer*, der Sundance- und Moskau-Gewinner, im Wettbewerb vertreten war, sollte hier ein anderer das Rennen machen und den von dem amerikanischen Philantropen Jack Wolgin gestifteten und mit 40.000 US-Dollar dotierten Preis erhalten.
Auch viele deutsche (Ko-)Produktionen waren zu sehen, darunter die Festivalhits *alaska.de*, *Die innere Sicherheit*, *Gripsholm* und *Im Juli*, die französisch-deutsch-algerische Koproduktion *Little Senegal*, *Die Erika und Klaus Mann Story*, der Berlinale-Teilnehmer *Berlin Is in Germany*, Rosa von Praunheims *Für mich gab's nur noch Fassbinder* und das Porträt *Kurt Weill.*

**Lifetime Achievement Awards**
**Stephen Frears** und **Marek Rozenbaum.**
**Wolgin Award für den besten israelischen Film:** ***Late Marriage*** von Dover Kosashvilli.
**Wolgin Award für den besten Dokumentarfilm:** ***It's About Time*** von Ayelet Menahemi und Ilona Ariel.
**Wolgin Award für den besten Kurzfilm:** ***Offside*** von Eliran Knoller und Amir Gilad.

## 36. Filmfestival Karlovy Vary

Am 14. Juli ging das 36. Filmfest in Karlovy Vary zu Ende. Mit rund 128.500 Besuchern, 282 Filmen, 48 internationalen und 13 Weltpremieren konnte das tschechische Filmfestival neue Rekorde verzeichnen. Den mit 20.000 Dollar dotierten Preis gewann Jean-Pierre Jeunets ***Die fabelhafte Welt der Amélie***.
Vor der Kunst kommt das Geld. Nur ein Viertel des Festivalbudgets kam direkt vom Staat, den Rest steuerten Großsponsoren wie Cesky Telekom, Philip Morris, Skoda und Mercedes bei. Programmdirektorin Eva Zaorlova ist es in den letzten Jahren gelungen, aus diesem Geld ein anspruchsvolles Programm zu zimmern, das fast alle Aspekte des gegenwärtigen Kinostandards abdeckt.
Zu den zahlreichen Specials gehörte auch die internationale Erstaufführung des 146 Minuten langen polnischen Films ***The Spring to Come*** von Filipp Bajon. Im Hintergrund von Revolutionen und Massakern geht es um die schwierige Selbstfindung und die

amourösen Verwirrungen eines jungen Polen.
Deutsche Filme waren dieses Jahr in allen Sektionen prominent vertreten, darunter die internationalen Festivallieblinge *Die innere Sicherheit*, *alaska.de* und *Vergiss Amerika*. Einen tschechischen Verleiher hat bisher aber lediglich *Der Krieger und die Kaiserin* gefunden.

**Eine Auswahl der Preisträger:**

**Grand Prix – Kristallglobus: *Die fabelhafte Welt der Amélie***, Frankreich 2000, Regie: Jean-Pierre Jeunet.
**Spezialpreis der Jury: *Czesc Tereska*** *(Hi, Tereska)*, Polen 2000, Regie: Robert Glinski.
**Beste Regie: Ibolya Fekete** *(Chico)*, Ungarn/BRD/Kroatien/Chile 2001.
**Beste Darstellerin: Viveka Seldahl** für *En sang för Martin (A Song for Martin)*, Dänemark/Schweden 2001, Regie: Bille August.
**Bester Darsteller: Sven Wollter** für *En sang för Martin (A Song for Martin)*, Dänemark/Schweden 2001, Regie: Bille August.
**FIPRESCI-Preis: *Czesc Tereska*** *(Hi, Tereska)*, Polen 2000, Regie: Robert Glinski.
**Bester Dokumentarfilm über 30 Minuten: *Vies*** *(Lives)*, Frankreich 2000, Regie: Alain Cavalier.
**Bester Dokumentarfilm bis 30 Minuten: *Pho*** *(Noodle Soup)*, Vietnam/GB 2000, Regie: Uyen Luu.
**Ehrenpreise: Ben Kingsley**, Großbritannien; **Otakar Vávra**, Tschechien.
**Publikumspreis: *Shrek – Der tollkühne Held***, USA 2001, Regie: Andrew Adamson.

## 54. Internationales Filmfestival Locarno

Am Nachmittag des 12. August ging es noch einmal turbulent zu im Palazzetto Morettini, als in einer überfüllten Pressekonferenz die Gewinner des diesjährigen Festivals von der internationalen Jury verkündet wurden. Dass die Wahl auf das gefällige italienische Roadmovie ***To the Revolution in a 2CV*** fiel, löste nicht die beste Reaktion bei der versammelten Presse aus, obwohl man nicht umhinkonnte, die kecke Darstellung eines portugiesischen Exilanten durch den Spanier Antonio Garcia lobend zu zitieren. Da zwei der Jurymitglieder (Emilie Deleuze und Laura Morante) am Abend bei der Preisverleihung in der Piazza Grande fehlten, konnte die Juryvorsitzende Janet Maslin nicht umhin zu verkünden, dass es eine »Mehrheitsentscheidung« war. Wesentlich harmonischer ging es da bei der öffentlichen Bekanntgabe der Preise zu, wo besonders die Entscheidung, **Peter Bogdanovich** einen Special Lifetime Achievement Salute zu geben, einhellig begrüßt wurde.
Der diesjährige Ehren-Leopard ging an den chinesischen Regisseur Chen Kaige, zu desen Ehren *Life on a String* auf der Piazza gezeigt wurde.
Außerdem wurden zwei Spezial-Ehren-Leoparden vergeben: einer für die französische Filmzeitschrift »Cahiers du Cinéma« zum 50. Jubiläum, mit dem zweiten wurde das 20-jährige Bestehen des »Sundance Institute« gefeiert.

**Internationaler Wettbewerb:**

**Goldener Leopard: *Alla Rivoluzione Sulla Due Cavalli*** von Maurizio Sciarra (Italien) .
**Spezialpreis der Jury: *Delbaran*** von Abolfazl Jalali (Japan/Iran).
**Silberner Leopard (Young Cinema): *L'Afrance*** von Alain Gomis (Frankreich).
**Silberner Leopard (New Cinema): *Love The Hard Way*** von Peter Sehr (USA/Deutschland).
**Bronzener Leopard (Schauspielerin): Kim Ho-Jung** in *Nabi* von Moon Seung Wook (Korea).
**Bronzener Leopard (Schauspieler): Antonio Garcia** in *Alla Rivoluzione Sulla Due Cavalli* von Maurizio Sciarra (Italien).

**Special Mentions:**
*Baby Boy* von John Singleton (USA).
*Dong Ci Bian Wei (Conjugation)* von Tong Hiu Park (Emily Tang) (Hongkong).
*Le Lait De La Tendresse Humaine* von Dominique Cabrera (Frankreich).
*The Lawless Heart* von Neil Hunter und Tom Hunsinger (UK).

## 25. Montréal World Film Festival

Zum 25. Jubiläum wurden in der kanadischen Metropole in zehn Kategorien 388 Filme aus 66 Ländern gezeigt. Das Festival des Films du Monde in Montréal bestimmte einmal mehr seinen Standpunkt als nicht kommerzielles Weltkino jenseits des Hollywood-Mainstream. Die Jury unter Vorsitz der Schauspielerin Emmanuelle Béart zollte dem *Focus on Germany* Tribut und vergab gleich drei Preise an deutsche Filme.
Der Schauspielerpreis ging zu Recht an **Robert Stadlober** für seine Leistung in *Engel & Joe* von Vanessa Jopp. **Oliver Hirschbiegel** konnte sich über den Preis für die beste Regie für *Das Experiment* freuen. Der zweite Preis für den besten Kurzfilm ging darüber hinaus an **Holger Ernsts** *Kleine Fische.*
Der als Preisträger hoch gehandelte Beitrag des Schweizers Christoph Schaub, *Stille Liebe*, ging überraschend leer aus. An heimische kanadische Produktionen ging lediglich der **Drehbuchpreis** für Catherine Martins eindringliches Frauenporträt *Marriages*, und die drei Darstellerinnen von Claude Millers Koproduktion *Betty Fisher and Other Stories* teilen sich den Schauspielerinnenpreis. Wie wichtig dem Festival Weltkino mit sozialkritischer Komponente ist, belegt der **Grand Prix of the Americas**, der ex aequo an den iranischen Beitrag *Baran* von Majid Majidi über das Leben afghanischer Flüchtlinge im Iran und an das intensive autobiografische Jungenporträt *Torzok* des Ungarn Arpad Sopsits verliehen wurde.
Der **Publikumspreis** ging an die Kinoversion des Fernsehfilms ***Der Tunnel*** von **Roland Suso Richter**.
Mit einer **Hommage** geehrt wurden Filmdiva Sophia Loren, Jackie Chan, Fernando Solanas und Buñuel-Darsteller Francisco Rabal, der auf der Heimreise vom Festival im Flugzeug verstarb. *Blickpunkt Film, 34/2001*

## 23. Internationales Filmfestival Moskau

Das Moskauer internationale Filmfestival (21.–30. Juni) hatte in diesem Jahr ein Budget von 4,5 Millionen Dollar zur Verfügung und fand mit mehr als 200 Beiträgen in zwölf Kinos statt.
Dem amerikanischen Beitrag ***The Believer*** von Henry Bean gelang es, seine Sundance-Gewinnersträhne fortzusetzen und den Grand Prix beim diesjährigen Festival zu erhalten. Zum Abschlussabend war auch die Filmikone **Jack Nickolson** präsent, der mit dem **Stanislawski Award for Lifetime Achievement** ausgezeichnet wurde. Außerdem wohnte er einem Special Screening von Sean Penns ***The Pledge*** bei. Die lokale und internationale Prominenz ließ es sich nicht nehmen, bei den diversen Partys und Veranstaltungen ihre Aufwartung zu machen, allen voran Vladimir Putin, gesäumt von Woody Harrelson, Sean Penn, Peta Wilson und Sandrine Bonnaire.

## Drei-Kontinente-Festival Nantes

Trotz der Mariachi-Band, die die Akzente bei der Abschlusszeremonie setzte, waren es Asien und der Mittlere Osten, die die Preise der 23. Ausgabe des Festivals der drei Kontinente in Nantes erhielten. Es gab nur einen Preisträgerfilm, der nicht aus dieser Region stammte: ***The Wind Horse***, der einzige afrikanische Beitrag in der Auswahl, der dann aber auch gleich den Young Audience Award und den für den besten Schauspieler bekam. Der große Gewinner war ***Delibaran*** von Abolfazl Jalili, ein Film der auch schon auf anderen Festivals prämiert wurde, unter anderem mit dem Special Jury Preis in Locarno. Der Preis für die beste Schauspielerin ging an die sehr junge, 14 Jahre alte **Aoi Myazaki** in *Harmful Insect* von Akihiko Shiota. Die weiteren Preise gingen an den größten Kontinent der Welt, von Iran bis Japan, durch Indien.

**Three Continents 2001-Preis:**
**Goldene Montgolfière:** ***Delbaran*** von Abolfazl Jalili.
**Silberne Montgolfière:** ***Dekha*** von Goutam Ghose.
**Jacques-Demy-Preis der Stadt Nantes:** ***Seafood*** von Zhu Wen.
**Beste Schauspielerin: Aoi Miyazaki** für *Insectes Nuisibles (Harmful Insect)* von Akihiko Shiota.
**Bester Schauspieler: Mahamed Majd** für *Le Cheval de Vent (The Wind Horse)* und **Cheng Taisheng** für *Seafood.*
**Specialpreis der Jury:** ***Insectes Nuisibles*** *(Harmful Insect)* von Akihiko Shiota.

## 8. New Yorker Underground-Filmfestival

Die meisten Screenings fanden in den im East Village gelegenen Anthology Film Archivs statt, eine der letzten nicht kommerziell orientierten Filmbastionen. Mit 13 Kinoproduktionen, sieben Dokumentarbeiträgen und rund 100 Kurzfilmen hatte das Festival etwas für jeden Geschmack bereit. Als Eröffnungsfilm lief die Komödie *Hey, Happy* von Noam Gonick. Andere Filme im Programm waren Sundance-Favorit *Coffin Joe* über den brasilianischen Horrorstar José Mojica Marins, der Pseudodokumentarfilm *Gang Tapes* über das Gang-Leben in Los Angeles sowie der Dokumentarfilm *An Incredible Simultation.*

## 32. Visions du Réel – Internationales Dokumentarfilmfestival Nyon

Skandal! Die Jury am Genfer See zeichnete nicht nur ***To Spiti tou Kain*** *(Das Haus des Kain)* des Griechen Christos Karakepelis mit dem **Großen Preis** aus, sondern distanzierte sich ausdrücklich von der ungarischen Doku ***Deza-Fémjét*** (*Die Kinder,* Kosovo 2000) von Ferenc Moldoványi, weil er zu distanzlos Kinder deren Kriegsgräuel schildern lasse.

## 30. Internationales Filmfestival Rotterdam

Mit starker Präsenz asiatischer und lateinamerikanischer Filme verzeichnete die 30. Ausgabe des Rotterdamer Filmfestivals (24.1.–4.2.) Rekordbesucherzahlen mit über 345.000 verkauften Karten.
Gleich drei Filme mussten sich in diesem Jahr den **VPRO Tiger Award** für Erstlingsfilme teilen: Festivalfavorit ***25 Watts*** vom Regie-Duo Juan Pablo und Pablo Stoll aus Uruguay, ***In den Tag hinein*** von der deutschen Filmemacherin Maria Speth und ***Bad Company*** *(Madubachi)* von dem Japaner Furumaya Tomoyuki, der zudem auch den **FIPRESCI-Preis** erhielt. Neben einer Prämie von jeweils 10.000 Euro garantieren die Awards den Gewinnern auch die niederländische Kinoauswertung sowie eine TV-Ausstrahlung bei VPRO.
Der von Canal Plus gesponserte Publikumspreis wurde an den Dokumentarfilm ***Promises*** (von Carlos Bolado, B. Z. Goldberg und Justine Shapiro) vergeben, während Oskar Roehlers ***Die Unberührbare*** den **KNF-Award** erhielt.
Der kontroverse iranische Beitrag ***Daughters of the Sun*** (Mariam Shahriar) erhielt den **NETPAC-Award**.

## 49. Filmfestival San Sebastián

Das Festival Internacional de Cine de San Sebastián ging vom 20. bis 29. September in der baskischen Stadt über die Bühne. Anders als Cannes und Venedig setzt San Sebastián weniger auf große Stars als auf filmkünstlerische Entdeckungen. Aus Deutschland lief lediglich *Stiller Sturm* von Tomasz Tomson in der Nebenreihe Zabaltegi. Die Juryentscheidung in diesem Jahr stieß nicht gerade auf große Begeisterung. Unter dem Vorsitz von Claude Chabrol wurde der chilenische Beitrag ***Taxi für Drei*** von Orlando Lübbert mit der **Goldenen Muschel** ausgezeichnet. Das Doku-Drama des Spaniers José Luis Guerin, hoch in der Gunst der Teilnehmer, wurde immerhin mit dem **Spezialpreis der Jury** bedacht. Die **Silberne Muschel** für die beste Regie ging an ***C'est la vie*** von Jean-Pierre Ameris, als beste Darstellerin wurde die junge Nachwuchsschauspielerin **Pilar Lopet** geehrt.

## 7. Sarajevo Film Festival

Danis Tanovics ***No Man's Land***, der das 7. Sarajevo Film Festival (17.–25. August) eröffnete, gewann sowohl in der Kategorie **Bester erster Spielfilm** als auch den **Publikumspreis**, nachdem er schon in Cannes die **Goldene Palme** für das beste Drehbuch gewann und auch auf anderen Festivals erfolgreich lief.

Die Jury hob auch *19* von Kazushi Watanabe für seine »erfrischende Schilderung der heutigen japanischen Jugend« und den iranischen Film *A Time For Drunken Horses* von Bahman Gobadi »für die Art, wie er eine magische, unbekannte Welt offenbart, und die erstaunliche Leistung der jugendlichen Laiendarsteller« lobend hervor.

Sarajevos Sektion für Neue Strömungen enthielt auch eine Reihe mit Kurzspielfilmen und experimentellen Filmen. Die Jury wählte dafür ***Copy Shop*** des österreichischen Regisseurs Virgila Widrich »für sein mutiges Experimentieren mit Digitalanimation und -schnitt, die außergewöhnliche Einheit von Bild und Ton als auch den allgemeinen Eindruck der Ganzheit und Vollständigkeit« aus. Eine spezielle Erwähnung durch die Jury erhielt auch Denis Gauberts *Mr. William, Traces of a Possible Life* »für seine kreative und fantasiereich entwickelte Geschichte«.

**Preise und Auszeichnungen:**

**Bester erster Spielfilm:** ***No Man's Land*** von Danis Tanovic (Frankreich/Italien/Belgien/Slowenien).

**Lobende Erwähnung:**

***19*** von Kazushi Watanabe (Japan); erhielt auch den Publikumspreis des Festivals.

***A Time For Drunken Horses*** von Bahman Ghobadi (Iran).

## 5. Internationales Shanghai Filmfestival

Das Shanghai Filmfestival (9.–17. Juni) lockte wieder mit spannenden Produktionen und Events. Neben der Panorama-Sektion mit rund 152 Filmen aus 40 Ländern standen vor allem die 14 Wettbewerbsfilme im Vordergrund. Sieger im Kampf um den Jin Jue (**Goldene Urne**) wurde der von MGM vertriebene ***Antitrust*** von Peter Howitt. Er gewann sowohl als bester Film als auch für die beste Regie. Zudem ausgezeichnet wurden Schauspieler **Daniel Auteuil** für *Le Placard* und die beiden Darstellerinnen **Stanislawa Celinska** *(Money Isn't Everything)* und **Peng Yu** *(The Full Moon)*, die den Award teilten. Aber auch der deutsche Film war gut vertreten. Begeistert angenommen wurde die vom Film-Fernseh-Fonds Bayern präsentierte Reihe »German Cinema made in Bavaria«. In ausverkauften Sälen wurden acht Filme gezeigt, die von bayerischen Produzenten realisiert oder vom FFF gefördert wurden.

Neben dem Eröffnungsfilm *Der Campus* liefen u. a. *Vergiss Amerika*, *Im Juli* und *alaska.de*. Zudem gab es ein vom Festival arrangiertes internationales Seminar über Filmproduktion und Filmfinanzierung, das von FFF-Geschäftsführer Klaus Schaefer eröffnet wurde. *Blickpunkt Film, 26/2001*

## 8. Internationales Filmfestival Sochi

Beim 8. Internationalen Filmfestival Sochi am Schwarzen Meer stand der deutsche Film im Vordergrund. Allein fünf deutsche Filme und Koproduktionen hatte der küsntlerische Leiter des Festivals, Sergei Lavrentiev, in den Wettbewerb aufgenommen, u. a. *Die innere Sicherheit*, *Zoom* und *Als Großvater Rita Hayworth liebte*.
Die deutsche Präsenz beschränkte sich aber nicht nur auf das Wettbewerbsprogramm: Ein Special präsentierte das deutsche Kino der vergangenen Jahre: **Udo Kier**, einer der wenigen deutschen Schauspieler mit internationalem Ruf, war Leiter der Jury. Als bester Film wurde ***Mein Bruder Tom*** von Dom Rotheroe ausgezeichnet, ein mutiger, brillant gespieler, visuell zielsicher umgesetzter Film.

## 17. Sundance Filmfestival in Park City

Sundance kann vielleicht nicht mit dem Sonnenschein und Glitzer seiner europäischen Gegenstücke wie Cannes und Venedig aufwarten, doch dafür glänzt es mit Erfindungsgeist und Energie. Welches andere Festival könnte Filmbosse und Hollywood-Exekutive dazu bringen, sich im Schnee zu versammeln und auf die Premiere eines Indie-Films von einem unbekannten Regisseur zu warten. Von Robert Redford als Zelebrierung des Independent-Films gegründet, ist es mittlerweile ein Muss auf dem Treck der amerikanischen Filmfestivals und der renommierteste Wettbewerb in Nordamerika.
**Julianne Moore** wurde mit dem diesjährigen **Piper-Heidsieck Tribute to Independent Vision** ausgezeichnet, womit sie sich neben Kevin Spacey, Frances MacDormand, Denzel Washington und John Turturro einreiht, die ebenfalls »einen bedeutenden und einzigartigen Beitrag zum Independent-Film geleistet haben«.
Eröffnet wurde das Festival (18.–28. Januar) mit ***My First Mister*** von Christine Lahti. Der Film, um den es vorher schon den größten Hype gab und selbigen auch erfüllte, war ***Hedwig and the Angry Inch*** von Autor/Regisseur John Cameron Mitchell nach seinem Off-Broadway-Hit. Ein potenzieller Kultklassiker à la Rocky Horror Picture Show für die neue Generation. Er erhielt den **Regiepreis** und den **Publikumspreis**.
Das krasseste Kontrastprogamm dazu lieferte der Dokumentarfilm ***Raw Deal: A Question of Consent*** über die Vergewaltigung einer Stripperin auf einer Bruderschafts-Initiationsparty.
Den **Preis der Grand Jury** gewann Henry Beans ***The Believer***, die dramatische Geschichte über einen religiösen Jungen, der sich in einen Nazi-Skinhead verwandelt, während der Hit des Festivals, ***The Road Home*** von Zhang Yimou, den **World Cinema Audience Award** verliehen bekam. Den **Dokumentarfilmpreis** von der Grand Jury erhielt ***Southern Comfort*** von Kate Davis.

## Tampere Film Festival

Zum ersten Mal seit 1971 hat in Tampere (7.–11. März) ein finnischer Film den Grand Prix gewonnen. Es ist auch das erste Mal, dass ein Film all die begehrten Preise erhielt. ***Hypääjä (The Diver)*** gewann den **Grand Prix**, den Hauptpreis in der Kategorie **Filme unter 30 Minuten** im finnischen Wettbewerb und den **Risto Jarva Preis**. *The Diver* erhielt auch den **Preis der**

**Junioren-Jury** im finnischen Wettbewerb und den **Publikumspreis** im internationalen Wettbewerb.
Die europäischen Filme schnitten insgesamt gut ab. Der Preis für den **besten Spielfilm** im internationalen Wettbewerb ging an ***Chambre froide*** von Olivier Masset-Depasse (Belgien 2000), der Preis für den **besten Dokumentarfilm** ging an ***Kalighat Athikatha*** von Ashish Avikunthak (Indien 2000) und der Preis für den **besten Animationsfilm** wurde Helene Moinerie für ***D'une cité l'autre*** (Frankreich 2000) verliehen. Der **AtomFilms Special Prize** der Jury ging an ***In Absentia*** von den Quay Brothers und den von United International Pictures gesponserte **Prix UIP Tampere** erhielten Marten Nilsson und David Flamholc für ***Svitjod 2000+***.
Der **Preis** in der Kategorie der **über 30-minütigen Filme** im finnischen Wettbewerb wurde an Maria Pensala für ihren Film ***Sielunpimennys (The Eclipse of the Soul)***. **Special Prizes** gingen an ***Seuraavaa lenroa odotellessa (Waiting for Godot at de Gaulle)*** von Alexis Kouroksen, ***Savijalka (Clayfeet)*** von Reetta Neittaanmäki, ***Naken i New York (Naked in New York)*** von Stefan Randströmin und ***Poloiset ja paranormaali (The Poor Guys and the Paranormals)*** von Sami Hantula. Mit dem **Finnlab & Kodak Resource Prize** wurde Hanna Miettinen für ihren Film ***Kiltit tytöt (Good Girls)*** ausgezeichnet.
Den **Jameson-Kurzfilm-Preis** bekam Aleksi Salmenperä für ***Onnenpeli 2001 (Ferry-Go-Round)***. Der Preis ist mit 6000 Euro dotiert und wurde verliehen, da man dem Film das Potenzial bescheinigte, ein breites europäisches Publikum zu erreichen und das Beste im europäischen Kino zu repräsentieren.
Der **Publikumspreis** ging an ***Ryssä Perkele (Damn Ruskies)*** von Reijo Nikkilä. Die Risto-Jarva-Jury gab eine **Honorary Mention** an ***Takatalvi (Summerfrost)*** von Max Lindström.

## 42. Internationales Thessaloniki Filmfestival

Fast 300 Filme, überwiegend aus dem Süden Europas, aber auch aus Asien, Süd- und Nordamerika, sowie eine Reihe von Erstlingswerken aus Deutschland wurden vom 9 bis 18. November beim Thessaloniki Filmfestival präsentiert.
Das Festival widmete sich vor allem dem jungen Film, der ersten oder zweiten Regiearbeit meist jüngerer Filmemacher. Das Thema der Entwurzelung, des Kulturclashes, des Einander-nicht-verstehen-Wollens oder -Könnens führte wie ein roter Faden durch viele Filme des Festivals.
Es sind insbesondere Filme, die nach einer Neuorientierung in einer sich ständig verändernden Welt suchen, die die Zuschauer und Jurys begeisterten. ***Marfa si Banii (Stuff and Dough)*** von Cristi Puiu aus Rumänien erhielt den **FIPRESCI-Preis** für die »einfallsreiche Verwendung einfachster Mittel«. Der **Publikumspreis** ging an den jugoslawischen Erstlingsfilm ***Apsolutnih Sto (Absolute 100)*** von Srdan Golubovic, ein Film um die Auseinandersetzung mit Gewalt, Drogen und der Mafia im Nachkriegsjugoslawien. Die internationale Jury verlieh den **Goldenen Alexander** verdientermaßen dem albanischen Film ***Tirana Year Zero*** von Fatmir Koçi, der einen schonungslosen Blick auf die Möglichkeit wirft, sich in der albanischen Gesellschaft zurechtzufinden.

**Weitere Preisträger:**

**Spezialpreis der Jury:** ***Hatuna Me' Uheret (Late Marriage)*** von Dover Kosashvili (Israel/Frankreich).
**Beste Regie: Hsiao Ya-Chuan** *(Ming Dai Ahui Zhu/Mirror Image)* (Taiwan).
**Bestes Drehbuch: Dover Kosashvili** *(Hatuna Me' Uheret/Late Marriage).*
**Künstlerisch herausragender Film:** ***Ming Dai Ahui Zhu (Mirror Image)*** von Hsiao Ya-Chuan (Taiwan).

## 58. Mostra – Internationale Filmfestspiele von Venedig

Wenig Glamour, wenig Stars: Nach einem guten Start fiel der Wettbewerb der Filmbiennale in die Mittelmäßigkeit zurück. Spannender als die Filme waren die politischen Gefechte hinter den Kulissen.
Die internationale Jury von Venedig unter dem Vorsitz von Nanni Moretti sichtete die 21 im Wettbewerb laufenden Filme und vergab folgende Preise:

**Goldener Löwe für den besten Film:** ***Monsoon Wedding*** von Mira Nair.
Nachdem Mira Nair erfuhr, dass sie die erste Frau war, die diesen Preis gewann, teilte sie auf der Pressekonferenz mit, dass sie stolz sei zu vermelden, dass 90 Prozent ihrer Crew aus Frauen bestünden, inklusive ihrer Produzentin Caroline Baron. Der Film über eine Hochzeit in New Delhi mit Komplikationen in letzter Minute wurde als »amerikanisch« bezeichnet und löste bei den italienischen Journalisten sehr gemischte Emotionen aus. 2002 wurde Mira Nair Jurypräsidentin bei den Internationalen Filmfestspielen Berlin.
**Großer Preis der Jury:** ***Hundstage*** von Ulrich Seidl.
**Spezialpreis für die Regie: Raye Makhfi** von Babak Payami.
**Preis für das beste Drehbuch:** ***Y tu Mama Tambien*** von Alfonso Cuarón.
**»Coppa Volpi« für die beste weibliche Darstellerin: Sandra Ceccarelli** für *Luce dei miei occhi.*
**Preis Marcello Mastroianni: Gael Garcia Bernal** und **Diego Luna** für *Y Tu Mamá También.*
**Spezialpreis der Jury:** ***Haixian*** von Zhu Wen und an *Le souffle* von Damien Odoul.
**Preis »Leone del Futuro«:** ***Kruh In Mleko*** von Jan Cvitkovic (Slowenien) (100.000 Dollar von Filmauro, wird zwischen Regisseur und Produzent geteilt, plus 20.000 Meter Film von Kodak).
**Preis »Leone d'Argento«** für den Kurzfilm ***Freunde*** von Jan Krüger (KHM Köln).
Der **Ehrenlöwe** für sein Lebenswerk ging an **Eric Rohmer** für seine durchgehend innovative Arbeit und seinen einzigartigen Beitrag zum modernen Kino.

## 17. Internationales Filmfestival Warschau

Das Filmfestival Warschau (4.–15. Oktober) wurde mit der Europapremiere von *Shot in the Heart* der polnischen Regisseurin Anieszka Holland mit Giovanni Ribisi eröffnet.
Der **Grand Prix** für den Zuschauerliebling wurde an ***Italienisch für Anfänger*** vergeben. Viele überzeugende nordische Filme fanden sich im internationalen Programm, so war u. a. der emotional und schauspielerisch exzellente *Cabin Fever* von Mona J. Hoel zu sehen, aus Norwegen lief die Komödie *You Really Got Me* von Pal Sletaune *(Junk Mail)* sowie die herrlich skurrile Dokumentation über einen Männerchor, *Cool and Crazy*. Als Weltpremiere überraschte die in der Ukraine entstandene deutsche Produktion *Shoes From Amerika* von Arkdiy Yakhnis, die die Geschichte des 70-jährigen Isaak (Ramaz Chkhikvadze), der als einziger Jude die Okkupation durch die Deutschen in einer ukrainischen Kleinstadt überlebt, erzählt.
Es gelang Festivalleiter Stefan Laudyn nicht nur, für volle Kinosäle zu sorgen, sondern auch international viel für das Renommee des Festivals zu leisten. Fast schon als Schande für die Filmabteilung des Kultusministeriums muss dabei die Tatsache gesehen werden, dass dem Festival kurzfristig jegliche Unterstützung verweigert wurde.

*Blickpunkt Film, 39/01*

# Filmfestivals und Filmtage in Deutschland/Österreich/Schweiz

## Berlin Beta Version 2001

»Als es losging mit Berlin Beta, dem Festival rund um die digitalen Medien, vor vier Jahren, war alles noch total abgefahren. Der Neue Markt kannte keine Grenzen, alles schien möglich und die Zukunft war mindestens das Paradies. (...) So funky ist Berlin Beta nun nicht mehr. Im Jahr 1 nach der Krise lauten die entscheidenden Stichworte des Neuen Markts ›Konvergenz‹ und ›Content‹.« (Andreas Hartmann, taz)
Das Ende August angesetzte Festival für neue Medien litt in der vierten Runde unter der Rezession der New Economy. Neben den primär branchenintern beachteten »Flash-Awards« für Clips aller Arten gab es fürs Publikum relevante Preise.
Nachwuchspreis **First Steps Award**: Diesmal vergab die Jury ihren Hauptpreis (50.000 Mark) an Hans Weingartners ***Das weiße Rauschen***: eine Geschichte über Wahn und Wirklichkeitsverlust. Weitere Preise erhielten Valeska Griesebachs verstörende Teenie-Erzählung ***Mein Stern*** und Luzia Schmids Dokumentation ***Groundspeed***. Den Publikumspreis (bei 9500 Besuchern) der Berliner Stadtzeitung »Zitty« erhielt die britisch-ägyptische Koproduktion ***Room to Rent***, der **1. Digital Fiction Award** für einen digital projizierten Spielfilm ging an ***7-Teen-Slips***.
*www.berlinbeta.de*

## 11. Festival des osteuropäischen Films in Cottbus

»Seit elf Jahren wird Cottbus für ein paar Tage im Herbst so richtig ›ostig‹. In diesem Jahr (31.10.–4.11.) allerdings äußerst amerikanisch verkauft: ›Taste the East‹ prangt als Slogan neben den ansonsten eher unauffälligen Plakaten. Tatsächlich hat sich das Filmfestival, das nach der Wende eher verhalten von der Bevölkerung aufgenommen wurde, in den letzten Jahren zu einem Geheimtipp gemausert. In der Reihe ›Nationale Hits‹ erwarten die Zuschauer Filme, die in ihren Ursprungsländern große Kassenerfolge waren, auf dem internationalen Filmmarkt aber kaum wahrgenommen wurden. Die Sektion Kinderfilm zeigt das in diesem Jahr unter dem Motto ›Zeit für das Wunderbare‹, ebenfalls vor allem Streifen aus dem zentralasiatischen Raum.« (Sandra Dassler, Tagesspiegel)
Im »Fokus«, wie das jeweilige Schwerpunktthema genannt wird, standen diesmal die Länder Tadschikistan und Kasachstan.
Die wichtigsten Auszeichnungen: Den **Spielfilm-Hauptpreis** erhielt ***Slogans*** von **Gjergi Xhuvani** für den universellen Charakter der darin zum Ausdruck kommenden Gefühle.
Der **FIPRESCI-Preis** ging an ***Absolutnih Sto (Volle Einhundert)*** des Jugoslawen Srdan Golubovic über einen Sportschützen, der das Recht in die eigene Hand nimmt. Die 11.000 Zuschauer favorisierten unter 80 gezeigten Beiträgen Danis Tanovics im Kosovo-Schützengraben angesiedelte rabenschwarze Kriegssatire ***No Man's Land*** für den **Publikumspreis**, gleichzeitig ging an ihn der **Preis für den besten Debütfilm der Cottbuser Studentenjury**.
*www.filmfestivalcottbus.de*

## »Femme Totale« Dortmund

»Diesmal hatte frau sich vorgenommen, unter dem Titel ›kussecht‹ die entsprechende Schleimhautverschmelzung auf ihre kinematografischen Effekte zu untersuchen. (...) Wichtig ist

so ein Frauenfilmfestival auch für die professionelle Vernetzung. So haben viele der brasilianischen Regisseurinnen, die für eine ihnen gewidmete Programmreihe eingeladen waren, hier zum ersten Mal zusammengesessen. (...) Erstmalig wurde dieses Jahr ein von der Dortmunder e-m-s new media AG gestifteter **Kamerapreis** vergeben. Er ging an Jutta Pohlmann für ihre Arbeit in Achim von Borries Roadmovie ***England***, die sich durch eine im deutschen Kino seltene atmosphärische Dichte auszeichnet. Eine wichtige Initiative, weil es gerade im technischen Bereich Frauen noch immer schwer haben: Gerade einmal zehn Prozent der ›Kameramänner‹ in Deutschland sind Kamerafrauen.« (Silvia Hallensleben, epd-Film)
Unter den 100 beteiligten Filmen beschäftigten sich Reihen mit dem brasilianischen Kino, der Schauspielerin Meret Becker und der amerikanischen Avantgarde. Der Wunsch der Festivalveranstalterinnen, vom biennalen zum jährlichen Rhythmus zu wechseln, scheint angesichts der schwierigen finanziellen Lage zum Scheitern verurteilt.
*www.femmetotale.de*

## Filmfest Dresden 2001

»Beim 13. Filmfest Dresden konnte man erleben, dass Totgesagte länger leben: Es gibt ihn noch (oder wieder?), den Kurzdokumentarfilm jenseits der gängigen TV-Formate, der pointiert porträtieren und provozieren kann. (...) Und der Animationsfilm, der traditionelle Schwerpunkt des Dresdner Festivals? In diesem Jahr hatte man den Eindruck, dass nicht so viele Trickfilme wie sonst in den Programmen zu finden waren. (...) Der schönste Animationsfilm lief im internationalen Wettbewerb und hat auch gleich den Hauptpreis gewonnen: ***Die Socken der großen Stadt (Noski bol'shovo gordoda)*** von Andrej Usakov.« (Rudolf Worschech, epd-Film)
Den nationalen Animationspreis erlangte Volker Schlecht für ***Sonst nichts. Chambre Froide*** (international) und ***How Time Flies*** (national) waren die preiswürdigen Real-Kurzfilme.
*www.filmfest-dresden.de*

## Duisburger Filmwoche

Bereits zum 25. Mal lieferte die Filmwoche in Duisburg einen Querschnitt durch den deutschsprachigen Dokumentarfilm. Der ausgesprochen fruchtbare Diskurs, der sich an jede Sichtung anschließt, bildet auch nach 25 Jahren das unverkennbare Markenzeichen der Duisburger Filmwoche. Lebhaft diskutiert wurde beispielsweise Stefan Landorfs Film ***Aufnahme***, der den Klinikbetrieb in durchkomponierter Form als Maschinerie beschreibt. Landorf wurde für sein Langfilmdebüt mit dem **3sat-Dokumentarfilmpreis** und damit als bester deutschsprachiger Beitrag ausgezeichnet. Den **Arte-Preis** für den besten deutschen Dokumentarfilm erhielten Zoran Solomun und Vladimir Blazevski für ***Der chinesische Markt***, das Porträt eines legendären Großmarkts in Budapest. Ein sehr persönlich gehaltener Film, der sich mit der eigenen Familiengeschichte der Filmemacherin auseinander setzt, ist Karin Jurschicks ***Danach hätte es schön sein müssen***. Sie erhielt für ihren kritischen Blick auf ihre Eltern den **Förderpreis der Stadt Duisburg**, der in diesem Jahr bereits zum zweiten Mal vergeben wurde. Den **Publikumspreis** schließlich gewann Stanislaw Mucha für ***Absolut Warhola***.

## Filmfest Emden 2001

Das frühsommerliche, internationale Mischfestival mit etwa 100 Filmen im Programm ehrte den anwesenden Emdener **Wolfgang Petersen** mit einer Hommage. 18.000 Zuschauer wählten für den **Bernhard-Wicki-Preis** den britischen Eröffnungsfilm ***Pandae-***

***monium***, beim Kurzfilmpreis votierten sie für Johannes von Gwinners ***Für dich, mein Herz***. Der DGB-Preis für besonderes politisches Engagement ging an das französische Arbeiterfamiliendrama ***Ressources Humanaines***.

## 15. Fantasy Filmfest

In diesem Jahr präsentiert das Fantasy Filmfest, das nach München noch in den Städten Stuttgart, Köln, Frankfurt, Hamburg und Berlin Station macht, eine bunte Auswahl an Genrefilmen, vom aufwendigen Spektakel ***Final Fantasy*** über Christopher Nolans intelligenten Thriller ***Memento*** bis zum klassischen Splatterfilm.
Eröffnet wurde das Festival von Christophe Gans' Historienabenteuer mit Horror- und Martial-Arts-Elementen ***Der Pakt der Wölfe***. Auch deutsches Talent war vertreten: In ***Vortex*** zog Michael Pohl alle Register der Möglichkeiten eines Hochschul-Abschlussfilms, während Boris von Sychowski mit ***Swimming Pool*** nur ein Teenie-Gemetzel beitrug. Bayerns Splatterkönig Olaf Ittenbach konnte mit ***Legion of the Dead*** dagegen einen richtigen Film zeigen.
»Brachiale Schleim-Show-downs und surreale Latexdeformationen: Das Fantasy-Filmfest widmet dem Regisseur Brian Yuzna, seinem postmodernen Körperkino, eine Hommage.« (Andreas Busche, taz)
*www.fantasyfilmfest.com*

## Kinderfilmfestival Gera

Die wichtigsten Hauptpreise des weltweit renommierten Kinderfilmfestivals, das alle zwei Jahre stattfindet, vergibt eine Jury, die ihre Expertise nicht großartig nachweisen muss. Seit Beginn 1979 wählen Kinder den **Goldenen Spatz**, den dieses Jahr ***Emil und die Detektive*** von Franziska Buch, Deutschland, heimtragen konnte. Gleichzeitig gefiel den Jungjuroren **Anja Sommavilla** als Pony Hütchen in der Erich-Kästner-Verfilmung am besten. Im Animationsbereich machte ***Tobias Totz und sein Löwe*** von Thilo Graf Rothkirch, Piet de Rycker, Deutschland/Belgien, das Rennen.
*www.goldenerspatz.gera.de*

## Diagonale 2001 – Festival des österreichischen Films in Graz

»Die Politiker blieben der Werkschau österreichischen Filmschaffens fern, doch 19.460 Besucher drängten sich in 120 Filmvorführungen. Freilich, die Woche vom 19. bis zum 25. März war nicht nur die Woche der Wahl des Großen Diagonale-Preises für den besten österreichischen Kinofilm des Jahres 2000/2001, sondern auch die letzte Woche im Wiener Kommunalwahlkampf. Am Samstagabend stand dann der Diagonale-Sieger fest: **Florian Flicker** *(Suzie Washington)* erhielt den mit rund 30.000 Mark dotierten Preis für ***Der Überfall*** – der Kulturlandesrat freilich blieb der Preisverleihung fern. Die Jury befand, dass ›das Schauspiel in seiner Gratwanderung zwischen Komödiantischem, Tragischem und Groteskem‹ überzeugte. Das lässt sich vielleicht auch über die Wiener Kommunalwahl sagen.« (Brigitte Werneburg, taz)
Der **Große Diagonale-Preis** für den besten österreichischen Kinofilm des Jahres ging an die auch in Deutschland gestartete Groteske ***Der Überfall*** von Florian Flicker. Die Retrospektive war dem deutschen Filmemacher **Michael Klier** gewidmet.
*www.diagonale.at*

## Hamburger Filmfest 2001

»Was bereits in Berlin, Cannes oder Venedig der Kritik standgehalten hat, wird von Montag an dem hiesigen Publikum präsentiert. Doch bei knapp 90 Filmen an sieben Tagen in fünf verschiedenen Kinos ist es fast unmöglich, einen Überblick zu behalten. (…)

Festivalchef Wutz, dessen Vertrag Ende dieses Jahres ausläuft, hat – gleichsam sein Vermächtnis – dem Festival noch einen neuen Preis beschert: den Digi@ward. Der nach **Douglas Sirk** benannte, ›vielleicht unbekannteste Filmpreis Deutschlands‹ geht dieses Jahr nach Jim Jarmusch und Wong Kar-Wai erstmalig an einen iranischen Filmemacher. Ausgezeichnet wird am 27. September **Majid Majidi** *(Colour of Paradise)*, der nun mit *Baran* die Situation afghanischer Flüchtlinge im Iran thematisiert.« (Christiane Müller-Lobeck, taz)
Über den **Digi@ward** durfte sich der dänische Produzent Henrik Danstrup für seinen Film ***KAT*** freuen, den zweiten Preis erhielt der Brite Ben Woolford für seinen Film ***This Filthy Earth***. Von elf geladenen Jungregisseuren aus aller Welt präsentierten neun ihre Debütwerke in Hamburg. Zum zweiten Mal wurde dieses Jahr die **Goldene tesafilm Rolle** verliehen, der Publikumspreis des tesafilm-Festivals. Der südkoreanische Regisseur Kim Daeseung bekam den Preis für seinen Debütfilm ***Bungee Jumping of Their Own***.
*www.filmfesthamburg.de*

## 35. Hofer Filmtage

In der oberfränkischen Gemütlichkeit trifft sich Ende Oktober alljährlich die deutsche Filmbranche, um beim gelassensten, ja beschaulichsten und neben Berlin und München wichtigsten deutschen Filmfest hauptsächlich heimischem Schaffen zu huldigen. Nicht zuletzt ist das das Verdienst von **Heinz Badewitz,** des wohl dienstältesten Festivaldirektors der Welt, der sich um seine Gäste wie um seine Familie sorgt. »Wir sind kein Motto-Festival, mir geht es darum, die Vielfalt deutschen und internationalen Filmschaffens zu zeigen.« Unter den 55 Lang- und 35 Kurzfilmen waren viele, die sich mit dem Heranwachsen auseinander setzten. Auch wenn er in seiner Eröffnungsrede feinsinnig gegen das Fernsehen stichelte: Die Kinobranche wird es ungern vernehmen, aber die besten Beiträge kamen diesmal aus dem TV-Sektor, herausragend darin *Die Hoffnung stirbt zuletzt* von Marc Rothemund.
Den **Filmpreis der Stadt Hof** erhält **Hans-Christian Schmid** für sein Schaffen, auch wenn er keine aktuelle Produktion präsentieren konnte. Der **Eastman-Kodak-Preis** ging an: **Sven Taddicken** für ***Mein Bruder der Vampir***, der **Set-Design-Preis** an **Jörg Prinz** für ***Weg!***
*www.hofer-filmtage.de*

## 10. Filmfestival Innsbruck

Vom 13. bis zum 17. Juni fand das 10. Internationale Film Festival Innsbruck (IFFI) in den Sälen des Leokino und Cinematograph statt. Das Team unter Leitung von **Helmut Groschup** verfolgte die Darstellung kulturpolitischer Veränderungen im Spiegel der aktuellen, kontroversen Filmkunst. Zwei Drittel der 40 Filme waren österreichische Vorpremieren. Der Schwerpunkt lag auf dem jungen Kino Asiens, Afrikas und Lateinamerikas.

## 44. Internationales Leipziger Festival für Dokumentar- und Animationsfilm

»Das 1955 gegründete Treffen war in der DDR ein Publikumsmagnet. Nach der Wende ließ das Interesse der Besucher und auch der Szene deutlich nach. (…) Finanzielle Probleme und die marode Leipziger Kinolandschaft brachten das Festival noch im Vorjahr in die Schlagzeilen. Beides scheint jetzt behoben.« (Tobias D. Höhn, dpa)
»Das Leipziger Dokumentarfilm-Festival blieb auch diesen Herbst schlank und zielstrebig auf sein traditionelles aktuell-soziales Engagement via Kino-Dokumentarfilm programmiert. Und: Das Festival hielt strikt an dem mittlerweile klassischen

Strang seiner Programmatik fest – dokumentarfilmische Aufarbeitung der jüngeren Geschichte des ehemaligen Ostblocks. Die Öffnung der Archive seit 1989/90 in Europa hat hierfür den Dokumentarfilmern reiche, vorher ungeahnte Möglichkeiten eröffnet.« (Günter Agde, Die Welt)
**Goldene Taube:** ***Asurot (Eingeschlossen)*** von Anat Even und Ada Ushpiz (Israel).
**Silberne Taube:** ***Poselenije (Der Ort)*** von Sergej Loznica (Russland).
Preis für **beste Kameraführung: Susanne Schüle** für den Film ***Absolut Warhola*** von Stanislaw Mucha (Deutschland).
**PLANET-Zuschauerpreis:** ***Absolut Warhola*** von Stanislaw Mucha (Deutschland);
Preis der Fédération Internationale de la Presse Cinématographique **FIPRESCI:** ***Isla (Die Insel)*** von Sonia Pastecchia (Belgien).
*www.dokfestival-leipzig.de*

## 43. Nordische Filmtage Lübeck

»Zwischen großem Kino und Frustration hin und her gerissen, erlebte der Festivalbesucher die Ausbeute seiner filmischen Trüffelsuche, wenn er sich am ersten Novemberwochenende in Lübeck durch ein dreitägiges, überfrachtetes Programm quälte. Und auch die Jurys schienen ihre Schwierigkeiten damit gehabt zu haben, denn alle vier Spielfilmpreise gingen schließlich an nur zwei Filme.« (Hans-Gerd Kästner, Filmecho-Filmwoche)
***Et rigtigt menneske (Ein richtiger Mensch)*** von Åke Sandgren, Dänemark, wurde mit dem **NDR-Förderpreis** honoriert. »Auch der **Baltische Filmpreis** wurde diesem Dogmafilm zugesprochen, da er uns, wie es in der Begründung heißt, auf humorvolle Weise, doch seriös, menschliche Werte nahe bringt (...) ***Elling*** von Petter Næss, Norwegen, gewann den **Publikumspreis** sowie den **Kirchlichen Filmpreis** mit einer ›geradlinig und zutiefst humorvollen Geschichte, die am Beispiel zweier grundsätzlich verschiedener Protagonisten Ängste, Bedürfnisse und Möglichkeiten menschlicher Existenz aufzeigt‹.
(...) Im Reigen der B-Festivals hat sich Lübeck als Nischenmarkt für das skandinavische Kino fest etabliert. Hier laufen jedes Jahr viele nordeuropäische Produktionen in deutscher Erstaufführung.« (Hans-Gerd Kästner, Filmecho-Filmwoche)
Lübeck konnte mit 17.000 einen neuen Besucherrekord verzeichnen, die u. a. kamen, um *So weiß wie Schnee,* das neue Dreistundenwerk mit Ben Becker von **Jan Troell**, dem die Retrospektive gewidmet war, zu sehen.
*www.luebeck.de/filmtage*

## 12. Kinofest Lünen 2001

Das 12. Kinofest Lünen fand vom 15. bis zum 18. November 2001 am Spielort »Lichtburg« statt. Ein Preisregen und die festliche deutsche Vorpremiere von »Tosca« beendete das 12. Kinofest Lünen.
Insgesamt elf Filme wetteiferten um den **Filmpreis der Stadt Lünen 2001** und der Sieger war ***Was tun, wenn's brennt?***, Regie: Gregor Schnitzler.
Aus dem 14 Filme umfassenden **Kurzfilmwettbewerb** ging als erster Sieger ***Hessi James,*** Regie: Johannes Weiland (Filmakademie Baden-Württemberg), hervor. Dicht gefolgt von ***Fenster mit Aussicht***, Regie: Vera Lalyko (KHM Köln). Dritter Sieger wurde ***Staplerfahrer Klaus – Der erste Arbeitstag***, Regie: Jörg Wagner und Stefan Prehn. Dieser Film erhielt auch den ersten Preis der Filmförderungsanstalt (FFA) für den besten Kurzfilm (keine Animation), zweiter Sieger wude ***Santa***, Regie: Jophi Ries.

## 50. Internationales Filmfestival Mannheim-Heidelberg

»Mannheim-Heidelberg ist ein Festival der Debütanten, der noch Unbe-

kannten – hoffnungsvoll gesagt: der noch Unverbrauchten. Jedes Jahr aufs Neue ist es ein Test, wie viel Kreativität und Eigenwille auf die formelverliebte Welt des Kinogewerbes prallt und wie tief sich die Produktnormen der Filmindustrie schon ins Bewusstsein der Jungtalente eingebrannt haben. Im 50. Jubiläumsjahr muss man pessimistisch brummen, das Filmgewerbe betrachte nichts mit so viel Misstrauen wie Eigenwilligkeit, Frische und Neugier. Von dem, was Mannheim-Heidelberg zeigt, findet jedenfalls kaum etwas den Weg in den Verleih. (…) Es schafft auch im 50. Jahr, was dem Newcomer Stuttgart-Ludwigsburg in den ersten beiden Anläufen peinlich misslungen ist: Publikum anzuziehen. Das Festival lockt, weil es die Öffentlichkeitsarbeit und Selbstdarstellung pflegt, weil es sich als herzensbewegte, sinnliche, ein wenig aufmüpfige Veranstaltung gibt. **Bester Spielfilm:** ***P.O.V. – Point of View***, Regie: Tomas Gislason (DK); bester Dokumentarfilm des Wettbewerbs »Essays and Documents«: ***Bonanza der Vorstädte*** von Ulises Rosell, Argentinien; **Publikumspreis:** ***Absolut Warhola*** von Stanislaw Mucha, Deutschland; **Spezialpreis der Jury:** ***Nebo Sateliti/Himmelskörper***, Regie: Lukas Nola (Kroatien); **Rainer-Werner-Fassbinder-Preis:** ***Monas Welt*** von Jonas Elmer, Dänemark.
*www.mannheim-filmfestival.com*

## 16. Internationales Dokumentarfilmfestival München

Vom 27. April bis 6. Mai 2001 fand in München das renommierte, gleichwohl finanziell schlecht ausgestattete Dokumentarfilmfestival statt, das letzte unter der Leitung von Gudrun Geyer. Dass sie diese Form der Selbstausbeutung nicht mehr gewillt war zu tragen, ist absolut verständlich, sind doch andere Festivals in Bayern ungleich besser gestellt.
Am 5. Mai 2001 kürte die internationale Jury, bestehend aus Dr. Grazina Arlickaite (Dokumentarfilmwissenschaftlerin/Vilnius), Dr. Heike Hurst (Journalistin/Paris), Brigitte Schroedter (Redakteurin/München), Phillip N. Bergson (Kritiker/London) und Antoine Cattin (Filmhistoriker/Lausanne), aus dem Wettbewerbsprogramm von 23 Dokumentarfilmen folgende Preisträger:
Der Preis **Der besondere Dokumentarfilm**, gestiftet von der Firma Licht & Ton und dem Festival, dotiert mit 5000 DM, ging an ***Riben Guizi*** (Japan 2001) von Minoru Matsui.
Der **Dokumentarfilmpreis des Bayerischen Rundfunks** in Höhe von 20.000 DM ging an ***De Droom van de Beer*** (Holland 2000) von Cherry Duyns.
Eine lobende Erwähnung erhielt die Festivalleiterin **Gudrun Geyer** für ihr Engagement und ihr Verdienst, Dokumentarfilme aus der ganzen Welt nach München gebracht zu haben.
Den **Planet-Zuschauerpreis** in Höhe von 5000 DM vergaben Susanne Spurfeld, Bianca Weidinger, Peter Grett, Hartmut Mammen und Nikolaus Seneschi an ***To Spiti tou Kain*** (Griechenland 2000) von Christos Karakepelis.
Eine lobende Erwähnung ging an ***Vivre Après – Paroles des Femmes*** (Frankreich 2000) von Laurent Bécue-Renard.
Den **Förderpreis Dokumentarfilm des Filmfernsehfonds Bayern**, dotiert mit DM 10.000, vergaben Stefanie Sychold (Filmemacherin, letztjährige Preisträgerin), Martin Choroba (Geschäftsführer Tellux Film) und Andreas Ströhl (Filmreferent Goethe-Institut Inter Nationes), zum ersten Mal ungeteilt, an ***Anonym*** (Deutschland 2000) von Alexandra Gulea.

## 19. Filmfest München

Vom 30. Juni bis 7. Juli fand in München das Nicht-Wettbewerbsfestival

mit den vielen Preisen und Auszeichnungen statt. Der Eröffnungsfilm des 19. Filmfests München war der von Cannes verschmähte und mittlerweile international erfolgreiche Film ***Le fabuleux destin d'Amélie Poulain***.
Rund 150 Filme dokumentierten das aktuelle Filmschaffen und lockten über 60.000 Zuschauer ins Festival-Zentrum und in sieben weitere Kinos.
Als Publikumsmagneten erwiesen sich u. a. Julian Schnabels ***Before Night Falls, Der Tag, an dem ich zur Frau wurde*** von Marziyeh Meshkini, Mohsen Makhmalbafs ***Kandahar***, Jean-Luc Godards ***Éloge de l'amour***, Alfonso Araus Neuverfilmung von ***The Magnificent Ambersons***, Alex de la Iglesias schwarz-skurriler Thriller ***La comunidad, Double Whammy*** von Indie-Regisseur Tom Dicillo und die Filme der deutschen Reihe.
Die **Festival-Tributes** gingen an Terence Davies, Christopher Münch und Jean-Pierre Jeunet. Für ihre Verdienste um die Filmkunst wurden mit dem **CineMerit Award Manoel de Oliveira** und **Jacqueline Bisset** ausgezeichnet.
Gäste beim Filmfest München waren u. a. Jean-Luc Godard, Jean-Marc Barr, Xie Fei, Jan Harlan, Jonathan Parker, Richard Rush, Alfonso Arau, Percy Adlon, Daniel Díaz Torres, Tom Dicillo, Tony Gatlif, Ulli Lommel, Harun Farocki, Clemens Kuby, Ralf Huettner, Matti Geschonneck, Peter Schulze-Rohr, Paul Harather und Oskar Roehler.
Den **Regie-Förderpeis der HypoVereinsbank**, dotiert mit 80.000 DM Preisgeld erhielt in diesem Jahr Benjamin Quabeck für seinen Debütfilm ***Nichts bereuen***. An den Produzenten des besten TV-Movies ging zum sechsten Mal der begehrte **VFF TV Movie Award**, gestiftet von der Verwertungsgesellschaft der Film- und Fernsehproduzenten und ausgestattet mit 50.000 DM. Der Siegerfilm 2001 war ***Hat er Arbeit?*** von Kai Wessel. Den Preis erhielt als ausführende Produzentin Heike Richter-Karst. Im Wettbewerb um den **High Hopes Award** der Gesellschaft zur Wahrnehmung von Film- und Fernsehrechten standen die Debütfilme aus dem internationalen Programm. Ausgezeichnet wurde in diesem Jahr Min-hwan Cho für sein Engagement als Produzent des koreanischen Films ***Hunde, die bellen, beißen nicht***. Regie führte Jun-ho Bong.

## 21. Internationales Festival der Filmhochschulen

Das Internationale Festival der Filmhochschulen fand wieder als Appendix des Filmfests München vom 27. Juni bis 5. Juli statt. Über 200 aktuelle Kurzspielfilme, Dokus und Animationen von 38 Filmschulen aus 27 Ländern wurden vorgeführt.
Präsident der internationalen studentischen Jury war Regisseur **Hans-Christian Schmid**, der sich in einem Artikel der Süddeutschen Zeitung kritisch über die derzeitige Form des Festivals äußerte. Als Ehrengast begrüßte das Festival **Francesco Rosi** und den chinesischen Regisseur **Xi Fei**.
Den mit 20.000 Mark dotierten Hauptpreis des **VFF Young Talent Award** sowie den ersten Preis der Münchner Festivaljury erhielt Slawomir Fabicki von der Filmhochschule Lodz für ***Meska Sprawa***. Jeweils Platz zwei und drei erreichten Kornél Mundruczós ***Afta*** (Budapest) und ***Reparation*** von Jens Jonsson (Stockholm). Den ProSieben-Nachwuchspreis in Höhe von 7.777,77 Mark erhielt der Ludwigsburger Filmstudent Jan Thüring für ***Endstation: Paradies***. Den **Förderpreis des FFF Bayern** erhielt Michal Gazda aus dem polnischen Katowice für ***Wtorek***.

## 47. Kurzfilmtage Oberhausen

Beim angesehensten deutschen Kurzfilmfestival konkurrierten 149 ausgewählte Beiträge um 16 Preise in vier

Wettbewerben. Neu war die Kooperation mit dem Musikvideosender MTV. »Der Musikvideopreis übernahm in diesem Jahr in Oberhausen wieder einmal mehr die Rolle des Prestigemagnets, der für den nötigen popkulturellen Glanz des Festivals sorgen sollte. Denn der Kurzfilm an sich hat zunehmend mit seiner öffentlichen Wahrnehmung zu kämpfen. Einerseits ist er das beliebteste Format für Filmhochschüler, Experimentalfilmer und Hobbykurbler. Andererseits findet er in Kino, Fernsehen und Filmförderung kaum mehr Beachtung.« (Andreas Hartmann, taz)
»Die Form als Form hat, wenigstens in der Oberhausener Auswahl aus den rund 3600 eingereichten Filmen, ausgespielt; der Plot, die Pointe, selbst Botschaften sind wieder gefragt.« (filmdienst)
**Großer Preis** der Stadt Oberhausen: ***Der Weg zum Nirwana (Teekond nirvaanasse)*** von Mait Laas, Estland; **Arte-Preis** für einen europäischen Kurzfilm: ***Tag für Tag (Afta)*** von Kornél Mundruczó, Ungarn; **Deutscher Preis:** ***Mexico City*** von Christiane Lilge, Deutschland; **MuVi:** ***Why*** von Georg Graw, Ursula Böckler, Dir. (Musik: Donna Regina).
*www.kurzfilmtage.de*

## Filmfest Oldenburg 2001

»Independent über alles, Hauptsache ›lebendig‹, wie es das Programmheft formuliert. Und so kommen neben den klassischen Indies aus den USA auch die jungen unentdeckten Talente aus Europa und vor allem aus Deutschland zum Zug. Zwar muss sich das Festival manches Mal verbiegen, um das Unabhängigkeitsprinzip einzelner Beiträge zu rechtfertigen, aber mit ein bisschen gutem Willen gehen auch Filme wie ***Atemlos, Ghosts of Mars*** oder ***Mondscheintarif*** als Indie-Produktionen durch.« (Torsten Zarges, Filmecho-Filmwoche)
In der traditionell starken Independencereihe gewann überraschend die deutsche, tragikomische Geschichte einer türkischen Putzfrau, die ihren drogenabhängigen Sohn retten muss: ***Anam*** von Buket Alakus holte den **camel active independence award.** Aber da der unsägliche Horrortrash ***Ghosts of Mars*** von John Carpenter zum Publikumsliebling avancierte, braucht einen nichts mehr zu wundern. Sonderpreis der Drehbuchwerkstatt Niedersachsen: Preisträgerin 2001 ist **Heike Fink** mit dem Buch ***The Show Must Go On.***
*www.filmfest-oldenburg.de*

## Sehsüchte – 30. Internationales Studenten-Filmfestival in Potsdam

»Mit der Wiedereinführung des renommierten sehsüchte-Festivals 1995 hat sich der junge Studienzweig der Medienwissenschaften ein eigenverantwortliches Praktikum besorgt.
Im Gegensatz zu anderen Studentenfestivals ist die Nachwuchsschau auf ein breites Publikum ausgerichtet. (…) Aus der Rekordzahl von 750 Einsendungen wurden dieses Jahr 143 Filme ausgewählt, die in den Kategorien Spielfilm, Animationsfilm und Dokumentarfilm prämiert werden. Gut die Hälfte der diesjährigen Arbeiten stammt von deutschen Studenten. Bemerkenswert sei die ›Suche nach einer skurrilen Idee mit Schlusspointe‹, die die deutschen Studenten von ihren ausländischen Kollegen unterscheide, meint ein Mitglied des Programmkomitees. Im Weltschmerz der Themenwahl trifft sich die internationale Gemeinschaft: hoffnungslose Beziehungskisten, pathologisch intakte Familien und die rastlose Suche nach einer Identität. Auffallend oft wird auch über die Themen Tod und Krankheit gearbeitet. (…) Im Mittelpunkt der Rahmenveranstaltungen steht das 30-jährige Jubiläum des Festivals.« (Julia Engelmayer, taz)
*www.sehsuechte.de*

## 8. Regensburger Kurzfilmwoche

Neben dem breit gefächerten Angebot von internationalen Kurzfilmen standen bei der 8. Regensburger Kurzfilmwoche Beiträge aus Bayern im Wettbewerb um den mit 3000 Mark dotierten **Förderpreis des FFF Bayern**. Er ging an die HFF-Studentin **Angela Milonaki** für ihren Film ***Nona***. Mit einer lobenden Erwähnung bedachte die Jury den Film ***Hypnosis*** von **Anna Kuczynski** und **Wolf Mocikat**.
Insgesamt standen 20 in Bayern produzierte Filme aus dem »Regionalfenster« und dem Programm des Deutschen Wettbewerbs zur Auswahl. Die Regensburger Kurzfilmwoche zählt mittlerweile zu einem der bedeutendsten Kurzfilmfestivals in Deutschland und steht in enger Verbundenheit zu den europäischen Festivals in Clermont-Ferrand und Tampere, Finnland.

## 22. Filmfestival Max-Ophüls-Preis Saarbrücken

Der Max-Ophüls-Preis 2001, dotiert mit 30.000 DM, ist Ende Januar zum Abschluss des Filmfestivals in Saarbrücken an das Psychodrama ***Das weiße Rauschen*** des Kölner Regisseurs Hans Weingartner vergeben worden (Jury: Eoin Moore, Urs Odermatt, Nina Petri, Hans Schifferle, Peter Zawrel). Der Filmpreis des Saarländischen Ministerpräsidenten, dotiert mit 20.000 DM, ging an die österreichische Kriminalgroteske ***Der Überfall*** von Florian Flicker. Den Förderpreis (5000 DM) erhielt die Berliner Regisseurin Iva Svarcová für die Emigrantenkomödie ***Als Großvater Rita Hayworth liebte***. Mit dem Drehbuchpreis, vergeben von SR und ZDF und dotiert mit 25.000 DM, wurde Stefan Jäger aus der Schweiz für das Buch zu dem Beziehungsdrama ***Birthday*** ausgezeichnet. Zu den besten Nachwuchsdarstellern wurden **Jana Thies** ***(Stiller Sturm)*** und **Florian Stetter** ***(L'amour, l'argent, l'amour)*** gekürt. Der Preis der Interfilm-Jury (2000 DM) ging an **Esther Gronenborn** für ***alaska.de***.

## 11. Film-Kunst-Fest Schwerin

Andere Festivals verleihen Bären oder Löwen, in »MecPom« ist der Hauptpreis »Der fliegende Ochse«.
**Der fliegende Ochse:** ***Azzurro*** (Italien/Schweiz 2000) von Denis Rabaglia.
**NDR-Regiepreis:** ***Die innere Sicherheit*** von Christian Petzold.
**Preis für das beste Drehbuch:** ***alaska.de*** von Esther Gronenborn.
**Publikumspreis:** ***Berlin is in Germany*** von Hannes Stöhr.
*www.filmkunstfest-schwerin.de*

## 24. Grenzland-Filmtage Selb

Das Festival im April ist traditionell ein Schaufenster des osteuropäischen Kinos, daneben bilden Produktionen junger westeuropäischer Filmschaffender einen traditionellen Schwerpunkt. Zum ersten Mal in ihrer 24-jährigen Geschichte haben die Grenzland-Filmtage einen Preis vergeben. Die Zuschauer waren aufgefordert, ihre Lieblinge in den Kategorien Kurzfilm, Spielfilm und Dokumentarfilm zu bestimmen. Der **Publikumspreis »Grenzgänger«** ging an den Spielfilm: ***Als Großvater Rita Hayworth liebte*** von Iva Svarcová und den Dokumentarfilm von Christoph Schuchs ***Der Traum ist aus***, die Geschichte von »Ton Steine Scherben« und des Sängers Rio Reiser.
*www.grenzland-filmtage.de*

## 36. Solothurner Filmtage

Die Kinolandschaft der Schweizer Kleinstadt platzte Ende Januar mit 30.000 Besuchern aus allen Nähten und sieht sich gezwungen, in neue kinotaugliche Räumlichkeiten zu investieren. Auch wenn es dem Pro-

gramm wie üblich an Premieren mangelte, wird hier stets der Schweizer Filmpreis verliehen. Das rührende Großvater-Enkel-Roadmovie ***Azzurro*** setzte sich als **bester Film** gegen ***Brot und Tulpen***, ebenfalls eine italienisch-Schweizer Koproduktion, durch. Allerdings gewann **Bruno Ganz** für ***Brot und Tulpen*** den **Darstellerpreis**, das weibliche Gegenstück ging an **Sabine Timoteo** für ***L'amour, l'argent, l'amour*** des Deutschen Philip Gröning. **Dokumentarfilmpreis:** ***Do It*** von Sabine Gisiger und Marcel Zwingli.
*www.filmtage-solothurn.ch*

## 2. Filmfest Stuttgart-Ludwigsburg

»Ein solches Festival braucht seine Zeit, sich zu etablieren«, kommentierte Festivalleiter Prof. Albrecht Ade, der früher dem Trickfilmfestival Stuttgart vorstand. Die fehlende Publikumsresonanz mag auch den schönen Junitagen zugeschrieben werden, oder war das Programm mit knapp 50 europäischen Filmen zu anspruchsvoll? War das Festival zweigeteilt – das Kurzfilmfest fand traditionell in Ludwigsburg statt –, so war die Preisvergabe eindeutig. Die Französin Isabelle Huppert durfte sich des Ehrenpreises »Pomme«, des Goldenen Apfels, für ein »großes schauspielerisches Werk« erfreuen.
Bester Film: ***La ville est tranquille*** von Robert Guédiguian; Verleihpreis der MFG: ***La Faute à Voltaire*** von Abdel Kechicke; Spezialpreis der Jury: ***Il Partigiano Jonny***, Italien.
*www.filmfest-s-lb.de*

## 18. Französische Filmtage Tübingen-Stuttgart

Mit der Verleihung des Hauptpreises der Französischen Filmtage, der **Fliegenden Kamera**, durch die Schauspielerin Ariane Ascaride an den Nachwuchsregisseur Christian Carion gingen am Samstag, dem 27. Oktober die 18. Französischen Filmtage Tübingen-Stuttgart zu Ende.
Während der neun Festivaltage besuchten 20.000 Zuschauer die mehr als 200 Vorstellungen in den fünf Festivalstädten (Tübingen, Stuttgart, Rottenburg, Bad Urach und Mössingen). Der Gesamtetat der Französischen Filmtage betrug in diesem Jahr ca. 720.000 DM.
Gewinner des mit 10.000 DM dotierten Filmförderpreises **Fliegende Kamera** ist ***Une hirondelle a fait le printemps (Eine Schwalbe macht doch einen Sommer)*** von **Christian Carion.**
Den Wettbewerb um den **Verleihförderpreis (Prix d'aide à la distribution)**, der von der MFG und Unifrance mit 40.000 DM ausgestattet ist, ging an **Mehdi Charefs** ***Marie-Line (Marie-Line)***, den der Münchner Alamode-Filmverleih in die Kinos bringen wird.
Den dritten Preis der Französischen Filmtage, den von den Vereinigten Lichtspielen Tübingen mit 5000 DM versehenen **Prix de la jeunesse**, vergab die siebenköpfige Jury aus Schülerinnen der Region an ***Little Senegal (Little Senegal)*** von **Rachid Bouchareb**.

## Verzaubert – 11. International Queer-Filmfestival

»An Entkommen ist nicht zu denken: ***Plata quemada*** von Marcelo Piñeyro ist ein Höhepunkt des schwul-lesbischen Filmfestivals ›Verzaubert‹, dessen Schwerpunkte sonst eher bei Spielfilmen über hohem ›Feel good‹-Faktor liegen. (...) ›Feel good‹-Movies und nette, aber eher harmlose Filme gehören fest zum Programm von ›Verzaubert‹, das jeden Herbst durch fünf deutsche Städte tourt. Das heißt natürlich nicht, dass ›Verzaubert‹ keine sehenswerten Filme zeigte. Doch die Auswahl orientiert sich weniger an cineastischen denn an identitätspolitischen und marktwirtschafli-

chen Kriterien.« (Christina Nord, taz) Nur die Homosexuellen-Hauptstadt San Francisco beherbergt ein größeres Filmfest für Schwule und Lesben. Immerhin steigerte sich der Zuspruch um 20 Prozent auf 48.000 zahlende Gäste, die zum Großteil, aber nicht nur in der Szene beheimatet waren. Da die finanzielle Tragfähigkeit ohnehin erst bei 150.000 Zuschauern bzw. 30 Euro pro Karte erreichbar wäre, wagten die privaten Veranstalter einige Schritte abseits der gewohnten und gefragten ›Feel good‹-Movies. Regen Zuspruchs erfreute sich der Fokus Spanien-Lateinamerika, im Gegensatz zur politisch und sozial engagierten Reihe »Hate Crimes«. Dennoch lieferten sich zwei schwierige Filme ein Kopf-an-Kopf-Rennen um die Zuschauergunst, und so teilten sich die schwule Love-Crime-Story ***Our Lady of the Assasins (La virgen de los sicarios)*** von Barbet Schroeder und die lesbisch-traurige kanadische Romeo-und-Julia-Variation ***Lost and Delirious*** in einer Gleichberechtigung der Geschlechter den Publikumspreis.
*www.queer-view.com/verzaubert*

## 39. Viennale – Internationale Filmfestwochen in Wien

»Die Viennale wurde zu einem Fenster der Welt, eine Art fragile, poetische Globalisierung ergab sich für den Zuschauer. Ein Patchwork aus manchmal verstörenden und manchmal beglückenden Momenten konnte man zusammensetzen, das jeglicher Nivellierung widersprach. (…) Die Viennale ist ein kontemplatives Festival, in dem Kino und Leben ganz nah beieinander sind. Weil in der Auswahl und Präsentation der Filme ein Stil erkennbar ist, eine unverwechselbare Haltung dem Kino und der Welt gegenüber, die geprägt ist von Einfühlungsvermögen und Genauigkeit, von Skepsis und Liebe. Eine Haltung, wie wir sie kennen aus den Filmen der Lieblingsregisseure von Festivalleiter Hans Hurch, zu denen Jonas Mekas gehören, Straub/Huillet oder Peter Nestler, dem heuer eine Hommage gewidmet war. Was diesmal auffiel, war eine besondere Internationalität. Neben der Retro, die den ehemaligen Sowjetrepubliken Zentralasiens gewidmet war, gab es Filme aus Uruguay und Sri Lanka, aus Thailand und Iran.« (Hans Schifferle, SZ)
»Die Viennale (19.–31.10.) konnte heuer eine bescheidene Steigerung verzeichnen. 68.100 Karten wurden verkauft (inklusive der Retrospektive im Filmmuseum). Im Vorjahr waren es 65.400. Die Gesamtauslastung lag bei 72,6 Prozent. Von den 220 Vorstellungen waren 64 ausverkauft. (…) Viennale-Direktor Hans Hurch betonte, dass er Augenmerk auf Anspruchsvolles legt, auf Filme, die er für ›notwendig und spannend hält‹. Er hatte dafür gern auf Filme verzichtet, ›die Zahlen machten‹. Für das kommende Jahr überlegt er zum 40. Jahrestag die Einführung eines eigenen Viennale-Preises, der ›Erich-von-Stroheim-Preis‹ heißen könnte. (…) Den **FIPRESCI-Preis** (Preis der internationalen Filmkritik) erhielt der französische Streifen ***L'emploi du temps*** von Laurent Cantet, eine Geschichte, in der es um Existenzangst und Selbstentfremdung geht. Der **Wiener Filmpreis** ging zu gleichen Teilen an die Dokumentation ***In the Mirror of Maya Deren*** von Martina Kudlacek und den Spielfilm ***Lovely Rita*** von Jessica Hausner. Letzterer erhielt außerdem eine lobende Erwähnung von der FIPRESCI-Jury, eine große Ehre für die junge österreichische Filmemacherin.« (Thomas Fanta, Lona Chernel, Wiener Woche)
Preis der **Standard-Publikumsjury:** ***Sobibor, 14 octobre 1943, 16 heures*** (Frankreich 2001) von Claude Lanzmann.
**CA-Kurzfilmpreis 2001:** ***Private Movie*** (USA 2000) von Naomi Uman.
*www.viennale.at*

## goEast-Festival des mittel- und osteuropäischen Films Wiesbaden

»Die Veranstalter des Partnerfestivals in Cottbus dürften neidvoll nach Westen geschaut haben: Wiesbaden bekam schon im ersten Jahr einen Etat von Land, Stadt und Sponsoren zusammen wie Cottbus nach einem Jahrzehnt. Für diese Summe hatte das Deutsche Film Institut als Veranstalter ein so komplexes wie anspruchsvolles Programm zusammengestellt, das neben Wettbewerbsfilmen auch Arbeiten von deutschen und osteuropäischen Filmhochschulen enthielt, eine Reihe ›Highlights‹ mit andernorts bereits prämierten Werken sowie eine Retrospektive mit Puschkin-Verfilmungen. (…) Brüche – Umbrüche wie Aufbrüche, aber auch fatale Kontinuitäten – kennzeichnen nach wie vor die politische Situation in Osteuropa und sie sind auf unterschiedliche Weise auch Thema des Festivals.« (Raimund Gerz, epd-Film)

3400 Interessierte besuchten im April 87 Werke aus zwölf Ländern. Der **Preis für den besten Film** ging zu gleichen Teilen an ***Das große Tier***, eine polnische Produktion von Jerzy Stuhr, und an die ukrainische Produktion ***Menschen zweiter Klasse*** von Kira Muratova.
Mit dem **Preis für die beste Regie** wurde der ungarische Regisseur Péter Gothár für seinen Film ***Passport*** ausgezeichnet.
*www.filmfestival-goeast.de*

## 27. Internationales Filmwochenende in Würzburg

Als eines der Ersten im Festival-Jahresreigen widmete sich die nordbayrische Stadt dieses Jahr einigen französischen Filmemacherinnen. Prominenteste Vertreterinnen waren **Agnès Varda** ***(Die Sammler und die Sammlerin)*** und **Claire Denis**. Der **Publikumspreis** ging an **Rudolf Wernickes *Taxi.***
*www.filmwochenende-wuerzburg.de*

# Filmliteratur 2001

140 Bücher zum Film laden den Leser ein, in die faszinierende Welt der siebten Kunst einzutauchen.
Lesen, schmökern, schauen; Geschichte und Theorie des Kinos, Hollywoodglamour, Mythos und Kult – das Kino mit all seinen schillernden Facetten lockt gedruckt und gebunden in Taschenbüchern und prächtigen Hardcovern.
Zugegeben, hier gibt es Licht und Schatten; nicht alles wird zum Lesevergnügen. Manche Abhandlung ist zu akademisch geraten, anderes dagegen verflüchtigt sich in den schärfelosen Gedankenregionen des Oberflächlichen.
Einige Autoren verwechseln prätentiöse Aufgeblasenheit mit der Anstrengung, lesbare Filmliteratur zu schreiben. Andere wiederum halten schon stilistische Flapsigkeit für breitenwirksames verständliches Nachdenken über Kino.
Dennoch, der Filmbuchjahrgang 2001 kann sich sehen lassen. Bekannte Filmpublizisten und -wissenschaftler wie Elsaesser, Patalas und Seeßlen sind Garanten für Qualität.
Trends lassen sich keine ausmachen. Star-Geburtstage (Dietrich, Kinski, Rühmann), Festivalretrospektiven (Fritz Lang) und Kino-Blockbuster (Gladiator, Herr der Ringe) sind wie eh und je Marksteine für die filmliterarische Produktion.
Nach wie vor ist bei den Filminteressierten der schnelle Griff zur kompakten Information nachgefragt: Genre-Lexika und Nachschlagewerke haben Konjunktur.
Und wie in jedem Jahr gibt es ein Filmbuch, *Das Filmbuch,* das sich ohne Wenn und Aber allen Kinofans empfehlen lässt: **Some Like It Hot.**
Billy Wilders Komödienklassiker feiert der Taschen-Verlag in einer großformatigen Pracht – und Breitwandkino-Band. Ein Buch der Superlative, entstanden in enger Zusammenarbeit mit dem 95-jährigen Billy Wilder.
Das Faksimile des Originaldrehbuchs, Standfotos, Filmplakate und Interviews erzählen die Geschichte des Filmjuwels vom Drehbuch bis zur PR-Aufbereitung in verschwenderisch schönem Glanz. Der pure Luxus. Acht Pfund Kinoliteratur, die den Leser in den siebten Buch- und Hollywood-Himmel entführt.
So viel zur Filmliteratur 2001.

Viel Spaß beim Lesen. *Rolf Selas*

## 1. Film-Geschichte und -Theorie, Genre

*Günter Agde:* **Kämpfer.** Biografie eines Films und seiner Macher (über die Entstehung dieses berühmten und heute fast vergessenen Exilfilms). Verlag Das Neue Berlin, Berlin.

*Helmut G. Asper:* **Filmexil in Hollywood: »Etwas Besseres Als Den Tod ...«** Porträts, Filme, Dokumente KiM, Köln.

*Wieland Becker, Volker Petzhold:* **Tarkowski trifft King Kong.** Geschichte der Filmklubbewegung der DDR. Vistas Verlag, Berlin.

*Heiko R. Blum:* **Meine zweite Heimat Hollywood.** Deutschsprachige Filmkünstler in den USA. Henschel Verlag, Berlin.

*David Bordwell:* **Visual Style in Cinema.** Vier Kapitel Filmgeschichte. Verlag der Autoren, Frankfurt.

*Deutsches Filminstitut – DIF (Hrsg.):* **Cinematografie des Holocaust.** edition text + kritik, München.

*Deutsches Filminstitut – DIF (Hrsg.):* **Die Vergangenheit in der Gegenwart.** Konfrontation mit den Folgen des Holocaust im deutschen Nachkriegsfilm. edition text + kritik, München.

*Thomas Elsaesser:* **Metropolis.** Der Filmklassiker von Fritz Lang. Europa Verlag, Hamburg.

*Peter Ettedgui:* **Filmkünste: Produktionsdesign** (vorgestellt werden 16 Filmausstatter). Rowohlt, Reinbek.

*Filmmuseum Berlin, Deutsche Kinemathek (Hrsg.):* **Filmexil 13: Fluchtpunkt Ungarn.** edition text + kritik, München.

*Klaus Finke (Hrsg.):* **DEFA-Film als nationales Kunsterbe?** Vistas Verlag, Berlin.

*Barbara Flückiger:* **Sound Design.** Die virtuelle Klangwelt des Films. Schüren Verlag, Marburg.

*M. Fröhlich, R. Middel:* **Nach dem Ende** (Weltuntergang im Kino 12 Essays). Schüren Verlag, Marburg.

*William Goldman:* **Wer hat hier gelogen?** (Neue Insidergeschichten aus Hollywood). Bastei Lübbe, Bergisch Gladbach.

*Sabine Gottgetreu:* **Der Arztfilm.** Untersuchung eines filmischen Genres. Aisthesis Verlag, Bielefeld.

*Malte Hagener (Hrsg.):* **Sexualität zwischen Aufklärung und Ausbeutung im Weimarer Kino.** edition text + kritik, München.

*Jana Hallberg, Alexander Wewerka (Hrsg.):* **Dogma 95.** Zwischen Kontrolle und Chaos. Alexander Verlag, Berlin.

*Aljean Harmetz:*. **Verhaften Sie die üblichen Verdächtigen.** Wie Casablanca gemacht wurde. Berlin Verlag, Berlin.

*Vinzenz Hediger:* **Verführung zum Film.** Der amerikanische Kinotrailer seit 1912. Schüren Verlag, Marburg.

*Jörg Herrmann:* **Sinnmaschine Kino.** Sinndeutung und Religion im populären Film. Gütersloher Verlagshaus, Gütersloh.

*Christian Höller (Hrsg.):* **Pop Unlimited?** Imagetransfers in der aktuellen Popkultur. Turia + Kant, Wien.

*G. Cabrera Infante:* **Nichts als Kino.** Suhrkamp, Frankfurt.

*Kintop* – **Jahrbuch zur Erforschung des frühen Films.** Europäer in den USA. Stroemfeld, Frankfurt.

*Josef Kloppenburg (Hrsg.):* **Musik multimedial – Filmmusik, Videoclip, Fernsehen** (von der Stummfilm-Musik bis heute, mit Notenbeispielen). Laaber-Verlag, Laaber.

*Rainer Knepperges (Hrsg.):* **Gdinetmao – Abweichungen vom deutschen Film.** Maas Verlag, Berlin.

*Stefan König u. a.:* **100 Jahre Bergfilm.** Herbig, München.

*Klaus Kreimeier (Hrsg.):* **Navigationen** (Siegener Beiträge zur Medien- und Kulturwissenschaft). Universität Siegen.

*Armin Loacker (Hrsg.):* **Ekstase** (die Entdeckung einer Filmlegende inkl. Videokassette). Filmarchiv Austria, Wien.

*Rainhard May, Hendrik Jackson (Hrsg.):* **Filme für die Volksfront.** Erwin Piscator, Gustav von Wangenheim, Friedrich Wolf – antifaschistische Filmemacher im sowjetischen Exil. Stattkino, Berlin.

*Stefan Orth, Joachim Valentin, Reinhold Zwick (Hrsg.):* **Göttliche Komödien.** Religiöse Dimensionen des Komischen im Kino. KIM/Schüren Verlag, Köln/Marburg.

*Hubert Ortkemper (Hrsg.):* **»Liebling, mein Herz läßt Dich grüßen«.** Werner Richard Heymann. Der erfolgreichste Filmkomponist der großen UFA-Zeit erinnert sich. Mit CD. Henschel Verlag, Berlin.

*Enno Patalas:* **Metropolis in/aus Trümmern.** Eine Filmgeschichte (Patalas montiert eine Idealfassung des Films). Bertz Verlag, Berlin.

*Helmut Pflügl (Red.):* **Der geteilte Himmel.** Höhepunkte des DEFA-Kinos 1946–1992. Bd. 1: Die Filme der Retrospektive. Bd. 2: Essays zur Geschichte der DEFA und Filmografien von 61 DEFA Regisseur/-innen. Film Archiv Austria, Wien.

*Andreas Platthaus:* **Die Welt des Walt Disney.** Henschel, Berlin.

*Hans Helmut Prinzler, Eric Renschler (Hrsg.):* **Der alte Film war tot.** 100 Texte zum westdeutschen Film 1962–1987 (Neuauflage). Verlag der Autoren, Frankfurt.

*Cinzia Romani:* **Die Filmdiven des Dritten Reichs.** Gremese im Schüren Verlag, Marburg.

*Deac Rossell:* **Faszination der Bewegung.** Ottomar Anschütz zwischen Fotografie und Kino. Stroemfeld/Roter Stern, Frankfurt.

*Christina Scherer:* **Ivens, Marker, Godard, Jarman.** Erinnerung im Essayfilm. Wilhelm Fink Verlag, München.

*Gottfried Schlemmer, Regina Schlagnitweit (Hrsg.):* **Film und Musik.** Synema, Wien.

*Alexandra Söller:* **Der Tod in der Literatur und seine filmische Inszenierung am Beispiel der Literaturverfilmungen Rainer Werner Fassbinders.** Peter Lang, Berlin.

*Bärbel Tischleder:* **Body Trouble. Entkörperlichung, Whiteness und das amerikanische Gegenwartskino.** Stroemfeld Verlag, Frankfurt.

*Ursula von Keitz, Kay Hoffmann (Hrsg.):* **Die Einübung des dokumentarischen Blicks.** Fictionfilm und Nonfictionfilm zwischen Wahrheitsanspruch und expressiver Sachlichkeit 1895–1945. Schüren Verlag, Marburg.

*Joachim von Vietinghoff* – **Bilder/Stories/Filme.** Der Produzent Joachim von Vietinghoff (Begleitbuch zur Ausstellung). Filmmuseum Berlin.

*Guntram Vogt:* **Die Stadt im Kino.** Deutsche Spielfilme 1900–2000. Schüren Verlag, Marburg.

*Lothar Warneke, Massimo Locatelli (Hrsg.):* **Transzendenz im populären Film.** Vistas Verlag, Berlin.

*Erika Wottrich (Hrsg.):* **Deutsche Universal Transatlantische Verleih- und Produktionsstrategien eines Hollywoodstudios in den 20er und 30er Jahren.** edition text + kritik, München.

## 2. Nachschlagewerke

*apropos:* **Film 2001. Das Jahrbuch der DEFA-Stiftung.** Verlag Das Neue Berlin, Berlin.

*Hans-Michael Bock (Hrsg.):* **Cine-Graph.** Lexikon zum deutschsprachigen Film Lieferung 34. edition text + kritik, München.

*Thomas Bräutigam:* **Lexikon der Film- und Fernsehsynchronisation.** Stars und Stimmen: Wer synchronisiert wen in welchem Film? Verlag Lexikon Imprint/Schwarzkopf & Schwarzkopf, Berlin.

*Linda J. Cowgirl:* **Wie man Kurzfilme schreibt.** Zweitausendeins, Frankfurt.

*Burkhard Driest:* **Poetik des Filmdramas für Drehbuchautoren** (Anleitung zum Drehbuchschreiben). Zweitausendeins, Frankfurt.

*Syd Field:* **Filme schreiben.** Wie Drehbücher funktionieren. Europa Verlag, Hamburg.

*Friedhelm Geller u. a.:* **Religion im Film** (Nachschlagewerk mit 2400 Filmeinträgen). KiM, Köln.

*Rolf Giesen:* **Lexikon der Special Effects.** Von den ersten Filmtricks bis zu den Computeranimationen der Gegenwart. Schwarzkopf & Schwarzkopf, Berlin.

*F.-B. Habel:* **Das große Lexikon der DEFA-Spielfilme.** Schwarzkopf & Schwarzkopf, Berlin.

*Ronald M. Hahn, Rolf Giesen:* **Das neue Lexikon des Fantasy-Films.** Schwarzkopf & Schwarzkopf, Berlin.

*Josef Hilger:* **Raumpatrouille – Die phantastischen Abenteuer des Raumschiffs Orion.** Schwarzkopf & Schwarzkopf, Berlin.

*Lothar R. Just (Hrsg.):* **Film-Jahrbuch 2001.** Alle Erstaufführungen im Kino, Fernsehen, Video. Festivals, Preise, Auszeichnungen. Die wichtigsten Neuerscheinungen der Filmliteratur. Heyne Verlag, München.

*Horst Peter Kroll, Hans Messias (Red.):* **Lexikon des internationalen Films** (der neue Jahresband). KIM/Schüren Verlag, Köln/Marburg.

*Ulla Mothes:* **Dramaturgie für Spielfilm, Hörspiel und Feature.** UVK, Konstanz.

*Leo Moser:* **Eastern Lexikon.** Das Lexikon des asiatischen Actionfilms. Schwarzkopf & Schwarzkopf, Berlin.

*Michael Petzel:* **Der Weg zum Silbersee** (die Karl-May-Filme). Schwarzkopf & Schwarzkopf, Berlin.

*Klaus Schmidt, Ingrid Schmidt (Hrsg.):* **Lexikon Literatur-Verfilmungen.** Verzeichnis deutschsprachiger Filme 1945–2000 (2. erweiterte und aktualisierte Ausgabe). J. B. Metzler, Stuttgart.

*Berndt Schulz:* **Lexikon der Road Movies.** Schwarzkopf & Schwarzkopf, Berlin.

*Linda Seger:* **Vom Buch zum Drehbuch.** Zweitausendeins, Frankfurt.

*Daniela Sobek:* **Lexikon lesbischer Frauen im Film.** belleville Verlag, München.

*Jeremy Vineyard:* **Crashkurs Filmauflösung.** Zweitausendeins, Frankfurt.

*Kay Weniger:* **Das große Personenlexikon des Films** (insgesamt 6100 Einträge) Schwarzkopf & Schwarzkopf, Berlin.

## 3. Autobiografien, Biografien, Monografien

### a) Filmemacher/-innen

*Rolf Aurich, Wolfgang Jacobsen, Cornelius Schnauber (Hrsg.):* **Fritz Lang.** Leben und Werk in Bildern und Dokumenten. Jovis Verlag, Berlin.

*Rolf Aurich, Stefan Reinecke (Hrsg.):* **Jim Jarmusch.** Bertz Verlag, Berlin.

*Frank Beyer:* **Wenn der Wind sich dreht – Meine Filme, mein Leben.** Econ Verlag, München.

*Stig Björkmann:* **Trier über Trier. Gespräche.** Rogner & Bernard, Hamburg.

*Karin Dehnbostel, Mechthild Rumpf, Jürgen Seifert (Hrsg.):* **Thomas Mitscherlich. Bilder – Medium des Erinnerns.** Der Blick des Filmemachers Thomas Mitscherlich auf unsere Vergangenheit. Schüren Verlag, Marburg.

*Thomas Elsaesser:* **Rainer Werner Fassbinder** (Biografie mit ausführlicher, kommentierter Filmografie). Bertz Verlag, Berlin.

*Christoph Haas:* **Pedro Almodovar.** Europa Verlag, Hamburg.

*Rebecca Hillauer:* **Freiräume – Lebensräume.** Arabische Filmemacherinnen. Horlemann Verlag, Bad Honnef.

*Vittorio Hösle:* **Woody Allen – Versuch über das Komische.** C. H. Beck, München.

*Robert Kolker:* **Allein im Licht.** Porträts sechs eigenwilliger US-Regisseure. Penn, Stone, Kubrick, Scorsese, Spielberg, Altman. Diana, München.

*Marion Meade:* **Woody Allen – Ein Leben gegen alle Regeln.** Piper, München.

*Franz »Zwetschi« Marischka:* **Immer nur lächeln.** Geschichten und Anekdoten von Theater und Film. Amalthea/Herbig, München.

*Georg Seeßlen:* **Steven Spielberg und seine Filme.** Schüren, Marburg.

*Thomas Tode, Alexandra Gramatke (Hrsg.):* **Dziga Vertov.** Tagebücher/ Arbeitshefte. Reihe CLOSE UP, Konstanz.

*Margarete Wachs:* **Krzysztof Kieslowski.** KiM Verlag, Köln.

*Wim Wenders:* **Einmal.** Bilder und Geschichten (Neuauflage des Fotobuchs). Schirmer/Mosel, München.

*Billy Wilder's Some Like It Hot.* **The funniest film ever made: the complete book.** Taschen Verlag, Köln.

**b) Schauspieler/-innen**

*R. Aurich, S. Reinicke:* **Sophia** (Sophia Loren für Fans). Gremese, Rom.
*Axel Andree:* **Die Knef.** Langen Müller, München.
*Heiko R.Blum:* **Senta mit Charme und Power.** Heyne Verlag, München.
*Gerold Ducke:* **»Der Humor kommt aus der Trauer«. Curt Bois. Eine Biografie.** Bostelmann & Siebenhaar, Berlin.
*Franz Josef Görtz, Hans Sarkowicz:* **Heinz Rühmann 1902–1994.** Der Schauspieler und sein Jahrhundert. C. H. Beck, München.
*Giovanni Grassi:* **Der Mythos Sean Connery.** Gremese, Rom.
*Michael Gruteser (Hrsg.):* **Die Simpsons.** Schüren, Marburg.
*Edvard Hambro:* **Liv Ullmann. Szenen eines Lebens.** dtv, München.
*Adolf Heinzlmeier:* **Sean Connery. Lizenz zum Filmen.** Europa Verlag, Hamburg.
*Manfred Hobsch:* **Film ab: Die Marx Brothers.** Das große Buch für alle Fans der Anarcho-Komiker. Schwarzkopf & Schwarzkopf, Berlin.
*Matilde Hochkofler:* **Marcello Mastroianni.** Das Kino ein Spiel (neu bearbeitete Ausgabe). Gremese, Rom.
*Micaela Jary:* **Ich weiß, es wird einmal ein Wunder gescheh'n.** Das Leben der Zarah Leander. Aufbau Verlag, Berlin.
*Gabriele Jatho (Red.):* **Hommage – Kirk Douglas.** Jovis Verlag, Berlin.
*Janet Johnson (Hrsg.):* **Lacombe cinema/theater** (Fotoband der New Yorker Fotografin Brigitte Lacombe, die viele der wichtigsten amerikanischen und europäischen Schauspieler und Regisseure porträtiert hat). Schirmer/Mosel, München.
*Gisela Kayser, Ernst Volland (Hrsg.):* **Kinski – porträtiert von Beat Presser.** Fotoband und Interviews. Parthas, Berlin.
*Harald Keller:* **Angelina Jolie.** Bertz Verlag, Berlin.
*Andreas Kern:* **Die Fondas.** campus, Frankfurt.
*Annette Kilzer:* **Til Schweiger. Vom bewegten Mann zum großen Bagarozy.** Europa Verlag, Hamburg.
*Helga Kneidl:* **Romy. Drei Tage im Mai** (Fotoband). Lardon Media AG, Berlin.
*Petra Kohse:* **Marianne Hoppe. Eine Biografie.** Ullstein Verlag, Berlin.
*Torsten Körner:* **Ein guter Freund – Heinz Rühmann.** Biografie. Aufbau Verlag, Berlin.
*Hermann Kreutzer, Manuela Runge:* **Ein Koffer in Berlin. Marlene Dietrich – Geschichten von Politik und Liebe.** Aufbau Verlag, Berlin.
*Hardy Krüger:* **Szenen eines Clowns.** Lübbe Verlag, Bergisch Gladbach.
*Sidney Poitier:* **Mein Vermächtnis.** Eine Art Autobiografie. Europa Verlag, Hamburg.
*K. Rathje, R. Krämer:* **Franka Potente.** Schwarzkopf & Schwarzkopf, Berlin.
*Peter Reichelt, Ina Brockmann (Hrsg.):* **Klaus Kinski. »Ich bin so wie ich bin«.** dtv, München.
*Hans Peter Reichmann (Red.):* **Ich. Kinski.** Deutsches Filmmuseum, Frankfurt.
*Lind Salber:* **Marlene Dietrich.** Rowohlt Verlag, Reinbek.
*Fred Sellin:* **Ich brech' die Herzen. Das Leben des Heinz Rühmann.** Rowohlt Verlag, Reinbek.
*Werner Sudendorf:* **Marlene Dietrich.** dtv, München.

## 4. Film und Literatur

*Ilse Aichinger:* **Film und Verhängnis.** Blitzlichter auf ein Leben. Fischer, Frankfurt.
*Brian Aldis:* **Künstliche Intelligenzen.** (Nach diesen Geschichten entstand die Spielberg/Kubrick-Produktion *A.I.*). Heyne Verlag, München.
*Theodoros Angelopoulos:* **Die Ewigkeit und ein Tag.** Filmnovelle. edition text + kritik, München.

*Pierre Boulle:* **Planet der Affen** (Neuauflage des Romanklassikers). Heyne Verlag, München.
*Guy Burt:* **The Hole** (Neuauflage zur Verfilmung). Heyne Verlag, München.
*Paula Fox:* **Kalifornische Jahre.** C. H. Beck, München.
*John Grisham:* **Die Bruderschaft.** Heyne Verlag, München.
*Kari Hotakainen:* **Buster Keaton.** Roman. Fischer, Frankfurt.
*Kari Hotakainen:* **Lieblingsszenen.** Roman (Bei Hotakainen ist alles möglich: Coppolas Filmklassiker *Der Pate* wird am Stadtrand von Helsinki gedreht). Fischer, Frankfurt.
*Eric Idle:* **Die Reise zum Mars** (Romandebut des Ex-Monty-Python-Mitglieds). Ullstein, Berlin.
*Peter Stephan Jungk:* **Der König von Amerika** (Roman über Walt Disney). Klett-Cotta, Stuttgart.
*Hanif Kureishi:* **Gabriels Gabe.** Kindler, München.
*Juan Minana:* **Nachrichten aus der wirklichen Welt.** Roman. (John Wayne verschwindet bei den Dreharbeiten von *Circus Welt* in Barcelona 1963). Berlin Verlag, Berlin.
*Albert Ostermaier:* **Autokino** (Lyrik). Suhrkamp, Frankfurt.
*Erich Maria Remarque:* **Sag mir, daß du mich liebst.** Briefe des Romanciers Remarque an Marlene Dietrich. Kiepenheuer & Witsch, Köln.
*David L. Robbins:* **Krieg der Ratten.** Duell in Stalingrad (Vorlage für **Duell – Enemy at the Gates**). Heyne Verlag, München.
*Carlos Saura:* **Dieses Licht!** (Erster Roman des Regisseurs, eine Liebesgeschichte im Spanischen Bürgerkrieg). C. Bertelsmann, München.

## 5. Das Buch zum Film

### (Drehbücher, Produktionsnotizen, Gespräche, Kommentare)

*Gladiator.* **Die Entstehung des Epos von Ridley Scott.** Burgschmiet Verlag, Nürnberg.
*Stefan Grissemann (Hrsg.):* **Haneke/Jelinek: Die Klavierspielerin.** Drehbuch – Gespräche – Essays. Sonderzahl Verlagsgesellschaft, Wien.
*Jane Hamsher:* **Killer Instinct.** Die wahre Geschichte von **Natural Born Killers** oder **Wie man ohne Geld einen Film dreht.** AtV, Berlin.
*Spencer Lamm (Hrsg.):* **The Matrix.** Drehbuch, Storyboards, Produktionsdesign und Zeichnungen. Burgschmiet Verlag, Nürnberg.
*Paul Maar:* **Das Sams wird Filmstar.** Verlag Friedrich Oetinger, Hamburg.
*Mark Salisbury:* **Planet der Affen.** Offizielles Begleitbuch zum Film. Burgschmiet Verlag, Nürnberg.
*Brian Sibley:* **Der Herr der Ringe.** Das offizielle Filmbuch. Klett-Cotta, Stuttgart.
*Georges Sturm:* **Die Circe, der Pfau und das Halbblut.** Die Filme von Fritz Lang, 1916–1921. Wissenschaftlicher Verlag, Trier.
*Linda Sunshine (Red.):* **Tiger & Dragon.** Ein Porträt des Ang-Lee-Films. Burgschmiet Verlag, Nürnberg.

# Filmwirtschaft in Europa

## Top 100 Deutschland
(1. Januar bis 30. Dezember 2001)

| Platz | Titel | Verleih | Start | Einspiel in € |
|---|---|---|---|---|
| 1 | **Harry Potter und der Stein der ...** | Warner | 22.11.01 | 64.808.925 |
| 2 | **Der Schuh des Manitu** | Constantin | 19.07.01 | 60.206.357 |
| 3 | **Was Frauen wollen** | Buena Vista | 15.02.01 | 39.064.345 |
| 4 | **Der Herr d. Ringe – D. Gefährten** | Warner | 19.12.01 | 37.585.696 |
| 5 | **American Pie 2** | UIP | 27.09.01 | 33.673.424 |
| 6 | **Verschollen** | UIP | 11.01.01 | 31.935.594 |
| 7 | **Pearl Harbor** | Buena Vista | 07.06.01 | 31.602.643 |
| 8 | **Die Mumie kehrt zurück** | UIP | 17.05.01 | 25.377.970 |
| 9 | **Bridget Jones** | UIP | 23.08.01 | 24.609.063 |
| 10 | **Hannibal** | Tobis S.C. | 15.02.01 | 19.567.929 |
| 11 | **Miss Undercover** | Warner | 29.03.01 | 19.499.680 |
| 12 | **Jurassic Park 3** | UIP | 02.08.01 | 19.193.350 |
| 13 | **Shrek – Der tollkühne Held** | UIP | 05.07.01 | 18.617.090 |
| 14 | **Chocolat** | Senator | 15.03.01 | 17.949.810 |
| 15 | **Die fabelhafte Welt der Amélie** | Prokino | 16.08.01 | 14.847.571 |
| 16 | **Lara Croft – Tomb Raider** | Concorde | 28.06.01 | 13.983.270 |
| 17 | **Planet der Affen** | Fox | 30.08.01 | 13.775.588 |
| 18 | **Ein Königreich für ein Lama** | Buena Vista | 15.03.01 | 13.387.172 |
| 19 | **Der kleine Eisbär** | Warner | 04.10.01 | 11.237.179 |
| 20 | **Scary Movie 2** | Highlight | 08.11.01 | 10.720.797 |
| 21 | **Unbreakable – Unzerbrechlich*** | Buena Vista | 28.12.00 | 10.297.613 |
| 22 | **Mädchen, Mädchen** | Constantin | 29.03.01 | 9.851.460 |
| 23 | **102 Dalmatiner** | Buena Vista | 08.02.01 | 9.729.455 |
| 24 | **Das Experiment** | Senator | 08.03.01 | 9.598.224 |
| 25 | **Mexican – Eine heiße Liebe** | Buena Vista | 16.08.01 | 9.118.327 |
| 26 | **Teuflisch** | Fox | 18.01.01 | 8.992.694 |
| 27 | **Natürlich blond!** | Fox | 15.11.01 | 8.907.551 |
| 28 | **Traffic – Macht des Kartells** | Fox | 05.04.01 | 8.827.065 |
| 29 | **The Fast and the Furious** | UIP | 18.10.01 | 8.602.660 |
| 30 | **Ritter aus Leidenschaft** | Col. TriStar | 06.09.01 | 8.395.742 |
| 31 | **Meine Braut, ihr Vater und ich*** | UIP | 07.12.00 | 8.329.780 |
| 32 | **Dr. Doolittle 2** | Fox | 09.08.01 | 8.215.488 |
| 33 | **The Vertical Limit** | Col. TriStar | 25.01.01 | 8.038.632 |
| 34 | **Evolution** | Col. TriStar | 19.07.01 | 7.826.536 |
| 35 | **Save the Last Dance** | UIP | 22.03.01 | 7.746.231 |
| 36 | **America's Sweethearts** | Senator | 11.10.01 | 7.711.169 |
| 37 | **The Wedding Planner** | Buena Vista | 03.05.01 | 7.650.130 |
| 38 | **Moulin Rouge** | Fox | 18.10.01 | 7.649.725 |
| 39 | **Emil und die Detektive** | Constantin | 22.02.01 | 7.148.124 |
| 40 | **Das Sams** | Kinowelt | 18.10.01 | 7.140.667 |
| 41 | **Brot & Tulpen*** | Tobis S.C. | 21.12.00 | 7.062.687 |

* Umsatz nur für 2001 berücksichtigt. Quelle: ACNielsen EDI.
Mit freundlicher Genehmigung von »Blickpunkt: Film«.

| Platz | Titel | Verleih | Start | Einspiel in € |
|---|---|---|---|---|
| 42 | **Final Fantasy – Die Mächte in Dir** | Col. TriStar | 23.08.01 | 6.292.473 |
| 43 | **A.I. Künstliche Intelligenz** | Warner | 13.09.01 | 6.128.310 |
| 44 | **Ey Mann – Wo is' mein Auto?** | Fox | 22.03.01 | 5.851.100 |
| 45 | **Atlantis – Das Geheimnis der …** | Buena Vista | 06.12.01 | 5.656.068 |
| 46 | **Cats & Dogs – Wie Hund u. Katz** | Warner | 19.07.01 | 5.268.181 |
| 47 | **Passwort: Swordfish** | Warner | 01.11.01 | 5.235.041 |
| 48 | **Pettersson und Findus** | MFA | 04.01.01 | 5.011.904 |
| 49 | **Lammbock** | Senator | 23.08.01 | 4.980.392 |
| 50 | **Plötzlich Prinzessin!** | Buena Vista | 20.12.01 | 4.920.141 |
| 51 | **Tiger & Dragon** | Arthaus | 11.01.01 | 4.916.307 |
| 52 | **Thirteen Days** | Kinowelt | 22.03.01 | 4.905.891 |
| 53 | **Die purpurnen Flüsse** | Tobis S. C. | 19.04.01 | 4.797.243 |
| 54 | **Heartbreakers** | Advanced | 24.05.01 | 4.459.886 |
| 55 | **Der Exorzist (Director's Cut)** | Warner | 15.03.01 | 4.376.338 |
| 56 | **Forrester – Gefunden!** | Col. TriStar | 01.03.01 | 4.262.575 |
| 57 | **Billy Elliot – I Will Dance*** | UIP | 30.11.00 | 4.249.647 |
| 58 | **Pokémon 2*** | Warner | 21.12.00 | 4.214.513 |
| 59 | **Jetzt oder nie – Zeit ist Geld*** | Senator | 14.12.00 | 3.997.228 |
| 60 | **Düstere Legenden 2** | Col. TriStar | 04.01.01 | 3.604.412 |
| 61 | **Exit Wounds – Die Copjäger** | Warner | 03.05.01 | 3.523.781 |
| 62 | **Blow** | Kinowelt | 26.07.01 | 3.355.915 |
| 63 | **Hilfe, ich bin ein Fisch** | Kinowelt | 12.04.01 | 3.290.710 |
| 64 | **Banditen!** | Constantin | 01.11.01 | 3.094.263 |
| 65 | **Pokémon 3** | Warner | 21.06.01 | 3.077.180 |
| 66 | **Digimon – Der Film** | Fox | 08.03.01 | 2.970.172 |
| 67 | **Weil es dich gibt** | Highlight | 29.11.01 | 2.926.839 |
| 68 | **Snatch – Schweine u. Diamanten** | Col. TriStar | 22.03.01 | 2.912.136 |
| 69 | **Training Day** | Warner | 06.12.01 | 2.858.607 |
| 70 | **Sweet November** | Tobis S. C. | 02.08.01 | 2.822.570 |
| 71 | **Tomcats** | Senator | 05.07.01 | 2.784.958 |
| 72 | **Sass – Die Meisterdiebe** | Constantin | 27.09.01 | 2.546.162 |
| 73 | **Im Netz der Spinne** | UIP | 12.07.01 | 2.443.981 |
| 74 | **Crocodile Dundee in Los Angeles** | Constantin | 21.06.01 | 2.424.803 |
| 75 | **Das Dschungelbuch – WA*** | Buena Vista | 14.12.00 | 2.413.551 |
| 76 | **Dungeons & Dragons** | Buena Vista | 12.04.01 | 2.372.471 |
| 77 | **Kiss of the Dragon** | Tobis S. C. | 25.10.01 | 2.284.907 |
| 78 | **Animal – Das Tier im Manne** | Senator | 20.09.01 | 2.263.787 |
| 79 | **Zickenterror** | Col. TriStar | 01.11.01 | 2.212.931 |
| 80 | **Disney's Dinosaurier*** | Buena Vista | 16.11.00 | 2.075.022 |
| 81 | **Wes Craven präsentiert Dracula** | Highlight | 26.04.01 | 1.949.296 |
| 82 | **Drei Engel für Charlie*** | Col. TriStar | 30.11.00 | 1.940.204 |
| 83 | **Mondscheintarif** | Senator | 25.10.01 | 1.935.509 |
| 84 | **The Score** | Constantin | 09.08.01 | 1.930.509 |
| 85 | **Wie Feuer und Flamme** | X Verleih | 14.06.01 | 1.912.153 |
| 86 | **Little Nicky – Satan Junior** | Kinowelt | 22.02.01 | 1.908.311 |
| 87 | **Die Legende von Bagger Vance** | Fox | 01.02.01 | 1.896.447 |
| 88 | **The 6th Day*** | Col. TriStar | 14.12.00 | 1.895.172 |
| 89 | **Schule*** | Constantin | 07.12.00 | 1.859.160 |
| 90 | **Intimacy** | Prokino | 07.06.01 | 1.725.978 |
| 91 | **Men of Honor** | Fox | 10.05.01 | 1.661.328 |

| Platz | Titel | Verleih | Start | Einspiel in € |
|---|---|---|---|---|
| 92 | **Die letzte Festung** | UIP | 29.11.01 | 1.618.664 |
| 93 | **Bounce – Eine Chance f. d. Liebe** | Highlight | 01.02.01 | 1.582.545 |
| 94 | **Almost Famous** | Col. TriStar | 03.05.01 | 1.582.386 |
| 95 | **Spy Kids** | Concorde | 04.10.01 | 1.573.194 |
| 96 | **The Gift – Die dunkle Gabe** | Buena Vista | 04.10.01 | 1.572.478 |
| 97 | **Hals über Kopf** | UIP | 26.04.01 | 1.566.248 |
| 98 | **Red Planet** | Warner | 01.03.01 | 1.552.296 |
| 99 | **The Watcher** | Tobis S. C. | 18.01.01 | 1.534.051 |
| 100 | **Driven** | Warner | 15.11.01 | 1.504.232 |

## Deutsche Filme im Kino – Jahresübersicht 2001

| Besucher in 2001 | Besucher gesamt | Titel | Regie | Verleih |
|---|---|---|---|---|
| 10.540.704 | 10.540.704 | **Der Schuh des Manitu** | Michael Herbig | Constantin |
| 2.461.354 | 2.461.354 | **Die fabelh. Welt d. Amélie*** | Jean-Pierre Jeunet | Prokino |
| 2.323.164 | 2.323.164 | **Der kleine Eisbär** | Thilo Graf Rothkirch | Warner |
| 1.174.565 | 1.774.565 | **Mädchen, Mädchen** | Dennis Gansel | Constantin |
| 1.605.389 | 1.605.389 | **Das Experiment** | Oliver Hirschbiegel | Senator |
| 1.605.058 | 1.605.058 | **Emil und die Detektive** | Caroline Link | Constantin |
| 1.485.337 | 1.485.337 | **Das Sams** | Ben Verbong | Kinowelt |
| 1.078.925 | 1.078.925 | **Pettersson und Findus*** | Albert H. Kaminski | MFA |
| 832.043 | 832.043 | **Lammbock** | Christian Zübert | Senator |
| 745.007 | 1.227.313 | **Jetzt oder nie** | Lars Büchel | Senator |
| 427.065 | 427.065 | **Sass** | Carlo Rola | Constantin |
| 350.955 | 920.373 | **Schule** | Marco Petry | Constantin |
| 350.406 | 350.406 | **Wie Feuer und Flamme** | Connie Walther | X-Verleih |
| 312.274 | 312.274 | **Mondscheintarif** | Ralf Huettner | Senator |
| 197.218 | 197.218 | **Duell – Enemy at the Gates*** | Jean-Jacques Annaud | Constantin |
| 183.922 | 183.922 | **Die Abrafaxe** | Gerhard Hahn | UIP |
| 154.108 | 154.108 | **Viktor Vogel** | Lars Kraume | Columbia |
| 117.023 | 117.023 | **Berlin is in Germany** | Hannes Stöhr | Piffl |
| 115.248 | 115.248 | **Die innere Sicherheit** | Christian Petzold | Pegasos |
| 94.004 | 94.004 | **Black Box BRD** | Andres Veiel | X-Verleih |
| 85.683 | 85.683 | **Frau 2 sucht Happy End** | Edward Berger | Tobis |
| 83.677 | 2.624.562 | **Sonnenallee** | Leander Haußmann | Delphi |
| 83.063 | 83.063 | **Nichts bereuen** | Benjamin Quabeck | Ott-Film |
| 67.862 | 67.862 | **Der König tanzt*** | Gérard Corbiau | Helkon |
| 65.809 | 65.809 | **Ayurveda*** | Pan Nalin | Pegasos |
| 65.526 | 601.016 | **Der Krieger u. d. Kaiserin** | Tom Tykwer | X-Filme |
| 60.629 | 60.629 | **Kommando Störtebecker** | Ute v. Münchow-Pohl | Buena Vista |
| 59.031 | 59.031 | **Swimming Pool*** | Boris v. Sychowski | Senator |
| 58.405 | 382.361 | **Dancer in the Dark*** | Lars von Trier | Constantin |
| 56.413 | 56.413 | **Julietta** | Christoph Stark | Teamworx |
| 48.174 | 48.174 | **Die grüne Wüste** | Anno Saul | Lichtmeer |
| 47.129 | 586.327 | **Im Juli** | Fatih Akin | Senator |
| 45.091 | 90.878 | **Majestät brauchen Sonne*** | Peter Schamoni | Kinowelt |
| 43.943 | 1.172.115 | **Buena Vista Social Club*** | Wim Wenders | Senator |
| 41.489 | 41.489 | **Feindliche Übernahme** | Carl Schenkel | Columbia |

| Besucher in 2001 | Besucher gesamt | Titel | Regie | Verleih |
|---|---|---|---|---|
| 41.080 | 207.916 | **Gripsholm*** | Xavier Koller | Kinowelt |
| 40.825 | 40.825 | **Freunde** | Martin Eigler | zoomfilm.de |
| 40.721 | 40.721 | **Die Einsamkeit d. Krokodile** | Jobst Oetzmann | Prokino |
| 39.009 | 39.009 | **Der Traum ist aus** | Christoph Schuch | Salzgeber |
| 35.039 | 35.039 | **Engel & Joe** | Vanessa Jopp | Prokino |
| 33.830 | 33.830 | **Die 9 Leben d. Thomas Katz*** | Ben Hopkins | Piffl |
| 33.241 | 33.241 | **alaska.de** | Esther Gronenborn | Kinowelt |
| 30.681 | 103.019 | **Oi! Warning** | B. und D. Reding | Nighthawks |
| 30.191 | 30.191 | **Der Zimmerspringbrunnen** | Peter Timm | Senator |
| 30.143 | 352.731 | **Schwarze Katze, weißer Kater*** | Emir Kusturica | Kinowelt |
| 29.943 | 29.943 | **Heidi M.** | Michael Klier | X-Verleih |
| 28.708 | 28.708 | **27 Missing Kisses*** | Nana Djordjadze | Kinowelt |
| 28.157 | 416.949 | **Kalt ist der Abendhauch** | Rainer Kaufmann | Senator |
| 27.986 | 27.986 | **Jenseits von Tibet** | Solveig Klaßen | Salzgeber |
| 25.764 | 121.330 | **Bonhoeffer*** | Eric Till | NFP |
| 25.007 | 25.007 | **Bread and Roses*** | Ken Loach | Neue Visionen |
| 24.500 | 24.500 | **Was geht?** | Dieter Zimmermann | X-Verleih |
| 23.448 | 23.448 | **Der Cuba-Coup*** | Daniel-Diaz Torres | Kinowelt |
| 23.195 | 23.195 | **El Acordeon del Diablo*** | Stefan Schwietert | Ventura Film |
| 23.063 | 23.063 | **Rembrandt*** | Charles Matton | Pegasos |
| 22.936 | 22.936 | **Kurische Nehrung** | Volker Koepp | Salzgeber |
| 22.714 | 69.360 | **The Calling** | Richard Caesar | Constantin |
| 22.357 | 22.357 | **Escape to Life** | A. Weiss, W. Speck | Piffl |
| 21.795 | 21.795 | **Die Polizistin** | Andreas Dresen | Piffl |
| 20.854 | 2.255.609 | **Lola rennt** | Tom Tykwer | Prokino |
| 19.010 | 19.010 | **Berlin Babylon** | Hubertus Siegert | Piffl |
| 18.695 | 18.695 | **Year of the Horse*** | Jim Jarmusch | Kinowelt |
| 17.831 | 191.800 | **Liebesluder** | Detlev Buck | Delphi |
| 17.147 | 17.147 | **England** | Achim von Borries | Neue Visionen |
| 16.160 | 16.160 | **Engel des Universums*** | Fridrik Th. Fridriksson | Advanced |
| 15.893 | 15.893 | **Ein todsicheres Geschäft** | Matthias X. Oberg | Buena Vista |
| 15.831 | 15.831 | **Paradiso – 7 Tage m. 7 Frauen** | Rudolf Thome | Prometheus |
| 15.376 | 15.376 | **Der Barbier von Sibirien*** | Nikita Michalkow | Kinowelt |
| 15.002 | 15.002 | **Be. Angeled** | Diverse | Lounge |
| 14.765 | 182.467 | **Seven Days to live** | Sebastian Niemann | Senator |
| 13.950 | 13.950 | **D. neuen Abent. v. Pinocchio** | Michael Andersson | Nighthawks |
| 12.331 | 12.331 | **100 Pro** | Simon Verhoeven | Zephir |
| 11.039 | 11.039 | **Ein göttlicher Job** | Thorsten Wettcke | Buena Vista |
| 10.409 | 10.409 | **Der Mistkerl** | Andrea Katzenberger | Arsenal |

Nach FFA- und Verleiherangaben. Berücksichtigt wurden Filme, die bis Ende Dezember 2001 mindestens 10.000 Besucher erreichten.
* Koproduktionen.
Mit freundlicher Genehmigung der Brancheninformation »black box«.
WA = Wiederaufführung.

# Film und TV an der Börse

## Medienwerte

| Firma | Jahreshoch | Jahrestief |
|---|---|---|
| **Advanced Medien** | 3,94 | 0,26 |
| **Arbo Media Net** | 12,00 | 1,35 |
| **BKNI** | 34,00 | 3,80 |
| **Brainpool** | 19,10 | 2,50 |
| **Cinemaxx** | 9,20 | 3,40 |
| **Constantin** | 26,80 | 5,51 |
| **Das Werk** | 34,00 | 2,75 |
| **EM TV** | 9,80 | 1,22 |
| **F.A.M.E.** | 5,90 | 0,44 |
| **H5B5** | 15,80 | 1,60 |
| **Helkon Media** | 18,00 | 1,84 |
| **Highlight** | 13,49 | 1,92 |
| **IGEL Media** | 7,30 | 0,92 |
| **In-Motion** | 36,20 | 10,15 |
| **Intertainment** | 21,80 | 2,00 |
| **Internationalmedia** | 42,90 | 14,55 |
| **Kinowelt** | 23,30 | 0,37 |
| **Odeon** | 18,00 | 5,90 |
| **ProSiebenSat.1** | 39,00 | 3,90 |
| **Media! AG** | 22,50 | 1,35 |
| **MME** | 8,45 | 0,60 |
| **Senator** | 9,40 | 1,85 |
| **Splendid** | 16,50 | 1,15 |
| **TV-Loonland** | 45,90 | 10,60 |
| **VCL** | 12,50 | 0,80 |
| **Viva** | 14,30 | 8,92 |

(alle Angaben in Euro)

# Das Kinojahr 2001 in Deutschland

**20 Prozent Umsatzplus an den Kinokassen – 16,7 Prozent mehr Besucher – 15 Prozent mehr Besucher pro Sitzplatz – 2,2 Kinobesuche pro Einwohner – 30,9 Millionen Besucher in deutschen Filmen – 31 Prozent Plus im Videobereich**

Im Jahr 2001 löste jeder Bundesbürger, statistisch gesehen, **mehr als zwei Kinokarten**. Insgesamt wurden an den Kassen der Kinos **177,9 Millionen Besucher** gezählt, 25,4 Millionen mehr als noch 2000. Sie bescherten damit der Filmwirtschaft ein Jahr der Superlativen. Zum ersten Mal in den letzten zehn Jahren verzeichneten die deutschen Kinos mit einem Plus von 16,7 Prozent einen höheren Zuschauerzuwachs als die großen Filmnationen Frankreich (+11,4 %), England (+9,5 %) oder Amerika (+8 %). Der **Umsatz** kletterte **um fast 20 Prozent auf 987,2 Millionen Euro**.

## Die wichtigsten Daten im Vergleich der letzten vier Jahre:

| per | 31.12.2001 | 31.12.2000 | 31.12.1999 | 31.12.1998 |
|---|---|---|---|---|
| **Kinobesucher** | **177,9 Mio.** | 152,5 Mio. | 149,0 Mio. | 148,9 Mio. |
| **Kinoumsatz in €** | **987,2 Mio.** | 824,5 Mio. | 808,1 Mio. | 818,2 Mio. |
| **Filmtheaterunternehmen** | **1.177** | 1.200 | 1.173 | 1.189 |
| **Kinosäle (Leinwände)** | **4.792** | 4.783 | 4.651 | 4.435 |
| **durchschn. Eintrittspreis €** | **5,55** | 5,41 | 5,42 | 5,50 |
| **dt. Marktanteil in %*** (auf Besucherbasis) % | **18,4** | 12,5 | 14,0 | 9,5 |
| **Besucher deutscher Filme*** | **30,9 Mio.** | 18,0 Mio. | 19,8 Mio. | 13,5 Mio. |

*nach Meldungen der Verleihfirmen.
Quelle: Filmförderungsanstalt Berlin, 5.2.2002.

## Die 24 Bogeys 2001

### Bogey für 1000 Besucher pro Startkopie

| | |
|---|---|
| **Tiger & Dragon** | Arthaus |
| **Das Experiment** | Senator |
| **Chocolat** | Senator |
| **Traffic – Macht des Kartells** | 20th Century Fox |
| **Die fabelhafte Welt der Amélie** | Prokino |
| **Deliyürek** | Filmwelt/Maxximum |

### Bogey für eine Million Besucher in zehn Tagen

| | |
|---|---|
| **102 Dalmatiner** | Buena Vista |
| **Ein Königreich für ein Lama** | Buena Vista |
| **Miss Undercover** | Warner |
| **Bridget Jones** | UIP |
| **Scary Movie 2** | Highlight |

### Bogey in Silber für zwei Millionen Besucher in 20 Tagen

| | |
|---|---|
| **Unbreakable – Unzerbrechlich** | Buena Vista |
| **Hannibal** | Tobis |
| **Lara Croft – Tomb Raider** | Concorde |
| **Shrek** | UIP |
| **Planet der Affen** | 20th Century Fox |

### Bogey in Gold für drei Millionen Besucher in 30 Tagen

| | |
|---|---|
| **Cast Away – Verschollen** | UIP |
| **Die Mumie kehrt zurück** | UIP |
| **Pearl Harbor** | Buena Vista |
| **Jurassic Park 3** | UIP |

### Bogey in Platin für fünf Millionen Besucher in 50 Tagen

| | |
|---|---|
| **Was Frauen wollen** | Buena Vista |
| **Der Schuh des Manitu** | Constantin |
| **American Pie 2** | UIP |
| **Harry Potter** | Warner |

Der Bogey wird vergeben von dem Branchenfachblatt »Blickpunkt: Film«. Die Statue wird verliehen an Filme, die mindestens 1000 Besucher pro Startkopie haben, und an Filme, die in kürzester Zeit extrem viele Besucher gesehen haben.

# Filmwirtschaft in den USA

## Die Top 10 in den USA
(5. Januar bis 14. Dezember 2001)

| Platz | Titel | Verleih | Einspiel in € |
|---|---|---|---|
| 1 | **Shrek** | Dreamworks | 267.665.011 |
| 2 | **Harry Potter und der Stein ...** | Warner | 253.269.579 |
| 3 | **Rush Hour 2** | New Line | 226.138.454 |
| 4 | **Die Monster AG** | Buena Vista | 218.815.112 |
| 5 | **Die Mumie kehrt zurück** | Universal | 202.019.785 |
| 6 | **Pearl Harbor** | Buena Vista | 198.542.554 |
| 7 | **Jurassic Park 3** | Universal | 181.166.115 |
| 8 | **Planet der Affen** | Fox | 179.491.908 |
| 9 | **Hannibal** | MGM/UA | 165.092.056 |
| 10 | **American Pie 2** | Universal | 145.096.820 |

## Die besten US-Starts 2001

| Platz | Titel | Verleih | Start | Einspiel in € |
|---|---|---|---|---|
| 1 | **Harry Potter und der Stein der ...** | Warner | 16.11.01 | 90.294.621 |
| 2 | **Pearl Harbor** | Buena Vista | 25.05.01 | 75.177.654 |
| 3 | **Planet der Affen** | Fox | 27.07.01 | 68.532.960 |
| 4 | **Die Mumie kehrt zurück** | Universal | 04.05.01 | 68.139.035 |
| 5 | **Rush Hour 2** | New Line | 03.08.01 | 67.408.222 |
| 6 | **Der Herr der Ringe** | New Line | 19.12.01 | 66.114.741 |
| 7 | **Die Monster AG** | Buena Vista | 02.11.01 | 62.577.067 |
| 8 | **Hannibal** | MGM/UA | 09.02.01 | 58.003.121 |
| 9 | **Jurassic Park 3** | Universal | 18.07.01 | 50.771.645 |
| 10 | **Lara Croft – Tomb Raider** | Paramount | 15.06.01 | 47.735.743 |

## Die besten ausländischen Filme 2001 in den USA

| Platz | Titel | Verleih | Start | Einspiel in € |
|---|---|---|---|---|
| 1 | **Tiger & Dragon** | Sony | 08.12.00 | 114.628.081 |
| 2 | **The Others** | Miramax | 10.08.01 | 96.522.687 |
| 3 | **Duell – Enemy at the Gates** | Paramount | 16.03.01 | 51.401.758 |
| 4 | **Kiss of the Dragon** | Fox | 06.06.01 | 36.845.124 |
| 5 | **Snatch** | Sony | 06.12.00 | 30.268.105 |
| 6 | **Pokémon 3** | Warner | 06.04.01 | 17.052.128 |
| 7 | **Die fabelhafte Welt der Amélie** | Miramax | 02.11.01 | 16.306.950 |
| 8 | **Iron Monkey** | Miramax | 12.10.01 | 14.694.904 |
| 9 | **Shadow of the Vampire** | Lions Gate | 29.12.00 | 8.143.613 |
| 10 | **Sexy Beast** | Fox | 13.06.01 | 6.946.056 |

Quelle: ACNielsen EDI. Mit freundlicher Genehmigung von »Blickpunkt: Film«.

# Filmwirtschaft in Frankreich und England

## Die Top 10 in Frankreich

| Platz | Titel | Besucher |
|---|---|---|
| 1 | **Die fabelhafte Welt der Amélie** | 8,05 Mio. |
| 2 | **La Vérité, si je mens 2** | 7,86 Mio. |
| 3 | **Ein Mann sieht rosa** | 5,31 Mio. |
| 4 | **Der Pakt der Wölfe** | 5,16 Mio. |
| 5 | **Hannibal** | 5,14 Mio. |
| 6 | **Die Mumie kehrt zurück** | 3,96 Mio. |
| 7 | **Jurassic Park 3** | 3,89 Mio. |
| 8 | **American Pie 2** | 3,44 Mio. |
| 9 | **Moulin Rouge** | 3,30 Mio. |
| 10 | **Was Frauen wollen** | 3,23 Mio. |

Stand: 7.12.2001; Quelle: Le Film Français.
Mit freundlicher Genehmigung von »Filmecho-Filmwoche«.

## Die Top 10 in England

| Platz | Titel | Einspiel in £ |
|---|---|---|
| 1 | **Harry Potter und der Stein der Weisen*** | 43,3 Mio. |
| 2 | **Bridget Jones** | 42,0 Mio. |
| 3 | **Shrek – der tollkühne Held** | 29,0 Mio. |
| 4 | **Cats & Dogs** | 23,0 Mio. |
| 5 | **Hannibal** | 21,6 Mio. |
| 6 | **Die Mumie kehrt zurück** | 20,4 Mio. |
| 7 | **Jurassic Park 3** | 18,3 Mio. |
| 8 | **American Pie 2** | 18,2 Mio. |
| 9 | **Moulin Rouge** | 18,1 Mio. |
| 10 | **Was Frauen wollen** | 17,3 Mio. |

Stand: 9.12.2001.
* noch in der Auswertung; Quelle: Screen International.
Mit freundlicher Genehmigung von »Filmecho-Filmwoche«.

# Filmwirtschaft in der Schweiz

## Die Top 10 in der Schweiz

**Die zehn erfolgreichsten Filme in den Kinos der Schweiz**

| Platz | Titel | Besucher |
|---|---|---|
| 1 | **Was Frauen wollen** | 619.759 |
| 2 | **Die fabelhafte Welt der Amélie** | 552.220 |
| 3 | **Verschollen** | 532.065 |
| 4 | **Bridget Jones** | 416.927 |
| 5 | **Pearl Harbor** | 375.050 |
| 6 | **Shrek – Der tollkühne Held** | 362.552 |
| 7 | **American Pie 2** | 345.157 |
| 8 | **Billy Elliot – I will dance** | 341.777 |
| 9 | **Miss Undercover** | 327.899 |
| 10 | **Chocolat** | 322.499 |

**Die zehn erfolgreichsten schweizerischen Filme***

| Platz | Titel | Besucher |
|---|---|---|
| 1 | **Azzurro** | 84.775 |
| 2 | **Heidi** | 79.654 |
| 3 | **Das Fähnlein der sieben Aufrechten** | 55.706 |
| 4 | **Merci pour le Chocolat** | 49.974 |
| 5 | **Brot & Tulpen** | 33.762 |
| 6 | **Utopia Blues** | 20.117 |
| 7 | **Meier 19** | 9.358 |
| 8 | **Neutre** | 8.980 |
| 9 | **Gripsholm** | 8.766 |
| 10 | **Les Destinées sentimentales** | 8.491 |

* Hierunter fallen auch Filme, die mit schweizerischer Beteiligung entstanden sind.
Quelle: Procinema.
Mit freundlicher Genehmigung von »Filmecho-Filmwoche«.

# Filmwirtschaft in Österreich

## Topfilme in Österreich

**Golden Tickets (mehr als 300.000 Besucher)**

| Titel | Verleih |
|---|---|
| **Disneys Dinosaurier** | Buena Vista |
| **Unbreakable – Unzerbrechlich** | Buena Vista |
| **Meine Braut, ihr Vater und ich** | UIP |
| **Verschollen** | UIP |
| **102 Dalmatiner** | Buena Vista |
| **Was Frauen wollen** | Buena Vista |
| **Ein Königreich für ein Lama** | Buena Vista |
| **Miss Undercover** | Warner |
| **Die Mumie kehrt zurück** | UIP |
| **Shrek – Der tollkühne Held** | UIP |
| **Lara Croft – Tomb Raider** | Concorde Media |
| **Pearl Harbor** | Buena Vista |
| **Hannibal** | Constantin |
| **Bridget Jones – Schokolade zum Frühstück** | UIP |

**Super Golden Tickets (mehr als 600.000 Besucher)**

| Titel | Verleih |
|---|---|
| **Was Frauen wollen** | Buena Vista |
| **Der Schuh des Manitu** | Constantin |

**Diamond Ticket (mehr als 900.000 Besucher)**

| Titel | Verleih |
|---|---|
| **Der Schuh des Manitu** | Constantin |

Quelle: Fachverband der Audiovisions- und Filmindustrie Österreich.
Mit freundlicher Genehmigung von »Filmecho-Filmwoche«.

# Die Erfolgreichen im Fernsehen

## Top 10 TV-Movies
(1. Januar bis 14. Dezember 2001)

| Platz | Sendung | Sender | Datum | Zeit | Zusch. in Mio. |
|---|---|---|---|---|---|
| 1 | **Der Tunnel 1** | SAT.1 | 21.01. | 20:14 | 7,20 |
| 2 | **Küste der Träume** | ZDF | 04.02. | 20:16 | 7,18 |
| 3 | **Wind über dem Fluss** | ZDF | 11.11. | 20:14 | 6,80 |
| 4 | **Die Braut meines Freundes** | ARD | 10.01. | 20:15 | 6,73 |
| 5 | **Das Haus an der Küste** | ZDF | 15.07. | 20:14 | 6,53 |
| 6 | **Traumzeit 2** | ZDF | 15.01. | 20:15 | 6,35 |
| 7 | **Ich schenk dir m. Mann II (1)** | ZDF | 02.01. | 20:13 | 6,20 |
| 8 | **Der Preis der Liebe** | ZDF | 02.09. | 20:15 | 6,09 |
| 9 | **Marga Engel schlägt zurück** | ARD | 14.03. | 20:16 | 6,09 |
| 10 | **Sophie – Sissis kl. Schwester 2** | RTL | 07.05. | 20:15 | 5,98 |

Einzelstücke und Mehrteiler (gemäß Vercodung der Sender), bei Mehrteilern nur bestes Ergebnis. Zuschauer ab 3 Jahren, BRD gesamt, Fernsehpanel (D), alle Sender.
Quelle: AGF/GfK-Fernsehforschung/PC#TV/Media Control.

## Top 10 Kinofilme im Fernsehen
(1. Januar bis 14. Dezember 2001)

| Platz | Sendung | Sender | Datum | Zeit | Zusch. in Mio. |
|---|---|---|---|---|---|
| 1 | **Armageddon** | RTL | 15.04. | 20:15 | 8,37 |
| 2 | **Dr. Doolittle** | RTL | 27.05. | 20:15 | 8,15 |
| 3 | **Deep Impact** | Pro7 | 08.04. | 20:14 | 7,38 |
| 4 | **Mäusejagd** | Pro7 | 04.02. | 20:16 | 7,01 |
| 5 | **Das Mercury Puzzle** | RTL | 13.04. | 20:15 | 6,89 |
| 6 | **Mord im Weißen Haus** | Pro7 | 18.02. | 20:15 | 6,58 |
| 7 | **Flubber** | RTL | 01.01. | 20:15 | 6,42 |
| 8 | **Der Staatsfeind Nr. 1** | RTL | 07.10. | 20:16 | 6,38 |
| 9 | **Die Maske des Zorro** | SAT.1 | 21.10. | 20:14 | 6,36 |
| 10 | **Sechs Tage, sieben Nächte** | RTL | 01.05. | 20:15 | 6,31 |

Spielfilme (gemäß Vercodung der Sender), nicht berücksichtigt wurden Fernsehfilme und Mehrteiler.

# Verstorbene Filmschaffende 2001

## A

**Aaliyah** (22)
Geb. 16.1.1979, Brooklyn.
Gest. 25.8.2001, Bahamas.
Die amerikanische Soulsängerin spielte in *Romeo must die* (2000). Das Gesang- und Schauspieltalent sollte in den Fortsetzungen des Actionklassikers *Matrix* (1999) mitspielen – sie starb bei einem Flugzeugabsturz.

**Abel, Robert** (64)
Geb. 10.3.1937, Cleveland/Ohio.
Gest. 23.9.2001, Los Angeles.
Der amerikanische Dokumentarfilmer inszenierte *Elvis on Tour* (1972) und *Total verrockt und -rollt* (1973).

**Agostini, Philippe** (91)
Geb. 11.8.1910, Paris.
Gest. 20.10.2001.
Der französische Kameramann filmte *Die Damen vom Bois de Boulogne* (1944) und *Rififi* (1956). Agostini wechselte ins Regiefach und inszenierte *Opfergang einer Nonne* (1959).

**Alekan, Henri** (92)
Geb. 10.2.1909, Paris.
Gest. 15.6.2001, Auxerre.
Der große französische Kamerakünstler fotografierte Klassiker wie *Es war einmal – La Belle et la Bête* (1946) und *Der Himmel über Berlin* (1987) die fantastisch in Licht und Schatten schwelgen. Die Schwarzweiß-Filmbilderkunst erlernte er zu Stummfilmzeiten, später prägte er das französische Nachkriegskino. Für Hollywood verzauberte er – ›Oscar‹-nominiert – *Ein Herz und eine Krone* (1953). Dass er sich ebenfalls mit der Farbdramaturgie verstand, zeigte er in *Topkapi* (1963) und *Rivalen unter roter Sonne* (1971). In der Fortsetzung von *Der Himmel über Berlin, In weiter Ferne, so nah* (1994), tritt er als Kapitän des Schiffes »Alekahn« auf.

**Alonzo, John A.** (66)
Geb. 1934, Dallas/Texas.
Gest. 13.3.2001, Beverly Hills/Kalifornien.
Als Kameramann fotografierte er die Spektakel *Chinatown* (1974), *Unheimliche Begegnung der dritten Art* (1977), *Schwarzer Sonntag* (1977), *Scarface* (1982) und *Das fliegende Auge* (1982).
Der Roger-Corman-Schüler war auch Spezialist für kleine und subtile Filme wie *Fluchtpunkt San Francisco* (1970), *Harold und Maude* (1971) und *Magnolien aus Stahl* (1989).

**Amado, Jorge** (88)
Geb. 10.8.1912, Ferradas.
Gest. 6.8.2001, Salavador.
Der brasilianische Drehbuchautor schrieb *Die Windrose* (1956) und *Jubiabá* (1986).

**Amendola, Ferucio** (71)
Geb. 22.7.1930, Turin.
Gest. 3.9.2001, Rom.
Der italienische Darsteller spielte u. a. in *Flitterwochen auf italienisch* (1966) und *Buddy haut den Lukas* (1980). Amendola synchronisierte für den italienischen Markt Robert De Niro, Sylvester Stallone und Al Pacino.

**Anderson, Poul** (74)
Geb. 25.11.1926, Bristol/Pennsylvania.
Gest. 31.7.2001, Orinda/Kalifornien.
Der amerikanische Romanautor schrieb die Vorlage zu der Ritter-Sciencefiction-Parodie *High Crusade – Frikassee im Weltraum* (1994), die Roland Emmerich produzierte.

**Arkoff, Samuel Z.** (83)
Geb. 12.6.1918, Fort Dodge/Iowa.
Gest. 16.9.2001, Los Angeles.

Der Vater des C-Films prägte mit seiner Firma American International Pictures den Horror- und Rock-'n'-Roll-Film der 60er-Jahre, der Talente wie Roger Corman, Martin Scorsese und Francis Ford Coppola hervorbrachte.
Arkoff fungierte als Produzent legendärer Trashfilme wie *Dr. Goldfoot und seine Bikini-Maschine* (1965), *Wild in den Straßen* (1967) und *Blacula* (1972) sowie die Klassiker *Futureworld* (1976) und *Dressed to Kill* (1980). In den 90er-Jahren entstanden nach alten AIP-Streifen Remakes von William Friedkin, Robert Rodriguez und John Milius. In Joe Dantes *Wilde Töchter* (1994) hatte Arkoff einen Gastauftritt neben Roger Corman.

**Arquette, Lewis** (65)
Geb. 14.12.1935, Chicago/Illinois.
Gest. 10.2.2001, Los Angeles.
Der amerikanische Nebendarsteller spielte in Genrefilmen wie *Tango & Cash* (1989) und *Scream 2* (1997). Unvergesslich bleibt sein Name durch seine Kinder Rosanna, Patricia, Alexis, Richmond und David Arquette.

*Jean-Pierre Aumont*

**Aufriey, Joe**
Gest. 13.7.2001, Philadelphia/Pennsylvania.
Der amerikanische Nebendarsteller spielte in *Anna* (1987) den Bühnendirektor und in *Der Club der toten Dichter* (1989) den Chemielehrer.

**Aumont, Jean-Pierre** (92)
Geb. 5.1.1909, Paris.
Gest. 30.1.2001, Saint-Tropez.
Der französische Star spielte zusammen mit seiner Ehefrau Maria Montez in den romantischen Abenteuerstreifen *Die Herrin von Atlantis* (1948), *Die Hafenbar von Marseille* (1948) und *Die Rache des Korsaren* (1951). In *Die amerikanische Nacht* (1973) war der blonde Hüne als Schauspieler Alexandre zu sehen.

## B

**Baron, Sandy** (63)
Geb. 5.5.1937, New York.
Gest. 21.1.2001, Van Nuys/Kalifornien.
Der amerikanische Nebendarsteller spielte in dem Horrorstreifen *Vamp* (1986) den melancholischen Vampir Vic und in der Noir-Ballade *The Grifters* (1990) den Doktor.
Der berühmte 70er-Jahre-DJ füllte kleine prägnante Parts: In *Broadway Danny Rose* (1984) spielte er sich selbst und in *Sid & Nancy* (1986) den Hotelier.

**Barton, Dee** (64)
Geb. 18.9.1937, Houston/Texas.
Gest. 3.12.2001, Brandon/Mississippi.
Der amerikanische Komponist schrieb die Soundtracks zu Clint-Eastwood-Filmen wie *Die letzten beißen die Hunde* (1974).

**Bass, Bobby** (65)
Geb. 1936,
Gest. 7.11.2001, Los Angeles.
Der amerikanische Stuntman sorgte für die Stunts in *Predator* (1987), *True Lies* (1994) und *End of Days* (1999).

Kleine Rollen hatte Bass in *Leben und sterben in L.A.* (1985) und *Grosse Point Blank* (1997).

**Bellag, Lothar** (70)
Geb. 27.11.1930, Berlin.
Gest. 8.8.2001.
Der Defa-Regisseur inszenierte *Daniel Druskat* (1976) mit Hilmar Thate und Manfred Krug und *Der Mann von Cap Arkona* (1982). Zuletzt fungierte Bellag als Präsident des Film- und Fernsehverbandes der DDR.

**Bellamy, Diana** (67)
Geb. 19.9.1943, Los Angeles.
Gest. 17.6.2001, Valley Village/ Kalifornien.
Die amerikanische Schauspielerin spielte in Wolfgang Petersens *Outbreak* (1995) als Mrs. Pananides und *Airforce One* (1997) als Switchboard-Operator.

**Berman, Ted** (81)
Geb. 1920, East Los Angeles.
Gest. 15.7.2001, Los Angeles.
Der amerikanische Disney-Zeichentrickfilmer wirkte an fast allen Disney-Klassikern mit. Berman zeichnete für *Fantasia* (1940) und *Bambi* (1942), später schrieb er *Bernhard und Bianca* (1977) und inszenierte *Cap & Capper* (1981) und *Taran und der Zauberkessel* (1985).

**Bernard, James** (75)
Geb. 20.9.1925, Himalaya.
Gest. 12.7.2001, London.
Der britische Komponist schuf die Melodie der Hammerstudios und war für deren Horrorfilme wie *Dracula* (1958), *Blut für Dracula* (1965), *Der Foltergarten des Dr. Diabolo* (1966) und *Die 7 goldenen Vampire* (1974) der Hauskomponist schlechthin. Zuletzt schrieb Bernard einen neuen Score für *Nosferatu* (1922).

**Berry, Paul**
Gest. 26.6.2001, Manchester.
Der Animations-Tricktechniker sorgte für die wunderbaren Stop-Motion-Effekte in *Night before Christmas* (1993), *James und der Riesen-Pfirsich* (1996) und *Monkeybone* (2001).

**Bieri, Ramon** (71)
Geb. 16.6.1929.
Gest. 27.5.2001, Woodlands/Kalifornien.
Der amerikanische Nebendarsteller spielte Major Arthur Manchek in *Andromeda* (1971), Corlette in *Atemlos vor Angst* (1973) sowie den Polizeichef in *Reds* (1981).

**Bishop, Julie** (87)
Geb. 30.8.1914, Denver/Colorado.
Gest. 30.8.2001, Mendocino/Kalifornien.
Die amerikanische Schauspielerin spielte eine junge Braut in *Die schwarze Katze* (1934) und die Grafentochter in *Dick & Doof werden Papa* (1936). Der ehemalige Stummfilm-Kinderstar war außerdem in *Der wilde Bill* (1941) und *Das weite Land* (1947) zu sehen.

**Bode, Ralf D.** (59)
Geb. 31.3.1941, Berlin.
Gest. 27.2.2001, Santa Monica/ Kalifornien.
Der deutsche Kameramann fotografierte die Erfolgsfilme *Nur Samstag Nacht* (1977), *Dressed to kill* (1980), sowie – ›Oscar‹-nominiert – *Angeklagt* (1988) und *Nashville-Lady* (1980) von Jonathan Kaplan, mit dem Bode eine enge Zusammenarbeit verband. Außerdem fotografierte er die Musikfilme *Sting – Bring on the Night* (1985) und *Bette Midler's Gypsy* (1993).

**Boetticher, Budd** (85)
Geb. 29.7.1916, Chicago/Illinois.
Gest. 29.11.2001, Kalifornien.
Der amerikanische Regisseur galt als ein Genie des modernen Westerns. Mit dem 2001 ebenfalls verstorbenen Burt Kennedy revolutionierte er das Genre (siehe Kennedy).
Boetticher begann als Botenjunge, wurde Regieassistent und inszenierte B-Picture, bis ihm mit *The Bullfighter*

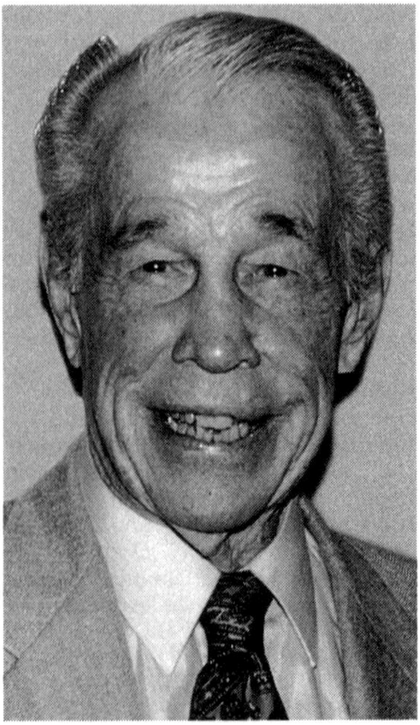

*Budd Boetticher*

*and the Lady* (1951) sein erstes Meisterwerk gelang. Es folgte neben seinen Westernklassikern die berühmte Westernserie *Maverick* (1957). Die Matador-Dokumentation *Arruza* (1959) wird förmlich sein Lebenswerk: Der Dreh dauerte Jahre, sein porträtierter Freund starb und seine Karriere drohte zu enden. Zuletzt war Boetticher in *Tequila Sunrise* (1988) als Richter zu sehen.

**Bolognini, Mauro** (78)
Geb. 28.6.1922, Pistoia.
Gest. 14.5.2001, Rom.
Der italienische Regisseur und Drehbuchautor schuf in Zusammenarbeit mit Pier Paolo Pasolini die Sozialdramen *Liebe hat kurze Beine* (1958), *Wir von der Straße* (1959) und *Bel Antonio* (1960). Bolognini drehte mit Visconti und Rossi den »Omnibus-Film« *Hexen von heute* (1966) und überzeugte mit dem dekadenten Kostümfilm *Die Kameliendame* (1980).

**Bonfá, Luiz** (78)
Geb. 17.10.1922, Rio de Janeiro.
Gest. 12.1.2001, Rio de Janeiro.
Der brasilianische Komponist schrieb die rythmische Musik für die exotische Orpheussagen-Variante im Karneval von Rio *Orfeu Negro* (1959) und komponierte zusammen mit Hans Zimmer die Musik des Bahnräuberfilms *Ronald Biggs – Gefangen in Rio* (1988).

**Born, Alfred** (65)
Geb. 13.2.1936.
Gest. 12.4.2001, Potsdam.
Der deutsche Filmarchitekt war der Chefkunstmaler der Defa: Für *Solange Leben in mir ist* (1965) ließ Born auf einer 100 Meter langen und 16 Meter hohen Leinwand den Potsdamer Platz wieder auferstehen und für *Caspar David Friedrich – Grenzen der Zeit* (1986) ließ er die Werke des Großmeisters aufleben.

**Bory, Jean-Marc** (67)
Geb. 17.3.1934, Noville.
Gest. 31.3.2001, Belle-Île-en-Mer.
Der Schweizer Schauspieler spielte in Louise Malles *Die Liebenden* (1958) den romantisch-poetischen Kunststudenten Bernard Dubois-Lambert. Seine Liebesszene mit Jeanne Moreau sorgte für einen weltweit aufsehenden Skandal. Bory spielte in cineastischen Leckerbissen wie *Rendezvouz zum fröhlichen Tod* (1972) als Marc und in Abenteuerstreifen wie *Spion zwischen zwei Fronten* (1967) als Résistancekämpfer.

**Boulting, Roy** (87)
Geb. 21.11.1913, Bray.
Gest. 6.11.2001.
Zwillingsbruder von John, mit dem er von 1937 bis Ende der 70er-Jahre die Produktionsfirma ›Charter Film‹ betrieb. Als Regisseur inszenierte er u. a. *Eine Stadt hält den Atem an* (1950)

und *Junger Mann aus gutem Haus* (1965).

**Boyar, Sully** (77)
Geb. 14.12.1923, Brooklyn/New York.
Gest. 23.3.2001, Queens/New York.
Der amerikanische Schauspieler spielte den Autowaschstraßen-Besitzer Mr. B. in dem 70er-Jahre-Kultfilm *Car Wash* (1976). Boyar hatte außerdem kleine prägnante Auftritte in *Die Ehre der Prizzis* (1987) als Monk und in *In the Soup* (1992) als alter Mann.

**Brasch, Thomas** (56)
Geb. 16.2.1945, Berlin.
Gest. 2001, Berlin.
Der deutsche Filmemacher, Dramatiker und Autor schrieb und inszenierte den Nachkriegsberlin-Jugendkrimi *Engel aus Eisen* (1981) und die Holocaustreflexion *Der Passagier – Welcome to Germany* (1988) mit Tony Curtis als jüdischer Regisseur in der BRD. Brasch gehörte zu den engagiertesten Filmschaffenden der 80er-Jahre, doch nach seinem verheißungsvollen Karrierestart konnte er sich nicht durchsetzen und geriet fast völlig in Vergessenheit.

**Brescia, Alfonso** (71)
Geb. 6.1.1930, Rom.
Gest. 6.6.2001, Rom.
Der italienische Regisseur und Autor inszenierte den David-Hasselhoff-Sternenkrieg *Battle of the Stars* (1979) und die Terence-Hill/Bud-Spencer-Polizeiklamotte *Miami Cops* (1988). Brescia, der auch unter dem Pseudonym Al Bradly Regie führte, inszenierte einschlägige Genrestreifen wie *Maciste, der Held von Sparta* (1964), *Stirb aufrecht, Gringo* (1965) und zuletzt *Die Bestie aus dem Weltraum* (2000).

**Brocksmith, Roy** (57)
Geb. 15.9.1945, Quincy/Illinois.
Gest. 16.12.2001, Los Angeles.
Der amerikanische Nebendarsteller spielte in vielen Genrefilmen wie *Total Recall* (1990) als Dr. Edgemar und in *Psycho* (1998) als Hitchcock-Cameo.

**Brood, Herman** (54)
Geb. 5.11.1946, Zwolle.
Gest. 11.7.2001, Amsterdam.
Der niederländische Allroundkünstler spielte in *Remember* (1993) Wolfgang Joop. Außerdem war Brood in *Cha-Cha* (1979) und *Rock 'n' Roll Junkie* (1994) zu sehen.

**Buck, Jules** (83)
Geb. 30.7.1917, St. Louis/Missouri.
Gest. 19.7.2001, Paris.
Amerikanischer Produzent von Spektakeln wie *Die Schlacht von San Pietro* (1944), *Der Bankraub des Jahrhunderts* (1959) und *Die große Katharina* (1967). Bucks Firma ›Keep films‹ schuf *Was gibt's Neues, Pussycat* (1965) und *Der Löwe im Winter* (1968).

**Buday, Don**
Geb. Detroit/Michigan.
Gest. 26.11.2001, Kalifornien.
Der US-Drehbuchautor schrieb *KISS in Attack of the Phantoms* (1978).

**Burns, Ralph** (79)
Geb. 29.6.1922, Newton/Massachusetts.
Gest. 21.11.2001, Los Angeles.
Der ›Oscar‹-prämierte amerikanische Komponist schrieb die Musik der Bob-Fosse-Filme *Cabaret* (1972), *Lenny* (1974) und *Hinter dem Rampenlicht* (1979). Außerdem schrieb Burns die Musik für *Urban Cowboy* (1980) und *Die Muppets in Manhattan* (1984).

**Byrd, David** (68)
Geb. 1932.
Gest. 26.1.2001, Studio City/Kalifornien.
Der amerikanische Nebendarsteller spielte in *Hudsucker* (1994) Dr. Hugo Bronfenbrenner und in *Lost Highway* (1996) Dr. Smordin.
Byrd hatte außerdem Auftritte in den seltsamen Steve-Martin-Komödien *Der Mann mit den zwei Gehirnen* (1983) und *Solo für Zwei* (1984).

## C

**Calvert, Corinne** (76)
Geb. 30.4.1925, Paris.
Gest. 23.6.2001, Los Angeles.
Die französische Schauspielerin rettete James Stewart in *Über den Todespass* (1954) und verführte Tony Curtis in *Drei Matrosen in Paris* (1954). Nach ihrem Karrierestart in Frankreich begeisterte Calvert in den 50er-Jahren Hollywood mit ihrem europäischen Flair, zuletzt in dem Fantasy-Trash *Talon im Kampf gegen das Imperium* (1982).

**Carstens, Bruno** (83)
Geb. 26.10.1918, Wilhelmshaven.
Gest. 30.10.2001, Saal.
Der deutsche Schauspieler ist bekannt geworden als Polizei-Oberleutnant Wernicke in der *Blaulicht*-Serie (1958–1960). Außerdem spielte Carstens in den »DDR-Western« *Weiße Wölfe* (1969) und *Osceola* (1973).

**Chambers, John**
Gest. 25.8.2001, Woodland Hills/Kalifornien.
Der amerikanische Maskenbildner erhielt für *Planet der Affen* (1968) einen Sonder-›Oscar‹ für die Menschenaffen (erst 1982 wurde eine Kategorie für ›Beste Maske‹ eingeführt). Chambers schuf außerdem die Masken für *Schlachthof 5* (1972) und *Die Insel des Dr. Moreau* (1977).

**Champion, Jean** (87)
Geb. 9.3.1914, Chalon-sur-Saône.
Gest. 23.5.2001, Chalon-sur-Saône.
Der franösische Schauspieler war in der TV-Mini-Serie *Smileys Leute* (1980) als Monsieur La Pierre zu sehen. Außerdem spielte Champion in *Muriel oder die Zeit der Wiederkehr* (1963) und in *Die Einladung* (1973).

**Cherry, Helen** (85)
Geb. 24.11.1915, Manchester.
Gest. 27.9.2001, London.
Die englische Schauspielerin war u. a. in *Neues Abenteuer von Flipper* (1963) als Julia zu sehen.

**Coggio, Roger** (76)
Geb. 11.3.1934, Lyon.
Gest. 22.11.2001.
Der französische Filmemacher spielte in *Die Wölfe* (1956) und inszenierte *Die Streiche des Scapin* (1981).

**Coleman, Charlotte** (33)
Geb. 3.4.1968, London.
Gest. 16.11.2001, London.
Die englische Schauspielerin war in *Vier Hochzeiten und ein Todesfall* (1994) als Scarlett und in *Das Tagebuch des jungen Giftmischers* (1995) als Winnie zu sehen.

**Coleman, Herbert** (93)
Gest. 3.10.2001, Salinas/Kalifornien.
Der amerikanische Produzent und Second-Unit-Regisseur arbeitete auch mit Alfred Hitchcock für Filme wie *Der Mann, der zuviel wußte* (1956) und *Vertigo* (1959) zusammen.

## D

**Dan, Ikuma** (77)
Geb. 7.4.1924, Tokio.
Gest. 17.5.2001, Sozhou (China).
Der japanische Komponist schrieb die Soundtracks zu der besinnlichen Literaturverfilmung *Die Grasflöte* (1955) und dem Pearl-Harbor-Spektakel *Banzai-Banzai, die Piloten des Teufels* (1961).

**De Camp, Rosemary** (89)
Geb. 14.11.1911, Prescott/Arizona.
Gest. 20.2.2001, Torrance/Kalifornien.
Die amerikanische Schauspielerin war die Verkörperung der typischen Kleinstadtmutter wie in *Yankee Doodle Dandy* (1942) als Mutter von James Cagney und *This Is The Army* (1943) als Mutter von Ronald Reagan.
De Camp debütierte in *Das goldene Tor* (1941). Als Berta Kurz spielte sie

in *Das Dschungelbuch* (1942) Sabus Mutter Messua. Eine ihrer letzten großen Rollen spielte sie in *13 Ghosts* (1960) als Hilda Zorba.

**De Cordova, Frederick** (90)
Geb. 27.10.1910, New York.
Gest. 15.9.2001, Woodland Hills/Kalifornien.
Der amerikanische Regisseur drehte den Elvis-Presley-Film *Frankie und Johnny* (1966) sowie für Universal die Abenteuerfilme *Die Piratenbraut* (1949) und *Kolonne Süd* (1953).

**Dever, Sean** (32)
Gest. 13.4.2001, Los Angeles.
Der amerikanische F/X-Künstler entwarf 3-D-Grafiken für *Waterworld* (1995), *Das fünfte Element* (1997) und *The Sixth Day* (2000).

**Dexter, Anthony** (geb. Walter Reinhold Alfred Fleischmann, 82)
Geb. 19.1.1919, Talmadge/Nebraska.
Gest. 27.3.2001, Greely/Colorado.
Der amerikanische Schauspieler war Rudolph Valentino in *Valentino – Liebling der Frauen* (1951), Christoph Columbus in *The Story Of Mankind* (1957) und Billy the Kid in *Mit dem Colt unter dem Kissen* (1957).

**Dittus, Barbara** (61)
Geb. 11.7.1939, Guben.
Gest. 25.6.2001, Berlin.
Die deutsche Defa-Nebendarstellerin spielte in Egon Günthers *Der Dritte* (1971) die lesbische Freundin. Zu Dittus Rollen gehörte in *Das Versprechen* (1995) die melancholische Ostberlinerin, die in der Nacht des Mauerfalls interviewt wird.

**Donahue, Troy**
(geb. Merle Johnson jun.) (65)
Geb. 27.1.1936, New York.
Gest. 2.9.2001, Santa Monica/Kalifornien.
Der amerikanische Schauspieler spielte in *Die Sommerinsel* (1959) und *Sein Name war Parrish* (1961) sowie

*Troy Donahue*

als Playboy in *Der Pate II* (1974). Das Leben des blonden Teenie-Idols wurde von Drogen und Alkohol überschattet und er wurde obdachlos. Die letzten Jahrzehnte spielte Donahue in C-Pictures wie *Dr. Alien* (1988) und der Rock-'n'-Roll-Komödie *Cry-Baby* (1989) von Trash-Papst John Waters.

**Donati, Danilo** (75)
Geb. 1926, Suzzara.
Gest. 1.12.2001, Rom.
Der ›Oscar‹-prämierte italienische Kostüm- und Produktionsdesigner bereicherte über ein halbes Jahrhundert die Prachtspektakel von Franco Zeffirelli, Federico Fellini und Dino de Laurentiis wie *Romeo und Julia* (1965), *Casanova* (1976), *Flash Gordon* (1980) und *Momo* (1987).

## E

**Elliott, Jack** (74)
Geb. 6.8.1927, Hartford/Connecticut.
Gest. 18.8.2001, Los Angeles.
Der amerikanische Komponist schrieb die Soundtracks für die Carl-Reiner-Komödien *Wo ist Papa?* (1970), *Reichtum ist keine Schande* (1979) und *Eine fast anständige Frau* (1990).

**Enrico, Robert** (69)
Geb. 13.4.1931, Liévin.
Gest. 23.2.2001, Paris.
Der französische Regisseur inszenierte und schrieb den Klassiker *Die Abenteurer* (1966) mit Alain Delon und Lino Ventura und das radikale Zweiter-Weltkrieg-Besatzungs-Epos *Das alte Gewehr* (1975) mit Romy Schneider und Philippe Noiret.
Enricos Ziel war, Hollywood herzergreifende volkstümliche französische und europäische Filme entgegenzustellen, und er tat dies erfolgreich mit dem wunderschönen Abenteuerfilm *Rum-Boulevard* (1971) mit Lino Ventura als Schnapsschmuggler und Brigitte Bardot als unwiderstehliche Verführung. Enrico erhielt 1985 die höchste französische Filmehrung: den ›César des Césars‹.

*Robert Enrico*

**Evans, Dale**
(geb. Lucille Wood Smith, 88)
Geb. 31.10.1912, Uvalde/Texas.
Gest. 7.2.2001, Apple Valley/Kalifornien.
Die amerikanische Schauspielerin war die »Königin des Westerns«, berühmt geworden durch die heldenhaften Musicalwestern der 40er-Jahre.
Neben dem Pferd Trigger, dem Komiker George »Gabby« Hayes gehörte Dale nach *The Yellow Rose Of Texas* (1944) zu den festen Partnern des »Königs der Cowboys« – Roy Rogers, ihr späterer Ehemann. Sie schrieb »Happy trails«, das ihr und Roys Erkennungslied wurde. Zuletzt war sie in der Dokumentation *King Of The Cowboys* (1992) zu sehen.

## F

**Fiebrandt, Hans** (95)
Geb. 16.8.1905, Berlin.
Gest. 10.2.2001, Berlin.
Der Defa-Nebendarsteller gehörte zu den typischen Chargenschauspielern. Fiebrandt spielte z. B. einen Diener in *Spielbank-Affäre* (1957), einen Geistlichen in *Tilman Riemenschneider* (1958) und einen Märchenkönig in *Das Feuerzeug* (1959).

**Foster, Gloria** (64)
Geb. 15.11.1936, Chicago/Illinois.
Gest. 29.9.2001, New York.
Die amerikanische Schauspielerin spielte in *City of Hope* (1991) und als Orakel in *Matrix* (1999).

**Francis, Arlene** (92)
Geb. 20.10.1908, Boston.
Gest. 31.5.2001, San Francisco/Kalifornien.
Die amerikanische Schauspielerin brillierte in *Ein, Zwei, Drei* (1961), in dem sie James Cagneys Gattin spielt

und ihn stets mit »Mein Führer« anspricht.
Der TV-Show-Star war außerdem das von Bela Luosi malträtierte Straßenmädchen in *Mord in der Rue Morgue* (1932). Die letzte ihrer wenigen Kinorollen gab ihr Billy Wilder in *Fedora* (1978).

**Freeman, Kathleen** (82)
Geb. 17.2.1919, Chicago/Illinois.
Gest. 23.8.2001, New York.
Die amerikanische Schauspielerin spielte in B-Klassikern wie *Die Fliege* (1958) als Emma und in *Der verrückte Professor* (1962) neben Jerry Lewis, mit dem sie acht Filme drehte. Die Bühnenkomödiantin glänzte in Nebenrollen als frustrierte Gesangslehrerin in *Du sollst mein Glücksstern sein* (1952) und in dem Kultfilm *Blues Brothers* (1979) als mütterliche Nonne.

**Fuchs, Matthias** (62)
Geb. 1939.
Gest. 30.12.2001.
Der deutsche Schauspieler war seit seiner Rolle als Ethelbert in *Hochzeit auf Immenhof* (1956) immer wieder in großen Nebenrollen in engagierten deutschen Kino- und TV-Produktionen wie *Lola* (1981), *Das Arche Noah Prinzip* (1984), *Der Sandmann* (1995), *Der Totmacher* (1995) und *Jud Süß – ein Film als Verbrechen?* (2001) zu sehen.

*Matthias Fuchs*

## G

**Gallehr, Theo** (72)
Geb. 1929.
Gest. September 2001.
Der ›Grimme-Preis‹-gekrönte Dokumentarfilmer drehte in den 60er- und 70er-Jahren die engagierten Ruhrgebiets-Arbeiter-Filme *Arbeiterkampf* und *Rote Fahnen sieht man besser.*

**Gentilomo, Giacomo** (92)
Geb. 5.4.1909, Triest.
Gest. 16.4.2001, Rom.
Der italienische Regisseur und Drehbuchautor lernte als Regieassistent von Luis Trenker und schuf die kitschig-pompösen Abenteuerstreifen *Mit Schwert und Maske* (1949) und *Die schwarzen Reiter von Tula* (1961).

**Graf, David** (50)
Geb. 16.4.1950, Lancaster/Ohio.
Gest. 7.4.2001, Phoenix/Arizona.
Der amerikanische Schauspieler parodierte in der Komödienreihe *Police Academy 1–7* (1984–1994) als waffenvernarrter Cop Tackleberry den amerikanischen Waffenkult. Graf war zuletzt in *Rules – Sekunden der Entscheidung* (2000) als Major zu sehen.

**Greco, Joe** (82)
Gest. 2.1.2001.
Der berühmte spanische Tänzer spielte in *In 80 Tagen um die Welt* (1956).

**Greer, Jane** (77)
Geb. 9.9.1924, Washington D.C.
Gest. 26.8.2001, Los Angeles.
Die amerikanische Schauspielerin brillierte in *Goldenes Gift* (1947) als Femme fatale zwischen Robert Mit-

*Jane Greer*

chum und Kirk Douglas und spielte in dem Remake *Gegen jede Chance* (1984) die Mrs. Wyler.
Das Fotomodell wurde vom exzentrischen Milliardär Howard Hughes für das Kino entdeckt. Greer überzeugte in *Die rote Schlinge* (1949), *Die Tränen des Clowns* (1952) und *Der Mann mit den 1.000 Gesichtern* (1957). Zuletzt war Greer in *Twin Peaks* als Vivian Smythe zu sehen.

**Greese, Wolfgang** (75)
Geb. 8.3.1926, Lübz.
Gest. 2.5.2001, Berlin.
Der Defa-Schauspieler spielte in *Frühlingssinfonie* (1983) den Gerichtspräsidenten. Greese spielte rund 200 Kino- und TV-Rollen. In einer seiner letzten Kinorollen war Greese als Diener Karl in *Schloß Königswald* (1988) zu sehen.

**Grossberg, Jack** (74)
Geb. 1927.
Gest. 28.12.2001, Santa Monica/Kalifornien.
Der amerikanische Filmproduzent produzierte *Projekt Brainstorm* (1983) und Woody-Allen-Filme wie *Der Schläfer* (1973).

**Grube-Deister, Elsa** (75)
Geb. 11.1.1926, Hamburg.
Gest. 7.12.2001, Bollersdorf.
Die deutsche Opernsängerin und Schauspielerin spielte die Kapitänswitwe in *Der Brocken* (1991) und die Heilsarmee-Generälin in *Liebe Deine Nächste!* (1997). Die ehemalige Brecht-Schauspielerin überzeugte hier wie als Trümmerfrau in *Steinzeitballade* (1961) als »lebenskluge Plebejerin« (›film-dienst‹).

**Gwillim, Jack** (88)
Geb. 15.12.1912.
Gest. 2.7.2001, Los Angeles.
Der britische Schauspieler war in Historienfilmen *Lawrence von Arabien* (1962) als Clubsekretär und *Patton* (1970) als General Alexander sowie in den Fantasy-Spektakeln *Jason und die Argonauten* (1963) als König Aeetes und *Kampf der Titanen* (1980) als Poseidon zu sehen.

## H

**Haley, Jack jun.** (67)
Geb. 25.10.1933.
Gest. 21.4.2001, Santa Monica.
Der amerikanische Produzent produzierte die Tanzfilmkompilationen *Das gibt's nie wieder – that's Entertainment* (1974) und *That's Dancing!* (1985).

**Haney, Anne** (67)
Geb. 4.3.1934, Memphis/Tennessee.
Gest. 27.5.2001, Studio City/Kalifornien.
Die amerikanische Schauspielerin spielte in *Psycho* (1998) die Mrs. Chambers und in der 90er-Jahre-TV-Serie *L.A. Law* die Richterin Marilyn Travelini. Außerdem in *Frances* (1982), *Der Dummschwätzer* (1997) und *Stürmische Zeiten* (1999).

**Hanna, William** (90)
Geb. 14.7.1910, Melrose/New Mexico.
Gest. 22.3.2001, Hollywood/
Kalifornien.
Der amerikanische Regisseur sorgte mit seiner Firma Hanna Barbera Productions für die wilden Verfolgungsjagden von *Tom & Jerry*. Außerdem machte er den weltberühmten Cartoonfiguren *Die Jetsons, Familie Feuerstein, Yogi-Bär* und *Hägar der Schreckliche* Beine.
Hanna betreute als Regisseur oder Produzent über 400 Kurz- und Langfilme wie *Tom und Jerry, die rasenden Musketiere* (1942), *Die Jetsons treffen die Flintstones* (1962) und *Lucky Luke – Das große Abenteuer* (1982). Zuletzt hatte Hanna eine Minirolle in der Realverfilmung *Die Flintstones* (1994).

**Hannemann, Walter Adolph** (88)
Geb. 2.5.1912.
Gest. 29.4.2001, San Marcos/
Kalifornien.
Der amerikanische Cutter schnitt, ›Oscar‹-nominiert, die Actionfilme *Zwei Minuten Warnung* (1975) und *Ein ausgekochtes Schlitzohr* (1976). Seit den 40er-Jahren schnitt Hannemann auch heitere Genrefilme wie *Raketenbasis X 13 sprengen* (1957), *Kaktus Jack* (1979) und *Die nackte Bombe* (1980).

**Harrison, George** (58)
Geb. 24.2.1943, Liverpool.
Gest. 29.11.2001, Los Angeles.
Der weltberühmte Gitarrist der »Beatles« trat in den ironischen Musikfilmen *A Hard Days Night* (1964) und *Hi- Hi- Hilfe* (1965) mit den »Fab Four« als er selbst auf. Neben der Musik etablierte sich Harrison mit seiner Filmproduktionsfirma »HandMade« und schuf die Späße der Monty Pythons wie *Das Leben des Brian* (1979) und *Time Bandits* (1981) sowie »verquere« Filmklassiker wie *Mona Lisa* (1986) und *Five Corners* (1987). Oftmals war er in diesen Filmen selbst in kleinen Rollen zu sehen, so wie in *Das Leben des Brian* als Mr. Papadopolous.

**Hasenfratz, Oliver** (34)
Geb. 20.11.1966, Sindelfingen.
Gest. 14.11.2001, Berlin.
Der deutsche Schauspieler spielte in *Bandits* (1997) den jungen Ermittler Schneider und in *Der König von St. Pauli* (2001) die Hauptrolle des Studenten Robert Kranzow, den es auf den Kiez verschlägt. Das hoffnungsreiche Talent verstarb frühzeitig an Krebs.

**Hawthorne, Nigel** (72)
Geb. 5.4.1929, Coventry.
Gest. 26.12.2001, Hertfordshire.
Der englische Charaktermime brillierte als Majestät in *King George – Ein Königreich für mehr Verstand* (1994). »Typisch englisch« spielte Hawthorne oft Politiker, Adelige oder Soldaten. In der TV-Serie *Yes, Minister* (1979) war er als Sir Humphrey Appleby zu sehen, in *Demolition Man* (1993) als Bösewicht Cocteau und in *Amistad* (1997) als Martin van Buren.

*Nigel Hawthorne*

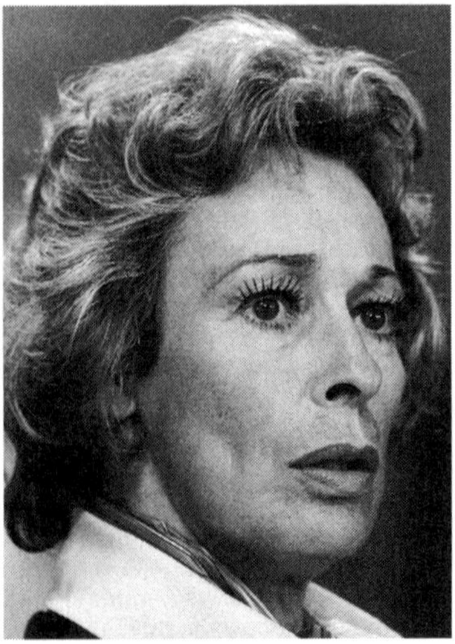

*Eileen Heckart*

**Heckart, Eileen** (82)
Geb. 29.3.1919, Columbus/Ohio.
Gest. 31.12.2001, Connecticut.
Die amerikanische Schauspielerin hatte in *Die Hölle ist in mir* (1956), *Bus Stop* (1956) und *Der Club der Teufelinnen* (1996) erinnerungswürdige Auftritte: Hoch gewachsen und mit rauer Stimme war Heckart eine der auffälligsten Nebendarstellerinnen Hollywoods. Mit *Schmetterlinge sind frei* (1972) gewann sie einen ›Oscar‹.

**Hellberg, Ruth** (94)
Geb. 2.11.1906, Berlin.
Gest. 26.4.2001, Feldafing.
Die Ufa-Schauspielerin hatte ihre schönste Rolle als Klosterschülerin in *Yvette* (1938), dem Film ihres Ehemanns Wolfgang Liebeneiner.
Seit den 30er-Jahren imponierte Hellberg als pragmatische Frau in *Schwarzfahrt ins Glück* (1938) und *In geheimer Mission* (1939). Frühzeitig wechselte sie zum Theater und spielte für Gustaf Gründgens. Zu hören war sie als Synchronstimme von Vivien Leigh und Jeanne Moreau.

**Hewitt, Christopher** (80)
Geb. 5.4.1921, Worthing.
Gest. 3.8.2001, Los Angeles.
Der englische Schauspieler war der gewitzte Diener Clifton Web in der 80er-Jahre-TV-Serie *Mister Belvedere.* Im Kino trat der schwergewichtige Hewitt neben Alec Guiness als Inspektor in *Einmal Millionär sein* (1951) und in *Frühling für Hitler* (1968) auf.

**Hill, James** (84)
Geb. 1.8.1916, Jeffersonville/Indiana.
Gest. 11.1.2001, Santa Monica/ Kalifornien.
Der US-Produzent wurde bekannt durch den Western *Vera Cruz* (1954) mit Burt Lancaster und Gary Cooper. Hill führte gemeinsam mit Lancaster eine Produktionsfirma, mit der sie *Der Mann aus Kentucky* (1955), *Dein Schicksal in meiner Hand* (1957) und *Denen man nicht vergibt* (1960) schufen.

**Hoffmann, Kurt** (90)
Geb. 12.11.1910, Freiburg.
Gest. 25.6.2001, München.
Der deutsche Regisseur des Rühmann-Starvehikels *Quax, Der Bruchpilot* (1941) war der Meister von Opas Kino mit den Erfolgsfilmen *Ich denke oft an Piroschka* (1955), *Drei Männer im Schnee* (1955), *Wir Wunderkinder* (1958) und *Hokuspokus* (1965) – Hoffmann »gab den Deutschen die Filme, die sie brauchten, familienfreundlich, lustig, visuell opulent« (›Der Spiegel‹). Der Sohn des Kameramannes Carl Hoffmann startete seine Karriere als Ufa-Assistent. Nach dem Krieg sorgte er als »unpolitischer« Regisseur speziell mit Liselotte Pulver mal feingeistig, mal platt für Stimmung. Mit rund 50 Filmen in 30 Jahren war er einer der quantitativ und qualitativ wichtigsten deutschen Filmschaffenden. Speziell die Literaturverfilmungen *Felix Krull* und *Schloß Gripsholm* zeigen sein Können. Mehrfach preisgekrönt ging Hoffmann 1971 in den Ruhestand.

*Kurt Hoffmann am Set*

**Holt, Evelyn** (92)
Geb. 3.10.1908, Berlin.
Gest. Februar, Los Angeles.
Die deutsche Schauspielerin spielte die Titelrolle in *Jane Eyre* (1926) und die Christine in *Liebelei* (1927). Holt gelang mit *Die Drei von der Stempelstelle* (1932) erfolgreich der Sprung zum Tonfilm, doch »rassische« Bedenken beendeten ihre Karriere und sie emigrierte nach Amerika.

**Holt, Hans** (geb. Karl Johann Hödl, 91)
Geb. 22.11.1909, Wien.
Gest. 3.8.2001, Wien.
Der österreichische Schauspieler verkörperte den Baron von Trapp in *Die Trapp-Famile* (1956) und *Die Trapp-Familie in Amerika* (1958). Der melancholisch-zurückhaltende Darsteller war ein Superstar in dieser Zeit. In 60 Jahren drehte er 80 Filme. Die Darstellungen von Johann Strauß in *Unsterbliche Walzer* (1939) und Wolfgang Amadeus Mozart in *Wen die Götter lieben* (1942) gehören zu seinen Glanzlichtern. Im Fernsehen wurde Holt in den 80er-Jahren durch die Serien *Der Leihopa* als Franz und *Ich heirate eine Familie* als Onkel Rudolf bekannt.

*Hans Holt*

**Hooker, John Lee** (83)
Geb. 22.8.1917, Clarksdale/Mississippi.
Gest. 21.6.2001, Los Altos/Kalifornien.
Der weltberühmte amerikanische Blues-Musiker spielte in *Blues Brothers* (1980) den Street-Slim. Seine Lieder dienten als Soundtrack für *Hot Spot* (1990) und *Die Stadt der Engel* (1998).

**Hughes, Ken** (79)
Geb. 19.1.1922, Liverpool.
Gest. 28.4.2001, Los Angeles.
Der englische Filmemacher schrieb und inszenierte *Tschitti Tschitti Bäng Bäng* (1968). Hughes drehte über 30 Abenteuer- und Agentenfilme, oft mit parodistischem Flair wie die James-Bond-Komödie *Casino Royale* (1966).

## J

**Jires, Jaromil** (65)
Geb. 10.12.1935, Bratislava.
Gest. 26.10.2001, Prag.
Der tschechische Regisseur und Dokumentarfilmer war Mitbegründer der tschechoslowakischen Neuen Welle und inszenierte *Der Scherz* (1968) nach Kundera und *In Sachen Kaninchen* (1979).

**Jugo, Jeny** (95)
Geb. 14.6.1906, Mürzzuschlag.
Gest. 30.9.2001, Heilbrunn.
Die österreichische Schauspielerin erschien in *Die Hose* (1927), *Fräulein Frau* (1933) und *Unser Fräulein Doktor* (1940) als temperamentvolle, pragmatische Frau. Jugo überzeugte auch als Königin Viktoria in *Mädchenjahre einer Königin* (1936).

*Jaromil Jires*

## K

**Kael, Pauline** (82)
Geb. 19.6.1919, Petaluma/Kalifornien.
Gest. 3.9.2001, Great Barrington/Massachusetts.
Die weltberühmte Filmkritikerin war die populärste und gefürchtetste Schreiberin ihres Fachs. Ihre Kritiken im ›The New Yorker‹ waren oft provokant, aber stilistisch auf höchstem Niveau. *Dirty Harry* und seine Macher wurden von ihr zu »Faschisten« verurteilt, der von ihr für *Krieg der Sterne* (1976) getadelte George Lucas nannte später in *Willow* (1987) den Bösewicht »General Kael«.

**Kempley, Walter** (73)
Geb. 1927.
Gest. 11.8.2001, Sarasota/Florida.
Der amerikanische TV-Produzent von *Happy Days* (1974) schrieb das Drehbuch zu der Adolf-Winkelmann-Ruhrgebiets-Komödie *Peng! Du bist tot!*

**Kennedy, Burt** (78)
Geb. 3.9.1922, Muskegon/Michigan.
Gest. 15.2.2001, Sherman Oaks/Kalifornien.
Der amerikanische Filmemacher inszenierte den John-Wayne/Kirk-Douglas-Western *Die Gewaltigen* (1966) und schrieb das John-Huston-Porträt *Weißer Jäger, schwarzes Herz* (1990). Kennedys langjährige Arbeit im Gespann mit dem ebenfalls 2001 verstorbenen Budd Boetticher und Randolph Scott markierte den Übergang vom klassischen zum modernen Western, in dem die Psychologisierung und Entmythisierung einsetzte. John Wayne entdeckte Kennedy aufgrund seiner Western-Hörspiele. Er inszenierte später die herrliche Komödie *Auch ein Sheriff braucht mal Hilfe* (1968) mit James Garner. Bis ins hohe Alter drehte Kennedy Western für das TV.

**Kerner, Jeannette** (85)
Geb. 1916, Omaha/Nebraska.
Gest. 25.5.2001, Los Angeles.
Die amerikanische Schauspielerin verkörperte in *Unter Null* (1987) die Mutter des Hauptdarstellers. Außerdem war Kerner in der von ihrem Sohn Jordan produzierten Filmserie *Mighty Ducks* (1992–1996) zu sehen.

**Koch, Howard D.** (84)
Geb. 11.4.1916, New York.
Gest. 16.2.2001, Beverly Hills/Kalifornien.
Der US-Filmemacher produzierte die Erfolgsfilme *Ein seltsames Paar* (1968), *Die unglaubliche Reise in einem verrückten Flugzeug* (1980) und *Ghost – Nachricht von Sam* (1990).

**Körner, Dietrich** (74)
Geb. 2.12.1926.
Gest. 8.10.2001, Berlin.
Der Defa-Schauspieler hatte in der Tradition eines Heinrich George stattliche Rollen in *Die gefrorenen Blitze* (1967) und *Unser kurzes Leben* (1981).

**Korbschmitt, Hans-Erich** (88)
Geb. 25.3.1913, Frankfurt/Oder.
Gest. 23.4.2001, Berlin.
Der Defa-Regisseur thematisierte in

*Wenn du zu mir hältst* (1962) den tabuisierten Volksaufstand bzw. die Konterrevolution in der DDR vom 17. Juni 1953.
Außerdem inszenierte Korbschmitt die Geschichte eines in die DDR flüchtenden Fremdenlegionärs, *Flucht aus der Hölle* (1960) mit Armin Mueller-Stahl in seiner ersten Hauptrolle.

**Kotulla, Theodor** (73)
Geb. 20.8.1928, Königshütte.
Gest. 20.10.2001, München.
Der deutsche Filmemacher schrieb und inszenierte das Dritte-Reich-Drama *Aus einem deutschen Leben* (1977) mit Götz George als Alter Ego von Rudolf Höß – einer der besten deutschen Vergangenheitsbewältigungsfilme schlechthin. Der ehemalige Filmkritiker drehte außerdem *Zum Beispiel Bresson* (1967) und *Der Fall Mauritius* (1981).

**Kramer, Stanley** (87)
Geb. 29.9.1913, New York.
Gest. 19.2.2001, Woodland Hills/Kalifornien.
Der amerikanische Filmemacher bot engagiertes Unterhaltungskino auf höchstem Niveau. Kramer produzierte *Zwölf Uhr mittags* (1952) und *Die Caine war ihr Schicksal* (1954) und inszenierte *Flucht in Ketten* (1958), *Urteil von Nürnberg* (1961), *Rat mal, wer zum Essen kommt* (1967) – McCarthy und Rassismus gehören zu seinen wichtigsten Themenblöcken. Darüber hinaus verhalf er Kirk Douglas, Gary Cooper, Marlon Brando und Maximilian Schell u. v. m. zu Star- und ›Oscar‹-Ruhm sowie von McCarthy geächteten Filmemachern zur Rehabilitation. 80 Nominierungen und 16 Auszeichnungen erhielten die Filme des »Gewissens der Traumfabrik«.

**Kraushaar, Raoul** (93)
Geb. 1908, Paris.
Gest. 13.10.2001, Pompano Beach/Florida.

*Stanley Kramer*

Der französische Komponist schrieb die Soundtracks für Universal-Klassiker wie *Abott und Costello als Piraten wider Willen* (1952), *Attila, der Hunnenkönig* (1954) und *Curucu, die Bestie vom Amazonas* (1956).

**Kubaschewski, Ilse**
Gest. 30.10.2001, München.
Die deutsche »Gloria«-Filmverleih- und -Produktionsbesitzerin verlieh Marika-Rökk-Filme und produzierte *Grün ist die Heide* (1951) und *Die Trapp-Familie* (1956). Aufgrund solcher Filme galt »Die Kuba« als »Vorsitzende des Schnulzenkartells«. Die Branche liebte sie für ihre extravaganten Bälle, aber die Geschäftsfrau zeigte sich auch als ambitionierte Film(ko)produzentin von Filmklassikern wie *Das süße Leben – La dolce Vita* (1959).

**Künneke, Evelyn** (79)
Geb. 15.12.1921, Berlin.
Gest. 28.4.2001, Berlin.
Die Sängerin und Schauspielerin war

ein Idol der Schwulenszene. Sie war in *Neurosia – 50 Jahre pervers* (1995) und *Kondom des Grauens* (1996) zu sehen. Die Tochter des Komponisten Eduard Künneke spielte außerdem in *Schöner Gigolo, armer Gigolo* (1979) und *Der Zauberberg* (1982).

**Kulisch, Sawwa** (64)
Geb. 17.10.1936, Odessa.
Gest. 9.6.2001, Yaroslavl.
Der russische Regisseur inszenierte die Hans-Christian-Andersen-Adaption *Die elf Schwäne* (1988) sowie *Märchen vom alten Arbat* (1982).

## L

**Laird, Jenny** (84)
Geb. 13.2.1917, Manchester.
Gest. 31.10.2001, London.
Die englische Schauspielerin war in *Die schwarze Narzisse* (1947) als Schwester Honey und *Das Dorf der Verdammten* (1960) als Mrs. Harrington zu sehen.

**Lamont, Molly** (91)
Geb. 22.5.1910, Boksburg.
Gest. 15.7.2001, Hollywood Hills/Kalifornien.
Die südafrikanische Nebendarstellerin spielte in *Die Dschungel-Prinzessin* (1936) die Ava und *Unter Verdacht* (1944) die Edith Simmons.

**Lansburgh, Lawrence M.** (89)
Gest. 25.3.2001, Eagle Point/Oregon.
Der amerikanische Tierdokumentarfilmer und langjährige Disney-Mitarbeiter wurde für *The Horse With The Flying Tail* (1960) mit dem ›Oscar‹ ausgezeichnet.

**Larsen, Tambi** (86)
Geb. 1915, Bangalore.
Gest. 24.3.2001, North Hollywood/Kalifornien.
Der ›Oscar‹-prämierte Filmausstatter arbeitete vielfach für Martin Ritt (*Der Spion, der aus der Kälte kam* [1965], *Verflucht bis zum Jüngsten Tag* [1971]) und schuf die Kulissen für *Die tätowierte Rose* (1955) und *Heaven's Gate* (1981).

**Legal, Marga** (93)
Geb. 18.2.1908, Berlin.
Gest. 30.10.2001, Berlin.
Die deutsche Schauspielerin verkörperte während der Ufa- und Defa-Zeit oft »feine Damen«, überzeugte aber mehr als tatkräftige Proletarierin in *Die Fahne von Kriwi Rog* (1967). Die Nazis stoppten die Karriere der Halbjüdin, doch Legal setzte diese erfolgreich in Ostdeutschland sowie im vereinigten Deutschland in Serien wie *Polizeiruf 110, Tatort* und *Liebling Kreuzberg* fort.

**Lehmann, Olga** (89)
Geb. 10.2.1912, Chile.
Gest. 26.10.201, Saffron Walden.
Die französische Kostümdesignerin entwarf die Kostüme für *Die Kanonen von Navarone* (1961).

**Lemmon, Jack**
(geb. John Uhler Lemmon III.) (76)
Geb. 8.2.1925, Newton/Massachusetts.
Gest. 27.6.2001, Los Angeles.
Der großartige Charakterdarsteller wurde durch seine Komödien von Billy Wilder und mit Walter Matthau unsterblich. Er brillierte in *Manche mögen's heiß* (1959) und *Das Appartement* (1960) sowie als ein Teil des zerstrittenen Männerpaares in *Der Glückspilz* (1966), *Ein seltsames Paar* (1968), *Der zweite Frühling* (1993). Lemmon trotzte Verliererfiguren Komik ab und hatte ein Faible für den ›kleinen Mann‹: Er machte sie zu heldenhaften Kämpfern in *Das China-Syndrom* (1979) und *Vermißt* (1982), verlangte ihnen aber auch in *Glengarry Glen Ross* (1992) und *Shorts Cuts* (1992) die wurmigen Schattenseiten bürgerlicher Existenz ab.
Zu Lemmons Glanzleistungen gehörten seine Rollen in *Keine Zeit für Heldentum* (1955), *Tage des Weines und*

*Jack Lemmon*

*der Rosen* (1962). Lemmon bereicherte Hollywood fast 50 Jahre in rund 100 Rollen. In *Manche mögen's heiß* muss er sich sagen lassen: »Nobody is perfect« – das war nicht wahr.

*Plakat von Jan Lenica*

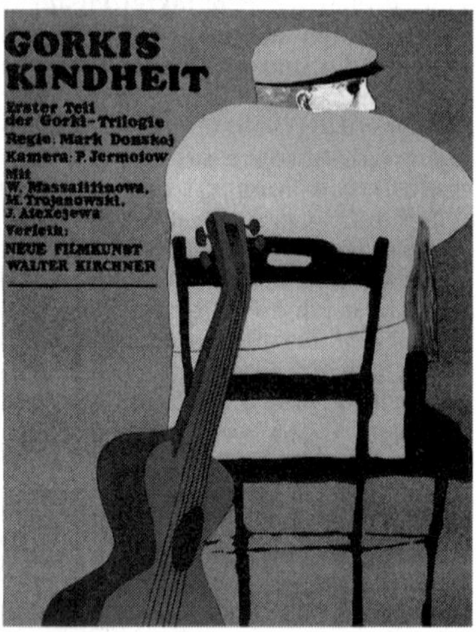


**Lenica, Jan** (73)
Geb. 4.1.1928, Posen.
Gest. 5.11.2001, Berlin.
Der polnische Plakatgrafiker malte die Plakate zu *Ekel* (1965) und *Der Soldat* (1966) und drehte die kafkaesken Experimentalfilme *A* (1965) und *Adam 2* (1969), für die er mit dem ›Bundesfilmpreis‹ geehrt wurde.

**Lentz, Michael** (75)
Geb. 1926, Rheda-Wiedenbrück.
Gest. 30.11.2001.
Der deutsche Filmjournalist und Filmemacher schrieb das preisgekrönte Drehbuch *Alle Jahre wieder* (1967). Lentz arbeitete für die ›WAZ‹ und *Ratschlag für Kinogänger.* Er gründete die Produktionsfirma »Oase«, bei der bekannte Dokumentarfilme wie *Nachruf auf eine Bestie* (1983) entstanden und Lentz selbst *Wie in alten Zeiten* (1983) inszenierte. Zuletzt wurde Lentz als Dozent für Filmdramaturgie tätig und unterstützte tatkräftig aufstrebende Talente.

**Léotard, Philippe** (60)
Geb. 28.8.1940.
Gest. 25.8.2001, Paris.
Der französische Schauspieler mit dem zerknitterten, traurigen Blick spielte in *Zwei Mädchen aus Wales und die Liebe zum Kontinent* (1970) den Verleger Diurka und in *La Balance – Der Verrat* (1982) die Hauptrolle. Außerdem spielte Léotard in *Der Schakal* (1973) und *French Connection II* (1975).

**Levy, Ralph** (81)
Geb. 1920, Philadelphia/Pennsylvania.
Gest. 15.10.2001, New Mexico.
Der amerikanische Regisseur inszenierte die Marlon-Brando/David-Niven-Komödie *Zwei erfolgreiche Verführer* (1964) und die Doris-Day-Komödie *Bitte nicht stören!* (1965).

**Lichtenfeld, Herbert** (74)
Geb. 16.6.1927, Leipzig.
Gest. 11.12.2001, Hamburg.

Der deutsche *Tatort*-Autor schrieb u. a. die berühmt-berüchtigte Folge *Reifezeugnis* (1977) von Wolfgang Petersen mit Nastassja Kinski.

**Lippert, Klaus** (82)
Geb. 22.7.1918, Pirna.
Gest. 28.2.2001, Berlin.
Der deutsche Redakteur begründete 1953 die Filmzeitschrift ›Deutsche Filmkunst‹. Von 1962 bis 1977 war er Chefredakteur für den ›Filmspiegel‹. Danach arbeitete er bis ins Rentenalter beim Staatlichen Filmarchiv der DDR und bereitete vor allem die Leipziger Dokumentarfilm-Retrospektiven vor.

**Livingston, Jay** (86)
Geb. 28.3.1915, McDonald/Pennsylvania.
Gest. 17.10.2001.
Der amerikanische Songwriter schrieb »Que sera, sera«, das Doris Day in *Der Mann, der zuviel wußte* (1956) sang. Livingston schrieb außerdem »Almost In Your Arms« für *Hausboot* (1958) und war in *Boulevard der Dämmerung* (1950) als er selbst zu sehen.

**Lottman, Evan A.** (69)
Geb. 1931, Bronx/New York.
Gest. 25.9.2001, New York.
Der amerikanische Cutter schnitt *Der Exorzist* (1973), *Sophies Entscheidung* (1982) und *Protector* (1985).

**Lovejoy, Ray**
Gest. 19.10.2001, London.
Der englische Meistercutter schnitt die Horror- und Sciencefictionspektakel *2001 – Odyssee im Weltraum* (1968), *Shining* (1980), *Aliens* (1986), *Batman* (1989) und *Lost in Space* (1998).

**Ludlum, Robert** (73)
Geb. 25.5.2001, New York.
Gest. 12.3.2001, Naples/Florida.
Der amerikanische Bestseller-Thrillerautor schrieb die Vorlage zu Sam Peckinpahs letztem Film *Das Osterman Weekend* (1983). Zuletzt wurde nach einer Ludlum-Vorlage *The Bourne Identitity* (2001) gedreht.

## M

**Maas, Peter**
Gest. 23.8.2001, New York.
Der Autor schrieb die Romanvorlage zu *Serpico* (1973).

**Maguire, Charles H.** (73)
Geb. 1927.
Gest. 22.1.2001, Thousands Oaks/Kalifornien.
Der US-Produzent zeichnete für die Krimis *Downtown* (1989) und *Schatten der Vergangenheit* (1990) verantwortlich.
Maguires Karriere hatte als Associate-Produzent der Warren-Beatty-Filme *Zeuge einer Verschwörung* (1974) und *Shampoo* (1975) begonnen.

**Marcus, Lawrence B.**
Gest. 28.8.2001, Woodland Hills, Kalifornien.
Der amerikanische Drehbuchautor schrieb den Klassiker *Der lange Tod des Stuntman Cameron* (1981) sowie Romanadaptionen *Petulia* (1967) von Richard Lester und *Alexandria – Treibhaus der Sünde* (1968) von George Cukor.

**Marin, Jacques** (81)
Geb. 9.9.1919, Paris.
Gest. 10.1.2001, Cannes.
Der französische Schauspieler debütierte in René Cléments bitterer Familienfarce *Verbotene Spiele* (1952) als Sohn der Familie. In *Der Marathon Mann* (1976) war Marin als LeClerc zu sehen.
Weitere prägnante Nebenrollen in internationalen Erfolgsfilmen wie *Charade* (1963), *Shaft in Afrika* (1973) und in *Ach du lieber Harry* (1981) neben Didi Hallervorden als Hochwürden Harry.

**Marks, Leo** (80)
Geb. 24.9.1920, London.
Gest. 15.1.2001, London.
Der englische Drehbuchautor schrieb den Horrorkultklassiker *Augen der Angst – Peeping Tom* (1959) mit Karl-Heinz Böhm. Weitere Arbeiten waren *Cloudburst* (1951) und *Weiche Betten, harte Schlachten* (1973).

**Martens, Hans-Günther** (70)
Geb. 12.5.1930.
Gest. 1.1.2001, Hamburg.
Deutscher Schauspieler, der in den 90er-Jahren den *Tatort*-Kommissar Friedrichs verkörperte. Im Kino war Martens in den Loriot-Filmen *Ödipussi* (1988) und *Papa ante Portas* (1991) zu sehen.
Seine erste große Rolle spielte Martens in Bernhard Sinkels Politthriller *Kaltgestellt* (1980). In den 80er-Jahren war er in der *Schwarz-Rot-Gold*-TV-Serie zu sehen, bis er sich bis zuletzt als Kommissar Friedrichs in der *Tatort*-Folge *Die kleine Zeugin* (2000) beim Fernsehpublikum verewigte.

**McGuire, Dorothy** (81)
Geb. 14.6.1918, Omaha/Nebraska.
Gest. 13.9.2001, Santa Monica/
Die amerikanische Schauspielerin war das stumme Hausmädchen in *Die Wendeltreppe* (1945) und spielte die Hauptrolle in *Tabu der Gerechten* (1947). Außerdem war McGuire in *Lockende Versuchung* (1956) als Quäkermutter und in *Die größte Geschichte aller Zeiten* (1963) als Jungfrau Maria zu sehen.

**Miller, Jason** (62)
Geb. 22.4.1939, New York.
Gest. 13.5.2001, Scranton/
Pennsylvannia.
Der preisgekrönte Dichter und Theaterregisseur spielte im Kino nur kleine Rollen, wie in *Light of Day* (1987) als Benjamin Rasnick. In dem Fernsehspiel *Marylin, The Untold Story* (1980) war er als Arthur Miller zu sehen. Dagegen brillierte er in dem Horrorklassiker *Der Exorzist* (1973) als skeptischer Jesuit Pater Karras. In *Exorzist III* (1990) wiederholte er seine Paraderolle.

**Milovic, Aleksandar** (78)
Geb. 1923, Nova Varos.
Gest. 30.7.2001, Belgrad.
Der serbische Produktionsdesigner sorgte für die aufwändige Ausstattung von *Der Kurier des Zaren* (1956), *Raubzug der Wikinger* (1963) und *Stoßtrupp Gold* (1970).

**Mitchum, John** (82)
Geb. 6.9.1919, Bridgeport/Connecticut.
Gest. 29.11.2001, Los Angeles.
Der Bruder von Robert Mitchum spielte in der *Dirty Harry*-Reihe (1971–1976) Frank DiGiorgio. In seiner Filmkarriere verband Mitchum eine enge Zusammenarbeit mit Don Siegel und Clint Eastwood.

**Montresor, Beni** (68)
Geb. 1933, Verona.
Gest. 11.11.2001, Verona.
Der italienische Filmausstatter inszenierte den bizarren Erotikschocker *Das Ritual* (1974).

**Morris**
(geb. Maurice de Bevere, 77)
Geb. 1.12.1923, Kortrijk.
Gest. 17.7.001, Brüssel.
Der belgische Comiczeichner war der Vater des legendären Cowboys Lucky Luke und seiner treuen Begleiter Jolly Jumper, Rantanplan und die Daltons. Für das Kino inszenierte Morris die Zeichentrickfilme *Lucky Luke* (1971) und *Lucky Luke – Das große Abenteuer* (1982).

## N

**Nagahara, Shuichi** (60)
Geb. 1940.
Gest. 14.11.2001, Tokio.
Der japanische Drehbuchautor schrieb die Skripts zu *Terror* (1969) und *God-*

*zilla – die Rückkehr des Monsters* (1984).

**Nelson, John L.** (84)
Geb. 1916, Louisiana.
Gest. 25.8.2001, Chanhassen/Minnesota.
Der amerikanische Musiker schrieb den Soundtrack für *Purple Rain* (1984), das Filmdebüt seines Sohnes und Mega-Popstars Prince.

**Nicol, Alex** (85)
Geb. 20.1.1916, Ossining/New York.
Gest. 29.7.2001, Kalifornien.
Der amerikanische Nebendarsteller spielte in *Der Mann aus Laramie* (1955) Dave Waggoman und in *Bloody Mama* (1970) George Baker. Nicol inszenierte außerdem *Das Geheimnis des schreienden Schädels* (1958) und *Tarzan And The Four O'Clock Army* (1968).

**Nikel, Hannes** (70)
Geb. 13.4.1931, München.
Gest. 26.9.2001, München.
Deutscher Cutter der meisten Wolfgang-Petersen-Filme wie *Die Konsequenz* (1977) und *Tod im Spiegel* (1991) – für *Das Boot* (1981) erhielt Nikel eine ›Oscar‹-Nominierung. Weitere Erfolge unter Nikels Schnitt waren *Raumpatrouille Orion* (1966) und *Stalingrad* (1993).

**Nikolic, Zivko** (59)
Geb. 20.11.1941, Ozrinici.
Gest. 17.8.2001, Ozrinici.
Der jugoslawische Regisseur inszenierte die Sittenkomödien *Ein nie gesehenes Wunder* (1982) und *Schönheit der Sünde* (1986).

**Noble, Maurice J.** (91)
Gest. 18.5.2001, La Crscenta/Kalifornien.
Amerikanischer Animationsdesigner für die Disney-Klassiker wie *Schneewittchen und die sieben Zwerge* (1937) und *Bambi* (1942) sowie Warner-Bros.-Cartoons.

## O

**O'Brien, Virginia** (79)
Geb. 8.4.1921, Los Angeles.
Gest. 18.1.2001, Woodland Hills/Kalifornien.
Die amerikanische Schauspielerin brillierte neben den Marx-Bothers in *Die Marx-Brothers im Kaufhaus* (1941) und Ron Skelton in *Schiff ahoi!* (1942): »Miss red hot frozen Face« hatte ihre erfolgreichste Phase in der Zeit der klassischen Hollywood-Musicals. Sie war mehr als die typische adrette Beigabe für die männlichen Stars, in *Mein Schatz der Matrose* (1944) intonierte sie mit frostigem Gesicht den schmissigen Song »Take it easy«.

**O'Connor, Carroll** (76)
Geb. 2.8.1924, Bronx/New York.
Gest. 21.6.2001, Los Angeles.
Wuchtiger US-Schauspieler, bekannt geworden als Sheriff Bill Gillespie in der 90er-Jahre-TV-Serie *In der Hitze der Nacht.* Im Kino hatte O'Connor prägnante Nebenrollen in *Cleopatra* (1963) als Casca, in *Point Blank* (1967) als Brewster und in *Stoßtrupp Gold* (1970) als Zigarren rauchender Kommiskopp.

**O'Conor, Joseph** (84)
Geb. 14.2.1916, Dublin.
Gest. 21.1.2001, London.
Der irische Schauspieler spielte in den Historienstreifen *Elizabeth* (1998) den Earl of Derby, in *Johanna von Orleans* (1999) den Oberinquisitor und in *Oliver!* (1968) den Mr. Brownlow.

**Orrison, George** (71)
Geb. 30.10.1929, Los Angeles.
Gest. 1.3.2001, Castaic/Kalifornien.
Der amerikanische Stuntman und Schauspieler arbeitete vielfach für Clint Eastwood, wie in *Flucht von Alcatraz* (1979) als Wärter, in *Pale Rider* (1985) als Stationsleiter und in *Erbarmungslos* (1992) als Shadow.

## P

**Parsons, Nancy** (58)
Geb. 17.1.1942, St. Paul/Minnesota.
Gest. 5.1.2001, LaCrosse/Wisconsin.
Die amerikanische Schauspielerin spielte die unbeliebte Lehrerin Beulah Balbricker in der *Porky's*-Teenagerreihe (1981/1983/1985). Neben ihrer Rolle als lesbische Schwester eines kannibalistischen Geschwisterpaares in *Hotel zur Hölle* (1980), hatte sie anspruchsvolle Parts in *Homer & Eddie* (1989) und in *Magnolien aus Stahl* (1989).

**Patterson, Ray** (90)
Geb. 1911.
Gest. 30.12.2001.
Der amerikanische Zeichentrickkünstler arbeitete für *Fantasia* (1940) und animierte berühmte Cartoonfiguren wie »Yogi Bär«, »Die Jetsons« und »Hägar, der Schreckliche«.

**Pine, Lester** (84)
Geb. 1917, Chicago/Illinois.
Gest. 11.8.2001, Los Angeles.
Der amerikanische Drehbuchautor schrieb das Kuba-Flüchtlings-Drama *Popi* (1969) und die Harlemkomödie *Claudine* (1974).

**Preusche, Gerd** (60)
Geb. 4.6.1940.
Gest. 27.4.2001, Berlin
Der deutsche Theaterschauspieler spielte in dem RAF-Fernsehspiel *Todesspiel* (1996) die Rolle des Hans-Jürgen Wischnewski. In dem Politkrimi *Im Sog der Angst* (1991) war Preusche als Stasi-Oberst Bühler zu sehen.

*Anthony Quinn*

## Q

**Quinn, Anthony** (86)
Geb. 21.4.1915, Chihuahua/Mexiko.
Gest. Juni 2001.
»Ich bin Sorbas!« Der starke Grieche in *Alexis Sorbas* (1964) erhob Quinn in den Film-Olymp. Sein naturalistischer Schauspielstil prädestinierte ihn für große exotische Charakterrollen: in *Viva Zapata* (1952) als Eufemio, in *La Strada* (1953) als Zikusartist, in *Der Glöckner von Notre Dame* (1955) als Quasimodo und *Vincent van Gogh – Ein Leben in Leidenschaft* (1956) als Paul Gauguin.
Der mexikanisch-irische Quinn war in den 30er-Jahren der Indianer und Gangster vom Dienst, wurde der Bösewicht in *Sindbad der Seefahrer* (1947) mit Douglas Fairbanks jun. und *Gegen alle Flaggen* (1951) mit Errol Flynn. Es folgten die traumhaften Starrollen von *Lawrence von Arabien* (1962) als Araberführer über *Der große Grieche* (1977) als Onassis-Mime und bis *Omar Mukthar – Löwe der Wüste* (1980) als Titel gebender Beduinenfürst.
In 150 Filmen war Quinn immer »mucho Macho«, oft bis ins Klischee, wie in der Bo-Derek-Sexposse *Mein Geist will immer nur das Eine* (1988). Zuletzt pflegte er das Image des exotischen Gauners in *Eine gefährliche Affäre – Revenge* (1990) und parodierte es in *Last Action Hero* (1993). Sein größter Wunsch, 100 Jahre alt zu werden, ging nicht in Erfüllung.

## R

**Rabal, Francisco** (76)
Geb. 8.3.1925, Aguilas.
Gest. 29.8.2001, Burdeos.
Der großartige spanische Schauspielstar spielte in Bunuels *Nazarin* (1958) die Titelrolle und in *Belle de Jour* (1966) den Hypolite sowie in *Atemlos vor Angst* (1977) den Nilo. In seinen

*Francisco Rabal*

rund 200 Filmrollen arbeitete Rabal vielfach mit Buñuel, Michelangelo Antonioni, Claude Chabrol und Luchino Visconti zusammen und verlieh dem südländischen Macho dramatische Züge.
Zuletzt spielte er in *Großangriff der Zombies* (1980), *Feßle mich!* (1989) und in *Goya* (1999) den berühmten Maler.

**Radin, Paul B.** (87)
Geb. 1913, New York.
Gest. 18.10.2001, Santa Barbara/Kalifornien.
Amerikanischer Produzent von *Phase IV* (1973) und *Der Geist und die Dunkelheit* (1996).

**Rafkin, Alan**
Gest. 6.8.2001, Los Angeles.
Der amerikanische TV-Regisseur inszenierte den Kino-B-Western *Der Ritt zum Galgenbaum* (1966).

**Ramone, Joey** (geb. Jeffrey Hyman, 49)
Geb. 19.5.1951, Forest Hills/New York.
Gest. 15.4.2001, New York.
Der amerikanische Sänger der Punk-

rocker »Ramones« spielte in dem »Ramones«-Trash-Kultfilm *Rock 'n' Roll High School* (1979) und in der Pseudo-Punk-Doku *Hard Core Logo* (1996). Die »Ramones« sorgten für den Soundtrack des Gruselschockers *Friedhof der Kuscheltiere* (1988).

**Reck, Hartmut** (68)
Geb. 17.11.1932, Berlin.
Gest. 30.1.2001, Nienburg an der Weser.
Über ein Jahrzehnt verkörperte er den Schöller in der TV-Krimi-Serie *Die Männer vom K3.*
Im Kino war Reck in *Sheriff Teddy* (1957) als Robbi, in *Der längste Tag* (1962) als Sergeant Bernhard und in dem Edgar-Wallace-Film *Der unheimliche Mönch* (1965) als Ronny zu sehen. Eine Hauptrolle hatte er in *Tatort Berlin* (1957) als aus der Haft entlassener Kraftfahrer. Unvergessen bleibt Recks Stimme für Richard Chamberlain, Donald Sutherland, Anthony Hopkins und Michael Caine.

**Redglare, Rockets** (51)
Geb. 1949, Brooklyn/New York.
Gest. 28.5.2001, New York City.
Amerikanischer Nebendarsteller in den frühen Jim-Jarmush-Filmen und in anderen New Yorker Independents wie *Susan verzweifelt gesucht* (1984), *Blue Jean Cop* (1988) und *Trees Lounge* (1996).

**Reed, Walter** (84)
Geb. 1916, Seattle/Washington.
Gest. 19.8.2001, Santa Cruz/ Kalifornien.
Amerikanischer Western-Nebendarsteller in *Der Schrecken von Texas* (1948) und *Die Hand am Abzug* (1954).

**Régnier, Charles** (87)
Geb. 22.7.1914, Freiburg.
Gest. 13.9.2001, Bad Wiessee.
Der Schweizer Charaktermime spielte in *Das Testament des Dr. Mabuse* (1962) den Mortimer und hatte eine

*Charles Régnier*

wunderbare Altersrolle als Vater von Hannelore Elsner in *Die Unberührbare* (2000).
Der Übersetzer, Theater- und Fernsehregisseur spielte in rund 100 Filmen: In *Zeit zu lieben, Zeit zu sterben* (1958) war er der tragische Widerstandskämpfer, in *Der schwarze Abt* (1963) Detective Puddler und in der *Angélique*-Reihe (1964) der Inquisitor Conan Becher, in *Der Schnüffler* (1983) war er Mr. X. und in *Rosa Luxemburg* (1986) Jean Jaures.

**Reimann, Kurt** (88)
Geb. 15.3.1923, Berlin.
Gest. 23.8.2001, Berlin.
Der deutsche Schauspieler gehörte zu dem lustigen Vagabundentrio, das singend durch *Grün ist die Heide* (1950) und *Am Brunnen vor dem Tore* (1952) begleitete.

**Ritchie, Michael** (62)
Geb. 28.11.1938, Waukesha/Wisconsin.
Gest. 16.4.2001, New York.
Amerikanischer Regisseur, der Sportkomödienhits wie *Die Bären sind los*

(1975), *Die Bären sind nicht mehr zu bremsen* (1978) und *American Wildcats* (1986) drehte.
Ritchies Karriere begann in den 60er-Jahren beim Fernsehen mit *Solo für U.N.C.L.E.* Mit dem Robert-Redford-Sportdrama *Schußfahrt* (1969) und der Politsatire *Bill McKay – Der Kandidat* (1972) gehörte er zu den Erneuerern des New American Cinema. Wurde später aber zum Spezialisten für Comedianstarfilme wie *Fletch – Der Troublemaker* (1984) und Eddie Murphys *Auf der Suche nach dem goldenen Kind* (1986).

**Roggisch, Peter** (63)
Geb. 1937, Berlin.
Gest. 21.2.2001, Hamburg.
Er spielte in *Das Spinnennetz* (1989) Prinz Heinrich, in *Schtonk!* (1992) den Obersturmbandführer und in *Der König von St. Pauli* (1998) den Dr. Schmidt-Weber.

**Ross, Herbert** (74)
Geb. 13.5.1927, Brooklyn/New York.
Gest. 9.10.2001, New York.
Der amerikanische Regisseur sorgte für die anspruchsvollen Mainstream-Hits *Mach's noch einmal, Sam* (1971), *Die Sunny Boys* (1975) und *Magnolien aus Stahl* (1989). Mit tänzerischer Sicherheit gelang dem ehemaligen Choreografen und Balletttänzer Ross der Spagat zwischen Anspruch und Leichtigkeit. Bei ihm wurden Schauspieler wie Barbra Streisand und Woody Allen zu ernst zu nehmenden Stars. Seine Bühnenerfahrung machte Ross außerdem zum Spezialisten für die Tanzfilme wie *Footloose* (1983) und *Am Wendepunkt* (1977).

**Rostozki, Stanislaw** (79)
Geb. 21.4.1922, Rybinsk.
Gest. 10.8.2001, Vyborg.
Der russische Filmemacher schrieb und inszenierte die Kriegsdramen *Das Haus in den sieben Winden* (1962), *Im Morgengrauen ist es noch still* (1972) und *Die Liebe des Wikingers* (1985).

## S

**Saranovic, Radomir** (63)
Geb. 4.12.2001, Kosovi Lug.
Gest. 9.9.2001, Danilovgrad.
Der jugoslawische Regisseur inszenierte das Kriegsdrama *Die ungewöhnliche Hochzeit* (1974).

**Saunders, Russell** (81)
Geb. 1919, Winnipeg.
Gest. 1.6.2001, Los Angeles.
Der kanadische Second-Unit-Regisseur, Stuntman und Produktionsmanager sorgte seit den 30er-Jahren in Filmen wie *Formicula* (1954), *Spartacus* (1960), *Hatari!* (1962), *Erdbeben* (1974) und *Driver* (1978) für Action.

**Schäfer, Gerd E.** (78)
Geb. 14.6.1923, Berlin.
Gest. 20.9.2001, Berlin.
Der deutsche Kabarettist und Schauspieler war in dem Defa-Trümmerfilm *Steinzeitballade* (1960) als geldgieriger Nutznießer und in der TV-Serie *Praxis Bülowbogen* als Günther Pfitzmanns Schulfreund zu sehen.

**Schaper, Rainer** (51)
Geb. 11.1.1949.
Gest. 7.3.2001, Berlin.
Der deutsche Produktionsdesigner arbeitete als Filmarchitekt für *Fabian* (1980) und *Der Name der Rose* (1985). Für ihn war es der große Erfolg seines Lebens, europäische Spitzenregisseure wie Jean-Jacques Arnaud für *Duell – Enemy at the Gates* (2001) und Roman Polanski für *Der Pianist* (2002) nach Babelsberg zu holen.
Seit den 70er-Jahren betreute er rund 40 deutsche Filme. 1994 folgte er dem Ruf von Volker Schlöndorff, nach Babelsberg zu kommen. Im Frühjahr 2000 hatte Schaper die Geschäftsführung der Studios Babelsberg übernommen. Am Tag seines Todes unterbrach Roman Polanski die Dreharbeiten zu *Der Pianist* für eine Schweigeminute: »Ich werde sein La-

chen und seinen Optimismus vermissen.«

**Schiffmann, Suzanne** (71)
Geb. 1929, Paris.
Gest. 6.6.2001, Paris.
Die französische Filmemacherin galt als Scriptgirl, Assistentin und Koautorin von François Truffaut als der »gute Geist« aller seiner Filme. Seit den Filmclub-Tagen der 50er-Jahre arbeitete Schiffmann für die Autoren der Nouvelle Vauge. Sie schrieb außerdem die Drehbücher zu *An der Nordbrücke* (1981) und *Stürmische Höhen* (1985) und inszenierte *Femme De Papier* (1989).

**Schönböck, Karl** (92)
Geb. 4.2.1909, Wien.
Gest. 24.3.2001, München.
Als Diplomat, Offizier, Kapitän, Tenor und Adliger verkörperte Schönböck den Weltmann vom Scheitel bis zur Sohle. Er spielte sie aufrecht und parodistisch in *Bismarck* (1940) als Kaiser Franz Joseph, in *Titanic* (1943) als John Jacob Astor, in *Mit Django kam der Tod* (1967) als Westerner, in *Otto – Der Film* (1985) als Fürst Marckbiss und in *Schtonk!* (1991) als Professor Strasser.

*Karl Schönböck*

**Sellers, William**
Gest. 11.8.2001, Santa Monica/ Kalifornien.
Der amerikanische Drehbuchautor schrieb *Der Scharfschütze* (1950), ein *Zwölf Uhr mittags*-ähnlicher Western mit Gregory Peck.

**Semedo, Arthur** (89)
Geb. 2.11.1924, Arronchez.
Gest. 8.2.2001, Lissabon.
Der Portugiese spielte in *Der Stand der Dinge* (1982) den Produktionsmanager.

**Shaffer, Anthony** (75)
Geb. 15.2.1926, Liverpool.
Gest. 6.11.2001, London.
Englischer Drehbuchautor von Krimithrillern wie *Frenzy* (1972), *Mord mit kleinen Fehlern* (1972) und *Tod auf dem Nil* (1978).

**Shaw, Janet** (geb. Ellen Martha Clancy Stuart, 82)
Geb. 23.1.1919, Beatrice/Nebraska.
Gest. 15.10.2001, Beatrice/Nebraska.
Die amerikanische Darstellerin spielte die Mauren in *Ihr erster Mann* (1940) und die Lousie in *Im Schatten des Zweifels* (1943).

**Silberstein, Roman** (68)
Geb. 18.11.1932, Berlin.
Gest. 27.4.2001, Berlin.
Der Theaterschauspieler und Defa-Nebendarsteller spielte den langen Volkspolizei-Oberleutnant in *Die Spur der Steine* (1959). In der DDR-TV-Serie *Zollfahndung* (1970) spielte Silberstein den Unterkommissar Pollner.

**Sime, Joan** (71)
Geb. 9.3.1930, London.
Gest. 27.6.2001, London.
Die englische Schauspielerin war von 1958 bis 1978 in den *Ist ja irre – Carry*

*on*-Possen die keifende blonde Walküre in der Herren-Witztruppe: In *Ist ja irre: Cäsar liebt Cleopatra* war Sims Cäsars Ehefrau und in *Ist ja irre: Der dreiste Cowboy* die resolute Saloonbesitzerin.

**Simó, Sándor** (67)
Geb. 7.8.1934, Budapest.
Gest. 4.9.2001.
Der ungarische Filmemacher schuf das Nachkriegsdrama *Die glücklichen Jahre meines Vaters* (1977) und den ungewöhnlichen 30er-Jahre-Terrorthriller *Der Fall der Sylvester Matuska* (1982).

**Sobocinski, Piotr** (43)
Geb. 3.2.1958, Lodz.
Gest. 26.3.2001, Vancouver.
Der polnische Kameramann fotografierte die Erfolgsfilme *Drei Farben: Rot* (1994) und *Kopfgeld* (1996). Der Sohn von Witold Sobocinski, der die Kamera für Andrzej Wajda und Roman Polanski führte, begann seine Karriere als Dokumentarfilmer. Beim Spielfilm fotografierte er Kieslowskis *Dekalog, Drei* und *Dekalog, Neun* (1988). Außerdem arbeitete er für ein paar *Tatort*-Folgen. Im gelang der sehr erfolgreiche Wechsel nach Hollywood und drehte *Marvins Töchter* (1996), *Im Zwielicht* (1998) und *Angel Eyes* (2001).

**Söderbaum, Kristina** (88)
Geb. 5.9.1912, Djursholm.
Gest. 12.2.2001, Hitzacker.
Die Schwedin spielte die Heroine in den berühmt-berüchtigten Propagandastreifen *Jud Süß* (1940) und *Kolberg* (1945). Mehrfach suchte sie in ihren Rollen als geschundene blonde, reine Kindfrau den Freitod in Seen und Mooren, weshalb sie als »Reichswasserleiche« bekannt wurde. »Sie war das arische Supergirl der NS-Traumfabrik und wie viele Stars im Goebbels'schen Kinoreich eine Ausländerin.« (›Der Spiegel‹)
Ihr späterer Ehemann Veit Harlan entdeckte sie als Studentin für seine Melodramen. Sie spielte fast nur für ihn während und nach dem Krieg. Mit seinem Tod zog sie sich zurück. Für *Karl May* (1974) kehrte sie als Emma May auf die Leinwand wieder. In *Night Train To Venice* (1993) wird sie von Neonazis belästigt, in ihrer Biografie »Nichts bleibt immer so« fragte sie: »Verjährt nicht auch einmal für mich die Schuld?«

*Kristina Söderbaum*

**Somai, Shinji** (53)
Geb. 23.1.1948.
Gest. 9.9.2001.
Der japanische Regisseur inszenierte die Manga-Adaption *Ein flottes Paar* (1980), *Taifun Club* (1984) und *Schnee im Wind* (2000).

**Sothern, Ann** (geb. Harriette Lake, 92)
Geb. 22.1.1909, Valley City/
North Dakota.
Gest. 15.3.2001, Ketchum/Idaho.
Die amerikanische Schauspielerin war ein Star des »golden Hollywood«, wie in der Krimiparodie *Orchid, der Gangsterbruder* (1940) neben Bogart

und Robinson als Gangsterliebchen Flo. Große Rollen spielte Sothern in *Spiel mit dem Feuer* (1935) und *Trubel in Panama* (1942). Als Charakterschauspielerin überzeugte sie in *Brief an drei Frauen* (1949) als schriftstellernde Lehrerin Rita Phipps und zuletzt – ›Oscar‹-nominiert – in *Wale im August* (1987) neben Bette Davis und Vincent Price.

**Steel, Anthony** (80)
Geb. 21.5.1920, London.
Gest. 21.3. 2001, London.
Der sympathische und sportliche Steel war ein Star in 50er-Jahre-Abenteuerfilmen wie *Schwarzes Elfenbein* (1951), *Der Freibeuter* (1953) und *Die Pranke des Tigers* (1958). Seit den 60er-Jahren war er in den europäischen Abenteuerstreifen wie *Kampf um Rom* (1960), *Die Goldsucher von Arkansas* (1964) und *Winnetou II* (1964) zu sehen.

**Stone, Richard** (46)
Geb. 1954.
Gest. 8.3.2001, West Hills/Kalifornien.
Der amerikanische Komponist schrieb u. a. den Soundtrack zu Stan Winstons Kulthorror *Das Halloween Monster* (1987).

**Strahl, Rudi** (69)
Geb. 14.9.1931, Stettin.
Gest. 2001, Berlin.
Der Defa-Drehbuchautor schrieb die verbotene Komödie *Hände hoch – oder ich schieße* (1966). Strahl selbst wollte keine grundsätzliche Kritik an seinem Land üben, sondern sein »Land durch Lachen verbessern«.
Er schrieb außerdem die zensierte Komödie *Seine Hoheit – Genosse Prinz* (1969) und die Harald-Juhnke-Komödie *Ein Kerl wie Samt und Seide* (1991).

**Straight, Beatrice** (85)
Geb. 2.8.1914, Old Westbury, New York.
Gest. 7.4.2001, Los Angeles.
Die bekannte Theaterschauspielerin erhielt als William Holdens Ehefrau Louise Schumacher in *Network* (1976) den ›Oscar‹ als beste Nebendarstellerin. Sie war außerdem in *Poltergeist* (1982) als Parapsychologin Dr. Lest zu sehen.

**Sucksdorff, Arne** (84)
Geb. 3.2.1917, Stockholm.
Gest. 4.5.2001, Stockholm.
Der schwedische Filmemacher schrieb, produzierte und inszenierte *Das große Abenteuer* (1953), *Dschungelsaga* (1957) und *Mein Heim ist Copacabana* (1965).

**Summerfield, Eleanor** (80)
Geb. 7.3.1921, London.
Gest. 13.7.2001, London.
Die englische Schauspielerin war in *Treffpunkt Moskau* (1952) und *Der zweite Mann* (1962) zu sehen.

## T

**Tabakin, Ralph** (79)
Geb. 1922, Richmond/Virginia.
Gest. 13.5.2001, Rockville/Maryland.
Der amerikanische Schauspieler gehörte durch kleine Rollen, zum Beispiel als Schuldirektor, Fan oder Offizier, zum festen Ensemble aller Barry-Levinson-Filme.

**Teshigahara, Hiroshi** (74)
Geb. 28.2.1927, Tokio.
Gest. 14.4.2001, Tokio.
Der japanische Independentregisseur inszenierte *Die Frau in den Dünen* (1964), für dessen surrealistische Regie er für den ›Oscar‹ nominiert wurde.
Nach dem Misserfolg von *Sommersoldaten* (1972) zog er sich zurück und führte nach strenger Familientradition die Ikebanakunst fort. Mit dem gigantischen zweiteiligen Samurai-Epos *Rikyu, der Teemeister* (1989) und *Seide und Schwert* (1992) gelang ihm eine großartige Rückkehr.

**Thomas, Ralph** (85)
Geb. 10.8.1915, Hull.
Gest. 17. 3.2001, London.
Der englische Regisseur inszenierte die *Doktor*-Filme *Aber, Herr Doktor…* (1954) und *Hilfe, der Doktor kommt* (1956) sowie *X-Boote greifen an* (1955) und *Heiße Katzen* (1966).

**Tsuburaya, Hiroshi** (37)
Gest. 24.7.2001, Tokio.
Der japanische Schauspieler war der Actionheld in der überkandidelten Hightechserie *Space Sheriff Shaider.* Zuletzt sorgte Tsuburaya für die Wiederbelebung des Actionhelden *Ultraman*, den sein Großvater, der berühmte *Godzilla*-Trickspezialist Eiji Tsuburaya, ersonnen hatte.

## V

**Van der Keuken, Johan** (62)
Geb. 4.4.1938, Amsterdam.
Gest. 7.1.2001, Amsterdam.
Der niederländische Dokumentarfilmer inszenierte in *Gesichtswert* (1991) in 80 Episoden ein Europabild aus der großen Zeit des Umbruchs Ende der 80er-Jahre. Vielfach beschäftigte sich van der Keuken mit der 1. und der 3. Welt.

**Viby, Marguerite** (91)
Geb. 25.6.1909, Viby Jylland.
Gest. 8.4.2001, Kopenhagen.
Die dänische Schauspielerin war in den 20er- und 30er-Jahren in einer Reihe von *Pat und Patachon*-Filmen zu sehen, außerdem in *Frechheit siegt* (1942).

**Vierny, Sacha** (81)
Geb. 10.8.2001, Bois-le-Roi.
Gest. 15.5.2001, Paris.
Der französische Kameramann fotografierte die Meisterwerke *Nacht und Nebel* (1955), *Belle de Jour – Schöne des Tages* (1966) und Peter Greenaways bildgewaltige Werke *Der Koch, der Dieb, seine Frau und ihr Liebhaber* (1989) und *Prosperos Bücher* (1991). Vierny galt als verschlossener wie intuitiver Kameramann, der harte Kompositionen inszenierte: Bei *Letztes Jahr in Marienbad* (1960) malte er die Schatten von Parkbesuchern in den Sand.

**Vita, Helen** (71)
Geb. 7.8.1929, Bayern.
Gest. 16.2.2001.
Die bekannte deutsche Sängerin und Schauspielerin eroberte mit frechen Chansons ihr Bühnenpublikum und brillierte als lebenslustige Frau des Hauptwachtmeisters in *08/15* (1954), einem Kurzauftritt in *Cabaret* (1972) und gehörte zum Ensemble von Fassbinder für *Berlin-Alexanderplatz* (1981) als Fraenze und *Lili Marleen* (1981) als Grete.

**von Meyendorff, Irene** (85)
Geb. 6.6.1916, Reval.
Gest. 28.9.2001, King's Somborne.
Die estländische Baroness und Schauspielerin war zu Ufa-Zeiten in *Wen die Götter lieben* (1942) als Mozart-Schwägerin Luisa Weber Langer, in *Opfergang* (1944) als Geliebte Octavia und in *Kolberg* (1945) als Preußenkönigin zu sehen. Nach dem Krieg spielte von Meyendorff in *Drei Birken auf der Heide* (1956).

**von Tasnady, Maria** (89)
Geb. 16.11.1911; Lonea/Transsylvanien.
Gest. 16.3.2001, München.
Die Schauspielerin war in *Schlußakkord* (1936) das in Mordverdacht geratene Kindermädchen Hanna. Doch gerade Ehefrauen und Mütter wurden zu ihrer Paraderolle, wie in *Frau Sylevelin* (1938), *Das Abenteuer geht weiter* (1939) und *Wunder einer Stimme – Enrico Caruso* (1951).

**von Zahn, Peter** (88)
Geb. 29.1.1913, Chemnitz.
Gest. 26.7.2001, Hamburg.
Der deutsche Fernsehredakteur spielte in *Die Hamburger Krankheit* (1979)

den Senator. Berühmt wurde von Zahn durch seine historischen Dokumentationen und Bücher.

## W

**Walley, Deborah** (57)
Geb. 12.8.1943, Bridgeport/Connecticut.
Gest. 10.5.2001, Sedona/Arizona.
Das amerikanische Fotomodell spielte die Hauptrolle in dem Trashfilm *The Ghost In The Invisible Bikini* (1966). Außerdem war Walley in *Dr. Goldfoot und seine Bikini-Maschine* (1965) und *Nightmare in Garden City* (1973) zu sehen.

**Walston, Ray** (86)
Geb. 2.12.1914, New Orleans/Louisiana.
Gest. 1.1.2001, Beverly Hills/Kalifornien.

*Ray Walston*

Der amerikanische Schauspieler gelangte in der Hauptrolle der 60er-Jahre-TV-Serie *Mein Onkel vom Mars* zu Ruhm. Im Kino spielte Walston für Billy Wilder in *Das Appartement* (1960) als netter Mr. Drobish und in *Küß mich – Dummkopf* (1964) als sadistischer Ehemann. Für diesen Film schrieb er den Song: »Sachte, Baby, es ist Muttertag«.
Walston spielte bezaubernde Nebenrollen in *Der Ladenhüter* (1963) als Geschäftsführer Mr. Quimby, in *Der Clou* (1973) als J. J. Singelton, in *Ich glaub', ich steh im Wald* (1981) als gewitzter Geschichtslehrer Mr. Hand und als Richter Henry Bone in der 90er-Jahre-Serie *Picket Fences.* In *Der Onkel vom Mars* (1999) war er zuletzt in einer Nebenrolle zu sehen.

**Werzlau, Joachim** (88)
Geb. 5.8.1913, Leipzig.
Gest. 23.10.2001, Berlin.
Der deutsche Komponist schrieb die Musik für *Das tapfere Schneiderlein* (1956) und *Jakob, der Lügner* (1974).

**Weston, Ken** (53)
Geb. 30.5.1947, Finsbury Park.
Gest. 13.4.2001, England.
Der englische Soundmixer erhielt für *Gladiator* (2000) den ›Oscar‹ für den besten Ton. Weston hatte seit Ende der 70er-Jahre für die britischen Regiegrößen Alan Parker und Ridley Scott sowie für die Big-Budget-Produktionen *Shining* und *Flash Gordon* (beide 1980) gearbeitet.

**Wiesenthal, Sam** (92)
Gest. 11.2.2001, Woodland Hills/Kalifornien.
Der amerikanische Filmproduzent schuf gemeinsam mit Carl Laemmle jun. die Universal-Klassiker *Im Westen nicht Neues* (1930), *Frankenstein* (1931) und *Dracula* (1931).

**Williams, Michael** (65)
Geb. 9.7.1935, Liverpool.
Gest. 11.1.2001, Surrey.

Der englische Charaktermime spielte mit Judi Dench in *Eine todsichere Sache* (1974), in *Danny* (1990) und zuletzt in *Tee mit Mussolini* (1999).

**Winter, Margrit** (83)
Geb. 13.11.1917, Basel.
Gest. 18.6.2001, Stäfa.
Die Schweizer Schauspielerin war die Vreeli in *Romeo und Julia auf dem Dorfe* (1941). In *Es geschah am hellichten Tag* (1958) spielte Winter die Mutter des ersten Opfers.

**Wissner, Gary** (36)
Geb. 1964, New York.
Gest. 6.5.2001, Los Angeles.
Der amerikanische Ausstatter sorgte stets für die Setgestaltung von *Hoffa* (1992), *Wyatt Earp* (1994) und *Sieben* (1995).

**Wong, Victor** (74)
Geb. San Francisco.
Gest. 12.9.2001, Walnut Grove/Kalifornien.
US-chinesischer Schauspieler, der seine größten Rollen in John Carpenters *Big Trouble in Little China* (1986) als Zaubermeister und in *Die Prinzen der Dunkelheit* (1987) den Professor spielte. Jenseits vom Klischee des hinterhältigen Chinesen spielte Wong ehrbare wie witzige Figuren in *Der letzte Kaiser* (1987) und *Sieben Jahre in Tibet* (1997).

**Woods, Richards** (77)
Gest. 16.1.2001, Englewood/New York.
Der amerikanische Theaterschauspieler war in *Miller's Crossing* (1989) und *Hudsucker* (1994) zu sehen.

# Fremdsprachige Originaltitel

## A



## B

## C



## D

## E



## F

## G



## H



## I

## M



## N



## O

## T



## U



## V



## W

## Y



## Z

# Personenregister

## Regie, Darsteller, Drehbuch, Musik, Schnitt, Produzenten

### A

## C

## D

## E

## I

## L

## M

## N

## O

## P

## Q



## R

## W